노자 81장

노자 81 장

윤재근 풀어 씀

2

Lao-tzu's
Tao-te Ching
81 chapters

동학사

노
자
81
장

차 례

Lao-tzu's
Tao-te Ching
81 chapters

노자 81장

차례

Lao-tzu's
Tao-te Ching
81 chapters

노자
81
장

②

41－81

41
老子之言

동이장(同異章)

상도(常道)와 상덕(常德)의 현현(顯現) 즉 나타남은[顯現] 범인(凡人)의 상정(常情)과는 달라 체회(體會), 즉 몸소[體] 터득하기가[會] 어려움을 밝히는 장(章)이다. 〈명도약매(明道若昧)〉에서 〈질덕약투(質德若渝)〉까지 무위자연(無爲自然)의 도덕(道德)이란 원수(遠邃) 즉 깊고[遠] 깊어[邃] 겉으로 드러나지 않고, 함장(含藏) 즉 머금듯이[含] 안으로 간직됨을[藏] 밝혀, 일반적인 각찰(覺察) 즉 생각과[覺] 관찰로[察]써는 터득하기 어려우므로 감지(感知)하기 어려움을 살펴 새기고 헤아려 깨우치게 하는 장(章)이다.

【원문(原文)】

上士는 聞道하면 勤而行之하고 中士는 聞道하면 若存若
상사 문도 근이행지 중사 문도 약존약

亡하며 下士는 聞道하면 大笑之한다 不笑면 不足以爲道
망 하사 문도 대소지 불소 부족이위도

이다 故로 建言에 有之하니 明道는 若昧하고 進道는 若退
고 건언 유지 명도 약매 진도 약퇴

하며 夷道는 若類하고 上德은 若谷하며 大白은 若辱하고
이도 약류 상덕 약곡 대백 약욕

廣德은 若不足하며 建德은 若偸하고 質德은 若渝하다 大
광덕 약부족 건덕 약투 질덕 약투 대

方은 無隅하며 大器는 晩成하고 大音은 希聲하며 大象은
방 무우 대기 만성 대음 희성 대상

無形하다 道隱無名이다 夫唯道란 善貸且成한다
무형 도은무명 부유도 선대차성

윗길의[上] 선비가[士] 상도(常道)를[道] 들으면[聞] 부지런히 들어서[勤而] 들은 것을[之] 행하고[行], 중간의[中] 선비가[士] 상도(常道)를[道] 들으면 [聞], {도(道)가} 있는 것[存] 같기도 하고[若] 없는 것[亡] 같기도 하며[若], 아래치의[下] 선비가[士] 상도(常道)를[道] 들으면[聞], (하사는) 그것을[之] 크게[大] 비웃는다[笑]. (하사가 도를 듣고서도) 비웃지 않는다면[不笑], 그로 써[以] 상도가[道] 될[爲] 수 없다[不足]. 그러므로[故] 밝혀둔[建] 말씀들 이[言] 있다[有] : 밝은[明] 도는[道] 어두운[昧] 듯하고[若], 나아가는[進] 도는[道] 물러가는[退] 듯하며[若], 평탄한[夷] 도는[道] 고르지 않은[類] 듯하고[若], 위의[上] 덕은[德] 골짜기와[谷] 같으며[若], 크나큰[大] 흰은 [白] 검은[辱] 듯하고[若], 넓은[廣] 덕은[德] 모자란[不足] 듯하며[若], 굳 건한[建] 덕행은[德] 구차한[偸] 듯하고[若], 실박한[質] 상덕은[德] 빈[渝] 듯하며[若], 크나큰[大] 정위에는[方] 모서리가[隅] 없고[無], 크나큰[大] 그릇은[器] 뒤늦게[晩] 이루어지며[成], 크나큰[大] 소리에는[音] 들리는 소 리가[聲] 없고[希], 크나큰[大] 짓에는[象] 형적이[形] 없으며[無], 도는[道] 그윽이 숨어서[隱] 이름이[名] 없다[無]. 무릇[夫] 오로지[唯] 상도만이[道] 베풀어주기를[貸] 선하게 하고[善], 또[且] 이루기도 선하게 한다[成].

41-1 上士聞道(상사문도) 勤而行之(근이행지)

▶ 윗길의[上] 선비가[士] 상도(常道)를[道] 들으면[聞] 부지런히 들어서[勤而] 들은 것을[之] 행한다[行].

윗 상(上), 선비 사(士), 새로 들을 문(聞), 상도(常道) 도(道),
부지런할 근(勤), 어조사 이(而), 행할 행(行), 그것 지(之)

【지남(指南)】

〈상사문도(上士聞道) 근이행지(勤而行之)〉는 존도(尊道)하는 사람을[上士] 밝힌다. 문도(聞道)는 청도(聽道)로만 만족하지 않음이다. 상도(常道)의 체용(體用)을 들었던 것[聽]에 그치지 않고, 들을 때마다 새삼스럽게 들음이 〈문도(聞道)〉이다. 들리는 소리[聲]를 받아[受] 귀[耳]에 들리지 않는 뜻마저 터득하려는 들음이 여기 문도(聞道)의 〈문(聞)〉이다. 〈상사문도(上士聞道)〉의 문(聞)은 14장(章)에서 살핀 청지불문(聽之不聞)을 상기하고, 『대학(大學)』의 청이불문(聽而不聞)을 상기하면, 청도(聽道)라 않고 문도(聞道)라 하는 깊은 뜻을 헤아릴 수 있다. 문(聞)이란 귀에 들리는 소리[聲]를 들음[聽]에 그치지 않고 새로운 뜻을 살펴 새기고 헤아려 깨우치고자 들음[聞]인지라 문향(聞臭) 즉 문향(聞香)이라 한다. 귀는 향기를 들을 수 없어도 마음은 향기를 들을 수 있으니, 문도(聞道)란 귀로써[以耳] 들음[聽]이 아니라 마음으로써[以心] 새삼 새롭게 들어[聞] 터득하여[學] 저대로 깨우친다.

『논어(論語)』에도 조문도(朝聞道) 석사가의(夕死可矣)란 말씀이 나온다. 들었던 대로 되살려 들음을 〈왕왈청(往曰聽)〉이라 하고, 들었던 대로 들으려 하지 않고 새삼 새 뜻으로 들음을 〈내왈문(來曰聞)〉이라 한다. 문도(聞道)란 상도(常道)의 조화를 새롭게 듣고 새롭게 터득해 새롭게 깨우치고 새삼 새로운 뜻을 얻음이다. 새로운 뜻을 얻고자 상도(常道)의 조화를 삼가 받들어 귀담아 들음이 여기 문도(聞道)의 문(聞)이다. 이처럼 존도(尊道)하는 상사(上士)가 문도(聞道)하여 새롭게 상도(常道)를 받들어[尊] 본받아[法] 부지런히[勤] 무위(無爲)를 행하고자 함을 살펴 새기고 헤아려 깨우치게 하는 말씀이 〈상사문도(上士聞道) 근이행지(勤而行之)〉이다.

註 　"시지불견(視之不見) 명왈이(名曰夷) 청지불문(聽之不聞) 명왈희(名曰希) 박지부득(搏之不得) 명왈미(名曰微)." 그것을[之] 보려고 해도[視] 보이지 않음을[不見] 일컬어[名] 이라[夷] 하고[曰], 그것을[之] 들으려고 해도[聽] 들리지 않음을[不聞] 일컬어[名] 희라고[希] 하며[謂], 그것을[之] 잡으려고 해도[搏] 집히지 않음을[不得] 일컬어[名] 미라고[微] 한다[謂].

『노자(老子)』14장(章)

註 　"심부재언(心不在焉) 시이불견(視而不見) 청이불문(聽而不聞) 식이부지기미(食而不知其味) 차위수신재정기심(此謂脩身在正其心)." (바른) 마음이[心] 있지 않으면[不在焉] 보아도[視而] 보이지 않고[不見], 들어도[聽而] 들리지 않으며[不聞], 먹어도[食而] 그[其] 맛을[味] 알지 못한다[不知]. 이래서[此] 몸을[身] 닦음이[脩] 제[其] 마음을[心] 바르게 함에[正] 있다고[在] 하는 것이다[謂].

『대학(大學)』「각론(各論)」

註 　"자왈(子曰) 조문도(朝聞道) 석사가의(夕死可矣)." 공자께서[子] 밝혔다[曰] : 아침에[朝] 도를[道] 새로 들으면[聞] 저녁에[夕] 죽어도[死] 괜찮은 것[可]이다[矣]. 『논어(論語)』「이인(里仁)」8

【보주(補註)】

● 〈상사문도(上士聞道) 근이행지(勤而行之)〉를 〈약상사문도(若上士聞道) 상사근행기문(上士勤行其聞)〉처럼 옮기면 문의(文意)를 좀 더 쉽게 새길 수 있다. 〈만약[若] 상사가[上士] 상도를[道] 듣는다면[聞] 상사는[上士] 그가[其] 들은 것을[聞] 부지런히[勤而] 실행한다[行].〉

● 상사문도(上士聞道)의 상사(上士)는 38장(章)의 대장부(大丈夫)를 상기시키고, 문도(聞道)는 51장(章)의 만물막부존도이귀덕(萬物莫不尊道而貴德)을 떠올려 의탁(擬度)하게 한다. 왜 문도(聞道)해야 하는가? 존도(尊道)하여 귀덕(貴德)하며 복수기모(復守其母)하여 아자연(我自然)의 삶을 누릴 수 있기 때문이다.

註 　"대장부처기후(大丈夫處其厚) 불거기박(不居其薄) 처기실(處其實) 불거기화(不居其華)." 대장부는[大丈夫] 그[其] 두터움에[厚] 머물지[處] 그[其] 엷음에[薄] 머물지 않으며[不居], 그[其] 실박함에[實] 머물지[處] 그[其] 꾸밈에[華] 머물지 않는다[不居].

『노자(老子)』38장(章)

註 　"도생지(道生之) 덕휵지(德畜之) 물형지(物形之) 세성지(勢成之) 시이만물막부존도이귀덕(是以萬物莫不尊道而貴德)." 상도가[道] 낳고[生之], 덕이[德] 길러내[畜之], 온갖 것이[物] 드러나[形之] 이세(理勢)가[勢] 이루어진다[成之]. 이렇기[是] 때문에[以] 온갖 것은[萬物] 도를[道] 받들면서[尊而] 덕을[德] 높이지 않을 수[不貴] 없다[莫]. 『노자(老子)』51장(章)

註 "천하유시(天下有始) 이위천하모(以爲天下母)……복수기모(復守其母) 몰신불태(歿身不殆)." 온 세상에[天下] 시원이[始] 있고[有], (그 시원으로) 써[以] 온 세상의[天下] 어머니로[母] 삼는다[爲].……그[其] 어머니께로[母] 돌아와[復] 지킨다면[守] 평생토록[歿身] 위태롭지 않다[不殆].   『노자(老子)』52장(章)

註 "공성사수(功成事遂) 백성개위아자연(百姓皆謂我自然)."{백성이 몰랐던 치자(治者)가} 공적을[功] 이루고[成] 일을[事] 완수했어도[遂], 백성은[百姓] 모두[皆] 일컫는다[謂] : 우리[我] 스스로[自] 이루었노라[然].   『노자(老子)』17장(章)

● 근이행지(勤而行之)가 〈이근행지(而勤行之)〉로 된 본(本)도 있다. 어조사 노릇 하는 이(而)의 자리가 다를 뿐 문의(文意)가 달라지는 것은 아니다.

【해독(解讀)】

● 〈상사문도(上士聞道) 근이행지(勤而行之)〉는 조건의 종절과 주절로 이루어진 복문(複文)이다. 〈상사가[上士] 문도하면[聞道] 근해서[勤而] 행지한다[行之].〉

● 상사문도(上士聞道)에서 상사(上士)는 주어 노릇하고, 문(聞)은 타동사 노릇하며, 도(道)는 문(聞)의 목적어 노릇한다. 〈상사가[上士] 상도를[道] 들으면[聞]〉

● 근이행지(勤而行之)에서 근(勤)은 행(行)을 꾸며주는 부사 노릇하고, 이(而)는 근(勤)의 어세를 더해주는 어조사 노릇하며, 행(行)은 동사 노릇하고, 지(之)는 기문(其聞)을 대신하는 지시어로서 목적어 노릇한다. 〈부지런히[勤而] 그 들은 것을[之] 행한다[行].〉

41-2 中士聞道(중사문도) 若存若亡(약존약망)

▶중간의[中] 선비가[士] 상도(常道)를[道] 들으면[聞], {도(道)가} 있는 것[存] 같기도 하고[若] 없는 것[亡] 같기도 하다[若].

가운데 중(中), 선비 사(士), 새로 들을 문(聞), 상도(常道) 도(道), 같을 약(若), 있을 존(存), 없을 망(亡)

【지남(指南)】

〈중사문도(中士聞道) 약존약망(若存若亡)〉은 존도를[尊道] 반신반의(半信半疑)

하는 중사를[中士] 밝힌다. 〈약존약망(若存若亡)〉은 중사(中士)가 문도(聞道)하면 법자연(法自然)의 상도(常道)를 살펴 새로 들음[聞]이 중사(中士)에게 오래가지 못함을 나타낸다. 중사(中士)에게 〈약존(若存)〉은 법자연(法自然)하는 상도(常道)가 있는 것 같기도 하고, 〈약망(若亡)〉은 없는 것 같기도 함이다. 이는 문도(聞道)하되 근행(勤行)하지 않음이니, 중사(中士)는 외천명(畏天命) 즉 자연[天]의 가르침과 시킴[命]을 두려워하되[畏], 천명(天命)을 내는 법자연(法自然)의 상도(常道)를 의심하는 쪽이다. 중사(中士)는 보이고[見] 들리고[聞] 감각되어[覺] 알 수 있는 것[知]을 중심에 두고 문도(聞道)하되, 이희미(夷希微) 즉 보이지 않고[夷] 들리지 않으며[希] 감각되지 않아[微] 인지(人智)로는 알 수 없는[不知] 상도(常道)를 의심한다.

　　중사(中士)가 문도(聞道)함이란 38장(章) **전식자(前識者)**이다. 전식자(前識者)는 포박귀순(抱樸歸淳), 즉 본디대로[樸]를 지켜[抱] 순박함[淳]으로 돌아오게[歸] 하는 법자연(法自然)을 멀리하면서 호지(好智)를 추구한다. 이런 전식자(前識者)인 중사(中士)는 인도(人道)의 꾸미기[華]를 일삼아 상도(常道)의 오(奧), 즉 상도(常道)가 만물마다에 깃들어 있음[奧]을 외면하고 법자연(法自然)을 멀리한다. 이렇듯 중사(中士)의 문도(聞道)가 어리석음[愚]을 불러옴을 살펴 새기고 헤아려 깨우치게 하는 말씀이 〈중사문도(中士聞道) 약존약망(若存若亡)〉이다.

註　　"전식자도지화(前識者道之華) 이우지시야(而愚之始也)." 알기를[識] 앞세우는[前] 것은[者] 인도의[道之] 꾸밈이고[華而], 어리석음의[愚之] 시작[始]이다[也].　　　『노자(老子)』 38장(章)

【보주(補註)】

● 〈중사문도(中士聞道) 약존약망(若存若亡)〉을 〈가사중사문도(假使中士聞道) 기도약피존(其道若彼存) 이기도약피망(而其道若彼亡)〉처럼 옮기면 문의(文意)를 좀 더 쉽게 새길 수 있다. 〈만약[假使] 중사가[中士] 상도를[道] 듣는다면[聞], 그[其] 도가[道] 그에게[彼] 있는[存] 듯도 하지만[若而], 그[其] 도가[道] 그에게[彼] 없는[亡] 듯도 하다[若].〉

● 약존약망(若存若亡)은 증도(證道)하여 지도(知道)하고자 할 뿐, 증명되지 않는 현묘지도(玄妙之道) 즉 인지(人智)로는 알 수 없는[玄妙] 상도(常道)를 불신함을 밝힘이다. 다만 중사(中士)한테는 예악문물(禮樂文物)의 인도(人道)를 견문각지

(見聞覺知), 즉 살펴보고[見] 새로 듣고[聞] 느껴[覺] 알고자[知] 할 뿐임을 암시하기도 한다.

【해독(解讀)】

● 〈중사문도(中士聞道) 약존약망(若存若亡)〉역시 조건의 종절과 주절로 이루어진 복문(複文)이다. 〈중사가[中士] 문도하면[聞道], 약존하고[若存] 약망한다[若亡].〉

● 중사문도(中士聞道)에서 중사(中士)는 주어 노릇하고, 문(聞)은 동사 노릇하며, 도(道)는 문(聞)의 목적어 노릇한다. 〈중사가[中士] 도를[道] 들으면[聞]〉

● 약존(若存)에서 주어 노릇할 〈기도(其道)〉는 앞 문맥으로 보충될 수 있으므로 생략되고, 약(若)은 동사 노릇하고, 존(存)은 주격보어 노릇한다. 존(存)은 〈있을 재(在)〉와 같아 존재(存在)의 줄임말로 여기면 된다. (그 도는 중사에게) 있는[存] 듯도 하다[若].〉

● 약망(若亡)에서 접속사 〈그러나 이(而)〉와 주어 노릇할 〈기도(其道)〉는 되풀이되므로 생략되고, 약(若)은 동사 노릇하고, 망(亡)은 주격보어 노릇한다. 망(亡)은 〈없을 멸(滅)〉과 같아 멸망(滅亡)의 줄임말로 여기면 된다. 《(그러나[而] 그 도는 중사에게) 없는[亡] 듯도 하다[若].〉

● 약존(若存)과 약망(若亡)은 〈약위(若爲)A〉와 같은 상용문이다. 〈A를 하는[爲] 듯하다[若].〉

41-3 下士聞道(하사문도) 大笑之(대소지)

▶아래치의[下] 선비가[士] 상도(常道)를[道] 들으면[聞], (하사는) 그것을[之] 크게[大] 비웃는다[笑].

> 아래치 하(下), 선비 사(士), 들을 문(聞), 상도(常道) 도(道), 크게 대(大), 비웃을 소(笑), 그것 지(之)

【지남(指南)】

〈하사문도(下士聞道) 대소지(大笑之)〉는 존도(尊道)하기는커녕 비웃는[笑] 하치의[下] 선비가[士] 있음을 밝힌다. 〈대소지(大笑之)〉는 하사(下士)가 문도(聞道)하면 법자연(法自然)의 상도(常道)를 새로 듣기는[聞]커녕 일소(一笑)에 붙여버림이다. 이러한 하사(下士)는 『논어(論語)』에 나오는 **군자외천명(君子畏天命) 소인부지천명이불외야(小人不知天命而不畏也)**를 환기시킨다.

여기 〈하사(下士)〉는 『논어(論語)』에 나오는 소인(小人)을 생각나게 한다. 따지고 보면 지금은 여기 하사(下士)들이 군림하는 세상인 셈이다. 지금 세상은 옛 사람들이 상상할 수 없는 〈빅데이터 시대〉인지라, 상도(常道)의 법자연(法自然)을 본받아 무위(無爲)의 삶을 이야기하면 서슴없이 대소(大笑)해버린다. 지금 세상은 오로지 인지(人智)로써 검증되고 증명돼 합리화된 데이터만을 믿고 따를 뿐인지라, 20장(章)에서 살핀 **희희(熙熙)·소소(昭昭)·찰찰(察察)**하면서 기고만장(氣高萬丈)하는 인간세(人間世)이다. 온갖 인욕(人欲)에 열렬하고[熙熙] 눈치가 훤하며[昭昭] 모질게 깐깐한[察察] 문명세상, 즉 〈빅데이터 세상〉에서는 자연(自然)이란 대소(大笑) 즉 큰[大] 웃음거리에[笑] 불과한 꼴이다.

『노자(老子)』의 자연(自然)이란 눈에 보이는 산천초목 같은 것이 아니다. 〈허정(虛靜)·염담(恬淡)·적막(寂漠)·무위(無爲)〉를 묶어서 〈자연(自然)〉이라 한다. 그래서 〈무기(無己)·무욕(無欲)·무사(無事)·무명(無名)〉, 즉 자기가[己] 없고[無] 탐욕이[欲] 없으며[無] 일삼음이[事] 없고[無] 명성이[名] 없음을[無] 허정(虛靜)이니 염담(恬淡)이니 적막(寂漠)이니 무위(無爲)라 함을 일러 〈자연(自然)〉이라 하는 것이다. 이러한 자연(自然)을 본받아 살라는 상도(常道)를 들으면 대소(大笑)할 수밖에 없는 지금 세상이다. 그러나 아무리 빅데이터의 세상이라 할지라도 인간이 버릴 수 없는 안락(安樂)을 누릴 수 없게 인간을 상쟁(相爭)의 소용돌이 속으로 몰아넣고 있음을 사무친다면, 불해(不害)하고 부쟁(不爭)하는 삶을 한순간만이라도 진정 누리고 싶다면, 무기(無己) 즉 나라는 자기가[己] 없어져야[無] 자연(自然)의 길을[道] 걸어 안락(安樂)의 삶을 누릴 수 있음을 깨닫는다면, 대소(大笑)하는 하사(下士)로서의 삶을 부끄러워할 수도 있는 일이다.

하여튼 지금 세상은 〈법자연(法自然)·복명(復命)·천명(天命)〉 등등은 큰[大] 웃음거리[笑]이다. 물론 『논어(論語)』의 **천명(天命)**이 『노자(老子)』의 〈법자연(法自然)〉과 같은 말은 아니다. 『논어(論語)』의 천명(天命)은 자연(自然)으로써[以] 천지

(天地)를 본디대로[樸] 본받아[法] 살라 함이 아니라, 천지(天地)를 따라[從] 성인
(聖人)이 만든[作] 예악(禮樂)을 법(法)하여 살라 함이다. 『논어(論語)』의 천명(天命)
에는 〈귀근(歸根)〉 즉 천지만물의 뿌리[根]인 자연(自然)의 상도(常道)로 돌아옴
[歸]이란 없다. 왜 19장(章)에 **절성기지(絶聖棄智)·절인기의(絶仁棄義)·절교기리(絶**
巧棄利)란 말씀이 나오겠는가? 세상에 문도(聞道)하여 근행(勤行)하는 상사(上土)
는 없어지고, 문도(聞道)하되 반신반의(半信半疑)하는 중사(中土)마저도 찾기 힘들
고, 문도(聞道)를 비웃고 업신여기는 하사(下土)들이 넘쳐 난세(亂世)를 빚어낸다
고 보았기 때문이다.

빅데이터 문명세상의 하사(下土)들은 예악(禮樂)의 천명(天命)마저 모멸(侮蔑)
하는지라 법자연(法自然)의 상도(常道)를 크게[大] 비웃음은[大笑] 오히려 당연해
보이기도 한다. 현대인은 과학을 믿고 검증되어 정답이 나와야 진실이라고 믿는
〈아비자연(我非自然)〉, 즉 나[我]는 자연(自然)이 아니다[非]고 단언하는 하사들의
[下土] 세상을 구가하고 있는 중이다. 하사(下土)가 상사(上土)를 능멸하는 세상이
빅데이터의 전자문명의 세상을 한순간만이라도 돌이켜 곰곰이 헤아려보게 하는
말씀이 〈하사문도(下土聞道) 대소지(大笑之)〉이다.

────────────

註　"군자유삼외(君子有三畏) 외천명(畏天命) 외대인(畏大人) 외성인지언(畏聖人之言) 소인부
지천명이불외야(小人不知天命而不畏也) 압대인(狎大人) 모성인지언(侮聖人之言)." 군자한테는
[君子] 세 가지[三] 두려워함이[畏] 있다[有]. 천명을[天命] 두려워하고[畏], 대인을[大人] 두려워하
며[畏], 성인의[聖人之] 말씀을[言] 두려워한다[畏]. 소인은[小人] 천명을[天命] 몰라서[不知而] 두려
워하지 않는 것[不畏]이고[也], 대인을[大人] 얕보고[狎] 성인의[聖人之] 말씀을[言] 업신여긴다[侮].
　　대인(大人)은 성인(聖人)과 같은 말이다. 　　　　　　　　　　　　　『논어(論語)』「계씨(季氏)」8

註　"중인희희(衆人熙熙) …… 속인소소(俗人昭昭) …… 속인찰찰(俗人察察)." 중인들은[衆人]
욕정에 따라 분주하고 영리(榮利)에 현혹돼 열렬하고[熙熙], …… 속인들은[俗人] 약삭빨라 눈치가
훤하지만[昭昭], …… 속인들은[俗人] 모질게 깐깐하다[察察]. 　　　　　　　『노자(老子)』20장(章)

註　"절성기지(絶聖棄智) 민리백배(民利百倍) 절인기의(絶仁棄義) 민복효자(民復孝慈) 절교
기리(絶巧棄利) 도적무유(盜賊無有) 차삼자이위문이미족(此三者以爲文而未足)." 성덕(聖德)을
[聖] 끊고[絶] 지식을[智] 버리면[棄] 백성이[民] 백배로[百倍] 이로워지고[利], 인을[仁] 끊고[絶]
의를[義] 버리면[棄] 백성은[民] 효도와[孝] 자애로[慈] 돌아오며[復], 재주 부리기를[巧] 끊고[絶]
이득을[利] 버리면[棄] 도둑질과[盜] 해치는 짓이[賊] 있음이[有] 없다[無]. 위의[此] 세 가지로[三
者] 써[以] 예악제도를[文] 삼는다면[爲而] 만족하지 못한다[未足]. 　　　　『노자(老子)』19장(章)

【보주(補註)】

● 〈하사문도(下士聞道) 대소지(大笑之)〉를 〈가사하사문도(假使下士聞道) 하사대소기도(下士大笑其道)〉처럼 옮기면 문의(文意)를 좀 더 쉽게 새길 수 있다. 〈만약[假使] 하사가[下士] 상도를[道] 들으면[聞] 하사는[下士] 그[其] 도를[道] 크게[大] 비웃는다[笑].〉

● 하사문도(下士聞道)의 하사(下士)는 문도(聞道)하지 않는다. 따라서 상도(常道)니 인도(人道)니 천명(天命)이니 신묘(神妙)니 현묘(玄妙) 등의 술어(術語)들은 폐기된 것으로 셈한다. 하사(下士)는 생(生)만 주장하지 사(死)는 외면하고, 공사(公私) 중에서 사(私)를 철저히 앞세우고 공(公)은 사(私)를 위하여 끌어들일 뿐 세상을 제 것으로 착각한다. 『예기(禮記)』 「악기(樂記)」의 **멸천리이궁인욕(滅天理而窮人欲)**을 두려워하지 않고 외물(外物)에 의존하는 편인지라, **천지성(天之性)** 즉 자연이[天之] 준 것[性]인 명(命)을 떠나 **성지욕(性之欲)** 즉 인간 본성의[性之] 욕망[欲]에 치우쳐 **인화물(人化物)**로 서슴없이 치닫는 인간이 하사(下士)이다. 여기 하사(下士)는 『장자(莊子)』에 나오는 **인여인상식(人與人相食)** 즉 사람과[與人] 사람이[人] 서로[相] 잡아먹는[食] 무리의 전령(傳令)처럼 다가오기도 한다.

註 "인생이정천지성야(人生而靜天之性也) 감어물이동성지욕야(感於物而動性之欲也) 물지지지(物至知知) 연후호오형언(然後好惡形焉) 호오무절어내(好惡無節於內) 지유어외(知誘於外) 불능반궁(不能反躬) 천리멸의(天理滅矣) 부물지감인무궁(夫物之感人無窮) 이인지호오무절(而人之好惡無節) 즉시물지이인화물야(則是物至而人化物也) 인화물야자(人化物也者) 멸천리이궁인욕자야(滅天理而窮人欲者也) 어시(於是) 유패역사위지심(有悖逆詐偽之心) 유음일작란지사(有淫佚作亂之事) 시고(是故) 강자협약(强者脅弱) 중자포과(衆者暴寡) 지자사우(知者詐愚) 용자고겁(勇者苦怯) 질병불양(疾病不養) 노유고독부득기소(老幼孤獨不得其所) 차대란지도야(此大亂之道也)." 인간이[人] 태어나서[生而] 고요함은[靜] 천지의[天之] 본성[性]이고[也], 사물에[於物] 감촉되어[感而] 움직임은[動] 본성의[性之] 바람[欲]이다[也]. 사물이[物] (마음에) 이르러[至] 앎을[知] 알게 되고[知], 그런 뒤에[然後] 좋고[好] 싫음이[惡] 드러나는 것[形]이다[焉]. 마음에서[於內] 호오에[好惡] 절제가[節] 없으면[無] 바깥 것에[外] 의해서[於] 앎이[知] 끌려서[誘] 그 자신으로[躬] 돌아올[反] 수 없고[不能], 자연의[天] 이치가[理] 파멸되는 것[滅]이다[矣]. 무릇[夫] 사물이[物之] 인간을[人] 감촉함에는[感] 다함이[窮] 없어서[無而] 인간의[人之] 호오에[好惡] 절도가[節] 없어지면[無] 곧[則] 이는[是] 사물이[物] (인

간보다) 지극해져서[至而] 인간이[人] 사물로[物] 되어버림[化]이다[也]. 인간이[人] 물건으로 [物] 되어버림[化]이란[也] 것은[者] 자연의[天] 이치를[理] 없애면서[滅而] 인간의[人] 욕심을 [欲] 한없이 하는[窮] 것[者]이다[也]. 여기서[於是] 어버이를 버리고[悖] 나라를 뒤집고[逆] 속 이고[詐] 거짓부렁의[僞之] 마음이[心] 생기고[有] 음탕하고[淫] 게으르며[佚] 어지러움을[亂] 짓는[作之] 일들이[事] 생긴다[有]. 이렇기[是] 때문에[故] 센 자가[强者] 약자를[弱] 짓누르고 [脅], 다수가[衆者] 소수를[寡] 짓밟고[暴], 식자가[知者] 어리석은 이를[愚] 속여먹고[詐], 용맹 한 자가[勇者] 겁쟁이를[怯] 괴롭히고[苦], 병들어도[疾病] 돌보지 않고[不養], 노인과 어린이 [老幼] 홀아비와 과부는[孤獨] 살 곳을[其所] 얻지 못한다[不得]. 이런 것들이[此] 대란의[大亂 之] 이치[道]이다[也].

물지지지(物至知知)의 지지(知知)에서 앞의 지(知)는 명사로서 앎을 뜻하고, 뒤의 지(知) 는 타동사 노릇해 〈안다[知]〉는 뜻이다. 천리(天理)란 유가(儒家)의 입장에서 보면 천명지리 (天命之理)이고, 도가(道家)의 입장에서 보면 천도(天道) 즉 자연의[天] 규율[道]이다. 인화물 (人化物)은 요샛말로 인간(人間)의 물질화(物質化)를 뜻한다. 　　　『예기(禮記)』「악기(樂記)」

註 "필생어요순지한(必生於堯舜之間) 기미존호천세지후(其未存乎千歲之後) 천세지후(千 歲之後) 기필유인여인상식자야(其必有人與人相食者也)." {대란(大亂)은} 요순의[堯舜之] 기 간에[於間] 틀림없이[必] 생겼다[有]. 그 대란은[其] 천년 뒤[乎千歲之後] 미래에[未] 있을 것이 다[存]. 천년 뒤[千歲之後] 그 때에는[其] 틀림없이[必] 사람과 사람이[人與人] 서로[相] 잡아먹 는[食] 세상이[者] 있을 것[有]이다[也]. 　　　　　　　　　　　『장자(莊子)』「경상초(庚桑楚)」

【해독(解讀)】

- 〈하사문도(下士聞道) 대소지(大笑之)〉 역시 부사절과 주절로 이루어져 영어의 복문(複文) 같은 구문이다. 〈하사가[下士] 문도하면[聞道] 대소지한다[大笑之].〉

- 하사문도(下士聞道)에서 하사(下士)는 주어 노릇하고, 문(聞)은 동사 노릇하며, 도(道)는 문(聞)의 목적어 노릇한다. 〈하사가[下士] 도를[道] 들으면[聞]〉

- 대소지(大笑之)에서 보충될 수 있으므로 주어 노릇할 〈하사(下士)〉는 생략되었 고, 대(大)는 소(笑)를 꾸며주는 부사 노릇하고, 소(笑)는 동사 노릇하고, 지(之) 는 〈그것 지(之)〉로서 소(笑)의 목적어 노릇한다. 소지(笑之)의 지(之)는 〈기도 (其道)〉를 나타낸다. 《(하사는) 크게[大] 그것을[之] 비웃는다[笑].〉

41-4 不笑(불소) 不足以爲道(부족이위도)

▶ (하사가 도를 듣고서도) 비웃지 않는다면[不笑], 그로써[以] 상도가

[道] 될[爲] 수 없다[不足].

【지남(指南)】

〈불소(不笑) 부족이위도(不足以爲道)〉는 하사는[下士] 문도(聞道), 즉 무위자연(無爲自然)의 상도(常道)에 관해서는 결코 귀기울이지 않음을 거듭 밝힌다. 하사(下士)는 법자연(法自然)을 모르고 오로지 감지(感知)로써 사물을 마주하고 인간의 삶을 가름하려 한다. 하사(下士)는 유어물(誘於物) 즉 사물(事物)에 의해서[於] 끌리는[誘] 식자(識者)일 뿐 상도(常道)의 조화에는 관심이 없다. 욕망을 채워줄 물력(物力)이 되지 못하면 마음 쓰지 않는 인화물(人化物)의 인간이니, 명리(名利)나 영화(榮華)의 방편거리가 되지 않으면 신경 쓰지 않는다. 〈부족이위도(不足以爲道)〉의 도(道)는 하사(下士)한테는 부귀영화를 가져다 줄 방편이 될 수 없는 허황된 것으로 들릴 뿐이다.

이런 하사(下士)에게 문도(聞道)란 정신 나간 짓이니, 그가 비웃지 않는[不笑] 것이라면 명리(名利)의 정보이거나 이재(理財)의 방편일 뿐이다. 무기(無己)하여 무사(無私)하라는 상도(常道)라면 분명 대소(大笑)할 터이므로, 하사(下士)가 불소(不笑) 즉 비웃지 않고 경청한다면 그것은 상도(常道)가 아닐 것이라고 단언한 말씀이 〈불소(不笑) 부족이위도(不足以爲道)〉이다.

【보주(補註)】

• 〈불소(不笑) 부족이위도(不足以爲道)〉를 〈가사하사불소기문(假使下士不笑其聞)이불소기문부족위상도(以不笑其聞不足爲常道)〉처럼 옮기면 문의(文意)를 좀더 쉽게 새길 수 있다. 〈만약[假使] 하사가[下士] 그[其] 들은 것을[聞] 비웃지 않는다면[不笑] 그[其] 들음은[聞] 불소로[不笑]써[以] 상도가[常道] 될[爲] 수 없다[不足].〉

【해독(解讀)】

• 〈불소(不笑) 부족이위도(不足以爲道)〉 역시 조건의 종절과 주절로 이루어진 복문(複文)이다. 〈비웃지 않으면[不笑]써[以] 도가[道] 될 수 없다[不足爲].〉

- 불소(不笑)에서 주어 노릇할 〈하사(下士)〉와 목적어 노릇할 〈기문(其聞)〉이 생략되었지만, 불(不)은 소(笑)의 부정사(否定詞) 노릇하고, 소(笑)는 동사 노릇한다. 〈하사가 문도하고서도) 비웃지 않으면[不笑]〉

- 부족이위도(不足以爲道)에서 부족(不足)은 영어의 〈can't〉 같아 위(爲)의 부정(否定)의 조동사 노릇하고, 이(以)는 〈이불소(以不笑)〉의 줄임으로서 위(爲)를 꾸며주는 부사 노릇하며, 위(爲)는 동사 노릇하고, 도(道)는 생략된 주어의 주격 보어 노릇한다. 부족이위도(不足以爲道)는 〈이불소기문부족위도(以不笑其聞不足爲道)〉를 줄인 것으로 여기고 문맥을 잡아 새기면 문의(文義)가 더욱 분명해진다. 〈써[以] 도가[道] 될[爲] 수 없다[不足].〉〈그[其] 들은 것은[聞] 불소함으로[不笑]써[以] 상도가[道] 될[爲] 수 없다[不足].〉

41-5 故(고) 建言有之(건언유지)

▶ 그러므로[故] 밝혀둔[建] 말씀들이[言] 있다[有].

그러므로 고(故), 세울 건(建), 말씀 언(言), 있을 유(有), 허사 지(之)

【지남(指南)】

〈건언유지(建言有之)〉는 〈유건언(有建言)〉이다. 예부터 성인(聖人)이 건립(建立)해놓은 말씀이[言] 있다는[有] 것이다. 문도(聞道)하여 상도(常道)의 조화를 진실로 믿지 않는 중사(中士)와 조화를 부정(否定)하는 하사(下士) 때문에, 성인(聖人)이 상도(常道)와 상덕(常德)을 문도(聞道)하여 근행(勤行)하도록 말씀[言]을 세워두었음[建]을 밝히고 있는 말씀이 여기 〈건언유지(建言有之)〉이다.

【보주(補註)】

- 〈건언유지(建言有之)〉를 〈고서유성인지건언(古書有聖人之建言)〉처럼 옮기면 문의(文意)를 좀 더 쉽게 새길 수 있다. 〈옛 글에[古書] 성인께서[聖人之] 세워둔[建] 말씀들이[言] 있다[有].〉

- 〈건언유지(建言有之)〉가 〈서유지왈(書有之曰)〉로 된 본(本)도 있다. 〈글이[書] 있어[有之] 가로되[曰]〉

【해독(解讀)】

● 〈건언유지(建言有之)〉는 〈유건언(有建言)〉에서 건언(建言)을 유(有) 앞으로 내고, 그 자리에 허사(虛詞) 지(之)를 둔 구문이다. 건언유지(建言有之)에서 건언(建言)은 유(有)의 주부(主部) 노릇하고, 유(有)는 〈있을 유(有)〉로 동사 노릇하며, 지(之)는 허사(虛詞)이다. 건(建)은 〈세울 립(立)〉과 같아 건립(建立)의 줄임말로 여기면 된다. 〈건언이[建言] 있다[有之].〉

41-6 明道若昧(명도약매)

▶ 밝은[明] 도는[道] 어두운[昧] 듯하다[若].

밝을 명(明), 도리 도(道), 듯할 약(若), 어두울 매(昧)

【지남(指南)】

〈명도약매(明道若昧)〉는 앞 건언의[建言] 한 말씀이다. 여기 〈명도(明道)〉의 도(道)는 상도(常道)이다. 명도(明道) 즉 밝은[明] 도(道)일수록 어두운[昧] 듯하다는[若] 것이다. 천지만물이 상도(常道)가 낳은 것인데 그보다 더 명백한 것이 없으니, 상도(常道)야말로 공성(功成)이 명백(明白)하다. 그러므로 상도(常道)를 일컬어 명도(明道)라 할 수 있다. 그러나 상도(常道)는 조화의 공성(功成)을 불언(不言)하므로 명도(明道)인데도 약매(若昧) 즉 어두운[昧] 듯하다[若].

본래 〈명(明)〉이란 안으로 밝음인지라 겉으로 드러나는 밝음[光]과는 달리 겉으로는 어둡다[昧]. 상도(常道)에는 명(明)과 매(昧)가 둘로 나뉘지 않고 하나이다. 상도(常道) 즉 대도(大道)에는 명매(明昧)가 상생(常生)하고 상성(相成)하며 상형(相形)하고 상경(相傾)하며 상화(相和)하고 상수(相隨)한다. 밝음[明]이 어둠[昧]이고, 매(昧)가 곧 명(明)이다. 저녁이면 밝음이 어둠이 되고, 새벽이면 어둠이 밝음이 됨이 모두 명매(明昧)이다. 상도(常道)의 이런 명매(明昧)를 본받는[法] 성인(聖人)은 기지(機智)를 앞세우지 않아 생각함이 청정(淸靜)하되 어둑어둑해[昧] 그 총명(聰明)함이 드러나지 않는다. 이처럼 성인(聖人)이 밝되[明] 어수룩해[昧] 보임[若]은 상도(常道)를 본받아 시비 분별을 떠나 불모(不謀)하는 까닭임을 깊이 살펴 새기고 헤아려 깨우치게 하는 말씀이 〈명도약매(明道若昧)〉이다.

【보주(補註)】

- 〈명도약매(明道若昧)〉를 〈명도약매도(明道若昧道)〉처럼 옮기면 문의(文意)를 좀 더 쉽게 새길 수 있다. 〈밝은[明] 도는[道] 어두운[昧] 도인[道] 듯하다[若].〉

- 명도약매(明道若昧)는 명매(明昧)가 하나[一]인지라 상도(常道)가 현묘(玄妙)함을 밝힌다. 명(明)이니 매(昧)니 둘[二]로 나누어 따로 분별함은 인간의 짓이지, 천도(天道)에서는 명매(明昧)가 하나이다. 그래서 **포일(抱一)**하고 **천균(天均)**하며 **양행(兩行)**한다고 하는 것이다.

註 "재영백포일(載營魄抱一) 능무리호(能無離乎)." 넋(혼백)을[營魄] 싣고서[載] 하나를[一] 지키는 것처럼[抱] 능히[能] 떠남이[離] 없는 것[無]인가[乎]?　　　『노자(老子)』10장(章)

註 "역인시야(亦因是也) 시이성인화지이시비(是以聖人和之以是非) 이휴호천균(而休乎天均) 시지위양행(是之謂兩行)." 역시[亦] 자연에[是] 맡기는 것[因]이다[也]. 이렇기[是] 때문에[以] 성인은[聖人] 자연에 맡김으로[之]써[以] 시비를[是非] 화해시킨다[和]. 그리고[而] (성인은) 자연의 평균에[乎天均] 쉰다[休]. 이를[是之] 둘의[兩] 통함이라[行] 한다[謂].

　　천균(天均)은 자연은[天] 만물일야(萬物一也) 즉 만물을 차별하지 않음을[一] 뜻함이고, 양행(兩行)은 피차(彼此) 사이에 아무런 장애가 없어 상통(相通)함을 뜻한다.

　　　　　　　　　　　　　　　　　『장자(莊子)』「제물론(齊物論)」

【해독(解讀)】

- 〈명도약매(明道若昧)〉에서 명도(明道)는 주어 노릇하고, 약(若)은 동사 노릇하며, 매(昧)는 주격보어 노릇한다. 약(若)은 〈같을 여(如)·사(似)〉 등과 같다. 〈명도는[明道] 어두운[昧] 듯하다[若].〉

- 명도약매(明道若昧)는 〈A약(若)B〉의 상용문이다. 〈A는 B인 듯하다[若].〉

41-7 進道若退(진도약퇴)

▶나아가는[進] 도는[道] 물러가는[退] 듯하다[若].

나아갈 진(進), 도리 도(道), 듯할 약(若), 물러날 퇴(退)

【지남(指南)】

〈진도약퇴(進道若退)〉역시 앞 건언의[建言] 한 말씀이다. 여기 〈진도(進道)〉의 도(道)는 상도(常道)이다. 진도[進道] 나아가는[進] 도(道)일수록 물러가는[退] 듯하다는[若] 것이다. 상도(常道)의 조화란 앞서거니 뒤서거니 진(進)과 퇴(退)가 둘로 나뉘지 않고 하나가 되어 진퇴(進退) 또한 상생(常生)하고 상성(相成)하며 상형(相形)하고 상경(相傾)하며 상화(相和)하고 상수(相隨)한다. 나아감[進]이 물러감[退]이고 퇴(退)가 곧 진(進)이니, 상도(常道)의 조화로서 진퇴(進退)는 『장자(莊子)』에 나오는 시졸약환(始卒若環)을 상기시킨다. 봄이 물러가고 여름이 오지만, 여름도 물러가고 가을이 온다. 이처럼 물러감이 나아감이고 나아감이 물러감이니, 상도(常道)의 조화는 출생입사(出生入死)가 아님이 없어 반자(反者) 즉 되돌아오는[反] 것[者]이다.

도지동(道之動) 즉 상도(常道)의 움직임[動]은 반자(反者)이니, 그것은 진퇴(進退)이고 퇴진(退進)이다. 상도(常道)의 이런 진퇴(進退)를 본받는[法] 성인(聖人)께는 선후(先後)가 둘이 아니라 하나일 뿐, 성인(聖人)은 후기신(後其身) 즉 자신[其身]을 뒤로 하지만[後] 천하(天下)가 성인(聖人)을 받들어 따르니 앞세운다[先]. 성인(聖人)은 외기신(外其身) 즉 자신[其身]을 물리지만[外], 세상[天下]이 성인(聖人)을 받들어 모시니 외면당하지 않는다. 성인(聖人)의 물러남이 앞서는 것으로 돌아옴은, 상도(常道)의 진퇴(進退)가 하나임을 본받는 성인(聖人)이 나아감[進]과 물러남[退]을 시비분별하지 않고 불모(不謀)하는 까닭임을 깊이 살펴 새기고 헤아려 깨우치게 하는 말씀이 〈진도약퇴(進道若退)〉이다.

註 "시졸약환(始卒若環) 막득기륜(莫得其倫) 시위천균(是謂天均) 천균자천예야(天均者天倪也)." 처음과[始] 끝이[卒] 고리[環] 같아[若] 그[其] 순서를[倫] 알 수가[得] 없다[莫]. 이를[是] 자연의[天] 평균이라[均] 한다[謂]. 자연의[天] 평균이란[均] 것은[者] 자연의[天] 처음과 끝[倪]이다[也].

천예(天倪)는 천지단예(天之端倪) 즉 자연의[天之] 처음과[端] 끝[倪]을 줄인 술어(術語)이다. 그래서 천예(天倪)를 자연(自然)의 분제(分際) 즉 나누어진 사이[分際]라 하고, 이 천예(天倪)를 자연의 길이라 하고 그 길에서는 모든 것이 하나이다. 『장자(莊子)』「우언(寓言)」

【보주(補註)】

• 〈진도약퇴(進道若退)〉를 〈진도약퇴도(進道若退道)〉처럼 옮기면 문의(文意)를

좀 더 쉽게 새길 수 있다. 〈나아가는[進] 도는[道] 물러가는[退] 도인[道] 듯하다[若].〉

- 진도약퇴(進道若退)는 진퇴(進退)가 하나[一]인지라 상도(常道)가 현묘(玄妙)함을 밝힌다. 진(進)이니 퇴(退)니 둘[二]로 나누어 따로 분별함은 인간의 짓이지, 천도(天道)에서는 진퇴(進退)가 하나이다. 그래서 포일(抱一)하고 천균(天均)하며 양행(兩行)한다고 하는 것이다.

【해독(解讀)】

- 〈진도약퇴(進道若退)〉에서 진도(進道)는 주어 노릇하고, 약(若)은 동사 노릇하며, 퇴(退)는 주격보어 노릇한다. 약(若)은 〈같을 여(如)·사(似)〉 등과 같다. 〈진도는[進道] 퇴하는[退] 듯하다[若].〉

- 진도약퇴(進道若退) 역시 〈A약(若)B〉의 상용문이다. 〈A는 B인 듯하다[若].〉

41-8 夷道若類(이도약류)

▶ 평탄한[夷] 도는[道] 고르지 않은[類] 듯하다[若].

평탄할 이(夷), 상도 도(道), 같을(듯 할) 약(若), 불평(不平) 류(類)

【지남(指南)】

〈이도약류(夷道若類)〉 역시 건언의[建言] 말씀이다. 여기 〈이도(夷道)〉의 도(道)는 상도(常道)이다. 이도(夷道), 평탄한[夷] 도(道)일수록 평탄치 않은[類] 듯하다는[若] 것이다. 상도(常道)의 조화란 평탄하거니 평탄치 않거니 이(夷)와 유(類)가 둘로 나뉘지 않고 하나가 된다. 그래서 이류(夷類) 또한 상생(常生)하고 상성(相成)하며 상형(相形)하고 상경(相傾)하며 상화(相和)하고 상수(相隨)한다. 나아감[進]이 물러감[退]이고 퇴(退)가 곧 진(進)이니, 상도(常道)의 조화로서 이류(夷類)는 하나이다. 그래서 이도(夷道)는 상도(常道)이니, 고르지만[夷] 고르지 않은[類] 듯하다는[若] 것이다.

이도(夷道)의 이(夷)는 평(平)이고, 유(類)는 불평(不平)이다. 만물일야(萬物一也)지만, 보이는 만물은 만물류야(萬物類也)인 것이다. 크고 작고 많고 적고 길고 짧고 넓고 좁고 형형색색(形形色色)이지만, 모두 다 생사(生死)의 것들로 균평(均平)하다. 천도(天道)에는 이것저것 나누어 분별하지 않아 만물을 평평히 하지만[夷], 온갖 것이 저마다 끼리끼리 드러나므로 평평치 않은 유(類)인 듯해 보인다. 상도(常道)는 하나[夷]와 여럿[類]을 둘로 나누지 않아 하나이면서[夷] 여럿[類]이다. 그래서 5장(章)에 **천지불인(天地不仁)**이란 말씀이 나온다. 상도(常道)는 천지만물을 다 같이 하고 너그러워 평탄하다[夷]. 그러나 상도(常道)가 낳아준 우주 삼라만상은 유류(類類)하여 천태만상(千態萬象)인지라 유(類)하다.

상도(常道)의 조화는 군중(羣衆)인 만물로 드러나지만, 상도(常道)는 무리[羣衆]를 포일(抱一)하여 이류(異類)란 없으니, 1장(章)에서 상도(常道)를 일러 **중묘지문(衆妙之門)**이라 한 것이다. 대도(大道)는 만물을 한 문(門)으로 낳아 포일(抱一)하는지라 『장자(莊子)』에 만물지소일(萬物之所一)이니 **만물일부(萬物一府)**란 말이 나온다. 온갖 것[萬物]이 이것저것으로 나타날 뿐, 상도(常道)가 만물을 나누어 가름하는 것이 아니라 평탄(平坦)하게 할 뿐이니 이도(夷道)이다. 상도(常道)의 조화는 천지만물을 온갖 종류들로 드러나게 하지만, 모든 것은 출생입사(出生入死)의 하나일 뿐 온갖 것이 하나로서의 이(夷)이다. 성인(聖人)도 상도(常道)의 이러한 이(夷)를 본받아 무엇 하나 버리는 것 없이 편애하지 않고 평탄(平坦)하게 함을 깊이 살펴 새기고 헤아려 깨우치게 하는 말씀이 〈이도약류(夷道若類)〉이다.

註 "천지불인(天地不仁) 이만물위추구(以萬物爲芻狗) 성인불인(聖人不仁) 이백성위추구(以百姓爲芻狗)." 천지에는[天地] 어짊이란[仁] 없어[不], 만물을[萬物] 써[以] 풀강아지로[芻狗] 삼는다[爲]. 성인께도[聖人] 어짊이란[仁] 없어[不], 백성을[百姓] 써[以] 풀강아지로[芻狗] 삼는다[爲]. 『노자(老子)』 5장(章)

註 "현지우현(玄之又玄) 중묘지문(衆妙之門)." 현묘하고[玄之] 또[又] 현묘하여[玄] {상도(常道)는} 온갖[衆] 묘리가[妙之] 들고나는 문이다[門]. 『노자(老子)』 1장(章)

註 "부천하야자만물지소일야(夫天下也者萬物之所一也) 득기소일이동언(得其所一而同焉)." 무릇[夫] 온 세상[天下]이란[也] 것은[者] 온갖 것이[萬物之] 하나로 깃든[一] 곳이다[所]. 온갖 것이[其] 하나로 깃든[一] 곳을[所] 얻으면[得而] 같은 것일[同] 뿐이다[焉]. 『장자(莊子)』「전자방(田子方)」

註 "만물일부(萬物一府) 사생동상(死生同狀)." 만물(萬物)은 한 곳간이니[一府] 죽음과[死] 태어남은[生] 한[同] 모습이다[狀].

상도(常道)에서 출생(出生)하여 상도(常道)로 입사(入死)하는 것이 만물이므로 상도(常道)가 만물을 포일(抱一)함을 뜻함이다.　　　　　　　　　　　『장자(莊子)』「천지(天地)」

【보주(補註)】

● 〈이도약류(夷道若類)〉를 〈이도약류도(夷道若類道)〉처럼 옮기면 문의(文意)를 좀 더 쉽게 새길 수 있다. 〈평탄한[夷] 도는[道] 평탄치 않은[類] 도인[道] 듯하다[若].〉

● 이도약류(夷道若類)는 이류(夷類)가 하나[一]인지라 상도(常道)가 현묘(玄妙)함을 밝힌다. 이(夷)이니 유(類)니 둘[二]로 나누어 따로 분별함은 인간의 짓이지, 천도(天道)에서는 이류(夷類)가 하나이다. 그래서 포일(抱一)하고 천균(天均)하며 양행(兩行)한다고 하는 것이다.

【해독(解讀)】

● 〈이도약류(夷道若類)〉에서 이도(夷道)는 주어 노릇하고, 약(若)은 동사 노릇하며, 유(類)는 주격보어 노릇한다. 이(夷)는 〈평평할 평(平)·쉬울 이(易)〉 등과 같고, 약(若)은 〈같을 여(如)·사(似)〉 등과 같고, 유(類)는 불평(不平) 즉 평평치 않음[不平]이다. 〈이도는[夷道] 유인[類] 듯하다[若].〉

● 이도약류(夷道若類) 역시 〈A약(若)B〉의 상용문이다. 〈A는 B인 듯하다[若].〉

41-9 上德若谷(상덕약곡)

▶위의[上] 덕은[德] 골짜기와[谷] 같다[若].

　높을 상(上), 덕(통하게 하는) 덕(德), 같을 약(若), 골짜기 곡(谷)

【지남(指南)】

〈상덕약곡(上德若谷)〉 역시 건언(建言)의 말씀이다. 〈상덕(上德)〉은 골짜기[谷] 같다[若]. 대도(大道)의 짓[象]이 상덕(上德)이니 대도(大道)의 조화이고 대도(大道)의 시현덕(施玄德)인지라 상덕(上德)은 곧 상덕(常德)이다. 대도(大道)의 용(用)인 상덕(上德)이 베풀어짐[施]은 골짜기[谷] 같다[若]. 만물이 총생(叢生)하는 조화 즉 신통(神通)함이 상덕(上德)이니 『장자(莊子)』에 통어천지자덕야(通於天地者德也)란 말이 나온다. 상덕(上德)은 상덕(常德)·현덕(玄德)·공덕(孔德) 등으로 불리기도 하고, 〈곡(谷)〉은 상덕(上德)의 시(施)를 비유한다. 곡(谷)은 4장(章) 도충이용지(道沖而用之)의 〈용충(用沖)〉을 일깨워 깨우치게[譬喩] 하고, 6장(章) 곡신불사(谷神不死)의 〈곡(谷)〉을 상기시키며, 15장(章) 광혜(曠兮) 기약곡(其若谷)의 〈곡(谷)〉을 떠올린다. 참으로 상덕(上德)은 21장(章) 공덕지용(孔德之容)의 〈용(容)〉 즉 성대한 모습[容]이다.

곡(谷)은 공허지산와(空虛之山窪)로 텅[空] 빈[虛之] 산골짜기[山窪]이다. 곡(谷)은 공허부존(空虛不存) 즉 텅[空] 비어[虛] 아무것도 없다[不存]. 그래서 곡(谷)은 수토(水土)를 끼고 초목(草木)·금수(禽獸)·충류(蟲類)를 하나로 안아서 살게 한다. 이런 연유로 곡(谷)은 양(養)이라 하기도 하고, 통천(通川) 즉 산비탈 개울물이[川] 흘러들어와 흘러감을[通] 비유하여 상덕(上德)의 베풂[施]을 헤아려 깨우치게 한다. 상덕(上德)을 곡(谷)에 비유함은 상덕(上德)이 만물을 휵양(畜養)하기 때문이니, 상도(常道)는 생지(生之)하고 상덕(上德)은 휵지(畜之)한다. 상도(常道)는 만물을 낳아주되[生而] 갖지 않고[不有], 위해주되[爲而] 바라지 않는다[不恃]. 만물이 스스로 그렇게[自然] 태어나 자라게 내버려두는 곡(谷)으로 일깨워 생지휵지(生之畜之)를 시행하는 상덕(上德)을 살펴 새기고 헤아려 깨우치게 하는 말씀이 〈상덕약곡(上德若谷)〉이다.

註 "통어천지자덕야(通於天地者德也) 행어만물자도야(行於萬物者道也)." 하늘땅에[於天地] 두루 통하는[通] 것이[者] 덕(德)이고[也], 온갖 것에[於萬物] 두루 미치는[行] 것이[者] 도(道)이다[也]. 『장자(莊子)』「천지(天地)」

註 "도충이용지(道沖而用之) 혹불영(或不盈) 연혜(淵兮) 사만물지종(似萬物之宗)." 도는[道] 빔이란[沖而] 그것을[之] 쓰나[用], {그 용(用)은} 가득 채우지 않는[不盈] 듯하다[或]. 그윽이 깊어라[淵兮]! 온갖 것의[萬物] 근본인[宗] 듯하다[似]. 『노자(老子)』 4장(章)

註 "광혜(曠兮) 기약곡(其若谷)." 비었구나[曠兮]! 그 비움은[其] 골짜기[谷] 같다[若]. 『노자(老子)』 15장(章)

註 "공덕지용(孔德之容) 유도시종(唯道是從) 도지위물(道之爲物) 유황유홀(唯恍唯惚)." 크고 텅 빈[孔] 덕의[德之] 그릇은[容] 오로지[唯] 도(道) 이것을[是] 따른다[從]. 도(道)라고[之] 하는[爲] 것은[物] 정말[唯] 있는 듯 없고[恍], 정말[唯] 없는 듯 있다[惚]. 『노자(老子)』 21장(章)

【보주(補註)】

● 〈상덕약곡(上德若谷)〉을 〈상덕약곡지모(上德若谷之貌)〉처럼 옮기면 문의(文意)를 좀 더 쉽게 새길 수 있다. 〈상덕은[上德] 골짜기의[谷之] 모습[貌] 같다[若].〉

● 상덕약곡(上德若谷)은 상덕(上德)이란 골짜기[谷] 중앙의 허공 같은 무위(無爲)의 덕(德)을 비유해준다. 무위(無爲)의 덕(德)은 무사(無私) · 무욕(無欲) · 무아(無我)로 덕을 베푸니[施德] 바로 천도(天道) 그것이다. 그러므로 상덕(上德) 즉 상덕(常德) · 대덕(大德) · 공덕(孔德) · 현덕(玄德)은 법자연(法自然)의 덕(德)이고, 스스로 그러함[自然]을 본받는[法] 덕(德)이다.

【해독(解讀)】

● 〈상덕약곡(上德若谷)〉에서 상덕(上德)은 주어 노릇하고, 약(若)은 동사 노릇하며, 곡(谷)은 주격보어 노릇한다. 〈상덕은[上德] 곡과[谷] 같다[若].〉

● 상덕약곡(上德若谷) 역시 〈A약(若)B〉의 상용문이다. 〈A는 B와 같다[若].〉

41-10 大白若辱(대백약욕)

▶ 크나큰[大] 힘은[白] 검은[辱] 듯하다[若].

크나큰 대(大), 흴 백(白), 같을(듯할) 약(若), 검을 욕(辱)

【지남(指南)】

〈대백약욕(大白若辱)〉 역시 건언(建言)의 말씀이다. 상덕(上德)의 건립(建立)은 어떻게 드러나는가? 대백(大白) 즉 더없이[大] 고결하지만[白], 건덕(建德)이 보이기로는 욕(辱)같이 보인다는 말씀이다. 상덕(上德)의 행(行)은 맑고 희지만[白], 그 드러남은 검어[辱] 보인다는 것이다.

〈약욕(若辱)〉의 욕(辱)은 〈검은 치(緇)〉와 같다. 백욕(白辱)은 백치(白緇) 즉 백흑(白黑)이다. 여기 욕(辱)은 22장(章) 부자현(不自見) · 부자시(不自是) · 부자벌(不自伐) · 부자긍(不自矜)을 환기시킨다. 검어 보여도[辱] 실은 더없이 하얗다는[白] 것으로, 대백(大白)은 태백(太白)이니 더없는[大] 흼[白]이란 지고(至高)하고 지결(至潔)함이다. 지극히[至] 높고[高] 지극히[至] 깨끗함[潔]이 대백(大白)이고 태백(太

白)이니, 그 덕행(德行)이 보기로는 어수룩해 검은[辱] 듯하다는[若] 것이다.

욕(辱)이란 흰 것에 검은 물을 들임인지라 욕(辱)은 흑(黑)으로 통한다. 즉 고결(高潔)함을 덮어 드러나지 않음이 여기 〈약욕(若辱)〉이다. 이는 4장(章)의 화기광(和其光)이다. 겉으로 눈부심[光]을 누그러뜨려 어울림[和]으로 『장자(莊子)』의 대백약욕(大白若辱)의 〈욕(辱)〉이고, 『열자(列子)』에도 대백약욕(大白若辱)이란 말이 나온다. 상덕(上德)은 검어[辱] 보이지만 실은 더없이[大] 깨끗해 희다[白]. 상덕(上德)의 대백(大白)을 본받는 사람은 고결(高潔)하되 척하지 않아 어수룩해 보일 뿐, 진실로 청렴(淸廉)한 사람은 청렴함을 드러내지 않듯이 백욕(白辱)을 하나로 하여 넉넉하고 느긋한 상덕(上德)의 베풂을 살펴 새기고 헤아려 깨우치게 하는 말씀이 〈대백약욕(大白若辱)〉이다.

老子 ● 제 41 장

註 "부자현고명(不自見故明) 부자시고창(不自是故彰) 부자벌고유공(不自伐故有功) 부자긍고장(不自矜故長)." 자신을[自] 드러내지 않기[不見] 때문에[故] 밝고[明], 스스로[自] 옳다 하지 않기[不是] 때문에[故] 뚜렷하며[彰], 자신을[自] 자랑하지 않기[不伐] 때문에[故] 보람이[功] 있고[有], 스스로[自] 뽐내지 않기[不矜] 때문에[故] 장구하다[長].　　　　　　　　　『노자(老子)』22장(章)

註 "좌기예(挫其銳) 해기분(解其紛) 화기광(和其光) 동기진(同其塵)." 그[其] 날카로움을[銳] 꺾고[挫], 그[其] 다툼을[紛] 없애며[解], 그[其] 빛냄을[光] 누그려 없애고[和], 그[其] 속세와[塵] 같이한다[同].　　　　　　　　　　　　　　　　　　　　　　　　『노자(老子)』4장(章)

註 "노자왈(老子曰) 이휴휴우우(而睢睢盱盱) 이수여거(而誰與居) 대백약욕(大白若辱) 성덕약부족(盛德若不足) 양자거축연변용왈(陽子居蹴然變容曰) 경문명의(敬聞命矣)." 노자(老子) 가로되[曰] : 그대는[而] 눈을 부릅뜨고[睢睢], 크게 뜨는데[盱盱] 누가[誰] 그대와[而] 함께[與] 놀겠는가[居]? 매우[太] 흰 것은[大白] 검은[辱] 듯하고[若], 성대한[盛] 덕은[德] 모자란[不足] 듯하다[若]. 양자거가[陽子居] 송구스러운 모습으로[蹴然] 얼굴색을[容] 바꾸어[變] 아뢰었다[曰] : 삼가[敬] 가르침을[命] 새겨 따를 것[聞]입니다[矣].

　　　양자거(陽子居)는 양주(楊朱)라고 하고, 양주(楊朱)의 자(字)는 자거(子居)이다. 이휴휴(而睢睢)의 이(而)는 〈너 이(爾)〉와 같고, 휴휴(睢睢)는 눈을 부릅뜨고 잘난 척 오만한 모양, 우우(盱盱)는 눈을 크게 뜨고 잘난 척 오만한 모양이다. 성덕(盛德)은 모자람 없는 상덕(上德)이다.

　　　　　　　　　　　　　　　　　　　　　　　　　　　　『장자(莊子)』「우언(寓言)」

註 "노자왈(老子曰) 이휴휴(而睢睢) 이우우(而盱盱) 이수여거(而誰與居) 대백약욕(大白若辱) 성덕약부족(盛德若不足) 양주축연(楊朱蹴然) 변용왈(變容曰) 경문명의(敬聞命矣)." 노자(老子) 가로되[曰] : 그대는[而] 눈을 부릅뜨고[睢睢] 그대는[而] 크게 뜨는데[盱盱], 누가[誰] 그대와[而]

함께[與] 놀겠는가[居]? 매우 흰 것은[大白] 검은[辱] 듯하고[若], 성대한[盛] 덕은[德] 모자란[不足] 듯하다[若]. 양주가[楊朱] 송구스러운 모습으로[蹴然] 얼굴색을[容] 바꾸어[變] 아뢰었다[曰] : 삼가[敬] 가르침을[命] 새겨 따를 것[聞]입니다[矣].

　　양주(楊朱)는 전국시대(戰國時代) 위(衛)나라 사람으로, 극도의 위기(爲己)를 주장하여 극도의 겸애(兼愛)를 주장한 묵자(墨子)와 대조를 이루었다.　　　　　『열자(列子)』「황제(皇帝)」

【보주(補註)】

● 〈대백약욕(大白若辱)〉을 〈대백약욕지모(大白若辱之貌)〉처럼 옮기면 문의(文意)를 좀 더 쉽게 새길 수 있다. 〈대백은[大白] 검은[辱之] 모습[貌] 같다[若].〉

● 대백약욕(大白若辱)의 욕(辱)〉은 〈흑(黑)〉과 통한다. 대백(大白)일수록 검어 보임[若辱]이다. 다듬어 꾸며서 고결(高潔)하게 보임은 고결(高潔)로 더러움[汗]을 감춘 위선(僞善)으로 통하기 쉽지만, 본디대로[樸] 고결(高潔)함을 드러내지 않고 그냥 그대로라면 오히려 검게 보임은 진실로 높고[高] 깨끗해[潔] 독천(黷天) 즉 검푸른[黷] 하늘[天] 같다는 것이다. 법자연(法自然)의 덕(德)인 상덕(上德)은 겉보기로는 검어 보일지라도[辱] 그보다 더 고결함은[白] 없다.

【해독(解讀)】

● 〈대백약욕(大白若辱)〉에서 대백(大白)은 주어 노릇하고, 약(若)은 동사 노릇하며, 욕(辱)은 주격보어 노릇한다. 약(若)은 〈같을 사(似)〉와 같고, 욕(辱)은 〈더러울 오(汚)·검을 독(黷)·검을 치(緇)〉 등과 같다. 〈대백은[大白] 검은[辱] 듯하다[若].〉

● 대백약욕(大白若辱) 역시 〈A약(若)B〉의 상용문이다. 〈A는 B인 듯하다[若].〉

41-11 廣德若不足(광덕약부족)

▶넓은[廣] 덕은[德] 모자란[不足] 듯하다[若].

넓을 광(廣), 덕(통하게 하는)덕(德), 같을(듯할) 약(若), 않을 부(不), 족할 족(足)

【지남(指南)】

〈광덕약부족(廣德若不足)〉역시 건언(建言)의 말씀이다. 상덕(上德)은 어떻게 드러나는가? 광대(廣大)하여 풍족하지만 부족해 보이는 덕행(德行)이 상덕(上德)이다. 〈광덕약부족(廣德若不足)〉은 『열자(列子)』와 『장자(莊子)』에 나오는 **성덕약부족(盛德若不足)**과 같은 말씀이다. 상덕(上德)은 〈약부족(若不足)〉즉 모자란[不足] 듯하나[若], 진상(眞狀)은 광대(廣大)하여 모자람이 없는 덕(德)이다. 광덕(廣德)은 곧 대덕(大德)이니 대덕(大德)·상덕(上德)·공덕(孔德)·현덕(玄德)·상덕(常德)이다.

성덕(盛德)으로 성대(盛大)함을 과시하면 진실로 크고 넓은[廣] 덕(德)이 아니란 것이다. 진실로 풍족(豊足)함은 넘쳐남[豊足]을 과시하지 않아 모자란 듯[若不足] 보일 뿐, 소사과욕(少私寡欲)에서 비롯하는 검박(儉樸)한 베풂[施]인 까닭이다. 이러한 광덕(廣德)은 성덕(盛德)이며 남김없이 베풀어지는 지극한 상덕(上德), 즉 상도(常道)의 조화를 본받아 유별(類別)하여 구분하지 않고 균등하게 베풀어지는 덕(德)의 쌓임[盛]이다. 이러한 광덕(廣德)은 상도(常道)의 남김 없는 씀임을[用] 살펴 새기고 헤아려 깨우치게 하는 말씀이 〈광덕약부족(廣德若不足)〉이다.

註　"대백약욕(大白若辱) 성덕약부족(盛德若不足)." 매우[大] 흼은[白] 검은[辱] 듯하고[若], 성대한[盛] 덕은[德] 모자란[不足] 듯하다[若].　　　　　　　　『장자(莊子)』「우언(寓言)」

註　"성덕약부족(盛德若不足)." 성대한[盛] 덕은[德] 모자란[不足] 듯하다[若].　　　　　　　　『열자(列子)』「황제(皇帝)」

【보주(補註)】

- 〈광덕약부족(廣德若不足)〉을 〈광덕약부족지모(廣德若不足之貌)〉처럼 옮기면 문의(文意)를 좀 더 쉽게 새길 수 있다. 〈광덕은[廣德] 부족한[不足之] 모습[貌] 같다[若].〉

- 광덕약부족(廣德若不足)은 시덕(施德) 즉 덕(德)을 베풂[施]이, 무부족(無不足) 즉 부족함[不足]이 없음[無]을 반어법으로 밝힌 말씀이다.

【해독(解讀)】

- 〈광덕약부족(廣德若不足)〉에서 광덕(廣德)은 주어 노릇하고, 약(若)은 동사 노릇하며, 부족(不足)은 보어 노릇한다. 〈광덕은[廣德] 부족한[不足] 듯하다[若].〉

- 광덕약부족(廣德若不足) 역시 〈A약(若)B〉의 상용문이다. 〈A는 B인 듯하다[若].〉

41-12 建德若偸(건덕약투)

▶ 굳건한[建] 덕행은[德] 구차한[偸] 듯하다[若].

굳셀 건(建), 덕(통하게 하는) 덕(德), 같을(듯할) 약(若), 구차할 투(偸)

【지남(指南)】

〈건덕약투(建德若偸)〉 역시 건언(建言)의 말씀이다. 상덕(上德)은 어떻게 드러나는가? 상덕(上德)의 드러남은 투인[偸] 듯하니[若], 속으로는 덕행이[德行] 강건하지만[建] 겉보기로는 게을러 구차해[偸] 보인다는 것이다. 건덕(建德)은 덕(德)을 행함을 주저하거나 망설이지 않으므로 후덕(厚德)할 뿐 박덕(薄德)함이란 없지만, 그 드러남은 게으르고 나약해[偸] 보임은 상덕(常德)은 결코 군림하지 않기 때문이다. 건덕(建德)은 결코 그 베풂을 과시하지 않는다. 상덕(上德)을 행함에 군건함[建]은 오로지 **천균(天均)**의 베풂에 후(厚)·박(薄)이란 없이 자연의[天] 규율을[道] 따라 남김없이 덕(德)을 행할 뿐이다.

이런 연유로 건덕약투(建德若偸)의 〈투(偸)〉는 태(怠) 또는 타(惰) 등의 뜻을 낸다. 건덕(建德)은 겉보기로는 오히려 게을러 나약해 보인다는 것이 여기 투(偸)이다. 그래서 『장자(莊子)』에 나오는 **건덕지국(建德之國)**은 『노자(老子)』 80장에 나오는 **소국(小國)**을 연상시킨다. 건덕의[建德之] 나라[國]가 태평한 까닭은 백성이 어수룩하고[愚而] 소박하기[朴] 때문이며, 사심(私心)이 적고[少而] 욕심이 적기[寡] 때문이다. 우이박(愚而朴)하여 소사이과욕(少私而寡欲)하면 모습은 게으르고 구차스럽게 보이기도 하지만, 건덕(建德) 즉 강건히[建] 상덕(常德)을 행함에 결코 변덕스럽지 않음을 살펴 새기고 헤아려 깨우치게 하는 말씀이 〈광덕약부족(廣德若不足)〉이다.

註 "만물개종야(萬物皆種也) 이부동형(以不同形) 상선(相禪) 시졸약환(始卒若環) 막득기륜(莫得其倫) 시위천균(是謂天均) 천균자천예야(天均者天倪也)." 만물은[萬物] 모두[皆] 저마다[種]이다[也]. 이 때문에[以] 같게[同] 드러나지 않고[不形], (끼리끼리) 서로[相] 대를 잇는다[禪]. (저마다 드러남의) 처음과[始] 끝이[卒] 둥근 고리[環] 같아[若] 순서를[倫] 알 수[得] 없다[莫]. 이를[是] 자연의[天] 조화라[均] 한다[謂]. 천균이란[天均也] 것은[者] 시비분별을 초월한 자연의 길[天

倪]이다[也].

상선(相禪)은 상대와 같이 서로[相] 대를 이어간다[禪]는 뜻이다. 천균(天均)은 자연의 조화(調和), 천예(天倪)는 시비분별을 떠난 자연의 길을 뜻한다.   『장자(莊子)』「우언(寓言)」

註 "남월유읍언(南越有邑焉) 명위건덕지국(名爲建德之國) 기민우이박(其民愚而朴) 소사이과욕(少私而寡欲) 지작이부지장(知作而不知藏) 여이불구기보(與而不求其報) 부지의지소적(不知義之所適) 부지예지소장(不知禮之所將) 창광망행(猖狂妄行) 내도호대방(乃蹈乎大方) 기생가락(其生可樂) 기사가장(其死可葬)." 남월에[南越] 한 고을이[邑] 있는데[有焉], 이름이[名] 건덕의[建德之] 나라[國]이다[爲]. 그 나라[其] 백성은[民] 어수룩하고[愚而] 소박하며[朴], 사심이[私] 적어서[少而] 욕심이[欲] 적고[寡], 농사짓기를[作] 알아도[知而] 저장할 줄을[藏] 모르고[不知], 베풀어주되[與而] 그[其] 보답을[報] 구하지 않고[不求], 의로움이[義之] 알맞다는[適] 바를[所] 모르고[不知], 예가[禮之] 행해지는[將] 바도[所] 모르며[不知], 마음이 바라는 바대로[猖狂妄] 행하고[行], 이에[乃] 대도를[大方] 따르면서[蹈乎] 저마다의[其] 삶은[生] 즐거워서[樂] 좋고[可], 저마다[其] 죽음은[死] 묻혀서[葬] 좋다[可].

남월(南越)은 전국시대까지만 해도 중국과 내통이 없었던 머나먼 남쪽 나라를 일컫고, 지작(知作)의 작(作)은 〈농사지을 경(耕)〉과 같고, 기민우이박(其民愚而朴)은 57장(章)에 나오는 〈아무욕이민자박(我無欲而民自樸)〉과 같고, 소사과욕(少私寡欲)은 19장(章)에서 살핀 내용이며, 예지소장(禮之所將)의 장(將)은 〈행할 행(行)〉과 같고, 창광망행(猖狂妄行)은 종심소욕(從心所欲) 즉 마음이[心] 바라는[欲] 바를[所] 따름[從]이며, 대방(大方)은 대도(大道)와 같다.

        『장자(莊子)』「산목(山木)」

註 "소국과민(小國寡民)." 나라는[國] 작고[小] 백성은[民] 적다[寡].   『노자(老子)』80장(章)

【보주(補註)】

● 〈건덕약투(建德若偸)〉를 〈건덕약투지모(建德若偸之貌)〉처럼 옮기면 문의(文意)를 좀 더 쉽게 새길 수 있다. 〈건덕은[建德] 야박한[偸之] 모습[貌] 같다[若].〉

● 건덕약투(建德若偸)는 시덕(施德) 즉 덕(德)을 베풂[施]이 게으르고 나약해[偸] 보이지만 실은 강건함을[建] 밝힌 말씀이다.

【해독(解讀)】

● 〈건덕약투(建德若偸)〉에서 건덕(建德)은 주어 노릇하고, 약(若)은 자동사 노릇하며, 투(偸)는 주격보어 노릇한다. 여기 투(偸)는 〈나약할 태(怠)・타(惰)〉 등과 같다. 〈굳건한[建] 덕은[德] 나약한[偸] 듯하다[若].〉

● 건덕약투(建德若偸) 역시 〈A약(若)B〉의 상용문이다. 〈A는 B인 듯하다[若].〉

41-13 質德若渝(질덕약투)

▶ 실박한[質] 상덕은[德] 빈[渝] 듯하다[若].

실박할 질(質), 덕(통하게 하는) 덕(德), 같을(듯할) 약(若), 빌 투(渝)

【지남(指南)】

〈질덕약투(質德若渝)〉 역시 건언(建言)에 있는 말씀이다. 질덕(質德)은 실덕(實德)이다. 영근 열매 같은 덕(德)이 질덕(質德)으로, 실박(實樸)한 덕(德)인지라 꾸밈없는 그냥 그대로의 덕(德)이다. 그러나 질덕(質德)의 드러남은 오히려 텅 빈[渝] 듯하다는[若] 것이다. 상덕(上德)·광덕(廣德)·건덕(建德) 등은 모두 질덕(質德)이며, 동시에 모두 다 현덕(玄德)으로 통한다. 이칭(異稱)일 뿐이지, 시덕(施德)은 79장(章)의 천도무친(天道無親)을 따라 어떤 생색도 내지 않는다. 남의 눈치나 세상이 무서워 덕(德)을 베푼다면 그런 덕행(德行)은 속임질[詐術]이다. 사술(詐術) 따위가 전혀 없음이 〈질(質)〉이니, 속이[質] 영글지만 겉보기로는 텅 빈 듯[若渝] 걸림 없이 베풂이 여기 허(虛)의 〈투(渝)〉이다.

질덕(質德)의 〈질(質)〉은 더도 덜도 없이 본디대로의[樸] 그 자체를 말하므로, 질덕(質德)의 드러남은 아무런 꾸밈이 없다. 덕(德)을 행함을 주저하거나 망설이거나 마지못해 베풂이 아니라, 덕(德)을 변함없이 베풂이 질덕약투(質德若渝)의 〈투(渝)〉이다. 그래서 질덕(質德)의 행함을 〈텅 빔[渝]〉이라고 한 것이다. 아무런 저의(底意)가 없는 마음 속은 곧 텅 빈[渝] 공허(空虛)와 같다. 본래 소박하여 진실하면 그렇지 않은 사람의 눈에는 무심(無心)하고 무욕(無欲)하니 텅 비어[渝] 보이는 법이다.

소박하고 진실한 사람은 남의 눈에 잘 보이고자 꾸미지 않으니 무심해 보이듯, 질덕(質德)의 베풂은 하염없이 〈투(渝)〉인지라 질덕(質德)의 베풂일수록 공허해 보임을 살펴 새기고 헤아려 깨우치게 하는 말씀이 〈질덕약투(質德若渝)〉이다.

註 "천도무친(天道無親) 상여선인(常與善人)." 자연의[天] 규율에는[天道] (따로) 친애함이[親] 없고[無], 늘[常] 선한[善] 사람과[人] 함께한다[與].　　　　『노자(老子)』 79장(章)

동이장(同異章)

【보주(補註)】

● 〈질덕약투(質德若渝)〉를 〈질덕약투지모(質德若渝之貌)〉처럼 옮기면 문의(文意)를 좀 더 쉽게 새길 수 있다. 〈실박한[質] 덕은[德] 텅 빈[渝之] 모습인[貌] 듯하다[若].〉

● 질덕약투(質德若渝)의 투(渝)는 〈빌 유(𥁞)〉의 차자(借字)로 보고 〈빌 허(虛)〉와 같이 새긴다. 질덕약투(質德若渝)는 〈실덕약허(實德若虛)〉와 같다. 〈실박한[實] 덕은[德] 빈[虛] 듯하다[若].〉

● 질덕약투(質德若渝)는 『노자(老子)』의 원문(原文)인 〈질진약투(質眞若渝)〉를 고친 것이다. 덕(德) 자(字)의 정자(正字)가 〈덕(悳)〉이고, 그 〈덕(悳)〉은 〈진(眞)〉과 흡사한지라 오기(誤記)된 것이고, 나아가 앞서 나오는 〈광덕약부족(廣德若不足) · 건덕약투(建德若偸)〉 등과 병문(竝文)으로서도 〈질진약투(質眞若渝)〉를 〈질덕약투(質德若渝)〉로 고쳐야 한다는 고형(高亨)의 설(說)을 따랐다.

【해독(解讀)】

● 〈질덕약투(質德若渝)〉에서 질덕(質德)은 주어 노릇하고, 약(若)은 동사 노릇하며, 투(渝)는 주격보어 노릇한다. 투(渝)는 〈텅 빈 유(𥁞)〉와 같다. 〈질덕은[質德] 텅 빈[渝] 듯하다[若].〉

● 질덕약투(質德若渝) 역시 〈A약(若)B〉의 상용문이다. 〈A는 B인 듯하다[若].〉

41-14 大方無隅(대방무우)

▶ㅋ나큰[大] 정위에는[方] 모서리가[隅] 없다[無].

큰 대(大), 방위 방(方), 없을 무(無), 모서리 우(隅)

【지남(指南)】

　〈대방무우(大方無隅)〉 역시 건언(建言)의 말씀으로, 상도(常道)가 쓰는 상덕(常德)을 대방(大方)으로써 비유를 들어 밝힌다. 대방은[大方] 대도(大道)가 짓는 조화의 정방(正方)이다. 방위에 모서리[角]가 있으면 이쪽저쪽이 생기고 시비(是非) · 분별(分別) · 호오(好惡)가 생긴다. 정방(正方)에 분별을 지어 호오(好惡)를 붙이는 짓은 인위(人爲)이다. 서울에서 명동 쪽은 땅값이 비싸지만 사람 많고 차들이 많아 살 곳이 못 되고, 변두리 산자락 쪽은 땅값이 싸지만 주거지로는 더 낫다고 주장하듯이, 시비(是非)·호오(好惡)의 인위(人爲)에는 정방(正方)마다 이쪽저쪽 모서리가 있다.

무위(無爲)의 정방(正方)에는 무방(無方)인지라 어떤 모서리도 없다. 정방(正方)에 우(隅) 즉 모퉁이를 정하는 것은 사람의 짓이지, 천지(天地)의 짓도 아니고 상도(常道)의 짓도 아니다. 해가 뜨는 곳은 동(東)이고 해가 지는 곳은 서(西)라는 정방(正方)도 사람이 붙인 이름이고, 상도(常道)의 대방에는 상하·동서남북의 육극(六極)과 중앙 그리고 사유(四維)등이 없으니 정방(正方)의 지정(指定)은 천도가 아니라 인간의 짓일 뿐이다. 대방(大方) 즉 천도(天道)의 정방(正方)에는 모서리든 모퉁이든 없음이 〈무방(無方)〉이다. 대방은[大方] 무방(無方)이니 어디 가나 그 자리만큼 평평한 정위(正位)가 되고, 오대양(五大洋) 육대주(六大洲)의 지구에서 인간도 생사(生死)를 누리고 천하만물도 생사를 누리다 귀근(歸根)한다.

대방(大方)에 모서리가 없다면 그것은 대원(大圓)으로 통한다. 대방무우(大方無隅)의 〈대방(大方)〉은 대환(大環) 즉 큰[大] 고리[環]와 같다. 대방무우(大方無隅)의 〈대(大)〉는 25장(章) **강위지명왈대(强爲之名曰大)**를 상기시킨다. 상도(常道)를 이름하여[名] 대(大)라 하니, 대방(大方)은 곧 대도(大道)의 씀[用]인 상덕(常德)을 풀이하는 셈이다. 물론 상덕(上德)·광덕(廣德)·건덕(建德)·질덕(質德) 등도 덕(德)의 종류를 밝힘이 아니라 상덕(常德)의 용(用)인 상덕(常德)을 이리저리 풀이하는 칭명(稱名)일 뿐이다. 상도(常道)의 조화가 대방무우(大方無隅)이니 어떠한 모서리도 없이 시덕(施德) 즉 덕을[德] 베풂을[施] 일깨워 깨우치게 한다. 이런 대방무우(大方無隅)의 인간이 성인(聖人)이요 성왕(聖王)이다.

상도(常道)가 크고[大] 천지(天地)가 크듯[大] 왕(王) 역시 크다[大]. 왕(王)이란 무불통(無不通) 즉 막힘[不通]이 없음[無]으로, 막힘이 없는 사람이 왕(王)이고 성(聖)이니 〈통할 성(聖), 통할 왕(王)〉인지라 성왕(聖王)이라 한다. 성왕(聖王)이 반드시 궁궐에 있어야 하는 것은 아니다. 무사(無私)·무욕(無欲)·무아(無我)하여 무애(無碍)하면 야인(野人)일지라도 성왕(聖王)이 된다는 것이 천도(天道)이다. 진실로 상도(常道)를 따라 법자연(法自然)대로 상덕(上德)의 대방(大方)을 본받는 성인(聖人)의 정방(正方)을 살펴 새기고 헤아려 깨우치게 하는 말씀이 〈대방무우(大方無隅)〉이다.

───────

註 "강자지왈도(强字之曰道) 강위지명왈대(强爲之名曰大) 대왈서(大曰逝) 서왈원(逝曰遠) 원왈반(遠曰反) 고(故) 도대(道大) 천대(天大) 지대(地大) 인역대(人亦大)." 억지로[强] 글로 하여[字之] 도라[道] 하고[曰], 억지로[强] 그것을[之] 이름으로[名] 일컬어[爲] 큼이라[大] 한다[曰]. 큼은[大] 떠남이라[逝] 하고[曰], 떠남은[逝] 멂이라[遠] 하며[曰], 멂은[遠] 돌아감이라[反] 한다[曰]. 그러므로[故] 상도는[道] 크고[大], 하늘도[天] 크고[大], 땅도[地] 크며[大], 사람[人] 또한[亦] 크다[大].

『노자(老子)』 25장(章)

【보주(補註)】

● 〈대방무우(大方無隅)〉를 〈대방야자무우자야(大方也者無隅者也)〉처럼 옮기면 문의(文意)를 좀 더 쉽게 새길 수 있다. 〈대방(大方)이란[也] 것은[者] 모서리가[隅] 없는[無] 것[者]이다[也].〉

● 대방(大方)은 가장자리[邊]도 없고 모퉁이[隅]도 없고 동서남북 상하도 없이 우주 삼라만상을 안고 있는 대도(大道)의 포일(抱一)을 사유(思惟)하게 하는 말씀이다.

【해독(解讀)】

● 〈대방무우(大方無隅)〉에서 대방(大方)은 무(無)를 꾸며주는 부사 노릇하고, 무(無)는 〈없을 무(無)〉로 동사 노릇하며, 우(隅)는 무(無)의 주어 노릇한다. 우(隅)는 〈모퉁이 방(方)〉과 같아 대방무우(大方無隅)는 〈대방무방(大方無方)〉과 같다. 〈대방에는[大方] 우가[隅] 없다[無].〉〈대방에는[大方] 쪽이[方] 없다[無].〉

● 대방무우(大方無隅)는 〈A무(無)B〉의 상용문이다. 〈A에는 B가 없다[無].〉

41-15 大器晚成(대기만성)

▶ 크나큰[大] 그릇은[器] 뒤늦게[晚] 이루어진다[成].

큰 대(大), 재주(그릇)기(器), 늦을 만(晚), 이루어질 성(成)

【지남(指南)】

〈대기만성(大器晩成)〉역시 건언(建言)의 말씀으로 상도(常道)가 쓰는 상덕(常德)을 대기(大器)로써 비유를 들어 밝힌다. 흔하디 흔한 모래알 하나라도 대기(大器)이다. 온갖 씨앗이야말로 대기(大器)의 약속이다. 〈대기(大器)〉란 중대한[重大] 기물(器物)이다. 왜 『장자(莊子)』에 천하막대어추호지말(天下莫大於秋毫之末) 이태산위소(而太山爲小)란 말이 나오는가? 태산(太山)만 대기(大器)가 아니라 가을 털끝도[秋毫之末] 대기(大器)인 까닭이다. 할 일을 다 하고 떨어지는 가을 털끝도 짐승이 최후로 만들어낸 대기(大器)이고, 나무에서 떨어지는 가랑잎 하나도 나무가 최후로 만들어낸 대기(大器)이다. 그러니 상도(常道)의 용(用)인 상덕이[上德] 빚는 만물치고 대기(大器) 아닌 것이란 없다.

물론 대기(大器)의 〈대(大)〉는 더없이 귀중한 큼[大]이다. 천하만물치고 귀중하지 않은 것이란 없고, 귀중한[大] 기물(器物)치고 순식간에 이루어지는 것이란 없음이 〈만성(晩成)〉이다. 만성(晩成)이란 완성(完成)이다. 한 목숨이 태어나 생(生)을 누리고 사(死)로 마감함이 목숨의 대기(大器)로서 만성(晩成)이다. 경기도 용문사 앞 천년 은행나무도 해마다 낙엽을 떨어뜨리고 은행을 익혀 떨어지게 하니, 대기(大器)를 만들어가면서 삶을 누린다. 고목(枯木)이 되어 숨을 거두면 은행나무 자체도 대기(大器)가 된다. 이처럼 대기(大器)란 거목(巨木)인 은행나무는 아직은 대기(大器)로 되어가는 중이고, 오히려 가을이면 수없이 떨어지는 은행잎과 열매가 대기(大器)인 것이다.

떨어지는 은행잎은 한 해 동안 최후로 만들어진 기물(器物)이고, 익어서 떨어지는 은행도 한 해 동안 최후로 만들어진 기물(器物)이다. 그러므로 대기만성(大器晩成)은 『장자(莊子)』의 집도자덕전(執道者德全)이란 말을 상기시킨다. 성인(聖人)이란 집도자(執道者)야말로 인간 중에서 더없는 대기(大器)이니 상덕(常德)을 온전히 본받아[法] 몸[形]과 정신[神]이 온전한[全] 분으로, 천하인(天下人)을 하나로 품는 대기(大器)가 된다. 하다마다 하는 덕행(德行)은 덕전(德全)일 수 없으므로 덕전(德全)이야말로 대기(大器)의 것임을 살펴 새기고 헤아려 깨우치게 하는 말씀이 〈대기만성(大器晩成)〉이다.

註 "천하막대어추호지말(天下莫大於秋毫之末) 이태산위소(而大山爲小) 막수호상자(莫壽乎殤子) 이팽조위요(而彭祖爲夭)." 세상에서[天下] 가을[秋] 털의[毫之] 끝보다[於末] 더 큰 것은[大] 없고[莫而], 태산은[大山] 작은 것[小]이다[爲]. 스물도 못 돼 죽은 자식보다[乎殤子] 더 장수함은[壽] 없고[莫而], 120년 살다 죽은 팽조가[彭祖] 요절한 것[夭]이다[爲].

『장자(莊子)』「제물론(齊物論)」

註 "집도자전덕(執道者德全) 덕전자형전(德全者形全) 형전자신전(形全者神全) 신전자성인지도야(神全者聖人之道也) 탁생여민병행(託生與民竝行) 이부지기소지(而不知其所之) 망호순비재(汒乎淳備哉)." 도를[道] 지키는[執] 사람은[者] 덕을[德] 온전히 하고[全], 덕을[德] 온전히 하는[全] 사람은[者] 몸을[形] 온전히 하며[全], 몸을[形] 온전히 하는[全] 사람은[者] 정신을[神] 온전히 하고[全], 정신을[神] 온전히 하는[全] 것이[者] 성인의[聖人之] 도(道)이다[也]. 삶을[生] (자연에) 맡긴 채로[託] 백성과[與民] 함께[竝] 살아가면서[行而] 자신이[其] 살아가는[之] 바를[所] 몰라[不知] (자기를 잊어) 아무런 걸림도 없다네[汒乎]! 그냥 그대로의 순박함을[淳] 온전히 갖춤일세[備哉]!

망호순비(汒乎淳備)의 망(汒)은 망(忘)의 차자(借字)이다.　　　『장자(莊子)』「천지(天地)」

【보주(補註)】

● 〈대기만성(大器晚成)〉을 〈대기피만성어상도(大器被晚成於常道)〉처럼 옮기면 문의(文意)를 좀 더 쉽게 새길 수 있다. 〈대기는[大器] 상도에[道] 의해서[於] 뒤늦게[晚] 이루어진다[被成].〉

● 대기(大器) 역시 우주 삼라만상을 안고 있는 대도(大道)의 포일(抱一)을 사유하게 하는 말씀이다.

【해독(解讀)】

● 〈대기만성(大器晚成)〉에서 대기(大器)는 주어 노릇하고, 만(晚)은 성(成)을 꾸미는 부사 노릇하며, 성(成)은 수동의 동사 노릇한다. 대기만성(大器晚成)은 〈대기피만성어도(大器被晚成於道)〉에서 수동태임을 나타내주는 피(被)와, 수동태를 꾸며주는 부사구 노릇할 어도(於道)를 생략해버린 구문인 셈이다. 〈대기는[大器] 최후로[晚] 이루어진다[成].〉

● 대기만성(大器晚成)은 〈도만성대기(道晚成大器)〉를 수동태로 바꾼 어투로 여기면 된다. 〈대기피만성어도(大器被晚成於道)〉를 대기만성(大器晚成)으로 줄인 어투인 셈이다. 한문도 영어처럼 수동태 쓰기를 좋아하는 편이다. 한문에서 수동태는 동사 앞에 〈견(見) · 위(爲) · 피(被)〉 등이 놓이지만 〈견(見) · 위(爲) · 피

(被)〉 등을 생략해버리는 경우가 보통이다. 〈상도는[常道] 대기를[大器] 최후로 [晩] 이룬다[成].〉 〈대기는[大器] (상도에 의해서) 최후로[晩] 이루어진다[被成].〉

41-16 大音希聲(대음희성)

▶ 크나큰[大] 소리에는[音] 들리는 소리가[聲] 없다[希].

큰 대(大), 소리 음(音), 없을 희(希), 소리 성(聲)

【지남(指南)】

〈대음희성(大音希聲)〉 역시 건언(建言)의 말씀으로 상도(常道)가 쓰는 상덕(常德)을 대음(大音)으로써 비유를 들어 밝힌다. 귀에[耳] 들리지 않음이[希] 〈대음(大音)〉이다. 상도(常道)는 소리[聲]로써 들을 수 없음이다. 대음(大音)은 기물(器物)들이 내는 소리가 아니니 사람이 귀로[耳] 들을 수 없음을 〈희성(希聲)〉이라 한 것이다. 희성(希聲)의 〈희(希)〉는 14장(章)에서 살핀 청지불문명왈희(聽之不聞名曰希)를 떠올린다. 그것을[之] 듣자[聽] 해도 들리지 않음[不聞]의 〈희(希)〉이다. 사람이 듣지 못하는 온갖 소리[希聲]들이 천지(天地)를 감싸고 있다. 희성(希聲)은 상도(常道)의 조화가 짓는 소리로 곧 대음(大音)이다.

대음(大音)을 본받아 인간이 지어낸 음양(陰陽)의 소리가 12율(律)이다. 양성(陽聲)의 육률(六律)과 음성(陰聲)의 육려(六呂)가 대음(大音) 즉 희성(希聲)을 본받아 인간이 만든 것이다. 천도(天道)에는 12율(律)이란 것이 없다. 12율(律)이란 인위(人爲)의 짓일 뿐이니, 음(音)의 명인(名人)으로 손꼽는 사광(師曠)은 자연에는[天] 없다. 인간이 육률(六律) 즉 양기(陽氣)의 소리와 육려(六呂) 즉 음기(陰氣)의 소리인 12율(律)을 만듦은, 땅[地]과 달[月]이 해[日]를 선회(旋回)하는 소리를 귀로 듣고 만든 것이 아니다. 좌선(左旋)하는 양률(陽律)과 우선(右旋)하는 음려(陰呂)는 귀에 들리지 않는 대음(大音)의 희성(希聲)을 인간이 깨우쳐 율려(律呂)라 칭명(稱名)해둔 것이다.

대음(大音)은 상도(常道)의 씀[用]인 상덕(上德)을 소리로 비유해 밝힘이라고 볼 수 있다. 사람의 귀에 들리지 않는 소리를 박쥐는 듣는다. 사람이 듣지 못하고 박쥐가 듣는 소리를 초음파라 부름은 사람의 짓일 뿐이다. 물론 초음파를 듣는 박쥐가 대음(大音)의 희성(希聲)을 들을 수 있다는 것은 아니다. 듣기로 말하면 사람보다 윗길에 사는 목숨이 짐승들이다. 초목(草木)도 천지(天地)의 소리 즉 음양(陰陽)의 소리를 듣는지도 모른다. 이미 옛적에 인간이 음양(陰陽)의 소리를 본받아[法] 12율(律)을 만들어 들리는 소리로 들을 수 없는 소리를 본받게 했으니 말이다.

『장자(莊子)』에 충만천지(充滿天地) 포과륙극(苞裹六極)이란 말이 나온다. 대음(大音)이란 천지(天地)를 가득 채운[充滿] 소리이고, 육극(六極) 즉 우주를 감싼[苞裹] 소리이다. 그 소리를 천악(天樂)이라 하니 상도(常道)의 조화를 즐기는 악(樂)을 말한다. 천악(天樂)은 대음(大音)인지라 귀에 들리지 않으니, 바람소리 물소리 천둥소리 등을 듣고 상도(常道)의 조화가 일고 있음을 일깨워 도법자연(道法自然)의 깊은 뜻을 살펴 새기고 헤아려 깨닫게 하는 말씀이 〈대음희성(大音希聲)〉이다.

註 "시지불견명왈이(視之不見名曰夷) 청지불문명왈희(聽之不聞名曰希) 박지부득명왈미(搏之不得名曰微) 차삼자불가치힐(此三者不可致詰)." 그것을[之] 보려 해도[視] 보이지 않음을[不見] 일컬어[名] 이라[夷] 하고[曰], 그것을[之] 들으려 해도[聽] 들리지 않음을[不聞] 일컬어[名] 희라[希] 하며[謂], 그것을[之] 잡으려 해도[搏] 집히지 않음을[不得] 일컬어[名] 미라[微] 한다[謂]. 이[此] 세 가지는[三者] 따져 물어도[詰] 답을 얻어낼[致] 수 없다[不可].   『노자(老子)』 14장(章)

註   12지(支)와 12율(律)은 다 같이 땅[地]·달[月]·해[日]가 차례[次]로 일직선으로 만남을 본받아 성인(聖人)이 만들어낸 것이다. 해[日]를 중심으로, 땅[地]·달[月]·해[日]의 차례[次]로 일직선에 만남[會]을 초하루[朔]라 하고, 달·땅·해의 차(次)로 회(會)함을 보름[望]이라 한다. 12번의 삭망(朔望)을 일세(一歲), 즉 한 해라 한다. 그 삭망(朔望)을 12지(支)로써[以] 밝힘이 또한 열두 달의 일세(一歲)이다.

12지(支)는 6지(支)씩 음양(陰陽)으로 양분되고, 12율(律)도 양(陽)의 육률(六律)과 음(陰)의 육려(六呂)로 양분하여 양지(陽支)와 음지(陰支)와 서로 짝한다. 물론 한 해 12월(月)도 짝수월(月)은 음월(陰月)이고 홀수달(월)은 양월(陽月)이 되어, 양월(陽月)은 양지(陽支)와 육률(六律)로 합하고, 음월(陰月)은 음지(陰支)와 육려(六呂)로 합한다. 그러니 12지(支)·12율(律)은 해를 중심에 두고 땅의 일주기(一周期) 즉 한 해[一歲]를 풀이함이다.

註   "무언이심열(無言而心說) 차지위지송왈(此之謂天樂) 고유염씨위지송왈(故有焱氏爲之頌曰) 청지불문기성(聽之不聞其聲) 시지불견기형(視之不見其形) 충만천지(充滿天地) 포과륙극(苞裹六極) 여욕청지이무접언(女欲聽之而無接焉) 이고혹야(而故惑也)." 말이[言] 없어도[無而] 마음이[心] 즐거움[說] 이것을[此之] 자연의[天] 즐김이라[樂] 한다[謂]. 그래서[故] 유염씨가[有焱氏] 천락을[之] 지어서[爲] 노래하여[頌] 말했다[曰] : 그것을[之] 들으려 해도[聽] 그[其] 소리를[聲] 듣지

못하고[不聞], 그것을[之] 보려고 해도[視] 그[其] 모습을[形] 보지 못하나[不見], 천지에[天地] 가득하고[充滿] 우주를[六極] 보자기로 감싸는구나[苞裹]. 너는[女] 그것을[之] 듣고[聽] 싶어도[欲而] 사귀지[接] 못한 것[無]뿐이다[焉].

　　이고혹야(而故惑也)에서 이(而)는 〈너 여(女)·여(汝)·이(爾)〉 등과 같고, 혹(惑)은 부지(不知)를 깨우치지 못해 지(知)에만 매달림을 뜻한다.　　　　『장자(莊子)』「천운(天運)」 5장(章)

【보주(補註)】

● 〈대음희성(大音希聲)〉을 〈어대음희성(於大音希聲)〉처럼 옮기면 문의(文意)를 좀 더 쉽게 새길 수 있다. 〈대음(大音)에는[於] 귀에 들리는 소리가[聲] 없다[希].〉

● 대음(大音) 역시 우주 삼라만상을 안고 있는 대도(大道)의 포일(抱一)을 사유하게 하는 말씀이다.

【해독(解讀)】

● 〈대음희성(大音希聲)〉에서 대음(大音)은 희(希)를 꾸며주는 부사 노릇하고, 희(希)는 동사 노릇하며, 성(聲)은 주어 노릇한다. 여기 희(希)는 〈없을 무(無)〉로 여기고 새기면 된다. 〈대음에는[大音] 귀에 들리는 소리가[聲] 없다[希].〉

● 대음희성(大音希聲)은 〈A희(希)B · A소(少)B · A다(多)B〉 등등의 상용문이다. 〈A에는 B가 거의 없다[希].〉 〈A에는 B가 적다[少].〉 〈A에는 B가 많다[多].〉

41-17 大象無形(대상무형)

▶ 크나큰[大] 짓에는[象] 형적이[形] 없다[無].

큰 대(大), 짓 상(象), 없을 무(無), 드러낼 형(形)

【지남(指南)】

　　〈대상무형(大象無形)〉 역시 건언(建言)의 말씀으로, 상도(常道)가 쓰는 상덕(常德)을 대상(大象)에 비유하여 밝힌다. 여기 〈대상(大象)〉은 35장(章)에서 살핀 집대상(執大象)의 그 대상(大象)이다. 대상(大象)은 대도(大道) 즉 상도(常道)이다. 눈에[耳] 보이지 않는 짓이[象] 대상(大象) 즉 상도의[大] 짓[象]이다. 대상(大象)은 기물(器物)이 짓는 모습이 아니니 사람의 눈[目]으로는 볼 수 없다. 이러한 대상(大

象)을 〈무형(無形)〉이라 한다. 무형(無形)의 형은(形) 14장(章) **시지불견명왈이(視之不見名曰夷)**를 떠올린다. 그것을[之] 보려고[視] 해도 보이지 않는[不見] 것을 일러 〈이(夷)〉라 한다. 보자[視] 해도 보이지 않음이[不見] 이(夷)로, 사람이 보지 못하는 온갖 형적(無形)들이 천지(天地)를 감싸고 있다. 무형(無形)은 상도(常道)의 조화가 짓는 모습 즉 대상(大象)이다.

『논어(論語)』에 〈회사후소(繪事後素)〉란 말씀이 나온다. 그림을[繪] 마치고 난[事] 뒤에[後] 희색으로 바탕을 칠한다고[素] 함은 유형(有形)을 무형(無形)으로 덮음이다. 유형(有形)은 무형(無形)을 본받아야 완성된다. 물론 『노자(老子)』에서는 후소(後素)의 짓 역시 인위(人爲)의 공교(工巧)라 하여 배척된다. 사람의 눈에 보이는 것은 눈에 보이지 않는 것의 겉모양[形]일 뿐, 분명 있지만 눈으로 볼 수 없는 것을 물물(物物)마다 간직하고 있다. 그래서 62장(章)에 〈도자만물지오(道者萬物之奧)〉란 말씀이 나온다.

〈오(奧)〉란 보이지 않고[夷] 들리지 않으며[希] 잡히지 않는[微] 상도(常道)의 짓[象]을 일컬음이요, 그야말로 무형(無形)의 대상(大象)이다. 오(奧)는 그 무엇이든 상도(常道)를 간직하고 있음을 말한다. 『중용(中庸)』의 〈곡능유성(曲能有誠)〉이란 말도 오(奧)를 생각하게 한다. 모든 씨앗은 상도(常道)의 오(奧)를 간직하고 있고, 이를 떠올리면 대상(大象)의 대(大)는 눈으로 볼 수 있는 넓이나 부피를 나타내는 대소(大小)의 대(大)가 아니라 상도(常道)가 짓는[象] 오묘(奧妙)한 조화를 일컫고 있음을 살펴 새기고 헤아려 깨우치게 하는 말씀이 〈대상무형(大象無形)〉이다.

註 "집대상(執大象) 천하왕(天下往)." 대도를[大象] 지키니[執] 세상 사람들이[天下] 찾아온다[往]. 『노자(老子)』35장(章)

註 "시지불견명왈이(視之不見名曰夷) 청지불문명왈희(聽之不聞名曰希) 박지부득명왈미(搏之不得名曰微) 차삼자불가치힐(此三者不可致詰)." 그것을[之] 보려 해도[視] 보이지 않음을[不見] 일컬어[名] 이라[夷] 하고[曰], 그것을[之] 들으려 해도[聽] 들리지 않음을[不聞] 일컬어[名] 희라[希] 하며[謂], 그것을[之] 잡으려 해도[搏] 집히지 않음을[不得] 일컬어[名] 미라[微] 한다[謂]. 이[此] 세 가지는[三者] 따져 물어도[詰] 답을 얻어낼[致] 수 없다[不可]. 『노자(老子)』14장(章)

【보주(補註)】

● 〈대상무형(大象無形)〉을 〈대상야자무형자야(大象也者無形者也)〉처럼 옮기면 문의(文意)를 좀 더 쉽게 새길 수 있다. 〈대상[大象]이란[也] 것에는[者] 겉모양이[形] 없는[無] 것[者]이다[也].〉

● 대상(大象)은 우주 삼라만상을 안고 있는 대도(大道)의 포일(抱一)을 사유하게 하는 말씀이다.

【해독(解讀)】

● 〈대상무형(大象無形)〉에서 대상(大象)은 부사 노릇하고, 무(無)는 동사 노릇하며, 형(形)은 무(無)의 주어 노릇한다. 〈대상에는[大象] 형이[形] 없다[無].〉

● 대상무형(大象無形)은 〈A무(無)B〉의 상용문이다. 〈A에는 B가 없다[無].〉

41-18 道隱無名(도은무명)

▶ 도는[道] 그윽이 숨어서[隱] 이름이[名] 없다[無].

대도 도(道), 숨을(드러나지 않은) 은(隱), 없을 무(無), 이름 명(名)

【지남(指南)】

〈도은무명(道隱無名)〉은 앞의 건언(建言)에 있는 13구문(句文)을 모아 매듭짓는 말씀이다. 여기 〈도은(道隱)〉의 〈은(隱)〉은 앞서 살핀 〈무우(無隅) · 만성(晩成) · 희성(希聲) · 무형(無形)〉을 한 자(字)로써 밝힘이다. 그리고 여기 도은(道隱)은 천지만물이 저마다 간직하고 있는 〈오(奧)〉를 상기시켜준다. 오(奧)는 내장(內藏)인지라 보이지[視] 않고 들리지[聽] 않고 잡히지[搏] 않으며 드러나지 않아 상도(常道)는 만유(萬有)에 숨어 있으니[隱], 물(物) 밖에[外] 상도(常道)가 따로 있음이 아니라 물(物) 자체에 상도(常道)가 있는 내장(內藏)돼 있음[奧]이다.

돌멩이에도 상도(常道)가 있으니 상도(常道)의 이름[名]은 돌멩이이고, 민들레에도 상도(常道)가 있으니 상도(常道)의 이름[名]은 민들레이고, 지렁이한테도 상도(常道)가 있으니 상도(常道)의 이름[名]은 지렁이이고, 물론 인간한테도 상도(常道)가 있으니 상도(常道)의 이름[名]은 사람이다. 이처럼 만유(萬有), 즉 있는 것이

면 무엇이든[萬有] 상도(常道)는 포일(抱一)하고 있으니 무명(無名)이다. 그러므로
상도(常道) 아닌 것[非]이란 없으니 상도(常道)를 따로 이름을 주어 불러볼[命名]
수 없음을 깊이 새겨 헤아려 깨우치게 하는 말씀이 〈도은무명(道隱無名)〉이다.

【보주(補註)】

● 〈도은무명(道隱無名)〉을 〈도은어만물고(道隱於萬物故) 도무명(道無名)〉처럼 옮
기면 문의(文意)를 좀 더 쉽게 새길 수 있다. 〈상도는[道] 만물에[於萬物] 숨어
있기[隱] 때문에[故] 상도에는[道] 이름이[名] 없다[無].〉

● 도은(道隱)은 62장(章)의 **도자만물지오(道者萬物之奧)**를 상기시킨다. 오(奧)는 은
자(隱者) 즉 숨은[隱] 것[者]인지라, 함장(含藏) 즉 속으로 품어[含] 간직한 것[藏]
이다.

註　"도자만물지오(道者萬物之奧)." 상도라는[道] 것은[者] 온갖[萬] 것이[物之] 그윽하게 깊
숙이 간직한 것이다[奧].　　　　　　　　　　　　　　　　　　　　『노자(老子)』 62장(章)

【해독(解讀)】

● 〈도은무명(道隱無名)〉은 원인의 종절과 주절로 이루어진 복문(複文)이다. 〈도
는[道] 드러나지 않기 때문에[隱] 이름이[名] 없다[無].〉

● 도은무명(道隱無名)은 〈A무(無)B〉의 상용문이다. 〈A이니 B가 없다[無].〉

41-19 夫唯道善貸且成(부유도선대차성)

▶ 무릇[夫] 오로지[唯] 상도만이[道] 베풀어주기를[貸] 선하게 하고
[善], 또[且] 이루기도 선하게 한다[成].

> 무릇 부(夫), 오직 유(唯), 대도 도(道), 선하게 할 선(善), 베풀어줄 대(貸),
> 또 차(且), 이뤄줄 성(成)

【지남(指南)】

〈부유도선대차성(夫唯道善貸且成)〉은 41장(章)을 총결(總結)하는 말씀이다. 상
도(常道)의 선대(善貸)와 선성(善成)은 51장(章)의 **생지휵지(生之畜之)**를 상기시킨

다. 만물에 생(生)을 베풀기를[貸] 선하게 하고[善], 휵(畜)을 완성하기를[成] 선하게 한다[善]. 생(生)의 대(貸)가 선(善)하고 휵(畜)의 성(成)이 선(善)함이란, 상도(常道)의 짓[象] 즉 조화(造化)를 그냥 그대로[自然] 본받아[法] 이어감을[繼] 밝힘이다.

〈선(善)〉이란 계천도(繼天道) 즉 자연의[天] 규율을[道] 이어감[繼]이다. 상도(常道)는 생(生)도 법자연(法自然)으로써 베풀어주므로[貸] 〈선대(善貸)〉이고, 휵(畜) 즉 길러줌도[畜] 법자연(法自然)으로써 완성해주므로[成] 〈선성(善成)〉이다. 상도(常道)는 생(生)을 어떻게 선대(善貸)하는가? 상도(常道)는 만물을 낳아주되[生] 갖지 않고[不有], 도와주되[爲] 보답을 바라지 않으며[不恃], 길러주되[長] 이래라저래라 않으니[不宰] 선대(善貸)라 하고 선성(善成)이라 한다. 이러한 생(生)의 선대(善貸)와 휵(畜)의 선성(善成)은 상도(常道)가 짓는 조화(造化), 즉 현덕(玄德)이다. 그래서 『장자(莊子)』에 만물출호무유(萬物出乎無有)란 말이 나온다. 만물(萬物)이 무유(無有) 즉 무(無)에서 나옴[出]이란 도생만물(道生萬物)을 뜻한다. 이처럼 천지만물을 생휵(生畜)함이 상도(常道)의 선대(善貸)이고 선성(善成)이다.

상도(常道)가 짓는[象] 법자연(法自然)의 선대(善貸)와 선성(善成)이 곧 상덕(上德)이고 광덕(廣德)이며 건덕(建德)이고 질덕(質德)이다. 그리고 상도(常道)의 씀[用]인 상덕(上德)을 명약매(明若昧)로 베풀고[行], 진약퇴(進若退)로 행하며, 법자연(法自然)의 선대(善貸)와 선성(善成)이 약곡(若谷)·약욕(若辱)·약부족(若不足)·약투(若偸)·약투(若渝) 등으로 풀이되고, 동시에 선대(善貸)와 선성(善成)이 무우(無隅)하고 무방(無方)하며 무형(無形) 등으로 풀이됨을 살펴 새기고 헤아려 깨우치게 하는 말씀이 〈부유도선대차성(夫唯道善貸且成)〉이다.

註 "생지휵지(生之畜之) 장지육지(長之育之) 성지숙지(成之熟之) 양지부지(養之覆之) 생이불유(生而不有) 위이불시(爲而不恃) 장이부재(長而不宰) 시위현덕(是謂玄德)." {상도가[道]} 낳아주고[生之] 길러주며[畜之], 자라게 하고[長之] 감싸주며[育之], 이뤄주고[成之] 영글게 하며[熟之], 보양해주고[養之] 보호해준다[覆之]. 낳아주되[生而] 갖지 않으며[不有], 위해주되[爲而] 바라지 않고[不恃], 키워주되[長而] 이래라저래라 않는다[不宰]. 이를[是] 현묘한[玄] 덕이라[德] 한다[謂]. 『노자(老子)』 51장(章)

註 "유실이무호처자우야(有實而無乎處者宇也) 유장이무본표자주야(有長而無本剽者宙也) 유호생(有乎生) 유호사(有乎死) 유호출(有乎出) 유호입(有乎入) 입출이무견기형(入出而無見其形)

시위천문(是謂天門) 천문자무유야(天門者無有也) 만물출호무유(萬物出乎無有).” 실로[實] 있지만[有而] 있는 곳이란[乎處] 없는[無] 것이[者] 우(宇)이고[也], 길게[長] 있지만[有而] 처음과[本] 끝이[剽] 없는[無] 것이[者] 주(宙)이다[也]. 삶이란 것이[生乎] 있고[有], 죽음이란 것이[死乎] 있으며[有], 나옴이란 것이[出乎] 있고[有], 들어감이란 것이[入乎] 있다[有]. 들고 나되[入出而] 그[其] 모양을[形] 보임이[見] 없다[無]. 이를[是] 천문이라[天門] 한다[謂]. 천문이란[天門] 것은[者] 없음[無有]이다[也]. 만물은[萬物] 없음에서[乎無有] 나온다[出].

　　우(宇)는 요샛말로 공간이고, 주(宙)는 요샛말로 시간이다. 본표(本剽)는 시종(始終)과 같다. 무유(無有)란 무형무상(無形無狀)이다. 형상의[形狀] 없음[無]이란 곧 무자(無者) 즉 없는[無] 것[者]을 말한다. 무자(無者)는 무물(無物)이다. 무물(無物)이니 곧 이것저것[物] 없음[無]이다. 무유(無有) 이는 곧 상도(常道)를 말한다. 그러므로 천문(天門)은 무유지문(無有之門)이고, 그 문(門)은 상도지문(常道之門)으로 상도(常道)의 체(體), 즉 상도(常道) 바로 그것[自體]을 말함이다.

『장자(莊子)』「경상초(庚桑楚)」

【보주(補註)】

● 〈부유도선대차성(夫唯道善貸且成)〉을 〈부유상도선대만물이상덕(夫唯常道善貸萬物以上德) 차부유상도선성만물이상덕(且夫唯常道善成萬物以上德)〉처럼 옮기면 문의(文意)를 좀 더 쉽게 새길 수 있다. 〈무릇[夫] 오로지[唯] 상도는[常道] 상덕으로[上德]써[以] 만물을[萬物] 베풀기를[貸] 선하게 한다[善]. 또[且] 무릇[夫] 오로지[唯] 상도는[常道] 상덕으로[上德]써[以] 만물을[萬物] 이루기를[成] 선하게 한다[善].〉

● 선대(善貸)의 선(善)은 법자연(法自然)을 뜻한다. 스스로[自] 그러함[然]을 온전히 본받음[法]이 선(善)이다. 이러한 선(善)을 『주역(周易)』은 일음일양지위도(一陰一陽之謂道) 계지자선야(繼之者善也)라 밝힌다.

　㊟　“일음일양지위도(一陰一陽之謂道) 계지자선야(繼之者善也) 성지자성야(成之者性也).” 일음일양을[一陰一陽之] 도라[道] 하고[謂], 그 도(道)를[之] 계승한[繼] 것이[者] 선(善)이고[也], 그 도(道)를[之] 이룩한[成] 것이[者] 성(性)이다[也].

　　여기서 일음일양(一陰一陽)의 도(道)란 변화지도(變化之道) 즉 천지지조화(天地之造化)인 변화의[變化之] 이치[道]를 뜻한다.　　　　　　『주역(周易)』「계사전상(繫辭傳上)」

【해독(解讀)】

● 〈부유도선대차성(夫唯道善貸且成)〉은 두 구문이 〈그리고 또 차(且)〉로 이어진 중문(重文)이다. 〈무릇[夫] 오로지[唯] 상도는[常道] 베풀기를[貸] 선하게 한다

[善]. 그리고 또[且] 이루기를[成] (선하게 한다).〉

- 부유도선대(夫唯道善貸)에서 부유(夫唯)는 어세를 더해주는 어조사 노릇하고, 도(道)는 주어 노릇하며, 선(善)은 동사 노릇하고, 대(貸)는 선(善)의 목적어 노릇한다. 대(貸)는 〈베풀어줄 시(施)·여(與)〉 등과 같아 대시(貸施)·대여(貸與) 등의 줄임말로 여기면 된다. 〈무릇[夫] 오로지[唯] 도는[道] 베풀기를[貸] 선하게 한다[善].〉

- 차성(且成)은 〈차부유도선성(且夫唯道善成)〉에서 부유도선(夫唯道善)은 되풀이 되는 내용이므로 주어와 동사마저 생략하고 목적어만 남았지만, 하나의 구문 이다. 차성(且成)에서 차(且)는 접속사 노릇으로 보아도 되고, 어조사 노릇으로 보아도 되며, 성(成)은 주어와 동사가 다 생략되었지만 목적어 노릇한다. 생략 된 구문을 우리말로 옮길 때는 생략된 부분을 보충해서 옮기는 편이 마땅한 편 이다. 즉 차성(且成)을 〈차부유도선성(且夫唯道善成)〉으로 여기고 새기면 문의 (文義)가 분명해진다. 여기 성(成)은 〈이룰 취(就)〉와 같아 성취(成就)의 줄임말 로 여기면 된다. 〈그리고 또[且] 무릇[夫] 오로지[唯] 상도는[道] 이루기를[成] 선 하게 한다[善].〉

도화장(道化章)

　　노자(老子)의 우주만물의 생성론(生成論)을 밝히는 장(章)이다. 여기 〈일(一) · 이(二) · 삼(三)〉은 상도(常道)가 우주만물을 창생(創生)할 때의 조화의 역정(歷程)을 말해준다. 〈일(一)〉은 상도(常道)의 생기(生氣)가 나누어지지 않은 태극(太極)을 밝힘이고, 〈이(二)〉는 상도(常道)가 부여하는 음양(陰陽) 양기(兩氣)를 밝힘이며, 〈삼(三)〉은 음양(陰陽)의 양기(兩氣)가 화합함으로 천지만물이 생겨남을 밝히는 장(章)이다.

【원문(原文)】

道生一하고 一生二하며 二生三하고 三生萬物하니 萬物
도 생 일　　일 생 이　　　이 생 삼　　　삼 생 만 물　　　만 물

이 負陰而抱陽하여 冲氣以爲和한다 人之所惡 唯孤寡
부 음 이 포 양　　　충 기 이 위 화　　　인 지 소 오 유 고 과

不穀 而王公以爲稱 故物或損之而益 或益之而損 人
불 곡 　이 왕 공 이 위 칭 고 물 혹 손 지 이 익 혹 익 지 이 손 인

之所敎 我亦敎之 吾將以爲敎父 强梁者 不得其死
지 소 교 아 역 교 지 오 장 이 위 교 부 강 량 자 부 득 기 사

상도가[道] 하나를[一] 낳고[生], 하나가[一] 둘을[二] 낳으며[生], 둘은 [二] 셋을[三] 낳고[生], 셋은[三] 온갖 것을[萬物] 낳는다[生]. 온갖[萬] 것은[物] 음기를[陰] 지고[負] 양기를[陽] 안고[抱], {음양(陰陽)은} 충기로[沖氣] 써[以] 화기를[和] 삼는다[爲]. 사람이[人之] 싫어하는[惡] 것은[所] 오직[唯] 홀로됨과[孤] 부덕함과[寡] 불선함이다[不穀]. 그러나[而] 왕공은 [王公] 써[以] 호칭을[稱] 삼는다[爲]. 그러므로[故] 사물은[物] 한번[或] 덜어지면[損之] 곧[而] 더해지고[益], 한번[或] 더해지면[益之] 곧[而] 덜어진다[損]. 사람들이[人之] 가르치는[敎] 바[所] 그것을[之] 나[我] 또한[亦] 가르치고[敎], 나도[吾] 마땅히[將] 그로써[以] 가르침의[敎] 시원[始原]으로[父] 삼는다[爲]. 동량을[梁] 강요하는[强] 자는[者] 제[其] 천수를[死] 누리지 못한다[不得].

註 42장(章)의 주지(主旨)와 상응하지 않는 내용이 후부(後部)에 첨가돼 있다. 딴 장(章)에 있어야 하는 내용이 42장(章)에 착간(錯簡) 즉 글에[簡] 끼어든[錯] 것으로 보여 〈인지소오(人之所惡) 유고과불곡(唯孤寡不穀) 이왕공이위칭(而王公以爲稱) 고(故) 물혹손지이익(物或損之而益) 혹익지이손(或益之而損) 인지소교(人之所敎) 아역교지(我亦敎之) 오장이위교부(吾將以爲敎父) 강량자부득기사(强梁者不得其死)〉를 내용과 상응하는 타장(他章)으로 옮겨서 지남(指南)한다.

먼저, 〈인지소오(人之所惡) 유고과불곡(唯孤寡不穀) 이왕공이위칭(而王公以爲稱) 고(故) 물혹손지이익(物或損之而益) 혹익지이손(或益之而損)〉은 39장(章)으로 옮겨서 지남(指南)했다.

다음, 〈인지소교(人之所敎) 아역교지(我亦敎之) 오장이위교부(吾將以爲敎父)〉는 43장(章) 끝으로 옮겨 지남(指南)한다.

마지막으로, 〈강량자부득기사(强梁者不得其死)〉는 76장(章)으로 옮겨서 지남(指南)한다.

42-1 道生一(도생일)

▶상도가[道] 하나를[一] 낳는다[生].

상도 도(道), 날 생(生), 하나 일(一)

【지남(指南)】

〈도생일(道生一)〉은 상도가(常道) 일을[一] 생함을[生] 밝힌다. 〈일(一)〉은 시

수(始數)이며 일기(一氣)이다. 일(一)은 하나[一]이니 25장(章) **독립불개(獨立不改)**를 상기시킨다. 독립(獨立)이니 일(一)이요 불개(不改)이니 일(一)이어서, 여기 일(一)은 상도(常道)의 일기(一氣)라 한다. 독립(獨立)하여 바뀌지 않는 상도(常道)가 낳은 것으로, 이를 다시 도기(道氣)·태극(太極)·원기(元氣)·기지시(氣之始) 등으로 부른다. 도생일(道生一)의 일(一)에서부터 생천(生天)·생지(生地)·생인(生人)·생물(生物)을 하는지라 상도(常道)를 1장(章)에서 **만물지모(萬物之母)**라 한 것이다.

　일(一)이 생(生)하여 천지만물이 있으니 무위자연(無爲自然)도 생일(生一)로 말미암고[由], 유가(儒家)의 예악인의(禮樂仁義)도 여기 하나[一]로 말미암음[由]이다. 성인(聖人)이 법상도(法常道)한다거나 법자연(法自然)한다 함은, 상도(常道)가 생(生)하는 〈하나[一]〉란 조화를 본받아[法] 온갖 것[萬物]이 회통(會通)하는 불해(不害)·부쟁(不爭)의 가르침으로[敎] 삼음이다. 그러므로 도생일(道生一)의 일(一)로 천지만물이 생기고, 성인의[聖人之] 도(道)가 행해지는 근본마저도 이루어짐을 깊이 살펴 새기고 헤아려 깨우치게 하는 말씀이 〈도생일(道生一)〉이다.

茸　"유물혼성(有物混成) 선천지생(先天地生) 적혜료혜(寂兮寥兮) 독립불개(獨立不改)." 혼연히[混] 이루는[成] 것이[物] 있다[有]. 천지가[天地] 생기기[生] 앞이다[先]. 고요하구나[寂兮]! 아득해 휑하구나[寥兮]! 홀로[獨] 있고[立] 바뀌지 않는다[不改]. 　　　　　『노자(老子)』 25장(章)

茸　"무명(無名) 천지지시(天地之始) 유명(有名) 만물지모(萬物之母)." 이름이[名] 없음은[無] 천지의[天地之] 낳음이고[始], 이름이[名] 있음은[有] 온갖 것의[萬物] 어머니이다[母].
　　　　　　　　　　　　　　　　　　　　　　　　　　『노자(老子)』 1장(章)

【보주(補註)】

● 〈도생일(道生一)〉을 〈도생태극(道生太極)〉처럼 옮기면 문의(文意)를 좀 더 쉽게 새길 수 있다. 〈상도가[常道] 태극을[太極] 낳는다[生].〉

● 도생일(道生一)의 일(一)은 〈무(無)〉로 보아도 된다. 태극(太極)을 일러 무극(無極)이니 그냥 무(無)라고도 하기 때문이다. 무(無)를 노자지도(老子之道)는 종(宗)으로 삼는다. 그러므로 무위(無爲)란 위일(爲一)이며 법자연(法自然)을 뜻한다. 〈하나를[一] 행한다[爲].〉〈자연을[自然] 본받는다[法].〉

【해독(解讀)】

● 〈도생일(道生一)〉에서 도(道)는 주어 노릇하고, 생(生)은 동사 노릇하며, 일(一)은 생(生)의 목적어 노릇한다. 〈상도는[道] 하나를[一] 낳는다[生].〉

42-2 一生二(일생이)

▶ 하나가[一] 둘을[二] 낳는다[生].

하나 일(一), 날 생(生), 둘 이(二)

【지남(指南)】

〈일생이(一生二)〉는 무(無)가 유(有)를 낳음을[生] 말한다. 일생이(一生二)의 〈일(一)〉은 태극(太極)이고, 태극이[太極] 낳는[生] 〈이(二)〉는 음양(陰陽)이다. 태극(太極)이 양(陽)이란 극(極)과 음(陰)이란 극(極)을 낳음[生]을 일러 〈일생이(一生二)〉라 한다. 태극(太極)이 양기(陽氣)를 생(生)함을 동(動)이라 하고, 음기(陰氣)를 낳음[生]을 정(靜)이라 한다. 태극(太極)의 동정(動靜)이 있으므로 음양(陰陽)이란 둘[二]이 생긴다[生]. 태극미발(太極未發)은 정(靜)하여 음(陰)이 되고, 태극이발(太極已發)은 정(靜)이 동(動)하여 양(陽)이 된다. 태극미발(太極未發)이란 상도(常道)의 체(體) 그 자체이고, 태극이발(太極已發)이란 체(體)의 용(用)인 기(氣)의 저(著) 즉 드러남[著]이다.

정동(靜動)은 이이불이(二而不二) 즉 둘이되[二而] 둘이[二] 아니다[不]. 동(動)이 다하면[極] 정(靜)하고, 정(靜)이 극(極)하면 동(動)한다. 이를 일음일양(一陰一陽)의 생생(生生)이라 한다. 음양동정이[陰陽動靜] 천명(天命)의 유행(流行)이고, 만물의 시종(始終) 즉 생사(生死)이다. 이러한 생사의 묘리(妙理)는 중정(中正) 즉 치우침이 없다. 그러므로 일생이(一生二)는 태극(太極)이 음양(陰陽)을 낳음[生]이고, 그 음양이 만물의 생하는[生] 이기(二氣)임을 살펴 새기고 헤아려 깨우치게 하는 말씀이 〈일생이(一生二)〉이다.

【보주(補註)】

● 〈일생이(一生二)〉를 〈태극생음양(太極生陰陽)〉처럼 옮기면 문의(文意)를 좀 더

쉽게 새길 수 있다. 〈태극이[太極] 음양을[陰陽] 낳는다[生].〉

● 일생이(一生二)의 일(一)은 태극(太極)이란 〈무(無)〉이고, 이(二)는 음양(陰陽)이
란 형이상(形而上)의 〈유(有)〉이다. 유(有)는 이희미(夷希微) 즉 감지할 수 없는
〈있음[有]〉을 뜻하기도 하여 유(有)를 〈천하모(天下母)〉라 풀이하고, 감지할 수
있는 〈있는 것[有]〉을 뜻하기도 하여 이 유(有)를 〈천하만물(天下萬物)〉이라 풀
이한다. 천하모(天下母)의 유(有)는 형이상(形而上)의 〈있음〉이고, 천하만물(天
下萬物)의 유(有)는 형이하(形而下)의 〈있는 것〉이다.

【해독(解讀)】

● 〈일생이(一生二)〉에서 일(一)은 주어 노릇하고, 생(生)은 동사 노릇하며, 이(二)
는 생(生)의 목적어 노릇한다. 〈하나가[一] 둘을[二] 낳는다[生].〉

42-3 二生三(이생삼)

▶ 둘은[二] 셋을[三] 낳는다[生].

둘 이(二), 날 생(生), 셋 삼(三)

【지남(指南)】

〈이생삼(二生三)〉은 음양(陰陽)의 화합을 밝힌다. 이생삼(二生三)의 〈이(二)〉는
음양(陰陽)이고 유극(有極)이므로 유(有)이다. 음양(陰陽)이 낳은[生] 〈삼(三)〉을 화
기(和氣)라 한다. 음양지화(陰陽之和)가 이룬 화기(和氣) 역시 상도(常道)의 조화이
니 상도(常道)의 체용(體用)이다. 그 체용(體用)의 드러남[著]이 음양(陰陽)이란 이
기(二氣)이다. 그 이기(二氣)가 교합(交合)하는 묘(妙)가 삼(三)으로 화기(和氣)인
것이다. 음양(陰陽)의 교합(交合)을 삼기(三氣)라 하고, 이를 화기(和氣) 또는 생기
(生氣)라고도 부른다. 암수가 교합해 새끼[子]를 낳는 기(氣)를 삼기(三氣) 즉 화기
(和氣)라 일컫는 셈이다.

화기(和氣)가 삼재(三才)를 생(生)하니 이생삼(二生三)의 삼(三)을 삼재(三才)라
하기도 한다. 삼재(三才)의 삼(三)은 천지인(天地人)을 말하고, 재(才)는 조화(造化)
를 말하니 천지인(天地人)을 조화함이 곧 삼재(三才)이다. 물론 천지인(天地人)은

천지만물을 일컫는다. 조화의 짓을 상(象)·신(神)·재(才)등으로 말하니, 음양(陰陽)의 교합이 삼재(三才) 즉 천지만물을 생함을 살펴 새기고 헤아려 깨우치게 하는 말씀이 여기 〈이생삼(二生三)〉이다.

【보주(補註)】

● 〈이생삼(二生三)〉을 〈음양생화기(陰陽生和氣)〉처럼 옮기면 문의(文意)를 좀 더 쉽게 새길 수 있다. 〈음양이[陰陽] 화기를[和氣] 낳는다[生].〉

● 이생삼(二生三)의 이(二)는 음양(陰陽)이란 유(有)이고, 삼(三)은 음양(陰陽)의 교합(交合)으로 말미암은 화기(和氣) 즉 생기(生氣)이다.

【해독(解讀)】

● 〈이생삼(二生三)〉에서 이(二)는 주어 노릇하고, 생(生)은 동사 노릇하며, 삼(三)은 생(生)의 목적어 노릇한다. 〈둘이[二] 셋을[三] 낳는다[生].〉

42-4 三生萬物(삼생만물)

▶ 셋은[三] 온갖 것을[萬物] 낳는다[生].

셋 삼(三), 날 생(生), 온갖 만(萬), 것 물(物)

【지남(指南)】

〈삼생만물(三生萬物)〉은 음양(陰陽)이 화합한 화기(和氣)가 만물(萬物)을 낳는[生] 생기(生氣)임을 밝힌다. 이생삼(二生三)의 이(二)는 음양(陰陽)이다. 음양(陰陽)의 화합이라야 생(生)이란 기운이 이루어지니, 음양지화(陰陽之和)가 이룬 화기(和氣) 역시 상도(常道)의 조화이고 생만물(生萬物)이야말로 상도(常道)의 체용(體用)이다. 그 체용(體用)이 음양(陰陽)으로 드러나고, 음양(陰陽)이 화기(和氣)로 드러나고, 화기(和氣)가 만물을 생(生)하여 상도(常道)의 짓[象]인 상덕(常德)이 물물(物物)로 나타나 드디어 상도(常道)가 물물(物物)로 드러난다. 그리고 그것은 저마다 도기(道氣)를 함장(含藏)하고서 생사(生死)를 누린다. 도기(道氣)의 함장(含藏)을 일러 한 자(字)로 〈오(奧)〉라 한다. 만물치고 이 오(奧)를 간직하지 않는 것이란 없으니 오(奧)야말로 신기(神氣)의 근원이다.

상도(常道)의 체용(體用)이 드러남을[著] 신기(神氣)라 하니, 만물은 신기(神氣)의 저(著) 아닌 것이 없다. 물론 신기(神氣)란 2장(章) 유무상생(有無相生)으로 드러난다. 있음[有]과 없음[無]이 서로[相] 생긴다[生]. 이것이 삼생만물(三生萬物)이다. 삼생만물(三生萬物)의 삼(三)은 없음[無]이고, 만물(萬物)은 있음[有]이다. 무(無)는 도체(道體)이고, 체(體)는 무상지상(無象之象) · 무상지상(無狀之狀)인지라 드러나지 않으며, 용(用)은 유상(有象) · 유상(有狀)인지라 드러난다[著]. 만물은 상도(常道)의 체용(體用)을 타고나므로 덕(德)을 일러 시생(始生)이라 한다.

생(生)을 개시(開始)함이 상덕(上德)이고, 상도(常道)가 만물로 드러나게 하는 것이 상덕(上德)이니, 음양(陰陽)의 화합이 이루는 화기(和氣)는 상도(常道)의 덕용(德庸) 즉 상덕(上德)을 걸림 없이 씀[用]임을 살펴 새기고 헤아려 깨우치게 하는 말씀이 〈삼생만물(三生萬物)〉이다.

🗈 "유무상생(有無相生) 난이상성(難易相成) 장단상형(長短相形) 고하상경(高下相傾) 음성상화(音聲相和) 전후상수(前後相隨)." 있고[有] 없음은[無] 서로[相] 생기고[生], 어렵고[難] 쉬움은[易] 서로[相] 이루며[成], 길고[長] 짧음은[短] 서로[相] 드러나고[形], 높고[高] 낮음은[下] 서로[相] 기대며[傾], 홀소리 닿소리는[音聲] 서로[相] 어울리고[和], 앞뒤는[前後] 서로[相] 따른다[隨].

『노자(老子)』 2장(章)

【보주(補註)】

- 〈삼생만물(三生萬物)〉을 〈화기생만물(和氣生萬物)〉처럼 옮기면 문의(文意)를 좀 더 쉽게 새길 수 있다. 〈화기가[和氣] 만물을[萬物] 낳는다[生].〉
- 삼생만물(三生萬物)의 삼(三)은 음양(陰陽)의 교합(交合)으로 말미암는 화기(和氣) 즉 생기(生氣)이니 시생(始生)의 덕(德)이다.

【해독(解讀)】

- 〈삼생만물(三生萬物)〉에서 삼(三)은 주어 노릇하고, 생(生)은 동사 노릇하며, 만물(萬物)은 생(生)의 목적어 노릇한다. 〈셋이[三] 만물을[萬物] 낳는다[生].〉

42-5 萬物負陰而抱陽(만물부음이포양)

▶ 온갖[萬] 것은[物] 음기를[陰] 지고[負] 양기를[陽] 안는다[抱].

온갖 만(萬), 것 물(物), 질 부(負), 음기 음(陰), 안을 포(抱), 양기 양(陽)

【지남(指南)】

〈만물부음이포양(萬物負陰而抱陽)〉은 〈삼생만물(三生萬物)〉의 생(生)을 밝히는 말씀이다. 삼생만물(三生萬物)의 삼(三) 즉 화기(和氣)가 만물(萬物)을 낳는다[生] 함은, 만물로 하여금 부음(負陰)하게 하고 포양(抱陽)하게 함이다. 이러한 부음(負陰)·포양(抱陽)은 양기(陽氣)가 앞서고[抱], 음기(陰氣)가 뒤따라감[負]이다. 부(負)는 등에 짐인지라 뒤이고, 포(抱)는 가슴에 안음이니 앞이다. 뒤는[負] 따라감이고, 앞은[抱] 앞서감이다. 그래서 음은양저(陰隱陽著) 즉 음기(陰氣)는 숨고[隱], 양기(陽氣)는 드러난다고[著] 한다.

만물은 음(陰)을 지고[負] 양(陽)을 안고[抱] 있으니, 태극(太極)이 낳는 음양(陰陽)과 음양(陰陽)이 낳는 화기(和氣)는 모두 상도(常道)의 원기(元氣)에서부터 비롯된 것이다. 이는 부음(負陰) 즉 음기(陰氣)를 지게[負] 하고, 포양(抱陽) 즉 양기(陽氣)를 안게[抱] 함이 만물(萬物)의 생(生)임을 말한다. 생만물(生萬物)이란 만물(萬物)로 하여금 부음(負陰)·포양(抱陽)하게 함이니, 상도(常道)는 만물지오(萬物之奧) 즉 만물이[萬物之] 간직하는 것[奧]이 된다. 62장(章)의 **도자만물지오(道者萬物之奧)**란 만물(萬物)이 부음이포양(負陰而抱陽)하여 생(生)을 누림이라, 상도(常道)의 조화란 상도(常道)가 생기(生氣)를 씀[用]이다. 이는 『장자(莊子)』의 행어만물자도야(行於萬物者道也)를 상기시키면서, 만물은 하나같이 상도(常道)의 용(用)임을 살펴 새기고 헤아려 깨우치게 하는 말씀이 〈만물부음이포양(萬物負陰而抱陽)〉이다.

註　"도자만물지오(道者萬物之奧) 선인지보(善人之寶) 불선인지소보(不善人之所保)." 상도라는[道] 것은[者] 온갖 것의[萬物之] 속에 있는 것이고[奧], 착한[善] 사람의[人之] 보배이며[寶], 착하지 않는[不善] 사람도[人之] 간직한[保] 것이다[所].　　　　　　　　『노자(老子)』 62장(章)

註　"통어천지자덕야(通於天地者德也) 행어만물자도야(行於萬物者道也)." 하늘땅에[於天地] 두루 통하는[通] 것이[者] 덕(德)이고[也], 온갖 것에[於萬物] 두루 미치는[行] 것이[者] 도(道)이다[也].　　　　　　　　『장자(莊子)』 「천지(天地)」

【보주(補註)】

● 〈만물부음이포양(萬物負陰而抱陽)〉을 〈만물부음(萬物負陰) 이만물포양(而萬物

抱陽〉처럼 옮기면 문의(文意)를 좀 더 쉽게 새길 수 있다. 〈만물은[萬物] 음기를[陰] 진다[負]. 그리고[而] 만물은[萬物] 양기를[陽] 안는다[抱].〉

● 부음이포양(負陰而抱陽)은 〈만물지소품(萬物之所稟)〉 즉 만물이[萬物之] 물려받음[所稟]을 말하고, 천명(天命)을 구체적으로 새기게 하는 말씀이다.

【해독(解讀)】

● 〈만물부음이포양(萬物負陰而抱陽)〉은 접속사 노릇하는 〈그리고 이(而)〉로 이어져 영어의 중문(重文) 같은 구문이다. 〈만물은[萬物] 부음하고[負陰] 그리고[而] 포양한다[抱陽].〉

● 만물부음(萬物負陰)에서 만물(萬物)은 주어 노릇하고, 부(負)는 동사 노릇하며, 음(陰)은 부(負)의 목적어 노릇한다. 부(負)는 〈짊어질 배(背)〉와 같아 부배(負背)의 줄임말로 여기면 된다. 〈만물은[萬物] 음기를[陰] 진다[負].〉

● 이포양(而抱陽)에서 이(而)는 〈그리고 이(而)〉로 접속사 노릇하고, 포(抱)는 동사 노릇하며, 양(陽)은 포(抱)의 목적어 노릇한다. 포(抱)는 〈간직하여 지킬 지(持)·수(守)〉 등과 같아 포수(抱守)의 줄임말로 여기면 된다. 〈그리고[而] 양기를[陽] 간직한다[抱].〉

42-6 沖氣以爲和(충기이위화)

▶{음양(陰陽)은} 충기로[沖氣]써[以] 화기를[和] 삼는다[爲].

빌 충(沖), 기운 기(氣), 써 이(以), 삼을 위(爲), 어울릴 화(和)

【지남(指南)】

〈충기이위화(沖氣以爲和)〉는 음양(陰陽)이란 이기(二氣)가 교합(交合)하여 충기(沖氣)가 됨을 밝힌다. 충기(沖氣)란 삼생만물(三生萬物)의 〈삼(三)〉이다. 충기(沖氣)의 충(沖)은 허(虛)이니, 충기(沖氣)는 곧 허기(虛氣)이다. 충기(沖氣)의 충(沖) 즉 허기(虛氣)의 허(虛)는 음기(陰氣)이기만을 고집하지 않고, 양기(陽氣)는 양기(陽氣)이기만을 고집하지 않아 일음일양(一陰一陽)의 변화로 상통(相通)함이다.

음양(陰陽)의 이러한 상통(相通)함이 4장(章) 〈도충이용지(道沖而用之)〉의 충

(沖)이며, 45장(章) 대영약충(大盈若沖)의 충(沖)이다. 도충이용지(道沖而用之)의 충(沖)은 중(中)이고 중(中)은 순(順)으로 통하니, 충(沖)은 곧 음(陰)은 양(陽)을 따르고[中] 양(陽)은 음(陰)을 따름인 일음일양(一陰一陽)을 환기시킨다.

상도(常道)가 따름[中]을 쓴다[用] 함은 25장(章) 도법자연(道法自然)을 상기시키고, 도충이용지(道沖而用之)의 충(沖)은 〈법자연(法自然)〉 즉 그냥 그대로를[自然] 본받음[法]이다. 그리고 대영약충(大盈若沖)의 충(沖)은 허(虛)이다. 비움[虛]이란 그냥 비어 있음이 아니라 채움[盈]을 왕래하게 함이니 허이서영(虛而徐盈)이라 한다. 비어서[虛而] 천천히[徐] 채워지는[盈] 것으로 조화지기(調和之氣) 즉 어울리는[調和之] 기운(氣運)이 충기(沖氣)이다. 충기(沖氣) 즉 허기(虛氣)란 음기(陰氣)이면서 양기(陽氣)가 되고 양기(陽氣)이면서 음기(陰氣)가 되어, 음양(陰陽)이 화기(和氣)로 생기(生氣)가 된다. 충기(沖氣)·허기(虛氣)·화기(和氣)란 다름 아니라 상도(常道)가 짓는 조물(造物)의 화기(化氣), 즉 생기(生氣)이다.

말하자면 일음일양(一陰一陽)하여 음양(陰陽)의 교합(交合)이 화기(和氣)로서 생만물(生萬物)의 생기(生氣)가 됨을 살펴 새기고 헤아려 깨우치게 하는 말씀이 〈충기이위화(沖氣以爲和)〉이다.

註 "대영약충(大盈若沖)." 크나큰[大] 채움은[盈] 빈[虛] 듯하다[若].   『노자(老子)』45장(章)

註 "도법자연(道法自然)." 상도는[道] 그냥 그대로를[自然] 본받는다[法].

『노자(老子)』25장(章)

【보주(補註)】

- 〈충기이위화(沖氣以爲和)〉를 〈음양위화기이충기(陰陽爲和氣以沖氣)〉처럼 옮기면 문의(文意)를 좀 더 쉽게 새길 수 있다. 〈음양은[陰陽] 충기로[沖氣]써[以] 화기로[和] 삼는다[爲].〉

- 충기(沖氣)는 『주역(周易)』「계사전(繫辭傳)」에 나오는 〈일음일양지위도(一陰一陽之謂道)〉를 상기시킨다. 음양(陰陽)의 교합(交合)이 충(沖)이고, 충(沖)이 곧 조화의 도(道) 즉 변화지도(變化之道)가 무형무상(無形無狀)이고 불편불의(不偏不倚)인 허기(虛氣) 즉 생기(生氣)임을 말한다. 〈충(沖)〉은 〈허(虛)〉이다. 〈드러남이[形] 없음에는[無] 모습이[狀] 없다[無].〉 〈치우치지 않고[不偏] 의지하지 않는다[不倚].〉

【해독(解讀)】

- 〈충기이위화(沖氣以爲和)〉에서 충기이(沖氣以)는 위(爲)를 꾸며주는 부사구 노릇하고, 위(爲)는 주어가 생략되었지만 〈삼을 위(爲)〉로 동사 노릇하고, 화(和)는 위(爲)의 목적어 노릇한다. 〈충기로[沖氣]써[以] 화로[和] 삼는다[爲].〉

- 충기이위화(沖氣以爲和)는 〈A이위(以爲)B〉 또는 〈이(以)A위(爲)B〉의 상용문이다. 〈A로써[以] B를 삼는다[爲].〉

편용장(偏用章)

유약(柔弱)의 작용과 무위(無爲)의 효과를 강조하는 장(章)이다. 더없는 부드러움[至柔]이 더없는 굳음[至堅]을 부림을 통해 말 없는 가르침과[不言之敎] 무위의 이로움[無爲之益]이 세상에 널리 퍼지지 못함을 지적하면서, 노자(老子) 당신이 불언지교(不言之敎)와 무위지익(無爲之益)을 교부(敎父)로 삼아 무위(無爲)의 유익함을 천하에 밝히는 장(章)이다.

【원문(原文)】

天下之至柔가 馳騁天下之至堅하고 無有가 入於無間
천하지지유　　치빙천하지지견　　　　무유　　입어무간

이다 吾是以로 知無爲之有益하노라 不言之敎와 無爲
오시이　　지무위지유익　　　　불언지교　　무위

之益이 天下에 希及之니라 人之所敎를 我亦敎之하니
지익　　천하　　희급지　　　인지소교　　아역교지

吾將以爲敎父하리라
오장이위교부

온 세상의[天下之] 더없는[至] 부드러움이[柔] 세상의[天下之] 더없는[至]
견고함을[堅] 부려 쓴다[馳騁]. 있는 것이[有] 없음이[無] 틈새가[間] 없는
것[無]으로[於] 들어간다[入]. 이로[是]써[以] 나는[吾] 무위가[無爲之] 이
로움을[益] 간직함을[有] 안다[知]. 세상 사람들에게는[天下] 말이 없는[不
言之] 가르침인[敎] 무위의[無爲之] 이로움[益] 그것에[之] 다다름이[及]
드물다[希]. 사람들이[人之] 가르치는[敎] 바[所] 그것을[之] 나[我] 또한
[亦] 가르치고[敎], 나도[吾] 마땅히[將] 그로써[以] 가르침의[敎] 시원(始
原)으로[父] 삼는다[爲].

🝑　위 43장(章)의 원문(原文)에 들어 있는 〈인지소교(人之所敎) 아역교지(我亦敎之) 오장이위
교부(吾將以爲敎父)〉는 42장(章)에 있는 것을 43장(章)으로 옮겨온 것이다. 42장(章)의 주지(主
旨)와는 상응하지 않고 43장(章)의 〈천하희급지(天下希及之)〉 아래에 와야 상응되는 내용이므로
옮겨왔다.

43-1 天下之至柔馳騁天下之至堅(천하지지유치빙천하지지견)

▶온 세상의[天下之] 더없는[至] 부드러움이[柔] 세상의[天下之] 더없
는[至] 견고함을[堅] 부려 쓴다[馳騁].

하늘 천(天), 아래 하(下), 조사(~의) 지(之), 지극할 지(至),
부드러울 유(柔), 부릴 치(馳) 부릴 빙(騁), 견고할 견(堅)

【지남(指南)】

〈천하지지유치빙천하지지견(天下之至柔馳騁天下之至堅)〉은 36장(章) 〈유약승강강(柔弱勝剛强)〉이 뜻하는 바를 되새긴다. 유승강(柔勝剛) · 약승강(弱勝强)의 승(勝)은 승패(勝敗)의 승(勝)이 아니라 사용(使用)의 승(勝)임을 다시 가늠하게 한다. 천하지지유(天下之至柔)의 유(柔)란 유약(柔弱)한 것[物]을 뜻하고, 천하지지견(天下之至堅)의 견(堅)은 강강(剛强)한 물[物]을 뜻한다. 부드러움[柔]이 단단함[堅]을 치빙한다고[馳騁] 함은 부드러움이[柔] 단단함을[堅] 부려 씀[使用]이다. 이는 유(柔)가 견(堅)을 부림[馳騁]이다.

가장 유약(柔弱)한 물방울이지만 바위를 뚫어 구멍을 낸다. 목숨을[命] 담고 있는 몸뚱이는[身體] 부드러움[柔]이 단단함[堅]을 치빙(馳騁)하여 삶을 누린다. 몸속으로 물[水]과 숨[氣]이 뼈와 살 속으로 스며들어 골육(骨肉)을 치빙(馳騁)해야 목숨을 담은 몸뚱이가 삶을 누릴 수 있다. 치빙(馳騁)은 12장(章) **치빙전렵(馳騁畋獵)**의 치빙(馳騁)이니 말 타고 달리기[馳騁]가 아니라 사역(使役)으로 부려서 남김없이 사용하고 일을 시킨다는 뜻으로 36장(章) 〈유약승강강(柔弱勝剛强)〉의 승(勝)과 같은 뜻이니, 유치빙견(柔馳騁堅)은 유약승강강(柔弱勝剛强)과 같다.

유(柔)가 견(堅)을 부려야[馳騁] 생물은 저마다의 삶[生]을 누린다. 무골충(無骨蟲)이라 해도 각질이 속살을 감싸줘야 살고, 눈에 보이지 않는 온갖 균류도 나름의 유견(柔堅)을 갖추어야 번식한다. 목숨이 있는 것[生物]이면 무엇이든 유(柔)가 견(堅)을 치빙(馳騁) 즉 부려 써야[馳騁] 살아갈 수 있는 것이 천도(天道)임을 살펴 새기고 헤아려 깨우치게 하는 말씀이 〈천하지지유치빙천하지지견(天下之至柔馳騁天下之至堅)〉이다.

註　"치빙전렵(馳騁畋獵) 영인심발광(令人心發狂)." 말 타고 달리기와[馳騁] 새 짐승 사냥은[畋獵] 사람으로[人] 하여금[令] 마음을[心] 미치게 함을[狂] 드러나게 한다[發].

『노자(老子)』 12장(章)

【보주(補註)】

● 〈천하지지유치빙천하지지견(天下之至柔馳騁天下之至堅)〉을 〈천하지지유연지물치천하지지견강지물(天下之至柔軟之物馳天下之至堅强之物) 이천하지지유연지물빙천하지지견강지물(而天下之至柔軟之物騁天下之至堅强之物)〉처럼 옮기

면 문의(文意)를 좀 더 쉽게 새길 수 있다. 〈천하의[天下之] 더없는[至] 부드러운[柔之] 것은[物] 천하의[天下之] 더없는[至] 견고한[堅之] 것을[物] 부려 쓴다[馳]. 그리고[而] 천하의[天下之] 더없는[至] 부드러운[柔之] 것은[物] 천하의[天下之] 더없는[至] 견고한[堅之] 것을[物] 부려 쓴다[騁].〉

● 〈천하지지유치빙천하지지견(天下之至柔馳騁天下之至堅)〉의 치빙(馳騁)은 12장(章)에 나오는 〈치빙전렵(馳騁畋獵)〉의 치빙(馳騁)을 상기시킨다. 치빙전렵(馳騁畋獵)의 치빙(馳騁)은 말을 남김없이 활용해 달리게 함[馳騁]이다.

【해독(解讀)】

● 〈천하지지유치빙천하지지견(天下之至柔馳騁天下之至堅)〉에서 천하지지유(天下之至柔)는 주부(主部) 노릇하고, 치(馳)와 빙(騁)은 중복동사로서 타동사 노릇하며, 천하지지견(天下之至堅)은 치빙(馳騁)의 목적구 노릇한다. 천하지지유(天下之至柔)와 천하지지견(天下之至堅)에서 천하지지(天下至之)는 유(柔)와 견(堅)을 꾸며 형용사구 같은 구실한다. 유(柔)는 〈부드러울 연(軟)〉과 같아 유연(柔軟) 또는 유약(柔弱)의 줄임말로 여기면 되고, 견(堅)은 〈단단한 강(剛) · 고(固)〉등과 같아 견강(堅剛) · 견고(堅固) 등의 줄임말로 보면 된다. 치빙(馳騁)은 보통 주마(走馬) 즉 말을[馬] 달리게 한다[走]는 뜻이지만, 여기선 사역(使役) 즉 부려서[使] 시킨다[役]는 뜻으로 새긴다. 〈천하의[天下之] 더없는[至] 유(柔)〉〈천하의[天下之] 더없는[至] 견(堅)〉

43-2 無有入於無間(무유입어무간)

▶있는 것이[有] 없음이[無] 틈새가[間] 없는 것[無]으로[於] 들어간다[入].

없는 것 무(無), 있는 것 유(有), 들 입(入), 조사(~으로) 어(於), 틈새 간(間)

【지남(指南)】

〈무유입어무간(無有入於無間)〉은 유(柔)가 견(堅)을 어떻게 부려 쓰는가[馳騁]를 밝힌다. 무유(無有)가 무간으로[於無間] 들어감[入]이 부림[馳騁]을 가늠하여 깨닫게 한다. 여기서 〈무유(無有)〉는 무유지유(無有之柔)의 줄임이고, 〈무간(無間)〉은 무간지견(無間之堅)의 줄임이다. 부드러움의[柔之] 무유(無有)가 단단함의[堅之] 무간(無間)으로 들어감[入]이 유(柔)가 견(堅)을 부려 쓰는[馳騁] 것임을 깨닫게 한다.

무유(無有)의 없음[無]이란 무형무질(無形無質)·무색무상(無色無象)이고, 무유(無有)의 있음[有]이란 유형유질(有形有質)·유색유상(有色有象)이다. 나타남도[形] 없고[無] 특성도[質] 없고[無] 색깔도[色] 없고[無] 짓도[象] 없으니[無] 보이지도 않고[夷] 들리지도 않고[希] 잡히지도 않는[微] 것을 〈무유(無有)〉라 하고, 이를 줄여 〈무(無)〉 또는 〈허(虛)〉라 한다. 나타남도[形] 있고[有] 특성도[質] 있고[有] 색깔도[色] 있고[有] 짓도[象] 있으니[有] 보이고[視之] 들리고[聽之] 잡히는[搏之] 것을 〈유물(有物)〉이라 하고, 줄여 〈유(有)〉라 한다.

무유(無有)는 곧 허실(虛實)이니, 무유(無有) 즉 유(有)가 없음[無]이란 실(實)이 빔[虛]이다. 부드러움[柔]이라면 물[水]을 들 수 있고, 단단함[堅]이라면 나무[木]나 돌[石] 쇠[鐵] 등을 들 수 있다. 물이 스미지 못하는 것은 없다. 목숨을 누리는 것치고 속속들이 물이 들지 않으면 살 수 없다. 물이 스며들어야 온갖 목숨들이 산다. 나무 속의 물이 다 빠져 기둥[梁]이 되면 나무는 죽는다. 이처럼 부드러움[柔]이 단단함[堅]의 속으로[於無間] 들어가야[入] 목숨을 누림을 살펴 새기고 헤아려 깨우치게 하는 말씀이 〈무유입어무간(無有入於無間)〉이다.

【보주(補註)】

- 〈무유입어무간(無有入於無間)〉을 〈무유지유입어무간지견(無有之柔入於無間之堅)〉처럼 옮기면 문의(文意)를 좀 더 쉽게 새길 수 있다. 〈무유의[無有之] 부드러움이[柔] 틈새 없는[無間之] 단단함[堅之]으로[於] 들어간다[入].〉

- 무유(無有)는 〈무이비무(無而非無)〉와 같다. 없음이되[無而], 비무(非無) 즉 무(無)가 아닌 것[非]이 유(有)이다. 무(無)는 무형(無形)인데 유(有)는 유형(有形)인지라 유(有)는 비무(非無)이고, 무(無)는 무질(無質)인데 유(有)는 유질(有質)인지라 비무(非無)이다. 그러나 무(無)와 유(有)가 둘로서 상리(相離), 서로 떨어져 있는 것은 아니다. 2장(章)의 〈유무상생(有無相生)〉을 상기하면 무여유(無與有)가 아니라 무역유(無亦有)임을 일깨워준다. 무여유(無與有) 즉 유와[與有] 무

(無)라면 없음[無]과 있음[有]이니 무유(無有)가 둘[二]이지만, 무역유(無亦有)란 없음[無] 또한[亦] 있음[有]이니 무유(無有)가 하나[一]이다.

　무엇과 무엇이 둘이 아니라 하나라고 함은 둘이 상생(相生)하고, 상성(相成)하며, 상형(相形)하고, 상경(相傾)하며, 상화(相和)하고, 상수(相隨)하여 하나가 되고 부쟁(不爭)하는지라 무위(無爲)로 통하는 천도(天道)이다. 그러나 불상생(不相生)하고, 불상성(不相成)하며, 불상형(不相形)하고, 불상경(不相傾)하며, 불상화(不相和)하고, 불상수(不相隨)하면 무엇과 무엇이 둘이 되어 상쟁(相爭)하는지라 유위(有爲)이니 인위(人爲)로 통한다. 무유(無有)란 인위(人爲)가 없음[無]이고, 나아가 지유(至柔)임을 살펴 새기고 헤아려 깨우치게 하는 말씀이 〈무유입어무간(無有入於無間)〉이다.

【해독(解讀)】

- 〈무유입어무간(無有入於無間)〉에서 무유(無有)는 주부(主部) 노릇하고, 입(入)은 자동사 노릇하며, 어무간(於無間)은 입(入)을 꾸며주는 부사구 노릇한다. 〈유가[有] 없음이[無] 무간(無間)으로[於] 들어간다[入].〉

- 여기 무유(無有)는 〈지유(至柔)〉를 뜻하고, 무간(無間)은 〈지견(至堅)〉을 뜻한다. 〈있음이[有] 없음[無]〉〈틈새가[間] 없음[無]〉

43-3 吾是以知無爲之有益(오시이지무위지유익)

▶이로[是]써[以] 나는[吾] 무위가[無爲之] 이로움을[益] 간직함을[有] 안다[知].

나 오(吾), 이 시(是), 써 이(以), 알 지(知), 없을 무(無), 할 위(爲), 조사(~가) 지(之), 있을 유(有), 이로울 익(益)

【지남(指南)】

　〈오시이지무위지유익(吾是以知無爲之有益)〉은, 유(柔)가 견(堅)을 부림[馳騁]이유(柔)의 무유(無有)가 견(堅)의 속[無間]으로 들어감[入]이란 무위(無爲)의 유익(有益)함을 뜻함을 밝힌다. 앞서 살핀 〈무유입어무간(無有入於無間)〉이 〈무위지유익

(無爲之有益)〉임을 노자(老子)께서 손수 풀이하고 있다. 따라서 무유(無有)를 부드
러움[柔]이라 깨우칠 수 있다. 나아가 무위지유익(無爲之有益)이 〈지유지유익(至
柔之有益)〉임도 깨우칠 수 있다. 〈무유입어무간(無有入於無間)〉이 곧 모든 목숨들
이 살고 있는 모습이기도 하다. 온갖 목숨의 삶이란 무유(無有)의 지유(至柔)가 무
간(無間)의 지견(至堅)으로 들어감[入]이라고 풀이할 수 있기 때문이다.

인간이 조작하는 인위(人爲)란 2장(章)의 **상생(相生)·상성(相成)·상형(相形)·상
경(相傾)·상화(相和)·상수(相隨)**를 저버려[棄] 서로 다투는[相爭] 짓[爲]이다. 서로
살고[相生]·서로 이루고[相成]·서로 드러나고[相形]·서로 기대고[相傾]·서로
어울리고[相和]·서로 따름[相隨]을 기(棄)하면 상쟁(相爭)하게 되고, 서로 다툼[相
爭]은 쟁론(爭論)을 불러오고, 논란하고 다툼[爭論]은 쟁투(爭鬪)를 부르며, 다투고
싸우면[爭鬪] 난세(亂世)가 빚어져 무불해(無不害) 즉 해치지 않는 것[不害]이란 없
어진다[無]. 난세를 자초하는 짓[爲]보다 더 무익(無益)한 짓은 없고, 난세를 없애
는 짓보다 더 유익(有益)한 짓은 없다. 인위(人爲)는 상쟁(相爭)하게 하여 해이불리
(害而不利)하게 하고 위이상쟁(爲而相爭)하게 하므로 무익하고, 무위(無爲)는 부쟁
(不爭)하게 하여 이이불해(利而不害)하게 하여 위이부쟁(爲而不爭)하게 하므로 유
익하다.

무위(無爲)의 이러한 유익(有益)은 2장(章) 〈생이불유(生而不有) 위이불시(爲而
不恃) 공성이불거(功成而弗居)〉나 19장(章) **견소포박(見素抱樸) 소사과욕(少私寡欲)**
을 상기하면 왜 인위(人爲)는 상쟁(相爭)하게 하여 무익하고, 무위(無爲)는 부쟁(不
爭)·불해(不害)하게 하여 유익한지 깨닫게 된다. 인위(人爲)는 제 몫을 적게 함[少
私]을 뿌리치고 제 욕심을 적게 함[寡欲]을 저버리기 때문에 자기를 이롭게 하고
남을 해롭게 하므로 서로 다투게 되니 무익(無益)하다. 그러나 무위(無爲)는 소사
(少私)하여 과욕(寡欲)하게 하고 서로 이롭게 할 뿐 해롭게 하지 않으므로 온갖 목
숨한테 유익(有益)함을 살펴 새기고 헤아려 깨닫게 하는 말씀이 〈오시이지무위지
유익(吾是以知無爲之有益)〉이다.

註 "유무상생(有無相生) 난이상성(難易相成) 장단상형(長短相形) 고하상경(高下相傾) 음성상
화(音聲相和) 전후상수(前後相隨) …… 생이불유(生而不有) 위이불시(爲而不恃) 공성이불거(功
成而弗居)." 있고[有] 없음은[無] 서로[相] 생기고[生], 어렵고[難] 쉬움은[易] 서로[相] 이루며[成],

길고[長] 짧음은[短] 서로[相] 드러나고[形], 높고[高] 낮음은[下] 서로[相] 기대며[傾], 홀소리 닿소리는[音聲] 서로[相] 어울리고[和], 앞뒤는[前後] 서로[相] 따른다[隨]. …… 낳아주되[生而] 갖지 않으며[不有], 위해주되[爲而] 바라지 않고[不恃], 공적을[功] 이루고서도[成而] 머물지(연연치) 않는다[弗居].   『노자(老子)』 2장(章)

註 "견소포박(見素抱樸) 소사과욕(少私寡欲)." 검소함을[素] 살피고[見] 질박함을[樸] 포용하게 하고[抱], 제 몫을[私] 적게 하고[少] 욕망을[欲] 적게 한다[寡].   『노자(老子)』 19장(章)

【보주(補註)】

● 〈오시이지무위지유익(吾是以知無爲之有益)〉을 〈무유지입어무간이오지무위지유익(無有之入於無間以吾知無爲之有益)〉처럼 옮기면 문의(文意)를 좀 더 쉽게 새길 수 있다. 〈무유의[無有之] 무간으로[於無間] 들어감으로[入]써[以] 나는[吾] 무위가[無爲之] 유익함을[有益] 안다[知].〉

● 무위지유익(無爲之有益)의 무위(無爲)는 〈무유위(無有爲)〉 또는 〈무인위(無人爲)〉를 줄임이다. 무위(無爲)를 〈무인지작위(無人之作爲)〉의 줄임으로 여겨도 된다. 따라서 무위(無爲)는 25장(章) 인법지(人法地) 지법천(地法天) 천법도(天法道) 도법자연(道法自然)을 한마디로 밝힌 말씀이다. 〈유위가[有爲] 없음[無] · 인위가[人爲] 없음[無] · 인간의[人之] 작위가[作爲] 없음[無]〉 등을 줄인 술어(術語)가 무위(無爲) 즉 〈함이[爲] 없음[無]〉이다.

註 "인법지(人法地) 지법천(地法天) 천법도(天法道) 도법자연(道法自然)." 사람은[人] 땅을[地] 본받고[法], 땅은[地] 하늘을[天] 본받고[法], 하늘은[天] 상도를[道] 본받고[法], 상도는[道] 그냥 그대로를[自然] 본받는다[法].   『노자(老子)』 25장(章)

【해독(解讀)】

● 〈오시이지무위지유익(吾是以知無爲之有益)〉에서 오(吾)는 주어 노릇하고, 시이(是以)는 지(知)를 꾸며주는 부사구 노릇하며, 지(知)는 동사 노릇하고, 무위지(無爲之)는 유익(有益)을 꾸며주는 형용사구 노릇하고, 유익(有益)은 지(知)의 목적어 노릇한다. 〈이로[是]써[以] 나는[吾] 무위에는[無爲之] 이로움이[益] 있음을[有] 안다[知].〉

● 무위지유익(無爲之有益)은 〈무위유익(無爲有益)〉이란 구문을 구(句)로 바꾼 어

투이다. 〈무위에는[無爲之] 이로움이[益] 있음[有]〉〈무위에는[無爲之] 이로움이
[益] 있다[有].〉

43-4 不言之教(불언지교) 無爲之益(무위지익) 天下希及之
(천하희급지)

▶세상 사람들에게는[天下] 말이 없는[不言之] 가르침인[教] 무위의
[無爲之] 이로움[益] 그것에[之] 다다름이[及] 드물다[希].

없을 불(不), 말할 언(言), 조사(~의)지(之), 가르칠 교(教), 없을 무(無),
할 위(爲), 이로울 익(益), 하늘 천(天), 아래 하(下), 드물 희(希),
미칠 급(及), 허사(虛詞)지(之)

【지남(指南)】

〈불언지교(不言之教) 무위지익(無爲之益) 천하희급지(天下希及之)〉는 앞서 살
핀 〈무위지유익(無爲之有益)〉을 강조하고자 거듭 밝힌다. 2장(章) 성인처무위지사
(聖人處無爲之事) 행불언지교(行不言之教)를 상기하면, 불언지교(不言之教)가 무위
지사(無爲之事)를 행하는 가르침[教]임을 알 수 있다.

여기 〈불언지교(不言之教)〉 역시 2장(章)의 〈불언지교(不言之教)〉와 같아, 불언
의[不言之] 가르침[教]을 행함[行]이란 무위의[無爲之] 이로움[益]을 가르침이고,
그것은 시비·분별의 논란을 떠난 언지(言之)이므로 부쟁(不爭)의 가르침으로 통
한다. 나아가 불언지교(不言之教)는 『장자(莊子)』의 사자천국(四者天鬻)과 지도이
(知道易) 물언난(勿言難)을 상기시킨다. 『노자(老子)』의 불언지교(不言之教) 역시 자
연이[天] 길러주는[鬻] 네 가지[四者]인 불모(不謀)·불착(不斲)·무상(無喪)·불화(不
貨)를 가르침으로[教] 이어지기 때문이다.

말[言] 없는[不] 가르침[教]은 무위지익(無爲之益)이니, 상도지교(常道之教) 즉
상도(常道)의 체(體) 용(用)을 가르침이[教] 불언지교(不言之教)이다. 자연의 대도
(大道)인 상도(常道)는 사사롭게 하는 바가 없으니[無爲], 불언(不言) 즉 시비 분별
을 내세워 말할 것이[言] 없다[不]. 그래서 부대도불칭(夫大道不稱)이니, 무릇[夫] 상

도란[大道] 말로 일컬어질 것[稱]이 없다[不] 함이다. 도법자연(道法自然)이니 무위(無爲)·자연(自然)이니 등등은 불언(不言)으로써 가르쳐[敎] 이끎[導]인지라 불언(不言)은 자연(自然)을 따라 본받음을 나타낸다. 이는 상도(常道)가 무위자연(無爲自然)을 밝힘이[言] 없음[不]이다.

시비(是非)·분별(分別)·호오(好惡)·선악(善惡) 등을 둘로 나누어 논란(論難)하는 짓은 오로지 인지(人智)의 짓일 뿐이다. 옳고[是] 그름을[非] 나누어[分別] 좋고[好] 싫음을[惡] 따지고[論難] 선(善)이니 악(惡)이니 논란하는 언변(言辯)은 인지(人智)로써 행하는 짓이니, 이런 인지(人智)의 말[言]이 없음이 자연(自然)의 말이고 무위(無爲)의 말이며, 나아가 상도(常道)의 말씀이 무위의[無爲之] 이로움[益]이란 것이 여기 불언지교(不言之敎)이다.

불언(不言)의 가르침[敎]이 왜 이로운지는[益] 19장(章) 절성기지(絶聖棄智) 민리백배(民利百倍)란 말씀과, 57장(章) 민자화(民自化)·민자정(民自正)·민자부(民自富)·민자박(民自樸) 등이 그 이로움을 밝혀준다. 성인(聖人)이 무위(無爲之)를 행사함[事]에 머물러[處] 불언의[不言之] 가르침[敎]을 행하면 세상 사람들이 스스로 변화하고[自化], 스스로 발라지고[自正], 스스로 부유해지고[自富], 스스로 검박해져[自樸] 저절로 제 몫을 줄이고[少私] 욕심을 줄여[寡欲] 검소함을 살피고[見素] 검소함을 간직하는[抱樸] 자연인이 된다.

이러한 가르침이 불언지교(不言之敎)이니, 이는 자연지교(自然之敎)이고 무위지교(無爲之敎)이며 도법자연(道法自然)의 가르침[敎]이다. 자연(自然)을 본받기[法]가 불언(不言)의 가르침[敎]인 동시에 무위(無爲)로 누리는 이로움[益]이다. 그러나 이로움을 받들어[推] 함께하여[共] 만족하려는[足] 사람들이 세상에는 참으로 드물어 없는 지경임을 살펴 새기고 헤아려 깨닫게 하는 말씀이 〈불언지교(不言之敎) 무위지익(無爲之益) 천하희급지(天下希及之)〉이다.

[註] "성인처무위지사(聖人處無爲之事) 행불언지교(行不言之敎)." 성인은[聖人] 무위의[無爲之] 일에[事] 머물러 살고[處], 말하지 않는[不言之] 가르침을[敎] 행한다[行].

『노자(老子)』 2장(章)

[註] "성인불모(聖人不謀) 오용지(惡用知) 불착(不斲) 오용교(惡用膠) 무상(無喪) 오용덕(惡用德) 불화(不貨) 오용상(惡用商) 사자천국(四者天鬻) 천국야자천사야(天鬻也者天食也) 기수사어

천(既受食於天) 우오용인(又惡用人)." 성인은[聖人] 꾀하지 않는데[不謀] 어찌[惡] 지식을[知] 쓰겠으며[用], 깎고 다듬지 않는데[不斲] 어찌[惡] 갖풀을[膠] 쓰겠으며[用], 잃을 것이[喪] 없는데[無] 어찌[惡] 인덕(人德)을[德] 쓰겠으며[用], 돈벌이를 않는데[不貨] 어찌[惡] 상술(商術)을[商] 쓰겠는가[用]? {불모(不謀)·불착(不斲)·무상(無喪)·불화(不貨)는} 자연이[天] 길러주는[鬻] 네 가지[四者]이다[也]. 자연이[天] 길러줌[鬻]이란[也] 것은[者] 자연이[天] 먹여줌[食]이다[也]. 이미[既] 자연으로부터[於天] 먹을거리를[食] 받았는데[受] 또[又] 어찌[惡] 인간의 것을[人] 쓰겠는가[用]?　　　　　　　　　　　　　　　『장자(莊子)』「덕충부(德充符)」

註　"지도이(知道易) 물언난(勿言難) 지이불언소이지천야(知而不言所以之天也) 지이언지소이지인야(知而言之所以之人也)." 상도를 알기는[知道] 쉽고[易], 말을 말기란[勿言] 어렵다[難]. 알면서도[知而] 말하지 않음은[不言] 자연을[天] 따라가는[之] 까닭[所以]이고[也], 안다면서[知而] 말함은[言之] 인위를[人] 따라가는[之] 까닭[所以]이다[也].　　　　『장자(莊子)』「열어구(列禦寇)」

註　"부대도불칭(夫大道不稱) 대변불언(大辯不言) 대인불인(大仁不仁) 대렴불렴(大廉不嗛) 대용불기(大勇不忮) 도소이부도(道昭而不道) 언변이불급(言辯而不及) 염청이불신(廉清而不信) 용기이불성(勇忮而不成) 오자완이기향방의(五者園而幾向方矣) 고(故) 지지기소부지지의(知止其所不知至矣) 숙지불언지변(孰知不言之辯) 부도지도(不道之道) 약유능지(若有能知) 차지위천부(此之謂天府) 주언이불만(注焉而不滿) 작언이불갈(酌焉而不竭) 이부지기소유래(而不知其所由來) 차지위보광(此之謂葆光)." 무릇[夫] 참된[大] 도에는[道] 이름이[稱] 없고[不], 참된[大] 말 가름에는[辯] 말함이[言] 없으며[不], 참된[大] 어짊에는[仁] 어질다 함이[仁] 없고[不], 참된[大] 염치에는[廉] 염치 부림이[廉] 없으며[不], 참된[大] 용기에는[勇] 남을 해침이[忮] 없고[不], 도가[道] 밝게 드러나도[昭而] 도라 밝힐 것이[道] 없으며[不], 말 가름을[辯] 말로 하면[言而] 온전함이[及] 없고[不], 청렴함이[廉] 맑기만 하면[清而] 믿음이[信] 없고[不], 용기가[勇] 남을 해치면[忮而] 용기랄 것이[成] 없다[不]. 다섯 가지는[五者] 둥글지만[園而] 모나기가[方] 쉬운 것[幾向]이다[矣]. 그러므로[故] 자기가[其] 알지 못하는[不知] 바에[所] 머물 줄[止] 앎이[止] 지극한 것[至]이다[矣]. 누가[孰] 말[言] 없는[不之] 논변과[辯] 도라고 말함이[道] 없는[不之] 도를[道] 알까[知]? 만약[若] {불언지변(不言之辯)과 부도지도(不道之道)를} 능히[能] 알 수가[知] 있다면[有] 그런 앎[此] 그것을[之] 자연의[天] 곳간이라[府] 한다[謂]. 천부(天府)에다[焉] 무엇이든 들이부어도[注而] 가득 차지 않고[不滿], 거기서[焉] 아무리 퍼내도[酌而] 마르지 않는다[不竭]. 그런데[而] 그것이[其] 겪어온[由來] 바를[所] 모른다[不知]. 이러함을[此之] 있는 듯 없는 듯한[葆] 밝음이라[光] 한다[謂].

천부(天府)는 천지부장(天之府藏) 즉 자연의[天之] 곳간[府藏]을 말한다. 보광은 지덕(智德)을 비유하고, 동시에 약유약무지광(若有若無之光) 즉 있는 듯[若有] 없는 듯한[若無之] 밝음[光]을 말한다. 이 보광(葆光)은 『노자(老子)』에 나오는 〈지상왈명(知常曰明)〉의 밝음[明]과 같은 술어(術語)이다.　　　　　　　　　　　　　　『장자(莊子)』「제물론(齊物論)」

註　"절성기지(絶聖棄智) 민리백배(民利百倍) 절인기의(絶仁棄義) 민복효자(民復孝慈) 절교기

리(絶巧棄利) 도적무유(盜賊無有).” 성지를[聖] 끊고[絶] 지혜를[智] 버리면[棄] 백성이[民] 백배로[百倍] 이로워지고[利], 인을[仁] 끊고[絶] 의를[義] 버리면[棄] 백성은[民] 효도와[孝] 자애로[慈] 돌아오며[復], 재주 부리기를[巧] 끊고[絶] 이득을[利] 버리면[棄] 도둑질과[盜] 해치는 짓이[賊] 있음이[有] 없다[無]. 『노자(老子)』19장(章)

註 “아무위이민자화(我無爲而民自化) 아호정이민자정(我好靜而民自正) 아무사이민자부(我無事而民自富) 아무욕이민자박(我無欲而民自樸).” 나에게[我] 인위가[爲] 없으니까[無而] 백성은[民] 절로[自] 변화하고[化], 내가[我] 고요를[靜] 좋아하니까[好而] 백성은[民] 절로[自] 바르고[正], 나에게[我] {인위(人爲)의} 일이[事] 없으니까[無而] 백성은[民] 절로[自] 부유하며[富], 나에게[我] 욕심이[欲] 없으니까[無而] 백성은[民] 절로[自] 본디대로다[樸]. 『노자(老子)』57장(章)

【보주(補註)】

● 〈불언지교(不言之敎) 무위지익(無爲之益) 천하희급지(天下希及之)〉를 〈희불언지교지급어천하(希不言之敎之及於天下) 이희무위지익지급어천하(而希無爲之益之及於天下)〉처럼 옮기면 문의(文意)를 좀 더 쉽게 새길 수 있다. 〈천하에[於天下] 불언지교의[不言之敎] 미침이[及] 거의 없다[希]. 그리고[而] 무위지익의[無爲之益之] 미침도[及] 거의 없다[希].〉

● 불언지교(不言之敎)는 10장(章) 현덕(玄德)과, 34장(章) 〈공성이불유(功成而不有)〉를 상기시킨다. 현덕(玄德)을 베풂이 불언(不言)의 가르침[敎]이고, 보람을 이루되[功成] 보람이 있다고[有] 밝히지 않음이[不名] 불언지교(不言之敎)인지라 22장(章) 부유부쟁(夫唯不爭)의 이로움[益]을 누리게 된다.

　나아가 불언지교(不言之敎)의 불언(不言)은 『장자(莊子)』의 무언(無言)을 상기시키고, 『논어(論語)』의 눌어언(訥於言)을 상기시킨다. 눌어언(訥於言)은 불외언(不猥言) 즉 말을[言] 함부로 하지[猥] 않음이지[不], 불언(不言) 즉 무언(無言)은 아니다. 그러나 무언(無言)은 말이[言] 없음인지라[無] 말하지[言] 않음[不]이 아니라 다만 시비지언(是非之言)이 없음이다.

───────────

註 “생지휵지(生之畜之) 생이불유(生而不有) 위이불시(爲而不恃) 장이부재(長而不宰) 시위현덕(是謂玄德).” 만물(萬物)을[之] 낳아서[生而] 그것을[之] 길러주고[畜], 낳아주되[生而] 갖지 않으며[不有], 위해주되[爲而] 바라지 않고[不恃], 길러주되[長而] 이래라저래라 않는다[不宰]. 이를[是] 현묘한[玄] 덕이라[德] 한다[謂]. 『노자(老子)』10장(章)

註 “부자현고명(不自見故明) 부자시고창(不自是故彰) 부자벌고유공(不自伐故有功) 부자긍

고장(不自矜故長) 부유부쟁(夫唯不爭)." 자신을[自] 드러내지 않기[不見] 때문에[故] 밝고[明], 스스로[自] 옳다 하지 않기[不是] 때문에[故] 드러나며[彰], 자신을[自] 자랑하지 않기[不伐] 때문에[故] 보람을[功] 갖고[有], 스스로[自] 뽐내지 않기[不矜] 때문에[故] 장구하다[長]. 무릇[夫] 오로지[唯] 다투지 않는다[不爭].   『노자(老子)』 22장(章)

匪 "치언일출(巵言日出) 화이천예(和以天倪) 인이만연(因以曼衍) 소이궁년(所以窮年) 불언즉제(不言則齊) 제여언부제(齊與言不齊) 언여제부제야(言與齊不齊也) 고왈무언(故曰無言)." 무심한 말은[巵言] 날로[日] 새롭고[出], {무심(無心)한 말은} 시비를 떠난 자연의 구별로[天倪] 써[以] 어울리고[和] 자연의 변화로[曼衍] 써[以] 맡겨두어[因] 천수를[年] 다하는[窮] 까닭이며[所以], {시비(是非)를} 말하지 않으면[不言] 곧[則] (온갖 것은) 하나가 되고[齊], (시비를) 말함과[與言] 하나가 됨은[齊] 같지 않고[不齊], (시비를) 말함과[言與] 하나가 됨도[齊] 같지가 않은 것[不齊]이다[也]. 그러므로[故] 말이 없음이라[無言] 한다[曰].

　　장자(莊子)는 시비지언(是非之言)이 없게 하고자 치언(巵言)을 썼다. 그래서 장자(莊子)의 글은 부어도 넘치지 않고 퍼내도 마르지 않는다고 한다. 치언(巵言)은 무심(無心)·무아(無我)의 말로 시비·분별·논란을 벗어난 말이다. 치언(巵言)의 치(巵)는 〈술그릇 치(巵)〉로, 가득 차면 기울고 비면 바로 서서 비움과 가득함을 타물(他物)에 맡겨 기울고 섬을 외물(外物)에 맡길 따름인 주기(酒器)를 말한다. 이러한 치(巵)를 빌려 말함이 무위지언(無爲之言)이다. 화이천예(和以天倪)에서 천예(天倪)는 시비를 떠난 자연의 구별 즉 자연지분제(自然之分際)이고, 인이만연(因以曼衍)에서 인(因)은 〈맡길 임(任)〉과 같고, 만연(曼衍)은 자연의 변화에 맡긴 채 자기 의견 따위를 더하지 않음이다.   『장자(莊子)』 「우언(寓言)」

匪 "군자욕눌어언(君子欲訥於言)." 군자는[君子] 말함에서[於言] 어눌하고자 한다[欲訥].
                              『논어(論語)』 「이인(里仁)」 24

● 불언지교(不言之教) 이 말씀은 2장(章)에도 나온다.
● 무위지익(無爲之益)은 〈무위지유익(無爲之有益)〉을 줄여 밝힌 말씀으로 여기면 된다. 〈무위에[無爲之] 이로움이[益] 있음[有]〉 〈무위가[無爲之] 이로움을[益] 간직함[有]〉

【해독(解讀)】

● 〈불언지교(不言之教) 무위지익(無爲之益) 천하희급지(天下希及之)〉에서 불언지교(不言之教)와 무위지익(無爲之益)은 급(及)의 목적구이지만 강조하고자 전치하였고, 천하(天下)는 희(希)를 꾸며주는 부사 노릇하며, 희(希)는 자동사 노릇하고, 급(及)은 영어의 동명사 또는 부정사(不定詞)같이 구실하며 희(希)의 주어 노릇하고, 지(之)는 전치된 불언지교(不言之教)와 무위지익(無爲之益)을 대신해

편용장(偏用章)

주는 허사(虛詞) 노릇한다. 천하희급지(天下希及之)의 희(希)는 〈드물 선(鮮)〉과 같고 〈거의 없다〉는 뜻이고, 급(及)은 〈받들 추(推) · 함께할 공(共) · 만족할 족(足) · 미칠 지(至)〉 등 여러 뜻을 내지만 여기선 〈미칠 지(至)〉와 같아 급지(及至)의 줄임말로 여기면 된다. 〈불언지교와[不言之敎] 무위지익(無爲之益) 그것을[之] 미침이[及] 천하에는[天下] 드물다[希].〉

● 불언지교(不言之敎)와 무위지익(無爲之益)은 〈A지(之)B〉의 상용구이다. 〈A지(之)〉는 〈B〉를 꾸며주는 형용사구 노릇한다. 〈A라는[A之] B〉 〈A의[A之] B〉

● 천하희급지(天下希及之)는 〈희급어천하(希及於天下)〉에서 천하(天下)를 강조하고자 전치한 문예(文例)인 셈이다. 그리고 천하희급지(天下希及之)는 〈A희(希)B〉, 〈A다(多)B〉, 〈A소(少)B〉, 〈A무(無)B〉 등의 상용구문이다. 〈A에는 B가 드물다[希].〉 〈A에는 B가 많다[多].〉 〈A에는 B가 적다[少].〉 〈A에는 B가 없다[無].〉

43-5 人之所敎(인지소교) 我亦敎之(아역교지) 吾將以爲敎父(오장이위교부)

▶ 사람들이[人之] 가르치는[敎] 바[所] 그것을[之] 나[我] 또한[亦] 가르치고[敎], 나도[吾] 마땅히[將] 그로써[以] 가르침의[敎] 시원(始原)으로[父] 삼는다[爲].

> 조사(~가) 지(之), 바 소(所), 가르칠 교(敎), 나 아(我), 또한 역(亦), 지시어(그것) 지(之), 나 오(吾), 장차 장(將), 써 이(以), 삼을 위(爲), 가르칠 교(敎), 아버지 부(父)

註 위의 원문(原文)은 42장(章)에 있던 것이다. 그러나 위 원문(原文)은 42장(章)의 주지(主旨)인 우주 삼라만상의 생성론과 전혀 상응하지 않는다. 따라서 〈인지소교(人之所敎) 아역교지(我亦敎之) 오장이위교부(吾將以爲敎父)〉의 내용과 상응하는 주지(主旨)의 장(章)은 43장(章)이라고 주장한 엄령봉(嚴靈峰)이 설(說)을 따라, 〈인지소교(人之所敎) 아역교지(我亦敎之) 오장이위교부(吾將以爲敎父)〉 원문(原文)을 43장(章)으로 옮겨와 지남(指南) · 보주(補註) · 해독(讀解)한다.

【지남(指南)】

〈인지소교(人之所教) 아역교지(我亦教之) 오장이위교부(吾將以爲教父)〉는 노자 (老子) 자신도 〈무위지익(無爲之益)〉을 불언지교(不言之敎)의 교부(敎父)로 삼겠노 라고 밝힘이다. 시비·분별의 논란을 말하지 않고[不言] 자연을 본받아[法] 가르 치는[敎] 것이지 노자(老子) 자신의 독단이 아님을 분명히 한다. 이는 인지(人智)로 가르침이[敎] 아니라 무위(無爲)로 가르침이다.

『논어(論語)』에서 공자(孔子)도 **술이부작(述而不作)**이라고 했다. 공자(孔子)는 예 악인의(禮樂仁義)를 전해준 성인(聖人)의 말씀을[言] 이어받았다는[述] 뜻에서 〈부 작(不作)〉이지만, 그 〈술이(述而)〉는 인의예악(仁義禮樂)을 작한[作] 성지(聖智)를 본받음이다. 그러나 노자(老子)의 교부(敎父)는 상도(常道) 즉 무위자연(無爲自然) 이고, 그 상도(常道)의 현덕(玄德)을 본받아[法] 이어받음[述]이다. 공자(孔子)와 노 자(老子)는 이어받음이[述] 서로 다르다. 공자(孔子)는 요순(堯舜)의 가르침을[敎] 본받아[法] 가르쳤고, 노자(老子)는 자연을 본받아[法自然] 가르쳤다[敎]. 법자연 (法自然)의 가르침을[敎] 노자(老子)가 시작한 것이 아니라 이전부터 이미 있었음 을 밝힌 말씀이 〈인지소교(人之所敎)〉이고, 가르친 바[所敎]를 전술(傳述)하여 노 자(老子)가 가르침을[敎] 밝힌 말씀이 〈아역교지(我亦敎之)〉이다.

노자(老子)가 교부(敎父) 즉 가르침의[敎] 시원으로[父] 삼는 것은 상도(常道)이 고, 상도(常道)를 본받는 가르침은 28장(章) 〈상덕불리(常德不離) 상덕불특(常德 不忒) 상덕내족(常德乃足)〉에 오롯이 나와 있다. 상덕(常德)은 상도(常道)의 용(用) 즉 조화이니 그것은 생지휵지(生之畜之)로 드러나기 시작한다. 그 조화를 일러 상 덕(常德)이 떠나지 않음이라[不離] 하고, 상덕(常德)이 어긋나지 않음이라[不忒] 하며, 불리(不離)하고 불특(不忒)하면 상덕(常德)은 이에 만족된다[乃足]. 인간한 테서 상덕(常德)이 떠나지 않자면[不離] 인간은 **복귀어영아(復歸於嬰兒)** 즉 갓 태어 난 핏덩이로[於嬰兒] 되돌아와야[復歸] 하고, 인간에게서 상덕(常德)이 만족되자 면[乃足] 인간은 **복귀어박(復歸於樸)** 즉 자연 그대로로[於樸] 되돌아와야[復歸] 한 다는 가르침이[敎] 〈아역교지(我亦敎之)〉의 지(之)이다.

인간에게 상덕(常德)이 만족되자면 그냥 본디대로로[於樸] 복귀(復歸)해야 한 다. 박(樸)이란 자연(自然) 바로 그것이고, 박(樸)으로 되돌아옴이[復歸] 19장(章)

견소포박(見素抱樸) 소사과욕(少私寡欲)이다. 물론 무위자연(無爲自然)을 가르치는 바는『노자(老子)』전장(全章)을 관류(貫流)하지만, 그 지침 중 하나를 꼽자면 **견소포박(見素抱樸) 소사과욕(少私寡欲)**일 것이다. 그냥 그대로의 자연[素樸]을 살펴[見] 안아 지켜서[抱] 제 몫을[私] 적게 하고[少] 탐욕을[欲] 줄여라[寡].

무위자연(無爲自然)을 본받아[法] 무위(無爲)의 이로움을[益] 누릴 수 있도록 상도(常道)를 노자(老子) 당신의 교부(教父)로 삼고 있음을 일깨워 깨우치게 하는 말씀이 〈인지소교(人之所教) 아역교지(我亦教之) 오장이위교부(吾將以爲教父)〉이다.

註 "자왈(子曰) 술이부작(述而不作) 신이호고(信而好古) 절비어아노팽(竊比於我老彭)." 공자께서[子] 말했다[曰] : 이어받았지[述而] 짓지 않았다[不作]. 옛것을[古] 믿고[信而] 좋아한다[好]. 나를[於我] 노팽과[老彭] 견주고[比] 싶다[竊].

정현(鄭玄)은 노팽(老彭)을 노담(老聃) 즉 노자(老子)와, 팽조(彭祖)라고 주(注)했다.

『논어(論語)』「술이(述而)」1

註 "상덕불리(常德不離) 복귀어영아(復歸於嬰兒) …… 상덕내족(常德乃足) 복귀어박(復歸於樸)." 상덕이[常德] 떠나지 않아[不離] 갓난애로[於嬰兒] 되[復] 돌아온다[歸]. …… 상덕이[常德] 이내[乃] 만족돼[足] 나뭇등걸(자연)로[於樸] 되[復] 돌아온다[歸]. 『노자(老子)』28장(章)

註 "견소포박(見素抱樸) 소사과욕(少私寡欲)." 그냥 있는 그대로를[素] 살피고[見] 그냥 있는 그대로를[樸] 간직해 지키며[抱], 제 몫을[私] 적게 하고[少] 욕망을[欲] 적게 한다[寡]. 『노자(老子)』19장(章)

【보주(補註)】

- 〈인지소교(人之所教) 아역교지(我亦教之) 오장이위교부(吾將以爲教父)〉를 〈아역교인지소교어성인(我亦教人之所教於聖人) 이오장상도이위교부(而吾將常道以爲教父)〉처럼 옮기면 문의(文意)를 좀 더 쉽게 새길 수 있다. 〈나[我] 또한[亦] 성인에[聖人] 의해서[於] 사람들이[人之] 가르침을 받았던[教] 바를[所] 가르친다[教]. 그리고[而] 나는[我] 상도로[常道]써[以] 교부로[教父] 삼는다[爲].〉

- 인지소교(人之所教)의 인(人)은 〈고지성인(古之聖人)〉의 줄임이고, 아역교지(我亦教之)의 아(我)를 노자(老子)로 여기면 문의(文意)가 분명해진다.

- 교부(教父)는 〈교지시(教之始)〉 또는 〈교지근(教之根)〉을 일컫는 말이다. 가르침의[教之] 시원(始原)이 교부(教父)이고, 근원(根源)이 여기 교부(教父)이다. 〈모주양(母主養)·부주교(父主教)〉라는 말도 있다. 어머니는[母] 길러줌을[養]

책임지고[主], 아버지는[父] 가르침을[教] 책임짐이[主] 가르침의 시작이다. 낳아[生] 길러냄은[養] 어머니의 몫이고, 가르쳐[教] 길러냄은[養] 아버지의 몫이란 말도 있다. 하지만 여기서 교부(教父)의 부(父)는 부모(父母)의 부(父)가 아니라 시원(始原)·근원(根源)으로서의 부(父)이다.

【해독(解讀)】

- 〈인지소교(人之所教) 아역교지(我亦教之) 오장이위교부(吾將以爲教父)〉는 두 문장이 생략된 접속사 〈그리고 이(而)〉로 이어진 중문(重文)이다. 〈사람이[人之] 가르치는[教] 바[所] 그것을[之] 나[我] 역시[亦] 가르친다[教]. 그리고[而] 나는[我] 장차[將] 그로써[以] 교부로[教父] 삼을 것이다[爲].〉

- 〈인지소교(人之所教) 아역교지(我亦教之)〉에서 인지소교(人之所教)는 전치된 목적구이고, 아역교지(我亦教之)에서 아(我)는 주어 노릇하고, 역(亦)은 교지(教之)를 꾸며주는 어조사 노릇하고, 교(教)는 동사 노릇하며, 지(之)는 전치된 목적구의 지시어 〈그것 지(之)〉로 여겨도 되고 전치된 빈 자리에 놓인 뜻 없는 허사(虛詞) 지(之)로 새겨도 된다. 〈인지소교[人之所教] 그것을[之] 나[我] 또한[亦] 가르친다[教].〉〈나[我] 또한[亦] 인지소교를[人之所教] 가르친다[教].〉

- 오장이위교부(吾將以爲教父)는 〈시이오장위교부(是以吾將爲教父)〉에서 앞의 내용을 나타내는 지시어 노릇할 시(是)를 생략하고, 남은 이(以)를 위(爲) 앞으로 가져간 어투임을 알면 쉽게 문맥을 잡을 수 있다. 오장이위교부(吾將以爲教父)에서 오(吾)는 주어 노릇하고, 장(將)은 위(爲)를 꾸며주는 부사 노릇하면서 위(爲)에 미래시제를 주고, 이(以)는 위(爲)를 꾸며주는 부사 노릇하며, 위(爲)는 동사 노릇하고, 교부(教父)는 위(爲)의 목적어 노릇한다. 〈이를[是]써[以] 나는[吾] 장차[將] 교부로[教父] 삼을 것이다[爲].〉〈나는[吾] 장차[將]써[以] 교부로[教父] 삼을 것이다[爲].〉

- 오장이위교부(吾將以爲教父)는 〈위(爲)A이(以)B〉의 상용문이다. 〈B를 써[以] A로 삼는다[爲].〉

44

老子
之言

지지장(知止章)

　우리에게 생명의 귀중함을 일깨워주는 장(章)이다. 제 생명을 가볍게 여겨 명리(名利)에 목숨을 걸고 탐득(貪得)에 기울어져 제 목숨을 망치거나, 중화탐명(重貨貪名)에 매달려 재화를[貨] 소중히 하고[重] 명리를[名利] 탐하는 짓에 함몰(陷沒)하는 삶을 저버리고, 지족(知足)·지지(知止)의 삶을 누려야 하는 까닭을 밝혀 깨우치게 하는 장(章)이다.

【원문(原文)】

名與身에서 孰親하고 身與貨에서 孰多하며 得與亡에서
명여신　　　숙친　　　신여화　　　숙다　　　득여망

孰病인가 是故로 甚愛는 必大費이고 多藏은 必厚亡이다
숙병　　　시고　심애　　필대비　　　다장　　필후망

知足不辱이고 知止不殆고 可以 長久한다
지족불욕　　　지지불태　　가이　장구

몸과[與身] 명리[名] 어느 것을[孰] 가까이하는가[親]? 재물과[與貨] 몸[身] 어느 것을[孰] 소중히 하는가[多]? 잃음과[與亡] 얻음 중에서[得] 어느 것을[孰] 걱정하는가[病]? 위와 같기[是] 때문에[故] (명성과 재화를) 지나치게[甚] 친애함은[愛] 반드시[必] 증대한[大] 소모를 불러오고[費], (재화를) 많이[多] 간직하려 함은[藏] 반드시[必] 불행을 더하는[厚] 손실을 불러온다[亡]. 만족할 줄[足] 알면[知] 욕됨이[辱] 없고[不], 멈출 줄[止] 알면[知] 위태롭지 않다[不殆]. 그로써[以] 길이[長] 오래갈 수 있다[可久].

44-1 名與身孰親(명여신숙친)

▶ 몸과[與身] 명리[名] 어느 것을[孰] 가까이하는가[親]?

명리 명(名), 조사(~과) 여(與), 몸 신(身), 어느 것 숙(孰), 가까울 친(親)

【지남(指南)】

〈명여신숙친(名與身孰親)〉은 인위(人爲)와 자연(自然) 즉 무위(無爲) 중에서 어느 것을 더 사랑하며, 어느 것과 더 가까운지 자문하고 있다. 32장(章) 도상무명(道常無名)을 상기하면 〈명여신(名與身)〉의 명(名)은 사람이 탐하는 명성(名聲)이고, 신(身)은 부모인 천지(天地)에게서 받음[受]이니 본래 자연(自然)의 것임을 헤아릴 수 있다.

명여신(名與身)의 〈명(名)〉은 인욕(人欲)으로 말미암음이니, 명성이고 명예이며 출세와 부귀영화로 이어진다. 이것은 사람들이 획득하고자 하는 인위(人爲)의 소산이다. 사람의 짓[人爲]이 시비·논란·상쟁 등으로 이어지는 까닭이 바로 명(名) 때문이다.

명여신(名與身)의 〈신(身)〉은 심신(心身)이고 성명(性命)이며 성정(性情)으로, 부모인 천지(天地)에게서 물려받음이니 무위자연(無爲自然)의 것이다. 부모는 천지(天地)이니 자연이 물려주어[稟] 받은[受] 것이 신(身)이다. 내 몸[身]은 내 것이란 생각은 물물(物物)마다의 근원을 버림에서 비롯하고, 『장자(莊子)』의 천지자만물지부모야(天地者萬物之父母也)나 『소학(小學)』의 신야자친지지야(身也者親之枝也)·신체발부수지부모(身體髮膚受之父母)와 같은 말씀에 담긴 뜻을 멀리함이다.

자연과 인간의 상관(相關)을 벗어나 인간의 짓만을 생각하는 경우 명(名)을 위해서 신(身)을 저버리는 탐욕에 매달리게 된다. 이러한 생각을 『예기(禮記)』는 인화물(人化物)이라 일컫는다. 인화물(人化物)은 요즈음 말로 〈인간의 물질화(物質化 : materialization)〉와 같다. 인화물(人化物)은 사욕(私欲)에 매달려 자신의 욕망에 사로잡혀 유기(唯己)에 빠진다. 그러면 인간은 명여신(名與身), 즉 인간의 것[名]과 자연의 것[身] 중에서 자연[身]을 저버리고 부귀영화 쪽만을 친애(親愛)·친근(親近)하여 명(名)에 사로잡히게 된다. 〈불언지교(不言之敎)〉의 교(敎)와 〈무위지익(無爲之益)〉의 익(益)을 저버리는[棄] 인욕(人欲)을 거듭해 살펴 새기고 헤아려 깨닫게 하는 말씀이 〈명여신숙친(名與身孰親)〉이다.

註 "도상무명박(道常無名樸) 수소(雖小) 천하막능신(天下莫能臣)." 상도는[道] 항상[常] 이름[名] 없는[無] 본디대로이다[樸]. 비록[雖] {상도(常道)의 나타남은} 미소하지만[小], 천하에[天下] (어느 누구도 상도를) 지배할[臣] 수 없다[莫能].　　　　　　　　　　　　『노자(老子)』 32장(章)

註 "천지자만물지부모야(天地者萬物之父母也) 합즉성체(合則成體) 산즉성시(散則成始)." 하늘땅이란[天地] 것은[者] 만물의[萬物之] 어버이[父母]이다[也]. {음양(陰陽)이} 합해지면[合則] 몸을[體] 이루고[成] 흩어지면[散則] 처음을[始] 이룬다[成].

천지자(天地者)는 여기선 음양자(陰陽者) 즉 음양이란[陰陽] 것[者]을 말한다. 성체(成體)는 생(生)이고 성시(成始)는 사(死)이다.　　　　　　　　　　　　『장자(莊子)』 「달생(達生)」

註 "공자위증자왈(孔子謂曾子曰) 신체발부(身體髮膚) 수지부모(受之父母) 불감회상(不敢毀傷) 효지시야(孝之始也)." 공자께서[孔子] 증자에게[曾子] 일러[謂] 말했다[曰] : 몸뚱이와[身體] 머리털[髮] 살갗은[膚] 부모에게서[之父母] 받았으니[受], 감히[敢] 헐고[毁] 상하게 하지[傷] 않음이[不] 효도의[孝] 시작인 것[始]이다[也].　　　　　　　　　　　　『소학(小學)』 「명륜(明倫)」

註 "경신위대(敬身爲大) 신야자친지지야(身也者親之枝也) 감불경여(敢不敬與)." 몸을[身] 조심함을[敬] 크게[大] 여긴다[大]. 몸이란[身也] 것은[者] 어버이의[親之] 가지[枝]이다[也]. 감히[敢] 조심하지 않을 수 있을 것[不敬]인가[與]?　　　　　　　　　　　　『소학(小學)』 「경신(敬身)」

註 "인화물야자(人化物也者) 멸천리이궁인욕자야(滅天理而窮人欲者也) 어시(於是) 유패역사위지심(有悖逆詐僞之心) 유음일작란지사(有淫佚作亂之事) 시고(是故) 강자협약(强者脅弱) 중자포과(衆者暴寡) 지자사우(知者詐愚) 용자고겁(勇者苦怯) 질병불양(疾病不養) 노유고독부득기소(老幼孤獨不得其所) 차대란지도야(此大亂之道也)." 인간이[人] 물건으로[物] 되어버림[化]이

란[也] 것은[者] 자연의[天] 이치를[理] 없애면서[滅而] 인간의[人] 욕심을[欲] 한없이 하는[窮] 것[者]이다[也]. 여기서[於是] 어버이를 버리고[悖] 나라를 뒤집고[逆] 속이고[詐] 거짓부렁의[僞之] 마음이[心] 생기고[有], 음탕하고[淫] 게으르며[佚] 어지러움을[亂] 짓는[作之] 일들이[事] 생긴다[有]. 이렇기[是] 때문에[故] 센 자가[强者] 약자를[弱] 짓누르고[脅], 다수가[衆者] 소수를[寡] 짓밟고[暴], 식자가[知者] 어리석은 이를[愚] 속여먹고[詐], 용맹한 자가[勇者] 겁쟁이를[怯] 괴롭히고[苦], 병들어도[疾病] 돌보지 않고[不養], 노인과 어린이[老幼] 홀아비와 과부는[孤獨] 살 곳을[其所] 얻지 못한다[不得]. 이런 것들이[此] 대란의[大亂之] 이치[道]이다[也].

『예기(禮記)』「악기(樂記)」

【보주(補註)】

● 〈명여신숙친(名與身孰親)〉을 〈재명여신중(在名與身中) 숙칭친(孰称親)〉처럼 옮기면 문의(文意)를 좀 더 쉽게 새길 수 있다. 〈명여신(名與身) 중에서[在中] 어느 것을[孰] 그대는[称] 친애하는가[親]?〉

● 명여신숙친(名與身孰親)은 『장자(莊子)』의 **무이인멸천(無以人滅天)**을 상기하면 숙친(孰親)과 앞 장(章)에서 살핀 **천하희급지(天下希及之)**, 즉 세상 사람들한테[天下] 그것[之] 즉 무위(無爲)의 삶에 다다름이[及] 거의 없다는[希] 말씀의 뜻을 살필 수 있다.

〖註〗 "무이인멸천(無以人滅天) 무이고멸명(無以故滅命) 무이득순명(無以得殉名) 근수이물실(謹守而勿失) 시위반기진(是謂反其眞)." 인위로[人]써[以] 자연을[天] 파멸시키지[滅] 말고[無], 고의로[故]써[以] 천명을[命] 파멸시키지[滅] 말고[無], 덕으로[得]써[以] 명성을[名] 탐하지[殉] 말고[無], {천(天)을} 삼가[謹] 지켜서[守而] 잃지[失] 말라[無]. 이를[是] 자연의[其] 참된 도로[眞] 돌아옴이라[反] 한다[謂].

무이고멸명(無以故滅命)의 고(故)는 인간으로 비롯된 고의(故意)이고, 무이득순명(無以得殉名)의 득(得)은 덕(德)이고, 순(殉)은 목숨을 바쳐 구하고 탐함을 뜻하며, 명(名)은 명성(名聲)으로 인욕(人欲)을 뜻하고, 무(無)는 〈~하지 말 물(勿)〉과 같다. 『장자(莊子)』「추수(秋水)」

〖註〗 "불언지교(不言之教) 무위지익(無爲之益) 천하희급지(天下希及之)." 세상 사람들에게는[天下] 말이 없는[不言之] 가르침인[教] 무위의[無爲之] 이로움[益] 그것에[之] 다다름이[及] 드물다[希]. 『노자(老子)』43장(章)

【해독(解讀)】

● 〈명여신숙친(名與身孰親)〉에서 명여신(名與身)은 친(親)을 꾸며주는 부사구 노릇하고, 숙(孰)은 의문사로서 친(親)의 목적어 노릇하고, 친(親)은 주어가 생략

됐지만 동사 노릇한다. 숙(孰)은 〈어느 것 수(誰)·하(何)〉 등과 같고, 친(親)은 〈사랑할 애(愛)·가까이할 근(近)〉 등과 같아 친애(親愛)·친근(親近) 등의 줄임 말로 여기면 된다. 〈명여신 중에서[名與身] 어느 것을[孰] 친애하는가[親]?〉

- 명여신숙친(名與身孰親)은 〈재(在)A여(與)B중(中) 숙칭위(孰稱爲)〉의 상용문에 서 〈재(在)~중(中)〉과 칭(稱)을 생략한 문예(文例)이다. 〈A와 B 중에서[在中] 어 느 것을[孰] 그대는[稱] 위하는가[爲]?〉

44-2 身與貨孰多(신여화숙다)

▶ 재물과[與貨] 몸[身] 어느 것을[孰] 소중히 하는가[多]?

> 몸 신(身), 조사(~과) 여(與), 재물 화(貨), 어느 것 숙(孰), 소중히 할 다(多)

【지남(指南)】

〈신여화숙다(身與貨孰多)〉 역시 인위(人爲)와 자연(自然) 즉 무위(無爲) 중에서 어느 것을 더 소중히 하는지 자문하고 있다. 64장(章) 불귀난득지화(不貴難得之貨) 를 상기하면 〈신여화(身與貨)〉의 화(貨)가 인간의 욕(欲)임을 헤아릴 수 있다. 신 여화(身與貨)의 〈화(貨)〉는 인욕(人欲)으로 말미암음이니 재물이고 재화이며 부귀 영화의 바탕으로 이어지며, 사람들이 모든 난관을 무릅쓰고 획득하고자 하는 인 위(人爲)의 소산이다. 부귀영화를 좇는 사람의 짓[人爲]이 사활(死活)을 건 상쟁(相 爭)으로 이어지는 것은 화(貨) 때문이니 성인(聖人)은 불귀화(不貴貨)하는 것이다.

범인(凡人)의 인욕(人欲)은 신여화(身與貨)의 〈화(貨)〉를 목숨보다 더 귀하게 여 기는지라, 범인(凡人)이 『장자(莊子)』에 나오는 천국(天鬻)이란 것을 알 리가 없다. 이 화(貨)가 신(身)이 부모인 천지(天地)에게서 물려받은 것[所受]임을 저버리게 하여 인간을 인화물(人化物)로 치닫게 하여 『장자(莊子)』에 나오는 이목구지(耳目 口志)에만 사로잡히게 한다. 그리하여 신여화(身與貨) 즉 자연의 것[身]과 인간의 것[貨] 중에서 자연을 저버리고 제 것[私]이 되어야 하는 재물과 재화를 소중하게 [多] 추구하게 되고, 〈불언지교(不言之敎)〉의 교(敎)와 〈무위지익(無爲之益)〉의 익 (益)을 저버리게[棄] 됨을 거듭해 살펴 새기고 헤아려 깨닫게 하는 말씀이 〈신여화숙다(身與貨孰多)》이다.

註 "성인욕불욕(聖人欲不欲) 불귀난득지화(不貴難得之貨)." 성인은[聖人] 탐하지 않음을[不欲] 탐하고[欲], 얻기가[得] 어려운[難之] 재물을[貨] 소중히 하지 않는다[不貴].

『노자(老子)』 64장(章)

註 "성인불모(聖人不謀) 오용지(惡用知) 불착(不斲) 오용교(惡用膠) 무상(無喪) 오용덕(惡用德) 불화(不貨) 오용상(惡用商) 사자천죽(四者天鬻) 천죽야자천사야(天鬻也者天食也) 기수사어천(旣受食於天) 우오용인(又惡用人)." 성인은[聖人] 꾀하지 않는데[不謀] 어찌[惡] 지식을[知] 쓰겠으며[用], 깎고 다듬지 않는데[不斲] 어찌[惡] 갖풀을[膠] 쓰겠으며[用], 잃을 것이[喪] 없는데[無] 어찌[惡] 인덕(人德)을[德] 쓰겠으며[用], 돈벌이를 않는데[不貨] 어찌[惡] 상술(商術)을[商] 쓰겠는가[用]? {불모(不謀)·불착(不斲)·무상(無喪)·불화(不貨)는} 자연이[天] 길러주는[鬻] 네 가지[四者]이다[也]. 자연이[天] 길러줌[鬻]이란[也] 것은[者] 자연이[天] 먹여줌[食]이다[也]. 이미[旣] 자연으로부터[於天] 먹을거리를[食] 받았는데[受] 또[又] 어찌[惡] 인간의 것을[人] 쓰겠는가[用]?

〈깎고 다듬을 착(斲)〉, 〈갖풀 교(膠)〉, 〈상(商)=상술(商術)〉, 〈팔고 살 화(貨)〉, 〈길러줄 국(鬻)=먹을거리 사(食)〉이다. 사(食)는 〈먹을 식(食), 먹을거리 사(食)〉의 서로 다른 뜻을 낸다.

『장자(莊子)』「덕충부(德充符)」

註 "목욕시색(目欲視色) 이욕청성(耳欲聽聲) 구욕찰미(口欲察味) 지기욕도(志氣欲盈)." 눈은[目] 색깔을[色] 보고자 하고[欲視], 귀는[耳] 소리를[聲] 듣고자 하며[欲聽], 입은[口] 맛을[味] 살피고자 하며[欲察], 마음 가는 바의[志] 기운은[氣] 욕심을 채우고자 한다[欲盈].

『장자(莊子)』「도척(盜跖)」

【보주(補註)】

• 〈신여화숙다(身與貨孰多)〉를 〈재신여화중(在身與貨中) 숙칭다(孰稱多)〉처럼 옮기면 문의(文意)를 좀 더 쉽게 새길 수 있다. 〈신여화[身與貨] 중에서[在中] 어느 것을[孰] 그대는[稱] 소중하게 하는가[多]?〉

• 신여화숙다(身與貨孰多)는 다화자(多貨者) 즉 재화(財貨)를 소중히 하는[多] 사람[者]으로 넘침을 암시한다. 『장자(莊子)』의 만구득(滿苟得)이란 가탁인물(假託人物)이 밝히는 말을 연상시켜준다.

註 "만구득왈(滿苟得曰) 무치자부(無恥者富) 다신자현(多信者顯) 부명리지대자(夫名利之大者) 기재무치이신(幾在無恥而信)." 만구득이[滿苟得] 말했다[曰] : 부끄러움이[恥] 없는[無] 자가[者] 부자가 되고[富], 신용을[信] 소중히 하는[多] 자가[者] 뛰어나다[顯]. 무릇[夫] 명성과[名] 이득이[利之] 큰[大] 사람은[者] 거의[幾] 부끄러움은[恥] 없지만[無而] (받고 주는 데) 신용

은[信] 있다[在].

　　만구득(滿苟得)은 구차스럽게[苟] 얻어서[得] 가득 채우려는[滿] 인욕(人欲)을 나타내는 가탁인물(假託人物)이다.　　　　　　　　　　　　　『장자(莊子)』「도척(盜拓)」

【해독(解讀)】

● 〈신여화숙다(身與貨孰多)〉에서 신여화(身與貨)는 다(多)를 꾸며주는 부사구 노릇하고, 숙(孰)은 의문사로서 다(多)의 목적어 노릇하고, 다(多)는 주어가 생략됐지만 동사 노릇한다. 숙(孰)은 〈어느 것 수(誰)·하(何)〉 등과 같고, 다(多)는 〈소중히 할 중(重)〉과 같아 다중(多重)의 줄임말로 여기면 된다. 〈신여화 중에서[身與貨] 어느 것을[孰] 소중히 하는가[多]?〉

● 신여화숙다(身與貨孰多) 역시 〈재(在)A여(與)B중(中) 숙칭위(孰稱爲)〉의 상용문에서 〈재(在)~중(中)〉과 칭(稱)을 생략한 문예(文例)이다. 〈A와 B 중에서[在中] 어느 것을[孰] 그대는[稱] 위하는가[爲]?〉

44-3 得與亡孰病(득여망숙병)

▶잃음과[與亡] 얻음 중에서[得] 어느 것을[孰] 걱정하는가[病]?

> 취할 득(得), 조사(~과)여(與), 잃을 망(亡), 어느 것 숙(孰), 걱정할 병(病)

【지남(指南)】

　　〈득여망숙병(得與亡孰病)〉 역시 인위(人爲)와 자연(自然) 즉 무위(無爲) 중에서 어느 것을 걱정하는지[病] 자문하여 〈천하희급지(天下希及之)〉를 확인한다. 64장(章) **집자실지(執者失之)**를 상기하면 득여망(得與亡)의 병환(病患)은 사람의 욕(欲)에서 비롯됨을 헤아릴 수 있다. 득여망(得與亡)을 둘로 나누어 희비(喜悲)를 가름은 인욕(人欲) 즉 인위(人爲)의 짓이다. 무위자연(無爲自然)은 얻음[得]과 잃음[亡] 이 둘이 아니라 하나인 득역망(得亦亡)인지라 득(得)하면 망(亡)으로 이어지고 망(亡)하면 득(得)으로 이어지니, 득(得)·망(亡)의 걱정[病]이란 없다. 인화물(人化物)로 치달아 상쟁(相爭)·상해(相害)의 짓을 무서워 않는 인간은 명(名)과 화(貨)를 잃을세라[亡] 걱정할 뿐, 명성과 재화의 획득은 많을수록 좋다는 탐욕에 도현

(倒懸) 즉 거꾸로 매달리는[倒懸] 삶을 자청(自請)하지 결코 마다하지 않는다.

　득여망(得與亡)은 명성과 재화 등을 득(得)할수록 좋다 하고, 그것들을 망(亡)할수록 싫어하는 경우가 인간으로 하여금 중환(重患)를 앓게 한다. 이런 탓으로 행복을[吉] 얻지 못할까 걱정하고[病] 불행을[凶] 얻을까 걱정하는 것이 인욕(人欲)의 호오(好惡)가 빚어내는 미혹(迷惑)이다. 인간의 탐욕이 바라는 길(吉)이 오히려 흉(凶)이고, 인간의 탐욕이 버리는 흉(凶)이 오히려 길(吉)로 돌아옴을 모르는 것보다 더 큰 미혹(迷惑)이란 없음이 〈천하희급지(天下希及之)〉란 말씀 속에 간직돼 있음을 여기서 헤아릴 수 있다.

　따라서 인간이 그러한 미혹에서 해현(解懸) 즉 거꾸로 매달림을[懸] 풀려나자면[解], 득(得)이 곧 망(亡)으로 돌아오고 잃음[亡]이 곧 얻음[得]으로 돌아오는 천도(天道), 즉 36장(章)에서 살핀 **미명(微明)**이 품고 있는 깊은 뜻을 깨우쳐야 한다. 그러나 그 깊은 뜻을 깨우치게 하는 〈불언지교(不言之教)〉의 교(教)와, 〈무위지익(無爲之益)〉의 익(益)을 범인(凡人)들이 알려 하지 않음을[不知] 거듭해 살펴 새기고 헤아려 깨닫게 하는 말씀이 〈득여망(得與亡) 숙병(孰病)〉이다.

───────────────

註　"위자패지(爲者敗之) 집자실지(執者失之) 시이성인무위(是以聖人無爲)." 성인은[聖人] 탐하지 않음을[不欲] 탐하고[欲], 얻기가[得] 어려운[難之] 재물을[貨] 소중히 하지 않는다[不貴].
『노자(老子)』64장(章)

註　"장욕흡지(將欲翕之) 필고장지(必固張之) 장욕약지(將欲弱之) 필고강지(必固强之) 장욕폐지(將欲廢之) 필고흥지(必固興之) 장욕취지(將欲取之) 필고여지(必固與之) 시위미명(是謂微明)." 장차[將] 그것을[之] 접고[翕] 싶다면[欲] 꼭[固] 그것을[之] 펴주어야 하고[必張], 장차[將] 그것을[之] 약하게 하고[弱] 싶다면[欲] 꼭[固] 그것을[之] 강하게 해주어야 하며[必强], 장차[將] 그것을[之] 그만두게 하고[廢] 싶다면[欲] 꼭[固] 그것을[之] 흥하게 해야 하고[必興], 장차[將] 그것을[之] 갖게 하고[取] 싶다면[欲] 꼭[固] 그것을[之] 주게 해야 한다[必與]. 이를[是] 미묘한[微] 밝음이라[明] 한다[謂].
『노자(老子)』36장(章)

【보주(補註)】

● 〈득여망숙병(得與亡孰病)〉을 〈재득여망중(在得與亡中) 숙칭병(孰稱病)〉처럼 옮기면 문의(文意)를 좀 더 쉽게 새길 수 있다. 〈득여망(得與亡) 중에서[在中] 어느 것을[孰] 그대는[稱] 걱정하는가[病]?〉

- 득여망숙병(得與亡孰病) 역시 친명자(親名者) 즉 명성을[名] 친해하는[親] 자(者)와 다화자(多貨者) 즉 재화(財貨)를 소중히 하는[多] 사람[者]으로 세상이 넘침을 암시한다. 여기서도 앞에서 살핀 『장자(莊子)』에 나오는 만구득(滿苟得)이란 인물의 말을 상기하면 〈숙병(孰病)〉과 〈천하희급지(天下希及之)〉에 담긴 뜻을 살필 수 있다.

【해독(解讀)】

- 〈득여망숙병(得與亡孰病)〉에서 득여망(得與亡)은 병(病)를 꾸며주는 부사구 노릇하고, 숙(孰)은 의문사로서 병(病)의 목적어 노릇하고, 병(病)은 주어가 생략됐지만 동사 노릇한다. 숙(孰)은 〈어느 것 수(誰)·하(何)〉 등과 같고, 병(病)은 〈걱정할 우(憂)·환(患), 괴로울 고(苦)〉 등과 같아 병환(病患)·병고(病苦) 등의 줄임말로 여기면 된다. 〈득여망 중에서[得與亡] 어느 것을[孰] 걱정하는가[病]?〉

- 득여망숙병(得與亡孰病) 역시 〈재(在)A여(與)B중(中) 숙칭위(孰稱爲)〉의 상용문에서 〈재(在)~중(中)〉과 칭(稱)을 생략한 문예(文例)이다. 〈A와 B 중에서[在中] 어느 것을[孰] 그대는[稱] 위하는가[爲]?〉

44-4 是故(시고) 甚愛必大費(심애필대비)

▶ 위와 같기[是] 때문에[故] (명성과 재화를) 지나치게[甚] 친애함은[愛] 반드시[必] 중대한[大] 소모를 불러온다[費].

> 이 시(是), 때문에 고(故), 지나칠 심(甚), 좋아할 애(愛), 반드시 필(必), 크게 대(大), 소모할 비(費)

【지남(指南)】

〈심애필대비(甚愛必大費)〉는 명(名)과 화(貨)의 득(得)을 탐함은 반드시 대비(大費)로 이어짐을 밝힌다. 5장(章) 불여수중(不如守中)과 『장자(莊子)』의 택치(澤雉)를 연상하면 탐명(貪名)·탐화(貪貨)·탐득(探得)은 수중(守中)을 저버림이다. 〈심애(甚愛)〉란 알맞음을 지키지 못하고 명예와 재화를 지나치게[甚] 좋아함[愛]이니 곧 탐(貪)이다. 무엇을 탐하든 탐(貪)은 사욕(私慾)으로 이어지고 천도(天道)를 벗어난다. 자연의[天] 규율을[道] 벗어나면 반드시 상심(傷心)하는 불행을 결코 면하지 못하고 취한 것마저 잃고 맘이 여기 〈대비(大費)〉이다. 여기 대비(大費)는 〈부대비(付大費)〉로 여기고 새기면 문의(文義)가 분명해진다. 심애(甚愛)는 불행을 불러오고 맘이 여기 대비(大費)이다.

　　천도(天道)를 따르지[順] 않으면 심신(心身)을 괴롭히다 상실(喪失)하고 마는 흉(凶)보다 더 큰 대비(大費)는 없음이다. 그러나 사람들은 재화의 손실만 대비(大費)로 볼 뿐, 심신(心身)의 대비(大費) 따위는 아랑곳 않으려 한다. 재화란 득실(得失)의 것이지만, 심신(心身)은 한번 잃으면 되찾지 못하는 것임을 가볍게 여긴다. 이처럼 세인(世人)이 탐명(貪名)・탐화(貪貨)・탐득(探得)을 지나치게 탐애(貪愛)하는 까닭에 자연에게서 물려받은 〈신(身)〉을 지치게 하는 크나큰 손실을[大費] 스스로 자청(自請)하고 있음을 살펴 새기고 헤아려 깨닫게 하는 말씀이 〈심애필대비(甚愛必大費)〉이다.

▨　　"다언수궁(多言數窮) 불여수중(不如守中)." 말이[言] 많으면[多] 이치가[數] 막히니[窮], 알맞음을[中] 지킴만[守] 못하다[不如].　　　　　　　　　　　　　　『노자(老子)』5장(章)

▨　　"택치십보일탁(澤雉十步一啄) 백보일음(百步一飮) 불기휵호번중(不蘄畜乎樊中) 신수왕(神雖王) 불선야(不善也)." 못가에 사는 꿩은[澤雉] 열 걸음[十] 종종거려[步] 모이 하나[一] 쪼아 먹고[啄], 백 걸음[百] 종종거려[步] 물 한 모금[一] 마시지만[飮], 조롱[樊] 속에서[乎中] 길러지기를[畜] 바라지 않는다[不蘄]. 비록[雖] 기력이야[神] 왕성하겠지만[王] (속이) 편치 못해서[不善]이다[也].

　　휵(畜) 자(字)는 발음에 따라 여러 뜻을 낸다. 〈쌓을・그칠・가축 축(畜), 기를・용납할 휵(畜), 기름직한 짐승 휴(畜), 집짐승 추(畜)〉 등이다. 불기휵호번중(不蘄畜乎樊中)의 휵(畜)은 〈기를 휵(畜)〉이다.　　　　　　　　　　　　　　『장자(莊子)』「양생주(養生主)」

【보주(補註)】

● 〈심애필대비(甚愛必大費)〉를 〈심애명여화자필부대비(甚愛名與貨者必付大費)〉처럼 옮기면 문의(文意)를 좀 더 쉽게 새길 수 있다. 〈명성과[名與] 재화를[貨] 지나치게[甚] 좋아하는[愛] 짓은[者] 반드시[必] 중대한[大] 소모를[費] 불러온다[付].〉

● 심애필대비(甚愛必大費)의 대비(大費)는 과로심신(過勞心身)을 뜻한다. 이는 명

성이나 재화를 탐애(貪愛)하여 얻고자[欲得] 할수록 그만큼 더 심신(心身)을 지치게 하여 신명(身命)마저 잃게 됨이다.

【해독(解讀)】

- 〈심애필대비(甚愛必大費)〉에서 심애(甚愛)는 주어 노릇하고, 필(必)과 대(大)는 비(費)를 꾸며주는 부사 노릇하며, 비(費)는 목적어가 생략되었지만 동사 노릇한다. 비(費)는 〈사라질 손(損)·실(失)〉 등을 뜻하지만, 과로심신(過勞心身) 즉 심신(心身)을 지치게 한다[過勞]는 뜻으로 새기는 편이 문의(文義)와 더 걸맞다. 〈극심한[甚] 편애는[愛] 반드시[必] 중대한[大] 소모를 불러온다[費].〉

- 심애필대비(甚愛必大費)에서 대(大)를 〈많을 대(大)〉 동사로 여기고 문맥을 잡아 새길 수도 있다. 그러면 심애(甚愛)는 조건의 종절 노릇하고, 필(必)은 대(大)를 꾸며주는 부사 노릇하고, 비(費)는 대(大)의 주어 노릇한다. 〈(명성과 재화를) 극심하게[甚] 편애하면[愛], (심신의) 소모가[費] 반드시[必] 다대하다[大].〉

- 심애필대비(甚愛必大費)에서 대(大)를 〈많을 다(多)〉와 같은 동사로 문맥을 잡으면 심애필대비(甚愛必大費)는 〈A필대(必大)B〉의 상용문이다. 〈A면 B가 반드시[必] 다대하다[大].〉

44-5 多藏必厚亡(다장필후망)

▶ (재화를) 많이[多] 간직하려 함은[藏] 반드시[必] 불행을 더하는[厚] 손실을 불러온다[亡].

> 많을 다(多), 간직할 장(藏), 반드시 필(必), 클 후(厚), 잃을 망(亡)

【지남(指南)】

〈다장필후망(多藏必厚亡)〉은 명성과 재화를 심애(甚愛)할수록 다장(多藏)하려다 망함을 밝힌다. 여기 〈다장(多藏)〉 역시 〈수중(守中)〉 즉 천도(天道)를 따름을[中] 지키지[守] 않음이다. 자연의[天] 규율[道]에는 다장(多藏)이란 없다. 특히 재화를 탐애(貪愛)하여 많이[多] 간직함[藏]은 오로지 인위(人爲)의 짓일 뿐이다. 다장필후망(多藏必厚亡) 역시 5장(章) 〈불여수중(不如守中)〉과, 『장자(莊子)』의 〈택치

(澤雉)〉와, 『열자(列子)』의 **과보(夸父)**를 연상시킨다. 다장(多藏)은 사욕(私慾)의 갈증을 한없이 불러오기 때문이다. 재화를 가지면 가질수록 더욱더 갖고자 함이 다장(多藏)이다.

등짐장수는 힘에 겹게 짐을 지지 않는다. 그러나 사욕(私慾)이 넘치면 심신(心身)이 망가질지라도 더 많이 가지려 하다가 결국 과보(夸父)의 주검처럼 되고 만다. 다장(多藏)은 천도(天道)와 어긋나므로 심신(心身)을 망친다[亡]. 사욕(私慾)을 채우느라 허심(虛心)을 망실(亡失)하면 그보다 더한 후망(厚亡)은 없다. 여기 〈후망(厚亡)〉의 후(厚)는 불행을 더해줌이다. 그러나 사람들이 재화의 망실(亡失)만 두려워할 뿐, 심신이[心身] 망해버림을[亡] 아랑곳하지 않아 재화가 목숨인 양 착각함이 곧 다장(多藏)의 후망(厚亡)임을 살펴 새기고 헤아려 깨닫게 하는 말씀이 〈다장필후망(多藏必厚亡)〉이다.

註　"과보불량력(夸父不量力) 욕추일영(欲追日影) 축지어우곡지제(逐之於隅谷之際) 갈욕득음(渴欲得飲) 부음하위(赴飲河渭) 하위부족(河渭不足) 장주북음대택(將走北飲大澤) 미지(未至) 도갈이사(道渴而死) 기기장(棄其杖) 시호육소침(尸膏肉所浸) 생등림(生鄧林) 등림미광수천리언(鄧林彌廣數千里焉)." 과보는[夸父] 제 힘을[力] 요량하지 못하고[不量] 햇빛을[日影] 좇고자 해[欲追] 우곡의[隅谷之] 가에까지[於際] 햇빛을[之] 좇다가[逐], 목말라[渴] 물을 마시고자[欲得飲] 황하와[河] 위수로[渭] 달려가[赴] 마셨지만[飲], 황하와 위수가[河渭] 부족해[不足] 다시[將] 북으로[北] 달려가[走] 큰 못의 물을[大澤] 들이키려다[飲] 이르지 못하고[未至], 가다가[道] 목말라서[渴而] 죽으면서[死] 제[其] 지팡이를[杖] 버렸다[棄]. 주검의[尸] 살점들이[膏肉] 스며든[浸] 곳에[所] 등림이[鄧林] 생겼고[生], 등림은[鄧林] 점점 더[彌] 넓어져[廣] 수천 리나 되었던 것[數千里]이다[焉].

과보(夸父)는 『산해경(山海經)』에도 나오는 상상의 인물로 『산해경(山海經)』에서는 황사(黃蛇) 두 마리로 귀걸이를 삼고, 또 황사 두 마리를 밟고 서 있는 거인으로 등장한다. 우곡(隅谷)은 우연(虞淵)이라고도 하며, 해가 져 떨어지는 곳이다.　　　　　『열자(列子)』 「탕문(湯問)」

【보주(補註)】

- 〈다장필후망(多藏必厚亡)〉을 〈다장화자필후망기신(多藏貨者必厚亡其身)〉처럼 옮기면 문의(文意)를 좀 더 쉽게 새길 수 있다. 〈재물을[貨] 많이[多] 간직하는[藏] 짓은[者] 반드시[必] 제[其] 몸을[身] 망친다[亡].〉
- 다장필후망(多藏必厚亡)의 후망(厚亡) 역시 〈대비(大費)〉처럼 명성이나 재화를

탐애(貪愛)한 탓으로 심신(心身)을 망치는 인간의 탐욕을 밝힌다.

【해독(解讀)】

- 〈다장필후망(多藏必厚亡)〉에서 다장(多藏)은 주어 노릇하고, 필(必)과 후(厚)는 망(亡)을 꾸며주는 부사 노릇하며, 망(亡)은 목적어는 생략되었지만 타동사 노릇한다. 후(厚)는 〈클 대(大), 많을 다(多)〉 등과 같고, 망(亡)은 〈잃을 실(失)〉과 같아 망실(亡失)의 줄임말로 여기면 된다. 〈극심한[甚] 사랑은[愛] 반드시[必] 크게[大] {심신(心身)을} 지치게 한다[費].〉

- 다장필후망(多藏必厚亡)에서 후(厚)를 〈두터울 후(厚)〉 동사로 여기고 문맥을 잡아 새길 수도 있다. 그러면 다장(多藏)은 조건의 종절 노릇하고, 필(必)은 후(厚)를 꾸며주는 부사 노릇하고, 후(厚)는 동사 노릇하고, 망(亡)은 후(厚)의 목적어 노릇한다. 〈(명성과 재화를) 많이[多] 간직하려 하면[藏], (심신의) 손실을[亡] 반드시[必] 두터이 한다[大].〉

- 다장필후망(多藏必厚亡) 역시 후(厚)를 〈두터울 후(厚)〉 동사로 여기면 다장필후망(多藏必厚亡)은 〈A필후(必厚)B〉의 상용문이다. 한문은 문자의 품사(品詞)를 결정해주지 않기 때문에 품사 노릇을 자유롭게 한다고 여기면 된다. 〈A면 B를 반드시[必] 두터이 한다[厚].〉

44-6 知足不辱(지족불욕)

▶ 만족할 줄[足] 알면[知] 욕됨이[辱] 없다[不].

알 지(知), 만족할 족(足), 없을 불(不), 욕될 욕(辱)

【지남(指南)】

〈지족불욕(知足不辱)〉은 만족할 줄[足] 알면[知] 치욕스럽지 않음을[不辱] 밝힌다. 33장(章) **지족자부(知足者富)**를 상기하면 지족(知足)의 부(富)는 재화의 부(富)가 아니라 무구애(無拘碍)의 삶을 말한다. 구애(拘碍) 즉 심신을 옭아매는[拘] 장애가[碍] 없는[無] 삶이 진정한 안거(安居)이다. 심신(心身)이 편안한[安] 삶居]보다 더 부유함이란 없다. 재물이 남보다 못해 거리끼고[拘] 가로막힘[碍]이 심해 삶이

옹색한 것은 뱁새가 황새걸음을 따라가려 하기 때문이다. 산야에 사는 뱁새는 황새걸음을 부러워 않고 황새는 뱁새걸음을 흉보지 않는다.

사람을 제외한 모든 목숨은 자연 따라 살아갈[順天] 뿐이다. 순천(順天)하면 곧장 지족(至足) 즉 더없이[至] 만족하는[足] 삶을 누린다. 사람만 서로 겨루고 다투며 시샘하는 오기를 부려 부족(不足)하다는 탐욕 탓으로 자현(自懸) 즉 스스로[自] 거꾸로 매달리기를[懸] 서슴지 않는다. 부족해 하면 자현(自懸)하게 하고야 마는 것이 〈대비(大費)〉이고 〈후망(厚亡)〉이다. 왜 29장(章)에 〈성인거심(聖人去甚) 거사(去奢) 거태(去泰)〉란 말씀이 나오고, 왜 67장(章)에서 노자(老子)는 **아유삼보(我有三寶)**라고 자시(自示)하는가? **삼거(三去)·삼보(三寶)**는 모두 지족(知足)을 밝힘이다. 지족(知足)은 상도(常道)가 낳아주고[生之] 상덕(常德)이 길러주어[畜之] 만물이 드러나[形之] 저마다 부여받은 생기(生氣)를 누리고 있음을 깨달아 천도(天道)를 따라 만족한다. 지족(知足)함은 상도(常道)를 받들고[尊] 상덕(常德)을 받듦[貴]이니, **존도이귀덕(尊道而貴德)**은 지족(知足)으로 이어진다.

지족자(知足者) 즉 만족할 줄[足] 아는[知] 사람[者]은 어느 누구와도 견줄 것 없는 안거(安居)를 누리고, 명성이나 재화의 이권(利權) 때문에 스스로 허물을 짓지[自累] 않으며, 스스로 만족함[自足]을 깨달아 명성이나 재화 따위를 아랑곳 않아 『장자(莊子)』에 나오는 **불루(不累)·불구(不懼)·부작(不怍)**을 상기시킨다. 지족자(知足者)는 스스로 허물 짓지 않고[不累] 두려워하지 않으며[不懼] 부끄러워하지 않고[不怍], 보잘것없이 살아도 안거(安居)를 더없이 누리는 것이다.

그러므로 지족자(知足者) 즉 만족할[足] 줄 아는[知] 사람[者]은 지나침을 버리고[去甚] 사치스러움을 버리고[去奢] 태만함을 버려서[去泰] 스스로 검소하고[儉] 서로를 사랑하며[慈] 세상에 나서지 않으면서[不敢爲先] 자족(自足)하는 삶을 누리므로, 스스로의 삶에 소욕(所辱) 즉 욕될[辱] 바가[所] 생길 리 없음을 살펴 새기고 헤아려 깨닫게 하는 말씀이 〈지족불욕(知足不辱)〉이다.

註 "지인자지(知人者智) 자지자명(自知者明) 승인자유력(勝人者有力) 자승자강(自勝者强) 지족자부(知足者富) 근행자유지(勤行者有志)." 남을[人] 아는[知] 것은[者] 슬기이고[智], 자신을[自] 아는[知] 것은[者] 밝음이며[明], 남을[人] 이기는[勝] 것은[者] 힘을[力] 취함이고[有], 자신을[自] 이기려는[勝] 것은[者] 무릅씀이며[强], 만족함을[足] 아는[知] 것은[者] 부유함이고[富], 무릅

쓰고[强] 행하는[行] 사람에게는[者] 뜻이[志] 있다[有].　　　　　『노자(老子)』33장(章)

註　"아유삼보(我有三寶) 지이보지(持而保之) 일왈자(一曰慈) 이왈검(二曰儉) 삼왈불감위천하선(三曰不敢爲天下先)." 나한테는[我] 세 가지[三] 보배가[寶] 있다[有]. 그것을[之] 간직하면서[持而] 지킨다[保]. 사랑함이[慈] 그 하나이고[一曰], 검소함이[儉] 그 둘이며[二曰], 감히[敢] 세상에[天下] 나서지[先] 않음이[不爲] 그 셋이다[三曰].　　　　　『노자(老子)』67장(章)

註　"도생지(道生之) 덕휵지(德畜之) 물형지(物形之) 세성지(勢成之) 시이만물막부존도이귀덕(是以萬物莫不尊道而貴德)." 상도가[道] 낳고[生之], 덕이[德] 길러주고[畜之], 온갖 것이[物] 드러나며[形之] 기세가[勢] 이루어진다[成之]. 이렇기[是] 때문에[以] 온갖 것은[萬物] 도를[道] 받들면서[尊而] 덕을[德] 높이지 않을 수[不貴] 없다[莫].　　　　　『노자(老子)』51장(章)

註　"지족자불이리자루야(知足者不以利自累也) 심자득자실지이불구(審自得者失之而不懼) 행수내자무위이부작(行修於內者無位而不怍)." 만족할 줄[足] 아는[知] 자는[者] 이익[利] 때문에[以] 스스로[自] 허물 짓지 않는 것[不累]이고[也], 스스로[自] 만족함을[得] 깊이 새긴[審] 자는[者] 이득을[之] 잃어도[失而] 두려워 않으며[不懼], 마음으로[於內] 수신을[修] 행하는[行] 자는[者] 벼슬자리가[位] 없어도[無而] 부끄러워하지 않는다[不怍].　　　　　『장자(莊子)』「양왕(讓王)」

【보주(補註)】

● 〈지족불욕(知足不辱)〉을 〈약임하인지자족(若任何人知自足) 기인불욕(其人不辱)〉처럼 옮기면 문의(文意)를 좀 더 쉽게 새길 수 있다. 〈만약[若] 누구라도[任何人] 스스로[自] 만족할 줄[足] 안다면[知] 그[其] 사람은[人] 욕되지 않다[不辱].〉

● 지족불욕(知足不辱)의 지족(知足)은 순천(順天) 즉 무위자연(無爲自然)의 삶을 누리면서 존도(尊道)하여 귀덕(貴德)함이다. 지족(知足)을 지자족(知自足)으로 여겨도 된다. 지자족(知自足) 즉 스스로[自] 만족할 줄[足] 아는[知] 삶에는 대비(大費)·후망(厚亡) 따위가 닥칠 리 없다.

【해독(解讀)】

● 〈지족불욕(知足不辱)〉은 조건의 종절과 주절로 이루어진 복문(複文)이다. 〈만족할 줄[足] 알면[知] 욕됨이[辱] 없다[不].〉

● 지족(知足)에서 접속사와 주어가 생략되었지만, 지(知)는 동사 노릇하고, 족(足)은 지(知)의 목적어 노릇한다. 〈만족할 줄[足] 안다면[知]〉

● 불욕(不辱)에서 불(不)은 〈없을 부(不)〉로 동사 노릇하고, 욕(辱)은 불(不)의 주

어 노릇한다. 〈[지족자(知足者)에게는] 욕됨은[辱] 없다[不].〉

● 불욕(不辱)에서 불(不)을 부정사(否定詞)로 여기면 불욕(不辱)은 〈불피욕(不被辱) · 불위욕(不爲辱) · 불견욕(不見辱)〉에서 수동태임을 나타내는 〈피(彼) · 위(爲) · 견(見)〉 등등의 조사를 생략한 어투이다. 불욕(不辱)에서 불(不)은 욕(辱)의 부정사(否定詞) 노릇하고, 욕(辱)은 주어가 생략되었지만 수동의 동사 노릇한다. 〈[지족자(知足者)한테는] 욕되지[辱] 않다[不].〉

44-7 知止不殆(지지불태)

▶멈출 줄[止] 알면[知] 위태롭지 않다[不殆].

알 지(知), 멈출 지(止), 아니 불(不), 위태로울 태(殆)

【지남(指南)】

〈지지불태(知止不殆)〉는 탐애(貪愛)와 다장(多藏)을 금지하고[止] 자연에 머물면[止於天], 절로 지어자족(止於自足) 즉 스스로[自] 만족함에[於足] 머물게[止] 되어 자적(自適)의 삶을 누리게 됨을 밝힌다. 이러한 지지(知止)는 2장(章) 처무위지사(處無爲之事)를 상기하면 참뜻을 알 수 있다. 무위의[無爲之] 일에[事] 머묾[處]은 지족(知足) · 지지(知止)의 삶으로 이어진다. 무위에 머묾[處]이란 상도(常道)의 불언지교(不言之敎)를 행하여 무위지익(無爲之益)을 누림이다. 불탐(不貪) · 무욕(無欲)함이 지족(知足)함이고, 지족(知足)하면 지지심애(知止甚愛)하고 지지다장(知止多藏)하게 된다. 명성을 지나치게[甚] 애착함을[愛] 멈추고[止] 재화를 많이[多] 가짐을[藏] 멈추면 무위의[無爲之] 일에[於事] 머물러[處] 삶이 위태롭지 않게 된다.

무위지사(無爲之事)란 무위(無爲)를 행함이니[事], 무위(無爲)로 살아가면 그 삶이 지족(知足)의 삶이고 지지(知止)의 삶이다. 그러니 〈지지(知止)〉의 지(止)는 〈금할 지(止)〉의 뜻을 내기도 하고, 〈머물 지(止)〉의 뜻을 갖기도 한다. 머물 줄[止] 앎[知]이란 상도(常道)에 머묾[處道]이고 상덕(常德)에 머묾[處德]이다. 금할 줄[止] 앎[知]이란 대비(大費)를 빚어내고 심애(甚愛)와 후망(厚亡)을 초래하는 다장(多藏)을 금할 줄 앎이다. 지나친 애착(甚愛)과 지나친 소유를[多藏] 금하고[止] 상도(常

道)와 상덕(常德)에 머묾[止]은 위험한 짓을 행할[行險] 리 없고, 요행(僥倖) 즉 요행을[倖] 바랄[僥] 리 없게 되니 편한 삶을 누릴 수 있다. 그러므로 무위의[無爲之] 일에 머물러 상도(常道)의 말 없는[不言之] 가르침[敎]을 행하면 심애(甚愛) · 다장(多藏)의 탐욕을 범하지 않아 삶을 위태롭게 하지 않음을 살펴 새기고 헤아려 깨닫게 하는 말씀이 〈지지불태(知止不殆)〉이다.

─────────────

註　"성인처무위지사(聖人處無爲之事) 행불언지교(行不言之敎)." 성인은[聖人] 무위의[無爲之] 일에[事] 머물러 살고[處], 말하지 않는[不言之] 가르침을[敎] 행한다[行].

『노자(老子)』2장(章)

【보주(補註)】

● 〈지지불태(知止不殆)〉를 〈약임하인지지어천(若任何人知止於天) 기인불태(其人不殆)〉처럼 옮기면 문의(文意)를 좀 더 쉽게 새길 수 있다. 〈만약[若] 누구라도[任何人] 자연에[於天] 머문다면[止] 그[其] 사람은[人] 위태롭지 않다[不殆].〉

● 지지불태(知止不殆)의 지지(知止) 역시 순천(順天) 즉 무위자연(無爲自然)에 머물러 존도(尊道)하여 귀덕(貴德)함을 앎이다. 지지(知止)는 〈지지심애여다장(知止甚愛與多藏)〉으로 여기고 지(止)를 〈금할 금(禁)〉과 같아 금지(禁止)의 뜻으로 새길 수도 있고, 〈지지어처무위지사(知止於處無爲之事)〉로 여기고 지(止)를 〈머물 처(處) · 유(留)〉과 같은 뜻으로 볼 수도 있다.

지지(知止)의 지(止)를 〈머물 지(止)〉로 새기면 『대학(大學)』의 재지어지선(在止於至善)의 지(止)를 연상하게 된다. 〈지극한[至] 선에[於善] 머묾은[止在]〉이란 〈지지어처무위지사(知止於處無爲之事)〉로 통한다. 왜냐하면 지선(至善)이란 천지도(天之道)를 계승함이니 무위의[無爲之] 행함에[於事] 머묾[處]과 같기 때문이다. 지선(至善)에 머물 줄[止] 안다면[知] 대비(大費)의 심애(甚愛)와 다장(多藏)의 후망(厚亡) 따위가 금지될 터이니 위태할 것이 없음을 단언한 말씀이 〈지지불태(知止不殆)〉이다.

─────────────

註　"대학지도(大學之道) 재명명덕(在明明德) 재친민(在親民) 재지어지선(在止於至善)." 대학의[大學之] 도는[道] 밝은 덕을[明德] 밝힘에[明] 있고[在], 백성을[民] 친히 함에[親] 있으며[在], 지극한[至] 선에[於善] 머묾에[止] 있다[在].

『대학(大學)』「본론(本論)」

【해독(解讀)】

● 〈지지불태(知止不殆)〉는 조건의 종절과 주절로 이루어진 복문(複文)이다. 〈멈
출 줄[止] 알면[知] 위태하지 않다[不殆].〉〈멈출 줄[止] 알면[知] 위태함이[殆] 없
다[不].〉

● 지지(知止)에서 접속사와 주어가 생략되었지만, 지(知)는 동사 노릇하고, 지
(止)는 지(知)의 목적어 노릇한다. 〈머물 줄[止] 안다면[知]〉〈금할 줄[止] 안다
면[知]〉

● 불태(不殆)에서 불(不)을 태(殆)의 부정사(否定詞)로 여기면 태(殆)는 주어가 생
략되었지만 동사 노릇하고, 불(不)을 〈없을 무(無)〉와 같은 자동사로 여기면
태(殆)는 불(不)의 주어 노릇한다. 〈위태하지 않다[不殆].〉〈위태함이[殆] 없다
[不].〉

44-8 可以長久(가이장구)

▶ 그로써[以] 길이[長] 오래갈 수 있다[可久].

가할 가(可), 할 이(以), 길 장(長), 오래 구(久)

【지남(指南)】

〈가이장구(可以長久)〉는 이 장(章)을 총결(總結)하여 밝힌다. 지족(知足)과 지지
(知止)는 흥망(興亡)과 득실(得失)을 벗어난 앎[知]인지라 능히 장구(長久)할 수 있
다는 것이다. 흥망(興亡)이 따르는 명성(名聲)과 득실(得失)이 따르는 재화(財貨)는
결코 장구(長久)할 수 없음을 돌이켜 생각하게 한다.

명성(名聲)의 심애(甚愛)가 반드시 대비(大費)하여 굴욕과 위태로움을 면할 수
없게 하고, 재화(財貨)의 다장(多藏) 즉 재물을 탐욕함은 반드시 크게 잃게[厚亡]
하여 굴욕과 위태로움을 면할 수 없게 함을 깨달은 사람은 지족(知足) · 지지(知
止)의 삶을 누릴 수 있다. 그러므로 지족(知足)하여 지지(知止)하는 사람은 삶을 욕
되게 하고 위태롭게 하는 대비(大費)와 다장(多藏)의 삶을 범하지 않는다. 이러한
연유로 무위지사(無爲之事)하여 순천(順天)의 삶에 만족하고[足] 그 삶에 머문다

면[止] 누구나 천수(天壽)를 누리고 귀근(歸根)함을 살펴 새기고 헤아려 깨닫게 하는 말씀이 〈가이장구(可以長久)〉이다.

【보주(補註)】

● 〈가이장구(可以長久)〉를 〈인가장구이지족(人可長久以知足) 이인가장구이지지(而人可長久以知止)〉처럼 옮기면 문의(文意)를 좀 더 쉽게 새길 수 있다. 〈사람은[人] 만족함을[足] 앎으로[知]써[以] 장구할[長久] 수 있다[可]. 그리고[而] 사람은[人] 머물 줄을[止] 앎으로[知]써[以] 장구할[長久] 수 있다[可].〉

● 가이장구(可以長久)의 장구(長久)는 33장(章) 불실기소자구(不失其所者久)를 상기하면 된다.

註 "불실기소자구(不失其所者久) 사이불망자수(死而不忘者壽)." 제[其] 자리를[所] 잃지 않는[不失] 사람은[者] 오래 살고[久], 죽어서도[死而] 잊히지 않는[不忘] 사람은[者] 죽어서도 살아 있다[壽].　　　　　　　　　　　　　　　　　　　　『노자(老子)』 33장(章)

【해독(解讀)】

● 〈가이장구(可以長久)〉에서 가이(可以)는 구(久)의 조동사 노릇하고, 장(長)은 구(久)를 꾸며주는 부사 노릇하며, 구(久)는 술어로서 보어 노릇한다. 여기 가이(可以)는 〈족이(足以) · 능이(能以)〉 등과 같이 동사나 형용사 앞에 놓여 조동사 노릇한다. 〈길이[長] 오래갈[久] 수 있다[可以].〉

홍덕장(洪德章)

〈대성(大成)·대영(大盈)·대직(大直)·대교(大巧)·대변(大辯)〉 등등으로써 상도(常道)의 모습을 밝혀 오로지 법자연(法自然)하는 성인(聖人)의 모습을 견주어 보게 하는 장(章)이다.

이 장(章)의 〈대(大)〉는 〈상도지(常道之)〉를 나타내고, 이어서 〈성인지(聖人之)〉를 뜻한다. 따라서 상도(常道)의 이룸은[成] 성인(聖人)이 그냥 그대로 본받는 대성(大成)이고, 상도(常道)의 채움은[盈] 성인(聖人)이 그냥 그대로 본받는 성인(聖人)의 대영(大盈)이며, 상도(常道)의 바름은[直] 성인(聖人)이 그냥 그대로 본받는 대직(大直)이고, 상도(常道)의 아름다움은[巧] 성인(聖人)이 그냥 그대로 본받는 성인(聖人)의 대교(大巧)이며, 상도(常道)의 바름은[辯] 성인(聖人)이 그냥 그대로 본받는 대변(大辯)임을 일깨워 완미(完美)한 인격을 헤아려 깨우치게 하는 장(章)이다.

【원문(原文)】

大成은 若缺이라 其用이 不弊하고 大盈은 若沖이라 其
대성　약결　　기용　불폐　　대영　약충　　기

用이 不窮하며 大直은 若屈하고 大巧는 若拙하며 大辯은
용　불궁　　대직　약굴　　대교　약졸　　대변

若訥하다 靜勝躁(躁勝寒)하고 寒勝熱(靜勝熱)이라 淸靜이야
약눌　정승조　조승한　　한승열　정승열　　청정

爲天下正이다
위천하정

크나큰[大] 이룸은[成] 모자란[缺] 듯하나[若] 그[其] 씀은[用] 그치지 않고
[不弊], 크나큰[大] 채움은[盈] 빈[沖] 듯하나[若] 그[其] 씀은[用] 다하지 않
는다[不窮]. 크나큰[大] 곧음은[直] 굽은[屈] 듯하고[若], 크나큰[大] 기교는
[巧] 서투른[拙] 듯하며[若], 크나큰[大] 논변은[辯] 어눌한[訥] 듯하다[若].
고요함이[靜] 조급함을[躁] 부리고[勝], 차가움이[寒] 뜨거움을[熱] 부린다
[勝]. 맑음과[淸] 고요가[靜] 세상 사람들의[天下] 모범이[正] 된다[爲].

45-1 大成若缺(대성약결) 其用不弊(기용불폐)

▶크나큰[大] 이룸은[成] 모자란[缺] 듯하나[若], 그[其] 씀은[用] 그
치지 않는다[不弊].

큰 대(大), 이룰 성(成), 듯할 약(若), 모자랄 결(缺), 그 기(其), 쓰일 용(用),
않을 불(不), 그칠(낡을) 폐(弊)

【지남(指南)】

　〈대성약결(大成若缺) 기용불폐(其用不弊)〉는 상도(常道)의 이룸과[成] 모자람을
[缺] 밝히고, 나아가 천지(天地)의 성(成)과 결(缺)을 말한다. 〈대성(大成)〉은 35장
(章) 집대상(執大象)을 상기시킨다. 만물(萬物)을 낳아[生] 버리지 않고 이루고[成],
또한 버리지 않으니 그 이룸은 크다. 이것이 상도(常道)의 대성(大成)이니, 이는 법
자연(法自然)으로써 이룸[成]인지라 여기 대성(大成)의 〈대(大)〉를 법자연(法自然)

으로 여겨도 된다.

왜 상도(常道)의 대성(大成)은 모자란 듯하지만[若缺], 인간의 모자란 듯함을 [缺] 싫어할까? 그 대성(大成)은 한 번의 이룸으로 끝나지 않고 항상 새로 이루기 때문에 항상 이룸과 모자람이 하나가 된다. 그러나 인간은 이룸과[成] 모자람을 [缺] 둘로 나누어 함께하지 않고, 한 번의 이룸은 한 번으로 그치고 말아 이룸으로만 보인다. 천지(天地)도 상도(常道)의 대성(大成)을 본받아[法] 크게[大] 이룸[成]에는 모자람이[缺] 하나로 있어, 사람의 눈에 이루어도 모자란 듯해 보인다. 따라서 상도(常道)가 그 이룸을[成] 씀은[用] 역시 만물의 생생(生生)이므로 항상 새로 이룸[成]인지라 〈불폐(不弊)〉 즉 그치지 않는다[不弊].

상도(常道)의 대성(大成)은 이룸과[成] 모자람이[缺] 상생(相生)·상성(相成)하며 상형(相形)·상경(相傾)하며 상화(相和)·상수(相隨)해서, 상도(常道)의 이룸은 [成] 모자란 듯하면서[若缺] 그치지 않는다[不弊]. 그러므로 상도(常道)의 대성(大成)에는 한 번에 그치는 이룸[成]이란 없고, 무단(無斷)하고 무이(無已)하며 무괴(無壞)하고 무피(無疲)하여 날마다 새롭게 만물을 이루어낸다. 끊김이 없고[無斷] 그침이 없으며[無已], 무너짐이 없고[無壞] 지침이 없어[無疲], 날마다 새롭게 이룸이[成] 대성(大成)의 용(用)인지라 그 씀[用]은 불폐(不弊)이다. 이는 22장(章) 폐즉신(敝則新)을 상기시킨다.

이룸[成]이 모자란 듯함[缺]은 불폐(不弊) 곧 새로운 이룸으로 이어진다. 여기서 상도(常道)를 따르는 천지(天地)는 대성(大成)에서 성(成)과 결(缺)이 상생(相生)·상성(相成)하여 상형(相形)·상경(相傾)하고 상화(相和)·상수(相隨)함을 헤아릴 수 있다. 그러므로 상도(常道)의 대성(大成)은 모자란 듯하지만[若缺] 불폐(不弊)로써 날마다 새롭게 만물을 이루어서 모자란 듯함을[若缺] 살펴 새기고 헤아려 깨닫게 하는 말씀이 〈대성약결(大成若缺) 기용불폐(其用不弊)〉이다.

茸 "집대상(執大象) 천하왕(天下往) 왕이불해(往而不害) 안평태(安平泰)." 대도의[大] 짓을[大象] 지키면[執] 세상[天下] 어디든 가고[往], 어디든 가도[往而] 해침이 없으니[不害] 편안하고[安] 평화롭고[平] 더없이 크다[泰].   『노자(老子)』35장(章)

茸 "곡즉전(曲則全) 왕즉직(枉則直) 와즉영(窪則盈) 폐즉신(敝則新) 소즉득(少則得) 다즉혹(多則惑)." 굽으면[曲] 곧[則] 온전해지고[全], 굽으면[枉] 곧[則] 곧아지며[直], 움푹하면[窪] 곧

[則] 채워지고[盈], 낡으면[敝] 곧[則] 새로워지며[新], 적으면[少] 곧[則] 얻고[得], 많으면[多] 곧 [則] 헷갈린다[惑].　　　　　　　　　　　　　　　　　　　　　　　『노자(老子)』 22장(章)

【보주(補註)】

● 〈대성약결(大成若缺) 기용불폐(其用不弊)〉를 〈상도지성약결(常道之成若缺) 연 이기대성지용불폐(然而其大成之用不弊)〉처럼 옮기면 문의(文意)를 좀 더 쉽게 새길 수 있다. 〈상도의[常道之] 대성은[大成] 모자란[缺] 듯하다[若]. 그러나[然 而] 그[其] 대성의[大成之] 씀은[用] 그치지 않는다[不弊].〉

【해독(解讀)】

● 〈대성약결(大成若缺) 기용불폐(其用不弊)〉는 두 구문이 생략되었지만 〈그러나 이(而)〉로 이어진 중문(重文)이다. 〈대성은[大成] 결한[缺] 듯하다[若]. 그러나 [而] 기용은[其用] 불폐한다[不弊].〉

● 대성약결(大成若缺)에서 대성(大成)은 주어 노릇하고, 약(若)은 동사 노릇하며, 결(缺)은 보어 노릇한다. 〈대성은[大成] 모자란[缺] 듯하다[若].〉

● 기용불폐(其用不弊)에서 기용(其用)은 주어 노릇하고, 불(不)은 폐(弊)의 부정사 (否定詞)이고, 폐(弊)는 동사 노릇한다. 물론 기용불폐(其用不弊)에서 불(不)을 〈없을 불(不)〉 동사로 여기고 문맥을 잡아 새길 수도 있다. 그러면 기용(其用) 은 불(不)을 꾸며주는 부사 노릇하고, 폐(弊)는 불(不)의 주어 노릇한다. 기용불 폐(其用不弊)의 폐(弊)는 〈무너질 괴(壞) · 지칠 피(疲) · 그칠 이(已) · 끊어질 단 (斷)〉 등과 같다. 〈기용은[其用] 불폐한다[不弊].〉 〈기용에는[其用] 끊어짐이[弊] 없다[不].〉

● 대성약결(大成若缺)은 〈A약(若)B〉의 상용문이다. 〈A는 B인 듯하다[若].〉 〈A는 B와 같아 보인다[若].〉

45-2 大盈若沖(대영약충) 其用不窮(기용불궁)

▶ 크나큰[大] 채움은[盈] 빈[沖] 듯하나[若], 그[其] 씀은[用] 다하지 않는다[不窮].

큰 대(大), 채울 영(盈), 듯할 약(若), 텅 빌 충(沖), 그 기(其), 쓸 용(用),
아니(없을) 불(不), 다할 궁(窮)

【지남(指南)】

〈대영약충(大盈若沖) 기용불궁(其用不窮)〉은 상도(常道)의 채움[盈]과 빔[沖]을
밝히고, 나아가 천지(天地)의 영(盈)과 충(沖)을 말한다. 만물을 낳아[生] 버리지 않
고 채우고[盈] 또한 버리지 않으니 그 채움은[盈] 크다. 이것이 상도(常道)의 〈대
영(大盈)〉이니, 이는 법자연(法自然)으로써 채움[盈]인지라 여기 대영(大盈)의 〈대
(大)〉 역시 법자연(法自然)으로 여겨도 된다.

왜 상도(常道)의 대영(大盈)은 빈 듯하지만[若沖], 인간의 채움은 빈 듯함을[若
沖] 싫어할까? 그 대영(大盈) 역시 〈대성(大成)〉처럼 한 번의 채움으로 끝나지 않
고 항상 새로 채우기 때문에 항상 채움과 빔이 하나가 된다. 하지만 인간은 채움
과[盈] 빔을[沖] 둘로 나누어 함께하지 않으려니 한 번으로 그치고 말아 채움으로
만 보인다. 천지(天地)도 상도(常道)의 대영(大盈)을 본받아[法] 크게[大] 채움[盈]
에는 채움과[盈] 빔이[盈] 하나로 있어, 사람의 눈에 채워도 빈 듯해 보인다. 따라
서 여기 〈영(盈) · 충(沖)〉은 4장(章)에서 살핀 도충(道沖)을 상기시킨다. 상도(常道)
가 그 채움을[盈] 씀[用] 역시 만물의 생생(生生)이므로 항상 새로 채움[盈]인지라
〈불궁(不窮)〉 즉 다하지 않는다[不窮].

상도(常道)의 대영(大盈)은 채움과[盈] 비움이[沖] 상생(相生) · 상성(相成)하고
상형(相形) · 상경(相傾)하며 상화(相和) · 상수(相隨)해서 상도(常道)의 채움은[盈]
빈 듯하면서[若沖] 다하지 않는다[不窮]. 그러므로 상도(常道)의 대영(大盈)에서도
한 번에 그치는 채움[盈]이란 없고 끊임이 없으며[無斷], 그침이 없고[無已] 무너짐
이 없으며[無壞], 지침이 없어[無疲] 날마다 새롭게 채움이[盈] 대영(大盈)의 용(用)
인지라 그 씀[用]은 불궁(不窮)이다. 이는 22장(章)에서 살핀 와즉영(窪則盈)을 상기
시킨다.

채움이[盈] 빈 듯함[若沖]은 불궁(不窮) 즉 다하지 않아[不窮] 곧 새로운 채움으
로 이어진다. 여기서 상도(常道)를 따르는 천지(天地)의 대영(大盈)도 영(盈)과 충
(沖)이 상생(相生) · 상성(相成)하여 상형(相形) · 상경(相傾) · 상화(相和) · 상수(相

隨)함을 헤아릴 수 있다. 그러므로 상도(常道)의 대영(大盈)은 빈 듯하지만[若沖], 불궁(不窮)으로써 날마다 새롭게 만물을 채우니 불궁(不窮)은 새로움[新]으로 이어진다. 이런 대영(大盈) 역시 청정(淸靜) 즉 무위(無爲) 자정(自正)에서 비롯된다.

그러므로 상도(常道)의 대영(大盈)은 빈 듯하지만[若沖], 불궁(不窮)으로써 날마다 새롭게 만물을 채워서 빈 듯함을[若沖] 살펴 새기고 헤아려 깨닫게 하는 말씀이 〈대영약충(大盈若沖) 기용불궁(其用不窮)〉이다.

註 "도충(道沖) 이용지(而用之) 혹불영(或不盈)." 도는[道] 빔이다[沖]. 그리고[而] (상도는) 그것을[之] 쓰지만[用], (상도는 그 빔을) 늘[或] 가득 채우지 않는다[不盈].　　　『노자(老子)』4장(章)

註 "곡즉전(曲則全) 왕즉직(枉則直) 와즉영(窪則盈) 폐즉신(敝則新) 소즉득(少則得) 다즉혹(多則惑)." 굽으면[曲] 곧[則] 온전해지고[全], 굽으면[枉] 곧[則] 곧아지며[直], 움푹하면[窪] 곧[則] 채워지고[盈], 낡으면[敝] 곧[則] 새로워지며[新], 적으면[少] 곧[則] 얻고[得], 많으면[多] 곧[則] 헷갈린다[惑].　　　『노자(老子)』22장(章)

【보주(補註)】

• 〈대영약충(大盈若沖) 기용불궁(其用不窮)〉을 〈상도지영약충(常道之盈若沖) 연이기충지용불궁(然而其沖之用不窮)〉처럼 옮기면 문의(文意)를 좀 더 쉽게 새길 수 있다. 〈상도의[常道之] 채움은[盈] 빈[沖] 듯하다[若]. 그러나[然而] 그[其] 비움의[沖之] 씀은[用] 다하지 않는다[不窮].〉

• 대영약충(大盈若沖)의 충(沖)은 상도(常道)의 체(體) 즉 상도(常道) 그 자체이고, 대영약충(大盈若沖)의 영(盈)은 용충(用沖) 즉 빔을[沖] 씀[用]이다. 용충(用沖)이란 허기(虛氣)를 씀[用]인지라 이는 곧 상도(常道)의 조화를 밝힘이다. 그래서 조화불궁(造化不窮)이라 한다.

【해독(解讀)】

• 〈대영약충(大盈若沖) 기용불궁(其用不窮)〉은 두 구문이 생략되었지만 〈그러나 이(而)〉로 이어진 중문(重文)이다. 〈대영은[大盈] 충한[沖] 듯하다[若]. 그러나[而] 기용은[其用] 불궁한다[不窮].〉

• 대영약충(大盈若沖)에서 대영(大盈)은 주어 노릇하고, 약(若)은 동사 노릇하며, 충(沖)은 보어 노릇한다. 〈크나큰[大] 채움은[盈] 빈[沖] 듯하다[若].〉

• 기용불궁(其用不窮)에서 기용(其用)은 주어 노릇하고, 불(不)은 궁(窮)의 부정사

(否定詞)이며, 궁(窮)은 동사 노릇한다. 물론 기용불궁(其用不窮)에서 불(不)을 〈없을 불(不)〉동사로 여기고 문맥을 잡아 새길 수도 있다. 그러면 기용(其用)은 불(不)을 꾸며주는 부사 노릇하고, 궁(窮)은 불(不)의 주어 노릇한다. 기용불궁 (其用不窮)의 궁(窮)은 〈다할 진(盡)〉과 같아 궁진(窮盡)의 줄임말로 여기면 된 다. 〈기용은[其用] 다하지 않는다[不窮].〉〈기용에는[其用] 다함이[窮] 없다[不].〉

● 대영약충(大盈若沖)은 〈A약(若)B〉의 상용문이다. 〈A는 B인 듯하다[若].〉〈A는 B와 같아 보인다[若].〉

45-3 大直若屈(대직약굴)

▶ 크나큰[大] 곧음은[直] 굽은[屈] 듯하다[若].

> 큰 대(大), 강직할 직(直), 듯할 약(若), 굽을 굴(屈)

【지남(指南)】

〈대직약굴(大直若屈)〉은 상도(常道)의 곧음[直]과 굽음을[屈] 밝히고, 나아가 천지(天地)의 직(直)과 굴(屈)을 말한다. 상도(常道)는 만물을 직(直)하고 굴(屈)함 을 하나로 하여 몸[形]을 갖추어 낳을 뿐[生], 어떤 것은 곧게만 낳고 어떤 것은 굽 게만 낳지 않는다. 상도(常道)의 곧음[直]에는 굽음[屈]이 함께하여 형체를 내린 다. 이것이 상도(常道)의 〈대직(大直)〉으로 자연(自然)의 곧음[直]인지라, 대직(大 直)의 대(大) 또한 법자연(法自然)을 일컫는다.

대직(大直)은 자연(自然)의 곧음인[直] 동시에 굽은 듯하고[若屈], 굽음인[屈] 동 시에 곧은 듯하다[若直]. 대직(大直)은 곧음[直] 한쪽만이 아니라, 굴직(屈直) 즉 곡 직(曲直)과 하나로 22장(章) 왕즉직(枉則直)을 상기시킨다. 천지(天地)가 상도(常道) 를 본받아[法] 곧게[直] 함은 진행형인지라 굽은[屈] 듯하다[若]. 다만 이러한 대직 (大直)이 인간에게는 보이지 않아 알지 못할 뿐이다.

인간은 직(直)과 굴(屈)을 둘로 나누어 별개로 보기 때문에 직(直)에는 굴(屈)이 없고, 굴(屈)에는 직(直)이 없다고 안다. 인간은 곧음[直]과 굽음[屈]을 서로 다른 둘로 알지만, 상도(常道)의 대직(大直)에는 직굴(直屈)이 상생(相生)·상성(相成)하고 상형(相形)·상경(相傾)하며 상화(相和)·상수(相隨)한다. 그래서 상도(常道)가 낳는 만물의 곧음[直]은 굽은 듯하고[若屈], 굴(屈)은 직(直)한 듯하다. 이런 대직(大直) 역시 청정(淸靜) 즉 무위(無爲) 자정(自正)에서 비롯된다. 상도(常道)의 대직(大直)은 굴(屈)과 하나가 됨으로 만물이 직굴(直屈) 아닌 것이 없음을 살펴 새기고 헤아려 깨닫게 하는 말씀이 〈대직약굴(大直若屈)〉이다.

註　"곡즉전(曲則全) 왕즉직(枉則直) 와즉영(窪則盈) 폐즉신(敝則新) 소즉득(少則得) 다즉혹(多則惑)." 굽으면[曲] 곧[則] 온전해지고[全], 굽으면[枉] 곧[則] 곧아지며[直], 움푹하면[窪] 곧[則] 채워지고[盈], 낡으면[敝] 곧[則] 새로워지며[新], 적으면[少] 곧[則] 얻고[得], 많으면[多] 곧[則] 헷갈린다[惑].　　　　　　　　　　『노자(老子)』 22장(章)

【보주(補註)】

● 〈대직약굴(大直若屈)〉을 〈상도지직약굴(常道之直若屈)〉처럼 옮기면 문의(文意)를 좀 더 쉽게 새길 수 있다. 〈상도의[常道之] 곧음은[直] 굽은[屈] 듯하다[若].〉

● 대직약굴(大直若屈)은 상도(常道)의 체(體) 즉 그 자체가[體] 드러남[形]이다. 상도(常道)의 드러남이 곧 만물이다. 그러므로 여기 대직약굴(大直若屈)은 형형색색의 만물을 말하고 있음이다. 만물의 형체를 보면 곧기만[直] 한 것도 없고 굽기만[屈] 한 것도 없다. 모든 것은 저마다 곧고[直] 굽고[屈] 하여 몸뚱이를 갖추니, 만물은 직굴지물(直屈之物) 즉 곧고[直] 굽은[屈之] 것들[物]이다.

【해독(解讀)】

● 〈대직약굴(大直若屈)〉에서 대직(大直)은 주어 노릇하고, 약(若)은 동사 노릇하며, 굴(屈)은 주격보어 노릇한다. 굴(屈)은 〈굽을 곡(曲)〉과 같아 굴곡(屈曲)의 줄임말로 여기면 된다. 〈크나큰[大] 곧음은[直] 굽은[屈] 듯하다[若].〉

● 대직약굴(大直若屈)은 〈A약(若)B〉의 상용문이다. 〈A는 B인 듯하다[若].〉〈A는 B와 같아 보인다[若].〉

45-4 大巧若拙(대교약졸)

▶ 크나큰[大] 기교는[巧] 서투른[拙] 듯하다[若].

큰 대(大), 기교 교(巧), 같을 약(若), 서투를 졸(拙)

【지남(指南)】

〈대교약졸(大巧若拙)〉역시 상도(常道)의 영교와[巧] 서툶을[拙] 밝히고, 나아가 천지(天地)의 교(巧)와 졸(拙)을 말한다. 대교약졸(大巧若拙) 이 말씀은 『장자(莊子)』에도 그대로 나온다. 상도(常道)는 만물을 교(巧)하고 졸(拙)함을 하나로 하여 몸[形]을 갖추어 낳을 뿐[生], 어떤 것은 멋지게만 낳고 어떤 것은 못나게만 낳지 않는다. 상도(常道)의 영교(靈巧)에는 졸렬(拙劣)이 함께하여 형체를 내린다. 이 것이 상도(常道)의 〈대교(大巧)〉로 자연(自然)의 영묘한[靈] 재주[巧]인지라, 대교(大巧)의 대(大) 또한 법자연(法自然)을 일컫는다. 대교(大巧)는 자연(自然)의 영교인[巧] 동시에 서툰 듯하고[若拙], 서인[拙] 동시에 영교한 듯하다[若巧]. 대교는[大巧] 영교[巧] 한쪽만이 아니라 서툶과[拙] 하나이다. 천지(天地)가 상도(常道)를 본받아[法] 영교함은[巧] 항상 진행형인지라 서툰[拙] 듯하다[若].

인간은 교(巧)와 졸(拙)을 둘로 나누어 서로 반대된다고 여기기 때문에 교(巧)에는 졸(拙)이 없고, 졸(拙)에는 교(巧)가 없다고 잘라버린다. 이처럼 인간은 교졸(巧拙)을 서로 반대되는 둘로 알지만, 상도(常道)의 대교(大巧)에는 교졸(巧拙)이 상생(相生)·상성(相成)하고 상형(相形)·상경(相傾)하며 상화(相和)·상수(相隨)한다. 그래서 상도(常道)가 낳는 만물의 교(巧)는 졸한 듯해[若拙] 여기 대교(大巧)는 19장(章)에서 살핀 견소포박(見素抱樸)을 새김질하게 한다. 이런 대교(大巧) 역시 청정(淸靜) 즉 무위(無爲) 자정(自正)에서 비롯된다. 상도(常道)의 대교(大巧)는 졸(拙)과 하나가 됨으로 만물이 교졸(巧拙) 아닌 것이 없음을 살펴 새기고 헤아려 깨닫게 하는 말씀이 〈대교약졸(大巧若拙)〉이다.

註 "훼절구승(毁絶鉤繩) 이기규구(而棄規矩) 여공수지지(攦工倕之指) 이천하시인유기교의(而天下始人有其巧矣) 고왈(故曰) 대교약졸(大巧若拙)." 그림쇠를[鉤] 부수고[毁] 먹줄을[繩] 잘라버리고[絶], 그리고[而] 그림쇠와[規] 곱자를[矩] 버리고[棄] 천하에 이름난 목수의[工倕之] 손가락을[指] 꺾어 부러트리면[攦] 세상에[天下] 비로소[始] 사람들이[人] 자연의 재주를[其巧] 간직할 것[有]이다[矣]. 그래서[故] 크나큰[大] 재주는[巧] 서툴러[拙] 보인다고[若] 한다[曰].

『장자(莊子)』「거협(胠篋)」

홍덕장(洪德章)

註　"견소포박(見素抱樸)." 검소함을[素] 살피고[見] 질박함을[樸] 포용한다[抱].

『노자(老子)』19장(章)

【보주(補註)】

● 〈대교약졸(大巧若拙)〉을 〈상도지직약굴(常道之直若屈)〉처럼 옮기면 문의(文意)
를 좀 더 쉽게 새길 수 있다. 〈상도의[常道之] 영교는[巧] 서툰[拙] 듯하다[若].〉

● 대교약졸(大巧若拙) 역시 상도(常道)의 체(體) 즉 그 자체가[體] 드러남[形]이니
만물을 밝힘이다. 그러므로 여기 대교약졸(大巧若拙)도 형형색색의 만물을 말
하고 있음이다. 만물의 형체를 보면 영교만[巧] 한 것도 없고 서툴기만[拙] 한
것도 없다. 모든 것은 저마다 영교하고[巧] 서툴고[拙] 하여 저마다 몸뚱이를 갖
추니, 만물은 교졸지물(巧拙之物) 즉 영교하고[巧] 서투른[拙之] 것들[物]이다.

【해독(解讀)】

● 〈대교약졸(大巧若拙)〉에서 대교(大巧)는 주어 노릇하고, 약(若)은 동사 노릇하
며, 졸(拙)은 주격보어 노릇한다. 졸(拙)은 〈서툴 치(稚)〉와 같아 치졸(稚拙)의
줄임말로 여기면 된다. 〈크나큰[大] 영교는[巧] 서툰[拙] 듯하다[若].〉

● 대교약졸(大巧若拙)은 〈A약(若)B〉의 상용문이다. 〈A는 B인 듯하다[若].〉〈A는
B와 같아 보인다[若].〉

45-5 大辯若訥(대변약눌)

▶ 크나큰[大] 논변은[辯] 어눌한[訥] 듯하다[若].

큰 대(大), 말 잘할(변론할) 변(辯), 듯할 약(若), 어눌할 눌(訥)

【지남(指南)】

　〈대변약눌(大辯若訥)〉 역시 상도(常道)의 바룸[辯]과 어눌함을[訥] 밝히고, 나
아가 천지(天地)의 변(辯)과 눌(訥)을 말한다. 상도(常道)는 불언(不言)하므로 바룰
[辯] 것이 없으니 어눌한[訥] 듯하다[若]. 상도(常道)의 〈대변(大辯)〉은 천도(天道)
의 바룸[辯]인지라 대변(大辯)의 대(大) 또한 법자연(法自然)을 일컫는다.

　여기 대변(大辯)은 23장(章)에서 살핀 희언자연(希言自然)과 『장자(莊子)』의 대변

불언(大辯不言)을 상기시킨다. 대변(大辯) 즉 천도(天道) 즉 자연의[天] 규율[道]에는 시비·논란을 일삼는 말[言]이란 없으니 천도(天道)의 바름은[辯] 오히려 어눌하다[訥]. 이러고저러고 밝혀야[辯] 할 것이 없으니 어눌하다는[訥] 것이다. 천지(天地)에 있는 만물이 바로 상도(常道)의 대변(大辯) 즉 자연(自然)의 변(辯)이다. 그래서 천도(天道)의 변론[辯]은 어눌한[訥] 듯해도 헷갈리게 하지는 않는다. 콩 심으면 콩 나고 팥 심으면 팥 나는데 무슨 헷갈림이 있겠는가. 이것이 상도(常道)의 대변(大辯)이고 자연(自然)의 논변(辯)으로, 시비·논란이 없으니 절로 어눌해 보인다[若訥].

인간은 천지의 대변(大辯)을 외면하고 소변(小辯)을 부리는 탓으로 난세(亂世)가 빚어진다고 『장자(莊子)』에 시비지창야(是非之彰也) 도지소이휴야(道之所以虧也)란 말이 나온다. 시비(是非)가 나타나[彰] 상도(常道)를 이지러지게[虧] 하는 난세(亂世)가 빚어진다는 것이다. 물론 19장(章)에 나오는 〈견소포박(見素抱樸)〉이란 말씀 역시 인간의 소변(小辯)을 물리치라는 말씀이다.

인간은 한사코 시(是)와 비(非)를 둘로 나누어 시(是)는 옳고 비(非)는 그르다 하고, 옳음은[是] 좋고 그름은[非] 싫다고 여긴다. 따라서 소변(小辯)은 시(是)를 내 것으로, 비(非)를 네 것으로 따져두려고 논쟁을 벌인다. 이것이 인간의 소변(小辯) 즉 말재주이다. 따라서 인간은 변(辯)과 눌(訥)을 서로 다른 둘로 알고, 변(辯)만을 승자(勝者)의 것으로 앞세우고, 눌(訥)은 패자(敗者)의 것으로 싫어하려 하므로 시비(是非)가 나타나는[彰] 것이다.

그러나 상도(常道)를 본받는 천지의 대변(大辯)에는 변눌(辯訥)이 상생(相生)·상성(相成)하며 상형(相形)·상경(相傾)하며 상화(相和)·상수(相隨)한다. 그래서 천지(天地)의 변(辯)은 어눌한 듯하고[若訥], 천지의 눌(訥)은 변(辯)한 듯하다. 이런 대변(大辯) 역시 청정(淸靜), 즉 무위(無爲) 자정(自正)에서 비롯된다. 그러니 천지(天地)의 대변(大辯)에는 어눌함이[訥] 따로 없어 만물의 생생(生生)이 일신(日新) 아님이 없음을 살펴 새기고 헤아려 깨닫게 하는 말씀이 〈대변약눌(大辯若訥)〉이다.

茞 "시비지창야(是非之彰也) 도지소이휴야(道之所以虧也) 도지소이휴(道之所以虧) 애지소이

성(愛之所以成).” 옳고[是] 그름이[非] 나타나는 것[彰]이[也] 상도가[道之] 이지러지는[虧] 까닭
[所以]이다[也]. 상도가[道之] 이지러지는[虧] 까닭이[所以] 편애가[愛之] 이루어지는[成] 까닭이다
[所以].　　　　　　　　　　　　　　　　　　　　　　　　『장자(莊子)』「제물론(齊物論)」

　䷀　　“부대도불칭(夫大道不稱) 대변불언(大辯不言) 대인불인(大仁不仁) 대렴불렴(大廉不嗛) 대
용불기(大勇不忮) 도소이부도(道昭而不道) 언변이불급(言辯而不及) 염청이불신(廉淸而不信) 용
기이불성(勇忮而不成) 오자완이기향방의(五者園而幾向方矣).” 무릇[夫] 참된[大] 도에는[道] 이
름이[稱] 없고[不], 참된[大] 말 가름에는[辯] 말함이[言] 없으며[不], 참된[大] 어짊에는[仁] 어질다
함이[仁] 없고[不], 참된[大] 염치에는[廉] 염치 부림이[嗛] 없으며[不], 참된[大] 용기에는[勇] 남을
해침이[忮] 없고[不], 도가[道] 밝게 드러나도[昭而] 도라 밝힐 것이[道] 없으며[不], 말 가름을[辯]
말로 하면[言而] 온전함이[及] 없고[不], 청렴함이[廉] 맑기만 하면[淸而] 믿음이[信] 없고[不], 용
기가[勇] 남을 해치면[忮而] 용기랄 것이[成] 없다[不]. 다섯 가지는[五者] 둥글지만[園而] 모나기
가[方] 쉬운 것[幾向]이다[矣].　　　　　　　　　　　　　　　『장자(莊子)』「제물론(齊物論)」

【보주(補註)】

● 〈대변약눌(大辯若訥)〉을 〈상도지변약눌(常道之辯若訥)〉처럼 옮기면 문의(文
意)를 좀 더 쉽게 새길 수 있다. 〈상도의[常道之] 바룸은[辯] 어눌한[訥] 듯하다
[若].〉

● 대변약눌(大辯若訥) 역시 상도(常道)의 체(體) 즉 그 자체가[體] 드러남[形]이니
만물을 밝힘이다. 그러므로 여기 대변약눌(大辯若訥)도 형형색색의 만물을 말
하고 있음이다. 만물 중에 어느 것 하나 딱 잘라 논변(論辯)할 수 있는 것이란
없음을 밝힘이 여기 〈눌(訥)〉이다. 어눌함[訥]이란 무엇을 두고 단언하지 않음
이다. 모든 것은 저마다 직굴(直屈)하고 교졸(巧拙)한 터인지라 잘라 밝힐[辯]
수 없으니 어눌하게[訥] 하는 것들[物]이다.

【해독(解讀)】

● 〈대변약눌(大辯若訥)〉에서 대변(大辯)은 주어 노릇하고, 약(若)은 자동사 노릇
하며, 눌(訥)은 주격보어 노릇한다. 눌(訥)은 〈말더듬을 삽(濇)〉과 같아 눌삽(訥
濇)의 줄임말로 여기면 된다. 〈크나큰[大] 바룸은[辯] 어눌한[訥] 듯하다[若].〉

● 대변약눌(大辯若訥)은 〈A약(若)B〉의 상용문이다. 〈A는 B인 듯하다[若].〉〈A는
B와 같아 보인다[若].〉

45-6 靜勝躁(정승조) 寒勝熱(한승열)

▶고요함이[靜] 조급함을[躁] 부리고[勝], 차가움이[寒] 뜨거움을 [熱] 부린다[勝].

고요할 정(靜), 부릴 승(勝), 조급할 조(躁), 차디찰 한(寒), 뜨거울 열(熱)

【지남(指南)】

〈정승조(靜勝躁) 한승열(寒勝熱)〉은『노자(老子)』45장(章) 원문(原文)인 〈조승한(躁勝寒) 정승열(靜勝熱)〉을 개정(改正)한 것이다. 〈조승한(躁勝寒) 정승열(靜勝熱)〉의 원문(原文)을 〈정승조(靜勝躁) 한승열(寒勝熱)〉로 개정하여 지남(指南)하는 까닭은 아래 보주(補註)에서 밝힐 것이다.

〈정승조(靜勝躁) 한승열(寒勝熱)〉은 천도(天道) 즉 자연의[天] 규율을[道] 밝힌다. 〈정승조(靜勝躁)〉는 〈정역조(靜亦躁)·조역정(躁亦靜)〉의 왕래가 되지 않음을 말한다. 고요함[靜] 역시[亦] 조급함이고[躁] 조급함[躁] 역시[亦] 고요함이라면[靜], 정(靜)이 조(躁)를 부려야 할[勝] 까닭이 없다. 피역시(彼亦是)라면 피시(彼是)가 상통왕래(相通往來) 즉 서로[相] 통하여[通] 가고[往] 오니[來], 피시(彼是)가 승(勝)을 두고 상쟁(相爭)할 까닭이 없는지라 〈정승조(靜勝躁)〉라 말하지 않고 〈혹정혹조(或靜或躁)〉라 할 것이다. 고요함[靜]은 조급함[躁]이 될 리 없고, 조(躁)가 정(靜)이 될 리 없으니 정승조(靜勝躁)라 밝힌 것이다.

그러므로 정승조(靜勝躁)의 정(靜)과 조(躁)는 상생(相生)하지 않고 상성(相成)하지 않으며 상형(相形)하지 않고 상경(相傾)하지 않으며 상화(相和)하지 않고 상수(相隨)하지 않아 정역조(靜亦躁)가 될 수 없고, 정여조(靜與躁) 즉 고요함과[靜與] 조급함은[躁] 함께하지 않고 정(靜)이 조(躁)를 부려 정(靜)으로 옮겨버림이 여기 정승조(靜勝躁)의 승(勝)이다. 그래서 여기 정승조(靜勝躁)는 23장(章)에서 살핀 표풍부종조(飄風不終朝) 취우부종일(驟雨不終日)을 상기시킨다.

돌개바람인 표풍(飄風)과 소나기인 취우(驟雨)는 여기 〈조(躁)〉와 같다. 돌개바람은 반나절도 못 불고 산들바람이 제자리를 찾는다. 이는 미풍승표풍(微風勝飄風)이다. 취우(驟雨) 즉 폭우인 소나기도 하루는커녕 한순간 쏟아지다 세우(細雨)

에 밀려나거나 청명한 하늘이 제자리를 찾으니 세우승취우(細雨勝驟雨)이다. 인심(人心)도 〈조(躁)〉를 좇느라 천도(天道)를 벗어나 『장자(莊子)』에 나오듯 저마다 성심(成心)을 갖추고 인위(人爲)의 짓을 서슴지 않는다. 정승조(靜勝躁)의 조(躁)는 인위(人爲)에 의한 인욕(人欲)으로 빚어진지라 12장 인심발광(人心發狂)과 같은 심술(心術)이다. 천도(天道)에 인심발광(人心發狂)과 같은 짓은 없다. 천도(天道)는 자연[天]의 규율[道]로 왕래할 뿐, 인위(人爲)의 짓으로[躁] 빚어진 요동(擾動)을 무위(無爲)의 청정(淸靜)이 극복함이 정승조(靜勝躁)의 승(勝)이니, 이를 자연의 규율로써 거듭 밝힌 말씀이 〈한승열(寒勝熱)〉이다.

자연에는 냉기도 있고 열기도 있지만, 한냉(寒冷)이 서열(暑熱)을 승(勝) 즉 부림이[勝] 자연의 규율이다. 천도(天道)는 열기를 용인하되 냉기로 식혀 차가움이[冷] 뜨거움을[熱] 부린다[勝]. 물길이 불길을 잡지 불길이 물길을 잡지는 못한다. 펄펄 끓는 열수(熱水)도 냉수(冷水)가 되고 만다. 이와 같이 냉(冷)이 열(熱)을 극복함이 한승열(寒勝熱)의 승(勝)이다. 그러므로 고요[靜]가 조급[躁]을 극복함[勝]은 차가움[寒]이 뜨거움[熱]을 극복함[勝]같이 천도(天道) 즉 자연의 규율이고 질서임을 살펴 새기고 헤아려 가늠해 깨우치게 하는 말씀이 〈정승조(靜勝躁) 한승열(寒勝熱)〉이다.

㊟ "희언자연(希言自然) 표풍부종조(飄風不終朝) 취우부종일(驟雨不終日)." 들으려 해도 들리지 않는[希] 말이[言] 자연이다[自然]. 돌개바람은[飄風] 반나절도[朝] 못 가고[不終], 소나기는[驟雨] 하루 낮을[日] 못 간다[不終]. 『노자(老子)』 23장(章)

㊟ "부수기성심이사지(夫隨其成心而師之) 수독차무사호(誰獨且無師乎)." 무릇[夫] 제[其] 주장을[成見] 따라서[隨而] 그것을[之] 스승으로 삼는다면[師] 어느 누구에게만은[誰獨且] 스승이[師] 없겠는가[無乎]?

성심(成心)은 상심(常心) 즉 자기 주장을 말한다. 『장자(莊子)』「제물론(齊物論)」

㊟ "치빙전렵령인심발광(馳騁田獵令人心發狂)." 말 타고 달려[馳騁] 사냥함은[畋獵] 사람으로[시] 하여금[令] 마음을[心] 미치게 한다[狂]. 『노자(老子)』 12장(章)

【보주(補註)】

● 〈정승조(靜勝躁) 한승열(寒勝熱)〉을 〈조자승한자(躁者勝寒者) 이한자승어열자(而寒者勝於熱者)〉처럼 옮기면 문의(文意)를 좀 더 쉽게 새길 수 있다. 〈조급한

[躁] 것이[者] 차가운[寒] 것을[者] 부린다[勝]. 그리고[而] 차가운[寒] 것이[者] 뜨거운[熱] 것[者]에서[於] 이긴다[勝].〉

- 〈정승조(靜勝躁) 한승열(寒勝熱)〉은 〈조승한(躁勝寒) 정승열(靜勝熱)〉로 된 원문(原文)을 엄령봉(嚴靈峰)과 장석창(蔣錫昌)의 설(說)을 따라 개정(改正)한 것이다. 26장(章) 〈정위조군(靜爲躁君)〉에서 보듯이 〈정(靜)〉과 〈조(躁)〉가 대(對)를 이룸을 들어 〈조승한(躁勝寒) 정승열(靜勝熱)〉로 된 원문(原文)은 착오이니 〈정승조(靜勝躁) 한승열(寒勝熱)〉로 대(對)를 지어야 한다는 장석창(蔣錫昌)의 설(說)이 타당하다는 중론(衆論)에 따라 교정(校正)한 것이다.

  그리고 『한비자(韓非子)』 「해로(解老)」에 나오는 **중인지용신조(衆人之用神躁) 성인지용신정(聖人之用神靜)**에 근거하여 〈조승한(躁勝寒) 정승열(靜勝熱)〉로 된 원문(原文)을 〈정승조(靜勝躁) 한승열(寒勝熱)〉로 교정해야 마땅하다는 엄령봉(嚴靈峰)의 주장 또한 타당하다는 중론에 따라 〈조승한(躁勝寒) 정승열(靜勝熱)〉을 〈정승조(靜勝躁) 한승열(寒勝熱)〉로 교정하였다. 〈조바심이[躁] 차가움을[寒] 부린다[勝].〉 〈고요함이[靜] 뜨거움을[熱] 부린다[勝].〉

🗒 "중인지용신야조(衆人之用神也躁) 조즉다비(躁則多費) 다비지위치(多費之謂侈) 성인지용신야정(聖人之用神也靜) 정즉소비(靜則少費) 소비지위색(少費之謂嗇)." 대중의[衆人之] 정신을[神] 씀[用]이란[也] 조급하다[躁]. 조급하면[躁] 곧[則] 소비가[費] 많고[多], 소비가[費] 많음[多] 이를[之] 사치라[侈] 한다[謂]. 성인의[聖人之] 정신을[神] 씀[用]이란[也] 고요하다[靜]. 고요하면[靜] 곧[則] 소비가[費] 적고[少], 소비가[費] 적음[少] 이를[之] 아낌이라[嗇] 한다[謂].

『한비자(韓非子)』 「해로(解老)」

【해독(解讀)】

- 〈정승조(靜勝躁)〉에서 정(靜)은 주어 노릇하고, 승(勝)은 동사 노릇하며, 조(躁)는 목적어 노릇한다. 승(勝)은 여기선 〈부릴 사(使)·용(用)〉 등과 같이 승용(勝用)의 줄임말로 여기면 된다. 〈정은[靜] 조를[躁] 부린다[勝].〉
- 〈한승열(寒勝熱)〉에서 한(寒)은 주어 노릇하고, 승(勝)은 동사 노릇하며, 열(熱)은 목적어 노릇한다. 승(勝)은 여기서도 〈부릴 사(使)·용(用)〉 등과 같이 승용(勝用)의 줄임말로 여기면 된다. 〈한은[寒] 열을[熱] 무릅쓴다[勝].〉

45-7 淸靜爲天下正(청정위천하정)

▶ 맑음과[淸] 고요가[靜] 세상 사람들의[天下] 모범이[正] 된다[爲].

> 맑을 청(淸), 고요할 정(靜), 될 위(爲), 하늘 천(天), 아래 하(下), 모범 정(正)

【지남(指南)】

〈청정위천하정(淸靜爲天下正)〉은 천지의 대성(大成)·대영(大盈)·대직(大直)·대교(大巧)·대변(大辯) 등이 상도(常道)의 짓인 무위(無爲)임을 〈청정(淸靜)〉으로 밝힌다.

청정(淸靜)은 37장(章) 도상무위이무불위(道常無爲而無不爲)와, 57장(章) 아무위이민자화(我無爲而民自化)를 떠올린다. 청정(淸靜)은 〈하늘 청(淸), 땅 정(靜)〉인지라 음양(陰陽)이요 강유(剛柔)인지라 무위(無爲)·무사(無事)·호정(好靜)·무욕(無欲)을 묶어 밝힘이 여기 청정(淸靜)이다. 천명(天明)의 청(淸)이고 지령(地寧)의 정(靜)으로서, 법천(法天)함이 청(淸)이고 법지(法地)함이 정(靜)이다. 하늘을 본받고[法天] 땅을 본받음[法地]을 일러 무위(無爲)·무사(無事)·호정(好靜)·무욕(無欲)함이라 하고 이를 묶어 청정(淸靜)이라 하니, 청정(淸靜)은 진실로 귀근(歸根) 즉 상도(常道)로[根] 돌아와[歸] 천하식(天下式)인 온 세상의 본보기가 된다.

청정(淸靜)은 인위의[人爲] 짓이 없음이다. 인욕(人欲)이 없으면 무과(無過)하고 무불급(無不及)하다. 지나침이[過] 없어[無] 미치지 못함이[不及] 없는[無] 이 청정(淸靜)을 인간이 한사코 외면함은 인간 저마다의 소욕(所欲) 때문이다. 그래서 무기(無己)하면 그 누구나 절로 청정의[淸靜] 삶을 누릴 수 있다고 하는 것이다. 무기(無己)의 기(己)란 『장자(莊子)』에 나오는 사륙자(四六者) 즉 24가지를 묶어놓은 것이다. 발지(勃志) 즉 마음 가는 바를[志] 어지럽히는[勃] 〈부귀현엄명리(富貴顯嚴名利)〉란 이 여섯을 〈기(己)〉라 하고, 유심(謬心) 즉 마음을[心] 그르치는[謬] 〈용동색리기의(容動色理氣意)〉란 이 여섯을 〈기(己)〉라 하며, 누덕(累德) 즉 현덕을[德] 더럽히는[累] 〈오욕희로애락(惡欲喜怒哀樂)〉이란 이 여섯을 〈기(己)〉라 하고, 색도(塞道) 즉 상도를[道] 막아버리는[塞] 〈거취취여지능(去就取與知能)〉이란 이 여섯을 〈기(己)〉라 한다. 그래서 기(己) 즉 내가 나를 챙기는 이 나라는 것[己]이 없음을

[無] 〈무기(無己)〉 또는 〈무아(無我)〉라 한다. 물론 무기(無己)·무아(無我)라면 내가[我] 곧 자연(自然)이다. 그러니 이 기(己)라는 것이 인위(人爲)의 싹수로서 인간을 자연(自然)으로부터 떨어지게 하는 우두머리인 셈이다.

이런 기(己) 탓으로 『장자(莊子)』에 중인역역(衆人役役) 성인우둔(聖人愚芚)이란 말이 있다. 세상 사람들은[衆人] 기(己)를 위해 힘들여 애쓰는데[役役] 성인만[聖人] 기(己)를 버리고 멍청해[愚芚] 보인다는 것이다. 성인(聖人)은 꾀하지도 않고[不謀] 다듬지도 않고[不斲] 잃을 것도 없고[無喪] 흥정할 것도 없는데[不貨], 무엇 때문에 바동대며 기(己)를 붙들고자 애쓰겠는가? 겉보기에 우둔(愚芚)해도 성인(聖人)은 청정(淸靜)하여 더없이 화평(和平)하고, 겉보기에 멀쩡해도 중인(衆人)의 속은 청정(淸靜)을 저버리고 상쟁(相爭)하느라 마음 속내는 아수라장인지라 발지(勃志)하고 유심(謬心)하며 누덕(累德)하고 색도(塞道)하느라 날마다 악몽을 불러들여 몸부림친다. 오로지 청정(淸靜)한 성인(聖人)은 통천하(通天下)하는 삶을 누리니 중인(衆人)의 눈에는 멍청해 보이고, 중인은 어디가든 막히는[不通天下] 삶을 추구하니 똑똑해 보이지만 스스로 기(己)의 덫에 걸려 매달려 대롱거리는 삶을 이어간다는 것이다.

청정(淸靜)하면 어디든 통한다[通天下] 함은 무위(無爲)·호정(好靜)·무사(無事)·무욕(無欲)하면 위천하정(爲天下正)으로 어디서든[天下] 언제나 정법(正法) 즉 바른[正] 본받기의[法] 모범이 된다는 것이다. 위천하정(爲天下正)은 통천하(通天下) 즉 온 세상에[天下] 두루 통하는[通] 모범[正]이 됨이다[爲]. 그러므로 청정(淸靜)은 무위(無爲)·자연(自然)이므로 어디서 무슨 일에서든 두루 통하는 모범이 됨을 살펴 새기고 헤아려 깨우치게 하는 말씀이 〈청정위천하정(淸靜爲天下正)〉이다.

㊟ "도상무위(道常無爲) 이무불위(而無不爲)." 상도에는[道] 항상[常] 작위함이[爲] 없다[無]. 그러나[而] 행하지 않음도[不爲] 없다[無]. 『노자(老子)』 37장(章)

㊟ "아무위이민자화(我無爲而民自化) 아호정이민자정(我好靜而民自正) 아무사이민자부(我無事而民自富) 아무욕이민자박(我無欲而民自樸)." 나에게[我] 조작함이[爲] 없으니까[無而] 백성은[民] 절로[自] 변화하고[化], 내가[我] 고요하기를[靜] 좋아하니까[好而] 백성은[民] 절로[自] 바르며[正], 나에게[我] 일함이[事] 없으니까[無而] 백성은[民] 절로[自] 부유하며[富] 나에게[我] 욕심

냄이[欲] 없으니까[無而] 백성은[民] 절로[自] 본디대로로다[樸].　　　　『노자(老子)』57장(章)

註　"부귀현엄명리(富貴顯嚴名利) 육자발지야(六者勃志也) 용동색리기의(容動色理氣意) 육자류심야(六者謬心也) 오욕희로애락(惡欲喜怒哀樂) 육자루덕야(六者累德也) 거취취여지능(去就取與知能) 육자색도야(六者塞道也) 차사륙자(此四六者) 불탕흉중이정(不盪胸中而正) 정즉정(正則靜) 정즉명(靜則明) 명즉허(明則虛) 허(虛) 즉무위이무불위(則無爲而無不爲)." 부유[富] 고귀[貴] 유명[顯] 존경[嚴] 명예[名] 이득[利] 여섯[六] 가지는[者] 뜻을[志] 어지럽히는 것[勃]이고[也], 용모[容] 거동[動] 안색[色] 정리[理] 말씨[氣] 생각[意] 여섯[六] 가지는[者] 마음을[心] 속이는 것[謬]이며[也], 미움[惡] 욕망[欲] 기쁨[喜] 성냄[怒] 슬픔[哀] 즐거움[樂] 여섯[六] 가지는[者] 덕을[德] 더럽히는 것[累]이고[也], (벼슬자리를) 떠나거나[去] 앉음[就] (무엇을) 주거나[與] 받음[取] (사물을) 알거나[知] (일을) 잘함[能] 여섯[六] 가지는[者] 도를[道] 가로막는 것[塞]이다[也]. 이[此] 스물네[四六] 가지가[者] 가슴 속에서[胸中] (마음을) 흔들지 않는다면[不盪而] (마음은) 올바르다[正]. (마음이) 올바르면[正] 곧[則] (마음이) 고요하고[靜], 고요하면[靜] 곧[則] 밝고[明], 밝으면[明] 곧[則] 텅 비고[虛], 텅 비면[虛] 곧[則] (마음에) 하고자 하는 짓이[爲] 없어서[無而] 하지 못할 것이[不爲] 없다[無].

발지(勃志)는 쟁지(爭志)와 같고, 유심(謬心)은 오심(誤心)과 같고, 누덕(累德)은 점덕(玷德)과 같다. 〈더럽힐 점(玷)〉. 용동색리기의(容動色理氣意)에서 이(理)는 정리(情理), 기(氣)는 사기(辭氣), 의(意)는 의사(意思)이다. 탕흉중(盪胸中)의 탕(盪)은 〈흔들어댈 동(動)〉과 같고, 무(無)는 무(無)와 같다.　　　　『장자(莊子)』「경상초(庚桑楚)」

註　"중인역역(衆人役役) 성인우둔(聖人愚芚) 삼만세이일성순(參萬歲而一成純) 만물진연(萬物盡然) 이이시상온(而以是相蘊.)" 세상 사람들은[衆人] 아등바등 애쓰지만[役役], 성인은[聖人] 멍청해 보인다[愚芚]. {성인(聖人)은} 오래오래 살면서도[參萬歲而] 한결같이[一] 맑고 깨끗함을[純] 이룬다[成]. 만물은[萬物] 늘[盡] 그냥 그러하다[然]. 그래서[而] 이 때문에[以是] {만물(萬物)은} 서로[相] 감싸고 있다[蘊].　　　　『장자(莊子)』「제물론(齊物論)」

註　"성인불모(聖人不謀) 오용지(惡用知) 불착(不斲) 오용교(惡用膠) 무상(無喪) 오용덕(惡用德) 불화(不貨) 오용상(惡用商) 사자천국(四者天鬻) 천국야자천사야(天鬻也者天食也) 기수사어천(旣受食於天) 우오용인(又惡用人)." 성인은[聖人] 꾀하지 않는데[不謀] 어찌[惡] 지식을[知] 쓰겠으며[用], 깎고 다듬지 않는데[不斲] 어찌[惡] 갖풀을[膠] 쓰겠으며[用], 잃을 것이[喪] 없는데[無] 어찌[惡] 인덕(人德)을[德] 쓰겠으며[用], 돈벌이를 않는데[不貨] 어찌[惡] 상술(商術)을[商] 쓰겠는가[用]? {불모(不謀)·불착(不斲)·무상(無喪)·불화(不貨)는} 자연이[天] 길러주는[鬻] 네 가지[四者]이다[也]. 자연이[天] 길러줌[鬻]이란[也] 것은[者] 자연이[天] 먹여줌[食]이다[也]. 이미[旣] 자연으로부터[於天] 먹을거리를[食] 받았는데[受] 또[又] 어찌[惡] 인간의 것을[人] 쓰겠는가[用]?

〈깎고 다듬을 착(斲)〉, 〈갖풀 교(膠)〉, 〈상(商)=상술(商術)〉, 〈팔고 살 화(貨)〉, 〈길러죽 국(鬻)=먹을거리 사(食)〉이다. 사(食)는 〈먹을 식(食), 먹을거리 사(食)〉의 서로 다른 뜻을 낸다.

『장자(莊子)』「덕충부(德充符)」

【보주(補註)】

● 〈청정위천하정(淸靜爲天下正)〉을 〈청정위천하인지정범(淸靜爲天下人之正範)〉처럼 옮기면 문의(文意)를 좀 더 쉽게 새길 수 있다. 〈청정은[淸靜] 온 세상[天下] 사람들의[人之] 모범이[正範] 된다[爲].〉

● 청정(淸靜)은 천지(天地)·음양(陰陽)·강유(剛柔) 등의 이칭(異稱)이다. 청정(淸靜)은 〈천청지정(天淸地靜)〉의 줄임말로 여기면 된다. 39장(章)에서 살핀 **천득일이청(天得一以淸) 지득일이령(地得一以寧)**을 상기하면 여기 청정(淸靜)이 곧 천지(天地)이고, 천도(天道)를 결코 어기지 않는 천지(天地)가 인생의 정범(正範)이 된다는 말씀을 헤아려 깨우칠 수 있다. 〈영(寧)〉은 〈정(靜)〉과 통한다.

> 註 "천득일이청(天得一以淸) 지득일이령(地得一以寧)." 하늘은[天] 하나를[一] 얻음으로[得]써[以] 청허하고[淸], 땅은[地] 하나를[一] 얻음으로[得]써[以] 안녕하다[寧].
>
> 『노자(老子)』 39장(章)

● 천하정(天下正)의 정(正)은 정범(正範)이다. 정범(正範) 즉 바른[正] 본보기[範]이니 정법(正法)이다. 따라서 여기 천하정(天下正)은 22장(章)에서 살핀 **천하식(天下式)**과 같은 말씀이다.

> 註 "성인포일위천하식(聖人抱一爲天下式)." 성인은[聖人] 하나를[一] 지켜[抱] 세상의[天下] 법식으로[式] 삼는다[爲].
>
> 『노자(老子)』 22장(章)

【해독(解讀)】

● 〈청정위천하정(淸靜爲天下正)〉에서 청정(淸靜)은 주어 노릇하고, 위(爲)는 영어의 〈be〉처럼 자동사 노릇하며, 천하(天下)는 정(正)을 꾸며주는 형용사구 노릇하고, 정(正)은 주격보어 노릇한다. 청정위천하정(淸靜爲天下正)에서 위(爲)는 〈~이다 시(是)〉와 같고, 청(淸)은 〈빌 허(虛)·흰 백(白)·밝을 명(明)·맑을 징(澄)·결(潔)〉 등의 뜻을 내고, 정(靜)은 〈편안할 안(安)·녕(寧)·맑을 징(澄)·어울릴 화(和)·말없을 묵(默)〉 등의 뜻을 갖는다.

● 청정위천하정(淸靜爲天下正)에서 위(爲)는 영어의 〈do〉 동사와 같이 여러 뜻을 문맥에 따라 낸다. 그러니 〈A위(爲)B〉의 상용문으로 여기되, 위(爲)를 계사(繫詞) 즉 영어의 〈be〉 동사같이 보아야 문의(文意)가 잡힐 때는 〈~이다 위(爲), ~

되다 위(爲)〉 노릇함이 대부분이고, 타동사로 문맥을 잡아야 할 때는 〈~할 위(爲)〉로서 전후 문맥을 살펴 알맞은 뜻을 찾아서 주어야 하는 영어의 〈do〉처럼 대리동사 노릇한다. 〈A는 B이다[爲].〉 〈A는 B를 한다[爲].〉 〈A는 B를 생각한다[爲].〉 〈A는 B를 만든다[爲].〉

註　위(爲)는 한문에서 아래와 같이 문맥에 따라 다양한 뜻을 낸다. 동사로서 위(爲)를 다음과 같이 정리해두면 문맥을 잡아 문의(文義)를 건져내는 데 도움이 된다.

① 할 위(爲)=조(造), ② 생각할 위(爲)=사(思), ③ 하여금 위(爲)=사(使), ④ 만들 위(爲)=산(産), ⑤ 이룰 위(爲)=성(成), ⑥ 배울 위(爲)=학(學), ⑦ 다스릴 위(爲)=치(治), ⑧ 도울 위(爲)=조(助), ⑨ 호위할 위(爲)=호(護), ⑩ 칭할 위(爲)=칭(稱).

이외에도 문맥에 따라 다양하게 뜻을 구사하는 것이 위(爲)인 셈이라 마치 영어의 〈do〉처럼 대리동사 노릇한다고 여기면 된다. 그리고 계사(繫辭)로서 어조사 노릇도 하고, 〈소이(所以)〉와 같은 구실을 하여 〈까닭 위(爲)〉 노릇도 한다.

검욕장(儉欲章)

전쟁이 빚어짐은 거의가 다 침략자의 야심에서 불거짐을 밝히는 장(章)이다. 대국(大國)을 취하고자 하는 침략자의 야욕이 국토를 넓히려고 사람을 해치고 한없이 재앙을 뿌리면서 백성을 도탄으로 몰아넣음을 개탄하고, 위정자(爲政者)는 마땅히 청정(淸靜)하고 무위(無爲)하여 지족(知足)해야 함을 천명(闡明)하면서 침략·침탈을 극구 배격(排擊)하는 반전관(反戰觀)을 30장(章)과 31장(章)에서처럼 밝히는 장(章)이다.

【원문(原文)】

天下有道에 却走馬以糞하고 天下無道에 戎馬가 生於
천하유도　　각주마이분　　　천하무도　　융마　　생어

郊한다 禍莫大於不知足이며 咎莫大於欲得이라 故로
교　　　화막대어부지족　　　구막대어욕득　　　고

知足之足은 常足矣이다
지족지족　　상족의

세상에[天下] 다스리는 정도가[道] 있을 때[有] 주마를[走馬] 그만둠으로
[却]써[以] {농마(農馬)로써 말을} 파종할 밭갈이 하는 데 쓰고[糞], 세상에
[天下] 다스리는 정도가[道] 없을 때[無] 국경지방에서[於郊] 병마들이[戎
馬] 생산된다[生]. 불행 중에서[禍] 만족할 줄[足] 모르는 것[不知]보다도 더
[於] 큰 불행은[大] 없고[莫], 허물 중에서[咎] 갖고자 함[欲得]보다 더[於]
큰 허물은[大] 없다[莫]. 그러므로[故] 만족할 줄[足] 아는 이의[知之] 만족
은[足] 항상[常] 만족함[足]이다[矣].

46-1 天下有道(천하유도) 却走馬以糞(각주마이분)

▶세상에[天下] 다스리는 정도가[道] 있을 때[有] 주마를[走馬] 그만
둠으로[却]써[以] {농마(農馬)로써 말을} 파종할 밭갈이 하는 데 쓴
다[糞].

하늘 천(天), 아래 하(下), 있을 유(有), 상도 도(道), 그칠 각(却),
달릴 주(走), 말 마(馬), 써 이(以), 거름줄 분(糞)

【지남(指南)】

　〈천하유도(天下有道) 각주마이분(却走馬以糞)〉은 다스림의 정도를[正道] 밝힌
다. 〈유도(有道)〉는 〈유치민지정도(有治民之正道)〉로, 백성을[民] 다스리는[治之]
정도(正道)란 2장(章)에서 살핀 **처무위지사(處無爲之事) 행불언지교(行不言之敎)** 즉
무위를[無爲之] 행함에[事] 머물고[處], 정령(政令) 따위의 말이[言] 없는[不之] 가

르침을[敎] 행함이[行] 치민(治民)의 정도(正道) 즉 무위(無爲)의 정도(正道)이다.

　청정지도(淸靜之道)·무위지도(無爲之道)·대도(大道) 등의 술어(術語)는 모두 도법자연(道法自然)을 근거로 한다. 세상에 무위지치(無爲之治)가 널리 행해짐이 여기 〈천하유도(天下有道)〉이다. 『맹자(孟子)』에도 **천하유도(天下有道)**란 말이 나온다. 물론 『노자(老子)』의 유도(有道)는 무위지도(無爲之道)의 치민(治民)이 행해짐이고, 『맹자(孟子)』의 유도(有道)는 예악지도(禮樂之道)의 치민(治民)이 행해짐이니 서로 같은 것은 아니다. 그러나 천하유도(天下有道)면 난세(亂世)를 초래하는 전란(戰亂)이 일어날 리 없다는 점에서는 같다.

　〈각주마이분(却走馬以糞)〉은 병마(兵馬)를 돌려 농마(農馬)로 씀이니, 무기를 녹여 농기구를 만들어 경작에 쓴다는 말이다. 주마(走馬)란 병사를 태우고 전쟁터를 누비는 병마(兵馬)이고, 각주마(却走馬)란 퇴주마(退走馬)이다. 이는 병마(兵馬)를 물려[却] 분마(糞馬) 즉 농마(農馬)로 씀이다. 전혁본(傳奕本) 『노자(老子)』에는 〈각주마이파(却走馬以播)〉로 나온다. 옛적에는 〈분(糞)〉과 〈파(播)〉가 통용되었다. 분(糞)은 〈씨 뿌릴 파(播)〉와 통해 경종(耕種) 즉 밭 갈고[耕] 씨 뿌려[種] 농사짓기를 말한다. 〈각주마이분(却走馬以糞)〉의 분(糞)은 병마(兵馬)를 농마(農馬)로 반환함으로, 각주마(却走馬)는 주마(走馬)나 병마(兵馬)를 물림이니 이는 전쟁하지 않음을 비유한다.

　병마(兵馬)가 달리기[走]를 그침[却]이란 전쟁하지 않아 병졸이 전쟁터로 투입되지 않음이고, 융마(戎馬)가 달리기[走]를 그침[却]이란 전쟁하지 않아 병마(兵馬)가 농마(農馬)로 바뀌어 경작에 활용되며, 백성은 전쟁터로 내몰리지 않고 제 고장에 남아 농사 지음을 말한다. 그러니 세상에 무위로[無爲] 다스리는 정도(正道)가 확고하여 무위(無爲)로써 치민(治民) 즉 백성을[民] 다스림이[治] 행해지면 전화(戰禍)로써 백성이 신음하는 난세(亂世)가 없음을 살펴 새기고 헤아려 깨우치게 하는 말씀이 〈천하유도(天下有道) 각주마이분(却走馬以糞)〉이다.

───────────

註　"성인처무위지사(聖人處無爲之事) 행불언지교(行不言之敎) 만물작언이불사(萬物作焉而不辭) 생이불유(生而不有) 위이불시(爲而不恃) 공성이불거(功成而弗居)." 성인은[聖人] 무위를[無爲之] 행함에[事] 머물고[處], {성인(聖人)은 정령(政令) 따위의} 말이[言] 없는[不之] 가르침을[敎] 행한다[行]. 온갖[萬] 것이[物] 세상에서[焉] 떨쳐 일어나도[作而] (상도는 그 온갖 것을) 주재하

지 않는다[不辭]. 낳아주되[生而] 갖지 않고[不有], 위하되[爲而] 대접하지 않으며[不恃], 공업이 [功] 이루어져도[成而] 머물지(연연치) 않는다[弗居].　　　　　　　　『노자(老子)』 2장(章)

▣　"천하유도(天下有道) 소덕역대덕(小德役大德) 소현역대현(小賢役大賢) 천하무도(天下無道) 소역대(小役大) 약역강(弱役强) 사이자천야(斯二者天也) 순천자존(順天者存) 역천자망(逆天者亡)." 천하에[天下] 정도가[道] (행해짐이) 있으면[有] 덕이 작은 사람이[小德] 덕이 큰 사람한테 [大德] 부려지고[役], 현량함이 작은 사람이[小賢] 현량함이 큰 사람한테[大賢] 부려진다[役]. 천하에[天下] 정도가[道] (행해짐이) 없으면[無] 작은 나라가[小] 큰 나라한테[大] 부려지고[役], 약한 나라가[弱] 강한 나라한테[强] 부려진다[役]. 이[斯] 두 가지가[二者] 하늘[天]이다[也]. 하늘을[天] 따르는[順] 쪽은[者] 살아남고[存], 하늘을[天] 거스르는[逆] 쪽은[者] 죽는다[亡].

여기 천(天)이란 무위자연(無爲自然)의 천(天)이 아니고 인의예악(仁義禮樂)의 천(天)이다.
　　　　　　　　　　　　　　　　　　　　　　　『맹자(孟子)』「이루장구상(離婁章句上)」

【보주(補註)】

● 〈천하유도(天下有道) 각주마이분(却走馬以糞)〉을 〈천하유도시(天下有道時) 농마분이각주마(農馬糞以却走馬)〉처럼 옮기면 문의(文意)를 좀 더 쉽게 새길 수 있다. 〈만약[若] 세상에[天下] 다스리는 정도가[道] 있을[有] 때[時] 주마를[走馬] 물림으로[却]써[以] 농마가[農馬] 밭을 갈아준다[糞].〉

● 『노자(老子)』에서 천하유도(天下有道)의 도(道)와, 『맹자(孟子)』에서 천하유도(天下有道)의 도(道)가 같은 뜻은 아니다. 『노자(老子)』의 유도(有道)는 무위지도(無爲之道)가 행해짐이고, 무도(無道)는 인위지도(人爲之道)가 행해짐이며, 『맹자(孟子)』의 유도(有道)는 인의지도(仁義之道)가 행해짐이다.

　도가(道家)는 무위자연(無爲自然)을 따름을 법자연(法自然)이라 하고, 유가(儒家)는 인의예악(仁義禮樂)을 따름을 순천(順天)이라 하듯, 양가(兩家)의 유도(有道)가 뜻하는 바는 다르다. 그러니 『맹자(孟子)』에서 유도(有道)는 인의(仁義)를 따름을 뜻하는 순천(順天)이고, 무도(無道)는 인의(仁義)의 따름을 저버리는 역천(逆天)이다. 물론 종천(從天)・종지(從地) 즉 하늘을 따름[從天]이 인(仁)이고, 땅을 따름[從地]이 의(義)이니, 인의(仁義) 역시 천지(天地)를 따름[從]이다. 이처럼 인의(仁義)도 천지(天地)를 따라 좇음[從]이니 천지(天地)를 떠나서 예악지도(禮樂之道)가 성립되지 않지만, 예악(禮樂)이란 인간 성인(聖人)이 작(作)함인지라 그 도(道)는 곧 인위지도(仁爲之道)이다.

▣ "춘작하장인야(春作夏長仁也) 추렴동장의야(秋斂冬藏義也) 인근어악(仁近於樂) 의근어례(義近於禮) 악자돈화솔신이종천(樂者敦和率神而從天) 예자별의거귀이종지(禮者別宜居鬼而從地)." 봄에[春] 싹트고[作] 여름에[夏] 자람은[長] 어짊[仁]이고[也], 가을에[秋] 거두어들이고[斂] 겨울에[冬] 저장함이[藏] 옳음[義]이다[也]. 어짊은[仁] 악에[於樂] 가깝고[近], 옳음은[義] 예에[於禮] 가깝다[近]. 악이란[樂] 것은[者] 화합을[和] 도탑게 하여[敦] 하늘의 기운을[神] 우러러 좇아서[率而] 하늘을[天] 따르고[從], 예란[禮] 것은[者] 마땅함을[宜] 분별하여[別] 땅의 기운을[鬼] 엎드려 좇아서[居而] 땅을[地] 따른다[從].

귀신(鬼神)의 귀(鬼)는 지기(地氣) 즉 굽히는[屈] 음기(陰氣)인 정(靜)을 말하고, 귀신(鬼神)의 신(神)은 천기(天氣) 즉 뻗치는[伸] 양기(陽氣)인 동(動)을 뜻해 음양(陰陽)·귀신(鬼神)·굴신(屈伸)·동정(動靜) 등은 늘 일음일양(一陰一陽)의 역(易) 즉 변화를 생각해야 하는 술어들이다.　　　　　　　　　　　　　『예기(禮記)』「악기(樂記)」

【해독(解讀)】

● 〈천하유도(天下有道) 각주마이분(却走馬以糞)〉은 시간의 종절과 주절로 이루어진 복문(複文)이다. 〈천하에[天下] 정도가[道] 있을 때[有], 주마를[走馬] 각함으로[却]써[以] 분한다[糞].〉

● 천하유도(天下有道)에서 천하(天下)는 부사 노릇하고, 유(有)는 〈~있을 유(有)〉 동사 노릇하며, 도(道)는 유(有)의 주어 노릇한다. 〈천하에[天下] 도가[道] 있을 때[有]〉

● 각주마이분(却走馬以糞)에서 각주마이(却走馬以)는 분(糞)을 꾸미는 부사구 노릇하고, 분(糞)은 주어가 생략됐지만 동사 노릇한다. 각(却)은 〈없앨 거(去)·물릴 퇴(退)〉와 같고, 주(走)는 〈달릴 질(疾)〉과 같아 질주(疾走)의 줄임말로 여기면 되고, 이(以)는 〈써 용(用)〉과 같고, 분(糞)은 〈씨 뿌릴 파(播)〉와 통하여 경작을 뜻한다. 〈주마를[走馬] 물림으로[却]써[以] {농마(農馬)가 파종하게} 밭갈이한다[糞].〉

46-2 天下無道(천하무도) 戎馬生於郊(융마생어교)

▶세상에[天下] 다스리는 정도가[道] 없을 때[無] 국경지방에서[於郊] 병마들이[戎馬] 생산된다[生].

하늘 천(天), 아래 하(下), 없을 무(無), 정도 도(道), 병거 융(戎), 말 마(馬), 길을 생(生), 조사 어(於), 성문 밖 교(郊)

124

老子 ● 제46장

【지남(指南)】

〈천하무도(天下無道) 융마생어교(戎馬生於郊)〉는 다스림의 정도가[正道] 없는 난세(亂世)를 밝힌다. 여기 〈무도(無道)〉는 처무위지사(處無爲之事)·행불언지교(行不言之教)의 다스림, 즉 무위(無爲)로써 다스리는 치민(治民)의 정도(正道)가 없음이다. 세상에서 무위(無爲)의 다스림이 행해지지 않음이 여기 무도(無道)이다. 이런 무도(無道)는 『맹자(孟子)』의 이력가인자패(以力假仁者霸)를 상기시킨다. 『맹자(孟子)』의 이덕행인자왕(以德行仁者王)이 치민(治民)의 정도(正道)라고 유가(儒家)는 주장하지만, 『노자(老子)』 입장에서 보면 무도(無道)로서 난세(亂世)를 불러오는 인위지치(人爲之治)에 불과하다.

세상[天下]을 다스리는 정도(正道)가 없으면[無] 난세(亂世)를 초래하는 전란(戰亂)이 일어날 수밖에 없는 점에서 본다면 양가(兩家)의 무도(無道)는 다를 것이 없다. 특히 『맹자(孟子)』에서 폭군의 무도(無道)를 부정(否定)함이 강렬하다. 솔수식인(率獸食人) 인장상식(人將相食). 짐승을[獸] 몰다[率] 사람을[人] 잡아먹고[食] 급기야[將] 인간들이[人] 서로[相] 잡아먹는[食] 세상이 무도(無道)의 난세(亂世)이다. 이런 난세(亂世)를 비유로써 밝힘이 여기 〈융마생어교(戎馬生於郊)〉이다.

융마생어교(戎馬生於郊)의 융마생(戎馬生)은 〈융마생구독(戎馬生駒犢)〉을 뜻해, 빈마(牝馬) 즉 암말들이[牝馬] 국경지대로 끌려가 전마(戰馬)를 양산하려고 망아지[駒犢] 생산을 위해 징발된다는 뜻이다. 융마생어교(戎馬生於郊)의 교(郊)는 국경지역을 말한다. 빈마(牝馬)들이 농촌에서 농마(農馬)로 쓰일 망아지를[駒] 생산하지 못하고 국경지역으로 끌려가 전마(戰馬)로 쓸 망아지들을 증산한다는 뜻으로, 무력경쟁을 멈추지 않아 전화(戰禍)가 몰고 오는 난세(亂世)가 펼쳐짐을 살펴 새기고 헤아려 깨우치게 하는 말씀이 〈천하무도(天下無道) 융마생어교(戎馬生於郊)〉이다.

註　"이력가인자패(以力假仁者霸) 패필유대국(霸必有大國) 이덕행인자왕(以德行仁者王) 왕부

대대(王不待大)……이력복인자비심복야(以力服人者非心服也) 역불섬야(力不贍也) 이덕복인자(以德服人者) 중심열이성복자야(中心悅而誠服者也).” 힘으로[力]써[以] 어진[仁] 척하는[假] 것은[者] 패이고[覇], 패는[覇] 반드시[必] 큰 나라를[大國] 차지한다[有]. 덕으로[德]써[以] 어짊을[仁] 행하는[行] 것은[者] 왕이고[王], 왕은[王] 대국을[大] 바라지 않는다[不待].…… 힘으로[力]써[以] 사람을[人] 굴복시키는[服] 것은[者] 마음에서 우러난 굴복이[心服] 아닌 것이고[非], 힘이[力] 모자란 것[不贍]이다[也]. 덕으로[德]써[以] 사람을[人] 굴복시키는[服] 것은[者] 속마음이[中心] 기뻐서[悅而] 진실로[誠] 굴복하는[服] 것[者]이다[也].　　　　『맹자(孟子)』「공손추장구상(公孫丑章句上)」

註　“인의충색(仁義充塞) 즉솔수식인(則率獸食人) 인장상식(人將相食).” 인의가[仁義] 꽉[充] 막히면[塞] 곧장[則] 짐승을[獸] 몰아다가[率] 사람을[人] 잡아먹고[食], 급기야[將] 사람이[人] (사람을) 서로[相] 잡아먹는다[食].　　　　『맹자(孟子)』「등문공장구하(藤文公章句下)」

【보주(補註)】

● 〈천하무도(天下無道) 융마생어교(戎馬生於郊)〉를 〈천하무도시(天下無道時) 빈마생융마어국경지교(牝馬生戎馬於國境之郊)〉처럼 옮기면 문의(文意)를 좀 더 쉽게 새길 수 있다. 〈세상에[天下] 정도가[道] 없을 때[無] 암말들이[牝馬] 국경의[國境之] 벌에서[於郊] 전마(戰馬)들을[戎馬] 생산한다[生].〉

● 『노자(老子)』의 천하무도(天下無道)는 18장(章) 대도폐(大道廢) 유인의(有仁義) 지혜출(智慧出) 유대위(有大僞)를 상기시킨다. 『맹자(孟子)』의 천하무도(天下無道)는 행인정이왕(行仁政而王) 즉 어진 정사를[仁政] 행하는[行而] 왕 노릇함[王]이 없음을 말한다. 『노자(老子)』의 무도(無道)는 행인정(行仁政)마저 인위(人爲)의 다스림[治]로 판정하는지라, 여기 무도(無道)는 『맹자(孟子)』의 유도(有道)와 무도(無道)를 다 포함하고 있는 셈이다.

註　“대도폐(大道廢) 유인의(有仁義) 지혜출(智慧出) 유대위(有大僞).” 대도를[大道] 버리고[廢] 인의를[仁義] 취하고[有], {인의(仁義)가} 지혜를[智慧] 냈으며[出], {지혜가} 크나큰[大] 거짓을[僞] 내었다[有].　　　　『노자(老子)』18장(章)

註　“행인정이왕(行仁政而王) 막지능어야(莫之能禦也) 차왕자지부작(且王者之不作) 미유소어차시자야(未有疏於此時者也).” 어진 정사를[仁政] 펼쳐서[行而] 왕 노릇하면[王], 그것을[之] 막을 수 있는 것은[能禦] 없는 것[莫]이다[也]. 그런데[且] 왕 노릇하는[王] 것이[者] 이루어지지 못하는데[不作] 지금보다[於此時] 소홀한[疏] 적은[者] 여태껏 없었던 것[未有]이다[也].　　　　『맹자(孟子)』「공손추장구상(公孫丑章句上)」

검욕장(儉欲章)

- 융마흑어교(戎馬畜於郊)가 아니라 융마생어교(戎馬生於郊)임을 주목하게 된다. 융마생어교(戎馬生於郊)에서 〈생(生)〉을 주목하면 여기 융마(戎馬)는 전마(戰馬)이되 빈마(牝馬) 즉 암컷[牝] 말들이[馬] 징발되었음을 알 수 있다. 따라서 융마생어교(戎馬生於郊)는 전마(戰馬)를 증산하여 전력증강을 꾀함을 나타낸다.

【해독(解讀)】

- 〈천하무도(天下無道) 융마생어교(戎馬生於郊)〉역시 시간의 종절과 주절로 이루어진 복문(複文)이다. 〈천하에[天下] 정도가[道] 없을 때[無], 융마가[戎馬] 교외에서[於郊] 생산된다[生].〉

- 천하무도(天下無道)에서 천하(天下)는 부사 노릇하고, 무(無)는 〈~없을 무(無)〉동사 노릇하며, 도(道)는 무(無)의 주어 노릇한다. 〈천하에[天下] 도가[道] 없을 때[無]〉

- 융마생어교(戎馬生於郊)에서 융마(戎馬)는 주어 노릇하고, 생(生)은 수동의 동사 노릇하며, 어교(於郊)는 생(生)을 꾸며주는 부사구 노릇한다. 융마(戎馬)는 병거지마(兵車之馬)를 뜻하고, 어교(於郊)의 교(郊)는 국경지역으로 풀이해도 되고, 전야(戰野)로 풀이해도 된다. 〈국경지역[郊]에서[於] 병마가[戎馬] 생산된다[生].〉

46-3 禍莫大於不知足(화막대어부지족)

▶불행 중에서[禍] 만족할 줄[足] 모르는 것[不知]보다도 더[於] 큰 불행은[大] 없다[莫].

재난 화(禍), 없을 막(莫), 큰것 대(大), 조사(~보다도 더) 어(於),
아니 부(不), 알 지(知), 만족할 족(足)

【지남(指南)】

〈화막대어부지족(禍莫大於不知足)〉은 인간이 범하는 온갖 불행이 지족(知足)하지 못함에서 비롯됨을 밝힌다. 〈부지족(不知足)〉보다 더 큰 화근(禍根)은 없다는 것이다. 만족할 줄[足] 모름[不知]은 인간의 탐욕으로 말미암음이다. 특히 치국(治

國)의 탐욕은 대국(大國)을 탐하므로 나라 사이의 상쟁(相爭)으로 이어지고, 상쟁(相爭)은 전란(戰亂)을 불러와 국지적(國之賊) 즉 나라를[國之] 상해(相害) 즉 서로[相] 해침으로 드러나니, 패자(覇者)의 탐욕보다 더 큰 재앙의 화(禍)는 없다. 나라의 재앙[禍]은 곧 백성이 겪어야 하는 환란(患亂)일 뿐이다. 그러므로 대국(大國)을 탐하는 패자(覇者)는 백성의 안거(安居)를 도둑질해간다.

『맹자(孟子)』에 등장하는 패자(覇者)는 소국(小國)에 만족하지[足] 못하고 전쟁으로써 대국(大國)을 쟁취하려는 탐욕을 뿌리치지 못한다. 이런 패자(覇者)의 탐욕은 『열자(列子)』에 나오는 **장주북음대택(將走北飮大澤)**의 과보(夸父)를 닮고야 만다. 위수(渭水)와 황하(黃河)의 물을 모조리 퍼마시고도 목마름을 풀지 못해 북쪽[北] 큰[大] 못으로[澤] 다시[將] 달려가다가[走] 목말라 죽고 만다는 과보(夸父)를 빼닮은 패자(覇者)야말로 대국(大國)만을 탐하는 적민(賊民), 즉 백성을[民] 해치는[賊] 무도자(無道者)일 뿐이다. 때문에 치자(治者)의 탐욕은 『맹자(孟子)』의 망민(罔民)의 사술(詐術)을 범해서 전쟁을 서슴지 않고 대국(大國)을 탐하게 되는 것이다. 그러나 지족(知足)의 치자(治者)는 80장(章)에 나오는 **소국과민(小國寡民)**으로써 만족한다. 그 소국(小國)은 닭이나 개의 울음소리가 들릴 정도로 작아서, 서로 바라볼 수 있을지라도, 태어나 죽을 때까지 그 백성은 서로 왕래조차 않고 편안한 삶을 누리면서 서로 상쟁(相爭)하지 않고 저마다 만족하며 살아간다.

『맹자(孟子)』에서 성왕(聖王)으로 칭송받는 탕왕(湯王)·문왕(文王)도 『노자(老子)』에서 보면 치국(治國)의 가욕(可欲)을 부린 패자(覇者)에 불과하다. 탕왕은 사방 칠십리의 소국을 은(殷)이란 대국으로 키웠고, 문왕은 사방 백리의 소국을 주(周)란 대국으로 키웠으니, 죽을 때까지 작은 나라로 지족(知足)하는 치민(治民)의 정도(正道)를 지키지 않았다. 이처럼 치자(治者)의 탐욕 즉 부지족(不知足)은 반드시 백성을 해치는 화(禍)를 불러오고, 범인(凡人)의 부지족(不知足)은 자신을 해치는 불행을[禍] 불러오고야 마는 것을 살펴 새기고 헤아려 깨우치게 하는 말씀이 〈화막대어부지족(禍莫大於不知足)〉이다.

註 "갈욕득음(渴欲得飮) 부음하위(赴飮河渭) 하위부족(河渭不足) 장주북음대택(將走北飮大澤) 미지(未至) 도갈이사(道渴而死)." 목말라[渴] 물을 마시고자[欲得飮] 황하와[河] 위수로[渭] 달려가[赴] 마셨지만[飮], 황하와 위수가[河渭] 부족해[不足] 다시[將] 북으로[北] 달려가[走] 큰 못

의 물을[大澤] 들이키려다[飮], 이르지 못하고[未至] 가다가[道] 목말라서[渴而] 죽었다[死].

『열자(列子)』「탕문(湯問)」

註　"급함어죄연후(及陷於罪然後) 종이형지(從而刑之) 시망민야(是罔民也)." 죄에[於罪] 빠지게[及] 함정을 파둔[陷] 뒤에[然後] 그에 따라서[從而] 죄를[之] 벌한다면[刑], 그런 짓은[是] 백성을[民] 그물로 잡는 것[罔]이다[也].　　　　『맹자(孟子)』「양혜왕장구상(梁惠王章句上)」

註　"소국과민(小國寡民)……인국상망(鄰國相望) 계견지음상문(鷄犬之音相聞) 민지로사(民至老死) 불상왕래(不相往來)." 나라는[國] 작고[小] 백성은[民] 적다[寡].……옆[隣] 나라들이[國] 서로[相] 바라보이고[望] 닭과[鷄] 개의[犬之] 소리가[音] 서로[相] 들려도[聞], 백성은[民] 늙어[老] 죽음에[死] 이르러도[至] 서로[相] 가고 오지 않는다[不往來].　　　　『노자(老子)』80장(章)

註　"이력가인자패(以力假仁者覇) 패필유대국(覇必有大國) 이덕행인자왕(以德行仁者王) 왕부대대(王不待大) 탕이칠십리(湯以七十里) 문왕이백리(文王以百里)." 힘으로[力] 써[以] 어진[仁] 척하는[假] 것은[者] 패이고[覇], 패는[覇] 반드시[必] 큰 나라를[大國] 차지한다[有]. 덕으로[德] 써[以] 어짊을[仁] 행하는[行] 것은[者] 왕이고[王], 왕은[王] 대국을[大] 바라지 않는다[不待]. 탕왕은[湯] 사방 칠십리로[七十里] 나라를 삼았고[以], 문왕은[文王] 사방 백리로[百里] 나라를 삼았다[以].

『맹자(孟子)』「공손추장구상(公孫丑章句上)」

【보주(補註)】

● 〈화막대어부지족(禍莫大於不知足)〉을 〈인지화막대화어인지부지자족(人之禍莫大禍於人之不知自足)〉처럼 옮기면 문의(文意)를 좀 더 쉽게 새길 수 있다. 〈사람의[人之] 불행 중에서[禍] 사람이[人之] 스스로[自] 만족할 줄을[足] 알지 못하는 것[不知]보다 더[於] 큰[大] 불행은[禍] 없다[莫].〉

● 화막대어부지족(禍莫大於不知足)의 부지족(不知足) 역시 19장 **견소포박(見素抱樸) 소사과욕(少私寡欲)**을 상기시킨다. 만족할 줄 모름[不知足]이란 검소함을[素] 살피고[見] 질박함을[樸] 포용함을[抱] 저버리고, 소사(少私)를 용납하지 않고 탐욕을 멈추지 않음이다. 이런 탐욕의 부지족(不知足)은 44장 **지족불욕(知足不辱)**의 불욕(不辱)과, **지지불태(知止不殆)**의 불태(不殆)를 모른다. 만족할 줄 앎[知足]이 욕되지 않게 함[不辱]이란 불행하지 않게[不禍] 함이고, (만족에) 머물[止] 줄 알면[知] 누구나 위태롭지 않게[不殆] 삶을 누릴 수 있음을 한사코 외면하는 탐욕이 부지족(不知足)이다.

註　"견소포박(見素抱樸) 소사과욕(少私寡欲)." 검소함을[素] 살피고[見] 질박함을[樸] 포용하고[抱], 제 몫을[私] 적게 하고[少] 욕망을[欲] 적게 한다[寡].　　　　『노자(老子)』19장(章)

註   "지족불욕(知足不辱) 지지불태(知止不殆)." 만족할 줄[足] 알면[知] 욕되지 않고[不辱], 금지할 줄[止] 알면[知] 위태롭지 않다[不殆].   『노자(老子)』 44장(章)

● 화막대어부지족(禍莫大於不知足)의 어(於)가 〈우(于)〉로 된 본(本)도 있으나 뜻
은 같다.

【해독(解讀)】

● 〈화막대어부지족(禍莫大於不知足)〉에서 화(禍)는 막(莫)을 꾸며주는 부사 노릇
하고, 막(莫)은 〈~없을 막(莫)〉으로 동사 노릇하고, 대(大)는 막(莫)의 주어 노릇
하며, 어(於)는 비교의 어조사 노릇하고, 어부지족(於不知足)은 대(大)를 꾸며주
는 형용사구 노릇한다. 막(莫)은 〈없을 무(無)〉와 같아 주어가 뒤에 있다. 〈불행
중에는[禍] 부지족(不知足)보다 더[於] 큰 것은[大] 없다[莫].〉

● 화막대어부지족(禍莫大於不知足)은 〈A막(莫)B어(於)C〉의 상용문이다. 〈A에는
C보다 더한[於] B는 없다[莫].〉

46-4 咎莫大於欲得(구막대어욕득)

▶허물 중에서[咎] 갖고자 함[欲得]보다 더[於] 큰 허물은[大] 없다[莫].

재앙 구(咎), 없을 막(莫), 큰것 대(大), 조사 어(於), 탐할 욕(欲), 취할 득(得)

【지남(指南)】

〈구막대어욕득(咎莫大於欲得)〉은 인간이 범하는 온갖 허물이 지족(知足)하지
못하고 획득하고자 함에서 비롯됨을 밝힌다. 〈욕득(欲得)〉보다 더 큰 허물은 없다
는 것이다. 만족할 줄[足] 모름[不知]은 필연적으로 욕득(欲得)으로 이어진다. 욕득
(欲得) 역시 인간의 탐욕으로 말미암음이고, 반드시 탈취(奪取) 즉 남의 것을 빼앗
아[奪] 갖기를[得] 바라니[欲] 인욕(人欲)이 빚어내는 〈구(咎)〉 즉 더러운 재앙으로
[咎] 끌려감이다. 이런 욕득(欲得) 역시 부지족(不知足)에서 말미암는다.

만족할 줄[足] 모름[不知]도 탐욕으로 말미암고, 취하여 갖고자[欲得] 함도 탐
욕에서 비롯한다. 온갖 인욕(人欲)이란 부지족(不知足)에서 비롯되고, 이러한 부

지족(不知足)으로 인한 욕득(欲得)은 허물[咎]을 짓고, 그 허물은 발지(勃志) 즉 마음 가는 바를[志] 종잡지 못하게[勃] 하고, 유심(謬心) 즉 인간의 마음을[心] 어긋나게[謬] 하고, 누덕(累德) 즉 상덕을[德] 더럽히며[累], 색도(塞道) 즉 천도(天道)를 틀어막아[塞] 상쟁(相爭)으로 이어지고 말아 서로의 삶을 화순(和順)하지 못하게 한다.

왜『장자(莊子)』에 덕탕호명(德蕩乎名) 지출호쟁(知出乎爭)이란 말이 나오는가? 덕(德)을 파괴하고[蕩] 명성을 탐하고 서로 다툼[爭]을 불러오게 함이 욕득(欲得)을 끊임없이 부추긴다. 이처럼 취하여 갖기를[得] 탐하면[貪] 탈인(奪人)하기에 사람과 사람은 원수[仇]지게 된다. 남의 것을 빼앗으면[奪人] 남도 나의 것을 약탈하려 하므로 원수지니[仇] 이보다 더 큰 흉사(凶事)는 없다.

이처럼 욕득(欲得)하면 허물이[咎] 쌓여 재앙을 지으니 〈구막대어욕득(咎莫大於欲得)〉을 〈구막참어욕득(咎莫憯於欲得)〉이라고 고쳐 말하기도 한다. 슬퍼하게 하고[憯] 아프게 하며[憯] 참혹하게 해[憯] 급기야 세상을 미워하게 함[憯]을 일러 구참(咎憯)이라 한다. 욕득(欲得)이란 결국 구참(咎憯)으로 이어져 누구에게나 참화(慘禍)를 불러오게 함을 살펴 새기고 헤아려 깨우치게 하는 말씀이 〈구막대어욕득(禍莫大於不知足)〉이다.

註 "덕탕호명(德蕩乎名) 지출호쟁(知出乎爭) 명야자상알야(名也者相軋也) 지야자쟁지기야(知也者爭之器也) 이자흉기(二者凶器) 비소이진행야(非所以盡行也)." 덕은[德] 명성 탓으로[乎名] 훼손되고[蕩], 지식은[知] 다툼 탓으로[乎爭] 출현했다[出]. 명성[名]이란[也] 것은[者] 서로[相] 어긋남[軋]이고[也], 지식[知]이란[也] 것은[者] 다툼의[爭之] 수단[器]이다[也]. 두 가지는[二者] 흉기여서[凶器] 모두[盡] 행할[行] 까닭이[所以] 없다[非].　　　　　　　　『장자(莊子)』「인간세(人間世)」

【보주(補註)】

● 〈구막대어욕득(咎莫大於欲得)〉을 〈인지구막대구어인지욕득(人之咎莫大咎於人之欲得)〉처럼 옮기면 문의(文意)를 좀 더 쉽게 새길 수 있다. 〈사람의[人之] 허물 중에서[咎] 사람이[人之] 취하기를[得] 탐하는 것[欲]보다 더[於] 큰[大] 허물은[咎] 없다[莫].〉

● 구막대어욕득(咎莫大於欲得)의 욕득(欲得) 역시 19장(章) **견소포박(見素抱樸)** 소

사과욕(少私寡欲)을 상기시킨다. 욕심 부리기[欲得]란 견소포박(見素抱樸)을 저버리고 소사(少私)를 뿌리치고 과욕(過欲)으로 치달음이다. 지나치고 넘치게 욕심을 부림[過欲]이 항상 욕득(欲得)을 부채질한다. 그렇게 되면 탐욕만이 부풀려져 만족할 줄 모른다[不知足].

"견소포박(見素抱樸) 소사과욕(少私寡欲)." 검소함을[素] 살피고[見] 질박함을[樸] 포용하고[抱], 제 몫을[私] 적게 하고[少] 욕망을[欲] 적게 한다[寡]. 『노자(老子)』19장(章)

- 구막대어욕득(咎莫大於欲得)의 〈어(於)〉가 〈우(于)〉로 된 본(本)도 있으나 서로의 뜻은 같다.

【해독(解讀)】

- 〈구막대어욕득(咎莫大於欲得)〉에서 구(咎)는 막(莫)을 꾸며주는 부사 노릇하고, 막(莫)은 〈~없을 막(莫)〉으로 동사 노릇하고, 대(大)는 막(莫)의 주어 노릇하며, 어(於)는 비교의 어조사 노릇하고, 어욕득(於欲得)은 대(大)를 꾸며주는 형용사구 노릇한다. 구(咎)는 〈허물 건(愆), 재앙 재(災)〉 등과 같아 구건(咎愆)·구재(咎災) 등의 줄임말로 여기면 되고, 막(莫)은 〈없을 무(無)〉와 같아 주어가 뒤에 있다. 〈허물 중에는[咎] 욕득(欲得)보다 더[於] 큰 것은[大] 없다[莫].〉

- 구막대어욕득(咎莫大於欲得) 역시 〈A막(莫)B어(於)C〉의 상용문이다. 〈A에는 C보다 더한[於] B는 없다[莫].〉

46-5 故(고) 知足之足(지족지족) 常足矣(상족의)

▶그러므로[故] 만족할 줄[足] 아는 이의[知之] 만족은[足] 항상[常] 만족함[足]이다[矣].

> 그러므로 고(故), 알 지(知), 충족할 족(足), 조사(~의) 지(之), 늘 상(常), ~이다 의(矣)

【지남(指南)】

〈지족지족(知足之足) 상족의(常足矣)〉는 앞서 살핀 부지족(不知足)의 화(禍)·

욕득(欲得)의 구(咎) 등의 탐(貪)을 끊어[絶] 버림[棄]이다. 〈상족(常足)〉은 26장(章) 연처초연(燕處超然)을 상기시키고, 35장(章) 안평태(安平泰)를 떠올린다. 연처(燕處)는 안거(安居)·한거(閑居)를 뜻해 무사(無私)로 살아 편한 삶을 말하고, 초연(超然)은 무애(無碍)와 같아 걸림 없는 삶을 말한다. 연처초연(燕處超然)의 삶은 상족(常足)의 삶이다. 항상[常] 만족스러운[足] 삶이야말로 평화롭고[平] 편안한[泰] 삶이다. 심신(心身)이 평태(平泰) 즉 몸과 마음이 화평하고[平] 태연함[泰]이란, 만족할 줄 모르면[不知足] 결코 누릴 수 없는 복[福]이다. 〈지족지족(知足之足)〉 즉 지족의[知足之] 족(足)은 만족할 줄[足] 아는 것[知]으로만 그치는 것이 아니라 지족함을[知足] 행해서 얻는 만족의[滿足] 누림으로, 한순간으로 그치지 않고 항상 누리는 것이므로 〈상족(常足)〉이라 한다.

상족(常足)은 2장(章) 〈성인처무위지사(聖人處無爲之事)〉와 『장자(莊子)』의 〈무위자(無爲者)〉를 떠올려준다. 탐하려는 짓이[爲] 없는[無] 것[者]이 상족(常足)이니, 이를 일러 허정(虛靜)이니 염담(恬淡)이니 적막(寂漠)이라 하고, 한마디로 무위(無爲)라 하고 자연(自然)이라 한다. 그러므로 상족(常足)은 무위의[無爲之] 삶을 누리는 항상[常] 천도(天道)를 따라 만족함[足]이다. 여기 〈상(常)〉은 『한비자(韓非子)』에 나오는 상자무유역(常者無攸易) 무정리(無定理)의 상(常)을 환기시켜준다. 바꿀 것도 없고 그렇다고 일정하게 고정한 법칙도 없음이 〈항상 상(常)〉이니, 순간·순간의 만족이 아니라 일상의 삶에서 줄곧 누리는 만족한 삶이 지족지족(知足之足)임을 살펴 새기고 헤아려 깨우치게 하는 말씀이 〈지족지족상족의(知足之足常足矣)〉이다.

註 "수유영관(雖有榮觀) 연처초연(燕處超然)." 비록[雖] 궁전이[榮觀] 있어도[有] 편안히[燕] 거처하고[處] (부귀영화를) 떠날[超] 뿐이다[然].   『노자(老子)』 26장(章)

註 "집대상(執大象) 천하왕(天下往) 왕이불해(往而不害) 안평태(安平泰)." 대도의[大] 짓을[大象] 지키면[執] 세상[天下] 어디든 가고[往], 어디든 가도[往而] 해침이 없으니[不害] 편안하고[安] 화평하며[平] 태연하다[泰].   『노자(老子)』 35장(章)

註 "상자(常者) 무유역(無攸易) 무정리(無定理)." 항상이란[常] 것에는[者] 바뀔[易] 것도[攸] 없고[無] 무어라고 고정할[定] 법칙도[理] 없다[無].   『한비자(韓非子)』 「해로(解老)」

【보주(補註)】

● 〈지족지족상족의(知足之足常足矣)〉를 〈지족자지족시상족자(知足者之足是常
足者)〉처럼 옮기면 문의(文意)를 좀 더 쉽게 새길 수 있다. 〈만족할 줄[足] 아는
[知] 사람의[者之] 만족은[足] 한결같은[常] 만족[足]이다[是].〉

● 지족지족상족의(知足之足常足矣)의 상족(常足) 역시 19장 **견소포박(見素抱樸)** 소
사과욕(少私寡欲)을 상기시킨다. 늘[常] 만족함[足]이란 견소포박(見素抱樸)을
지키면서 소사(少私)를 행하고, 과욕(寡欲) 즉 욕심[欲]을 줄이는[寡] 삶을 멈추
지 않음이다.

註 "견소포박(見素抱樸) 소사과욕(少私寡欲)." 검소함을[素] 살피고[見] 질박함을[樸] 포용
하고[抱], 제 몫을[私] 적게 하고[少] 욕망을[欲] 적게 한다[寡].　　　　　　『노자(老子)』19장(章)

【해독(解讀)】

● 〈지족지족상족의(知足之足常足矣)〉에서 지족지족(知足之足)은 주부(主部) 노
릇하고, 상족(常足)은 주격보어 노릇하며, 의(矣)는 문미조사(文尾助詞) 노릇한
다. 족(足)은 만족(滿足)의 줄임말로 여기고, 법자연(法自然)하여 무위(無爲) ·
무사(無私) · 무욕(無欲)의 삶을 누림이다. 〈지족의[知足之] 족은[足] 상족(常足)
이다[也].〉

● 지족지족(知足之足)은 〈지족지인지족(知足之人之足)〉 즉 〈지족자지족(知足者之
足)〉의 줄임으로 여기고 문맥을 잡아 새기면 문의[文義]가 더 분명해진다. 〈만
족할 줄[足] 아는[知之] 사람의[人之] 만족[足]〉〈만족할 줄[足] 아는[知] 사람의
[者之] 만족[足]〉

● 지족지족상족의(知足之足常足矣)은 〈AB야(也)〉의 상용문이다. 〈A는 B이다
[也].〉

47

老子
之言

천도장(天道章)

　밖의 것으로 이루어지는 경험의 지식을 중시하지 않고, 자성(自性)을 직관(直觀)하여 스스로[自] 성찰함을[省] 중시하는 장(章)이다. 이렇게 자성(自省)하자면 귀근(歸根)·복명(復命)·지상(知常)으로 내조(內照)하고 자명(自明)해야 한다. 그러므로 성인(聖人)은 상도(常道)의 체(體)인 상도(常道) 자체[道體]를 본받아[法] 방안에서도 온 세상을 알고[知天下], 견천도(見天道) 즉 자연의[天] 규율을[道] 살피고[見], 상도(常道)의 씀인 상덕(常德)을 본받아 자명(自明)함으로써, 접물(接物) 즉 사물을[物] 접하지[接] 않고서도 세상만사를 마주할 수 있음을 살펴 새기고 헤아려 깨우치게 하는 장(章)이다.

【원문(原文)】

不出戶_{로도} 知天下_{하고} 不窺牖_{로도} 見天道_{한다} 其出_이
불출호   지천하   불규유   견천도   기출

彌遠_에 其知_가 彌少_라 是以_로 聖人_은 不行而知_{하고} 不
미원   기지   미소   시이   성인   불행이지   불

見而明_{하며} 不爲而成_{한다}
견이명   불위이성

{성인(聖人)은} 문 밖을[戶] 나서지 않아도[不出] 온 세상 이치를[天下] 알고
[知], 들창으로[牖] 내다보지 않고서도[不窺] 자연의[天] 규율을[道] 살핀다
[見]. 그[其] 출행이[出] 더욱[彌] 멀어질수록[遠] 그[其] 앎은[知] 더욱[彌]
적어진다[少]. 이렇기[是] 때문에[以] 성인은[聖人] 출행하지 않는다[不行].
그러나[而] {성인(聖人)은 세상을} 알아챈다[知]. {성인(聖人)은 눈으로 천도
(天道)를} 살피지 않는다[不見]. 그러나[而] {성인(聖人)은 천도(天道)에} 밝
다[明]. {성인(聖人)은} 작위하지 않는다[不爲]. 그러나[而] {성인(聖人)은 만
사(萬事)를} 이룬다[成].

47-1 不出戶(불출호) 知天下(지천하)

▶{성인(聖人)은} 문 밖을[戶] 나서지 않아도[不出] 온 세상 이치를[天
下] 안다[知].

아니 불(不), 날 출(出), 방문 호(戶), 알 지(知), 하늘 천(天), 아래 하(下)

【지남(指南)】

〈불출호(不出戶) 지천하(知天下)〉는 사리를[事理] 경험으로 아는 것이 아니라
직자성(自省)으로써 간파함을 밝힌다. 여기 〈불출호(不出戶) 지천하(知天下)〉는 56
장(章)에 나오는 **색기태(塞其兌) 폐기문(閉其門)**의 현동(玄同)과, 『장자(莊子)』의 무적
(無適)을 상기시킨다. 현동(玄同)의 현(玄)은 상도(常道)이니, 현동(玄同)은 천하만
물이 상도(常道)와 같음[同]을 뜻한다. 천지만물은 상도(常道)의 자손으로 상도(常
道)의 입장에서 보면 천지만물은 하나[爲一]가 된다. 하나하나 따져서 분별함이

아니라 모두 상도(常道)가 낳은 것인지라 하나[一]일 뿐이다.

색기태(塞其兌)의 태(兌)와 폐기문(閉其門)의 문(門)은 모든 감지기관인 안이비설신(眼耳鼻舌身) 즉 눈·귀·코·혀·살갗을 비유한 것이다. 불출호(不出戶)는 모든 느끼는[感應] 기관을 떠남이니, 만물이 간직한 본말(本末) 중에서 본(本)인 이(理)로써 만물을 하나[一]로써 밝힘이다. 초로인생(草露人生)이란 것이다. 풀잎에[草] 맺힌 이슬[露] 한 방울만으로써도 인생을 안다는[知] 것이다. 문 밖 빗방울 소리를 듣고 〈지천하(知天下)〉함이다. 이는 무적(無適), 즉 외물에[外物] 나아감이[適] 없이[無] 온갖 사물의 이치를 직관(直觀)함이다. 따라서 동심(動心)으로써가 아니라 정심(靜心)으로써 지천하(知天下), 즉 온 세상의 이치를 알아챔[知]이다.

동심(動心)은 감어물(感於物), 즉 사물을 느껴[感] 시비(是非)·호오(好惡)·분별(分別)로 논란하고 상이(相異)를 가려내 경험으로써 앎을[知] 쌓음이고, 정심(靜心)은 그런 논란을 떠나 사물의 그냥 그대로의 상동(相同)을 알아봄[知]이다. 그냥 그대로 서로 같음[相同]을 아는 것이 여기 지천하(知天下)의 지(知)이니, 그런 앎은[知] 〈지사물이천도(知事物以天道)〉와 같다. 온갖 일[事物]을 자연의[天] 규율로[道]써 감파(勘破) 즉 깨우쳐버림이[勘破] 곧 지천하(知天下)의 지(知)이다. 사물을 인간의 입장에서가 아니라 상도(常道)의 입장에서 아는 것이니, 지천하(知天下)의 지(知)는 『장자(莊子)』의 인시이(因是己)와 조우천(照于天)으로써의 앎[知]이다.

그러므로 시비(是非)·호오(好惡)·분별(分別)하여 논란을 빚어내는 앎[知]을 떠나 도통위일(道通爲一) 즉 상도가[常道] 통하면[通] 만물이 하나가 되므로[爲一], 만물(萬物)·만사(萬事)를 천도(天道)로써 살펴 새기고 헤아려 깨우쳐감을 밝힌 말씀이 〈불출호(不出戶) 지천하(知天下)〉이다.

註 "무적언(無適焉) 인시이(因是己)." 있음으로[焉] 나아감이[適] 없고[無] 자연에[是] 맡길[因] 뿐이다[己].

무적언(無適焉)의 언(焉)은 〈어유(於有)〉를 줄인 것이고, 인시이(因是己)의 시(是)는 대시(大是) 즉 자연(自然)을 말한다.　　　　　　　　　　　『장자(莊子)』「제물론(齊物論)」

註 "색기태(塞其兌) 폐기문(閉其門) 좌기예(挫其銳) 해기분(解其紛) 화기광(和其光) 동기진(同其塵) 시위현동(是謂玄同)." 그[其] 이목구비(耳目口鼻)를[兌] 막고[塞], 그[其] 들고나는 문을[門] 닫으며[閉], 그[其] 날카로움을[銳] 꺾고[挫], 그[其] 어지러움을[紛] 없애며[解], 그[其] 빛냄을[光]

어우르고[和], 그[其] 속됨을[塵] 같이한다[同]. 이것들을[是] 묘한[玄] 같음이라고[同] 한다[謂].

『노자(老子)』 56장(章)

註 "인시인비(因是因非) 인비인시(因非因是) 시이성인불유이조지우천(是以聖人不由而照之于天) 역인시야(亦因是也)." 옳음을[是] 말미암으면[因] 옳지 않음을[非] 말미암고[因], 옳지 않음을[非] 말미암으면[因] 옳음을[是] 말미암는다[因]. {이렇게 되면 시비(是非)가 상대(相對)로 될 수밖에 없다.} 이렇기[是] 때문에[以] 성인은[聖人] {인간이 짓는 시비(是非)를} 거치지 않고서[不由而] 자연에[于天] 그것을[之] 비추어본다[照]. {성인(聖人)은} 역시[亦] {자연[天]인} 이것에[是] 맡기는 것[因]이다[也].

역인시야(亦因是也)의 시(是)는 인시인비(因是因非)와 같은 시비(是非)의 시(是)가 아니라, 무시비지시(無是非之是) 즉 시비(是非)가 없는[無之] 대시(大是) 즉 천도(天道)를 말한다.

『장자(莊子)』 「제물론(齊物論)」

註 "도통위일(道通爲一) 기분야성야(其分也成也) 기성야훼야(其成也毀也) 범물무성여훼(凡物無成與毀) 복통위일(復通爲一) 유달자지통위일(唯達者知通爲一)." 도의[道] 통함은[通] (만물이 서로) 하나가[一] 된다[爲]. {상도(常道)에서 보면} 그[其] 나누어짐[分]이란[分] 합해짐[成]이고[也], 그[其] 합해짐[成]이란[也] 이지러짐[毀]이다[也]. 온갖 것에는[凡物] 합해짐과[成與] 이지러짐이[毀] (따로) 없어[無], {성(成)과 훼(毀)는 도(道)로써} 다시[復] 통하여[通] 하나가[一] 된다[爲]. 오로지[唯] {상도(常道)를} 깨달은[達] 자만이[者] {상도(常道)가} 통하면[通] 하나가[一] 됨을[爲] 안다[知].

『장자(莊子)』 「제물론(齊物論)」

【보주(補註)】

● 〈불출호(不出戶) 지천하(知天下)〉를 〈수성인불출호(雖聖人不出戶) 성인지천하지리(聖人知天下之理)〉처럼 옮기면 문의(文意)를 좀 더 쉽게 새길 수 있다. 〈비록[雖] 성인이[聖人] 방문을[戶] 나가지 않고서도[不出] 세상의[天下之] 이치를[理] 안다[知].〉

● 만물(萬物) · 만사(萬事)에는 저마다 사리(事理)가 있다. 사리(事理)란 사물의 도리로 본말(本末)인 근본(根本)과 말단(末端)이 있음이다. 갑(甲)과 을(乙)이 서로 다름을[相異] 말(末) 즉 말단(末端)이라 하고, 갑(甲)과 을(乙)이 서로 같음을[相同] 본(本) 즉 근본(根本)이라 한다. 근본과[本] 말단[末]에서 말단으로써 사물을 바라보면 모두 달라 보이지만, 근본으로써 사물을 바라보면 모두 하나[一]이다. 범인(凡人)은 말단에 사로잡혀 이(理)를 외면하고, 성인(聖人)은 말(末)에서도 이(理)를 살피고 이(理)에서도 말(末)을 살피되, 이(理)인 근본(根本)을 중심으로

말(末)을 살펴 본말(本末)이 서로 통하는 천도(天道)로써 온갖 사물을 마주한다.

　사람과 개가 다르다고 함은 범인(凡人)의 앎이고, 사람과 개는 달라도 같다고 함은 성인(聖人)의 앎이다. 사람도 천지(天地)의 자식이고 개도 천지의 자식인지라 천명(天命) 즉 저마다의 목숨[天命]이란 즉 상도(常道)의 입장에서 본다면 인견(人犬)이 서로 다를 것이 없음이다. 사람과[人] 개가[犬] 누리는 목숨[命]의 〈이(理)〉 즉 근본(根本)이란 다를 것이 없음을 앎이 여기 〈지천하(知天下)〉의 지(知)이다. 사람과 개를 상이(相異)하게 함은 눈으로 볼 수 있고 귀로 들을 수 있으며 손으로 만져볼 수도 있어서 누구나 알 수 있는 가지(可知)의 것이지만, 인견(人犬)을 상동(相同)하게 하는 이(理)는 눈으로 볼 수 없고 귀로 들을 수도 없고 손으로 잡을 수도 없는 불감지(不感知)의 것이다.

　본말(本末)의 말(末)로 만물을 마주하면 같은 것이란 하나도 없고, 본말(本末)의 본(本)인 이(理)로 만물을 마주하면 다른 것이란 없다. 이(理)를 바탕으로 사물을 보면 두 눈으로 보지 않아도 알 수 있고 듣지 않아도 알 수 있으며 손으로 만져볼 수 없어도 알 수 있으니, 방문을 열고 집을 나가 세상 물정을 살피지 않아도 세상만사의 정리를[正理] 알 수 있다.

- 불출호(不出戶)의 호(戶)는 실출입지구(室出入之口), 즉 방을 들고나는 곳이다. 당출입지구(堂出入之口), 즉 집을 들고나는 곳을 문(門)이라 한다. 실지구(室之口)가 호(戶)이고, 당지구(堂之口)는 문(門)이다. 새가 들고나는 새집의 출입구도 호(戶)이다.

- 불출호(不出戶)의 호(戶)가 〈외물접지통로(外物接之通路)〉를 비유한다고 여기면 문맥이 잡힌다. 그러면 불출호(不出戶)를 〈불감어물이동(不感於物而動)〉으로 새겨서 〈안거어기성(安居於天性)〉을 나타내는 형이상(形而上) 쪽으로 볼 수 있게 된다. 〈바깥[外] 사물을[物] 교접하는[接之] 통로[通路]〉〈사물[物]에 의해서[於] 느껴져도[感而] 움직이지 않음[不動]〉〈자기의[己] 천성에[於性] 편안히[安] 머묾[居]〉

- 〈불출호(不出戶) 가이지천하(可以知天下)〉로 된 본(本)도 있고, 〈불출호이지천하(不出戶而知天下)〉로 된 본(本)도 있으며, 〈불출어호(不出於戶) 가이지천하(可以知天下)〉로 된 본(本)도 있지만, 서로 문의(文義)가 달라지는 것은 아니다.

〈방문을[戶] 나가지 않아도[不出] 능히[可以] 천하를[天下] 안다[知].〉〈방문을
[戶] 나가지 않는다[不出]. 그러나[而] 천하를[天下] 안다[知].〉〈방문[戶]에서[於]
나가지 않아도[不出], 능히[可以] 천하를[天下] 안다[知].〉

【해독(解讀)】

- 〈불출호(不出戶) 지천하(知天下)〉는 양보의 종절과 주절로 이루어진 복문(複文)
이다. 〈호를[戶] 불출해도[不出], 천하를[天下] 지한다[知].〉

- 불출호(不出戶)에서 불(不)은 출(出)의 부정사(否定詞)이고, 출(出)은 주어가 생
략되었지만 동사 노릇하고, 호(戶)는 출(出)을 꾸며주는 부사 노릇한다. 〈방문
으로[戶] 나가지 않아도[不出]〉

- 지천하(知天下)에서 지(知)는 주어가 생략되었지만 타동사 노릇하고, 천하(天
下)는 목적어 노릇한다. 지천하(知天下)는 〈지천하지리(知天下之理)〉의 줄임으
로 여기고 새기면 된다. 〈세상을[天下] 안다[知].〉〈세상의[天下之] 이치를[理]
안다[知].〉

47-2 不窺牖(불규유) 見天道(견천도)

▶들창으로[牖] 내다보지 않고서도[不窺] 자연의[天] 규율을[道] 살
핀다[見].

아니 불(不), 엿볼 규(窺), 바라지 유(牖), 살필 견(見), 하늘 천(天), 도리 도(道)

【지남(指南)】

〈불규유(不窺牖) 견천도(見天道)〉 역시 사리를[事理] 경험으로 아는 것이 아니
라 자성(自省)으로써 직관(直觀)함을 밝힌다. 여기 〈불규유(不窺牖) 견천도(見天
道)〉도 56장(章)에 나오는 〈색기태(塞其兌) 폐기문(閉其門)의 현동(玄同)〉과, 『장자
(莊子)』의 〈무적(無適)〉을 상기시킨다. 따라서 앞서 살핀 〈불출호(不出戶) 지천하
(知天下)〉의 앎이[知] 세상 물정을[物情] 간파함이라면, 〈불규유(不窺牖) 견천도(見
天道)〉의 살핌은[見] 자연의[天] 규율을[道] 살핌이다.

〈불규유(不窺牖)〉 역시 〈불출호(不出戶)〉처럼 감응기관(感應器官)을 떠남이다.

별자리를 보기 위하여 첨성대를 오르지 않아도 천운(天運)을 성인(聖人)은 앉아서
간파한다. 그러므로 〈견천도(見天道)〉는 직관으로 자연의 규율을[天道] 따라 만물
을 살펴 만나봄[見]이다. 이 또한 동심(動心)으로가 아니라 정심(靜心)으로 견천도
(見天道)함이다. 마음[心] 밖에 나가 온갖 것[事物]을 시비(是非)·호오(好惡)·분
별(分別)하여 논란으로 살펴[見] 알아볼[知] 것은 없고, 논란을 떠나 사물을 그냥
그대로 살핌이[見] 여기 견천도(見天道)의 견(見)이다.

　　모든 외물에서의[於物] 느낌[感]을 떠나 사물을 살핌[見]이란, 시비·분별·논
란으로 겉을 증명함으로 알고자 함이 아니라 만물일야(萬物一也) 즉 만물은[萬物]
하나[一]라는 천도(天道)를 살핌[見]인지라 〈도통위일(道通爲一)〉로 만물의 근본을
살핌이다. 그러면 만물은 하나가 되는 것[爲一]임을 거듭 살펴 새기고 헤아려 깨
우치게 하는 말씀이 〈불규유(不窺牖) 견천도(見天道)〉이다.

【보주(補註)】

● 〈불규유(不窺牖) 견천도(見天道)〉를 〈수성인불규유(雖聖人不窺牖) 성인견천
　지도(聖人見天之道)〉처럼 옮기면 문의(文意)를 좀 더 쉽게 새길 수 있다. 〈비록
　[雖] 성인이[聖人] 바라지로[牖] 엿보지 않고서도[不窺] 자연의[天之] 규율을[道]
　살핀다[見].〉

● 불규유(不窺牖)의 유(牖)는 〈망창어실지벽(望窓於室之壁孔)〉으로, 방의[室之]
　벽 구멍으로[於壁孔]인 봉창[窓]으로 방 안에서 밖을 내다볼 수 있게 방벽을 뚫
　어낸 바라지 창[窓]을 유(牖)라 한다.

● 불규유(不窺牖) 역시 〈외물접지통로(外物接之通路)〉를 비유한다고 여기면 된
　다. 그러면 불규유(不窺牖)도 〈불감어물이동(不感於物而動)〉으로 〈안거어기성
　(安居於天性)〉을 나타내는 것이다. 〈바깥[外] 사물을[物] 교접하는[接之] 통로〉
　〈사물[物]에 의해서[於] 느껴져도[感而] 움직이지 않음[不動]〉 〈자기의[己] 천성
　에[於性] 편안히[安] 머묾[居]〉

● 〈불규유(不窺牖) 견천도(見天道)〉가 〈불규유(不闚牖) 견천도(見天道)〉로 된 본
　(本)도 있고, 〈불규유(不闚牖) 가이지천하(可以知天下)〉로 된 본(本)도 있다. 규
　(窺)와 규(闚)는 창문 가운데로 목을 내밀고 엿본다는 뜻을 낸다. 천도(天道)는
　〈천지도(天之道)〉의 줄임이고 〈자연지도(自然之道)〉와 같다. 〈바라지로[牖] 엿

보지 않아도[不窺] 능히[可以] 천도를[天道] 살핀다[見].〉〈그냥 그대로의[自然
之] 규율[道]〉

【해독(解讀)】

- 〈불규유(不窺牖) 견천도(見天道)〉는 양보의 종절과 주절로 이루어진 복문(複文)
  이다.〈바라지로[牖] 엿보지 않아도[不窺], 천도를[天道] 견한다[見].〉
- 불규유(不窺牖)에서 불(不)은 규(窺)의 부정사(否定詞)이고, 규(窺)는 주어와 목
  적어가 생략돼 있지만 동사 노릇하고, 유(牖)는 규(窺)를 꾸며주는 부사 노릇
  한다. 양보의 뜻을 내는〈비록 수(雖)〉같은 접속사를 더해서 불규유(不窺牖)를
  〈수불규유(雖不窺牖)〉로 보면 견천도(見天道)와 문맥이 잡힌다.〈바라지로[牖]
  엿보지 않아도[不窺]〉〈비록[雖] 바라지로[牖] 엿보지 않아도[不窺]〉
- 견천도(見天道)에서 견(見)은 주어가 생략되었지만 동사 노릇하고, 천도(天道)
  는 견(見)의 목적어 노릇한다. 천도(天道)는〈천지도(天之道)〉의 줄임이다.〈천
  도를[天道] 살핀다[見].〉〈자연의[天] 규율[道]〉〈자연의[天之] 규율[道]〉

47-3 其出彌遠(기출미원) 其知彌少(기지미소)

▶ 그[其] 출행이[出] 더욱[彌] 멀어질수록[遠] 그[其] 앎은[知] 더욱
[彌] 적어진다[少].

> 그 기(其), 날 출(出), 더욱 미(彌), 멀 원(遠), 알 지(知), 적을 소(少)

【지남(指南)】

　〈기출미원(其出彌遠) 기지미소(其知彌少)〉는 감응기관(感應器官)으로써 지천하
(知天下) 하지 않을수록 천성(天性)과 멀어지지 않음을 밝힌다. 여기〈기출(其出)〉
은 앞서 살핀〈출호(出戶)·규유(窺牖)〉이고, 여기〈미원(彌遠)〉의 원(遠)은 더욱더
[彌]〈불출호(不出戶)·불규유(不窺牖)〉함이니,〈기출미원(其出彌遠)〉이란 감응기
관으로 관찰하여 얻는 경험적 지식이 더욱더[彌] 적어짐을[少] 뜻한다.

　범인(凡人)은 감지(感知)로써 얻어지는 지식이 익지이익(益之而益) 즉 더해져서
[益之而] 더해지기를[益] 추구하고, 성인(聖人)은 그런 지식을 손지이손(損之而損)

즉 들어내서[損之而] 덜어지기를[損] 바란다. 따라서 범인(凡人)은 〈기지미소(其知彌少)〉의 미소(彌少) 즉 더욱더[彌] 적어짐을[少] 두려워하고, 성인(聖人)은 경험적 지식의 미소(彌少)를 편안해 한다. 사물을 감관(感官)으로 관찰·검증하면서 경험적으로 얻은 지식이 적을수록[少], 이도(以道) 즉 상도(常道)로써[以] 세상을 밝혀[明] 앎을[知] 반어적으로 밝힘이 여기 〈미소(彌少)〉이다.

〈기출미원(其出彌遠) 기지미소(其知彌少)〉는 52장(章)에 나오는 개기태(開其兌) 제기사(濟其事)를 멀리함이다. 개기태(開其兌)는 개기혈(開其穴)과 같고, 태(兌)는 이목구비(耳目口鼻)를 묶은 말이니, 감지기관(感之器官)을 엶이란 감지(感知)의 인지(人智)를 더해감이다. 감응(感應)으로 접물(接物)한다는 것은 사물을 사리(事理)의 사[事] 즉 서로 다른 점[事]을 들어 온갖 것[事物]을 알려고[知] 함이지, 같은 점[理]을 들어 천도(天道)를 깨우치려고 하지 않음이다. 사물과 사물이 서로 다름을 알아내는 지식은 줄어들고, 같음을 깨우치는 명지(明知)는 불어남이 여기 미소(彌少)인지라, 범인(凡人)은 이러한 미소(彌少)를 멀리하고 성인(聖人)은 항상 가까이 한다.

사람과 개가 상이(相異)함을 아는 것은 태(兌) 즉 감각기관으로써 사람과 개의 다른 점을 아는 것이고, 사람과 개가 상동(相同)함을 아는 것은 이 태(兌)를 떠남으로써 얻어진다. 만물의 다른 점을 앎은 형이하(形而下) 즉 사(事)로써 얻는 앎[知]이고, 같은 점을 앎은 형이상(形而上) 즉 이(理)로써의 지(知)이다. 형이하(形而下)의 지(知)는 이태지(以兌知)이고, 형이상(形而上)의 지(知)는 이도지(以道知)이다. 이태지(以兌知)는 이목구비의 감응(感應)으로 온갖 것이[萬物] 상이(相異)함을 알고, 이도지(以道知)는 39장(章)에서 살핀 만물득일이생(萬物得一以生)의 득일(得一)을 통해 만물이 상동(相同) 즉 도통위일(道通爲一)의 것임을 안다. 따라서 이태지(以兌知)를 가까이하면 할수록 이도지(以道知)는 더욱더 멀어지고, 이태지(以兌知)가 많아질수록[多] 이도지(以道知)는 적어진다[少].

지금 우리가 누리고 있는 지식(知識：knowledge)이란 이도지(以道知)를 부정(否定)하고 이태지(以兌知)를 근거로 한 실증적인 지식이다. 이러한 실증적 앎이란 온전히 이태지(以兌知)로 얻어진 산물이니, 천지만물이 상도(常道)의 일기(一氣) 즉 득일(得一)로 생긴 것이라는 앎[知]은 공허한 말장난이 되고, 천지만물이 사람을 위해 있는 것처럼 과학적 검증의 지식정보는 인간의 손에 들린 여의봉이 되었다.

　그러나 여의봉에 아랑곳없이 천지(天地)가 만물의 생성소멸을 결정하는 자연의 규율[天道]에 따라 어김없이 엄연함을 깨우치면 만물이 서로 다르다는 이태지(以兌知)는 멀어지고, 만물은 서로 같다는 이도지(以道知)가 더욱더 많아지는 까닭을 반어법으로써 밝힌 말씀이 〈기출미원(其出彌遠) 기지미소(其知彌少)〉이다.

匪　"개기태(開其兌) 제기사(濟其事) 종신불구(終身不救)." 그[其] 이목구비를[兌] 열고[開] 그[其] 이목구비의 짓을[事] 다스리면[濟] 평생토록[終身] (재앙을) 막지 못한다[不救].

『노자(老子)』 52장(章)

匪　"만물득일이생(萬物得一以生) 후왕득일이위천하정(侯王得一以爲天下正)." 온갖 것은[萬物] 하나를[一] 얻음으로[得]써[以] 생기고[生], 후왕은[侯王] 하나를[一] 얻음으로[得]써[以] 세상의[天下] 바름을[貞] 삼는다[爲].

『노자(老子)』 39장(章)

匪　"도통위일(道通爲一)." 도의[道] 통함은[通] (만물이) 하나로[一] 된다[爲].

『장자(莊子)』「제물론(齊物論)」

【보주(補註)】

● 〈기출미원(其出彌遠) 기지미소(其知彌少)〉를 〈약출호미원(若出戶彌遠) 이외물지천하미소(以外物知天下彌少)〉처럼 옮기면 문의(文意)를 좀 더 쉽게 새길 수 있다. 〈만약[若] 방문을[戶] 나감이[出] 더욱[彌] 멀어지면[遠], 외물로[外物]써[以] 천하를[天下] 앎은[知] 더욱[彌] 적어진다[少].〉

● 만물의 서로 같음을[理] 알려고 할수록, 만물의 다름을[事] 살펴 알려고 함은 더욱 멀어지고[遠] 적어짐을[少] 밝혀줌이 여기 미원(彌遠)·미소(彌少)이다.

【해독(解讀)】

● 〈기출미원(其出彌遠) 기지미소(其知彌少)〉는 조건의 종절과 주절로 이루어진 복문(複文)이다. 〈그[其] 나감이[出] 더욱[彌] 멀어지면[遠], 그[其] 앎은[知] 더욱[彌] 적어진다[少].〉

● 기출미원(其出彌遠)에서 기출(其出)은 주부(主部) 노릇하고, 미(彌)는 원(遠)을 꾸며주는 부사 노릇하며, 원(遠)은 수동의 동사 노릇한다. 〈그 나감이[其出] 멀어지면[遠]〉

● 기지미소(其知彌少)에서 기지(其知)는 주부(主部) 노릇하고, 미(彌)는 소(少)를

꾸며주는 부사 노릇하며, 소(少)는 수동의 동사 노릇한다. 〈그 앎은[其知] 더욱 [彌] 적어진다[少].〉

47-4 是以(시이) 聖人不行而知(성인불행이지)

▶이렇기[是] 때문에[以] 성인은[聖人] 출행하지 않는다[不行]. 그러나[而] {성인(聖人)은 세상을} 알아챈다[知].

이 시(是), 때문에 이(以), 통할 성(聖), 아니 불(不), 나아갈 행(行), 그리고 이(而), 알 지(知)

【지남(指南)】

〈성인불행이지(聖人不行而知)〉는 성인(聖人)이 〈출호(出戶)〉 즉 감응기관(感應器官)을 이용하지 않고서도 〈지천하(知天下)〉의 지(知)로 세상[天下]을 감파(勘破)함을 밝힌다. 감응기관을 쓰지 않음이란 온갖 것[萬物]의 다른 점[事]을 알려 함이 아니라 같은 점[理]을 알려 함이니, 〈불출호(不出戶) 지천하(知天下)를 거듭 밝힌다. 성인(聖人)은 개기태(開其兌) 즉 자기의[其] 이목구비를[兌] 열어서[開], 제기사(濟其事) 즉 이런저런 일들을 다스리지[濟] 않는다는 것이다.

감응기관인 태(兌)를 이용하여 물물(物物)을 다스리면[濟] 제물(齊物) 즉 만물을 포일(抱一)할 수 없기 때문에 성인(聖人)은 상도(常道)로써[以道] 온갖 것을 하나로[一] 안아[抱] 천하를 마주한다. 포일(抱一)은 상도(常道)를 본받음인지라 법자연(法自然)함이다. 그래서 〈성인불행이지(聖人不行而知)〉의 지(知)는 22장(章) 성인포일위천하식(聖人抱一爲天下式)이란 말씀을 상기시킨다. 여기 〈지(知)〉란 이도(以道) 즉 상도로[道]써[以] 세상만사를 마주하고 알아서 행함으로 이어진다.

범인(凡人)은 상도(常道)로써 마주하면 온갖 사물이 하나[一]임을 깨닫지 않고 사물이란 서로 다르다고[異] 여기기 때문에 세상만사를 상이(相異)함을 통해 알려고만 한다. 그래서 범인(凡人)은 포일(抱一)로써 세상을 마주할 줄을 몰라서 상동(相同) 즉 서로[相] 같음으로[同]써 세상을 마주하는 성인(聖人)을 비웃는다. 범인(凡人)은 사물의 상이함 쪽에 치우쳐 세상을 마주하기 때문에 분별하고 시비하고 논란하며 상쟁(相爭)하여 이리저리 돌아다녀야[行] 하지만, 성인은 집 안에 앉아서도 천하(天下)를 손금 보듯 함이 여기 〈불행(不行)〉이다.

　그러니 성인(聖人)은 감응(感應)의 지(知)를 떠나 이도(以道) 즉 상도(常道)로써 세상을 마주하기 때문에, 불해(不害)하고 부쟁(不爭)하는 천도(天道) 즉 자연의[天] 규율을[道] 따라 본받아 행할 줄을 앎을[知] 살펴 새기고 헤아려 깨우치게 하는 말씀이 〈성인불행이지(聖人不行而知)〉이다.

註　"개기태(開其兌) 제기사(濟其事) 종신불구(終身不救)." 그[其] 이목구비를[兌] 열고[開] 그[其] 이목구비의 짓을[事] 다스리면[濟] 평생토록[終身] {재앙(災殃)을} 막지 못한다[不救].
　　　　　　　　　　　　　　　　　　　　　　　　　　　『노자(老子)』 52장(章)

註　"성인포일위천하식(聖人抱一爲天下式)." 성인은[聖人] 포일을[抱一] 온 세상의[天下] 본받기로[式] 삼는다[爲].
　　　　　　　　　　　　　　　　　　　　　　　　　　　『노자(老子)』 22장(章)

【보주(補註)】

● 〈성인불행이지(聖人不行而知)〉를 〈성인불출행어호(聖人不出行於戶) 연이성인지천하(然而聖人知天下)〉처럼 옮기면 문의(文意)를 좀 더 쉽게 새길 수 있다. 〈성인은[聖人] 방문으로[於戶] 출행하지 않는다[不出行]. 그러나[然而] 성인은[聖人] 세상을[天下] 알아챈다[知].〉

● 성인(聖人)은 〈색기태(塞其兌)〉로써 지천하(知天下)하고, 범인(凡人)은 〈개기태(開其兌)〉로써 지천하(知天下)하므로 세상을 마주함이 서로 다르다. 색기태(塞其兌)는 분별·시비·논란을 떠나 세상일을 마주함이고, 개기태(開其兌)는 분별·시비·논란으로 매사를 마주하려 함이다. 개기태(開其兌)의 태(兌)는 이목구비(耳目口鼻) 즉 감응기관을 통칭하고, 경험적 지식을 비유한다.

【해독(解讀)】

● 〈성인불행이지(聖人不行而知)〉는 두 구문이 〈그러나 이(而)〉로 이어진 중문(重文)이다. 〈성인이[聖人] (세상으로) 나가지 않는다[不行]. 그러나[而] {성인(聖人)은 천하를} 안다[知].〉

● 성인불행(聖人不行)에서 성인(聖人)은 주어 노릇하고, 불(不)은 행(行)의 부정사(否定詞)이고, 행(行)은 동사 노릇한다. 〈성인은[聖人] (세상으로) 나가지 않는다

[不行].〉

- 이지(而知)는 앞의 문맥을 따져보면 〈이성인지천하(而聖人知天下)〉를 줄인 것이다. 주어 노릇할 성인(聖人)과 목적구 노릇할 천하(天下)를 생략하고, 접속사와 동사만 남긴 구문이다. 〈그러나[而] (세상을) 안다[知].〉

47-5 不見而明(불견이명)

▶{성인(聖人)은 눈으로 천도(天道)를} 살피지 않는다[不見]. 그러나[而] {성인(聖人)은 천도(天道)에} 밝다[明].

아니 불(不), 볼 견(見), 그러나 이(而), 밝을 명(明)

【지남(指南)】

〈불견이명(不見而明)〉은 성인(聖人)은 감응기관을 이용하지 않고서도 견천도(見天道)하여 자연의[天] 규율을[道] 살핌[見]을 밝힌다. 이 또한 온갖 것의[萬物] 다른 점[事]을 알려 함이 아니라 같은 점[理]을 알고자 천도(天道)를 살핌[見]이다. 그러므로 여기 〈불견이명(不見而明)〉은 〈불규유(不窺牖) 견천도(見天道)〉를 거듭해 말함이다.

여기서도 성인(聖人)은 개기태(開其兌) 즉 자기의[其] 이목구비를[兌] 열어서[開] 천도(天道)를 살피지 않음을 지적하고 있음이다. 감응기관인 태(兌)로써 견천도(見天道)함은 자연의[天] 규율을[道] 본받을 수 없기 때문에, 성인(聖人)은 이태불견천도(以兌不見天道) 즉 감각기관으로[兌]써[以] 천도를[天道] 살피지 않는다[不見]. 물물(物物)을 감지(感知)로써 살피면[見] 제물(齊物) 즉 만물을 하나로 안을[齊] 수 없기 때문이다. 언제나 성인(聖人)은 상도(常道)로써[以道] 온갖 것을[物] 하나로 한다[齊]. 이렇기 때문에 성인(聖人)은 **불모(不謀)**하고 **불착(不斵)**하며 **무상(無喪)**하고 **불화(不貨)**하는 것이다. 물론 이 또한 성인(聖人)의 **포일(抱一)**이다.

성인(聖人)이 천도(天道)를 감지하지 않고서도 자연의[天] 규율에[道] 밝음이 여기 불견이명(不見而明)의 〈명(明)〉이다. 성인(聖人)은 두 눈으로 관찰하지 않고서도 자연의[天] 규율을[道] 살핀다[見]. 범인(凡人)은 사물의 목산(目算)할 수 있는 것으로 여기고 물물(物物)의 서로 다름[異]을 밝히지만[明], 성인(聖人)은 그런 밝힘이란 천도(天道)를 밝힘이 아님을 안다. 만물마다 저 나름대로 사리(事理)가 있다. 거듭해 밝히지만, 사리(事理)의 사(事)는 상이(相異)함이고, 이(理)는 상동(相同)함이다. 성인은[聖人] 만물의 상동(相同) 즉 서로[相] 같음을[同] 밝히지[明], 서로[相] 다름을[異] 밝히고자[欲明] 않는다. 따라서 성인의[聖人] 밝힘은[明] 62장(章) 도자만물지오(道者萬物之奧)를 밝힘[明]이다.

상도(常道)의 일기(一氣) 즉 오(奧)를 간직하지 않는 것이란 없으니 성인(聖人)은 물물마다 오(奧)를 따라서 명천도(明天道)한다. 〈명오(明奧)〉는 시비·분별·논란을 빚어내는 지식으로는 알 수 없으므로 무언지명(無言之明) 즉 말이[言] 없는[無之] 밝힘이다[明]. 이런 무언지명(無言之明)은 『장자(莊子)』에 나오는 **치언(巵言)**을 상기시킨다. 범인(凡人)은 논변(論辨)하기를 일삼지만, 치언(巵言)이란 것을 모른다. 치언(巵言)은 시비·분별·논란 등을 떠난 말이다. 성인의(聖人) 밝힘[明]이란 상도(常道)의 조화(造化)로써 드러나는 현덕(玄德)을 밝힘[明]일 뿐이다. 이런 치언(巵言)의 밝힘을 알지 못하는 범인(凡人)은 성인(聖人)의 밝힘을[明] 업신여기고[侮] 얕보려고[狎] 한다.

『논어(論語)』에도 소인(小人)은 성인(聖人)의 말씀을 모압(侮狎)한다는 말씀이 나온다. 범인(凡人)은 백인백색(百人百色)이라 하지만, 성인(聖人)은 백인일색(百人一色)이라 한다. 성명(性命) 즉 상도(常道)가 부여한 것[性命]으로써 만물을 보면, 『장자(莊子)』에 나오는 말대로 **만물일야(萬物爲一也)** 즉 온갖 것은[萬物] 하나인 것[一]이다[也]. 그러므로 성인(聖人)은 감응(感應)의 살핌[見]을 떠나 이도(以道) 즉 상도로[道]써[以] 만물을 살피기 때문에, 그 밝힘은[明] 무위(無爲)·무욕(無欲)·무사(無事)하여 걸림 없이 하나로 통하는 까닭을 살펴 새기고 헤아려 깨우치게 하는 말씀이 〈불견이명(不見而明)〉이다.

菌 "개기태(開其兌) 제기사(濟其事) 종신불구(終身不救)." 그[其] 이목구비를[兌] 열고[開] 그[其] 이목구비의 짓을[事] 다스리면[濟] 평생토록[終身] (재앙을) 막지 못한다[不救].

『노자(老子)』 52장(章)

菌 "성인불모(聖人不謀) 오용지(惡用知) 불착(不斲) 오용교(惡用膠) 무상(無喪) 오용덕(惡用德) 불화(不貨) 오용상(惡用商) 사자천국(四者天鬻) 천국야자천사야(天鬻也者天食也) 기수사어

천(旣受食於天) 우오용인(又惡用人)." 성인은[聖人] 꾀하지 않는데[不謀] 어찌[惡] 지식을[知] 쓰겠으며[用], 깎고 다듬지 않는데[不斲] 어찌[惡] 갖풀을[膠] 쓰겠으며[用], 잃을 것이[喪] 없는데[無] 어찌[惡] 인덕(人德)을[德] 쓰겠으며[用], 돈벌이를 않는데[不貨] 어찌[惡] 상술(商術)을[商] 쓰겠는가[用]? {불모(不謀)·불착(不斲))·무상(無喪))·불화(不貨)는} 자연이[天] 길러주는[鬻] 네 가지[四者]이다[也]. 자연이[天] 길러줌[鬻]이란[也] 것은[者] 자연이[天] 먹여줌[食]이다[也]. 이미[旣] 자연으로부터[於天] 먹을거리를[食] 받았는데[受] 또[又] 어찌[惡] 인간의 것을[人] 쓰겠는가[用]?

〈깎고 다듬을 착(斲)〉, 〈갖풀 교(膠)〉, 〈상(商)=상술(商術)〉, 〈팔고 살 화(貨)〉, 〈길러죽 국(鬻)=먹을거리 사(食)〉이다. 사(食)는 〈먹을 식(食), 먹을거리 사(食)〉의 서로 다른 뜻을 낸다.

『장자(莊子)』「덕충부(德充符)」

註　"성인포일위천하식(聖人抱一爲天下式)." 성인은[聖人] 포일을[抱一] 온 세상의[天下] 본받기로[式] 삼는다[爲].　　　　　　　　　　　　　　『노자(老子)』22장(章)

註　"도자만물지오(道者萬物之奧)." 상도라는[道] 것은[者] 온갖 것이[萬物之] 간직하고 있는 것이다[奧].

오(奧)는 여기서 〈간직될 장(藏)〉과 같다　　　　　　　『노자(老子)』62장(章)

註　"여기동즉응(與己同則應) 불여기동즉반(不與己同則反) 동어기위시지(同於己爲是之) 이어기위비지(異於己爲非之)……치언일출(巵言日出) 화이천예(和以天倪) 인이만연(因以曼衍) 소이궁년(所以窮年) 불언즉제(不言則齊) 제여언부제(齊與言不齊) 언여제부제야(言與齊不齊也) 고왈무언(故曰無言)." 자기와[與己] (의견이) 같다면[同] 곧[則] 응하고[應], 자기와[與己] 같지 않다면[不同] 곧[則] 반대한다[反]. 자기한테[於己] 같이함은[同] 옳음이[是之] 되고[爲], 자기한테[於己] 다름은[異] 그름이[非之] 된다[爲].……무심한 말은[巵言] 날로[日] 태어나고[出], {무심(無心)의} 어울림으로[和以] {사람들은 시비(是非)를 떠나} 자연의 어린 것이 되고[天倪], (자연을) 따름으로[因]써[以] 무심하고[漫衍] {만연(漫衍)함은} 천수를[年] 다하려는[窮] 까닭이고[所以], {시비(是非)를} 말하지 않으면[不言] 곧[則] (온갖 것은) 하나가 되고[齊], 하나가 됨과[齊與] (시비를) 말함은[言] 같지 않고[不齊], (시비를) 말함과[言與] 하나가 됨도[齊] 같지가 않은 것[不齊]이다[也]. 그러므로[故] 말이 없음이라[無言] 한다[曰].

우언(寓言)은 어떤 것[物]을 빌려 말함이고, 중언(重言)은 세상이 중(重)하게 여겨야 하는 성인(聖人)·현인(賢人)의 말을 빌려 말함이며, 치언(巵言)은 처음도 끝도 없는 말로 시비를 피해가는 말이다. 치언(巵言)의 치(巵)는 〈술그릇 치(巵)〉로, 가득 차면 기울고 비면 바로 서는 주기(酒器)를 가리킨다. 비움과 가득함을 타물(他物)에 맡겨 기울고 섬을 타물에 맡기고 따름이니, 치언(巵言)은 곧 무심지언(無心之言)이다.

인이만연(因以曼衍)의 인(因)은 〈따를 순(順)〉과 같고, 만연(漫衍)은 무심(無心) 즉 시비·분별·논란을 떠남이다. 궁년(窮年)은 천수(天壽)와 같고, 불언즉제(不言則齊)는 불언시비즉제일(不言是非則齊一), 무언(無言)은 무시비지언(無是非之言)과 같다. 　『장자(莊子)』「우언(寓言)」

註 "군자유삼외(君子有三畏) 외천명(畏天命) 외대인(畏大人) 외성인지언(畏聖人之言) 소인부지천명이불외야(小人不知天命而不畏也) 압대인(狎大人) 모성인지언(侮聖人之言)." 군자한테는[君子] 세 가지[三] 두려워함이[畏] 있다[有]. 천명을[天命] 두려워하고[畏], 대인을[大人] 두려워하며[畏], 성인의[聖人之] 말씀을[言] 두려워한다[畏]. 소인은[小人] 천명을[天命] 몰라서[不知而] 두려워하지 않는 것[不畏]이고[也], 대인을[大人] 얕보고[狎] 성인의[聖人之] 말씀을[言] 업신여긴다[侮].
    대인(大人)은 성인(聖人)과 같은 말이다.   『논어(論語)』「계씨(季氏)」 8

註 "만물일야(萬物一也)." 온갖 것은[萬物] 하나[一]이다[也].   『장자(莊子)』「지북유(知北遊)」

【보주(補註)】

● 〈불견이명(不見而明)〉을 〈성인불견천도이태(聖人不見天道以兌) 연이성인명천도(然而聖人明天道)〉처럼 옮기면 문의(文意)를 좀 더 쉽게 새길 수 있다. 〈성인은[聖人] 감각기관으로[兌] 써[以] 천도를[天道] 살피지 않는다[不見]. 그러나[然而] 성인은[聖人] 천도를[天道] 밝힌다[明].〉

● 성인(聖人)은 〈색기태(塞其兌)〉로 견천도(見天道)하고, 범인(凡人)은 〈개기태(開其兌)〉로 사물을 감응(感應)하려 하기 때문에 자연의 규율을[天道] 살필 줄 모른다. 이것저것은[物物] 무엇이든 상도(常道)의 일기(一氣)를 지니고 그것을 속에 간직하고 있는 것[奧]이라 한다. 범인(凡人)은 〈오(奧)〉를 외면하고 겉만 살펴 물물(物物)을 살핌[見]에 따라서 분별·시비·논란을 떠나서는 세상일[天下]을 마주할 줄 모른다. 이런 짓을 개기태(開其兌)라한다. 개기태(開其兌)의 태(兌)는 이목구비(耳目口鼻) 즉 감응기관을 통칭하고, 그 기관을 통해서 알려 함을 비유한다.

● 『노자(老子)』 원문(原文)은 〈불견이명(不見而明)〉이 아니라 〈불견이명(不見而名)〉으로 돼 있다. 그러나 22장(章)의 부자현(不自見) 고명(故明) 그리고 52장(章) 견소왈명(見小曰明)을 보듯이 모두 〈견(見)〉과 〈명(明)〉으로 이어 말하고 있음을 들어, 불견이명(不見而名)의 명(名)은 〈명(明)〉의 오기(誤記)라는 장석창(蔣錫昌)의 설(說)이 타당하다는 중론(衆論)에 따라 원문(原文) 〈불견이명(不見而名)〉을 〈불견이명(不見而明)〉으로 바꾸었다. 물론 고문(古文)에서는 〈명(明)〉과 〈명(名)〉이 통용되었기에 문의(文義)가 달라지는 것은 아니다.

慈 "부자현고명(不自見故明) 부자시고창(不自是故彰) 부자벌고유공(不自伐故有功) 부자긍고장(不自矜故長)." 자신을[自] 드러내지 않기[不見] 때문에[故] 밝고[明], 스스로[自] 옳다 하지 않기[不是] 때문에[故] 뚜렷하며[彰], 자신을[自] 자랑하지 않기[不伐] 때문에[故] 보람이[功] 있고[有], 스스로[自] 뽐내지 않기[不矜] 때문에[故] 장구하다[長].　　『노자(老子)』 22장(章)

慈 "견소왈명(見小曰明) 수유왈강(守柔曰强) 용기광(用其光) 복귀기명(復歸其明) 무유신앙(無遺身殃) 시위습상(是謂習常)." 작은 것을[小] 살펴봄이[見] 밝음[明]이라 하고[曰], 부드러움을[柔] 지킴이[守] 강함[强]이라 한다[曰]. 그[其] 빛을[光] 썼더라도[用] 다시[復] 그[其] 밝음으로[明] 돌아오면[歸] 자신에게[身] 재앙을[殃] 남기지[遺] 않는다[無]. 이를[是] 상도를[常] 이어 간직함이라[習] 한다[謂].　　『노자(老子)』 52장(章)

【해독(解讀)】

● 〈불견이명(不見而明)〉은 두 구문이 〈그러나 이(而)〉로 이어진 중문(重文)이다. 〈살피지 않는다[不見而]. 그러나[而] 밝힌다[明].〉

● 불견(不見)은 앞의 문맥으로 보아 〈성인불견천도(聖人不見天道)〉에서 주어 노릇할 성인(聖人)과 목적어 노릇할 천도(天道) 등은 앞 문맥으로 보충될 수 있는 내용이므로 생략하고 불견(不見)만 남긴 것이다. 불견(不見)에서 불(不)은 견(見)의 부정사(否定詞) 노릇하고, 견(見)은 주어와 목적어가 생략되었지만 동사 노릇한다. 〈성인(聖人)은 천도(天道)를) 살피지 않는다[不見].〉

● 명(明)은 주어 노릇할 성인(聖人)과 목적구 노릇할 천도(天道)를 생략하고, 동사만 남긴 구문이다. 〈{성인은[聖人] 천도(天道)를} 밝힌다[明].〉

47-6 不爲而成(불위이성)

▶{성인(聖人)은} 작위하지 않는다[不爲]. 그러나[而] {성인(聖人)은 만사(萬事)를} 이룬다[成].

> 없을 불(不), 할 위(爲), 그러나 이(而), 이룰 성(成)

【지남(指南)】

〈불위이성(不爲而成)〉 역시 성인(聖人)은 감응기관으로써 감지하여 작위(作爲)하지 않고서도 온 세상을[天下] 알아내고[知], 자연의[天] 규율을[道] 살펴[見] 무위지사(無爲之事)를 이룸을[成] 밝힌다.

　　성인(聖人)이 성취한[成] 지견(知見)은 온갖 것[萬物]의 다른 점[事]을 통해 성취함이 아니고 동일함을[理] 통해서 천하(天下)를 알고[知] 천도(天道)를 밝힘[明]으로써 이룸[成]인지라, 성인(聖人)의 성취란[成] 잠시도 이도(離道)하지 않는다. 상도(常道)를 떠남[離]이란 존도(尊道)하지 않음이고, 귀덕(貴德)하지 않음이며, 복수기모(復守其母)하지 않음이고, 수중(守中) 즉 상도(常道)를 따라[中] 상도(常道)를 지키지[守] 않음이다. 덕을 받듦은[貴德] 존도(尊道)로 이어지고, 상도를 받듦은[尊道] 수중(守中)으로 이어지며, 그[其] 어머니[母] 즉 상도(常道)로 돌아와[復] 지킴[守]이다. 이러한 지킴을[守] 귀근(歸根)이라 하고, 뿌리[根] 즉 상도(常道)로 돌아와[歸] 성인(聖人)은 만사를 이룬다[成]. 그러므로 성인(聖人)의 성사(成事)란 오로지 법자연(法自然)으로써 이룸이[成] 여기 〈불위이성(不爲而成)〉이다.

　　불위이성(不爲而成)의 〈불위(不爲)〉는 성인(聖人)이 자연을[自然] 본받아[法] 오로지 행함을 일컫는지라 곧 〈무위(無爲)〉이다. 물론 성인(聖人)의 불위이성(不爲而成)은 2장(章) 〈부유불거(夫唯弗居) 시이불거(是以不去)〉를 상기시킨다. 머물지 않아[弗居] 떠나지 않음[不去]이란 인욕(人欲)에 불거(不居)해 법자연(法自然)을 불거(不去)함인지라 27장(章) 습명(襲明)과 52장(章) 습상(習常)을 떠올리는 동시에, 『장자(莊子)』의 성인불모(聖人不謀) 불착(不斲) 무상(無喪) 불화(不貨)란 말이 담고 있는 지행(知行)을 헤아리게 한다.

　　성인(聖人)은 습명(襲明)하고 습상(習常)하며 불모(不謀)하고 불착(不斲)하며 무상(無喪)하고 불화(不貨)함을 묶어 〈성인불위(聖人不爲)〉라고 한다. 성인(聖人)이 꾀하지 않아도[不謀] 성사(成事)하고, 다듬지 않아도[不斲] 일을 이루며[成事], 잃는 것 없이[無喪] 일을 이루고, 흥정하지 않고서도[不貨] 일을 이루어냄은 습명(襲明) 즉 밝음을[明] 이어받기[襲] 때문이고, 상도로[常] 돌아와 쉼 없이 익히기[習] 때문이다. 이는 곧 불위이성(不爲而成)의 성(成)을 밝힘이다. 그러니 성인(聖人)이 법자연(法自然)함이 여기 〈불위(不爲)〉이고, 법자연(法自然)으로써 만사[萬事]를 이룸이 여기 〈성(成)〉이다.

　　성인(聖人)의 이러한 불위(不爲)와 성(成)은 57장(章)에 나오는 아무위(我無爲) 이민자화(而民自化) 아호정(我好靜) 이민자정(而民自正) 아무사(我無事) 이민자부(而民自

富) 아무욕(我無欲) 이민자박(而民自樸)을 상기한다면, 성인(聖人)의 불위(不爲)와 성(成)을 오롯이 살펴 새길 수 있다. 성인(聖人)이 무위(無爲)로써 불위(不爲)하니까 백성은[民] 스스로[自] 변화함이[化] 성인(聖人)이 불위(不爲)로써 이룸[成]이고, 성인(聖人)이 호정(好靜)으로써 불위(不爲)하니까 백성은[民] 스스로[自] 발라짐이[正] 성인(聖人)이 불위(不爲)로써 이룸[成]이며, 성인(聖人)이 무사(無事)로써 불위(不爲)하니까 백성은[民] 스스로[自] 부해짐이[富] 성인(聖人)이 불위(不爲)로써 이룸[成]이고, 성인(聖人)이 무욕(無欲)으로써 불위(不爲)하니까 백성은[民] 스스로[自] 자연이 됨이[樸] 성인(聖人)이 불위(不爲)로써 이룸[成]이다. 따라서 여기 불위이성(不爲而成)의 불위(不爲)는 성인(聖人)의 〈무위(無爲) · 호정(好靜) · 무사(無事) · 무욕(無欲)〉 등등을 환기시키고, 여기 불위이성(不爲而成)의 성(成)은 백성이 누리는 〈자화(自化) · 자정(自正) · 자부(自富) · 자박(自樸)〉 등등을 불러일으킨다[喚起].

다시 거듭해 밝히지만, 성인(聖人)이 인위(人爲)로써 성사(成事)하지 않고 오로지 무위(無爲)로써 성사(成事)하는 까닭은, 인위(人爲)는 사욕(私欲)으로써 시비(是非)를 가리고, 호오(好惡)를 가리며, 피아(彼我)로 나누어 논란을 거듭하여 자기 쪽이 유리하게 일을 이루고자 하기 때문이다. 왜 범인(凡人)은 위이불성(爲而不成) 즉 일을 하는데도[爲而] 이루지 못하는가[不成]? 사욕(私欲)으로 꾀하고[謀] 다듬다[斲] 보니 신용을 잃고[喪], 신용 없이 흥정하려고[貨] 하니 성사되지 못하는 것이다. 그러나 진실로 무사(無私)하고 무욕(無欲)해 그냥 그대로를[自然] 본받아[法] 무위(無爲)하면, 무소불위(無所不爲) 즉 하지 못할[不爲] 바가[所] 없음[無]을 살펴 새기고 헤아려 깨우치게 하는 말씀이 〈불위이성(不爲而成)〉이다.

註 "성인상선구인(聖人常善救人) 고(故) 무기인(無棄人) …… 시위습명(是謂襲明)." 성인은[聖人] 늘[常] 선하게[善] 사람들을[人] 구제한다[救] 그러므로[故] 사람들을[人] 버림이[棄] 없다[無]. …… 이러함을[是] 밝음을[明] 물려받아 전함이라[襲] 한다[謂].　　　　『노자(老子)』 27장(章)

註 "견소왈명(見小曰明) 수유왈강(守柔曰强) 용기광(用其光) 복귀기명(復歸其明) 무유신앙(無遺身殃) 시위습상(是謂習常)." 작은 것을[小] 살펴봄을[見] 밝음이라[明] 하고[曰], 부드러움을[柔] 지킴을[守] 강함이라[强] 한다[曰]. 그[其] 빛을[光] 쓰되[用] 다시[復] 그[其] 밝음으로[明] 돌아오면[歸] 자신에게[身] 재앙을[殃] 남김이[遺] 없다[無]. 이를[是] 상도를[常] 이어감이라[習] 한다[謂].

『노자(老子)』 52장(章)

註 "성인불모(聖人不謀) 오용지(惡用知) 불착(不斲) 오용교(惡用膠) 무상(無喪) 오용덕(惡用德) 불화(不貨) 오용상(惡用商) 사자천국(四者天鬻) 천국야자천사야(天鬻也者天食也) 기수사어천(旣受食於天) 우오용인(又惡用人)." 성인은[聖人] 꾀하지 않는데[不謀] 어찌[惡] 지식을[知] 쓰겠으며[用], 깎고 다듬지 않는데[不斲] 어찌[惡] 갖풀을[膠] 쓰겠으며[用], 잃을 것이[喪] 없는데[無] 어찌[惡] 인덕(人德)을[德] 쓰겠으며[用], 돈벌이를 않는데[不貨] 어찌[惡] 상술(商術)을[商] 쓰겠는가[用]? {불모(不謀)·불착(不斲)·무상(無喪)·불화(不貨)는} 자연이[天] 길러주는[鬻] 네 가지[四者]이다[也]. 자연이[天] 길러줌[鬻]이란[也] 것은[者] 자연이[天] 먹여줌[食]이다[也]. 이미[旣] 자연으로부터[於天] 먹을거리를[食] 받았는데[受] 또[又] 어찌[惡] 인간의 것을[人] 쓰겠는가[用]?

〈깎고 다듬을 착(斲)〉, 〈갖풀 교(膠)〉, 〈상(商)=상술(商術)〉, 〈팔고 살 화(貨)〉, 〈길러줄 국(鬻)=먹을거리 사(食)〉이다. 사(食)는 〈먹을 식(食), 먹을거리 사(食)〉의 서로 다른 뜻을 낸다.

『장자(莊子)』「덕충부(德充符)」

註 "아무위이민자화(我無爲而民自化) 아호정이민자정(我好靜而民自正) 아무사이민자부(我無事而民自富) 아무욕이민자박(我無欲而民自樸)." 나에게[我] 조작함이[爲] 없으니까[無而] 백성은[民] 절로[自] 변화하고[化], 내가[我] 고요하기를[靜] 좋아하니까[好而] 백성은[民] 절로[自] 바르며[正], 나에게[我] 일함이[事] 없으니까[無而] 백성은[民] 절로[自] 부유하며[富], 나에게[我] 욕심냄이[欲] 없으니까[無而] 백성은[民] 절로[自] 본디대로다[樸].

여기 아(我)는 성인(聖人)이다.

『노자(老子)』57장(章)

【보주(補註)】

● 〈불위이성(不爲而成)〉을 〈성인불위이인위(聖人不爲以人爲) 연이성인이무위성구인여물지공(然而聖人以無爲成救人與物之功)〉처럼 옮기면 문의(文意)를 좀 더 쉽게 새길 수 있다. 〈성인은[聖人] 인위로[人爲]써[以] 행하지 않는다[不爲]. 그러나[然而] 성인은[聖人] 무위로[無爲]써[以] 사물과[與物] 사람을[人] 구제하는[救之] 보람을[功] 이룬다[成].〉

● 성인(聖人)은 〈색기태(塞其兌)〉로 지천하(知天下)하고 견천도(見天道)하기 때문에 자연의 이치[天道]를 본받고 따라, 무위(無爲)·호정(好靜)·무사(無事)·무욕(無欲)하여 분별·시비·논란을 떠나서 세상[天下]을 마주한다. 그래서 성인(聖人)께서 성취하지 못할 일이란 없다.

【해독(解讀)】

● 〈불위이성(不爲而成)〉은 두 구문이 〈그러나 이(而)〉로 이어진 중문(重文)이다. 〈성인은[聖人] 작위하지 않는다[不爲]. 그러나[而] {성인(聖人)은 온갖 일을} 성

취한다[成].〉

- 불위(不爲)에서 불(不)은 위(爲)의 부정사(否定詞) 노릇하고, 위(爲)는 주어와 목적어가 생략되었지만 동사 노릇한다. 〈{성인(聖人)은 인위人爲)로써} 작위하지 않는다[不爲].〉

- 이성(而成)은 앞의 문맥을 따져보면 〈성인성무위지사(聖人成無爲之事)〉를 줄인 것이다. 주어 노릇할 성인(聖人)과 목적구 노릇할 무위지사(無爲之事)를 생략하고, 동사 노릇하는 성(成)만 남긴 구문이다. 한문에서는 한 자(字)로써도 구문 노릇을 한다. 〈성취한다[成].〉〈성인은[聖人] 무위를[無爲之] 행사함을[事] 성취한다[成].〉

위도장(爲道章)

위학(爲學)과 위도(爲道)를 가름하여 깨우치게 하는 장(章)이다. 위학(爲學)은 날마다 경험적 지식을 불어나게[益] 하고, 위도(爲道)는 그런 지식을 줄어들게[損] 한다. 익지(益知)만 추구하면 원리(遠理)하게 되므로 손지(損知)할수록 근리(近理)하게 됨을 강조한다.

물론 위학(爲學)과 위도(爲道)가 둘로 나누어져 따로 행해지는 것은 아니다. 위학(爲學)이 위도(爲道)를 떠나면 배움[學]이 지말(知末)에 치우쳐 지본(知本)을 잃어버린다. 지말(知末) 즉 지식(知識)의 말단(末端)이란 물물(物物)의 상이(相異)함만을 앎이고, 지본(知本)이란 온갖 것[物物]이 상동(相同)함을 앎이니, 그것을 알자면 손지(損智)가 앞서야 한다. 그래서 이 장(章)의 핵심은 〈손(損)〉이 한 자(字)에 숨어 있다.

위학자(爲學者)가 익지(益知)에만 매달려 다견다문(多見多聞)으로 호학(好學)하면, 유어외(誘於外) 즉 외물에[於物] 끌려[誘] 시비지지(是非之智)를 앞세우다 만물일(萬物一) 즉 만물이[萬物] 하나인[一] 천도(天道)를 알지 못하게 됨을 살펴 새기고 헤아려 깨우치게 하는 장(章)이다.

【원문(原文)】

爲學에 日益하고 爲道에 日損이라 損之又損하여 以至
위학   일익   위도   일손   손지우손   이지

於無爲니 無爲而無不爲矣이다 取天下는 常以無事니
어무위   무위이무불위의   취천하   상이무사

及其有事해서는 不足以取天下니라
급기유사   부족이취천하

배움을[學] 추구하면[爲] (지식이) 나날이[日] 더해지고[益], 도를[道] 추구
하면[爲] (지식은) 날마다[日] 줄어든다[損]. (지식을) 줄이고[損之] 또[又]
줄임으로[損] 써[以] 작위가[爲] 없음[無]에[於] 이른다[至]. {인위(人爲)로
써} 행함이[爲] 없다[無]. 그러나[而] {무위(無爲)로써} 하지 않음이[不爲]
없는 것[無]이다[矣]. 항상[常] {인욕(人欲)으로 꾀하는} 일들이[事] 없음으
로[無] 써[以] 세상을[天下] 다스린다[取]. 세상을 다스림에[其] (인위를) 행
함이[事] 있음에[有] 미침은[及] 세상을[天下] 다스릴[取] 수 없다[不足以].

48-1 爲學(위학) 日益(일익)

▶배움을[學] 추구하면[爲] (지식이) 나날이[日] 더해진다[益].

추구할 위(爲), 배울 학(學), 날마다 일(日), 더할 익(益)

【지남(指南)】

〈위학일익(爲學日益)〉은 위학자(爲學者)의 지행(志行)을 밝힌다. 〈위학(爲學)〉은 구학(求學) 즉 배움을[學] 추구함[求]이다. 물론 위학(爲學)의 〈학(學)〉은 정교(政教)인 예악지학(禮樂之學)으로, 『논어(論語)』에서 〈호학(好學)〉의 학(學)이다. 예악(禮樂) 특히 예(禮)에 관한 지식을 공연(攻研) 즉 치열하게[功] 연마하라[研] 함이니, 위학(爲學)의 학(學)은 예악(禮樂)을 배워 본받고[效] 터득하는[覺] 배움[學]이다.

위학(爲學)은 예(禮)를 배우기를[學] 구하라 함으로, 위학(爲學)은 『논어(論語)』의 이사교(以四教)를 떠올린다. 문(文)·행(行)·충(忠)·신(信) 이 네 가지를 배워 입

덕(入德)의 방편을 삼고, 정심(正心) 성의(誠意)로 도(道)를 진행하고자 위학(爲學)한다. 인의예지신(仁義禮智信)의 덕(德) 즉 인덕(人德)을 지행(知行)함이 배움을[學] 추구함[爲]이다. 덕(德)을 배워 본받고[效] 터득함[覺]이 학(學)인지라 위학(爲學)은 『대학(大學)』에서 **격물치지(格物致知)**의 학(學)을 추구함이다. 사물을 남김없이 탐구함은 사물을 아는 것에 그치지 않고 오지리(吾之理) 즉 자기의[吾之] 근본을 찾아내 끝까지 밝힘[推極]이니, 치지(致知)의 지(知)는 지금 우리가 말하는 지식(知識 : knowledge)과는 다른 것이다. 사물을 밝혀내는 지식이 아니라 〈나[吾]〉를 밝혀내는 지식을 추극(推極)하여 날로 더해감[日益]이니, 수기(修己)의 지(知) 즉 자기를[己] 닦아가는[修] 앎[知]이다. 여기 위학(爲學)은 『논어(論語)』의 **수기이안백성(修己以安百姓)**을 상기시키고 치세지학(治世之學)으로 이어짐을 가늠하게 한다.

그러나 이제 그렇게만 새길 수 없는 말씀이 〈위학(爲學)〉이다. 성학(聖學)의 문학(文學)은 잊히고, 과학(科學)의 학문(學問)이 소용돌이치고 있기 때문이다. 문학(文學) 즉 학문(學文)은 성학(聖學)을 이어 군자도(君子道)인 군자의 길을 정성껏 밟고자 했으나, 지금 인간을 사로잡는 학문(學問)은 과학(科學)이란 새 학문(學問)에 몰두한다. 학문(學文)의 문(文)은 성인지언(聖人之言)을 뜻함이고, 학문(學問)의 문(問)은 사물의 탐구를 뜻한다. 이제 『중용(中庸)』의 **존덕성(尊德性)**하여 도문학(道問學)한다에 뜻을 둔 〈학(學)〉은 외면당한 지 오래이다. 성인의[聖人之] 말씀[言]을 배움[學]이란 덕성(德性)을 받들어[尊] 묻고[問] 배우는[學] 길을 밟음이다[道]. 그리하여 숭례(崇禮)하라는 예학(禮學)에 몰두하여 예의삼백(禮儀三百)과 위의삼천(威儀三千)을 날마다 학습하게 한다. 따라서 위학(爲學)은 학문(學文)으로서 수기지학(修己之學)이 된다.

그러나 자기를[己] 닦는[修之] 위학(爲學)은 거의 잊혔고, 사물을 탐구하고 검증하여 증명되는 위학(爲學)이 시비 · 분별 · 논란을 거쳐 획득되는 지식을 날마다 증폭(增幅)하게 한다. 성학(聖學)이 잊히니 예학(禮學)도 잊혀 **인유례즉안(人有禮則安) 무례즉위(無禮則危)**라는 명제도 설득력을 상실하고, 오직 과학의 지식만 나날이 쌓여 인간은 외물(外物)에 사로잡혀 수기(修己)의 배움[學]마저 잊고 외물(外物)을 탐구하기에만 몰두하고 말았음을 아울러 일깨워 살펴 새기고 헤아려 깨우치게 하는 말씀이 〈위학일익(爲學日益)〉이다.

註 "자이사교(子以四教) 문(文) 행(行) 충(忠) 신(信)." 공자는[子] 네 가지인[四] 학문[文], 덕행[行], 충성[忠], 신의로[信]써[以] 가르쳤다[教].　　　　　　　　　『논어(論語)』「술이(述而)」24

註 "고지욕명명덕어천하자(古之欲明明德於天下者) 선치기국(先治其國) 욕치기국자(欲治其國者) 선제기가(先齊其家) 욕제기가자(欲齊其家者) 선수기신(先修其身) 욕수기신자(欲修其身者) 선정기심(先正其心) 욕정기심자(欲正其心者) 선성기의(先誠其意) 욕성기의자(欲誠其意者) 선치기지(先致其知) 치지재격물(致知在格物)." 옛날의[古之] 밝은 덕을[明德] 천하에[於天下] 밝히려는 이는[者] 먼저[先] 그[其] 나라를[國] 다스렸고[治], 그[其] 나라를[國] 다스리고자 하는[欲治] 이는[者] 먼저[先] 그[其] 집안을[家] 가지런히 했고[齊], 그[其] 집안을[家] 가지런히 하고자 한[欲齊] 이는[者] 먼저[先] 그 몸을[其] 닦았고[修], 저 몸을[其] 닦고자 한[欲修] 이는[者] 먼저[先] 그[其] 마음을[心] 바르게 했고[正], 그[其] 마음을[心] 바르게 하고자 한[欲正] 이는[者] 먼저[先] 그[其] 뜻을[意] 정성되게 했고[誠], 그[其] 뜻을[意] 정성되게 하고자 한[欲誠] 이는[者] 먼저[先] 그[其] 앎에[知] 이르게 했으니[致], 앎에[知] 이르게 됨은[致] 사물을[物] 궁구함에[格] 있다[在].

　　　　　　　　　　　　　　　　　　　　『대학(大學)』「본론(本論)」

註 "자로문군자(子路問君子) 자왈(子曰) 수기이경(修己以敬) 왈(曰) 여사이이호(如斯而已乎) 왈(曰) 수기이안인(修己以安人) 왈(曰) 여사이이호(如斯而已乎) 왈(曰) 수기이안백성(修己以安百姓) 수기이안백성(修己以安百姓) 요순(堯舜) 기유병저(其猶病諸)." 자로가[子路] 군자를[君子] 여쭈었다[曰]. 공자께서[子] 말해주었다[曰] : 자기를[己] 닦아서[修以] 경건해야 한다[敬]. 이어 여쭈었다[曰] : 그렇게만 하면 그만입니까[如斯而已乎]? 이어 말해주었다[曰] : 자기를[己] 닦아서[修以] 남을[人] 편안하게 해야 한다[安]. 또 이어 여쭈었다[曰] : 그렇게만 하면 그만입니까[如斯而已乎]? 이어 말해주었다[曰] : 자기를[己] 닦아서[修以] 백성을[百姓] 편안하게 해야 한다[安]. 요순(堯舜) 그분들께서도[其] 오히려[猶] 수기이안백성(修己以安百姓) 그것을[諸] (실현하지 못해) 고심했다[病].

　　　경(敬)은 여기선 경건(敬虔)함이다. 경건(敬虔)함이란 받들어 깊이 삼가고 조심스러워함이다.

　　　　　　　　　　　　　　　　　　　　『논어(論語)』「헌문(憲問)」44

註 "군자존덕성이도문학(君子尊德性而道問學) 치광대이진정미(致廣大而盡精微) 극고명이도중용(極高明而道中庸) 온고이지신(溫故而知新) 돈후이숭례(敦厚以崇禮)." 군자는[君子] 덕성을[德性] 높이면서[尊而] 묻고[問] 배움의[學] 길을 가고[道], 넓고[廣] 큼에[大] 이르면서[致而] 지극히[精] 작은 것에도[微] 남김없이 다하며[盡], 높고[高] 밝음을[明] 다하면서[極而] 중용의[中庸] 길을 가고[道], 옛것을[故] 살펴서[溫而] 새것을[新] 알며[知], 돈후함으로[敦厚]써[以] 예를[禮] 높인다[崇].　　　　　　　　　『중용(中庸)』 주자장구(朱子章句) 27장(章)

註 "인유례즉안(人有禮則安) 무례즉위(無禮則危) 고(故) 예불가불학야(禮不可不學也)." 사람에게[人] 예가[禮] 있으면[有] 곧[則] 평안하고[安], 예가[禮] 없으면[無] 곧[則] 위태하다[危]. 그러므로[故] 예는[禮] 배우지 않을[不學] 수 없는 것[不可]이다[也].　　　『예기(禮記)』「곡례상(曲禮上)」

【보주(補註)】

- 〈위학일익(爲學日益)〉을 〈약인위학(若人爲學) 기식일일견익(其識日日見益)〉처럼 옮기면 문의(文意)를 좀 더 쉽게 새길 수 있다. 〈만약[若] 배움을[學] 추구하면[爲] 그[其] 지식이[識] 나날이[日日] 불어나게 된다[見益].〉

- 위학일익(爲學日益)의 학(學)은 지금 우리가 몰두하고 있는 과학(科學)의 학(學)이 아니다. 이는 성학(聖學)의 학문(學文)으로, 현대인이 잊고 있을 뿐 소멸된 것도 아니고 소멸될 수도 없는 사람의 길[人道]인 까닭이다. 지금 그 길을 밟지 않는다 하더라도 사람으로서 가야 할 길로, 유가(儒家)가 넓혀놓은 예악지도(禮樂之道)이다.

  예악의[禮樂之] 길은[道] 인간이 넓혀가는 길인지라 『논어(論語)』에 **인능홍도(人能弘道)**란 말씀이 나온다. 물론 홍도(弘道)의 도(道)란 인의예악(仁義禮樂)의 도(道)이지 무위자연(無爲自然)의 도(道)가 아니다. **인의예악(仁義禮樂)**은 성인(聖人)이 작(作)한 것이라 도가(道家)는 인의예악(仁義禮樂)을 인위(人爲)라고 한다. 물론 예의(禮儀)와 위의(威儀)는 시대 따라 개변(改變)되지만, 예악(禮樂)은 성인(聖人)이 천지(天地)를 해석한 것이다. 특히 예(禮)의 지식을 쌓아 호례(好禮)하고 숭례(崇禮)하라는 종지(宗旨)만큼은 소멸되지 않음을 상기하면, 『논어(論語)』의 **호학(好學)**을 환기시키는 말씀이 여기 〈위학일익(爲學日益)〉이다.

📖 "인능홍도(人能弘道) 비도홍인(非道弘人)." 인간이[人] {인의예악(仁義禮樂)의} 도를[道] 넓힐 수 있지[能弘], 그 도가[道] 인간을[人] 넓히는 것은[弘] 아니다[非].

『논어(論語)』「위령공(衛靈公)」28

📖 "춘작하장인야(春作夏長仁也) 추렴동장의야(秋斂冬藏義也) 인근어악(仁近於樂) 의근어례(義近於禮) 악자돈화솔신이종천(樂者敦和率神而從天) 예자별의거귀이종지(禮者別宜居鬼而從地)." 봄에[春] 싹트고[作] 여름에[夏] 자람은[長] 어짊[仁]이고[也], 가을에[秋] 거두어들이고[斂] 겨울에[冬] 저장함이[藏] 옳음[義]이다[也]. 어짊은[仁] 악에[於樂] 가깝고[近], 옳음은[義] 예에[於禮] 가깝다[近]. 악이란[樂] 것은[者] 화합을[和] 도탑게 하여[敦] 하늘의 기운을[神] 우러러 좇아서[率而] 하늘을[天] 따르고[從], 예란[禮] 것은[者] 마땅함을[宜] 분별하여[別] 땅의 기운을[鬼] 엎드려 좇아서[居而] 땅을[地] 따른다[從].

  귀신(鬼神)의 귀(鬼)는 지기(地氣) 즉 굽히는[屈] 음기(陰氣)인 정(靜)을 말하고, 귀신(鬼神)의 신(神)은 천기(天氣) 즉 뻗치는[伸] 양기(陽氣)인 동(動)을 뜻해, 음양(陰陽)·귀신(鬼

神)·굴신(屈伸)·동정(動靜) 등은 늘 일음일양(一陰一陽)의 역(易) 즉 변화를 생각하게 하는 술어(術語)들이다.   『예기(禮記)』「악기(樂記)」

註 "군자식무구포(君子食無求飽) 거무구안(居無求安) 민어사이신어언(敏於事而愼於言) 취유도이정언(就有道而正焉) 가위호학야이(可謂好學也已)." 군자가[君子] 식사함에[食] 배부르기를[飽] 구함이[求] 없고[無], 거처함에[居] 편안하기를[安] 구함이[求] 없고[無], 일에는[於事] 민첩하면서[敏而] 말에는[於言] 신중하며[愼] 도를[有道] 좇아서[就而] 바르게 한다면[正焉], 학문을[學] 좋아한다고[好] 할 수 있을 것[可謂]이다[也已].   『논어(論語)』「학이(學而)」14

【해독(解讀)】

- 〈위학일익(爲學日益)〉은 조건의 종절과 주절로 이루어진 복문(複文)이다. 〈위학하면[爲學] 일익한다[日益].〉

- 위학(爲學)에서 위(爲)는 주어는 생략되었지만 동사 노릇하고, 학(學)은 위(爲)의 목적어 노릇한다. 조건을 나타내는 〈만약 약(若)〉 같은 종속접속사를 거의 생략하는 것이 한문(漢文)이다. 위(爲)는 〈추구할 구(求)〉와 같다. 〈배움을[學] 추구하면[爲]〉

- 일익(日益)에서 일(日)은 익(益)을 꾸며주는 부사 노릇하고, 익(益)은 주어가 생략되었지만 수동의 동사 노릇한다. 익(益)은 〈불어날 증(增)〉과 같아 증익(增益)의 줄임말로 여기면 된다. 일익(日益)에서 보듯 〈일위익(日爲益) · 일견익(日見益) · 일피익(日被益)〉 등에서 수동의 동사로 이끌어주는 조사인 〈위(爲) · 견(見) · 피(被)〉 등등은 거의 생략되는 경우가 보통이다. 〈날마다[日] 더해진다[益].〉

註 위학(爲學)의 위(爲)는 영어의 〈do〉같이 대리동사 노릇을 빈번히 한다. 전후 문맥에 따라 〈위(爲)〉는 매우 다양한 뜻을 낸다. 위(爲)는 한문(漢文)에서 아래와 같이 문맥에 따라 다양한 뜻을 낸다. 동사로서 위(爲)를 다음과 같이 정리해두면 문맥을 잡아 문의(文義)를 건져내는 데 도움이 된다.

① 할 위(爲)=행(行), ② 생각할 위(爲)=사(思), ③ 하여금 위(爲)=사(使), ④ 만들 위(爲)=산(産), ⑤ 이룰 위(爲)=성(成), ⑥ 배울 위(爲)=학(學), ⑦ 다스릴 위(爲)=치(治), ⑧ 도울 위(爲)=조(助), ⑨ 호위할 위(爲)=호(護), ⑩ 칭할 위(爲)=칭(稱), ⑪ 꾀할 위(爲)=모(謀).

이외에도 문맥에 따라 다양하게 뜻을 구사하는 것이 위(爲)인 셈이라 마치 영어의 〈do〉처럼 대리동사 노릇한다고 여기면 된다. 그리고 계사(繫辭)로서 즉 어조사(語助詞) 노릇도 하고 〈소이(所以)〉와 같은 구실을 하여 〈까닭 위(爲)〉 노릇도 한다.

48-2 爲道(위도) 日損(일손)

▶ 도를[道] 추구하면[爲] (지식은) 날마다[日] 줄어든다[損].

추구할 위(爲), 도리 도(道), 날마다 일(日), 줄어들 손(損)

【지남(指南)】

〈위도일손(爲道日損)〉은 견천도(見天道)하여 명천도(明天道)함을 밝힌다. 〈위도(爲道)〉란 법자연(法自然)·수중(守中)·귀근(歸根)·지상(知常)·복명(復命) 등등을 상기시키고, 나아가 51장(章)에 나오는 **만물막부존도이귀덕(萬物莫不尊道而貴德)**과 65장(章) **고지선위도자(古之善爲道者)**를 떠올리면 여기 위도(爲道)가 〈존도(尊道)〉를 떠올려준다. 물론 위도(爲道)의 위(爲)를 법자연(法自然)의 법(法) 즉 본받기로[法] 여겨도 되고, 순자연(順自然)의 순(順) 즉 따라 좋음[順]으로 여겨도 되고, 특히 52장(章) **복수기모(復守其母)**를 떠올려 새겨도 된다.

공자(孔子)는 호학(好學)하라 하고, 노자(老子)는 존도(尊道)하라 한다. 19장(章) **절성기지(絶聖棄智)·절인기의(絶仁棄義)**와 20장(章) **절학무우(絶學無憂)**를 상기하면, 상도(常道)를 높이 받들라[尊] 함은 호학(好學)의 학(學)을 부정(否定)하는 뜻이 숨어 있다. 절성(絶聖)하라 함은 예악(禮樂)·인의(仁義)으로써 치도(治道) 즉 다스리는[治] 방편을[道] 만들어준 성인(聖人)을 부정함이고, 기지(棄智)하라 함은 처인(處仁) 즉 어짊에[仁] 머물라는[處] 성지(聖志)를 부정함이다. 어짊[仁]을 택하여[擇] 머묾[處]을 공자(孔子)는 지혜롭다고 했다. 예(禮)가 아닌 것[非]이면 어질게[仁] 살 수 없고, 인(仁)을 풀이하여 **극기복례(克己復禮)**라 하는 성인(聖人)이 공자(孔子)이다. 그러한 성인(聖人)과 그 성지(聖志)를 버리라 함이 여기 〈손(損)〉이 밝히고 있는 것이다.

극기(克己)하여 예(禮)로 돌아가 복종함[復]이 어짊[仁]이다. 어질기 위하여 예(禮)가 아닌 것[非禮]은 보지도 말고[勿視] 듣지도 말며[勿聽] 말하지 말고[勿言] 행동하지도 말라고[勿動] 예(禮)를 강조한 것이 공자(孔子)가 밝힌 인도(仁道)이다. 인도(仁道)는 곧 인도(人道)이니, 어짊의 도리[仁道]는 결국 치인(治人)의 길[道]임을 알 수 있다. 예(禮)로 인간을 다스리기[治人] 위해 예의삼백(禮儀三百)·위의삼천(威儀三千)이 생겨났고, 이러한 곡례(曲禮)야말로 인위(人爲)의 극치이다.

극기복례(克己復禮)의 극기(克己)만을 떼어내본다면 19장(章)에서 살핀 **소사과욕(少私寡欲)**과 다를 바 없다. 사리사욕(私利私慾)의 극복은 곧 소사(少私)이고 과욕(寡欲)이기 때문이다. 극기(克己)하여 **귀근(歸根)** 즉 상도로[根] 돌아옴이[歸] 아니라 예(禮)로 돌아오라[復] 함이니 복례(復禮)란 절학(絶學)의 것이 된다. 인간이 제 욕심을 줄이면[[少私] 사욕(私慾)이 줄어들고[寡欲], 그러면 저절로 사람은 소박(素樸)함을 살펴[見] 지켜서[抱] 스스로 순성(順性) 즉 그냥 그대로의 본디[性]를 따르니[順], 이것이 곧 2장(章)에서 살핀 **무위지사(無爲之事)**이다. 따라서 위도일손(爲道日損)의 〈일손(日損)〉은 특히 20장(章)에서 살핀 〈귀사모(貴食母)〉와 52장(章)에 나오는 **복수기모(復守其母)**를 떠올려 가늠하게 한다.

그러나 복례(復禮)하여 예의(禮儀)와 위의(威儀) 즉 예절에 맞는 몸가짐[禮儀]과 엄숙한 몸차림[威儀]을 갖추게 다스림은[治] 『장자(莊子)』의 **아선치마(我善治馬)**에 비유되는 인위(人爲)의 위해(危害)와 다를 것이 없다. 진성(眞性) 즉 그냥 그대로의[眞] 본성[性]을 저버림은 치인(治人)이나 치마(治馬)나 다를 바 없다. 그러므로 위도(爲道)란 저마다의 진성(眞性)에 따라 살아가게 함인지라, 위학(爲學)이 가져다주는 수기치인(修己治人)의 인지(人志)를 나날이 줄여[損] 〈수중(守中)〉 즉 상도(常道)를 따름을[中] 지키는[守] 삶을 일깨워 살펴 새기고 헤아려 깨우치게 하는 말씀이 〈위도일손(爲道日損)〉이다.

註　"도생지(道生之) 덕휵지(德畜之) 물형지(物形之) 세성지(勢成之) 시이(是以) 만물막부존도이귀덕(萬物莫不尊道而貴德) 도지존(道之尊) 덕지귀(德之貴) 부막지명이상자연(夫莫之命而常自然)." 상도가[道] 낳고[生之], 덕이[德] 길러주고[畜之], 온갖 것이[物] 드러나며[形之] 기세가[勢] 이루어진다[成之]. 이렇기[是] 때문에[以] 온갖 것은[萬物] 도를[道] 받들면서[尊而] 덕을[德] 높이지 않을 수[不貴] 없다[莫]. 상도의[道之] 받듦과[尊] 덕의[德之] 높임[貴] 그것을[之] 무릇[夫] 하라 함이[命] 없어도[莫而] 늘[常] 스스로[自] 그렇게 한다[然].　　　　『노자(老子)』 51장(章)

註　"고지선위도자(古之善爲道者) 비이명민(非以明民) 장이우지(將以愚之)." 옛날의[古之] 상도(常道)를[道] 잘[善] 행했던[爲] 분은[者] {상도(常道)로} 써[以] 백성을[民] 명민하게 한 것이[明] 아니고[非] 오히려[將] {상도(常道)로} 써[以] 백성을[之] 어수룩하게 했다[愚].

『노자(老子)』 65장(章)

註　"천하유시(天下有始) 이위천하모(以爲天下母) …… 복수기모(復守其母) 몰신불태(歿身不

殆)." 온 세상에[天下] 시원이[始] 있고[有], (그 시원으로) 써[以] 온 세상의[天下] 어머니로[母] 삼는다[爲]. …… 그[其] 어머니께로[母] 돌아와[復] 지킨다면[守] 평생토록[歿身] 위태롭지 않다[不殆].

『노자(老子)』 52장(章)

※ "절성기지(絶聖棄智) 민리백배(民利百倍) 절인기의(絶仁棄義) 민복효자(民復孝慈)…… 견소포박(見素抱樸) 소사과욕(少私寡欲)." 성지를[聖] 끊고[絶] 지혜를[智] 버리면[棄] 백성이[民] 백배로[百倍] 이로워지고[利], 인을[仁] 끊고[絶] 의를[義] 버리면[棄] 백성은[民] 효도와[孝] 자애로[慈] 돌아온다[復]. ……(백성으로 하여금) 그냥 그대로를[素] 살피게 하고[見] 그냥 그대로를[樸] 지키게 한다면[抱], (백성은) 제 몫을[私] 적게 하고[少] 욕망을[欲] 적게 한다[寡].

『노자(老子)』 19장(章)

※ "절학무우(絶學無憂) 유지여아(唯之與阿) 상거기하(相去幾何)." 배우기를[學] 끊으면[絶] 걱정이[憂] 없다[無]. 예와[唯與] 응이[阿] 서로[相] 얼마나[幾何] 다른가[去]?

『노자(老子)』 20장(章)

※ "자왈(子曰) 이인위미(里仁爲美) 택불처인(擇不處仁) 언득지(焉得知)." 공자께서[子] 말했다[曰] : 어짊에[仁] 삶이[里] 아름다운 것[美]이다[爲]. 어짊을[仁] 택하여[擇] 머물지 않는다면[不處] 어찌[焉] 지혜를[知] 얻겠는가[得]?

『논어(論語)』 「이인(里仁)」 1

※ "안연문인(顔淵問仁) 자왈(子曰) 극기복례위인(克己復禮爲仁) 일일극기복례(一日克己復禮) 천하귀인언(天下歸仁焉) 위인유기(爲仁由己) 이유인호재(而由人乎哉) 안연왈(顔淵曰) 청문기목(請問其目) 자왈(子曰) 비례물시(非禮勿視) 비례물청(非禮勿聽) 비례물언(非禮勿言) 비례물동(非禮勿動)." 안연이[顔淵] 어짊을[仁] 여쭈었다[問]. 공자께서[子] 가로되[曰] : 자기를[己] 눌러[克] 예로[禮] 돌아감이[復] 어짊[仁]이다[爲]. 하루라도[一日] 극기복례하면[克己復禮] 세상이[天下] 어짊으로[仁] 돌아오는 것[歸]이다[焉]. 어짊을[仁] 행함은[爲] 나로부터이지[由己] 어찌[而] 남으로부터[由人]이겠나[乎哉]? 안연이[顔淵] 아뢰되[曰] 그[其] 조목을[目] 청하여[請] 여쭈었다[問]. 공자께서[子] 가로되[曰] : 예가[禮] 아닌 것이면[非] 보지도[視] 말고[勿], 예가[禮] 아닌 것이면[非] 듣지도[聽] 말고[勿], 예가[禮] 아닌 것이면[非] 말하지도[言] 말고[勿], 예가[禮] 아닌 것이면[非] 거동도[動] 말라[勿].

『논어(論語)』 「안연(顔淵)」 1

※ "귀근왈정(歸根曰靜) 시위복명(是謂復命) 복명왈상(復命曰常) 지상왈명(知常曰明)." 뿌리로[根] 돌아감을[歸] 고요라[靜] 하고[曰], 이것을[是] 본성으로[命] 돌아옴이라[復] 한다[謂]. 천성으로[命] 돌아옴을[復] {만물이 따르는 천도(天道)의} 한결같음이라[常] 하며[曰], {상도(常道)의} 한결같음을[常] 앎을[知] 밝음이라[明] 한다[曰].

『노자(老子)』 16장(章)

※ "성인처무위지사(聖人處無爲之事) 행불언지교(行不言之敎)." 성인은[聖人] 무위를[無爲之] 행함에[事] 머물고[處], {성인(聖人)은 정령(政令) 따위의} 말이[言] 없는[不之] 가르침을[敎] 행한다[行].

『노자(老子)』 2장(章)

※ "마(馬) 제가이천상설(蹄可以踐霜雪) 모가이어풍한(毛可以禦風寒) 흘초음수(齕草飮水) 교족이륙(翹足而陸) 차마지진성야(此馬之眞性也) 수유의대로침(雖有義臺路寢) 무소용지(無所用

위도장(爲道章)

之) 급지백락왈(及至伯樂曰) 아선치마(我善治馬) 소지척지(燒之剔之) 각지락지(刻之雒之) 연지이기침(連之以羈縶) 편지이조잔(編之以皁棧) 마지사자(馬之死者) 십이삼의(十二三矣)." 말은 [馬] 말굽으로[蹄]써[以] 서리와 눈을[霜雪] 밟을[踐] 수 있고[可], 털로[毛]써[以] 바람과 추위를[風寒] 막을[禦] 수 있으며[可], 풀을[草] 뜯고[齕] 물을[水] 마시며[飮], 발을[足] 들어서[翹而] 땅을 치고[陸], 이런 것들이[此] 말의[馬之] 진정한[眞] 본성[性]이다[也]. 비록[雖] 높은 집과[義臺] 궁궐이[路寢] 있다 한들[有] (말한테는) 그것을[之] 쓸[用] 데가[所] 없다[無]. 그런데[及] 백락에[伯樂] 이르러[至] 나는[我] 말을[馬] 잘[善] 다스린다고[治] 말하고선[曰] 말을[之] 지지고[燒] 말의 털을[之] 깎고[剔], 말굽을[之] 깎아내고[刻] 인두질을 하며[雒], 굴레로[羈]써[以] 말을[之] 매어서[縶] 이어두고[連], 구유와[皁] 마판으로[棧]써[以] 말을[之] 나란히 해두자[編], 말이[馬之] 죽어나는[死] 것이[者] 이삼 할이 된 것[十二三]이다[矣].

　　의대(義臺)는 고대(高臺) 즉 높은 집과 같고, 노침(路寢)은 정침(正寢) 즉 궁궐을 말한다.

『장자(莊子)』「마제(馬蹄)」

【보주(補註)】

● 〈위도일손(爲道日損)〉을 〈약인위도(若人爲道) 인식일일견손(人識日日見損)〉처럼 옮기면 문의(文意)를 좀 더 쉽게 새길 수 있다. 〈만약[若] 인간이 상도를[道] 받들어 지키면[爲] 사람의[人] 지식은[識] 날마다[日日] 줄어든다[見損].〉

● 위도일손(爲道日損)의 위도(爲道)는 주로 25장(章)에서 살핀 **도법자연(道法自然)**을 환기시킨다. 위도(爲道)는 〈법자연(法自然)〉으로 여기면 된다. 일손(日損)은 인위(人爲)의 지식이 줄어듦[損]을 말하고, 이는 『논어(論語)』의 〈호학(好學)〉을 부정한다.

───────────────

註　"인법지(人法地) 지법천(地法天) 천법도(天法道) 도법자연(道法自然)." 사람은[人] 땅을 [地] 본받고[法], 땅은[地] 하늘을[天] 본받고[法], 하늘은[天] 상도를[道] 본받고[法], 상도는[道] 그냥 그대로를[自然] 본받는다[法].　　　　　　　　　『노자(老子)』25장(章)

【해독(解讀)】

● 〈위도일손(爲道日損)〉 역시 조건의 종절과 주절로 이루어진 복문(複文)이다. 〈위도하면[爲道] 일손한다[日損].〉

● 위도(爲道)에서 위(爲)는 주어가 생략되었지만 동사 노릇하고, 도(道)는 위(爲)의 목적어 노릇한다. 조건을 나타내는 〈만약 약(若)〉 같은 종속접속사를 거의 생략하는 것이 한문(漢文)이다. 위(爲)는 〈추구할 구(求)〉와 같다. 〈배움을[學]

추구하면[爲]〉

- 일손(日損)에서 일(日)은 손(損)을 꾸며주는 부사 노릇하고, 손(損)은 주어가 생략되었지만 수동의 동사 노릇한다. 일손(日損)을 〈일위손(日爲損)·일견손(日見損)·일피손(日被損)〉으로 여기고 수동으로 새기면 우리말답게 된다. 〈위(爲)·견(見)·피(被)〉 등은 다른 동사 앞에 놓여 수동의 조사 노릇하지만, 생략되는 경우가 보통이므로 순후 문맥을 따져 능동·수동을 가려 새기게 된다. 손(損)은 〈줄어들 감(減)〉과 같아 손감(損減)의 줄임말로 여겨도 되고, 〈멀 원(遠)〉으로 뜻을 빌려 새겨도 된다. 〈날마다[日] 감해진다[損].〉 〈날마다[日] 멀어진다[損].〉

48-3 損之又損(손지우손) 以至於無爲(이지어무위)

▶ (지식을) 줄이고[損之] 또[又] 줄임으로[損] 써[以] 작위가[爲] 없음[無]에[於] 이른다[至].

> 줄일 손(損), 허사 지(之), 써 이(以), 이를 지(至), 조사(~에) 어(於),
> 없을 무(無), 할 위(爲)

【지남(指南)】

〈손지우손(損之又損) 이지어무위(以至於無爲)〉는 위도(爲道)의 실천이 무위(無爲)임을 밝힌다. 〈손지우손(損之又損)〉은 〈일손(日損)〉을 거듭 강조함이다. 시비·분별·논란을 이끌어 상쟁(相爭)하게 하는 인위(人爲)의 지식을 줄이고 또 줄이라 함은 절성(絕聖)하고 기지(棄智)하라 함이며, 절인(絕仁)하고 기의(棄義)하라 함이며, 절교(絕巧)하고 기리(棄利)하라 함이다. 예악(禮樂)을 앞세워 치세(治世)하는 성인(聖人)을 끊고[絕] 성인(聖人)의 가르침을 따라 배운 지혜를 버리라[棄] 함은 손지우손(損之又損)하여 무위(無爲)에 다다름[至]이고, 인(仁)을 끊고[絕] 의(義)를 버리라[棄] 함 또한 손지우손(損之又損)하여 무위(無爲)에 다다름이며, 재주[巧]를 끊고[絕] 이익[利]을 버리라[棄] 함도 손지우손(損之又損)하여 무위(無爲)에 다다름[至]이다.

무위에[於無爲] 다다름[至]이란 56장(章) 현동(玄同) 즉 상도와[玄] 함께함[同]이다. 현동(玄同)하려면 무엇보다 인위(人爲)의 짓을 절기(絶棄)해야 한다. 현동(玄同)은 상도(常道)의 짓인 상덕(常德)을 밖으로 드러내지 않고 안에 간직하여 상도(常道)를 받들어[尊] 함께함[同]이니, 이는 곧 손지우손(損之又損)하여 무위(無爲)를 행함이고 세상에 두루 통하는 덕이 상도(常道)와 함께하는 것이다. 『장자(莊子)』의 삭증사지행(削曾史之行) 겸양묵지구(鉗楊墨之口)를 상기하면, 여기 〈손지우손(損之又損)〉이란 말씀이 2장(章)에서 살핀 〈처무위지사(處無爲之事)〉 즉 무위를[無爲之] 행사함에[事] 머무는[處] 삶을 누림임을 살펴 새기고 헤아려 깨우치게 하는 말씀이 〈손지우손(損之又損) 이지어무위(以至於無爲)〉이다.

🔒 "지자불언(知者不言) 언자부지(言者不知) 색기태(塞其兌) 폐기문(閉其門) 좌기예(挫其銳) 해기분(解其紛) 화기광(和其光) 동기진(同其塵) 시위현동(是謂玄同)." 아는[知] 사람은[者] 말하지 않고[不言], 말하는[言] 사람은[者] 알지 못한다[不知]. 그[其] 이목구비(耳目口鼻)를[兌] 막고[塞], 그[其] 들고나는 문을[門] 닫으며[閉], 그[其] 날카로움을[銳] 꺾고[挫], 그[其] 어지러움을[紛] 없애며[解], 그[其] 빛남을[光] 어우르고[和], 그[其] 속됨을[塵] 같이한다[同]. 이것들을[是] 현묘함과[玄] 함께함이라고[同] 한다[謂].   『노자(老子)』 56장(章)

🔒 "삭증사지행(削曾史之行) 겸양묵지구(鉗楊墨之口) 양기인의(攘棄仁義) 이천하지덕시현동의(而天下之德始玄同矣) 피인함기명(彼人含其明) 즉천하불삭의(則天下不鑠矣) 인함기총(人含其聰) 즉천하불루의(則天下不累矣) 인함기지(人含其知) 즉천하불혹의(則天下不惑矣) 인함기덕(人含其德) 즉천하불벽의(則天下不僻矣) 피증사양묵사광공수이주자(彼曾史楊墨師曠工倕離朱者) 개외립기덕(皆外立其德) 이약란천하자야(而爚亂天下者也) 법지소무용야(法之所無用也)." 증삼(曾參)이나[曾] 사추(史鰌)의[史之] 행동을[行] 삭제하고[削], 양주(楊朱)나 묵적(墨翟)의[墨之] 입을[口] 막으며[鉗], 인의를[仁義] 물리쳐[攘] 버린다면[棄而], 세상의[天下之] 덕은[德] 비로소[始] 현묘한 도와[玄] 하나가 되는 것[同]이다[矣]. 저[彼] 사람들이[人] 제[其] 눈 밝음을[明] (드러내지 않고) 품는다면[含] 곧[則] 세상은[天下] 꾸며지지 않을 것[不鑠]이고[矣], 사람이[人] 제[其] 귀 밝음을[聰] (드러내지 않고) 품는다면[含] 곧[則] 세상은[天下] 허물 짓지 않을 것[不累]이고[矣], 사람이[人] 제[其] 지식을[知] (드러내지 않고) 품는다면[含] 곧[則] 세상은[天下] 헷갈리지 않을 것[不惑]이고[矣], 사람이[人] 제[其] 덕성을[德] (드러내지 않고) 품는다면[含] 곧[則] 세상은[天下] 치우치지 않을 것[不僻]이다[矣]. 저[彼] 증삼[曾] 사추[師] 양주[楊] 묵적[墨] 사광[師曠] 공수[工倕] 이주[離朱]란 자들은[者] 모두[皆] 저들의[其] 덕성을[德] 밖으로[外] 내세워서[立而] 세상을[天下] 사르고[爚] 어지럽힌[亂] 자들[者]이고[也], (그들은 천지를) 본받기를[法] 쓸 데[用] 없게 한[無] 것[所]이다[也].

이주(離朱)는 눈 밝은 인물, 사광(師曠)은 귀 밝은 인물이다. 증삼(曾參)은 공자(孔子)의 제

자로 인도(仁道)를 주장했고, 사추(史鰌)는 위(衛)나라 영공(靈公)의 가신(家臣)으로 의도(義道)를 주장했다. 공수(工倕)는 요(堯)임금 때의 명공(名工), 양주(楊朱)는 송인(宋人)으로 위아(爲我)를 주장했으며, 묵적(墨翟)은 송인(宋人)으로 겸애(兼愛)를 주장했다. 이들 모두는 인위(人爲)를 나타내는 인물이다. 현동(玄同)은 상도(常道)와 동일함[同]을 말한다.

『장자(莊子)』「거협(胠篋)」

【보주(補註)】

● 〈손지우손(損之又損) 이지어무위(以至於無爲)〉를 〈이손지우손위도자지어무위(以損之又損爲道者至於無爲)〉처럼 옮기면 문의(文意)를 좀 더 쉽게 새길 수 있다. 〈손지우손으로[損之又損]써[以] 위도하는[爲道] 사람은[者] 무위에[於無爲] 다다른다[至].〉

● 지어무위(至於無爲)는 〈위도(爲道)〉 즉 상도(常道)를 본받아 더없이 실천함을 말한다. 그러므로 지어무위(至於無爲) 즉 무위에[於無爲] 다다름[至]은 25장(章)에서 살핀 **도법자연(道法自然)**을 상기시킨다.

> 註 "인법지(人法地) 지법천(地法天) 천법도(天法道) 도법자연(道法自然)." 사람은[人] 땅을[地] 본받고[法], 땅은[地] 하늘을[天] 본받고[法], 하늘은[天] 상도를[道] 본받고[法], 상도는[道] 그냥 그대로를[自然] 본받는다[法].　　　　　　　　　　『노자(老子)』25장(章)

【해독(解讀)】

● 〈손지우손(損之又損) 이지어무위(以至於無爲)〉에서 손지우손(損之又損)은 강조하고자 이(以) 앞으로 전치한 예문(例文)이니 〈이손지우손(以損之又損)〉으로 지(至)를 꾸며주는 부사구 노릇하고, 지(至)는 주어가 생략되었지만 〈이를 지(至)〉로 동사 노릇하며, 어무위(於無爲)는 지(至)를 꾸며주는 부사구 노릇한다. 〈손지우손으로[損之又損]써[以] 무위에[於無爲] 다다른다[至].〉

● 이손지우손(以損之又損)은 〈이손지우손지(以損之又損之)〉에서 되풀이되는 지(之)를 생략한 것이고, 이(以)를 영어의 전치사처럼 여기면 된다. 이손지우손(以損之又損)의 이(以)는 전후 문맥에 따라 매우 다양한 뜻을 내는 자(字)이다.

> 註 동사로서 〈이(以)〉는 〈위(爲)〉처럼 다른 동사의 뜻을 대신하는 경우가 빈번하다. 물론 〈이(以)〉는 어조사 노릇도 한다. 이(以)는 매우 다양한 뜻을 구사하므로 정리해두면 한문의 문맥을 잡는 데 편리하다.

① 〈이(以)A = 위(爲)A : A를 한다〉

② 〈이(以)A = 용(用)A : A를 쓴다 / 법(法)A : A를 본받는다〉

③ 〈이(以)A = 사(思)A : A를 생각한다〉

④ 〈이(以)A = 솔(率)A : A를 거느린다〉

⑤ 〈이(以)A = 인(因)A : A 때문에〉

물론 명사로서 〈까닭 이(以)〉도 되고, 타동사로서 〈비롯할 이(以)〉도 된다.

〈독서양유이야(讀書良有以也) = 책을[書] 읽는 것은[讀] 참으로[良] 까닭이[以] 있는 것 [有]이다[也].〉

〈기사이기사(其死以其病) = 그[其] 죽음은[死] 그[其] 병환에서[病] 비롯한다[以].〉

⑥ 〈이(以)A = 여(與)A : A와 더불어〉

〈주인이빈담소(主人以賓談笑) = 손님[賓]과 함께[以] 정담을 나눈다[談笑].〉

⑦ 〈이(以)A = 사(使)A : A로 하여금〉

〈관중이기군패(管仲以其君覇) = 관중은[管仲] 제[其] 임금으로[君] 하여금[以] 패자가 되 게 했다[覇].〉

⑧ 〈이미 이(已)〉와 같은 뜻으로 쓰이는 이(以).

〈아견토성이파(我見土城以破) = 나는[我] 토성이[土城] 이미[以] 파괴된 것을[破] 보았다 [見].〉

그리고 이(以)는 〈이(以)A〉처럼 전치사로, 또는 〈A이(以)〉처럼 후치사 노릇도 한다. 물론 〈이(以)〉가 위와 같은 뜻만을 낸다는 것은 아니다. 문장의 전후 문맥에 따라 다양한 뜻을 낸다 고 여기면 된다.

48-4 無爲(무위) 而無不爲矣(이무불위의)

▶ {인위(人爲)로써} 행함이[爲] 없다[無]. 그러나[而] {무위(無爲)로 써} 하지 않음이[不爲] 없는 것[無]이다[矣].

> 없을 무(無), 할 위(爲), 어조사(~도)이(而), 못할 불(不),
> 어조사(~이다)의(矣)

【지남(指南)】

〈무위(無爲) 이무불위의(而無不爲矣)〉는 위도(爲道) 즉 상도(常道)를 본받아[法] 만사를 행함을[爲] 밝힌다. 〈무위(無爲)〉란 〈무인위(無人爲)〉의 줄임이다. 인위(人 爲)란 법자연(法自然)을 떠나서 인욕(人欲)으로 행사(行事)함이다. 인욕(人欲)은 자기 뜻대로 탐하고자 하기 때문에 자의(恣意) 즉 마음 내키는[恣] 뜻[意]으로 매사를 마주하고자 한다. 그래서 인위(人爲)는 결국 자의(恣意)대로 행사하게 되므로 두루 통하지[周] 못하고 치우쳐[偏] 이해(利害)의 다툼을 불러오게 된다. 따라서 여기 무위(無爲)는 인욕(人欲)으로써 행하는[爲] 사람의 짓[人爲]이 없음[無]이다.

이는 증삼(曾參)처럼 인도(仁道)를 앞세워 하는 짓이 없음이고, 사추(史鰌)처럼 의도(義道)를 앞세워 하는 짓이 없음이며, 양주(楊朱)처럼 겸애(兼愛)를 주장함도 없음이고, 묵적(墨翟)처럼 위아(爲我)를 주장함도 없음이며, 이주(離朱)처럼 눈 밝음을 앞세우는 짓도 없음이고, 사광(師曠)처럼 귀 밝음을 앞세우는 짓도 없음이며, 공수(工倕)처럼 명장(名匠)의 재주를 앞세움도 없음이다. 위도자(爲道者)가 인위(人爲)를 행하지 않음은 시비 · 분별 · 논란을 일삼아 학식(學識)을 상쟁(相爭)의 도구로 삼고, 인욕(人欲)을 증폭시켜 사람 사는 세상을 약란(爚亂) 즉 불장난으로 이끌어[爚] 혼란스럽게[亂] 하는 짓을 절기(絶棄)함이다. 위도자(爲道者)의 무위(無爲)란 인위(人爲)를 행하지 않음일 뿐이지 아무 일도 하지 않음은 아니다.

위도자(爲道者)는 인위(人爲)를 행하지 않되, 동덕(同德) 즉 상덕(常德)과 함께 하여[同] 만사를 인욕(人欲)에 걸림 없이 법자연(法自然)으로써 행한다. 이처럼 자연을[自然] 본받아[法] 상덕(常德)을 따라 행함을 일러 〈무불위(無不爲)〉라고 한다. 하지 않음이[不爲] 없음[無]이란, 현동(玄同)하여 27장(章) 〈상선구인(常善救人) · 상선구물(常善救物)〉 하면서 19장(章) **견소포박(見素抱樸) 소사과욕(少私寡欲)**을 실행함을 멈추지 않음이다. 견소포박(見素抱樸)의 소박(素樸)이란 말씀은 『장자(莊子)』에 **동호무지(同乎無知)**란 말로 풀이된다. 소박(素樸)하면 절로 제 몫[私]을 줄이고[少] 사욕(私欲)을 줄이게 되어[寡] 상쟁(相爭)의 도구가 되는 학식(學識)을 멀리한다. 우리가 문명생활을 버리고 소박(素樸)의 생활로 복귀하는 것은 불가능할 것이다. 그러나 문명생활로 말미암아 겪는 마음고생을 벗어나 누릴 수 있는 삶을 〈무불위(無不爲)〉로 얻을 수 있다는 사실은 부정할 수 없다.

무불위(無不爲)의 위(爲)는 법자연지위(法自然之爲)의 줄임이다. 무불위(無不爲)란 자연을[自然] 본받는[法之] 짓이[爲] 아닌 것이란[不] 없음[無]이다. 그러니 소박(素樸)한 삶이란 무위(無爲)를 행하여 상덕(常德)을 떠나지 않는 삶이고, 상덕(常德)을 떠나지 않으면 절로 무욕(無欲)한 삶이니, 모든 사람들이 자연(自然)의 마음 즉 본성(本性)을 따라 오히려 걸림 없이 행할 수 있는 삶을 살펴 새기고 헤아려 깨우치게 하는 말씀이 〈무위(無爲) 이무불위의(而無不爲矣)〉이다.

註 "견소포박(見素抱樸) 소사과욕(少私寡欲)."(백성으로 하여금) 그냥 그대로를[素] 살피게 하고[見] 그냥 그대로를[樸] 지키게 한다면[抱], (백성은) 제 몫을[私] 적게 하고[少] 욕망을[欲] 적게 한다[寡]. 『노자(老子)』 19장(章)

註 "동호무지(同乎無知) 기덕불리(其德不離) 동호무욕(同乎無欲) 시위소박(是謂素樸) 소박이 민성득의(素樸而民性得矣)." 무지(無知)와[乎] 함께하여[同] 그[其] 덕이[德] 떠나지 않아[不離] 무욕(無欲)과[乎] 함께한다[同]. 이를[是] 소박이라[素樸] 한다[謂]. 꾸밈없이 그냥 그대로이면[素樸而] 백성은[民] 본성을[性] 갖추고 누리는 것[得]이다[矣]. 『장자(莊子)』「마제(馬蹄)」

【보주(補註)】

● 〈무위이무불위의(無爲而無不爲矣)〉를 〈위도자무인욕지위(爲道者無人欲之爲) 연이위도자무불위이무위의(然而爲道者無不爲以無爲矣)〉처럼 옮기면 문의(文意)를 좀 더 쉽게 새길 수 있다. 〈위도자한테는[爲道者] 인욕의[人欲之] 행이란[爲] 없다[無]. 그러나[然而] 위도자한테는[爲道者] 무위로[無爲]써[以] 하지 않음이[不爲] 없는 것[無]이다[矣].〉

● 무위이무불위의(無爲而無不爲矣)에서 무위(無爲)는 〈무인위(無人爲)〉에서 인(人)이 생략된 술어(術語)이다. 무불위(無不爲)는 〈무불위이무위(無不爲以無爲)〉에서 이무위(以無爲)가 생략된 것으로 보면 문의(文意)가 분명해진다. 〈인위가[人爲] 없다[無].〉〈무위로[無爲]써[以] 행하지 않음이[不爲] 없다[無].〉

【해독(解讀)】

● 〈무위이무불위의(無爲而無不爲矣)〉는 두 구문이 〈그러나 이(而)〉로 이어진 중문(重文)이다. 〈작위가[爲] 없다[無]. 그러나[而] 하지 못함이[不爲] 없는 것[無]이다[矣].〉

● 무위(無爲)에서 무(無)는 〈~없을 무(無)〉로 동사 노릇하고, 위(爲)는 무(無)의 주어 노릇한다. 〈작위가[爲] 없다[無].〉

● 이무불위의(而無不爲矣)에서 이(而)는 〈그러나 이(而)〉로서 접속사 노릇하고, 무(無)는 동사 노릇하며, 불위(不爲)는 무(無)의 주어 노릇하고, 의(矣)는 문미조사(~이다) 노릇한다. 〈하지 않음이[不爲] 없는 것[無]이다[矣].〉

48-5 取天下常以無事(취천하상이무사)

▶ 항상[常] {인욕(人欲)으로 꾀하는} 일들이[事] 없음으로[無]써[以] 세상을[天下] 다스린다[取].

다스릴 취(取), 하늘 천(天), 아래 하(下), 늘 상(常), 써 이(以), 없을 무(無), 일할 사(事)

【지남(指南)】

　〈취천하상이무사(取天下常以無事)〉는 무위지치(無爲之治) 즉 자연을 본받는[無爲之] 다스림을[治] 행하는 치천하(治天下)를 밝힌다. 〈취천하(取天下)〉는 치천하(治天下)와 같아 세상을[天下] 취함[取]이란 세상을 다스림(治)이고, 〈이무사(以無事)〉의 무사(無事)는 〈인위지사(用無人爲之事)〉의 줄임이다. 이는 63장(章)에 나오는 사무사(事無事)를 상기시킨다. 인위의[人爲之] 행함이[事] 없음을[無] 활용[用]함이 여기 이무사(以無事)이다. 무사(無事)를 씀[以]이란 난세(亂世)를 불러올 짓을 범하지 않음이라 무사(無事)를 〈무난세지사(無亂世之事)〉로 새겨도 된다. 세상을[世] 어지럽히는[亂之] 일이[事] 없음[無]이니, 세상을 다스리는 자가 자연을 본받아 무위의[無爲之] 다스림을[治] 씀이 여기 이무사(以無事)이다. 따라서 예악형정(禮樂刑政)의 일[事]을 떠나 동덕(同德)으로써 백성과 함께함이 여기 이무사(以無事)이다.

　무위(無爲)로써 취천하(取天下) 함이란 백성이 자화(自化) 즉 스스로[自] 변화하여[化] 안평태(安平泰)의 삶을 스스로 누리게 하는 것이다. 무위(無爲)로써 자화(自化)함이란 존도(尊道)하고 귀덕(貴德)하며 복수기모(復守其母)하고 귀사모(貴食母)하여 소사과욕(少私寡欲), 즉 제 몫을[私] 적게 하고[少] 제 욕심을[欲] 줄이는[寡] 삶으로 돌아와 백성이 삶을 누리도록 무위(無爲)로써[以] 천하를 다스림이다. 여기 취천하(取天下)는 59장(章)에 나오는 〈치인사천(治人事天)〉 바로 그것이다.

　무위(無爲)를 행하여 다스림[取]이란 인지(人智)를 덜어내고[損] 또 덜어내 법자연(法自然)이 다스림으로써 지덕지세(至德之世)를 누리게 함이다. 지극한[至] 덕의[德之] 세상이란 소박(素樸)하여 예악형정(禮樂刑政)으로 다스리는 일이 없어도 백성이 스스로 변화하고, 바르게 되고, 스스로 만족하며 본디대로 되는 세상이다.

그러므로 취천하(取天下)의 천하(天下)는 17장(章) 태상(太上)과 백성개위아자연(百姓皆謂我自然)을 상기시켜 백성이 누리는 안평태(安平泰)의 세상을 떠올리게 한다. 태상(太上)을 본받는 취천하(取天下)는 무사(無事)하니 백성은 공평하고[平] 편안한[泰] 삶을 누릴 수 있다.

무사(無事)의 사(事)는 인위지사(人爲之事)이며, 인위의(人爲之) 일[事]이란 예악형정(禮樂刑政)으로 다스리는 일을 일컫고, 나아가 소요지사(騷擾之事)를 뜻하기도 한다. 예악형정(禮樂刑政) 없이 다스려지는 세상이 곧 항상 무위(無爲)로써[以] 다스리는[取] 세상이다. 이러한 세상에서 삶을 누리는 백성은 절로 자기들 모두가 자연(自然)이라고 자칭(自稱)하게 됨을 살펴 새기고 헤아려 깨우치게 하는 말씀이 〈취천하상이무사(取天下常以無事)〉이다.

註 "위무위(爲無爲) 사무사(事無事) 미무미(味無味)." 무위를[無爲] 행하고[爲], 무사를[無事] 행하며[事], 무미를[無味] 맛본다[味].   『노자(老子)』63장(章)

註 "치인사천막약색(治人事天莫若嗇)." 사람을[人] 다스리고[治] 하늘을[天] 섬김에[事] 살펴 아낌과[嗇] 같은 것은[若] 없다[莫].   『노자(老子)』59장(章)

註 "태상부지유지(太上不知有之)……유혜기귀언(悠兮其貴言) 공성사수(功成事遂) 백성개위아자연(百姓皆謂我自然)." 태고 때에는[太上] (백성은) 다스리는 자가[之] 있는 줄도[有] 몰랐다[不知].……한가하구나[悠兮]! 백성이 몰랐던 치자(治者)는[其] 정사(政事)의 발령(發令)을[言] 함부로 내지 않았다[貴]. {무위(無爲)를 행하는 성인(聖人)이} 공적을[功] 이루고[成] 사업을[事] 완수했어도[遂], {성인(聖人)이 그렇게 한 줄 모르는} 백성은[百姓] 모두[皆] 우리는[我] 본디대로 그냥 그러하다고[自然] 말했다[謂].   『노자(老子)』17장(章)

【보주(補註)】

● 〈취천하상이무사(取天下常以無事)〉를 〈위도자취천하상이무인위지사(爲道者取天下常以無人爲之事)〉처럼 옮기면 문의(文意)를 좀 더 쉽게 문의(文義)를 얻을 수 있다. 〈상도를[道] 구하는[爲] 자는[者] 항상[常] 인위를[人爲之] 행사함이[事] 없음으로[無]써[以] 천하를[天下] 다스린다[取].〉

● 취천하상이무사(取天下常以無事)에서 무사(無事)는 〈무인위지사(無人爲之事)〉 또는 〈무난세지사(無亂世之事)〉의 줄임으로 여기면 앞 문맥과 상통한다. 노자(老子)의 치세관(治世觀)으로 보면, 인위지치(人爲之治)란 난세지치(亂世之治)

즉 세상을[世] 어지럽히는[亂之] 다스림에[治] 불과하다. 인위지치(人爲之治)란 예악형정(禮樂刑政)으로 제민(齊民)하고 사민(使民), 즉 백성을[民] 다져서[齊] 부리고자[使] 치민(治民)함에 불과하다는 것이다. 〈인위의[人爲之] 일이[事] 없다[無].〉〈세상을[世] 어지럽히는[亂之] 일이[事] 없다[無].〉

● 취천하(取天下)〉가 〈취천하자(取天下者)〉로 된 본(本)도 있다. 〈자(者)〉가 있고 없음에 따라 어감(語感)이 다를 뿐이지 원문(原文)의 문의(文義)가 달라지는 것은 아니다. 〈천하를[天下] 취함[取]〉〈천하를[天下] 취하는[取] 사람은[者]〉〈천하를[天下] 취하는[取] 것은[者]〉

【해독(解讀)】

● 〈취천하상이무사(取天下常以無事)〉에서 취(取)는 주어가 생략되었지만 동사 노릇하고, 천하(天下)는 취(取)의 목적어 노릇하며, 상(常)은 이무사(以無事)를 꾸며주는 부사 노릇하며, 이무사(以無事)는 취(取)를 꾸며주는 부사구 노릇한다. 여기 취(取)는 〈다스릴 치(治)〉와 같고, 이(以)는 〈쓸 용(用)〉과 같은 뜻을 낸다. 〈늘[常] 무사를[無事] 씀으로써[以] 천하를[天下] 다스린다[取].〉

48-6 及其有事(급기유사) 不足以取天下(부족이취천하)

▶ 세상을 다스림에[其] {인위(人爲)를} 행함이[事] 있음에[有] 미침은 [及] 세상을[天下] 다스릴[取] 수 없다[不足以].

> 이를 급(及), 어조사 기(其), 있을 유(有), 꾀할 사(事), 못할 부(不), 가할 족(足), 감행할 이(以), 다스릴 취(取), 하늘 천(天), 아래 하(下)

【지남(指南)】

〈급기유사(及其有事) 부족이취천하(不足以取天下)〉는 무위지치(無爲之治)를 저버리고 인위지치(人爲之治)를 택해서는 세상을 다스릴 수 없음을 밝힌다. 〈급기유사(及其有事)〉의 유사(有事)란 앞 문맥으로 보아 〈유인위지사(有人爲之事)〉 또는 〈유난세지사(有亂世之事)〉의 줄임이다. 세상을 다스림에 인위(人爲)의 일[事]이 미치게 되면, 또는 세상을[世] 혼란하게 하는[亂之] 일이[事] 미치게 되면 치인(治人)

도 치세(治世)도 불가능하다.

인위지치(人爲之治) 즉 치자(治者)의 의도에 따른[人爲之] 다스림[治]이란, 정사(政事)마다 치자(治者)의 이욕(利欲)에 이끌려 백성을 치자(治者)의 뜻대로 백성을 다져서[齊] 부리는[役] 짓으로 드러나 결국 학민(虐民)하고 탈민(奪民)하는 짓들을 범하여 세상을 혼란스럽게 한다. 이런 탓으로 인위(人爲)의 다스림은 예(禮)를 앞세워 예의삼백(禮儀三百)이니 위의삼천(威儀三千) 등을 가르쳐 백성의 삶을 갈무리하게 되고, 예(禮)가 아닌 것(非禮)을 범하면 형벌로써 제민(齊民) 즉 백성을[民] 다지려[齊] 한다. 따라서 인위지치(人爲之治)는 정령(政令)으로 제민(齊民)하니 급기유사(及其有事)에서 유사(有事)의 〈사(事)〉는 정령(政令)의 행사로[事]드러난다.

『맹자(孟子)』에 나오는 선정득민재(善政得民財) 선교득민심(善敎得民心)은 유가(儒家)의 치세(治世)·치인(治人)을 밝혀준다. 잘하는[善] 정치는[政] 백성의[民] 재물을[財] 얻고[得], 잘하는[善] 가르침은[敎] 백성의[民] 마음을[心] 얻어서[得] 치자(治者)로서 군자(君子)는 오교(五敎)를 갖추어야 한다고 주장한다. 급기유사(及其有事)에서 유사(有事)의 〈사(事)〉는 유가(儒家) 쪽에서 주장하는 선정(善政)과 선교(善敎)를 떠올리고, 나아가 군자(君子)의 오교(五敎)를 환기시키기도 한다. 그 오교(五敎)란 여시우화지(如時雨化之)의 교(敎)·성덕(成德)의 가르침[敎]·달재(達財)의 가르침·문답의 가르침·사숙애(私淑艾)의 가르침 등등으로써 예악형정(禮樂刑政)을 펼치는 치민(治民)·치세(治世)함이다.

그러나 무위지치(無爲之治)는 이러한 〈유사(有事)〉를 부정(否定)한다. 그 부정함이 19장(章)의 절성기지(絶聖棄智)·절인기의(絶仁棄義)·절교기리(絶巧棄利)이다. 성현(聖賢)을 끊고[絶] 지혜를 버리며[棄], 인의(仁義)를 절기(絶棄)하고, 교리(巧利)를 절기(絶棄)하라 함은 교민(敎民)하여 치민(治民)하지 말라 함이다. 예악형정(禮樂刑政)을 앞세워 백성[民]을 가르쳐[敎] 다스림[治]은 백성의 상성(常性)과 동덕(同德)을 빼앗아, 17장(章)에서 살핀 아자연(我自然)의 삶을 백성한테서 빼앗아가, 백성이 35장(章)에서 살핀 안평태(安平泰) 즉 그래서[安] 백성이 누리는 화평하고[平] 태안한[泰] 삶을 앗아가버리기 때문에 세상[天下]을 다스릴[取] 수 없음을 살펴 새기고 헤아려 깨우치게 하는 말씀이 〈급기유사(及其有事) 부족이취천하(不足以取天下)〉이다.

註 "선정민외지(善政民畏之) 선교민요지(善敎民樂之) 선정득민재(善政得民財) 선교득민심(善敎得民心)." 선한[善] 다스림[政] 그것을[之] 백성은[民] 두려워하고[畏], 선한[善] 가르침[敎] 그것을[之] 백성은[民] 좋아한다[愛]. 선정은[善政] 백성의[民] 재주를[財] 얻고[得], 선교는[善敎] 백성의[民] 마음을[心] 얻는다[得].

민재(民財)는 민재(民才)와 같다. 재(財)는 재(才)로 통한다.

『맹자(孟子)』「진심장구상(盡心章句上)」

註 "군자지소이교자오(君子之所以敎者五) 유여시우화지자(有如時雨化之者) 유성덕자(有成德者) 유달재자(有達財者) 유답문자(有答問者) 유사숙애자(有私淑艾者) 차오자군자지소이교야(此五者君子之所以敎也)." 군자가[君子之] 가르치는[敎] 방법이란[所以] 것은[者] 다섯 가지이다[五]. 때맞춰 내리는 비와[時雨] 같은[如] 변화가[化之] 있게 하는[有] 것이고[者], 덕을[德] 이룸이[成] 있게 하는[有] 것이고[者], 재능을[財] 달성함이[達] 있게 하는[有] 것이고[者], 답하고[答] 물음이[問] 있게 하는[有] 것이고[者], 혼자서[私] 잘[淑] 다스려감이[艾] 있게 하는[有] 것이다[者]. 이[此] 다섯 가지가[五者] 군자가[君子] 가르치는[敎] 방법[所以]이다[也].

숙애(淑艾)는 선치(善治)와 같다. 사숙애(私淑艾)는 수기(修己) 즉 자기의 덕을[己] 닦아감[修]이다.

『맹자(孟子)』「진심장구상(盡心章句上)」

註 "피민유상성(彼民有常性) 직이의(織而衣) 경이사(耕而食) 시위동덕(是謂同德) 일이부당(一而不黨) 명왈천방(命曰天放)." 저[彼] 백성한테는[民] 한결같은[常] 본성이[性] 있고[有], 길쌈해서[織而] 옷을 지어 입고[衣], 밭갈이해서[耕而] 먹을거리를 얻는다[食]. 이를[是] 상덕과[德] 함께함이라[同] 한다[謂]. 하나로 어울리되[一而] 패거리 짓지 않음을[不黨] 아무런 구속이 없음이라[天放] 일컫는다[命曰].

『장자(莊子)』「마제(馬蹄)」

註 "절성기지(絶聖棄智) 민리백배(民利百倍) 절인기의(絶仁棄義) 민복효자(民復孝慈) 절교기리(絶巧棄利) 도적무유(盜賊無有)……견소포박(見素抱樸) 소사과욕(少私寡欲)." 성지를[聖] 끊고[絶] 지혜를[智] 버리면[棄] 백성이[民] 백배로[百倍] 이로워지고[利], 인을[仁] 끊고[絶] 의를[義] 버리면[棄] 백성은[民] 효도와[孝] 자애로[慈] 돌아온다[復]. 재주 부리기를[巧] 끊고[絶] 이득을[利] 버리면[棄] 도둑질과[盜] 해치는 짓이[賊] 있음이[有] 없다[無].……(백성으로 하여금) 그냥 그대로를[素] 살피게 하고[見] 그냥 그대로를[樸] 지키게 한다면[抱], (백성은) 제 몫을[私] 적게 하고[少] 욕망을[欲] 적게 한다[寡].

『노자(老子)』19장(章)

註 "공성사수(功成事遂) 백성개위(百姓皆謂) 아자연(我自然)."{백성이 모르는 무위(無爲)의 치자(治者)가} 공적을[功] 이루고[成] 사업을[事] 완수했어도[遂], 백성은[百姓] 모두[皆] 우리는[我] 본디대로 그냥 그러하다고[自然] 말했다[謂].

『노자(老子)』17장(章)

註 "집대상(執大象) 천하왕(天下往) 왕이불해(往而不害) 안평태(安平泰)." 대도를[大象] 지키니[執] 세상 사람들이[天下] 찾아온다[往]. (세상 사람들이) 찾아오면[往而] 해로움이 없고[不害], 이에[安] 화평하고[平] 태안하다[泰].

『노자(老子)』35장(章)

【보주(補註)】

- 〈급기유사(及其有事) 부족이취천하(不足以取天下)〉를 〈급어취천하유인위지사 부족이취천하(及於取天下有人爲之事不足以取天下)〉처럼 옮기면 좀 더 쉽게 문의(文義)를 얻을 수 있다. 〈세상을[天下] 다스림에[取] 인위를[人爲之] 행사함이[事] 있음[有]에[於] 미침은[及] 세상을[天下] 다스릴[取] 수 없다[不足以].〉

- 급기유사(及其有事)의 유사(有事)는 앞서 살핀 〈무사(無事)〉와 반대되는 말이다. 무사(無事)가 〈무인위지사(無人爲之事)〉 또는 〈무난세지사(無亂世之事)〉이니, 유사(有事)는 〈유인위지사(有人爲之事)〉 또는 〈유난세지사(有亂世之事)〉의 줄임이다. 노자(老子)의 치세관은 이러한 유사(有事)의 치민(治民)·치세(治世)를 부정(否定)한다. 〈인위를[人爲之] 행사함이[事] 있다[有].〉 〈세상을[世] 어지럽힘을[亂之] 행사함이[事] 있다[有].〉

【해독(解讀)】

- 〈급기유사(及其有事) 부족이취천하(不足以取天下)〉에서 급기유사(及其有事)는 주부(主部) 노릇하고, 부(不)는 취(取)의 부정사(不定詞)이며, 족(足)은 취(取)를 꾸며주는 조동사 노릇하고, 이(以)는 〈이기유사(以其有事)〉의 줄임으로서 전치사이지만 여기선 취(取)를 꾸며주는 부사 노릇하고, 취(取)는 동사 노릇하고, 천하(天下)는 취(取)의 목적어 노릇한다. 부족이(不足以)는 부득이(不得以와 같고, 부족이(不足以)나 부득이(不得以)의 이(以) 바로 뒤에 있는 취(取)를 동사로 여기고 새기면 된다. 〈그것에[其] (인위를) 행사함이[事] 있음에[有] 미침은[及] 그로써[以] 세상을[天下] 다스릴[取] 수 없다[不足].〉

- 급기유사(及其有事)는 영어의 부정사구처럼 구실하며 주부(主部) 노릇한다. 급기유사(及其有事)에서 급(及)은 영어의 부정사(不定詞)처럼 구실하고, 기유사(其有事)는 급(及)을 꾸며주는 부사구 노릇한다. 여기 급(及)은 이를 지(至)와 같다. 〈그것에[其] 행사함이[事] 있음에[有] 이름[及]〉

- 기유사(其有事)는 영어의 동명사구처럼 구실한다. 기유사(其有事)에서 기(其)는 유(有)를 꾸미는 부사 노릇하고, 유(有)는 영어의 동명사처럼 구실하고, 사(事)는 유(有)의 주어 노릇한다. 기유사(其有事)의 〈기(其)〉는 〈취천하(取天下)〉를 대신하는 지시어 노릇한다. 〈그것에[其] 행사함이[事] 있음[有]〉

老子
之言

49

임덕장(任德章)

　이상적인 치자(治者)로서 성인(聖人)을 밝히는 장(章)이다. 성인(聖人)은 치자
(治者) 자신의 시비(是非)·호오(好惡)의 주관적 판단을 내치고 피차(彼此)를 가로
막는 장애물을 제거해버린다. 따라서 치자(治者)로서 성인(聖人)은 자기를 앞세우
는 의욕을 부리지 않는다. 성인(聖人)은 27장(章) 〈상선구인(常善救人) 고무기인
(故無棄人) 상선구물(常善救物) 고무기물(故無棄物)〉을 실행할 뿐임을 환기시키는
장(章)이다.

【원문(原文)】

聖人은 無常心하여 以百姓心으로 爲心한다 善者도 吾
성인 무상심 이백성심 위심 선자 오

善之하고 不善者도 吾亦善之니 德善한다 信者도 吾信
선지 불선자 오역선지 덕선 신자 오신

之하고 不信者도 吾亦信之니 德信한다 聖人在天下에
지 불신자 오역신지 덕신 성인재천하

歙歙焉하고 爲天下에 渾其心하니 百姓이 皆注其耳目
흡흡언 위천하 혼기심 백성 개주기이목

이어든 聖人이 皆孩之이라
성인 개해지

성인께는[聖人] 고집하는 마음이[常心] 없고[無], {성인(聖人)은} 백성의[百姓] 마음으로[心] 써[以] (당신의) 마음을[心] 삼는다[爲]. 선한[善] 자(者) 그를[之] 나는[吾] 선하게 대접하고[善], 나는[吾] 또한[亦] 불선한[不善] 자(者) 그도[之] 선하게 대접한다[善]. (그래서 나는 사람들로 하여금) 선을[善] 누리게 한다[德]. 믿는[信] 자(者) 그도[之] 나는[吾] 믿고[信] 믿지 않는[不信] 자(者) 그도[之] 나는[吾] 또한[亦] 믿어서[信] (그래서 나는 사람들로 하여금) 믿음을[信] 누리게 한다[德]. 성인이[聖人] 세상을[天下] 재위할 때[在] {자기의 상심(常心) 즉 의욕을} 거두어들일[歙歙] 뿐이다[焉]. {성인(聖人)이} 세상을[天下] 다룰실 때[爲] 백성의[其] 마음을[心] 하나이게 한다[渾]. (그러나) 백성은[百姓] 모두[皆] 저마다의[其] 귀와[耳] 눈을[目] 주로 쓴다[注]. (그래서) 성인은[聖人] 백성을[之] 모두[皆] 어린애이게 한다[孩].

49-1 聖人無常心(성인무상심)

▶성인께는[聖人] 고집하는 마음이[常心] 없다[無].

걸림 없이 통할 성(聖), 없을 무(無), 늘 상(常), 마음 심(心)

【지남(指南)】

〈성인무상심(聖人無常心)〉은 성인(聖人)의 처무위지사(處無爲之事)를 떠올리

게 하면서 상심(常心) 즉 자기 의욕 따위를 주장함이 없음을 밝힌다. 성인(聖人)
은 2장(章)에서 살핀 대로 무위를[無爲之] 행사함에만[事] 머물[處] 뿐이다. 여기
〈무상심(無常心)〉은 〈처무위(處無爲)〉와 같고, 22장(章)에서 살핀 **성인포일(聖人抱
一)**을 상기시킨다. 성인(聖人)께는 포일(抱一) 즉 상도를[一] 지키는[抱] 마음가짐
이 있을 뿐, 상심(常心) 즉 요샛말로 이념 따위는 없다. 그래서 성인(聖人)은 항상
『장자(莊子)』에 나오는 **무언이심열(無言而心說)**로써 **천락(天樂)**을 누리는 분이다.

사물과 천하의 참모습에[於情] 통달하고[達], 천명(天命) 즉 자연의[天] 가르침
에[於命] 따라[遂] 천기(天機)를 드러내지 않으며[不張], 말없이[無言而] 마음이[心]
즐거운[說] 성인(聖人)께 이른바 자기 주장[成心]이란 것이 없다. 여기 〈상심(常
心)〉은 『장자(莊子)』의 **성심(成心)**을 떠올린다. 천기(天機)란 자연 그대로 마음을 갖
고 씀인지라 성인(聖人)의 마음에는 자기 뜻에 따른 어떤 주장[成心] 같은 것은 없
다. 따라서 〈무상심(無常心)〉이란 28장(章) **위천하계(爲天下谿)**와, 『장자(莊子)』의
무언이심열(無言而心說) 차지위천락(此之謂天樂)을 상기시킨다.

자신만의 색안경을 쓰고 세상만사를 보고 듣고 재단하지 않음이 〈무상심(無常
心)〉이다. 나아가 자기 의지에 맞추어 세상사를 재단(裁斷)하지 않음이 성인(聖人)
의 무상심(無常心)이니, 『장자(莊子)』의 **휴호천균(休乎天均)**마저 상기시킨다. 천균
(天均)이란 천도(天道)의 이칭(異稱)으로서 자연의[天] 규율은[道] 만물을 하나로
볼 뿐 여럿으로 나누어 차별하지 않으니, 천균(天均)을 그냥 그대로 본받는 마음
가짐이 성인(聖人)의 무상심(無常心)임을 살펴 새기고 헤아려 깨우치게 하는 말씀
이 〈성인무상심(聖人無常心)〉이다.

匪 "성인처무위지사(聖人處無爲之事) 행불언지교(行不言之敎)." 성인은[聖人] 무위를[無爲
之] 행함에[事] 머물고[處], {성인(聖人)은 정령(政令) 따위의} 말이[言] 없는[不之] 가르침을[敎]
행한다[行]. 『노자(老子)』 2장(章)

匪 "성인포일위천하식(聖人抱一爲天下式) 부자현(不自見) 고명(故明) 부자시(不自是) 고창(故
彰) 부자벌(不自伐) 고유공(故有功) 부자긍(不自矜) 고장(故長)." 성인은[聖人] 하나를[一] 지켜
[抱] 세상의[天下] 모범이[式] 된다[爲]. {성인(聖人)은} 자기를[自] 드러내지 않는다[不見]. 그러므
로[故] {성인(聖人)은} 밝다[明]. {성인(聖人)은} 자기를[自] 옳다 하지 않는다[不是]. 그러므로[故]
{성인(聖人)은} 뚜렷하다[彰]. {성인(聖人)은} 자기를[自] 자랑하지 않는다[不伐]. 그러므로[故] {성

인(聖人)께는} 보람이[功] 있다[有]. {성인(聖人)은} 자기를[自] 높이지 않는다[不矜]. 그러므로[故] {성인(聖人)은} 장구하다[長].　　　　　　　　　　　　　『노자(老子)』22장(章)

180

註　"성야자(聖也者) 달어정(達於情) 이수어명(而遂於命) 천기부장(天機不張) 이오관개비(而五官皆備) 무언이심열(無言而心說) 차지위천락(此之謂天樂)." 성인(聖)이란[也] 분은[者] 사물의 참 모습에[於情] 통달해서[達而] 자연의 가르침에[於命] 따르고[遂], 자연대로[天] 마음 씀을[機] 드러 내지 않는다[不張]. 그러나[而] 감각기관은[五官] 모두[皆] 갖추어져 있지만[備], 말이[言] 없어도 [無而] 마음은[心] 즐겁다[說]. 이를[此之] 자연을[天] 즐김이라[樂] 한다[謂].

　　　　　　　　　　　　　『장자(莊子)』「제물론(齊物論)」

註　"부수기성심이사지(夫隨其成心而師之) 수독차무사호(誰獨且無師乎) 해필지대이심자취자 유지(奚必知代而心自取者有之) 우자여유언(愚者與有焉) 미성호심이유시비(未成乎心而有是非) 시금일적월이석지야(是今日適越而昔至也)." 무릇[夫] 제[其] 주장을[成見] 따라서[隨而] 그것을 [之] 스승으로 삼는다면[師] 어느 누구에게만은[誰獨且] 스승이[師] 없겠는가[無乎]? 시시각각 일 어나는 변화를[代] 알아서[知而] 마음이[心] 스스로[自] 취하는[取] 자한테만[者] 어찌[奚必] 스승 이[之] 있겠는가[有]? 어리석은[愚] 자한테도[者] 함께[與] 스승이 있는 것[有]이다[焉]. 마음 속에 [乎心] 제 주장이[成] 없는데도[未而] 시비가[是非] 있다는[有] 주장이란[是] 오늘[今日] 월나라로 [越] 가서[適而] 어제[昔] 도착했다는 것[至]이지[也].

　　　성심(成心)은 상심(常心) 즉 하나의 사견(私見)인 자기 주장을 말한다. 지대(知代)의 대(代) 는 상대(相代)의 줄임말로, 서로서로 변화를 멈추지 않음을 말한다. 〈금일적월이석지(今日適越 而昔至)〉는 혜시(惠施)의 궤변을 가리킨다.　　　　　　　　　　　『장자(莊子)』「제물론(齊物論)」

註　"지기웅(知其雄) 수기자(守其雌) 위천하계(爲天下谿)." 그[其] 수컷을[雄] 알고[知] 그[其] 암컷을[雌] 지키면[守] 세상을[天下] 담는 빈 골짜기가[谿] 된다[爲].　　　『노자(老子)』28장(章)

註　"노신명위일(勞神明爲一) 이부지기동야(而不知其同也) 위지조삼(謂之朝三) 하위조삼(何謂 朝三) 왈(曰) 저공부서왈(狙公賦芧曰) 조삼이모사(朝三而暮四) 중저개로(衆狙皆怒) 왈(曰) 연즉 (然則) 조사이모삼(朝四而暮三) 중저개열(衆狙皆悅) 명실미휴이희로위용(名實未虧而喜怒爲用) 역인시야(亦因是也) 시이성인화지이이시비(是以聖人和之以是非) 이휴호천균(而休乎天均) 시지위 양행(是之謂兩行)." 괜히 애써서[勞神明] 한쪽을[一] 주장한다[爲]. 그러나[而] (그런 짓은) 그[其] 하나 같음을[同] 알지 못한 것[不知]이다[也]. 이런 부지(不知)를[之] 조삼이라[朝三] 한다[謂]. 무 엇을[何] 조삼이라[朝三] 하는가[謂]? 이러하다[曰]. 원숭이를 부리는 자가[狙公] 상수리를[芧] 나 눠주려고 하면서[賦] 말했다[曰] : 아침에[朝] 세 개이고[三而] 저녁에[暮] 네 개다[四]. (그러자) 뭇 원숭이들이[衆狙] 모두[皆] 화를 냈다[怒]. (저공이) 말했다[曰] : 그렇다면[然則] 아침에[朝] 네 개 고[四而] 저녁에[暮] 세 개다[三]. (그러자) 뭇 원숭이들이[衆狙] 모두[皆] 좋아했다[悅]. 명칭도[名] 내용도[實] 변함이[虧] 없는데[未而] 기쁨과[喜] 노여움이[怒] 생겼다[爲用]. (그러니) 역시[亦] {시 비(是非)를 떠난 법자연(法自然)의} 그러함에[是] 맡기는 것[因]이다[也]. 이렇기[是] 때문에[以]

성인은[聖人] 인시(因是)로[之]써[以] 시비를[是非] 화합시켜서[和而] 자연의[天] 균형에서[乎均] 쉰다[休]. 이것을[是之] 양행이라[兩行] 한다[謂].

인시(因是)는 인대시(因大是)의 줄임으로 인(因)은 여기선 〈맡길 임(任)〉과 같고, 대시(大是)란 시비를 떠난 크나큰[大] 그러함[是]이고, 이는 도법자연(道法自然)의 법자연(法自然) 즉 자연(自然)을 본받는[法] 그러함[是]이다. 양행(兩行)이란 물아(物我)가 제 자리를 얻고 그 사이에 아무런 걸림이 없음이다. 『장자(莊子)』「제물론(齊物論)」

【보주(補註)】

● 〈성인무상심(聖人無常心)〉을 〈어성인무상심(於聖人無常心)〉처럼 옮기면 문의 (文意)를 좀 더 쉽게 새길 수 있다. 〈성인(聖人)께는[於] 상심이[常心] 없다[無].〉

● 무상심(無常心)에서 상심(常心)은 〈일정불변(一定不變)〉을 뜻한다. 한 가지로 정해서[一定] 변하지 않는[不變] 그 나름의 판단기준인 성심(成心)을 말한다. 『논어(論語)』에 나오는 **자절사(子絶四)인 무의(毋意) 무필(毋必) 무고(毋固) 무아(毋我)** 역시 여기 〈무상심(無常心)〉과 통하는 것이다.

註 "자절사(子絶四) 무의(毋意) 무필(毋必) 무고(毋固) 무아(毋我)." 공자께서[子] 네 가지를 [四] 끊었다[絶]. 자의(恣意)가[意] 없고[毋], 기필(期必)이[必] 없으며[毋], 고집(固)[固] 없고[毋], 독존(獨尊)이[我] 없다[毋]. 『논어(論語)』「자한(子罕)」 4

● 성인무상심(聖人無常心)을 〈성인상무심(聖人常無心)〉으로 읽어야 한다는 주장 이 있다. 성인주개경(聖人重改更) 즉 성인은[聖人] 고치고[改] 바꿈을[更] 중히 여기기[重] 때문에 성인의[聖人] 마음은 무고(無固) 즉 고집이[固] 없다는 것이 다. 그리고 무심(無心)이란 여천합덕(與天合德) 즉 자연과[與天] 덕을[德] 하나 로 하는[合] 마음인지라 성인께는[聖人] 항상[常] 고집하는 마음이[心] 없음을 [無] 나타내는 원문(原文)이 돼야 하므로, 〈성인무상심(聖人無常心)〉으로 읽을 것이 아니라 〈성인상무심(聖人常無心)〉으로 읽어야 한다는 주장이 설득력을 얻 고 있다.

【해독(解讀)】

● 〈성인무상심(聖人無常心)〉에서 성인(聖人)은 무(無)를 꾸며주는 부사 노릇하고, 무(無)는 〈없을 무(無)〉로 동사 노릇하며, 상심(常心)은 무(無)의 주어 노릇한다.

무(無)가 〈없을 무(無)〉로 자동사 노릇할 때는 주어를 뒤에 둔다. 〈성인께는[聖人] 상심이[常心] 없다[無].〉

● 성인무상심(聖人無常心)은 〈A무(無)B〉의 상용문이다. 〈A에는 B가 없다[無].〉

49-2 以百姓心爲心(이백성심위심)

▶{성인(聖人)은} 백성의[百姓] 마음으로[心]써[以] (당신의) 마음을 [心] 삼는다[爲].

써 이(以), 많을 백(百), 성씨 성(姓), 마음 심(心), 삼을(생각할) 위(爲)

【지남(指南)】

〈이백성심위심(以百姓心爲心)〉은 성인(聖人)께 〈상심(常心)〉이 없는 까닭을 밝힌다. 성인(聖人)은 세상을 자기 뜻대로 보지 않고, 듣지 않으며 생각하지 않는다. 백성이 보는 대로 보고, 백성이 듣는 대로 듣고, 백성이 생각하는 대로 생각하므로, 성인(聖人)의 마음은 침정(沈靜) 즉 백성의 마음에 사로잡혀[沈] 무욕하여 고요하다[靜]. 이백성심위심(以百姓心爲心)은 『장자(莊子)』에 나오는 **연정이백성정(淵靜而百姓靜)**과 **사자천국(四者天鬻)**을 상기시킨다.

성인(聖人)이 백성의 마음을 당신의 마음으로 삼는 것은 〈연정(淵靜)〉과 같다. 못[淵]이 고요해야[靜] 물고기가 편히 살 듯, 치자(治者)로서 성인(聖人)의 마음도 그와 같아야 백성이 안정된 삶을 누린다. 따라서 무상심(無常心)의 성인(聖人)은 치자(治者)로서 예악형정(禮樂刑政)으로써 치민(治民)하지 않고, 법자연(法自然)으로써 안민(安民)한다. 본래 군주(君主)란 원어덕(原於德)하여 성어천(成於天)하는 치자(治者)를 말한다. 상덕에 의해서[於德] 비롯되고[原] 자연에 의해서[於天] 이룩되는[成] 치자(治者)라야 군천하(君天下) 즉 세상을[天下] 다스리는 것[君]이다. 달어정(達於情)하고 수어명(遂於命)하는 성인(聖人)은 무상심(無常心)하여 백성의 마음을 당신의 마음으로 삼는 까닭에 세상을[天下] 다스린다[君]. 이처럼 무상심(無常心)의 성인(聖人)은 예악형정(禮樂刑政)으로 백성을 다스리지 않고 세상의 참모습[情]인 백성을 통해서 보고 들음에 능통하고[達], 민심(民心)을 천심(天心)으로 여겨 그 마음[心]을 따르므로 성인(聖人)의 무상심(無常心)은 연정(淵靜), 즉 깊어 그윽한 연못[淵]같이 고요하다[靜].

따라서 성인(聖人)에게는 자기 상심(常心)이 없고 백성의 마음[百姓心]을 당신의 마음으로 삼기 때문에, 백성은 모두 17장(章)에서 살핀 바대로 **아자연(我自然)** 즉 우리는[我] 그냥 그대로라고[自然] 구가하면서 삶을 누리게 된다. 이러한 선치(善治)로 말미암아 백성도 성인(聖人)을 본받아 저마다 상심(常心)이 없어져 부쟁(不爭)하면서 절로 변화해간다[自化]. 천하족(天下足) 즉 세상이[天下] 흡족하고[足], 백성정(百姓定) 즉 백성이 안정함은[定] 성인(聖人)께서 백성의 마음을 당신의 마음으로 삼기 때문임을 살펴 새기고 헤아려 가늠하게 하는 말씀이 〈이백성심위심(以百姓心爲心)〉이다.

▦ "천지수대(天地雖大) 기화균야(其化均也) 만물수다(萬物雖多) 기치일야(其治一也) 인졸수중(人卒雖衆) 기주군야(其主君也) 군원어덕(君原於德) 이성언천(而成於天) 고왈(故曰) 현고지군천하(玄古之君天下) 무위야(無爲也) 천덕이이의(天德而已矣)……고지휵천하자(古之畜天下者) 무욕이천하족(無欲而天下足) 무위이만물화(無爲而萬物化) 연정이백성정(淵靜而百姓定) 기왈(記曰) 통어일이만사필(通於一而萬事畢) 무심득이귀신복(無心得而鬼神服)." 비록[雖] 하늘땅은[天地] 크지만[大] 그것이[其] 변화함은[化] 하나이고[均也], 비록[雖] 만물은[萬物] 많지만[多] 그것을[其] 다스림은[治] 하나이며[一也], 비록[雖] 백성이[人卒] 많지만[衆] 백성을[其] 주재함은[主] 임금이다[君也]. 임금은[君] 상덕에 의해[於德] 근원해서[原而] 자연에 의해[於天] 이루어진다[成]. 그래서[故] 태초에[玄古之] 천하의[天下] 임금은[君] 인위가[爲] 없었던 것이고[無也], 자연의 덕[天德]뿐이었다고[而已矣] 말한다[曰]. ……옛날[古之] 세상을[天下] 길러내는[畜] 분한테는[者] 사욕이[欲] 없어서[無而] 세상이[天下] 만족하였고[足], 인위가[爲] 없이도[無而] 만물은[萬物] 화육되었다[化]. 연못이[淵] 고요해서[靜而] 백성이[百姓] 안정되었다[定]. 기록에[記] 하나에 의해[於一] 통하게 되면[通而] 만사가[萬事] 이루어지고[畢], 욕심이[心得] 없으면[無而] 하늘땅도[鬼神] 감복한다고[服] 말했다[曰].

　도가(道家)의 군주(君主)에 대한 관점이 잘 정리돼 있다. 　　　　　『장자(莊子)』「천지(天地)」

▦ "성인유소유(聖人有所遊) 이지위얼(而知爲孽) 약위교(約爲膠) 덕위접(德爲接) 공위상(工爲商) 성인불모(聖人不謀) 오용지(惡用知) 불착(不斲) 오용교(惡用膠) 무상(無喪) 오용덕(惡用德) 불화(不貨) 오용상(惡用商) 사자천국(四者天鬻) 천국야자천사야(天鬻也者天食也) 기수사어천(旣受食於天) 우오용인(又惡用人)." 성인께는[聖人] 걸림 없이 노니는[遊] 바가[所] 있어서[有而] 지식을[知] 화근으로[孽] 여기고[爲], 예의(禮儀)란 규약을[約] 갖풀로[膠] 여기며[爲], 인덕을

[德] 사귐의 수단으로[接] 여기고[爲], 기교를[工] 상술로[商] 여긴다[爲]. 성인은[聖人] 꾀하지 않는데[不謀] 어찌[惡] 지식을[知] 쓰겠으며[用], 깎고 다듬지 않는데[不斷] 어찌[惡] 갖풀을[膠] 쓰겠으며[用], 잃을 것이[喪] 없는데[無] 어찌[惡] 인덕(人德)을[德] 쓰겠으며[用], 돈벌이를 않는데[不貨] 어찌[惡] 상술(商術)을[商] 쓰겠는가[用]? {불모(不謀)·불착(不斷)·무상(無喪)·불화(不貨)는} 자연이[天] 길러주는[鬻] 네 가지[四者]이다[也]. 자연이[天] 길러줌[鬻]이란[也] 것은[者] 자연이[天] 먹여줌[食]이다[也]. 이미[旣] 자연으로부터[於天] 먹을거리를[食] 받았는데[受] 또[又] 어찌[惡] 인간의 것을[人] 쓰겠는가[用]?

얼(孼)은 요해(妖害) 즉 요망스런[妖] 방해[害]이고, 덕위접(德爲接)의 덕(德)은 인덕(人德) 즉 비천덕(非天德)이고, 접(接)은 여기선 〈사귈 교(交)〉로 교접(交接)의 줄임말로 여기면 된다. 약위교(約爲膠)의 약(約)은 〈규정 규(規)〉와 같아 규약(規約)의 줄임말로 여기면 된다. 〈기술 공(工)=기공(技工)〉, 〈깎고 다듬을 착(斷)〉, 〈갖풀 교(膠)〉, 〈상(商)=상술(商術)〉, 〈팔고 살 화(貨)〉, 〈길러줄 국(鬻)=먹을거리 사(食)〉이다. 사(食)는 〈먹을 식(食), 먹을거리 사(食)〉의 서로 다른 뜻을 낸다. 『장자(莊子)』「덕충부(德充符)」

註 "공성사수(功成事遂) 백성개위(百姓皆謂) 아자연(我自然)."{백성이 모르는 무위(無爲)의 치자(治者)가} 공적을[功] 이루고[成] 사업을[事] 완수했어도[遂], 백성은[百姓] 모두[皆] 우리는[我] 본디대로 그냥 그러하다고[自然] 말했다[謂]. 『노자(老子)』17장(章)

【보주(補註)】

● 〈이백성심위심(以百姓心爲心)〉을 〈성인위기심이백성심(聖人爲其心以百姓心)〉처럼 옮기면 문의(文意)를 좀 더 쉽게 새길 수 있다. 〈성인은[聖人] 백성의 마음으로[百姓心] 써[以] 자기의[其] 마음을[心] 삼는다[爲].〉

● 이백성심위심(以百姓心爲心)은 〈이천심위심(以天心爲心)〉과 같고, 천심(天心)은 무심득(無心得) 즉 무욕(無欲)과 같아 천도(天道)를 따라 지키는 마음을 말한다. 무욕(無欲)이란 무사욕(無私欲)을 줄인 술어(術語)이다. 〈천도를 따라는 지키는[天] 마음으로[心] 써[以] 제[其] 마음을[心] 삼는다[爲].〉 〈사사로운[私] 욕심이[欲] 없다[無].〉

【해독(解讀)】

● 〈이백성심위심(以百姓心爲心)〉에서 이백성(以百姓)은 위(爲)를 꾸며주는 부사구 노릇하고, 위(爲)는 〈삼을 위(爲)〉로 동사 노릇하며, 심(心)은 위(爲)의 목적어 노릇한다.

　　이백성심위심(以百姓心爲心)은 〈위심이백성심(爲心以百姓心)〉에서 이백성

(以百姓)을 강조하고자 전치한 예이고, 백성심(百姓心)은 〈백성지심(百姓之心)〉의 줄임이다. 〈백성심으로[百姓心]써[以] 심을[心] 삼는다[爲].〉〈백성의[百姓之] 마음[心]〉

- 이백성심위심(以百姓心爲心)은 〈A이(以)B위(爲)C〉의 상용예문이다. 〈A는 B로써[以] C를 삼는다[爲].〉

49-3 善者(선자) 吾善之(오선지) 不善者(불선자) 吾亦善之(오역선지) 德善(덕선)

▶ 선한[善] 자(者) 그를[之] 나는[吾] 선하게 대접하고[善], 나는[吾] 또한[亦] 불선한[不善] 자(者) 그도[之] 선하게 대접한다[善]. (그래서 나는 사람들로 하여금) 선을[善] 누리게 한다[德].

> 선하게 할 선(善), 놈(것) 자(者), 나 오(吾), 그 지(之), 아니 불(不),
> 또 역(亦), 얻을 덕(德), 잘할 선(善)

【지남(指南)】

〈선자오선지(善者吾善之) 불선자오역선지(不善者吾亦善之) 덕선(德善)〉은 노자(老子) 자신이 백성심(百姓心)을 당신의 마음으로 삼는 까닭을 여기 〈덕선(德善)〉으로써 밝힌다. 따라서 선(善)한 사람도 선하게 대접하고[善] 불선(不善)한 사람도 선하게 대접하여[善] 백성의 마음을 당신의 마음으로 삼는 성인(聖人)을 노자(老子)가 그대로 본받음을 밝힌다.

여기 〈덕선(德善)〉은 〈득선(得善)〉과 같다. 선(善)을 얻음이[得] 여기 덕선(德善)이다. 덕선(德善)이란 〈법자연(法自然)〉 즉 법천도(法天道)로 드러난다. 자연의[天] 규율을[道] 본받기를[法] 계승함[繼]이 곧 선(善)이기 때문이다. 여기 〈선자(善者)〉의 선(善)은 『주역(周易)』이 밝혀주는 계일음일양지도(繼─陰─陽之道)이다. 일음일양(一陰一陽)의 천도(天道)를 계승[繼]함이 〈선(善)〉이다. 일음일양(一陰一陽)은 상도(常道)의 조화인지라 상덕(常德)을 달리 말함이 곧 선(善)이니, 선자(善者)란 성덕(盛德) 즉 상덕(常德)을 쌓아가는[盛] 사람이고, 순천(順天) 즉 자연을 따름[順天]

인지라 선(善)은 곧 법자연(法自然)으로 드러나는 것이다. 그래서 여기 〈오선지(吾善之)〉의 선지(善之)는 27장(章)에서 살핀 **성인상선구인(聖人常善救人) 상선구물(常善救物)**을 떠올려준다.

물론 여기 오선지(吾善之)는 노자(老子) 자신도 성인(聖人)을 본받아 모든 사람들을 선대(善待)함을 밝힘이다. 성인(聖人)이 선대(善待)함이란 **상선구인(常善救人)·상선구물(常善救物)**을 쉼 없이 행함이다. 그러므로 여기 오선지(吾善之)는 노자(老子)도 성인(聖人)을 본받아 항상[常] 선하게[善] 사람과 사물을 구제(救濟)함을 뜻한다. 그리고 항상 선하게 구제함이란 여기 〈선지(善之)〉이다. 따라서 여기 선지(善之)란 51장(章)에 나오는 현덕(玄德)으로써 모든 사람을 선대(善待)함이다.

현덕(玄德)은 상도(常道)가 쓰는 상덕(常德)을 달리 칭함이다. **생이불유(生而不有)** 즉 낳아주되[生而] 갖지 않고[不有], **위이불시(爲而不恃)** 즉 도와주되[爲而] 어떠한 대가도 바라지 않으며[不恃], **장이부재(長而不宰)** 즉 길러주되[長而] 다스리지 않음이[不宰] 현덕(玄德)의 선대(善待)이다. 이러한 현덕(玄德)은 선(善)·불선(不善)을 가리지 않고 만물을 하나로[一] 선대(善待)하므로, 여기 〈오(吾)〉 즉 노자(老子) 역시 선자(善者) 즉 법자연자(法自然者)도 선대(善待)하고, 불선자(不善者) 즉 불법자연자(不法自然者)도 선대(善待)하는 것이다.

선자(善者), 즉 자연(自然)을 본받는[法] 사람은[者] 19장(章)에서 살핀 바대로 **견소포박(見素抱樸) 소사과욕(少私寡欲)**을 실행하는 자이다. 불선자(不善者), 즉 자연(自然)을 본받지 않는[不法] 사람은[者] 자연을[素樸] 살피지 않고[不見] 지키지 않으면서[不抱] 다사(多私) 즉 제 몫을[私] 많게 하고[多], 과욕(過欲) 즉 제 욕심을[欲] 넘쳐나게 하는[過] 자이다. 특히 성인(聖人)은 불선자(不善者)를 외면하지 않고 선대(善待)하여 복귀어박(復歸於樸), 즉 자연으로[於樸] 돌아와[復歸] 소사과욕(少私寡欲)의 삶을 누리게 한다.

불선자(不善者)는 복귀어박(復歸於樸)의 삶을 비웃고 상쟁(相爭)을 일삼지만, 성인(聖人)은 이런 불선자(不善者)를 저버림 없이 선자(善者)로 변화하게 하므로 무기인(無棄人)한다. 그러므로 성인(聖人)을 본받아 노자(老子)가 사람들로 하여금 누리게 하는 덕선(德善)은, 선자(善者)든 불선자(不善者)든 현덕(玄德)을 누리게 함임을 살펴 새기고 헤아려 깨우치게 하는 말씀이 〈선자오선지(善者吾善之) 불선자오역선지(不善者吾亦善之) 덕선의(德善矣)〉이다.

註 "일음일양지위도(一陰一陽之謂道) 계지자선야(繼之者善也) 성지자성야(成之者性也)." 일음일양을[一陰一陽之] 도라[道] 하고[謂], 그 도(道)를[之] 계승한[繼] 것이[者] 선(善)이고[也], 그 도(道)를[之] 이룩한[成] 것이[者] 성(性)이다[也].

　　여기서 일음일양(一陰一陽)의 도(道)란 변화지도(變化之道), 즉 천지지조화(天地之造化)인 변화의[變化之] 이치[道]를 뜻한다. 　　　　　　　　　　　　　　　『주역(周易)』「계사전상(繫辭傳上)」

註 "성인상선구인(聖人常善救人) 고무기인(故無棄人) 상선구물(常善救物) 고무기물(故無棄物) 시위습명(是謂襲明)." 성인은[聖人] 늘[常] 선하게[善] 사람들을[人] 구제한다[救]. 그러므로[故] 사람들을[人] 버림이[棄] 없다[無]. 이러함을[是] 밝음을[明] 물려받아 전함이라[襲] 한다[謂].
　　　　　　　　　　　　　　　　　　　　　　　　　　　　　『노자(老子)』27장(章)

註 "생이불유(生而不有) 위이불시(爲而不恃) 장이부재(長而不宰) 시위현덕(是謂玄德)." 낳아주되[生而] 갖지 않으며[不有], 위해주되[爲而] 바라지 않고[不恃], 키워주되[長而] 이래라저래라 않는다[不宰]. 이를[是] 현묘한[玄] 덕이라[德] 한다[謂]. 　　　　　『노자(老子)』51장(章)

註 "견소포박(見素抱樸) 소사과욕(少私寡欲)." (백성으로 하여금) 그냥 그대로를[素] 살피게 하고[見] 그냥 그대로를[樸] 지키게 한다면[抱], (백성은) 제 몫을[私] 적게 하고[少] 욕망을[欲] 적게 한다[寡].

　　소(素)와 박(樸)은 자연(自然)을 말하고, 소사(少私)와 과욕(寡欲)은 법자연(法自然)함이다.
　　　　　　　　　　　　　　　　　　　　　　　　　　　　　『노자(老子)』19장(章)

【보주(補註)】

- 〈선자오선지(善者吾善之) 불선자오역선지(不善者吾亦善之) 덕선(德善)〉을 〈오선대선지인(吾善待善之人) 이오역선대불선지인(而吾亦善待不善之人) 인차(因此) 오사인덕선(吾使人德善)〉처럼 옮기면 문의(文意)를 좀 더 쉽게 새길 수 있다. 〈나는[吾] 선한[善之] 사람을[人] 선하게[善] 대한다[待]. 그리고[而] 나는[吾] 또한[亦] 선하지 않은[不善之] 사람도[人] 선하게[善] 대한다[待]. 그래서[因此] 나는[吾] 사람들로[人] 하여금[使] 선함을[善] 누리게 한다[德].〉

- 〈선자오선지(善者吾善之) 불선자오역선지(不善者吾亦善之) 덕선(德善)〉에서 선(善)은 법자연(法自然), 즉 계천도(繼天道)를 뜻한다. 천도(天道)를 계승함이[繼] 선(善)이다. 따라서 순천(順天)함이 곧 선(善)이다. 『맹자(孟子)』에 나오는 **순천자(順天者)** 역시 선(善)을 밝힘이다.

"순천자존(順天者存) 역천자망(逆天者亡)." 하늘을[天] 따르는[順] 쪽은[者] 살아남고[存], 하늘을[天] 거스르는[逆] 쪽은[者] 죽는다[亡].　　　『맹자(孟子)』「이루장구상(離婁章句上」

- 덕선(德善)이 〈득선의(得善矣)〉로 된 본도 있다. 문의(文義)가 달라지는 것은 아니다. 〈덕(德)〉과 〈득(得)〉은 다 같이 〈얻을 덕(德)·득(得)〉이기 때문이다. 〈선을[善] 얻게 하는 것[德]이다[矣].〉

【해독(解讀)】

- 〈선자오선지(善者吾善之) 불선자오역선지(不善者吾亦善之) 덕선(德善)〉은 세 구문으로 이루어진 하나의 문단이다. 〈선자(善者) 그를[之] 나는[吾] 선하게 대접한다[善]. (그리고 나는) 불선자(不善者) 그를[之] 또한[亦] 선하게 대접한다[善]. (그래서 나는 사람들로 하여금) 선함을[善] 얻게 한다[德].〉

- 선자오선지(善者吾善之)는 〈오선선자(吾善善者)〉에서 선자(善者)를 강조하고자 전치한 구문이므로, 선자(善者)는 선(善)의 목적구 노릇하고, 오(吾)는 선(善)의 주어 노릇하며, 선(善)은 동사 노릇하고, 지(之)는 선자(善者)가 전치되어 빈 자리에 둔 허사(虛詞)로 여겨도 되고 선자(善者)를 대신하는 지시어로 여겨도 된다. 여기 선자(善者)는 〈선지인(善之人)〉과 같다. 오선지(吾善之)의 선(善)은 〈선하게 대할 선(善)〉으로서 선대(善待)의 뜻을 낸다. 〈나는[吾] 선자(善者) 그를[之] 선하게 대접한다[善].〉

- 불선자오역선지(不善者吾亦善之) 역시 〈오역선불선자(吾亦善不善者)〉에서 불선자(不善者)를 강조하고자 전치한 구문이라 불선자(不善者)는 선(善)의 목적구 노릇하고, 오(吾)는 선(善)의 주어 노릇하며, 역(亦)은 어조사 노릇하며, 선(善)은 동사 노릇하고, 지(之)는 불선자(不善者)가 전치되어 빈 자리에 둔 허사(虛詞)로 여겨도 되고 불선자(不善者)를 대신하는 지시어로 여겨도 된다. 〈나는[吾] 불선자(不善者) 그를[之] 또한[亦] 선하게 대접한다[善].〉

- 덕선(德善)은 앞 문맥으로 미루어 〈오사인덕선(吾使人德善)〉에서 보충될 수 있는 내용이므로 주어 노릇할 오(吾)와, 덕(德)을 부사구로서 꾸며주는 사인(使人)을 생략하고, 술부만 남긴 구문이다. 덕선(德善)에서 덕(德)은 주어가 생략되었지만 동사 노릇하고, 선(善)은 덕(德)의 목적어 노릇한다. 여기 덕선(德善)의 덕

(德)은 〈얻을 득(得)〉과 같다. 본래 〈덕(德)〉과 〈득(得)〉은 상통하는 자(字)이다.
〈나는[吾] 사람들로[人] 하여금[使] 선함을[善] 누리게 한다[德].〉

49-4 信者(신자) 吾信之(오신지) 不信者(불신자) 吾亦信之(오역신지) 德信(덕신)

▶ 믿는[信] 자(者) 그도[之] 나는[吾] 믿고[信], 믿지 않는[不信] 자(者) 그도[之] 나는[吾] 또한[亦] 믿어서[信] (그래서 나는 사람들로 하여금) 믿음을[信] 누리게 한다[德].

> 믿을 신(信), 놈(것) 자(者), 나 오(吾), 그 지(之), 아니 불(不), 또 역(亦),
> 취할 덕(德).

【지남(指南)】

〈신자오신지(信者吾信之) 불신자오역신지(不信者吾亦信之) 덕신(德信)〉 역시 노자(老子) 자신이 백성심(百姓心)을 당신의 마음으로 삼는 까닭을 여기 〈덕신(德信)〉으로써 밝힌다. 여기 〈신자(信者)〉는 신선자(信善者), 즉 선(善) 즉 법천도(法天道)를 믿고 지키는[信] 사람이다. 따라서 자연의[天] 규율을[道] 본받아[法] 상도(常道)를 믿는[信] 사람도 신임하고[信], 상도(常道)를 믿지 않는[不信] 사람도 신임하여[信] 백성의 마음을 당신의 마음으로 삼는 성인(聖人)을 노자가[老子] 그대로 본받음을 밝힌다.

여기 〈덕신(德信)〉도 〈득신(得信)〉과 같다. 법자연(法自然)을 믿게[信] 함은 곧 상도(常道)를 믿게[信] 함이고, 이것이 덕신(德信)이다. 그러므로 여기 신자(信者)는 신선자(信善者)이다. 선을[善] 믿음[信]이란 천도(天道)의 계승을 믿음[信]이다. 천도를[天道] 이어받음인[繼] 선(善)을 믿음은[信] 곧 16장(章)에서 살핀 복명(復命)으로 통한다. 그 복명(復命)은 순천(順天)이니, 덕신(德信)은 순천(順天) 즉 자연을[天] 따르게[順] 함이다. 백성도 선(善)을 신(信)하게 하고, 불신(不信)한 백성도 선(善)을 믿게[信] 하고자 성인(聖人)이 백성의 마음을 당신의 마음으로 삼음을 노자(老子)도 본받아, 백성으로 하여금 상도(常道)의 믿음을[信] 누리게 함이 여기 덕신

(德信)이다. 성인(聖人)이 백성이 선(善)함을 믿기[信] 때문에 그 마음을 당신의 것으로 삼듯이, 노자(老子)도 그렇게 한다는 것이다. 노자(老子) 당신이 신천도(信天道) 하듯이 백성도 자연의[天] 규율을[道] 믿어[信] 순천(順天)하게 하는 것이다. 왜냐하면 선(善) 역시 상덕(常德)을 믿음[信]이기 때문이다.

상덕(常德)을 믿음은 상도(常道)를 믿음[信]이고, 이는 39장(章)에서 살핀 바대로 **만물득일이생(萬物得一以生)**을 상기시키고, 나아가 『장자(莊子)』에 나오는 대동이무기(大同而無己)를 떠올린다. 만물을 낳는[生] 근원은 하나[一]로, 상도(常道)가 낳지 않은 것이란 없으니 온갖 것은 하나[一]이다. 만물은 하나를 얻어[得一] 생긴 것이니 피차(彼此)로 나누어 분별하여 시비·논란할 것 없음이 대동이무기(大同而無己)이다. 대동(大同)에는 믿음[信]뿐 불신(不信)이란 없다.

나에게 자기[己]가 없고 너에게도 자기[己]가 없다면 절로 무사(無私)하게 되고, 무사(無私)하면 무욕(無欲)하고 무욕(無欲)하면 무심(無心)해져 허정(虛靜)·염담(恬淡)하여 무위(無爲)하게 되니, 상도(常道)를 누리게 됨이 여기 덕선(德善)이다. 허정(虛靜)·염담(恬淡)·무위(無爲)는 상도(常道)를 풀이해주는 한 뜻인 동시에 덕신(德信)으로써 누리는 삶이다. 따라서 신자(信者)란 상덕(常德)을 믿고 따르는 백성이고, 여기 덕신(德信)은 결과적으로 〈득소박지민(得素樸之民)〉 즉 자연의[素樸之] 백성을[民] 얻음[得]으로 드러난다. 이러한 덕신(德信) 역시 무심(無心)한 성인(聖人)을 본받아 노자(老子) 자신이 백성에게서 얻어낸[得] 믿음[信]인지라 『장자(莊子)』의 **반이상천(反以相天)**을 상기시킨다.

신(信)은 〈성(誠)〉이고 〈불의(不疑)〉이며 〈종(從)〉이고 〈험(驗)〉이다. 상도(常道)가 내린 본성(本性)을 받들어 간직하고[誠] 그것을 의심치 않고[不疑] 따름[從]이니, 상도(常道)의 짓을 믿고 응하여 따름을 증험(證驗)함과 다를 바 없음을 믿게 함이 여기 덕신(德信)이다. 상도(常道)의 짓이 상덕(常德)인지라, 상덕(常德)을 이어감이 선(善)인 동시에 상덕(常德)에 정성껏 응함[驗]이 신(信)이니, 덕신(德信)의 신(信)은 신험(信驗) 즉 믿고 따라 응함이다. 그러므로 덕신(德信)은 〈상덕신험(常德信驗)〉을 줄인 말씀으로 살펴 헤아려도 되는 말씀이다.

무엇을 믿고 증험함인가? 상도(常道)의 짓인 무위(無爲), 즉 상덕(常德)을 의심치 않고 응함이다. 그러니 불신자(不信者)는 상도(常道)를 불신(不信)하고, 따라서 상덕

(常德)을 의심하여[疑] 응하지 않는 자이다. 이런 불신자(不信者)라도 팽개치지 않고 심중(心中)을 그냥 그대로 따라주어 자화(自化)하게 하여 선자(善者)가 되게 하고 신자(信者)가 되게 하는 성인(聖人)의 〈상선구인(常善救人)〉을 노자(老子) 당신도 본받아, 백성으로 하여금 덕신(德信)하게 함을 살펴 새기고 헤아려 깨치게 하는 말씀이 〈신자오신지(信者吾信之) 불신자오역신지(不信者吾亦信之) 덕신(德信)〉이다.

註 "귀근왈정(歸根曰靜) 시위복명(是謂復命)." 뿌리로[根] 돌아옴을[歸] 고요라[靜] 하고[曰], 이를[是] 본성으로[命] 돌아옴이라[復] 한다[謂]. 　　　　　　　　　　『노자(老子)』16장(章)

註 "석자득일자(昔者得一者) 천득일이청(天得一以淸) 지득일이령(地得一以寧) 신득일이령(神得一以靈) 곡득일이영(谷得一以盈) 만물득일이생(萬物得一以生)." 맨 처음[昔之] 하나인[一] 것을[者] 얻었다[得]. 하늘은[天] 하나를[一] 얻음으로[得]써[以] 청명하고[淸], 땅은[地] 하나를[一] 얻음으로[得]써[以] 안정하며[寧], 변화하게 하는 짓은[神] 하나를[一] 얻음으로[得]써[以] 원기(元氣)가 되고[靈], 골짜기는[谷] 하나를[一] 얻음으로[得]써[以] 채워지며[盈], 온갖 것은[萬物] 하나를[一] 얻음으로[得]써[以] 생긴다.[生]. 　　　　　　　　　　『노자(老子)』39장(章)

註 "합호대동(合乎大同) 대동이무기(大同而無己) 무기(無己) 오호유유(惡乎有有) 도유자석지군자(覩有者昔之君子) 도무자천지지우(覩無者天地之友)." 크나큰[大] 하나와[同乎] 합한다[合]. 크나큰[大] 하나이니[同而] 자기가[己] 없다[無]. 자기가[己] 없는데[無] 어찌[惡乎] 가짐이[有] 있겠는가[有]? (가짐이) 있음을[有] 보는[覩] 자는[者] 옛날의[昔之] 군자이고[君子], (가짐이) 없음을[無] 보는[覩] 이는[者] 하늘땅의[天地之] 벗이다[友].

대동(大同)은 여자연동(與自然同) 즉 자연과[與自然] 하나됨[同]이고, 무기(無己)는 무사(無私)·무욕(無欲)·무아(無我)를 묶어 말함이다. 성인(聖人)은 도무자(覩無者)·천지지우(天地之友)·무기자(無己者)이다. 　　　　　　　　　　『장자(莊子)』「재유(在宥)」

註 "합즉성체(合則成體) 산즉성시(散則成始) 형정불휴(形精不虧) 시위능이(是謂能移) 정이우정(精而又精) 반이상천(反以相天)." {음양(陰陽)이} 합해지면[合則] 몸을[體] 이루고[成], 흩어지면[散則] 태시를[始] 이룬다[成]. 몸과[形] 정신은[精] {본래(本來)로 돌아가니} 이지러지지 않는다[不虧]. 이를[是] 자연의 조화를 순응해 옮겨감이라[能移] 한다[謂]. 정성들이고[精而] 또[又] 정성들이면[精] 그로써[以] 오히려[反] 자연을[天] 돕는다[相].

천지자(天地者)는 여기선 음양자(陰陽者) 즉 음양이란[陰陽] 것[者]을 말한다. 성체(成體)는 생(生)이고, 성시(成始)는 사(死)이다. 사(死)는 태시(太始), 즉 생(生)을 일으킨 것[作者]으로 돌아감[復]을 말한다. 불휴(不虧)는 여기선 받은 것을 그냥 그대로 돌려줌이다. 능이(能移)는 자연의 조화, 즉 변화의 짓을 그냥 그대로 좇아 따라감이다. 　　　　　　　　　　『장자(莊子)』「달생(達生)」

【보주(補註)】

● 〈신자오신지(信者吾信之) 불신자오역신지(不信者吾亦信之) 덕신(德信)〉을 〈오신임신선지인(吾信任信善之人) 이오역신임불신선지인(而吾亦信任不信善之人) 인차(因此) 오사인덕신(吾使人德信)〉처럼 옮기면 문의(文意)를 좀 더 쉽게 새길 수 있다. 〈나는[吾] 선함을[善] 믿는[信之] 사람을[人] 신임한다[信任]. 그리고[而] 나는[吾] 또한[亦] 선함을[善] 믿지 않는[不信] 사람도[人] 신임한다[信任]. 그래서[因此] 나는[吾] 사람들로[人] 하여금[使] 믿음을[信] 누리게 한다[德].〉

● 〈신자오신지(信者吾信之) 불신자오역신지(不信者吾亦信之) 덕신(德信)〉에서 신(信)은 〈신선(信善)〉의 줄임이다. 물론 신선(信善)은 〈신자연지법(信自然之法)〉이고 〈신순천(信天之順)〉이다. 〈자연을[自然之] 본받음을[法] 믿음[信]〉 〈자연을[天之] 따름을[順] 믿음[信]〉

● 덕신(德信)이 〈득신의(得信矣)〉로 된 본도 있다. 문의(文義)가 달라지는 것은 아니다. 〈덕(德)〉과 〈득(得)〉은 다 같이 〈얻을 덕(德) · 득(得)〉이기 때문이다. 〈선을[善] 얻게 하는 것[德]이다[矣].〉

【해독(解讀)】

● 〈신자오신지(信者吾信之) 불신자오역신지(不信者吾亦信之) 덕신(德信)〉은 세 구문으로 이루어진 하나의 문단이다. 〈신자(信者) 그를[之] 나는[吾] 신임한다[信]. (그리고 나는) 불신자(不信者) 그를[之] 또한[亦] 신임한다[信]. (그래서 나는 사람들로 하여금) 믿음을[信] 얻게 한다[德].〉

● 신자오신지(信者吾信之)는 〈오신신자(吾信信者)〉에서 신자(信者)를 강조하고자 전치한 구문이라 신자(信者)는 신(信)의 목적구 노릇하고, 오(吾)는 신(信)의 주어 노릇하며, 신(信)은 동사 노릇하고, 지(之)는 신자(信者)가 전치되어 빈 자리에 둔 허사(虛詞)로 여겨도 되고 신자(信者)를 대신하는 지시어로 여겨도 된다. 여기 신자(信者)는 〈신지인(信之人)〉과 같다. 오신지(吾信之)의 신(信)은 〈맡길 임(任)〉과 같아 신임(信任)의 뜻을 낸다. 〈나는[吾] 신자(信者) 그를[之] 신임한다[信].〉

● 불신자오역신지(不信者吾亦信之) 역시 〈오역신불신자(吾亦信不信者)〉에서 불신자(不信者)를 강조하고자 전치한 구문이라 불신자(不信者)는 신(信)의 목적구 노릇하고, 오(吾)는 신(信)의 주어 노릇하며, 역(亦)은 어조사 노릇하며, 신(信)

은 동사 노릇하고, 지(之)는 불신자(不信者)가 전치되어 빈 자리에 둔 허사(虛詞)로 여겨도 되고 불신자(不信者)를 대신하는 지시어 노릇으로 여겨도 된다. 〈나는[吾] 불신자(不信者) 그를[之] 또한[亦] 신임한다[信].〉

● 덕신(德信)은 앞 문맥으로 미루어 〈오사인덕신(吾使人德信)〉에서 보충될 수 있는 내용이므로 주어 노릇할 오(吾)와, 덕(德)을 부사구로서 꾸며주는 사인(使人)을 생략하고 술부만 남긴 구문이다. 덕신(德信)에서 덕(德)은 주어가 생략되었지만 동사 노릇하고, 신(信)은 덕(德)의 목적어 노릇한다. 여기 덕신(德信)의 덕(德)은 〈얻을 득(得)〉과 같다. 본래 〈덕(德)〉과 〈득(得)〉은 상통하는 자(字)이다. 〈나는[吾] 사람들로[人] 하여금[使] 믿음을[信] 누리게 한다[德].〉

49-5 聖人在天下(성인재천하) 歙歙焉(흡흡언)

▶ 성인이[聖人] 세상을[天下] 재위할 때[在] {자기의 상심(常心) 즉 의욕을} 거두어들일[歙歙] 뿐이다[焉].

> 걸림 없이 통할 성(聖), 재위할 재(在), 거두어들일 흡(歙), 어시(於是)언(焉)

【지남(指南)】

〈성인재천하(聖人在天下) 흡흡언(歙歙焉)〉은 성인(聖人)이 자기 판단이나 자기 의지를 앞세워 〈재천하(在天下)〉 즉 치민(治民)하거나 치국(治國)하지 않음을 밝힌다. 여기 재천하(在天下)는 〈재위천하(在位天下)〉이다. 즉 성인(聖人)이 세상에[天下] 있다고[在] 함은 세상을[天下] 다스림을[治] 뜻한다. 따라서 재천하(在天下)는 재위(在位) 또는 재상(在上), 즉 다스리는 자리에 있음을[在位] 말한다. 이는 무위(無爲)의 다스림[治]으로써 백성으로 하여금 덕선(德善)하게 하고, 덕신(德信)하게 함이다. 예악인의(禮樂仁義)로써 치민(治民)하여 치세(治世)하지 않고, 상도(常道)를 그냥 그대로 본받아 무위(無爲)로써 백성을 다스려 백성 스스로 선함을[善] 얻게[德] 하고, 법자연(法自然)의 믿음을[信] 얻게[德] 하는 다스림이 여기 재천하(在天下)이다. 그러므로 여기 재천하(在天下)는 2장(章)에서 살핀 **성인처무위지사(聖人處無爲之事) 행불언지교(行不言之敎)**를 떠올린다.

　　무위(無爲)의 다스림이란 낳아주되 갖지 않고[生而不有], 위해주되 바라지 않으며[爲而不恃], 성공해도 연연하지 않는[功成而弗居] 상도(常道)를 본받아 성인(聖人)이 백성을 다스림[治民]이다. 이러한 성인(聖人)의 무위(無爲)의 다스림이란 『장자(莊子)』에 나오는 허정(虛靜) 염담(恬淡) 적막(寂漠)으로써 다스림인 것이다. 허정(虛靜) 염담(恬淡) 적막(寂漠), 이는 상도(常道)의 조화가 무욕(無欲)·무사(無私)함이니, 성인(聖人)도 천지(天地)의 평균이 되고 도덕(道德)의 지극함인 상도(常道)의 무위(無爲)에 머물러[處] 다스림인지라 〈흡흡언(歙歙焉)〉함이다. 성인이 무위(無爲)의 다스림을 행하는 모습을 흡흡언(歙歙焉)이라고 밝힌 것이다.

　　여기 흡흡언(歙歙焉)은 〈흡흡상심언(歙歙常心焉)〉 즉 상심(常心)을 내지 않고 거두어들임[歙歙]이다. 흡흡(歙歙)은 수렴(收斂) 즉 거두어들임[收斂]인지라, 여기 흡흡언(歙歙焉)은 앞서 살핀 〈성인무상심(聖人無常心) 이백성심위심(以百姓心爲心)〉을 거듭해 밝혀둔 말씀이다. 따라서 성인(聖人)은 자기 의지나 의욕을 거두어들이고[歙歙], 백성의 마음을 자기 마음으로 여기고 애민(愛民)하여 치국(治國)함을 거듭 살펴 새기고 헤아려 일깨워주는 말씀이 〈성인재천하(聖人在天下) 흡흡언(歙歙焉)〉이다.

註　"성인처무위지사(聖人處無爲之事) 행불언지교(行不言之敎)." 성인은[聖人] 무위를[無爲之] 행함에[事] 머물고[處], 말이[言] 없는[不之] 가르침을[敎] 행한다[行]. 　『노자(老子)』2장(章)

註　"부허정념담적막무위자(夫虛靜恬淡寂漠無爲者) 천지평(天地平) 이도덕지지(而道德之至)고(故) 제왕성인휴언(帝王聖人休焉)." 무릇[夫] 마음이 비고[虛] 고요하며[靜] 조용하고[恬] 담백하며[淡] 평온하고[寂] 가만함이[漠] 무위한[無爲] 것이[者] 하늘땅의[天地] 평균이고[平], 나아가[而] 도덕의[道德之] 지극함이다[至]. 그래서[故] 제왕인[帝王] 성인은[聖人] 허정념담적막(虛靜恬淡寂漠)에 머물러 쉬는 것[休]이다[焉]. 　『장자(莊子)』「천도(天道)」

【보주(補註)】

● 〈성인재천하(聖人在天下) 흡흡언(歙歙焉)〉을 〈성인재천하시(聖人在天下時) 성인흡흡상심언(聖人歙歙常心焉)〉처럼 옮기면 문의(文意)를 좀 더 쉽게 새길 수 있다. 〈성인이[聖人] 세상에[天下] 재위할[在] 때[時] 성인은[聖人] 자기의 의욕을[常心] 거두어들일[歙歙] 뿐이다[焉].〉

● 성인재천하(聖人在天下)가 〈성인지재천하(聖人之在天下)〉로 된 본(本)도 있다.

〈성인재천하(聖人在天下)〉는 영어의 절(節) 같은 구문이고, 〈성인지재천하(聖人之在天下)〉는 영어의 동명사구같이 되는 것뿐으로 문의(文義)가 달라지지는 않는다. 〈성인이[聖人] 세상에[天下] 재위한다[在].〉〈성인이[聖人之] 세상에[天下] 재위함[在]〉

● 흡흡언(歙歙焉)이 〈출출언(怵怵焉)〉 또는 〈첩첩언(惵惵焉)〉으로 된 본(本)도 있다. 이는 서로 뜻을 달리하는 것은 아니다. 〈두려워할 출(怵), 거두어들일 흡(歙), 두려워할 첩(惵)〉 등은 모두 공구(恐懼), 즉 〈두려워함[恐懼]〉이다. 상심(常心)을 두려워함은[恐懼] 상심(常心)을 거두어들임과[歙歙] 다를 것이 없다. 〈(상심) 그것을[焉] 거두어들인다[歙歙].〉〈(상심) 그것을[焉] 두려워한다[怵怵].〉〈(상심) 그것을[焉] 두려워한다[惵惵].〉

【해독(解讀)】

● 〈성인재천하(聖人在天下) 흡흡언(歙歙焉)〉은 시간의 종절과 주절로 이루어진 복문(複文)이다. 〈성인이[聖人] 세상에[天下] 재위할 때[在] (성인은 상심을) 거두어들인다[歙歙].〉

● 성인재천하(聖人在天下)에서 성인(聖人)은 주어 노릇하고, 재(在)는 동사 노릇하며, 천하(天下)는 재(在)를 꾸며주는 부사 노릇한다. 재(在)는 〈있을 위(位)〉와 같아 재위(在位)의 줄임말로 여기면 된다. 재위(在位)는 다스리는 자리에 있음을 뜻한다. 따라서 재천하(在天下)를 〈치천하(治天下)〉로 여기고 새겨도 된다. 물론 재천하(在天下)의 재(在)를 〈살필 찰(察)〉과 같이 여기고 새겨도 된다. 〈성인이[聖人] 천하에[天下] 있을 때[在]〉〈성인이[聖人] 천하를[天下] 다스릴 때[在]〉〈성인이[聖人] 천하를[天下] 살필 때[在]〉

● 흡흡언(歙歙焉)은 〈성인흡흡상심어재천하(聖人歙歙常心於在天下)〉에서 앞 문맥으로 보충할 수 있는 내용이므로 주어 노릇할 성인(聖人)과 목적어 노릇할 상심(常心) 등을 생략하고, 흡흡(歙歙)은 중복동사 노릇하고, 언(焉)은 〈어재천하(於在天下)〉를 〈어시(於是) 언(焉)〉으로 줄임이다. 흡흡(歙歙)은 뜻을 강조하는 중복동사이다. 〈성인은[聖人] 세상에[天下] 있을 적에[於在] 상심을[常心] 거두어들인다[歙歙].〉〈그것을[焉] 거두어들인다[歙歙].〉

49-6 爲天下(위천하) 渾其心(혼기심)

▶ (성인이) 세상을[天下] 다루실 때[爲] 백성의[其] 마음을[心] 하나이게 한다[渾].

> 위할 위(爲), 같을 혼(渾)

【지남(指南)】

〈위천하(爲天下) 혼기심(渾其心)〉은 성인(聖人)이 백성심(百姓心)을 당신의 마음으로 삼아 세상을 다스리는 까닭을 밝힌다. 성인(聖人)이 재천하(在天下)하면서 선민(善民)하고 신민(信民)함이 〈혼기심(渾其心)〉이다. 혼기심(渾其心)의 〈혼(渾)〉은 15장(章) 혼혜(混兮) 기약탁(其若濁)을 상기시킨다. 혼(渾)과 혼(混)은 혼용된다. 혼(渾)은 합(合)이니, 혼합(渾合)이란 두 물의 흐름이 합하여 한 줄기 흐름이 됨으로 혼일(渾一)이다. 섞이되 하나가 되지 않는 혼탁(混濁)이 아니고, 혼합(渾合)은 합일(合一) 즉 합하여 하나가 되는지라 현동(玄同)이다. 혼합(渾合)은 혼일(渾一)이니, 혼기심(渾其心)은 천하(天下)의 마음[心]을 합하여[合] 하나[一]로 만듦으로 56장(章)에 나오는 현동(玄同)을 떠올린다. 온 세상 마음인 민심(民心)이 현묘하게[玄] 자연(自然)과 같게[同] 함이[爲] 혼기심(渾其心)이니, 시비·분별·논란 등이 빚어내는 피차(彼此)의 상쟁(相爭)을 없애고 하나가 되는 자연(自然)이다.

자연은[自然] 박(樸)에 비유된다. 성인(聖人)이 행하는 무위(無爲)의 다스림[治]은 역시 자연(自然) 즉 그냥 그대로의[樸] 위함[爲]이다. 성인(聖人)은 선(善)과 불선(不善)을 분별하지 않고 포일(抱一)하고, 신(信)·불신(不信) 역시 하나로[一] 끌어안아 지켜[抱] 복귀어박(復歸於樸)하게 한다. 이것이 천하를 위함이고, 동시에 민심(民心)을 모두가 골고루 하나가 되는 마음가짐[天心]으로 변화하게 하는 다스림이니 성인(聖人)의 무위지치(無爲之治)이다. 이러한 성인(聖人)의 〈위천하(爲天下)〉는 모든 사람들이 혼박(渾樸) 즉 하나로 어울려[渾] 본디대로[樸] 돌아와[復歸] 법자연(法自然)의 삶을 누리게 하는 다스림임을 살펴 새기고 헤아려 깨치게 하는 말씀이 〈위천하(爲天下) 혼기심(渾其心)〉이다.

註 "혼혜(混兮) 기약탁(其若濁)." 흐릿하구나[混兮]! 그것은[其] 흐릿한[濁] 듯하다[若].

『노자(老子)』15장(章)

註 "색기태(塞其兌) 폐기문(閉其門) 좌기예(挫其銳) 해기분(解其紛) 화기광(和其光) 동기진(同 其塵) 시위현동(是謂玄同)." 그[其] 이목구비(耳目口鼻)를[兌] 막고[塞], 그[其] 들고나는 문을[門] 닫으며[閉], 그[其] 날카로움을[銳] 꺾고[挫], 그[其] 어지러움을[紛] 없애며[解], 그[其] 빛냄을[光] 어우르고[和], 그[其] 속됨을[塵] 같이한다[同]. 이것들을[是] 묘한[玄] 같음이라고[同] 한다[謂].

『노자(老子)』56장(章)

【보주(補註)】

● 〈위천하(爲天下) 혼기심(渾其心)〉을 〈성인위천하시(聖人爲天下時) 성인혼천하 지심(聖人渾天下之心)〉처럼 옮기면 문의(文意)를 좀 더 쉽게 새길 수 있다. 〈성 인이[聖人] 온 세상을[天下] 다스릴 때[爲], 성인은[聖人] 세상의[天下之] 마음을 [心] 혼일하게 한다[渾].〉

● 위천하(爲天下)를 〈치천하(治天下)〉로 여겨도 된다. 〈온 세상을[天下] 위할 때 [爲]〉 〈온 세상을[天下] 다스릴 때[治]〉

【해독(解讀)】

● 〈위천하(爲天下) 혼기심(渾其心)〉은 시간의 종절과 주절로 이루어진 복문(複文) 이다. 〈(성인이) 세상을[天下] 다스릴 때[爲] 그[記] 마음을[心] 하나 되게 한다 [渾].〉

● 혼기심(渾其心)은 〈성인혼천하지심(聖人渾天下之心)〉에서 주어 노릇할 성인(聖 人)은 생략되었고, 혼(渾)은 동사 노릇하며, 기심(其心)은 혼(渾)의 목적어 노릇 한다. 기심(其心)은 〈천하지심(天下之心)〉을 줄임인지라 여기 기(其)는 〈천하지 (天下之)〉를 대신하는 관형사 노릇한다. 〈그[其] 마음을[心] 혼일하게 한다[渾].〉 〈천하의[天下之] 마음을[心] 혼일하게 한다[渾].〉

49-7 百姓皆注其耳目(백성개주기이목)

▶ (그러나) 백성은[百姓] 모두[皆] 저마다의[其] 귀와[耳] 눈을[目] 주 로 쓴다[注].

많을 백(百), 성씨 성(姓), 모두 개(皆), 쓸 주(注), 그 기(其), 귀 이(耳),
눈 목(目)

【지남(指南)】

〈백성개주기이목(百姓皆注其耳目)〉은 백성이 성인(聖人)과 다르게 살아감을 밝힌다. 성인(聖人)의 재천하(在天下) 즉 치세(治世)란 여기 〈주기이목(注其耳目)〉을 〈혼기심(渾其心)〉으로 변화하게 하는 다스림인 것을 헤아려 간파할 수 있다. 주기이목(注其耳目)은 인지(人智)를 활용하여 경쟁적으로 총명(聰明)하고자 함이다. 이에 따라 각종의 분쟁이 빚어져 상쟁(相爭)하고 상해(相害)하게 됨을 밝히는 말씀이 여기 주기이목(注其耳目)이다. 백성의 주기이목(注其耳目)을 혼기심(渾其心)으로 옮겨가게 함이 곧 성인(聖人)의 〈재천하(在天下)〉이고 〈위천하(爲天下)〉임을 알 수 있다.

저마다의 총명(聰明)을 활용하여[注] 상쟁(相爭)을 일삼는 백성의 마음을 밝힘이 여기 주기이목(注其耳目)이고, 앞서 살핀 혼기심(渾天下心)은 백성으로 하여금 주기이목(注其耳目)을 버리게 하는 다스림이다. 성인(聖人)은 꾀하지 않고[不謀] 꾸미지 않기[不斵] 때문에 결코 주기이목(注其耳目)에 머물지 않는다. 성인(聖人)은 무위(無爲)할 뿐 백성을 자기 쪽으로 끌어들이려 도모하지 않고, 백성이 무위(無爲)의 삶을 누릴 수 있도록 백성의 주기이목(注其耳目)을 방치하지 않음이 앞서 살핀 〈덕선(德善)·덕신(德信)〉임을 여기서 헤아려 깨달을 수 있게 된다. 따라서 백성이 주기이목(注其耳目)의 삶을 떠나서 혼기심(渾其心)의 삶을 누림이 곧 17장(章)에서 살핀 **아자연(我自然)**임을 새삼 깨닫게 된다. 백성이 아자연(我自然)을 누리게 하도록 성인(聖人)은 위천하(爲天下)하여 혼기심(渾其心)의 애민치국(愛民治國)을 행하는 셈이다.

백성의 주기이목(注其耳目)을 혼기심(渾其心)으로 변화시키는 치민(治民)·치세(治世)는 57장(章)에 나오는 **아무위이민자화(我無爲而民自化)**를 상기시킨다. 성인(聖人)이 무위(無爲)하므로 백성도 무위(無爲)하여 스스로[自] 변화한다[化]는 것은 성인(聖人)이 소사(少私)하니까 백성도 제 몫을[私] 줄이고[少], 성인(聖人)이 과욕(寡欲)하니까 백성도 욕심을[欲] 줄이고[寡], 성인(聖人)이 견소(見素)하니까 백성도 검소함을[素] 살피고[見], 성인(聖人)이 포박(抱樸)하니까 백성도 그냥 그대로 를[樸] 지켜[抱] 성인(聖人)이 사는 대로 백성도 따라 살게 하고자 함으로, 주기이목(注其耳目)을 버리고 혼기심(渾其心)을 백성이 누림이다. 여기서 새삼 17장(章)에서 살핀 **백성개위아자연(百姓皆謂我自然)**이 어떻게 실현되는지 일깨워져 깨우쳐지게 된다. 백성이 성인(聖人)이 일러주는 혼기심(渾其心)을 따라 주기이목(注其耳目)의 삶을 버리게 됨을 다시 한번 더 되짚어서 살펴 새기고 헤아려 깨우치게 하는 말씀이 〈백성개주기이목(百姓皆注其耳目)〉이다.

註 　"공성이사수(功成而事遂) 백성개위아자연(百姓皆謂我自然)." {태상(太上)이} 보람을[功] 이루고[成] 일을[事] 완수했어도[遂] 백성은[百姓] 모두[皆] 자기들이[我] 그냥 그대로라고[自然] 했다[謂]. 　　　　　　　　　　　　　　　　　　　　　　　　　　『노자(老子)』 17장(章)

註 　"아무위이민자화(我無爲而民自化) 아호정이민자정(我好靜而民自正) 아무사이민자부(我無事而民自富) 아무욕이민자박(我無欲而民自樸)." 나에게[我] 인위가[爲] 없으니까[無而] 백성은[民] 절로[自] 변화하고[化], 내가[我] 고요를[靜] 좋아하니까[好而] 백성은[民] 절로[自] 바르고[正], 나에게[我] {인위(人爲)의} 일이[事] 없으니까[無而] 백성은[民] 절로[自] 부유하며[富], 나에게[我] 욕심이[欲] 없으니까[無而] 백성은[民] 절로[自] 본디대로다[樸]. 　　『노자(老子)』 57장(章)

【보주(補註)】

● 〈백성개주기이목(百姓皆注其耳目)〉을 〈백성개주기지이목(百姓皆注己之耳目)〉처럼 옮기면 문의(文意)를 좀 더 쉽게 새길 수 있다. 〈백성은[百姓] 모두[皆] 저마다의[己之] 이목을[耳目] 쓴다[注].〉

● 백성개주기이목(百姓皆注其耳目)은 백성(百姓)은 저마다[各] 총명(聰明)을 다투어 씀을[注] 밝혀 서로 분쟁하기를 마다하지 않음을 밝힘이다. 여기 〈주기이목(注其耳目)〉은 『장자(莊子)』에 나오는 **사환(四患)**을 환기시켜준다. 총명(聰明)을 활용함[注]이란 〈도(叨)ㆍ탐(貪)ㆍ흔(很)ㆍ긍(矜)〉이란 사환(四患)을 불러오는 까닭이다. 공명심에 사로잡히고[叨], 지식을 앞세워 남을 침범하여 차지하려 하며[貪], 잘못을 알면서도 고치지 않고 충고를 듣고서도 오히려 더 나쁜 짓을 범하려 하고[很], 남의 의견이 자기와 같으면 좋아하고 같지 않으면 선(善)이라도 선(善)이 아니라고 해버리는 뻐갬[矜] 등의 사환(四患)이 바로 〈주기이목(注其耳目)에서 비롯된다.

註 "호경대사(好經大事) 변경이상(變更易常) 이괘공명(以挂功名) 위지도(謂之叨) 전지천사(專知擅事) 침인자용(侵人自用) 위지탐(謂之貪) 견과불경(見過不更) 문간유심(聞諫愈甚) 위지흔(謂之很) 인동어기즉가(人同於己則可) 부동어기(不同於己) 수선불선(雖善不善) 위지긍(謂之矜) 차사환야(此四患也)." 큰일을[大事] 경영하기를[經] 좋아하고[好] 변함없는 정리를[易常] 바꿈으로[改變] 써[以] 공명을[功名] 도모함[挂] 그것을[之] 함부로 탐냄이라고[叨] 하고[謂], 지식을[知] 휘둘러서[專] 일을[事] 멋대로 해치우며[擅] 남을[人] 가로채[侵] 제 것으로[自] 써버리는 짓[用] 그것을[之] 탐욕이라[貪] 하며[謂], 허물을[過] 알면서도[見] 고치지 않고[不更] 충고를[諫] 듣고서도[聞] 더욱더[愈] 심해지는 짓[甚] 그것을[之] 어김이라[很] 하고[謂], 남이[人] 자기와[於己] 같아주면[同] 곧장[則] 좋다 하고[可] 자기와[於己] 같이하지 않으면[不同] 비록[雖] 선이라도[善] 선이 아니라고 하는 짓[不善] 그것을[之] 뻐김이라[矜] 한다[謂]. 이것들이[此] 네 가지[四] 우환[患]이다[也].　　　　　　『장자(莊子)』「어부(漁父)」

【해독(解讀)】

- 〈백성개주기이목(百姓皆注其耳目)〉에서 백성(百姓)은 주어 노릇하고, 개(皆)는 주(注)를 꾸며주는 부사 노릇하며, 주(注)는 동사 노릇하고, 기이목(其耳目)은 주(注)의 목적구 노릇한다. 주(注)는 여기선 〈쓸 용(用)〉과 같다. 〈백성은[百姓] 모두[皆] 그[其] 이목을[耳目] 쓴다[注].〉

- 기이목(其耳目)은 〈기지이목(己之耳目)〉에서 기지(己之)를 기(其)로 대신한 구문이다. 여기 이목(耳目)은 외물(外物)을 살펴서 얻어진 지식을 비유한다. 〈그[其] 귀와[耳] 눈[目]〉〈저마다의[己之] 귀와[耳] 눈[目]〉

49-8 聖人皆孩之(성인개해지)

▶ (그래서) 성인은[聖人] 백성을[之] 모두[皆] 어린애이게 한다[孩].

걸림 없이 통할 성(聖), 모두 개(皆), 어린애 해(孩), 그것 지(之)

【지남(指南)】

〈성인개해지(聖人皆孩之)〉는 백성과 성인(聖人)이 소통함이 어떻게 나타나는지 그 모습을 밝힌다. 〈해지(孩之)〉 이 한마디로 분명히 드러난다. 해지(孩之)는 〈해백성(孩百姓)〉이다. 백성을 어린애[孩] 같게 함이니, 성인(聖人)과 백성의 소통이

어떠한지 헤아리게 한다. 바로 앞의 〈주기이목(注其耳目)〉을 백성으로 하여금 버리게 하여, 28장(章)에서 살핀 바대로 〈복귀어박(復歸於樸)〉 즉 백성으로 하여금 자연으로[於樸] 돌아오게[復歸] 함이 성인(聖人)의 〈재천하(在天下)·위천하(爲天下)〉임을 이 장(章)의 총결(總結) 삼아 밝히고 있다.

나아가 여기 해지(孩之)는 28장(章)에서 살핀 위천하계(爲天下谿) 상덕불리(常德不離) 복귀어영아(復歸於嬰兒)와, 55장(章)에 나오는 함덕지후(含德之厚) 비어적자(比於赤子)를 떠올린다. 성인(聖人)은 백성으로 하여금 천도(天道)란 백성을 끌어안는 천하의 계(谿)가 되고, 백성은 그 천도(天道)에 안기는 아해(兒孩)가 되게 함이 앞서 살핀 〈덕선(德善)·덕신(德信)〉이다. 성인개해지(聖人皆孩之)의 〈해(孩)〉 즉 어린 것[孩]이야말로 덕선(德善)·덕신(德信)의 비유가 되고, 나아가 여기 해(孩)는 『장자(莊子)』에 나오는 화지이천예(和之以天倪)를 상기시킨다. 백성은 수가 많으니 저마다 제 몫을 챙기고자 서로 다투면 백이면 백이 되고 만이면 만이 되어 상쟁(相爭)하지만, 저마다 무위(無爲)의 마음을 누리면 나뉘어 있되 하나가 된다. 이를 자연지분(自然之分) 즉 자연의[自然之] 나뉨[分], 즉 천예(天倪)라 한다.

자연의 나뉨[天倪]이란 천균(天均)이니 공평무사(公平無私)하여 상쟁(相爭)할 리 없고, 서로[相] 다툼이[爭] 없으면 상해(相害) 즉 서로[相] 해침도[害] 없으니 서로[相] 어울린다[和]. 아무리 수가 많다 한들 저마다 무욕(無欲)하고 무사(無私)하면 『장자(莊子)』에 나오듯이 만물일야(萬物一也) 즉 만물은[萬物] 하나인 것[一]이다[也]. 만물일야(萬物一也)의 일(一)이란 만물은 모두 상도(常道)의 자(子)란 뜻이다. 만물은 수없는 여럿으로 나뉘지만[分], 모두 상도(常道)의 자식[子]인지라 하나가 됨이 여기 〈해지(孩之)〉가 품고 있는 깊은 뜻이다.

여기 해지(孩之)의 지(之)는 백성(百姓)을 나타내니 해지(孩之)는 곧 〈해백성(孩百姓)〉이다. 성인(聖人)은 백성을 천예(天倪)로써 여기고 백성을 하나로[一] 삼아 덕선(德善)·덕신(德信), 즉 선함을[善] 얻고[德] 믿음을[信] 얻게[得] 함이 여기 해지(孩之)인 것이다. 그러므로 성인(聖人)이 해지(孩之) 즉 백성을 어린애가 되게 함[孩]이란, 천예(天倪)로서 마주하여 천균(天均) 즉 자연의[天] 균등[均]으로써 백성을 위해주어 백성 스스로 함덕지민(含德之民)으로 자화(自化)하게 함임을 살펴 새기고 헤아려 깨우치게 하는 말씀이 〈성인개해지(聖人皆孩之)〉이다.

註 "지기웅(知其雄) 수기자(守其雌) 위천하계(爲天下谿) 위천하계(爲天下谿) 상덕불리(常德不離) 복귀어영아(復歸於嬰兒)." 그[其] 수컷을[雄] 알고[知] 그[其] 암컷을[雌] 지키므로[守] 세상을[天下] 담는 산골짜기 맨 밑 내가[谿] 된다[爲]. 세상의[天下] 내[川]가[谿] 되면[爲] 상덕이[常德] 떠나지 않아[不離] 갓난애로[於嬰兒] 되[復] 돌아간다[歸]. 『노자(老子)』 28장(章)

註 "함덕지후(含德之厚) 비어적자(比於赤子)." 상덕을[德] 품음이[含之] 두터움은[厚] 갓 태어난 아이와[於赤子] 견줘진다[比]. 『노자(老子)』 55장(章)

註 "화성지상대化聲之相待) 약기불상대(若其不相待) 화지이천예(和之以天倪) 인지이만연(因之以曼衍) 소이궁년야(所以窮年也)." 만약[若] 변하는[化] 말소리를[聲之] 서로[相] 기대함[待] 그것을[其] 서로[相] 기대하지 않는다면[不待], 시비를 떠난 자연의 길로[天倪]써[以] 화성(化聲)을[之] 어울리게 하고[和], 자연의 변화로[曼衍]써[以] 화성(化聲)을[之] 맡겨둠이[因] 천수를 누리는[窮年] 방편[所以]이다[也].

화성(化聲)은 저 나름의 판단에 따라 시비·분별·논란하는 것이다. 천예(天倪)는 자연[天]의 변화에 맡기고 따라갈 뿐 시비를 초월한 자연의 길, 즉 무위(無爲)의 길을 비유함이다. 만연(曼衍)은 자연의 변화에 맡긴 채 자기 의견을 더하지 않음이고, 궁년(窮年)은 천수(天壽)를 누림이다. 화지이천예(和之以天倪)·인지이만연(因之以曼衍)은 무위지심(無爲之心), 즉 무사(無私)·무욕(無欲)·무아(無我)의 삶을 누리게 하는 길이다. 『장자(莊子)』「제물론(齊物論)」

註 "만물일야(萬物一也) 시기소미자위신기(是其所美者爲神奇) 기소악자위취부(其所惡者爲臭腐) 취부복화위신기(臭腐復化爲神奇) 신기복화위취부(神奇復化爲臭腐) 고왈(故曰) 통천하일기이(通天下一氣耳) 성인고귀일(聖人故貴一)." 온갖 것들은[萬物] 하나[一]이다[也]. 그런데[是] 어떤 것이[其] 아름다운[美] 것[所]이면[者] 신기하다[神奇] 하고[爲], 어떤 것이[其] 추악한[惡] 것[所]이면[者] 썩은 냄새라[臭腐] 한다[爲]. 썩은 냄새는[臭腐] 다시[復] 변화하여[化] 신기한 것이[神奇] 되고[爲], 신기한 것은[神奇] 다시[復] 변화하여[化] 썩은 냄새가[臭腐] 된다[爲]. 그러므로[故] 말한다[曰] : 세상을[天下] (두루 걸림 없이) 통함은[通] (상도(常道)의) 한 기운[一氣]뿐이다[耳].

미자(美者) 즉 아름다운 것[美者]과, 악자(惡者) 즉 추한 것[惡者]은 자연의 입장에 본다면 둘이 아니라 하나라는 것이다. 『장자(莊子)』「지북유(知北遊)」

【보주(補註)】

● 〈성인개해지(聖人皆孩之)〉를 〈성인개해백성(聖人皆孩百姓)〉처럼 옮기면 문의(文意)를 좀 더 쉽게 새길 수 있다. 〈성인은[聖人] 백성을[百姓] 모두[皆] 어린애이게 한다[孩].〉

● 성인개해지(聖人皆孩之)의 해(孩)는 17장(章)에서 살핀 〈복귀어영아(復歸於嬰兒)〉의 영아(嬰兒)와 〈복귀어박(復歸於樸)〉의 박(樸)을 표상한다. 이는 모두 〈천

예(天倪)〉즉 자연의[天] 나뉨[倪]과 같아, 여기 〈해(孩)〉이 한 자(字)는 시비·
분별·논란을 일삼게 하는 인지(人智)의 명찰을 절기(絶棄)하고 **견소포박(見素**
抱樸)하여 **소사과욕(少私寡欲)**의 삶을 누리게 함을 비유해준다.

駐   "견소포박(見素抱樸) 소사과욕(少私寡欲)." 그냥 있는 그대로를[素] 살피고[見] 그냥 있
는 그대로를[樸] 간직해 지키며[抱], 제 몫을[私] 적게 하고[少] 욕망을[欲] 적게 한다[寡].

『노자(老子)』 19장(章)

【해독(解讀)】

● 〈성인개해지(聖人皆孩之)〉에서 성인(聖人)은 주어 노릇하고, 개(皆)는 해(孩)를
꾸며주는 부사 노릇하며, 해(孩)는 동사 노릇하고, 지(之)는 백성(百姓)을 나타
내는 지시어로서 해(孩)의 목적어 노릇한다. 〈성인은[聖人] 그것을[之] 모두[皆]
어린애이게 한다[孩].〉

임덕장(任德章)

50

老子
之言

생사장(生死章)

  인간이 태어나 천수(天壽)를 누리는 인생이 대략 10분의 3에 해당하고, 받은 명(命)대로 삶을 누리지 못하는 인생 또한 대략 10분의 3에 해당하며, 잘살아보겠다면서 실은 사지(死地)로 굴러드는 무리가 또 10분의 3에 해당함을 밝힌다.

  소사(少私)하고 과욕(寡欲)하여 자연의[天] 규율에[道] 맡겨[任] 청정(淸靜)하고 질박(質樸)하게 살아가는 인생은 겨우 10분의 1에 해당하니, 생지후(生之厚)의 무리가 90퍼센트에 이르러 임자연(任自然) 즉 자연에[自然] 맡기고[任] 평태(平泰)의 삶을 누리는 무리가 적음을 밝힌 장(章)이다.

【원문(原文)】

出生入死한다 生之徒가 十有三이고 死之徒가 十有三
출생입사   생지도   십유삼   사지도   십유삼

이다 人之生에 動之死地者가 亦 十有三이니 夫何故인
인지생   동지사지자   역 십유삼   부하고

가 以其生生之厚니라 蓋聞하니 善攝生者는 陸行에 不
이기생생지후   개문   선섭생자   육행   불

遇兕虎하고 入軍에 不被甲兵하여 兕無所投其角하고
우시호   입군   불피갑병   시무소투기각

虎無所措其爪하며 兵無所容其刃하니라 夫何故인가 以
호무소조기조   병무소용기인   부하고   이

其無死地일세라 한다
기무사지

{천하모(天下母)에서} 나옴은[出] 태어남이고[生], {만물의 어머니[天下母]
로} 들어옴은[入] 죽음이다[死]. (사람의 세상에서) 살아가는[生之] 무리가
[徒] 십분의[十有] 삼이고[三], (세상에서 제 명대로 못 살고) 죽는[死之] 무리
가[徒] 십분의[十有] 삼이며[三], 인간이[人之] 살면서[生] 죽을[死] 곳으로
[地] 치닫는[動之] 무리[者] 또한[亦] 십분의[十有] 삼이다[三]. 무릇[夫] 무
엇[何] 때문일까[故]? 저마다[其] 삶의[生之] 호사스러움을[厚] 구생하기
[生] 때문이다[以]. 대략[蓋] 들건대[聞] 삶을[生] 선하게[善] 길러가는[攝]
사람은[者] 물길을 나설지라도[陸行] 사나운 짐승들을[兕虎] 만나지 않고
[不遇], {선섭생자(善攝生者)가} 군영에[軍] 들어갈지라도[入] 병장기에[甲
兵] 살상당하지 않으며[不被], 들소한테[兕] 그[其] 뿔에[角] 받힐[投] 바가
[所] 없고[無], 호랑이한테[虎] 그[其] 발톱에[爪] 할퀼[措] 바가[所] 없으며
[無], 병장기한테[兵] 그[其] 칼날에[刃] 허용될[容] 바가[所] 없다[無]. 무
릇[夫] 무엇[何] 때문일까[故]? 그에게는[其] 죽임을 당할[死] 곳이[地] 없
기[無] 때문이다[以].

50-1 出生入死(출생입사)

▶{천하모(天下母)에서} 나옴은[出] 태어남이고[生], {만물의 어머니

[天下母]로} 들어옴은[入] 죽음이다[死].

나올 출(出), 태어날 생(生), 들 입(入), 죽을 사(死)

【지남(指南)】

〈출생입사(出生入死)〉는 천지만물의 생(生)·사(死)를 밝힌다. 상도(常道)를 제외한 모든 것은 출생(出生)하여 입사(入死)한다. 출생(出生) 입사(入死)야말로 천지만물에 깃든 묘리(妙理)로, 1장(章) **중묘지문(衆妙之門)**을 상기시킨다. 중묘(衆妙) 즉 모든 사물의 묘리(妙理)가 들고나는 문(門)은 다름 아닌 상도(常道)이다. 만물의 출생입사(出生入死)는 10장(章) **천문개합(天門開闔)**을 떠올리게 한다. 중묘지문(衆妙之門)은 천문(天門)이고, 천문(天門)의 열림[開]이 출생(出生)이며, 천문(天門)의 닫힘[闔]이 입사(入死)이다. 출생은 출어세(出於世)이고, 입사는 입어지(入於地)이다. 세상에[於世] 나옴이[出] 태어남[生]이고 땅으로[於地] 들어감이[入] 죽음[死]으로, 생(生)·사(死)를 풀이한 것이다.

그리고 출생(出生)은 음양(陰陽)의 합(合)이고, 입사(入死)는 음양(陰陽)의 산(散)이다. 따라서 출생입사(出生入死)는 『장자(莊子)』의 **합즉성체(合則成體) 산즉성시(散則成始)**를 상기시킨다. 상도(常道)의 조화는 모두 음양으로 행해지므로 천문(天門)의 열림은 음양의 합(合)으로서 생(生)이며, 그것을 일러 성체(成體)라 한다. 천문(天門)의 닫힘은 음양의 산(散)으로서 사(死)이고, 그것을 일러 성시(成始)라 한다. 천지만물은 상도(常道)에서 나왔다가 상도(常道)로 돌아오므로 출생입사(出生入死)란 천지만물의 내왕(來往) 즉 오고감이다. 천운(天運)마저도 내왕(來往)일 뿐, 일년(一年) 한 해도 내왕(來往)이다. 사시(四時)를 갖춘 일년도 천문개합(天門開闔)의 천운(天運)이니 자연의 왕래(往來)이다.

산천(山川)의 초목(草木)을 보라. 자연의 문이 열리기 시작하면 땅 속에서 온갖 목숨이 솟아나고, 자연의 문이 닫히면 땅 속으로 들어간다. 천문(天門)이 열리기 시작하는 달이 묘월(卯月) 즉 음(陰)으로 이월(二月)이고, 천문이 닫히기 시작하는 달은 유월(酉月) 즉 음(陰)으로 팔월(八月)이다. 이처럼 일년 중에도 천문(天門)이 열리고 닫혀 천하만물이 출생입사(出生入死)한다. 그러므로 우주 삼라만상의 출생입사(出生入死)란 40장(章) 반자도지동(反者道之動)을 말한다.

어찌 출생입사(出生入死)가 인간의 생사(生死)만을 밝히는 말씀이겠는가? 사람을 제외한 모든 목숨은 자연대로 생(生)하다 사(死)를 맞이할 뿐인데, 오직 사람만이 생사(生死)의 자연(自然)을 어겨보려고 온갖 꾀를 부리니 모두 망작(妄作) 즉 헛된[妄] 짓일[作] 뿐이다. 있는 것이면 무엇이든 출생입사(出生入死)라는 반자(反者)의 천도(天道)를 벗어날 수 없음을 살펴 새기고 헤아려 깨우치게 하는 말씀이 〈출생입사(出生入死)〉이다.

註 "현지우현(玄之又玄) 중묘지문(衆妙之門)." 현묘하고[玄之] 또[又] 현묘하여[玄] 온갖[衆] 묘리가[妙之] 들고나는 문이다[門].　　　　　　　　　　『노자(老子)』 1장(章)

註 "천문개합(天門開闔) 능위자호(能爲雌乎)." 천문이[天門] 열리고[開] 닫힘에[闔] 능히[能] 암컷이[雌] 되는 것[爲]인가[乎].　　　　　　　　　　　　　『노자(老子)』 10장(章)

註 "부형전정복(夫形全精復) 여천위일(與天爲一) 천지자만물지부모야(天地者萬物之父母也) 합즉성체(合則成體) 산즉성시(散則成始) 형정불휴(形精不虧) 시위능이(是謂能移) 정이우정(精而又精) 반이상천(反以相天)." 무릇[夫] 몸이[形] 온전하고[全] 정신이[精] 돌아오면[復] {만물(萬物)은} 자연과[與天] 하나가[一] 된다[爲]. 하늘땅이란[天地] 것은[者] 만물의[萬物之] 어버이[父母]이다[也]. {음양(陰陽)이} 합해지면[合則] 몸을[體] 이루고[成], 흩어지면[散則] 태시를[始] 이룬다[成]. 몸과[形] 정신은[精] {본래(本來)로 돌아가니} 이지러지지 않는다[不虧]. 이를[是] 자연의 조화(造化)에 순응해[順應] 옮겨감이라[能移] 한다[謂]. 정성들이고[精而] 또[又] 정성들이면[精] 그로써[以] 오히려[反] 자연을[天] 돕는다[相].

천지자(天地者)는 여기선 음양자(陰陽者) 즉 음양이란[陰陽] 것을[者] 말한다. 성체(成體)는 생(生)이고, 성시(成始)는 사(死)이다. 사(死)는 태시(太始) 즉 생(生)을 일으킨 것[作者]으로 돌아감[復]을 말한다. 불휴(不虧)는 여기선 받은 것을 그냥 그대로 돌려줌이다. 능이(能移)는 자연의 조화 즉 변화의 짓을 그냥 그대로 좇아 따라감이다.　　　　　『장자(莊子)』「달생(達生)」

註 "반자도지동(反者道之動)." 되돌아오는[反] 것은[者] 상도(常道)의[道之] 움직임이다[動].
　　　　　　　　　　　　　　　　　　　　　　　　　　　　　　　　『노자(老子)』 40장(章)

【보주(補註)】

● 〈출생입사(出生入死)〉를 〈출자시생자(出者是生者) 이입자시사자(而入者是死者)〉처럼 옮기면 문의(文意)를 좀 더 쉽게 새길 수 있다. 〈나오는[出] 것은[者] 태어나는[生] 것[者]이다[是]. 그리고[而] 들어가는[入] 것은[者] 죽는[死] 것[者]이다[是].〉

- 생사(生死) · 출입(出入) · 왕래(往來) 등은 출생입사(出生入死)에 본래의 뜻을 두고 있다. 공수래공수거(空手來空手去)도 출생입사(出生入死)이다. 자연히 왔다가 자연히 가는 것이 천지만물이다.

【해독(解讀)】

- 〈출생입사(出生入死)〉는 생략된 〈그리고 이(而)〉로 이어진 중문(重文)이다. 〈출은[出] 생이다[生]. (그리고) 입은[入] 사이다[死].〉

- 출생(出生)에서 출(出)는 주어 노릇하고 생(生)은 주격보어 노릇한다. 여기 출생(出生)은 〈출시생(出是生)〉으로 여기고 새기면 된다. 본래 고문(古文)에는 영어의 〈be〉 같은 계사(繫詞)가 없었으나, 당송(唐宋) 이후부터 계사(繫詞) 노릇하는 〈~이다 시(是)〉가 등장했다고 한다. 〈출은[出] 생이다[生].〉〈출은[出] 생[生]이다[是].〉

- 입사(入死)에서 입(入)은 주어 노릇하고, 사(死)는 주격보어 노릇한다. 여기 입사(入死)도 〈입시사(入是死)〉로 여기고 새기면 된다. 〈입은[入] 사이다[死].〉〈입은[入] 사[死]이다[是].〉

- 출생(出生) · 입사(入死) 등은 〈AB야(也)〉에서 〈~이다 야(也)〉를 생략한 상용문이다. 〈A는 B이다.〉〈A는 B이다[也].〉

50-2 生之徒十有三(생지도십유삼)

▶ (사람의 세상에서) 살아가는[生之] 무리가[徒] 십분의[十有] 삼이다[三].

> 삶 생(生), 조사(~의) 지(之), 무리 도(徒), 열 십(十), 조사(또) 유(有),
> 셋 삼(三)

【지남(指南)】

〈생지도십유삼(生之徒十有三)〉은 열 사람 중에서 장수하는 무리는 셋에 불과함을 밝힌다. 사람이 부여받은 천성(天性)은 본래 허정(虛靜)이지만, 저마다 살아가면서 바깥 것을[物] 만나면서 마음에[心] 온갖 욕망이[欲] 생겨 움직이게 된다. 온갖 의욕을 짓고 호오(好惡)가 생겨 정(情)이 마음을 동하게 하니 덩달아 인지(人知)

가 불어난다. 이런 연유로『예기(禮記)』에 지유어외(知誘於外) 불능반궁(不能反躬) 천리멸의(天理滅矣)라는 말이 나온다.

인간이 얻는 〈지(知)〉가 바깥 것에[外] 의해서[於] 끌리면[誘] 자신으로[躬] 돌아올[反] 수 없고[不能] 자연의[天] 이치가[理] 파멸됨을[滅] 유가(儒家) 역시 두려워했다. 다만 유가(儒家)는 인의예지(仁義禮智)로 파멸을 다스릴 수 있다고 주장하고, 도가(道家)는 인의예지(仁義禮智)로는 그런 파멸을 막을 수 없다고 한다. 인의예지(仁義禮智)는 인위(人爲)인지라 끊어버리고[絶棄], 복귀어박(復歸於樸) 즉 자연으로[於樸] 돌아와[復歸] 자연을 본받고[法自然] 살아야 천성(天性)에 머물러 천수를(天壽) 누릴 수 있다는 것이 도가(道家)의 생사관(生死觀)이다. 물론 여기 〈생지도(生之徒)〉가 도가(道家)가 바라는 아자연(我自然)의 생사관을 따라 천수를 누리는 무리[徒]라는 것은 아니다. 명성과 부귀영화를 갖지는 못할지라도, 그런 것들을 누리고자 하면서 그럭저럭 살면서 장수를 누리는 무리가[徒] 십분의 삼임을 살펴 헤아리게 하는 말씀이 〈생지도십유삼(生之徒十有三)〉이다.

註 "인생이정천지성야(人生而靜天之性也) 감어물이동성지욕야(感於物而動性之欲也) 물지지지(物至知知) 연후호오형언(然後好惡形焉) 호오무절어내(好惡無節於內) 지유어외(知誘於外) 불능반궁(不能反躬) 천리멸의(天理滅矣)." 인간이[시] 태어나서[生而] 고요함은[靜] 천지의[天之] 본성[性]이고[也], 사물에[於物] 감촉되어[感而] 움직임은[動] 본성의[性之] 바람[欲]이다[也]. 사물이[物] (마음에) 이르러[至] 앎을[知] 알게 되고[知], 그런 뒤에[然後] 좋고[好] 싫음이[惡] 드러나는 것[形]이다[焉]. 마음에서[於內] 호오에[好惡] 절제가[節] 없으면[無] 바깥 것에[外] 의해서[於] 앎이[知] 끌려서[誘] 그 자신으로[躬] 돌아올[反] 수 없고[不能], 자연의[天] 이치가[理] 파멸되는 것[滅]이다[矣].

물지지지(物至知知)의 지지(知知)에서 앞의 지(知)는 명사로서 앎을 뜻하고, 뒤의 지(知)는 타동사 노릇해 〈안다[知]〉는 뜻이다. 천리(天理)란 유가(儒家)의 입장에서 보면 천명지리(天命之理)이고, 도가(道家)의 입장에서 보면 천도(天道) 즉 자연의[天] 규율[道]이다.

『예기(禮記)』「악기(樂記)」

註 "공성사수(功成事遂) 백성개위(百姓皆謂) 아자연(我自然)." {백성이 모르는 치자(治者)가} 공적을[功] 이루고[成] 일을[事] 완수했어도[遂], 백성은[百姓] 모두[皆] 일컫는다[謂] : 우리[我] 스스로[自] 이루었노라[然].

『노자(老子)』17장(章)

【보주(補註)】

● 〈생지도십유삼(生之徒十有三)〉을 〈생지도시십분지삼(生之徒是十分之三)〉처럼

옮기면 문의(文意)를 좀 더 쉽게 새길 수 있다. 〈생지도는[生之徒] 십분의[十分之] 삼(三)이다[是].〉

- 생지도(生之徒)는 〈속어천수지도(屬於長壽之徒)〉를 뜻한다. 여기 도(徒)는 〈무리 유(類)·속(屬)〉 등과 같다. 생지도(生之徒)는 76장(章)에도 나온다. 〈장수의[長壽之] 무리에[於徒] 속함[屬]〉

【해독(解讀)】

- 〈생지도십유삼(生之徒十有三)〉에서 생지도(生之徒)는 주부(主部) 노릇하고, 십유삼(十有三)은 술부(述部)로 주격보어 노릇한다. 〈생지도는[生之徒] 십유삼이다[十有三].〉

- 십유삼(十有三)에서 유(有)는 조사 노릇하고, 〈~중에서 유(有)〉 정도로 새기면 된다. 십유삼(十有三)이란 10분의 3을 뜻한다. 〈십분의[十分之] 삼(三)〉

50-3 死之徒十有三(사지도십유삼)

▶ (세상에서 제 명대로 못 살고) 죽는[死之] 무리가[徒] 십분의[十有] 삼이다[三].

죽을 사(死), 조사(~의) 지(之), 무리 도(徒), 열 십(十), 조사(또) 유(有), 셋 삼(三)

【지남(指南)】

〈사지도십유삼(死之徒十有三)〉은 열 사람 중에서 제 명대로 살지 못하는 무리가 3분의 1임을 말한다. 〈사지도(死之徒)〉는 천수(天壽)를 누리지 못하고 죽음을 앞당겨 요절(夭折)하는 무리이다. 삶은[生] 죽음을[死] 뒤따라갈 뿐 생사(生死)란 둘로 나눠지지 않으므로 생사를 하나로 묶어 명(命), 즉 천성(天性)이라 한다. 천도(天道)를 지켜[命] 그냥 그대로 따라감이 삶이요[生] 죽음[死]이니, 제 명대로 못 살고 죽음을 당하는 경우가 날마다 일어난다. 노루가 호랑이 먹이가 되어 생죽음을 당하는 것처럼, 사람도 전쟁터로 끌려가 죽기도 하고 교통사고로 죽기도 하고 낭떠러지에 떨어져 죽기도 하며 물에 빠져 익사하는 등 제 명대로 살지 못하고 중도에 횡사(橫死)하는 무리가[徒] 사지도(死之徒)이다.

물론 옛날에는 신생아를 사람으로 건지기가 어려워 세 살까지는 액땜 삼아 개똥이니 돌멩이니 아무렇게나 부르다가, 세 돌이 지나면 이름을 지어주었었다. 왜 5장(章)에 **천지불인(天地不仁)**이란 말씀이 나오는가? 천지는 그 무엇도 차별하지 않음이다. 천지가 사자에게서 노루를 보호해주면 사자는 굶어죽을 것이다. 노루한테 초목(草木)이 천사(天食) 즉 자연의[天] 먹을거리[食]이듯, 사자에게 노루는 천사(天食)일 뿐이니 도와주고 말고가 자연에는 없다. 사람이 횡사(橫死)하면 흉(凶) 즉 불행하다[凶] 함은 인간의 한탄일 뿐 자연에는 길흉(吉凶)이 없다. 그래서 79장(章)에 **천도무친(天道無親)**이란 말씀이 나오고, 『장자(莊子)』에는 **생자진구야(生者塵垢也)**란 말이 나온다. 그러니 부귀영화의 명리(名利)가 생(生)이라고 착각하는 무리야말로 불길로 치닫는 부나비 같은 무리일 뿐이란 것이다.

자연의[天] 규율에는[道] 가까이함도[親] 없고[無] 멀리함도[疎] 없어 그냥 그대로 천균(天均)일 뿐인지라, 제 명대로 살지 못하고 죽는 무리가 십분지(十分之) 삼(三)으로 요절함은 오로지 인간의 탐욕 탓임을 살펴 새기고 헤아려 깨닫게 하는 말씀이 〈사지도십유삼(死之徒十有三)〉이다.

註 "천지불인(天地不仁) 이만물위추구(以萬物爲芻狗)." 천지에는[天地] 어짊이란[仁] 없어[不], (천지는) 만물로[萬物] 써[以] 풀강아지로[芻狗] 삼는다[爲].　　　　『노자(老子)』 5장(章)

註 "천도무친(天道無親) 상여선인(常與善人)." 자연의[天] 규율에는[天道] (따로) 친애함이[親] 없고[無], 늘[常] 선한[善] 사람과[人] 함께한다[與].　　　　『노자(老子)』 79장(章)

註 "생자진구야(生者塵垢也) 사생위주야(死生爲晝夜)." 생이란[生] 것은[者] 티끌이나[塵] 때[垢]일세[也]. 사생도[死生] 낮밤[晝夜]이다[爲].　　　　『장자(莊子)』 「지락(至樂)」

【보주(補註)】

● 〈사지도십유삼(死之徒十有三)〉을 〈사지도시십분지삼(死之徒是十分之三)〉처럼 옮기면 문의(文意)를 좀 더 쉽게 새길 수 있다. 〈사지도는[死之徒] 십분의[十分之] 삼(三)이다[是].〉

● 사지도(死之徒)는 〈속어단명지도(屬於短命之徒)〉를 뜻한다. 여기 도(徒)는 〈무리 유(類)·속(屬)〉 등과 같다. 사지도(死之徒)는 76장(章)에도 나온다. 〈단명의

[短命之] 무리에[於徒] 속함[屬]〉

【해독(解讀)】

- 〈사지도십유삼(死之徒十有三)〉에서 사지도(死之徒)는 주부(主部) 노릇하고, 십유삼(十有三)은 술부(述部)로 주격보어 노릇한다. 〈사지도는[死之徒] 십에서[十有] 삼이다[三].〉

- 십유삼(十有三)에서 유(有)는 조사 노릇하고, 〈~중에서 유(有)〉 정도로 새기면 된다. 십유삼(十有三)이란 10분의 3을 뜻한다. 〈십분의[十分之] 삼(三)〉

50-4 人之生(인지생) 動之死地者(동지사지자) 亦十有三(역십유삼)

▶인간이[人之] 살면서[生] 죽을[死] 곳으로[地] 치닫는[動之] 무리[者] 또한[亦] 십분의[十有] 삼이다[三].

> 조사(~의) 지(之), 살 생(生), 지을 동(動), 갈 지(之), 죽을 사(死),
> 곳 지(地), 것 자(者), 또 역(亦), 열 십(十), 조사 유(有), 셋 삼(三)

【지남(指南)】

〈인지생(人之生) 동지사지자(動之死地者) 역십유삼(亦十有三)〉은 상도(常道)에게서 받은 목숨은[命] 구생(久生) 즉 오래[久] 살[生] 수 있음에도 불구하고, 구생(久生)을 스스로 저버리고 사지(死地)로 줄달음치는 무리 또한 십분의[十有] 삼(三)임을 밝힌다. 잘살겠다고 몸부림침이 스스로 사지(死地)로 향하고 있음을 모르는 동지사지(動之死地)의 무리들 탓으로 지금 우리가 사는 세상은 『장자(莊子)』의 인여인상식(人與人相食)이나 『맹자(孟子)』의 인장상식(人將相食)의 세상으로 치닫고 있다. 명성이나 이욕(利欲)이나 영리(榮利)를 남보다 더 많이 쟁취하여 영생(永生)하리라 착각하는 무리가[徒] 탐하는 생(生)이란, 생(生)이 아니라 실은 〈동지사지(動之死地)〉 즉 죽을 곳으로[死地] 줄달음쳐가는[動之] 짓일 뿐이다.

명성·이욕(利欲)·영리(榮利) 등을 남보다 더 많이 차지하고자 삶을 상쟁(相爭)으로 끌어가기 때문에 생(生)은 상쟁(相爭)의 경기장으로 돌변하여 죽음으로 치닫게 하는[動之] 사지(死地)가 된다. 이처럼 사지(死地)로 향하기를 재촉하는 인지(人智)의 인욕(人欲)은 상쟁(相爭)의 흉기로 변해서 결국 사람과[人與] 사람이[人] 서로[相] 잡아먹는[食] 세상을 펼쳐내고 만다는 것이다. 지금 우리가 사는 세상에는 16장(章)에서 살핀 **치허극(致虛極) 수정독(守靜篤)**과 19장(章)에서 살핀 **소사과욕(少私寡欲)**이란 무위(無爲)의 삶은 완전히 사라져버린 셈인지라, 100퍼센트가 동지사지(動之死地)의 무리[徒]로서 살아간다고 말해도 과언이 아닌 셈이다. 그래도 노자(老子)가 살았던 세상에서는 제 발로 사지(死地)를 줄달음쳤던 무리가 열 사람 중에서 세 사람 정도였다니 지금 세상과 비교하면 그래도 노자(老子) 당시만 해도 무릉도원(武陵桃源)의 주민이 있었던 셈이다.

이렇듯 사지(死地)로 줄달음치는 무리는[徒] 20장(章) 희희(熙熙)·소소(昭昭)·찰찰(察察)의 중인(衆人)을 상기시킨다. 충동질하면서 사지(死地)로 줄달음치는 무리들은 남보다 더 부귀영화를 누리겠다고 발버둥칠수록 점점 『장자(莊子)』의 **도치지민(倒置之民)**이 되니, 삶이 아니라 죽음이란 것을 모르고 제 목숨을 제 손으로 끊어버리는 무리를[徒] 살펴 새기고 헤아려 깨우치게 하는 말씀이 〈인지생(人之生) 동(動) 지사지자(之死地者) 역십유삼(亦十有三)〉이다.

註　"대란지본필생어요순지간(大亂之本必生於堯舜之間) 기말존호천세지후(其末存乎千世之後) 천세지후(千世之後) 기필유인여인상식자야(其必有人與人相食者也)." 대란의[大亂之] 뿌리는[本] 요순의[堯舜之] 시대에[於間] 분명히[必] 생겼다[生]. 그[其] 끝은[末] 천대의[千世之] 뒤에도[乎後] 미치고[存], (천대의 뒤) 그 때에는[其] 사람과 사람이[人與人] 서로[相] 잡아먹는[食] 짓들이[者] 반드시[必] 있을 것[有]이다[也].　　　　　　　　　『장자(莊子)』「경상초(庚桑楚)」

註　"인의충색(仁義充塞) 즉솔수식인(則率獸食人) 인장상식(人將相食)." 인의가[仁義] 꽉[充] 막히면[塞] 곧장[則] 짐승을[獸] 몰아다가[率] 사람을[人] 잡아먹고[食], 급기야[將] 사람이[人] (사람을) 서로[相] 잡아먹는다[食].　　　　　　　　　　『맹자(孟子)』「등문공장구하(藤文公章句下)」

註　"치허극(致虛極) 수정독(守靜篤)." 비움의[虛] 지극함을[極] 이루고[致], 고요의[靜] 도타움을[篤] 지킨다[守].　　　　　　　　　　　　　　　　　　　　『노자(老子)』16장(章)

註　"견소포박(見素抱樸) 소사과욕(少私寡欲)." 그냥 있는 그대로를[素] 살피고[見] 그냥 있는 그대로를[樸] 간직해 지키며[抱], 제 몫을[私] 적게 하고[少] 욕망을[欲] 적게 한다[寡].

『노자(老子)』19장(章)

註　"중인희희(衆人熙熙) ······ 속인소소(俗人昭昭) ······ 속인찰찰(俗人察察)." 뭇사람들은[衆人

영리(榮利)의 다툼을 마다않는다[熙熙]. …… 뭇사람들은[俗人] 지교(智巧)를 뽐내며 내노라 한다[昭昭]. …… 뭇사람들은[俗人] 모질게 깐깐하다[察察].　　　　　『노자(老子)』20장(章)

"상기어물(喪己於物) 실성어속자(失性於俗者) 위지도치지민(謂之倒置之民)." 바깥 것으로[於物] 스스로를[己] 잃고[喪] 속된 것에[於俗] 본성을[性] 잃는[失] 사람들[者] 그들을[之] 거꾸로 선[倒置之] 사람들이라[民] 한다[謂].　　　　『장자(莊子)』「선성(繕性)」

【보주(補註)】

- 〈인지생(人之生) 동지사지자(動之死地者) 역십유삼(亦十有三)〉을 〈인지생지시(人之生之時) 동지인지생어사지자역시십유삼(動之人之生於死地者亦是十有三)〉처럼 옮기면 문의(文意)를 좀 더 쉽게 새길 수 있다. 〈인간이[人之] 사는[生] 동안[之時] 인간의[人之] 삶을[生] 사지로[於死地] 몰아가는[動之] 무리가[者] 또한[亦] 십분의[十有] 삼(三)이다[是].〉

- 동지사지자(動之死地者)의 동지(動之)는 자도(自蹈)와 같아 스스로 생죽음을 자초하는 짓을 말한다. 〈스스로[自] 줄달음친다[蹈].〉

【해독(解讀)】

- 〈인지생(人之生) 동지사지자(動之死地者) 역십유삼(亦十有三)〉에서 인지생동지사지자(人之生動之死地者)는 주부(主部) 노릇하며, 역(亦)은 어조사 노릇하는 〈또한 역(亦)〉이고, 십유삼(十有三)은 술부(述部)로 보아 노릇한다. 〈인생이[人之生] 사지로[死地] 줄달음치는[動之] 무리도[者] 또한[亦] 십분의[十有] 삼(三)이다[是].〉

- 〈인지생(人之生) 동지사지자(動之死地者)〉에서 인지생(人之生)은 시간의 부사구 노릇하고, 동지(動之)는 영어의 형용사절 속의 동사처럼 동사 노릇하며, 사지(死地)는 동지(動之)를 꾸며주는 부사구 노릇하고, 자(者)는 여기선 〈지도(之徒)〉를 뜻하면서 마치 영어의 〈the band which〉처럼 노릇한다. 〈인지생(人之生) 동지사지자(動之死地者)〉는 〈인지생동지사지지도(人之生動之死地之徒)〉에서 지도(之徒)를 자(者)로 줄인 예이다. 〈사람이[人之] 사는 동안[生] 사지로[死地] 줄달음치는[動之] 무리[者]〉

50-5 夫何故(부하고) 以其生生之厚(이기생생지후)

▶무릇[夫] 무엇[何] 때문일까[故]? 저마다[其] 삶의[生之] 호사스러움을[厚] 구생하기[生] 때문이다[以].

무릇 부(夫), 무엇 하(何), 때문에 고(故), 때문이다 이(以), 그 기(其),
삶 생(生), 구생(求生)할 생(生), 지나칠 후(厚)

【지남(指南)】

〈부하고(夫何故) 이기생생지후(以其生生之厚)〉는 앞서 나온 〈동지사지(動之死地)〉의 까닭을 밝힌다. 죽을 곳으로[死地] 줄달음치는[動之] 까닭이 무엇이냐고 반문한다. 그 반문에 대한 해답이 〈생지후(生之厚)〉이다.

생지후(生之厚)는 후생(厚生)을 강조함이다. 여기 생지후(生之厚)의 〈후(厚)〉는 주지육림(酒池肉林)에 빠져서 살기를 바라고, 사치하면서 남부럽게 살기를 바라며, 음일(淫佚) 즉 세상 이치에 어긋나도[淫] 저 하나 편하면 그만이듯[佚] 살기를 바라며, 봉양(奉養)이 넘쳐나 흥청망청 살기를 바라는 나머지 무치(無恥) 즉 부끄러움이[恥] 없는[無] 삶을 암유(暗喩)하고 있다. 따라서 여기 생지후(生之厚)의 후(厚)는 55장(章) 함덕지후(含德之厚)의 후(厚)가 아니라, 48장(章) 위학일익(爲學日益)의 익(益)에서부터 비롯되는 인위(人爲) 때문에 부귀영화로 구생(求生) 즉 생(生)을 추구함이 넘침을[過] 뜻하는 셈이다.

그러므로 여기 생지후(生之厚)의 후(厚)는 15장(章)에 나오는 **돈혜기약박(敦兮其若樸)**의 돈(敦)이나, 『중용(中庸)』에 나오는 **돈후이숭례(敦厚而崇禮)**의 돈후(敦厚)일 수 없다. 15장(章)에서 살핀 바대로 천성(天性)을 상하지 않게 하고자 검박(儉樸)한 삶을 누리는 후(厚)가 아니라 검박(儉樸)함을 비웃고 팽개치는 후(厚)이고, 『중용(中庸)』이 밝히는 예(禮)를 받들어[崇] 자비존인(自卑尊人) 즉 자신을 낮추고[自卑] 남을 높이며[尊人] 삶을 갈무리하는 돈후(敦厚)의 후(厚)도 아니다. 〈기생생지후(其生生之厚)〉의 후(厚)는 구생(求生)을 탐하고자 발버둥치는 후안무치(厚顏無恥)의 후(厚)인 것이다. 잘살겠다고 지나치게 구생(求生)함은 후안(厚顏) 즉 탐욕스러워 낯가죽이[顏] 두꺼운 후(厚)인지라 무치(無恥) 부끄러움이[恥] 없는[無] 삶을 자랑스러워함이다.

이러한 생지후(生之厚)의 구생(求生)은 『장자(莊子)』의 **생생자불생(生生者不生)**을 상기시킨다. 구생(求生)하는 짓은 천도(天道)에서 불통(不通)하기 때문에 결코 삶아 남지 못한다[不生]. 잘살려고 꾀하는 생지후(生之厚)란 오히려 삶을 망치고 죽이는 자장(自戕), 즉 자기를[自] 상처내고 죽이는[戕] 짓으로 그치기 마련이다. 그러므로 생지후(生之厚)의 구생(求生)은 19장(章) **소사과욕(少私寡欲)**이란 법자연(法自然)의 삶을 압멸(狎蔑)하고, 29장(章) **거심(去甚) 거사(去奢) 거태(去泰)**란 법자연(法自然)의 삶을 업신여기고[狎] 저버리며[蔑], 67장(章)에 나오는 **아유삼보(我有三寶)**란 법자연(法自然)의 삶을 저버리는 구생(求生)의 후(厚)인지라 76장(章) **견강자사지도(堅强者死之徒)**란 말씀을 상기시킨다.

〈동지사지자(動之死地者)〉란 명성과 영리(榮利)의 탐욕을 부리면서 사치하고 음일(淫佚)하며 성명(性命) 즉 부여받은 목숨을[性命] 상처내 죽이고[戕] 해치면서[賊] 도생(圖生)을 일삼는 무리를 질책함이 〈부하고(夫何故) 이기생생후(以其生生厚)〉이다.

註 "함덕지후(含德之厚) 비어적자(比於赤子)." 상덕을[德] 품음이[含之] 두터움은[厚] 핏덩이[赤子]에[於] 견줘진다[比].　　　　　　　　　　　　　『노자(老子)』 55장(章)

註 "위학일익(爲學日益) 위도일손(爲道日損)." 배움을[學] 추구하면[爲] 날마다[日] 불어나고[益], 도를[道] 추구하면[爲] 날마다[日] 줄어든다[損].　　　　　『노자(老子)』 48장(章)

註 "돈혜기약박(敦兮其若樸)." 돈연(敦然)하구나[敦兮]! 그 모습은[其] 나뭇등걸[樸] 같다[若]. 돈연(敦然)은 도타워[篤] 두터운[厚] 모습이다.　　　　　　　　　『노자(老子)』 15장(章)

註 "온고이지신(溫故而知新) 돈후이숭례(敦厚以崇禮)." 옛것을[故] 익혀서[溫而] 새것을[新] 알고[知], 돈후함으로[敦厚] 써[以] 예를[禮] 높인다[崇].　　　　『중용(中庸)』 주자장구(朱子章句) 27장(章)

註 "살생자불사(殺生者不死) 생생자불생(生生者不生) 기위물(其爲物) 무부장야(無不將也) 무불영야(無不迎也) 무불훼야(無不毁也) 무불성야(無不成也) 기명위영령(其名爲攖寧) 영령야자(攖寧也者) 영이후성자야(攖而後成者也)." 제 삶을[生] 죽이는[殺] 자는[者] 죽음을 당하지 않고[不死], 제 삶을[生] 살리려는[生] 자는[者] 살아남지 못한다[不生]. 그리하는[其爲] 것에는[物] 보내지 않음도[不將] 없는 것[無]이고[也], 맞아들이지 않음도[不迎] 없는 것[無]이며[也], 허물지 않음도[不毁] 없는 것[無]이고[也], 이루지 않음도[不成] 없는 것[無]이다[也]. {무부장(無不將)·무불영(無不迎)·무불훼(無不毁)·무불성(無不成)이란} 그것을[其] 영령이라[攖寧] 한다[名爲]. 어지

럽되[攖] 안정[寧]이란[也] 것은[者] 어지러움[攖] 뒤에야[而後] 이뤄지는[成] 것[者]이다[也].

기위물(其爲物)의 물(物)은 상도(常道)를 말한다. 영령(攖寧)의 영(攖)은 생사(生死)의 왕래가 요동하는 변화이고, 영(寧)은 그 변화에 동요되지 않는 적정(寂靜)이다.

『장자(莊子)』「대종사(大宗師)」

> [註] "견소포박(見素抱樸) 소사과욕(少私寡欲)." 그냥 있는 그대로를[素] 살피고[見] 그냥 있는 그대로를[樸] 간직해 지키며[抱], 제 몫을[私] 적게 하고[少] 욕망을[欲] 적게 한다[寡].
>
> 『노자(老子)』 19장(章)

> [註] "성인거심(聖人去甚) 거사(去奢) 거태(去泰)." 성인은[聖人] 지나침을[甚] 버리고[去], 사치를[奢] 버리고[去], 과도함을[泰] 버린다[去]. 　　『노자(老子)』 29장(章)

> [註] "아유삼보(我有三寶) 지이보지(持而保之) 일왈자(一曰慈) 이왈검(二曰儉) 삼왈불감위천하선(三曰不敢爲天下先)." 나한테[我] 세 가지[三] 보배들이[寶] 있고[有], 그것을[之] 간직하고서[持而] 지킨다[保]. 첫째를[一] 자애라[慈] 이르고[曰], 둘째를[二] 검소라[儉] 이르며[曰], 셋째를[三] 세상의[天下] 앞에[先] 감히[敢] 되지 않음이라[不爲] 이른다[曰]. 　　『노자(老子)』 67장(章)

> [註] "견강자사지도(堅强者死之徒) 유약자생지도(柔弱者生之徒)." 그러므로[故] 딱딱하고[堅] 굳은[强] 것은[者] 죽음의[死之] 무리이나[徒], 부드럽고[柔] 연약한[弱] 것은[者] 삶의[生之] 무리이다[徒]. 　　『노자(老子)』 76장(章)

【보주(補註)】

- 〈부하고(夫何故) 이기생생지후(以其生生之厚)〉를 〈부동지사지지도하고(夫動之死地之徒何故) 기도이후생기생(其徒以厚生其生)〉처럼 옮기면 문의(文意)를 좀 더 쉽게 새길 수 있다. 〈무릇[夫] 사지로[死地] 줄달음치는[動之] 무리는[徒] 무엇[何] 때문인가[故]? 그[其] 무리가[徒] 저들의[其] 삶을[生] 지나치게 하기[厚] 구생하기[生] 때문이다[以].〉

- 기생생지후(其生生之厚)는 남보다 더 잘살려고 재물을 탐함도 여기 생지후(生之厚)이고, 남보다 잘났다고 명성을 탐함도 생지후(生之厚)이며, 오래 살겠다고 보약을 탐함도 생지후(生之厚)임을 말한다. 익생(益生)·구생(求生)·후생(厚生) 등은 다 탐생(貪生)함이고, 생(生)을 탐(貪)함은 곧 자장(自戕) 즉 제 목숨을 스스로 해쳐 죽이는[戕] 짓임을 생지후(生之厚)가 암유(暗喩)하고 있다.

【해독(解讀)】

- 〈부하고(夫何故) 이기생생지후(以其生生之厚)〉는 의문문 하나와 서술문 하나로 이루어진 하나의 문단이다. 〈부하고인가[夫何故]? 그 무리가[其] 생지후를[生之

厚] 구생하기[生] 때문이다[以].〉

- 부하고(夫何故)는 주부(主部)와 술부(述部)를 생략하고 의문조사만 남긴 구문이다. 〈부기도지동지사지하고(夫其徒之動之死地何故)〉에서 주부 노릇할 기도지동지사지(其徒之動之死地)를 생략하고, 하고(何故)는 의문구로서 주격보어 노릇한다. 부하고(夫何故)는 〈하이고(何以故)〉와 같다. 〈무릇[夫] 무엇[何] 때문인가[故]?〉〈무릇[夫] 그[其] 무리가[徒之] 사지로[死地] 줄달음침은[動之] 무엇[何] 때문인가[故]?〉

- 이기생생지후(以其生生之厚)는 〈기도이기생생지후(其徒以其生生之厚)〉에서 주어 노릇할 기도(其徒)를 생략하고 술부(述部)만 남긴 구문이다. 이기생생지후(以其生生之厚)에서 이(以)는 〈때문이다 이(以)〉로 동사 노릇하고, 기생생지(其生生之)는 후(厚)를 꾸며주는 형용사구 노릇하고, 후(厚)는 이(以)의 목적어 노릇한다. 〈그것이[其] 삶의[生之] 후함을[厚] 구행하기[生] 때문이다[以].〉

- 기생생지후(其生生之厚)는 〈기도지생생지후(其徒之生生之厚)〉에서 기도지(其徒之)를 기(其)로 줄이고, 앞쪽의 생(生)은 영어의 동명사처럼 구실하고, 뒤쪽의 생지후(生之厚)는 앞쪽 생(生)의 목적구 노릇한다. 〈그것이[其] 생지후를[生之厚] 구생하기[生]〉

- 이기생생지후(以其生生之厚)는 주어가 생략되었지만 〈A이(以)B〉 또는 〈A인위(因爲)B〉 등과 같은 상용문이다. 〈A는 B 때문이다[以].〉〈A는 B 때문이다[因爲].〉

50-6 蓋聞(개문) 善攝生者(선섭생자) 陸行(육행) 不遇兕虎(불우시호)

▶대략[蓋] 들건대[聞] 삶을[生] 선하게[善] 길러가는[攝] 사람은[者] 뭍길을 나설지라도[陸行] 사나운 짐승들을[兕虎] 만나지 않는다[不遇].

대략(대개)개(蓋), 들을 문(聞), 잘할 선(善), 길러갈 섭(攝), 목숨 생(生), 놈 자(者), 땅 륙(陸), 다닐 행(行), 아니 불(不), 만날 우(遇), 들소 시(兕), 범 호(虎)

【지남(指南)】

〈선섭생자(善攝生者) 육행(陸行) 불우시호(不遇兕虎)〉는 선섭생자(善攝生者)에게 삶의 재앙이 일어나지 않음을 밝힌다. 〈선섭생(善攝生)〉은 선양생(善養生)과 같은 말로, 섭생(攝生)이나 양생(養生)은 19장(章) 소사과욕(少私寡欲)으로 생활함이다. 여기 선섭생(善攝生)의 〈선(善)〉은 법자연(法自然) 즉 천도(天道)를 본받고[法] 따름[順]을 밝힌다. 따라서 자연의[天] 규율을[道] 어김없이 따라 살아감이 선섭생(善攝生)이다. 그러면 누구나 천수(天壽)를 누리다 귀근(歸根)하여 복명(復命)함이니, 선섭생(善攝生)의 선(善)은 『장자(莊子)』의 개천자덕생(開天者德生)을 상기시킨다. 선(善)이란 개천(開天)하여 덕생(德生) 즉 상덕(常德)이 살아남[生]이다. 이러한 선(善)을 천도(天道)를 계승함이라 한다. 자연의 규율이 통하면[開] 절로 덕생(德生)하고 그러함이 곧 선(善)이다.

자연을[天] 펼침이[開] 곧 덕생(德生)이고 덕생(德生)은 선(善)이니, 선섭생(善攝生)은 귀덕(貴德) 즉 상덕을[常德] 받들어[貴] 존도(尊道) 즉 상덕을[道] 받드는[尊] 삶을 누림이다. 그냥 있는 그대로를[素] 살피고[見] 그냥 있는 그대로를[樸] 간직해 지키며[抱], 제 몫을[私] 적게 하고[少] 욕망을[欲] 적게 하면서[寡] 삶을 누리는 사람이 여기 선섭생자(善攝生者)이다. 이는 앞서 살핀 삼류(三類) 즉 세 무리와[三類] 다르다. 세 무리[三類]가 십유구(十有九)이니, 여기 선섭생자(善攝生者)는 십유일(十有一) 즉 10분의 1인 셈이다. 그래도 노자(老子) 당시에는 선섭생자(善攝生者)가 10퍼센트나 있었으니 살 만한 세상이었던 셈이다. 이제는 인여인상식(人與人相食)의 난세인지라 선섭생자(善攝生者)는 없어져버린 세상이다.

명리(名利)의 사욕(私欲)에 휘둘림 없이 안거(安居)하면, 밀림 같은 세속에 처한다 해도 시호(兕虎) 즉 들소[兕]나 호랑이[虎] 같은 세파(世波)의 재앙을 당하지 않는다. 자연(自然)을 따라 사는 사람을 세상 그 무엇도 해치지 않으므로 시호(兕虎) 같은 짐승한테도 해침을 당할 리 없다는 것이다. 물론 육행(陸行)과 시호(兕虎)는 세속(世俗)의 인생을 비유한다. 인위(人爲)의 삶[生]으로 넘쳐나는 인간이 겪는 상쟁(相爭)의 삶을 돌이켜보면 시호(兕虎) 같다는 생각이 엄습한다. 이처럼 험한 세상일지라도 제 몫을 줄여[少私] 욕심을 줄이는[寡欲] 선섭생자(善攝生者)는 험한 세파(世波)의 위해(危害)를 당하지 않음을 깊이 살펴 새기고 헤아려 깨우치게 하는 말씀이 〈선섭생자(善攝生者) 육행(陸行) 불우시호(不遇兕虎)〉이다.

註　　"견소포박(見素抱樸) 소사과욕(少私寡欲)." 그냥 있는 그대로를[素] 살피고[見] 그냥 있는
그대로를[樸] 간직해 지키며[抱], 제 몫을[私] 적게 하고[少] 욕망을[欲] 적게 한다[寡].

『노자(老子)』19장(章)

註　　"불개인지천(不開人之天) 이개천지천(而開天之天) 개천자덕생(開天者德生) 개인자적생
(開人者賊生) 불염기천(不厭其天) 불홀어인(不忽於人) 민기호이기진(民幾乎以其眞)." 인간의
[人之] 하늘을[天] 펼치지 않고서[不開而] 자연의[天之] 하늘을[天] 펼친다[開]. 자연을[天] 펼치는
[開] 이한테는[者] 천덕이[德] 생기고[生], 인위를[人] 펼치는[開] 자한테는[者] 해로움이[賊] 닥
친다[生]. 그[其] 자연을[天] 싫어하지 않고[不厭] 인위를[於人] 소홀히 않으면[不忽] 백성은[民] 그
[其] 참됨으로[眞]써[以] 상도에 가까워진다[幾乎].

인지천(人之天)은 인위人爲)를 뜻하고, 천지천(天之天)은 무위(無爲)를 뜻한다. 하늘[天]은
자연(自然)을 뜻한다.

『장자(莊子)』「달생(達生)」

【보주(補註)】

● 〈선섭생자(善攝生者) 육행(陸行) 불우시호(不遇兕虎)〉를 〈수선섭생자륙행(雖
善攝生者陸行) 선섭생자불우시호야(善攝生者不遇兕虎也)〉처럼 옮기면 문의
(文意)를 좀 더 쉽게 새길 수 있다. 〈비록[雖] 선섭생자가[善攝生者] 육행할지라
도[陸行] 선섭생자는[善攝生者] 시호를[兕虎] 조우하지 않는다는 것[不遇]이다
[也].〉

● 선섭생(善攝生)에서 생(生)은 육체와 정신을 함께하는 〈전생명(全生命)〉이며,
선섭생(善攝生)은 무위(無爲)로 생(生)을 누리고자 소사(少私)하고 과욕(寡欲)함
을 말한다.

● 육행(陸行)은 먼 길을 나서서 어딘가로 간다는 뜻이지만 여기서는 인생을 비유
하고, 시호(兕虎)는 살아가면서 겪을 수 있는 위험한 사태나 어려운 일을 비유
한다.

【해독(解讀)】

● 〈선섭생자(善攝生者) 육행(陸行) 불우시호(不遇兕虎)〉는 양보의 종절과 주절로
이루진 복문(複文)이다. 〈육행할지라도[陸行] 선섭생자는[善攝生者] 시호를[兕
虎] 만나지 않는다[不遇].〉

● 선섭생자육행(善攝生者陸行)에서 선섭생자(善攝生者)는 주부 노릇하고, 육(陸)

은 행(行)을 꾸며주는 부사 노릇하며, 행(行)은 동사 노릇한다. 〈선섭생자가[善攝生者] 육로로[陸] 갈지라도[行]〉

- 불우시호(不遇兕虎)는 〈선섭생자불우시호(善攝生者不遇兕虎)〉에서 우(遇)의 주부 노릇할 선섭생자(善攝生者)는 되풀이되는 내용이므로 생략되었고, 불(不)은 우(遇)의 부정사(否定詞)이며, 우(遇)는 동사 노릇하고, 시호(兕虎)는 우(遇)의 목적구 노릇한다. 〈{선섭생자(善攝生者)는} 시와[兕] 호를[虎] 만나지[遇] 않는다[不].〉

- 선섭생자(善攝生者)에서 선(善)을 동사로 여기고 섭생(攝生)을 선(善)의 목적어로 여겨도 되고, 선(善)을 섭(攝)을 꾸며주는 부사로 여기고 섭(攝)을 동사로 여기고 생(生)을 섭(攝)의 목적어로 보아도 문의(文意)가 달라지진 않는다. 이렇게 문맥을 다양하게 잡아볼 수 있는 것은 한문에는 품사(品詞)가 결정돼 있지 않기 때문이다. 여기 섭(攝)은 〈길러갈 양(養)〉과 같다. 〈섭생을[攝生] 잘하는[善] 사람[者]〉 〈생을[生] 선하게[善] 길러가는[攝] 사람[者]〉

- 선섭생자(善攝生者)는 〈위(爲)A지인(之人)〉을 〈위(爲)A자(者)〉로 줄인 예이다. 선섭생자(善攝生者)는 선섭생(善攝生)이 자(者)를 꾸며주어 영어의 형용사절 같은 구문이고, 자(者)는 지인(之人)의 줄임일 때도 있고 지물(之物)의 줄임일 때도 있다. 〈A를 하는[爲之] 사람[人]〉 〈A를 하는[爲之] 것[物]〉

50-7 入軍(입군) 不被甲兵(불피갑병)

▶ {선섭생자(善攝生者)가} 군영에[軍] 들어갈지라도[入] 병장기에[甲兵] 살상당하지 않는다[不被].

> 들 입(入), 군사 군(軍), 아닐 불(不), 상처받을 피(被), 갑옷 갑(甲),
> 병장기 병(兵)

【지남(指南)】

〈입군(入君) 불피갑병(不被甲兵)〉 역시 선섭생자(善攝生者)에게 삶의 재앙이 일어나지 않음을 밝힌다. 〈입군(入軍)〉은 상쟁(相爭)이 난무하는 인간세(人間世)를 비유하고, 〈갑병(甲兵)〉은 앞서의 시호(兕虎)처럼 삶을 위협하는 재앙을 견주어준다. 입영(入營)하여 전쟁터에 나간 적진(敵陣) 같은 세상일지라도 선섭생자(善攝生者)는 상처 입지 않는다. 자연을[自然] 따라 본받고 사는 사람은 하늘이 돕고 땅이 돕고 세상이 돕는다는 뜻을 입군(入軍)과 갑병(甲兵)이란 비유로 밝힌다.

자연에는 만용(蠻勇)이 없고 병장기(兵仗器)로 살생하는 만용(蠻勇)도 없으며, 서로 죽이는 전쟁이란 없다. 만용을 부리고 살생을 저지르고 전쟁을 일으켜 상살(相殺)을 감행하는 짓은 인간만 자행하는 참극(慘劇)이다. 선섭생자(善攝生者)한테는 상쟁(相爭)할 심기(心氣)가 없으니 하물며 살기(殺氣)가 있을 리 없고, 해인(害人)할 리 없으니 위협받지 않는다. 선섭생자(善攝生者)는 공전(攻戰) 즉 공격하여[攻] 싸우려는[戰] 심기(心氣)가 있을 리 없고, 살육(殺戮)의 살기(殺氣)가 범접할 리가 없다. 그러므로 제 몫을 줄이고[少私] 욕심을 줄이는[寡欲] 선섭생자(善攝生者)는 험한 세파(世波)가 전쟁터를 방불케 할지라도 재앙을 당하지 않음을 깊이 살펴 새기고 헤아려 깨우치게 하는 말씀이 〈입군(入軍) 불피갑병(不被甲兵)〉이다.

【보주(補註)】

- 〈입군(入君) 불피갑병(不被甲兵)〉을 〈수선섭생자입군(雖善攝生者入軍) 선섭생자불피어갑병야(善攝生者不被於甲兵也)〉처럼 옮기면 문의(文意)를 좀 더 쉽게 새길 수 있다. 〈비록[雖] 선섭생자가[善攝生者] 군에[軍] 들어갈지라도[入] 선섭생자는[善攝生者] 갑병에[甲兵] 의해서[於] 상처받지 않는다는 것[不被]이다[也].〉

- 입군(入軍)은 병영(兵營) 생활을 뜻하지만, 여기서는 상쟁(相爭)이 격심한 인생을 전쟁에 비유하고, 갑병(甲兵) 역시 살아가면서 겪을 수 있는 위험한 사태나 어려운 일을 비유함이다.

【해독(解讀)】

- 〈입군(入君) 불피갑병(不被甲兵)〉은 양보의 종절과 주절로 이루어진 복문(複文)이다. 〈입군할지라도[陸行] 갑병에[甲兵] 상해당하지 않는다[不被].〉

- 입군(入軍)은 주어가 생략되고 양보를 나타내는 조사도 생략되었지만, 전후 문맥으로 보아 양보의 종절로 보는 편이 문맥에 걸맞다. 입(入)은 동사 노릇하고, 군[軍]은 군영(軍營)의 줄임말로 입(入)을 꾸며주는 부사 노릇한다. 〈군영에[軍]

들어갈지라도[入]〉

- 불피갑병(不被甲兵)은 주어가 생략되었지만, 불(不)은 피(被)의 부정사(否定詞)이고, 피(被)는 수동의 동사 노릇하며, 갑병(甲兵)은 피(被)를 꾸며주는 부사 노릇한다. 피(被)는 〈상처받을 상(傷)〉과 같다. 〈갑병에 의해서[甲兵] 상처받지 않는다[不被].〉

- 한문투(漢文套)에서는 동사 노릇하는 자(字) 앞에 〈피(被)·위(爲)·견(見·소(所)〉 등을 붙여 수동의 뜻을 나타내기도 하지만, 생략하는 경우가 대부분이어서 전후 문맥으로 능동·수동을 따져 문맥을 잡는다. 〈A지소위보어(之所爲保於)B〉 또는 〈A위보어(爲保於)B〉〈A견보어(見保於)B〉〈A피보어(被保於)B〉 등등으로 살펴두면 편하다. 〈A가[A之] B에 의해서[於] 보호받는[爲保] 바[所]〉〈A가(A) B에 의해서[於] 보호받는다[爲保].〉〈A가(A) B에 의해서[於] 보호받는다[見保].〉〈A가(A) B에 의해서[於] 보호받는다[被保].〉

50-8 兕無所投其角(시무소투기각)

▶ 들소한테[兕] 그[其] 뿔에[角] 받힐[投] 바가[所] 없다[無].

들소 시(兕), 없을 무(無), 바(것) 소(所), 던져질 투(投), 그 기(其), 뿔 각(角)

【지남(指南)】

〈시무소투기각(兕無所投其角)〉 역시 선섭생자(善攝生者)에게 삶의 재앙이 일어나지 않음을 밝힌다. 〈시(兕)〉는 삶의 재앙을 비유하고, 〈무소투기각(無所投其角)〉은 재앙의 불상사가 빚어지지 않음이다. 들소[兕]의 뿔[角]에 받히면[所投] 목숨을 부지할 수 없다. 지나친 탐욕은 들소의 뿔과 같은 것이다. 소사(少私)하고 과욕(寡欲)하면서 자연을 따라 안거(安居)하려는 선섭생자(善攝生者)에게는 탐욕이란 없으니 들소의 뿔 같은 위태로운 세상으로부터 재앙을 당할 리 없음을 비유하여, 선섭생자(善攝生者)의 안정(安靜)을 살펴 헤아리고 깨우치게 하려는 말씀이 〈시무소투기각(兕無所投其角)〉이다.

老子 ● 제 50 장

【보주(補註)】

● 〈시무소투기각(兕無所投其角)〉을 〈시무선섭생자지소투어시지각(兕無善攝生者之所投於兕之角)〉처럼 옮기면 문의(文意)를 좀 더 쉽게 새길 수 있다. 〈들소한테[兕] 섭생을[攝生] 잘하는[善] 자가[者] 들소의[兕之] 뿔에[角] 의해서[於] 받힐[投] 바는[所] 없다[無].〉

● 시(兕) 즉 들소[兕]는 칠정육욕(七情六欲)의 십삼도(十三徒)로 인위(人爲)의 삶 즉 소식(小識) · 소행(小行)의 삶을 꾸리면서 상도(傷道) · 상덕(傷德)하여 상도(常道) · 상덕(常德)을 모압(侮狎)하는 삶을 일깨워 생각하게 한다.

註 "도고불소행(道固不小行) 덕고불소식(德固不小識) 소식상덕(小識傷德) 소행상도(小行傷道) 고왈(故曰) 정기이이의(正己而已矣) 낙전지위득지(樂全之謂得志)." 상도는[道] 본래[固] 작은[小] 행동이[行] 아니고[不], 상덕은[德] 본래[固] 작은[小] 앎이[識] 아니다[不]. 소식은[小識] 상덕을[德] 상하게 하고[傷], 소행은[小行] 상도를[道] 상하게 한다[傷]. 그래서[故] 말한다[曰] : 자기를[己] 옳게 하는 것[正]뿐이다[而已矣]. 즐거움이[樂] 완전함을[全之] 뜻을[志] 얻음이라[得] 한다[謂].

소식(小識)은 인간의 지식을 말하고, 소행(小行)은 인간의 짓을 말한다.

『장자(莊子)』 「선성(繕性)」

【해독(解讀)】

● 〈시무소투기각(兕無所投其角)〉에서 시(兕)는 무(無)를 꾸며주는 부사 노릇하고, 무(無)는 〈없을 무(無)〉로 동사 노릇하며, 소투기각(所投其角)은 무(無)의 주부(主部) 노릇한다. 〈들소한테[兕] 기각에[其角] 받힐[投] 바가[所] 없다[無].〉

● 소투기각(所投其角)에서 투(投)는 수동의 동사 노릇한다. 한문투(漢文套)에서는 동사 앞에다 〈소(所) · 위(爲) · 견(見) · 피(被)〉 등을 붙여 수동태 노릇하게 하지만, 이를 생략하는 경우가 대부분이다. 〈A지소위보어(之所爲保於)B〉 또는 〈A위보어(爲保於)B〉〈A견보어(見保於)B〉〈A피보어(被保於)B〉 등등으로 살펴두면 편하다. 〈A가[A之] B에 의해서[於] 보호받는[爲保] 바[所]〉〈A가(A) B에 의해서[於] 보호받는다[爲保].〉〈A가(A) B에 의해서[於] 보호받는다[見保].〉〈A가(A) B에 의해서[於] 보호받는다[被保].〉

50-9 虎無所措其爪(호무소조기조)

▶ 호랑이한테[虎] 그[其] 발톱에[爪] 할퀼[措] 바가[所] 없다[無].

범 호(虎), 없을 무(無), 바(것) 소(所), 둘 조(措), 그 기(其), 발톱 조(爪)

【지남(指南)】

〈호무소조기조(虎無所措其爪)〉역시 선섭생자(善攝生者)에게 삶의 재앙이 일어나지 않음을 밝힌다. 여기 〈호(虎)〉역시 삶의 재앙을 비유한 것으로, 〈무소조기조(無所措其爪)〉도 재앙의 불상사가 빚어지지 않음이다. 호랑이[虎]의 발톱[爪]에 할퀴면[所措] 목숨을 부지할 수 없다. 지나친 탐욕은 호랑이의 발톱과 같은 것이나, 소사(少私)하고 과욕(寡欲)하면서 자연을 따라 안거(安居)하는 선섭생자(善攝生者)한테는 아무리 험한 세파(世波)일지라도 호랑이의 발톱같이 되어 위태롭게 할 리도 없고, 소사(少私)하고 과욕(寡欲)하는 삶을 선하게 누리는데 남을 해칠 리 없으니 원한이나 원망을 살 리도 없어 어떠한 재앙도 불러오지 않음을 비유해 선섭생(善攝生)을 살펴 새기고 헤아려 깨우치게 하려는 말씀이 〈호무소조기조(虎無所措其爪)〉이다.

【보주(補註)】

● 〈호무소조기조(虎無所措其爪)〉를 〈호무선섭생자지소조어호지조(虎無善攝生者之所措於虎之爪)〉처럼 옮기면 문의(文意)를 좀 더 쉽게 새길 수 있다. 〈호랑이한테[虎] 섭생을[攝生] 잘하는[善] 자가[者] 그[其] 발톱에[爪] 의해서[於] 할퀼[措] 바는[所] 없다[無].〉

● 호(虎) 즉 호랑이[虎] 역시 들소[兕]와 같이 탐욕이 앞서는 인위(人爲)의 삶을 표상한다.

【해독(解讀)】

● 〈호무소조기조(虎無所措其爪)〉에서 호(虎)는 무(無)를 꾸며주는 부사 노릇하고, 무(無)는 〈없을 무(無)〉로 동사 노릇하며, 소조기조(所措其爪)는 무(無)의 주부(主部) 노릇한다. 조(措)는 〈놓일 치(置)〉와 같아 조치(措置)의 줄임말로 여기면 된다. 〈호랑이한테[虎] 기조에[其爪] 할퀼[措] 바가[所] 없다[無].〉

- 소조기조(所措其爪)에서 조(措)는 수동의 동사 노릇한다. 〈그[其] 발톱에[爪] 할퀴는[措] 바[所]〉

50-10 兵無所容其刃(병무소용기인)

▶병장기한테[兵] 그[其] 칼날에[刃] 허용될[容] 바가[所] 없다[無].

> 병장기 병(兵), 없을 무(無), 바(것) 소(所), 받아들일 용(容), 그 기(其), 칼날 인(刃)

【지남(指南)】

〈병무소용기인(兵無所容其刃)〉역시 선섭생자(善攝生者)에게 삶의 재앙이 일어나지 않음을 밝힌다. 〈병(兵)〉은 삶의 재앙을 비유하고, 〈무소용기인(無所容其刃)〉도 재앙의 불상사가 빚어지지 않음을 뜻한다. 적병의 칼날[刃]에 찔리면[所容] 목숨을 부지할 수 없다. 지나친 탐욕이란 적병(敵兵)의 칼날과 같은 것이지만, 소사(少私)하고 과욕(寡欲)하여 자연을 따라 안거(安居)하는 선섭생자(善攝生者)한테는 적병의 칼날 같은 위태로운 재앙이 날아들지 않음을 비유해 선섭생(善攝生)을 살펴 새기고 헤아려 깨우치게 하려는 말씀이 〈병무소용기인(虎無所容其刃)〉이다.

【보주(補註)】

- 〈병무소용기인(兵無所容其刃)〉을 〈병무선섭생자지소용어병지인(兵無善攝生者之所容於兵之刃)〉처럼 옮기면 문의(文意)를 좀 더 쉽게 새길 수 있다. 〈병영에서[兵] 섭생을[攝生] 잘하는[善] 자가[者] 그[其] 칼날에[刃] 의해서[於] 허용될[容] 바는[所] 없다[無].〉

- 병(兵)은 〈과(戈)·극(戟)·검(劍)·시(矢)〉즉 창[戈戟]과 칼[劍] 그리고 화살[矢]을 묶어 새기거나 〈싸움 전(戰)〉과 같은 뜻으로 보아도 되고 병영(兵營)으로 여겨도 될 것인즉, 기인(其刃) 즉 〈병지인(兵之刃)〉은 죽임의 표상이다.

【해독(解讀)】

- 〈병무소용기인(兵無所容其刃)〉에서 병(兵)은 무(無)를 꾸며주는 부사 노릇하고, 무(無)는 〈없을 무(無)〉로 자동사 노릇하며, 소용기인(所容其刃)은 무(無)의 주

부(主部) 노릇한다. 용(容)은 〈허락할 허(許)〉와 같아 허용(許容)의 줄임말로 여기면 된다. 〈병영에서[兵] 기인에[其刃] 허용될[容] 바가[所] 없다[無].〉

- 소용기인(所容其刃)에서 용(容)은 수동의 동사 노릇한다. 〈그[其] 칼날에[刃] 허용되는[容] 바[所]〉

50-11 夫何故(부하고) 以其無死地(이기무사지)

▶무릇[夫] 무엇[何] 때문일까[故]? 그에게는[其] 죽임을 당할[死] 곳이[地] 없기[無] 때문이다[以].

> 무릇 부(夫), 무엇 하(何), 때문에 고(故), 때문이다 이(以), 그 기(其), 없을 무(無), 죽을 사(死), 곳 지(地)

【지남(指南)】

〈부하고(夫何故) 이기무사지(以其無死地)〉는 앞서 밝힌 〈소투기각(所投其角)·소조기조(所措其爪)·소용기인(所容其刃)〉의 위험이 선섭생자(善攝生者)에게 없는 까닭을 총결(總結)하여 밝힌다. 무슨 까닭[何故]으로 위험이 없는지 반문함이 〈부하고(夫何故)〉이고, 대답이 〈이기무사지(以其無死地)〉이다. 섭생(攝生)을 개천(開天), 즉 무위(無爲)로 잘하는[善] 사람에게는 죽임을 당할 곳이 없기[無死地] 때문에[以] 위험의 재앙이 닥치지 않는다.

여기 〈무사지(無死地)〉는 〈무생지후(無生之厚)〉와 같다. 선섭생자(善攝生者)한테는 탐욕이 넘쳐나는 구생(求生)이란 조금도 없다. 여기 선섭생자(善攝生者)의 무사지(無死地)는 『장자(莊子)』에 나오는 천지지우(天地之友)를 연상하면 된다. 하늘땅의[天地之] 벗[友]이란 52장(章) 복수기모(復守其母) 즉 상도(常道)로[其母] 돌아와[復] 지키면서[守], 7장(章) 후기신(後其身)의 삶으로 법자연(法自然)의 삶을 진실로 누리는 자이다. 이렇듯 지극한 선섭생자(善攝生者)는 자신을 뒤로 물리지만[後其身], 그러면 오히려 세상 사람들이 그를 앞세워 주기도[先身] 하는 것이 천심(天心)이고 민심(民心)이다. 이런 연유로 선섭생자(善攝生者)에게는 죽임을 당할 곳[死地]이란 없다.

섭생(攝生)을 잘하는[善] 사람에게 사지(死地)가 없는[無] 까닭은 그가 19장(章) 〈소사과욕(少私寡欲)〉을 저버리지 않고, 29장(章)에서 살펴 바대로 〈거심(去甚) 거사(去奢) 거태(去泰)〉를 보수(保守)하며, 67장(章)에 나오는 〈아유삼보(我有三寶)〉를 받들어 삼가 존도(尊道)하고 귀덕(貴德)하여 무위(無爲)의 삶을 누리기 때문임을 살피고 새겨 헤아려 일깨워주는 말씀이 〈부하고(夫何故) 이기무사지(以其無死地)〉이다.

註 "합호대동(合乎大同) 대동이무기(大同而無己) 무기(無己) 오호유유(惡乎有有) 도유자석지군자(覩有者昔之君子) 도무자천지지우(覩無者天地之友)." 크나큰[大] 하나와[同乎] 합한다[合]. 크나큰[大] 하나이니[同而] 자기가[己] 없다[無]. 자기가[己] 없는데[無] 어찌[惡乎] 가짐이[有] 있겠는가[有]? (가짐이) 있음을[有] 보는[覩] 자는[者] 옛날의[昔之] 군자이고[君子], (가짐이) 없음을[無] 보는[覩] 이는[者] 하늘땅의[天地之] 벗이다[友].

대동(大同)은 여자연동(與自然同) 즉 자연과[與自然] 하나됨[同]이고, 무기(無己)는 무사(無私)·무욕(無欲)·무아(無我)를 묶어 말함이다. 도무자(覩無者)·천지지우(天地之友)·무기자(無己者) 등은 성인(聖人)을 달리 말함이다.　　　　　『장자(莊子)』「재유(在宥)」

註 "천하유시(天下有始) 이위천하모(以爲天下母) …… 복수기모(復守其母) 몰신불태(歿身不殆)." 온 세상에[天下] 시원이[始] 있고[有], (그 시원으로) 써[以] 온 세상의[天下] 어머니로[母] 삼는다[爲]. …… 그[其] 어머니께로[母] 돌아와[復] 지킨다면[守] 평생토록[歿身] 위태롭지 않다[不殆].　　　　　『노자(老子)』 52장(章)

註 "성인후기신이신선(聖人後其身而身先) 외기신이신존(外其身而身存) 비이기무사야(非以其無私也) 고(故) 능성기사(能成其私)." 성인도[聖人] 그[其] 자신을[身] 뒤로 하지만[後而] 자신이[身] 앞서지고[先], 그[其] 자신을[身] 버리지만[外] 그 자신은[身] 살아난다[存]. 성인께는[聖人] 제 것이[私] 없기[無] 때문임은[以] 아닌 것이로다[非耶]. 그러므로[故] 그[其] 자신의 것을[私] 이룰 수 있다[能成].　　　　　『노자(老子)』 7장(章)

【보주(補註)】

● 〈부하고(夫何故) 이기무사지(以其無死地)〉를 〈부선섭생지무재앙하고(夫善攝生之無災殃何故) 선섭생자이기무사지(善攝生者以其無死地)〉나 〈부하선섭생자무사지고(夫何善攝生者無死地故) 선섭생자이무사지야(善攝生者以無死地也)〉처럼 옮기면 문의(文意)를 좀 더 쉽게 새길 수 있다. 〈무릇[夫] 선하게[善] 섭생함에[攝生] 재앙이[災殃] 없음은[無] 무엇[何] 때문인가[故]? 선하게[善] 섭생하는[攝

生] 자는[者] 그에게[其] 죽임을 당할[死] 곳이[地] 없기[無] 때문이다[以].]

【해독(解讀)】

- 〈부하고(夫何故) 이기무사지(以其無死地)〉는 의문문과 서술문으로 이루어진 하나의 문단이다. 〈부하고인가[夫何故]? 기사지가[其死地] 없기[無] 때문이다 [以].〉

- 부하고(夫何故)는 주부(主部)와 술부(述部)를 생략하고 의문조사만 남긴 구문이다. 〈부선섭생자지무사지하고(夫善攝生者之無災殃何故)〉에서 주부 노릇할 부선섭생자지무재앙(夫善攝生者之無災殃)이 생략되었고, 하고(何故)는 의문구로서 주격보어 노릇한다. 부하고(夫何故)는 〈하이고(何以故)〉와 같다. 무릇[夫] 무엇[何] 때문인가[故]?〉〈무릇[夫] 선섭생자한테[善攝生者] 재앙이[災殃] 없음은 [無] 무엇[何] 때문인가[故]?〉

- 이기무사지(以其無死地)에서 이(以)는 주어가 생략되었지만 〈원인이 될 인(因)〉과 같은 동사 노릇하고, 기무사지(其無死地)는 이(以)의 목적구 노릇한다. 〈그것에는[其] 죽임을 당할[死] 곳이[地] 없기[無] 때문이다[以].〉

- 무사지(無死地)에서 사지(死地)의 사(死)는 수동의 동명사 노릇한다. 즉 〈피사지(被死地)〉로 여기고 문맥을 잡아 새기면 문의(文義)가 분명해진다. 〈죽임을 당할[被死] 곳[地]〉〈죽임을 당할[被死] 곳이[地] 없음[無]〉

- 이기무사지(以其無死地)는 〈A이위(以爲)B〉의 상용문이다. 〈A는 B를 하기[爲] 때문이다[以].〉

존도장(尊道章)

　도(道)는 덕(德)의 본(本)이고, 덕(德)은 도(道)의 용(用)임을 깨우치게 하는 장(章)이다. 유도(由道) 즉 상도(常道)로 말미암아[由] 만물이 새기고, 유덕(由德) 즉 상덕(常德)으로 말미암아[由] 만물이 살아간다.

　상도(常道)는 만물을 낳아주되 만물을 갖지 않고, 위해주되 바라지도 않고, 자라게 해주되 간섭하지 않으면서 만물을 떠나지 않고 만물 속에 머물러 변함없이 상도(常道)의 용(用), 즉 현덕(玄德)이 베풀어짐을 통해 『노자(老子)』에 관류(貫流)하는 남면지술(南面之術)의 법식(法式)을 일깨워 살펴 새기고 헤아려 깨우치게 하는 장(章)이다.

道生之하고 德畜之하며 物形之하고 勢成之라 是以로
도 생 지   덕 축 지   물 형 지   세 성 지   시 이

萬物이 莫不尊道而貴德한다 道之尊과 德之貴를 夫莫
만물   막 부 존 도 이 귀 덕   도 지 존   덕 지 귀   부 막

之命而常自然이다 故로 道가 生之하고 畜之하고 長之
지 명 이 상 자 연   고   도   생 지   축 지   장 지

育之하며 成之熟之하고 養之覆之하나니 生而不有하고
육 지   성 지 숙 지   양 지 부 지   생 이 불 유

爲而不恃하며 長而不宰함을 是謂玄德이라 한다
위 이 불 시   장 이 부 재   시 위 현 덕

상도(常道)가 [道] (만물을) 낳아주고 [生之], 상덕(常德)이 [德] (만물을) 길러
주며 [畜之], (덕의 길러줌으로써) 만물이 [物] (저마다) 몸을 갖추고 [形], (만
물이 저마다 누리는) 환경이 [勢] 이루어진다 [成之]. 이렇기 [是] 때문에 [以]
온갖 것은 [萬物] 상도를 [道] 받들면서 [尊而] 상덕을 [德] 받들지 않을 수 [不
貴] 없다 [莫]. 상도의 [道之] 받듦과 [尊] 상덕의 [德之] 받듦 [貴] 그것을 [之]
무릇 [夫] 하라 함이 [命] 없어도 [莫而] (만물은) 늘 [常] 절로 [自] 그리한다
[然]. 그러므로 [故] 상도가 [道] 낳아주고 [生之] 길러주고 [畜之], (상덕이 만
물을) 키워주고 [長之] 길러주며 [育之], (상덕이 만물을) 이뤄주고 [成之] 영글
게 하고 [熟之], (상덕이 만물을) 보양해주고 [養之] 보호해준다 [覆之]. (상도
는) 낳아주되 [生而] 갖지 않고 [不有], (상도는) 위해주되 [爲而] 바라지 않으
며 [不恃], (상도는) 키워주되 [長而] 이래라저래라 않는다 [不宰]. 위의 것들을
[是] 현묘한 [玄] 덕이라 [德] 한다 [謂].

51-1 道生之(도생지)

▶ 상도가 [道] (만물을) 낳아준다 [生之].

상도 도(道), 낳을 생(生), 허사(虛詞) 지(之)

【지남(指南)】

〈도생지(道生之)〉는 상도(常道)의 조화가 〈생지(生之)〉임을 밝힌다. 성인(聖人)은 이 도생지(道生之)를 그대로 본받아 남면지술(南面之術) 즉 통치자로서 치민(治民)하고 치세(治世)하는 법식(法式)으로 삼는다. 도생지(道生之)의 〈생(生)〉은 상도(常道)의 짓[神]인 조화이다. 상도(常道)를 현빈(玄牝) 즉 현묘한[玄] 땅[牝]에 비유하는 것은 상도(常道)가 천지만물을 낳기[生] 때문으로, 태극(太極)을 낳는다[生] 함은 음양(陰陽)을 낳아 생기(生氣)의 시원(始原)을 밝힘이다. 생(生)이란 음양지기(陰陽之氣) 즉 음양의[陰陽之] 기운을[氣] 받음[受]이다.

이즈음은 천지란 말보다 우주란 말을 쓴다. 우주 삼라만상을 낳은 것이 상도(常道)인지라 상도(常道)보다 앞선[先] 것은 없다. 우주가 없어져도 상도(常道)는 없어지지 않으니 우주의 뒤[後]란 것도 없다. 상도(常道)에는 선후(先後)도 없고 시종(始終)도 없으니 생사(生死)가 없다. 무시(無始)요 무종(無終)인 상도(常道)가 생지(生之)함이란 태극(太極)이 음양을 생(生)하고, 음양이 만물을 생(生)함이다. 음양의 생(生)은 곧 자웅(雌雄)의 생(生)이다. 상도(常道)인 태극(太極)이 음양을 낳고[生] 음양이 천지만물을 생(生)함은, 상도(常道)의 태극(太極)이 낳은[生] 음양이 천지만물을 생(生)함으로 이어진다.

『장자(莊子)』에 천지자만물지부모야(天地者萬物之父母也)란 말이 나온다. 여기 부모(父母)는 천(天)의 양기(陽氣)와 지(地)의 음기(陰氣)이니, 천지(天地)란 만물을 낳는 음양이고 이는 태극(太極)의 낳음[生]이며, 태극(太極)이 곧 상도(常道)의 짓인지라 태극(太極)은 일기(一氣)요 원기(元氣)며 신기(神氣), 즉 기지시(氣之始)이다. 그러므로 우주 삼라만상을 낳는 생기(生氣)를 짓는 상도(常道)를 살펴 새기고 헤아려 깨우치게 하는 말씀이 〈도생지(道生之)〉이다.

註 "곡신불사(谷神不死) 시위현빈(是謂玄牝) 현빈지문(玄牝之門) 시위천지근(是謂天地根)." 골짜기의[谷] 변화하게 하는 짓은[神] 죽지 않는다[不死]. 이를[是] 신묘한[玄] 땅이라[牝] 한다[謂]. 현묘한[玄] 땅의[牝之] 문(門) 이것을[是] 하늘땅의[天地] 뿌리라[根] 한다[謂].

『노자(老子)』 6장(章)

註 "부형전정복(夫形全精復) 여천위일(與天爲一) 천지자만물지부모야(天地者萬物之父母也)." 무릇[夫] 몸이[形] 온전하고[全] 정신이[精] 돌아오면[復] (만물은) 자연과[與天] 하나가[一]

된다[爲]. 하늘땅이란[天地] 것은[者] 만물의[萬物之] 어버이[父母]이다[也].

『장자(莊子)』「달생(達生)」

【보주(補註)】

● 〈도생지(道生之)〉를 〈도생만물(道生萬物)〉처럼 옮기면 문의(文意)를 좀 더 쉽게 새길 수 있다. 〈상도가[道] 만물을[萬物] 낳는다[生].〉

● 도생지(道生之)의 지(之)는 천지만물, 즉 있는 것[有物]이면 무엇이든 여기 지(之)라고 여기면 된다. 그 생(生)의 풀이가 42장(章) **부음이포양(負陰而抱陽)** 즉 음을[陰] 지고[負] 양을[陽] 안음[抱]으로, 부음(負陰)이란 음이[陰] 뒤따름을 말하고, 포양(抱陽)이란 양이[陽] 앞섬이다. 그리고 생(生)은 상도지품기정어만물(常道之稟其精於萬物) 즉 상도가[常道之] 만물에[於萬物] 저마다의[其] 정기(精氣)를 내림[稟]이다. 그 정기를 일러 오(奧)라 한다. 오(奧)란 만물이 상도(常道)를 잠시도 떠나 생사(生死)를 누릴 수 없음이다.

註 "만물부음이포양(萬物負陰而抱陽)." 온갖[萬] 것은[物] 음기를[陰] 지고[負], 양기를[陽] 안는다[抱]. 『노자(老子)』42장(章)

註 "도자만물지오(道者萬物之奧)." 상도라는[道] 것은[者] 온갖[萬] 것이[物之] 그윽이 깊게 간직한 것이다[奧]. 『노자(老子)』62장(章)

【해독(解讀)】

● 〈도생지(道生之)〉에서 도(道)는 주어 노릇하고, 생(生)은 타동사 노릇하며, 지(之)는 허사(虛詞) 노릇으로 보아도 되고 〈그것 지(之)〉로서 생(生)의 목적어 노릇한다고 보아도 된다. 〈도가[道] 낳는다[生之].〉 〈도가[道] 그것을[之] 낳는다[生].〉

● 도생지(道生之)에서 지(之)는 생(生)이 동사 노릇함을 알려준다. 도생(道生)이라고 하면 〈도생야(道生也)〉로 새길 수 있어 명사 노릇하는 셈이다. 상도(常道)란 생(生)하는 것이 아닌지라 도생야(道生也)는 말이 되지 않는다.

51-2 德畜之(덕휵지)

▶ 상덕이[德] (만물을) 길러준다[畜之].

존 도 장 (尊 道 章)

크나큰 덕(德), 길러줄 휵(畜), 허사(虛詞) 지(之)

【지남(指南)】

〈덕휵지(德畜之)〉는 상덕(常德)의 용(用)을 밝힌다. 덕휵지(德畜之)의 〈휵(畜)〉은 10장(章) 〈현덕(玄德)〉을 상도(常道)가 용(用)함이다. 성인(聖人)은 이 덕휵지(德畜之)를 그대로 본받아 남면지술(南面之術) 즉 통치자로서 치민(治民)하고 치세(治世)하는 법식(法式)으로 삼는다. 도생지(道生之)의 생(生)은 덕(德)으로 드러나니, 생자(生者)로서 모든 유물(有物) 즉 있는[有] 것은[物] 덕(德)으로 드러난다. 그래서 덕휵지(德畜之)는 『장자(莊子)』의 **도자덕지흠야(道者德之欽也) 생자덕지광야(生者德之光也)**란 말을 상기시킨다. 상도(常道)의 조화인 생지(生之)는 덕(德)을 진열해놓음[欽]인지라 태어난 것[生者]은 덕(德)의 드러남[光]이다.

상도(常道)의 용(用)인 덕(德)을 상덕(常德)·상덕(上德)·현덕(玄德) 등으로 나타낸다. 상도(常道)가 낳은 것은 다 덕(德)이므로 태어난 것은 모두 그냥 그대로[自然] 자란다[長之]. 상덕(常德)이란 상도(常道)가 만물에게 내린 것으로, 그것을 일러 〈휵지(畜之)〉라 한다. 휵지(畜之)란 양(養) 즉 길러냄[養]이다. 길러내니 온갖 목숨이 저마다 그냥 그대로 자란다. 태어난 것이면 버려지지 않고 선양(善養), 자연스럽게[善] 길러준다[養]. 이런 선양(善養)의 휵지(畜之)가 상도(常道)의 조화로서 현덕(玄德)의 용(用)이다.

상도(常道)의 짓인[神] 조화 즉 〈생지(生之)〉가 드러남이 현덕(玄德)이고, 현덕(玄德)의 드러남이 〈휵지(畜之)〉이니, 태어난 만물을 그냥 그대로[自然] 길러주되 갖지 않고 도와주되 바라지 않고 자라게 하되 주재(主宰)하지 않는 현덕(玄德)의 쓰임[用]을 살펴 새기고 헤아려 깨우치게 하는 말씀이 〈덕휵지(德畜之)〉이다.

註 "도자덕지흠야(道者德之欽也) 생자덕지광야(生者德之光也) 성자생지질야(性者生之質也) 성지동위지위(性之動謂之爲) 위지위위지실(爲之僞謂之失)." 도라는[道] 것은[者] 덕의[德之] 진열[欽]이고[也], 삶이란[生] 것은[者] 덕의[德之] 내비침[光]이며[也], 본성이란[性] 것은[者] 삶의[生之] 본질[質]이고[也], 본성의[性之] 움직임[動] 그것을[之] 행위라[爲] 하고[謂], 행위의[爲之] 인위를[僞] 잃어버림이라[失] 한다[謂].

흠(欽)은 여기선 〈진열해놓을 흠(廞)〉과 같고, 위(僞)는 인위(人爲)를 뜻하며, 실(失)은 실성(失性)을 줄임이다.   『장자(莊子)』「경상초(庚桑楚)」

【보주(補註)】

● 〈덕휵지(德畜之)〉를 〈덕휵만물(德畜萬物)〉처럼 옮기면 문의(文意)를 좀 더 쉽게 새길 수 있다. 〈상덕이[德] 만물을[萬物] 길러준다[畜].〉

● 덕휵지(德畜之)의 지(之) 역시 천지만물 즉 있는 것[有物]이면 무엇이든 덕휵지(德畜之)의 지(之)이다. 덕겸어도(德兼於道)이기 때문이다. 상덕(常德)은 상도에 [於道] 겸해지니까[兼] 만물로 하여금 저마다 음양(陰陽)을 갖추고[負抱] 자라게[長] 하여 키우고[育], 이루게[成] 하여 영글게[熟] 하며, 보양하게[養] 하여 보호하게[覆] 함인지라 덕휵지(德畜之)의 지(之)는 만물이다. 휵(畜)은 상덕지사만물함기기(常德之使萬物含道氣), 즉 상덕이[常德之] 만물로 하여금[萬物] 저마다의 정기를[道氣] 품게[含] 함이다.

　휵(畜)은 뜻에 따라 여러 가지로 달리 발음한다. 〈기를 휵(畜)=양(養), 가축 축(畜), 집에서 길러도 될 짐승 휴(畜), 집에서 기르는 짐승 추(畜), 쌓을 축(畜)=적(積), 그칠 축(畜)=지(止)〉 등이다. 여기선 〈길러줄 휵(畜)〉이다.

【해독(解讀)】

● 〈덕휵지(德畜之)〉에서 덕(德)은 주어 노릇하고, 휵(畜)은 타동사 노릇하며, 지(之)는 허사(虛詞) 노릇으로 보아도 되고 〈그것 지(之)〉로서 휵(畜)의 목적어 노릇한다고 보아도 된다. 〈덕이[德] 길러준다[畜之].〉 〈덕이[德] 그것을[之] 길러준다[畜].〉

● 덕휵지(德畜之)에서 지(之)는 휵(畜)의 목적어 노릇하는 지시어 〈그것 지(之)〉로 여길 수도 있고, 휵(畜)이 동사 노릇함을 뜻해주는 허사(虛詞)로 보아도 된다. 〈그것을[之] 기른다[畜].〉 〈기른다[畜之].〉

51-3 物形之(물형지)

▶ (덕의 길러줌으로써) 만물이[物] (저마다) 몸을 갖춘다[形之].

온갖 것 물(物), 드러날 형(形), 허사(虛詞) 지(之)

【지남(指南)】

〈물형지(物形之)〉는 상도(常道)의 용(用)인 덕지휵(德之畜)이 드러남[形]을 밝힌다. 성인(聖人)은 이 물형지(物形之)를 그대로 본받아 남면지술(南面之術) 즉 통치자로서 치민(治民)하고 치세(治世)하는 법식(法式)으로 삼는 다. 〈물(物)〉은 도(道)로 보면 생자(生者) 즉 태어난[生] 것[者]이고, 덕(德)으로 보면 휵자(畜者) 즉 길러내는[畜] 것[者]이다. 상도(常道)가 낳은 만물은 상도(常道)의 조화를 통해 상덕(常德)을 드러내 이루고[形], 상덕(常德)은 천지(天地)에 도기(道氣)를 두루 통하게 한다. 그래서 『장자(莊子)』에 통천하일기이(通天下一氣耳)란 말이 나온다. 상덕(常德)이 도기(道氣)인 일기(一氣)를 천지만물에 통하게 하고, 천지만물은 일기(一氣)를 드러내 이룬다[形]. 그러므로 생자(生者)로서 물(物)은 상도(常道)를 떠날 수 없고, 휵자(畜者)로서 상덕(常德)을 여읠 수 없음이 〈형지(形之)〉의 형(形)이다.

도생지(道生之)로 드러나고[形] 덕휵지(德畜之)로 밝혀져 시유(始有), 즉 비로소[始] 있게[有] 된 것이 만물이다. 상도(常道)는 무명(無名)이니 이름이[名] 없고[無], 유명자(有名者)로서 물(物)은 무명자(無名者)인 상도(常道)가 낳았으니 40장(章) 유생어무(有生於無)와 더불어 42장(章) 만물부음이포양(萬物負陰而抱陽)을 상기시킨다. 만물의 형(形)은 드러남이고, 그것은 음(陰)을 지고[負] 양(陽)을 안아[抱] 음양(陰陽)을 아우른[和] 충기(沖氣)의 몸[形]이다. 음양이 아울러[和] 하나가 되는 충기(沖氣)를 얻음이 생(生)의 드러남이니, 물형지(物形之) 또한 39장(章) 만물득일이생(萬物得一以生)을 상기시킨다. 만물이 저마다 체형(體形)을 지니고 이름을 간직하면서 도(道)와 덕(德)을 간직하고 있음을 살펴 새기고 헤아려 깨우치게 하는 말씀이 〈물형지(物形之)〉이다.

註　"통천하일기이(通天下一氣耳) 성인고귀일(聖人故貴一)." 천하에[天下] 통함은[通] 일기(一氣)뿐이라고[耳] 한다[曰]. 그래서[故] 성인은[聖人] 일기를[一] 받들어 모신다[貴].

일기(一氣)는 상도(常道)를 일컬음이다.　　　　　　『장자(莊子)』「지북유(知北遊)」

註　"천하만물생어유(天下萬物生於有) 유생어무(有生於無)." 온 세상[天下] 온갖[萬] 것은[物] 있음에[有] 의해[於] 생기고[生], 있음은[有] 없음에[無] 의해[於] 생긴다[生].

　　　　　　　　　　　　　　　　　　　　　　　　　　『노자(老子)』40장(章)

註　"만물부음이포양(萬物負陰而抱陽) 충기이위화(沖氣以爲和)." 온갖[萬] 것은[物] 음기를[陰]

지고[負] 양기를[陽] 간직하고[抱], (음양은) 충기(沖氣)로써[以] 화기가[和] 된다[爲].

『노자(老子)』42장(章)

註 "만물득일이생(萬物得一以生)." 온갖 것은[萬物] 하나를[一] 얻음으로[得]써[以] 생긴다[生].

『노자(老子)』39장(章)

존도장(尊道章)

【보주(補註)】

● 〈물형지(物形之)〉를 〈만물견형어덕지휵(萬物見形於德之畜)〉처럼 옮기면 문의(文意)를 더 쉽게 새길 수 있다. 〈만물은[萬物] 덕의[德之] 길러줌에[畜] 의해서[於] 드러내진다[見形].〉

● 만물은 상도(常道)를 떠나 있는 것이 아니다. 만물은 다 같이 상도(常道)를 간직하기에 상도(常道)를 〈만물지오(萬物之奧)〉라 한다. 여기 오(奧)는 〈속에 간직된 장(藏)〉과 같아 눈으로 볼 수도 없고 귀로 들을 수 없으며 손으로 만질 수 없는 형이상(形而上)의 것을 간직함이니, 형지(形之)의 형(形)은 도기(道氣)를 함장(含藏)하되 볼 수도 있고 들을 수도 있고 만질 수도 있게 드러나는[形] 것으로 곧 몸[身]이다.

註 "도자만물지오(道者萬物之奧)." 상도라는[道] 것은[者] 온갖 것이[萬物之] 속으로 간직하고 있는 것이다[奧]. 『노자(老子)』62장(章)

【해독(解讀)】

● 〈물형지(物形之)〉에서 물(物)은 주어 노릇하고, 형(形)은 수동태 노릇하며, 지(之)는 허사(虛詞) 노릇한다. 물형지(物形之)를 〈물견형어덕지휵(物見形於德之畜)〉의 줄임으로 여기고 문맥을 잡으면 문의가 더욱 분명해진다. 〈물이[物] 드러내진다[形之].〉〈물이[物] 덕의[德之] 길러냄에[畜] 의해서[於] 드러내진다[見形].〉

● 물형지(物形之)에서 지(之)는 〈덕지휵형물(德之畜形物)〉에서 주어 노릇할 덕지휵(德之畜)을 생략하고, 형(形)의 목적어인 물(物)을 전치하여 주어로 삼아 능동의 형(形)이 수동의 형(形)으로 되었음을 나타낸다. 동사 앞에 〈견(見)·위(爲)·피(被)〉 등이 놓이면 능동의 동사가 수동의 동사로 된다. 〈덕의[德之] 길러냄이[畜] 만물을[物] 드러낸다[形].〉〈만물이[物] 덕의[德之] 길러냄에[畜] 의해서[於] 드러내진다[見形].〉〈만물이[物] 드러내진다[形之].〉

51-4 勢成之(세성지)

▶ (만물이 저마다 누리는) 환경이 [勢] 이루어진다[成之].

자라날 세(勢), 이룰 성(成), 허사(虛詞) 지(之)

【지남(指南)】

〈세성지(勢成之)〉 역시 덕지휵(德之畜)의 만물이 살아가는 환경을 이루어줌을 밝힌다. 성인(聖人)은 이 세성지(勢成之)를 그대로 본받아 남면지술(南面之術) 즉 통치자로서 치민(治民)하고 치세(治世)하는 법식(法式)으로 삼는다. 만물은 저마다 자연(自然)의 기운을 받아 상덕(常德)의 길러냄으로 살아가기 위해 알맞은 환경을[勢] 누린다. 생물이 저마다 살아갈 수 있는 환경이 여기 〈세(勢)〉이다. 천기(天氣)를 받아 태어난 만물은 저마다 알맞은 환경을 받지 못하면 살 수 없다. 사람이나 토끼나 새는 땅 위에서 살아가고, 지렁이나 굼벵이는 땅 속에서 살아가야 하며, 붕어나 갈치는 물 속에서 살아가야 한다. 그래서 『장자(莊子)』에 **수사어천(受食於天)**이란 말이 나온다.

만물은 저마다 자연에서[於天] 먹을거리를[食] 받아[受] 살아가자면 저마다 알맞은 환경을[勢] 갖추어야 한다. 쌀 한 톨, 고기 한 점, 푸성귀 한 잎에도 자연(自然)의 기운이 간직되어 있고, 그런 천사(天食)들은 환경에 따라 마련돼 온갖 것들이 살아간다. 그러나 현대인은 내 목숨 내 것이고 내 삶 또한 내 것이라 여기고 자연(自然)이 마련해주는 성세(成勢)를 외면하면서 방자(放恣)하다. 살아 움직이게 하는 모든 양식이 환경에[勢] 따라 자연에서 오는 것임을 외면한다. 아무리 인간이 문명을 일구어 비자연(非自然) 즉 자연(自然)이 아닌 것[非]으로 산다고 주장한들 그것은 착각(錯覺)일 뿐, 만물은 상도(常道)의 생자(生者)로서 자연의 조화인 〈춘작하장(春作夏長) · 추렴동장(秋斂冬藏)〉이란 천사(天食)의 환경을[勢] 벗어나서는 어느 것도 살아갈 수 없다.

뭍의 것은 뭍에서 살고, 물의 것은 물에서 사는 것이 목숨이 저마다 따라야 하는 환경의 세(勢)이다. 싹이 터 잎과 꽃이 피는 것[作]은 봄의[春] 기운을 누리게 하는 환경[勢]이고, 잎과 꽃에서 열매가 자람은[長] 여름의[夏] 기운을 누리게 하는 환경[勢]이며, 열매가 영글어 거둠[斂]은 가을의[秋] 기운을 누리게 하는 환경[勢]이고, 씨앗이 떨어져 땅에 간직됨[藏]은 겨울의[冬] 기운을 누리게 하는 환경[勢]이다. 어디 초목(草木)만이겠는가. 인간과 더불어 금수(禽獸)·어충(魚蟲)도 작장렴장(作長斂藏)의 환경에[勢] 따라 생사(生死)를 누림이 모든 생물의 성세(成勢)이다. 사람도 춘작(春作)에 해당되는 소년기의 세(勢)가 있고, 하장(夏長)에 해당되는 청년기의 세(勢)가 있으며, 추렴(秋斂)에 해당되는 장년기의 세(勢)가 있고, 동장(冬臧)에 해당되는 노년기의 세(勢)가 있다. 이처럼 만물은 자연의 조화인 세를[勢] 타면서 생사(生死)를 누린다. 생(生)의 조짐인 기(機)란 따지고 보면 생기(生氣)를 마련해주는 천사(天食)로, 온갖 생물이 저마다 성세(成勢)를 누리면서 살아감을 살펴 새기고 헤아려 깨우치게 하는 말씀이 〈세성지(勢成之)〉이다.

註 "천국야자(天鬻也者) 천사야(天食也) 기수사어천(旣受食於天) 우오용인(又惡用人)." 자연이[天] 길러줌[鬻]이란[也] 것은[者] 자연의[天] 먹여줌[食]이다[也]. 이미[旣] 자연에게서[於天] 먹을거리를[食] 받았는데[受] 또[又] 어찌[惡] 인위를[人] 쓰랴[用].

천사(天食)·수사(受食)의 사(食)는 그 발음이 〈먹을 식(食)〉이 아니라 〈먹여줄(먹을거리) 사(食)〉이다.   『장자(莊子)』「덕충부(德充符)」19장(章)

【보주(補註)】

● 〈세성지(勢成之)〉를 〈만물지세위성어상덕(萬物之勢爲成於常德)〉처럼 옮기면 문의(文意)를 더 쉽게 새길 수 있다. 〈만물의[萬物之] 환경이[勢] 상덕에[常德] 의해서[於] 이루어진다[爲成].〉

● 세성지(勢成之) 세(勢)는 세 가지 설(說)들로 주해한다. 만물이 저마다 처하는 환경을 뜻한다는 주장[說]도 있고, 세(勢)는 곧 역(力)이니 세력(勢力)이란 설(說)도 있으며, 세(勢)는 대립이니 음양상우(陰陽相偶) 즉 음양이[陰陽] 서로[相] 짝함[偶]이란 설(說)도 있다. 이들 중 여기 세(勢)는 저마다 처하는 환경을 따름으로 새기는 편이 마땅하다고 본다.

여기 세(勢)란 자연(自然)의 기(機)를 말한다. 기(機)는『장자(莊子)』의 선자기(善者機)를 상기하면 가늠할 수 있다. 일음일양(一陰一陽)의 역(易)을 계승함을 일러 선자(善者)라 하고, 살아감[生]이란 출생입사(出生入死)의 역(易) 즉 변화이다. 천도(天道)란 역지도(易之道) 즉 변화의[易之] 규율[道]이다. 여기 세(勢)는 『장자(莊子)』의 선자기(善者機)를 상기시키기도 하고, 『주역(周易)』의 선자(善者)를 떠올리기도 한다. 따라서 여기 세(勢)를 순천(順天) 즉 자연을[天] 그대로 본받는 환경으로 새기는 편이 타당하다.

　　㊟　"명실불입(名實不入) 이기발어종(而機發於踵) 시태견오선자기야(是殆見吾善者機也)." 〈천양(天壤) 즉 천지(天地)에는 인위(人爲)의〉 명목이나[名] 실체도[實] 끼어들지 못한다[不入]. 그래서[而] 생명의 조짐은[機] 맨 밑[踵]에서부터[於] 발동한다[發]. 그자가[是] 내[吾] 생명의 조짐을[善者機] 아슬아슬하게[殆] 보았을 것[見]이다[也].　　　　　『장자(莊子)』 「응제왕(應帝王)」

　　㊟　"일음일양지위도(一陰一陽之謂道) 계지자선야(繼之者善也) 성지자성야(成之者性也)." 일음일양을[一陰一陽之] 도라[道] 하고[謂], 그 도(道)를[之] 계승한[繼] 것이[者] 선(善)이고[也], 그 도(道)를[之] 이룩한[成] 것이[者] 성(性)이다[也].

　　여기서 일음일양(一陰一陽)의 도(道)란 역지도(易之道)인 변화지도(變化之道) 즉 변화의[變化之] 이치[道]를 뜻한다.　　　　　주역(周易)』 「계사전상(繫辭傳上)」

【해독(解讀)】

● 〈세성지(勢成之)〉에서 세(勢)는 주어 노릇하고, 성(成)은 수동의 동사 노릇하며, 지(之)는 허사(虛詞) 노릇한다. 세성지(勢成之) 역시 〈세견성어상덕(勢見成於常德)〉의 줄임으로 여기고 문맥을 잡으면 된다. 〈세가[歲] 이뤄진다[成之].〉〈세가[勢] 상덕에[常德] 의해서[於] 이루어진다[見成].〉

● 세성지(勢成之)는 〈덕지휵성세(常德成勢)〉에서 주어 노릇할 상덕(常德)을 생략하고, 성(成)의 목적어인 세(勢)를 전치하여 주어로 삼아 능동의 성(成)이 수동의 성(成)으로 되었음을 나타내준다. 동사 앞에 〈견(見)·위(爲)·피(被)〉 등이 놓이면 능동의 동사가 수동의 동사가 된다. 〈상덕이[常德] 환경을[勢] 이룬다[成].〉〈환경이[勢] 이루어진다[見成].〉

51-5 是以(시이) 萬物莫不尊道而貴德(만물막부존도이귀덕)

▶이렇기[是] 때문에[以] 온갖 것은[萬物] 상도를[道] 받들면서[尊而] 상덕을[德] 받들지 않을 수[不貴] 없다[莫].

이 시(是), 때문에 이(以), 온갖 만(萬), 것 물(物), 없을 막(莫), 않을 부(不), 받들 존(尊), 상도 도(道), 그리고 이(而), 받들 귀(貴), 크나큰 덕(德)

【지남(指南)】

〈만물막부존도이귀덕(萬物莫不尊道而貴德)〉은 만물(萬物)이 법자연(法自然) 즉 사천(事天)하고 순천(順天)해야 하는 까닭을 밝힌다. 여기 〈존도이귀덕(尊道而貴德)〉이 성인(聖人)의 남면지술(南面之術)을 잘 밝혀준다. 도덕(道德)이 아니면 만물이 생이휵(生而畜)할 수 없고, 형이성(形而成)할 수도 없다. 상도(常道)가 만물을 낳고[生] 상덕(常德)이 길러[畜] 만물이 드러나[形] 살 수 있는 환경을[勢] 누리는 것이 만물이다. 이러한 도덕(道德)의 자연(自然)을 받들고[事] 따름이[順] 존도(尊道)이며 귀덕(貴德)이니, 이는 상도(常道)가 천지만물의 어머니[母]임을 뜻한다.

상도(常道)를 받들고[尊] 상덕(常德)을 받듦[貴]을 일러 무위(無爲)라 한다. 그 무위(無爲)란 호정(好靜)·무사(無事)·무욕(無欲)·무아(無我) 등등을 묶어서 한 말씀이다. 어떻게 고요를[靜] 좋아하고[好], 상심(常心)으로써 일을 냄이[事] 없으며[無], 탐욕을 부림이[欲] 없고[無], 나를 주장함이[我] 없음[無]인가? 이는 25장(章)에서 살핀 **도법자연(道法自然)**을 상기하고, 다음 52장(章) **복수기모(復守其母)**를 떠올리면 된다. 법자연(法自然) 즉 그냥 그대로를[自然] 본받음이[法] 무위(無爲)로써 삶이고, 그런 삶은 곧 상도(常道)를 어머니로[母] 받들어 그 어머니로[母] 돌아와[復] 지켜감이[守] 곧 존도(尊道)·귀덕(貴德)함이다. 이러한 존도(尊道)·귀덕(貴德)의 삶이란 노자(老子) 당신이 20장(長)에서 밝힌 바대로 **귀사모(貴食母)**이고, 나아가 『장자(莊子)』에 나오는 **성인공호천(聖人工乎天)**을 상기시킨다.

천하에서 사람을 제하면 존도(尊道)하여 귀덕(貴德)하지 않는 것[物]이란 없다. 『중용(中庸)』에도 **치곡(致曲) 곡능유성(曲能有誠)**이란 말이 나온다. 아무리 사소한 것[曲]일지라도 능히 자연의 이치가[誠] 있으므로 남김없이 궁구하라[致] 한다. 『중용(中庸)』의 〈성(誠)〉이란 천지도(天之道) 즉 자연의[天之] 규율을[道] 말한다. 길가 돌멩이 하나에도 자연의 규율이 깃들어 있으나, 인간은 도덕(道德)의 생지휵지(生之畜之)로 양육되면서도 그것을 외면하려 한다.

도덕(道德)이 만물을 양육함이 우주의 근본이니 그것을 안다면 존도(尊道)하여

귀덕(貴德)할 수밖에 없음을 살펴 새기고 헤아려 깨우치게 하는 말씀이 〈만물막부
존도이귀덕(萬物莫不尊道而貴德)〉이다.

註 　"인법지(人法地) 지법천(地法天) 천법도(天法道) 도법자연(道法自然)." 사람은[人] 땅을
[地] 본받고[法], 땅은[地] 하늘을[天] 본받고[法], 하늘은[天] 상도를[道] 본받고[法], 상도는[道] 그
냥 그대로를[自然] 본받는다[法]. 　　　　　　　　　　　　　　　　　『노자(老子)』25장(章)

註 　"천하유시(天下有始) 이위천하모(以爲天下母) …… 복수기모(復守其母) 몰신불태(歿身不
殆)." 온 세상에[天下] 시원이[始] 있고[有], (그 시원으로) 써[以] 온 세상의[天下] 어머니로[母] 삼
는다[爲]. …… 그[其] 어머니께로[母] 돌아와[復] 지킨다면[守] 평생토록[歿身] 위태롭지 않다[不
殆]. 　　　　　　　　　　　　　　　　　　　　　　　　　　　　　『노자(老子)』52장(章)

註 　"아독이어인(我獨異於人) 이귀사모(而貴食母)." 나만[我獨] 중인(衆人)과[於] 달라서[異而]
먹여주는[食] 어머니를[母] 받든다[貴]. 　　　　　　　　　　　　　　　『노자(老子)』20장(章)

註 　"성인공호천(聖人工乎天) 이졸호인(而卒乎人)." 성인은[聖人] 무위자연에[乎天] 능숙하지
만[工而], 인위에는[乎人] 서툴다[拙]. 　　　　　　　　　　　　　　『장자(莊子)』「경상초(庚桑楚)」

註 　"치곡(致曲) 곡능유성(曲能有誠) 성즉형(誠則形)." 세소한 것에까지도[曲] 지극히 한다[致].
세소한 것에도[曲] 능히[能] 자연의 이치가[有] 있다[有]. 정성이면[誠] 곧[則] 드러난다[形].

　　　곡(曲)은 세미(細微)한 것을 말한다. 성(誠)은 여기선 천지도(天之道) 즉 자연의[天之] 이치
[道]를 말한다. 천지만물이란 성(誠), 즉 천지도(天之道)가 드러남[形]이다.

　　　　　　　　　　　　　　　　　　　　　　『중용(中庸)』주자장구(朱子章句) 23장(章)

【보주(補註)】

● 〈시이(是以) 만물막부존도이귀덕(萬物莫不尊道而貴德)〉을 〈시이(是以) 만물막
　부존도(萬物莫不尊道) 이시이만물막부귀덕(而是以萬物莫不貴德)〉처럼 옮기면
　문의(文意)를 더 쉽게 새길 수 있다. 〈이렇기[是] 때문에[以] 만물은[萬物] 상도
　를[道] 받들지 않을 수[不尊] 없다[莫]. 그리고[而] 이렇기[是] 때문에[以] 만물은
　[萬物] 상덕을[德] 받들지 않을 수[不尊] 없다[莫].〉

● 법자연(法自然)으로 살면 절로 존도(尊道)하고 귀덕(貴德)한다. 존도(尊道)는 법
　자연(法自然)으로 통하고, 귀덕(貴德) 역시 자연을[自然] 본받음[法]이다. 법자
　연(法自然)의 삶이란 19장(章) 견소포박(見素抱樸) 소사과욕(少私寡欲)의 삶이고,
　67장(章) 아유삼보(我有三寶)의 삶이다.

註 "견소포박(見素抱樸) 소사과욕(少私寡欲)." 검소함을[素] 살피고[見] 질박함을[樸] 지키며[抱], 제 몫을[私] 적게 하고[少] 욕망을[欲] 적게 한다[寡].　　　『노자(老子)』「19장(章)

註 "아유삼보(我有三寶) 지이보지(持而保之) 일왈자(一曰慈) 이왈검(二曰儉) 삼왈불감위천하선(三曰不敢爲天下先)." 사랑함이[慈] 그 하나이고[一曰], 검소함이[儉] 그 둘이며[二曰], 감히[敢] 세상에[天下] 나서지[先] 않음이[不爲] 그 셋이다[三曰].　　　『노자(老子)』67장(章)

【해독(解讀)】

- 〈시이(是以) 만물막부존도이귀덕(萬物莫不尊道而貴德)〉은 두 구문으로 이루어진 중문(重文)이다. 시이(是以)는 시고(是故)와 같고, 시(是)는 상문(上文)을 묶어 나타내는 지시어 노릇한다. 〈이[是] 때문에[以] 만물은[萬物] 상도를[道] 받들고[尊], 그리고[而] 상덕을[德] 받들[貴] 수밖에 없다[莫不].〉

- 만물막부존도(萬物莫不尊道)에서 만물(萬物)은 주어 노릇하고, 막부(莫不)는 이중부정으로 강한 긍정을 나타내는 조동사 노릇하며, 존(尊)은 동사 노릇하고, 도(道)는 존(尊)의 목적어 노릇한다. 존(尊)은 〈높이 받들 귀(貴)〉와 같아 존귀(尊貴)의 줄임말로 여기면 된다. 〈만물은[萬物] 상도를[道] 받들[尊] 수밖에 없다[莫不].〉

- 이귀덕(而貴德)에서 이(而)는 접속사 〈그리고 이(而)〉 노릇하고, 만물(萬物)과 막부(莫不)는 되풀이되는 내용이므로 생략되었지만 귀(貴)는 동사 노릇하고, 덕(德)은 귀(貴)의 목적어 노릇한다. 귀(貴)는 〈높이 받들 존(尊)〉과 같아 존귀(尊貴)의 줄임말로 여기면 된다. 〈그리고[而] (만물은) 상덕을[德] 받들[貴] {수밖에 없다[莫不].}〉

51-6 道之尊(도지존) 德之貴(덕지귀) 夫莫之命而常自然(부막지명이상자연)

▶상도의[道之] 받듦과[尊] 상덕의[德之] 받듦[貴] 그것을[之] 무릇[夫] 하라 함이[命] 없어도[莫而], (만물은) 늘[常] 절로[自] 그리한다[然].

상도 도(道), 조사(~을) 지(之), 받들 존(尊), 그나큰 덕(德), 받들 귀(貴), 무릇 부(夫), 없을 막(莫), 그것 지(之), 명령할 명(命), 그러나 이(而), 늘 상(常), 절로 자(自), 그럴 연(然)

【지남(指南)】

〈도지존덕지귀부막지명(道之尊德之貴夫莫之命) 이상자연(而常自然)〉은 만물이 도덕(道德) 즉 법자연(法自然)을 떠나서 생이훅(生而畜)하고 형이성(形而成)할 수 없음을 거듭 밝힌다. 여기 〈상자연(常自然)〉이야말로 성인(聖人)이 남면지술(南面之術)로 이룩하고자 하는 지덕지세(至德之世), 지극한 현덕(玄德)의[至德之] 세상이다. 도덕(道德)이 아니면 만물이 태어나서[生而] 길러질[畜] 수도 없고, 몸을 얻어[形而] 환경을[勢] 따라 생사(生死)를 누릴 수도 없다. 그러므로 만물이 스스로 존도(尊道)하고 귀덕(貴德)하는 것일 뿐, 상도(常道)와 상덕(常德)이 존도(尊道)하고 귀덕(貴德)하라 명(命)하는 것이 아니다. 만물 스스로가[自] 그냥 그대로[自然] 상도(常道)를 받들고[尊] 상덕(常德)을 받든다[貴].

오로지 인간만 존도(尊道)를 모멸(侮蔑)하려 하고 귀덕(貴德)을 업신여기면서 얕보려고[侮蔑] 할 뿐, 만물은 그냥 그대로 상도(常道)와 상도(常道)를 존귀(尊貴)한다. 이를 일러 〈상자연(常自然)〉이라 한다. 상자연(常自然)은 25장(章)에서 살핀 **도법자연(道法自然)**과 17장(章)에서 살핀 **아자연(我自然)**을 떠올리게 하며, 57장(章)에 나오는 **성인운(聖人云)**을 환기시킨다. 나아가 『장자(莊子)』의 **천락(天樂)**을 떠올리게도 한다. 자연과[與天] 어울림이란[和] 천락(天樂)은 자연과 하나가 되는 상자연(常自然)이니, 상도(常道)가 만물을 생지(生之)하고 상덕(常德)이 만물을 훅지(畜之)하여 만물은 항상[常] 그냥 그대로[自然] 몸을 드러내고[形] 저마다의 몸과[形] 어울리는 환경이[勢] 이어짐을[成] 살펴 새기고 헤아려 깨우치게 하는 말씀이 〈도지존덕지귀부막지명(道之尊德之貴夫莫之命) 이상자연(而常自然)〉이다.

註 "도법자연(道法自然)." 상도는[道] 그냥 그대로를[自然] 본받는다[法]. 『노자(老子)』 25장(章)

註 "백성개위아자연(百姓皆謂我自然)." 백성은[百姓] 모두[皆] 우리는[我] 그냥 그대로라고[自然] 말한다[謂].　　　　　　　　　　　　　　　　　　『노자(老子)』 17장(章)

註 "성인운(聖人云) 아무위이민자화(我無爲而民自化) 아호정이민자정(我好靜而民自正) 아무사이민자부(我無事而民自富) 아무욕이민자박(我無欲而民自樸)." 성인은[聖人] 말한다[云]: 나에게[我] 인위가[爲] 없으니까[無而] 백성은[民] 절로[自] 변화하고[化], 내가[我] 고요를[靜] 좋아하니까[好而] 백성은[民] 절로[自] 바르고[正], 나에게[我] {인위(人爲)의} 일이[事] 없으니까[無而] 백성은[民] 절로[自] 부유하며[富], 나에게[我] 욕심이[欲] 없으니까[無而] 백성은[民] 절로[自] 본디

대로다[樸].   『노자(老子)』57장(章)

註 "여인화자(與人和者) 위지인락(謂之人樂) 여천화자(與天和者) 위지천락(謂之天樂)." 인간
과[與人] 어울리는[和] 것[者] 그것을[之] 사람의[人] 즐거움이라[樂] 하고[謂], 자연과[與天] 어울
리는[和] 것[者] 그것을[之] 자연의[天] 즐거움이라[樂] 한다[謂].   『장자(莊子)』「천도(天道)」

【보주(補註)】

● 〈도지존덕지귀부막지명(道之尊德之貴夫莫之命) 이상자연(而常自然)〉을 〈부도
덕막명도지존이덕지귀(夫道德莫命道之尊而德之貴) 이만물상자존도이귀덕(而
萬物常自尊道而貴德)〉처럼 옮기면 문의(文意)를 더 쉽게 새길 수 있다. 〈무릇
[夫] 도덕에는[道德] 도를[道之] 받들고[尊] 그리고[而] 덕을[德之] 받들라고[貴]
명령함이[命] 없다[莫]. 그러나[而] 만물이[萬物] 항상[常] 스스로[自] 존도하면
서[尊道而] 귀덕한다[貴德].〉

● 상자연(常自然)은 무위(無爲)하여 자화(自化)하고, 호정(好靜)하여 자정(自正)하
며, 무사(無事)하여 자부(自富)하고, 무욕(無欲)하여 자박(自樸)함이다. 그러므
로 상자연(常自然)은 〈법자연(法自然)〉을 따름 바로 그것이다.

【해독(解讀)】

● 〈도지존덕지귀부막지명(道之尊德之貴夫莫之命) 이상자연(而常自然)〉은 접속사
〈그러나 이(而)〉로 두 문장이 이어진 중문(重文)이다. 시이(是以)는 시고(是故)
와 같고, 시(是)는 상문(上文)을 묶어 나타내는 지시어 노릇한다. 〈이[是] 때문에
[以] 만물은[萬物] 상도를[道] 받들고[尊], 그리고[而] 상덕을[德] 받들[貴] 수밖에
없다[莫不].〉

● 도지존덕지귀부막지명(道之尊德之貴夫莫之命)에서 도지존(道之尊)과 덕지귀(德
之貴)는 명(命)의 목적구 노릇하지만 전치돼 있고, 부(夫)는 어조사 노릇하며, 막
(莫)은 〈없을 막(莫)〉으로 동사 노릇하고, 지(之)는 허사(虛詞)로서 명(命)의 가목
적어 노릇하며, 명(命)은 영어의 동명사같이 구실하면서 막(莫)의 주어 노릇한
다. 명(命)은 〈명령할 령(令)〉과 같아 명령(命令)의 줄임말로 여기면 된다.

　도지존(道之尊)과 덕지귀(德之貴)는 〈존도(尊道)〉와 〈귀덕(貴德)〉에서 도(道)
와 덕(德)을 강조하고자 도치시킨 어투로, 〈위(爲)A〉를 〈A지위(之爲)〉로 하는
예인 셈이다. 막(莫)은 〈없을 막(莫)·하지 말 막(莫)·불가할 막(莫), 고요할 맥

(莫), 푸성귀 모(莫)〉 등 발음을 달리 내고, 여기선 〈없을 무(無)〉와 같다. 〈도지존과[道之尊] 덕지귀[德之貴] 그것을[之] 무릇[不] 명령함은[命] 없다[莫].〉〈A를 함[爲] · A를[之] 함[爲]〉

● 이상자연(而常自然)에서 이(而)는 접속사 〈그러나 이(而)〉 노릇하고, 상(常)과 자(自)는 연(然)을 꾸며주는 부사 노릇하고, 연(然)은 동사 노릇한다. 상자연(常自然)에서 연(然)은 〈존도이귀덕(尊道而貴德)〉을 대신하는 〈그렇게 할 연(然)〉이다. 그러므로 상자연(常自然)을 〈만물상자존도이귀덕(萬物常自尊道而貴德)〉을 줄인 말투로 여기면 된다. 〈만물은[萬物] 항상[常] 스스로[自] 존도하면서[尊道而] 귀덕한다[貴德].〉

51-7 故(고) 道生之畜之(도생지휵지)

▶ 그러므로[故] 상도가[道] 낳아주고[生之] 길러준다[畜之].

> 그러므로 고(故), 상도(常道) 도(道), 낳을 생(生), 허사(虛詞) 지(之), 길을 휵(畜)

【지남(指南)】

〈도생지휵지(道生之畜之)〉는 만물이 존도(尊道)하고 귀덕(貴德)하는 연유를 다시 한번 더 밝히고 있다. 온갖 목숨들은 태어나면[生] 곧장 휵지(畜之)된다. 〈휵(畜)〉이란 만물이 삶을 시작함[始生]이니 〈덕시생(德始生)〉이라 한다. 상도(常道)가 만물을 낳으면[生] 상덕(常德)은 곧장 휵만물(畜萬物)하여 만물을 장육(長育)하고 성숙(成熟)하게 하며 양부(養覆)함이 덕지휵(德之畜), 즉 덕의[德之] 길러냄[畜]이다.

만물이 자라게 함[長]이 상덕의 휵(畜)이고, 튼튼하게 함[育]이 상덕의 휵(畜)이며, 왕성하게 함[成]이 상덕의 휵(畜)이고, 영글게 함[熟]이 상덕의 휵(畜)이며, 생기(生氣)를 누리게 함[養]이 상덕의 휵(畜)이고, 상해를 막아 보호함[覆]이 상덕의 휵(畜)이다. 이처럼 상덕(常德)이 만물을 기름을[畜] 일러 음양교통(陰陽交通)이나 귀신(鬼神:陰陽)이라 하며, 이는 『예기(禮記)』의 〈시생(始生)〉과 『장자(莊子)』의 통

어천지자덕야(通於天地者德也)를 상기시킨다. 하늘땅에[於天地] 두루 통함이[通] 덕
(德)의 흙(畜)인지라, 길러냄[畜]이란 충기(沖氣)로 어울린[和] 생(生)을 변화하게
함을 살펴 새기고 헤아려 깨치게 하는 말씀이 〈도생지흙지(道生之畜之)〉이다.

註 "통어천지자덕야(通於天地者德也) 행어만물자도야(行於萬物者道也) 상치인자사야(上治
人者事也) 능유소예자기야(能有所藝者技也) 사겸어의(事兼於義) 의겸어덕(義兼於德) 덕겸어도
(德兼於道) 도겸어천(道兼於天) 고왈(故曰) 고지흙천하자(古之畜天下者) 무욕이천하족(無欲而
天下足) 무위이만물화(無爲而萬物化) 연정이백성정(淵靜而百姓定) 기왈(記曰) 통어일이만사필
(通於一而萬事畢) 무심득이귀신복(無心得而鬼神服)." 하늘땅에[於天地] 두루 통하는[通] 것이
[者] 덕(德)이고[也], 온갖 것에[於萬物] 두루 미치는[行] 것이[者] 도(道)이다[也]. 위에서[上] 사람
을[人] 다스리는[治] 것이[者] 일[事]이고[也], 마땅한[藝] 바가[所] 능히[能] 있는[有] 것이[者] 기술
[技]이다[也]. 일은[事] 의와[於義] 합쳐지고[兼], 의는[義] 덕과[於德] 합쳐지며[兼], 덕은[德] 도와
[於道] 합쳐지고[兼], 도는[道] 자연과[於天] 합쳐진다[兼]. 그래서[故] 말한다[曰] : 옛날[古之] 세
상을[天下] 길러내는[畜] 사람한테는[者] 욕심이[欲] 없어서[無而] 세상이[天下] 만족했고[足], 인
위가[爲] 없어서[無而] 온갖 것이[萬物] 제대로 되었고[化], 깊이[淵] 가만히 있어도[靜而] 백성이
[百姓] 안정됐다[定]. 기록이[記] 말해준다[曰] : 상도와[於一] 통하면[通而] 온갖 일이[萬事] 다 되
고[畢], 욕심 없는 마음이[無心] 갖춰지면[得而] 귀신도[鬼神] 승복한다[服].

『장자(莊子)』「천지(天地)」

註 "모일입춘(某日立春) 성덕재목(盛德在木) 천자내재(天子乃齋)." {태사(太史)가 천자(天子)
를 알현하고 아뢴다.} 어느 날이[某日] 입춘입니다[立春]. 성대한[盛] 덕이[德] 목에[木] 있습니다
[在]. 천자는[天子] 곧[乃] 재계한다[齋].　　　　　　　　　　『예기(禮記)』「월령(月令)」

【보주(補註)】

● 〈도생지흙지(道生之畜之)〉를 〈도기연생만물(道旣然生萬物) 이덕기연축만물(而
德旣然畜萬物)〉처럼 옮기면 좀 더 쉽게 새길 수 있다. 〈상도가[道] 만물을[萬物]
이미[旣] 그대로[然] 낳아준다[旣然生]. 그래서[而] 상덕이[德] 이미[旣] 그대로
[然] 만물을[萬物] 길러준다[畜].〉

● 생(生)은 품기정(稟其精) 즉 저마다의[其] 정기(精氣)를 내림[稟]이니, 조화지자
식(造化之滋殖) 즉 조화의[造化之] 번식이고[滋] 번성이다[殖]. 흙(畜)은 함기기
(含其氣) 즉 저마다의[其] 정기를 품음[含]이니, 음양지내합(陰陽之內合) 즉 음
양이[陰陽之] 속으로[內] 합일함[合]이다.

흄지(畜之)는 〈축지〉가 아니라 〈흄지〉로 읽는다. 흄(畜) 자(字)는 네 가지로
발음된다. 〈기를 흄(畜)=양(養), 가축 축(畜), 집에서 길러도 될 짐승 휴(畜), 집
에서 기르는 짐승 추(畜), 쌓을 축(畜)=적(積), 그칠 축(畜)=지(止)〉 등이고, 여기
선 〈길러줄 흄(畜)〉이다.

● 도생지흄지(道生之畜之)가 〈도생지(道生之) 덕흄지(德畜之)〉로 되어 있는 본
(本)도 있다. 이 장(章)의 첫머리도 〈도생지(道生之) 덕흄지(德畜之)〉로 되어 있
다. 그러므로 도생지흄지(道生之畜之)를 〈도생지(道生之) 덕흄지(德畜之)〉로 여
기고 문맥을 잡는 편이 타당하다.

【해독(解讀)】

● 〈도생지흄지(道生之畜之)〉는 〈도생지(道生之) 이덕흄지(而德畜之)〉에서 앞 문
맥으로 보충될 수 있는 이덕(而德)이 생략되고 두 구문으로 이루어진 중문(重
文)이다. 〈상도가[道] 생지한다[生之]. {그래서[而] 덕(德)이} 흄지한다[畜之].〉

● 도생지(道生之)에서 도(道)는 주어 노릇하고, 생(生)은 동사 노릇하며, 지(之)는
허사(虛詞)로 보아도 되고 만물을 나타내는 〈그것 지(之)〉로 생(生)의 목적어 노
릇으로 여기고 새겨도 된다. 물론 여기 지(之)가 생(生)이 동사 노릇함을 나타내
주기도 한다. 〈도가[道] 그것을[之] 낳아준다[生].〉

● 흄지(畜之)에서 주어 노릇할 덕(德)은 생략되었고, 흄(畜)은 동사 노릇하며, 지
(之)는 허사(虛詞)로 보아도 되고 만물을 나타내는 〈그것 지(之)〉로 생(生)의 목
적어 노릇으로 여기고 새겨도 된다. 물론 여기 지(之)가 생(生)이 동사 노릇함을
나타내주기도 한다. 〈{덕이} 그것을[之] 흄해준다[畜].〉

51-8 長之育之(장지육지)

▶ {상덕(常德)이 만물을} 키워주고[長之] 길러준다[育之].

길을 장(長), 허사(虛詞) 지(之), 길러줄 육(育)

【지남(指南)】

〈장지육지(長之育之)〉는 상덕(常德)의 〈흄지(畜之)〉를 거듭 밝힌다. 〈흄(畜)〉이

란 시생(始生) 즉 삶을 시작함이다. 상도(常道)가 만물을 생(生)하면 상덕(常德)은
그것을[生] 시원(始原)으로 삼아 길러냄의[畜之] 시작이 장지육지(長之育之)이다.
상덕(常德)의 휵지(畜之)가 이룸을 〈장육(長育)〉이라 한다. 만물이 자라게[長] 함이
상덕의 휵(畜)이고, 이를 튼튼히 기름[育]이 또한 상덕의 휵(畜)이다. 상도(常道)의
생지(生之)와 아울러 상덕(常德)의 휵지(畜之)를 일러 생(生)의 변화가 시작됨을 장
육(長育)으로써 밝히고 있음을 깨우치게 하는 말씀이 〈장지육지(長之育之)〉이다.

【보주(補註)】

● 〈장지육지(長之育之)〉를 〈상덕장만물(常德長萬物) 이상덕육만물(而常德育萬
物)〉처럼 옮기면 문의(文義)를 더 쉽게 새길 수 있다. 〈상덕이[德] 만물을[萬物]
자라게 해준다[長]. 그리고[而] 상덕이[德] 만물을[萬物] 키워준다[育].〉

● 장육(長育)은 『예기(禮記)』의 춘작하장(春作夏長)을 떠올리니, 유가(儒家)로 말하
면 〈인(仁)〉이기도 하다. 장지(長之)의 장(長)은 불식지변화(不息之變化) 즉 쉼
이 없는[不息之] 변화(變化)이다. 만물의 소장(所長)과 소육(所育)은 자무지유
(自無至有) 즉 없음에서[無] 부터[自] 있음에[有] 이름[至]이고, 자시지종(自始至
終) 즉 처음에서[始] 부터[自] 끝에[終] 이름[至]이다.

🈟 "춘작하장인야(春作夏長仁也)." (만물이) 봄에는[春] 싹트고[作] 여름에는[夏] 자람이[長]
인(仁)이다[也].   『예기(禮記)』「악기(樂記)」

【해독(解讀)】

● 〈장지육지(長之育之)는 두 구문이 생략돼 있지만 〈그리고 이(而)〉로 이어진 중
문(重文)이다. 〈(상덕이) 키워준다[長之]. (그리고 상덕이) 길러준다[育之].〉

● 장지(長之)에서 장(長)은 주어가 생략되었지만 동사 노릇하고, 지(之)는 허사(虛
詞)보다 만물을 나타내는 〈그것 지(之)〉로서 장(長)의 목적어 노릇한다. 〈(상덕
이) 만물을[之] 키워준다[長之].〉

● 육지(育之)에서 육(育)은 주어가 생략되었지만 동사 노릇하고, 지(之)는 허사(虛
詞)보다 만물을 나타내는 〈그것 지(之)〉로서 육(育)의 목적어 노릇한다. 〈(상덕
이) 만물을[之] 길러준다[育之].〉

51-9 成之熟之(성지숙지)

▶ {상덕(常德)이 만물을} 이뤄주고[成之] 영글게 한다[熟之].

이룰 성(成), 허사(虛辭) 지(之), 여물 숙(熟)

【지남(指南)】

〈성지숙지(成之熟之)〉 역시 상덕(常德)의 〈휵지(畜之)〉를 밝힌다. 〈휵(畜)〉이란 시생(始生)으로, 상도(常道)가 만물을 시생(始生)하면 상덕(常德)은 생을[生] 시원(始原)으로 삼아 기름이[畜之] 〈장지육지(長之育之)〉에 이어 상덕(常德)의 〈성지숙지(成之熟之)〉 즉 상덕(常德)의 휵지(畜之)가 거두는 성숙(成熟)이다. 만물이 자라[長] 튼튼하게[育] 되고 장육(長育)을 통해 성숙함이 또한 상덕의 휵(畜)임을 일깨우니, 상도(常道)의 생지(生之)와 아울러 상덕(常德)의 휵지(畜之)를 일러 생(生)의 변화라 함은 곧 장육(長育)하여 성숙함이다. 이렇듯 상도(常道)의 생지(生之)와 휵지(畜之)가 이루어냄을 살펴 새기고 헤아려 깨우치게 하는 말씀이 〈성지숙지(成之熟之)〉이다.

【보주(補註)】

● 〈성지숙지(成之熟之)〉를 〈상덕성만물(常德成萬物) 이상덕숙만물(而常德熟萬物)〉처럼 옮기면 좀 더 쉽게 새길 수 있다. 〈상덕이[德] 만물을[萬物] 튼튼히 해준다[成]. 그리고[而] 상덕이[德] 만물을[萬物] 영글게 해준다[熟].〉

● 성숙(成熟)은 『예기(禮記)』의 추렴동장(秋斂冬藏)을 환기시킨다. 성지(成之)의 성(成)은 체성(體性) 즉 몸[體]의 성능이 완전하게 함이고, 숙지(熟之)의 숙(熟)은 조화가 충족됨이다.

註 "추렴동장의야(秋斂冬藏義也)." 가을에는[秋] 거두어들이고[斂] 겨울에는[冬] 저장함이[藏] 의(義)이다[也]. 『예기(禮記)』「악기(樂記)」

● 성지숙지(成之熟之)가 〈정지독지(亭之毒之)〉로 되어 있는 본(本)도 있다. 정지(亭之)의 〈정(亭)〉과 성지(成之)의 〈성(成)〉이 한음(漢音)으로 서로 통용되고, 독지(毒之)의 〈독(毒)〉과 숙지(熟之)의 〈숙(熟)〉이 한음(漢音)으로 통용되었기에

원문(原文)이 〈정지독지(亭之毒之)〉로 되었다는 설(說)을 수용하여 〈정지독지
(亭之毒之)〉의 본(本)을 〈성지숙지(成之熟之)〉의 본(本)으로 대치하였다.

【해독(解讀)】

- 〈성지숙지(成之熟之)〉는 두 구문이 생략돼 있지만 〈그리고 이(而)〉로 이어진 중
  문(重文)이다. 《(상덕이) 이루어준다[成之]. (그리고) (상덕이) 영글게 한다[熟之].》
- 성지(成之)에서 성(成)은 주어가 생략되었지만 동사 노릇하고, 지(之)는 만물을
  나타내는 〈그것 지(之)〉로 성(成)의 목적어 노릇한다. 《(상덕이) 만물을[之] 이룩
  해준다[成].》
- 숙지(熟之)에서 숙(熟)은 주어가 생략되었지만 동사 노릇하고, 지(之)는 만물을
  나타내는 〈그것 지(之)〉로 숙(熟)의 목적어 노릇한다. 《(상덕이) 만물을[之] 영글
  게 한다[熟].》

51-10 養之覆之(양지부지)

▶ {상덕(常德)이 만물을} 보양해주고[養之] 보호해준다[覆之].

> 기를 양(養), 허사(虛詞) 지(之), 감쌀 부(覆)

【지남(指南)】

〈양지부지(養之覆之)〉 역시 상덕(常德)의 〈흑지(畜之)〉가 장육(長育)과 성숙(成
熟)을 거쳐 양부(養覆)로 완성됨을 밝힌다. 상도(常道)가 만물을 시생(始生)하면 상
덕(常德)은 생을[生] 시원(始原)으로 삼아 길러냄이[畜之] 〈장지육지(長之育之)〉에
이은 〈성지숙지(成之熟之)〉이고, 그 성숙을 보양하고[養] 보호함이[覆] 상덕(常德)
의 흑지(畜之)가 거두는 양부(養覆)이다. 만물이 자라[長] 튼튼하게[育] 되고, 장육
(長育)을 통해 목숨이 성숙하기까지가 여기 양지부지(養之覆之)임을 일깨운다. 상
도(常道)의 생지(生之)와 상덕(常德)의 흑지(畜之)를 아울러 일러, 그 변화가 장육
(長育)하여 성숙함을 거쳐 양부(養覆)에 이르게 함 또한 상도(常道)의 조화임을 살
펴 새기고 헤아려 깨우치게 하는 말씀이 〈양지부지(養之覆之)〉이다.

【보주(補註)】

● 〈양지부지(養之覆之)〉를 〈덕양만물(德養萬物) 이덕복만물(而德覆萬物)〉처럼 옮기면 좀 더 쉽게 새길 수 있다. 〈상덕이[德] 만물을[萬物] 보양해준다[養]. 그리고[而] 상덕이[德] 만물을[萬物] 보호해준다[覆].〉

● 양부(養覆)는 앞서 살핀 〈생지휵지(生之畜之) · 장지육지(長之育之) · 성지숙지(成之熟之)〉를 묶어 밝힘이라 이 역시 『예기(禮記)』의 춘작하장(春作夏長) 추렴동장(秋斂冬藏)을 환기시킨다.

> 註 　"춘작하장인야(春作夏長仁也) 추렴동장의야(秋斂冬藏義也)." (만물이) 봄에는[春] 싹트고[作] 여름에는[夏] 자람이[長] 인(仁)이고[也], 가을에는[秋] 거두어들이고[斂] 겨울에는[冬] 저장함이[藏] 의(義)이다[也].　　　　　　　　　　　　　『예기(禮記)』「악기(樂記)」

【해독(解讀)】

● 〈양지부지(養之覆之)〉는 두 구문이 생략된 접속사 〈그리고 이(而)〉로 이어진 중문(重文)이다. 〈(상덕이) 보양해준다[養之]. (그리고) (상덕이) 보호해준다[覆之].〉

● 양지(養之)에서 양(養)은 주어가 생략되었지만 동사 노릇하고, 지(之)는 허사(虛詞)보다 만물을 나타내는 〈그것 지(之)〉로 양(養)의 목적어 노릇한다. 〈(상덕이) 만물을[之] 보양해준다[養之].〉

● 부지(覆之)에서 부(覆)는 주어가 생략되었지만 동사 노릇하고, 지(之)는 만물을 나타내는 〈그것 지(之)〉로 부(覆)의 목적어 노릇한다. 부(覆)는 〈덮을 개(蓋)〉와 같아 부개(覆蓋)의 줄임말로 여기면 된다. 물론 부(覆)를 〈복(覆)〉이라 발음하기도 한다. 〈(상덕이) 만물을[之] 보호해준다[覆].〉

51-11 生而不有(생이불유)

▶ {상도(常道)는} 낳아주되[生而] 갖지 않는다[不有].

> 낳아 길러줄 생(生), 그러나 이(而), 않을 불(不), 가질(들) 유(有)

【지남(指南)】

〈생이불유(生而不有)〉는 2장(章)에서 살핀 바 있는 〈만물작언이불사(萬物作焉而不辭)〉를 풀이하면서, 역시 25장(章)에서 살핀 **도법자연(道法自然)** 즉 상도가[常道] 어떻게 자연(自然)을 본받는지를 밝힌다. 그리고 성인(聖人)은 이 〈생이불유(生而不有)〉를 남면지술(南面之術)로 본받아 무기(無己) 즉 제 것이[己] 없는[無] 통치자가 된다. 생이불유(生而不有)는 곧 법자연(法自然) 즉 자연을[自然] 본받기를[法] 실행함을 말해준다.

생이불유(生而不有)는 앞서 밝힌 〈도생지휵지(道生之畜之) 장지육지(長之育之) 성지숙지(成之熟之) 양지부지(養之覆之)〉를 묶어 풀이함이니, 또한 상도(常道)가 짓는 조화이다. 물론 상도(常道)의 조화란 25장(章)에 나오는 **도법자연(道法自然)**, 즉 상도(常道)가 자연(自然)을 본받기[法] 함이다. 상도(常道)의 그 본받기가[法] 여기 생이불유(生而不有)로써 잘 드러난다. 낳아주되[生而] 갖지 않음은[不有] 곧 무소유(無所有) 즉 자연(自然)이고, 자연(自然)은 곧 무위(無爲)이다. 상도(常道)의 조화로서 무위(無爲)·자연(自然)을 밝혀주는 생이불유(生而不有)는 2장(章)에도 나오는 말씀이다.

생이불유(生而不有)의 생(生)은 〈생지휵지(生之畜之)·장지육지(長之育之)·성지숙지(成之熟之)·양지부지(養之覆之)〉를 포괄한다. 따라서 생이불유(生而不有)의 불유(不有)는 상도(常道)가 생지(生之)하되 불유(不有) 즉 갖지 않고, 상덕(常德)으로 하여금 휵지(畜之)하되 갖지 않으며, 장지육지(長之育之)하되 갖지 않으며, 성지숙지(成之熟之)하되 불유(不有)하고, 양지부지(養之覆之)하되 불유(不有)함이다. 만물이 생(生)하고 휵(畜)하며, 장(長)하고 육(育)하며, 만물이 성(成)하고 숙(熟)하며, 양(養)하고 부(覆)함이 곧 상도(常道)의 조화이다.

만물이 태어남[生]의 조화란 어떠한가? 유무상생(有無相生)으로 조화함이고, 난이상성(難易相成)으로 조화함이며, 장단상형(長短相形)으로 조화함이고, 고하상경(高下相傾)으로 조화함이며, 음성상화(音聲相和)로 조화함이고, 전후상수(前後相隨)로 조화함이다. 상생(相生)·상성(相成)·상형(相形)·상경(相傾)·상화(相和)·상수(相隨)는 바로 상도(常道)가 짓는 조화이고, 만물은 조화로 태어난[生] 것이다. 나아가 2장(章)과 10장(章) 〈생이불유(生而不有)〉의 생(生)이 여기 51장(章)

〈도생지(道生之) 덕휵지(德畜之)·장지육지(長之育之)·성지숙지(成之熟之)·양지부지(養之覆之)〉 등의 심의(深意)를 품고 있음을 깨닫게 된다. 이처럼 상도(常道)가 만물을 낳아주되[生] 만물을 갖지 않기[不有] 때문에 상덕(常德)의 〈휵지(畜之)〉 또한 〈불유(不有)〉이다. 생이불유(生而不有) 이것이 곧 상도(常道)의 대자(大慈)인 것이다.

물론 생이불유(生而不有)의 불유(不有)도 〈부자유(不自有)〉이다. 스스로[自] 갖지 않음[不有]이 불유(不有)이고, 스스로[自] 두지 않음[不有]이며, 스스로[自] 취하지 않음[不有]이다. 그러므로 불유(不有) 또한 〈부자유심(不自有心)〉 즉 스스로[自] 마음[心] 두지 않음[不有]이고, 〈부자취(不自取)〉 즉 스스로[自] 취하지 않음[不取]이라 5장(章)의 〈천지불인(天地不仁)〉을 상기시킨다. 하늘땅[天地]이 인애(仁愛)하지 않음[不仁]이 여기 불유(不有)로 통하는 것이다.

천지(天地)에는 제 몫[私]이 없고 사(私)가 없으니 천지(天地)는 무욕(無欲)하다. 무사(無私)하여 무욕(無欲)함이 불유(不有)로, 본래 천지(天地)는 『장자(莊子)』의 〈무하유지향(無何有之鄕)〉인지라 불유(不有) 즉 취할 것도 없고[不有], 마음 둘 것도 없다[不有]. 무엇 하나[何] 취함이[有] 없는[無之] 고향이[鄕] 천지(天地)이니, 낳아주고[生之] 길러준다[畜之] 하여 천지(天地)가 만물을 취하겠는가? 이처럼 천지(天地)는 불유(不有)하니 사유(私有)하지 않고, 사유(私有)하지 않으니 탐하지 않음이 불유(不有)이다. 이러한 불유(不有)는 『장자(莊子)』에 나오는 **지인무기(至人無己)**의 근거가 된다.

천지(天地)가 현덕(玄德)을 행함을 그냥 그대로 본받아 무위지인(無爲之人)으로 삶을 누리는 성인(聖人) 역시 불유(不有)로, 무사(無私)·무욕(無欲)·무아(無我)의 자연의 규율[天道]에 따라 무위(無爲)·자연(自然)임을 살펴 새기고 헤아려 깨우치게 하는 말씀이 〈생이불유(生而不有)〉이다.

註 "인법지(人法地) 지법천(地法天) 천법도(天法道) 도법자연(道法自然)." 사람은[人] 땅을[地] 본받고[法], 땅은[地] 하늘을[天] 본받고[法], 하늘은[天] 상도를[道] 본받고[法], 상도는[道] 그냥 그대로[自然] 오로지 맡긴다[法].　　　　　　　　　　　『노자(老子)』 25장(章)

註 "지인무기(至人無己) 신인무공(神人無功) 성인무명(聖人無名)." 지인께는[至人] 사심(私心)이[己] 없고[無], 신인께는[神人] 공적(功績)이[功] 없으며[無], 성인께는[聖人] 명예(名譽)가

[名] 없다[無].

　지인(至人)·신인(神人) 등은 성인(聖人)의 별칭(別稱)이다.　『장자(莊子)』「소요유(逍遙遊)」

【보주(補註)】

- 〈생이불유(生而不有)〉를 〈도생만물(道生萬物) 이도불유만물(而道不有萬物) 시위현덕(是謂玄德)〉처럼 옮기면 쉽게 새길 수 있다. 〈하늘땅은[天地] 온갖 것을[萬物] 낳아준다[生]. 그리고[而] 하늘땅은[天地] 온갖 것을[萬物] 갖거나 두지 않는다[不有]. 이를[是] 현묘한[玄] 덕이라[德] 한다[謂].〉

- 생이불유(生而不有)의 〈생(生)〉은 앞서 살핀 만물작(萬物作)의 〈작(作)〉과 같다. 만물(萬物)이 떨쳐남[作]은 상도(常道)가 만물(萬物)을 낳기[生] 때문이다.

- 불유(不有)는 〈불사(不辭)〉를 상기시킨다. 사양하지 않음[不辭]이란 〈비유여불유(非有與非不有)〉 즉 갖고[有] 안 가짐이[不有] 아닌 것[非]이니, 불사(不辭)란 갖지 않음[不有]이되 불기(不棄)함이 불유(不有)이다. 그러므로 생이불유(生而不有)는 만물을 생휵(生畜)하되 소유하려고 목축하지 않고 만물을 천방(天放)하는 상도(常道)의 무위이무불위(無爲而無不爲), 즉 함이 없되[無爲而] 하지 않음이[不爲] 없음[無不爲]을 살피게 하는 말씀이다.

- 생이불유(生而不有)는 1장(章)의 천지지시(天地之始)의 무명(無名)과 만물지모(萬物之母)의 유명(有名)이 중묘지문(衆妙之門)으로 만물이 출입하는 조화를 묶어 깨우치게 한다. 이 말씀은 무위지사(無爲之事) 즉 법자연(法自然)의 무위(無爲)를 받들어 행하면서[事] 머무는 삶[處]을 살피는 시발(始發)이 되고, 불언지교(不言之敎) 즉 다스림의 정령(政令) 따위의 말이 없는 부쟁(不爭)의 가르침[敎]을 살피게[觀] 한다.

【해독(解讀)】

- 생이불유(生而不有)는 두 구문이 〈그러나 이(而)〉로 이어진 중문(重文)이다. 〈생한다[生]. 그러나[而] 불유한다[不有].〉

- 생(生)은 〈상도생만물(常道生萬物)〉에서 주어 노릇할 상도(常道)와 목적어 노릇할 만물(萬物)을 생략하고, 동사 노릇하는 생(生)만 남은 구문이다. 생(生)은 〈낼 발(發)·출(出)〉 등과 같아 발생(發生)·출생(出生) 등의 줄임말로 여기면 된다. 한문에서는 한 자(字)로써도 구문 노릇을 한다. 〈상도가[常道] 만물을[萬物] 낳

는다[生].〉

● 불유(不有)는 〈상도불유만물(常道不有萬物)〉에서 유(有)의 주어 노릇할 상도(常
道)와 목적어 노릇할 만물(萬物)을 생략하고, 술부(述部)만 남은 구문이다. 불
유(不有)에서 불(不)은 유(有)의 부정사(否定詞) 노릇하고, 유(有)는 동사 노릇한
다. 불유(不有)의 유(有)는 〈가질 취(取)〉와 같다. 〈상도는[常道] 만물을[萬物] 취
하지 않는다[不有].〉

51-12 爲而不恃(위이불시)

▶ {상도(常道)는} 위해주되[爲而] 바라지 않는다[不恃].

위할 위(爲), 그러나 이(而), 않을 불(不), 바랄 시(恃)

【지남(指南)】

〈위이불시(爲而不恃)〉는 역시 2장(章)에서 살핀 바 있는 〈만물작언이불사(萬物
作焉而不辭)〉를 풀이하면서, 역시 25장(章)에서 살핀 〈도법자연(道法自然)〉 즉 상
도가[常道] 어떻게 자연(自然)을 본받는지를 밝힌다. 그리고 성인(聖人)은 이 위
이불시(爲而不恃)를 남면지술(南面之術)로 본받아 무기(無己) 즉 제 것이[己] 없는
[無] 통치자가 된다. 물론 여기 위이불시(爲而不恃)란 상도(常道)가 짓는 조화이다.
그 조화를 성인(聖人)이 그냥 그대로 본받는다[法].

여기 위이불시(爲而不恃)의 위(爲)는 상도(常道)의 생지(生之)와 상덕(常德)의 휵
지(畜之)를 실행함이다. 상도(常道)가 만물을 위해주되[爲] 만물한테 그 무엇도 바
라지 않음을[不恃] 성인(聖人)도 그대로 따라 본받아서, 아무런 바람 없이[不恃] 27
장(章)에서 살핀 바대로 〈상선구인(常善救人)·상선구물(常善救物)〉로써 〈습명(襲
明)〉을 행하는 것이다. 습명(襲明)은 밝음을[明] 밖으로 드러내지 않고 안으로 간
직함[襲]이다. 습명(襲明)의 명(明)이란 항상 법자연(法自然)하여 수중(守中) 즉 상
도(常道)를 따라[中] 지키니까[守] 미혹(迷惑)이 없음이다. 그래서 도와주고서도
[爲] 불시(不恃) 즉 바라지 않는다[不恃]. 이런 불시(不恃)는 5장(章)에서 살핀 천지
불인(天地不仁)을 상기시키고, 79장(章)에 나오는 **천도무친(天道無親)**을 떠올리게

하는 말씀이다. 편애함이란 상도(常道)에는 없으니, 상도(常道)와 상덕(常德)은 그 무엇한테 특별히 기대하고자[欲恃] 생지(生之)·혹지(畜之)함이란 없다.

상도(常道)의 위만물(爲萬物)은 곧 생만물(生萬物)이고, 나아가 만물작(萬物作)이다. 어떻게 만물을 위해줌[爲]인가? 상생(相生)으로써 위해줌[爲]이고, 상성(相成)으로써 위해줌[爲]이며, 상형(相形)으로써 위해줌[爲]이고, 상경(相傾)으로써 위해줌[爲]이며, 상화(相和)로써 위해줌[爲]이고, 상수(相隨)로써 위해줌이[爲] 상도(常道)의 조화인 위만물(爲萬物)의 위(爲)이다. 상생(相生)·상성(相成)·상형(相形)·상경(相傾)·상화(相和)·상수(相隨)는 바로 상도(常道)가 짓는 조화이고, 만물은 이 조화로 위해져[爲] 태어나[生] 그 생(生)을 누리는 것들이다. 이처럼 상도(常道)가 만물을 위해주되 그 만물을 불시(不恃)하기 때문에 상도(常道)의 위함[爲]이란 오로지 자연(自然)의 일[事]이고 무위(無爲)의 일[事]일 뿐이다. 그러므로 여기 위이불시(爲而不恃)의 불시(不恃)란 그 무엇도 특별히 대우해주는 일이란 없다는 말이 된다. 따라서 불시(不恃) 역시 5장(章)에 나오는 천지불인(天地不仁) 이만물위추구(以萬物爲芻狗)란 말씀을 상기시키고, 『장자』의 천방(天放)을 떠올리게 한다.

만물은 천지(天地)에게서 저마다의 본성을 받아 생사(生死)를 누린다. 사람이라고 대접하고 지렁이라 대접하지 않는 짓을 상도(常道)는 하지 않는다. 만물은 모조리 다 상도(常道)의 자연(自然)일 뿐이고 무위(無爲)일 뿐이어서 만물은 제물(齊物), 즉 만물을 하나로 할[齊] 뿐이다. 그래서 천지(天地)는 만물을 불시(不恃)하지 편애하여 대우하는 것이 따로 있지 않다. 상도(常道)가 법자연(法自然)하여 만물을 불인(不仁)·무친(無親)으로써 도와주되[爲] 그 무엇도 바라지 않음을 살펴 새기고 헤아려 깨우치게 하는 말씀이 〈위이불시(爲而不恃)〉이다.

㊟ "성인처무위지사(聖人處無爲之事) 행불언지교(行不言之敎)." 성인은[聖人] 무위를[無爲之] 행함에[事] 머물고[處], {성인(聖人)은 정령(政令) 따위의} 말이[言] 없는[不之] 가르침을[敎] 행한다[行]. 『노자(老子)』 2장(章)

㊟ "천지불인(天地不仁) 이만물위추구(以萬物爲芻狗)." 천지에는[天地] 어짊이란[仁] 없어[不], (천지는) 만물로[萬物]써[以] 풀강아지로[芻狗] 삼는다[爲]. 『노자(老子)』 5장(章)

㊟ "천도무친(天道無親) 상여선인(常與善人)." 자연의 도에는[天道] (따로) 친애함이[親] 없고[無] 늘[常] 선한[善] 사람과[人] 함께한다[與].

상도(常道)·천도(天道)·대도(大道)는 같은 말씀이다.   『노자(老子)』79장(章)

🔢 "생지휵지(生之畜之) 생이불유(生而不有) 위이불시(爲而不恃) 장이부재(長而不宰) 시위현덕(是謂玄德)." 만물(萬物)을[之] 낳아서[生而] 그것을[之] 길러주고[畜], 낳아주되[生而] 갖지 않으며[不有], 위해주되[爲而] 바라지 않고[不恃], 공평무사하게 주재하되[長而] (사사로이) 다스리지 않는다[不宰]. 이를[是] 현묘한[玄] 덕이라[德] 한다[謂].   『노자(老子)』10장(章)

🔢 "도생지(道生之) 덕휵지(德畜之)……생지휵지(生之畜之) 장지육지(長之育之) 성지숙지(成之熟之) 양지부지(養之覆之) 생이불유(生而不有) 위이불시(爲而不恃) 장이부재(長而不宰) 시위현덕(是謂玄德)." 상도가[道] 낳아주고[生之], 상덕이[德] 길러주며[畜之]……상도가[道] 낳아주고[生之] 길러주며[畜之], 밤낮으로 키워주고[長之] 오기(五氣)로 키워주며[育之], 본성(本性)을 이뤄주고[成之] 본성을 영글게 하며[熟之], 본성을 길러주고[養之] 본성을 보호해준다[覆之]. 만물을[之] 낳아서[生而] 그것을[之] 길러주고[畜], 낳아주되[生而] 두지 않으며[不有], 위해주되[爲而] 대우하지 않고[不恃], 공평무사하게 주재하되[長而] (사사로이) 다스리지 않는다[不宰]. 이를[是] 현묘한[玄] 덕이라[德] 한다[謂].   『노자(老子)』51장(章)

🔢 "피민유상성(彼民有常性) 직이의(織而衣) 경이식(耕而食) 시위동덕(是謂同德) 일이부당(一而不黨) 명왈천방(命曰天放) 고(故) 지덕지세(至德之世)." 저[彼] 백성한테는[民] 한결같은[常] 천성이[性] 있다[有]. 길쌈해서[織而] 옷지어 입고[衣] 농사지어서[耕而] 밥해 먹는다[食]. 이를[是] 다 같이 누리는[同] 덕이라[德] 한다[謂]. {늘[常] 천성(天性)이} 하나이니[一而] 패거리 짓지 않는다[不黨]. 일러[命] 자연이[天] 걸림없이 풀어준 것이라[放] 한다[曰]. 그래서[故] (백성은) 동덕의[德之] 세상을[世] 누린다[至].   『장자(莊子)』「마제(馬蹄)」

【보주(補註)】

● 〈위이불시(爲而不恃)〉를 〈도위만물(道爲萬物) 이도불시만물(而道不恃萬物) 시위현덕(是謂玄德)〉처럼 옮기면 쉽게 새길 수 있다. 〈상도는[道] 온갖 것을[萬物] 위해준다[爲]. 그러나[而] 상도는[道] 온갖 것을[萬物] 대우하지 않는다[不恃]. 이를[是] 현묘한[玄] 덕이라[德] 한다[謂].〉

● 위이불시(爲而不恃)에서 위(爲)는 〈생만물(生萬物)의 생(生)·작만물(作萬物)의 작(作)·조만물(造萬物)의 조(造)〉 등 여러 뜻을 묶은 말로 보면 된다.

● 위이불시(爲而不恃)에서 불시(不恃) 역시 〈불사(不辭)〉를 상기시킨다. 사양하지 않고 말하지 않음[不辭]이란 상도(常道)가 만물한테 의지하지 않음이다. 그러므로 위이불시(爲而不恃)는 만물을 낳아주되[生] 만물을 방목(放牧) 즉 스스로 살아가게[放牧] 자연에 맡김을 뜻하고, 이를 천방(天放)이라 한다.

- 위이불시(爲而不恃)는 2장(章)에도 나온다. 위이불시(爲而不恃) 또한 1장(章)에
나오는 천지지시(天地之始)의 무명(無名)과 만물지모(萬物之母)의 유명(有名)이
중묘지문(衆妙之門)으로 만물이 출입하는 묘요(妙徼)의 조화를 묶어 깨우치게
도 한다. 위이불시(爲而不恃)도 무위지사(無爲之事), 즉 25장(章)에서 살핀 **도법
자연(道法自然)의 법자연(法自然)**을 환기시킨다.

註 "도법자연(道法自然)." 상도는[道] 그냥 그대로를[自然] 본받는다[法].

『노자(老子)』 25장(章)

【해독(解讀)】

- 〈위이불시(爲而不恃)〉는 두 구문이 〈그러나 이(而)〉로 이어진 중문(重文)이다.
〈위해준다[爲]. 그러나[而] 불시한다[不恃].〉

- 위(爲)에서 주어 노릇할 도(道)가 생략되고 목적어가 생략되었지만, 위(爲)는 동
사 노릇한다. 위(爲)는 영어의 〈do〉처럼 전후 문맥에 따라 다른 동사를 대신하
는 대동사(代動詞) 노릇하므로 여기 위(爲)는 〈낳아줄 생(生), 떨쳐낼 작(作)〉 등
의 뜻으로 여기고 새겨도 된다. 〈성인은[聖人] (만물을) 위해준다[爲].〉

- 이불시(而不恃)에서 이(而)는 〈그러나 이(而)〉로 접속사 노릇하고, 불(不)은 시
(恃)의 부정사(否定詞)이고, 시(恃)는 주어와 목적어가 생략되었지만 동사 노릇
한다. 불시(不恃)의 시(恃)는 〈바랄 망(望), 기댈 대(待), 의지할 뇌(賴)·의(依)〉
등의 여러 뜻이 있지만, 여기선 〈바랄 망(望)〉와 같다. 〈{상도(常道)는 만물한테}
바라지 않는다[不恃].〉

51-13 長而不宰(장이부재)

▶ {상도(常道)는} 키워주되[長而] 이래라저래라 않는다[不宰].

키워줄 장(長), 그러나 이(而), 아니 부(不), 주재(主宰)할 재(宰)

【지남(指南)】

〈장이부재(長而不宰)〉 역시 2장(章)에서 살핀 바 있는 〈만물작언이불사(萬物作
焉而不辭)〉를 풀이하면서, 역시 25장(章)에서 살핀 〈도법자연(道法自然)〉 즉 상도

가[常道] 어떻게 자연(自然)을 본받는지를 밝힌다. 그리고 성인(聖人)은 이 장이부재(長而不宰)를 남면지술(南面之術)로 본받아 무기(無己) 즉 제 것이[己] 없는[無] 통치자가 된다. 물론 여기 장이부재(長而不宰) 또한 상도(常道)가 짓는 조화이다. 그 조화를 성인(聖人)이 그냥 그대로 본받는다[法]. 장이부재(長而不宰)는 곧 법자연(法自然) 즉 자연을[自然] 본받기를[法] 실행함을 말해준다. 장이부재(長而不宰) 역시 〈도생지휵지(道生之畜之) 장지육지(長之育之) 성지숙지(成之熟之) 양지부지(養之覆之)〉를 묶어 풀이함이니, 상도(常道)가 짓는 조화로 생지(生之)와 휵지(畜之)를 밝힘이다.

상도(常道)의 조화란 25장(章)에 나오는 〈도법자연(道法自然)〉으로써 풀이된다. 상도(常道)가 자연(自然)을 본받기[法] 함이 여기 장이부재(長而不宰)이다. 상도(常道)의 상덕(常德)이 만물을 길러주고 키워주지만[長], 만물을 부재(不宰) 즉 관장(管掌)하여 관리하고자 이래라저래라 간섭하지 않는다[不宰]. 말하자면 상도(常道)와 상덕(常德)은 관장(官長) 노릇을 결코 하지 않음이다. 그래서 장이부재(長而不宰)의 〈장(長)〉은 28장(章) 〈성인용지(聖人用之) 즉위관장(則爲官長)〉을 상기시키기도 한다. 공평(公平)하여 무사(無私)한 주재자(主宰者)를 관장(官長)이라 한다. 장이부재(長而不宰)의 장(長)은 그냥 만물을 길러줌만이 아니라 관장(官長)의 장(長)으로도 새길 수 있음이다.

천지만물을 공평무사(公平無私)하게 관장(官長)하므로 천지(天地)의 일[事]은 만사가 일사(一事)로 무위(無爲)할 뿐, 따로 무엇을 재물(宰物)함이 없다. 이 말씀 역시 『장자(莊子)』의 〈천방(天放)〉을 상기시킨다. 천지(天地)는 만물을 천방(天放)할 뿐 목축(牧畜)하지 않으니, 만물을 가둬놓고 기르는[長] 가두리가 없다. 천지(天地)는 천국(天鬻)으로 만물이 제 천성대로 언제 어디서나 삶을 누리게 할 뿐, 무엇은 귀히 여겨 잘살게 하고 무엇은 업신여겨 천(賤)하게 살게 하지 않는다. 그러므로 5장(章) 〈천지불인(天地不仁) 이만물위추구(以萬物爲芻狗)〉라 밝힌 것이다.

성인(聖人) 역시 천지(天地)의 장이부재(長而不宰)를 그대로 본받아 만백성을 하나[一]로 삼을[爲] 뿐이지 이래라저래라 주재(主宰)하지 않는다. 『노자(老子)』의 성인(聖人)은 예악형정(禮樂刑政)으로 백성을 주재(主宰)함이 없이 천방(天放)의 다스림[治], 즉 무위지치(無爲之治)로 백성이 자화(自化)하게 할 뿐이다. 상도(常

道)는 모든 유정자(有情者) 즉 산 것을 기르되[長], 이래라저래라 않는다[不宰]. 그래서 상도(常道)가 기르되[長] 주재하지 않음[不宰]을 살펴 새기고 헤아려 깨우치게 하는 말씀이 〈장이부재(長而不宰)〉이다.

【보주(補註)】

● 〈장이부재(長而不宰)〉를 〈상도장만(常道長萬物) 이상도부재만(而常道不宰萬物) 시위현덕(是謂玄德)〉처럼 옮기면 더 쉽게 새길 수 있다. 〈상도는[常道] 온갖 것을[萬物] 길러준다[長]. 그러나[而] 상도는[常道] 온갖 것을[萬物] 주재하지 않는다[不宰]. 이를[是] 현덕이라[玄德] 한다[謂].〉

● 장이부재(長而不宰)에서 장(長)은 〈도생지휵지(道生之畜之) 장지육지(長之育之) 성지숙지(成之熟之) 양지부지(養之覆之)〉를 한 자(字)로써 밝힘이고, 동시에 『시경(詩經)』「소아(小雅)」〈요아(蓼莪)〉에 나오는 〈장아육아(長我育我)〉의 〈장(長)〉을 상기시켜주기도 한다.

註 "부아휵아(拊我畜我) 장아육아(長我育我)." 나를[我] 쓰다듬어주시고[拊] 나를[我] 길러주시며[畜], 나를[我] 키워주시고[長] 나를[我] 감싸주신다[育].
〈길러줄 휵(畜)〉, 〈감싸줄 육(育)=부(覆)〉.
시경(詩經)』「소아(小雅)」〈요아(蓼莪)〉의 4장(章) 3~4행(行)

● 장이부재(長而不宰)에서 부재(不宰) 역시 〈천방(天放)〉을 상기시킨다. 부재(不宰)하되 불기(不棄)함이니, 장이부재(長而不宰) 또한 만물을 생육(生育)하되 목축(牧畜)하지 않고 상도(常道)가 만물을 그냥 그대로[天] 풀어놓고[放] 휵지(畜之)함을 뜻해, 무위이무불위(無爲而無不爲) 즉 함이 없되[無爲而] 하지 않음이[不爲] 없음[無]을 뜻한다.

【해독(解讀)】

● 장이부재(長而不宰)는 두 구문이 〈그러나 이(而)〉로 이어진 중문(重文)이다. 〈장해준다[長]. 그러나[而] 부재한다[不宰].〉

● 장(長)은 〈상도위만물(常道長萬物)〉에서 주어 노릇할 상도(常道)와 목적어 노릇할 만물(萬物)이 생략되고, 동사 노릇하는 장(長)만 남은 구문이다. 장(長)은 여

기서는 〈낳아줄 생(生), 떨쳐낼 작(作)〉 등의 뜻을 지닌다. 〈상도는[常道] 만물을 [萬物] 길러준다[長].〉

- 부재(不宰)는 〈상도부재만물(常道不宰萬物)〉에서 재(宰)의 주어 노릇할 상도(常道)와 목적어 노릇할 만물(萬物)을 생략하고, 동사만 남은 구문이다. 부재(不宰)에서 부(不)는 재(宰)의 부정사(否定詞) 노릇하고, 재(宰)는 동사 노릇한다. 재(宰)는 〈관장(管掌)할 주(主)〉와 같아 주재(主宰)의 줄임말로 여기면 된다. 〈상도는[道] 온갖 것을[萬物] 주재하지 않는다[不宰].〉

51-14 是謂玄德(시위현덕)

▶위의 것들을[是] 현묘한[玄] 덕이라[德] 한다[謂].

이 시(是), 일컬을 위(謂), 현묘할 현(玄), 크나큰 덕(德)

【지남(指南)】

〈시위현덕(是謂玄德)〉은 상도(常道)의 짓인 〈생이불유(生而不有) 위이불시(爲而不恃) 장이부재(長而不宰)〉를 묶어 밝힌다. 상덕(常德)은 현현(玄玄) 즉 그윽하고[玄] 그윽하여[玄] 헤아릴 수 없는 덕(德)으로 천덕(天德) 즉 자연의[天] 덕(德)이고, 만물을 하나로 끌어안아 지키는[抱一] 덕(德)이다. 현덕(玄德)은 현묘지덕(玄妙之德)의 줄임이니 신묘지덕(神妙之德)으로 여겨도 된다. 현묘(玄妙)·신묘(神妙)는 모두 상도지용(常道之用)을 밝힘이다. 상도의[常道之] 행(行)이 불측(不測)함을 신(神)·현(玄)·묘(妙) 등으로 나타낸다. 그 행(行)은 만물로 드러나기 때문에 현묘(玄妙)하고 신묘(神妙)하다. 그러므로 만물치고 현묘(玄妙)하지 않은 것이란 없다. 만물은 모두 상도(常道)의 조화 바로 그것이기 때문이다.

현덕(玄德)의 현(玄)은 65장(章)에 현덕심의원의(玄德深矣遠矣)라고 나오니 상도(常道)를 풀이한 말씀이다. 상덕(常德)이란 상도(常道)의 용(用)인지라 깊고 깊어 그윽한 것이고[深矣] 멀고멀어 가물가물한 것이니[遠矣], 상덕(常德)은 곧 상덕(上德)이요 현덕(玄德)이다. 『장자(莊子)』에서도 성수반덕(性脩反德) 덕지동어초(德至同於初)라고 현덕(玄德)을 풀이한다. 동어초(同於初)의 초(初)는 곧 상도(常道)이다.

본성(本性)을 닦고 지켜[修] 덕(德)으로 돌아가고[反], 덕(德)은 상도(常道)에[於初] 이르러[至] 상도(常道)와 하나가 됨[同]이 현덕(玄德)이다. 이처럼 현덕(玄德)은 상도(常道)의 용(用)을 말한다. 현덕(玄德)이란 말씀은 『서경(書經)』에도 나온다.

현덕(玄德)이란 상도(道)가 만물에 두루 통함이다. 만물은 상도(常道)가 낳은 것이니 온갖[萬] 것[物]은 상도(常道)를 통해[通] 도(道)와 하나[一]가 된다[爲]. 그 하나 됨[爲一]을 신(神)·현(玄)·묘(妙)라고 풀이하여 상도(常道)와 상덕(常德)은 불측(不測) 즉 헤아림으로는 알 수 없는[不測] 것이다. 이러한 신(神)·현(玄)·묘(妙)의 불측(不測)을 14장(章)에서 〈이(夷)·희(希)·미(微)〉로 풀이한다. 현덕(玄德)은 상도(常道)의 덕(德)이고, 자연(自然)의 덕(德) 즉 천덕(天德)이며, 상도(常道)가 낳은[生] 만물을 그냥 그대로[自然] 길러내는[畜之] 덕(德)이니 상도(常道)의 행(行)이고 통(通)인 조화이다.

상도(常道)의 이러한 행통(行通)이 상도(常道)의 용(用)이고, 용(用)이 곧 현덕(玄德)이다. 이러한 현덕(玄德)을 성인(聖人)은 남면지술(南面之術)의 천하식(天下式) 즉 온 세상에 두루 통하는 법식(法式)으로 삼아서 치민(治民)·치세(治世)하여 안평태(安平泰)의 세상을 천하민(天下民)으로 하여금 누리게 한다. 따라서 상도(常道)의 조화인 〈생지휵지(生之畜之)·생이불유(生而不有)·위이불시(爲而不恃)·장이부재(長而不宰)〉 등을 하나로 묶어 현덕(玄德)이라고 밝힌 말씀이 〈시위현덕(是謂玄德)〉이다.

註 "현덕심의원의(玄德深矣遠矣) 여물반의(與物反矣) 연후(然後) 내지어대순(乃至於大順)." 현덕은[玄德] 깊음[深]이고[矣], 멀어 아득함[遠]이다[矣]. {현덕(玄德)은} 온갖 것들과[物] 함께[與] {상도(常道)를} 따름[反]이고[矣], 그런[然] 뒤에[後] 곧[乃] 크나큰[大] 따름에[於順] 이른다[至].

『노자(老子)』65장(章)

註 "성수반덕(性脩反德) 덕지동어초(德至同於初) 동내허(同乃虛) 허내대(虛乃大) 합탁명(合啄鳴) 탁명합(啄鳴合) 여천지위합(與天地爲合) 기합민민(其合緡緡) 약우약혼(若愚若昏) 시위현덕(是謂玄德) 동호대순(同乎大順)." 본성을[性] 닦아 지키면[脩] 덕으로[德] 돌아가고[反], 덕이[德] 지극하면[至] 태초(상도)와[於初] 같다[同]. (태초와) 같아지면[同] 곧[乃] 비워지고[虛], 비워지면[虛] 곧[乃] 크다[大]. {덕지동어초(德至同於初)는} 탁명과[啄鳴] 같고[合], 탁명은[啄鳴] {덕지동어초(德至同於初)와} 같다[合]. {덕지동어초(德至同於初)는} 하늘땅과[與天地] 같아져[爲合] 그[其] 합침은[合] 더없는 합침인지라[緡緡] 어수룩한 듯하고[若愚] 얼나간 듯하다[若昏]. 이를[是]

현덕이라[玄德] 하고[謂], (그 현덕은) 대순과[於大順] 같다[同].

    탁명(啄鳴)은 어미새가 부리로 알껍데기를 톡톡 치면[啄] 알 속의 새끼가 소리침[鳴]을 말하고, 민민(緡緡)은 합동(合同)의 극치를 말하며, 대순(大順)은 〈순대(順大)〉의 도치(倒置)로 〈크나큼을[大] 따름[順]〉이고, 여기서 〈대(大)〉란 〈상도(常道)〉를 일컬음인지라 대순(大順)은 상도(常道)를 따름[順]이다.   『장자(莊子)』「천지(天地)」

  "현덕승문(玄德升聞) 내명이위(乃命以位)." 깊고 그윽한[玄] 덕이[德] 위까지[升] 들렸다[聞]. 이내[乃] 그 때문에[以] (임금의) 자리를[位] 명 받았다[命].   『서경(書經)』「순전(舜典)」

【보주(補註)】

● 〈시위현덕(是謂玄德)〉을 〈시위지현덕(是謂之玄德)〉처럼 옮기면 더 쉽게 새길 수 있다. 〈위의 내용들[是] 그것들을[之] 현덕이라[玄德] 말한다[謂].〉 지(之)를 시(是)를 전치하고 그 빈 자리에 둔 허사(虛詞)로 여기고, 〈이를[是] 현덕이라[玄德] 말한다[謂]〉처럼 지(之)를 무시하고 새기는 편이 보통이다.

【해독(解讀)】

● 〈시위현덕(是謂玄德)〉에서 시(是)는 위(謂) 앞으로 전치되었지만 위(謂)의 목적어 노릇하고, 위(謂)는 동사 노릇하고, 현덕(玄德)은 목적격 보어 노릇한다. 〈시를[是] 현덕이라[玄德] 칭한다[謂].〉

● 시위현덕(是謂玄德)은 〈A지위(之謂)B〉와 〈A위지(謂之)B〉의 상용문이다. 다만 〈A지위(之謂)B〉와 〈A위지(謂之)B〉에서 조사(~을) 노릇하는 지(之)를 생략하고, 〈A위(謂)B〉라고 줄인 경우가 〈시위현덕(是謂玄德)〉이다. 〈A를[A之] B라 말한다[謂]. → A를(A) B라 말한다[謂].〉〈A(A) 그것을[之] B라 말한다[謂]. → A를(A) B라 말한다[謂].〉

수모장(守母章)

바깥 것에 사로잡혀 자성(自性)을 잃지 말고 지켜가라는 장(章)이다. 자성(自性)을 지킴은 목숨의 〈시(始)〉 즉 시원(始原)인 상도(常道)를 받들어 따름이고, 그 따름을 〈복수기모(復守其母)〉라고 밝힌다.

〈기모(其母)〉란 만물의 시(始)인 상도(常道)이고, 상도(常道)로 돌아와[復] 지킴이 저마다의 자성(自性)을 지킴이다. 그러자면 바깥 사물에 매달리지 않고 저마다 내조(內照) 즉 스스로의 안을[內] 비추는[照] 밝음을[明] 간직해야 한다. 그 명(明)을 누리는 방편을 밝히고, 나아가 그 방편을 따라 누리는 것이 〈습상(習常)〉의 삶임을 일깨워 깨닫게 하는 장(章)이다.

【원문(原文)】

天下有始로 以爲天下母하니 旣得其母에 以知其子하
천 하 유 시　　이 위 천 하 모　　　기 득 기 모　　이 지 기 자

고 旣知其子에 復守其母하면 歿身不殆한다 塞其兌하고
　　기 지 기 자　　복 수 기 모　　　물 신 불 태　　　색 기 태

閉其門하면 終身不勤이고 開其兌하고 濟其事하면 終身
폐 기 문　　　종 신 불 근　　　개 기 태　　　제 기 사　　　종 신

不救한다 見小曰明이고 守柔曰强이다 用其光하여 復歸
불 구　　　견 소 왈 명　　　수 유 왈 강　　　용 기 광　　　복 귀

其明하면 無遺身殃이니 是謂習常이라
기 명　　　무 유 신 앙　　　시 위 습 상

온 세상 온갖 것에[天下] 시원이[始] 있다[有]. [천지만물은 그 시(始)로 써
[以] 온 세상 만물의[天下] 어머니로[母] 삼는다[爲]. 이미[旣] 그[其] 어머
니를[母] 깨달았으니[得] 이로써[以] 그[其] 자손임을[子] 안다[知]. 이미
[旣] 그[其] 자손임을[子] 알고[知] 그[其] 어머니께로[母] 돌아와[復] 지킨
다면[守] 평생토록[歿身] 위태롭지 않고[不殆], 그[其] 이목구비를[兌] 막
고[塞] 그[其] 이목구비를[門] 닫으면[閉] 죽을 때까지[終身] 수고롭지 않
다[不勤]. 그[其] 이목구비를[兌] 열어두고[開] 그[其] 살아가는 일들을[事]
이루려 한다면[濟] 평생토록[終身] (위태함과 수고로움을) 구제받지 못한
다[不救]. 작은 것을[小] 살펴봄을[見] 밝음이라[明] 하고[曰], 부드러움을
[柔] 지킴을[守] 강함이라[强] 한다[曰]. 그[其] 빛냄을[光] 쓰더라도[用] 다
시[復] 그[其] 밝음으로[明] 돌아오면[歸] 자신에게[身] 재앙을[殃] 남기지
[遺] 않는다[無]. 이를[是] 상도를[常] 이어 간직함이라[習] 한다[謂].

52-1 天下有始(천하유시)

▶온 세상 온갖 것에[天下] 시원이[始] 있다[有].

하늘 천(天), 아래 하(下), 있을 유(有), 낳을(처음) 시(始)

【지남(指南)】

〈천하유시(天下有始)〉는 만물을 낳아준 〈시(始)〉, 즉 맨 처음[始]인 시원(始原)이 있음을 밝힌다. 천하의 만물을 있게 한[有] 것이 시(始)이니 그 시(始)는 곧 상도(常道)이다. 물론 여기 시(始)는 42장(章)에서 살핀 〈도생일(道生一)〉을 환기시킨다. 그 〈생일(生一)〉이 여기 시(始)라고 헤아려도 된다. 생일(生一)의 일(一)을 도기(道氣)로서 〈태극(太極)〉이라 한다. 태극(太極)이란 상도(常道)가 쓰는 것[用]이다. 그래서 〈태극유시(太極有始)〉라 한다. 태극(太極)에 시생(始生)이 있음[有]이 유시(有始)인지라 유명(有名)의 시(始)인 태극(太極)은 유명(有名)의 음양을 낳음[始]이고, 천지를 시(始)함이며, 만물을 시(始)함이다. 상도(常道)가 태극(太極)을 내고, 태극(太極)이 시생(始生)한 것[有名]이 음양이고, 음양은 만물을 시생(始生)한다.

시생(始生)은 『주역(周易)』이 일컫는 **생생(生生)**이니, 상도(常道)가 짓는 조화가 시생(始生) 즉 낳고[生] 낳음[生]이다. 천지도 시(始)로 유명(有名)하고 만물도 시(始)로써 이름을 얻으니[有名], 유명(有名)은 곧 음양을 얻음[得]이다. 어느 것[何物]이든 음양을 얻어 시자(始者) 즉 태어난[始] 것[者]이 된다. 이를 도생만물(道生萬物)이라 한다. 천하유시(天下有始)의 시(始)는 1장(章) **무명천지지시(無名天地之始)**의 〈무명(無名)〉 즉 상도(常道)이고, 40장(章) **천하만물생어유(天下萬物生於有)** 유생어무(有生於無)를 상기시킨다. 우주에 있는 그 무엇이든 유(有) 즉 음양이 낳는 것이고, 유(有)는 무명(無名)인 상도(常道)가 천지만물을 낳는지라, 상도(常道)가 천지만물지시(天地萬物之始) 즉 있는 것이라면 그것이 무엇이든 모든 것의 시원(始原)임을 살펴 새기고 헤아려 깨우치게 하는 말씀이 〈천하유시(天下有始)〉이다.

註 "일신지위성덕(日新之謂盛德) 생생지위역(生生之謂易) 성상지위건(成象之謂乾) 효법지위곤(效法之謂坤)." 날마다[日] 새로움을[新] 덕을[德] 쌓음이라[盛] 하고[謂], 낳고[生] 낳음을[生] 변화라[易] 하며[謂], 짓을[象] 이룸을[成] 건이라[乾] 하고[謂], 법을[法] 따라 본받음을[效] 곤이라[坤] 한다[謂].　　　　　　　　　　　　　　　　주역(周易)」「계사전(繫辭傳)」

註 "무명천지지시(無名天地之始) 유명만물지모(有名萬物之母)." 이름이[名] 없음은[無] 천지의[天地之] 낳음이고[始], 이름이[名] 있음은[有] 온갖 것의[萬物之] 어머니이다[母].

『노자(老子)』 1장(章)

註 "천하만물생어유(天下萬物生於有) 유생어무(有生於無)." 온 세상[天下] 온갖[萬] 것은[物]

있음에[有] 의해[於] 생기고[生], 있음은[有] 없음에[無] 의해[於] 생긴다[生].

『노자(老子)』 40장(章)

【보주(補註)】

- 〈천하유시(天下有始)〉를 〈천하만물유생만물지시(天下萬物有生萬物之始)〉처럼 옮기면 문의(文意)를 더 쉽게 새길 수 있다. 〈온 세상[天下] 만물에는[萬物] 만물을[萬物] 낳아주는[生之] 시원이[始] 있다[有].〉

- 천하유시(天下有始)의 유(有)는 무시(無始) · 무종(無終)의 유(有)인지라 고금래(古今來), 즉 과거[古] 현재[今] 미래[來]의 시제가 없는 〈있음[有]〉이고, 그냥 그대로 독립하여 바뀌지 않는 상(常)으로서의 〈유(有)〉이다. 그러므로 유시(有始)는 〈유무명(有無名)〉인 셈이다. 〈무명이[無名] 있음[有]〉

【해독(解讀)】

- 〈천하유시(天下有始)〉에서 천하(天下)는 유(有)를 꾸며주는 부사 노릇하고, 유(有)는 〈있을 유(有)〉로 동사 노릇하며, 시(始)는 유(有)의 주어 노릇한다. 시(始)는 〈낳을 생(生) · 근원 원(原)〉 등과 같아 시생(始生) · 시원(始原)의 줄임말로 여기면 된다. 〈천하에[天下] 시가[始] 있다[謂].〉

- 천하유시(天下有始)는 〈A유(有)B〉의 상용문이다. 〈A유(有)B〉의 유(有)가 〈있을 유(有)〉로 동사 노릇하면 B가 유(有)의 주어 노릇하고, 〈A유(有)B〉의 유(有)가 〈가질 유(有)〉의 뜻을 내면 A가 유(有)의 주어 노릇한다. 〈A에 B가 있다[有].〉 〈A가 B를 갖는다[有].〉

52-2 以爲天下母(이위천하모)

▶ {천지만물은 그 시(始)로} 써[以] 온 세상 만물의[天下] 어머니로[母] 삼는다[爲].

써 이(以), 삼을 위(爲), 하늘 천(天), 아래 하(下), 어머니 모(母)

【지남(指南)】

〈이위천하모(以爲天下母)〉는 상도(常道)가 만물의 어머니[母]임을 밝힌다. 6장

(章) 곡신불사(谷神不死) 시위현빈(是謂玄牝)의 현빈(玄牝)이 여기 천하모(天下母)이다. 상도(常道)의 묘(妙)를 비유하여 곡신(谷神)·현빈(玄牝)이라 한다. 상무(常無)와 상유(常有)를 하나로 한 어머니[母]로, 현묘한 땅[玄牝]이 천지만물을 낳은[始] 어머니[天下母]로 상도(常道)를 비유한 것이다. 그러므로 천하모(天下母)는 현모(玄母)이고, 현(玄)은 1장(章) 〈동위지현(同謂之玄) 현지우현(玄之又玄)〉이란 말씀을 상기시킨다. 동위지현(同謂之玄)의 동(同)은 〈동출이이명(同出而異名)〉의 동출(同出)로, 상무(常無)와 상유(常有)가 하나[一]에서 나옴[同出]이다. 무엇이 같이[同] 나오는가[出]? 없음[無]과 있음[有]이 하나[一]에서 나옴[出]이니, 상무(常無)와 상유(常有)가 상도(常道)인 하나[一]에서 나와서 현묘하고[玄] 또 현묘하다[玄].

천지도 하나를 얻어[得一] 생긴 것이고, 만물도 득일(得一)하여 생긴다. 그래서 39장(章) 만물득일이생(萬物得一以生)을 떠올리고, 천지만물을 낳아[生] 현덕(玄德)으로 흑지(畜之)하고 장지(長之)하며 육지(育之)하고 성지(成之)하며 숙지(熟之)하고 양지(養之)하며 부지(覆之)하는 상도(常道)의 체용(體用)을 함께 살펴 새기고 헤아려 깨우치게 하는 말씀이 〈이위천하모(以爲天下母)〉이다.

수모장(守母章)

註 "곡신불사(谷神不死) 시위현빈(是謂玄牝) 현빈지문(玄牝之門) 시위천지근(是謂天地根)." 골짜기의[谷] 변화하게 하는 짓은[神] 죽지 않는다[不死]. 이를[是] 신묘한[玄] 땅이라[牝] 한다[謂]. 현묘한[玄] 땅의[牝之] 문[門] 이것을[是] 하늘땅의[天地] 뿌리라[根] 한다[謂].

『노자(老子)』6장(章)

註 "석지득일자(昔之得一者) 천득일이청(天得一以淸) 지득일이령(地得一以寧) 신득일이령(神得一以靈) 곡득일이영(谷得一以盈) 만물득일이생(萬物得一以生)." 맨 처음[昔之] 하나인[一] 것을[者] 얻었다[得]. 하늘은[天] 하나를[一] 얻음으로[得]써[以] 청명하고[淸], 땅은[地] 하나를[一] 얻음으로[得]써[以] 안정하며[寧], 변화하게 하는 짓은[神] 하나를[一] 얻음으로[得]써[以] 원기(元氣)가 되고[靈], 골짜기는[谷] 하나를[一] 얻음으로[得]써[以] 채우며[盈], 온갖 것은[萬物] 하나를[一] 얻음으로[得]써[以] 생긴다[生].

『노자(老子)』39장(章)

【보주(補註)】

• 〈이위천하모(以爲天下母)〉를 〈천지만물위천하모이기시(天地萬物爲天下母以其始)〉처럼 옮기면 문의(文意)를 더 쉽게 새길 수 있다. 〈천지만물은[天地萬物] 그[其] 시원으로[始]써[以] 온 세상의[天下] 어머니로[母] 삼는다[爲].〉

- 천하모(天下母)는 상도(常道)의 체용(體用), 즉 상도(常道) 그 자체와 용(用)인 현덕(玄德)이 상도(常道)와 하나[一]임을 밝히는 비유이다. 그러므로 천하모(天下母)는 6장(章)의 천지근(天地根)을 헤아리게 한다.

註 "현빈지문(玄牝之門) 시위천지근(是謂天地根)." 현묘한[玄] 땅의[牝之] 문[門] 이것을[是] 하늘땅의[天地] 뿌리라[根] 한다[謂]. 『노자(老子)』 6장(章)

【해독(解讀)】

- 〈이위천하모(以爲天下母)〉에서 이(以)는 이시(以始)의 줄임으로 위(爲)를 꾸미는 부사 노릇하고, 위(爲)는 동사 노릇하며, 천하모(天下母)는 주격보어 노릇한다. 이(以)는 〈써 이(以)〉이고, 위(爲)는 〈삼을 위(爲)〉로 새기면 된다. 〈이로써[以] 천하모가[天下母] 된다[爲].〉〈이 때문에[以] 천하모로[天下母] 삼는다[爲].〉

- 이위천하모(以爲天下母)는 〈A이(以)B위(爲)C〉의 상용문이다. 〈A는 B로써[以] C로 삼는다[爲].〉

52-3 旣得其母(기득기모) 以知其子(이지기자)

▶이미[旣] 그[其] 어머니를[母] 깨달았으니[得] 이로써[以] 그[其] 자손임을[子] 안다[知].

> 이미 기(旣), 깨달을 득(得), 그 기(其), 어머니 모(母), 써 이(以), 알 지(知), 자손 자(子)

【지남(指南)】

〈기득기모(旣得其母) 이지기자(以知其子)〉는 상도(常道)는 천지만물의 어머니[母]이고, 천지만물은 상도(常道)의 자식[子]임을 밝힌다. 득기모(得其母)는 상도생만물(常道生萬物), 즉 상도가[常道] 만물을[萬物] 낳음을[生] 터득했음[得]이다. 여기 득(得)은 〈깨달을 효(曉)·오(悟)·지(知)〉이다. 나아가 득기모(得其母)는 도덕무위(道德無爲)의 깊은 뜻을 효오(曉悟)하게 한다. 상도(常道)는 만물의 어머니[母]이니, 만물을 낳아[生] 기르고[畜] 키워주고[長育], 이루어 영글게 하고[成熟], 본성을 길러주고 보호해주되[養覆] 만물을 불유(不有)하고 불시(不恃)하며 부재(不宰)함이 상도(常道)의 무위(無爲)임을 알 수 있다. 따라서 도덕(道德)을 그냥 그대로 본받는 성인(聖人) 또한 무위(無爲)에 머물고[處], 불언(不言)의 가르침[教]을 행하여 상도(常道)를 어머니로 받들고[尊] 상덕(常德)을 어머니의 짓으로 받듦[貴]을 〈득기모(得其母)〉란 말씀이 깨우쳐준다.

제 자식을 귀천(貴賤)으로 나누어 차별하는 어머니는 없다. 그러나 인간세(人間世)에서 자식을 불유(不有)하고 불시(不恃)하며 부재(不宰)하려는 부모는 없는 편이라, 인간이 짓는 인위(人爲)의 근인(根因)이 여기 득기모(得其母)를 인간이 외면하고 있음을 일깨워주기도 한다. 도생만물(道生萬物)을 알면 절로 상도(常道)가 만물의 어머니[母]임을 깨닫는 동시에 만물이 상도(常道)의 자식[子]임을 깨닫게 된다. 그래서 『장자(莊子)』에도 **만물일야(萬物一也)**란 말이 나온다. 인간을 포함한 천지만물이 상도(常道)를 좇아 출생하니 상도(常道)와 천지만물이 다르지 않아 서로 하나[一]임을 살펴 새기고 헤아려 깨우치게 하는 말씀이 〈기득기모(旣得其母) 이지기자(以知其子)〉이다.

註 "만물일야(萬物一也) 시기소미자위신기(是其所美者爲神奇) 기소악자위취부(其所惡者爲臭腐) 취부복화위신기(臭腐復化爲神奇) 신기복화위취부(神奇復化爲臭腐) 고왈(故曰) 통천하일기이(通天下一氣耳) 성인고귀일(聖人故貴一)." 만물은[萬物] 하나[一]이다[也]. 그런데[是] 아름다운 바의[其所美] 것은[者] 신기하다[神奇] 하고[爲], 추한 바의[其所惡] 것은[者] 썩어 냄새난다[臭腐] 한다[爲]. 썩어 냄새나는 것은[臭腐] 다시[復] 변해[化] 신기한 것이[神奇] 되고[爲], 신기한 것은[神奇] 다시[復] 변해[化] 썩어 냄새나는 것이[臭腐] 된다[爲]. 그러므로[故] 천하에[天下] 통함은[通] 일기(一氣)뿐이라고[耳] 한다[曰]. 그래서[故] 성인은[聖人] 일기를[一] 받들어 모신다[貴].

일기(一氣)는 상도(常道)를 일컬음이다.　　　　　　　　　『장자(莊子)』「지북유(知北遊)」

【보주(補註)】

● 〈기득기모(旣得其母) 이지기자(以知其子)〉를 〈아기득만물지모(我旣得萬物之母) 시이오지아상도지자(是以吾知我常道之子)〉처럼 옮기면 문의(文意)를 더 쉽게 새길 수 있다. 〈나는[我] 이미[旣] 만물의[萬物之] 어머니를[母] 깨달았다[得]. 이렇기[是] 때문에[以] 나는[吾] 내가[我] 상도의[常道之] 자식임을[子] 안다[知].〉

● 득기모(得其母)를 〈득만물지모(得萬物之母)〉로 여기고, 지기자(知其子)를 〈지상

도지자(知常道之子)〉로 새기면 상도(常道)와 만물이 모자(母子)의 관계로 비유되고 있음을 알 수 있고, 무위자연(無爲自然)이란 말씀이 품고 있는 뜻의 근원을 깨우칠 수 있다.

【해독(解讀)】

- 〈기득기모(旣得其母) 이지기자(以知其子)〉는 두 구문이 이어진 중문(重文)이다. 〈기득기모했다[旣得其母]. 이로써[以] 지기자한다[知其子].〉

- 기득기모(旣得其母)에서 기(旣)는 득(得)을 꾸며주는 부사 노릇하고, 득(得)은 동사 노릇하며, 기모(其母)는 목적어 노릇한다. 득(得)은 〈깨우칠 효(曉)·오(悟), 알(터득할) 지(知)〉 등과 같다. 〈그[其] 어머니를[母] 이미[旣] 깨달았다[得].〉

- 이지기자(以知其子)에서 이(以)는 〈시이(是以)〉의 줄임으로 지(知)를 꾸며주는 부사 노릇하고, 지(知)는 동사 노릇하고, 기자(其子)는 지(知)의 목적어 노릇한다. 〈이로써[以] 그[其] 자식임을[子] 안다[知].〉

52-4 旣知其子(기지기자) 復守其母(복수기모) 殁身不殆(몰신불태)

▶이미[旣] 그[其] 자손임을[子] 알고[知] 그[其] 어머니께로[母] 돌아와[復] 지킨다면[守] 평생토록[殁身] 위태롭지 않다[不殆].

> 이미 기(旣), 알 지(知), 그 기(其), 자손 자(子), 돌아올 복(復), 지킬 수(守), 다할 몰(殁), 몸 신(身), 않을 불(不), 위태할 태(殆)

【지남(指南)】

〈기지기자(旣知其子) 복수기모(復守其母) 몰신불태(殁身不殆)〉는 존도(尊道)하고 귀덕(貴德)하며 무위(無爲)를 받들어[事] 머물러 살고[處], 불언(不言)의 가르침[敎]을 행하면서 삶을 누려야 하는 까닭을 밝힌다. 무위(無爲)에 머물러 삶[處]은 어디서부터 시작되는가? 상도(常道)는 만물을 낳은 어머니[母]이고, 천지만물은 상도(常道)의 자식[子]임을 깨닫는 데에서 무위(無爲)의 삶은 시작된다. 무위(無爲)

의 삶을 저버리지 않으려면 먼저 자기가 상도(常道)의 자식이니 상도(常道)를 어머니로 받드는[尊] 동시에 현덕(玄德)을 받들어야[貴] 함을 깨달아야 한다. 물론 만물이 도덕(道德)의 명(命)을 받아 존도(尊道)하고 귀덕(貴德)하는 것은 아니다. 상도(常道)와 현덕(玄德)은 만물을 불유(不有)하고 불시(不恃)하며 부재(不宰)하는지라 만물은 스스로 복명(復命)할 뿐이다. 그러므로 여기 〈복수기모(復守其母)〉는 16장(章)에서 살핀 각귀기근(各歸其根)이란 말씀을 상기시킨다.

그 어머니[其母]에게로 돌아가[復] 어머니를 지킴[守]은 뿌리[其根]인 상도(常道)로 복귀(復歸)함이다. 상도(常道)로 돌아옴이[復] 곧 존도(尊道)·귀덕(貴德)이며, 이를 풀이하여 부막지명이상자연(夫莫之命而常自然)이라 하였다. 상자연(常自然) 즉 늘[常] 자연(自然)이라 함은 만물이 저마다 스스로 귀근(歸根)함이며, 이는 만물을 낳은 어머니 상도를[常道] 좇아 머묾[處]이니 무위(無爲)·무욕(無欲)의 삶이다. 이러한 삶은 『장자(莊子)』의 통어일이만사필(通於一而萬事畢) 즉 하나에서[於一] 통하면[通而] 온갖 일이[萬事] 풀린다는[畢] 이치를 깨닫게 된다.

무욕(無欲)하여 자기(自己)가 없고 명리(名利)의 노림이 없으며 영화(榮華)를 탐함이 없으면, 절로 위태함이 없는[不殆] 삶을 평생토록 누릴 수 있음을 살펴 새기고 헤아려 깨우치게 하는 말씀이 〈기지기자(旣知其子) 복수기모(復守其母) 몰신불태(歿身不殆)〉이다.

註 "부물운운(夫物芸芸) 각귀기근(各歸其根) 귀근왈정(歸根曰靜) 시위복명(是謂復命)." 무릇[夫] 온갖 것들은[物] 수많은 모습이지만[芸芸] 저마다[各] 제[其] 뿌리로[根] 돌아간다[歸]. 뿌리로[根] 돌아감을[歸] 고요라[靜] 하고[曰], 이것을[是] 본성으로[命] 돌아옴이라[復] 한다[謂].

『노자(老子)』16장(章)

註 "도지존(道之尊) 덕지귀(德之貴) 부막지명이상자연(夫莫之命而常自然)." 상도의[道之] 받듦과[尊] 덕의[德之] 높임[貴] 그것을[之] 무릇[夫] 하라 함이[命] 없어도[莫而] 늘[常] 절로[自] 그리한다[然].

『노자(老子)』51장(章)

註 "고지휵천하자(古之畜天下者) 무욕이천하족(無欲而天下足) 무위이만물화(無爲而萬物化) 연정이백성정(淵靜而百姓定) 기왈(記曰) 통어일이만사필(通於一而萬事畢) 무심득이귀신복(無心得而鬼神服)." 옛날[古之] 세상을[天下] 길러내는[畜] 분한테는[者] 사욕이[欲] 없어서[無而] 세상이[天下] 만족하였고[足], 인위가[爲] 없이도[無而] 만물은[萬物] 화육되었다[化]. 연못이[淵] 고요해서[靜而] 백성이[百姓] 안정되었다[定]. 기록에[記] 하나에 의해[於一] 통하게 되면[通而] 만사

가[萬事] 이루어지고[畢], 욕심이[心得] 없으면[無而] 하늘땅도[鬼神] 감복한다고[服] 말했다[曰].

『장자(莊子)』「천지(天地)」

【보주(補註)】

274

- 〈기지기자(旣知其子) 복수기모(復守其母) 몰신불태(歿身不殆)〉를 〈약임하인기
지상도지자(若任何人旣知常道之子) 이복귀만물지모(而復歸萬物之母) 이수기모
(而守其母) 직도임하인몰신시(直到任何人歿身時) 기인불태(其人不殆)〉처럼 옮
기면 문의(文意)를 더 쉽게 새길 수 있다. 〈만약[若] 누구나[任何人] 이미[旣] 상
도의[常道之] 아들임을[子] 터득해서[知而] 만물의[萬物之] 어머니께로[母] 돌아
와[復] 그리고[而] 그[其] 어머니를[母] 지킨다면[守], 누구나[任何人] 죽을[歿身]
때[時]까지[直到] 그[其] 사람은[人] 위태롭지 않다[不殆].〉

- 복수기모(復守其母)의 복수(復守)는 2장(章) 처무위지사(處無爲之事) 행불언지교
(行不言之敎)란 말씀을 그냥 그대로 좇아 삶을 누린다면 그것이 복수기모(復守
其母)의 삶임을 헤아리게 한다.

───────────────

註 "처무위지사(處無爲之事) 행불언지교(行不言之敎)." 무위를[無爲之] 받들어[事] 머물러
살고[處], 말이 없는[不言之] 가르침을[敎] 행한다[行]. 『노자(老子)』 2장(章)

- 몰신(歿身)이 〈몰신(沒身)〉으로 된 본(本)도 있다. 몰신(歿身)과 몰신(沒身)은
〈죽을 때까지, 평생토록〉으로 같은 뜻이라 문의(文義)가 달라지지는 않는다.

【해독(解讀)】

- 〈기지기자(旣知其子) 복수기모(復守其母) 몰신불태(歿身不殆)〉는 조건의 종절
과 시간의 종절 그리고 주절로 된 복문(複文)이다. 〈기지기자하여[旣知其子] 복
하여[復] 수기모한다면[守其母] 몰신까지[歿身] 불태하다[不殆].〉

- 기지기자(旣知其子)에서 기(旣)는 지(知)를 꾸며주는 부사 노릇하고, 지(知)는
동사 노릇하며, 기자(其子)는 목적어 노릇한다. 지(知)는 〈깨달을(터득할) 오
(悟)〉와 같아 오지(悟知)의 줄임말로 여기면 된다. 〈기자를[其子] 이미[旣] 알았
다면[知]〉

- 복수기모(復守其母)는 〈복기모이수기모(復其母 而守其母)〉에서 기모(其母)를
생략한 구문이다. 복(復)은 주어가 생략되었지만 동사 노릇하고, 수(守)도 주어

가 생략되었지만 동사 노릇하며, 기모(其母)는 복(復)을 꾸며주는 부사 노릇하고 동시에 수(守)의 목적어 노릇한다. 한문은 일반 주어를 거의 생략한다. 복(復)은 〈돌아올 귀(歸)〉와 같아 복귀(復歸)의 줄임말로 여기면 되고, 수(守)는 〈지킬 보(保)〉와 같아 보수(保守)의 줄임말로 여기면 된다. 〈그[其] 어머니께로[母] 돌아와[復] 지킨다면[守]〉〈돌아가[復] 기모를[其母] 지킨다면[守]〉

- 몰신(歿身)에서 몰(歿)은 주어가 생략되었지만 동사 노릇하고, 신(身)은 몰(歿)의 목적어 노릇한다. 몰(歿)은 〈끝낼(다할) 몰(沒)·종(終)〉 등과 같아 몰신(歿身)·몰신(沒身)·종신(終身) 등 같은 뜻이다. 〈삶을[身] 끝낼 때까지[歿]〉〈죽을 때까지[歿身]〉

- 불태(不殆)에서 불(不)은 태(殆)의 부정사 노릇하고, 태(殆)는 주어가 생략되었지만 동사 노릇한다. 물론 불태(不殆)에서 불(不)을 〈없을 무(無)〉와 같다 여기면 불(不)은 자동사 노릇하고, 태(殆)는 명사로 불(不)의 주어 노릇하는 구문으로 볼 수도 있다. 태(殆)는 〈위태할 위(危)〉와 같아 위태(危殆)의 줄임말로 여기면 된다. 〈위태하지 않다[不殆].〉〈위태함이[殆] 없다[不].〉

52-5 塞其兌(색기태) 閉其門(폐기문) 終身不勤(종신불근)

▶ 그[其] 이목구비를[兌] 막고[塞] 그[其] 이목구비를[門] 닫으면[閉] 죽을 때까지[終身] 수고롭지 않다[不勤].

막을 색(塞), 그 기(其), 이목구비 태(兌), 닫을 폐(閉), 들고날 문(門), 마칠 종(終), 몸 신(身), 않을 불(不), 수고로울 근(勤)

【지남(指南)】

〈색기태(塞其兌) 폐기문(閉其門) 종신불근(終身不勤)〉은 〈복수기모(復守其母)〉의 방편을 밝힌다. 물론 무위(無爲)를 받들어[事] 머물면서[處] 불언(不言)의 가르침[敎]을 행하여 사천(事天)하는 방편이기도 하다. 〈색기태(塞其兌) 폐기문(閉其門)〉은 유어외(誘於外) 즉 바깥 사물에[外] 의해서[於] 유혹당하지[誘] 말라 함이니 『장자(莊子)』의 **성수반덕(性修反德)**을 환기시킨다. 본성을 닦음[修]이란 사천(事天)

하라 함이고 유어외(誘於外)하지 말라 함이니, 절로 반덕(反德) 즉 상덕(常德)으로 돌아와[反] 허심(虛心)하여 자연을 받드는[事天] 삶을 누림이다.

〈색기태(塞其兌) 폐기문(閉其門)〉은 56장(章)에도 나온다. 색태(塞兌)하고 폐문(閉門)하라 함은 안이비설신의(眼耳鼻舌身意)를 막아버림이고[塞] 닫아버림[閉]이다. 색태(塞兌)와 폐문(閉門)은 물열혈(勿閱穴) 즉 구멍으로[穴] 내다보지[閱] 말라[勿] 함으로, 구멍[穴]이란 외물에[外物] 의해서 사로잡히게 하는 이목구비(耳目口鼻)를 비유하고, 물열혈(勿閱穴)은 외물(外物)을 탐하여 마음[心]을 조잡하게 하지 말라 함이다. 말하자면 여기 〈태(兌)·문(門)〉은 모든 감각기관을 비유함이다.

인지(人智)가 끌어오는 온갖 탐욕들로 전염됨을 심란(心亂)이라 한다. 혼란한[亂] 마음이 인위지부(人爲之府)이다. 인위(人爲)의 곳간[府]은 자기(自己)를 앞세우고 공명(功名)을 찾아[貪] 채우면서 상쟁(相爭)을 일삼아 마음 쓰기를 조잡하게 하고, 결국 삶을 위태롭게 한다. 삶을 위태하게 하는 의욕을 물리치자면 먼저 색태(塞兌)하고 폐문(閉門)하라는 것이다.

색태(塞兌)하고 폐문(閉門)함은 16장(章) **치허극(致虛極) 수정독(守靜篤)**과 12장(章) **성인위복불위목(聖人爲腹不爲目)**을 떠올린다. 나아가 『장자(莊子)』의 〈지인무기(至人無己) 신인무공(神人無功) 성인무명(聖人無名)〉과 아울러 **부허정념담적막무위자(夫虛靜恬淡寂漠無爲者)**를 떠올린다. 보이는 것[有] 속에 보이지 않는 것[無]이 허(虛)이다. 허(虛)가 바로 허극(虛極)이고 이는 상도(常道)를 일컬음이니, 치허극(致虛極)은 상도(常道)로 정성껏 돌아오라[致] 함이다.

욕심(慾心)은 마냥 흔들리고[亂] 허심(虛心)은 고요하다[靜]. 정독(靜篤)이란 지정(至靜) 즉 고요하고 고요하여 더없이 고요함[至靜]이니, 허심(虛心) 그 자체로 본성(本性)을 일컫는다. 그러므로 수정독(守靜篤)하라 함은 본성 하나만을 간수하라 함이다. 수(守)란 이것저것 둘[二]이 아니라 오로지 하나만[一] 지킴이다. 상도(常道)로 돌아와[致虛極] 본성 하나[一]를 지켜[守] 무위(無爲)의 삶을 누림을 〈위복(爲腹)〉으로 비유하고, 무위(無爲)의 삶을 뿌리치고 바깥 것에 매달려 제 몫[私]을 찾고 공적과 명성을 추구하여 부귀영화를 이루고자 발버둥치는 인위(人爲)의 삶을 〈위목(爲目)〉으로 비유한 것이다.

바깥 것에 매달리는 위목(爲目)을 막고[塞] 닫아서[閉], 안(內) 즉 본성을 오로지

하여 위복(爲腹)의 삶인 무위(無爲)에 머물러 살면서[處] 불언(不言)의 가르침[敎]을 행함을 일깨워 깨우치게 하는 말씀이 〈색기태(塞其兌) 폐기문(閉其門) 종신불근(終身不勤)〉이다.

註 "성수반덕(性脩反德) 덕지동어초(德至同於初)." 본성을[性] 닦아[脩] 덕으로[德] 돌아오고[反], 덕이[德] 지극하면[至] 상도와[於初] 같다[同].　　　　　　　　『장자(莊子)』「천지(天地)」

註 "치허극(致虛極) 수정독(守靜篤) 만물병작(萬物竝作)." 빔의[虛] 바로 그것을[極] 다하고[致], 고요의[靜] 도타움을[篤] 지키며[守], 온갖 것은[萬物] {그 허정(虛靜)으로} 아울러[竝] 일어난다[作].　　　　　　　　　　　　　　　　　　　　　　　『노자(老子)』16장(章)

註 "성인위복불위목(聖人爲腹不爲目)." 성인은[聖人] 뱃속을[腹] 위하지[爲] 눈을[目] 위하지 않는다[不爲].　　　　　　　　　　　　　　　　　　　　　『노자(老子)』12장(章)

註 "부허정념담적막무위자(夫虛靜恬淡寂漠無爲者) 천지평(天地平) 이도덕지지(而道德之至)고(故) 제왕성인휴언(帝王聖人休焉)." 무릇[夫] 마음이 비고[虛] 고요하며[靜] 조용하고[恬] 담백하며[淡] 평온하고[寂] 가만히[漠] 무위한[無爲] 것이[者] 하늘땅의[天地] 평균이고[平], 나아가[而] 도덕의[道德之] 지극함이다[至]. 그래서[故] 제왕인[帝王] 성인은[聖人] 허정념담적막(虛靜恬淡寂漠)에 머물러 쉬는 것[休]이다[焉].　　　　　　　　『장자(莊子)』「천도(天道)」

【보주(補註)】

● 〈색기태(塞其兌) 폐기문(閉其門) 종신불근(終身不勤)〉을 〈약임하인색기태(若任何人塞其兌) 이약임하인폐기문(而若任何人閉其門) 직도임하인종신시(直到任何人終身時) 임하인불근(任何人不勤)〉처럼 옮기면 문의(文意)를 더 쉽게 새길 수 있다. 〈만약[若] 누구나[任何人] 그[其] 태를[兌] 막는다면[塞] 그리고[而] 만약[若] 누구나[任何人] 그[其] 문을[門] 닫는다면[閉] 누구나[任何人] 죽을[歿身] 때[時]까지[直到] 누구나[任何人] 수고롭지 않다[不勤].〉

● 색기태(塞其兌)의 색(塞)과 폐기문(閉其門)의 폐(閉) 역시 2장(章)의 처무위지사(處無爲之事) 행불언지교(行不言之敎)란 말씀을 좇아 삶을 누림을 헤아리게 하고, 〈색기태(塞其兌) 폐기문(閉其門)〉은 같은 뜻을 거듭 강조한 예이다.

註 "처무위지사(處無爲之事) 행불언지교(行不言之敎)." 무위를[無爲之] 받들어[事] 머물러 살고[處], 말이 없는[不言之] 가르침을[敎] 행한다[行].　　　　　『노자(老子)』2장(章)

- 〈색기태(塞其兌) 폐기문(閉其門)〉은 외사불입어심(外邪不入於心) 즉 바깥의[外] 삿됨이[邪] 마음[心]에[於] 들어오지 못함[不入]이다. 따라서 『예기(禮記)』「악기(樂記)」에 나오는 인화물(人化物)에 끌리지 않음을 상기시킨다.

> 註 "지유어외(知誘於外) 불능반궁(不能反躬) 천리멸의(天理滅矣) 부물지감인무궁(夫物之感人無窮) 이인지호오무절(而人之好惡無節) 즉시물지이인화물야(則是物至而人化物也)." 바깥 것에[於外] 끌리기를[誘] 알면[知] 자신으로[躬] 되돌아올[反] 수 없고[不能] 천리가[天理] 깨지는 것[滅]이다[矣]. 무릇[夫] 바깥 것이[物之] 사람을[人] 움직임에는[感] 끝남이[窮] 없어지고[無], 그래서[而] 사람의[人之] 호오에[好惡] 절제가[節] 없어져서[無而] 곧장[則] 바로[是] 바깥 것들이[物] 밀려와서[至而] 사람이[人] 물건으로[物] 되어버리는 것[化]이다[也].
> 『예기(禮記)』「악기(樂記)」

- 색기태(塞其兌)가 〈색기혈(塞其穴)〉로 된 본(本)도 있다. 〈구멍 태(兌), 구멍 혈(穴)〉인지라 문의(文意)가 달라지는 것은 아니다.

【해독(解讀)】

- 〈색기태(塞其兌) 폐기문(閉其門) 종신불근(終身不勤)〉은 조건의 종절, 시간의 종절과 주절로 이루어진 복문(複文)이다. 〈색기태하고[塞其兌] 폐기문한다면[閉其門] 종신까지[終身] 불근한다[不勤].〉
- 색기태(塞其兌)에서 색(塞)은 동사 노릇하고, 기태(其兌)는 목적어 노릇한다. 색(塞)은 〈막을 폐(閉)〉와 같아 폐색(閉塞)의 줄임말로 여기면 되고, 태(兌)는 이목구비(耳目口鼻) 즉 감각기관을 비유한다. 〈이목구비를[兌] 막는다면[塞]〉
- 폐기문(閉其門)에서 폐(閉)는 동사 노릇하고, 기문(其門)은 목적어 노릇한다. 폐(閉)는 〈막을 색(塞)〉과 같아 폐색(閉塞)의 줄임말로 여기면 되고, 문(門)은 이목구비(耳目口鼻) 즉 감각기관을 비유한다. 〈이목구비를[門] 닫는다면[閉]〉
- 종신(終身)에서 종(終)은 주어가 생략되었지만 동사 노릇하고, 신(身)은 종(終)의 목적어 노릇한다. 종(終)은 〈끝낼(다할) 몰(沒)·몰(歿)〉 등과 같아 종신(終身)은 몰신(歿身)·몰신(沒身) 등과 같고, 신(身)은 〈몸 신(身)〉으로 옮김보다 〈삶 신(身)〉으로 옮기는 편이 문의(文義)에 더 걸맞다. 〈삶을[身] 끝낼 때까지[終]〉〈죽을 때까지[終身]〉
- 불근(不勤)에서 불(不)은 근(勤)의 부정사(否定詞) 노릇하고, 근(勤)은 주어가 생

략되었지만 동사 노릇한다. 물론 불근(不勤)에서 불(不)을 〈없을 무(無)〉와 같다 여기면 불(不)은 동사 노릇하고, 근(勤)는 명사로 불(不)의 주어 노릇하는 것으로 새길 수도 있다. 근(勤)은 〈수고로울 로(勞)〉와 같아 근로(勤勞)의 줄임말로 여기면 된다. 〈수고롭지 않다[不勤]〉〈수고로움이[勤] 없다[不]〉

52-6 開其兌(개기태) 濟其事(제기사) 終身不救(종신불구)

▶ 그[其] 이목구비를[兌] 열어두고[開] 그[其] 살아가는 일들을[事] 이루려 한다면[濟] 평생토록[終身] (위태함과 수고로움을) 구제받지 못한다[不救].

> 열 개(開), 그 기(其), 이목구비(耳目口鼻)태(兌), 이룰 제(濟), 일 사(事), 마칠 종(終), 몸 신(身), 못할 불(不), 구제받을 구(救)

【지남(指南)】

〈개기태(開其兌) 제기사(濟其事) 종신불구(終身不救)〉는 앞서 살핀 〈복수기모(復守其母)〉 즉 그 어머니[其母]에게로 돌아와[復] 지킴[守]을 저버리고 겪는 위태한 삶을 밝힌다. 개기태(開其兌)의 〈태(兌)〉는 요샛말로 말하면 감각기관으로 이목구비(耳目口鼻)를 말한다. 이목구비를 열어놓음이란[開] 유어외(誘於外)에 매달려 반덕(反德)하지 않고 인지(人智)에 끌려 심란(心亂)을 겪으면서, 성수(性修) 즉 본성을[本性] 닦음을[修] 저버림이다. 인위(人爲)를 받들어[事] 머물면서[處] 시비·논란을 일삼아 상쟁(相爭)을 마다 않는 삶이란 안이비설신의(眼耳鼻舌身意)가 외물(外物)에 이끌려 본성을 잊고 살아가는 것이다.

여기 〈개기태(開其兌) 제기사(濟其事)〉는 12장(章) 성인위복불위목(聖人爲腹不爲目)의 〈위복(爲腹)〉을 외면하고 〈위목(爲目)〉에 매달리는 무리로, 『장자(莊子)』의 도치지민(倒置之民)과 피증사양묵사광공수이주자(彼曾史楊墨師曠工倕離朱者)를 상기시킨다. 증사(曾史)와 양묵(楊墨)은 개기구(開其口) 즉 저마다의[其] 입[口]을 열어 시비·논란을 일삼아 세상을 혼란스럽게 하였고, 사광(師曠)은 오음(五音) 즉 음악으로 사람의 귀[耳]를 홀려 세상을 어지럽혔고, 이주(離朱)는 오색(五色) 즉 눈요

깃감으로 사람의 눈[目]을 홀려 세상을 어지럽혔고, 공수(工倕)는 연장을 다루는 목공(木工)을 앞세워 온갖 기물(器物)로 세상을 혼란스럽게 했던 인위(人爲)의 화신(化身)들이다.

물론 지금은 인위(人爲)의 화신(化身)들이 쥐락펴락하는 위목(爲目)의 세상일 뿐 위복(爲腹)의 세상은 아니다. 그러나 진실로 마음 편한 삶을 누리려면 명성과 부귀를 추구하는[爲目] 삶을 벗어나 심란(心亂)을 물리고 허심(虛心)한 삶을 좇아야[爲腹] 한다는 것만은 변함없는 사실이다. 바깥 것[外物]에 사로잡혀 성사(成事)하려고 발버둥칠수록 삶은 위태롭고[殆] 수고로울[勤] 뿐임을 살펴 새기고 헤아려 깨우치게 하는 말씀이 〈개기태(開其兌) 제기사(濟其事) 종신불구(終身不救)〉이다.

註　"오색령인목맹(五色令人目盲) 오음령인이롱(五音令人耳聾) 오미령인구상(五味令人口爽) 치빙전렵령인심발광(馳騁畋獵令人心發狂) 난득지화령인행방(難得之貨令人行妨) 시이성인위복불위복(是以聖人爲腹不爲目)." 오색은[五色] 사람으로[人] 하여금[令] 눈을[目] 멀게 하고[盲], 오음은[五音] 사람으로[人] 하여금[令] 귀를[耳] 멀게 하며[聾], 오미는[五味] 사람으로[人] 하여금[令] 입맛을[口] 잃게 하고[爽], 말 타고 달려[馳騁] 사냥함은[畋獵] 사람으로[人] 하여금[令] 마음을[心] 미치게 함을[狂] 드러나게 하며[發], 얻기[得] 어려운[難之] 재화는[貨] 사람으로[人] 하여금[令] 행동을[行] 방해받게 한다[妨]. 이렇기[是] 때문에[以] 성인은[聖人] 뱃속을[腹] 위하지[爲] 눈을[目] 위하지 않는다[不爲].　　　　　　　　　　　　　　　　　『노자(老子)』12장(章)

註　"상기어물(喪己於物) 실성어속자(失性於俗者) 위지도치지민(謂之倒置之民)." 바깥 것으로[於物] 스스로를[己] 잃고[喪] 속된 것에[於俗] 본성을[性] 잃는[失] 사람들은[者] 그들을[之] {본말(本末)을} 거꾸로 선[倒置之] 사람들이라[民] 한다[謂].

　　　　　　　　　　　　　　　　　　　　　　　　　『장자(莊子)』「선성(繕性)」

註　피증사양묵사광공수이주자(彼曾史楊墨師曠工倕離朱者) 개외립기덕(皆外立其德) 이약란천하자야(而爚亂天下者也) 법지소무용야(法之所無用也)." 저[彼] 증삼[曾] 사추[史] 양주[楊] 묵적[墨] 사광(師曠) 공수(工倕) 이주(離朱)라는[也] 자들은[者] 모두[皆] 자기네들의[其] 덕을[德] 밖으로[外] 내세워[立] 세상을[天下] 눈부시게 하여[爚] 혼란스럽게 한[亂] 자들[者]이다[也]. {그들에게는 도법자연(道法自然)의} 법이[法之] 소용[用] 없는[無] 것[所]이다[也].

증사(曾史)는 공자(孔子)의 제자인 증삼(曾參)과, 위(衛)나라 영공(靈公)의 가신(家臣)인 사추(史鰌)를 말한다. 증삼(曾參)은 인(仁)의 도(道)를 앞세웠고, 사추(史鰌)는 의(義)의 도(道)을 앞세웠다. 양묵(楊墨)은 송인(宋人)으로 유아(唯我) 즉 개인주의를 주장한 양주(楊朱)와, 역시 송나라 사람[宋人]으로 박애주의를 강조한 묵적(墨翟)을 말한다. 사광(師曠)은 춘추시대 진(晉)나라 대부(大夫)로, 음악의 명인(名人)이다. 공수(工倕)는 요(堯)임금 때의 목수(木手)이고, 이주(離朱)는 황제(黃帝) 때 시력이 뛰어났던 전설의 인물이다.　　　　　『장자(莊子)』「거협(胠篋)」

【보주(補註)】

● 〈개기태(開其兌) 제기사(濟其事) 종신불구(終身不救)〉를 〈약임하인개기태(若任何人開其兌) 이약임하인제기사(而若任何人濟其事) 직도임하인종신시(直到任何人終身時) 임하인불구(任何人不救)〉처럼 옮기면 문의(文意)를 더 쉽게 새길 수 있다. 〈만약[若] 누구나[任何人] 그[其] 태를[兌] 열고[開] 그리고[而] 만약[若] 누구나[任何人] 그[其] 일을[事] 이룬다면[濟], 누구나[任何人] 죽을[終身] 때[時]까지[直到] 누구나[任何人] 구제받지 못한다[不救].〉

● 〈개기태(開其兌)와 제기사(濟其事)〉는 2장(章) 처무위지사(處無爲之事) 행불언지교(行不言之敎)란 말씀을 외면함이니 인위(人爲)에 사로잡혀 살아감이다. 개태(開兌)란 유어외물(誘於外物) 즉 바깥 것에[於外物] 사로잡힘[誘]을 비유하고, 제사(濟事)는 성사(成事) 즉 외물(外物)에 따라 일을[事] 이루려 함[成]을 뜻한다.

　　註　"처무위지사(處無爲之事) 행불언지교(行不言之敎)." 무위를[無爲之] 받들어[事] 머물러 살고[處], 말이 없는[不言之] 가르침을[敎] 행한다[行].　　　　　『노자(老子)』2장(章)

● 〈개기태(開其兌) 제기사(濟其事)〉는 〈외사입어심(外邪入於心)〉 즉 바깥의[外] 삿됨이[邪] 마음[心]에[於] 들어옴[入]이다. 따라서 〈개기태(開其兌) 제기사(濟其事)〉는 『예기(禮記)』「악기(樂記)」에 나오는 인화물(人化物)을 추구하게 된다.

　　註　"지유어외(知誘於外) 불능반궁(不能反躬) 천리멸의(天理滅矣) 부물지감인무궁(夫物之感人無窮) 이인지호오무절(而人之好惡無節) 즉시물지이인화물야(則是物至而人化物也) 인화물야자(人化物也者) 멸천리이궁인욕자야(滅天理而窮人欲者也)." 바깥 것에[於外] 끌리기를[誘] 알면[知] 자신으로[躬] 되돌아올[反] 수 없고[不能] 천리가[天理] 깨지는 것[滅]이다[矣]. 무릇[夫] 바깥 것이[物之] 사람을[人] 움직임에는[感] 끝남이[窮] 없어지고[無], 그래서[而] 사람의[人之] 호오에[好惡] 절제가[節] 없어지면[無], 곧장[則] 바로[是] 바깥 것들이[物] 밀려와서[至而] 사람이[人] 물건으로[物] 되어버리는 것[化]이다[也]. 인간이[人] 물건으로[物] 되어버림[化]이란[也] 것은[者] 자연의[天] 이치를[理] 없애면서[滅而] 인간의[人] 욕심을[欲] 한없이 하는[窮] 것[者]이다[也].　　　　　『예기(禮記)』「악기(樂記)」

● 개기태(開其兌)가 〈개기혈(開其穴)〉로 된 본(本)도 있다. 〈구멍 태(兌), 구멍 혈

(穴)〉이니 문의(文意)가 달라지는 것은 아니다.

【해독(解讀)】

- 〈개기태(開其兌) 제기사(濟其事) 종신불구(終身不救)〉는 조건의 종절, 시간의 종절과 주절로 이루어진 복문(複文)이다. 〈개기태하고[開其兌] 제기사한다면 [濟其事] 종신까지[終身] 불구한다[不救].〉

- 개기태(開其兌)에서 개(開)는 동사 노릇하고, 기태(其兌)는 목적어 노릇한다. 개 (開)는 〈열 벽(闢) · 통(通)〉 등과 같아 개벽(開闢) · 개통(開通) 등의 줄임말로 여기면 되고, 태(兌)는 이목구비(耳目口鼻)인 감각기관을 비유한다. 〈이목구비를 [兌] 연다면[開]〉

- 제기사(濟其事)에서 제(濟)는 동사 노릇하고, 기사(其事)는 목적어 노릇한다. 제 (濟)는 〈이룰 성(成)〉과 같아 제사(濟事)가 성사(成事) 즉 일을[事] 이룸[濟]을 뜻한다. 물론 제기사(濟其事)를 〈제이목구비지사(濟耳目口鼻之事)〉로 여기면 문의(文意)가 분명해진다. 〈그[其] 일을[事] 이룬다면[濟]〉 〈이목구비의[耳目口鼻之] 일을[事] 이룬다면[濟]〉

- 종신(終身)에서 종(終)은 주어가 생략되었지만 타동사 노릇하고, 신(身)은 종 (終)의 목적어 노릇한다. 종(終)은 〈끝낼(다할) 몰(沒) · 몰(歿)〉 등과 같아 몰신 (歿身) · 몰신(沒身) · 종신(終身) 등은 같은 뜻이다. 〈삶을[身] 끝낼 때까지[終]〉 〈죽을 때까지[終身]〉

- 불구(不救)에서 불(不)은 구(救)의 부정사 노릇하고, 구(救)는 주어와 목적어가 생략되었지만 타동사 노릇한다. 불구(不救)를 〈임하인불기구(任何人不己救)〉에서 구(救)의 주어 노릇할 임하인(任何人)과 목적어 노릇할 기(己)가 생략된 문맥으로 잡으면 구(救)가 타동사 노릇함을 알 수 있고, 여기서 구(救)는 〈보호할 호 (護), 구원할 원(援) · 조(助)〉 등과 같다. 〈누구든[任何人] 자기를[己] 구제하지 못한다[不救].〉

52-7 見小曰明(견소왈명)

▶작은 것을[小] 살펴봄을[見] 밝음이라[明] 한다[曰].

살펴 볼 견(見), 작을 소(小), 이라 할 왈(曰), 밝을 명(明)

【지남(指南)】

〈견소왈명(見小曰明)〉은 〈복수기모(復守其母)〉의 방편을 밝힌다. 견소(見小)함으로 상도(常道)의 조화인 현빈(玄牝)으로 돌아와[復] 지켜서[守] 〈아자연(我自然)〉즉 내가[我] 자연(自然)이 되는 밝음이 여기 〈명(明)〉이다. 그리고 51장(章) 존도이귀덕(尊道而貴德) 역시 견소(見小)함으로 이루어지니, 견소(見小)란 작은 것[小]일지라도 상도(常道)가 낳아준 것임을 알아서 살핌[見]이다. 작아서 하찮게 보이는 것마저도 소홀히 하지 않고 살피면 〈도생지(道生之)〉란 깊고 깊은 뜻을 알 수 있다. 왜냐하면 하찮은 미물(微物)일지라도 도자(道者) 즉 상도(常道)인 〈오(奧)〉를 함장(含藏)하고 있기 때문이다.

순소(純素)함의 낌새는 오히려 작은 것[小]에서 발견된다. 순소(純素)란 순수(純粹)하여 소박(素朴)함으로, 순소한 것일수록 눈에 잘 뜨이지 않게 작다. 잘 보이는 것은 크고 잘 뜨이지 않는 것은 작다. 『주역(周易)』의 말을 빌리면 형이상자(形而上者) 즉 시공(時空)이 없어 무형인 것[形而上者]은 작고[小], 형이하자(形而下者)즉 시공(時空)이 있어 유형인 것[形而下者]은 크다[大]. 이처럼 대소(大小)를 둘로 나누어 대(大)는 항상 대(大)이고, 소(小)는 항상 소(小)로 나눔은 인위(人爲)의 짓이다. 대즉소(大卽小)·소즉대(小卽大)가 상도(常道)의 조화이니, 이는 〈이희미(夷希微)〉인지라 작기도 하고[小] 기밀(機密)이 드러나는지라 크기도 하다[大]. 사람의 심신(心身)은 상도(常道)가 짓는 대즉소(大卽小)·소즉대(小卽大)의 조화이다. 심(心)은 무형인지라 작고, 신(身)은 유형인지라 크다.

견소(見小)하라 함은 이처럼 만물의 유형인 큰 쪽보다 무형인 작은 쪽을 살펴보라[見] 함이니 몸뚱이[身]가 아니라 마음[心]을 살펴[見] 천성(天性)을 존귀(尊貴)하라 함이며, 위목(爲目)의 심란(心亂)을 벗어나[去] 위복(爲腹)으로써 심정(心靜)을 취하라[取] 함이다. 이러한 거취(去取)가 12장(章) 거피취차(去彼取此)이다. 보이는 겉[目]을 받들어[爲] 살핌이[見] 아니라 보이지 않는 속[腹]을 받들어[爲] 살핌[見]을 밝음[明]이라 한다. 그래서 견상저이지천하지화(見象箸以知天下之禍)라는 말이 있다. 기자(箕子)는 주왕(紂王)의 손에 들린 상아[象] 젓가락을[箸] 보고[見以] 천하의[天下之] 불행을[禍] 알아보았다[知]. 작은 것은 무잡(無雜)하여 순소(純素)하므로 자연의 순리를 살펴보게 하고 마음을 밝혀준다[明]. 이러한 밝음은[明] 내명(內明) 즉 속을[心] 밝혀줌이다.

밖으로 밝힘을 광(光)이라 하고, 안으로 밝힘을 명(明)이라 한다. 명(明)은 자기를 밝힘이고, 남에게 자기를 밝혀 드러냄이 불명(不明) 즉 광(光)이다. 이는 24장(章) **자현자불명(自見者不明)**이란 말씀과 33장(章) **자지자명(自知者明)**이란 말씀을 상기시킨다. 존귀(尊貴)할수록 드러내지 않는다. 나에게 목숨보다 더 소중한 것은 없으니 목숨을 일러 〈성(性)〉 즉 천성(天性)이라 한다. 천성(天性)을 존귀하게 지키려고[守] 안[內]을 밝힘이 견소(見小)의 〈명(明)〉이다. 이러한 밝음[明]은 나에게 나를 밝혀줌인지라 나를 위태롭게[殆] 하고 수고롭게[勤] 하는 것을 살펴 버리고[去], 나를 허정(虛靜)하게 하여 안거(安居)를 취하여[取] 누리게 하는 밝음[明] 즉 일깨움[曉]이다. 명(明)은 17장(章) 〈아자연(我自然)〉을 상기시키는 동시에 『장자(莊子)』의 순소지도(純素之道)로 들게[入] 하는 밝음이다.

인간이 자신을 태근(殆勤) 즉 위태롭고[殆] 수고로운[勤] 삶을 겪게 하는 것은 바깥 것[外物]에 사로잡힘[誘] 때문이다. 인간이 외물(外物)로 유(誘)함은 중리(重利)와 중명(重名) 그리고 상지(尙志) 때문이다. 이익을 소중히 하거나[重利], 공적(功績)을 쌓는 명성을 소중히 하거나[重名], 청운의 뜻을 품고 받들거나[尙志] 어느 하나에 매달리게 되면 사는 일이 고달프고[勤] 위태롭기[殆] 마련이다. 외물(外物)로 사로잡히는[誘] 세상은 상쟁(相爭)의 아우성에서 벗어날 수 없기 때문이다. 이러한 상쟁(相爭)의 소용돌이를 벗어나 단 하루라도 안거지락(安居之樂) 즉 편안한 삶의[安居之] 즐거움을[樂] 누리자면, **성인귀정(聖人貴精)**을 본받아[效] 순수소박(純粹素朴)한 천성(天性)이 이지러지지 않게 항상 꼬투리를 밝혀야 한다. 본래 꼬투리란 작은 것[小]이다. 특히 길흉(吉凶)의 꼬투리일수록 지극히 미소(微小)하므로 작음을[小] 살펴가야[見] 함을 살펴 새기고 헤아려 깨닫게 하는 말씀이 〈견소왈명(見小曰明)〉이다.

───────────────

註 "만물막부존도이귀덕(萬物莫不尊道而貴德)." 온갖 것은[萬物] 도를[道] 받들면서[尊而] 덕을[德] 받들지 않을 수[不貴] 없다[莫].　　　　　　　　　　　　『노자(老子)』 51장(章)

註 "형이상자위지도(形而上者謂之道) 형이하자위지기(形而下者謂之器)." 모습이 없어 드러나지 않는[形而上] 것[者] 그것을[之] 도리라[道] 하고[謂], 모습이 있어 드러나는[形而下] 것[者] 그것을[之] 기물이라[器] 한다[謂].

『주역(周易)』「계사전상(繫辭傳上)」

註 "성인위복불위목(聖人爲腹不爲目) 고(故) 거피취차(去彼取此)." 성인은[聖人] 배 (속)를[腹] 위하지[爲] 눈(겉)을[目] 위하지 않는다[不爲]. 그러므로[故] {성인(聖人)은} 저것들을[彼] 버리고[去] 이것을[此] 취한다[取].

『노자(老子)』12장(章)

註 "주위상저이기자포(紂爲象箸而箕子怖)……기자견상저이지천하지화(箕子見象箸以知天下之禍) 고(故) 견소왈명(見小曰明)." 주왕이[紂] 상아 젓가락을[象箸] 만들어 쓰자[爲而] 기자가[箕子] 두려워했다[怖]. …… 기자가[箕子] 상아 젓가락을[象箸] 보고서[見以] 세상의[天下之] 불행을 [禍] 알아봤다[知]. 그래서[故] 작은 것을[小] 살핌을[見] 밝음이라[明] 한다[曰].

『한비자(韓非子)』「유로(喩老)」

註 "자현자불명(自見者不明) 자시자불창(自是者不彰) 자벌자무공(自伐者無功) 자긍자부장(自矜者不長)." 자기를[自] 드러내는[見] 사람은[者] 밝지 못하고[不明], 스스로[自] 옳다 하는[是] 사람은[者] 뚜렷하지 못하며[不彰], 스스로[自] 제 자랑하는[伐] 사람한테는[者] 공적이[功] 없어지고[無], 스스로[自] 뻐기는[矜] 사람은[者] 오래가지 못한다[不長].　『노자(老子)』24장(章)

註 "지인자지(知人者智) 자지자명(自知者明) 승인자유력(勝人者有力) 자승자강(自勝者强)." 남을[人] 아는[知] 것은[者] 슬기이고[智], 자신을[自] 아는[知] 것은[者] 밝음이며[明], 남을[人] 이기는[勝] 것은[者] 힘을[力] 취함이고[有], 자신을[自] 이기려는[勝] 것은[者] 무릅씀이다[强].

『노자(老子)』33장(章)

註 "순소지도(純素之道) 유신시수(唯神是守) 수이물실(守而勿失) 여신위일(與神爲一) 일지정통(一之精通) 합우천륜(合于天倫) 야어유지(野語有之) 왈(曰) 중인중리(衆人重利) 염사중명(廉士重名) 현사상지(賢士尙志) 성인귀정(聖人貴精) 고(故) 소야자위기무소여잡야(素也者謂其無所與雜也) 순야자위기불휴기신야(純也者謂其不虧其神也) 능체순소(能體純素) 위지진인(謂之眞人)." 순수하고[純] 소박한[素之] 도리[道] 이것이[是] 오로지[唯] 정신을[神] 지킨다[守]. (정신을) 지켜서[守而] 잃지[失] 말아야[勿] (그 도리가) 정신과[與神] 하나가[一] 된다[爲]. (그 도리와) 하나가 된[一之] 정신이[精] 통하면[通] 자연의 질서와[于天倫] 어울린다[合]. 속담이[野語] 있어[有之] 말해준다[曰] : 범인들은[衆人] 이득을[利] 소중히 하고[重], 청렴한[廉] 선비는[士] 명성을[名] 소중히 하며[重], 현명한[賢] 선비는[士] 뜻을[志] 존중하며[尙], 성인은[聖人] 정신을[精] 귀하게 한다[貴]. 그러므로[故] 소박이란[素也] 것은[者] 그것에[其] 잡것과[雜] 함께하는[與] 바가[所] 없음을 [無] 말하는 것[謂]이고[也], 순수란[純也] 것은[者] 그것이[其] 소박한[其] 정신을[神] 이지러지게 않음을[不虧] 말하는 것[謂]이다[也]. 순수[純] 소박을[素] 능히[能] 깨우침[體] 그것을[之] 진인이라 [眞人] 한다[謂].

『장자(莊子)』「각의(刻意)」

【보주(補註)】

● 〈견소왈명(見小曰明)〉을 〈견소자명야(見小者明也)〉처럼 옮기면 문의(文意)를 더 쉽게 새길 수 있다. 〈작은 것을[小] 살피는[見] 것이[者] 밝음[明]이다[也].〉

● 견소(見小)는 〈관찰미세지물(觀察微細之物)〉과 같다. 견소(見小)는 『중용(中庸)』의 치곡(致曲)을 상기시키기도 한다. 치곡(致曲)의 곡(曲)은 하찮다 여기고 천하게 업신여기는 물건을 말하니 눈에 보이는 작은 것들까지 궁구(窮究)함이 치곡(致曲)이고, 견소(見小)는 그뿐만 아니라 그런 하찮은 것으로써 천성(天性)을 살핌[見]이다.

견소(見小)의 소(小)는 63장(章) 대소다소(大小多少)를 상기시킨다. 대소다소(大小多少)의 대소(大小)가 〈대생어소(大生於小)〉로 된 본(本)도 있으므로, 40장(章) 〈유생어무(有生於無)〉를 떠올리면 견소(見小)의 소(小)는 〈무(無)〉를 연상시킨다. 천성(天性)으로서 정신(精神)은 〈보이지 않는 것[無]〉으로 작다[小]고 말해볼 수밖에 없다. 〈눈에 보이지 않는[微細之] 것을[物] 살핀다[觀察].〉

註 "치곡(致曲) 곡능유성(曲能有誠) 성즉형(誠則形) 형즉저(形則著) 저즉명(著則明) 명즉동(明則動) 동즉변(動則變) 변즉화(變則化) 유천하지성위능화(唯天下至誠爲能化)." 미세한 것을[曲] 극진하게 살펴라[致]. 미세한 것에도[曲] 능히[能] 천지의 이치가[誠] 있다[有]. 정성이면[誠] 곧[則] 드러나고[形], 드러나면[形] 곧[則] 분명하고[著], 분명하면[著] 곧[則] 밝고[明], 밝으면[明] 곧[則] 움직이고[動], 움직이면[動] 곧[則] 변하고[變], 변하면[變] 곧[則] 새로워진다[化]. 오로지[唯] 천하에[天下] 지극한[至] 정성이어야[誠] 능히[能] 새로워지는 것[化]이다[爲].

『중용(中庸)』 주자장구(朱子章句) 23장(章)

註 "위무위(爲無爲) 사무사(事無事) 미무미(味無味) 대소다소(大小多少)." 행함에는[爲] 인위란[爲] 없고[無], 일함에는[事] 인사란[事] 없으며[無], 맛에는[味] 만든 맛이란[味] 없고[無], 큰은[大] 작음이고[小] 많음은[多] 적음이다[少].

대소다소(大小多少)가 〈대생어소(大生於小) 다기어소(多起於少)〉로 된 본(本)도 있다. 〈큰 것은[大] 작은 것에서[於小] 생기고[生], 많은 것은[多] 적은 것에서[於少] 일어난다[起].〉

『노자(老子)』 63장(章)

● 견소왈명(見小曰明)의 〈명(明)〉은 『노자(老子)』에 빈번하게 등장하는 말씀이다.

註 "귀근왈정(歸根曰靜) 시위복명(是謂復命) 복명왈상(復命曰常) 지상왈명(知常曰明)." 뿌리로[根] 돌아감을[歸] 고요라[靜] 하고[曰], 이것을[是] 본성으로[命] 돌아옴이라[復] 한다[謂].

천성으로[命] 돌아옴을[復] {만물이 따르는 천도(天道)의} 한결같음이라[常] 하며[曰], {상도(常道)의} 한결같음을[常] 앎이[知] 밝음이라[明] 한다[曰].　　　　　『노자(老子)』16장(章)

輯 "성인상선구인(聖人常善救人) 고(故) 무기인(無棄人) 상선구물(常善救物) 고(故) 무기물(無棄物) 시위습명(是謂襲明)." 성인은[聖人] 늘[常] 선하게[善] 사람들을[人] 구제한다[救]. 그러므로[故] 사람들을[人] 버림이[棄] 없다[無]. 이러함을[是] 밝음을[明] 물려받아 전함이라[襲] 한다[謂].　　　　　『노자(老子)』27장(章)

輯 "지인자지(知人者智) 자지자명(自知者明) 승인자유력(勝人者有力) 자승자강(自勝者强)." 남을[人] 아는[知] 것은[者] 슬기이고[智], 자신을[自] 아는[知] 것은[者] 밝음이며[明], 남을[人] 이기는[勝] 것은[者] 힘을[力] 취함이고[有], 자신을[自] 이기려는[勝] 것은[者] 무릅씀이다[强].　　　　　『노자(老子)』33장(章)

輯 "장욕흡지(將欲翕之) 필고장지(必固張之) 장욕약지(將欲弱之) 필고강지(必固强之) 장욕폐지(將欲廢之) 필고흥지(必固興之) 장욕취지(將欲取之) 필고여지(必固與之) 시위미명(是謂微明)." 장차[將] 그것을[之] 접고[翕] 싶다면[欲] 반드시[必] 진실로[固] 그것을[之] 펴주고[張], 장차[將] 그것을[之] 약하게 하고[弱] 싶다면[欲] 반드시[必] 진실로[固] 그것을[之] 강하게 해주며[强], 장차[將] 그것을[之] 그만두게 하고[廢] 싶다면[欲] 반드시[必] 진실로[固] 그것을[之] 흥하게 해주고[興], 장차[將] 그것을[之] 빼앗고[取] 싶다면[欲] 반드시[必] 진실로[固] 그것을[之] 준다[與]. 이를[是] 미묘함의[微] 밝음이라[明] 한다[謂].　　　　　『노자(老子)』36장(章)

【해독(解讀)】

● 〈견소왈명(見小曰明)〉에서 견소(見小)는 영어의 부정사(不定詞)나 동명사(動名詞)의 구(句)같이 구실하며 왈(曰)의 목적구 노릇하고, 왈(曰)은 동사 노릇하며, 명(明)은 왈(曰)의 목적어 보어 노릇한다. 왈(曰)은 〈이를 위(謂), 일컬을 칭(稱)〉 등과 같다. 〈견소를[見小] 밝음이라[明] 이른다[曰].〉

● 견소(見小)의 견(見)은 영어의 부정사(不定詞)나 동명사같이 노릇한다. 〈작은 것을[小] 살핌[見].〉〈작은 것을[小] 살피는 것[見].〉

52-8 守柔曰强(수유왈강)

▶ 부드러움을[柔] 지킴을[守] 강함이라[强] 한다[曰].

지킬 수(守), 부드러울 유(柔), 이라 할 왈(曰), 강할 강(强)

【지남(指南)】

〈수유왈강(守柔曰强)〉도 〈복수기모(復守其母)〉의 방편을 밝힌다. 수유(守柔)함으로써 상도(常道)의 조화인 현빈(玄牝)으로 돌아와[復] 지켜서[守] 내가[我] 자연(我自然)이 된다. 51장(章) 존도이귀덕(尊道而貴德) 역시 수유(守柔)함으로 이루어지니, 수유(守柔)란 부드러움[柔]을 지킴[守]은 순소(純素)함을 지킴이다.

순소(純素)함은 늘 부드럽다[柔]. 순수(純粹)하여 소박(素朴)함이란 잡것이 섞이지 않고[素朴] 정신이 일그러지지 않는[純粹] 이치[道]로, 현빈(玄牝)의 유기(柔氣)로 드러난다. 유기(柔氣) 즉 부드러워 어울리는[柔] 기운[氣]이야말로 어머니의 기운[母氣]이다. 눈으로 볼 수 없는 것[無形]도 부드러운 것[柔者]이고, 눈에 보이는 것[有形]도 유자(柔者)를 떠날 수 없다. 그러므로 〈수유(守柔)〉는 76장(章) 만물초목지생야유취(萬物草木之生也柔脆)라는 말씀을 상기시킨다.

수유(守柔)의 〈유(柔)〉는 유취(柔脆) 즉 부드럽고 연약해[柔] 약한[脆] 생(生)이란 목숨 같은 것이다. 생명(生命)이란 모두 유취(柔脆)하다. 부드럽던 살갗도 목숨[生]을 거두면[死] 굳어 딱딱해진다[堅强]. 초목(草木)의 시생(始生)인 새싹을 유(柔)라 하고, 토실토실 유아(幼兒)도 유(柔)이며, 어린애[幼兒]와 눈 맞추는 엄마도 부드러움[柔者]이다. 수유(守柔)는 곧 수모(守母)인지라 부드러움을[柔] 지킴[守]은 존도(尊道)하고 귀덕(貴德)함이다. 상도(常道)를 따라[順] 받들고[尊] 상덕(常德)을 순(順)하여 받들어[貴] 정신(精神)의 순소(純素)인 천성(天性)을 받듦이[貴] 유순(柔順)인지라 온갖 목숨의 자연(自然)이 그냥 그대로 유순(柔順)함이다. 그래서 수유(守柔)는 곧 수생(守生)이다.

수유(守柔)의 〈수(守)〉는 스스로 나의 목숨[生]을 지킴[守]이다. 목숨을 지킴보다 더 강한 것은 없다. 자궁 속에서 탯줄을 걸고 세상 밖으로 나오느라 피투성이가 된 갓난애[嬰兒]를 보라. 얼었던 거친 땅을 비집고 솟아나는 새싹[萌芽]을 보라. 영아(嬰兒)와 맹아(萌芽)는 부드럽고 연약함[柔脆]을 지켜[守] 강해진다. 이는 36장(章) 〈유약승강강(柔弱勝剛强)〉이란 말씀을 상기시킨다. 유약(柔弱)함이 강강(剛强)함을 승(勝)한다고 함은 승패(勝敗)의 승(勝)이 아니라 승임(勝任)의 승(勝), 무릎써 맡김[勝]이다. 유(柔)가 강(强)에 맡김[勝]으로써 수생(守生)할 수 있으니 수유(守柔)는 강(强)이다. 유(柔)는 강(强)에 맡기고[任] 강(强)은 유(柔)에 임(任)함이 수생(守生)

이니, 어떤 목숨이든 유약(柔弱)함을 견강(堅强)함에 맡겨야[勝] 삶을 지켜서[守生] 누린다. 생(生)이란 유(柔)와 강(强)으로 나누어짐이 아니라 하나로 어울려야 수생(守生)한다. 목숨을 지킴[守生]인지라 유(柔)함은 강(强)함이다.

수유자(守柔者) 즉 부드러움을[柔] 지키는[守] 것[者]이면 물(水)이니, 수유왈강(守柔曰强)은 36장(章) 〈어불가탈어연(魚不可脫於淵)〉과 78장(章) **천하막유약어수(天下莫柔弱於水)**를 떠올린다. 고기[魚]는 연못[於淵]을 벗어날[脫] 수 없고[不可], 고기를 살게 하는 물은 담아주는 견강(堅强)한 땅을 벗어날 수 없으니, 유(柔)는 강(强)에 맡기고 강(强)은 유(柔)에 맡긴다. 여기 연못[淵]은 물과 부드러움[柔]의 비유이다. 유(柔)의 표상인 물을 벗어나면 고기뿐만 아니라 어떤 목숨도 살 수 없으니 이보다 더 강(强)한 것은 없다. 세상에[天下] 유약함이라면[柔弱] 물보다[於水] 더한 것은[過] 없지만[莫], 그 물을 이기는[勝] 것도 없다. 목숨이 살게 하는 것보다 더 강(强)한 것은 없기 때문이다. 천하에 물이 침윤(浸潤)하지 못할 것이란 없고 모든 목숨은 물을 머금지 않으면 고고(枯槁) 즉 살지 못하고 메말라 죽는다[枯槁]. 그러므로 수유(守柔)함은 만물의[萬物之] 어머니[母]를 지킴이고 나아가 목숨을 지킴인지라, 이보다 더 강함은 세상에 없음을 살펴 새기고 헤아려 깨우치게 하는 말씀이 〈수유왈강(守柔曰强)〉이다.

註 "만물막부존도이귀덕(萬物莫不尊道而貴德)." 온갖 것은[萬物] 도를[道] 받들지 않거나[尊而] 덕을[德] 받들지 않을 수[不貴] 없다[莫].　　　　　　　　　　『노자(老子)』 51장(章)

註 "만물초목지생야유취(萬物草木之生也柔脆) 기사야고고(其死也枯槁)." 온갖 것과[萬物] 초목의[草木之] 태어남[生]이란[也] 부드럽고[柔] 연약하지만[脆], 그[其] 죽음[死]이란[也] 메마르고[枯] 메마르다[槁].　　　　　　　　　『노자(老子)』 76장(章)

註 "천하막유약어수(天下莫柔弱於水)." 온 세상에서[天下] 물[水]보다 더[於] 부드럽고[柔] 연약한 것은[弱] 없다[莫].　　　　　　　　　　　　　　　『노자(老子)』 78장(章)

【보주(補註)】

- 〈수유왈강(守柔曰强)〉을 〈수유자강야(守柔者强也)〉처럼 옮기면 문의(文意)를 더 쉽게 새길 수 있다. 〈부드러움을[柔] 지키는[守] 것이[者] 강함[强]이다[也].〉
- 수유(守柔)는 〈수정(守靜)〉과 같다. 고요를[靜] 지키면[守] 순소지심(純素之心)

즉 천성(天性)을 지키고, 천성(天性)을 수(守)하면 더없이 강(强)하다. 그래서 수유왈강(守柔曰强)은 61장(章)에 나오는 **빈상이정승모(牝常以靜勝牡)**란 말씀을 상기시킨다. 암컷이[牝] 늘[常] 고요로[靜]써[以] 수컷에[牡] 무릅써 맡김[勝]은 유강(柔剛)이 하나 되게 하여 수생(守生)하기 때문이다. 수기(水氣)와 허기(虛氣)의 유(柔)가 육골(肉骨)의 강(强)에 맡겨야[勝任] 어떤 목숨이든 수생(守生)하는 것이다.

- 수유왈강(守柔曰强)의 〈유(柔)〉도 『노자(老子)』에서 다음 같이 자주 등장하는 말씀이다.

註 "유약승강강(柔弱勝剛强) 어불가탈어연(魚不可脫於淵)." 부드럽고[柔] 연약함이[弱] 굳세고[剛] 강함을[强] 무릅쓴다[勝]. 물고기는[魚] 못에서[於淵] 벗어날[脫] 수 없다[不可].

『노자(老子)』36장(章)

註 "빈상이정승모(牝常以靜勝牡) 이정위하(以靜爲下)." 암컷은[牝] 늘[常] 고요로[靜]써[以] 수컷에[牡] 맡긴다[勝].

빈(牝)은 유약(柔弱)의 비유이고, 모(牡)는 강강(剛强)의 비유이다. 『노자(老子)』61장(章)

註 "인지생야유약(人之生也柔弱) 기사야견강(其死也堅强) 만물초목지생야유취(萬物草木之生也柔脆) 기사야고고(其死也枯槁)." 사람이[人之] 태어남[生]이란[也] 부드럽고[柔] 연약하다[弱]. 그[其] 죽음[死]이란[也] 딱딱하고[堅] 굳다[强]. 온갖 것과[萬物] 초목의[草木之] 태어남[生]이란[也] 부드럽고[柔] 연약하지만[脆], 그[其] 죽음[死]이란[也] 메마르고[枯] 메마르다[槁].

『노자(老子)』76장(章)

註 "천하막유약어수(天下莫柔弱於水) 이공견강자막지능승(而攻堅强者莫之能勝)." 온 세상에서[天下] 물[水]보다 더[於] 부드럽고[柔] 연약한 것은[弱] 없다[莫]. 그리고[而] 굳고[堅] 강함을[强] 치는[攻] 것에[者] 그것보다[之] 능히[能] 나을 것이[勝] 없다[莫]. 『노자(老子)』78장(章)

【해독(解讀)】

- 〈수유왈강(守柔曰强)〉에서 수유(守柔)는 영어의 부정사(不定詞)나 동명사구(動名詞句) 같은 구실로 목적구 노릇하고, 왈(曰)은 동사 노릇하며, 명(明)은 왈(曰)의 목적보어 노릇한다. 왈(曰)은 〈이를 위(謂), 일컬을 칭(稱)〉 등과 같다. 〈수유를[守柔] 강이라[强] 이른다[曰].〉

- 수유(守柔)의 수(守)는 영어의 부정사(不定詞)나 동명사(動名詞) 같은 노릇한다. 〈부드러움을[柔] 지킴[守].〉〈부드러움을[柔] 지키는 것[守].〉

52-9 用其光(용기광) 復歸其明(복귀기명) 無遺身殃(무유신앙)

▶ 그[其] 빛냄을[光] 쓰더라도[用] 다시[復] 그[其] 밝음으로[明] 돌아오면[歸] 자신에게[身] 재앙을[殃] 남기지[遺] 않는다[無].

쓸 용(用), 그 기(其), 빛 광(光), 다시 복(復), 돌아올 귀(歸), 밝을 명(明), 않을 무(無), 끼칠(남길) 유(遺), 자신 신(身), 재앙 앙(殃)

【지남(指南)】

〈용기광(用其光) 복귀기명(復歸其明) 무유신앙(無遺身殃)〉역시 〈복수기모(復守其母)〉의 방편을 밝힌다. 견소(見小)는 명(明)을 장(藏)함이고, 수유(守柔)는 강(强)을 장함[藏]이다. 장(藏)함이란 드러내지 않고 안으로 간직함이다. 〈용기광(用其光)〉은 안으로 간직한 밝음[明]과 강함[强]을 씀인지라 명강(明强)이 밖으로 드러나 빛남[光]이고, 그 광(光)은 겉으로 드러나는 빛남이다. 그래서 〈용기광(用其光) 복귀기명(復歸其明)〉은 59장(章) 치인사천(治人事天)이란 말씀을 상기시킨다. 용기광(用其光)은 견소(見小)의 명(明)을 실행하고 수유(守柔)의 강(强)을 실행함이니, 안으로 간직한 명강(明强)으로 치인(治人)함이다.

사람으로 하여금 복수기모(復守其母)를 누리게 함이 치인(治人)인지라 여기 치인(治人)은 인의예악(仁義禮樂)으로 이끄는 유가(儒家)의 치인(治人)과는 다르다. 이런 다스림은 명강(明强)이 빛나서 드러나[光] 사람들로 하여금 저마다의 삶을 누리되, 천성(天性)을 벗어나지 않고 돌아오게 함이다. 말하자면 성인(聖人)이 치인(治人)함은 명지광(明之光)을 씀[用]이고, 나아가 유지광(柔之光)을 씀이다.

밝음의[明之] 빛남[光]과 부드러움의[柔之] 빛남은 57장(章)에 나오는 성인운(聖人云) 즉 성인의 밝힘[云]을 살펴보면 상도(常道)·상덕(常德)을 본받는[法] 다스림[治]인 것을 헤아려 저마다 가늠할 수 있다. 밝음의 빛남을[明之光] 씀[用]이란 견소(見小)를 밝힘이고, 강함의 빛남을[强之光] 씀이란 수유(守柔)의 밝힘으로, 성인이[聖人] 밝힌[云] 무사(無事)를 씀이며 호정(好靜)을 씀이고 무욕(無欲)을 씀이며 무정(無情)을 씀이다. 이것이 곧 견소(見小)의 명(明)과 수유(守柔)의 강(强)을 씀[用]인 동시에 다스림[治]의 정도(正道)이다.

이처럼 강함과 밝음의 빛남[明與强之光]을 써서 성인(聖人)은 온갖 시비를 조화시키고, 천균(天均) 즉 자연의[天] 균등을[均]써서 용기광(用其光)의 빛남[光]이다. 이러한 빛남은[光] 자명(自明) 즉 자기를[自] 밝힘으로[明] 돌아옴이다[復歸]. 〈복귀기명(復歸其明)〉 이는 광여명(光與明) 즉 밖으로 빛남과[光] 안으로 밝음이[明] 둘로 나누어짐이 아니라, 광역명(光亦明)으로 광(光) 역시[亦] 밝음[明]이고 명(明) 역시 광(光)인지라 『장자(莊子)』의 양행(兩行)을 상기시킨다. 이처럼 견소(見小)의 밝음과[明] 수유(守柔)의 강함이[强] 드러남이 〈용기광(用其光)〉임을 알 수 있다.

나아가 57장(章)에 나오는 대로 성인(聖人)이 무위(無爲)하니 백성이 자화(自化)함이 〈용기광(用其光)〉이고, 성인(聖人)이 무사(無事)하니 백성이 자부(自富)함이며, 성인(聖人)이 호정(好靜)하니 백성이 자정(自正)함이고, 성인(聖人)이 무욕(無欲)하니 백성이 자박(自樸)함이다. 따라서 용기광(用其光)하여 복귀기명(復歸其明)하는 성인(聖人)을 본받아[法] 견소(見小)의 명(明)이 빛냄과[光] 수유(守柔)의 강(强)이 빛냄을[光] 써서[用] 무위(無爲)하여 자화(自化)하는 사람에게 어떠한 재앙도 생길 리 없고, 견소(見小)의 명(明)이 빛냄과[光] 수유(守柔)의 강(强)이 빛냄을 써서[用] 무사(無事)하여 자부(自富)하는 사람에게도 재앙이 생길 리 없으며, 견소(見小)의 명(明)이 빛냄과[光] 수유(守柔)의 강(强)이 빛냄을 써서[用] 호정(好靜)하여 자정(自正)하는 사람에게 어떠한 재앙도 생길 리 없고, 견소(見小)의 명(明)이 빛냄과[光] 수유(守柔)의 강(强)이 빛냄을 써서[用] 무욕(無欲)하여 자박(自樸)하는 사람에게 어떠한 재앙도 생길 리 없으니 〈무유신앙(無遺身殃)〉이라 밝힌다.

그러므로 무위(無爲) · 무사(無事) · 호정(好靜) · 무욕(無欲) · 무정(無情) 등으로 인시(因是) 즉 자연의 결정에[是] 맡겨[因] 견소(見小)의 명(明)이 빛냄과 수유(守柔)의 강(强)이 빛냄[光]으로 시비를 조화시키고 천균(天均)에 머물러 삶을 누리면, 절로 만물의 어머니를 지키는[守母] 이치[道]를 살펴 새기고 헤아려 깨우치게 하는 말씀이 〈용기광(用其光) 복귀기명(復歸其明) 무유신앙(無遺身殃)〉이다.

[謂]. 일찍[早] 미리 마련해 갖춤[服] 그것을[之] 거듭거듭[重] 덕을[德] 쌓아감이라[積] 한다[謂].

『노자(老子)』 59장(章)

註 "성인운(聖人云) 아무위이민자화(我無爲而民自化) 아호정이민자정(我好靜而民自正) 아무사이민자부(我無事而民自富) 아무욕이민자박(我無欲而民自樸)." 성인은[聖人] 말한다[云] : 나에게[我] 인위가[爲] 없으니까[無而] 백성은[民] 절로[自] 변화하고[化], 내가[我] 고요를[靜] 좋아하니까[好而] 백성은[民] 절로[自] 바르고[正], 나에게[我] {인위(人爲)의} 일이[事] 없으니까[無而] 백성은[民] 절로[自] 부유하며[富], 나에게[我] 욕심이[欲] 없으니까[無而] 백성은[民] 절로[自] 본디대로라[樸].

『노자(老子)』 57장(章)

註 "노신명위일(勞神明爲一) 이부지기동야(而不知其同也) 위지조삼(謂之朝三) 하위조삼(何謂朝三) 왈(曰) 저공부서왈(狙公賦芧曰) 조삼이모사(朝三而暮四) 중저개로(衆狙皆怒) 왈(曰) 연즉(然則) 조사이모삼(朝四而暮三) 중저개열(衆狙皆悅) 명실미휴이희로위용(名實未虧而喜怒爲用) 역인시야(亦因是也) 시이성인화지이시비(是以聖人和之以是非) 이휴호천균(而休乎天均) 시지위양행(是之謂兩行)." 괜히 애써서[勞神明] 한쪽을[一] 주장한다[爲]. 그러나[而] (그런 짓은) 그[其] 하나같음을[同] 알지 못한 것[不知]이다[也]. 이런 부지(不知)를[之] 조삼이라[朝三] 한다[謂]. 무엇을[何] 조삼이라[朝三] 하는가[謂]? 이러하다[曰]. 원숭이 부리는 자가[狙公] 상수리를[芧] 나눠주려고 하면서[賦] 말했다[曰] : 아침에[朝] 세 개이고[三而] 저녁에[暮] 네 개다[四]. (그러자) 뭇 원숭이들이[衆狙] 모두[皆] 화를 냈다[怒]. (저공이) 말했다[曰] : 그렇다면[然則] 아침에[朝] 네 개고[四而] 저녁에[暮] 세 개다[三]. (그러자) 뭇 원숭이들이[衆狙] 모두[皆] 좋아했다[悅]. 명칭도[名] 내용도[實] 변함이[虧] 없는데[未而] 기쁨과[喜] 노여움이[怒] 생겼다[爲用]. (그러니) 역시[亦] {시비(是非)를 떠난 법자연(法自然)의} 그러함에[是] 맡기는 것[因]이다[也]. 이렇기[是] 때문에[以] 성인은[聖人] 인시[因是]로[以] 시비를[是非] 화합시켜서[和而] 자연의[天] 균형에서[乎均] 쉰다[休]. 이것을[是之] 양행이라[兩行] 한다[謂].

인시(因是)는 인대시(因大是)의 줄임이다. 인(因)은 여기선 {맡길 임(任)}과 같고, 대시(大是)는 시비를 떠난 크나큰[大] 그러함[是]으로 도법자연(道法自然)의 법자연(法自然) 즉 자연(自然)을 본받는[法] 그러함[是]이다. 천균(天均)이란 자연[天]의 균등[均]을 뜻함이다. 양행(兩行)이란 물아(物我)가 제 자리를 얻고 그 사이에 아무런 걸림이 없음이다.

『장자(莊子)』 「제물론(齊物論)」

【보주(補註)】

● 〈용기광(用其光) 복귀기명(復歸其明) 무유신앙(無遺身殃)〉을 〈수인용명역강지광(雖人用明亦强之光) 약인복귀지상지명(若人復歸知常之明) 임하인무유앙(任何人無遺殃)〉처럼 옮기면 문의(文意)를 더 쉽게 새길 수 있다. 〈비록[雖] 사람이[人] 밝음[明] 역시[亦] 강함의[强之] 빛남을[光] 쓸지라도[用] 만약[若] 작은 것을

[小] 살핌[見之] 밝음으로[明] 다시[復] 돌아오면[歸] 누구에게든[任何人] 재앙을
[殃] 끼칠 것이[遺] 없다[無].〉

● 용기광(用其光)의 기(其)는 〈견소왈명(見小曰明)〉의 명지(明之)와 〈수유왈강(守
柔曰强)〉의 강지(强之)를 묶어 나타내주는 관형사 노릇하므로, 기광(其光)은
〈명역강지광(明亦强之光)〉의 줄임이다. 그러므로 용기광(用其光)은 〈용명역강
지광(用明亦强之光)〉의 줄임으로, 4장(章)과 56장(章)에 나오는 **화기광(和其光)**
을 상기시켜 광명(光明)을 하나이게 하는 현동(玄同), 즉 상도(常道)의 짓을[神]
살펴 새기고 헤아려 깨우치게 한다. 〈밝음[明] 역시[亦] 강함의[强之] 빛남을[光]
쓴다[用].〉

─────────────

註 "화기광(和其光) 동기진(同其塵) 담혜(湛兮) 사혹존(似或存) 오부지기수지자(吾不知其
誰之子) 상제지선(象帝之先)." 그[其] 빛냄을[光] 어우르고[和], 그[其] 속됨과[塵] 같이한다
[同]. {상도(常道)는} 깊고 교요하여라[湛兮]! {상도(常道)는} 있는[存] 듯하다[似或]. 나는[吾]
그것이[其] 누구의[誰之] 자식인지[子] 모르나[不知], 하느님보다[帝之] 먼저[先] (조화를) 짓했
다[象]. 『노자(老子)』4장(章)

註 "좌기예(挫其銳) 해기분(解其紛) 화기광(和其光) 동기진(同其塵) 시위현동(是謂玄同)."
그[其] 이목구비(耳目口鼻)를[兌] 막고[塞], 그[其] 들고나는 문을[門] 닫으며[閉], 그[其] 날카로
움을[銳] 꺾고[挫], 그[其] 분란을[紛] 없애며[解], 그[其] 빛냄을[光] 어우르고[和], 그[其] 속됨과
[塵] 같이한다[同]. 이것들을[是] 상도와[玄] 같음이라[同] 한다[謂]. 『노자(老子)』56장(章)

【해독(解讀)】

● 〈용기광(用其光) 복귀기명(復歸其明) 무유신앙(無遺身殃)〉은 양보의 종절과 조
건의 종절 그리고 주절로 이루어진 복문(複文)이다. 〈기광을[其光] 용할지라도
[用] 기명으로[其明] 복귀한다면[復歸] 신앙을[身殃] 유하지[遺] 않는다[無].〉

● 용기광(用其光)에서 용(用)은 주어가 생략되었지만 동사 노릇하고, 기광(其光)
은 목적어 노릇한다. 〈그[其] 광을[光] 쓰더라도[用]〉

● 복귀기명(復歸其明)에서 복귀(復歸)는 이중동사 노릇하고, 기명(其明)은 복귀
(復歸)를 꾸며주는 부사 노릇한다. 〈기명으로[其明] 돌아온다면[復歸]〉

● 무유신앙(無遺身殃)에서 무(無)는 유(遺)의 부정사(否定詞)이고, 유(遺)는 주어
가 생략되었지만 동사 노릇하며, 신앙(身殃)은 유(遺)의 목적어 노릇한다. 물론

무유신앙(無遺身殃)에서 무(無)를 〈없을 무(無)〉로 자동사로 여기고, 유(遺)는 영어의 부정사(不定詞) 또는 동명사로서 무(無)의 주어 노릇하고, 신앙(身殃)은 유(遺)의 목적어 노릇해 유신앙(遺身殃)이 무(無)의 주부(主部) 노릇하는 쪽으로 문맥을 잡아 새길 수도 있다. 〈신앙을[身殃] 남기지[遺] 않는다[不].〉〈신앙을[身殃] 남김이[遺] 없다[無].〉

● 무유신앙(無遺身殃)에서 무(無)가 〈없을 무(無)〉로 동사 노릇하면 무유신앙(無遺身殃)은 〈A무(無)B〉의 상용문이다. 무(無)가 〈없을 무(無)〉로 동사 노릇할 때 A는 부사 노릇하고, B가 주어 노릇한다. 〈A에는 B가 없다[無].〉〈A일 때 B가 없다[無].〉〈A라면 B가 없다[無].〉〈A라도 B가 없다[無].〉〈A 때문에 B가 없다[無].〉

52-10 是謂襲常(시위습상)

▶이를[是] 상도를[常] 이어 간직함이라[襲] 한다[謂].

이 시(是), 일컬을 위(謂), 이어 간직할 습(襲), 늘 상(常)

【지남(指南)】

〈시위습상(是謂襲常)〉은 이 장(章)을 총결(總結)한다. 〈천하유시(天下有始)하여 이위천하모(以爲天下母)함〉은 수모(守母)로 상도(常道)에 복귀함이고, 〈색기태(塞其兌)하고 폐기문(閉其門)하여 종신불근(終身不勤)함〉은 수모(守母)로 자신의 천성(天性)에 복귀함이며, 〈개기태(開其兌) 제기사(濟其事)하여 종신불구(終身不求)함〉은 수모(守母)로 자신의 천성(天性)에 복귀하지 않음을 밝혀, 수모(守母)의 삶으로 돌아와 법자연(法自然)을 누리게 함을 〈습상(襲常)〉이란 말씀으로써 총결해준다.

습상(襲常)은 습상(襲常)으로서 승상도(承常道) 즉 상도(常道)를 계승함이니, 항상 상도(常道)를 벗어나지 않음이 여기 습상(襲常)이다. 따라서 견소(見小)하고 수유(守柔)하여 수모(守母)함을 저버리지 않고 간직하면서[藏] 용기광(用其光)하되 복귀기명(復歸其明)함으로써 습상(襲常)의 삶을 누리라고 함이다. 그러므로 존도

(尊道)하고 귀덕(貴德)하여 천성(天性)으로 복귀하여 만물지모(萬物之母)를 지키면서[守] 온갖 일에 응한지라, 성(性)의 정(靜)과 정(情)의 동(動)이 화합함이 순수하고 소박하여 상도(常道)의 조화를 그냥 그대로 따라 본받아[法] 무위(無爲)의 삶을 누림이 여기 습상(襲常)이다. 습상(襲常)의 삶을 누리고자 견소(見小) 즉 작은 것을[小] 살펴[見] 스스로 밝히고[明], 수유(守柔) 즉 부드러움을[柔] 지켜[守] 스스로 강하며[强], 밖으로 빛남을[光] 쓰되[用] 안을 밝힘으로[明] 되돌아와[復歸] 몸소 재앙을 남기지 않고자 성인(聖人)은 만물을 생(生)하는 상도(常道)를 만물지모(萬物之母)로서 지킨다[守].

그러므로 수모(守母)로 존도(尊道)하고 귀덕(貴德)하여 천성(天性)으로 복귀(復歸)하고 따라서 순소(純素)하게 법자연(法自然) 즉 그냥 그대로[自然]를 본받아[法] 만사에 응함을 살펴 새기고 헤아려 깨우치게 하는 말씀이 〈습명(襲明)〉이다.

註   "성인귀정(聖人貴精) 고(故) 소야자위기무소여잡야(素也者謂其無所與雜也) 순야자위기불휴기신야(純也者謂其不虧其神也) 능체순소(能體純素) 위지진인(謂之眞人)." 성인은[聖人] 정신을[精] 귀하게 한다[貴]. 그러므로[故] 소박이란[素也] 것은[者] 그것에[其] 잡것과[雜] 함께 하는[與] 바가[所] 없음을[無] 말하는 것[謂]이고[也], 순수란[純也] 것[者] 그것이[其] 소박한[其] 정신을[神] 이지러지게 않음을[不虧] 말하는 것[謂]이다[也]. 순수[純] 소박을[素] 능히[能] 깨우침[體] 그것을[之] 진인이라[眞人] 한다[謂].   『장자(莊子)』「각의(刻意)」

【보주(補註)】

● 〈시위습상(是謂襲常)〉을 〈시지위습상(是之謂襲常)〉처럼 옮기면 문의(文意)를 더 쉽게 새길 수 있다. 〈이것[是]을[之] 습상이라[襲常] 한다[謂].〉

● 시위습상(是謂襲常)이 〈시위습상(是謂襲常)〉으로 된 본(本)도 있다. 습상(襲常)의 〈습(襲)〉과 습상(襲常)의 〈습(襲)〉은 옛날에는 통용됐다. 습(襲)·습(襲)은 〈안으로 간직할 장(藏)〉과 같다. 그리고 습상(襲常)의 상(常)은 62장(章) **도자만물지오(道者萬物之奧)**란 말씀을 상기시킨다. 사람을 포함하여 만물은 저마다 보이지 않지만[玄] 근원자(根源者)인 〈오(奧)〉 즉 상도(常道)를 간직하고 있다. 그러므로 습상(襲常)을 〈장오(藏奧)〉로 헤아릴 수 있고, 이를 달리 말하여 51장(章)에서는 **만물막부존도이귀덕(萬物莫不尊道而貴德)**이라 하고, 여기서는 〈복

수기모(復守其母)라고 밝힌다. 습상(習常)의 〈습(習)〉을 27장(章) 습명(襲明)의 〈습(襲)〉과 같이 부절(不絶) 즉 〈끊이지 않고 이어갈 습(襲)〉으로 새겨 〈상도(常道)를 좇아 이어감[習]〉이라고 여겨도 되고, 〈수모(守母)하여 끊임없이 익힘[習]〉이라고 보아도 된다.

註 "도자만물지오(道者萬物之奧) 선인지보(善人之寶) 불선인지소보(不善人之所保)." 상도라는[道] 것은[者] 온갖[萬] 것의[物之] 속에 있는 것이다[奧]. {그 오(奧)는} 착한[善] 사람의[人之] 보배이고[寶], {그 오(奧)는} 착하지 않은[不善] 사람도[人之] 간직한[保] 것이다[所].
『노자(老子)』62장(章)

註 "만물막부존도이귀덕(萬物莫不尊道而貴德)." 온갖 것은[萬物] 도를[道] 받들면서[尊而] 덕을[德] 받들지 않을 수[不貴] 없다[莫].
『노자(老子)』51장(章)

註 "시이(是以) 성인상선구인(聖人常善救人) 고(故) 무기인(無棄人) 상선구물(常善救物) 고(故) 무기물(無棄物) 시위습명(是謂襲明)." 이와 같기[是] 때문에[以] 성인은[聖人] 늘[常] 선하게[善] 사람들을[人] 구제한다[救]. 그러므로[故] 사람들을[人] 버림이[棄] 없다[無]. 이러함을[是] 밝음을[明] 끊임없음이라[襲] 한다[謂].
『노자(老子)』27장(章)

【해독(解讀)】

● 〈시위습상(是謂習常)〉에서 시(是)는 위(謂) 앞으로 전치되었지만 위(謂)의 목적어 노릇하고, 위(謂)는 동사 노릇하며, 습상(習常)은 위(謂)의 목적보어 노릇한다. 위(謂)는 여기선 〈일컬을 칭(稱)〉과 같다. 〈이를[是] 습상이라[習常] 일컫는다[謂].〉

● 시위습상(是謂習常)은 〈A지위(之謂)B〉 또는 〈A위지(謂之)B〉의 상용문이다. 다만 〈시위(是謂)〉의 경우에는 지(之)가 생략된다. 〈A지위(之謂)B〉 경우에는 지(之)가 목적격 조사 노릇으로, 〈A위지(謂之)B〉 경우에는 지(之)가 가목적어로 허사(虛詞) 노릇하지만 가목적어로 여기고 〈그것 지(之)〉로 여기고 새기면 된다. 〈A를[之] B라 한다[謂].〉 〈A 그것을[之] B라 한다[謂].〉

대도장(大道章)

치자(治者)의 부패를 통박(痛駁)하는 장(章)이다. 치자(治者)가 권위를 앞세우고 무력을 휘둘러 자취(榨取) 즉 백성을 쥐어짜서[榨] 빼앗아[取] 공(公)을 짓밟고 사(私)를 살찌우면, 치자(治者)들이 사치하고 방탕한 행패 탓으로 백성은 굶주리고 살 곳을 잃어버림이 비도(非道)이고, 이를 통박하는 장(章)이다.

【원문(原文)】

使我介然有知하여 行於大道인데 惟施是畏니라 大道
사 아 개 연 유 지   행 어 대 도   유 이 시 외   대 도

甚夷하다 而人이 好徑하여 朝甚除하고 田甚蕪하여 倉甚
심 이   이 인   호 경   조 심 제   전 심 무   창 심

虛라 服文綵하고 帶利劍하며 厭飮食하여 貨財有餘하니
허   복 문 채   대 리 검   염 음 식   화 재 유 여

是謂 盜夸라 非道也哉이로다
시 위 도 과   비 도 야 재

나로[我] 하여금[使] 약간의[介然] 지식을[知] 갖추어[有] 대도를[於大道] 행함에[行], 오로지[惟] (그 대도를 잊게 할) 샛된 길[施] 이것을[是] 두려워한다[畏]. 크나큰[大] 도는[道] 매우[甚] 평탄하고 쉽다[夷]. 그러나[而] 사람들은[人] 샛된 샛길을[徑] 좋아한다[好]. 조정은[朝] 매우[甚] 부패하고[除], 밭은[田] 극심하게[甚] 잡초가 무성하며[蕪], 나라의 곳집은[倉] 심하게[甚] 텅 비고[虛], {문신(文臣)들은} 수놓은[文] 비단 옷을[綵] 입으며[服], {무신(武臣)들은} 예리한[利] 칼을[劍] 허리에 차고[帶], (신하들은) 마시고[飮] 먹기를[食] 싫증내며[厭], 재화라면[貨財] 넘쳐 남음이[餘] 있다[有]. 이런 것들을[是] 큰 도둑이라[盜夸] 하고[謂], (이는) 다스리는 도리가[道] 아닌 것[非]이로다[也哉].

53-1 使我介然有知(사아개연유지) 行於大道(행어대도) 惟施是畏(유이시외)

▶나로[我] 하여금[使] 약간의[介然] 지식을[知] 갖추어[有] 대도를[於大道] 행함에[行], 오로지[惟] (그 대도를 잊게 할) 샛된 길[施] 이것을[施] 두려워한다[畏].

만약 사(使), 나 아(我), 조금 개(介), 그럴 연(然), 가질 유(有), 알 지(知), 오로지 유(惟), 빗겨갈 이(施), 조사(~이다) 시(是), 두려워할 외(畏)

【지남(指南)】

〈사아개연유지(使我介然有知) 행어대도(行於大道) 유이시외(惟施是畏)〉는 앞장(章)에서 살핀 〈습상(習常)〉의 지(知)와 행(行)을 다스림의 지식으로 활용함을 겸허하게 밝힌다. 여기 〈대도(大道)〉는 1장(章)의 〈상도(常道)〉이다. 아(我)는 노자(老子)로 보아도 되고, 치국(治國)하는 후왕(侯王)으로 여겨도 된다. 아(我)가 갖추어야[有] 하는 지(知)는 습상(習常)으로 치국(治國)하는 앎[知]이다.

습상(習常)의 지(知)란 〈복수기모(復守其母)〉로 상도(常道)에 복귀함을 알고[知],

〈색기태(塞其兌) 폐기문(閉其門)〉으로 본성(本性)에 복귀함을 앎[知]이다. 본성(本性)으로 복귀함이란 상도(常道)를 본받아 법자연(法自然)함이고, 그냥 그대로를[自然] 본받음[法]이 곧 습상(習常)의 앎[知]이니, 그로 말미암아 무기(無己) 즉 자기가 없이[無己] 치국(治國)하고 치민(治民)함을 아는 것이다. 그러므로 〈사아개연유지(使我介然有知)〉는 나로 하여금[使我] 무기(無己)로 무위(無爲)하게 하고, 무사(無事)하게 하며, 호정(好靜)하게 하고, 무욕(無欲)하게 하는 지(知)이다. 이처럼 무위(無爲)·호정(好靜)·무사(無事)·무욕(無欲)을 하나로 묶어내는 치국(治國)·치민(治民)의 지식[知]을 조금이라도 갖추고서 치자(治者)가 되어야 한다는 것이 여기 〈사아개연유지(使我介然有知)〉이다.

이는 자기가 없이[無己] 치민(治民)하는 지(知)로서, 법자연(法自然)으로 치민(治民)하는 습상(習常)의 앎[知]이지 예악형정(禮樂刑政)의 지식을 말함이 아니다. 습상(習常)의 앎을 조금이라도[介然] 갖추고[有] 대도(大道)를 벗어나지 않고 치국(治國)함을 밝힘이 여기 〈행어대도(行於大道)〉이다. 따라서 여기 행어대도(行於大道)는 습상(習常) 즉 상도를[常] 계승하는[習] 치국(治國)을 행할 줄 아는 앎[知]이다. 이는 바로 앞 장(章)에서 살핀 습상(習常)뿐만 아니라 27장(章)에서 살핀 **습명(襲明)**의 행(行)을 상기시킨다. 항상[常] 선하게[善] 사람을[人] 구제하여[救] 한 사람도 저버림[棄] 없이[無] 행할 줄 아는 치국(治國)의 앎이고, 항상[常] 선하게[善] 사물을[物] 구제하여[救] 어느 하나도 저버림[棄] 없이[無] 행할 줄 아는 지(知)이다.

치국(治國)의 앎은 곧 치민(治民)의 앎이다. 선구인(善救人)·선구물(善救物)의 선(善)이란 법자연(法自然)이니, 선치(善治)란 언제나 자연을 본받아[善] 나라를 다스려 백성을 구제하고[救人] 사물을 구제함이[救物] 습상(習常)으로써 치국(治國)할 줄 아는 앎[知]인 것이다. 따라서 습상(習常)으로써 치국(治國)할 줄 앎이란 예악형정(禮樂刑政)의 앎을 갖춤이 아니라 법자연(法自然)의 무위(無爲)로 다스리는[治] 앎을 갖춤이다.

거듭 밝히지만, 무위지치(無爲之治)를 앎이란 무위(無爲)·호정(好靜)·무사(無事)·무욕(無欲)으로 치국(治國)하고 치민(治民)할 줄 앎[知]이다. 그렇게 치민(治民)하면 백성이 자화(自化)하고, 호정(好靜)의 다스림으로 자정(自正)하며, 무사(無事)의 다스림으로 자부(自富)하고, 무욕(無欲)의 다스림으로 자박(自樸)하게 되는 것임을 앎이고 그것을 실행함이 여기 〈행어대도(行於大道)〉이다.

물론 대도를[於大道] 행하여 치국(治國)할 줄을 앎은[知] 백성의 마음을 살펴 민심(民心)을 따라 백성을[民] 다스릴[治] 줄 앎[知]이다. 그런 다스림을 행할 줄 알면 백성 스스로[自] 새로워질[化] 줄 알고, 발라질[正] 줄 알며, 부유해질[富] 줄 알고, 검소해질[樸] 줄 앎을 백성 스스로 행하는 것이다. 그러므로 49장(章)에서 살핀 바대로 **성인무상심(聖人無常心)** 즉 성인(聖人)은 자기 주장이[常心] 없이[無] 백성의 마음[百姓心]을 성인(聖人)의 마음으로 삼아 치세(治世)할 줄 앎이 곧 〈행어대도(行於大道)〉의 앎인 것이다.

요샛말로 습상(習常)으로써 치국(治國)할 줄 앎에는 이념이란 것이 없다. 백성의 마음 따라 무위(無爲)·호정(好靜)·무사(無事)·무욕(無欲)으로 다스림을 행하고 정성껏 백성심(百姓心)을 살펴 습상(襲常)의 지(知)를 시행하여 치민(治民)하면서 혹시라도 치도(治道)가 삿된 길로 접어들어 빗겨갈세라[施] 두려워함이[畏] 여기 〈유이시외(惟施是畏)〉이다. 유이시외(惟施是畏)의 이(施)는 〈비스듬히 갈 이(迤)·사(斜)〉 등과 같음이니, 정도(正道)가 아니라 사도(邪道)를 뜻한다.

그러므로 백성의 마음 따라 27장(章) 습상(襲常)으로 치국(治國)의 앎을 행하는 대도(大道)를 벗어나 잠시라도 백성의 마음을 외면하고 치민(治民)할세라 두려움을[畏] 벗어날 수 없음을 살펴 새기고 헤아려 가늠하게 하는 말씀이 〈사아개연유지(使我介然有知) 행어대도(行於大道) 유이시외(惟施是畏)〉이다.

註 "성인상선구인(聖人常善救人) 고(故) 무기인(無棄人) 상선구물(常善救物) 고(故) 무기물(無棄物) 시위습명(是謂襲明)." 성인은[聖人] 늘[常] 선하게[善] 사람들을[人] 구제한다[救]. 그러므로[故] 사람들을[人] 버림이[棄] 없다[無]. 이러함을[是] 밝음을[明] 끊임없음이라[襲] 한다[謂].
『노자(老子)』27장(章)

註 "성인운(聖人云) 아무위이민자화(我無爲而民自化) 아호정이민자정(我好靜而民自正) 아무사이민자부(我無事而民自富) 아무욕이민자박(我無欲而民自樸)." 성인은[聖人] 말한다[云] : 나에게[我] 인위가[爲] 없으니까[無而] 백성은[民] 절로[自] 변화하고[化], 내가[我] 고요를[靜] 좋아하니까[好而] 백성은[民] 절로[自] 바르고[正], 나에게[我] {인위(人爲)의} 일이[事] 없으니까[無而] 백성은[民] 절로[自] 부유하며[富], 나에게[我] 욕심이[欲] 없으니까[無而] 백성은[民] 절로[自] 본디대로다[樸].
『노자(老子)』57장(章)

註 "성인무상심(聖人無常心) 이백성심위심(以百姓心爲心)." 성인께는[聖人] 한번 정해져 변하지 않는[常] 마음이[心] 없고[無], 백성의[百姓] 마음으로[心]써[以] 당신의 마음을[心] 삼는다[爲].

『노자(老子)』 49장(章)

【보주(補註)】

● 〈사아개연유지(使我介然有知) 행어대도(行於大道) 유이시외(惟施是畏)〉를 〈대도사아개연유치국지지이행어대도시(大道使我介然有治國之知而行於大道時) 유아외시도(惟我畏施道)〉처럼 옮기면 문의(文意)를 더 쉽게 새길 수 있다. 〈대도가[大道] 나로[我] 하여금[使] 조금이라도[介然] 나라를[國] 다스리는[治之] 앎을[知] 갖추게 해서[有而] 대도(大道)를[於] 실행할[行] 때[時] 오직[惟] 나는[我] 대도를 벗어나는 그릇된[施] 길을[道] 두려워한다[畏].〉

● 사아개연유지(使我介然有知)에서 개연(介然)은 〈조금 미(微)·초(稍)〉 등과 같아 개연유지(介然有知)는 〈미소유소지(微小有所知)〉와 같다. 〈조금[微小] 아는[知] 바가[所] 있게 해서[有]〉

● 행어대도(行於大道)에서 대도(大道)는 1장(章)의 상도(常道)를 상기시키고, 나아가 무위자연(無爲自然)을 뜻한다.

● 유이시외(惟施是畏)에서 이(施)는 〈빗겨갈 이(迤)·사(斜), 삿될 사(邪)〉 등과 같아 사도(邪道)를 뜻한다. 여기 유이시외(惟施是畏)는 〈구기입어사도(懼其入於邪道)〉로 여기고 새기면 된다. 〈삿된 도로[於邪道] 들까[其入] 두려워한다[懼].〉

【해독(解讀)】

● 〈사아개연유지(使我介然有知) 행어대도(行於大道) 유이시외(惟施是畏)〉는 시간의 종절과 주절로 된 복문(複文)이다. 〈사아개연유지(使我介然有知)하여 행어대도(行於大道)할 때 유이시외(惟施是畏)이다.〉

● 사아개연유지(使我介然有知)에서 사(使)는 사역의 조사 노릇하고, 아(我)는 사(使)의 목적어 노릇하며, 개연(介然)은 유(有)를 꾸며주는 부사구 노릇하고, 유(有)는 동사 노릇하며, 지(知)는 유(有)의 목적어 노릇한다. 사(使)는 〈하여금 령(令)〉과 같고, 유(有)는 〈취할 취(取)〉와 같다. 〈나로[我] 하여금[使] 약간의[介然] 앎을[知] 취하게 하여[有]〉

● 행어대도(行於大道)는 〈사아행기지어대도(使我行其知於大道)〉에서 사아(使我)를 생

략하고, 행(行)은 동사 노릇하며, 어대도(於大道)에서 어(於)는 목적격 토씨 구실한다. 〈대도(大道)를[於] 실행하게 할 때[行]〉〈나로[我] 하여금[使] 대도(大道)를[於] 실행하게 할 때[行]〉

● 유이시외(惟施是畏)는 〈유아외시(惟我畏施)〉에서 앞 문맥으로 보충될 수 있는 내용이므로 주어 노릇할 아(我)를 생략하고, 이(施)를 강조하고자 〈이것 시(是)〉를 더하여 동사 노릇하는 외(畏) 앞으로 전치시켜 주절 노릇한다. 유이시외(惟施是畏)에서 시(是)를 〈~이다 시(是)〉의 계사(繫詞)로 볼 수 없음은 시(是)가 계사(繫詞) 노릇하기 시작한 것은 후한(後漢) 이후로 알려져 있기 때문이다. 말하자면 고문(古文)에는 영어의 〈be〉 같은 계사(繫詞)가 없었던 것이다. 〈오직[惟] 그릇된 길[施] 그것을[是] 두려워한다[畏].〉

53-2 大道甚夷(대도심이) 而人好徑(이인호경)

▶ 크나큰[大] 도는[道] 매우[甚] 평탄하고 쉽다[夷]. 그러나[而] 사람들은[人] 삿된 샛길을[徑] 좋아한다[好].

> 크나큰 대(大), 상도 도(道), 매우 심(甚), 평탄할(쉬울)이(夷),
> 그러나 이(而), 사람 인(人), 좋아할 호(好), 삿된 샛길 경(徑)

【지남(指南)】

　〈대도심이(大道甚夷) 이인호경(而人好徑)〉은 후왕(侯王)이 습상(習常)으로써 애민치국(愛民治國)하는 무위(無爲)의 다스림을 팽개침을 에둘러 밝힌다. 〈인호경(人好徑)〉의 인(人)은 치민(治民)하는 임금과 신하들을 묶어 밝힘이다. 치자(治者)의 분류는 이미 17장(章)에서 백성이 있는 줄도 모르게[不知有之] 치민(治民)하는 태상(太上)의 치자(治者), 백성이 친애하면서 기리는[親之譽之] 기차(其次)의 왕자(王者), 백성이 두려워하는[畏之] 기차(其次)의 패자(覇者), 백성이 업신여기는[侮之] 폭군(暴君) 등으로 나누어 살핀 바 있다. 여기 인호경(人好經)의 인(人)은 왕자(王者)·패자(覇者)·폭군(暴君) 등과 그들 신하의 무리를 암시해주는 인(人)이다.

　부지유지(不知有之) 즉 백성을 치민(治民)하지만 백성은 그런 줄도 모르게 치민(治民)하는 태고 때의[太上] 황제로서 성인(聖人)은 대도심이(大道甚夷)의 대도(大道)로 치국(治國)한다. 치민(治民)하는 임금과 백성이 친하고 기리는 친지예지(親之譽之)의 왕자(王者)는 대도(大道)의 치세(治世)를 펼치지만, 호경(好徑)의 치세(治世)를 범할 위험이 있다. 백성이 두려워하는[畏] 외지(畏之)의 패자(覇者)는 대도(大道)의 치세(治世)를 팽개치고 치국(治國)하여, 해민(害民)하여 자민(榨民) 즉 백성을[民] 쥐어짜기를[榨] 일삼는 사도(邪道)를 밟고서 백성을[民] 다져[齊] 부리려[役民] 한다. 그리고 백성이 업신여기는[侮之] 폭군(暴君)은 백성을 쥐어짜고[榨] 학대하는[虐] 형벌을 서슴지 않음이 치민(治民)의 사도(邪道)이다. 그러므로 인호경(人好徑)의 인(人)은 백성이 두려워하는[畏] 패자(覇者)이거나 업신여기는[侮] 폭군(暴君)과 그 신하들을 묵시(黙示)하는 것이다.

치자(治者)가 호경(好徑)함은 인위(人爲)로써 억민(抑民)하고 탈민(奪民)하며 자민(榨民)하고 폭민(暴民)함이다. 이처럼 백성을 억누르고[抑] 짓누르는[暴] 치민(治民)이야말로 인위지치(人爲之治)가 범하기 쉬운 패악(悖惡)의 사도(邪道)이다. 이러한 패악(悖惡)의 치민(治民)으로 말미암아 치자(治者)는 〈호경(好徑)〉 즉 삿된 길을[徑] 좋아한다[好]. 여기 호경(好徑)의 〈경(徑)〉은 사경(邪徑) 즉 정도(正道)를 벗어나 어긋난[邪] 길[徑]이다. 치자(治者)의 호경(好徑)이 빚어내는 형정(刑政)은 반드시 백성의 호경(好徑)을 불러온다. 이런 연유로 『논어(論語)』에 민면이무치(民免而無恥)란 자왈(子曰)이 나온다. 형정(刑政)으로 제민(齊民)하면 할수록 백성은[民] 제민(齊民)을 피해가면서도[免] 부끄러워함이[恥] 없다는[無] 것이다. 그래서 창랑(滄浪)의 물이 맑으면 갓끈을 씻고 더러우면 발을 씻으며, 윗물이 더러우면 아랫물도 더럽고 윗물이 맑으면 아랫물도 맑아지는 법이다. 따라서 〈대도심이(大道甚夷)〉를 본받는 치세(治世)가 소멸해버림을 뜻함이 여기 〈인호경(人好徑)〉이다.

〈대도심이(大道甚夷)〉는 대도(大道)는 평탄하다[夷]는 뜻이다. 이(夷)는 평탄하여 바르고 곧고 너그러움이다. 이(夷)로써 습상(習常)의 지(知)를 행하는 다스림을 비유함이니, 태상(太上)의 성인(聖人)으로서 황제의 치민(治民)을 연상시킨다. 대도(大道)의 치세에서 백성은 다스려지는 줄 모른다. 그래서 〈상도무위이불위(常道無爲而無不爲)〉를 본받는 다스림이 태상(太上)의 황제가 행하는 치세(治世)이다. 본래 상도(常道)의 조화는 사람의 짓과는 달리 함이 없음에도[無爲而] 하지 않음이 없다[無不爲]. 이것이 무위(無爲)의 자화(自化)이고, 호정(好靜)의 자정(自正)이며, 무사(無事)의 자부(自富)이고, 무욕(無欲)의 자박(自樸)이다. 이처럼 태상(太上)의 황제가 다스림이 성공하여 사수(事遂) 즉 치적(治績)을 이룬다[事遂] 해도 황제는 치적(治績)을 말하지 않기 때문에, 백성은 그런 줄 몰라 〈아자연(我自然)〉 즉 우리는 본래 그냥 그대로라고 말한다. 여기 〈대도심이(大道甚夷)〉는 17장(章)에서 살핀 바 있는 **아자연(我自然)**을 상기시키는 것이다.

아자연(我自然)이란 매우 평탄하고 곧은 대도(大道)를 본받아[法] 삶을 누림이다. 대도(大道)가 왜 평탄하고 곧다는 것[夷]인가? 대도무위(大道無爲)이기 때문이다. 대도(大道)에는 조작하는 짓이란 없기[無] 때문에 상도(常道)를 본받는[法] 습상(習常)으로 행하는 다스림의 지(知)에는 무기(無己)·무사(無事)·무욕(無欲)하여 시비가 없고 서로 다툼이 없는[不爭] 세상이 열어줄 수 있는 앎이[知] 있다. 왜냐하면 습상(習常)의 치민(治民)은 사욕(私欲)을 부리는 자기[己]가 없음[無]인지라 오로지 공평무사한 치세가 펼쳐지기 때문이다. 이처럼 치자(治者)가 진실로 무기(無己)하면 인호경(人好徑)의 치세가 빚어질 리 없다. 인간의 명지(名智) 즉 명성(名聲)과 지모(智謀)가 빚어내는 상쟁(相爭)을 용솟음치게 하여 삿되고[邪] 불평정(不平正)한 사욕(私欲)을 부추기니, 이를 샛길[徑]에 비유한 것이다.

사욕(私欲)을 숨기고 치민(治民) 치국(治國)하면 반드시 난세(亂世)가 빚어진다. 그래서 『장자(莊子)』에 명성(名聲)과 지모(智謀)를 **이자흉기(二者凶器)**라고 단언하는 말이 나온다. 여기 인호경(人好徑) 역시 인지(人智)의 욕득(欲得)을 환기시켜준다. 이러한 인호경(人好徑)의 치민(治民)은 46장(章) **구막대어욕득(咎莫大於欲得)**을 상기시킨다. 그러므로 성인(聖人)인 태상(太上)의 황제가 습상(習常)의 지(知)로써 치국(治國)을 펼치면서 샛길로 빠져들세라 두려워하는[畏] 까닭을 거듭 살펴 새기고 헤아려 깨우치게 하는 말씀이 〈대도심이(大道甚夷) 인호경(人好徑)〉이다.

───────────

㊟ "태상부지유지(太上不知有之) 기차친지예지(其次親之譽之) 기차외지(其次畏之) 기차모지(其次侮之)……유혜(悠兮) 기귀언(其貴言) 공성사수(功成事遂) 백성개위아자연(百姓皆謂我自然)." 태고 때에는[太上] (백성은) 다스리는 자가[之] 있는 줄도[有] 몰랐고[不知], 태고의[太古] 다음 시대에는[其次] (백성이 자기들을) 다스리는 자를[之] 가까이면서[親而] 기렸으며[譽], 다음다음 때에는[其次] (백성은) 다스리는 자를[之] 두려워했고[畏], 다음다음 때에는[其次] (백성이) 다스리

는 자를[之] 업신여겼다[侮]. …… 한가하구나[悠兮]! 백성이 몰랐던 치자(治者)는[其] 정사(政事)의 발령(發令)을[言] 함부로 내지 않았다[貴]. {무위(無爲)를 행하는 성인(聖人)이} 공적을[功] 이루고[成] 사업을[事] 완수했어도[遂], {성인(聖人)이 그렇게 한 줄 모르는} 백성은[百姓] 모두[皆] 우리는[我] 본디대로 그냥 그러하다고[自然] 말했다[謂].　　　　　『노자(老子)』17장(章)

註　　"도지이정(道之以政) 제지이형(齊之以刑) 민면이무치(民免而無恥) 도지이덕(道之以德) 제지이례(齊之以禮) 유치차격(有恥且格)." 정사로[政] 써[以] 이끌어가고[道之] 형벌로[刑] 써[以] 다지면[齊之], 백성은[民] 피하려 들면서[免而] 부끄러워하지 않는다[無恥]. 덕으로[德] 써[以] 이끌어가고[道之] 예로[禮] 써[以] 다지면[齊之], 백성은[民] 부끄러워하면서[有恥] 또한[且] 착하게 된다[格].

　　격(格)은 여기선 바르게 될 정(正)·선(善), 도달할 지(至) 등과 같다.
　　　　　　　　　　　　　　　　　　　　　　　　　『논어(論語)』「위정(爲政)」3

註　　"난지상야(亂之上也) 치지하야(治之下也)." 난세가[亂之] 위[上]이고[也], 치세가[治之] 아래[下]이다[也].

　　세상을 어지럽히는 죄(罪)가 많음을 〈난지상(亂之上)〉이라 하고, 세상을 다스리는 공(功)은 적음을 〈치지하(治之下)〉라 한다.　　　　　　　　『장자(莊子)』「천하(天下)」

註　　"덕탕호명(德蕩乎名) 지출호쟁(知出乎爭) 명야자상알야(名也者相軋也) 지야자쟁지기야(知也者爭之器也) 이자흉기(二者凶器) 비소이진행야(非所以盡行也)." 덕은[德] 명성 탓으로[乎名] 훼손되고[蕩], 지식은[知] 다툼 탓으로[乎爭] 출현했다[出]. 명성[名]이란[也] 것은[者] 서로[相] 어긋남[軋]이고[也], 지식[知]이란[也] 것은[者] 다툼의[爭之] 수단[器]이다[也]. 두 가지는[二者] 흉기여서[凶器] 모두[盡] 행할[行] 까닭이[所以] 없다[非].　　　　『장자(莊子)』「인간세(人間世)」

註　　"구막대어욕득(咎莫大於欲得)." 허물 중에서[咎] 탐하고자 함[欲得]보다도 더[於] 큰 것은[大] 없다[莫].　　　　　　　　　　　　　　　　『노자(老子)』46장(章)

【보주(補註)】

● 〈대도심이(大道甚夷) 이인호경(而人好徑)〉을 〈대도심이야(大道甚夷也) 연이인호경야(然而人好徑也)〉처럼 옮기면 문의(文意)를 더 쉽게 새길 수 있다. 〈대도는[大道] 매우[甚] 평탄한 것[夷]이다[也]. 그러나[然而] 사람들은[人] 샛길을[徑] 좋아하는 것[好]이다[也].〉

● 인호경(人好徑)이 〈민호경(民好徑)〉으로 된 본(本)도 있다. 민호경(民好徑)의 민(民)은 하문(下文)과 상응하지 않는다. 인(人)은 인군(人君) 또는 인주(人主)의 줄임으로 통용될 수 있지만 민(民)은 그럴 수 없으므로 〈인호경(人好徑)〉이 하문(下文)과 상응한다.

【해독(解讀)】

● 〈대도심이(大道甚夷) 이인호경(而人好徑)〉은 두 구문이 〈그러나 이(而)〉로 이어
진 중문(重文)이다. 〈대도는[大道] 심이하다[甚夷]. 그러나[而] 사람들은[人] 샛
길을[徑] 좋아한다[好].〉

● 대도심이(大道甚夷)에서 대도(大道)는 주어 노릇하고, 심(甚)은 이(夷)를 꾸며
주는 부사 노릇하며, 이(夷)는 형용사로 주격보어 노릇한다. 이(夷)는 〈쉬울 이
(易), 평평할 평(平), 어울릴 화(和), 편안할 안(安)〉 등과 같다. 〈대도는[大道] 매
우[甚] 평탄하다[夷].〉

● 이인호경(而人好徑)에서 이(而)는 〈그러나 이(而)〉 노릇하고, 인(人)은 주어 노
릇하며, 호(好)는 동사 노릇하고, 경(徑)은 호(好)의 목적어 노릇한다. 호(好)는
〈친할 친(親), 좋아할 애(愛)〉 등과 같아 애호(愛好)의 줄임말로 여기면 되고,
경(徑)은 지름길[小路]을 말하나 여기선 〈샛될 사(邪)〉로 불평정(不平正) 즉 공
평치 않아 부정직함을 뜻한다. 이런 연유로 경로(徑路) · 사로(邪路) · 험로(險
路) · 방로(傍路) 등은 모두 사람이 밟지 말아야 할 길을 뜻하기도 한다. 〈그러
나[而] 사람들은[人] 샛되고 불평정한 샛길을[徑] 좋아한다[好].〉

53-3 朝甚除(조심제)

▶ 조정은[朝] 매우[甚] 부패하다[除].

조정 조(朝), 매우 심(甚), 더러울 제(除)

【지남(指南)】

〈조심제(朝甚除)〉는 호경(好徑)의 정사(政事)가 위선(僞善)임을 밝힌다. 조심제
(朝甚除)의 〈제(除)〉는 여러 갈래로 풀이되니 계제(階除), 결호(潔好), 옥송(獄訟),
오(汚) 등으로 풀이가 분분하다. 조심제(朝甚除)의 제(除)를 계제(階除)〉로 풀이하
면 다스리는 자들[治者]은 섬돌 위에 있고 다스림을 받는 자[被治者]인 백성은 섬
돌 아래에 있음이 극심함을 말한다. 조심제(朝甚除)의 제(除)를 〈결호(潔好)〉로 풀
이하면 깨끗해 보기 좋음이니 조정(朝廷)인 궁궐의 치장이 호화롭고 극심함을 말

한다. 조심제(朝甚除)의 제(除)를 〈옥송(獄訟)〉으로 풀이하면 백성을 형벌로 다스림이니 형정(刑政)이 극심함을 뜻한다. 그리고 조심제(朝甚除)의 제(除)를 오(汚)로 풀이하면 겉보기에는 매우 말끔하고 깨끗해 보이지만, 속을 들여다보면 백성을 다스림이 썩어 더럽다는[汚] 것이다. 그러나 조심제(朝甚除)의 제(除)를 부패(腐敗)의 뜻으로 새김이 뒤의 내용들과 걸맞아진다.

그러므로 치민(治民)하고 치국(治國)하는 조정(朝廷)의 속이 호경(好徑) 즉 삿된 길을[徑] 좋아하여[好] 욕득(欲得)의 허물[咎]로 더러워[汚] 무너져버릴[敗壞] 지경임을 살펴 새기고 헤아려 깨우치게 하는 말씀이 〈조심제(朝甚除)〉이다.

【보주(補註)】

● 〈조심제(朝甚除)〉를 〈조정심제(朝廷甚除)〉처럼 옮기면 문의(文意)를 더 쉽게 새길 수 있을 것이다. 〈조정은[朝廷] 매우[甚] 더럽다[除].〉

● 조심제(朝甚除)에서 제(除)를 정결(整潔)이나 결호(潔好) 등 말끔하다는 뜻으로 주(注)하기도 한다. 그러나 제(除)를 〈폐(廢)〉를 빌린 말로 보고 〈유폐(猶廢) 즉 퇴폐한 것[廢] 같다고[猶] 주(注)하기도 하고, 〈오(汚)〉를 빌린 것으로 보아 〈더럽다[除]〉고 주(注)하기도 한다. 바로 앞 구문의 〈호경(好徑)〉을 미루어보면 뒤의 주(注)들이 마땅하여 〈더러울 제(除)〉로 새겼다.

【해독(解讀)】

● 〈조심제(朝甚除)〉에서 조(朝)는 주어 노릇하고, 심(甚)은 제(除)를 꾸미는 부사 노릇하며, 제(除)는 형용사로서 주격보어 노릇한다. 조(朝)는 여기선 포정지소(布政之所) 즉 정사(政事)를 펴는[布之] 곳[所]을 뜻하는 조정(朝廷)의 줄임말이고, 심(甚)은 〈지나칠 과(過), 극심할 극(極) · 흔(很) · 우(尤)〉 등과 같고, 제(除)는 〈무너질 폐(廢), 더러울 오(汚)〉 등과 통한다. 〈조정은[朝] 심히[甚] 더럽다[除].〉

53-4 田甚蕪(전심무)

▶ 밭은[田] 극심하게 [甚] 잡초가 무성하다[蕪].

밭 전(田), 극심할 심(甚), 잡초가 무성할 무(蕪)

【지남(指南)】

〈전심무(田甚蕪)〉는 호경(好徑)의 정사(政事)가 빚어낸 학정(虐政)을 밝힌다. 전심무(田甚蕪)의 〈무(蕪)〉는 학정(虐政)에 시달린 백성이 농지를 버리고 유민(流民)으로 흩어져 폐농(廢農)되었음을 암시한다. 왜 곡식이 자라야 할 밭이 황폐해져 잡초만 우거졌는가[蕪]? 왜 백성이 농토를 버리고 살 곳을 찾아 헤매는 유민(流民)으로 전락하는가? 이는 『맹자(孟子)』의 **상만이잔하(上慢而殘下)**란 말을 상기시킨다. 조정(朝廷)의 치자(治者)들이 호경(好徑)의 사욕(私欲)에 혈안이 되어 잔하(殘下) 즉 백성을[下] 잔인하게[殘] 짓밟으면서 교만한[慢] 치자들[上]이 탈민(奪民)하니 백성은 떠나고 농토는 버려져 황무지로 변함을 살펴 새기고 헤아려 깨우치게 하는 말씀이 〈전심무(田甚蕪)〉이다.

註 "흉년기아(凶年饑餓) 군지민로약(君之民老弱) 전호구학(轉乎溝壑) 장자산이지사방자(壯者散而之四方者) 기천인의(幾千人矣) 이군지창름실(而君之倉廩實) 부고충(府庫充) 유사막이고(有司莫以告) 시상만이잔하야(是上慢而殘下也)." 흉년이 들어[凶年] 굶주려서[饑餓] 백성 중에[君之民] 늙고[老] 병약한 사람들은[弱] 구덩이에[乎溝壑] 던져지고[轉], 젊은 사람들은[壯者] 흩어져서[散而] 사방으로[四方] 가버린[之] 자들이[者] 천 명에[千人] 가까운 것[幾]이다[矣]. 그런데[而] 임금의[君之] 양식창고는[倉廩] 가득 차고[實], 물자창고는[府庫] 가득했는데도[充] 임금이 일을 맡긴 신하들이[有司] 이로써[以] (임금에게) 고하지[告] 않았으니[莫], 이는[是] 신하들이[上] 교만해서[慢而] 백성을[下] 잔혹하게 한 것[殘]이다[也].　　『맹자(孟子)』「양혜왕장구하(梁惠王章句下)」

【보주(補註)】

● 〈전심무(田甚蕪)〉를 〈전주심무(田疇甚蕪)〉처럼 옮기면 문의(文意)를 더 쉽게 새길 수 있다. 〈농지가[田疇] 매우[甚] 잡초로 무성하다[蕪].〉

● 전심무(田甚蕪)에서 전(田)은 전주(田疇)인 농토를 말하고, 무(蕪)는 농작물의 묘(苗)는 없어지고 잡초가 무성해졌음을 뜻해 백성이 유민(流民)으로 전락하였음이다. 그리고 무(蕪)는 전주(田疇)가 농경이 불가능한 황무지로 변했음을 뜻한다.

【해독(解讀)】

● 〈전심무(田甚蕪)〉에서 전(田)은 주어 노릇하고, 심(甚)은 무(蕪)를 꾸미는 부사 노릇하며, 무(蕪)는 형용사로서 주격보어 노릇한다. 전(田)은 전주(田疇)로 밭두

령이 정해져 있는 경작지를 말하고, 심(甚)은 여기서도 〈지나칠 과(過), 극심할 극(極)·흔(很)·우(尤)〉 등과 같고, 무(蕪)는 〈거칠 황(荒)〉과 같아 황무(荒蕪)의 줄임말로 여기면 된다. 〈밭은[田] 심히[甚] 잡초만 무성하다[蕪].〉

53-5 倉甚虛(창심허)

▶나라의 곳집은[倉] 심하게[甚] 텅 빈다[虛].

곳집 창(倉), 극심할 심(甚), 빌 허(虛)

【지남(指南)】

〈창심허(倉甚虛)〉 역시 호경(好徑)의 정사(政事)가 빚어낸 학정(虐政)으로 말미암아 조세(租稅)가 제대로 이루어지지 못함을 말한다. 창심허(倉甚虛)의 〈허(虛)〉는 학정(虐政)에 시달린 백성이 농지를 버리고 흩어져 조세(租稅)를 감당하지 못함을 암시한다. 나라는 과세(課稅)할 백성이 없으면 조세(租稅)가 바닥나 경영이 불가능해진다. 탐관오리(貪官汚吏)가 탈민(奪民)하면 국고(國庫)는 비게 되고 신하들의 사고(私庫)만 채워진다. 부패한 오리(汚吏)들이 백성에게 가혹하게 세금을 징수하고 재물을 빼앗아 대부(大夫)들의 사욕(私欲)을 채우면 필연적으로 나라의 곳간은 비는 것이다. 그래서 〈창심허(倉甚虛)〉는 『논어(論語)』에 나오는 **명고이공지가야(鳴鼓而功之可也)**란 말을 상기시킨다. 조정의 치자(治者)들이 호경(好徑)의 사욕에 혈안이 되어 국세(國稅)마저 착복하고 백성을 유민(流民)으로 내모는 까닭을 살펴 새기고 헤아려 깨우치게 하는 말씀이 〈창심허(倉甚虛)〉이다.

詿 "계씨부어주공(季氏富於周公) 이구야지지취렴이부익지(而求也爲之聚斂而附益之) 자왈(子曰) 비오도야(非吾徒也) 소자명고이공지가야(小子鳴鼓而攻之可也)." 계씨는[季氏] 주나라의[周] 임금보다[於公] 부유했다[富]. 그런데[而] 염구(冉求)가[求也] 계씨를[之] 위해[爲] 백성의 재물을 함부로 거두어들여서[聚斂而] 계씨에게[之] 빌붙어[附] 재산을 불려주었다[益]. 공자[子] 가로되[曰] : (염구는) 나의[吾] 제자가[徒] 아니다[非]. 자네들이[小子] 북을[鼓] 쳐서[鳴而] 그자를[之] 공격해야[功] 마땅할 것[可]이다[也].

계씨(季氏)는 노(魯)나라 대부(大夫) 삼환(三桓) 중에서 가장 강한 세도가(勢道家)로, 재산이 전국의 반을 차지했었다. 염구(冉求)가 그 계씨의 우두머리 가신(家臣)인 재(宰)가 되자, 계씨에게 잘 보이고자 중세(重稅)를 가혹하게 거둬들였다. 　　　　　『논어(論語)』「선진(先進)」 16

【보주(補註)】

- 〈창심허(倉甚虛)〉를 〈국지창부심허(國之倉府甚虛)〉처럼 옮기면 문의(文意)를 더 쉽게 새길 수 있다. 〈나라의[國之] 곳간이[倉府] 극심히[甚] 텅 빈다[虛].〉

- 창심허(倉甚虛)에서 창(倉)은 창부(倉府)이고, 흉년에 백성의 기아(饑餓)를 막기 위해 곳간에 쌓여 있어야 할 식량이 신하들의 사욕(私欲) 탓으로 창부(倉府)에 쌓여 있지 못함이 여기 〈허(虛)〉이다.

【해독(解讀)】

- 〈창심허(倉甚虛)〉에서 창(倉)은 주어 노릇하고, 심(甚)은 허(虛)를 꾸미는 부사 노릇하며, 허(虛)는 형용사로서 주격보어 노릇한다. 창(倉)은 창부(倉府) 또는 창고(倉庫)의 줄임이고, 심(甚)은 〈지나칠 과(過), 극심할 극(極)·흔(很)·우(尤)〉 등과 같고, 허(虛)는 창고에 남은 것이 없음이다. 〈창고는[倉] 심히[甚] 비었다[虛].〉

53-6 服文綵(복문채)

▶{문신(文臣)들은} 수놓은[文] 비단옷을[綵] 입는다[服].

입을 복(服), 무늬 문(文), 비단 채(綵)

【지남(指南)】

〈복문채(服文綵)〉는 조정(朝廷)에 득실거리는 호경(好徑)의 문신(文臣)들이 백성의 가난을 아랑곳 않고 호사(豪奢)함을 밝힌다. 복문채(服文綵)의 〈문채(文綵)〉는 조정의 군신(君臣)이 착용하는 조복(朝服)이 비단에 수를 놓아 화려함을 말해 『장자(莊子)』의 오색불란(五色不亂)을 상기시킨다. 문채(文綵)는 상도(常道)와 상덕(常德) 즉 무위자연(無爲自然)의 치세(治世)가 폐기되고, 인위(人爲)의 치세(治世)가 극에 달했음을 암시해준다. 군신이 폐본(廢本) 즉 근본을[本] 저버리고[廢], 구말(求末) 즉 말단[末]을 추구하여[求] 정사가 문란해짐을 또한 암시한다.

정사(政事)의 근본은 안민(安民)이고, 조복의 문채(文綵)야말로 말단(末端) 중의 말단이다. 조복까지 화려하게 치장하여 치자(治者)의 호사가 극에 달할수록 백성의 간난(艱難)은 극심해져 빈궁(貧窮)에 허덕일 뿐임을 살펴 새기고 헤아려 깨우치게 하는 말씀이 〈복문채(服文綵)〉이다.

註 "도덕불폐(道德不廢) 안취인의(安取仁義) 성정불리(性情不離) 안용예악(安用禮樂) 오색불란(五色不亂) 숙위문채(孰爲文綵) 오성불란(五聲不亂) 숙응육률(孰應六律)." 도덕이[道德] 버려지지 않는다면[不廢] 어찌[安] 인의를[仁義] 취하겠는가[取]? 성정이[性情] 떨어지지 않는다면[不離] 어찌[安] 예악을[禮樂] 쓰겠는가[用]? 오색이[五色] 문란해지지 않는다면[不亂] 어느 누가[孰] 무늬를[文綵] 만들겠는가[爲]? 오성이[五聲] 어지러워지지 않는다면[不亂] 어느 누가[孰] 육률에[六律] 맞추겠는가[應]?   『장자(莊子)』「마제(馬蹄)」

【보주(補註)】

● 〈복문채(服文綵)〉를 〈문신복문채지조복(文臣服文綵之朝服)〉처럼 옮기면 문의(文意)를 더 쉽게 새길 수 있다. 〈문신들은[文臣] 수놓은[文] 비단의[綵之] 조복을[朝服] 입는다[服].〉

● 복문채(服文綵)에서 문채(文綵)는 〈문금(紋錦)〉과 같고, 여러 가지 색깔로 수를 놓은[紋] 비단옷[綵]이니 사치의 극치이다. 문채(文綵)의 문(文)은 오색지문(五色之紋)을 뜻한다. 〈다섯[五] 빛깔의[色之] 무늬[紋]〉

● 복문채(服文綵)가 〈복문채(服文采)〉로 된 본(本)도 있다. 고시(古時)에서는 〈채(采)〉와 〈채(彩)〉가 통용되었고, 〈채(綵)〉와 〈채(彩)〉는 같은 뜻이니 원문(原文)의 문의(文義)가 다른 것은 아니다.

【해독(解讀)】

● 〈복문채(服文綵)〉에서 복(服)은 주어가 생략된 타동사 노릇하고, 문채(文綵)는 목적어 노릇한다. 복(服)은 〈입을 의(衣)〉와 같아 의복(衣服)의 줄임으로 보면 되고, 문(文)은 〈무늬 문(紋)〉과 같고, 채(綵)는 〈비단 금(錦)〉과 같다. 〈여러 색깔로 수놓은[文] 비단옷을[綵] 입는다[服].〉

53-7 帶利劍(대리검)

▶ {무신(武臣)들은} 예리한[利] 칼을[劍] 허리에 찬다[帶].

허리에 찰 대(帶), 예리한 리(利), 칼 검(劍)

【지남(指南)】

〈대리검(帶利劍)〉 역시 조정(朝廷)에 득실거리는 호경(好徑)의 무신(武臣)들이 백성의 가난을 아랑곳 않고 위세(威勢)를 일삼음을 밝힌다. 대리검(帶利劍)의 〈이검(利劍)〉은 조정의 무신들의 허리에 찬[帶] 이검(利劍)이 백성을 위압(威壓)하는 위력(威力)을 말하고, 『맹자(孟子)』에 나오는 이력복인(以力服人)을 상기시킨다. 이검(利劍) 역시 상도(常道)와 상덕(常德) 즉 무위자연(無爲自然)의 치세(治世)가 폐기되고 위력의 치세가 극에 달했음을 말한다. 이 또한 군신(君臣)이 근본을 저버리고[廢本] 말단만을 추구하여[求末] 정사(政事)가 문란함을 암시한다. 정사(政事)의 근본은 안민(安民)이니 위세(威勢)의 이검(利劍)이야말로 말단(末端) 중의 말단이다.

예리한[利] 칼을[劍] 차고 무신들이 위세를 과시함은 백성을 겁박(劫迫)하여 탈민(奪民)하는 학정(虐政)이 극심해져 백성의 간난(艱難)이 극에 달함을 살펴 새기고 헤아려 깨우치게 하는 말씀이 〈대리검(帶利劍)〉이다.

註 "이력복인자(以力服人者) 비심복야(非心服也) 역불섬야(力不贍也) 이덕복인자(以德服人者) 중심열이성복야(中心悅而誠服也) 여칠십자지복공자야(如七十子之服孔子也)." 힘으로[以力] 사람을[人] 굴복시키는[服] 것은[者] 마음에서 우러난[心] 복종이[服] 아닌 것[非]이고[也] 힘이[力] 모자란 것[不贍]이다. 덕으로[以德] 사람을[人] 굴복시키는[服] 것은[者] 마음 속이[中心] 즐거워서[悅而] 진실로[誠] 복종하는 것[服]이다[也]. {성복(誠服)이란} 70명의[七十] 제자가[子之] 공자를[孔子] 복종하는 것과[服] 같은 것[如]이다[也].

역불섬야(力不贍也)의 섬(贍)은 〈넉넉할 족(足)·부(富)〉와 같은 의미이다.

『맹자(孟子)』「공손추장구상(公孫丑章句上)」

【보주(補註)】

● 〈대리검(帶利劍)〉을 〈무신대리검어요(武臣帶利劍於腰)〉처럼 옮기면 문의(文意)

를 더 쉽게 새길 수 있다. 〈무신들은[武臣] 허리에[於腰] 예리한[利] 칼을[劍] 찼다[帶].〉

- 대리검(帶利劍)에서 이검(利劍)은 〈예검(銳劍)〉과 같고, 이검(利劍)은 위세(威勢)의 위력(威力)으로 백성을 억압하는 징표이다.

【해독(解讀)】

- 〈대리검(帶利劍)〉에서 대(帶)은 주어가 생략되었지만 동사 노릇하고, 이검(利劍)은 목적어 노릇한다. 대(帶)는 〈찰 패(佩)〉와 같고, 이(利)는 〈예리할 예(銳)〉와 같다. 〈이검을[利劍] 찬다[帶].〉

53-8 厭飲食(염음식)

▶ (신하들은) 마시고[飲] 먹기를[食] 싫증낸다[厭].

물리도록 먹을 염(厭), 마실 음(飲), 먹을 식(食)

【지남(指南)】

〈염음식(厭飲食)〉도 호경(好徑)의 신하들이 백성의 굶주림은 아랑곳 않고 호식(好食)을 일삼음을 밝힌다. 염음식(厭飲食)의 〈음식(飲食)〉은 조정(朝廷)의 신하들이 탈민(奪民)을 일삼는 학정(虐政)이 극심함을 뜻해 『맹자(孟子)』에 나오는 음식약류(飲食若流)를 상기시킨다. 여기 음식(飲食)도 상도(常道)와 상덕(常德)인 무위자연(無爲自然)의 치세(治世)가 폐기되고, 백성[民]이 먹을 식량을 빼앗아[奪] 탐관오리(貪官汚吏)의 뱃속을 채움을 뜻한다. 이 또한 군신(君臣)이 폐본(廢本) 즉 근본을[本] 저버리고[廢] 말단을[末] 추구하여[求] 정사(政事)가 문란해짐을 암시한다.

백성의 고혈(膏血)을 뽑아내 백성은 굶주리는데 군왕과 신하들은 산해진미를 차려놓고 가무를 즐기며 호의호식(好衣好食)을 일삼는 정사(政事)야말로 학정(虐政)이니, 부패한 치자(治者)들의 수심(獸心)을 살펴 새기고 헤아려 깨우치게 하는 말씀이 〈염음식(厭飲食)〉이다.

📖 "사행이양식(師行而糧食) 기자불식(飢者弗食) 노자불식(勞者不息) 견견서참(睊睊胥讒) 민

내작특(民乃作慝) 방명학민(方命虐民) 음식약류(飮食若流)." 군대가[師] 움직이면[行而] 양식을 날라야 하니[糧食] 굶주린[飢] 자들은[者] 먹지 못하고[弗食], 일하는[勞] 자들은[者] 쉬지 못하며 [不息], 곁눈질하면서[睊睊] 서로[胥] 없는 말 지어내 헐뜯다가[讒], 이내[乃] 백성은[民] 못된 짓을 [慝] 저지르고[作] (임금은) 교명을[命] 버리고[方] 백성을[民] 학대하면서[虐] 음식은[飮食] (넘쳐나서 버림이) 흐르는 물[流] 같다[若].　　　　　　『맹자(孟子)』「양혜왕장구하(梁惠王章句下)」

【보주(補註)】

● 〈염음식(厭飮食)〉을 〈치민자염음(治民者厭飮) 이치민자염식(而治民者厭食)〉처럼 옮기면 문의(文意)를 더 쉽게 새길 수 있다. 〈백성을[民] 다스리는[治] 자들이 [者] 물리도록[厭] 마신다[飮]. 그리고[而] 백성을[民] 다스리는[治] 자들이[者] 물리도록[厭] 먹는다[食].〉

● 염음식(厭飮食)에서 음식(飮食)은 위세(威勢)의 위력(威力)으로 백성을 억압하여 탈민(奪民)하고 착민(搾民)함을 일삼는 학정(虐政)을 밝힘이다.

【해독(解讀)】

● 〈염음식(厭飮食)〉에서 염(厭)은 주어가 생략되었지만 동사 노릇하고, 음식(飮食)은 염(厭)의 목적어 노릇한다. 염(厭)은 〈실컷 먹고 마실 어(飫)·염(饜)〉 등과 같아 염어(厭飫)의 줄임이다. 〈마시고[飮] 먹기를[食] 싫증낸다[厭].〉〈싫증나도록[厭] 마시고[飮] 먹는다[食].〉

53-9　貨財有餘(화재유여)

▶ 재화라면[貨財] 넘쳐 남음이[餘] 있다[有].

> 재물 화(貨), 재물 재(財), 있을 유(有), 남을 여(餘)

【지남(指南)】

　　〈화재유여(貨財有餘)〉 또한 호경(好徑)의 신하들이 백성의 고통을 아랑곳 않고 탈민(奪民)을 일삼고 있음을 밝힘이다. 화재유여(貨財有餘)의 〈화재(貨財)〉도 조정(朝廷)의 신하가 탈민(奪民)하는 학정(虐政)이 극심함을 말한다. 치자(治者)에게 화재(貨財)가 넘쳐난다[有餘] 함은 백성의 것을 빼앗아 훔치는 짓이 극심함이니, 치자(治者)의 축재(蓄財)란 백성의 재산을 도적질함이다. 이 역시 상도(常道)와 상덕(常德)인 무위자연(無爲自然)의 치세가 폐기되고 사욕(私欲)의 치세가 극에 달했음을 말한다. 정사(政事)의 근본인 안민(安民)을 저버리고 권세를 치부(致富)의 도구로 타락시키는 짓은 다스림[治]이 아니라 도적의 짓에 불과함을 살펴 새기고 헤아려 깨우치게 하는 말씀이 〈화재유여(貨財有餘)〉이다.

【보주(補註)】

● 〈화재유여(貨財有餘)〉를 〈화재유여어신지사고(貨財有餘於臣之私庫)〉처럼 옮기면 문의(文意)를 더 쉽게 새길 수 있다. 〈재화라면[貨財] 신하의[臣之] 개인 창고에서[於私庫] 넘쳐남이[餘] 있다[有].〉

● 화재유여(貨財有餘)에서 화재(貨財)는 치자(治者)의 축재(蓄財)를 말하고, 백성의 것을 약탈한 재물을 말한다.

【해독(解讀)】

● 〈화재유여(貨財有餘)〉에서 화재(貨財)는 유(有)를 꾸며주는 부사 노릇하고, 유(有)는 〈있을 유(有)〉로 동사 노릇하며, 여(餘)는 유(有)의 주어 노릇한다. 화재(貨財)는 재화(財貨)와 같고 여기선 부귀영화를 뜻한다. 여(餘)는 〈남아돌 잉(剩)·요(饒)〉 등과 같아 잉여(剩餘)의 줄임말로 여기면 된다. 〈화재라면[貨財] 남음이[餘] 있다[有].〉

53-10 是謂盜夸(시위도과) 非道也哉(비도야재)

▶이런 것들을[是] 큰 도둑이라[盜夸] 하고[謂], (이는) 다스리는 도리가[道] 아닌 것[非]이로다[也哉].

> 이 시(是), 일컬을 위(謂), 도둑 도(盜), 우두머리 과(夸), 아닐 비(非),
> 도리 도(道), 어조사 야(也), 어조사 재(哉)

【지남(指南)】

〈시위도과(是謂盜夸) 비도야재(非道也哉)〉는 위에서 살핀 말씀들에 담긴 뜻을 총결(總結)한다. 시위도과(是謂盜夸)의 〈시(是)〉는 〈조심제(朝甚除)·전심무(田甚

蕪)·창심허(倉甚虛)·복문채(服文綵)·대리검(帶利劍)·염음식(厭飮食)·화재유여(貨財有餘)〉를 묶어 나타내는 지시어이다. 탈민(奪民)하기를 일삼아 도적이 되어버린 치자(治者)보다 더 큰 도적은 없고, 이들의 우두머리인 군왕(君王)은 백성을 편하게 하는 임금이 아니라 〈도과(盜夸)〉에 불과하다. 도과(盜夸)는 대도(大盜) 즉 도괴(盜魁)로, 도적의[盜] 우두머리[魁]이다. 그러니 조심제(朝甚除)·전심무(田甚蕪)·창심허(倉甚虛)·복문채(服文綵)·대리검(帶利劍)·염음식(厭飮食)·화재유여(貨財有餘) 등은 도괴(盜魁)의 밑에 붙어먹는 소도(小盜)의 노략질인 셈이다.

도과(盜夸)는 『장자(莊子)』의 **대도자위제후(大盜者爲諸侯)**를 떠올린다. 작은 도둑[小盜]은 옥살이를 하지만 대도(大盜)는 임금이 된다는 것이다. 어느 군주(君主)나 왕도(王道)를 앞세우지만, 치세(治世)가 안민(安民)으로 이어지기보다 역민(役民) 즉 백성을 부리는[役] 쪽으로 기울어져 치자(治者)의 야욕을 성취하려는 도모로 드러나는지라 19장(章)에 **절성기지(絶聖棄智) 민리백배(民利百倍)**라는 말씀이 나온다. 예(禮)는 민심(民心)을 절제하고, 악(樂)은 백성의 소리를 화합하며, 정사(政事)로 예악(禮樂)을 따르게 하고, 형벌로 예악(禮樂)을 거역함을 방지함이 인위지치(人爲之治)의 왕도(王道)이다.

이러한 왕도(王道)를 앞세우고 뒤로는 패도(覇道)를 일삼는 치세(治世)야말로 치민(治民)함이 아니고[非] 치자(治者)가 도과(盜夸) 즉 대도(大盜)가 되어 착민(搾民)하는 도적으로 전락하는 것으로, 정도(正道)일 수 없음을 살펴 새기고 헤아려 깨우치게 하는 말씀이 〈시위도과(是謂盜夸) 비도야재(非道也哉)〉이다.

註 "소도자구(小盜者拘) 대도자위제후(大盜者爲諸侯) 제후지문의사존언(諸侯之門義士存焉) 석자(昔者) 환공소백살형입수(桓公小白殺兄入嫂) 이관중위신(而管仲爲臣) 전성자상살군절국(田成子常殺君竊國) 이공자수폐(而孔子受幣) 논즉천지(論則賤之) 행즉하지(行則下之) 즉시언행지정패전어흉중야(則是言行之情悖戰於胸中也) 불역불호(不亦拂乎)." 좀도둑질한[小盜] 놈은[者] 감옥 가고[拘], 큰 도둑질한[大盜] 놈은[者] 제후가[諸侯] 된다[爲]. 제후의[諸侯之] 문간[門] 거기에는[焉] 의롭다는[義] 선비들이[士] 모여든다[存]. 옛적[昔者] 환공인[桓公] 소백은[小白] 제 형을[兄] 죽이고[殺] 형수를[嫂] 아내로 들였고[入], 그리고[而] 관중은[管仲] (환공의) 신하가[臣] 되었다[爲]. 전성자상은[田成子常] 임금을[君] 죽이고[殺] 나라를[國] 훔쳤고[竊], 그리고[而] (전성자상한테서) 공자는[孔子] 선물을[幣] 받았다[受]. 입으로는[論] 그들을[之] 천하다 하면서[賤] 행동으로는[行] 그들에게[之] 고개를 숙인다면[下] 곧[則] 말과 행동의[言行之] 실상이[情] 마음 속에서

는[於胸中] 어기면서[悖] 싸움질함[戰]이다[也]. 역시[亦] 거스름이 아닌가[不拂乎]?

『장자(莊子)』「도척(盜跖)」

註　 "절성기지(絶聖棄智) 민리백배(民利百倍) 절인기의(絶仁棄義) 민복효자(民復孝慈)." 성지를[聖] 끊고[絶] 지혜를[智] 버리면[棄] 백성이[民] 백배로[百倍] 이로워지고[利], 인을[仁] 끊고[絶] 의를[義] 버리면[棄] 백성은[民] 효도와[孝] 자애로[慈] 돌아온다[復].　　　『노자(老子)』19장(章)

【보주(補註)】

● 〈시위도과(是謂盜夸) 비도야재(非道也哉)〉를 〈시지위도적지과어조정(是之謂盜賊之夸於朝廷) 이차비치도야재(而此非治道也哉)〉처럼 옮기면 문의(文意)를 더 쉽게 새길 수 있다. 〈이런 것들을[是之] 조정에 있는[於朝廷] 도적의[盜賊之] 우두머리라[夸] 한다[謂]. 그러나[而] 이는[此] 치도가[治道] 아닌 것[非]이다[也哉].〉

● 〈시위도과(是謂盜夸) 비도야재(非道也哉)〉에서 도과(盜夸)가 〈도과(盜誇)〉로 된 본(本)도 있다. 도과(盜夸)는 대도(大盜) 또는 도괴(盜魁)로 도둑의[盜] 우두머리를[魁] 뜻한다. 도과(盜夸)를 『한비자(韓非子)』에서는 〈도우(盜竽)〉로 비유했다. 우(竽)란 선창(先唱)하는 악기이니 악기들의 우두머리가 된다. 치자(治者)가 다스림의 정도(正道)를 버리고 사도(邪道)에 매몰하면 그보다 더 큰 도적은 없으니, 그것은 도과(盜夸) 즉 도둑의[盜] 괴수[魁]일 뿐이다. 비도(非道)는 〈비치도(非治道)〉로 여기면 문의(文意)가 분명해진다.

註　 "우야자(竽也者) 오성지장자야(五聲之長者也) 고(故) 우선즉종슬개수(竽先則鍾瑟皆隨) 우창즉제악개화(竽唱則諸樂皆和) …… 고(故) 복문채(服文綵) 대리검(帶利劍) 염음식(厭飮食) 이자화유여자(而資貨有餘者) 시지위도우의(是之謂盜竽矣)." 피리[竽]라는[也] 것은[者] 오성의[五聲之] 우두머리란[長] 것[者]이다[也]. 그러므로[故] 우가[竽] 먼저 소리하면[先] 곧장[則] 종과[鍾] 슬이[瑟] 모두[皆] 뒤따르고[隨], 우가[竽] 창하면[唱] 곧장[則] 다른[諸] 악기들이[樂] 모두[皆] 화답한다[和]. …… 그러므로[故] 문채를[文綵] 입고[服] 이검을[利劍] 차고[帶] 음식을[飮食] 질리도록 먹고[厭], 그리고[而] 재물에선[資貨] 남아둠이[餘] 있는[有] 것[者] 등등을[是之] 도둑의[盜] 우두머리라[竽] 하는 것[謂]이다[矣].　　　『한비자(韓非子)』「해로(解老)」

【해독(解讀)】

● 〈시위도과(是謂盜夸) 비도야재(非道也哉)〉는 두 구문이 생략된 〈그러나 이(而)〉

로 이어진 중문(重文)이다. 〈시를[是] 도과라[盜夸] 한다[謂]. (그러나 이것은) 도가[道] 아닌 것[非]이다[也哉].〉

- 시위도과(是謂盜夸)에서 시(是)는 위(謂) 앞으로 전치되었지만 위(謂)의 목적어 노릇하고, 위(謂)는 동사 노릇하며, 도과(盜夸)는 위(謂)의 목적보어 노릇한다. 위(謂)는 〈일컬을 칭(稱)〉과 같고, 과(夸)는 〈도둑의 두목 우(竽)〉와 같다. 〈이를[是] 도과라[盜夸] 일컫는다[謂].〉

- 비도야재(非道也哉)에서 주어는 생략되었고, 비(非)는 동사 노릇하고, 도(道)는 비(非)의 목적어 노릇하며, 야재(也哉)는 부드러운 문미조사 노릇한다. 〈도가[道] 아닌 것[非]이로다[也哉].〉

- 비도야재(非道也哉)는 〈A비(非)B야(也)〉의 상용문이다. 〈A는 B가 아닌 것[非]이다[也].〉

수관장(修觀章)

　관신(觀身) · 관가(觀家) · 관향(觀鄉) · 관방(觀邦) · 관천하(觀天下)을 밝히는 장(章)이다. 관신(觀身)은 수신(修身)을 말한다. 수기(修己) · 수신(修身)은 주로 유가(儒家)의 술어(術語)에 해당된다. 『노자(老子)』에는 수기(修己) · 수신(修身)이란 술어는 없고 〈수지어신(修之於身)〉이란 말씀이 나온다. 몸소[於身] 상도(常道)와 상덕(常德)을 닦음이[修] 『노자(老子)』의 관신(觀身)이다.

　도가(道家)의 관신(觀身)은 유가(儒家)의 수신(修身)과 상비(相比)되는 술어이다. 도가(道家)의 관신(觀身)은 천도(天道)를 본받아[法] 복명(復命) 즉 천성(天性)인 무위자연(無爲自然)으로[命] 돌아옴에[復] 있지만, 유가(儒家)의 수신(修身)은 입명(立命) 즉 천성(天性)인 인의예지(仁義禮智)를 지킴에[立] 있어서, 양가(兩家)의 〈명(命)〉이 서로 다르다. 따라서 자신을[身] 무위자연(無爲自然)으로써 살펴[觀] 함덕(含德)의 처세(處世)를 바탕으로 삼아야 함을 밝히는 장(章)이다.

善建者는 不拔하고 善抱者는 不脫이라 子孫이 以祭祀
선 건 자　불 발　선 포 자　불 탈　자 손　이 제 사

不輟한다 脩之於身에 其德이 乃眞하고 修之於家에 其德
불 철　수 지 어 신　기 덕　내 진　수 지 어 가　기 덕

이 乃餘하며 修之於鄕에 其德이 乃長하고 修之於邦에 其
내 여　수 지 어 향　기 덕　내 장　수 지 어 방　기

德이 乃豊하며 修之於天下에 其德이 乃普니라 以身觀身
덕　내 풍　수 지 어 천 하　기 덕　내 보　이 신 관 신

하고 以家觀家하며 以鄕觀鄕하고 以邦觀邦하며 以天下
이 가 관 가　이 향 관 향　이 방 관 방　이 천 하

觀天下한다 吾何以知天下之然哉인가 以此이다
관 천 하　오 하 이 지 천 하 지 연 재　이 차

세우기를[建] 선하게 하는[善] 것은[者] 뽑히지 않고[不拔], 안아 지킴을[抱] 선하게 하는[善] 것은[者] 벗어나지 않으며[不脫], 자손도[子孫] 제사를[祭祀] 올려[以] {선건(善建)과 선포(善抱)를} 그치지 않는다[不輟]. 몸으로[於身] 그것을[之] 닦으매[修] 그[其] 덕은[德] 이에[乃] 진실하고[眞], 집안에서[於家] 그것을[之] 익히매[修] 그[其] 덕은[德] 이에[乃] 여유롭고[餘], 고을에서 [於鄕] 그것을[之] 익히매[修] 그[其] 덕은[德] 이내[乃] 받들어지며[長], 나라에서[於邦] 그것을[之] 익히매[修] 그[其] 덕은[德] 이에[乃] 더욱 넘쳐나고[豊], 천하에서[於天下] 그것을[之] 닦아 익히매[修] 그[其] 덕은[德] 이에[乃] 온 세상에 두루 미친다[普]. 자신으로[身] 써[以] 자신을[身] 살피고[觀], (자기의) 집안으로[家] 써[以] 집안을[家] 살피며[觀], 고을로[鄕] 써[以] 고을을[鄕] 살피고[觀], 나라로[邦] 써[以] 나라를[邦] 살피며[觀], 세상으로[天下] 써[以] 세상을[天下] 살핀다[觀]. 내가[吾] 무엇[何]으로[以] 온 세상이[天下之] 그러함을[然] 안다는 것[知]일까[哉]? 위에서 밝힌 것들로[此] 써다[以].

54-1 善建者不拔(선건자불발)

▶세우기를[建] 선하게 하는[善] 것은[者] 뽑히지 않는다[不拔].

선할 선(善), 세울 건(建), 것 자(者), 않을 불(不), 뽑을 발(拔)

【지남(指南)】

<선건자불발(善建者不拔)>은 노자(老子)의 수신(修身)을 밝히고 있다. 여기 <선건자(善建者)>란 <선건덕자(善建德者)>로서 관신(觀身) 즉 수신(修身)을 밝히고 있음이다. 여기 선건자(善建者)의 <선건(善建)>은 특히 5장(章)에서 살핀 수중(守中), 20장(章)에서 살핀 귀사모(貴食母), 28장(章)에서 살핀 복귀어박(復歸於樸), 51장(章)에 나오는 존도이귀덕(尊道而貴德), 그리고 52장(章)에 나오는 복수기모(復守其母) 등을 환기시킨다.

선수중(善守中) 즉 상도(常道)를 따라[中] 지킴을[守] 잘함이[善] 여기 선건(善建)이고, 선귀사모(善貴食母) 즉 먹여주는[食] 어머니[母] 즉 상도(常道)를 받들기를[貴] 잘함이[善] 여기 선건(善建)이며, 선복귀어박(善復歸於樸) 즉 그냥 그대로의 것[樸] 즉 상도(常道)로 돌아오기를[復歸] 잘함이[善] 여기 선건(善建)이고, 선존도이선귀덕(善尊道而善貴德) 즉 상도를[道] 받들기를[尊] 잘하고[善] 상덕을[德] 받들기를[貴] 잘함이[善] 여기 선건(善建)이며, 선복수기모(善復守其母) 즉 만물의 어머니인[母] 상도(常道)로 돌아와[復] 지킴을[守] 잘함이[善] 여기 선건(善建)이다.

인간을 제외한 만물은 모두 다 어긋남이 없는 선건자(善建者)이다. 다만 인간만이 <박산위기(樸散爲器)> 즉 자연의 것을[樸] 쪼개서[散而] 기물을[器] 만드는[爲] 짓[人爲]을 범할 뿐이다. 인간에게 박산(樸散)당하지 않은 자연물(自然物)은 습상(習常)으로써 잘[善] 건립돼[建立] 있으므로 목숨이 다할 때까지 불발(不拔) 즉 뽑히지 않는다. 여기 뽑히지 않음[不拔]이란 52장(章)에 나오는 불태(不殆)·불근(不勤)·무유앙(無遺殃)과 다르지 않다. 『용비어천가(龍飛御天歌)』 <불휘 기픈 남곤 ㅂㄹ매 아니 뮐씨 곶 됴코 여름 하ᄂᆞ니>에 나오는 <불휘 기픈 남곤(뿌리 깊은 나무)>와 같음이 바로 여기 선건자(善建者)이다.

나무의 심근(深根)은 그 나무의 선건(善建)이다. 뿌리를[根] 깊이 내린[深] 나무는 어떠한 태풍에도 뽑히지 않는다[不拔]. 그러므로 선건자(善建者)란 상도(常道)를 받듦을[尊] 잘하는[善] 것[者]이고, 상덕(常德)을 받듦을[貴] 잘하는[善] 것[者]이며, 상도를[常] 이어받아 간직하기를[襲] 잘하는[善] 것[者]이다. 따라서 이는 갓난애로[於嬰兒] 되돌와[復歸] 삶의 누림을 잘하는[善] 것[者]이며, 자연의 것으로[於樸] 돌아오기를[復歸] 잘하는[善] 것[者]이다. 이러한 선건자(善建者)는 천지(天地)도 바꿀 수 없고[不可改] 배반할 수 없으니, 선건자(善建者)는 언제 어디서든 그 무엇에 의해서도 뽑혀서[拔] 제거될[去] 수 없음을 살펴 새기고 헤아려 깨우치게 하는 말씀이〈선건자불발(善建者不拔)〉이다.

━━━━━━━━━━━━━

匪 "다언수궁(多言數窮) 불여수중(不如守中)."{치민(治民)하면서 정령(政令)을 밝히는} 말이[言] 많아질수록[多] (백성을 다스리는) 이치가[數] 궁색해지니[窮], 상도(常道)를 따라[中] {무위(無爲)의 다스림을} 지킴만[守] 못하다[不如].   『노자(老子)』5장(章)

匪 "아독이어인(我獨異於人) 이귀사모(而貴食母)." 나만[我獨] 중인[衆人]과[於] 달라서[異而] 먹여주는[食] 어머니를[母] 받든다[貴].   『노자(老子)』20장(章)

匪 "상덕불리(常德不離) 복귀어영아(復歸於嬰兒)…… 상덕내족(常德乃足) 복귀어박(復歸於樸) 박산즉위기(樸散則爲器) 성인용지(聖人用之) 즉위관장(則爲官長) 고(故) 대제불할(大制不割)." 상덕이[常德] 떠나지 않아[不離] 갓난애로[於嬰兒] 되[復] 돌아간다[歸].…… 상덕은[常德] 내내[乃] 만족돼[足] 본디대로[於樸] 되[復] 돌아간다[歸]. 나뭇등걸이[樸] 쪼개지면[散] 곧[則] 기물이[器] 된다[爲]. 성인이[聖시] 그것을[之] 이용해[用] 곧[則] 관장이[官長] 된다[爲]. 그러므로[故] 크나큰[大] 마름질은[制] 쪼개지 않는다[不割].   『노자(老子)』28장(章)

匪 "도생지(道生之) 덕휵지(德畜之) 물형지(物形之) 세성지(勢成之) 시이(是以) 만물막부존도이귀덕(萬物莫不尊道而貴德)." 상도(常道)가[道] (만물을) 낳아주고[生之], 상덕(常德)이[德] (만물을) 길러주며[畜之], (덕의 길러줌으로써) 만물이[物] (저마다) 몸을 갖추고[形之], (만물이 저마다 누리는) 환경이[勢] 이루어진다[成之]. 이렇기[是] 때문에[以] 온갖 것은[萬物] 상도를[道] 받들면서[尊而] 상덕을[德] 받들지 않을 수[不貴] 없다[莫].   『노자(老子)』51장(章)

匪 "복수기모(復守其母) 몰신불태(歿身不殆) 색기태(塞其兌) 폐기문(閉其門) 종신불근(終身不勤)…… 용기광(用其光) 복귀기명(復歸其明) 무유신앙(無遺身殃) 시위습상(是謂習常)." (어머니한테) 돌아와[復] 그[其] 어머니를[母] 지킨다면[守] 평생토록[歿身] 위태롭지 않다[不殆]. 그[其] 이목구비를[兌] 막고[塞] 그[其] 이목구비를[門] 닫으면[閉] 평생토록[終身] 수고롭지 않다[不勤].…… 그[其] 빛을[光] 썼더라도[用] 다시[復] 그[其] 밝음으로[明] 돌아오면[歸] 자신에게[身] 재앙을[殃] 남기지[遺] 않는다[無]. 이를[是] 상도를[常] 이어 간직함이라[習] 한다[謂].   『노자(老子)』52장(章)

【보주(補註)】

● 〈선건자불발(善建者不拔)〉을〈선건자불피발어임하물(善建者不被拔於任何物)〉처럼 옮기면 문의(文意)를 더 쉽게 새길 수 있다. 〈그 어느 것에[任何物] 의해서

도[於] 선건자는[善建者] 뽑히지 않는다[不被拔].〉

● 선건자(善建者)는 〈선립자(善立者)〉와 같고, 선건(善建)은 52장(章) 〈습상(習常)〉을 상기시킨다. 상도(常道)가 쓰는[用] 상덕(常德)을 이어 간직하면[習] 자기(自己) 건립(建立)을 잘하는[善] 것이다. 여기 선(善)은 〈법천도(法天道)〉 즉 자연의[天] 규율을[道] 본받아[法] 따라 행함을 말한다. 이러한 행함이 곧 도가(道家)의 수신(修身)이다. 도가(道家)의 수신(修身)은 무위자연(無爲自然)으로써 천성(天性)을 닦음[修]인지라 유가(儒家)의 수신(修身)과 다르다. 인의예지(仁義禮智)를 닦음이[修] 유가(儒家)의 수신(修身)이다. 유가(儒家)는 **존기심(存其心)** 즉 인의예지(仁義禮智)란 사단(四端)의 마음을[心] 살피라고[存] 하지만, 도가(道家)는 법자연(法自然)하라고 한다.

註　"존기심(存其心) 양기성(養其性) 소이사천야(所以事天也) 요수불이(殀壽不貳) 수신이사지(修身以俟之) 소이립명야(所以立命也)." 자기의[其] 마음을[心] 살피고[存] 자기의[其] 천성을[性] 기르는 것이[養] 천명을[天] 섬기는[事] 방법이다[所以]. 단명하든[殀] 장수하든[壽] 의심하지 않고[不貳] 자신의 덕을[身] 닦음으로[修]써[以] 천명을[之] 기다림이[俟] 천명을[命] 지키는[立] 방법이다[所以].　　　　　　　　『맹자(孟子)』「진심장구상(盡心章句上)」

● 선건자불발(善建者不拔)의 불발(不拔)은 〈불이(不移)·부제(不除)·불역(不易)〉등의 뜻을 간직한다. 뽑히지 않음[不拔]이란 옮겨지지 않음[不移]이고 제거되지 않음이며[不除] 바꿔지지 않음[不易]이다.

● 선건자(善建者)가 〈선건(善建)〉으로 된 본(本)도 있다. 원문(原文)의 문의(文義)가 달라지는 것은 아니다.

【해독(解讀)】

● 〈선건자불발(善建者不拔)〉에서 선건자(善建者)는 주부(主部) 노릇하고, 불(不)은 발(拔)의 부정사(否定詞) 노릇하며, 발(拔)은 수동의 동사 노릇한다. 〈선건자는[善建者] 뽑히지 않는다[不拔].〉

● 선건자(善建者)에서 자(者)를 조사로 여기고 새길 수도 있고, 대명사로 여기고 새길 수도 있다. 선건자(善建者)의 〈자(者)〉를 조사로 여기면 주어 노릇하는 〈선건(善建)〉을 독립시켜 제시하고 멈춤의 기능을 하면서 토씨(~이란) 구실한다.

선건자(善建者)의 〈자(者)〉를 대명사로 여기면 〈지인(之人)〉 또는 〈지물(之物)〉 등의 축약(縮約)으로 쓰인다. 이 경우는 〈~하는 사람[者]〉 또는 〈~하는 것〉 등으로 새긴다. 〈세우기를[建] 잘함[善]이란[者]〉 〈세우기를[建] 잘하는[善] 것[者]〉

54-2 善抱者不脫(선포자불탈)

▶ 안아 지킴을[抱] 선하게 하는[善] 것은[者] 벗어나지 않는다[不脫].

선할 선(善), 지킬 포(抱), 것 자(者), 않을 불(不), 벗어날 탈(脫)

【지남(指南)】

〈선포자불탈(善抱者不脫)〉 역시 노자(老子)의 수신(修身)을 밝히고 있다. 여기 〈선포자(善抱者)〉도 〈선포덕자(善抱德者)〉로서 관신(觀身) 즉 수신(修身)을 밝히고 있음이다. 그러므로 수중(守中) 즉 상도(常道)를 따라[中] 지킴을[守] 잘함이[善] 여기 선포(善抱)이고, 선귀사모(善貴食母) 즉 먹여주는[食] 어머니[母] 즉 상도(常道)를 받들기를[貴] 잘함이[善] 여기 선포(善抱)이며, 선복귀어박(善復歸於樸) 즉 그냥 그대로의 것[樸] 즉 상도(常道)로 돌아옴을[復歸] 잘함이[善] 여기 선포(善抱)이고, 선존도이선귀덕(善尊道而善貴德) 즉 상도를[道] 받들기를[尊] 잘하고[善] 상덕을 [德] 받들기를[貴] 잘함이[善] 여기 선포(善抱)이며, 선복수기모(善復守其母) 즉 만물의 어머니인[母] 상도(常道)로 돌아와[復] 지킴을[守] 잘함이[善] 여기 선포(善抱) 이다.

여기 벗어나지 않음[不脫] 역시 52장(章)에 나오는 **불태(不殆)·불근(不勤)·무유 앙(無遺殃)**과 다름이 없다. 말하자면 이 역시 『용비어천가(龍飛御天歌)』〈새미 기픈 므른 ㄱᄆ래 아니 그츨쌔〉에 나오는 〈새미 기픈 므른(샘이 깊은 물)〉 같음이 바로 여기 선포자(善抱者)이다. 여기 선포자(善抱者)의 선포(善抱)는 22장(章)에서 살핀 〈성인포일(聖人抱一)〉과 『장자(莊子)』의 **위생지경(衛生之經)**을 상기시킨다. 위 생지경(衛生之經)은 양생(養生) 즉 삶을[生] 누리게 하는[養] 길[經]이다. 사람을 제 외한 만물은 모두 선포(善抱)하는 것[者]으로, 하나를[一] 지켜[抱] 위생(衛生)의 길 [經]을 벗어나지 않는다. 초목(草木) 금수(禽獸) 어충(魚蟲)은 모두 그냥 그대로 존도(尊道)하고 귀덕(貴德)하고 습상(習常)하면서 천성 따라 위생(衛生)하여 상도(常道)의 조화인 하나를[一] 지키며[抱] 살아가는 목숨이다. 하나[一]란 피차(彼此)가 무엇이든 둘[二]로 나누어지는 대우(對偶)가 아니라 하나로[一] 어울리는 호우(互偶)로서 통하게 하는 대도(大道) 즉 상도(常道)이다. 만물을 피여시(彼與是)가 아니라 피역시(彼亦是)로 통하게 하는 습상(習常)의 지킴을[抱] 잘하면[善] 목숨이 다할 때까지 불탈(不脫), 즉 상도(常道)와 상덕(常德)을 벗어나지 않는다.

여기 벗어나지 않음[不脫] 역시 52장(章) 불태(不殆)·불근(不勤)·무유앙(無遺殃)과 다름이 없다. 금수(禽獸) 초목(草木)은 불탈(不脫)하므로 스스로 목숨을 위태하게 하지 않고, 수고롭게 하지 않으며[不勤], 스스로 재앙을 남김이[遺] 없다. 그러므로 인간으로서 선포자(善抱者)는 상도(常道)를 받듦을[尊] 잘하는[善] 사람[者]이고, 상덕(常德)을 받듦을[貴] 잘하는[善] 사람[者]이며, 상도를[常] 이어 간직하기를[習] 잘하는[善] 사람[者]이다. 따라서 선포자(善抱者) 역시 갓난애로[於嬰兒] 되돌아오기를[復歸] 잘하는[善] 사람[者]이며, 자연의 것으로[於樸] 돌아오기를[復歸] 잘하는[善] 사람[者]이다. 이러한 선포자(善抱者)는 언제 어디서든 상도(常道)와 상덕(常德)을 이탈(離脫)하지 않음을 살펴 새기고 헤아려 깨우치게 하는 말씀이 〈선포자불탈(善抱者不脫)〉이다.

註 "도생지(道生之) 덕휵지(德畜之) 물형지(物形之) 세성지(勢成之) 시이(是以) 만물막부존도이귀덕(萬物莫不尊道而貴德)." 상도(常道)가[道] (만물을) 낳아주고[生之], 상덕(常德)이[德] (만물을) 길러주며[畜之], (덕의 길러줌으로써) 만물이[物] (저마다) 몸을 갖추고[形之], (만물이 저마다 누리는) 환경이[勢] 이루어진다[成之]. 이렇기[是] 때문에[以] 온갖 것은[萬物] 상도를[道] 받들면서[尊而] 상덕을[德] 받들지 않을 수[不貴] 없다[莫]. 『노자(老子)』51장(章)

註 "복수기모(復守其母) 몰신불태(歿身不殆) 색기태(塞其兌) 폐기문(閉其門) 종신불근(終身不勤)……용기광(用其光) 복귀기명(復歸其明) 무유신앙(無遺身殃) 시위습상(是謂習常)." (어머니한테로) 돌아가[復] 그[其] 어머니를[母] 지킨다면[守] 평생토록[歿身] 위태롭지 않다[不殆]. 그[其] 이목구비를[兌] 막고[塞] 그[其] 이목구비를[門] 닫으면[閉] 평생토록[終身] 수고롭지 않다[不勤].……그[其] 빛을[光] 썼더라도[用] 다시[復] 그[其] 밝음으로[明] 돌아오면[歸] 자신에게[身] 재앙을[殃] 끼침이[遺] 없어진다[無]. 이를[是] 상도를[常] 이어 간직함이라[習] 한다[謂]. 『노자(老子)』52장(章)

註 "상덕불리(常德不離) 복귀어영아(復歸於嬰兒)……상덕내족(常德乃足) 복귀어박(復歸於

樸) 박산즉위기(樸散則爲器) 성인용지(聖人用之) 즉위관장(則爲官長) 고(故) 대제불할(大制不割)." 상덕이[常德] 떠나지 않아[不離] 갓난애로[於嬰兒] 되[復] 돌아간다[歸]. …… 상덕은[常德] 내내[乃] 만족돼[足] 본디대로[於樸] 되[復] 돌아간다[歸]. 나뭇등걸이[樸] 쪼개지면[散] 곧[則] 기물이[器] 된다[爲]. 성인이[聖人] 그것을[之] 이용하면[用] 곧[則] 관장이[官長] 된다[爲]. 그러므로[故] 크나큰[大] 마름질은[制] 쪼개지 않는다[不割]. 『노자(老子)』28장(章)

註 "노자왈(老子曰) 위생지경(衛生之經) 능포일호(能抱一乎) 능물실호(能勿失乎) 능무복서이지길흉호(能無卜筮而知吉凶乎) 능지호(能止乎) 능이호(能已乎) 능사저인(能舍諸人) 이구저기호(而求諸己乎)." 노자(老子) 가로되[曰] : 삶을[生] 지키는[衛之] 길은[經] 하나를[一] 능히[能] 지키는 것[抱]이요[乎], 능히[能] {그 하나[一]를} 잃지[失] 않는 것[勿]이요[乎], 점쳐서[卜筮而] 능히[能] 길흉을[吉凶] 알지[知] 않는 것[無]이요[乎], 능히[能] (자연에) 머무는 것[止]이요[乎], 능히[能] (자연에 맡겨두고 인위를) 그만두는 것[已]이요[乎], 능히[能] 남의 탓을[諸人] 버리면서[舍而] 자기 탓을[諸己] 찾는 것[求]이요[乎].

위생(衛生)은 양생(養生)과 같다. 『장자(莊子)』「경상초(庚桑楚)」

【보주(補註)】

● 〈선포자불탈(善抱者不脫)〉을 〈선포자불탈어도덕(善抱者不脫於道德)〉처럼 옮기면 문의(文意)를 더 쉽게 새길 수 있다. 불탈(不脫)은 불리(不離)와 같다. 떠나지 않음[不脫]이란 곧 지킴[抱]을 뜻한다. 〈선포자는[善抱者] 도덕에서[於道德] 벗어나지 않는다[不脫].〉

● 선포자(善抱者)는 〈선수자(善守者)〉와 같고, 선포(善抱) 역시 52장(章) 〈습상(習常)〉을 상기시킨다. 상도(常道)가 쓰는[用] 상덕(常德)을 이어 간직하면[習] 도덕(道德)을 잘[善] 지켜[抱] 자기(自己)를 지키는 것이다. 선포자(善抱者)의 〈포(抱)〉는 10장(章) **재영백포일(載營魄抱一)**의 포일(抱一)과 22장(章) **성인포일(聖人抱一)**의 포일(抱一)을 떠올린다. 포일(抱一)의 일(一)은 상도(常道)를 일컬음이니, 상도(常道)를 자신을 지켜주는[抱] 울타리[牢]로 여기고 그 뇌(牢)를 결코 벗어나지 않음이 여기 선포(善抱)인 것이다. 그러므로 포일(抱一)·선포(善抱)는 습상(習常)으로 존도(尊道)하고 나아가 귀덕(貴德)함을 말한다.

註 "재영백포일능무리호(載營魄抱一能無離乎)." 넋을[營魄] 싣고서[載] 하나를[一] 지키는 것처럼[抱] 능히[能] 떠남이[離] 없는 것[無]인가[乎]? 『노자(老子)』10장(章)

註 "성인포일위천하식(聖人抱一爲天下式)." 성인은[聖人] 하나를[一] 지켜서[抱] (그 포일(抱一)을 써) 세상의[天下] 법식으로[式] 삼는다[爲]. 『노자(老子)』22장(章)

- 선포자(善抱者)가 〈선포(善抱)〉로 된 본(本)도 있다. 원문(原文)의 문의(文義)가 달라지는 것은 아니다.

【해독(解讀)】

- 〈선포자불탈(善抱者不脫)〉에서 선포자(善抱者)는 주부(主部) 노릇하고, 불(不)은 탈(脫)의 부정사(否定詞) 노릇하며, 탈(脫)은 자동사 노릇한다. 〈선포자는[善抱者] 이탈하지 않는다[不脫].〉

- 선포자(善抱者)에서 자(者)를 조사로 여기고 새길 수도 있고, 대명사로 여기고 새길 수도 있다. 선포자(善抱者)의 〈자(者)〉를 조사로 여기면 주어 노릇하는 〈선포(善抱)〉를 독립시켜 제시하고 멈춤의 기능을 하면서 토씨(~이란) 구실한다. 선포자(善抱者)의 〈자(者)〉를 대명사로 여기면 〈지인(之人)〉 또는 〈지물(之物)〉 등의 축약으로 쓰인다. 이 경우는 〈~하는 사람[者]〉 또는 〈~하는 것〉 등으로 새긴다. 〈안아 지키기를[抱] 잘함[善]이란[者]〉〈안아 지키기를[抱] 잘하는[善] 것[者]〉

- 선포자(善抱者)도 〈위(爲)A지인(之人)〉 또는 〈위(爲)A지물(之物)〉에서 지인(之人)·지물(之物)을 자(者)로 줄인 것이니 〈위(爲)A지인(之人)〉의 상용예문이다. 〈포를[抱] 선하는[善] 것[者]〉〈A를(A) 하는(does) 것(what)〉〈A를 하는[爲之] 것[物]〉〈A를 하는[爲之] 사람[人]〉

54-3 子孫以祭祀不輟(자손이제사불철)

▶자손도[子孫] 제사를[祭祀] 올려[以] {선건(善建)과 선포(善抱)를} 그치지 않는다[不輟].

아들 자(子), 손자 손(孫), 제사 제(祭), 제사 사(祀), 않을 불(不), 그칠 철(輟)

【지남(指南)】

〈자손이제사불철(子孫以祭祀不輟)〉은 선건자(善建者)의 불발(不拔)과 선포자(善抱者)의 불탈(不脫)이 자기(自己)로 그치지 않고 자손 대대로 미침을 밝힌다. 〈제사(祭祀)〉는 선건(善建)하고·선포(善抱)한 사람[者]의 후손 역시 선건(善建)

하고 선포(善抱)했던 선대(先代)의 뜻을 본받아 존도(尊道)하고 귀덕(貴德)하며 습상(習常)하여 불태(不殆)·불근(不勤)·무유앙(無遺殃)의 삶을 자자손손 누림을 밝힘이다. 제(祭)는 지기(地祇) 즉 토지의 신(神)을 일컬음이고, 사(祀)는 천신(天神) 즉 하늘의 신(神)을 일컬으니, 제사(祭祀)는 천지(天地)를 받들어 모심을 드러냄이다.

이는 자연(自然)을 제사지냄이니 존도(尊道)와 귀덕(貴德)으로 이어지고, 복수기모(復守其母)로 이어진다. 제사를 올림으로써[以祭祀] 자자손손이 선건(善建)·선포(善抱)를 멈추지 않고[不輟] 선대의 뜻을 이어받아 상도(常道) 받들기를 지키기를[建] 잘하고[善] 상도(常道)를 지켜나기를[抱] 잘하여[善] 자자손손의 삶이 위태롭지 않고[不殆] 수고롭지 않으면서[不勤] 재앙을[殃] 남김이[遺] 없음을[無] 살펴 새기고 헤아려 깨우치게 하는 말씀이 〈자손이제사불철(子孫以祭祀不輟)〉이다.

【보주(補註)】

- 〈자손이제사불철(子孫以祭祀不輟)〉을 〈자손불철선건이제사(子孫不輟善建以祭祀) 이자손불철선포이제사(而子孫不輟善抱以祭祀)〉처럼 옮기면 문의(文意)를 더 쉽게 새길 수 있다. 〈자손이[子孫] 제사를[祭祀] 올려서[以] 선건을[善建] 그치지 않는다[不輟]. 그리고[而] 자손이[子孫] 제사를[祭祀] 올려서[以] 선포를[善抱] 그치지 않는다[不輟].〉

- 제사(祭祀)는 중삭(仲朔), 즉 음력으로 2월·5월·8월·11월의 순전(旬前)에 길일을 잡아 올렸다. 중삭(仲朔)을 중월(仲月)이라고도 한다. 2월이나 5월에 올리는 제사는 춘체(春禘)로 춘절음사(春節飮祀)라 하여 다례(茶禮) 또는 양사(陽祀)이고, 8월이나 11월에 올리는 제사는 추상(秋嘗)으로 사사(食祀) 또는 음사(陰祀)라 한다.

- 자손이제사불철(子孫以祭祀不輟)이 〈자손이기제사세세불철(子孫以其祭祀世世不輟)〉로 된 본(本)도 있고, 〈자손제사불철(子孫祭祀不輟)〉로 된 본(本)도 있다. 원문(原文)의 문의(文義)가 서로 달라지는 것은 아니다. 〈자손이[子孫] 그[其] 제사를[祭祀] 올려서[以] 대대로[世世] {선건(善建)과 선포(善抱)를} 그치지 않는다[不輟].〉〈자손이[子孫] 제사를 올려서[祭祀] {선건(善建)과 선포(善抱)를} 그치지 않는다[不輟].〉

【해독(解讀)】

● 〈자손이제사불철(子孫以祭祀不輟)〉에서 자손(子孫)은 주어 노릇하고, 이제사(以祭祀)는 철(輟)을 꾸며주는 부사구 노릇하며, 불(不)은 철(輟)의 부정사(否定詞) 노릇하며, 철(輟)은 목적어가 생략되었지만 타동사 노릇한다. 철(輟)은 여기선 〈그칠 지(止)〉와 같다. 〈자손이[子孫] 제사로[祭祀]써[以] 그치지 않는다[不輟].〉

54-4 修之於身(수지어신) 其德乃眞(기덕내진)

▶몸으로[於身] 그것을[之] 닦으매[修] 그[其] 덕은[德] 이에[乃] 진실하다[眞].

> 익힐 수(修), 그것 지(之), 조사 어(於), 몸 신(身), 그 기(其), 크나큰 덕(德), 이에 내(乃), 참(그 자체) 진(眞)

【지남(指南)】

〈수지어신(修之於身) 기덕내진(其德乃眞)〉은 한 인간이 몸소 닦는 선건(善建) · 선포(善抱)의 상덕(常德)이야말로 진실함을[眞] 밝힌다. 선건(善建)하고 선포(善抱)함을 말로 하는 것이 아니라 몸소 익힘이 〈수지어신(修之於身)〉이다. 선건(善建) · 선포(善抱)함을 몸소[於身] 닦아 상덕(常德)을 닦음[修]이니, 이는 곧 진정으로 수중(守中)함이고 귀사모(貴食母)함이며 존도이귀덕(尊道而貴德)함이다. 상도(常道)를 그냥 그대로 본받아 무위(無爲)에 사는 성인(聖人)을 진실로 본받는 수신(修身)이야말로 몸소 닦는 상덕(常德)이 진실한 것이다. 결코 겉보기로 수신(修身)함이 아니란 것이다.

『중용(中庸)』에 도야자불가수유리야(道也者不可須臾離也)란 말이 나온다. 이 말 역시 몸소 닦는 덕(德)이 인의예지(仁義禮智)의 인덕(人德)일지라도 진실함에는 다를 바가 없음이다. 한순간도[須臾] 내 몸에서[於身] 떠날 수 없는 것인[不可離] 도라는 것은[道也者] 인의예지(仁義禮智)의 도(道)인지라 여기 〈기덕내진(其德乃眞)〉의 덕(德)과 다르지만, 몸소 닦음으로써 진실함은 다를 바가 없다. 물론 선건

(善建)·선포(善抱)를 닦음은[修] 치기지(致其知)의 지(知) 즉 사물을 궁구하여 이루어내는 지식을 닦음이 아니다. 오히려 그런 인지(人智)를 버리고 귀근(歸根), 즉 상도(常道)의 법자연(法自然)으로 돌아오는 닦음이다[修].

앞서 살핀 선건(善建)·선포(善抱)는 수도(修道) 즉 상도(常道)를 몸소 닦아 익히고[修], 수덕(修德) 즉 상덕(常德)을 닦아 익혀 몸에 배이게 하는 복수기모(復守其母)의 실행이다. 물론 『노자(老子)』는 무위자연(無爲自然)의 상도(常道)를 본받아 따름이고, 『중용(中庸)』은 솔성(率性) 즉 천명(天命)을[性] 따르되[率] 그 따름을 복례(復禮)로 다스리려 하므로 상도(常道)의 무위자연(無爲自然)을 따름과는 다름을 늘 기억해두어야 한다. 그러나 『노자(老子)』의 〈수지어신(修之於身)〉이 무위자연(無爲自然)의 도덕(道德)을 닦아 익힘[修]이고, 『중용(中庸)』의 〈불가수유리(不可須臾離)〉가 인의예악(仁義禮樂)의 도덕(道德)을 닦아 익힘[修]이니, 그 내용은 서로 다르지만 잠시도 떠날 수 없는 닦고 익혀 실천하라 함에는 서로 다를 바 없다.

선건(善建)하고 선포(善抱)하여 상도(常道)를 본받아 행함을 쉼 없이 닦음이 여기 〈기덕내진(其德乃眞)〉이다. 기덕내진(其德乃眞)의 〈진(眞)〉은 『대학(大學)』의 치지재격물(致知在格物)을 절기(絶棄) 즉 끊어[絶] 버리고[棄], 복귀어박(復歸於樸) 즉 자연으로[於樸] 돌아와[復歸] 누리는 순소(純素)의 진실이다. 그리고 기덕내진(其德乃眞)의 〈기덕(其德)〉이란 선건(善建)·선포(善抱)의 덕(德)이니, 통어천지자(通於天地者)로서 천지만물에 두루 통하는 상덕(常德) 즉 현덕(玄德)이다.

몸소 선건(善建)함과 선포(善抱)함을 끊임없이 닦아 익힌[修習] 상덕(常德)이야말로 온갖 일에 두루 통하여 순소(純素)의 진실을 누리게 함을 살펴 새기고 헤아려 깨우치게 하는 말씀이 〈수지어신(修之於身) 기덕내진(其德乃眞)〉이다.

註 "천명지위성(天命之謂性) 솔성지위도(率性之謂道) 수도지위교(修道之謂敎) 도야자불가수유리야(道也者不可須臾離也)." 목숨을[天命之] 성이라[性] 하고[謂], 성을[性] 따름을[率之] 도라[道] 하며[謂], 도를[道] 닦음을[修之] 교라[敎] 한다[謂]. 도라는[道也] 것은[者] 잠시도[須臾] 떠날[離] 수 없는 것[不可]이다[也]. 『중용(中庸)』주자장구(朱子章句) 1장(章)

註 "고지욕명명덕어천하자(古之欲明明德於天下者) 선치기국(先治其國) 욕치기국자(欲治其國者) 선제기가(先齊其家) 욕제기가자(欲齊其家者) 선수기신(先修其身) 욕수기신자(欲修其身者) 선정기심(先正其心) 욕정기심자(欲正其心者) 선성기의(先誠其意) 욕성기의자(欲誠其意者)

선치기지(先致其知) 치지재격물(致知在格物).” 옛날의[古之] 밝은 덕을[明德] 천하에[於天下] 밝히려는[明] 이는[者] 먼저[先] 그[其] 나라를[國] 다스렸고[治], 그[其] 나라를[國] 다스리고자 하는[欲治] 이는[者] 먼저[先] 그[其] 집안을[家] 가지런히 했고[齊], 그[其] 집안을[家] 가지런히 하고자 한[欲齊] 이는[者] 먼저[先] 그 몸을[其] 닦았고[修], 저 몸을[其] 닦고자 한[欲修] 이는[者] 먼저[先] 그[其] 마음을[心] 바르게 했고[正], 그[其] 마음을[心] 바르게 하고자 한[欲正] 이는[者] 먼저[先] 그[其] 뜻을[意] 정성되게 했고[誠], 그[其] 뜻을[意] 정성되게 하고자 한[欲誠] 이는[者] 먼저[先] 그[其] 앎에[知] 이르게 했으니[致], 앎에[知] 이르게 됨은[致] 사물을[物] 궁구함에[格] 있다[在].

『대학(大學)』「본론(本論)」

註　“성인귀정(聖人貴精) 고(故) 소야자위기무소여잡야(素也者謂其無所與雜也) 순야자위기불휴기신야(純也者謂其不虧其神也) 능체순소(能體純素) 위지진인(謂之眞人).” 성인은[聖人] 정신을[精] 귀하게 한다[貴]. 그러므로[故] 소박이란[素也] 것은[者] 그것에[其] 잡것과[雜] 함께하는[與] 바가[所] 없음을[無] 말하는 것[謂]이고[也], 순수란[純也者] 그것이[其] 소박한[其] 정신을[神] 이지러지게 않음을[不虧] 말하는 것[謂]이다[也]. 순수[純] 소박을[素] 능히[能] 깨우친[體] 그분을[之] 진인이라[眞人] 한다[謂].

『장자(莊子)』「각의(刻意)」

【보주(補註)】

● 〈수지어신(修之於身) 기덕내진(其德乃眞)〉을 〈수선건자어신(修善建者於身) 이수선포자어신시(而修善抱者於身時) 기덕지수내진야(其德之修乃眞也)〉처럼 옮기면 문의(文意)를 더 쉽게 새길 수 있다. 〈몸소[於身] 선건자를[善建者] 닦아 익히고[修] 그래서[而] 몸소[於身] 선포자를[善抱者] 닦아 익힐[修] 때[時] 그[其] 덕의[德之] 닦음은[修] 이에[乃] 진실한 것[眞]이다[也].〉

● 수지어신(修之於身)의 지(之)를 앞서 살핀 선건자(善建者)와 선포자(善抱者)를 나타내는 지시어로 여기면 문의(文意)가 잡힌다. 선건자(善建者)는 선건도자(善建道者)이고, 선포자(善抱者)는 선포도자(善抱道者)이다. 〈상도를[道] 지키기를[建] 잘하는[善] 것[者]〉〈상도를[道] 지키기를[抱] 잘하는[善] 것[者]〉〈상도를[道] 확립하기를[建] 잘하는[善] 사람[者]〉〈상도를[道] 지키기를[抱] 잘하는[善] 사람[者]〉

【해독(解讀)】

● 〈수지어신(修之於身) 기덕내진(其德乃眞)〉은 시간의 종절과 주절로 이루어진 복문(複文)이다. 〈수지어신할 때에[修之於身] 기덕내진하다[其德乃眞]〉

● 수지어신(修之於身)에서 주어는 생략되었지만 수(修)는 동사 노릇하고, 지(之)

는 지시어로 수(修)의 목적어 노릇하며, 어신(於身)은 수(修)를 꾸며주는 부사구 노릇한다. 수(修)는 〈닦아 익힐 습(習)〉과 같아 수습(修習)의 줄임이다. 〈몸소[於身] 그것을[之] 닦아 익힐 때에[修]〉

● 기덕내진(其德乃眞)에서 기덕(其德)은 주어 노릇하고, 내(乃)는 어조를 더해주는 조사 노릇하며, 진(眞)은 형용사로 보어 노릇한다. 진(眞)은 〈참 실(實)〉과 같아 진실(眞實)의 줄임으로 보면 된다. 〈그 덕은[其德] 이내[乃] 진실하다[眞].〉

54-5 修之於家(수지어가) 其德乃餘(기덕내여)

▶ 집안에서[於家] 그것을[之] 익히매[修] 그[其] 덕은[德] 이에[乃] 여유롭다[餘].

> 익힐 수(修), 그것 지(之), 조사 어(於), 가문 가(家), 그 기(其),
> 크나큰 덕(德), 이에 내(乃), 남아돌 여(餘)

【지남(指南)】

〈수지어가(修之於家) 기덕내여(其德乃餘)〉는 한 가문[家]에서 닦아 익히는 상덕(常德)의 선건(善建) · 선포(善抱)를 밝힌다. 『대학(大學)』은 수신제가(修身齊家) 즉 자신을[身] 닦아[修] 집안을[家] 다스린다[齊]고 하지만, 『노자(老子)』는 가장이 몸소[於身] 수지(修之)하면 가솔 모두가 가장을 본받아 수지(修之)한다고 이른다. 선건(善建) · 선포(善抱)란 상도(常道)의 법자연(法自然)을 따름이니 상도(常道)를 진실로 본받는 가장은 장이부재(長而不宰)하기 때문이다. 가정의 어른이되[長而] 가족에게 이래라저래라 주재하지 않음이[不宰] 『노자(老子)』의 가장이다. 그러므로 선건(善建)하고 선포(善抱)할 것을 지시함이 아니라 가장을 본받아 집안 가솔들이 모두 함께 선건(善建)하고 선포(善抱)함이 〈수지어가(修之於家)〉이다.

어버이가 선건(善建) · 선포(善抱)함을 몸소 닦아 익히면[修] 자녀들도 부모를 본받아 선건(善建)하고 선포(善抱)하여 가솔 사이에 덕(德)이 넘쳐난다[餘]. 화목한 가정은 재물로는 이루지 못하니 재물은 상쟁(相爭)을 불러오는 까닭이다. 화목한 가정을 누리자면 무엇보다 어버이와 자녀들 사이에 덕(德)이 넘쳐야[餘] 한다. 상도(常道)를 잘 세워[建] 잘 지키는[抱] 삶을 닦아 익히면 상덕(常德)이 절로 여유롭기 마련이다. 법자연(法自然)의 상도(常道)를 본받으면 무욕(無欲)을 누리게 되고 절로 부쟁(不爭)의 삶을 누릴 수 있기 때문이다. 그러므로 가정에서 선건(善建)·선포(善抱)하여 상도(常道)를 몸소 닦아 익히고[修] 상덕(常德)을 닦아 익혀[修德] 몸에 배면 절로 〈기덕내여(其德乃餘)〉의 화목을 누리게 됨을 살펴 새기고 헤아려 깨우치게 하는 말씀이 〈수지어가(修之於家) 기덕내여(其德乃餘)〉이다.

【보주(補註)】

● 〈수지어가(修之於家) 기덕내여(其德乃餘)〉를 〈수선건자어가(修善建者於家) 이수선포자어가시(而修善抱者於家時) 기덕지수내여야(其德之修乃餘也)〉처럼 옮기면 문의(文意)를 더 쉽게 새길 수 있다. 〈집에서[於家] 선건자를[善建者] 닦아 익히고[修] 그래서[而] 집에서[於家] 선포자를[善抱者] 닦아 익힐[修] 때[時] 그[其] 덕의[德之] 닦음은[修] 이에[乃] 넘쳐나는 것[餘]이다[也].〉

● 수지어가(修之於家)의 지(之) 역시 선건자(善建者)와 선포자(善抱者)를 나타내는 지시어로 보면 된다.

【해독(解讀)】

● 〈수지어가(修之於家) 기덕내여(其德乃餘)〉는 시간의 종절과 주절로 이루어진 복문(複文)이다. 〈수지어가할 때에[修之於家] 기덕내여한다[其德乃餘].〉

● 수지어가(修之於家)에서 주어는 생략되었지만 수(修)는 동사 노릇하고, 지(之)는 지시어로 수(修)의 목적어 노릇하며, 어가(於家)는 수(修)를 꾸며주는 부사구 노릇한다. 수(修)는 〈닦아 익힐 습(習)〉과 같아 수습(修習)의 줄임말로 여기면 된다. 〈집에서[於家] 그것을[之] 닦아 익힐 때에[修]〉

● 기덕내여(其德乃餘)에서 기덕(其德)은 주어 노릇하고, 내(乃)는 어조를 더해주는 조사 노릇하며, 여(餘)는 형용사로 보어 노릇한다. 여(餘)는 〈남을 유(裕)〉와 같아 여유(餘裕)의 줄임말이다. 〈그 덕은[其德] 이내[乃] 넘쳐난다[餘].〉

54-6 修之於鄉(수지어향) 其德乃長(기덕내장)

▶고을에서[於鄉] 그것을[之] 익히매[修] 그[其] 덕은[德] 이내[乃]

받들어진다[長].

익힐 수(修), 그것 지(之), 조사 어(於), 고을 향(鄕), 그 기(其),
그나큰 덕(德), 이에 내(乃), 받들 장(長)

【지남(指南)】

〈수지어향(修之於鄕) 기덕내장(其德乃長)〉은 한 고을[鄕]에서 닦아 익히는 상덕(常德)의 선건(善建)·선포(善抱)를 밝힌다. 『대학(大學)』은 수신제가(修身齊家)라 하여 가(家)에 향(鄕)을 포함하지만, 『노자(老子)』는 가가호호(家家戶戶) 12500가(家)가 모여 고을[鄕]을 이룬다. 그래서 집집마다 선건(善建)·선포(善抱)함을 수지(修之)하면 고을 모두가 두루 행하게 되어 향민(鄕民)이 검박(儉朴)하고 소사(少私)하고 과욕(寡欲)하여 상쟁(相爭)보다 상조(相助)의 세상을 이루고 향민(鄕民) 전체가 화목(和睦)하니, 선건(善建)·선포(善抱)로 누리는 덕(德)이 날로 장해진다는 것이다. 여기 기덕내장(其德乃長)의 〈장(長)〉은 존숭(尊崇) 즉 더없이 받듦[尊崇]을 뜻한다. 고을 백성이 상덕(常德)을 선건(善建)·선포(善抱)하여 받들어 모시게 됨을 살펴 새기고 헤아려 깨우치게 하는 말씀이 〈수지어향(修之於鄕) 기덕내장(其德乃長)〉이다.

【보주(補註)】

● 〈수지어향(修之於鄕) 기덕내장(其德乃長)〉을 〈수선건자어향(修善建者於鄕) 이수선포자어향시(而修善抱者於鄕時) 기덕지수내장야(其德之修乃長也)〉처럼 옮기면 문의(文意)를 더 쉽게 새길 수 있다. 〈향에서[於鄕] 선건자를[善建者] 닦아 익히고[修] 그래서[而] 향에서[於鄕] 선포자를[善抱者] 닦아 익힐[修] 때에[故] 그[其] 덕의[德之] 닦음은[修] 이에[乃] 받들어지는 것[長]이다[也].〉

● 수지어향(修之於鄕)의 지(之) 역시 선건자(善建者)와 선포자(善抱者)를 나타내는 지시어로 여기면 되고, 수지어가(修之於鄕)의 향(鄕)은 12500가(家)로 이루어진다. 오가(五家)가 일인(一隣)이 되고, 오인(五隣)이 이(里), 사리(四里)가 족(族), 오족(五族)이 당(黨), 오당(五黨)이 주(州), 오주(五州)가 향(鄕)이 된다.

【해독(解讀)】

● 〈수지어향(修之於鄕) 기덕내장(其德乃長)〉은 시간의 종절과 주절로 이어진 복

문(複文)이다. 〈수지어향할 때에[修之於鄉] 기덕내장한다[其德乃長].〉

● 수지어향(修之於鄉)에서 주어는 생략되었지만 수(修)는 타동사 노릇하고, 지(之)는 지시어로 수(修)의 목적어 노릇하며, 어향(於鄉)은 수(修)를 꾸며주는 부사구 노릇한다. 수(修)는 〈닦아 익힐 습(習)〉과 같아 수습(修習)의 줄임말로 여기면 된다. 〈향에서[於鄉] 그것을[之] 닦아 익힐 때에[修]〉

● 기덕내장(其德乃長)에서 기덕(其德)은 주어 노릇하고, 내(乃)는 어조를 더해주는 조사 노릇하며, 장(長)은 형용사로 보어 노릇한다. 장(長)은 〈넘쳐 남을 잉(剩) · 여(餘) · 증(增) · 다(多) · 성(盛) · 대(大)〉 등과 같아 장대(長大)의 줄임말로 여기면 된다. 〈그 덕은[其德] 이내[乃] 장대하다[長].〉

54-7 修之於邦(수지어방) 其德乃豊(기덕내풍)

▶나라에서[於邦] 그것을[之] 익히매[修] 그[其] 덕은[德] 이에[乃] 더욱 넘쳐난다[豊].

> 익힐 수(修), 허사 지(之), 조사 어(於), 나라 방(邦), 그 기(其),
> 크나큰 덕(德), 이에 내(乃), 넘쳐날 풍(豊)

【지남(指南)】

〈수지어방(修之於邦) 기덕내풍(其德乃豊)〉은 한 나라[邦]에서 닦아 익히는 상덕(常德)의 선건(善建) · 선포(善抱)를 밝힌다. 『대학(大學)』은 수신제가치국(修身齊家治國)하여 평천하(平天下)한다 하지만, 『노자(老子)』는 가정마다 수지(修之)하면 온 고을[鄉]이 수지(修之)하고, 고을이 수지(修之)하면 온 나라가 선건(善建) · 선포(善抱)로 수지(修之)한다고 이른다. 80장(章) 소국과민(小國寡民)을 상기하면 수지어방(修之於邦)의 〈방(邦)〉은 대국(大國)이 아니라 소국(小國)임을 알 수 있다. 『맹자(孟子)』에도 왕부대대(王者不待大)란 말이 나오는 것으로 보아 소국(小國)일수록 백성이 안거(安居)를 누릴 수 있음을 가늠하게 된다.

온 나라가 상도(常道)의 본받음을 닦고 익힘을[修] 두루 행하여 백성이 모두 검박(儉朴)하고 소사(少私)하고 과욕(寡欲)하여 부쟁(不爭)의 세상을 이루면 백성이 화목(和睦)하니, 선건(善建)·선포(善抱)로 누리는 덕(德)이 날로 풍부해져 나라의 유덕(有德)함이 더욱 더 풍성해짐을 살펴 새기고 헤아려 깨우치게 하는 말씀이 〈수지어방(修之於邦) 기덕내풍(其德乃豊)〉이다.

註 "소국과민(小國寡民) 사유습백지기이불용(使有什伯之器而不用) 사민중사이불원사(使民重死而不遠徙)." 나라는[國] 작고[小] 백성은[民] 적으며[寡], 많은[什伯之] 기물이[器] 있어도[有而] (백성으로) 하여금[使] 쓰게 함이[用] 없으며[不], 백성으로[民] 하여금[使] 죽음을[死] 소중하게 해서[重而] 멀리[遠] 옮겨가지 않게 한다[不徙]. 『노자(老子)』 80장(章)

註 "이력가인자패(以力假仁者覇) 패필유대국(覇必有大國) 이덕행인자왕(以德行仁者王) 왕부대대(王不待大) 탕이칠십리(湯以七十里) 문왕이백리(文王以百里)." 힘으로[力]써[以] 어진[仁] 척하는[假] 것은[者] 패이고[覇], 패는[覇] 반드시[必] 큰 나라를[大國] 차지한다[有]. 덕으로[德]써[以] 어짊을[仁] 행하는[行] 것은[者] 왕이고[王], 왕은[王] 대국을[大] 바라지 않는다[不待]. 탕왕은[湯] (사방) 칠십리로[七十里]써[以] (나라를 삼았고), 문왕은[文王] (사방) 백리로[百里]써[以] (나라를 삼았다.) 『맹자(孟子)』「공손추장구(公孫丑章句上)」

【보주(補註)】

● 〈수지어방(修之於邦) 기덕내풍(其德乃豊)〉을 〈수선건자어방(修善建者於邦) 이수선포자어방시(而修善抱者於邦時) 기덕지수내풍야(其德之修乃豊也)〉처럼 옮기면 문의(文意)를 더 쉽게 새길 수 있다. 〈나라에서[於邦] 선건자를[善建者] 닦아 익히고[修] 그래서[而] 나라에서[於邦] 선포자를[善抱者] 닦아 익힐[修] 때에[時] 그[其] 덕의[德之] 닦아 익힘은[修] 이에[乃] 더욱 풍부해지는 것[豊]이다[也].〉

● 수지어방(修之於邦)의 지(之) 역시 선건자(善建者)와 선포자(善抱者)를 나타내는 지시어로 보면 되고, 일국(一邦)은 몇 개의 향(鄕)으로 이루어진다.

● 수지어방(修之於邦)이 〈수지어국(修之於國)〉으로 된 본(本)도 있다. 한(漢)나라 고조(高祖)의 휘(諱)가 〈방(邦)〉이어서, 〈방(邦)〉을 피해 같은 뜻인 〈국(國)〉으로 전사(傳寫)되었다는 설(說)이 있다. 방(邦)과 국(國)은 같은 뜻을 내는지라 문의(文義)에는 차이가 없다.

【해독(解讀)】

● 〈수지어방(修之於邦) 기덕내풍(其德乃豊)〉은 시간의 종절과 주절로 이루어진

복문(複文)이다. 〈수지어방할 때에[修之於邦] 기덕내풍한다[其德乃豊].〉

● 수지어방(修之於邦)에서 주어는 생략되었지만 수(修)는 동사 노릇하고, 지(之)는 지시어로 수(修)의 목적어 노릇하며, 어방(於邦)은 수(修)를 꾸며주는 부사구 노릇한다. 수(修)는 〈닦아 익힐 습(習)〉과 같아 수습(修習)의 줄임말로 여기면 된다. 〈나라[邦]에서[於] 그것을[之] 닦아 익힐 때에[修]〉

● 기덕내풍(其德乃豊)에서 기덕(其德)은 주어 노릇하고, 내(乃)는 어조를 더해주는 조사 노릇하며, 풍(豊)은 형용사로 보어 노릇한다. 풍(豊)은 〈풍성할 부(富)·요(饒), 많을 대(大), 두터울 후(厚), 가득할 만(滿)〉 등과 같아 풍부(豊富)의 줄임말로 여기면 된다. 〈그 덕은[其德] 이에[乃] 풍부해진다[豊].〉

54-8 修之於天下(수지어천하) 其德乃普(기덕내보)

▶ 천하에서[於天下] 그것을[之] 닦아 익히매[修] 그[其] 덕은[德] 이에[乃] 온 세상에 두루 미친다[普].

익힐 수(修), 허사 지(之), 조사 어(於), 하늘 천(天), 아래 하(下), 그 기(其), 크나큰 덕(德), 곧 내(乃), 널리 퍼질 보(普)

【지남(指南)】

〈수지어천하(修之於天下) 기덕내보(其德乃普)〉는 온 세상이 행하는 선건(善建)의 불발(不拔)과 선포(善抱)의 불탈(不脫)이 지닌 의의를 밝힌다. 『노자(老子)』는 수지어신(修之於身)으로 수지어가(修之於家)하고, 수지어가(修之於家)로 수지어향(修之於鄕)하며, 수지어향(修之於鄕)으로 수지어방(修之於邦)하고, 수지어방(修之於邦)으로 수지어천하(修之於天下)함을 밝힌다. 『대학(大學)』 역시 온 세상에[於天下] 밝은 덕을[明德] 밝히기기를[明] 바라면[欲] 수신(修身)으로 제가(齊家)하고, 제가(齊家)로 치국(治國)하고, 치국(治國)으로 천하평(天下平)한다고 밝힌다.

여기서 무위지치(無爲之治)와 인위지치(人爲之治)의 다른 점이 드러난다. 자신이든[身] 가문이나[家] 나라가[國] 다를 바 없이 수지(修之) 즉 상도(常道)의 세움을[建] 잘하고[善] 상도를[常道] 포수하기를[抱守] 잘함[善]을 닦아 익힘[修]으로써 온 세상이[天下] 스스로[自] 변화해가는 것[自化]이 『노자(老子)』의 〈수지(修之)〉이다. 『대학(大學)』의 수신(修身)은 격물(格物)의 치지(致知)로 시작한다. 앎에[知] 이름을 [致] 닦음이[修] 『대학(大學)』의 〈수신(修身)〉이다. 앎에 이르자면 격물(格物) 즉 사물을[物] 남김없이 밝혀내[格] 뜻을[意] 정성되게[誠] 해야 하고, 성의(誠意)하자면 마음을[心] 바르게[正] 해야 하며, 정심(正心)을 닦아 익힘이[修] 『대학(大學)』의 수신(修身)이니 그것은 명례(明禮)하여 복례(復禮)함으로 드러난다. 이처럼 『대학(大學)』의 수신(修身)은 예(禮)를 밝히고[明] 예로(禮) 돌아가[復] 인의(仁義)를 행하는 인간이 되는 것이다. 그래서 『논어(論語)』에 극기복례(克己復禮)니 제지이례(齊之以禮)란 말이 나온다.

『노자(老子)』의 〈수지어신(修之於身)〉의 수(修)와 『대학(大學)』의 〈수신(修身)〉의 수(修)는 글자는 같지만 뜻은 다르다. 『노자(老子)』의 〈수(修)〉는 그침 없는 **견소포박(見素抱樸) 소사과욕(少私寡欲)**으로 무위(無爲)를 닦아 익힘[修]이고, 『대학(大學)』의 〈수(修)〉는 **명례(明禮) · 복례(復禮)**의 지(知)를 닦아 익힘[修]이니 〈치지(致知)〉이다. 이처럼 『대학(大學)』의 치지(致知)는 덕치(德治)를 치지(致知)함인 동시에 예치(禮治)를 남김없이 앎이다[致知]. 『노자(老子)』는 〈절인기의(絶仁棄義) · 부례자란지수(夫禮者亂之首)〉라 밝혀 『대학(大學)』의 수신(修身)과 『예기(禮記)』의 명례(明禮)와 『논어(論語)』의 복례(復禮)와 예치(禮治)를 부정한다. 『장자(莊子)』 역시 〈지야자쟁지기야(知也者爭之器也)〉라 하여 지(知)를 부정한다.

『대학(大學)』은 치지(致知)로 평천하(平天下)한다지만, 『노자(老子)』는 사람이 수지(修之)하면 수지(修之)가 가(家) · 향(鄕) · 국(國) · 천하(天下)로 퍼져나가 〈여(餘)하여 장(長)하고, 장(長)하여 풍(豊)하고, 풍(豊)하여 보(普)한다〉고 이른다. 그래서 『노자(老子)』는 내가 몸소[於身] 선건(善建) · 선포(善抱)한 수지(修之)가 집안의[家] 수지(修之)로 이어지고 넉넉하게[餘] 상도(常道)가 만물에 행해지니, 상덕(常德)이 천지(天地)에 통하게 된다. 따라서 집안이[家] 선건(善建) · 선포(善抱)한 수지(修之)가 고을의[鄕] 수지(修之)로 이어져 더욱 넉넉하게[長] 만물에 행해지고 상덕(常德)이 천지(天地)에 통하며, 이에 따라서 고을이[鄕] 선건(善建) · 선포(善抱)한 수지(修之)가 나라의[國] 수지(修之)로 이어져 더더욱 넉넉하게[豊] 상도(常道)가 만물에 행해지고 상덕(常德)이 천지(天地)에 통하게 된다. 나아가 나라가[國]

선건(善建) · 선포(善抱)한 수지(修之)가 온 세상의[天下] 수지(修之)로 이어져 온 누리에 퍼져나가[普] 도덕(道德)의 행통(行通)이 이루어진다고 한다.

이러한 수지(修之)의 여(餘) · 장(長) · 풍(豊) · 보(普)로 자화(自化)함이란 옹달샘이 개울이 되고 개울이 냇물이 되고 냇물이 강물이 되어 바닷물이 됨과 같이 자연(自然)의 이치이고 변화이다. 그러니 수기치인(修己治人) 즉 나를 닦아 익혀서[修己] 남들을 다스린다는[治人] 『대학(大學)』의 〈수기(修己)〉와 『노자(老子)』의 〈수지(修之)〉가 상이함을 환기하면서, 인간이 인위(人爲)의 짓을 절기(絶棄)하고 사람마다 소사(少私)하고 과욕(寡欲)하여 〈삼보(三寶)〉로 복수기모(復守其母) 즉 그 어머니인[其母] 상도(常道)를 세우고[建] 상도(常道)로 되돌아와[復歸] 지키는[抱] 까닭을 살펴 새기고 헤아려 깨우치게 하는 말씀이 〈수지어천하(修之於天下) 기덕내보(其德乃普)〉이다.

────────────

註 "안연문인(顏淵問仁) 자왈(子曰) 극기복례위인(克己復禮爲仁) 일일극기복례(一日克己復禮) 천하귀인언(天下歸仁焉) 위인유기(爲仁由己) 이유인호재(而由人乎哉) 안연왈(顏淵曰) 청문기목(請問其目) 자왈(子曰) 비례물시(非禮勿視) 비례물청(非禮勿聽) 비례물언(非禮勿言) 비례물동(非禮勿動)." 안연이[顏淵] 어짊을[仁] 여쭈었다[問]. 공자가[子] 가로되[曰] : 나를[己] 무릎써[克] 예로[禮] 돌아감이[復] 어짊[仁]이다[爲]. 하루라도[一日] 나를[己] 무릎써[克] 예로[禮] 돌아가면[復] 세상이[天下] 어짊으로[仁] 돌아가는 것[歸]이다[焉]. 어짊을[仁] 행함은[爲] 나로부터이지[由己] 어찌[而] 남으로부터[由人]이겠나[乎哉]? 안연이[顏淵] 여쭈었다[曰] : 그[其] 조목을[目] 묻고[問] 싶습니다[請]. 공자가[子] 가로되[曰] : 예가[禮] 아니면[非] 보지[視] 말고[勿], 예가[禮] 아니면[非] 듣지[聽] 말고[勿], 예가[禮] 아니면[非] 말하지[言] 말고[勿], 예가[禮] 아니면[非] 움직이지[動] 말라[勿].   『논어(論語)』「顏淵(안연)」1

註 "도지이정(道之以政) 제지이형(齊之以刑) 민면이무치(民免而無恥) 도지이덕(道之以德) 제지이례(齊之以禮) 유치차격(有恥且格)." 정사로[政]써[以] 이끌어가고[道之] 형벌로[刑]써[以] 다지면[齊之], 백성은[民] 피하려 들면서[免而] 부끄러워하지 않는다[無恥]. 덕으로[德]써[以] 이끌어가고[道之] 예로[禮]써[以] 다지면[齊之], {백성한테는[民]} 부끄러워함이[恥] 생기고[有] 또[且] 착해진다[格].

여기 도지(道之)의 도(道)는 〈이끌어갈 도(導)〉와 같고, 격(格)은 여기선 〈바르게 될 정(正) · 선(善), 도달할 지(至)〉 등과 같다.   『논어(論語)』「위정(爲政)」3

註 "절성기지(絶聖棄智) 민리백배(民利百倍) 절인기의(絶仁棄義) 민복효자(民復孝慈) 절교기리(絶巧棄利) 도적무유(盜賊無有)…… 견소포박(見素抱樸) 소사과욕(少私寡欲)." 성지를[聖] 끊

고[絶] 지혜를[智] 버리면[棄] 백성이[民] 백배로[百倍] 이로워지고[利], 인을[仁] 끊고[絶] 의를[義] 버리면[棄] 백성은[民] 효도와[孝] 자애로[慈] 돌아온다[復]. 재주 부리기를[巧] 끊고[絶] 이득을[利] 버리면[棄] 도둑질과[盜] 해치는 짓이[賊] 있음이[有] 없다[無]. ……(백성으로 하여금) 냥 그대로를[素] 살피게 하고[見] 그냥 그대로를[樸] 지키게 한다면[抱], (백성은) 제 몫을[私] 적게 하고[少] 욕망을[欲] 적게 한다[寡].　　　　　　　　　　　『노자(老子)』19장(章)

註　"도덕인의비례불성(道德仁義非禮不成) 교훈정속비례불비(敎訓正俗非禮不備) 분쟁변송비례불결(分爭辨訟非禮不決) 군신상하부자형제비례부정(君臣上下父子兄弟非禮不定) 환학사사비례불친(宦學事師非禮不親) 반조치군(班朝治軍) 이관행법(涖官行法) 비례위엄불행(非禮威嚴不行) 도사제사(禱祠祭祀) 공급귀신(供給鬼神) 비례불성부장(非禮不誠不莊) 시이군자(是以君子) 공경준절퇴양이명례(恭敬撙節退讓以明禮)." 도덕인의도[道德仁義] 예가[禮] 아닌 것이면[非] 이뤄지지 못하고[不成], 가르쳐서[敎訓] 풍속을[俗] 바르게 함도[正] 예가[禮] 아닌 것이면[非] 갖춰지지 않으며[不備], 쟁의를[爭] 나누고[分] 송사를[訟] 가림도[辨] 예가[禮] 아닌 것이면[非] 결정되지 않고[不決], 군신의[君臣] 위아래[上下] 부자[父子] 형제도[兄弟] 예가[禮] 아닌 것이면[非] 정해지지 않으며[不定], 사관(仕官)을 익히고[宦] 육예(六藝)를 배우고[學] 스승을[師] 섬김도[事] 예가[禮] 아닌 것이면[非] 가까워지지 않고[不親], 조정의[朝] 위차(位次)를 바로잡고[班] 군대를[軍] 다스리고[治] 관직에[官] 있으면서[涖] 법을[法] 집행함도[行] 예가[禮] 아닌 것이면[非] 위엄이[威嚴] 행해지지 않으며[不行], 신사(神祠)에[祠] 기도하고[禱] 신사에[祀] 제사지내고[祭] 귀신에게[鬼神] 제물을 바침도[供給] 예가[禮] 아닌 것이면[非] 정성되지 않고[不誠] 장엄하지 않다[不莊]. 이[是] 때문에[以] 군자는[君子] 공경하고[恭敬] 삿된 생각을 버리고[撙節] 겸손함으로[退讓] 써[以] 예를[禮] 밝힌다[明].　　　　　　『예기(禮記)』「곡례상(曲禮上)」

註　"실도이후덕(失道而後德) 실덕이후인(失德而後仁) 실인이후의(失仁而後義) 실의이후례(失義而後禮) 부례자(夫禮者) 충신지박이란지수야(忠信之薄而亂之首也)." 도를[道] 잃은[失] 뒤에[而後] 덕이 나타났고[德], 덕을[德] 잃은[失] 뒤에[而後] 인이 나타났으며[仁], 인을[仁] 잃은[失] 뒤에[而後] 의가 나타났고[義], 의를[義] 잃은[失] 뒤에[而後] 예가 나타났다[禮]. 무릇[夫] 예란[禮] 것은[者] 거짓 없는[忠] 믿음이[信之] 엷어짐이고[薄而], 어지러움의[亂之] 우두머리[首]이다[也].　　　　　　　　　　　『노자(老子)』38장(章)

註　"아유삼보(我有三寶) 지이보지(持而保之) 일왈자(一曰慈) 이왈검(二曰儉) 삼왈불감위천하선(三曰不敢爲天下先)." 나한테[我] 세 가지[三] 보배가[寶] 있어[有], 그것을[之] 간직하고서[持而] 지킨다[保]. 사랑함이[慈] 그 하나이고[一曰], 검소함이[儉] 그 둘이며[二曰], 감히[敢] 세상에[天下] 나서지[先] 않음이[不爲] 그 셋이다[三曰].　　　　　　　　　　　『노자(老子)』67장(章)

註　"덕탕호명(德蕩乎名) 지출호쟁(知出乎爭) 명야자상알야(名也者相軋也) 지야자쟁지기야(知也者爭之器也) 이자흉기(二者凶器) 비소이진행야(非所以盡行也)." 덕은[德] 명성 탓으로[乎名] 훼손되고[蕩], 지식은[知] 다툼 탓으로[乎爭] 출현했다[出]. 명성[名]이란[也] 것은[者] 서로[相] 어

341

수관장(修觀章)

굿남[軋]이고[也], 지식[知]이란[也] 것은[者] 다툼의[爭之] 수단[器]이다[也]. 두 가지는[二者] 흉기여서[凶器] 모두[盡] 행할[行] 까닭이[所以] 없다[非].　　　　　『장자(莊子)』「인간세(人間世)」

【보주(補註)】

- 〈수지어천하(修之於天下) 기덕내보(其德乃普)〉를 〈수선건자어천하(修善建者於天下) 이수선포자어천하시(而修善抱者於天下時) 기수지덕내보야(其修之德乃普也)〉처럼 옮기면 문의(文意)를 더 쉽게 새길 수 있다. 〈세상에서[於天下] 선건자를[善建者] 닦아 익히고[修] 그래서[而] 세상에서[於天下] 선포자를[善抱者] 닦아 익힐[修] 때에[時] 그[其] 닦아 익힘의[修之] 덕은[德] 이내[乃] 두루 퍼지는 것[普]이다[也].〉

- 수지어천하(修之於天下)의 지(之) 역시 선건자(善建者)와 선포자(善抱者)를 나타내는 지시어로 여기면 되고, 천하(天下)는 모든 나라로[國] 이루어진다.

- 도가(道家)의 천하(天下)는 다스려지는 것이 아니다. 막비자연(莫非自然) 즉 자연이[自然] 아닌 것이[非] 없는[莫] 세상[天下]이다. 유가(儒家)의 세상은[天下] 막비치자(莫非治者), 즉 다스려지는[治] 것이[者] 아닌 것이[非] 없는[莫] 세상이다. 그래서 『장자(莊子)』에 **문재유천하(聞在宥天下) 불문치천하야(不聞治天下也)**란 말이 있다.

註　"문재유천하(聞在宥天下) 불문치천하야(不聞治天下也)." 세상을[天下] 그대로 놓아둠이[宥] 있음을[在] 들어도[聞], 천하를[天下] 다스린다는 것을[治] 듣지 못한 것[不聞]이다[也].
　　　　　　　　　　　　　　　　　　　　　　　　　　　『장자(莊子)』「재유(在宥)」

【해독(解讀)】

- 〈수지어천하(修之於天下) 기덕내보(其德乃普)〉는 시간의 종절과 주절로 이루어진 복문(複文)이다. 〈수지어천하할 때에[修之於天下] 기덕내보한다[其德乃普].〉

- 수지어천하(修之於天下)에서 주어는 생략되었지만, 수(修)는 동사 노릇하고, 지(之)는 지시어로 수(修)의 목적어 노릇하며, 어천하(於天下)는 수(修)를 꾸며주는 부사구 노릇한다. 수(修)는 〈닦아 익힐 습(習)〉과 같아 수습(修習)의 줄임말로 여기면 된다. 〈세상에서[於天下] 그것을[之] 닦아 익힐 때에[修]〉

- 기덕내보(其德乃普)에서 기덕(其德)은 주어 노릇하고, 내(乃)는 어조를 더해주는 조사 노릇하며, 보(普)는 형용사로 보어 노릇한다. 보(普)은 〈두루 널리 미칠

편(遍)〉과 같아 보편(普遍)의 줄임말로 여기면 된다. 〈그 덕은[其德] 이에[乃] 두루 널리 미친다[普].〉

54-9 以身觀身(이신관신)

▶ 자신으로[身]써[以] 자신을[身] 살핀다[觀].

써 이(以), 몸 신(身), 살필 관(觀)

【지남(指南)】

〈이신관신(以身觀身)〉은 앞서 살핀 〈수지어신(修之於身)〉의 몸[身] 그 자체를 통하여 자신의 선건(善建)·선포(善抱)를 살핌[觀]이다. 인의예지(仁義禮智)란 사단(四端) 등을 통하여 자신을 살펴 닦을 것이 아니라 법자연(法自然)으로써 자신의[身] 선건(善建)·선포(善抱)를 닦아가라 함이다. 『노자(老子)』는 무위자연(無爲自然)으로써 관신(觀身)하라 하고, 『논어(論語)』는 인의예지(仁義禮智)로써 수기(修己)하라 한다. 유가(儒家)의 수기(修己)는 인의예지(仁義禮智)의 사단(四端)을 닦아 자기(自己)를 앞세우지만, 도가(道家)의 관신(觀身)은 〈함덕(含德)〉으로 무기(無己)를 앞세우고 자기(自己)를 없애라 한다. 이런 까닭에 여기 관신(觀身)은 『장자(莊子)』의 치신(治身)을 상기시킨다. 치신(治身)은 무엇보다 〈사(私)〉를 다스림이니, 치사(治私)하지 않고 자기를 앞세우면 사부(私府) 즉 사욕(私欲)의 곳간[府]이 되어 탐욕이 일기 때문이다.

무위(無爲)하고 무사(無事)하며 호정(好靜)하고 무욕(無欲)하며 무아(無我)하라 함이 〈관신(觀身)〉 즉 치신(治身)이다. 이는 〈자기가 없는[無己] 몸[身]〉이니 자연(自然)인지라 몸[身]이 곧 도덕(道德)임을 말한다. 도생신(道生身)하여 덕휵신(德畜身)하므로 몸[身]은 상도(常道)의 자식[子]이기 때문이다. 이러한 몸[身]으로 자신(自身)은 예(禮)로 돌아감[復禮]이 아니라 자연(自然)으로 돌아가 선건(善建)하여 선포(善抱)하는 것이다. 이신관신(以身觀身)의 〈신(身)〉은 17장(章) 〈아자연(我自然)〉이니 그냥 그대로[自然] 자신이고[身], 20장(章) 귀사모(貴食母) 즉 온갖 것을 먹여주는[食] 어머니인[母] 상도(常道)를 받드는[尊] 자신(自身)이며, 그리고 52장(章)

〈복수기모(復守其母)〉 즉 그[其] 어머니로[母] 돌아와[復] 그 어머니를 지키는[守] 자신[身]은 5장(章) 수중(守中)으로 상도를 따르고[中] 지키는[守] 자신[身]이다. 그러한 덕[其德]이 자신에게 늘 참다운지[眞] 직접 살피는[觀] 것이니 38장(章) 처기실(處其實)의 뜻(義)을 따른다.

처기실(處其實)의 〈실(實)〉은 37장(章) 〈무명지박(無名之樸)〉 즉 인간의 짓이[名] 없는[無之] 그냥 그대로[樸]이고, 그 실박함이[實樸] 이신관신(以身觀身)의 〈신(身)〉이다. 예악인의(禮樂仁義)를 치지(致知)하고자 수기(修己)하는 것이 아니라 여기 〈관신(觀身)〉은 자연으로 돌아와 자화(自化)하는 자신을 살핌[觀]이다. 선건(善建) · 선포자(善抱者)로서 현동(玄同)을 본받고[法], 습상(習常)으로써 소사(少私)하여 과욕(寡欲)하는 삶 그 자체를 닦아 몸소 익히는지[修] 스스로 살핌이[觀] 여기 관신(觀身)이다.

상도(常道)를 확립하기를[建] 잘하여[善] 지키기를[抱] 잘하는[善] 〈수지(修之)〉를 스스로 살핌[觀]이란, 상도(常道)가 만물에 행함을 본받아 행(行)을 따르며 사는지 스스로 자신을 관찰함이다. 그러므로 여기 관신(觀身)은 4장(章)에서 살핀 좌기예(挫其銳) 해기분(解其紛) 화기광(和其光) 동기진(同其塵)을 자신이 실행하는지 살피고, 그 실행은 52장(章)에 나오는 습상(習常)과 56장(章)에 나오는 현동(玄同)을 떠올린다. 습상(習常)은 도상무위(道常無爲)를 이어받아 익힘[習]이고, 현동(玄同)은 상도(常道)와 하나가 됨이다[同]. 자신이 상도(常道)를 선건(善建)하고 선포(善抱)하여 행하는지 스스로 끊임없이 관찰함을[觀] 살펴 새기고 헤아려 깨우치게 하는 말씀이 〈이신관신(以身觀身)〉이다.

註　"도지진이치신(道之眞以治身) 기서여이위국가(其緖餘以爲國家) 기토저이치천하(其土苴以治天下)." 상도로[道之眞] 써[以] 자신을[身] 다스리고[治], 그런 다음[其] 나머지로[緖餘] 써[以] 나라를[國家] 다스리고[爲], 그 나머지의[其] 찌꺼기로[土苴] 써[以] 세상을[天下] 다스린다[治].

『장자(莊子)』「양왕(讓王)」

註　"전식자(前識者) 도지화이우지시야(道之華而愚之始也) 시이(是以) 대장부(大丈夫) 처기후(處其厚) 처기실(處其實) 불거기화(不居其華)." 알기를[識] 앞세우는[前] 것은[者] 인도의[道之] 꾸밈이고[華而], 어리석음의[愚之] 시작[始]이다[也]. 이렇기[是] 때문에[以] 대장부는[大丈夫] 그[其] 두터움에[厚] 머물지[處] 그[其] 엷음에[薄] 머물지 않으며[不居], 그[其] 실박함에[實] 머물지

[處] 그[其] 꾸밈에[華] 머물지 않는다[不居]. 『노자(老子)』38장(章)

註 "좌기예(挫其銳) 해기분(解其紛) 화기광(和其光) 동기진(同其塵)." {상도(常道)는} 그[其] 날카로움을[銳] 꺾고[挫], 그[其] 분란을[紛] 없애며[解], 그[其] 빛냄을[光] 아우르고[和], 그[其] 속됨과[塵] 같이한다[同]. 『노자(老子)』4장(章)

註 "아독이어인(我獨異於人) 이귀사모(而貴食母)." 나만[我獨] 뭇사람(人)과[於] 달라서[異而] 어머니를[母] 활용함을[食] 받든다[貴].

　　귀사모(貴食母)는 귀용도(貴用道)와 같다. 『노자(老子)』20장(章)

註 "색기태(塞其兌) 폐기문(閉其門) 종신불근(終身不勤) 개기태(開其兌) 제기사(濟其事) 종신 불구(終身不救) 견소왈명(見小曰明) 수유왈강(守柔曰強) 용기광(用其光) 복귀기명(復歸其明) 무 유신앙(無遺身殃) 시위습상(是謂習常)." 그[其] 이목구비를[兌] 막고[塞] 그[其] 이목구비를[門] 닫 으면[閉] 평생토록[終身] 수고롭지 않다[不勤]. 그[其] 이목구비를[兌] 열고[開] 그[其] 이목구비의 짓을[事] 다스리면[濟] 평생토록[終身] (위태함과 수고로움은) 그치지 않는다[不救]. 작은 것을[小] 살펴봄이[見] 밝음[明]이고[曰], 부드러움을[柔] 지킴이[守] 강함[強]이다[曰]. 그[其] 빛을[光] 썼더 라도[用] 다시[復] 그[其] 밝음으로[明] 돌아오면[歸] 자신에게[身] 재앙을[殃] 끼침이[遺] 없어진다 [無]. 이를[是] 상도를[常] 이어 간직함이라[習] 한다[謂]. 『노자(老子)』52장(章)

註 "다언수궁(多言數窮) 불여수중(不如守中)." 말이[言] 많으면[多] 이치가[數] 막히니[窮] {상 도(常道)를} 따름을[中] 지킴만[守] 못하다[不如].

　　수중(守中)의 중(中)은 중도(中道)의 줄임이고, 중도(中道)는 곧 순도(順道)와 같고, 여기 중 (中)은 〈따를 중(中)〉이다. 『노자(老子)』5장(章)

註 "지자불언(知者不言) 언자부지(言者不知) 색기태(塞其兌) 폐기문(閉其門) 좌기예(挫其銳) 해기분(解其紛) 화기광(和其光) 동기진(同其塵) 시위현동(是謂玄同)." {존도(尊道)를} 아는[知] 사람은[者] {인위(人爲)의 것을} 말하지 않고[不言], {인위(人爲)의 것을} 말하는[言] 사람은[者] {존도(尊道)를} 알지 못한다[不知]. 그[其] 이목구비를[兌] 막고[塞], 그[其] 들고나는 문을[門] 닫 고[閉], {인지(人智)의} 그[其] 날카로움을[銳] 꺾으며[挫], {인지(人智)의} 그[其] 분란을[紛] 없애 고[解], {인지(人智)의} 그[其] 빛냄을[光] {밝음[明]과} 아우르며[和], {인지(人智)의} 그[其] 속됨과 [塵] 같이한다[同]. 위의 것들을[是] 상도와[玄] 하나라[同] 한다[謂]. 『노자(老子)』56장(章)

【보주(補註)】

● 〈이신관신(以身觀身)〉을 〈이자신관기지선포여기지선건(以自身觀己之善抱與 己之善建)〉처럼 옮기면 문의(文意)를 더 쉽게 새길 수 있다. 〈자신으로[自身]써 [以] 자기의[己之] 선건과[與善建] 자기의[己之] 선포를[善抱] 살핀다[觀].〉

● 이신관신(以身觀身)의 관신(觀身)은 17장(章) 아자연(我自然), 20장(章) 귀사모(貴

食母) 그리고 52장(章)의 복수기모(復守其母)를 상기시킨다. 아자연(我自然)·귀사모(貴食母)·복수기모(復守其母)의 자신[身]으로 상도(常道)를 세워[建] 지키기를[抱] 잘하는지[善] 손수[以身] 살핌이[觀] 여기 관신(觀身)이다.

📖 "유혜(悠兮) 기귀언(其貴言) 공성사수(功成事遂) 백성개위아자연(百姓皆謂我自然)." 한가롭구나[悠兮]. 백성이 몰랐던 치자(治者)는[其] 정사(政事)의 발령(發令)을[言] 함부로 내지 않았다[貴]. {무위(無爲)를 행하는 성인(聖人)이} 공적을[功] 이루고[成] 사업을[事] 완수했어도[遂], {성인(聖人)이 그렇게 한 줄 모르는} 백성은[百姓] 모두[皆] 우리는[我] 본디대로 그냥 그러하다고[自然] 말했다[謂].   『노자(老子)』 17장(章)

📖 "아독이어인(我獨異於人) 이귀사모(而貴食母)." 나만[我獨] 사람들[人]과[於] 달라서[異而] 먹여주는[食] 어머니를[母] 받든다[貴].   『노자(老子)』 20장(章)

📖 "기지기자(旣知其子) 복수기모(復守其母) 몰신불태(歿身不殆)." 이미[旣] 그[其] 아들임을[子] 알고[知] (어머니에게로) 돌아가[復] 그[其] 어머니를[母] 지킨다면[守] 평생토록[歿身] 위태롭지 않다[不殆].   『노자(老子)』 52장(章)

- 도가(道家)는 관신(觀身)하라 하고, 유가(儒家)는 수신(修身)하라 한다. 도가(道家)의 관신(觀身)은 관수중지신(觀守中之身)을 관(觀)의 본(本)으로 삼고, 유가(儒家)의 수신(修身)은 수신이례(修身以禮)를 수(修)의 본(本)으로 삼는다. 〈상도를 따름을[中] 지키는[守之] 자신을[身] 살핌[觀]〉〈예로[禮]써[以] 자신을[身] 닦아 익힘[修].〉

- 이신관신(以身觀身)의 관(觀)은 〈살펴 성찰할 감(鑑)〉과 같다. 관(觀)이란 심찰(審察) 즉 깊이[審] 살피고[察], 광첨(廣瞻) 넓게[廣] 눈여기며[瞻], 원시(遠視) 멀리[遠] 바라보고[視], 예시(豫示) 나타남을[示] 미리 알아봄을[豫] 묶고 있다.

【해독(解讀)】

- 〈이신관신(以身觀身)〉에서 이신(以身)은 관(觀)을 꾸며주는 부사구 노릇하고, 주어가 생략되었지만 관(觀)은 동사 노릇하고, 신(身)은 관(觀)의 목적어 노릇한다. 이(以)는 여기선 〈써 용(用)〉과 같고, 관(觀)은 〈살필 찰(察)〉과 같아 관찰(觀察)의 줄임말로 여기면 된다. 〈몸으로[身]써[以] 자신을[身] 관찰한다[觀].〉

54-10 以家觀家(이가관가)

▶ (자기의) 집안으로[家]써[以] 집안을[家] 살핀다[觀].

써 이(以), 집 가(家), 비추어 살필 관(觀)

【지남(指南)】

〈이가관가(以家觀家)〉는 앞서 살핀 〈수지어가(修之於家)〉의 가문[家] 그 자체를 통하여 가문의 선건(善建)·선포(善抱)를 살핌[觀]이다. 인의예지(仁義禮智)란 사단(四端) 등을 통하여 가문을 살펴 닦을 것이 아니라 법자연(法自然)으로써 가문의[家] 선건(善建)·선포(善抱)를 닦아가라 함이다. 도가(道家)는 무위자연(無爲自然)으로써 관가(觀家)하라 하고, 유가(儒家)는 인의예지(仁義禮智)로써 제가(齊家)하라 한다. 유가(儒家)는 이례제가(以禮齊家)이니 예로[禮]써[以] 가족을[家] 다지고[齊], 도가(道家)는 이천관가(以天觀家) 자연으로[天]써[以] 가문을[家] 살핀다[觀]. 유가(儒家)는 가가(家家) 즉 이 가문 저 가문을 분별하여 다지지만[齊], 도가(道家)는 39장(章) 〈만물득일이생(萬物得一以生)〉의 득일(得一)로 가문을 살피니[觀] 가문을 분별하지 않는다. 자가(自家)를 앞세우면 그도 사부(私府) 즉 사욕(私欲)의 곳간[府]이 되어 탐욕이 일기 때문이다.

자가(自家)의 삶 역시 무위(無爲)하고 무사(無事)하며 호정(好靜)하고 무욕(無欲)하여 자기 집안이 선건(善建)하고 선포(善抱)하는지 살피는[觀] 것이다. 〈자기가 없는[無己] 몸[身]〉처럼 자가(自家)도 자연(自然) 그것인지라 집안 역시 존도이귀덕(尊道而貴德), 즉 상도(常道)와 상덕(常德)을 존귀(尊貴)함을 살핀다. 자가(自家)란 상도(常道)의 자식[子]들이 사는 집이기 때문이다. 그러므로 예(禮)로 돌아가는[復禮] 가문이 아니라 자연(自然)으로 돌아가 선건(善建)하여 선포(善抱)하는 집안이니, 이가관가(以家觀家)의 〈가(家)〉 또한 17장(章) 〈아자연(我自然)〉으로 그냥 그대로의[自然] 집안이고[家], 20장(章) 〈귀사모(貴食母)〉 즉 먹여서 길러주는[食] 어머니[母]인 상도(常道)를 받드는[尊] 집안이며, 그리고 52장(章)의 〈복수기모(復守其母)〉 즉 그[其] 어머니로[母] 돌아와[復] 그 어머니를 지키는[守] 집안임을 관(觀)한다. 그리하여 상덕(常德)의 받듦이 진실하면서[眞] 여유로운지[餘] 집안을 직접 살피는[觀] 것이다.

이러한 자가(自家) 역시 38장(章) 〈처기실(處其實)〉의 뜻[義]을 살피게 한다. 처기실(處其實)의 〈실(實)〉은 37장(章) 〈무명지박(無名之樸)〉 즉 인간의 짓이[名] 없는[無之] 그냥 그대로[樸]이고, 그 실박(實樸)함이 이가관가(以家觀家)의 〈가(家)〉이다. 이런 자가(自家)는 치가이례(治家以禮)로 예(禮)로써 가문을[家] 다스리는[治] 제가(齊家)가 아니라, 자연(自然)으로 살펴[觀] 자화(自化)하는 집안이다. 그리하여 선건(善建)·선포(善抱)하는 가솔(家率)로 〈현동(玄同)〉을 본받아[法] 〈습상(襲常)〉으로써 끊임없이 소사(少私)하여 과욕(寡欲)하는 삶을 닦아 익히는지[修] 살피는[觀] 것이다.

상도(常道)를 세우기[建] 잘하고[善] 지키기[抱] 잘함을[善] 수지(修之)하는지 집안 그 자체로 살핌[觀]이란, 상도(常道)가 만물에 행함을 본받아 행(行)을 따르고 사는지 스스로 살피는 것이다. 관가(觀家)는 4장(章) 〈좌기예(挫其銳) 해기분(解其紛) 화기광(和其光) 동기진(同其塵)〉을 가족이 실행하는지 살피고, 그 실행은 52장(章) 〈습상(習常)〉과 56장(章) 〈현동(玄同)〉을 좇아 따름으로 드러난다. 습상(習常)은 도상무위(道常無爲)를 이어받아 익힘[習]이고, 현동(玄同)은 상도(常道)와 하나 됨이다[同]. 그리하여 자가(自家)가 상도(常道)를 선건(善建)하고 선포(善抱)하여 행하는지 스스로 자가(自家)를 끊임없이 살핌을[觀] 살펴 새기고 헤아려 깨우치게 하는 말씀이 〈이가관가(以家觀家)〉이다.

【보주(補註)】

• 〈이가관가(以家觀家)〉를 〈이자가관자가지선포여자가지선건(以自家觀自家之善抱與自家之善建)〉처럼 옮기면 문의(文意)를 더 쉽게 새길 수 있다. 〈자기[自] 가정으로[家] 써[以] 자기[自] 가정의[家之] 선건과[與善建] 자기[自] 가정의[家之] 선포를[善抱] 살핀다[觀].〉

• 이가관가(以家觀家)의 관가(觀家) 역시 17장(章) 〈아자연(我自然)〉, 20장(章) 〈귀사모(貴食母)〉 그리고 52장(章)의 〈복수기모(復守其母)〉를 상기시킨다. 아자연(我自然)·귀사모(貴食母)·복수기모(復守其母)의 집안[家]으로 상도(常道)를 확립하여[建] 지키기를[抱] 잘하는[善] 집안인지 그 자체로써[以家] 살핌이[觀] 관가(觀家)이다.

- 도가(道家)는 관가(觀家)하라 하고, 유가(儒家)는 제가(齊家)하라 한다. 도가(道家)의 관가(觀家)는 관가이수중(觀家以守中)을 관(觀)의 본(本)으로 삼고, 유가(儒家)의 제가(齊家)는 제가이례(齊家以禮)를 제(齊)의 본(本)으로 삼는다. 〈상도를 따름을[中] 지킴으로[守]써[以] 집안을[家] 살핌[觀]〉〈예로[禮]써[以] 집안을[家] 다짐[齊]〉

- 이가관가(以家觀家)의 관(觀)은 〈살펴 성찰할 감(鑑)〉과 같다. 관(觀)이란 심찰(審察) 깊이[審] 살피고[察], 광첨(廣瞻) 넓게[廣] 눈여기며[瞻], 원시(遠視) 멀리[遠] 바라보고[視], 예시(豫示) 나타남을[示] 미리 알아봄[豫]이다.

【해독(解讀)】

- 〈이가관가(以家觀家)〉에서 이가(以家)는 관(觀)을 꾸며주는 부사구 노릇하고, 주어가 생략되었지만 관(觀)은 타동사 노릇하고, 가(家)는 관(觀)의 목적어 노릇한다. 이(以)는 〈써 용(用)〉과 같고, 관(觀)은 〈살필 찰(察)〉과 같아 관찰(觀察)의 줄임말로 여기면 된다. 〈집안으로[家]써[以] 집안을[家] 관찰한다[觀].〉

54-11 以鄕觀鄕(이향관향)

▶ 고을로[鄕] 써 [以] 고을을[鄕] 살핀다[觀].

써 이(以), 고을 향(鄕), 비추어 살필 관(觀)

【지남(指南)】

〈이향관향(以鄕觀鄕)〉은 앞서 살핀 〈수지어향(修之於鄕)〉의 고을[鄕] 그 자체를 통하여 고을의 선건(善建)·선포(善抱)를 살핌[觀]이다. 인의예지(仁義禮智)란 사단(四端) 등을 통하여 고을을 살펴 닦을 것이 아니라 법자연(法自然)으로써 고을의[鄕] 선건(善建)·선포(善抱)를 닦아가라 함이다. 도가(道家)는 관향(觀鄕)하라 하고, 유가(儒家)는 인의예지(仁義禮智)로써 제향(齊鄕)하라 한다. 유가(儒家)는 이례제향(以禮齊鄕) 예로[禮]써[以] 고을을[鄕] 다지고[齊], 도가(道家)는 이천관향(以天觀鄕) 자연으로[天]써[以] 고을을[鄕] 살핀다[觀]. 유가(儒家)는 향향(鄕鄕) 즉 이 고을[鄕] 저 고을[鄕]을 분별하지만, 도가(道家)는 39장(章) 〈만물득일이생(萬物得

수관장(修觀章)

一以生〉의 득일(得一)로써[以] 고을[鄕]을 살피는지라[觀] 이 고을 저 고을을 분별하지 않는다. 자기 고을[自鄕]을 앞세우면 그 역시 사부(私府), 즉 사욕(私欲)의 곳간[府]이 되어 탐욕이 일기 때문이다.

자향(自鄕)의 삶 역시 무위(無爲)하고 무사(無事)하며 호정(好靜)하고 무욕(無欲)하라 한다. 〈자기가 없는[無己] 자가(自家)〉처럼 자연(自然) 그것인지라 자향(自鄕) 역시 도덕(道德) 바로 그것이다. 자향(自鄕)이란 상도(常道)의 자식[子]들이 사는 고을이기 때문에 예(禮)로 돌아가는[復禮] 고을이 아니라 자연(自然)으로 돌아와 선건(善建)하여 선포(善抱)하는 고을[鄕]이다. 그러므로 이향관향(以鄕觀鄕)의 〈향(鄕)〉 또한 17장(章) 〈아자연(我自然)〉이니 그냥 그대로의[自然] 고을이고[鄕], 20장(章) 〈귀사모(貴食母)〉 즉 온갖 것을 먹여주는[食] 어머니[母]인 상도(常道)를 받드는[貴] 고을이며, 52장(章) 〈복수기모(復守其母)〉 즉 그[其] 어머니로[母] 돌아가[復] 그 어머니를 지키는[守] 고을이고, 5장(章) 〈수중(守中)〉을 행하는 고을이다. 그러한 덕[其德]이 진실하고[眞] 여유로워[餘] 장대한[長] 고을인지 직접 살피는[觀] 것이다.

자향(自鄕) 또한 38장(章) 〈처기실(處其實)〉의 뜻[義]을 살피게 한다. 처기실(處其實)의 〈실(實)〉은 37장(章) 〈무명지박(無名之樸)〉 즉 인간의 짓이[名] 없는[無之] 그냥 그대로[樸]인 것이니 그 실박(實樸)함이 이향관향(以鄕觀鄕)의 〈향(鄕)〉이다. 이런 자향(自鄕)은 치향이례(治鄕以禮) 즉 예(禮)로써[以] 고을을[鄕] 다스리는[治] 제향(齊鄕)이 아니라 자연(自然)으로서 살펴[觀] 자화(自化)하는 고을[鄕]이며, 자향(自鄕)이 선건(善建)·선포(善抱)하는 고을로서 〈현동(玄同)〉을 본받고[法], 〈습상(習常)〉으로 소사(少私)하여 과욕(寡欲)하는 삶을 닦아 익히는지[修] 살핌[觀]이다.

상도(常道)를 확립하기를[建] 잘하고[善] 지키기를[抱] 잘하는[善] 닦음을[修] 살핌[觀]이란, 상도(常道)가 만물에 행함을 본받아 고을 백성이 그 행을 따르며 사는지 스스로 살핌[觀]이다. 그러므로 관향(觀鄕) 역시 4장(章) 〈좌기예(挫其銳) 해기분(解其紛) 화기광(和其光) 동기진(同其塵)〉을 고을 백성이 실행하는지 살피고, 그 실행은 52장(章) 〈습상(習常)〉과 56장(章) 〈현동(玄同)〉을 떠올리며, 자향(自鄕)이 상도(常道)를 선건(善建)하고 선포(善抱)하여 행하는지 스스로 살핌을[觀] 헤아려 깨우치게 하는 말씀이 〈이향관향(以鄕觀鄕)〉이다.

【보주(補註)】

● 〈이향관향(以鄕觀鄕)〉을 〈이자향관자향지선포여자향지선건(以自鄕觀自鄕之善
抱與自鄕之善建)〉처럼 옮기면 문의(文意)를 더 쉽게 새길 수 있다. 〈자기[自] 고
향으로[鄕]써[以] 자기[自] 고향의[鄕之] 선건과[與善建] 자기[自] 고향의[鄕之]
선포를[善抱] 살핀다[觀].〉

● 이향관향(以鄕觀鄕)의 관향(觀鄕) 역시 17장(章) 〈아자연(我自然)〉, 20장(章) 〈귀
사모(貴食母)〉, 52장(章) 〈복수기모(復守其母)〉를 상기시킨다. 아자연(我自然) ·
귀사모(貴食母) · 복수기모(復守其母)의 고을[鄕]로 상도(常道)를 확립하여[建]
지키기를[抱] 잘하는[善] 고을인지 그 자체로써[以國] 살핌이[觀] 여기 관향(觀
鄕)이다.

● 도가(道家)는 관향(觀鄕)하라 하고, 유가(儒家)는 제향(齊鄕)하라 한다. 도가(道
家)의 관향(觀鄕)은 관향이수중(觀鄕以守中)을 관(觀)의 본(本)으로 삼고, 유가
(儒家)의 제향(齊鄕)은 제향이례(齊鄕以禮)를 제(齊)의 본(本)으로 삼는다. 〈상도
를 따름을[中] 지킴으로[守]써[以] 고을을[鄕] 살핌[觀]〉〈예로[禮]써[以] 고을을
[鄕] 다짐[齊]〉

● 이향관향(以鄕觀鄕)의 관(觀)은 〈살펴 성찰할 감(鑑)〉과 같다. 관(觀)이란 심찰
(審察) 깊이[審] 살피고[察], 광첨(廣瞻) 넓게[廣] 눈여기며[瞻], 원시(遠視) 멀리
[遠] 바라보고[視], 예시(豫示) 나타남을[示] 미리 알아봄[豫]이다.

【해독(解讀)】

● 〈이향관향(以鄕觀鄕)〉에서 이향(以鄕)은 관(觀)을 꾸며주는 부사구 노릇하고,
주어가 생략되었지만 관(觀)은 동사 노릇하고, 향(鄕)은 관(觀)의 목적어 노릇한
다. 이(以)는 〈써 용(用)〉과 같고, 관(觀)은 〈살필 찰(察)〉과 같아 관찰(觀察)의 줄
임말로 여기면 된다. 〈고을로[鄕]써[以] 고을을[鄕] 관찰한다[觀].〉

54-12 以邦觀邦(이방관방)

▶ 나라로[邦]써[以] 나라를[邦] 살핀다[觀].

써 이(以), 나라 방(邦), 비추어 살필 관(觀)

【지남(指南)】

〈이방관방(以邦觀邦)〉은 앞서 살핀 〈수지어방(修之於邦)〉의 나라[邦] 그 자체를 통하여 나라의 선건(善建)·선포(善抱)를 살핌[觀]이다. 인의예지(仁義禮智)란 사단(四端) 등을 통하여 나라를 살펴 닦을 것이 아니라, 법자연(法自然)으로써 나라의[邦] 선건(善建)·선포(善抱)를 닦아가라 함이다. 도가(道家)는 무위자연(無爲自然)으로써 관방(觀邦)하라 하고, 유가(儒家)는 인의예지(仁義禮智)로써 제방(齊邦)하라 한다. 유가(儒家)는 특히 이례치국(以禮治國) 즉 예로[禮]써[以)) 나라를[國] 다스리고[齊], 도가(道家)는 이천관국(以天觀國) 자연으로[天]써[以] 나라를[國] 살핀다[觀]. 유가(儒家)는 각국을 분별하여 다스리지만[治], 도가(道家)는 39장(章) 〈만물득일이생(萬物得一以生)〉의 득일(得一)로써[以] 나라를[邦] 살피는지라[觀] 이 나라 저 나라를 분별하지 않는다. 자방(自邦)을 앞세우면 그 역시 사욕(私欲)의 곳간[府]이 되어 탐욕이 일고, 나라와 나라가 상쟁(相爭)하여 서로[相] 다투면[爭] 상전(相戰)하기 때문이다.

자방(自邦)의 삶도 무위(無爲)하고 무사(無事)하며 호정(好靜)하고 무욕(無欲)하며 무정(無情)하라 한다. 〈자기가 없는[無己] 자방(自邦)〉처럼 자방(自邦) 즉 자기 나라도 자연(自然)인지라 그 역시 도덕(道德) 바로 그것이다. 자방(自邦)이란 상도(常道)의 자식[子]들인 백성이 사는 곳이기 때문에, 예(禮)로 돌아가게[復] 제지(齊之)함이 아니라, 자연(自然)으로 돌아와 백성 스스로 선건(善建)하여 선포(善抱)하게 함이 무위(無爲)의 자화(自化)이다. 그래서 이방관방(以邦觀邦)의 〈방(邦)〉 또한 17장(章)에서 살핀 〈아자연(我自然)〉 즉 우리는[我] 그냥 그대로의[自然] 나라이고, 20장(章)에서 살핀 〈귀사모(貴食母)〉 즉 먹여주는[食] 어머니[母]인 상도(常道)를 받드는[貴] 나라이며, 52장(章)에 나오는 〈복수기모(復守其母)〉 즉 그[其] 어머니로[母] 돌아와[復] 그 어머니를 지키는[守] 나라이고, 5장(章)에서 살핀 〈수중(守中)〉 즉 상도(常道)를 따라[中] 지키는[守] 나라이다. 그러한 덕[其德]이 진실하고[眞] 여유로워[餘] 그 상덕(常德)을 받들어[長] 그 덕(德)이 풍부한[豊] 나라인지를 직접 살핌이[觀] 여기 〈이방관방(以邦觀邦)〉이다.

나라의 백성이 38장(章)에서 살핀 대장부(大丈夫)로서 삶을 누리는 나라가[邦] 곧 여기 이방관방(以邦觀邦)의 나라[邦]이다. 그래서 그 백성은 38장(章)에서 살핀 처기실(處其實) 즉 그[其] 실박함에[實] 머물러[處] 삶을 누려서 37장(章)에서 살핀 〈무명지박(無名之樸)〉 즉 인간의 짓이[名] 없는[無之] 그냥 그대로인[樸] 백성의 나라가 여기 이방관방(以邦觀邦)의 나라[邦]이다. 이는 치국이례(治國以禮) 즉 예(禮)로써[以] 나라를[國] 다스리는[治] 나라가 아니라 백성이 자연(自然)으로 살펴[觀] 자화(自化)하는 나라이다. 그러므로 선건(善建)·선포(善抱)하는 백성으로 〈현동(玄同)〉을 본받고[法], 〈습상(習常)〉으로 소사(少私)하여 과욕(寡欲)하는 삶을 닦아 익히는지[修] 백성이 삶을 누리도록 나라를 살핌이[觀] 여기 〈관방(觀邦)〉이다.

상도(常道)를 확립하기를[建] 잘하고[善] 지키기를[抱] 잘하는[善] 〈수지(修之)〉를 온 나라 백성이 실행하게 살핌[觀]이란, 상도(常道)가 만물에 행함을 본받아 백성이 그 행(行)을 따르며 사는지 스스로 살피게[觀] 함이다. 그러므로 관방(觀邦) 역시 4장(章) 〈좌기예(挫其銳) 해기분(解其紛) 화기광(和其光) 동기진(同其塵)〉을 백성이 실행하는지 백성 스스로 살피게 한다. 나라가[邦] 상도(常道)를 선건(善建)하고 선포(善抱)하여 백성이 대장부(大丈夫)의 삶을 누리게 10장(章)에서 살핀 바대로 애민치국(愛民治國) 즉 백성을[民] 아끼고[愛] 나라를[國] 다스림에[治] 인위(人爲)의 짓들이 없는지 살펴 새기고 헤아려 깨우치게 하는 말씀이 〈이방관방(以邦觀邦)〉이다.

註 "대장부처기후(大丈夫處其厚) 불거기박(不居其薄) 처기실(處其實) 불거기화(不居其華)." 대장부는[大丈夫] 그[其] 두터움에[厚] 머물고[處] 그[其] 엷음에[薄] 머물지 않으며[不居], 그[其] 실박함에[實] 머물지[處] 그[其] 꾸밈에[華] 머물지 않는다[不居].　　　　『노자(老子)』 38장(章)

註 "애민치국(愛民治國) 능무위호(能無爲乎)." 백성을[民] 아끼고[愛] 나라를[國] 다스린다[治]. (그래서 그 다스림에) 능히[能] 인위가[爲] 없는 것[無]인가[乎]?　　　　『노자(老子)』 10장(章)

【보주(補註)】

● 〈이방관방(以邦觀邦)〉을 〈이자방관자방지선포여자방지선건(以自邦觀自邦之善抱與自邦之善建)〉처럼 옮기면 문의(文意)를 더 쉽게 새길 수 있다. 〈자기[自] 나라로[邦]써[以] 자기 나라의[自邦之] 선건과[與善建] 자기 나라의[自邦之] 선포

를[善抱] 살핀다[觀].〉

- 이방관방(以邦觀邦)의 관방(觀邦) 역시 17장(章) 〈아자연(我自然)〉, 20장(章) 〈귀사모(貴食母)〉, 52장(章) 〈복수기모(復守其母)〉를 상기시킨다. 아자연(我自然) · 귀사모(貴食母) · 복수기모(復守其母)의 나라[國]로 상도(常道)를 확립하여[建] 지키기를[抱] 잘하는[善] 나라인지 나라 자체로써[以邦] 살핌이[觀] 관방(觀邦) 이다.

- 도가(道家)의 관방(觀邦)은 관국이수중(觀國以守中)을 관(觀)의 본(本)으로 삼고, 유가(儒家)의 치국(治國)은 치국이례(治國以禮)를 다스림의[治] 본(本)으로 삼는다. 〈상도를 따름을[中] 지킴으로[守]써[以] 나라를[邦] 살핌[觀]〉〈예로[禮] 써[以] 나라를[邦] 다스림[治]〉

- 이방관방(以邦觀邦)의 관(觀) 역시 〈살펴 성찰할 감(鑑)〉과 같다. 관(觀)이란 심찰(審察) 깊이[審] 살피고[察], 광첨(廣瞻) 넓게[廣] 눈여기며[瞻], 원시(遠視) 멀리[遠] 바라보고[視], 예시(豫示) 나타남을[示] 미리 알아봄[豫]이다.

- 이방관방(以邦觀邦)이 〈이방관국(以國觀國)〉으로 된 본(本)도 있다. 방(邦)과 국(國)은 서로 같은 뜻이니 원문(原文)의 문의(文義)가 달라지는 것은 아니다.

【해독(解讀)】

- 〈이방관방(以邦觀邦)〉에서 이국(以邦)은 관(觀)을 꾸며주는 부사구 노릇하고, 주어가 생략되었지만 관(觀)은 타동사 노릇하고, 방(邦)은 관(觀)의 목적어 노릇한다. 이(以)는 〈써 용(用)〉과 같고, 관(觀)은 〈살필 찰(察)〉과 같아 관찰(觀察)의 줄임말로 여기면 된다. 〈나라로[邦]써[以] 나라를[邦] 관찰한다[觀].〉

54-13 以天下觀天下(이천하관천하)

▶세상으로[天下]써[以] 세상을[天下] 살핀다[觀].

써 이(以), 하늘 천(天), 아래 하(下), 비추어 살필 관(觀)

【지남(指南)】

〈이천하관천하(以天下觀天下)〉는 앞서 살핀 〈수지어천하(修之於天下)〉의 세상

[天下] 그 자체를 통하여 세상의 선건(善建) · 선포(善抱)를 살핌(觀)이다. 인의예지(仁義禮智)란 사단(四端) 등을 통하여 천하(天下)를 살펴 닦을 것이 아니라 법자연(法自然)으로써 천하의 선건(善建) · 선포(善抱)를 닦아가라 함이다. 도가(道家)는 무위자연(無爲自然)으로써 관천하(觀天下)하라 하고, 유가(儒家)는 인의예지(仁義禮智)로써 평천하(平天下)하라 한다. 유가(儒家)는 특히 이례치국(以禮治國) 즉 예로[禮]써[以] 세상을[天下] 평정하자고[平] 하지만, 도가(道家)는 이천하관천하(以天下觀天下) 즉 세상으로[天下]써[以] 세상을[天下] 살핀다[觀]. 유가(儒家)는 각국을 분별하여 다스리지만[治], 도가(道家)는 39장(章)에서 살핀 바대로 만물득일이생(萬物得一以生)의 득일(得一)로써[以] 천하를 살피는지라[觀] 이 세상은 늘 하나[一] 즉 상도(常道)의 것이지 천자(天子)의 것이 아니다. 그러나 유가(儒家)는 이례평천하(以禮平天下) 즉 예로[禮]써[以] 온 세상을[天下] 평안히 하라고[平] 한다. 이에 반해 도가(道家)는 이천하관천하(以天下觀天下) 세상으로[天下]써[以] 온 세상을[天下] 살펴[觀] 천하를 하나로 보라는 것이다.

나 자신(自身) · 가(家) · 향(鄕) · 방(邦) · 천하(天下)가 별개가 아니라 하나로서[一] 대동(大同)이다. 세상 속 여러 나라가 자국(自國)을 앞세우면 천하(天下) 역시 사욕(私欲)의 곳간[府]이 되고 탐욕이 일어 나라와 나라가 상쟁(相爭)을 벗어나지 못해 난세(亂世)를 빚어내게 된다. 나라마다의 삶이 무위(無爲)하고 무사(無事)하며 호정(好靜)하고 무욕(無欲)하면 천하(天下)는 바로 하나가 돼 난세(亂世)가 빚어질 리 없다는 것이다. 〈자기가 없는[無己] 자국(自國)〉처럼 천하(天下)도 자연(自然) 그것인지라 천하(天下) 역시 도덕(道德)을 선건(善建)하고 선포(善抱)한다. 천하(天下)란 상도(常道)의 자식[子]들이 사는 세상이기 때문에 예(禮)로 돌아가는[復禮] 것이 아니라 자연(自然)으로 돌아와 선건(善建)하여 선포(善抱)하는 세상이 바로 여기 이천하관천하(以天下觀天下)의 〈천하(天下)〉 즉 이 세상이다. 그래서 이천하관천하(以天下觀天下)의 천하(天下) 역시 17장(章)에서 살핀 〈아자연(我自然)〉 즉 우리는[我] 그냥 그대로의[自然] 세상이고[天下], 20장(章)에서 살핀 〈귀사모(貴食母)〉 즉 온갖 것을 먹여주는[食] 어머니인[母] 상도(常道)를 받드는[尊] 세상이며, 52장(章)에 나오는 〈복수기모(復守其母)〉 즉 그[其] 어머니로[母] 돌아와[復] 그 어머니를 지키는[守] 세상이며, 5장(章)에서 살핀 바대로 〈수중(守中)〉 즉 상도를 따름을[中] 지키는[守] 세상이다.

그러한 덕(其德)이 진실하고[眞] 여유로워[餘] 받들어져[長] 풍부하여[豊] 온 누리에 퍼지는[普] 세상인지 직접 살핌이[觀] 여기 〈관천하(觀天下)〉이다. 이런 천하(天下)는 평천하이례(平天下以禮) 즉 예(禮)로써[以] 세상을[天下] 평안히 하는[平] 것이 아니라 자연(自然)으로 돌아와 천하민(天下民) 모두가 자화(自化)하여 대장부(大丈夫)로서 살아가는 세상[天下]이다. 그리하여 천하(天下)의 만백성이 선건(善建)·선포(善抱)하는 천하민(天下民)으로 〈현동(玄同)〉을 본받고[法], 〈습상(習常)〉으로 소사(少私)하여 과욕(寡欲)하는 삶을 닦아 익히는지[修] 살핌이[觀] 여기 관천하(觀天下)이다.

상도를[常道] 세우기를[建] 잘하고[善] 지키기를[抱] 잘함을[善] 천하(天下) 그 자체로 살핌[觀]이란, 상도(常道)가 만물에 행함을 본받아 천하민(天下民)이 그 행(行)을 따르며 사는지 살핌[觀]이다. 관천하(觀天下) 역시 4장(章)에서 살핀 바대로 **좌기예(挫其銳) 해기분(解其紛) 화기광(和其光) 동기진(同其塵)**을 만백성이 실행하는지 살핌이고, 그 실행은 52장(章)에 나오는 〈습상(習常)〉과 56장(章)에 나오는 〈현동(玄同)〉으로써 살핌이다. 그러므로 천하가 상도(常道)를 선건(善建)하고 선포(善抱)하여 행하게 천하 자체를 끊임없이 살핌을[觀] 새기고 헤아려 깨우치게 하는 말씀이 〈이천하관천하(以天下觀天下)〉이다.

註 "만물득일이생(萬物得一以生)." 온갖 것은[萬物] 하나를[一] 얻음으로[得]써[以] 생긴다[生].
『노자(老子)』 39장(章)

註 "좌기예(挫其銳) 해기분(解其紛) 화기광(和其光) 동기진(同其塵)." {상도(常道)는} 그[其] 날카로움을[銳] 꺾고[挫], 그[其] 분란을[紛] 없애며[解], 그[其] 빛냄을[光] 어우르고[和], 그[其] 속됨과[塵] 같이한다[同].
『노자(老子)』 4장(章)

【보주(補註)】

● 〈이천하관천하(以天下觀天下)〉를 〈이천하관천하지선포여선건(以天下觀天下之善抱與善建)〉처럼 옮기면 문의(文意)를 더 쉽게 새길 수 있다. 〈천하로[天下]써[以] 천하의[天下之] 선건과[與善建] 천하의[天下之] 선포를[善抱] 살핀다[觀].〉

● 이천하관천하(以天下觀天下)의 관천하(觀天下) 역시 17장(章)에서 살핀 〈아자

연(我自然)〉, 20장(章)에서 살핀 〈귀사모(貴食母)〉, 52장(章)에 나오는 〈복수기모(復守其母)〉를 상기시킨다. 아자연(我自然)·귀사모(貴食母)·복수기모(復守其母)·수중(守中)의 천하(天下)로 상도(常道)를 세워[建] 지키기를[抱] 잘하는[善] 세상인지 천하(天下) 자체를 살핌[觀]이지, 인의예지(仁義禮智)로써 천하(天下)를 도지(導之)하지 않음이 여기 관천하(觀天下)이다.

● 이천하관천하(以天下觀天下)의 관(觀) 역시 〈살펴 성찰할 감(鑑)〉과 같다. 관(觀)이란 심찰(審察) 깊이[審] 살피고[察], 광첨(廣瞻) 넓게[廣] 눈여기며[瞻], 원시(遠視) 멀리[遠] 바라보고[視], 예시(豫示) 나타남을[示] 미리 알아봄[豫]이다.

【해독(解讀)】

● 〈이천하관천하(以天下觀天下)〉에서 이천하(以天下)는 관(觀)을 꾸며주는 부사구 노릇하고, 주어가 생략되었지만 관(觀)은 동사 노릇하고, 천하(天下)는 관(觀)의 목적어 노릇한다. 이(以)는 〈써 용(用)〉과 같고, 관(觀)은 〈살필 찰(察)〉과 같아 관찰(觀察)의 줄임말로 여기면 된다. 〈천하로[天下]써[以] 천하를[天下] 관찰한다[觀].〉

54-14 吾何以知天下之然哉(오하이지천하지연재) 以此(이차)

▶내가[吾] 무엇[何]으로[以] 온 세상이[天下之] 그러함을[然] 안다는 것[知]일까[哉]? 위에서 밝힌 것들로[此]써다[以].

나 오(吾), 무엇 하(何), 써 이(以), 알 지(知), 하늘 천(天), 아래 하(下), 조사(~가) 지(之), 그럴 연(然), 조사(~인가) 재(哉), 이 차(此)

【지남(指南)】

〈오하이지천하지연재(吾何以知天下之然哉) 이차(以此)〉는 54장(章)을 총결(總結)한다. 내 자신이[身] 몸소[以身] 닦아 익힌[修] 상덕(常德)이 진실하고[眞] 집안[家]에 미쳐[及] 여유롭게[餘] 되고, 상덕(常德)이 고을[鄕]에 미쳐[及] 받들어지고[長], 이처럼 받들어지는[長] 상덕(常德)이 나라[邦]에 급(及)하여 풍부하게[豊] 되고, 방(邦)에 미친 풍부한[豊] 상덕(常德)이 천하(天下)에 두루 퍼져[普] 온 천하가

[天下之] 자연(自然)이 됨을 노자(老子)가 알고 있음을 밝히기도 한다.

이러함을 어떻게[何以] 아는가? 자신의[身] 선건(善建)·선포(善抱)를 살피고[觀], 관신(觀身)으로써[以] 가(家)의 선건(善建)·선포(善抱)를 관(觀)하며, 관가(觀家)로써[以] 향(鄕)의 선건(善建)·선포(善抱)를 관(觀)하고, 관향(觀鄕)으로써[以] 나라[邦]의 선건(善建)·선포(善抱)를 관(觀)하고, 관방(觀邦)으로써[以] 천하(天下)의 선건(善建)·선포(善抱)를 관(觀)하니, 천하지연(天下之然) 즉 온 세상이[天下之] 그러함을[然] 알 수 있음을 〈오(吾)〉 즉 노자(老子) 자신이[吾] 천명하고 있다.

천하지연(天下之然)이란 신(身)이 천하(天下)이고 가(家)가 천하(天下)이며 향(鄕)이 천하(天下)이고 나라가[邦] 천하(天下)인지라, 신(身)·가(家)·향(鄕)·방(邦)·천하(天下) 등등으로 나눔이 아니라 이것들은[此] 모두 다 법자연(法自然)함으로써 하나[一]임을 말한다. 자신이[身] 천하(天下)와 하나가 되는 것은 그 자신이 무위(無爲)하고 호정(好靜)하며 무사(無事)하고 무욕(無欲)한 까닭에 신즉천하(身卽天下) 즉 자신이[身] 곧[卽] 천하(天下)이다. 그러므로 천하지연(天下之然)은 『장자(莊子)』의 천지지우(天地之友)를 상기시킨다.

선건(善建)하고 선포(善抱)하기를 닦아 익히면[修] 무기(無己) 즉 자기가[己] 없어져[無] 견소(見素)하여 포박(抱樸)하고, 그리하여 절로 소사(少私)하고 과욕(寡欲)하여 천지지우(天地之友) 즉 자연의[天地之] 벗이[友] 된다. 그리하여 자신이[身] 곧 법자연(法自然)의 천하(天下)가 되고, 그 자신의 가(家)가 곧 법자연(法自然)의 천하(天下)가 되며, 그 자신의 향(鄕)이 곧 법자연(法自然)의 천하(天下)가 되고, 그 자신의 방(邦)이 곧 법자연(法自然)의 천하(天下)가 되어 그 자신이[身] 곧 천하임을 살펴 새기고 헤아려 깨우치게 하는 말씀이 이 장(章)의 총결(總結)로서 〈오하이지천하지연재(吾何以知天下之然哉) 이차(以此)〉이다.

註 "합호대동(合乎大同) 대동이무기(大同而無己) 무기(無己) 오호유유(惡乎有有) 도유자석지군자(覩有者昔之君子) 도무자천지지우(覩無者天地之友)." 크나큰[大] 하나와[同乎] 합한다[合]. 크나큰 하나이니[大同而] 자기가[己] 없다[無]. 내 것이[己] 없는데[無] 어찌[惡乎] 무엇을 가짐이[有] 있겠는가[有]? 가짐을[有] 보는[覩] 자는[者] 옛날의[昔之] 군자이고[君子], 갖지 않아 없음을[無] 보는[覩] 이는[者] 하늘땅의[天地之] 벗이다[友].

대동(大同)은 여자연동(與自然同) 즉 자연과[與自然] 하나됨[同]이고, 무기(無己)는 무사

(無私)·무욕(無欲)·무아(無我)를 묶어 말함이다. 석지군자(昔之君子)는 인의예지(仁義禮智)를 앞세우는 유가(儒家)의 군자(君子)를 말함이다. 도무자(覩無者)·천지지우(天地之友)·무기자(無己者) 등은 성인(聖人)을 달리 말함이다.   『장자(莊子)』「재유(在宥)」

【보주(補註)】

- 〈오하이지천하지연재(吾何以知天下之然哉) 이차(以此)〉를 〈오하이지천하지연재(吾何以知天下之然哉) 이관기덕지보어천하(以觀其德之普於天下) 오지천하지연야(吾知天下之然也)〉처럼 옮기면 문의(文意)를 더 쉽게 새길 수 있다. 〈무엇으로[何]써[以] 내가[吾] 천하가[天下之] 그러함을[然] 아는 것[知]인가[哉]? 그[其] 덕이[德之] 천하에[於天下] 보편함을[普] 살핌으로[觀]써[以] 나는[吾] 천하가[天下之] 그러함을[然] 아는 것[知]이다[也].〉

- 오하이지천하지연재(吾何以知天下之然哉)의 천하지연(天下之然)은 〈기덕진어신(其德眞於身)·기덕여어가(其德餘於家)·기덕장어향(其德長於鄕)·기덕풍어방(其德豊於邦)·기덕보어천하(其德普於天下)〉를 줄여 말한 것으로 보면 천하지연(天下之然)의 연(然)이 담고 있는 뜻[義]을 가늠할 수 있다. 〈그[其] 덕이[德] 자신에서[於身] 진실하고[眞], 그[其] 덕이[德] 집안에서[於家] 여유롭고[餘], 그[其] 덕이[德] 고을에서[於鄕] 장대하고[長], 그[其] 덕이[德] 나라에서[於國] 풍요로워[豊], 그[其] 덕이[德] 천하에서[於天下] 두루 퍼짐[普]〉을 줄여 〈천하지연(天下之然)〉이라 한 것이다.

- 이차(以此)의 차(此)는 〈이관기덕지진어신(以觀其德之眞於身)·이관기덕지여어가(以觀其德之餘於家)·이관기덕지장어향(以觀其德之長於鄕)·이관기덕풍어국(以觀其德之豊於國)·이관기덕지보어천하(以觀其德之普於天下)〉를 나타내는 〈이 차(此)〉이다. 〈자신에서[於身] 그[其] 덕이[德之] 진실함을[眞] 살핌으로[觀]써[以], 집안에서[於家] 그[其] 덕이[德之] 여유로움을[餘] 살핌으로[觀]써[以], 고을에서[於鄕] 그[其] 덕이[德之] 장대함을[長] 살핌으로[觀]써[以], 나라에서[於國] 그[其] 덕이[德之] 풍요로움을[豊] 살핌으로[觀]써[以], 천하에서[於天下] 그[其] 덕이[德之] 널리 퍼져나감을[普] 살핌으로[觀]써[以]〉 이들을 지시어 〈이 차(此)〉로 묶어놓은 것이다.

【해독(解讀)】

● 〈오하이지천하지연재(吾何以知天下之然哉) 이차(以此)〉는 〈오하이지천하지 연재(吾何以知天下之然哉)〉의 의문문과 〈이차(以此)〉의 서술문으로 이루어진 한 문단이다. 〈오하이지천하지연재(吾何以知天下之然)인가[哉]? 차로[此]써다 [以].〉

● 오하이지천하지연재(吾何以知天下之然哉)에서 오(吾)는 주어 노릇하고, 하이 (何以)는 의문 부사구 노릇하며, 지(知)는 동사 노릇하고, 천하지연(天下之然)은 지(知)의 목적구 노릇하고, 재(哉)는 하이(何以)와 함께 의문조사로서 문미조사 (~인가) 노릇한다. 〈무엇으로[何]써[以] 내가[吾] 천하지연을[天下之然] 아는가 [知哉]?〉

● 이차(以此)는 〈이차오지천하지연(以此吾知天下之然)〉에서 오지천하지연(吾知 天下之然)을 되풀이되는 내용이므로 생략하고, 지(知)를 꾸며주는 부사구 이차 (以此)만 남긴 구문이다. 한문은 한 자(字)로써 구문, 즉 영어의 문장(sentence) 같이 구실한다. 〈이로[此]써[以]〉

함덕장(含德章)

　적자(赤子) 즉 갓 태어난 아기[赤子]를 비유로 들어, 함덕지후자(含德之厚者) 즉 덕을[德] 품음이[含之] 깊고 많은[厚] 사람(者)인 성인(聖人)을 밝힌다. 적자(赤子)는 순진(純眞)하고 유화(柔和)하니 법자연(法自然) 바로 그 자체임을 비유한다. 적자(赤子)로 정지지(精之至) 즉 정기(精氣)의 지극함을[至] 밝히고, 화지지(和之至) 즉 화합(和合)의 지극함을[至] 밝힌다. 적자(赤子)의 정지지(精之至)로 정신(精神)의 실박(實樸)을 깨우치고, 적자(赤子)의 화지지(和之至)로 심성(心性)의 합일(合一)을 깨우치게 하여 성인(聖人)의 함덕(含德)을 일깨워주는 장(章)이다.

含德之厚는 比於赤子니라 毒蟲도 不螫하고 猛獸도 不
함 덕 지 후   비 어 적 자   독 충   불 석   맹 수   불

據하며 攫鳥도 不搏한다 骨弱筋柔而握固하다 未知牝牡
거   확 조   불 박   골 약 근 유 이 악 고   미 지 빈 모

之合而全作은 精之至也이다 終日號而不嗄는 和之至
지 합 이 전 작   정 지 지 야   종 일 호 이 불 애   화 지 지

也이다 知和日常이다 知常日明이다 益生日祥이다 心使
야   지 화 왈 상   지 상 왈 명   익 생 왈 상   심 사

氣日強이다 物壯則老라 謂之不道니 不道는 早已니라
기 왈 강   물 장 즉 로   위 지 부 도   부 도   조 이

{성인(聖人)께서} 상덕을[德] 품음이[含之] 도타움은[厚] 핏덩이[赤子]에 [於] 견줘진다[比]. 독 있는[毒] 벌레도[蟲] {적자(赤子)를} 쏘지 않고[不螫], 사나운[猛] 짐승도[獸] (적자를) 잡아채지 않으며[不據], (먹이를) 낚아채는 [攫] 새도[鳥] (적자를) 움켜잡지 않는다[不搏]. 뼈는[骨] 약하고[弱] 근육은 [筋] 부드럽지만[柔而], 움켜쥠은[握] 견고하다[固]. (적자는) 암수의[牝牡 之] 성교를[合] 아직 모른다[未知]. 그러나[而] 적자의 자지가[全] 꼿꼿이 선 다[作]. (자지가 꼿꼿해짐은) 정기의[精之] 지극함[至]이다[也]. 하루 내내[終 日] 크게 소리내 운다[號]. 그러나[而] (적자는) 목쉬지 않는다[不嗄]. (목이 잠 기지 않음은) 어울림의[和之] 지극함[至]이다[也]. 어울림을[和] 앎을[知] 한 결같음이라[常] 이르고[曰], 한결같음을[常] 앎을[知] 밝음이라[明] 이른다 [曰]. 삶을[生] 더함은[益] 흉이라[祥] 이르고[曰], 욕심이[心] 심기를[氣] 멋 대로 부림을[使] 강포함이라[强] 이른다[曰]. 그 무엇이든[物] 강포하면[壯] 곧[則] 쇠퇴한다[老]. 이를[之] 상도를 받들지 않음이라[不道] 한다[謂]. (그 무엇이든) 상도(常道)를 받들지[道] 않으면[不] 일찍[早] 끝난다[已].

55-1 含德之厚比於赤子(함덕지후비어적자)

▶ {성인(聖人)께서} 상덕을[德] 품음이[含之] 도타움은[厚] 핏덩이[赤 子]에[於] 견줘진다[比].

품을 함(含), 상덕 덕(德), 조사(~이) 지(之), 도타울 후(厚), 견줄 비(比),
조사(~와) 어(於), 붉을 적(赤), 아이 자(子)

【지남(指南)】

〈함덕지후비어적자(含德之厚比於赤子)〉는 핏덩이에[赤子] 견주어[比] 성인(聖
人)의 〈함덕(含德)〉을 밝힌다. 천지만물 중에서 사람을 제외하면 〈함덕지후(含德之
厚)〉 즉 상덕을[德] 품음이[含之] 도탑지[厚] 않은 것이란 없다. 상덕(常德)을 품음을
[含] 따지자면 성인(聖人)일지라도 한 그루의 나무 앞에 고개를 숙여야 한다. 풀포
기 하나도 무위자연(無爲自然) 바로 그것인 까닭이다. 사람 중에서 갓 태어난 핏덩
이[赤子]야말로 함덕(含德) 그 자체이다. 그 적자(赤子)야말로 인간이면서 동시에
자연(自然) 바로 그것이다. 그래서 성인(聖人)을 그 적자(赤子)에 비교하는 것이다.

적자(赤子)는 아장아장 걸을 무렵부터 제 뜻대로 안 되면 떼쓰기 시작하는데,
그 생떼는 평생 업고 가야 할 사욕(私欲)이 생겨가는 낌새이다. 이처럼 불과 한 해
도 못 가 갓난애로 누렸던 함덕(含德)의 두터움[厚]은 엷어지고 옅어지기 시작하
여 나이를 먹을수록 함덕(含德)은 더욱더 엷어져 무위자연(無爲自然)이란 순소(純
素)는 인위(人爲)의 짓으로 옮겨가게 된다. 16장(章)에서 살핀 **수정독(守靜篤)**을 비
롯해서 28장(章)에서 살핀 **복귀어영아(復歸於嬰兒)** 등은 함덕(含德)의 두터움[厚]을
엷고 옅게 하지 말라는 말씀임을 여기서도 깨달을 수 있다.

바로 앞 장에서 살핀 선건(善建)·선포(善抱)의 수지(修之)가 신(身)의 진(眞)으
로 시작하여 가(家)의 여(餘), 향(鄕)의 장(長), 국(國)의 풍(豊), 천하(天下)의 보(普)
로 이어짐 역시 함덕(含德)의 도타움을[厚] 더욱더 쉼 없이 도탑게 하라는 말씀임
을 깨닫게 된다. 선건(善建)·선포(善抱)의 수지(修之)는 적자(赤子)로 돌아가 함덕
(含德)을 끊임없이 도탑게[厚] 하라는 말씀으로 새겨들을 수 있음이다. 적자(赤子)
는 영아(嬰兒) 즉 갓난애이며, 이를 함덕(含德)의 표상으로 삼아 무위자연(無爲自
然)의 현덕(玄德)을 떠나지 않는 성인(聖人)을 살펴 새기고 헤아려 깨우치게 하는
말씀이 〈함덕지후비어적자(含德之厚比於赤子)〉이다.

註 "치허극(致虛極) 수정독(守靜篤) 만물병작(萬物竝作)." 빔의[虛] 바로 그것을[極] 다하고

[致], 고요의[靜] 도타움을[篤] 지키며[守], 온갖 것은[萬物] {그 허정(虛靜)으로} 아울러[並] 일어난다[作].　　　　『노자(老子)』16장(章)

註　"위천하계(爲天下谿) 상덕불리(常德不離) 복귀어영아(復歸於嬰兒)." 세상의[天下] 내[川]가[谿] 되면[爲] 상덕이[常德] 떠나지 않아[不離] 갓난애로[於嬰兒] 되[復] 돌아온다[歸].　　　　『노자(老子)』28장(章)

【보주(補註)】

● 〈함덕지후비어적자(含德之厚比於赤子)〉를 〈함덕지후자피비어적자(含德之厚者彼比於赤子)〉처럼 옮기면 문의(文意)를 더 쉽게 새길 수 있다. 〈덕을[德] 품음이[含之] 도타운[厚] 사람은[者] 적자(赤子)에 의해서[於] 견주어진다[被比].〉

● 함덕지후비어적자(含德之厚比於赤子)의 적자(赤子)는 28장(章) 〈복귀어영아(復歸於嬰兒)〉의 〈영아(嬰兒)〉와 같고, 『장자(莊子)』의 천예(天倪)와 천균(天均)을 상기시킨다. 갓난애[赤子]에게 시비와 논란이란 없다.

──────────

註　"화성지상대(化聲之相待) 약기불상대(若其不相待) 화지이천예(和之以天倪) 인지이만연(因之以曼衍) 소이궁년야(所以窮年也)." 불안정해 변하기 쉬운[化] 말소리를[聲之] 서로[相] 기대함은[待] 그것이[其] 서로[相] 기대되지 않는다는 것과[不待] 같다[若]. 시비를 떠난 자연의 길로[天倪]써[以] 화성(化聲)을[之] 어울리게 하고[和], 자연의 변화로[曼衍]써[以] 화성(化聲)을[之] 맡겨둠이[因] 천수를 누리는[窮年] 방편[所以]이다[也].

　　화성(化聲)은 저 나름의 판단에 따라 시비·분별·논란하는 것이다. 천예(天倪)는 자연[天]의 변화에 맡기고 따라갈 뿐 시비를 초월한 자연의 길, 즉 무위(無爲)의 길이다. 만연(曼衍)은 자연의 변화에 맡긴 채 자기 의견을 더하지 않음이고, 궁년(窮年)은 천수(天壽)를 누림이다.　　　　『장자(莊子)』「제물론(齊物論)」

註　"만물개종야(萬物皆種也) 이부동형(以不同形) 상선(相禪) 시졸약환(始卒若環) 막득기륜(莫得其倫) 시위천균(是謂天均) 천균자천예야(天均者天倪也)." 만물은[萬物] 모두[皆] 저마다[種]이다[也]. 이 때문에[以] 같게[同] 드러나지 않고[不形], (끼리끼리) 서로[相] 대를 잇는다[禪]. (저마다 드러남의) 처음과[始] 끝이[卒] 둥근 고리[環] 같아[若] 순서를[倫] 알 수[得] 없다[莫]. 이를[是] 자연의[天] 조화라[均] 한다[謂]. 천균이란[天均也] 것은[者] 시비분별을 초월한 자연의 길[天倪]이다[也].

　　상선(相禪)은 상대(相代)와 같고, 천균(天均)은 자연의 조화, 천예(天倪)는 시비분별을 떠난 자연의 길이다.　　　　『장자(莊子)』「우언(寓言)」

【해독(解讀)】

● 〈함덕지후비어적자(含德之厚比於赤子)〉에서 함덕지후(含德之厚)는 주어 노릇

하고, 비(比)는 수동의 동사 노릇하며, 어적자(於赤子)는 비(比)를 꾸며주는 부사 노릇한다. 후(厚)는 〈지극할 지(至), 두터울 중(重), 많을 다(多) · 대(大), 귀중할 귀(貴), 깊을 심(深) 등과 같아 중후(重厚) · 후대(厚大) 등의 줄임말로 여기면 된다. 비(比)는 〈견줄 교(較)〉와 같아 비교의 줄임이다. 〈함덕지후는[含德之厚] 적자에[赤子] 의해서[於] 견주어진다[比].〉

● 한문에서 수동문은 〈어(於) · 우(于) · 호(乎)〉 등의 조사 즉 개사(介詞)를 수동의 동사 뒤에 두어 나타내기도 한다. 물론 〈피(彼) · 견(見) · 위(爲)〉 등을 두어 수동의 동사를 나타내기도 하지만, 〈피(彼) · 견(見) · 위(爲)〉 등은 생략되는 경우가 대부분이다. 〈피(彼) · 견(見) · 위(爲)〉 등은 조동사 노릇하는 셈이다. 〈A피보어(被保於)B : A는 B에 의해서[於] 보호된다[被保].〉〈A견보어(見保於)B : A는 B에 의해서[於] 보호된다[見保].〉〈A위보어(爲保於)B : A는 B에 의해서[於] 보호된다[爲保].〉

55-2 毒蟲不螫(독충불석) 猛獸不據(맹수불거) 攫鳥不搏(확조불박)

▶독 있는[毒] 벌레도[蟲] {적자(赤子)를} 쏘지 않고[不螫], 사나운[猛] 짐승도[獸] (적자를) 잡아채지 않으며[不據], (먹이를) 낚아채는[攫] 새도[鳥] (적자를) 움켜잡지 않는다[不搏].

독 독(毒), 벌레 충(蟲), 않을 불(不), 쏠 석(螫), 사나울 맹(猛), 짐승 수(獸), 않을 불(不), 잡아챌 거(據), 낚아챌 확(攫), 새 조(鳥), 않을 불(不), 불잡을 박(搏)

【지남(指南)】

〈독충불석(毒蟲不螫) 맹수불거(猛獸不據) 확조불박(攫鳥不搏)〉은 함덕(含德) 즉 상덕(常德)을 품음이[含] 도타움은[厚] 언제 어디서든 해침을 당하지 않아 불태(不殆)함을 밝힌다. 모든 목숨들은 본래 함덕(含德)의 것[物]으로 태어난다. 사람의 적자(赤子)도 금수(禽獸)나 충어(蟲魚)의 새끼와 다를 바 없다. 모든 새끼가 불

해(不害) 즉 해침을 당하지 않음은[不害] 천도(天道) 즉 자연의[天] 규율을[道] 벗어
남이 없이 그냥 그대로 본받기 때문이다. 함덕(含德)이 도타운 적자(赤子)는 상도
(常道)를 그냥 그대로 본받아 불해(不害)하고 부쟁(不爭)하므로 독충(毒蟲)이든 맹
수(猛獸)든 확조(攫鳥)든 갓난애[赤子]를 해치지 않는다. 독충은 위협받지 않으면
독침을 쏘지 않고, 맹수나 확조도 위협받지 않으면 사나운 발톱을 드러내지 않는
다. 먹이 사냥을 위해서만 독을 사용하고 발톱과 이빨을 사용할 뿐인 까닭에 짐승
한테는 인간이 들고 있는 흉기란 없다. 독충이나 맹수 확조는 인간이 붙인 이름일
뿐, 자연의 입장에서 보면 한 목숨[命]으로 함덕지후(含德之厚)의 것들이다.

　그러나 함덕지후(含德之厚)의 적자(赤子)로 태어났지만, 인간은 성장하면서 살
아갈수록 도타움[厚]이 엷어져[薄] 탐욕하면서 이도(離道)한다. 이런 연유로 불태
(不殆) 즉 목숨의 위태함을 당하지 않는 적자(赤子)를 비유로 들어, 인간이 성인(聖
人)을 본받아 선건(善建)하고 선포(善抱)하기를 닦고 익혀[修] 함덕(含德)의 도타움
[厚]을 물박(勿薄) 즉 엷게 하지 말아야[勿薄] 함을 살펴 새기고 헤아려 깨우치게
하는 말씀이 〈독충불석(毒蟲不螫) 맹수불거(猛獸不據) 확조불박(攫鳥不搏)〉이다.

　　"천지도리이불해(天之道利而不害) 성인지도위이부쟁(聖人之道爲而不爭)." 자연의[天之]
도는[道] 이롭게 하되[利而] 해치지 않고[不害], 성인의[聖人之] 도는[道] 위하되[爲而] 겨루지 않
는다[不爭]. 　　　　　　　　　　　　　　　　　　　　　　　　　『노자(老子)』81장(章)

【보주(補註)】

● 〈독충불석(毒蟲不螫) 맹수불거(猛獸不據) 확조불박(攫鳥不搏)〉을 〈독충불석적
　자(毒蟲不螫赤子) 이맹수불거적자(而猛獸不據赤子) 이확조불박적자(而攫鳥不
　搏赤子)〉처럼 옮기면 문의(文意)를 더 쉽게 새길 수 있다. 〈독충은[毒蟲] 적자를
　[赤子] 불석한다[不螫]. 그리고[而] 맹수는[猛獸] 적자를[赤子] 불거한다[不據].
　그리고[而] 확조는[攫鳥] 적자를[赤子] 불박한다[不搏].〉

● 독충(毒蟲)·맹수(猛獸)·확조(攫鳥)는 먹이를 구하고자 살생하지, 상쟁(相爭)
　하여 상해(傷害)하고자 살생하는 것은 아니다. 이처럼 먹이를 구하고자 살생하
　는 것들마저도 함덕지후(含德之厚)의 적자(赤子)는 해치지 않음을 밝힌다.

【해독(解讀)】

- 〈독충불석(毒蟲不螫) 맹수불거(猛獸不據) 확조불박(攫鳥不搏)〉는 접속사는 생략되었지만 문장 셋으로 이루어진 하나의 문단이다. 〈독충은[毒蟲] 불석한다[不螫]. (그리고) 맹수는[猛獸] 불거한다[不據]. (그리고) 확조는[攫鳥] 불박한다[不搏].〉

- 독충불석(毒蟲不螫)에서 독충(毒蟲)은 주어 노릇하고, 불(不)은 석(螫)의 부정사(否定詞)이며, 석(螫)은 동사 노릇한다. 석(螫)은 〈해칠 독(毒)〉과 같다. 〈독충은[毒蟲] 독으로 해치지 않는다[不螫].〉

- 맹수불거(猛獸不據)에서 맹수(猛獸)는 주어 노릇하고, 불(不)은 거(據)의 부정사(否定詞)이며, 거(據)는 동사 노릇한다. 맹(猛)은 〈사나울 악(惡)·위(威)〉 등과 같고, 거(據)는 〈누를 안(按), 붙잡을 나(拏)〉 등과 같아 거나(據拏)의 줄임말로 여기면 된다. 〈맹수는[猛獸] 눌러 붙잡지 않는다[不據].〉

- 확조불박(攫鳥不搏)에서 확조(攫鳥)는 주어 노릇하고, 불(不)은 박(搏)의 부정사(否定詞)이며, 박(搏)은 동사 노릇한다. 확(攫)은 〈붙잡을 박(搏)·파(把)〉과 같아 확박(攫搏)의 줄임말로 여기면 된다. 〈확조는[攫鳥] 움켜잡지 않는다[不搏].〉

55-3 骨弱筋柔而握固(골약근유이악고)

▶ 뼈는[骨] 약하고[弱] 근육은[筋] 부드럽지만[柔而], 움켜쥠은[握] 견고하다[固].

> 뼈 골(骨), 약할 약(弱), 근육 근(筋), 부드러울 유(柔), 그러나 이(而), 움켜쥘 악(握), 단단할 고(固)

【지남(指南)】

〈골약근유이악고(骨弱筋柔而握固)〉는 함덕(含德) 즉 상덕(常德)을 품음이[含] 지극하고 두터운[厚] 적자(赤子)의 생기(生氣)를 밝힌다. 악고(握固)는 적자(赤子)의 유약(柔弱)한 손일지라도 악력(握力)은 견고함[固]을 말한다. 이는 유약(柔弱)한 적자(赤子)가 강강(强剛)함을 무심(無心)으로 간직하고 있음이다. 적자(赤子)는 사욕

(私欲)으로 잡는 힘을[握力] 소모하지 않고 무심(無心)으로 악력(握力)을 쓴다. 이 것이 함덕(含德)의 도타움[厚]이다. 이러한 함덕(含德)의 도타움[厚]은 36장(章) 유 약승강강(柔弱勝剛强)을 상기시킨다. 뼈가[骨] 약하고[弱] 근육은[筋] 부드럽지만 [柔] 악고(握固) 즉 붙잡음이[握] 단단함은[固], 적자(赤子)의 유약(柔弱)함이 적자 의 강강(剛强)함을 부림[勝]이다. 꽉 잡는[握] 꼬막손을 상상하면 된다. 부드러움 [柔]이 굳셈[剛]으로 이어지고 연약함[弱]이 강함[强]으로 이어짐, 이것이 곧 무심 (無心)의 생기(生氣)이다. 그러므로 적자(赤子)를 통하여 함덕지후(含德之厚)란 무 위자연(無爲自然)의 무심(無心)한 생기(生氣)를 품고[含] 있음을 일깨워 살펴 새기 고 헤아려 깨우치게 하는 말씀이 〈골약근유이악고(骨弱筋柔而握固)〉이다.

註   "유약승강강(柔弱勝剛强)." 부드럽고[柔] 연약함이[弱] 굳세고[剛] 강함을[强] 무릅쓴다[勝].
『노자(老子)』 36장(章)

【보주(補註)】

● 〈골약근유이악고(骨弱筋柔而握固)〉를 〈수적자지골약(雖赤子之骨弱) 이수적자 지근유(而雖赤子之筋柔) 적자지악고(赤子之握固)〉처럼 옮기면 문의(文意)를 더 쉽게 새길 수 있다. 〈비록[雖] 적자의[赤子之] 뼈는[骨] 약하지만[弱], 그리고[而] 비록[雖] 적자의[赤子之] 근육은[筋] 부드럽지만[柔] 적자의[赤子之] 움켜쥠은 [握] 견고하다[固].〉

● 악고(握固)의 고(固)는 강강(剛强)을 연상케 한다. 생기(生氣)란 유약(柔弱)한 것 이 강강(强剛)한 것에 맡겨 왕성해지는 것이다.

【해독(解讀)】

● 〈골약근유이악고(骨弱筋柔而握固)〉는 세 구문으로 이루어진 하나의 문단이다. 〈골이[骨] 약하고[弱] 근이[筋] 부드럽다[柔]. 그러나[而] 꽉 쥠은[握] 견고하다 [固].〉

● 골약(骨弱)에서 골(骨)은 주어 노릇하고, 약(弱)은 주격보어 노릇한다. 〈뼈대는 [骨] 약하다[弱].〉

● 근유(筋柔)에서 근(筋)은 주어 노릇하고, 유(柔)는 주격보어 노릇한다. 〈근육은 [筋] 부드럽다[柔].〉

● 이악고(而握固)에서 이(而)는 〈그러나 이(而)〉로서 접속사 노릇하고, 악(握)은

주어 노릇하고, 고(固)는 주격보어 노릇한다. 악(握)은 〈잡을 지(持)〉와 같고 악지(握持)의 줄임말로 여기면 되고, 곡지악권(曲指握拳) 즉 손가락을[指] 굽혀[曲] 주먹을[拳] 쥔다[握]는 뜻이다. 고(固)는 〈단단할 견(堅)〉과 같아 견고(堅固)의 줄임이다. 〈꽉 쥠이[握] 견고하다[固].〉

55-4 未知牝牡之合而全作(미지빈모지합이전작) 精之至也(정지지야)

▶ (적자는) 암수의[牝牡之] 성교를[合] 아직 모른다[未知]. 그러나[而] 적자의 자지가[全] 꼿꼿이 선다[作]. (자지가 꼿꼿해짐은) 정기의[精之] 지극함[至]이다[也].

> 못할 미(未), 알 지(知), 암컷 빈(牝), 수컷 모(牡), 조사(~의) 지(之), 합할 합(合), 그러나 이(而), 애기자지 전(全), 일어날 작(作), 정기 정(精), 지극할 지(至), 조사(~이다) 야(也)

【지남(指南)】

〈미지빈모지합이전작(未知牝牡之合而全作) 정지지야(精之至也)〉 역시 적자(赤子)의 함덕(含德)이 지극함을 밝힌다. 여기 전작(全作)의 〈전(全)〉은 〈최(朘)〉의 음차(音借)로 새긴다. 최(朘)는 갓난애의 생식기를 말하고, 전(全)은 최(朘)의 차자(借字)로 본다. 암컷과[牝] 수컷이[牡] 음양(陰陽)을 합하고자 합정(合情)하는 짓을 모르는 적자(赤子)가 전작(全作)함은 유약한 아기자지[朘]일지라도 견고한 정기(精氣)를 지니고 있음이다. 빈모지합(牝牡之合)은 요샛말로 하면 성교(性交)이고, 전작(全作)은 최작(朘作) 또는 최작(朘作)이다. 전작(全作)이 〈최작(朘作)〉으로 된 본(本)도 있다.

아기 자지가[朘] 꼿꼿이 섬[作]이야말로 정기(精氣)의 지극함[至]이다. 여기 〈전작(全作)〉 역시 적자(赤子)의 유약(柔弱)함이 강강(强剛)함에 맡기는[勝] 생기(生氣)를 무심(無心)하게 간직하고 있음이다. 적자(赤子)의 전작(全作)은 성인(成人)이 정욕을 발산하여 음경(陰莖)을 발기하는 짓과는 달리 무심(無心)으로 정기(精氣)를

쓰는 것이다. 이 또한 함덕(含德)의 두터움[厚]이니 36장(章) 유약승강강(柔弱勝剛
强)을 상기시킨다. 갓난애 고추의[全] 뼈가 약하고[弱] 근육은[筋] 부드럽지만[柔]
꼿꼿이 서는 것[作]도 부드러움[柔]이 굳셈[剛]으로, 연약함[弱]이 강함[强]에 맡기
는[勝] 무심(無心)함이다. 그러므로 적자(赤子)를 통하여 함덕지후(含德之厚)란 무
위자연(無爲自然)의 무심(無心)한 생기(生氣)를 품은 것임[含]을 거듭 일깨워 살펴
새기고 헤아려 깨우치게 하는 말씀이 〈미지빈모지합이전작(未知牝牡之合而全作)
정지지야(精之至也)〉이다.

註　"유약승강강(柔弱勝剛强)." 부드럽고[柔] 연약함이[弱] 굳세고[剛] 강함을[强] 무릅쓴다[勝].

『노자(老子)』 36장(章)

【보주(補註)】

- 〈미지빈모지합이전작(未知牝牡之合而全作) 정지지야(精之至也)〉를 〈적자미지
  빈모지합(赤子未知牝牡之合) 이적자지전작(而赤子之全作) 시정지지야(是精之
  至也)〉처럼 옮기면 문의(文意)를 더 쉽게 새길 수 있다. 〈적자가[赤子] 암수의
  [牝牡之] 교합을[合] 아직 모른다[未知]. 그러나[而] 아기 자지는[全] 꼿꼿이 선
  다[作]. 이것은[是] 정기가[精之] 지극한 것[至]이다[也].〉

- 전작(全作)의 〈전(全)〉은 〈최(峻)〉와 한음(漢音)으로 거의 같아 차자(借字)한 것
  으로 보는 설이 설득력을 얻고 있다. 최(峻)는 갓난애의 생식기를 말하므로 여
  기 전(全)은 갓난애의 음부(陰部)를 말하고, 작(作)은 〈일어날 흥(興) · 기(起)〉
  등과 같아 전작(全作)은 36장(章) 〈유약승강강(柔弱勝剛强)〉을 상기시킨다.

- 미지빈모지합이전작(未知牝牡之合而全作)에서 전작(全作)이 〈최작(峻作)〉 또는
  〈최작(朘作)〉으로 된 본(本)도 있다. 최(峻)는 아기 자지를 뜻하고, 최(朘)는 갓
  난애의 음부(陰部)를 뜻한다.

- 정지지(精之至)의 정(精)은 〈선신생자(先身生者) 시위정(是謂精)〉으로 생명의
  [生命之] 근원이다. 그 근원을 음양지신(陰陽之神)이라 하고, 줄여서 신자(神者)
  즉 상도(常道)가 짓는[神] 것[者]으로 정기(精氣)라 한다. 정(精)은 〈조용하고 깊
  고 그윽할 밀(密)〉과 같고, 정(精)을 〈미밀(微密) · 명미(明微) · 묘미(妙微)〉 등으
  로 풀이하기도 하고, 〈깨끗할 결(潔), 좋을 선(善)〉 등과 같은 뜻을 갖기도 한다.
  〈몸에[身] 앞서[先] 생기는[生] 것[者] 이를[是] 정기라[精] 한다[謂].〉

【해독(解讀)】

- 〈미지빈모지합이전작(未知牝牡之合而全作) 정지지야(精之至也)〉는 세 구문으로 이루어진 하나의 문단이다. 〈빈모지합을[牝牡之合] 아직 모른다[未知]. 그러나[而] 아기 자지가[全] 꼿꼿이 선다[作]. (이 꼿꼿이 섬은) 정기의[精之] 지극함[至] 이다[也].〉

- 미지빈모지합(未知牝牡之合)에서 미(未)는 지(知)의 부정사(否定詞)이고, 지(知)는 주어가 생략되었지만 동사 노릇하며, 빈모지합(牝牡之合)은 지(知)의 목적구 노릇한다. 〈(적자는) 암수의[牝牡之] 함침을[合] 아직 모른다[未知].〉

- 이전작(而全作)에서 이(而)는 역접의 접속사로 〈그러나 이(而)〉이고, 전(全)은 주어 노릇하고, 작(作)은 동사 노릇한다. 여기 전(全)은 〈아기자지 최(朘)〉와 발음이 거의 같기 때문에 최(朘)의 차자(借字)란 설(說)이 수용되고 있다. 여기 작(作)은 〈일어날 흥(興)〉과 같아 흥작(興作)의 줄임말로 여기면 된다. 〈그러나[而] 아기 자지가[全] 꼿꼿이 일어선다[作].〉

- 정지지야(精之至也)에서 정지(精之)는 지(至)를 꾸며주는 형용사구 노릇하며, 지(至)는 주격보어 노릇하고, 야(也)는 문미조사(~이다) 노릇한다. 정(精)은 정기(精氣)의 줄임말로 여기면 문의(文意)가 잡힌다. 〈(그 꼿꼿이 일어섬은) 정기의[精之] 지극함[至]이다[也].〉

55-5 終日號(종일호) 而不嗄(이불애) 和之至也(화지지야)

▶하루 내내[終日] 크게 소리내 운다[號]. 그러나[而] (적자는) 목쉬지 않는다[不嗄]. (목이 잠기지 않음은) 어울림의[和之] 지극함[至]이다[也].

> 끝 종(終), 하루 일(日), 큰 소리로 울 호(號), 그러나 이(而), 않을 불(不),
> 목쉴 애(嗄), 어울릴 화(和), 조사(~의) 지(之), 지극할 지(至),
> 조사(~이다) 야(也)

【지남(指南)】

〈종일호이불애(終日號而不嗄) 화지지야(和之至也)〉 역시 적자(赤子)의 함덕(含

德)이 지극함을 밝힌다. 적자(赤子)가 몇 달만 커도, 오래 울면 어린애의 목이라도 쉰다. 그러나 갓 태어난 아기는 오래 울어도 불애(不嗄) 즉 목쉬지 않음[不嗄] 역시 적자(赤子)의 유약(柔弱)함이 강강(强剛)함에 맡기는[勝] 생기(生氣)를 무심(無心)하게 간직하고 있음이다. 적자(赤子)는 사욕(私欲)으로 화기(和氣)를 소모하지 않고 무심(無心)으로 화기(和氣)를 쓰니, 이 또한 함덕(含德)의 도타움[厚]으로 36장(章) 유약승강강(柔弱勝剛强)을 상기시킨다. 갓난애 목줄은 약하고[弱] 부드럽지만[柔] 굳어 잠겨서 목쉬지 않으니[不嗄], 이 역시 부드러움[柔]이 굳셈[剛]으로 이어지고 연약함[弱]이 강함[强]으로 이어지는 무심(無心)한 화기(和氣)이다. 그러므로 적자(赤子)를 통하여 함덕지후(含德之厚)는 무위자연(無爲自然)의 무심(無心)한 화기(和氣)를 품고[含] 있음을 거듭 일깨워 살펴 새기고 헤아려 깨우치게 하는 말씀이 〈종일호곡이불애(終日號而不嗄) 화지지야(和之至也)〉이다.

▩ "유약승강강(柔弱勝剛强)." 부드럽고[柔] 연약함이[弱] 굳세고[剛] 강함을[强] 무릅쓴다[勝].

『노자(老子)』36장(章)

【보주(補註)】

● 〈종일호이불애(終日號而不嗄) 화지지야(和之至也)〉를 〈적자종일호(赤子終日號) 이적자불사(而赤子不嗄) 시화지지야(是和之至也)〉처럼 옮기면 문의(文意)를 더 쉽게 새길 수 있다. 〈적자가[赤子] 하루 내내[終日] 운다[號]. 그러나[而] 적자는[赤子] 목쉬지 않는다[不嗄]. 이것은[是] 화합의[和之] 지극한 것[至]이다[也].〉

● 불애(不嗄)도 〈유약승강강(柔弱勝剛强)〉을 연상시킨다. 불애(不嗄)야말로 유약(柔弱)한 것이 강강(强剛)한 것에 맡겨 무심(無心)으로 화기(和氣)를 씀을 깨닫게 하는 비유이다. 〈부드럽고 약함은[柔弱] 굳고 강함을[剛强] 무릅쓴다[勝].〉

● 화지지(和之至)는 시비 · 분별 · 논란의 상쟁(相爭)을 벗어난 무위무욕(無爲無欲)으로 말미암은 어울림[和]인지라, 태화(太和) 즉 대화(大和)인 상도(常道)가 짓는 상덕(常德)의 조화를 일컫는다.

【해독(解讀)】

● 〈종일호이불애(終日號而不嗄) 화지지야(和之至也)〉는 세 구문으로 이루어진 하나의 문단이다. 〈종일[終日] 운다[號]. 그러나[而] 목쉬지 않는다[不嗄]. 그러나

[而] (목쉬지 않음은) 어울림의[和之] 지극함[至]이다[也].〉

- 종일호(終日號)에서 종일(終日)은 호(號)를 꾸며주는 부사구 노릇하고, 호(號)는 동사한다. 〈(적자가) 하루 내내[終日] 운다[號].〉

- 이불애(而不嗄)에서 이(而)는 역접의 접속사로 〈그러나 이(而)〉이고, 불(不)은 애(嗄)의 부정사(否定詞)이고, 애(嗄)는 동사 노릇한다. 여기 〈목쉴 애(嗄)〉는 〈목 갈랠 사(嗄)〉로 발음되기도 한다. 목 갈램이란 변성(變聲)을 뜻한다. 〈그러나[而] (적자는) 목쉬지 않는다[不嗄].〉

- 화지지야(和之至也)에서 화지(和之)는 지(至)를 꾸며주는 형용사구 노릇하며, 지(至)는 주격보어 노릇하고, 야(也)는 문미조사(~이다) 노릇한다. 화(和)는 〈어울릴 해(諧), 합일할 합(合), 따를 순(順), 즐거울 락(樂), 따듯할 온(溫)〉 등의 뜻을 낸다. 〈어울림의[和之] 지극함[至]이다[也].〉

55-6 知和曰常(지화왈상)

▶어울림을[和] 앎을[知] 한결같음이라[常] 이른다[曰].

알 지(知), 어울릴 화(和), 이를 왈(曰), 한결같을 상(常)

【지남(指南)】

〈지화왈상(知和曰常)〉은 함덕(含德)의 두터움[厚]은 지화(知和) 즉 화기(和氣)를 알아서[知] 상도(常道)를 좇아 본받음임을 밝힌다. 따라서 적자(赤子)야말로 화기(和氣)의 앎[知]을 일깨워 깨우치게 하는 표상이다. 지화(知和)는 태화(太和)의 기(氣)를 아는 깃[知]이다. 태화(太和) 즉 대화(大和)란 음양(陰陽)이 회합(會合)하여 모든 것이 무위(無爲)로 조화(調和)함이다. 이를 일러 그냥 자연(自然)이라 하니 지화(知和)는 지자연(知自然)이다. 그냥 그대로 그러함을[自然] 알고 본받음[法]이 상도(常道)의 짓[神]이니, 만물치고 태화(太和)의 기운을 타지 않고 크나큰[太] 조화를 떠나 있는 것은 없다. 태화(太和)의 기운을 일러 화기(和氣)라 하고, 이는 곧 생기(生氣)이다. 이러한 화기(和氣)를 아는 것이 무위무욕(無爲無欲) 즉 법자연(法自然)을 좇는 상덕(常德)을 앎이다.

자연(自然)을 본받으면[法] 상도(常道)를 좇음이고 상도(常道)를 받드는 것[尊]
이니, 무위(無爲)에 머물러[處] 무욕(無欲)함이라 모든 것과 대동(大同)하여 무기
(無己) 즉 자기[己]라 할 것이 없다[無]. 적자(赤子)가 사욕(私欲)으로 화기(和氣)를
소모하지 않고 무심(無心)으로 화기(和氣)를 쓰고 있음을 안다면 그것이 지화(知
和)이며, 이 또한 함덕(含德)의 두터움[厚]이다. 그 두터움에는 시비논란 따위는 없
으니 상생(相生)하고 상성(相成)하며 상형(相形)하고 상경(相傾)하며 상화(相和)하
고 상수(相隨)함이 더없는 조화이고 태화(太和)이다.

태화(太和)의 극치가 〈일음일양(一陰一陽)〉이다. 음(陰)은 음(陰)이고 양(陽)은
양(陽)이 아니라, 음(陰)이 양(陽)도 되고 양(陽)이 음(陰)도 되는 화합이야말로 더
없는[太] 어울림[和]이다. 태화(太和)를 알면[知] 처무위지사(處無爲之事) 즉 사욕(私
欲)의 조작함이[爲] 없음을[無爲之] 실행하는[事] 삶을[處] 누리고, 이는 무위무욕
(無爲無欲)하므로 무변(無變) 즉 변함없이 한결같음[常]을 일깨워 살펴 새기고 헤
아려 깨우치게 하는 말씀이 〈지화왈상(知和曰常)〉이다.

───────────

註 "유무상생(有無相生) 난이상성(難易相成) 장단상형(長短相形) 고하상경(高下相傾) 음성상
화(音聲相和) 전후상수(前後相隨) 시이(是以) 성인처무위지사(聖人處無爲之事) 행불언지교(行
不言之教)." 있음도[有] 없음도[無] 서로[相] 생기고[生], 어려움도[難] 쉬움도[易] 서로[相] 이루
며[成], 긴 것도[長] 짧음도[短] 서로[相] 드러나고[形], 높음도[高] 낮음도[下] 서로[相] 기대며[傾],
홀소리도[音] 닿소리도[聲] 서로[相] 어울리고[和], 앞도[前] 뒤도[後] 서로[相] 따른다[隨]. 이렇기
[是] 때문에[以] 성인은[聖人] 무위를[無爲之] 일삼아[事] 거처하고[處], 말이[言] 없는[不之] 가르
침을[教] 행한다[行].　　　　　『노자(老子)』 2장(章)

【보주(補註)】

- 〈지화왈상(知和曰常)〉을 〈지화자상야(知和者常也)〉처럼 옮기면 문의(文意)를
더 쉽게 새길 수 있다. 〈화를[和] 아는[知] 것이[者] 상[常]이다[也].〉

- 지화왈상(知和曰常)의 〈상(常)〉은 무위무욕(無爲無欲)으로 시비·분별·논란이
없어 한결같음[常]이다. 여기 상(常)은 상도(常道)의 씀[用]인 상덕(常德)이요 자
연(自然)이어서 정지(停止)되어 한결같음이 아니라, 신묘(神妙) 즉 상도(常道)를
좇아서만 변화하는 한결같음[常]이다. 그래서 지화왈상(知和曰常)의 상(常)은
『장자(莊子)』의 천야(天也)를 상기시킨다.

註 "중이불가불고자덕야(中而不可不高者德也) 일이불가불역자도야(一而不可不易者道也) 신이불가불위자천야(神而不可不爲者天也)." (세속을) 따라야 하되[中而] 높일[高] 수밖에 없는[不可不] 것이[者] 덕(德)이고[也], 하나이되[一而] 변화할[易] 수밖에 없는[不可不] 것이[者] 도(道)이며[也], 신묘하되[神而] 행할[爲] 수밖에 없는[不可不] 것이[者] 자연[天]이다[也].

　　여기 중(中)은 〈따를 순(順)〉과 같고, 중속(中俗) 즉 세속에[俗] 따름[中]이라 새긴다. 신묘(神妙)란 쉼 없이 변화해가는 것이다.　　　　　　　　　『장자(莊子)』「재유(在宥)」

【해독(解讀)】

● 〈지화왈상(知和曰常)〉에서 지화(知和)는 영어의 부정사(不定詞)나 동명사의 구(句)같이 구실하면서 왈(曰) 앞으로 전치됐지만 왈(曰)의 목적구 노릇하고, 왈(曰)은 동사 노릇하며, 상(常)은 왈(曰)의 목적보어 노릇한다. 왈(曰)은 〈이를 위(謂), 일컬을 칭(稱)〉 등과 같다. 〈지화를[知和] 상이라[常] 한다[曰].〉

● 지화(知和)의 지(知)는 여기선 영어의 부정사(不定詞)나 동명사 같은 노릇한다. 〈화를[和] 앎[知]〉 〈화를[和] 아는 것[知]〉

55-7 知常曰明(지상왈명)

▶ 한결같음을[常] 앎을[知] 밝음이라[明] 이른다[曰].

알 지(知), 한결같을 상(常), 이를 왈(曰), 밝을 명(明)

【지남(指南)】

　　〈지상왈명(知常曰明)〉은 16장(章)에 그대로 나온 말씀인지라 16장(章)의 지남(指南)을 반복한다.

　　지상왈명(知常曰明)은 지귀근(知歸根)하면 지정(知靜)하고, 지정(知靜)하면 지복명(知復命)하고, 복명(復命)을 알면[知] 지상(知常)하여 명(明)의 누림을 밝힌다. 지상왈명(知常曰明)이란 말씀은 55장(章)에도 나온다. 만물이 근원으로 돌아감[歸根]을 알면[知] 생사(生死)가 곧 정(靜)임을 알고[知], 이 고요[靜]를 알면 만물이 저마다의 천성[命]으로 돌아옴이[復] 곧 불변의 법칙임을 앎이 여기 〈지상(知常)〉이다. 이처럼 상도지행(常道之行)이 만물에 두루 미치는[周行] 상도(常道)의 조화(造

化)란 변함없는[常] 자연의 규율을[天道] 알면[知] 즉 지상(知常)하면, 누구나 상도(常道)의 조화를 받들어[尊] 누리고자 무기(無己)·무욕(無欲)·무아(無我)하므로, 지상(知常)하면 마음 씀이 밝다[明].

여기 명(明)이란 『장자(莊子)』에 나오는 도무자(覩無者)를 상기시킨다. 시비(是非)·분별(分別)·논란(論難)의 상쟁(相爭)이 없음을[無] 곧바로 보는[覩] 것이[者] 여기 밝음[明]이고, 귀천(貴賤)·상하(上下)의 차별이 없음을[無] 곧바로 보는[覩] 것이[者] 여기 밝음[明]이다. 물론 이 밝음은[明] 요샛말로 하자면 의식하는 짓이다. 도무자(覩無者)를 일러 천지지우(天地之友)라 하고, 이런 벗(友)은 2장(章)에서 살핀 〈처무위지사(處無爲之事) 행불언지교(行不言之敎)〉의 성인(聖人)을 말한다. 성인(聖人)은 늘 지상(知常)하여 밝은[明] 분이다. 이러한 밝음은[明] 법자연(法自然), 즉 자연(自然)을 본받아[法] 좇음[順]을 말하는 것이기도 하다.

지상왈명(知常曰明)의 〈명(明)〉은 27장(章)의 〈습명(襲明)〉의 명(明), 33장(章)의 〈자지자명(自知者明)〉의 명(明), 그리고 52장(章)의 〈견소왈명(見小曰明)〉의 명(明)과 다를 바 없다. 나아가 여기 명(明)은 『장자(莊子)』에 나오는 부소소생어명명(夫昭昭生於冥冥)을 환기시킨다.

이처럼 밝음[明]은 귀근(歸根)·복명(復命)·지상(知常)을 달관한 성인(聖人)의 명(明)이니, 성인(聖人)을 본받는다 함은 이 밝음을[明] 본받아 따름이다. 이때 성인(聖人)은 백성을 가르쳐[敎] 밝음을[明] 본받게 하지는 않는다. 성인(聖人)은 무위(無爲)하니 백성은 자화(自化) 즉 스스로[自] 변화함이[化] 그 밝음[明]이고, 성인(聖人)이 호정(好靜)하니 백성은 스스로[自] 정직함이[正] 그 밝음[明]이며, 성인(聖人)이 무사(無事)하니 백성은 스스로[自] 부유함이[富] 그 밝음[明]이고, 성인(聖人)이 무욕(無欲)하니 백성은 스스로[自] 소박함이[樸] 그 밝음[明]이다. 성인(聖人)은 그렇게 밝아서[明] 『장자(莊子)』에 나오는 성인달주무(聖人達綢繆)를 환기시킨다.

만물이 주무(綢繆) 즉 얽히고설킨[綢繆] 것처럼 보이지만, 성인(聖人)은 온갖 것[萬物]이 하나[一]임을 깨우쳐[達] 밝은[明] 분이다. 천도(天道)가 곧 자연의[天] 규율[道]이고 그 규칙이란 한결같음을[常] 알면[知] 누구라도 밝다는[明] 것이다. 만물은 모두 귀근(歸根)하고 복명(復命)하는 생사(生死), 즉 순환하여 왕복함을 누리므로 만물은 하나임[一]을 성인(聖人)은 깨달아[達] 밝다[明]. 따라서 여기 명(明)이란 순환하고 왕복하는 자연의[天] 규율을[道] 달명(達明) 즉 깨우쳐[達] 밝음[明]이다. 성인(聖人)은 그 상도(常道)를 좇아 항상 복명(復命)의 삶을 누리므로 천도(天道)을 더없이 깨달아 밝은[明] 분이다. 그러므로 성인(聖人)을 본받아[法] 좇아 따르면[順] 누구나 그 밝음[明]을 누리고 천지의[天地之] 벗[友]이 됨을 깨닫게 하는 말씀이 〈지상왈명(知常曰明)〉이다.

註 "합호대동(合乎大同) 대동이무기(大同而無己) 무기(無己) 오호유유(惡乎有有) 도유자석지군자(覩有者昔之君子) 도무자천지지우(覩無者天地之友)." 크나큰[大] 하나와[乎] 합한다[合]. 크나큰 하나이니[大同而] 자기가[己] 없다[無]. 내 것이[己] 없는데[無] 어찌[惡乎] 무엇을 가짐이[有] 있겠는가[有]? 가짐을[有] 보는[覩] 자는[者] 옛날의[昔之] 군자이고[君子], 갖지 않아 없음을[無] 보는[覩] 이는[者] 하늘땅의[天地之] 벗이다[友].

대동(大同)은 여자연동(與自然同) 즉 자연과[與自然] 하나됨[同]이고, 무기(無己)는 무사(無私)·무욕(無欲)·무아(無我)를 묶어 말함이다. 석지군자(昔之君子)는 인의예지(仁義禮智)를 앞세우는 유가(儒家)의 군자(君子)를 말함이다. 도무자(覩無者)·천지지우(天地之友)·무기자(無己者) 등은 성인(聖人)을 달리 말함이다. 『장자(莊子)』「재유(在宥)」

註 "성인달주무(聖人達綢繆) 주진일체의(周盡一體矣) 이부지기연성야(而不知其然性也) 복명요작(復命搖作) 이이천위사(而以天爲師) 인즉종이명지야(人則從而命之也)." 성인은[聖人] {만물(萬物)의} 얽힘을[綢繆] 달관하고[達], {상도(常道)로써 보면 얽힌 만물(萬物)이} 한[一] 몸임을[體] 두루두루[周] 다 아는 것[盡]이다[矣]. 그러나[而] 그러는 줄을[其然] 모름이[不知] {성인(聖人)의} 천성[性]이다[也]. 천성으로[命] 돌아와[復] 행동하고[搖作], 그래서[而] 하늘로[天] 써[以] 스승으로[師] 삼는다[爲]. 사람들은[人] (그 분을) 곧장[則] 따라서[從而] 성인(聖人)이라[之] 불러준 것[命]이다[也].

복명(復命)의 명(命)은 천성(天性)이고, 명지(命之)의 명(命)은 〈칭할 명(名)〉과 같다. 『장자(莊子)』「칙양(則陽)」

註 "부소소생어명명(夫昭昭生於冥冥) 유륜생어무형(有倫生於無形) 정신생어도(精神生於道) 형본생어정(形本生於精) 이만물이형상생(而萬物以形相生)." 무릇[夫] 보이는 것은[昭昭] 보이지 않는 것에서[於冥冥] 생기고[生], 형체로 분별할 수 있는 것은[有倫] 드러남이 없는 것에서[於無形] 생기고[生], 정신은[精神] 도에서[於道] 생기고[生], 육체는[形本] 정기(精氣)에서[於精] 생긴다[生]. 그래서[而] 온갖 것은[萬物] 형체로써[以形] 서로[相] 낳는다[生].

유륜(有倫)의 윤(倫)은 형(形) 즉 드러나는 것[形]이니 드러나 분별할 수 있는 만물이다. 어정(於精)은 어정기(於精氣)의 줄임이고, 정기(精氣)란 음양지기(陰陽之氣)를 말한다. 이형상생(以形相生)이란 사람은 사람을 낳고 뱁새는 뱁새를 낳듯, 저마다 제 형체대로 낳음을 말한다. 『장자(莊子)』「지북유(知北遊)」

【보주(補註)】

- 〈지상왈명(知常曰明)〉을 〈지복명지상자명야(知復命之常者明也)〉처럼 옮기면 문의(文意)를 더 쉽게 새길 수 있다. 〈복명의[復命之] 한결같음을[常] 아는[知] 것이[者] 명(明)이다[也].〉

- 지상왈명(知常曰明)에서 지상(知常)이란 곧 지귀근(知歸根)·지정(知靜)·지복명(知復命)으로써 만물이 누리는 운동과 변화의 법칙이 불변함을[常] 앎[知]이다. 따라서 지상(知常)은 상도(常道)의 조화가 한결같음을[常] 앎[知]이다. 지상왈명(知常曰明)의 명(明)이란 만물에 두루 미치는 상도(常道)의 행(行)을 깨침을 뜻한다. 만물에 음양(陰陽)이 유행(流行)함을 앎도 명(明)이고, **만물이 부음이포양(負陰而抱陽)**함을 앎도 명(明)이고, 상도(常道)의 조화가 만물에 미침[行]이 한결같음[常]을 앎도 명(明)이다. 〈근원으로[根] 돌아옴을[歸] 안다[知].〉〈{천성(天性)의} 고요를[靜] 안다[知].〉〈천성으로[命] 돌아옴을[復] 안다[知].〉

註　"만물부음이포양(萬物負陰而抱陽) 충기이위화(沖氣以爲和)."온갖[萬] 것은[物] 음기를[陰] 지고[負] 양기를[陽] 안고[抱], {음양(陰陽)은} 충기로[沖氣]써[以] 화기로[和] 삼는다[爲].

『노자(老子)』 42장(章)

【해독(解讀)】

- 지상왈명(知常曰明)에서 지상(知常)은 왈(曰) 앞으로 전치되었지만 왈(曰)의 목적구 노릇하고, 왈(曰)은 동사 노릇하며, 명(明)은 목적보어 노릇한다. 복(復)은 〈따를 순(順)·순(循), 돌아올 반(返)〉 등과 같고, 왈(曰)은 〈이를 위(謂), 일컬을 칭(稱)〉 등과 같다. 〈한결같음을[常] 앎을[知] 밝음이라[明] 한다[曰].〉

- 지상왈명(知常曰明)에서 지상(知常)은 왈(曰)의 주어 노릇하고, 왈(曰)은 수동의 동사 노릇하며, 명(明)을 주격보어로 여기고 문맥을 잡아 새겨도 된다. 〈한결같음을[常] 앎은[知] 밝음이라[明] 일컬어진다[曰].〉

- 지상(知常)의 지(知)는 여기선 마치 영어의 부정사(不定詞) 같은 〈to do〉 또는 동명사 같은 〈doing〉 노릇한다. 〈상을[常] 앎[知]〉〈상을[常] 아는 것[知]〉

55-8 益生曰祥(익생왈상)

▶ 삶을[生] 더함은[益] 흉이라[祥] 이른다[曰].

더할 익(益), 삶 생(生), 이를 왈(曰), 흉할 상(祥)

【지남(指南)】

〈익생왈상(益生曰祥)〉은 어울림을 몰라[不知和] 변덕스럽고[不常], 한결같음을 몰라[不知常] 밝지 못해[不明] 범하는 불선(不善)의 삶을 밝힌다. 〈익생(益生)〉은 함덕지후(含德之厚)를 외면하는 삶이다. 익생(益生)의 〈생(生)〉은 천성(天性)을 외면하고 남보다 더 바깥의 재물이나 명리(名利)를 보태려는[益] 인위의[人爲之] 삶 [生]이다. 남보다 더 많이 취하려 할수록 쟁탈(爭奪)은 가증(加增)된다. 쟁탈(爭奪)을 부추기는 재물이나 명리를 끊임없이 더하려는[益] 삶[生]을 소인(小人)은 길한 복으로 여기고 덤비지만, 대인(大人)은 흉한 화로 여겨 멀리한다. 따라서 익생(益生)은 소인(小人)의 짓으로, 앞 장에서 살핀 선건(善建) · 선포(善抱)의 삶을 저버림이니 천수(天壽)를 누리지 못하게 한다.

자연의 명(命)에 따르지 않고 재물이나 명리에 사로잡힐수록 천수(天壽)와는 멀어진다. 상쟁(相爭)을 부추기는 인욕(人欲)을 벗어날 수 없는 익생(益生)은 갈수록 상덕(常德)을 품음[含]이 엷어지고[薄] 얕아져[淺] 부덕(不德)한 삶이 된다. 그래서 익생(益生)을 〈흉할 상(祥)〉이라 한다. 길흉의 징조를 선현(先見) 즉 앞서[先] 드러내줌이[見] 〈상(祥)〉이니, 선(善)하면 길한 징조가 먼저 나타나고 불선(不善)하면 흉한 징조가 나타남이 상(祥)이다. 선(善)이란 천지도(天之道) 즉 자연의[天之] 이치[道]를 따름으로 순천(順天)이고, 불선(不善)이란 역천(逆天)으로 천지도(天之道)를 어김이다[逆]. 따라서 익생(益生)은 부덕(不德)의 삶인지라 불선(不善)하여 역천(逆天)하는 삶이니, 익생(益生)의 상(祥)은 불선(不善)의 흉함이고 재앙임을 깨닫게 하는 말씀이 〈익생왈상(益生曰祥)〉이다.

【보주(補註)】

● 〈익생왈상(益生曰祥)〉을 〈익생자상야(益生者祥也)〉처럼 옮기면 문의(文意)를 더 쉽게 새길 수 있다. 〈생을[生] 더하는[益] 짓은[者] 상(祥)이다[也].〉

● 익생왈상(益生曰祥)에서 익생(益生)이란 〈익인욕(益人欲) 이리천성(而離天性)〉이다. 인욕(人欲)을 더하여[益而] 천성을[天性] 멀리하는[離] 삶이[生] 익생(益生)이므로, 이는 익인위지생(益人爲之生) 즉 인위의[人爲之] 삶을[生] 더해감[益]으로 『장자(莊子)』의 도유자석지군자(覩有者昔之君子)와 더불어 불익생(不益生)을 상기시킨다. 남보다 낫고 좋은 삶을 탐함이 저마다의 인욕(人欲)이요 욕(欲)을 더하려는 삶이 익생(益生)이니 명리(名利)를 얻고자 외물(外物)에 사로잡히는 삶으로 입신출세(立身出世)하고자 스스로 목을 매는 삶이다.

註 "합호대동(合乎大同) 대동이무기(大同而無己) 무기(無己) 오호유유(惡乎有有) 도유자석지군자(覩有者昔之君子) 도무자자천지지우(覩無者天地之友)." 크나큰[大] 하나와[同乎] 합한다[合]. 대동이니[大同而] 내 것이[己] 없다[無]. 내 것이[己] 없는데[無] 어찌[惡乎] 무엇을 가짐이[有] 있겠는가[有]? 가짐을[有] 보는[覩] 자는[者] 옛날의[昔之] 군자이고[君子], 갖지 않아 없음을[無] 보는[覩] 이는[者] 하늘땅의[天地之] 벗이다[友].

　　대동(大同)은 여자연동(與自然同) 즉 자연과[與自然] 하나됨[同]이고, 무기(無己)는 무사(無私)·무욕(無欲)·무아(無我)를 묶어 말함이다. 석지군자(昔之君子)는 인의예지(仁義禮智)를 앞세우는 유가(儒家)의 군자(君子)를 말함이다. 도무자(覩無者)·천지지우(天地之友)·무기자(無己者) 등은 성인(聖人)을 달리 말함이다. 『장자(莊子)』「재유(在宥)」

註 "오소위무정자(吾所謂無情者) 언인지불이호오내상기신(言人之不以好惡內傷其身) 상인자연이불익생야(常因自然而不益生也)." 내가[吾] 정이[情] 없다고[無] 말하는[謂] 것은[所] 사람들이[人之] 호오로[好惡] 써[以] 그[其] 몸을[身] 안으로[內] 해치지 않고[不傷] 항상[常] 자연에[自然] 맡겨서[因而] 삶을[生] 덧붙이지 않음을[不益] 말하는 것이네[言也]. 『장자(莊子)』「덕충부(德充符)」

● 익생왈상(益生曰祥)에서 상(祥)은 선(善)·불선(不善)의 조(兆)인 조짐을 자연[天]이 선현(先見) 즉 미리[先] 드러내주고[見], 심사숙고하여 길(吉)한 조짐인지 흉(凶)한 조짐인지 깨닫게[悟] 한다. 이러한 상(祥)은 자외재생(自外災生) 즉 바깥[外]으로부터[自] 벌 받을 일[災]이 생기는[生] 조짐으로 〈재(災)〉인지라, 여기 익생왈상(益生曰祥)의 상(祥)은 〈복괘(復卦)〉의 미복흉(迷復凶) 유재생(有災眚)이란 상륙(上六)의 효사(爻辭)에 나오는 〈생(眚)〉을 생각하게 한다. 자내앙생(自內殃生) 즉 마음 속[內]으로부터[自] 위태함이[殃] 생기는[生] 조짐[兆]을 생(眚)이라 한다. 사욕(私欲)·탐욕(貪欲)·야망(野望)·아첨(阿諂)·비방(誹謗)·시기

(猜忌) 등 사람의 마음 속에서 일어나는 조짐이 〈생(眚)〉이다.

註 "미복흉(迷復凶) 유재생(有災眚)." 돌아감을[復] 잃었으니[迷] 흉하다[凶]. 하늘의 재앙과 [災] 인간의 재앙이[眚] 있겠다[有].

　　천재여인생(天災與人眚)을 줄여 재생(災眚)이라 한다. 상륙(上六)은 괘(卦)의 여섯 효 (爻) 중에서 맨 위에 있는 음효(陰爻)를 말한다.　주역(周易)』「복괘(復卦) 상륙효사(上六爻辭)」

【해독(解讀)】

● 〈익생왈상(益生曰祥)〉에서 익생(益生)은 영어의 부정사(不定詞)나 동명사(動名 詞)의 구(句)같이 구실하면서 왈(曰) 앞으로 전치됐지만 왈(曰)의 목적구 노릇하 고, 왈(曰)은 동사 노릇하며, 상(祥)은 왈(曰)의 목적보어 노릇한다. 왈(曰)은 〈이 를 위(謂), 일컬을 칭(稱)〉 등과 같다. 〈익생을[益生] 상이라[祥] 이른다[曰].〉

● 익생(益生)의 익(益) 역시 영어의 부정사(不定詞)나 동명사(動名詞) 같은 노릇한 다. 〈생을[生] 더함[益]〉〈생을[生] 더하는 것[益].〉

55-9 心使氣曰强(심사기왈강)

▶ 욕심이[心] 심기를[氣] 멋대로 부림을[使] 강포함이라[强] 이른다[曰].

욕심낼 심(心), 부릴 사(使), 기운 기(氣), 이를 왈(曰), 강포(强暴)할 강(强)

【지남(指南)】

　　〈심사기왈강(心使氣曰强)〉 역시 어울림을 몰라[不知和] 변덕스럽고[不常] 한결 같음을 몰라[不知常] 밝지 못해[不明] 범하는 불선(不善)의 삶을 밝힌다. 〈심사기 (心使氣)〉도 함덕지후(含德之厚)를 외면하는 삶이다. 심사기(心使氣)의 생(生) 역 시 천성을[天性] 외면하고 남보다 더 사욕(私欲)을 부리려는 심술(心術)이다. 여기 심사기(心使氣)의 〈기(氣)〉는 다름 아닌 사기(肆氣) 즉 거리낌 없이 사욕(私欲)을 부리는[使] 심기(心氣)이다. 익생(益生)은 탐욕하게 하는 것을 밖에서 끌어들여 흥 하게 하지만, 심사기(心使氣)는 탐욕하려는 짓을 마음 속에서 지어내 생(生)을 흥 하게 하는 심술이다. 이런 심사기(心使氣)의 심술은 20장(章)에서 살핀 중인희희 (衆人熙熙)・속인소소(俗人昭昭)・속인찰찰(俗人察察)을 상기시킨다.

심사기(心使氣)가 〈강(强)〉하다고 함은 기(氣)가 강기(剛氣)임을 말하며, 이는 곧 탐욕의 집착이 강포(强暴)함으로 이어진다. 강기(剛氣)의 사욕(私欲)과 집착을 절(絶)하라 함은 『논어(論語)』에 자절사(子絶四)라는 말씀으로 드러나고, 『장자(莊子)』에도 무심득(無心得)이니 무위명시(無爲名尸)란 말이 나온다. 자의(恣意)가 없고 [毋意], 기필(期必)이 없고[毋必], 고집(固執)이 없고[毋固], 독존(獨尊)이 없다면[毋我] 마음이[心] 강기(剛氣)를 부릴[使] 리 없고, 무엇을 가지려는 욕심이[心得] 없다면[無] 강기(剛氣)를 부릴[使] 리 없다. 나아가 명성의 사냥꾼[名尸]·잔꾀의 곳간[謀府]·온갖 일의 책임자[事任]·지식의 주인[知主] 노릇 따위를 그만두고 적득(適得) 즉 그 무엇에도 구속되지 않고 제 삶을 즐긴다면[適得] 심사기(心使氣)하여 강기(剛氣)를 부릴[使] 까닭이 없음을 깨닫게 하는 말씀이 〈심사기왈강(心使氣曰强)〉이다.

註　 "중인희희(衆人熙熙) 여향태뢰(如享太牢) 여춘등대(如春登臺)……중인개유여(衆人皆有餘) 이아독약유(而我獨若遺) 아우인지심야재(我愚人之心也哉) 돈돈혜(沌沌兮) 속인소소(俗人昭昭) 아독혼혼(我獨昏昏) 속인찰찰(俗人察察) 아독민민(我獨悶悶)……중인개유이(衆人皆有以) 이아독완차비(而我獨頑且鄙) 아독이어인(我獨異於人) 이귀사모(而貴食母)." 세상 사람들은[衆人] 음탕(淫蕩)하면서 영리(榮利)의 다툼에 조금도 물러서지 않고자 열렬하면서[熙熙], {제후(諸侯)들인 양} 소양돼지 고기로[太牢] 잔치를 벌이는[享] 듯하고[如], 봄철에[春] 돈대에[臺] 올라 사방을 조망하는[登] 듯하다[如].……사람들한테는[衆人] 모두[皆] 남아돎이[餘] 있지만[有而] 나만[我] 오직[獨] (그 남아돎을) 버린[遺] 듯하고[若], 나는[我] 순박한 이의[愚人之] 마음[心]이로다[也哉]! (나는 그 순박한 이와) 하나가 되었도다[沌沌兮]! 속인들은[衆人] 약삭빨라 눈치가 훤하지만[昭昭], 나만[我] 오직[獨] 어두워 어수룩하고[昏昏], 속인들은[俗人] 꼬치꼬치 깐깐하지만[察察], 나만[我獨] 어수룩하며[悶悶],……세상 사람들에게는[衆人] 모두[皆] 쓸모가[以] 있다지만[有而] 나만[我獨] 오직[獨] 우매하고[頑] 또[且] 추레하며[鄙], 나만[我獨] 뭇사람들[人]과[於] 달라서[異而] 먹여주는[食] 어머니를[母] 받든다[貴].　　　　　　　『노자(老子)』20장(章)

註　 "자절사(子絶四) 무의(毋意) 무필(毋必) 무고(毋固) 무아(毋我)." 공자께서[子] 네 가지를[四] 끊었다[絶]. 자의(恣意)가[意] 없고[毋], 기필(期必)이[必] 없으며[毋], 고집이[固] 없고[毋], 독존(獨尊)이[我] 없다[毋].　　　　　　　『논어(論語)』「자한(子罕)」4

註　 "무위명시(無爲名尸) 무위모부(無爲謀府) 무위사임(無爲事任) 무위지주(無爲知主) 체진무궁(體盡無窮)." 명성의 사냥꾼이[名尸] 되지[爲] 말고[無], 잔꾀의[謀] 곳간이[府] 되지[爲] 말며[無], 일의 책임자가[事任] 되지[爲] 말고[無], 지식의 주인이[知主] 되지[爲] 말라[無].

위명시(爲名尸)·위모부(爲謀府)·위사임(爲事任)·위지주(爲知主) 등을 묶어서 유이(有以)·유위(有爲)·인위(人爲)·작위(作爲)라 한다. 　　　『장자(莊子)』「응제왕(應帝王)」

註 "통야자득야(通也者得也) 적득이기의(適得而幾矣)." {상도(常道)에} 능통함이란[通也] 것은[者] (스스로 즐거움을) 얻을 수 있음[得]이다[也]. 아무것에도 걸림 없이[適] 스스로 즐거움을 얻으면[得而] 도에 가까운 것[幾]이다[矣].

　　적득(適得)은 적연이자득(適然而自得)의 줄임으로 〈아무것에도 걸림 없이(適然而) 스스로(自) 얻음(得)〉이다. 기의(幾矣)는 기어도의(幾於道矣)를 줄임이다.
　　　『장자(莊子)』「제물론(齊物論)」

【보주(補註)】

● 〈심사기왈강(心使氣曰强)〉을 〈심지사기자강기야(心之使氣者强氣也)〉처럼 옮기면 문의(文意)를 쉽게 새길 수 있다. 〈마음이[心之] 사기(肆氣)를[氣] 부리는[使] 것은[者] 강기[强]이다[曰].〉

● 심사기왈강(心使氣曰强)에서 심사기(心使氣) 역시 유기(有己) 즉 자기가[己] 있는[有] 삶을 추구함이다. 심사기(心使氣) 또한 『장자(莊子)』에 나오는 **도유자(覩有者)**를 상기시킨다. 남보다 낮고 좋은 삶을 탐하고자 함이니 명리(名利)를 얻고자 외물(外物) 즉 명리(名利)에 사로잡히는 심술(心術)이다.

註 "합호대동(合乎大同) 대동이무기(大同而無己) 무기(無己) 오호유유(惡乎有有) 도유자석지군자(覩有者昔之君子) 도무자천지지우(覩無者天地之友)." 크나큰[大] 하나와[同乎] 합한다[合]. 크나큰 하나이니[大同而] 자기가[己] 없다[無]. 내 것이[己] 없는데[無] 어찌[惡乎] 무엇을 가짐이[有] 있겠는가[有]? 가짐을[有] 보는[覩] 자는[者] 옛날의[昔之] 군자이고[君子], 갖지 않아 없음을[無] 보는[覩] 이는[者] 하늘땅의[天地之] 벗이다[友].

　　대동(大同)은 여자연동(與自然同) 즉 자연과[與自然] 하나됨[同]이고, 무기(無己)는 무사(無私)·무욕(無欲)·무아(無我)를 묶어 말함이다. 석지군자(昔之君子)는 인의예지(仁義禮智)를 앞세우는 유가(儒家)의 군자(君子)를 말함이다. 도무자(覩無者)·천지지우(天地之友)·무기자(無己者) 등은 성인(聖人)을 달리 말함이다. 　　　『장자(莊子)』「재유(在宥)」

【해독(解讀)】

● 〈심사기왈강(心使氣曰强)〉에서 심사기(心使氣)는 영어의 부정사(不定詞)나 동명사구같이 구실하면서 왈(曰) 앞으로 전치됐지만 왈(曰)의 목적구 노릇하고, 왈(曰)은 동사 노릇하며, 강(强)은 왈(曰)의 목적보어 노릇한다. 왈(曰)은 〈이를

위(謂), 일컬을 칭(稱)〉 등과 같다. 심사기(心使氣)는 〈심지사기(心之使氣)〉에서 토씨 노릇할 지(之)를 생략한 어투이다. 사(使)는 〈부릴 역(役)〉과 같아 사역(使役)의 줄임말로 여기면 되고, 강(强)은 〈포악할 포(暴)〉와 같아 강포(强暴)의 줄임말로 여기면 된다. 〈심사기를[心使氣] 강이라[强] 이른다[曰].〉〈마음이[心之] 기를[氣] 부림을[使]〉

- 심사기(心使氣)의 사(使) 역시 영어의 부정사(不定詞)나 동명사처럼 구실한다. 〈마음이[心] 기를[氣] 부림[使]〉〈마음이[心] 기를[氣] 부리는 것[使]〉

55-10 物壯則老(물장즉로) 謂之不道(위지부도)

▶ 그 무엇이든[物] 강포하면[壯] 곧[則] 쇠퇴한다[老]. 이를[之] 상도를 받들지 않음이라[不道] 한다[謂].

> 사물 물(物), 굳셀 장(壯), 곧 즉(則), 쇠할 로(老), 그것 지(之), 일컬을 위(謂), 아닐 부(不), 따를 도(道)

【지남(指南)】

〈물장즉로(物壯則老) 위지부도(謂之不道)〉는 사람을 포함한 만물 중 무엇이든 익생(益生)과 심사기(心使氣)에 치우침은 〈부도(不道)〉임을 밝힌다. 부도(不道)는 〈부존도(不尊道)〉로 여기면 된다.

상도(常道)를 받들지 않음이[不尊] 여기 부도(不道)이다. 물장(物壯)의 〈물(物)〉은 익생(益生)과 심사기(心使氣) 등을 범하는 짓이고, 물장(物壯)의 〈장(壯)〉은 앞에 나온 〈강(强)〉과 같다. 명리(名利)를 더하려는 삶일수록 사기(肆氣) 즉 거리낌 없이 사욕(私欲)을 부리는[肆] 기운을 부리고[使], 그럴수록 사람의 심기(心氣)가 강포(强暴)해짐이 〈물장(物壯)〉이다. 강포함[壯]이란 부드러움을[柔] 팽개쳐버림이다. 수양버들 가지도 물기를 품고 있어야 부러지지 않지 물기를 버리면 굳어져 댕강 부러지고 만다. 이처럼 물장(物壯) 즉 어떤 것이든[物] 강포하기를[壯] 좇으면 한순간 강렬하다가 〈노(老)〉 즉 쇠퇴해버린다. 이러한 물장(物壯)의 짓은 사람만 범하지 사람이 아닌 목숨들은 물장(物壯)의 〈장(壯)〉을 탐하지 않는다. 그래서 『장

자(莊子)』에 〈과라유리(果蓏有理)〉란 말이 있고, 『중용(中庸)』에도 〈치곡(致曲)〉이
란 말이 나온다.

　풀잎 하나도 잎이 장(壯)하여 낙엽이 되자면 유약승강강(柔弱勝剛强)의 춘하(春
夏)를 거쳐 추풍(秋風)을 기다리니 기다림이 곧 〈법자연(法自然)〉이다. 자연을[自
然] 본받기는[法] 강강(剛强)만도 아니고 유약(柔弱)만도 아니다. 강강(剛强)에 치
우치거나 유약(柔弱)에만 치우치면 그것이 〈비법자연(非法自然)〉이니, 법자연이
(法自然) 아닌 것[非]이면 그 무엇이든 부도(不道)이다.

　부도(不道) 즉 부존도(不尊道)란 〈불법자연(不法自然)〉이라 해도 되고 불순도
(不順道)라 해도 될 것이다. 자연을[自然] 본받지[法] 않음이[不] 부도(不道)이고,
상도(常道)를 따르지[順] 않음이[不] 부도(不道)이며, 상도(常道)를 받들지[尊] 않음
이[不] 부도(不道)이다. 익생(益生)과 심사기(心使氣)는 이러한 부도(不道)이고, 인
위(人爲)의 짓인 물장(物壯)일 뿐이다. 그러므로 익생(益生)을 부리고 심사기(心使
氣)를 부리는[使] 짓[物壯]은 부도(不道)로 말미암은 탐욕에 불과함을 깨닫게 하는
말씀이 〈물장즉로(物壯則老) 위지부도(謂之不道)〉이다.

【보주(補註)】

● 〈물장즉로(物壯則老) 위지부도(謂之不道)〉를 〈약물장(若物壯) 즉기물로(則其物
老) 차로소위부도(此老所謂不道)〉처럼 옮기면 문의(文意)를 더 쉽게 새길 수 있
다. 〈만약[若] 어떤 것이[物] 군세기만 하면[壯] 곧[則] 그[其] 것은[物] 노쇠한다
[老]. 이러한[此] 노쇠는[老] 이른바[所謂] 상도를 따르지 않음이다[不道].〉

● 위지부도(謂之不道)의 부도(不道)는 중인(衆人)이 범하기 좋아하는 삶이고, 존도
(尊道)는 성인(聖人)이 누리는 삶이다. 성인(聖人)이 상도를[道] 받들어[尊] 누리
는 삶은 『장자(莊子)』의 조이응지덕야(調而應之德也) 우이응지도야(偶而應之道也)
란 말을 상기하면 속뜻[含意]을 터득할 수 있다.

　만물과 어울려[調] 순응함이 귀덕(貴德) 즉 상덕을[德] 받듦[尊]이고, 상쟁(相
爭)하면 부덕(不德)이다. 온갖 것이[萬物] 서로 짝하여[偶] 순응함이 존도(尊道)
이므로 부도(不道)란 익생(益生)과 심사기(心使氣) 등이 상도(常道)와 상덕(常德)
을 받들지 않음을 묶어 밝힘이다.

註 "과라유리(果蓏有理) 인륜수난(人倫雖難) 소이상치(所以相齒) 성인조지이불위(聖人遭之而不違) 과지이불수(過之而不守) 조이응지덕야(調而應之德也) 우이응지도야(偶而應之道也)." 나무 열매[果] 풀 열매에도[蓏] (자연의) 이치가[理] 있다[有]. 인간이[人] 살아가는 길이[倫] 비록[雖] 어렵지만[難], (자연의 이치는) 서로[相] 돕는[齒] 방법이다[所以]. 성인은[聖人] 온갖 것을[之] 마주쳐도[遭而] 그것들을[之] 어기지 않고[不違], 그것들을[之] 지나쳐도[過而] 매달리지 않는다[不守]. (온갖 것과) 어울려서[調而] 그것들을[之] 따라줌이[應] 상덕[德]이고[也], 짝이 되어서[偶而] 그것들을[之] 따라줌이[應] 상도[道]이다[也].　　　『장자(莊子)』「지북유(知北遊)」

● 위지부도(謂之不道)가〈시위부도(是謂不道)〉로 된 본(本)도 있다.〈위지(謂之)〉와〈시위(是謂)〉는 뜻을 달리 하지 않으므로 원문(原文)의 문의(文義)가 달라지는 것은 아니다.

【해독(解讀)】

●〈물장즉로(物壯則老) 위지부도(謂之不道)〉는 하나의 복문(複文)과 서술문으로 이루어진 문단이다.〈물장하면[物壯] 곧[則] 노한다[老]. 이것을[之] 부도라[不道] 한다[謂].〉

● 물장즉로(物壯則老)는 조건의 종속절과 주절로 이루어진 복문(複文)이다.〈물이[物] 장하면[壯] 곧장[則] 노한다[老].〉

● 물장(物壯)에서 물(物)은 주어 노릇하고, 장(壯)은 형용사로 주격보어 노릇한다. 장(壯)은〈강포할 강(强)〉과 같아 장강(壯强)의 줄임말로 여기면 된다.〈어떤 것이[物] 강포하면[壯]〉

● 즉로(則老)에서 즉(則)은 앞말을 이어주는 조사 노릇하고, 노(老)는 주어가 생략되었지만 동사 노릇한다.〈곧장[則] (어떤 것이든) 노쇠한다[老].〉

● 위지부도(謂之不道)에서 위(謂)는 동사 노릇하며, 지(之)는 앞에 나온〈물장즉로(物壯則老)〉를 나타내는 지시어로서 위(謂)의 목적어 노릇하고, 부도(不道)는 목적보어 노릇한다. 위지부도(謂之不道)의 도(道)는 영어의 부정사(不定詞)처럼 구실한다. 도(道)는〈이끌 도(導), 말할 언(言), 가르칠 교(敎)·훈(訓), 따를 순(順)·종(從), 통할 통(通), 행할 행(行), 이를 도(到)·달(達)〉등 여러 뜻을 내는 자(字)이다. 여기 부도(不道)는〈부존도(不尊道)〉즉 상도를[道] 받들지[尊] 않음[不]으로 새기면 된다.〈그것을[之] 부도라[不道] 일컫는다[謂].〉

- 위지부도(謂之不道)는 〈위(謂)AB〉〈A지위(之謂)B〉〈A위지(謂之)B〉의 상용문이다. 다만 〈A지위(之謂)B〉〈A위지(謂之)B〉에서 조사(~을)로 허사(虛詞) 노릇하는 지(之)를 생략하고 〈A위(謂)B〉라고 줄인 경우가 많다. 〈A를 B라 한다[謂].〉〈A를[A之] B라 말한다[謂].〉〈A 그것을[之] B라 말한다[謂].〉〈A는 B라 말해진다[謂].〉

55-11 不道早已(부도조이)

▶ (그 무엇이든) 상도(常道)를 받들지[道] 않으면[不] 일찍[早] 끝난다[已].

아닐 부(不), 상도를 따를 도(道), 일찍 조(早), 끝날 이(已)

【지남(指南)】

〈부도조이(不道早已)〉는 익생(益生)과 심사기(心使氣)의 화(禍)를 밝힌다. 익생(益生)으로 말미암아 부도(不道)하고, 심사기(心使氣)로 부도(不道)하게 된다. 상도를 받들지 않음[不道]이란 사욕(私欲)을 따름으로 사욕(私欲)이 익생(益生)과 사기(使氣)를 일으키니, 저마다 제 욕심을 부리는 탓에 부도(不道)의 세상이 빚어진다. 인욕(人欲)은 명리(名利)를 더하려고[益] 상쟁(相爭)을 서슴지 않아 부도(不道)한다. 상도(常道)란 73장(章)에 나오는 **천지도부쟁이선승(天之道不爭而善勝)**이란 말씀대로 부쟁(不爭)하며, 81장(章) **천지도리이불해(天之道利而不害)**란 말씀대로 불해(不害)할 뿐인지라 만물과 짝이[偶] 되어 서로 순응한다. 그러나 익생(益生)과 사기(使氣)는 사(私) 즉 자기(自己)를 위해서 부도(不道)하므로 삶을 상쟁(相爭)과 상해(相害)로 이끌어 사욕(私欲)을 더하려고만 고집한다. 사욕(私欲)이 더해질수록 그만큼 더 익생(益生)하고 심사기(心使氣)하여 빨리 생(生)을 망치니, 이는 〈조이(早已)〉 즉 생(生)을 앞당겨[早] 그치게[已] 함이다.

여기 부도(不道)는 16장(章) **치허극(致虛極) 수정독(守靜篤)**이란 말씀을 상기시킨다. 비움이[虛] 지극하고[致] 고요함의[靜] 도타움을[篤] 저버릴수록, 인간은 인욕(人欲) 탓으로 귀도(歸道)의 이치를 망각해 익생(益生)하고 심사기(使氣)하여 부도

(不道)를 범하므로 남김없이 인욕(人欲)을 덜어내라 함이 치허극(致虛極)이며, 천성(天性)을 정성껏[篤] 지켜[守] 함덕(含德)을 두텁게 하라[厚] 함이 수정독(守靜篤)임을 깨달으면 삶을 익생(益生)으로 몰아가지 않을 것이며, 심사기(心使氣)의 짓으로 자망(自亡) 즉 스스로[自] 망해가지[亡] 않을 터이다. 그러므로 부도(不道) 즉 자연의 순리(順理)를 어김[不道]은 유화(柔和)를 저버리고 허정(虛靜)을 외면하여 명리(名利)를 탐하고자 익생(益生)하고 심사기(心使氣)함으로 비롯되는 상생(祥眚), 즉 밖에서 오는 불행[祥]과 자신이 스스로 범해서 일어나는 불행[眚]임을 깨닫게 하는 말씀이 〈부도조이(不道早已)〉이다.

註 "천지지도부쟁이선승(天之道不爭而善勝) 불언이선응(不言而善應) 불소이자래(不召而自來) 천연이선모(繟然而善謀)." 자연의[天之] 상도는[道] 다투지 않고서도[不爭而] 그냥 그대로 잘[善] 이기고[勝], 말하지 않지만[不言而] {천지도(天之道)는} 응하기를[應] 잘한다[善]. 불러 모으지 않아도[不召而] 스스로[自] 찾아오고[來], 넉넉하고 너그러워서[繟然而] 그냥 그대로 잘[善] 꾀한다[謀].   『노자(老子)』73장(章)

註 "천지도리이불해(天之道利而不害) 성인지도위이부쟁(聖人之道爲而不爭)." 자연의[天之] 도는[道] 이롭게 하되[利而] 해치지 않고[不害], 성인의[聖人之] 도는[道] 위하되[爲而] 겨루지 않는다[不爭].   『노자(老子)』81장(章)

註 "치허극(致虛極) 수정독(守靜篤)." 비움의[虛] 지극함을[極] 이루고[致], 고요의[靜] 도타움을[篤] 지킨다[守].   『노자(老子)』16장(章)

【보주(補註)】

● 〈부도조이(不道早已)〉를 〈약임하인부도(若任何人不道) 기인조이(其人早已)〉처럼 옮기면 문의(文意)를 더 쉽게 새길 수 있다. 〈만약[若] 그 누구든[任何人] 상도를 받들지 않으면[不道] 그[其] 사람은[人] 앞당겨[早] 그친다[已].〉

● 부도조이(不道早已)는 30장(章)에도 그대로 나온다.

【해독(解讀)】

● 〈부도조이(不道早已)〉는 조건의 종속절과 주절로 된 복문(複文)이다. 〈부도하면[不道] 조이한다[早已].〉

● 부도(不道)에서 부(不)는 도(道)의 부정사(否定詞) 노릇하고, 도(道)는 주어가 생략되었지만 동사 노릇한다. 〈상도를 받들지[道] 않으면[不]〉

- 조이(早已)에서 조(早)는 이(已)를 꾸며주는 부사 노릇하고, 이(已)는 주어가 생략되었지만 수동의 자동사 노릇한다. 조(早)는 〈급할 급(急), 빠를 속(速)〉 등과 같아 조속(早速)의 줄임말로 여기면 되고, 이(已)는 〈그칠 지(止), 물러갈 퇴(退), 갈 거(去)〉 등과 같아 이거(已去)의 줄임말로 여기면 된다. 〈빨리[早] 그친다[已].〉

현동장(玄同章)

　체도자(體道者)의 모습을 〈좌예(挫銳)·해분(解紛)·화광(和光)·동진(同塵)〉 등으로써 현동(玄同)의 경지에 이를 수 있음을 밝히는 장(章)이다. 〈현동(玄同)〉이란 개아(個我)의 고폐(固蔽) 즉 굳게 감춤[古] 속셈[蔽] 등을 없애버림이고, 세속적인 인륜관계를 벗어나 아무런 걸림 없이 모든 사람들과 마음을 열어놓고 모두 하나같이 삶을 누림이다. 따라서 현동(玄同)의 삶은 친소(親疎)가 없고 이해(利害)가 없으며 귀천(貴賤)이 없는 삶으로, 천하에 귀한 것이 바로 현동(玄同)의 삶임을 밝히는 장(章)이다.

【원문(原文)】

知者는 不言하고 言者는 不知니 塞其兌하고 閉其門하며
지자 불언 언자 부지 색기태 폐기문

挫其銳하고 解其紛하며 和其光하고 同其塵하면 是謂玄
좌기예 해기분 화기광 동기진 시위현

同이라 不可得而親이고 不可得而疏이며 不可得而利
동 불가득이친 불가득이소 불가득이리

이고 不可得而害이며 不可得而貴이고 不可得而賤이니
불가득이해 불가득이귀 불가득이천

故로 爲天下貴이다
고 위천하귀

{존도(尊道)를} 아는[知] 사람은[者] {인위(人爲)의 것을} 말하지 않고[不言], {인위(人爲)의 것을} 말하는[言] 사람은[者] {존도(尊道)를} 알지 못한다[不知]. 그[其] 이목구비를[兌] 막고[塞], 그[其] 들고나는 문을[門] 닫고[閉], {인지(人智)의} 그[其] 날카로움을[銳] 꺾으며[挫], {인지(人智)의} 그[其] 분란을[紛] 없애고[解], {인지(人智)의} 그[其] 빛냄을[光] {밝음[明]과} 아우르며[和], {인지(人智)의} 그[其] 속됨과[塵] 같이한다[同]. 위의 것들을[是] 상도와[玄] 하나라[同] 한다[謂]. {현동(玄同)에는} 친할[親] 수 있는 것도[可得而] 없고[不], 소홀히 할[疏] 수 있는 것도[可得而] 없으며[不], {상도(常道)에는} 이롭게 할[利] 수 있는 것도[可得而] 없고[不], 해롭게 할[害] 수 있는 것도[不可得] 없으며[而], {상도(常道)에는} 귀하게 할[貴] 수 있는 것도[可得而] 없고[不], 천하게 할[賤] 수 있는 것도[可得而] 없다[不]. 그러므로[故] {현동(玄同)은} 온 세상 사람들한테[天下] 존귀한 것이[貴] 된다[爲].

56-1 知者不言(지자불언)

▶ {존도(尊道)를} 아는[知] 사람은[者] {인위(人爲)의 것들을} 말하지 않는다[不言].

알 지(知), 놈 자(者), 않을 불(不), 말할 언(言)

【지남(指南)】

〈지자불언(知者不言)〉은 존도(尊道)하는 사람은 인위(人爲)의 시도를 결코 범하지 않음을 밝힌다. 지자불언(知者不言)의 〈지자(知者)〉는 상도를[道] 받들어[尊] 본받고 지키는 사람[者]이다. 따라서 지자(知者)는 5장(章)에서 살핀 〈수중(守中)〉을 벗어나지 않는 자(者)이다. 이러한 지자(知者)는 인의예지(仁義禮智)로 만들어진 정령(政令) 등을 결코 언급하지 않음을 밝힘이 〈불언(不言)〉이다. 그러므로 이는 무언(無言)이나 묵언(黙言)이 아니다. 인위(人爲)의 다스림을 펼치게 하는 인의예지(仁義禮智)는 사단(四端)으로 펼쳐지는 인위(人爲)의 다스림[治]을 필요로 하는 정령(政令)의 시비지언(是非之言)을 결코 말하지 않음이 여기 불언(不言)이니, 2장(章)의 〈불언지교(不言之教)〉와 17장(章)의 기귀언(其貴言) 그리고 23장(章) 희언자연(希言自然)을 상기시킨다.

불언(不言)이라 하여 무위자연(無爲自然)을 밝히는 말마저 않는[不言] 것은 아니다. 『노자(老子)』가 바로 무위자연(無爲自然)을 밝히는 말씀들로 이루어져 있다. 다만 『노자(老子)』에는 유가(儒家)의 발언과 같은 것은 없음이 여기 불언(不言)이다. 말하자면 『예기(禮記)』에 나오는 예악형정사달(禮樂刑政四達)이 발(發)하게 하는 온갖 정령(政令)을 말하지 않음이 불언(不言)의 뜻이다. 천지만물로 드러날 뿐인 도덕(道德)의 말[言]이란 곧 자연(自然)이다. 여기 희언(希言)의 〈희(希)〉는 자연지언(自然之言)인 그냥 그대로의[自然之] 말[言]로, 자연(自然)에 인위(人爲)의 말이란 없음을 밝힌다. 그러므로 14장(章) 청지불문(聽之不聞)의 〈희(希)〉가 아닌 것이다. 들으려 하되[聽之] 들리지 않는[不聞] 희(希)가 아니라, 시비·분별을 가려 다스리겠다는 정령(政令)의 말이 없는 희(希)이다.

새가[鳥] 운다고[鳴] 사람들이 말하지만 그것은 사람이 지어낸 말일 뿐, 뜻을 알 수 없는 소리로 그냥 그대로 들리는 새소리는 자연지언(自然之言)이지 인간의 시비지언(是非之言)이 아니다. 정령(政令)보다 더한 시비지언(是非之言) 즉 인간의 말은[言] 없다. 상도(常道)와 상덕(常德)의 말이 되어주는 자연(自然)에 인간의 뜻[意]이란 없다. 뜻이 없으면 인간은 알아듣고 새겨볼 길이 없다. 왜 1장(章)에서 도가도비상도(道可道非常道)라 했는가? 도(道)라고 말할 수 있다면[可道] 상도가(常道) 아닌 것[非]이니, 상도(常道)를 따라[從] 섬길[事] 줄 아는[知] 사람은 상도(常

道)와 상덕(常德)을 좇아 받들어 본받을 뿐 인간이 만들어내는 온갖 정령(政令)을 말하지 않는[不言] 까닭을 살펴 새기고 헤아려 깨우치게 하는 말씀이 〈지자불언(知者不言)〉이다.

註　"유혜(悠兮) 기귀언(其貴言) 공성사수(功成事遂) 백성개위(百姓皆謂) 아자연(我自然)." {정사(政事)를 번거롭게 펴지 않아} 한가하구나[悠兮]! 백성이 몰랐던 치자(治者)는[其] 정사(政事)의 발령(發令)을[言] 함부로 내지 않았다[貴]. {백성이 모르는 무위(無爲)의 치자(治者)가} 공적을[功] 이루고[成] 사업을[事] 완수했어도[遂], 백성은[百姓] 모두[皆] 우리는[我] 본디대로 그냥 그러하다고[自然] 말했다[謂].　　　　　　　　　　　　　　『노자(老子)』17장(章)

註　"희언자연(希言自然)." {정령(政令)을 발령하는} 말이[言] 없음이[希] (다스림의) 자연이다[自然].　　　　　　　　　　　　　　　　　　　　　『노자(老子)』23장(章)

註　"시지불견(視之不見) 명왈이(名曰夷) 청지불문(聽之不聞) 명왈희(名曰希) 박지부득(搏之不得) 명왈미(名曰微)." 그것을[之] 보려고 해도[視] 보이지 않음을[不見] 일컬어[名] 이라[夷] 하고[曰], 그것을[之] 들으려고 해도[聽] 들리지 않음을[不聞] 일컬어[名] 희라고[希] 하며[謂], 그것을[之] 잡으려고 해도[搏] 집히지 않음을[不得] 일컬어[名] 미라고[微] 한다[謂].
　　　　　　　　　　　　　　　　　　　　　　　　　　『노자(老子)』14장(章)

註　"예절민심(禮節民心) 악화민성(樂和民聲) 정이행지(政以行之) 형이방지(刑以防之) 예악형정사달이불패(禮樂刑政四達而不悖) 즉왕도비의(則王道備矣)." 예는[禮] 백성의[民] 마음을[心] 절제하고[節], 악은[樂] 백성의[民] 소리를[聲] 화합한다[和]. 정사(政事)로[政]써[以] 예악을[之] 시행하고[行], 형벌로[刑]써[以] 예악을[之] 지켜[防] 예악형정이[禮樂刑政] 온 세상에 퍼져서[四達而] 어긋남이 없으면[不悖] 곧[則] 왕도가[王道] 갖추어지는 것[備]이다[矣].
　　　　　　　　　　　　　　　　　　　　『예기(禮記)』「악기(樂記)」

註　"도가도(道可道) 비상도(非常道)." 도(道)라고[道] 말할[道] 수 있다면[可] 한결같은[常] 도가[道] 아니다[非].　　　　　　　　　　　　　　　　『노자(老子)』1장(章)

【보주(補註)】

● 〈지자불언(知者不言)〉을 〈지상도지인불언인위지정령(知常道之人不言人爲之政令)〉처럼 옮기면 문의(文意)를 더 쉽게 새길 수 있다. 〈상도를[常道] 아는[知之] 사람은[人] 인위의[人爲之] 정령을[政令] 말하지 않는다[不言].〉

● 지자불언(知者不言)의 불언(不言)은 2장(章)과 43장(章)의 **불언지교(不言之敎)**를 상기시킨다. 말하지 않는[不言之] 가르침은[敎] 무위(無爲)에 더욱[益] 머물러[處]

행하는[行] 가르침[敎]이다. 불언지교(不言之敎)는 곧 무위지교(無爲之敎)이다.

註 "성인처무위지사(聖人處無爲之事) 행불언지교(行不言之敎)." 성인은[聖人] 무위를[無爲之] 일삼아[事] 거처하고[處], 말이[言] 없는[不之] 가르침을[敎] 행한다[行].

『노자(老子)』 2장(章)

註 "불언지교(不言之敎) 무위지익(無爲之益) 천하희급지(天下希及之)." 말이 없는[不言之] 가르침과[敎] 무위의[無爲之] 이로움[益] 그것들과[之] 함께함은[及] 세상에[天下] 드물다[希].

『노자(老子)』 43장(章)

● 지자불언(知者不言)의 불언(不言)은 『장자(莊子)』의 **무언(無言)**과 『논어(論語)』의 **눌언(訥言)**을 상기시킨다. 〈눌어언(訥於言)〉은 불외시비지언(不猥是非之言) 즉 시비의[是非之] 말을[言] 함부로 하지[猥] 않음이지[不], 시비의[是非之] 말을[言] 하지 않음은 아니다. 그러나 〈무언(無言)〉은 무시비지언(無是非之言) 즉 시비의[是非之] 말이[言] 없음인지라[無] 시비의 말을 결코 하지 않음이다.

註 "불언즉제(不言則齊) 제여언부제(齊與言不齊) 언여제부제야(言與齊不齊也) 고왈무언(故曰無言)." {시비(是非)를} 말하지 않으면[不言] 곧[則] (온갖 것은) 하나가 되고[齊], 하나가 됨과[齊與] (시비를) 말함은[言] 같지 않고[不齊], (시비를) 말함과[言與] 하나가 됨도[齊] 같지가 않은 것[不齊]이다[也]. 그러므로[故] 말이 없음이라[無言] 한다[曰].

『장자(莊子)』 「우언(寓言)」

註 "군자욕눌어언(君子欲訥於言)." 군자는[君子] 말함에서[於言] 어눌하고자 한다[欲訥].

『논어(論語)』 「이인(里仁)」 24

【해독(解讀)】

● 〈지자불언(知者不言)〉에서 지자(知者)는 주부(主部) 노릇하고, 불(不)은 언(言)의 부정사(否定詞)이며, 언(言)은 목적어가 생략되었지만 동사 노릇한다. 〈지자는[知者] 말하지[言] 않는다[不].〉

● 지자불언(知者不言)의 지자(知者)는 〈위(爲)A자(者)〉의 상용구이다. 〈위(爲)A자(者)〉는 〈위(爲)A지인(之人)〉의 지인(之人)을 〈자(者)〉로 줄인 것일 수도 있고, 지물(之物)을 〈자(者)〉로 줄인 어투일 수도 있다. 그러므로 〈위(爲)A자(者)〉에서 〈놈자(者)〉인지 〈것자(者)〉인지는 전후 문맥을 살펴 새긴다. 〈A를 하는[爲] 사람[者]〉 〈A를 하는[爲之] 사람[人]〉 〈A를 하는[爲] 것[者]〉 〈A를 하는[爲之] 것[物]〉

56-2 言者不知(언자부지)

▶ {인위(人爲)의 것들을} 말하는[言] 사람은[者] {존도(尊道)를} 알지 못한다[不知].

말할 언(言), 놈 자(者), 않을 부(不), 알 지(知)

【지남(指南)】

〈언자부지(言者不知)〉는 처인위자(處人爲者) 즉 인위에[人爲] 매인[處] 사람[者]이다. 〈언자(言者)〉는 23장(章) 희언자연(希言自然)을 알지 못할 뿐만 아니라, 1장(章) 중묘지문(衆妙之門)으로서의 상도(常道)를 알지 못한다. 언자(言者)는 언도자(言道者) 즉 도를[道] 말하는[言] 자(者)이나, 언도자(言道者)의 도(道)란 1장(章)의 상도(常道)가 아니라 인의예지(仁義禮智)로 밝히는 인도(人道)일 뿐이다. 그러므로 언자(言者)는 23장(章)의 종사어도자(從事於道者) 즉 상도를[於道] 따라[從] 섬기는[事] 사람이 아니다. 유가(儒家)도 언도(言道)하고 법가(法家)도 언도(言道)하며, 묵가(墨家)나 농가(農家)도 언도(言道)하며 명가(名家)나 병가(兵家), 음양가(陰陽家) 종횡가(縱橫家) 등 모두 저마다 언도(言道)하니, 도(道)라는 것을 나름대로 말한다. 그러나 백가(百家)가 말하는 도(道)는 『노자(老子)』의 상도(常道)가 아니라 인도(人道)이니, 인의예지(仁義禮智)로서의 도(道)이거나 시비지기(是非之紀) 즉 시비를 가리는[是非之] 벼리로서의[紀] 도(道)이다.

왜 『논어(論語)』에 〈비례물언(非禮勿言)〉이란 말씀이 나오는가? 예가[禮] 아닌 것이면[非] 말하지[言] 말라[勿] 함은 예라면[禮] 말하라[言]이다[也]. 예(禮)가 아니면 도덕인의(道德仁義)도 이루지 못한다고[不成] 단언하는 것이다. 인도(人道)란 무위지도(無爲之道)가 아니라 인위지도(人爲之道) 즉 사람의 짓을 밝히는[人爲之] 도(道)이니, 이리저리 시비를 불러오는 논도(論道) 즉 도를[道] 논(論)함이 빚어질 수밖에 없다. 전국시대(戰國時代) 백가(百家)만이 언자(言者)이겠는가? 앞서 살핀 〈지자(知者)〉란 없어진 셈이지만, 이제는 모두가 언자(言者)임을 자현(自見)하고 자시(自是)하며 자벌(自伐)하고 자긍(自矜)하며 자과(自誇)하는 중이라 하루도 바람 잘 날이 없다. 오로지 언자(言者)만 득세하는 탓으로 인도(人道)를 말하는[言]

사람은[者] 중묘지문(衆妙之門)으로서 현묘(玄妙)한 상도(常道)를 알지 못함을[不知] 살펴 새기고 헤아려 깨우치게 하는 말씀이 〈언자부지(言者不知)〉이다.

註　"희언자연(希言自然)…… 종사어도자(從事於道者) 동어도(同於道)." 들으려 해도 들리지 않는[希] 말이[言] 자연이다[自然]. …… 도(道)를[於] 따라[從] 섬기는[事] 사람인[者] 도를 본받는[道] 사람은[者] 도(道)와[於] 하나가 된다[同].　　　　　『노자(老子)』23장(章)

註　"도가도(道可道) 비상도(非常道)…… 현지우현(玄之又玄) 중묘지문(衆妙之門)." 도(道)라고[道] 말할[道] 수 있다면[可] 한결같은[常] 도가[道] 아니다[非]. …… 현묘하고[玄之] 또[又] 현묘하여[玄] 온갖[衆] 묘리가[妙之] 들고나는 문이다[門].　　　　　『노자(老子)』1장(章)

註　"자현자불명(自見者不明) 자시자불창(自是者不彰) 자벌자무공(自伐者無功) 자긍자부장(自矜者不長)." 자기를[自] 드러내는[見] 사람은[者] 밝지 못하고[不明], 스스로[自] 옳다 하는[是] 사람은[者] 뚜렷하지 못하며[不彰], 스스로[自] 제 자랑하는[伐] 사람에게는[者] 공적이[功] 없어지고[無], 스스로[自] 뽐내는[矜] 사람은[者] 오래가지 못한다[不長].　　　　　『노자(老子)』24장(章)

【보주(補註)】

● 〈언자부지(言者不知)〉를 〈언정령지인부지자연지희언(言政令之人不知自然之希言)〉처럼 옮기면 문의(文意)를 더 쉽게 새길 수 있다. 〈정령을[政令] 말하는[言之] 사람은[人] 자연의[自然之] 희언을[希言] 알지 못한다[不知].〉

● 언자부지(言者不知)의 언자(言者)는 2장(章)과 43장(章)의 **불언지교(不言之敎)**를 부정(否定)하고 〈학(學)〉을 강조한다. 『논어(論語)』에서 공자(孔子)는 **호학(好學)**을 세 번이나 강조했고, 『예기(禮記)』에는 **인불학부지도(人不學不知道)**란 말이 나온다. 교학(敎學) 즉 가르치고[敎] 배움은[學] 인위지익(人爲之益)을 앞세우게 된다.

註　"자왈(子曰)…… 취유도이정언(就有道而正焉) 가위호학야기(可謂好學也已)." 공자[子] 가로되[曰] : …… 저[有] 도를[道] 좇아서[就而] (심신을) 바르게 한다면[正焉] 배우기를[學] 좋아한다고[好] 말할 수 있을[可謂] 뿐이다[也已].

　　여기 도(道)는 인도(人道), 즉 도덕인의지도(道德仁義之道)를 말한다.

　　　　　『논어(論語)』「학이(學而)」14

註　"자왈(子曰) 십실지읍(十室之邑) 필유충신여구자언(必有忠信如丘者焉) 불여구지호학(不如丘之好學)." 공자[子] 가로되[曰] : 열 가구의[十室之] 마을에도[邑] 충신과[忠] 신의에선

[信] 나[丘] 같은[如] 사람이[者] 반드시[必] 있겠지만[有], 나[丘]같이[如] 배우기를[學] 좋아하지는 못할 것이다[不好].　　　　　　　　　　　　　　　　『논어(論語)』「공야장(公冶長)」28

"애공문(哀公問) 제자숙위호학(弟子孰爲好學) 공자대왈(孔子對曰) 유안회자호학(有顔回者好學) 불행단명사의(不幸短命死矣) 금야즉망(今也則亡) 미문호학자야(未聞好學者也)." 애공이[哀公] 물었다[問] : 제자로서[弟子] 누가[孰] 배우기를[學] 좋아하는지요[爲好]? 이에[對] 공자가[孔子] 답했다[曰] : 안회라는[顔回] 자가[者] 있는데[有] 배우기를[學] 좋아했습니다[好]. 불행히도[不幸] 명이[命] 짧아[短] 죽었습니다[死矣]. 지금껏[今也則] 없어[亡], 배우기를[學] 좋아하는[好] 자를[者] 듣지 못했습니다[未聞].　　　　　　『논어(論語)』「옹야(雍也)」2

"옥불탁불성기(玉不琢不成器) 인불학부지도(人不學不知道)." 옥도[玉] 갈고 다듬지 않으면[不琢] 기물이[器] 되지 못하고[不成], 사람도[人] 배우지 않으면[不學] 도덕인의의 도를[道] 알지 못한다[不知].　　　　　　　　　　　　　　　　　『예기(禮記)』「악기(學記)」

"불언지교(不言之教) 무위지익(無爲之益) 천하희급지(天下希及之)." 말이 없는[不言之] 가르침과[教] 무위의[無爲之] 이로움[益] 그것들과[之] 함께함은[及] 세상에[天下] 드물다[希].
　　　　　　　　　　　　　　　　　　　　　　　　　　『노자(老子)』43장(章)

【해독(解讀)】

● 〈언자부지(言者不知)〉에서 언자(言者)는 주부(主部) 노릇하고, 부(不)는 지(知)의 부정사(否定詞)이며, 지(知)는 목적어가 생략되었지만 동사 노릇한다. 〈언자는[言者] 알지[知] 못한다[不].〉

● 언자부지(言者不知)의 언자(言者)는 〈위(爲)A자(者)〉의 상용구이다. 〈위(爲)A자(者)〉는 〈위(爲)A지인(之人)〉의 지인(之人)을 〈자(者)〉로 줄인 것일 수도 있고, 지물(之物)을 〈자(者)〉로 줄인 어투일 수도 있다. 〈위(爲)A자(者)〉에서 〈놈 자(者)〉인지 〈것 자(者)〉인지는 전후 문맥을 살펴 새긴다. 〈A를 하는[爲] 사람[者]〉 〈A를 하는[爲之] 사람[人]〉 〈A를 하는[爲] 것[者]〉 〈A를 하는[爲之] 것[物]〉

56-3 塞其兌(색기태) 閉其門(폐기문)

▶ 그[其] 이목구비를[兌] 막고[塞], 그[其] 들고나는 문을[門] 닫는다[閉].

막을 색(塞), 그 기(其), 이목구비 태(兌), 닫을 폐(閉), 들고날 문(門)

【지남(指南)】

〈색기태(塞其兌) 폐기문(閉其門)〉은 인지(人智)를 더해주는 유어외(誘於外) 즉 바깥 것에[於外] 이끌리지[誘] 말아야 8장(章)의 기어도(幾於道) 즉 상도에[於道] 가까이[幾] 함을 밝힌다. 『예기(禮記)』의 인화물(人化物)이란 인위(人爲)의 화(禍)를 범하지 말라 함이다. 그러므로 〈색태(塞兌)·폐문(閉門)〉은 특히 5장(章)의 수중(守中)과 51장(章) 존도이귀덕(尊道而貴德) 그리고 52장(章) 복수기모(復守其母) 등을 행하는 방편을 일깨워주는 말씀이다. 상도(常道)를 따라[中] 지키고[守], 상도(常道)와 상덕(常德)을 받들고[尊貴], 그 어머니[其母]께로 돌아와[復] 그 어머니를 지키는[守] 삶을 누리게 해주는 방편을 일깨워 깨우쳐주는 말씀이 〈색기태(塞其兌) 폐기문(閉其門)〉이다. 이는 성인(聖人)이 누리는 삶을 밝혀주는 말씀도 된다. 상도(常道)를 그냥 그대로 본받는 성인(聖人)은 온갖 인지(人智)의 예리함을[銳] 막아버리고[閉塞] 본성을[本性] 밝게[明] 한다. 여기 〈색기태(塞其兌)·폐기문(閉其門)〉은 허심(虛心)하여 사천(事天)하는 법자연(法自然)으로 이어지게 하는 수행(修行)이라 새겨도 된다. 무위(無爲)를 받들고[事] 머물러 살면서[處], 불언(不言) 즉 인의예지(仁義禮智) 사단(四端)을 밝힘을 말하지 않는[不言之] 가르침[敎]을 행하는 방편을 헤아리게 한다.

이러한 〈색기태(塞其兌) 폐기문(閉其門)〉은 52장(章)에도 나온다. 물론 색태(塞兌)하고 폐문(閉門)하라 함은 안이비설신의(眼耳鼻舌身意)를 폐색(閉塞)하라 함이다. 색태(塞兌)와 폐문(閉門)은 물열혈(勿閱穴) 즉 구멍으로[穴] 내다보지[閱] 말라[勿] 함인지라, 바깥 것에[於外] 끌려[誘] 생기는 의식(意識) 따위로 용심(用心)을 조잡하게 하지 말라 함이다.

여기서 구멍[穴]이란 외물(外物)로 탐욕을 일게 하고 의식을 충동하는 감지(感知)를 이목구비(耳目口鼻)를 들어 비유함이니, 물열혈(勿閱穴)은 외물(外物)을 탐하여 마음[心]을 조급하게[躁] 하지 말라는 것이다. 탐욕으로 전염되어 심란(心亂)하면 마음 씀이[用心] 조급해져[躁] 마음은 인위(人爲)의 곳간이[府] 되고 만다. 인위(人爲)의 곳간[府]은 자기(自己)를 앞세우고 공명(功名)을 이리저리 찾아내[貪] 채우며 상쟁(相爭)을 일삼아 저마다의 삶을 위태롭게 한다. 삶을 위태하게 하는 의욕(意欲)을 물리치자면 먼저 색태(塞兌)하고 폐문(閉門)하라는 것이다.

색태(塞兌)하고 폐문(閉門)함은 16장(章) 치허극(致虛極) 수정독(守靜篤)과 12장

(章) 성인위복불위목(聖人爲腹不爲目)을 떠올리고,『장자(莊子)』의 〈지인무기(至人無己) 신인무공(神人無功) 성인무명(聖人無名)〉과 **부허정념담적막무위자(夫虛靜恬淡寂漠無爲者)**를 상기시킨다. 보이는 것[有] 속에 보이지 않는 것[無]을 〈빔[虛]〉이라 한다. 허(虛) 바로 그것이 허극(虛極)이고 허극(虛極)은 상도(常道)를 일컫는지라 〈치허극(致虛極)〉은 상도(常道)로 정성껏 돌아가라[致] 함이다. 욕심(慾心)은 마냥 흔들리고[亂], 허심(虛心)은 고요하다[靜]. 정독(靜篤)이란 지정(至靜) 즉 고요하고 더없이 고요함[至靜]이다. 정독(靜篤)은 허심(虛心) 그 자체의 본성을 일컬음이니, 다름 아닌 〈희언(希言)의 자연(自然)〉을 받들라 함이다.

　이러한 무위(無爲)의 삶을 뿌리치고 바깥 것에 매달려 제 몫[私]을 찾고 공적과 명성을 추구하면서 부귀영화를 이룩하고자 발버둥치는 삶, 즉 인위(人爲)의 삶이란 자연(自然)에는 없음을 일깨우고자 바깥 것에 매달리는 인지(人智)를 막고[塞] 닫아서[閉], 안[內] 즉 본성(本性)을 오로지하여 무위(無爲)에 머물러[處] 자연을[天] 섬김을[事] 일깨워 깨우치게 하는 말씀이 〈색기태(塞其兌) 폐기문(閉其門)〉이다.

註　"상선약수(上善若水) 수선리만물이부쟁(水善利萬物而不爭) 처중인지소오(處衆人之所惡)고(故) 기어도(幾於道)." 지극한[上] 선은[善] 물과[水] 같다[若]. 물은[水] 온갖 것을[萬物] 이롭게 함을[利] 좋아해서[善而] (만물과) 다투지 않고[不爭], (물은) 사람들이[衆人之] 싫어하는[惡] 자리에[所] 머문다[處]. 그러므로[故] (물은) 상도에[於道] 가깝다[幾]. 　　　　『노자(老子)』8장(章)

註　"인화물야자(人化物也者) 멸천리이궁인욕자야(滅天理而窮人欲者也) 어시(於是) 유패역사위지심(有悖逆詐僞之心) 유음일작란지사(有淫佚作亂之事) 시고(是故) 강자협약(强者脅弱) 중자포과(衆者暴寡) 지자사우(知者詐愚) 용자고겁(勇者苦怯) 질병불양(疾病不養) 노유고독부득기소(老幼孤獨不得其所) 차대란지도야(此大亂之道也)." 인간이[人] 물건으로[物] 되어버림[化]이란[也] 것은[者] 자연의[天] 이치를[理] 없애면서[滅而] 인간의[人] 욕심을[欲] 한없이 하는[窮] 것[者]이다[也]. 여기서[於是] 어버이를 버리고[悖], 나라를 뒤집고[逆] 속이고[詐], 거짓부렁의[僞之] 마음이[心] 생기고[有], 음탕하고[淫] 게으르며[佚] 어지러움을[亂] 짓는[作之] 일들이[事] 생긴다[有]. 이렇기[是] 때문에[故] 센 자기[强者] 약자를[弱] 짓누르고[脅], 다수가[衆者] 소수를[寡] 짓밟고[暴], 식자가[知者] 어리석은 이를[愚] 속여먹고[詐], 용맹한 자기[勇者] 겁쟁이를[怯] 괴롭히고[苦], 병들어도[疾病] 돌보지 않고[不養], 노인과 어린이[老幼] 홀아비와 과부는[孤獨] 살 곳을[其所] 얻지 못한다[不得]. 이런 것들이[此] 대란의[大亂之] 이치[道]이다[也].
　인화물(人化物)은 요샛말로 인간(人間)의 물질화(物質化)를 뜻한다.
　　　　　　　　　　　　　　　　　　　　　『예기(禮記)』「악기(樂記)」

註 "다언수궁(多言數窮) 불여수중(不如守中)." {치민(治民)하면서 정령(政令)을 밝히는} 말이[言] 많아질수록[多] (백성을 다스리는) 이치가[數] 궁색해지니[窮], 상도(常道)를 따라[中] {무위(無爲)의 다스림을} 지킴만[守] 못하다[不如].　　　　　　　　　　　　　　　『노자(老子)』 5장(章)

註 "만물막부존도이귀덕(萬物莫不尊道而貴德)." 온갖 것은[萬物] 도를[道] 받들면서[尊而] 덕을[德] 받들지 않을 수[不貴] 없다[莫].　　　　　　　　　　　　　　　『노자(老子)』 51장(章)

註 "기지기자(旣知其子) 복수기모(復守其母) 몰신불태(歿身不殆)." 이미[旣] 그[其] 자손임을[子] 알고[知] 그[其] 어머니께로[母] 돌아와[復] 지킨다면[守] 평생토록[歿身] 위태롭지 않다[不殆].　　　　　　　　　　　　　　　『노자(老子)』 52장(章)

註 "치허극(致虛極) 수정독(守靜篤) 만물병작(萬物竝作)." 빔의[虛] 바로 그것을[極] 다하고[致], 고요의[靜] 도타움을[篤] 지키며[守], 온갖 것은[萬物] {그 허정(虛靜)으로} 아울러[竝] 일어난다[作].　　　　　　　　　　　　　　　『노자(老子)』 16장(章)

註 "성인위복불위목(聖人爲腹不爲目)." 성인은[聖人] 뱃속을[腹] 위하지[爲] 눈을[目] 위하지 않는다[不爲].　　　　　　　　　　　　　　　『노자(老子)』 12장(章)

註 "부허정념담적막무위자(夫虛靜恬淡寂漠無爲者) 천지평(天地平) 이도덕지지(而道德之至)고(故) 제왕성인휴언(帝王聖人休焉)." 무릇[夫] 마음이 비고[虛] 고요하며[靜] 조용하고[恬] 담백하며[淡] 평온하고[寂] 가만히[漠] 무위한[無爲] 것이[者] 하늘땅의[天地] 평균이고[平], 나아가[而] 도덕의[道德之] 지극함이다[至]. 그래서[故] 제왕인[帝王] 성인은[聖人] 허정념담적막(虛靜恬淡寂漠)에 머물러 쉬는 것[休]이다[焉].　　　　　　　　　　『장자(莊子)』「천도(天道)」

【보주(補註)】

● 〈색기태(塞其兌) 폐기문(閉其門)〉을 〈성인색기태(聖人塞其兌) 이성인폐기문(而聖人閉其門)〉처럼 옮기면 문의(文意)를 더 쉽게 새길 수 있다. 한문에는 따로 명령문 형식이 없어 평서문과 혼동하기 쉽지만, 전후 문맥을 살펴 새긴다. 〈성인은[聖人] 그[其] 태를[兌] 막는다[塞]. 그리고[而] 성인은[聖人] 그[其] 문을[門] 닫는다[閉].〉 〈그[其] 태를[兌] 막아라[塞]. (그리고) 그[其] 문을[門] 닫아라[閉].〉

● 색기태(塞其兌)의 색(塞)과 폐기문(閉其門)의 폐(閉) 역시 2장(章) 처무위지사(處無爲之事) 행불언지교(行不言之敎)란 말씀을 그냥 그대로 좇아 누림을 헤아리게 하고, 〈색기태(塞其兌) 폐기문(閉其門)〉은 같은 뜻을 거듭 강조하는 수사(修辭)이다.

註 "처무위지사(處無爲之事) 행불언지교(行不言之敎)." 무위를[無爲之] 받들어[事] 머물러 살고[處], 말이 없는[不言之] 가르침을[敎] 행한다[行].　　　　　　　　　　『노자(老子)』 2장(章)

- 〈색기태(塞其兌) 폐기문(閉其門)〉은 외사불입심(外邪不入心) 즉 바깥의[外] 삿됨이[邪] 마음에[心] 들어오지 못함[不入]이다. 따라서 『예기(禮記)』「악기(樂記)」에 나오는 〈인화물(人化物)〉을 상기시킨다.
- 색기태(塞其兌)가 〈색기혈(塞其穴)〉로 된 본(本)도 있다. 〈구멍 태(兌), 구멍 혈(穴)〉인지라 문의(文意)가 달라지는 것은 아니다.

【해독(解讀)】

- 〈색기태(塞其兌) 폐기문(閉其門)〉은 두 문장이 〈그리고 이(而)〉로 연결된 중문(重文)이다. 〈색기태한다[塞其兌]. (그리고) 폐기문한다[閉其門].〉
- 색기태(塞其兌)에서 주어가 생략되었지만 색(塞)은 동사 노릇하고, 기태(其兌)는 목적어 노릇한다. 색(塞)은 〈막을 폐(閉)〉와 같아 폐색(閉塞)의 줄임말로 여기면 되고, 태(兌)는 이목구비(耳目口鼻) 즉 감각기관을 비유한다. 〈이목구비를[兌] 막는다[塞].〉
- 폐기문(閉其門)에서 주어가 생략되었지만 폐(閉)는 동사 노릇하고, 기문(其門)은 목적어 노릇한다. 폐(閉)는 〈막을 색(塞)〉과 같아 폐색(閉塞)의 줄임말로 여기면 되고, 문(門)도 이목구비(耳目口鼻) 즉 감각기관을 비유한다. 〈이목구비를[門] 닫는다[閉].〉

56-4 挫其銳(좌기예)

▶ {인지(人智)의} 그[其] 날카로움을[銳] 꺾는다[挫].

> 꺾을(짓누를) 좌(挫), 그 기(其), 날카로울 예(銳)

【지남(指南)】

〈좌기예(挫其銳)〉는 바깥 사물에 매달리는 인지(人智)를 앞세우지 말라 함이다. 이 말씀 역시 8장(章)의 〈기어도(幾於道)〉 즉 상도에[於道] 가까이[幾] 함을 밝힌다. 좌기예(挫其銳)는 4장(章) 원문(原文)에 있지만, 4장(章)의 내용과는 상응되지 않아 산거(刪去)하였다. 좌기예(挫其銳)는 〈좌절인지지예기(挫折人智之銳氣)〉의 줄임으로, 인지의[人智之] 날카로운[銳] 기세를[氣] 꺾음[挫折]은 다음 57장(章)에 나오는 **아호정(我好靜)**을 상기시킨다.

상도(常道)를 그냥 그대로 본받는 성인(聖人)은 지식의 예리함을[銳] 무디게 하고[挫] 본성을[本性] 밝게[明] 한다. 인간의 예기(銳氣)는 지(智)의 재능으로 드러나니, 좌기예(挫其銳)의 〈예(銳)〉는 지욕(智欲)의 유(喩)임을 헤아리게 한다. 인간은 사물의 힘[力]을 끊임없이 식별(識別)하려 하고, 사물마다 간직하고 있는 힘[力]을 알아서[識] 가려내려[別] 한다. 지물(知物)의 지(智)가 예리할수록 바깥 것[外物]에 끌려[誘] 자명(自明) 즉 스스로의[自] 밝음[明], 즉 천성(天性)을 팽개친다. 바깥 것[外物]의 앎[智]은 날카롭게[銳利] 단련되고, 자신을[自] 밝게 하는[知] 고요는[靜] 내쳐지고 만다. 그리하여 자기(自己)를 모르면서 밖의 사물을 잘 아는 이른바 〈과학적 인간〉이 된다.

인간은 이제 지(智)로 자영(自盈)하기를 바랄 뿐, 자허(自虛) 즉 지(智)를 스스로[自] 비우기를[虛] 원치 않으니 자신의 안거(安居)를 내치고 이지(利智)를 더욱더 예리하게 갈고 닦고자 사물을 인지(認知)하려는 능력을 끝없이 갖추려 한다. 여기 좌기예(挫其銳)의 〈예(銳)〉로써 지술(智術)의 끝없는 추구를 비유하여 인위(人爲)로 치달음을 깨우치게[譬喩] 하고, 〈좌(挫)〉로써 시비·분별하려는 사물의 지(智)에 매달리지 말고 자명(自明)의 지(知)로 복귀하는 이치를 살펴 새기고 헤아려 깨우치게 하는 말씀이 〈좌기예(挫其銳)〉이다.〉

註 "아호정(我好靜) 이민자정(而民自正)." 내가[我] 고요함을[靜] 좋아하니까[好而] 백성은[民] 절로[自] 바르게 되었다[正]. 『노자(老子)』57장(章)

【보주(補註)】

- 〈좌기예(挫其銳)〉를 〈성인좌인지지예(聖人挫人智之銳)〉처럼 옮기면 문의(文意)를 더 쉽게 새길 수 있다. 〈성인은[聖人] 인지의[人智之] 날카로움을[銳] 무디게 한다[挫].〉

- 좌기예(挫其銳)의 〈좌(挫)〉는 2장(章) 처무위지사(處無爲之事)를 상기시키고, 『장자(莊子)』의 인시이(因是已)를 떠올린다. 인시이(因是已)는 인천이(因天已) 즉 자연에[天] 맡길[因] 뿐이다[已]. 좌기예(挫其銳)의 〈예(銳)〉는 38장(章) 〈전식자도

지화(前識者道之華))와 『장자(莊子)』의 **지혜외통(知慧外通)**을 떠올린다. 인의예지(仁義禮智)의 앎을[識] 앞세우는[前] 것은[者] 인도의[道之] 꾸밈이다[華]. 그런 꾸밈[華] 탓으로 지혜는 밖으로[外] 내달린다[通]. 마음이 밖으로 내달릴수록 시비 · 분별 · 논란 등이 예리해져 상쟁(相爭)이 치열한 세상을 면할 수 없다.

註 "성인처무위지사(聖人處無爲之事) 행불언지교(行不言之敎)." 성인은[聖人] 무위를[無爲之] 행함에[事] 머물고[處], 정령을 밝히지 않는[不言之] 가르침을[敎] 행한다[行].

『노자(老子)』 2장(章)

註 "인시인비(因是因非) 인비인시(因非因是) 시이(是以) 성인불유이조지우천(聖人不由而照之于天) 역인시야(亦因是也) 시역피야(是亦彼也) 피역시야(彼亦是也) 피역일시비(彼亦一是非) 차역일시비(此亦一是非) 과차유피시호재(果且有彼是乎哉) 과차무피시호재(果且無彼是乎哉) 피시막득기우(彼是莫得其偶) 위지도추(謂之道樞)." {시비(是非)를 둘로 대(對)하면} 시로[是] 말미암아[因] 비가[非] 말미암고[因], 비로[非] 말미암아[因] 시가[是] 말미암는다[因]. 이렇기[是] 때문에[以] 성인은[聖人] {시비(是非)의 대(對)를} 통하지 않고서[不由而] 자연에[于天] 시비를[之] 비추어본다[照]. {성인(聖人)의 조지우천(照之于天)이란} 역시[亦] (시비가 없는) 자연에[是] 맡김[因]이다[也]. 이것[是] 역시[亦] 저것[彼]이고[也], 저것[彼] 역시[亦] 이것[是]이다[也]. 저것[彼] 역시[亦] 하나의[一] 시비이고[是非], 이것[此] 역시[亦] 하나의[一] 시비이다[是非]. 과연[果] 또[且] 저것이것이[彼是] 있는[有] 것인가[乎哉]? 과연[果] 또[且] 저것이것이[彼是] 없는[無] 것인가[乎哉]? 저것과[彼] 이것에[是] 제[其] 쪽을[偶] 갖춤이[得] 없는 것[莫] 그것을[之] 지도리라[道樞] 한다[謂]. {피시(彼是)는 인간의 것이지 자연에는 없다.}

역인시(亦因是)의 시(是)는 천(天) 즉 자연(自然)을 나타내는 지시어이다.

『장자(莊子)』「제물론(齊物論)」

註 "지혜외통(知慧外通) 용동다원(勇動多怨) 인의다책(仁義多責) 달생지정자괴(達生之情者傀) 달어지자초(達於知者肖) 달대명자수(達大命者隨) 달소명자조(達小命者遭)." 지혜는[知慧] 바깥으로[外] 통하고[通], 용감한[勇] 행동에는[動] 원한이[怨] 많으며[多], 인의에는[仁義] 따질 것이[責] 많고[多], 삶의[生] 참다움을[情] 통달한[達] 이는[者] 위대하고[傀], 지식에[於之] 통달한[達] 자는[者] 왜소하며[肖], 크나큰[大] 명령을[命] 통달한[達] 이는[者] 자연을 따르고[隨], 작은[小] 명령을[命] 통달한[達] 자는[者] 사물을 만난다[遭].

생지정(生之情)은 자연지생(自然之生) 즉 그냥 그대로의[自然之] 삶[生]이고, 괴(傀)는 여기선 〈클 위(偉)〉와 같고, 초(肖)는 여기선 〈작을 소(小)〉와 같고, 대명(大命)은 천지명(天之命) 즉 자연의[天之] 명령[命]이다. 소명(小命)은 인지명(人之命) 즉 사람의[人之] 명령[命]이고, 수(隨)는 여기선 수천(隨天)의 줄임으로 자연을[天] 따름이고[隨], 조(遭)는 〈만날 우(遇)〉와 같다.

『장자(莊子)』「열어구(列禦寇)」

● 좌기예(挫其銳) 이 말씀은 앞 4장(章)에도 나오지만, 4장(章)에서는 산거(刪去)되어야 한다는 설(說)을 수용했다.

【해독(解讀)】

● 〈좌기예(挫其銳)〉에서 좌(挫)는 주어가 생략되었지만 동사 노릇하고, 기(其)는 예(銳)를 꾸미는 관형사이고, 예(銳)는 좌(挫)의 목적어 노릇한다. 관형사(冠形詞)란 영어의 정관사(定冠詞)와 같다. 좌(挫)는 〈꺾을 최(摧)·절(折), 짓누를 익(搦)〉 등과 같아 좌절(挫折)의 줄임이고, 예(銳)는 〈날카로울 리(利)〉와 같아 예리(銳利)의 줄임말로 여기면 된다. 〈그[其] 날카로움을[銳] 무디게 한다[挫].〉

● 좌기예(挫其銳)를 서술문으로 여길 수도 있고, 명령문으로 볼 수도 있다. 한문은 따로 명령문, 서술문 형식이 나누어져 있지 않으므로 전후 문맥을 살펴 마땅하게 새기면 된다. 〈그[其] 예리함을[銳] 무디게 한다[挫].〉〈그[其] 예리함을[銳] 무디게 하라[挫].〉

56-5 解其紛(해기분)

▶{인지(人智)의} 그[其] 분란을[紛] 없앤다[解].

없앨 해(解), 그 기(其), 다툴 분(紛)

【지남(指南)】

〈해기분(解其紛)〉도 4장(章)에서 산거(刪去)한 구문이다. 해기분(解其紛) 역시 8장(章) 〈기어도(幾於道)〉 즉 상도에[於道] 가까이[幾] 함을 밝힌다. 해기분(解其紛)은 〈해분(解紛)〉으로, 해제분란(解除紛亂)의 줄임이다. 얽히고 설킨 혼란을[紛亂] 없애버림[解除]이니 현동(玄同) 성인(聖人)의 모습을 나타낸다. 상도(常道)를 그냥 그대로 본받는 성인(聖人)은 인지(人智)로 빚어지는 분란[紛]을 없애고[解] 본성을[本性] 밝게[明] 한다. 바깥 것에 사로잡히는 인지(人智)가 빚어내는 분란(紛亂)은 상쟁(相爭)을 불러오고, 이런 상쟁을 없앰이[解除] 해기분(解其紛)이다.

해기분(解其紛)의 〈분(紛)〉은 인간의 다툼[爭]으로 빚어지고, 인지(人智)는 경쟁

에서 비롯한다. 사물의 능력을 식별하는 재능인 지능을 연마하여 날카롭게[銳] 할
수록 인간은 서로 우위를 차지하고자 분쟁을 치열하게 한다. 인간이 짓고 일으키
는 지(智)의 분쟁은 저마다의 호오(好惡)에 따른 시비를 불러오고, 분쟁은 분란으
로 이어지니, 예기(銳氣)를 좌절시켜야 지(智)의 재능으로 말미암은 분쟁 · 분란
등을 빚는 상쟁(相爭) · 상해(相害)가 사라질[解] 수 있음을 살펴 새기고 헤아려 깨
우치게 하는 말씀이 〈해기분(解其粉)〉이다.〉

【보주(補註)】

- 〈해기분(解其紛)〉을 〈성인해인지지분(聖人解人智之紛)〉처럼 옮기면 문의(文意)
를 더 쉽게 새길 수 있다. 〈성인은[聖人] 인지의[人智之] 분란을[紛] 없앤다[解].〉

- 해기분(解其紛)의 〈해(解)〉 역시 2장(章) 처무위지사(處無爲之事)와 『장자(莊子)』
의 인시이(因是已)를 상기시킨다. 인시이(因是已)는 인천이(因天已) 즉 자연에
[天] 맡길[因] 뿐이다[已]. 해기분(解其紛)의 〈분(紛)〉은 38장(章) 〈전식자도지화
(前識者道之華)〉와 『장자(莊子)』의 지혜외통(知慧外通)을 떠올린다. 인의예악(仁
義禮樂)의 앎을[識] 앞세우는[前] 것은[者] 인도의[道之] 꾸밈이니[華] 지혜는[知
慧] 밖으로[外] 통하고[通], 그럴수록 시비 · 분별 · 논란 등이 치열해져 분란을
가져와 정신은 지쳐버린다.

註 "성인처무위지사(聖人處無爲之事) 행불언지교(行不言之敎)." 성인은[聖人] 무위를[無爲
之] 행함에[事] 머물고[處], 말이[言] 없는[不之] 가르침을[敎] 행한다[行]. 『노자(老子)』 2장(章)

註 "지혜외통(知慧外通)." 지혜는[知慧] 바깥으로[外] 통한다[通].
『장자(莊子)』 「열어구(列禦寇)」

註 "역인시야(亦因是也)." 역시[亦] (시비가 없는) 자연에[是] 맡김[因]이다[也].
역인시(亦因是)의 시(是)는 천(天), 즉 자연(自然)을 나타낸다.
『장자(莊子)』 「제물론(齊物論)」

【해독(解讀)】

- 〈해기분(解其紛)〉에서 해(解)는 주어가 생략되었지만 동사 노릇하고, 기(其)는
분(紛)을 꾸미는 관형사이고, 분(紛)은 해(解)의 목적어 노릇한다. 해(解)는 〈없
앨 제(除)〉와 같아 해제(解除)의 줄임말로 여기면 된다. 〈그[其] 분란을[紛] 없앤
다[解].〉

● 해기분(解其紛)을 평서문으로 볼 수도 있고 명령문으로 볼 수도 있다. 〈그[其] 분란을[紛] 없앤다[解].〉〈그[其] 분란을[紛] 없애라[解].〉

56-6 和其光(화기광)

▶{인지(人智)의} 그[其] 빛냄을[光] {밝음[明]과} 아우른다[和].

아우를 화(和), 그 기(其), 빛날 광(光)

【지남(指南)】

〈화기광(和其光)〉도 4장(章)에서 산거(刪去)한 구문이다. 화기광(和其光) 역시 8장(章)에서 살핀 바 있는 〈기어도(幾於道)〉 즉 상도에[於道] 가까이[幾] 함을 밝힌다. 화기광(和其光)은 〈화광(和光)〉으로, 화합명광(和合明光)의 줄임이다. 안으로 밝음과[明] 밖으로 빛남을[光] 어울려[和] 하나가 됨이[合] 화광(和光)이니 성인(聖人)의 모습을 나타낸다. 상도(常道)를 그냥 그대로 본받는 성인(聖人)은 지식으로 빚어지는 빛냄에[光] 함몰되지 않고, 그럴수록 본성을[本性] 밝게[明] 하여 밖으로 빛남을 거두어들인다.

화기광(和其光)은 70장(章) **피갈회옥(被褐懷玉)**을 상기시킨다. 갈옷을[褐] 입고[被] 그 속에 옥을[玉] 품음[懷]이란 과시하지[光] 않음이다. 바깥 것에 사로잡히는 인지(人智)가 빚어내는 외광(外光)은 시샘을 불러와 상쟁(相爭)을 일으키니, 상쟁을 벗어나 화합함이 화기광(和其光)이다. 화기광(和其光)의 〈광(光)〉 역시 인간의 다툼[爭]으로 빚어지고, 인지(人智)의 과시[光] 또한 경쟁에서 비롯하니, 화기광(和其光) 역시 인간의 욕지(欲智)를 꺾어야[挫] 하는 까닭을 헤아리게 한다. 사물의 능력을 식별하는 재능을 연마하여 날카롭게[銳] 할수록 인간은 자신의 재능을 더욱 빛나게[光] 드러내려 한다. 인간이 짓고 일으키는 지(智)의 분쟁은 재능을 과시하게 하고, 그럴수록 분쟁의 분란은 가열된다. 이런 시비의 분란은 사물의 능력을 알아내 분별하는 경쟁으로 말미암고 경쟁은 서로의 과시(誇示)로 이어지니, 경쟁이란 자신을 자랑하여[誇] 내보이려는[示] 짓을 서슴지 않는다. 과시(誇示)가 곧 〈광(光)〉이다.

화기광(和其光)은 빛냄[光]을 눈부시게 하지 말라 함이니, 〈기광(其光)〉이란 예지광(銳之光) 즉 지적으로 날카로운[銳之] 빛냄을[光] 밝힘이다. 그러므로 이는 해기분(解其紛)의 〈기분(其紛)〉을 달리 말한 것이다. 지능의 분(紛)은 곧 지능의 광(光)이다. 한때 광(光)내지 말라는 말이 유행한 시절이 있었다. 자신을 빛내자고 남을 눈부시게 하지 말라 함이니, 화기광(和其光)의 〈화(和)〉는 〈해(解)〉를 거듭 말함이다. 〈분(紛)〉을 화해하고 〈광(光)〉을 화해하라 함이다.

다툼[紛]을 누그려[和] 없애고[解] 다투고자 하는 빛냄[光]을 없애기[解] 위하여, 성인(聖人)은 상도(常道)의 불영(不盈)으로써 지능의 예기(銳氣)로 빚어진 분란을 없애고[解] 모두를 하나같게 어울리게[和] 함을 살펴 새기고 헤아려 깨우치게 하는 말씀이 〈화기광(和其光)〉이다.

註 "피갈회옥(被褐懷玉)." 갈옷을[褐] 입고[被] 옥을[玉] 품는다[懷].　　　『노자(老子)』70장(章)

【보주(補註)】

● 〈화기광(和其光)〉을 〈성인화인지지광(聖人和人智之光)〉처럼 옮기면 문의(文意)를 더 쉽게 새길 수 있다. 〈성인은[聖人] 인지의[人智之] 빛냄을[光] 아우른다[和].〉

● 화기광(和其光)의 〈화(和)〉 역시 2장(章) 처무위지사(處無爲之事)와 『장자(莊子)』의 인시이(因是已)를 상기시킨다. 인시이(因是已)는 인천이(因天已) 즉 자연에[天] 맡길[因] 뿐이다[已]. 화기광(和其光)의 〈광(光)〉도 38장(章) 〈전식자도지화(前識者道之華)〉와 『장자(莊子)』의 지혜외통(知慧外通)을 떠올린다. 인의예악(仁義禮樂)의 앎을[識] 앞세우는[前] 것은[者] 도지화(道之華)이니, 지혜가[知慧] 밖으로[外] 내달려[走] 광채를 과시하고, 그럴수록 시비·분별·논란 등을 과시하여 승인(勝人) 즉 남들과 겨루어 이기고자 정신이 지쳐버림이 〈광(光)〉이다.

註 "성인처무위지사(聖人處無爲之事) 행불언지교(行不言之教)." 성인은[聖人] 무위를[無爲之] 행함에[事] 머물고[處], 말이[言] 없는[不之] 가르침을[教] 행한다[行].　『노자(老子)』2장(章)

註 "지혜외통(知慧外通)." 지혜는[知慧] 바깥으로[外] 통한다[通].

『장자(莊子)』「열어구(列禦寇)」

註 "역인시야(亦因是也)." 역시[亦] (시비가 없는) 자연에[是] 맡김[因]이다[也].

역인시(亦因是)의 시(是)는 천(天), 즉 자연(自然)을 나타낸다.

『장자(莊子)』「제물론(齊物論)」

【해독(解讀)】

- 〈화기광(和其光)〉에서 화(和)는 주어가 생략되었지만 동사 노릇하고, 기(其)는 광(光)을 꾸미는 관형사이고, 광(光)은 화(和)의 목적어 노릇한다. 화(和)는 〈아우를 합(合)〉과 같아 화합(和合)의 줄임말로 여기면 된다. 〈그[其] 광채를[光] 아우른다[和].〉

- 화기광(和其光)을 평서문으로 여길 수도 있고 명령문으로 볼 수도 있다. 〈그[其] 광채를[光] 아우른다[和].〉〈그[其] 광채를[光] 아울러라[和].〉

56-7 同其塵(동기진)

▶ {인지(人智)의} 그[其] 속됨과[塵] 같이한다[同].

> 같이할 동(同), 그 기(其), 속세 진(塵)

【지남(指南)】

〈동기진(同其塵)〉도 4장(章)에서 산거(刪去)한 구문이다. 동기진(同其塵) 역시 8장(章)에서 살핀 〈기어도(幾於道)〉 즉 상도에[於道] 가까이[幾] 함을 밝히고 있다. 동기진(同其塵)은 〈동진(同塵)〉으로, 화동속진(和同俗塵)의 줄임이다. 세속의[俗] 티끌[塵]과 어울려[和] 같이 됨이[同] 동진(同塵)이니 성인(聖人)의 모습을 나타낸다. 상도(常道)를 그냥 그대로 본받는 성인(聖人)은, 지식으로 빚어지는 빛냄[光]을 과시하기를 마다 않는 속진(俗塵) 즉 세속의[俗] 속기(俗氣)를[塵] 내치면서 고고(孤高) 즉 홀로[孤] 고상하려[高] 하지 않는다. 오히려 성인(聖人)은 속진(俗塵)과 함께 어울리되, 물들지 않고 그 순박함으로 본성을[本性] 더욱더 밝게[明] 함이 여기 〈동기진(同其塵)〉이다. 성인(聖人)께는 지혜가 있어도 드러내지 않고, 좌예(挫銳)하고 해분(解紛)하며 화광(和光)하면서 속세와 함께하는 것이 동기진(同其塵)이다.

동기진(同其塵)의 〈진(塵)〉은 부귀영화의 명리(名利)를 쟁취하고자 아우성치는 세태를 일컬음이다. 성인(聖人)은 백성이 사는 집과 같은 집에서 백성이 입는 대로 입고 백성이 먹는 대로 먹고 동고동락(同苦同樂)하면서, 세진(世塵) 즉 더불어 산다. 이것이 성인(聖人)의 동기진(同其塵)이다. 『장자(莊子)』 「천도(天道)」에 자호아우야(子呼我牛也) 이위우(而謂之牛) 호아마야(呼我馬也) 이위지마(而謂之馬)라는 말이 나온다. 당신이[子] 나를[我] 소라고[牛] 한다면 나는 소가 돼주고, 나를 말이라고[馬] 한다면 말이 되어준다는 것이다. 내가 왜 말이냐고 시비 걸어 지능 다툼을 하지 않고, 물아(物我)를 잊고 자연스럽게 살아감이 동기진(同其塵)이다.

세속과 같이 한다[同其塵] 함은 좌예(挫銳)하고 해분(解紛)하여 화광(和光)의 삶이 일체동연(一切同然)이라 모두 다[一切] 그냥 그대로[同然] 만물을 하나같이 보고, 마음 속에 애증(愛憎) · 귀천(貴賤) · 고하(高下)가 없음을 살펴 새기고 헤아려 깨우치게 하는 말씀이 〈동기진(同其塵)〉이다.

註 "석자자자호아우야(昔者子呼我牛也) 이위지우(而謂之牛) 호아마야(呼我馬也) 이위지마(而謂之馬)." 어제[昔者] 그대가[子] 나를[我] 소라[牛] 불렀다[呼]면[也] 곧[而] 나를[之] 소라고[牛] 여겼고[謂], 나를[我] 말이라[馬] 불렀다[呼]면[也] 곧[而] 나를[之] 말이라[牛] 여겼다[謂].

『장자(莊子)』 「천도(天道)」

【보주(補註)】

● 〈동기진(同其塵)〉을 〈성인동지세속지진(聖人同知世俗之塵)〉처럼 옮기면 문의(文意)를 더 쉽게 새길 수 있다. 〈성인은[聖人] 세속의[世俗之] 속기와[塵] 같이 한다[同].〉

● 동기진(同其塵)의 〈동(同)〉 역시 2장(章) 처무위지사(處無爲之事)와 『장자(莊子)』의 인시이(因是已)를 상기시킨다. 인시이(因是已)는 인천이(因天已) 즉 자연에[天] 맡길[因] 뿐이다[已]. 동기진(同其塵)의 〈진(塵)〉도 38장(章) 〈전식자도지화(前識者道之華)〉와 『장자(莊子)』의 지혜외통(知慧外通)을 떠올린다. 인의예악(仁義禮樂)의 앎을[識] 앞세우는[前] 것은[者] 도지화(道之華)이니, 이로 인하여 지혜가[知慧] 밖으로[外] 내달려[走] 속진(俗塵)을 빚어낸다. 그럴수록 시비 · 분별 · 논란 등을 과시하여 승인(勝人) 즉 남들과 겨루어 이기고자 정신이 지쳐버림이 〈진(塵)〉이다.

註 "성인처무위지사(聖人處無爲之事) 행불언지교(行不言之教)." 성인은[聖人] 무위를[無爲之] 행함에[事] 머물고[處], 말이[言] 없는[不之] 가르침을[教] 행한다[行]. 『노자(老子)』 2장(章)

註 "지혜외통(知慧外通)." 지혜는[知慧] 바깥으로[外] 통한다[通].

『장자(莊子)』「열어구(列禦寇)」

註 "역인시야(亦因是也)." 역시[亦] (시비가 없는) 자연에[是] 맡김[因]이다[也].

역인시(亦因是)의 시(是)는 천(天), 즉 자연(自然)을 나타낸다.

『장자(莊子)』「제물론(齊物論)」

【해독(解讀)】

● 〈동기진(同其塵)〉에서 동(同)은 주어가 생략되었지만 동사 노릇하고, 기(其)는 진(塵)을 꾸미는 관형사이고, 진(塵)은 동(同)의 목적어 노릇한다. 동(同)은 〈어울릴 화(和)〉와 같아 화동(和同)의 줄임말로 여기면 된다. 〈그[其] 속됨을[塵] 아우른다[同].〉

● 동기진(同其塵)을 평서문으로 여길 수도 있고 명령문으로 볼 수도 있다. 〈그[其] 속됨을[塵] 같이한다[同].〉 〈그[其] 속됨을[塵] 같이하라[同].〉

56-8 是謂玄同(시위현동)

▶ 위의 것들을[是] 상도와[玄] 하나라[同] 한다[謂].

이것 시(是), 일컬을 위(謂), 묘할 현(玄), 같을 동(同)

【지남(指南)】

〈시위현동(是謂玄同)〉은 왜 색기태(塞其兌)하고 폐기문(閉其門)하며, 좌기예(挫其銳)하고 해기분(解其紛)하며, 화기광(和其光)하고 동기진(同其塵)하라 하는지 그 까닭을 밝힌다. 나아가 성인(聖人)이 왜 처무위지사(處無爲之事)하는지도 밝힌다. 시비를 일삼는 이목구비(耳目口鼻)를 막아버리고[閉塞], 시비의 날카로움을[銳] 꺾어버리고[挫], 시비의 분쟁을[紛] 없애버리며[解], 승인(勝人)하고자 과시함을[光] 아울러[和] 자지(自知)의 밝음[明]이 되게 하고, 천해 보이는 속됨을[塵] 같이하여[同] 인위(人爲)의 상쟁(相爭)을 벗어나기 위하여, 19장(章) 절성기지(絶聖棄

智)·절인기의(絶仁棄義)·절교기리(絶巧棄利)란 말씀이 나온다.

『장자(莊子)』의 삭증사지행(削曾師之行) 겸양묵지구(鉗楊墨之口) 양기인의(攘棄仁義)란 말씀도 현동(玄同)의 삶을 누리기 위함이다. 이는 22장(章) 성인포일위천하식(聖人抱一爲天下式)을 상기시킨다. 포일(抱一) 즉 하나[一]를 지킴[抱]이란 수도(守道)함이다. 성인이[聖人] 좌예(挫銳)하고 해분(解紛)하며 화광(和光)하고 동진(同塵)함은 포일(抱一)을 온 세상에 두루 통하는 법식으로[法式] 삼기 때문이다. 따라서 『장자(莊子)』에도 천하지덕시현동의(天下之德始玄同矣)란 말이 나오고 또한 상동(尙同)·동무(同務)·무이심(無二心) 등의 말이 있다.

현동(玄同)은 현도혼동(玄道渾同)의 줄임으로, 현도(玄道)는 원도(原道) 즉 상도(常道)이며 혼동(渾同)이란 물과 물이 섞여 하나 됨과 같다. 그래서 현동(玄同)은 법자연(法自然)하는 상도(常道)를 그냥 그대로 본받고 따라 여천위도(與天爲徒), 즉 자연과 더불어[與天] 한 무리가 된다[爲徒]. 이러한 현동(玄同)의 삶을 누리기 위해서는 포일(抱一)하여 법자연(法自然)해야 한다. 누구나 자연을 본받으면[法] 귀덕(貴德) 즉 상덕(常德)을 받듦이고[貴], 귀덕(貴德)하면 곧장 존도(尊道) 상도(常道)를 받듦인지라[尊] 상도(常道)와 하나가 된다는[玄同] 말씀이다. 현동(玄同)의 〈동(同)〉은 『장자(莊子)』의 우이응지도야(偶而應之道也)란 말씀을 상기시킨다. 우이응지(偶而應之) 즉 짝해서[偶而] 짝을[之] 따라줌이[應] 현동(玄同)의 〈동(同)〉이니, 현동(玄同)이란 무위자연(無爲自然)을 달리 말하는 것임을 깨닫게 된다.

이목구비(耳目口鼻)를[兌] 막고[塞], 들고나는 문을[門] 닫으며[閉], 날카로움을[銳] 꺾고[挫], 분란을[紛] 없애며[解], 빛냄을[光] 어우르고[和], 속됨과[塵] 같이함에[同] 머물러[處] 행하면[行] 이쪽[此偶]이니 저쪽[彼偶]이니 나누어져 상쟁(相爭)하느라 날카로움도[銳] 없고[無], 분쟁할 것도[紛] 없으며[無], 과시할 것도[光] 없고[無], 속될 것도[塵] 없음을[無] 살펴 새기고 헤아려 깨우치게 하는 말씀이 〈시위현동(是謂玄同)〉이다.

현동장(玄同章)

"절성기지(絶聖棄智) 민리백배(民利百倍) 절인기의(絶仁棄義) 민복효자(民復孝慈) 절교기리(絶巧棄利) 도적무유(盜賊無有)." 성지를[聖] 끊고[絶] 지혜를[智] 버리면[棄] 백성이[民] 백배로[百倍] 이로워지고[利], 인을[仁] 끊고[絶] 의를[義] 버리면[棄] 백성은[民] 효도와[孝] 자애로[慈] 돌아오며[復], 재주 부리기를[巧] 끊고[絶] 이득을[利] 버리면[棄] 도둑질과[盜] 해치는 짓이[賊] 있

음이[有] 없다[無]. 『노자(老子)』19장(章)

註 "삭증사지행(削曾史之行) 겸양묵지구(鉗楊墨之口) 양기인의(攘棄仁義) 이천하지덕시현동의(而天下之德始玄同矣)." 증삼(曾參)이나[曾] 사추(史鰌)의[史之] 행동을[行] 삭제하고[削], 양주(楊朱)나 묵적(墨翟)의 [楊墨之] 입을[口] 막으며[鉗], 인의를[仁義] 물리쳐[攘] 버린다면[棄而] 세상의[天下之] 덕은[德] 비로소[始] 현묘한 도와[玄] 하나가 되는 것[同]이다[矣].

현동(玄同)의〈현(玄)〉은 상도(常道)를 말한다. 『장자(莊子)』「거협(胠篋)」

註 "성인포일위천하식(聖人抱一爲天下式)." 성인은[聖人] 상도를[一] 지켜[抱] 세상의[天下] 법식으로[式] 삼는다[爲]. 『노자(老子)』22장(章)

註 "삼년문왕관어국(三年文王觀於國) 즉열사괴식산군(則列士壞植散羣) 장관자불성덕(長官者不成德) 유곡불감입사경(鈇斛不敢入四境) 열사괴식산군(列士壞植散羣) 즉상동야(則尙同也) 장관자불성덕(長官者不成德) 즉동무야(則同務也) 유곡불감입사경(鈇斛不敢入四境) 즉제후무이심야(則諸侯無二心也)." 삼년 동안[三年] 문왕이[文王] 나라를[於國] 돌보자[觀] 곧[則] 선비들이[列士] 모임을[植] 깨고[壞] 패짓기를[羣] 해산했으며[散], 벼슬아치의 우두머리가[長官者] 제 공 쌓기를[德] 그만두었고[不成], 용량을 달고 재는 계기들이[鈇斛] 국경으로[四境] 감히[敢] 들어오지 않았다[不入]. 선비들이[列士] 모임을[植] 깨고[壞] 패짓기를[羣] 해산하자[散] 곧[則] (선비들이 백성과) 하나 되기를[同] 받든 것[尙]이고[也], 벼슬아치의 우두머리가[長官者] 제 공 쌓기를[德] 그만두자[不成] 곧[則] (선비들이 백성을 섬기는) 일을[務] 동참한 것[同]이며[也], 용량을 달고 재는 계기들이[鈇斛] 국경으로[四境] 감히[敢] 들어오지 않자[不入] 곧[則] 제후에게[諸侯] 두 마음이[二心] 없어진 것[無]이다[也].

관어국(觀於國)은 관어국정(觀於國政) 즉 나라의 정사를[於國政] 살핌[觀]이고, 괴(壞)는〈깰 파(破)〉와 같고, 식(植)은 여기선〈모일 시(戠)〉와 같고, 산(散)은 여기선〈흩어질 해(解)〉와 같고, 군(羣) 역시〈모일 시(戠)〉와 같다. 성덕(成德)은 축성사덕(築成私德) 즉 사적으로 덕을 쌓아 논공(論功)하기이니 공치사를 말한다. 유곡(鈇斛)은 도량기기(度量機器)로서 유(鈇)는 육곡사두(六斛四斗)의 용량 즉 64말[斗]이고, 곡(斛)은 10말[十斗]의 용량이다. 상동(尙同)은 숭동(崇同) 즉 무기(無己)를 받듦[尙]이고, 동무(同務)는 무이심(無二心)으로 함께 일함이며, 무이심(無二心) 역시 무기(無己)로 제 것이[己] 없음인지라[無] 표리부동(表裏不同) 즉 안팎이[表裏] 같지 않은[不同] 속임질이 없음을 말한다. 『장자(莊子)』「전자방(田子方)」

註 "조이응지덕야(調而應之德也) 우이응지도야(偶而應之道也)." (온갖 것과) 어울려서[調而] 짝을[之] 따라줌이[應] 상덕[德]이고[也], 짝이 되어서[偶而] 그것들을[之] 따라줌이[應] 상도[道]이다[也]. 『장자(莊子)』「지북유(知北遊)」

【보주(補註)】

● 〈시위현동(是謂玄同)〉을 〈시소위현동(是所謂玄同)〉처럼 옮기면 문의(文意)를

더 쉽게 새길 수 있다. 〈이것들은[是] 현동이라[玄同] 일컬어진다[所謂].〉

● 현동(玄同)은 『장자(莊子)』 대동이무기(大同而無己)의 대동(大同)과 같다. 현동 (玄同) · 대동(大同)은 대도(大道) 즉 상도(常道)의 경지와 같음이다. 상도(常道) 와[大] 하나가 되면[同而] 자기란 것이[己] 없음[無]이니, 무기(無己)란 무욕(無 欲) · 무사(無私)하여 무명(無名) 즉 명리(名利)가 없음이고, 무아(無我) 즉 독존 (獨存)이 없음[無]이니, 이것들은 모두 무위(無爲)이고 자연(自然)이다. 성인(聖 人)이란 본래 현동지인(玄同之人)이다. 이러한 현동(玄同)은 10장(章) 시위현덕 (是謂玄德)의 현덕(玄德)으로 드러난다. 상도(常道)가 현덕(玄德)으로 드러남이 35장(章) 집대상(執大象)의 대상(大象)이다.

註 　"대동이무기(大同而無己) 무기(無己) 오호유유(惡乎有有) 도유자석지군자(覩有者昔之 君子) 도무자천지우(覩無者天地之友)." 크나큼과[大] 하나이니[同而] 자기가[己] 없다[無]. 자기가[己] 없는데[無] 어찌[惡乎] 가짐이[有] 있겠는가[有]? 있음을[有] 보는[覩] 자는[者] 옛날 의[昔之] 군자이고[君子], 없음을[無] 보는[覩] 이는[者] 하늘땅의[天地之] 벗이다[友].

　　대동(大同)은 여자연동(與自然同) 즉 자연과[與自然] 하나 됨[同]이고, 나아가 상도(常 道)와 하나 됨이다. 무기(無己)는 무사(無私) · 무욕(無欲) · 무아(無我)를 묶어 말함이다. 성인 (聖人)은 도무자(覩無者) · 천지지우(天地之友) · 무기자(無己者)와 같다.

『장자(莊子)』 「재유(在宥)」

註 　"생지휵지(生之畜之) 생이불유(生而不有) 위이불시(爲而不恃) 장이부재(長而不宰) 시위 현덕(是謂玄德)." 만물(萬物)을[之] 낳아서[生而] 그것을[之] 길러주고[畜], 낳아주되[生而] 두 지 않으며[不有], 위해주되[爲而] 바라지 않고[不恃], 공평무사하게 주재하되[長而] (사사로이) 다스리지 않는다[不宰]. 이를[是] 현묘한[玄] 덕이라[德] 한다[謂]. 『노자(老子)』 10장(章)

註 　"집대상(執大象) 천하왕(天下往) 왕이불해(往而不害) 안평태(安平泰)." 대도의[大] 짓을 [大象] 지키면[執] 세상[天下] 어디든 가고[往], 어디든 가도[往而] 해침이 없으니[不害], 편안하 고[安] 화평하며[平] 태연하다[泰]. 『노자(老子)』 35장(章)

【해독(解讀)】

● 〈시위현동(是謂玄同)〉에서 시(是)는 주어 노릇하고, 위(謂)는 수동의 동사 노릇 하며, 현동(玄同)은 보어 노릇으로 문맥을 잡아도 된다. 시위현동(是謂玄同)은 〈위시현동(謂是玄同)〉에서 위(謂)의 목적격 노릇하는 시(是)를 강조하기 위하여 위(謂) 앞으로 전치하고, 위(謂)는 동사 노릇하고, 현동(玄同)은 목적보어 노릇

으로 여기고 새겨도 된다. 〈이는[是] 현동이라[玄同] 일컬어진다[謂].〉〈이를[是] 현동이라[玄同] 일컫는다[謂].〉

● 시위현동(是謂玄同)은 〈A지위(之謂)B〉와 〈A위지(謂之)B〉의 상용문이다. 다만 〈A지위(之謂)B〉와 〈A위지(謂之)B〉에서 조사(~을)로 허사(虛詞) 노릇하는 지(之)를 생략하고 〈A위(謂)B〉라고 줄인 경우가 시위현덕(是謂玄德)으로, 위(謂)를 능동으로 새겨도 되고 수동으로 새겨도 된다. 〈A를[A之] B라 말한다[謂].〉〈A 그것을[之] B라 말한다[謂].〉〈A는 B라 말해진다[謂].〉

56-9 不可得而親(불가득이친) 不可得而疎(불가득이소)

▶{현동(玄同)에는} 친할[親] 수 있는 것도[可得而] 없고[不], 소홀히 할[疎] 수 있는 것도[可得而] 없다[不].

> 없을 불(不), 가할 가(可), 얻을 득(得), 조사(~서) 이(而), 친할 친(親), 소홀할 소(疎)

【지남(指南)】

〈불가득이친(不可得而親) 불가득이소(不可得而疎)〉는 상도(常道)를 본받아 무위(無爲)의 삶을 누리는 성인(聖人)께는 친소(親疎)라 할 것이 없음을 밝힌다. 상도(常道)는 만물을 하나로 볼 뿐이니 5장(章)에 천지불인(天地不仁)이란 말씀이 있고, 『장자(莊子)』에 도통위일(道通爲一)이란 말이 나온다. 천지만물을 상도(常道)의 입장에서 보면 하나일 뿐[爲一]으로, 천일(天一)이니 제물(齊物)이니 도통(道通)이라 한다. 그러므로 현동(玄同)을 지키면서 무위(無爲)에 머물러[處] 사는 성인(聖人)은 무엇을 가까이 하고[親] 무엇을 소홀히 하는[疎] 차별의 짓을 범하지 않는다.

성인(聖人)의 용심(用心)에는 친소(親疎)가 없다. 따라서 〈불가득이친(不可得而親) 불가득이소(不可得而疎)〉는 지인(至人) 즉 성인(聖人)의 용심(用心)을 헤아려, 성인(聖人)의 마음을[心] 씀은[用] 현동(玄同) 즉 상도(常道)와 같음을[同] 깨닫게 된다. 그래서 〈불가득이친(不可得而親) 불가득이소(不可得而疎)〉란 말씀은 『장자(莊子)』의 지인지용심약경(至人之用心若鏡)을 상기시킨다. 성인(聖人)이 마음을 씀

[用]은 사물이 나타나면 그냥 그대로 비춰주고 사물이 사라지면 흔적 하나 남기지 않는 거울[鏡] 같아 친할[親] 것도 없고 소홀히[疎] 할 것도 없다. 성인(聖人)께는 보낼 것도 없고[不將] 맞이할 것도 없다[不迎]. 그래서 성인(聖人)의 마음을 허정(虛靜)하다고 한다. 이러한 성인(聖人)의 용심(用心)은 20장(章) **영아지미해(嬰兒之未孩)**와 같으니 현동(玄同) 즉 대동이무기(大同而無己) 그것임을 살펴 새기고 헤아려 깨우치게 하는 말씀이 〈불가득이친(不可得而親) 불가득이소(不可得而疎)〉이다.

註 "천지불인(天地不仁) 이만물위추구(以萬物爲芻狗)." 천지에는[天地] 어짊이란[仁] 없어[不], (천지는) 만물로[萬物] 써[以] 풀강아지로[芻狗] 삼는다[爲]. 『노자(老子)』 5장(章)

註 "여여서시(厲與西施) 회궤휼궤(恢恑憰怪) 도통위일(道通爲一)." 문둥이와[厲與] 미인 서시는[西施] (서로 비교한다면 서로 달라) 야릇하고[恢恑] 괴상하지만[憰怪], (이는 형상에 사로잡힘이지) 도통(道通) 즉 도의[道] 입장에서 보면[通] (문둥이와 서시가) 하나가[一] 된다[爲].

사람은 미추(美醜)를 둘로 나누지만, 상도(常道)에는 미추(美醜)의 분별이 없다.
『장자(莊子)』「제물론(齊物論)」

註 "지인지용심약경(至人之用心若鏡) 부장불영(不將不迎) 응이부장(應而不藏) 고(故) 능승물이불상(能勝物而不傷)." 지인이[至人之] 마음을[心] 씀은[用] 거울과[鏡] 같다[若]. (무엇을) 맞이하지도 않고[不將] 보내지도 않는다[不迎]. (온갖 것에) 응해주되[應而] 간직하지는 않는다[不藏]. 그래서[故] 온갖 것을[物] 남김없이 해주되[勝而] 해치지 않는다[不傷].

지인(至人)·신인(神人)·성인(聖人)은 다 같다. 『장자(莊子)』「응제왕(應帝王)」

註 "아독박혜기미조(我獨泊兮其未兆) 여영아지미해(如嬰兒之未孩)." 나만[我] 오직[獨] {자연(自然)에} 머무는구나[泊兮]! 그것에는[其] 조짐도[兆] 없고[未] 갓난애가[嬰兒之] 자라지[孩] 않는[未] 듯하다[如]. 『노자(老子)』 20장(章)

【보주(補註)】

● 〈불가득이친(不可得而親) 불가득이소(不可得而疎)〉를 〈상도불가득이친모물(常道不可得而親某物) 이상도불가득이소모물(而常道不可得而疎某物)〉처럼 옮기면 문의(文意)를 더 쉽게 새길 수 있다. 〈상도에는[常道] 어떤 것을[某物] 친할[親] 수 있는 것도[可得而] 없다[不]. 그리고[而] 상도에는[常道] 어떤 것을[某物] 소홀히 할[疎] 수 있는 것도[可得而] 없다[不].〉

● 〈불가득이친(不可得而親) 불가득이소(不可得而疎)〉는 무친(無親)·무소(無疎)를 말한다. 가까이 함도[親] 없고[無] 멀리함도[疎] 없음은[無] 무사(無私)·무욕

(無欲)·무기(無己)를 뜻해, 무위(無爲)의 용심(用心) 즉 무심(無心)하고 허심(虛心)함이다. 허심(虛心)이란 사욕(私欲)을 비우고[虛] 자기를[己] 비운[虛] 마음이다. 허심(虛心)은 현동(玄同) 즉 상도(常道)와 같음[同]을 본받는[法] 마음인지라, 이는 곧 자연(自然)이다.

【해독(解讀)】

● 〈불가득이친(不可得而親) 불가득이소(不可得而疎)〉는 두 구문이 〈그리고 이(而)〉로 이어진 하나의 중문(重文)이다. 〈{성인(聖人)께는} 친할(親) 수 있는 것도 없다[不可得而]. 그리고[而] {성인(聖人)께는} 소홀히 할[疎] 수 있는 것도 없다[不可得而].〉

● 불가득이친(不可得而親)에서 불(不)은 친(親)의 부정사(否定詞)이고, 가득(可得)은 친(親)의 조동사 노릇하고, 이(而)는 어조사 노릇하고, 친(親)은 주어와 목적어가 생략되었지만 동사 노릇한다. 득(得)은 〈얻을 획(獲)·취(取)〉 등과 같아 획득(獲得)·취득(取得)의 줄임이고, 친(親)은 〈가까울 근(近)〉과 같아 친근(親近)의 줄임말로 여기면 된다. 〈친할[親] 수 있는 것도 없다[不可得而].〉

● 불가득이친(不可得而親)에서 불(不)은 소(疎)의 부정사(否定詞) 노릇하고, 가득(可得)은 소(疎)의 조동사 노릇하며, 이(而)는 어조사 노릇하고, 소(疎)는 주어와 목적어가 생략됐지만 동사 노릇한다. 득(得)은 〈얻을 획(獲)·취(取)〉 등과 같아 획득(獲得)·취득(取得)의 줄임말로 여기면 되고, 소(疎)는 〈멀 원(遠)〉과 같아 소원(疏遠)의 줄임말로 여기면 된다. 〈소홀히 할[疎] 수 있는 것도 없다[不可得而].〉

56-10 不可得而利(불가득이리) 不可得而害(불가득이해)

▶ {상도(常道)에는} 이롭게 할[利] 수 있는 것도[可得而] 없고[不], 해롭게 할[害] 수 있는 것도[不可得] 없다[而].

> 못할 불(不), 가할 가(可), 얻을 득(得), 조사(~서) 이(而), 이로울 리(利), 해로울 해(害)

【지남(指南)】

〈불가득이리(不可得而利) 불가득이해(不可得而害)〉 역시 상도(常道)를 본받아 무위(無爲)의 삶을 누리는 성인(聖人)께는 이해(利害)라 할 것이 없음을 밝힌다. 대상(大象) 즉 상도(常道)의 짓은[象] 이해가 분별되어 둘[二]로 나누어질 것이 없는지라 애당초 이해랄 것이 없다. 천지만물을 상도(常道)의 입장에서 보면 하나일[一] 뿐 어느 것은 이롭게 하고 어느 것은 해롭게 할 것이 없다. 그러므로 현동(玄同)을 따라 무위(無爲)에 머물러[處] 사는 성인(聖人)은 무엇을 이롭게 하고[利] 무엇을 해롭게 하는[害] 차별의 짓을 범하지 않는다.

성인(聖人)의 용심(用心)에는 〈이해(利害)〉가 없음이다. 따라서 〈불가득이리(不可得而利) 불가득이해(不可得而害)〉는 지인(至人) 즉 성인(聖人)의 용심(用心)을 헤아려 그 마음[心] 씀은[用] 현동(玄同) 즉 상도(常道)와 같음을[同] 깨닫게 하고, 이 또한『장자(莊子)』의 지인지용심약경(至人之用心若鏡)이란 말을 상기시킨다. 사물이 나타나면 그냥 그대로 비춰주고 사물이 사라지면 흔적 하나 남기지 않는 거울[鏡]처럼, 성인(聖人)의 마음 씀에는 이롭게 할[利] 것도 없고 해롭게 할[害] 것도 따로 없으니, 20장(章) 영아지미해(嬰兒之未孩)와 같이 현동(玄同) 즉 대동이무기(大同而無己) 그것임을 살펴 새기고 헤아려 깨우치게 하는 말씀이 〈불가득이리(不可得而利) 불가득이소(不可得而害)〉이다.

註 "천지도(天之道) 이이불해(利而不害) 성인지도(聖人之道) 위이부쟁(爲而不爭)." 자연의[天之] 도는[道] 이롭게 하되[利而] 해치지 않고[不害], 성인의[聖人之] 도는[道] 위하되[爲而] 겨루지 않는다[不爭].　　　　　　　　　　　　　　　　　『노자(老子)』 81장(章)

註 "도통위일(道通爲一)." 도통(道通) 즉 도의[道] 입장에서 보면[通] (문둥이와 서시가) 하나가[一] 된다[爲].

사람은 미추(美醜)를 둘로 나누지만, 상도(常道)에는 미추(美醜)의 분별이 없다.
　　　　　　　　　　　　　　　　　　　　　　　　　『장자(莊子)』「제물론(齊物論)」

註 "지인지용심약경(至人之用心若鏡) 부장불영(不將不迎) 응이부장(應而不藏) 고(故) 능승물이불상(能勝物而不傷)." 지인이[至人之] 마음을[心] 씀은[用] 거울과[鏡] 같다[若]. (무엇을) 맞이하지도 않고[不將] 보내지도 않는다[不迎]. (온갖 것에) 응해주되[應而] 간직하지는 않는다[不藏]. 그래서[故] 온갖 것을[物] 남김없이 해주되[勝而] 해치지 않는다[不傷].

지인(至人)·신인(神人)·성인(聖人)은 다 같다.　　　　『장자(莊子)』「응제왕(應帝王)」

㊟ "아독박혜기미조(我獨泊兮其未兆) 여영아지미해(如嬰兒之未孩)." 나만[我] 오직[獨] {자연(自然)에} 머무는구나[泊兮]! 그것에는[其] 조짐도[兆] 없고[未] 갓난애기[嬰兒之] 자라지[孩] 않는[未] 듯하다[如]. 『노자(老子)』20장(章)

【보주(補註)】

● 〈불가득이리(不可得而利) 불가득이해(不可得而害)〉를 〈상도불가득이리모물(常道不可得而利某物) 이상도불가득이해모물(而常道不可得而害某物)〉처럼 옮기면 문의(文意)를 더 쉽게 새길 수 있다. 〈{상도(常道)에는} 이롭게 할[利] 수 있는 것도[可得而] 없다[不]. 그리고[而] {상도(常道)에는} 해롭게 할[害] 수 있는 것도[可得而] 없다[不].〉

● 〈불가득이리(不可得而利) 불가득이소(不可得而害)〉역시 무친(無親)·무소(無疎)를 말한다. 이롭게 함도[利] 없고[無] 해롭게 함도[疎] 없음은[無] 무사(無私)·무욕(無欲)·무기(無己)를 뜻해, 이 또한 무위(無爲)의 용심(用心) 즉 무심(無心)하고 허심(虛心)함이다. 허심(虛心)은 현동(玄同) 즉 상도(常道)와 같음[同]을 본받는[法] 마음의 짓이다.

【해독(解讀)】

● 〈불가득이리(不可得而利) 불가득이해(不可得而害)〉는 두 구문이 〈그리고 이(而)〉로 이어진 중문(重文)이다. 〈{상도(常道)에는} 이롭게 할[利] 수 있는 것도[可得而] 없다[不]. 그리고[而] {상도(常道)에는} 해롭게 할[害] 수 있는 것도[可得而] 없다[不].〉

● 불가득이리(不可得而利)에서 불(不)은 이(利)의 부정사(否定詞)이고, 가득(可得)은 이(利)의 조동사 노릇하고, 이(而)는 어조사 노릇하고, 이(利)는 주어와 목적어가 생략되었지만 동사 노릇한다. 이(利)는 〈이로울 익(益)〉과 같아 이익(利益)의 줄임이고, 친(親)은 〈가까울 근(近)〉과 같아 친근(親近)의 줄임말로 여기면 된다. 〈이롭게 할[利] 수 있는 것도 없다[不可得而].〉

● 불가득이해(不可得而害)에서 불(不)은 해(害)의 부정사(否定詞) 노릇하고, 가득(可得)은 해(害)의 조동사 노릇하며, 이(而)는 어조사 노릇하고, 해(害)는 주어와 목적어가 생략됐지만 동사 노릇한다. 해(害)는 〈해로울 손(損)〉등과 같아 손해(損害)의 줄임말로 여기면 된다. 〈해롭게 할[害] 수 있는 것도 없다[不可得而].〉

56-11 不可得而貴(불가득이귀) 不可得而賤(불가득이천)

▶ {상도(常道)에는} 귀하게 할[貴] 수 있는 것도[可得而] 없고[不], 천하게 할[賤] 수 있는 것도[可得而] 없다[不].

> 없을 불(不), 가할 가(可), 얻을 득(得), 조사(~서) 이(而), 귀할 귀(貴),
> 천할 천(賤)

【지남(指南)】

〈불가득이귀(不可得而貴) 불가득이천(不可得而賤)〉역시 상도(常道)를 본받아 무위(無爲)의 삶을 누리는 성인(聖人)께는 귀천(貴賤)이라 할 것이 없음을 밝힌다. 대상(大象) 즉 상도(常道)의 짓[象]은 귀천(貴賤)이 분별되어 둘[二]로 나누어질 것이 없는지라 애당초 귀천(貴賤)이랄 것이 없다. 천지만물을 상도(常道)의 입장에서 보면 하나일 뿐[爲一], 어느 것은 귀(貴)하게 하고 어느 것은 천(賤)하게 하는 짓이란 없다. 그러므로 현동(玄同)을 따라 무위(無爲)에 머물러[處] 사는 성인(聖人)은 무엇을 귀하게 하고[貴] 무엇을 천하게 하는[賤] 차별의 짓을 범하지 않아 용심(用心)에 귀천(貴賤)이 없다. 〈불가득이귀(不可得而貴) 불가득이천(不可得而賤)〉은 성인(聖人)의 용심(用心)을 헤아려 그 마음[心] 씀은[用] 현동(玄同) 즉 상도(常道)와 같음을[同] 깨닫게 하고, 이 또한 『장자(莊子)』의 지인지용심약경(至人之用心若鏡)이란 말을 상기시킨다. 따라서 상도(常道)는 만물을 하나로 볼 뿐이니, 13장(章) 총욕약경(寵辱若驚)과 28장(章) 지기영(知其榮) 수기욕(守其辱)이란 말씀이 상기되고, 『장자(莊子)』의 도통위일(道通爲一)이란 말을 상기시킨다.

영화(榮華)가 어떤지 알고[知] 굴욕(屈辱)을 지키면[守], 굴욕이 영광으로 드러나고 영광이 굴욕으로 드러남을 깨달아 영욕(榮辱)이 별개가 아님을 알게 된다. 총애(寵愛)라고 해서 귀할[貴] 것도 없고, 굴욕(屈辱)이라 해서 천할[賤] 것도 없으니, 총(寵)이든 욕(辱)이든 놀라워할[驚] 것이 아니다. 나아가 천지만물을 상도(常道)의 입장에서 보면 하나일 뿐[爲一], 어느 것은 귀해서 영광스럽고 어느 것은 비천해서 굴욕스러움이란 없다. 따라서 〈불가득이귀(不可得而貴) 불가득이천(不可得而賤)〉은 지인(至人) 즉 성인(聖人)의 용심(用心)을 헤아려 그 마음의[心] 짓은

[用] 상도(常道)와 같음을[同] 깨닫게 된다. 사물이 나타나면 그냥 그대로 비춰주고 사물이 사라지면 흔적 하나 남기지 않는 거울[鏡]처럼, 성인(聖人)의 마음 씀에는 귀하게 하는[貴] 것도 없고 천하게 하는[賤] 것도 없으니, 20장(章) 영아지미해(嬰兒之未孩)와 같아 현동(玄同) 즉 대동이무기(大同而無己)임을 살펴 새기고 헤아려 깨우치게 하는 말씀이 〈불가득이귀(不可得而貴) 불가득이천(不可得而賤)〉이다.

註 "총욕약경(寵辱若驚) 귀대환약신(貴大患若身)." {은애(恩愛)를} 얻음과[寵] {은애(恩愛)를} 잃음은[辱] 놀라움과[驚] 같고[若], 큰[大] 우환을[患] 중히 여김은[貴] 제 몸과[身] 같다[若].
『노자(老子)』13장(章)

註 "지기영(知其榮) 수기욕(守其辱) 위천하곡(爲天下谷)." 그[其] 영화를[榮] 알고[知] 그[其] 굴욕을[辱] 지키면[守] 세상을[天下] 담는 빈 골짜기가[谷] 된다[爲].　『노자(老子)』28장(章)

註 "도통위일(道通爲一)." 도통(道通) 즉 도의[道] 입장에서 보면[通] (문둥이와 서시가) 하나가[一] 된다[爲].

사람은 미추(美醜)를 둘로 나누지만, 상도(常道)에는 미추(美醜)의 분별이 없다.
『장자(莊子)』「제물론(齊物論)」

註 "지인지용심약경(至人之用心若鏡) 부장불영(不將不迎) 응이부장(應而不藏) 고(故) 능승물이불상(能勝物而不傷)." 지인이[至人之] 마음을[心] 씀은[用] 거울과[鏡] 같다[若]. (무엇을) 맞이하지도 않고[不將] 보내지도 않는다[不迎]. (온갖 것에) 응해주되[應而] 간직하지는 않는다[不藏]. 그래서[故] 온갖 것을[物] 남김없이 해주되[勝而] 해치지 않는다[不傷].

지인(至人)·신인(神人)·성인(聖人)은 다 같다.　『장자(莊子)』「응제왕(應帝王)」

註 "아독박혜기미조(我獨泊兮其未兆) 여영아지미해(如嬰兒之未孩)." 나만[我] 오직[獨] {자연(自然)에} 머무는구나[泊兮]! 그것에는[其] 조짐도[兆] 없고[未] 갓난애가[嬰兒之] 자라지[孩] 않는[未] 듯하다[如].　『노자(老子)』20장(章)

【보주(補註)】

● 〈불가득이귀(不可得而貴) 불가득이천(不可得而賤)〉을 〈상도불가득이귀모물(常道不可得而貴某物) 이상도불가득이천모물(而常道不可得而賤某物)〉처럼 옮기면 문의(文意)를 더 쉽게 새길 수 있다. 〈상도에는[常道] 어떤 것을[某物] 귀하게 할[貴] 수 있는 것도[可得而] 없다[不]. 그리고[而] 상도에는[常道] 어떤 것을[某物] 천하게 할[賤] 수 없다[不可得而].〉

● 〈불가득이귀(不可得而貴) 불가득이천(不可得而賤)〉 역시 무귀(無貴)·무천(無

賤)을 말한다. 귀하게 함도[貴] 없고[無] 천하게 함도[賤] 없음은[無] 무사(無私)·무욕(無欲)·무기(無己)를 뜻해, 이 또한 무위(無爲)의 용심(用心) 즉 무심(無心)·허심(虛心)이다. 허심(虛心)은 현동(玄同) 즉 상도(常道)와 같음[同]을 본받는[法] 마음의 짓이다.

【해독(解讀)】

- 〈불가득이귀(不可得而貴) 불가득이천(不可得而賤)〉은 두 구문이 〈그리고 이(而)〉로 이어진 하나의 중문(重文)이다. 〈{상도(常道)에는} 귀하게 할[貴] 수 있는 것도[可得而] 없다[不]. 그리고[而] {상도(常道)는} 천하게 할[賤] 수 있는 것도 [可得而] 없다[不].〉

- 불가득이귀(不可得而貴)에서 불(不)은 귀(貴)의 부정사(否定詞)이고, 가득(可得)은 귀(貴)의 조동사 노릇하고, 이(而)는 어조사 노릇하고, 귀(貴)는 주어와 목적어가 생략되었지만 동사 노릇한다. 득(得)은 〈얻을 획(獲)·취(取)〉 등과 같아 획득(獲得)·취득(取得)의 줄임말로 여기면 되고, 귀(貴)는 〈귀중할 중(重)〉과 같아 귀중(貴重)의 줄임이다. 〈귀하게 할[貴] 수 있는 것도 없다[不可得而].〉

- 불가득이천(不可得而賤)에서 불(不)은 천(賤)의 부정사(否定詞) 노릇하고, 가득(可得)은 천(賤)의 조동사 노릇하며, 이(而)는 어조사 노릇하고, 천(賤)은 주어와 목적어가 생략됐지만 동사 노릇한다. 천(賤)은 〈낮을 비(卑)〉와 같아 비천(卑賤)의 줄임이다. 〈천하게 할[賤] 수 있는 것도 없다[不可得而].〉

56-12 故(고) 爲天下貴(위천하귀)

▶ 그러므로[故] {현동(玄同)은} 온 세상 사람들한테[天下] 존귀한 것이[貴] 된다[爲].

> 그러므로 고(故), 될 위(爲), 하늘 천(天), 아래 하(下), 받들 귀(貴)

【지남(指南)】

〈위천하귀(爲天下貴)〉는 〈현동(玄同)〉이 천하인(天下人)에게 존귀(尊貴)한 것임을 밝힌다. 현동(玄同)은 무친(無親)·무소(無疎)하고 무리(無利)·무해(無害)하며 무귀(無貴)·무천(無賤)함이라 세상에서 더없이 존귀하고[貴] 귀중하다는[貴] 것이다. 상도가[道] 낳아주고[生之], 상덕이[德] 길러주며[畜之], 온갖 것이[物] 드러나고[形之], 이세(理勢)가[勢] 이루어지는[成之] 조화에서는 만물일야(萬物一也) 즉 만물은[萬物] 하나[一]이다. 만물이 하나인데 거기에 어찌 친소(親疎)가 있고 이해(利害)가 있고 귀천(貴賤)이 있겠는가? 어떠한 분별도 차별도 현동(玄同)에는 없음인지라 대동(大同)이라 하고, 그 현동(玄同)이 드러남을 일러 현덕(玄德)이라 한다. 그래서 『장자(莊子)』에 무사무려(無思無慮) 시지도(始知道)란 말이 나온다.

친소(親疎)를 나누어 따지고 이해(利害)를 따지고 귀천(貴賤)을 따지려는 위학(爲學)의 인위(人爲)로는 결코 앞서 살핀 현동(玄同)을 깨우칠 수 없다. 왜 현동(玄同)을 깨우치고 행하는 삶이 귀하다 하는가? 이 해답은 48장(章)의 위학일익(爲學日益) 위도일손(爲道日損)이란 말씀에 담겨 있다. 위학(爲學)이란 바깥 것으로 말미암아 이루어지는 지혜가 날마다[日] 늘어남이고[益], 위도(爲道)란 그 지혜가 날마다 줄어듦이다[損]. 지혜를 줄이면 줄일수록 그만큼 견소포박(見素抱樸)의 삶을 누리고, 따라서 소사과욕(少私寡欲)의 삶을 살게 되어 절로 아자연(我自然)을 누릴 수 있기에 일상이 현동(玄同)의 행(行)으로 드러난다.

일상의 현동(玄同)이 곧 성인(聖人)의 삶이고, 그 삶이야말로 천하에 소중하고 귀한지라 받들어[貴] 본받고[法] 따라야[順] 함을 살펴 새기고 헤아려 깨우치게 하는 56장(章)의 총지(摠持)를 밝힌 말씀이 〈위천하귀(爲天下貴)〉이다.

註 "도생지(道生之) 덕휵지(德畜之) 물형지(物形之) 세성지(勢成之) 시이(是以) 만물막부존도이귀덕(萬物莫不尊道而貴德)." 상도가[道] 낳아주고[生之], 상덕이[德] 길러주며[畜之], 온갖 것이[物] 드러나고[形之], 이세(理勢)가[勢] 이루어진다[成之]. 이렇기[是] 때문에[以] 온갖 것은[萬物] 도를[道] 받들면서[尊而] 덕을[德] 받들지 않을 수[不貴] 없다[莫].   『노자(老子)』51장(章)

註 "무사무려(無思無慮) 시지도(始知道) 무처무복(無處無服) 시안도(始安道) 무종무도(無從無道) 시득도(始得道)." (그 무엇을) 생각함도[思] 없고[無] 꾀함도[慮] 없어야[無] 비로소[始] 도를[道] 알고[知], (그 무엇에) 머묾도[處] 없고[無] 얻음도[服] 없어야[無] 비로소[始] 도에[道] 안주하며[安], (그 무엇에도) 따름이[從] 없고[無] (그 무슨) 방도도[道] 없어야[無] 비로소[始] 도를[道] 터득한다[得].   『장자(莊子)』「지북유(知北遊)」

註 "위학일익(爲學日益) 위도일손(爲道日損) 손지우손(損之又損) 이지어무위(以至於無爲) 무위이무불위의(無爲而無不爲矣)." 배움을[學] 위하면[爲] 날마다[日] 불어나고[益], 도를[道] 위하

면[爲] 날마다[日] 줄어든다[損]. 줄이고[損之] 또[又] 줄임으로[損]써[以] {인위(人爲)를} 함이[爲] 없음[無]에[於] 이르고[至], 함이[爲] 없어도[無而] 하지 않음이[不爲] 없는 것[無]이다[矣].

『노자(老子)』48장(章)

註 "견소포박(見素抱樸) 소사과욕(少私寡欲)." 검소함을[素] 살피고[見] 질박함을[樸] 지키며 [抱], 제 몫을[私] 적게 하고[少] 욕망을[欲] 적게 한다[寡]. 『노자(老子)』19장(章)

註 "백성개위아자연(百姓皆謂我自然)." 백성은[百姓] 모두[皆] 자기들은[我] 그냥 그대로라고 [自然] 했다[謂]. 『노자(老子)』17장(章)

【보주(補註)】

● 〈위천하귀(爲天下貴)〉를 〈현동위천하인소존귀(玄同爲天下人所尊貴)〉처럼 옮기면 문의(文意)를 더 쉽게 새길 수 있다. 〈현동은[玄同] 세상 [天下] 사람들한테 [人] 존귀한[尊貴] 것[所] 된다[爲].〉

● 현동(玄同)이 존귀(尊貴)함은 사람으로 하여금 총명함을 드러내지 않고 품게 [含] 하기 때문이다. 현동(玄同)은 세상을 흩뜨리지 않으면서 무위(無爲)하게 하고, 시비분별로 헷갈리지 않게 하면서 친소(親疏)ㆍ이해(利害)ㆍ귀천(貴賤)등이 상리(相離)하여 둘이 되는 것이 아니라 상통(相通)하여 하나 되게 한다.

【해독(解讀)】

● 〈위천하귀(爲天下貴)〉에서 위(爲)는 주어가 생략되었지만 〈될 위(爲)〉로서 동사 노릇하고, 천하(天下)는 귀(貴)를 꾸며주는 형용사구 노릇하고, 귀(貴)는 주격보어 노릇한다. 위(爲)는 〈될 성(成)〉과 같아 성위(成爲)의 줄임말로 여기면 되고, 귀(貴)는 〈받들 존(尊)〉과 같아 존귀(尊貴)의 줄임으로 보면 된다. 물론 위천하귀(爲天下貴)에서 위(爲)를 〈~이다 시(是)〉와 같이 여기고 새길 수도 있지만, 계사(繫詞) 즉 영어의 〈be〉 동사같이 〈~이다 위(爲)〉로서 위(爲)가 계사(繫詞) 노릇하기 시작한 것은 후한(後漢) 이후란 설(說)이 용인되고 있다. 〈천하의[天下] 존귀한 것이[貴] 된다[爲].〉〈천하의[天下] 존귀한 것[貴]이다[爲].〉

● 위천하귀(爲天下貴)의 위(爲)는 전후 문맥에 따라 매우 다양한 뜻을 갖는다. 동사로서 위(爲)는 영어의 〈do〉 동사같이 다른 여러 동사들의 뜻을 대신하는 경우가 빈번하다. 위(爲)는 명사ㆍ어조사 노릇도 한다.

註　위(爲)는 한문에서 아래와 같이 문맥에 따라 다양한 뜻을 낸다. 동사로서 위(爲)를 다음과 같이 정리해두면 문맥을 잡아 문의(文義)를 건져내는 데 도움이 된다.

① 할 위(爲)=조(造), ② 생각할 위(爲)=사(思), ③ 하여금 위(爲)=사(使), ④ 만들 위(爲)=산(産), ⑤ 이룰 위(爲)=성(成), ⑥ 배울 위(爲)=학(學), ⑦ 다스릴 위(爲)=치(治), ⑧ 도울 위(爲)=조(助), ⑨ 호위할 위(爲)=호(護), ⑩ 칭할 위(爲)=칭(稱).

이외에도 문맥에 따라 다양하게 뜻을 구사하는 것이 위(爲)인 셈이라 마치 영어의 〈do〉처럼 대리동사 노릇한다고 여기면 된다. 그리고 계사(繫辭)로서 즉 어조사 노릇도 하고, 〈소이(所以)〉와 같은 구실을 하여 〈까닭 위(爲)〉 노릇도 한다.

치국장(治國章)

인위지치(人爲之治)와 무위지치(無爲之治)를 살펴 깨우치게 하는 장(章)이다.
이정(以正)으로 치국(治國)하고, 이기(以奇)로 용병(用兵)하여 치국(治國)함은 인위
지치(人爲之治)이다. 인위(人爲)의 다스림을[治] 타파하고 무위(無爲)의 다스림을
밝힌다.

예악형정(禮樂刑政)으로 구민(拘民) 즉 백성을 구속하지[拘] 말고, 치자(治者)의
자의(恣意)를 발동하여 역민(役民) 즉 백성을 부리지[役] 말 것을 밝혀 인위(人爲)
의 다스림을 배격하고, 무위(無爲)·호정(好靜)·무사(無事)·무욕(無欲)으로 백성
이 자화(自化)·자정(自正)·자부(自富)·자박(自樸)하는 안평태(安平泰)의 세상을
무위(無爲)의 다스림으로 이룩할 수 있음을 천명(闡明) 즉 열어[闡] 밝히는[明] 장
(章)이다.

以正治國하고 以奇用兵하며 以無事로 取天下한다 吾
이 정 치 국   이 기 용 병   이 무 사   취 천 하   오

何以知其然哉인가면 以此니라 天下多忌諱에 而民이
하 이 지 기 연 재   이 차   천 하 다 기 휘   이 민

彌貧하고 朝多利器에 國家가 滋昏하며 人多伎巧에 奇
미 빈   조 다 리 기   국 가   자 혼   인 다 기 교   기

物이 滋起하고 法令이 滋彰에 盜賊이 多有한다 故로 聖
물   자 기   법 령   자 창   도 적   다 유   고   성

人이 云하대 我無爲而民自化하고 我好靜而民自正하며
인   운   아 무 위 이 민 자 화   아 호 정 이 민 자 정

我無事而民自富하고 我無欲而民自樸이라 하니라
아 무 사 이 민 자 부   아 무 욕 이 민 자 박

청정한 도리로써[以正] 나라를[國] 다스리거나[治], 기계(奇計)로[奇] 써[以]
병력(兵力)을[兵] 쓴다[用]. {인위(人爲)를} 행함이[事] 없음으로[無] 써[以]
온 세상 민심을[天下] 얻는다[取]. 내가[吾] 무엇으로[何] 써[以] 그러함을
[其然] 아는 것[知]인가[哉]? 아래의 것들로[此] 써다[以]. 세상에[天下] (백
성이) 꺼려서 피할 것이[忌諱] 많아져서[多而] 백성은[民] 더욱[彌] 가난해
졌고[貧], 조정에[朝] {치자(治者)한테} 유리한[利] 기구들이[器] 많아지면
[多], 나라는[國家] 더욱[滋] 혼미해지며[昏], 군주한테[人] 아첨하는 재주
와[伎] 교언이[巧] 많아지면[多] 기이한[奇] 것들이[物] 더욱더[滋] 일어나
고[起], 법령이[法令] 더욱더[滋] 드러나면[彰] (백성의 것을 훔치는) 도적들
한테[盜賊] 차지할 것이[有] 많아진다[多]. 그러므로[故] 성인은[聖人] 말
했다[云]: 나한테[我] {내 상심(常心)으로} 행함이[爲] 없다[無]. 그래서[而]
백성은[民] 절로[自] {그 무위(無爲)를} 본받아 새롭다[化]. 내가[我] 고요함
을[靜] 좋아한다[好]. 그래서[而] 백성은[民] 절로[自] 바르게 되었다[正].
나한테[我] {내 상심(常心)으로} 일함이[事] 없다[無]. 그래서[而] 백성은
[民] 절로[自] {그 무사(無事)를} 본받아 풍요롭다[富]. 나한테[我] (내 뜻대
로) 욕심냄이[欲] 없다[無]. 그래서[而] 백성은[民] 절로[自] {그 무욕(無欲)
을} 본받아 그냥 그대로 된다[樸].

57-1 以正治國(이정치국)

▶ 청정한 도리로써[以正] 나라를[國] 다스린다[治].

써 이(以), 정도 정(正), 다스릴 치(治), 나라 국(國)

【지남(指南)】

〈이정치국(以正治國)〉은 왕자(王者)의 치국(治國)을 밝힌다. 왕자(王者)란 청정(淸靜)한 도리[道]로 치국(治國)하는 통치자를 말한다. 이정(以正)의 〈정(正)〉은 정도(正道) 즉 청정(淸正)한 도리[道]를 말한다. 이런 정도(正道)로써의 치국(治國)은 17장(章) 기차친지예지(其次親之譽之)란 말씀을 상기시킨다.

헌원(軒轅) · 전욱(顓頊) · 제곡(帝嚳) · 제요(帝堯) · 제순(帝舜)이란 오제(五帝)의 시대를 거쳐, 하(夏)의 우왕(禹王) · 은(殷)의 탕왕(湯王) · 주(周)의 문왕(文王)이란 삼대(三代)에 이르러 예악(禮樂)이 제정되고 의관(衣冠)이 정비되고 귀천(貴賤)이 나뉘며 백성은 소굴(巢窟)을 벗어나 가옥에서 살게 되고, 교량(橋梁)과 주거(舟車)가 제작되어 수륙의 교통이 열렸다. 서계(書契) 즉 글자가 만들어져 결승(結繩)을 대신하게 되고, 개명(開明)해져 문명을 지향하게 되어 왕도(王道)가 구비된 치국을 이른다. 이때까지만 해도 치국(治國)의 〈치(治)〉는 이정(以正) 즉 정도(正道)로써[以] 이루어졌음을 말한다. 정도로[正道] 다스림이란 치자(治者)가 청정한 마음으로 치민(治民)하였음이다. 청정(淸靜) 즉 맑고[淸] 고요한[靜] 마음이란 무사(無私) · 무욕(無欲) · 무아(無我)의 마음이니, 『논어(論語)』에도 무위이치자(無爲而治者) 기순야여(其舜也與)란 말씀이 나온다.

여기 〈이정(以正)〉은 무위(無爲)의 다스림이 사라지기 시작했음을 담고 있다. 그리고 이정치국(以正治國)의 이정(以正)은 오제(五帝) · 삼왕(三王)의 시대를 거치면서 무위지치(無爲之治)가 서서히 사라지고, 인위(人爲)의 다스림[治] 즉 예악형정(禮樂刑政)의 치세로[治世] 변이되어 갔음을 또한 환기시킨다. 따라서 정도(正道)로 다스림[治]이란 예악형정(禮樂刑政)이 사방에 두루 퍼져[四達] 어긋남이 없는[不悖] 치국(治國)의 길[道]로서 드러났음이다. 그러므로 이정(以正)은 왕도비(王道備) 즉 왕도(王道)가 구비되었음을 뜻한다.

왕도비(王道備)의 비(備)란 예악형정(禮樂刑政)이 고루 갖추어 졌음[備]이고, 이정치국(以正治國)은 예악형정(禮樂刑政)으로 나라를[國] 다스리고[治] 치민(治民)함이다. 예(禮)로써 민심을 절제시키고, 악(樂)으로 백성의 마음을 화합시키며, 정(政)으로 예악(禮樂)을 행하게 하며, 형(刑)으로 예악(禮樂)을 지킴이 치국(治國)의 정도가[正道] 되었음이다. 이는 『예기(禮記)』의 예악형정기극일야(禮樂刑政極一也) 동민심이출치도야(同民心而出治道也)로 밝혀진다.

『논어(論語)』의 극기복례(克己復禮)와 『예기(禮記)』의 〈도덕인의비례불성(道德仁義非禮不成)〉을 떠올리면, 예악형정(禮樂刑政)의 치국(治國)은 예(禮)로 극기(克己)하여 치인(治人)하므로 치국(治國)의 정도(正道)를 예치(禮治)라 말해도 될 것이다. 그러나 38장(章)의 **부례자란지수(夫禮者亂之首)**를 상기하면 치국(治國)의 정도(正道)로서의 예치(禮治)란 38장(章) 〈예(禮)는 난지수(亂之首)〉 즉 난세의[亂之] 우두머리[首]이니, 『노자(老子)』에서는 부정(否定)되는 치도(治道)이다. 따라서 정도로 치국한다는 것은 결국 인위(人爲)의 다스림으로 드러남을 살펴 새기고 헤아려 가늠하게 하는 말씀이 〈이정치국(以正治國)〉이다.

註　"기차친지예지(其次親之譽之)." 그[其] 다음 {오제(五帝)와 삼왕(三王)의} 세상에는[次] 그것을[之] 가까이하고[親] 그것을[之] 기렸다[譽].　　　　　　　　　　　『노자(老子)』17장(章)

註　"자왈(子曰) 무위이치자(無爲而治者) 기순야여(其舜也與) 부하위재(夫何爲哉) 공기정남면이이의(恭己正南面而已矣)." 공자 가로되[子曰] : 무위[無爲]로[而] 다스린[治] 분이라면[者] 그분은[其] 순임금[舜]이로다[也與]! 무릇[夫] 어찌[何] 한 것[爲]인가[哉]? 자신을[己] 공손히 하고[恭] 바르게 하여[正] 남면하였을[南面] 뿐이다[而已矣].　　　　　『논어(論語)』「위령공(衛靈公)」 4

註　"예절민심(禮節民心) 악화민성(樂和民聲) 정이행지(政以行之) 형이방지(刑以防之) 예악형정사달이불패(禮樂刑政四達而不悖) 즉왕도비의(則王道備矣)." 예는[禮] 백성의[民] 마음을[心] 절제하고[節], 악은[樂] 백성의[民] 소리를[聲] 화합한다[和]. 정사(政事)로[政]써[以] 예악을[之] 시행하고[行], 형벌로[刑]써[以] 예악을[之] 지켜[防] 예악형정이[禮樂刑政] 온 세상에 퍼져서[四達而] 어긋남이 없으면[不悖] 곧[則] 왕도가[王道] 갖추어지는 것[備]이다[矣].

　　　　　　　　　　　　　　　　　　　　　　　『예기(禮記)』「악기(樂記)」

註　"극기복례위인(克己復禮爲仁)······ 비례물시(非禮勿視) 비례물청(非禮勿聽) 비례물언(非禮勿言) 비례물동(非禮勿動)." 자기를[己] 눌러[克] 예로[禮] 돌아감이[復] 어짊[仁]이다[爲].······ 예가[禮] 아닌 것이면[非] 보지도[視] 말고[勿], 예가[禮] 아닌 것이면[非] 듣지도[聽] 말고[勿], 예가

[禮] 아닌 것이면[非] 말하지도[言] 말고[勿], 예가[禮] 아닌 것이면[非] 거동도[動] 말라[勿].

『논어(論語)』「안연(顏淵)」1

註 "실도이후덕(失道而後德) 실덕이후인(失德而後仁) 실인이후의(失仁而後義) 실의이후례(失義而後禮) 부례자(夫禮者) 충신지박이란지수야(忠信之薄而亂之首也)." 도를[道] 잃은[失] 뒤에[而後] 덕이 나타났고[德], 덕을[德] 잃은[失] 뒤에[而後] 인이 나타났으며[仁], 인을[仁] 잃은[失] 뒤에[而後] 의가 나타났고[義], 의를[義] 잃은[失] 뒤에[而後] 예가 나타났다[禮]. 무릇[夫] 예란[禮] 것은[者] 거짓 없는[忠] 믿음이[信之] 엷어짐이고[薄而], 어지러움의[亂之] 우두머리[首]이다[也].

『노자(老子)』 38장(章)

【보주(補註)】

● 〈이정치국(以正治國)〉을 〈왕자치국이정도(王者治國以正道)〉처럼 옮기면 문의(文意)를 더 쉽게 새길 수 있다. 〈왕자가[王者] 정도로[正道] 써[以] 나라를[國] 다스린다[治].〉

● 이정치국(以正治國)의 〈이정(以正)〉은 〈이정도(以正道)〉의 줄임이다. 정도(正道)의 〈정(正)〉은 청정(淸靜)함이다. 유가(儒家)가 밝히는 치국(治國)의 정도(正道)를 왕도(王道)라 한다. 왕도(王道)는 『맹자(孟子)』의 행인정이왕(行仁政而王)을 상기시킨다. 물론 유가(儒家)의 행인정(行仁政)은 『맹자(孟子)』에 나오는 **유해도현야(猶解倒懸也)**를 떠올리게 한다. 나아가 유가(儒家)에서 주장하는 왕도(王道)란 인의(仁義)를 예악형정(禮樂刑政)으로 시행하는 것이다. 인의(仁義)는 사계(四季)를 본받음이고[法], 예악(禮樂)이란 종천지(從天地) 즉 하늘과[天] 땅을[地] 따름이다[從]. 그러므로 인의예악(仁義禮樂)은 유가(儒家) 쪽에서 천도(天道) 즉 자연의[天] 규율을[道] 풀이한 것이다. 이러한 왕도(王道)를 실현하고자 형정(刑政)을 집행함이 곧 치민(治民)·치국(治國)·치세(治世)이다. 인의예악(仁義禮樂)으로 다스리는[治] 왕자(王者)를 받드는 신하의 정도(正道)는 『서경(書經)』의 〈구덕(九德)〉을 갖추어야 한다.

註 "행인정이왕(行仁政而王) 막지능어야(莫之能禦也) 차왕자지부작(且王者之不作) 미유소어차시자야(未有疏於此時者也)." 어진 정사를[仁政] 펼쳐서[行而] 왕 노릇하면[王], 그것을[之] 막을 수 있는 것은[能禦] 없는 것[莫]이다[也]. 그런데[且] 왕 노릇하는[王] 것이[者] 이루어지지 못하는데[不作] 지금보다[於此時] 소홀한[疏] 적은[者] 여태껏 없었던 것[未有]이다[也].

『맹자(孟子)』「공손추장구상(公孫丑章句上)」

429

치국장(治國章)

註 "만승지국(萬乘之國) 행인정(行仁政) 민지열지(民之悅之) 유해도현야(猶解倒懸也)." 큰 나라가[萬乘之國] 어진[仁] 정사를[政] 베풀면[行] 백성이[民之] 그 인정을[之] 좋아함이[悅] 거꾸로[倒] 매달린 것을[懸] 풀어줌과[解] 같은 것[猶]이다[矣].

『맹자(孟子)』「공손추장구상(公孫丑章句上)」

註 "춘작하장인야(春作夏長仁也) 추렴동장의야(秋斂冬藏義也) 인근어악(仁近於樂) 의근어례(義近於禮) 악자돈화솔신이종천(樂者敦和率神而從天) 예자별의거귀이종지(禮者別宜居鬼而從地)." 봄에[春] 싹트고[作] 여름에[夏] 자람은[長] 어짊[仁]이고[也], 가을에[秋] 거두어들이고[斂] 겨울에[冬] 저장함이[藏] 옳음[義]이다[也]. 어짊은[仁] 악에[於樂] 가깝고[近], 옳음은[義] 예에[於禮] 가깝다[近]. 악이란[樂] 것은[者] 화합을[和] 도탑게 하여[敦] 하늘의 기운을[神] 우러러 좇아서[率而] 하늘을[天] 따르고[從], 예란[禮] 것은[者] 마땅함을[宜] 분별하여[別] 땅의 기운을[鬼] 엎드려 좇아서[居而] 땅을[地] 따른다[從].

귀신(鬼神)의 귀(鬼)는 지기(地氣) 즉 굽히는[屈] 음기(陰氣)인 정(靜)을 말하고, 귀신(鬼神)의 신(神)은 천기(天氣) 즉 뻗치는[伸] 양기(陽氣)인 동(動)을 뜻해 음양(陰陽)·귀신(鬼神)·굴신(屈伸)·동정(動靜) 등은 늘 일음일양(一陰一陽)의 역(易), 즉 변화를 생각해야 하는 술어들이다.

『예기(禮記)』「악기(樂記)」

註 "관이율(寬而栗) 유이립(柔而立) 원이공(愿而恭) 난이경(亂而敬) 요이의(擾而毅) 직이온(直而溫) 간이렴(簡而廉) 강이색(剛而塞) 강이의(彊而義) 창궐유상(彰厥有常) 길재(吉哉) 일의삼덕(日宜三德) 숙야준명(夙夜浚明) 유가(有家) 일엄저경륙덕(日嚴祗敬六德) 양채(亮采) 준예재관(俊乂在官)." 너그럽되[寬而] 위엄 있고[栗], 부드럽되[柔而] 꿋꿋하며[立], 성실하되[愿而] 공손하고[恭], 다스리되[亂而] 공경하며[敬], 온순하되[擾而] 의연하고[毅], 곧되[直而] 온화하며[溫], 간명하되[簡而] 세심하고[廉], 굳세되[剛而] 착실하며[塞], 날래되[彊而] 올바르니[義] 구덕(九德)을[厥] 밝힘에[彰] 변함없다면[有常] 길하도다[吉哉]! 날마다[日] 삼덕을[三德] 베풀면[宜] 새벽부터[夙] 밤까지[夜] 다스리고[浚] 밝아[明] 집안을[家] 누리고[有] 날마다[日] 육덕을[六德] 엄히[嚴祗] 받들면[敬] 온갖 일을[采] 밝혀[亮] 나라를[邦] 누리리다[有].

난(亂)은 여기선 〈다스릴 치(治)〉와 같고, 요(擾)는 여기선 〈순할 순(順)〉과 같고, 색(塞)은 여기선 〈착실할 실(實)〉과 같고, 강(彊)은 여기선 〈날랠 용(勇)〉과 같고, 궐(厥)은 〈그 궐(厥)〉로 여기선 구덕(九德)을 말하고, 양채(亮采)의 채(采)는 〈일 사(事)〉와 같다.

『서경(書經)』「우서(虞書)」〈고도모(皐陶謨)〉

【해독(解讀)】

• 〈이정치국(以正治國)〉에서 이정(以正)은 치(治)를 꾸며주는 부사구 노릇하고, 치(治)는 주어가 생략되었지만 동사 노릇하고, 국(國)은 치(治)의 목적어 노릇한다. 이(以)는 〈써 용(用)〉과 같고, 치(治)는 〈다스릴 정(政)〉과 같아 정치(政治)의

줄임말로 여기면 된다. 〈정으로[正]써[以] 나라를[國] 다스린다[治].〉

- 이정치국(以正治國)의 이(以)는 전후 문맥에 따라 매우 다양한 뜻을 내는 자(字)이다. 동사로서 이(以)는 〈위(爲)〉처럼 영어의 〈do〉 동사같이 다른 여러 동사의 뜻을 대신하는 경우가 빈번하다. 물론 이정(以正)은 영어에서 부사구 노릇하는 분사구(分詞句)와 같은 구실을 하고 있다.

註　이(以)는 매우 다양한 뜻을 구사하므로 〈이(以)A〉 또는 〈A이(以)〉 꼴로 잘 정리해두면 편리하다.

　　① 〈이(以)A = 위(爲)A : A를 한다〉

　　② 〈이(以)A = 용(用)A : A를 쓴다 / 법(法)A : A를 본받는다〉

　　③ 〈이(以)A = 사(思)A : A를 생각한다〉

　　④ 〈이(以)A = 솔(率)A : A를 거느린다〉

　　⑤ 〈이(以)A = 인(因)A : A 때문에〉

물론 명사로서 〈까닭 이(以)〉도 되고, 타동사로서 〈비롯할 이(以)〉도 된다.

〈독서양유이야(讀書良有以也) = 책을[書] 읽는 것은[讀] 참으로[良] 까닭이[以] 있는 것[有]이다[也].〉

〈기사이기사(其死以其病). = 그[其] 죽음은[死] 그[其] 병환에서[病] 비롯한다[以].〉

　　⑥ 〈이(以)A = 여(與)A : A와 더불어〉

〈주인이빈담소(主人以賓談笑) = 손님[賓]과 함께[以] 정담을 나눈다[談笑].〉

　　⑦ 〈이(以)A = 사(使)A : A로 하여금〉

〈관중이기군패(管仲以其君覇) = 관중은[管仲] 제[其] 임금으로[君] 하여금[以] 패자가 되게 했다[覇].〉

　　⑧ 〈이미 이(已)〉와 같은 뜻으로 쓰이는 이(以).

〈아견토성이파(我見土城以破) = 나는[我] 토성이[土城] 이미[以] 파괴된 것을[破] 보았다[見].〉

그리고 이(以)는 〈이(以)A〉처럼 전치사로, 또는 〈A이(以)〉처럼 후치사 노릇도 한다. 물론 〈이(以)〉가 위와 같은 뜻만을 낸다는 것은 아니다. 문장의 전후 문맥에 따라 다양한 뜻을 낸다고 여기면 된다.

57-2 以奇用兵(이기용병)

▶ 기계(奇計)로[奇] 써[以] 병력(兵力)을[兵] 쓴다[用].

【지남(指南)】

〈이기용병(以奇用兵)〉은 패자(覇者)의 치국(治國)을 밝힌다. 패자(覇者)란 이력 (以力) 즉 무력(武力)으로써 치국(治國)하는 통치자를 말한다. 이는 17장(章) **기차 외지(其次畏之) 기차모지(其次侮之)**란 말씀을 상기시킨다. 이기용병(以奇用兵)의 〈이기(以奇)〉란 이궤기(以詭寄) 즉 속임수를[詭寄] 씀[以]이고, 〈용병(用兵)〉은 역 민(役民)하여 무력을 사용함[用]이다. 패자(覇者)는 항상 대국을 꿈꾸고 그것을 실 현하고자 백성을[民] 무자비하게 부리니[役], 무력을 강하게 갖추어[備] 약한 나라 를 쟁취하려고 병력을 앞세움이 패도(覇道)이다. 왕도(王道)는 예악형정(禮樂刑政) 으로 백성을 다스리려 하지만, 패도(覇道)는 권력의 구실을 하는 무력으로 자민 (榨民) 백성을[民] 쥐어짜[榨] 짓누른다. 이렇기에 백성은 패자(覇者)를 두려워하 면서 속으로는 업신여긴다[侮].

패도(覇道)는 이력사민(以力使民) 즉 권력으로[力]써[以] 백성을[民] 부림에[使] 불과하다. 패자(覇者)는 안민(安民)하지 않고 환민(驩民)하려 하니 백성의 삶을 편 안하게 하는 쪽이 아니다. 그가 한때나마 백성을 기쁘게 함은[驩] 백성을 억눌러 병력의 자원으로 삼고자 함이다. 패자(覇者)의 환민(驩民)은 힘을 이용하여[以力] 백성을 굴복시키는 기계(奇計)에 불과하다. 패자(覇者)는 오로지 승인자(勝人者) 즉 모든 인간을[人] 이기려는[勝] 자인지라[者] 33장(章) **승인자유력(勝人者有力)**이 란 말씀을 상기시킨다. 패자(覇者)는 전쟁에서만 용병(用兵)의 기계(奇計)를 활용 하는 것이 아니라 환민(驩民)하는 데에도 기계(奇計)를 서슴치 않는다. 따라서 〈이 기(以奇)〉는 궤기(詭寄)의 응변[臨機應變]을 부림이다. 『맹자(孟子)』의 **이력가인자 패(以力假仁者覇)**라는 말을 상기하면 패자(覇者)가 활용하는 환민(驩民)의 궤기(詭 寄) 즉 속임수를 헤아려 가늠할 수 있다. 패자(覇者)가 힘을 이용해[以力] 어짊을 [仁] 가장하면서[假] 패도(覇道)를 활용하려 함이 이기(以奇)이다.

왕자(王者)가 행인(行仁) 즉 어짊을[仁] 시행하는[行] 왕도(王道)에 이기(以奇)란 없다. 예악(禮樂)으로 보민(保民)하는 선교(善敎)가 앞서고, 형정(刑政)으로 보민 (保民)하는 선정(善政)을 뒤로 함이 왕도(王道)이다. 그래서 『맹자(孟子)』에 **선정민**

외지(善政民畏之) 선교민애지(善敎民愛之)란 말이 나온다. 선한 다스림을[善政] 백성은[民] 두려워하고[畏] 선한 가르침을[善敎] 백성은 좋아한다[愛]. 이러한 선교(善敎)·선정(善政)의 다스림은[治] 왕자(王者)의 것이지 패자(覇者)의 것은 아니다. 패자(覇者)는 용병술을 뜻대로 부려서 이력복인(以力服人) 즉 힘으로[力]써[以] 백성을[民] 굴복시키려는[服] 기계(奇計)를 앞세울 뿐임을 살펴 새기고 헤아려 가늠하게 하는 말씀이 〈이기용병(以奇用兵)〉이다.

註 "기차외지(其次畏之) 기차모지(其次侮之)." 그[其] 다음 {패자(覇者)의} 세상에는[次] 그것을[之] 두려워했고[畏], 그[其] 다음 {폭군(暴君)의} 세상에는[次] 그것을[之] 업신여겼다[侮].

『노자(老子)』17장(章)

註 "승인자유력(勝人者有力)." 남을[人] 이기려는[勝] 것은[者] 힘을[力] 취함이다[有].

『노자(老子)』33장(章)

註 "패자지민(覇者之民) 환우여(驩虞如) 왕자지민(王者之民) 호호여(皞皞如)." 패자의[覇者之] 백성은[民] 기뻐하다[驩] 걱정하느니[虞如]. 왕자의[王者之] 백성은[民] 스스로 만족하느니[皞皞如].

『맹자(孟子)』「진심장구상(盡心章句上)」

註 "이력가인자패(以力假仁者覇) 패필유대국(覇必有大國) 이덕행인자왕(以德行仁者王) 왕부대대(王不待大) …… 이력복인자비심복야(以力服人者非心服也) 역불섬야(力不贍也) 이덕복인자(以德服人者) 중심열이성복자야(中心悅而誠服者也)." 힘으로[力]써[以] 어진[仁] 척하는[假] 것은[者] 패이고[覇], 패는[覇] 반드시[必] 큰 나라를[大國] 차지한다[有]. 덕으로[德]써[以] 어짊을[仁] 행하는[行] 것은[者] 왕이고[王], 왕은[王] 대국을[大] 바라지 않는다[不待]. …… 힘으로[力]써[以] 사람을[人] 굴복시키는[服] 것은[者] 마음에서 우러난 굴복이[心服] 아닌 것이고[非] 힘이[力] 모자란 것[不贍]이다[也]. 덕으로[德]써[以] 사람을[人] 굴복시키는[服] 것은[者] 속마음이[中心] 기뻐서[悅而] 진실로[誠] 굴복하는[服] 것[者]이다[也]. 『맹자(孟子)』「공손추장구상(公孫丑章句上)」

註 "선정민외지(善政民畏之) 선교민요지(善敎民樂之) 선정득민재(善政得民財) 선교득민심(善敎得民心)." 선한[善] 다스림[政] 그것을[之] 백성은[民] 두려워하고[畏], 선한[善] 가르침[敎] 그것을[之] 백성은[民] 좋아한다[愛]. 선정은[善政] 백성의[民] 재주를[財] 얻고[得], 선교는[善敎] 백성의[民] 마음을[心] 얻는다[得].

민재(民財)는 민재(民才)와 같다. 재(財)는 재(才)로 통한다.

『맹자(孟子)』「진심장구상(盡心章句上)」

【보주(補註)】

• 〈이기용병(以奇用兵)〉을 〈패자용병이궤기(覇者用兵以詭寄)〉처럼 옮기면 문의

(文意)를 더 쉽게 새길 수 있다. 〈패자는[覇者] 궤기로[詭寄] 써[以] 병력을[兵] 쓴다[用].〉

- 이기용병(以奇用兵)의 기(奇)는 궤(詭) 즉 속임수[詭]로 용병(用兵)하는 술책이다. 용병(用兵)의 궤기(詭寄)란, 승리는[勝] 필아적(必我的) 즉 반드시[必] 나의 것[我的]이어야 하고 패배는[敗] 필칭적(必稱的) 즉 반드시[必] 상대의 것[稱的]이어야 한다는 전제를 갖고 상대를 기만하는 술책이니, 치세(治世)의 정도(正道)를 저버린 패도(覇道)이다.

【해독(解讀)】

- 〈이기용병(以奇用兵)〉에서 이기(以奇)는 용(用)을 꾸며주는 부사구 노릇하고, 용(用)은 주어가 생략되었지만 동사 노릇하고, 병(兵)은 용(用)의 목적어 노릇한다. 이(以)는 〈써 용(用)〉과 같고, 용(用)은 〈쓸 사(使)〉와 같아 사용(使用)의 줄임말로 여기면 된다. 〈기계로[奇] 써[以] 병력을[兵] 쓴다[用].〉

- 이기용병(以奇用兵)의 이(以)는 전후 문맥에 따라 다양한 뜻을 갖는다. 동사로 이(以)는 〈위(爲)〉처럼 다른 동사의 뜻을 대신하는 경우가 빈번하다. 물론 이기(以奇)는 영어에서 부사구 노릇하는 분사구(分詞句)와 같은 구실을 한다.

57-3 以無事取天下(이무사취천하)

▶ {인위(人爲)를} 행함이[事] 없음으로[無] 써[以] 온 세상 민심을[天下] 얻는다[取].

> 써 이(以), 없을 무(無), 다스릴 사(事), 얻을 취(取), 하늘 천(天), 아래 하(下)

【지남(指南)】

〈이무사취천하(以無事取天下)〉는 백성을 안거(安居)하게 하는 무위(無爲)의 다스림[治]을 밝힌다. 48장(章) 〈취천하상이무사(取天下常以無事)〉와 같은 말씀이다. 동시에 이정(以正)으로 다스림이나 이기(以奇)로 다스림은 땅덩이로 나라를 빼앗을 수 있어도 세상의 민심(民心)을 얻을 수는 없음을 암시하고 있다.

이무사취천하(以無事取天下)의 〈취천하(取天下)〉는 〈취천하민심(取天下民心)〉

을 말한다. 그래서 이무사취천하(以無事取天下)는 17장(章) 태상(太上) 부지유지(不知有之)를 상기시킨다. 백성이 살기 더없이 안락했던 태고의 시대에[太上] 황제가 [黃帝] 취천하(取天下)했지만, 백성은 황제라는 것이[之] 있는 줄도[有] 몰랐다[不知]. 여기 〈이무사(以無事)〉는 태상(太上) 즉 태고(太古) 때 황제(黃帝)의 무위지치 (無爲之治)를 상기시키고, 63장(章) 사무사(事無事)를 떠올린다. 사무사(事無事)는 〈무위지사무인위지사(無爲之事無人爲之事)〉의 줄임이다.

무위의[無爲之] 행함에는[事] 인위의[人爲之] 행함이[事] 없음이[無] 이무사(以無事)의 〈무사(無事)〉이다. 태상(太上) 즉 오제(五帝) 이전 태고(太古)의 황제는 인위 (人爲)의 제도로 세상을 다스리지[治] 않고 무위(無爲)로 세상의 민심을 얻어[取] 백성이 〈아자연(我自然)〉의 삶을 누리게 천방(天放)하였다. 그러나 오제(五帝)가 등장하여 백성에게 물고기 잡는 법을 가르쳤고[伏羲氏], 불 쓰는 방법을 가르쳤고 [燧人氏], 농사짓는 법을 백성에게 가르쳐[神農氏] 백성은 인위(人爲)로 다스림을 받게 되었다.

여기 〈취천하(取天下)〉는 오제(五帝) 이전의 취민심(取民心)의 세상[天下]이다. 말하자면 이는 『장자(莊子)』의 지덕지세(至德之世)를 말한다. 상덕을[德] 더없이 행 하는 세상이란 백성이 35장(章) 안평태(安平泰)의 삶을 누리던 오제(五帝) 이전의 세상이니, 천하에서 몰려든 백성이 화평하고[平] 태안한[泰] 삶을 누렸기 때문에 17장(章) 태상(太上) 부지유지(不知有之)라는 말씀이 나오는 것이다. 우리의 단군왕 검(檀君王儉)도 무사(無事)로 세상을 얻어 백성으로 하여금 무위(無爲)의 삶을 누 리게 했음을 홍익인간(弘益人間)·동혈이거(同穴而居)란 말씀으로 알 수 있다. 고조 선(古朝鮮)은 요순대(堯舜代)와 같았으니 이무사(以無事)의 치세(治世)가 삼황(三 皇) 이후에도 고조선에서는 베풀어졌던 셈이다.

이무사(以無事)는 〈이무예악형정지사(以無禮樂刑政之事)〉의 줄임으로 여기면 된다. 예악형정(禮樂刑政)을 행사함이[事] 없음[無]은 인위(人爲)로 치민(治民)·치 국(治國)함이 없음이다. 거듭해 밝히지만, 무사(無事)란 무욕(無欲)·무사(無私)· 무아(無我)를 하나로 묶음이니 법자연(法自然)을 일컫는다. 상도(常道)를 받들고 [尊道] 따라서 상덕(常德)을 받드는[貴德] 삶을 백성이 누리면 그것이 곧 무사지세 (無事之世)이니, 자연(自然)이 허락하는 그냥 그대로 안거(安居)함이다. 무사(無事)

의 안거(安居)는 80장(章) 〈감기사(甘其食) 미기복(美其服) 안기거(安其居) 낙기속(樂其俗)〉이란 말씀을 상기시키고, 81장(章) 〈이이불해(利而不害) · 위이부쟁(爲而不爭)〉을 떠올린다.

홍익인간(弘益人間) 즉 인간(人間)을 널리[弘] 이롭게[益] 함이야말로 이이불해(利而不害)의 무사(無事)이고, 동혈이거(同穴而居) 곰과[雄] 범이[虎] 한 굴에서[同穴] 산다고[居] 함이야말로 위이부쟁(爲而不爭)의 무사(無事)이다. 성인(聖人)이 법자연(法自然) 즉 위해주되[爲而] 해침이 없고[不害] 상도(常道)를 따라[順] 다투지 않는[不爭] 세상을 백성이 누리게 하여 취천하(取天下) 즉 온 세상의 민심을 얻었음을 무사(無事)로써 살펴 새기고 헤아려 깨우치게 하는 말씀이 〈이무사취천하(以無事取天下)〉이다.

註 "태상부지유지(太上不知有之) 기차친지예지(其次親之譽之) 기차외지(其次畏之) 기차모지(其次侮之)." 삼황(三皇) 이전의 태고 때에는[太上] (백성은) 다스리는 자가[之] 있는 줄도[有] 몰랐고[不知], 태고의[太古] 다음 시대에는[其次] (백성이 자기들을) 다스리는 자를[之] 가까이하면서[親而] 기렸으며[譽], 다음다음 때에는[其次] (백성은) 다스리는 자를[之] 두려워했고[畏], 다음다음 때에는[其次] (백성이) 다스리는 자를[之] 업신여겼다[侮].   『노자(老子)』 17장(章)

註 "집대상(執大象) 천하왕(天下往) 왕이불해(往而不害) 안평태(安平泰)." 대도를[大象] 지키니[執] 세상 사람들이[天下] 찾아온다[往]. (세상 사람들이) 찾아오면[往而] 해로움이 없고[不害], 이에[安] (찾아온 백성은) 화평하고[平] 태안하다[泰].   『노자(老子)』 35장(章)

註 "고기운(古記云) 석유환인(昔有桓因) 서자환웅(庶子桓雄) 수의천하(數意天下) 탐구인세(貪求人世) 부지자의(父知子意) 하시삼위태백(下視三危太伯) 가이홍익인간(可以弘益人間) 내수천부인삼개(乃授天符印三箇) 견왕리지(遣往理之) …… 시유일웅일호(時有一熊一虎) 동혈이거(同穴而居) 상기우신웅원화위인(常祈于神雄願化爲人)." 옛 기록에[古記] 옛날[昔] 환인이[桓因] 있었다[有]. 많은[庶] 아들 중에서[子] 환웅이[桓雄] 자주[數] 아래 세상을[天下] 생각하면서[意] 인간의 세상을[人世] 구하기를[求] 바랐다[貪]. 아버지가[父] 아들의[子] 뜻을[意] 알아채고[知] 삼위태백을[三危太伯] 내려다보고서는[下視] 세상을[世] 널리[弘] 이롭게[利] 할 만하였다[可以]. 이에[乃] 천부인(天符印) 세 개를[三箇] 주어서[授] 내려가[遣往] 천하를[之] 다스리게 하였다[理]. …… 그 때에[時] 곰 한 마리와[一雄] 범 한 마리가[一虎] 같은[同] 굴에서[穴而] 살고 있었는데[居], 늘[常] 신령스러운[神] 환웅께[桓] 변화하여[化] 사람이[人] 되게 해달라고[爲] 빌었다고[祈] 한다[云].   삼국유사(三國遺事)』 「기이(奇異) 2」 〈고조선(古朝鮮)〉

註 "위무위(爲無爲) 사무사(事無事) 미무미(味無味)." 함에는[爲] {인위(人爲)의} 함이란[爲] 없

고[無], 일에는[事] {인위(人爲)의} 일이란[事] 없으며[無], 맛에는[味] {인위(人爲)의} 맛이란[味] 없다[無]. 『노자(老子)』 63장(章)

註 "자독부지지덕지세호(子獨不知至德之世乎)……민결승이용지(民結繩而用之) 감기사(甘其食) 미기복(美其服) 낙기속(樂其俗) 안기거(安其居) 인국상망(隣國相望) 계구지음상문(鷄狗之音相聞) 민지로사이불상왕래(民至老死而不相往來) 약차지시(若此之時) 즉지치이(則至治已)." 그 대만[子獨] 지극한[至] 덕의[德之] 세상을[世] 모르는 것[不知]인가[乎]?……(그때) 백성은[民] 노 끈을[繩] 맺어서[結而] (글자로) 그것을[之] 사용했고[用], 그[其] 먹을거리를[食] 달게 먹었고[甘], 그[其] 의복을[服] 아름답다 여겼고[美], 그[其] 풍속을[俗] 즐겼으며[樂], 그[其] 거처를[居] 편안해 했고[安], 이웃[鄰] 나라가[國] 서로[相] 바라보여[望] 닭과[鷄] 개의[狗之] 울고 짓는 소리가[音] 서로[相] 들렸지만[聞] 백성은[民] 늙어[老] 죽음에[死] 이르러서도[至而] 서로[相] 가고 오지 않았다 [不往來]. 만약[若] 이러한[此之] 시대라면[時] 곧[則] 지극한[至] 다스림[治]일 뿐이다[已].

『장자(莊子)』「거협(胠篋)」

【보주(補註)】

● 〈이무사취천하(以無事取天下)〉를 〈태고지성인취천하이무위지사(太古之聖人取天下以無爲之事)〉처럼 옮기면 문의(文意)를 더 쉽게 새길 수 있다. 〈태고의[上古之] 성인은[聖人] 무위를[無爲之] 행함으로[事]써[以] 세상의 민심을[天下] 얻었다[得].〉

● 이무사취천하(以無事取天下)에서 이무사(以無事)의 사(事)는 〈인위지사(人爲之事)〉와 같고, 취천하(取天下)는 〈득천하민심(得天下民心)〉과 같다. 〈인위의[人爲之] 짓들이[事] 없음[無]〉〈세상의[天下] 민심을[民心] 얻음[得]〉

【해독(解讀)】

● 〈이무사취천하(以無事取天下)〉에서 이무사(以無事)는 취(取)를 꾸며주는 부사구 노릇하고, 취(取)는 주어가 생략되었지만 동사 노릇하고, 천하(天下)는 취(取)의 목적어 노릇한다. 이(以)는 〈써 용(用)〉과 같고, 취(取)는 〈얻을 득(得)〉과 같아 취득(取得)의 줄임말로 여기면 된다. 〈무사로[無事]써[以] 천하 민심을[天下] 얻었다[取].〉

● 여기 이무사(以無事)는 영어에서 부사구 노릇하는 분사구(分詞句)와 같은 구실을 한다.

57-4 吾何以知其然哉(오하이지기연재) 以此(이차)

▶내가[吾] 무엇으로[何] 써[以] 그러함을[其然] 아는 것[知]인가 [哉]? 아래의 것들로[此] 써다[以].

나 오(吾), 무엇 하(何), 써 이(以), 알 지(知), 그 기(其),
그럴 연(然) 조사(~인가) 재(哉), 이 차(此)

【지남(指南)】

〈오하이지기연재(吾何以知其然哉) 이차(以此)〉는 무사(無事)로 세상을[天下] 얻었다는[取] 옛일을 어떻게 알았는지를 자문자답한다. 〈오(吾)〉는 노담(老聃) 이이(李耳)라 단언할 수는 없고,『장자(莊子)』의 노담(老聃)이나『노자(老子)』를 남긴 저자라고 짐작할 뿐이다. 지기연(知其然)의 〈기연(其然)〉은 바로 앞에 나온 내용인 〈이정치국(以正治國) · 이기용병(以奇用兵) · 이무사취천하(以無事取天下)〉를 나타낸다. 그리고 다음에 나올 내용을 묶어서 자답으로 삼고 있는 말씀이 〈오하이지기연재(吾何以知其然哉) 이차(以此)〉이다.

註 "이본위정(以本爲精) 이물위조(以物爲粗) 이유적위부족(以有積爲不足) 담연독여신명거(澹然獨與神明居) 고지도술유재어시자(古之道術有在於是者) 관윤노담문기풍이열지(關尹老聃聞其風而悅之)." 순일한 것을[精] 근본으로[本] 써[以] 삼고[爲], 여럿으로 섞인 것을[粗] 꼴이 있는 것으로[物] 여긴다[爲]. 흡족하지 않는 것을[不足] 재물을 쌓음으로[積] 써[以] 여기고[爲], 담박하여[澹然] 홀로[獨] 신명과[神明] 함께[與] 머문다[居]. 옛날[古之] 도술에[道術] 위의 것들로[於是] 있는[在] 것이[者] 있었다[有]. 관윤과[關尹] 노담이[老聃] 그[其] 유파를[風] 듣고서[聞而] 그 유파를[之] 좋아했다[悅].   『장자(莊子)』「천하(天下)」

【보주(補註)】

● 〈오하이지기연재(吾何以知其然哉) 이차(以此)〉를 〈오하이지취천하민심이무사재(吾何以知取天下民心以無事哉) 오지취천하지연이하문(吾知取天下之然以下文)〉처럼 옮기면 문의(文意)를 더 쉽게 새길 수 있다. 〈내가[吾] 무엇으로[何] 써[以] 무사로[無事] 써[以] 천하의[天下] 민심을[民心] 얻음을[取] 아는 것[知]인가[哉]? 나는[吾] 아래의[下] 내용으로[文] 써[以] 천하를[天下] 얻음이[取之] 그러함

을[然] 안다[知].〉

- 오하이지기연재(吾何以知其然哉)의 〈오(吾)〉는 『노자(老子)』의 저자라고 여기면 된다. 다만 누구라고 단언할 수 없을 만큼 『노자(老子)』의 저자에 대한 이설(異說)이 많다.

【해독(解讀)】

- 〈오하이지기연재(吾何以知其然哉) 이차(以此)〉는 의문문과 평서문이 나란히 이어져 있는 문단이다. 〈나는[吾] 하이로써[何以]] 기연을[其然] 아는 것[知]인가[哉]? 아래의 내용으로[此]써다[以].〉

- 오하이지기연재(吾何以知其然哉)에서 오(吾)는 주어 노릇하고 하이(何以)는 지(知)를 꾸며주는 의문 부사구 노릇하며, 지(知)는 동사 노릇하고, 기연(其然)은 지(知)의 목적구 노릇한다. 물론 오하이지기연재(吾何以知其然哉)가 〈오하이지기연(吾何以知其然)〉의 의문문보다 부드러운 어조를 띤 의문문이라 여기면 된다. 기연(其然)은 〈여시(如是)〉와 같다. 〈나는[吾] 무엇으로[何]써[以] 그런 줄을[其然] 아는가[知]?〉 〈나는[吾] 무엇으로[何]써[以] 그런 줄을[其然] 아는 것[知]인가[哉]?〉 〈이와[是] 같음[如]〉

- 이차(以此)는 〈오지기연이차(吾知其然以此)〉에서 되풀이되는 내용이므로 오지기연(吾知其然)을 생략하고, 생략된 지(知)를 꾸며주는 부사구만 남긴 어투이다. 〈이로[此]써다[以].〉

57-5 天下多忌諱(천하다기휘) 而民彌貧(이민미빈)

▶ 세상에[天下] (백성이) 꺼려서 피할 것들이[忌諱] 많아져서[多而] 백성은[民] 더욱[彌] 가난해졌다[貧].

> 하늘 천(天), 아래 하(下), 많을 다(多), 피할 기(忌), 피할 휘(諱),
> 그래서 (而), 백성 민(民), 두루(더욱) 미(彌), 가난할 빈(貧)

【지남(指南)】

〈천하다기휘(天下多忌諱) 이민미빈(而民彌貧)〉는 이정치국(以正治國)의 치국

(治國)과 이기용병(以奇用兵)의 용병(用兵)이 치자(治者)의 뜻대로 자행됨을 〈기휘(忌諱)〉란 말로 밝힌다. 치국(治國)의 정도(正道)가 치자(治者)의 뜻대로 운용되면 치자의 뜻에 맞게 백성을[民] 다지고자[齊] 하기 때문에, 하지 말라는 정령(政令)이 점점 많아져 백성이 하고자 하는 일을 하지 못하게 되어 더욱 가난해진다. 백성이 꺼리고 싫어하는[忌諱] 것이란 다름 아닌 온갖 정령(政令)이고 용병(用兵)이다. 그것들이 치국(治國)의 방편으로 전락해 권도(權道)로 자행(恣行)되면 사민(使民)으로 이어지니, 백성이 꺼리고 싫어하는 것으로 드러난다. 따라서 치자의 정도(正道)마저 사라지고 패도(覇道)를 자행하는 패자(覇者)가 군림하여 백성을[民] 전화(戰禍)로 몰아넣는 것보다 더한 기휘(忌諱)는 없다.

백성을[民] 부리기[使] 위하여 이력복인(以力服人), 즉 힘으로[力]써[以] 백성을[人] 굴복시키려니[服] 백성을 억압하게[抑民] 된다. 백성은 패자(覇者)의 억압에[抑壓] 시달려 더욱더 가난에서 벗어날 수 없게 되고, 패자(覇者)는 백성을 더욱더 부리고자 금령(禁令)을 남발하게 됨이 〈다기휘(多忌諱)〉이다. 여기 기휘(忌諱)는 방금(防禁)의 것으로 드러난다. 백성이 하고자 함을 막고[防] 하지 말라는 금령(禁令)이니, 이런 기휘(忌諱)는 49장(章) **백성심(百姓心)**을 짓밟고 치자(治者)의 **상심(常心)**으로 치국(治國)을 도모함이다. 49장(章) **상심(常心)**이란 『장자(莊子)』에 나오는 **성심(成心)** 즉 자기의욕을 앞세움[成心]이고 요즘말로 이념 같은 것이다. 상심(常心)·성심(成心)·이념(理念) 등이 곧 인위(人爲)를 행사하게 한다.

이러한 치국(治國)은 역천(逆天)으로 난세(亂世) 즉 민심이 떠나버린 세상을[亂世] 불러온다. 백성한테 기휘(忌諱)가 많은[多] 난세(亂世)에서 백성은 더욱더[彌] 빈곤함을[貧] 면할 수 없음을 살펴 새기고 헤아려 깨우치게 하는 말씀이 〈천하다기휘(天下多忌諱) 이민미빈(而民彌貧)〉이다.

──────────

註 "성인무상심(聖人無常心) 이백성심위심(以百姓心爲心)." 성인께는[聖人] 고집하는 마음이[常心] 없고[無], {성인(聖人)은} 백성의[百姓] 마음으로[心]써[以] (당신의) 마음을[心] 삼는다[爲].

『노자(老子)』 49장(章)

註 "부수기성심이사지(夫隨其成心而師之) 수독차무사호(誰獨且無師乎)." 무릇[夫] 제[其] 주장을[成見] 따라서[隨而] 그것을[之] 스승으로 삼는다면[師] 어느 누구에게만은[誰獨且] 스승이[師] 없겠는가[無乎]?

성심(成心)은 상심(常心), 즉 하나의 사견(私見)인 자기 주장을 말한다. 성심(成心)에서 시비가 비롯한다. 『장자(莊子)』 「제물론(齊物論)」

【보주(補註)】

● 〈천하다기휘(天下多忌諱) 이민미빈(而民彌貧)〉을 〈천하다기휘어민(天下多忌諱於民) 이민미위빈어기기휘(而民彌爲貧於其忌諱)〉처럼 옮기면 문의(文意)를 더 쉽게 새길 수 있다. 〈천하[天下] 백성한테[於民] 금지하는 규칙이[忌諱] 많아졌다[多]. 그래서[而] 백성은[民] 그[其] 기휘에[忌諱] 의해서[於] 더욱더[彌] 가난해졌다[爲貧].〉

● 기휘(忌諱)의 기(忌)는 〈미워하여[憎] 싫어함[惡]〉이다. 백성이 싫어하는 것은 제민(齊民)이고 역민(役民)이며 억민(抑民)이다. 백성을[民] 다지고[齊] 부리고[役] 짓누르니[抑] 이정치국(以正治國)의 〈이정(以正)〉과 이기용병(以奇用兵)의 〈용병(用兵)〉이 기휘(忌諱), 즉 방금(防禁)의 정령(政令)들이 남발돼 백성의 생활이 극심한 핍박을 받아 빈곤을 면할 수 없게 된다.

【해독(解讀)】

● 〈천하다기휘(天下多忌諱) 이민미빈(而民彌貧)〉은 두 구문이 〈그래서 이(而)〉로 이어진 중문(重文)이다. 〈천하에[天下] 기휘가[忌諱] 많다[多]. 그래서[而] 민이[民] 더욱[彌] 빈곤하다[貧].〉

● 천하다기휘(天下多忌諱)에서 천하(天下)는 부사구 노릇하고, 다(多)는 동사 노릇하며, 기휘(忌諱)는 다(多)의 주어 노릇한다. 〈천하에[天下] 기휘가[忌諱] 많다[多].〉

● 이민미빈(而民彌貧)에서 이(而)는 연접(連接)의 접속사 노릇하고, 민(民)은 주어 노릇하고, 미(彌)는 빈(貧)을 꾸며주는 부사 노릇하며, 빈(貧)은 수동의 동사 노릇한다. 미(彌)는 〈더욱더 자(滋)〉와 같고, 빈(貧)은 〈가난할 곤(困)〉과 같아 빈곤(貧困)의 줄임말로 여기면 된다. 〈그래서[而] 백성은[民] 더욱[彌] 빈곤해진다[貧].〉

● 천하다기휘(天下多忌諱)는 〈A다(多)B〉의 상용문이다. 〈A다(多)B〉에서 A는 다(多)를 꾸며주는 부사 노릇하고, 다(多)는 자동사 노릇하며, B는 다(多)의 주어 노릇한다. 〈A에는 B가 많다[多].〉 〈A에는 B가 적다[少].〉 〈A에는 B가 있다[有].〉 〈A에는 B가 없다[無].〉

57-6 朝多利器(조다리기) 國家滋昏(국가자혼)

▶ 조정에 [朝] {치자(治者)에게} 유리한[利] 기구들이 [器] 많아지면 [多], 나라는[國家] 더욱 [滋] 혼미해진다[昏].

조정 조(朝), 많을 다(多), 이로울 리(利), 도구 기(器), 나라 국(國), 집 가(家), 더욱 자(滋), 혼미할 혼(昏)

【지남(指南)】

〈조다리기(朝多利器) 국가자혼(國家滋昏)〉은 이정치국(以正治國)의 이정(以正) 마저 베풀어지지 않고 이기용병(以奇用兵)의 이기(以奇)가 자행됨을 밝힌다. 〈민 다리기(民多利器)〉가 아니라 〈조다리기(朝多利器)〉라 한 말씀에 주목한다. 조다리 기(朝多利器)의 〈조(朝)〉는 임금과 신하들이 있는 조정(朝廷)을 말한다. 인다리기 (人多利器)의 〈이기(利器)〉는 백성에게 이로운[利] 도구를[器] 뜻하지만, 조다리기 (朝多利器)의 〈이기(利器)〉는 군주와 신하들이 제민(齊民)하고 역민(役民)하며 억 민(抑民)하기에 유리한 온갖 형정(刑政)과 권모술수(權謀術數)를 위한 수단이다.

군주가 안민(安民)보다 대국을 쟁취하고자 하면 전쟁을 일삼게 된다. 전쟁을 치 르기 위해서 역민(役民)하고 용병(用兵)하는 군주에게는 병장기(兵仗器)를 확보하 기 위한 온갖 정령(政令)과 금령(禁令)이 많아진다[多]. 그런 이기(利器)는 해민(害 民)하는 예기(銳器)로 돌변해 백성은 안거(安居)하지 못하고 세상은 혼란해진다. 따라서 나라는 더욱더[滋] 혼미해져[昏] 백성은 곤궁해지고 마는 것을 살펴 새기 고 헤아려 깨우치게 하는 말씀이 〈조다리기(朝多利器) 국가자혼(國家滋昏)〉이다.

【보주(補註)】

● 〈조다리기(朝多利器) 국가자혼(國家滋昏)〉을 〈약조정다리기(若朝廷多利器) 국 가자위혼어기기(國家滋爲昏於其器)〉처럼 옮기면 문의(文意)를 더 쉽게 새길 수 있다. 〈만약[若] 조정에[朝廷] 이기가[利器] 많다면[多] 나라는[國家] 그[其] 도구 에[器] 의해서[於] 더욱더[滋] 혼미해진다[爲昏].〉

● 조다리기(朝多利器)의 이기(利器)는 군주와 신하들을 유리하게 하는 수단이니 군주의 권병(權柄) 즉 권력[權]의 수단[柄]이나 권모술수(權謀術數)를 뜻한다.

이러한 이기(利器)는 백성의 편에서 보면 기휘(忌諱)의 것이고 해기(害器)일 뿐이다.

● 조다리기(朝多利器)가 〈인다리기(人多利器)〉로 된 본(本)도 있다. 여기 〈조(朝)〉와 〈인(人)〉은 인군(人君)을 나타내므로 원문(原文)의 문의(文義)가 달라지는 것은 아니다.

【해독(解讀)】

● 〈조다리기(朝多利器) 국가자혼(國家滋昏)〉은 조건의 종속절과 주절로 이루어진 복문(複文)이다. 〈조정에[朝] 이기가[利器] 많아지면[多] 국가는[國家] 더욱더[滋] 혼미해진다[昏].〉

● 조다리기(朝多利器)에서 조(朝)는 다(多)를 꾸며주는 부사 노릇하고, 다(多)는 동사 노릇하며, 이기(利器)는 다(多)의 주어 노릇한다. 이(利)는 〈이로울 익(益)〉과 같고, 기(器)는 〈도구 구(具)〉와 같아 기구(器具)의 줄임말로 여기면 된다. 〈사람한테[人] 이기가[利器] 많아지면[多]〉

● 국가자혼(國家滋昏)에서 국가(國家)는 주어 노릇하고, 자(滋)는 혼(昏)을 꾸며주는 부사 노릇하며, 혼(昏)은 수동의 동사 노릇한다. 자(滋)는 〈더욱더 미(彌)〉와 같고, 혼(昏)은 〈미혹할 미(迷)〉와 같아 혼미(昏迷)의 줄임말로 여기면 된다. 〈국가는[國家] 더욱더[滋] 혼미해진다[昏].〉

● 조다리기(朝多利器) 역시 〈A다(多)B〉의 상용문이다. 〈A다(多)B〉에서 A는 다(多)를 꾸며주는 부사 노릇하고, 다(多)는 동사 노릇하며, B는 다(多)의 주어 노릇한다. 〈A에는 B가 많다[多].〉〈A에는 B가 적다[少].〉〈A에는 B가 있다[有].〉〈A에는 B가 없다[無].〉

57-7 人多伎巧(인다기교) 奇物滋起(기물자기)

▶ 군주한테[人] 아첨하는 재주와[伎] 교언이[巧] 많아지면[多] 기이한[奇] 것들이[物] 더욱더[滋] 일어난다[起].

> 많을 다(多), 재주 기(伎), 기교 교(巧), 더욱 자(滋), 일어날 기(起)

【지남(指南)】

〈인다기교(人多伎巧) 기물자기(奇物滋起)〉 역시 이정치국(以正治國)의 이정(以正)은 더없이 유린(蹂躪)당하고 이기용병(以奇用兵)의 이기(以奇)를 부추기는 간신들의 농간이 더욱더[滋] 극심함을[甚] 밝힌다. 인다기교(人多伎巧)의 〈인(人)〉은 패도(覇道)를 일삼는 군주나 학정(虐政)을 일삼는 폭군(暴君)과 더불어 그 밑에 붙어서 백성을 해치는 간신배(奸臣輩)들이다. 인다기교(人多伎巧)의 〈기교(伎巧)〉는 『노자(老子)』 여러 본(本)에서 〈기교(技巧)·지교(知巧)·지혜(智慧)〉 등으로 나타나지만, 그 공통적인 뜻은 『장자(莊子)』의 기심(機心)을 상기시킨다. 군주에게 간신이 아첨하는 잔꾀[伎]와 말재주를[巧] 부리는 사술(詐術)이 여기 기교(伎巧)이다.

간신배(奸臣輩)란 기교(伎巧)로 군주와 백성을 이간(離間)하고, 부귀영화를 탐하고자 군주를 혼미(昏迷)하게 하여 속이는 권모술수(權謀術數)의 지교(智巧)를 일삼는다. 간신배는 군주가 안민(安民)하지 않고 보민(保民)하지 않음을 이용하여 해민(害民)하고 탈민(奪民)하는 간계(奸計)를 부리므로, 이들이 범하는 기물(奇物) 즉 기괴한[奇] 짓들은[物] 무도(無道)한 군주 밑에서 빚어진다. 간신배의 기물(奇物) 역시 정도(正道)를 저버린 채 역민(役民)을 일삼는 군주의 야욕을 부채질하고 노략질을 감행하게 하는 간계(奸計)이다. 치국(治國)의 정도(正道)를 벗어나면 치국(治國)은 간사(奸邪)하게 되므로 백성의 삶이 날로 피폐해짐을 살펴 새기고 헤아려 깨우치게 하는 말씀이 〈인다기교(人多伎巧) 기물자기(奇物滋起)〉이다.

註　"유기계자(有機械者) 필유기사(必有機事) 유기사자(有機事者) 필유기심(必有機心) 기심존어흉중(機心存於胸中) 즉순백불비(則純白不備) 순백불비(純白不備) 즉신생부정(則神生不定) 신생부정자(神生不定者) 도지소부재야(道之所不載也)." 기계를[機械] 가진다[有]면[者] 반드시[必] 기계를 쓸[機] 일이[事] 생기고[有], 기계를 쓸[機] 일이[事] 생긴다[有]면[者] 반드시[必] 기계를 쓸[機] 마음이[心] 생긴다[有]. 기계를 쓸[機] 마음이[心] 가슴 속에[於胸中] 있으면[存] 곧장[則] 순진하고[純] 결백함이[白] 없어지고[不備], 순백이[純白] 없어지면[不備] 곧장[則] 본성이[神生] 안정되지 못하고[不定], 본성이[神生] 안정되지 못한[不定] 것은[者] 상도가[道之] 실리지 못한[不載] 것[所]이다[也].

기심(機心)은 사심(詐心) 즉 속이려는[詐] 마음으로[心] 드러난다. 『장자(莊子)』「천지(天地)」

【보주(補註)】

● 〈인다기교(人多伎巧) 기물자기(奇物滋起)〉를 〈신하다기교(臣下多伎巧) 기물자

위기어기기교(奇物滋爲起於其伎巧)〉처럼 옮기면 문의(文意)를 더 쉽게 새길 수 있다. 〈만약[若] 신하들한테[臣下] 기교가[伎巧] 많아지면[多] 그[其] 기교에[伎巧] 의해서[於] 기물이[奇物] 더욱더[滋] 생겨난다[爲起].〉

- 인다기교(人多伎巧)의 기교(伎巧)는 아첨(阿諂)하고 참소(讒訴)하는 잔꾀와[伎] 솜씨를[巧] 일삼는 기심(機心) 즉 속임수를 쓰는[機] 심술(心術)이다. 아첨(阿諂) 즉 비위를 맞추려는[阿諂] 기교든[伎巧], 참소(讒訴) 즉 없는 말을 지어내 남을 헐뜯는[讒訴] 기교든[伎巧], 간신배의 기교(伎巧)는 자신의 부귀영화를 탐하려는 짓이므로 기물(奇物) 즉 해괴한 짓을[物] 서슴지 않는 사술(詐術)로 드러난다.

【해독(解讀)】

- 〈인다기교(人多伎巧) 기물자기(奇物滋起)〉는 조건의 종속절과 주절로 된 복문(複文)이다. 〈인한테[人] 이기가[利器] 많아지면[多] 기물이[奇物] 더욱더[滋] 일어나게 된다[起].〉

- 인다기교(人多伎巧)에서 인(人)은 다(多)를 꾸며주는 부사 노릇하고, 다(多)는 동사 노릇하며, 기교(伎巧)는 다(多)의 주어 노릇한다. 기(伎)는 〈재주 재(才)〉와 같아 재기(才伎)의 줄임말로 여기면 되고, 교(巧)는 〈재주 기(技)〉와 같아 기교(技巧)의 줄임말로 여기면 된다. 기교(伎巧)는 기교(技巧)와 같아 지교(智巧), 즉 인지가[人智] 빚어내는 술책(術策)을 뜻한다. 〈사람한테[人] 이기가[利器] 많아지면[多]〉

- 기물자기(奇物滋起)에서 기물(奇物)은 주어 노릇하고, 자(滋)는 기(起)를 꾸며주는 부사 노릇하며, 기(起)는 동사 노릇한다. 자(滋)는 〈더욱더 미(彌)〉와 같고, 기(起)는 〈일어날 흥(興)〉과 같아 흥기(興起)의 줄임말로 여기면 된다. 〈기물이[奇物] 더욱더[滋] 일어난다[起].〉

- 인다리기(人多利器) 역시 〈A다(多)B〉의 상용문이다. 〈A다(多)B〉에서 A는 다(多)를 꾸며주는 부사 노릇하고, 다(多)는 자동사 노릇하며, B는 다(多)의 주어 노릇해 영어의 1형식 같은 관용문이다. 〈A에는 B가 많다[多].〉 〈A에는 B가 적다[少].〉 〈A에는 B가 있다[有].〉 〈A에는 B가 없다[無].〉

57-8 法令滋彰(법령자창) 盜賊多有(도적다유)

▶법령이[法令] 더욱더[滋] 드러나면[彰] (백성의 것을 훔치는) 도적
들한테[盜賊] 차지할 것들이[有] 많아진다[多].

법률 법(法), 시킬 령(令), 더욱 자(滋), 드러낼 창(彰), 도둑 도(盜),
도적 적(賊), 많을 다(多), 가질 유(有)

【지남(指南)】

〈법령자창(法令滋彰) 도적다유(盜賊多有)〉역시 〈이정치국(以正治國)의 이정(以
正)〉을 유린(蹂躪)하고 〈이기용병(以奇用兵)〉의 이기(以奇)를 일삼는 군주와 간신
의 무리가 탈민(奪民) 즉 백성의 것을 빼앗는[奪] 도적임을 밝힌다. 법령자창(法令
滋彰)의 〈법령(法令)〉은 보민(保民)하여 안민(安民)하려는 법령이 아니라 사민(使
民)하고 탈민(奪民)하려는 수단이다. 여기 도적(盜賊)은 53장(章) 도과(盜夸) 즉 대
도(大盜)로, 백성의 것을 훔치는 도둑을 말한다. 대국의 야망을 품은 군주는 백성
을 병력의 자원으로 활용하려는 야심을 품고, 간신배는 군주의 야심에 편승하여
백성을 착취하는 여러 법령을 만들어낸다. 그래서 『맹자(孟子)』에 망민(罔民)이란
말이 나온다.

백성을[民] 보살펴[保] 편안하게 하려는[安] 법령이 아니라 지킬 수 없는 법령을
가하는 짓은 백성을 그물질할 법망(法網)일 뿐으로, 이는 탈민(奪民)하는 도적의
손에 들린 칼과 다를 바 없다. 온갖 법을 빙자하여 백성의 것을 빼앗는[奪民] 도적
이 바로 패자(覇者)와 그 잔당(殘黨)이며, 학정(虐政)을 일삼는 폭군(暴君)과 그 패
거리[殘黨]임을 살펴 새기고 헤아려 깨우치게 하는 말씀이 〈법령자창(法令滋彰)
도적다유(盜賊多有)〉이다.

────────────────

註 "조심제(朝甚除) 전심무(田甚蕪) 창심허(倉甚虛) 복문채(服文綵) 대리검(帶利劍) 염음식
(厭飮食) 화재유여(貨財有餘) 시위도과(是謂盜夸)." 조정은[朝] 매우[甚] 더럽고[除], 밭은[田] 극
심하게[甚] 잡초가 무성하며[蕪], 나라의 곳집은[倉] 심하게[甚] 텅 비고[虛], {문신(文臣)들은} 수
놓은[文] 비단 옷을[綵] 입으며[服], {무신(武臣)들은} 예리한[利] 칼을[劍] 허리에 차고[帶], (신하
들은) 마시고[飮] 먹기를[食] 싫증내며[厭], 재화라면[貨財] 넘쳐 남음이[餘] 있다[有]. 이런 것들을

[是] 큰 도둑이라[盜夸] 한다[謂]. 『노자(老子)』53장(章)

447

注 "무항산이유항심자(無恒産而有恒心者) 유사위능(惟士爲能) 약민즉무항산(若民則無恒産) 인무항심(因無恒心) 순무항심(苟無恒心) 방벽사치(放辟邪侈) 무불위이(無不爲已) 급함어죄연후(及陷於罪然後) 종이형지(從而刑之) 시망민야(是罔民也)." 일정한 생활밑천이[恒産] 없음에도[無而] 일정한 마음을[恒心] 갖는[有] 사람은[者] 오직[有] 선비라야[士] 가능하다[爲能]. 만약[若] 백성에게[民則] 일정한 생활밑천이[恒産] 없다면[無] 그 때문에[因] 일정한 마음이[恒心] 없어진다[無]. 진실로[苟] 일정한 마음이[恒心] 없어지면[無] 방탕[放] 편벽[辟] 사악[邪] 사치를[侈] 범하지 않음이[不爲] 없을[無] 뿐이다[已]. 죄에[於罪] 빠지게[及] 함정을 파둔[陷] 뒤에[然後] 그에 따라서[從而] 죄를[之] 벌한다면[刑] 그런 짓은[是] 백성을[民] 그물로 잡는 것[罔]이다[也].

『맹자(孟子)』「양혜왕장구상(梁惠王章句上)」

【보주(補註)】

● 〈법령자창(法令滋彰) 도적다유(盜賊多有)〉를 〈약해민지법령자창(若害民之法令滋彰) 도적다기소유(盜賊多其所有)〉처럼 옮기면 문의(文意)를 더 쉽게 새길 수 있다. 〈만약[若] 백성을[民] 해치는[害之] 법령이[法令] 더욱더[滋] 드러나면[彰] 도적한테는[盜賊] 도적이[其] 가질[有] 것들이[所] 많아진다[多].〉

● 도적(盜賊)의 도(盜)는 남의 것을 훔침이고, 도적(盜賊)의 적(賊)은 남을 해침이다. 남의 지갑을 훔치는 짓이 도(盜)이고, 남의 몸을 해치는 놈이 적(賊)이다. 도적 중에 가장 큰 도적이 나라를 통째로 훔쳐 해치는 놈이니, 여기 도적이란 패자(覇者)나 폭군(暴君) 나아가 참월(僭越) 즉 임금도 아니면서 임금 짓하는[僭越] 세도가(勢道家)의 대부(大夫) 따위이다. 공자(孔子)가 제자 염구(冉求)를 질타했던 까닭을 떠올리면 노(魯)나라 계씨(季氏) 같은 세도가가 바로 탈민(奪民)하는 도적임을 알 수 있다.

─────────

注 "계씨부어주공(季氏富於周公) 이구야지취렴이부익지(而求也爲之聚斂而附益之) 자왈(子曰) 비오도야(非吾徒也) 소자명고이공지가야(小子鳴鼓而攻之可也)." 계씨는[季氏] 주나라의[周] 임금보다[於公] 부유했다[富]. 그런데[而] 염구(冉求)가[求也] 계씨를[之] 위해[爲] 백성의 재물을 함부로 거두어들여서[聚斂而] 계씨에게[之] 빌붙어[附] 재산을 불려주었다[益]. 공자[子] 가로되[曰] : (염구는) 나의[吾] 제자가[徒] 아니다[非]. 자네들이[小子] 북을[鼓] 쳐서[鳴이] 그자를[之] 공격해야[功] 마땅할 것[可]이다[也].

계씨(季氏)는 노(魯)나라 대부(大夫) 삼환(三桓) 중에서 가장 강한 세도가(勢道家)로, 재산이 전국의 반을 차지했었다. 공자의 제자인 염구(冉求)가 그 계씨의 우두머리 가신(家臣)인재(宰)가 되자, 계씨에게 잘 보이고자 중세(重稅)를 가혹하게 거둬들였다.

【해독(解讀)】

- 〈법령자창(法令滋彰) 도적다유(盜賊多有)〉는 조건의 종속절과 주절로 이루어진 복문(複文)이다. 〈법령이[法令] 더욱더[滋] 드러나면[彰] 도적한테[盜賊] 가질 것이[有] 많아진다[多].〉

- 법령자창(法令滋彰)에서 법령(法令)은 주어 노릇하고, 자(滋)는 창(彰)을 꾸며주는 부사 노릇하며, 창(彰)은 수동의 동사 노릇한다. 자(滋)는 〈더욱더 미(彌)〉와 같고, 창(彰)은 〈드러날 저(著)〉와 같아 저창(著彰)의 줄임으로 여기면 된다. 〈법령이[法令] 더욱더[滋] 드러나면[彰]〉

- 도적다유(盜賊多有)에서 도적(盜賊)은 다(多)를 꾸며주는 부사 노릇하고, 다(多)는 동사 노릇하며, 유(有)는 다(多)의 주어 노릇한다. 유(有)는 명사로 〈가진 것 유(有)〉이고 소유(所有)의 줄임이다. 〈도적한테[盜賊] 가질 것이[有] 많다[多].〉

- 도적다유(盜賊多有) 역시 〈A다(多)B〉의 상용문이다. 〈A다(多)B〉에서 A는 다(多)를 꾸며주는 부사 노릇하고, 다(多)는 동사 노릇하며, B는 다(多)의 주어 노릇한다. 물론 다(多)를 형용사로 볼 수도 있다. 한문에서는 영어의 〈be〉 동사 같은 계사(繫詞) 없이 형용사만으로도 술부(述部) 노릇을 할 수 있기 때문이다. 〈A에는 B가 많다[多].〉 〈A에는 B가 적다[少].〉 〈A에는 B가 있다[有].〉 〈A에는 B가 없다[無].〉

57-9 故(고) 聖人云(성인운) 我無爲而民自化(아무위이민자화)

▶ 그러므로[故] 성인은[聖人] 말했다[云] : 나한테[我] {내 상심(常心)으로} 행함이[爲] 없다[無]. 그래서[而] 백성은[民] 절로[自] {그 무위(無爲)를} 본받아 새롭다[化].

그러므로 고(故), 통할 성(聖), 말할 운(云), 나 아(我), 없을 무(無), 조작할 위(爲), 그러니 이(而), 백성 민(民), 절로 자(自), 변화할 화(化)

【지남(指南)】

〈아무위이민자화(我無爲而民自化)〉는 〈이정치국(以正治國)〉의 치국(治國)을 행하지 않고, 〈이기용병(以奇用兵)〉의 용병(用兵)을 범하지 않고 무위(無爲)로 치민(治民)하니까 백성이 절로 성인(聖人)을 본받아 자화(自化)해짐을 밝힌다. 여기 〈자화(自化)〉는 백성이 스스로[自] 새로운[化] 삶을 누림으로, 19장(章) 소사과욕(少私寡欲)의 삶을 뜻해 백성이 성인(聖人)을 본받기[法] 함이다. 〈아(我)〉는『장자(莊子)』의 명왕(明王)을 상기시킨다. 명왕(明王)은 도법자연(道法自然)의 법자연(法自然)으로 치민(治民)하는 왕(王)을 말한다. 자연을[自然] 본받는[法] 다스림[治]이란 2장(章) 처무위지사(處無爲之事) 행불언지교(行不言之敎)로 다스림이다.

백성 스스로 자연스레[自] 성인(聖人)을 본받아[法] 자연(自然)의 삶을 누리게 함이 〈아무위(我無爲)〉의 무위(無爲)이다. 자연(自然)의 삶이란 견소포박(見素抱樸) 소사과욕(少私寡欲)의 삶이니, 견소(見素)는 상도(常道)의 모습 즉 자연을[素] 살핌[見]이고, 포박(抱樸)은 그 모습을[樸] 지킴[抱]이다. 소사(少私) 즉 제 몫을[私] 적게 하면[少] 절로 과욕(寡欲)하고, 과욕(寡欲)하면 그것이 바로 법자연(法自然)하는 삶인 동시에 성인(聖人)의 부쟁(不爭)을 본받는 자화(自化)이다. 이런 자화(自化)의 삶을 백성이 누리는 천하가 곧 17장(章) 아자연(我自然)의 세상이고, 35장(章) 안평태(安平泰)의 세상이다.

백성이 우리는[我] 자연(自然)이라 구가하고 이에[安] 화평하고[平] 태안한[泰] 삶을 스스로 누림이 〈무위(無爲)의 자화(自化)〉이니, 자연의 가르침을 본받아[法] 보민(保民)하고 안민(安民)하는 성인의[聖人] 무위(無爲)에는 예악인의(禮樂仁義)를 펼치는 치도(治道)를 행함이[爲] 없다[無]. 따라서 무위(無爲)의 다스림에는 형정을[刑政] 행함이[爲] 없으며[無], 용병(用兵)하려는 기계(奇計)도 없음이라 백성을 부리는[使民] 법령도 없고[無], 백성을 해치고[害民] 백성의 것을 빼앗는[奪民] 도적도 생길 리 없다. 이처럼 무위지치(無爲之治)는 치자(治者)가 자신의 뜻과 방법으로 백성을 다스리지 않고 백성의 뜻대로 맡겨두는 치민(治民)이다.

백성을 산천에 사는 초목(草木)처럼 스스로 살아가게 돌봐줄 뿐이니 〈성인무위(聖人無爲)〉의 무위(無爲)는 45장(章)의 청정위천하정(淸靜爲天下正)이란 말씀을 상기시킨다. 성인(聖人)의 용심(用心)이 청정(淸淨)함은 성인(聖人)께는 자기가 없고

[無己] 공치사가 없으며[無功] 명성이 없기[無名] 때문이다. 성인(聖人)이 행하는 무위(無爲)의 치(治)란 무기(無己)·무공(無功)·무명(無名)으로 다스림[治]으로, 인위(人爲)로 다스리는 치자(治者)는 백성을 따르게 하고 자기의 치적(治績)이 세 상에 미치기를 바라지만, 무위(無爲)의 다스림은[治] 백성이 자연(自然)대로 스스 로 변화해감[自化]인지라 37장(章) 만물장자화(萬物將自化)와 『장자(莊子)』의 무동이 불변(無動而不變) 무시이불이(無時而不移)를 일깨워준다.

이처럼 백성을 예(禮)로 다지는 다스림보다 백성이 자연에 순응하여 스스로[自] 새로운[化] 삶을 누리게 되는 다스림이[治] 자연스러운 보민(保民)이고 안민(安民) 임을 살펴 새기고 헤아려 깨우치게 하는 말씀이 〈아무위이민자화(我無爲而民自 化)〉이다.

──────────────────

註 "견소포박(見素抱樸) 소사과욕(少私寡欲)."(백성으로 하여금) 그냥 그대로를[素] 살피게 하 고[見] 그냥 그대로를[樸] 지키게 한다면[抱], (백성은) 제 몫을[私] 적게 하고[少] 욕망을[欲] 적게 한다[寡]. 『노자(老子)』 19장(章)

註 "노자왈(老子曰) 명왕지치(明王之治) 공개천하(功蓋天下) 이사부자기(而似不自己) 화대만 물(化貸萬物) 이민불시(而民弗恃) 유막거명(有莫擧名) 사물자희(使物自喜) 입호불측(立乎不測) 이유어무유자야(而遊於無有者也)." 노자가[老子] 말했다[曰] : 훌륭한[明] 임금의[王之] 다스림이 란[治] 그 공적이[功] 온 세상을[天下] 덮어도[蓋而] 자기의 것이[自己] 아닌 것[不]같이 하고[似], (백성에게) 온갖 것을[萬物] 본받게[化] 베풀어주어도[貸而] 백성은[民] 깨닫지 못하며[不恃], 명성 이[名] 있지만[有] 나타냄이[擧] 없으면서[莫] 온갖 것으로[物] 하여금[使] 스스로[自] 기쁘게 하고 [喜], 가능하지 못할[不測] 경지에[乎] 머물러[立] 아무것도 없는 경지에서[於無有] 노니는[遊] 자 (者)이다[也]. 『장자(莊子)』「응제왕(應帝王)」

註 "성인처무위지사(聖人處無爲之事) 행불언지교(行不言之敎) 만물작언이불사(萬物作焉而 不辭) 생이불유(生而不有) 위이불시(爲而不恃) 공성이불거(功成而弗居)." 성인은[聖人] 무위를 [無爲之] 행함에[事] 머물고[處], 말이[言] 없는[不之] 가르침을[敎] 행하며[行], 온갖 것이[萬物] 천 지에 의해서[焉] 떨쳐나도[作而] 말하지 않고[不辭], 낳아주되[生而] 갖지 않으며[不有], 위해주되 [爲而] 대우해주지 않고[不恃], 공적이[功] 이루어져도[成而] 머물지(연연치) 않는다[弗居]. 『노자(老子)』 2장(章)

註 "공성사수(功成事遂) 백성개위(百姓皆謂) 아자연(我自然)." {무위(無爲)를 행하는 성인(聖人) 이} 공적을[功] 이루고[成] 사업을[事] 완수했어도[遂], {성인(聖人)이 그렇게 한 줄 모르는} 백성은 [百姓] 모두[皆] 우리는[我] 본디대로 그냥 그러하다고[自然] 말했다[謂]. 『노자(老子)』 17장(章)

註 "집대상(執大象) 천하왕(天下往) 왕이불해(往而不害) 안평태(安平泰)." 대도의[大] 짓을[大象] 지키면[執] 세상[天下] 어디든 가고[往], 어디든 가도[往而] 해침이 없으니[不害] 평안하고[安] 화평하며[平] 태평하다[泰]. 『노자(老子)』35장(章)

註 "청정위천하정(淸靜爲天下正)." 맑음과[淸] 고요가[靜] 세상의[天下] 바름이[正] 된다[爲]. 『노자(老子)』45장(章)

註 "후왕약능수지(侯王若能守之) 만물장자화(萬物將自化)." 후왕이[侯王] 만약[若] 그것을[之] 잘[能] 지킨다면[守] 온갖 것은[萬物] 마땅히[將] 스스로[自] 새로워진다[化]. 『노자(老子)』37장(章)

註 "무동이불변(無動而不變) 무시이불이(無時而不移) 하위호(何爲乎) 하불위호(何不爲乎) 부고장자화(夫固將自化)." 움직여서[動而] 변하지 않음은[不變] 없고[無] 때 맞춰서[時而] 옮기지 않음이[不移] 없는데[無], 무엇을[何] 하고[爲乎] 무엇을[何] 안하겠나[不爲乎]? 무릇[夫] 반드시[固] (그 무엇이든) 따라서[將] 절로[自] 변화해간다[化]. 『장자(莊子)』「추수(秋水)」

【보주(補註)】

● 〈성인운(聖人云) 아무위이민자화(我無爲而民自化)〉를 〈시고(是故) 성인운(聖人云) 아무인위(我無人爲) 이민자위화어기무위(而民自爲化於其無爲)〉처럼 옮기면 문의(文意)를 더 쉽게 새길 수 있다. 〈이렇기[是] 때문에[故] 성인이[聖人] 나한테는[我] 인위가[爲] 없고[無], 그래서[而] 백성은[民] 그[其] 무위에[無爲] 의해서[於] 새로워진다고[化] 말했다[云].〉

● 아무위(我無爲)의 무위(無爲)는 작위가[爲] 없음[無]이다. 작위(作爲)란 상심(常心), 즉 자기의 의욕대로 행함이 없음[無]이다. 이러한 자화(自化)는 법자연(法自然)을 행함이고, 그것이 곧 존도(尊道)이고 귀덕(貴德)이다. 이는 상도를[道] 받들고[尊] 상덕을[德] 받듦을[貴] 말로[言] 드러내는 것이 아니라 마음 속 깊이 깨달으니 불언지교(不言之敎), 즉 정령 따위를 발령(發令)하지 않는[不言之] 가르침[敎]을 몸소 실행함이다.

【해독(解讀)】

● 〈고(故) 성인운(聖人云) 아무위이민자화(我無爲而民自化)〉에서 고(故)는 부사구 노릇하고, 성인(聖人)은 주어 노릇하며, 운(云)은 동사 노릇하고, 아무위이민자화(我無爲而民自化)는 운(云)의 목적절 노릇한다. 한문에서는 명사절 앞에 오는 〈that〉 같은 접속사는 없는 편이다. 운(云)은 〈이를 왈(曰)〉과 같고, 화(化)는 〈본

받을 교(教) · 효(效)〉등과 같아 교화(教化)의 줄임말로 여기면 된다. 〈성인은[聖人] 말했다[云] : 내가[我] 무위해서[無爲而] 백성이[民] 절로[自] 새로워진다[化].〉

- 아무위(我無爲)에서 아(我)는 무(無)를 꾸며주는 부사 노릇하고, 무(無)는 동사 노릇하며, 위(爲)는 주어 노릇한다. 〈나한테는[我] 함이[爲] 없음이고[無]〉

- 이민자화(而民自化)에서 이(而)는 〈그래서 이(而)〉로 접속사 노릇하고, 민(民)은 주어 노릇하며, 자(自)는 화(化)를 꾸며주는 부사 노릇하고, 화(化)는 전후 문맥으로 보아 수동의 동사 노릇한다. 화(化)는 〈본받을 교(教) · 효(效)〉등과 같아 교화(教化)의 줄임말로 여기면 된다. 동사 앞에 〈위(爲) · 견(見) · 피(被)〉등을 두어 수동의 동사임을 나타내기도 하지만, 생략되는 경우가 대부분인지라 전후 문맥을 살펴 능동 · 수동을 살펴야 한다. 〈그래서[而] 백성은[民] 스스로[自] {그 무위(無爲)에 의해서} 새로워진다[化].〉

57-10 我好靜而民自正(아호정이민자정)

▶내가[我] 고요함을[靜] 좋아한다[好]. 그래서[而] 백성은[民] 절로[自] 바르게 되었다[正].

> 나 아(我), 좋아할 호(好), 고요 정(靜), 그러면 이(而), 백성 민(民),
> 절로 자(自), 바를 정(正)

【지남(指南)】

〈아호정이민자정(我好靜而民自正)〉역시 〈이정치국(以正治國)〉의 치국(治國)을 행하지 않고 〈이기용병(以奇用兵)〉의 용병(用兵)을 범하지 않고 무위(無爲)로 치민(治民)하니, 백성이 절로 성인(聖人)을 본받아 자정(自正)해짐을 밝힌다. 여기 〈자정(自正)〉은 백성이 앞서 살핀 〈자화(自化)〉의 삶에 스스로 만족함을 말한다. 이러한 자정(自正) 역시 19장(章) 〈소사과욕(少私寡欲)〉의 삶에 만족함을 뜻해 백성이 성인(聖人)의 삶을 본받기[法]하는 것이다. 〈아(我)〉역시 『장자(莊子)』의 **명왕(明王)**을 상기시킨다.

성인(聖人)의 삶을 본받으면[法] 백성 스스로 자연(自然)의 삶을 누리게 함이 〈아호정(我好靜)〉의 호정(好靜)이다. 무위(無爲)가 호정(好靜)으로 이어지므로 자화(自化) 역시 자정(自正)으로 이어진다. 왜냐하면 자연을[自然] 본받는[法] 소사과욕(少私寡欲)의 삶이란 자화(自化)·자정(自正)으로 이어지며, 제 몫을[私] 적게 하고[少] 인욕을[欲] 줄여가는[寡] 삶은 16장(章) 복명(復命)의 삶으로 이어지는 까닭이다. 자화(自化)·자정(自正)은 곧 복명(復命) 즉 천성으로[命] 돌아와[復] 상도(常道)를 알게 되어 마음이 밝아짐이다[明]. 이는 백성이 복명(復命)의 삶을 본받아 누리는 자정(自正)의 삶으로, 37장(章) 불욕이정(不欲以靜)을 상기시킨다.

호정(好靜)의 〈정(靜)〉은 귀근(歸根)의 〈정(靜)〉 즉 상도로[根] 돌아옴[歸]이다. 귀근(歸根)할수록 백성은 밝아지고[明], 그 밝아짐이[明] 여기 〈민자정(民自正)〉이다. 백성이[民] 스스로[自] 발라짐[正]이란 탐욕하지 않음을 뜻한다. 백성의 흉중에 탐욕이 없어야 자정(自正)해진다. 자정(自正)하면 고요해지고[靜], 고요하면[靜] 마음 속이 맑고 밝아지며[明] 마음이 비워진다[虛]. 그래서 『장자(莊子)』에 정즉정(正則靜) 정즉명(靜則明) 명즉허(明則虛) 허즉무위(虛則無爲)라는 말이 나온다. 호정(好靜)은 다름 아닌 〈호허(好虛)〉와 같고, 나아가 무위(無爲)를 달리 말함이다. 백성은 호정(好靜)으로 소사과욕(少私寡欲)의 삶을 누릴 수 있으니 호정(好靜)도 무위(無爲)이다.

〈아(我)〉 또한 『장자(莊子)』의 〈명왕(明王)〉을 상기시킨다. 명왕(明王)으로서 성인(聖人)이 좋아하는[好] 고요는(靜) 16장(章) 귀근(歸根)과 52장(章) 〈복수기모(復守其母)〉를 떠올리고, 따라서 『장자(莊子)』의 〈천예(天倪)와 만연(曼衍)〉을 헤아리게 한다. 자연[天]의 변화에 맡기고 따라갈 뿐 피차(彼此)의 시비를 초월한 자연의 길[天倪] 즉 무위(無爲)를 따름이 호정(好靜)이며, 자연의 변화에 맡긴 채 자기 의견을 더하지 않음[曼衍] 또한 호정(好靜)이니, 결국 이 역시 무위(無爲)를 달리 밝힘이다. 호정(好靜)은 총명(聰明)을 앞세우는 인지(人智)를 비워버림[虛]으로 작위가[爲] 없어져[無而] 법자연(法自然)을 어기는 짓을 하지 않기 때문이다. 그러므로 뜻의[志之] 다툼을[勃] 무너트리고[徹], 마음의[心之] 그릇됨을[謬] 없애고[解], 덕을[德之] 번거롭게 함을[累] 제거하면[去], 주기(主己) 즉 자기를[己] 주장함이[主] 없어져 절로 마음의 고요를[靜] 누릴 수 있다. 이런 연유로 『장자(莊子)』에 불탕흉중이정(不盪胸中而正) 정즉정(正則靜)이란 말이 나온다.

　허심(虛心) · 무심(無心) · 무기(無己) · 무사(無私) · 무욕(無欲)이란 모두 무위지심(無爲之心), 즉 호정(好靜)이다. 누구든 성인(聖人)을 본받아[法] 호정(好靜)하면 마음이 더없이[安] 화평하고[平] 태평하여[泰] 성인(聖人)의 무위(無爲)를 절로[自] 본받게 되어 백성은 절로[自] 바로잡혀[正] 탐욕을 부리지 않으니 부쟁(不爭)의 삶을 누릴 수 있음을 살펴 새기고 헤아려 깨우치게 하는 말씀이 〈아호정이민자정(我好靜而民自正)〉이다.

註　"부물운운(夫物芸芸) 각귀기근(各歸其根) 귀근왈정(歸根曰靜) 시위복명(是謂復命) 복명왈상(復命曰常) 지상왈명(知常曰明) 부지상(不知常) 망작흉(妄作凶)." 무릇[夫] 온갖 것은[物] 저마다 다른 모습으로 무성하지만[芸芸], 저마다[各] 제[其] 근원으로[根] 돌아온다[歸]. 뿌리로[根] 돌아감을[歸] 고요라[靜] 하고[曰], 이것을[是] 본성으로[命] 돌아옴이라[復] 하며[謂], 천성으로[命] 돌아옴을[復] {만물이 따르는 천도(天道)의} 한결같음이라[常] 하며[曰], 그 한결같음을[常] 앎을[知] 밝음이라[明] 한다[曰]. {만물이 누리는 상도(常道)의 조화가} 한결같음을[常] 모르면[不知] 재앙을[凶] 멍청하게[妄] 짓는다[作].　　　　　　　　　『노자(老子)』16장(章)

註　"불욕이정(不欲以靜) 천하장자정(天下將自正)." {후왕(侯王)이} 탐욕하지 않음으로[不欲]써[以] 고요하면[靜] 세상은[天下] 곧장[將] 저절로[自] 안정된다[正].　　　　　『노자(老子)』37장(章)

註　"부귀현엄명리(富貴顯嚴名利) 육자발지야(六者勃志也) 용동색리기의(容動色理氣意) 육자류심야(六者謬心也) 오욕희로애락(惡欲喜怒哀樂) 육자루덕야(六者累德也) 거취취여지능(去就取與知能) 육자색도야(六者塞道也) 차사륙자(此四六者) 불탕흉중이정(不盪胸中而正) 정즉정(正則靜) 정즉명(靜則明) 명즉허(明則虛) 허(虛) 즉무위이무불위(則無爲而無不爲)." 부유[富] 고귀[貴] 유명[顯] 존경[嚴] 명예[名] 이득[利] 여섯[六] 가지는[者] 뜻을[志] 어지럽히는 것[勃]이고[也], 용모[容] 거동[動] 안색[色] 정리[理] 말씨[氣] 생각[意] 여섯[六] 가지는[者] 마음을[心] 속이는 것[謬]이며[也], 미움[惡] 욕망[欲] 기쁨[喜] 성냄[怒] 슬픔[哀] 즐거움[樂] 여섯[六] 가지는[者] 덕을[德] 더럽히는 것[累]이고[也], (벼슬자리를) 떠나거나[去] 앉음[就] (무엇을) 주거나[與] 받음[取] (사물을) 알거나[知] (일을) 잘함[能] 여섯[六] 가지는[者] 도를[道] 가로막는 것[塞]이다[也]. 이[此] 스물 네[四六] 가지가[者] 가슴 속에서[胸中] (마음을) 흔들지 않는다면[不盪而] (마음은) 올바르다[正]. (마음이) 올바르면[正] 곧[則] (마음이) 고요하고[靜], 고요하면[靜] 곧[則] 밝고[明], 밝으면[明] 곧[則] 텅 비고[虛], 텅 비면[虛] 곧[則] (마음에) 하고자 하는 짓이[爲] 없어서[無而] 하지 못할 것이[不爲] 없다[無].

　발지(勃志)는 쟁지(爭志)와 같고, 유심(謬心)은 오심(誤心)과 같고, 누덕(累德)은 점덕(玷德)과 같다. 점(玷)은 〈더럽힐 점(玷)〉이다. 용동색리기의(容動色理氣意)에서 이(理)는 정리(情

理), 기(氣)는 사기(辭氣), 의(意)는 의사(意思)이다. 탕흉중(盪胸中)의 탕(盪)은 〈흔들어댈 동(動)〉과 같고, 무(無)는 무(無)와 같다.　　　　　　　　　　　　　『장자(莊子)』「경상초(庚桑楚)」

註　"도생지(道生之) 덕흉지(德畜之) 물형지(物形之) 세성지(勢成之) 시이(是以) 만물막부존도이귀덕(萬物莫不尊道而貴德)." 상도가[道] 낳아주고[生之], 상덕이[德] (만물을) 길러주며[畜之], (덕의 길러줌으로써) 만물이[物] (저마다) 몸을 갖추고[形之], (만물이 저마다 누리는 환경이[勢] 이루어진다[成之]. 이렇기[是] 때문에[以] 온갖 것은[萬物] 도를[道] 받들면서[尊而] 덕을[德] 받들지 않을 수[不貴] 없다[莫].　　　　　　　　　　　『노자(老子)』51장(章)

註　"노자왈(老子曰) 명왕지치(明王之治) 공개천하(功蓋天下) 이사부자기(而似不自己)." 노자가[老子] 말했다[曰] : 훌륭한[明] 임금의[王之] 다스림이란[治] 그 공적이[功] 온 세상을[天下] 덮어도[蓋而] 자기의 것이[自己] 아닌 것[不]같이 한다[似].　　　　　『장자(莊子)』「응제왕(應帝王)」

【보주(補註)】

● 아호정이민자정(我好靜而民自正)을 〈시고(是故) 성인운(聖人云) 아호귀근지정(我好歸根之靜) 이민자위정어기정(而民自爲正於其靜)〉처럼 옮기면 문의(文意)를 더 쉽게 새길 수 있다. 〈이렇기[是] 때문에[故] 성인은[聖人] 나는[我] 근원으로[根] 돌아오는[歸之] 고요를[靜] 좋아한다[好]. 그래서[而] 백성은[民] 그[其] 고요에[靜] 의해서[於] 절로[自] 마음이 바로잡힌다고[爲正] 말했다[云].〉

● 아호정(我好靜)의 호정(好靜) 역시 무위지사(無爲之事) 즉 무위를[無爲之] 행사함을[事] 좋아함이다[好]. 왜냐하면 호정(好靜)의 정(靜)은 귀근(歸根) 즉 상도(常道)라는 근원으로 돌아옴[歸]이니, 무위자연(無爲自然) 바로 그것이기 때문이다. 따라서 호정(好靜)을 〈호무기(好無己)〉라고 헤아려도 된다. 무기(無己) 즉 자기가[己] 없음을[無] 좋아함[好]이란 〈부귀현엄명리(富貴顯嚴名利) · 용동색리기의(容動色理氣意) · 오욕희로애락(惡欲喜怒哀樂) · 거취취여지능(去就取與知能)〉 등 인위(人爲)를 빚어내는 24가지가 마음에서 비워졌음을 뜻하기 때문이다. 이 24가지를 묶어서 인간의 이욕(利欲)이라고 한다. 무기(無己)는 곧 허심(虛心)이니 무위지심(無爲之心)으로, 이를 〈정(正) · 정(靜) · 명(明) · 허(虛)〉 등으로 나타내기도 한다. 그러므로 호정(好靜)이란 바로잡힌[正] 마음을[心] 좋아함이고[好], 고요한[靜] 마음을[心] 좋아함이고[好], 밝은[明] 마음을[心] 좋아함이고[好], 텅 빈[虛] 마음을[心] 좋아함이다[好]. 따라서 민자정(民自正)은 〈민자호정(民自好靜)〉과 같은 말씀이다. 〈백성도[民] 절로[自] 고요를[靜] 좋아했다[好].〉

【해독(解讀)】

- 아호정이민자정(我好靜而民自正)은 〈시고(是故) 성인운(聖人云) 아호정이민자정(我好靜而民自正)〉에서 시고(是故)와 성인운(聖人云)을 생략하고, 성인운(聖人云)의 목적절만 남긴 구문이다. 〈내가[我] 호정해서[好靜而] 백성이[民] 절로[自] 바로잡힌다[富].〉

- 아호정(我好靜)에서 아(我)는 주어 노릇하고, 호(好)는 동사 노릇하며, 정(靜)은 호(好)의 목적어 노릇한다. 호(好)는 〈좋아할 애(愛)〉와 같아 애호(愛好)의 줄임말로 여기면 된다. 〈나는[我] 고요를[靜] 좋아한다[好]〉

- 이민자정(而民自正)에서 이(而)는 〈그래서 이(而)〉로 접속사 노릇하고, 민(民)은 주어 노릇하며, 자(自)는 정(正)을 꾸며주는 부사 노릇하고, 정(正)은 전후 문맥으로 보아 수동의 동사 노릇한다. 정(正)은 〈평안할 평(平), 안정할 정(定)〉 등과 같아 평정(平正) · 정정(正定)의 줄임이다. 〈그래서[而] 백성은[民] 스스로[自] {그 고요에[靜] 의해서} 평정해진다[正].〉

57-11 我無事而民自富(아무사이민자부)

▶나한테[我] {내 상심(常心)으로} 일함이[事] 없다[無]. 그래서[而] 백성은[民] 절로[自] {그 무사(無事)를} 본받아 풍요롭다[富].

나 아(我), 없을 무(無), 다스릴 사(事), 그러니 이(而), 백성 민(民), 절로 자(自), 부유할 부(富)

【지남(指南)】

〈아무사이민자부(我無事而民自富)〉 역시 〈이정치국(以正治國)〉의 치국(治國)을 행하지 않고, 〈이기용병(以奇用兵)〉의 용병(用兵)을 범하지 않고 무위(無爲)로 치민(治民)하니 백성이 절로 성인(聖人)을 본받아 자부(自富)해짐을 밝힌다. 여기 자부(自富)는 백성이 자화(自化)하여 자정(自正)의 삶에 스스로 만족함을 말한다. 〈자부(自富)〉도 19장(章) 〈소사과욕(少私寡欲)〉의 삶에 만족함이니 백성이 성인(聖人)의 삶을 본받는[法] 것이다. 〈아(我)〉 역시 『장자(莊子)』의 명왕(明王)을 상기시킨다.

성인(聖人)의 삶을 본받으면[法] 백성 스스로 자연(自然)의 삶을 누림이 〈아무사(我無事)〉의 무사(無事)이다. 치자(治者)가 무위(無爲)하면 백성이 자화(自化)되고 치자(治者)가 호정(好靜)하면 백성이 자정(自正)되는 것처럼, 치자(治者)가 무사(無事)하면 백성은 자부(自富)된다. 여기 아무사(我無事)의 〈무사(無事)〉 역시 〈소사과욕(少私寡欲)〉의 삶이다. 치자(治者)가 제 몫을[私] 적게[少] 하여 사욕을[欲] 줄이면[寡] 백성도 따라서 〈견소포박(見素抱樸)〉의 삶을 누리게 된다. 성인(聖人)의 무위(無爲)로 백성은 자화(自化)되어 자정(自正)·자부(自富)의 삶으로 이어지는 것이 다름 아닌 안평태(安平泰)의 세상이다. 자화(自化)·자정(自正)·자부(自富)는 곧 자족(自足)이다. 따라서 자부(自富) 또한 〈자화(自化)·자정(自正)〉과 다름이 없다. 무사(無事)는 무위(無爲)·호정(好靜)으로 드러나고, 자부(自富)는 자화(自化)·자정(自正)으로 드러나는 까닭이다.

이미 아무사(我無事)의 〈아(我)〉를 백성이 스스로[自] 본받아[化] 사는데 내가[我] 치민(治民)의 정사(政事)를 꾀할 까닭이 없다. 아(我)는 명왕(明王)으로서 성인(聖人)이니, 아(我)에게는 예악(禮樂)으로 제민(齊民)할 형정(刑政)도 없고 해민(害民)하고 탈민(奪民)하는 법령(法令)도 전무(全無)한지라, 백성은 80장(章) **감기사(甘其食) 미기복(美其服) 안기거(安其居) 낙기속(樂其俗)**의 삶을 누려 35장(章) 〈안평태(安平泰)〉의 세상이 된다. 백성의 마음이 더없이[安] 화평하고[平] 태평함[泰]보다 더한 부유함이란 없음을 살펴 새기고 헤아려 깨우치게 하는 말씀이 〈아무사이민자부(我無事而民自富)〉이다.

註 "노자왈(老子曰) 명왕지치(明王之治) 공개천하(功蓋天下) 이사부자기(而似不自己)." 노자가[老子] 말했다[曰] : 훌륭한[明] 임금의[王之] 다스림이란[治] 그 공적이[功] 온 세상을[天下] 덮어도[蓋而] 자기의 것이[自己] 아닌 것[不]같이 한다[似].　　　　　　『장자(莊子)』「응제왕(應帝王)」

註 "감기사(甘其食) 미기복(美其服) 안기거(安其居) 낙기속(樂其俗)." (천지가 주는) 그[其] 먹을거리를[食] 달게 먹고[甘], (천지가 주는) 그[其] 입을거리를[服] 좋아하며[美], (천지가 주는) 그[其] 사는 곳을[居] 편안해 하고[安], (천지가 주는) 그[其] 습속을[俗] 즐거워한다[樂].　　　　　　　　　　　　　　　　　　『노자(老子)』 80장(章)

【보주(補註)】

● 〈아무사이민자부(我無事而民自富)〉를 〈시고(是故) 성인운(聖人云) 아무인위지

사(我無人爲之事) 이민자위부어기무사(而民自爲富於其無事)〉처럼 옮기면 문의 (文意)를 더 쉽게 새길 수 있다. 〈이렇기[是] 때문에[故] 성인은[聖人] 나한테는 [我] 인위의[人爲之] 행사란[事] 없고[無], 그래서[而] 백성은[民] 그[其] 무사에 [無事] 의해서[於] 절로[自] 부유해진다고[爲富] 말했다[云].〉

● 아무사(我無事)의 무사(無事)는 인위지사(人爲之事)가 없음[無]이다. 인위지사 (人爲之事)란 〈인욕지사(人欲之事)〉와 같은지라, 무사(無事)는 인욕(人欲)을 행 사[事]함이 없음[無]이다. 그러므로 무사(無事) 역시 무기(無己)와 같다. 무사(無 事) 역시 〈부귀현엄명리(富貴顯嚴名利)·용동색리기의(容動色理氣意)·오욕희 로애락(惡欲喜怒哀樂)·거취취여지능(去就取與知能)〉등 인위(人爲)를 빚어내 는 24가지가 마음에 없음을[無] 뜻한다. 무사(無事)·무욕(無欲)·무기(無己) 등 은 모두 무위(無爲)를 달리 말함이다.

【해독(解讀)】

● 〈아무사이민자부(我無事而民自富)〉는 〈시고(是故) 성인운(聖人云) 아무사이민 자부(我無事而民自富)〉에서 시고(是故)와 성인운(聖人云)을 생략하고, 성인운 (聖人云)의 목적절만 남긴 구문이다. 〈내가[我] 무사하니[無事而] 백성이[民] 절 로[自] 부유해진다[富].〉

● 아무사(我無事)에서 아(我)는 무(無)를 꾸며주는 부사 노릇하고, 무(無)는 동사 노릇하며, 사(事)는 주어 노릇한다. 〈나한테는[我] 행사함이[事] 없음이다[無].〉

● 이민자부(而民自富)에서 이(而)는 〈그래서 이(而)〉로 접속사 노릇하고, 민(民)은 주어 노릇하며, 자(自)는 부(富)를 꾸며주는 부사 노릇하고, 부(富)는 전후 문맥 으로 보아 수동의 동사 노릇한다. 부(富)는 〈넉넉할 유(裕)〉와 같아 부유(富裕) 의 줄임말로 여기면 된다. 〈그래서[而] 백성은[民] 스스로[自] {그 무사(無事)에 의해서} 부유해진다[富].〉

57-12 我無欲而民自樸(아무욕이민자박)

▶ 나한테[我] (내 뜻대로) 욕심냄이[欲] 없다[無]. 그래서[而] 백성은 [民] 절로[自] {그 무욕(無欲)을} 본받아 그냥 그대로 된다[樸].

나에게 아(我), 없을 무(無), 욕심낼 욕(欲), 그래서 이(而), 백성 민(民),
절로 자(自), 그냥 그대로 박(樸)

【지남(指南)】

〈아무욕이민자박(我無欲而民自樸)〉 역시 〈이정치국(以正治國)〉의 치국(治國)을
행하지 않고, 〈이기용병(以奇用兵)〉의 용병(用兵)을 범하지 않고 무위(無爲)로 치
민(治民)하니 백성이 절로 성인(聖人)을 본받아 자박(自樸)해짐을 밝힌다. 〈자박
(自樸)〉은 백성이 자화(自化) · 자정(自正) · 자부(自富)해져서 19장(章) **견소포박(見
素抱樸)** 소사과욕(少私寡欲)의 삶을 누림을 말한다. 여기 〈아(我)〉 역시 『장자(莊子)』
의 명왕(明王)을 상기시킨다.

성인(聖人)의 삶을 본받으면 백성 스스로 자연(自然)의 삶을 누리게 됨이 〈아무
욕(我無欲)〉의 무욕(無欲)이다. 치자(治者)가 무위(無爲)하면 백성이 자화(自化)되
고, 치자(治者)가 호정(好靜)하면 백성이 자정(自正)되며, 치자(治者)가 무사(無事)
하면 백성이 자부(自富)되는 것처럼, 치자(治者)가 무욕(無欲)하면 백성은 자박(自
樸)된다. 아무욕(我無欲)의 〈무욕(無欲)〉이란 〈소사과욕(少私寡欲)〉의 삶이다. 치
자(治者)가 제 몫을[私] 적게[少] 하여 사욕을[欲] 줄이면[寡] 백성도 따라서 〈견소
포박(見素抱樸)〉의 삶을 누리게 된다. 성인(聖人)의 무위(無爲)로 백성이 자화(自
化)되어 자정(自正) · 자부(自富) · 자박(自樸)의 삶을 누림으로 이어지는 것이 다
름 아닌 안평태(安平泰)의 세상이다.

자화(自化) · 자정(自正) · 자부(自富) · 자박(自樸)은 곧 자족(自足)이니, 백성이
성인(聖人)의 부쟁(不爭)을 본받아 삶을 누리는 자부(自富)이다. 이런 자박(自樸)의
삶을 백성이 누리는 천하가 〈우리는 자연(我自然)으로 이에[安] 화평하고[平] 태안
한[泰]〉 세상이고, 여기 무욕(無欲)의 자박(自樸)이다. 아무욕(我無欲)은 〈아무인위
지욕(我無人爲之欲)〉의 줄임인지라 아무욕(我無欲) 또한 〈아호정(我好靜) · 아무사
(我無事)〉와 함께 아무위(我無爲)와 다를 바 없고, 자박(自樸) 또한 〈자화(自化) ·
자정(自正) · 자부(自富)〉 등과 다름이 없다. 무욕(無欲)은 무위(無爲)로 드러나고,
자박(自樸)은 자화(自化)로 드러나는 까닭이다.

이미 아무욕(我無欲)의 〈아(我)〉를 백성이 스스로[自] 본받아[化] 사는데 내가

[我] 치민(治民)의 정사(政事)를 꾀할 까닭이 없다. 아(我)는 〈명왕(明王)으로서 성인(聖人)〉으로, 그에게는 예악(禮樂)으로 제민(齊民)할 형정(刑政)도 없고 해민(害民)하고 탈민(奪民)하는 법령(法令)도 전무(全無)하니, 백성은 80장(章) 〈감기사(甘其食) 미기복(美其服) 안기거(安其居) 낙기속(樂其俗)〉의 삶을 누려 35장(章) 〈안평태(安平泰)〉의 삶을 누린다. 백성의 마음이 더없이[安] 화평하고[平] 태평함[泰]보다 더한 자박(自樸)의 삶이란 없음을 살펴 새기고 헤아려 깨우치게 하는 말씀이 〈아무욕이민자박(我無欲而民自樸)〉이다.

註 "견소포박(見素抱樸) 소사과욕(少私寡欲)." 검소함을[素] 살피고[見] 질박함을[樸] 지키며[抱], 제 몫을[私] 적게 하고[少] 욕망을[欲] 적게 한다[寡]. 『노자(老子)』19장(章)

註 "노자왈(老子曰) 명왕지치(明王之治) 공개천하(功蓋天下) 이사부자기(而似不自己)." 노자가[老子] 말했다[曰] : 훌륭한[明] 임금의[王之] 다스림이란[治] 그 공적이[功] 온 세상을[天下] 덮어도[蓋而] 자기의 것이[自己] 아닌 것[不]같이 한다[似]. 『장자(莊子)』「응제왕(應帝王)」

註 "기지기자(旣知其子) 복수기모(復守其母) 몰신불태(歿身不殆)." 이미[旣] 그[其] 자손임을[子] 알고[知] 그[其] 어머니께로[母] 돌아와[復] 지킨다면[守] 평생토록[歿身] 위태롭지 않다[不殆]. 『노자(老子)』52장(章)

註 "철지지발(徹志之勃) 해심지류(解心之謬) 거덕지루(去德之累) 달도지색(達道之塞) 부귀현엄명리(富貴顯嚴名利) 육자발지야(六者勃志也) 용동색리기의(容動色理氣意) 육자류심야(六者謬心也) 오욕희로애락(惡欲喜怒哀樂) 육자루덕야(六者累德也) 거취취여지능(去就取與知能) 육자색도야(六者塞道也) 차사륙자(此四六者) 불탕흉중이정(不盪胸中而正) 정즉정(正則靜) 정즉명(靜則明) 명즉허(明則虛) 허(虛) 즉무위이무불위(則無爲而無不爲)." 뜻의[志之] 흔들림을[勃] 무너뜨리고[徹], 마음의[心之] 속박을[謬] 풀고[解], 덕의[德之] 더럽힘을[累] 제거하며[去], 도의[道之] 막힘을[塞] 뚫는다[達]. 부유[富] 고귀[貴] 유명[顯] 존경[嚴] 명예[名] 이득[利] 여섯[六] 가지는[者] 뜻을[志] 어지럽히는 것[勃]이고[也], 용모[容] 거동[動] 안색[色] 정리[理] 말씨[氣] 생각[意] 여섯[六] 가지는[者] 마음을[心] 속이는 것[謬]이며[也], 미움[惡] 욕망[欲] 기쁨[喜] 성냄[怒] 슬픔[哀] 즐거움[樂] 여섯[六] 가지는[者] 덕을[德] 더럽히는 것[累]이고[也], (벼슬자리를) 떠나거나[去] 앉음[就] (무엇을) 주거나[與] 받음[取] (사물을) 알거나[知] (일을) 잘함[能] 여섯[六] 가지는[者] 도를[道] 가로막는 것[塞]이다[也]. 이[此] 스물 네[四六] 가지가[者] 가슴 속에서[胸中] (마음을) 흔들지 않는다면[不盪而] (마음은) 올바르다[正]. (마음이) 올바르면[正] 곧[則] (마음이) 고요하고[靜], 고요하면[靜] 곧[則] 밝고[明], 밝으면[明] 곧[則] 텅 비고[虛], 텅 비면[虛] 곧[則] (마음에) 하고자 하는 짓이[爲] 없어서[無而] 하지 못할 것이[不爲] 없다[無].

발지(勃志)는 쟁지(爭志)와 같고, 유심(謬心)은 오심(誤心)과 같고 누덕(累德)은 점덕(玷德)

과 같다. 점(玷)은 〈더럽힐 점(玷)〉이다. 용동색리기의(容動色理氣意)에서 이(理)는 정리(情理), 기(氣)는 사기(辭氣), 의(意)는 의사(意思)이다. 탕흉중(盪胸中)의 탕(盪)은 〈흔들어댈 동(動)〉과 같고, 무(無)는 무(無)와 같다.

『장자(莊子)』「경상초(庚桑楚)」

【보주(補註)】

● 〈아무욕이민자박(我無欲而民自樸)〉을 〈시고(是故) 성인운(聖人云) 아무욕이무위(我無欲以無爲) 이민자위박어기무욕(而民自爲樸於其無欲)〉처럼 옮기면 문의(文意)를 더 쉽게 새길 수 있다. 〈이렇기[是] 때문에[故] 성인은[聖人] 나한테는[我] 무위로[無爲]써[以] 사욕이[欲] 없어서[無而] 백성은[民] 그[其] 무욕에[無欲] 의해서[於] 절로[自] 그냥 그대로 된다고[爲樸] 말했다[云].〉

● 아무욕(我無欲)의 무욕(無欲)은 〈무인위지욕(無人爲之欲)〉 또는 〈무사욕(無私欲)〉의 줄임이다. 무욕(無欲)은 〈무기(無己)〉로 나타나기 때문에 무욕(無欲) 역시 무기(無己) 즉 자기가[己] 없음[無]과 같다. 따라서 이 또한 〈부귀현엄명리(富貴顯嚴名利) · 용동색리기의(容動色理氣意) · 오욕희로애락(惡欲喜怒哀樂) · 거취취여지능(去就取與知能)〉 등 인위(人爲)를 빚어내는 24가지가 마음에 없음을[無] 뜻한다. 무사(無事) · 무욕(無欲) · 무기(無己) 등은 모두 무위(無爲)를 달리 말함이다.

● 민자박(民自樸)은 〈민자무욕(民自無欲)〉과 같다. 여기 〈박(樸)〉은 28장(章)의 상덕내족(常德乃足) 복귀어박(復歸於樸)을 상기시킨다. 상덕(常德)이 이에[乃] 만족됨이[足] 곧 박(樸)이다. 나무[木] 그대로를 박(樸)이라 하여 상덕(常德)이 만족되는 것이니 박(樸)은 자연을 비유하고, 나아가 상도(常道)와 상덕(常德)을 비유한다. 그러므로 그냥 그대로[樸]에로[於] 되돌아옴[復歸]이란 25장(章) 도법자연(道法自然)을 상기시킨다. 자연(自然) 즉 그냥 그대로를[自然] 본받는[法] 상도(常道)로 백성이[民] 절로[自] 되돌아옴은[復歸] 17장(章) 백성개위아자연(百姓皆謂我自然)의 백성이 됨이다.

註 　"위천하곡(爲天下谷) 상덕내족(常德乃足) 복귀어박(復歸於樸)." 세상의[天下] 골짜기가[谷] 되니[爲] 상덕은[常德] 내내[乃] 만족돼[足] 나뭇등걸로[於樸] 되[復] 돌아간다[歸].

『노자(老子)』 28장(章)

註 　"인법지(人法地) 지법천(地法天) 천법도(天法道) 도법자연(道法自然)." 사람은[人] 땅을

[地] 본받고[法], 땅은[地] 하늘을[天] 본받고[法], 하늘은[天] 상도를[道] 본받고[法], 상도는[道] 그냥 그대로를[自然] 본받는다[法].　　　　　　　　　　　　　『노자(老子)』25장(章)

　📖　"백성개위아자연(百姓皆謂我自然)." 백성은[百姓] 모두[皆] 자기들은[我] 그냥 그대로라[自然] 했다[謂].　　　　　　　　　　　　　　　　　『노자(老子)』17장(章)

【해독(解讀)】

● 〈아무욕이민자박(我無欲而民自樸)〉은 〈시고(是故) 성인운(聖人云) 아무욕이민자박(我無欲而民自樸)〉에서 시고(是故)와 성인운(聖人云)을 생략하고, 성인운(聖人云)의 목적절만 남긴 구문이다. 〈나한테[我] 사욕이[欲] 없으니[無而] 백성은[民] 절로[自] 그냥 그대로 된다[樸].〉

● 아무욕(我無欲)에서 아(我)는 무(無)를 꾸며주는 부사 노릇하고, 무(無)는 동사 노릇하며, 욕(欲)은 주어 노릇한다. 〈나한테는[我] 사욕이[事] 없음이다[無].〉

● 이민자박(而民自樸)에서 이(而)는 〈그래서 이(而)〉로 접속사 노릇하고, 민(民)은 주어 노릇하며, 자(自)는 부(富)를 꾸며주는 부사 노릇하고, 박(樸)은 전후 문맥으로 보아 수동의 동사 노릇한다. 박(樸)은 〈그냥 그대로(본대대로) 소(素)〉와 같아 소박(素樸)의 줄임말로 여기면 된다. 〈그래서[而] 백성은[民] 스스로[自] {그 무욕(無欲)에 의해서} 그냥 그대로 된다고[富]〉

찰정장(察政章)

　본장(本章)은 각 단락의 문의(文義)가 일관되지 않다고 지적받는 장(章)이다. 전인(前人)들이 억지로 풀이를 해왔지만, 여전히 각 단락끼리 상통되지 못한다. 이런 연유로 일관되는 단락끼리 본장(本章)을 재구성하여 원문(原文)이 조정돼야 한다는 주장이 우세하다. 아마도 본장(本章)을 전사(傳寫)하면서 필사자(筆寫者)의 착간(錯簡)이 빚어진 장(章)일 것이다.

　다만 성인(聖人)의 무위지치(無爲之治)를 밝히고, 인위의[人爲之] 다스림은[治] 화복(禍福)·정기(正奇)·선요(善妖) 등을 양분하여 시비·분별하려 하지만, 무위의[無爲之] 다스림[治]은 화복(禍福)·정기(正奇)·선요(善妖) 등이 나누어져 생겨남이 아니라 의복(倚伏) 즉 서로 기대어[倚] 잠복하는[伏] 불할(不割)·불귀(不劌)·불사(不肆)·불요(不耀)의 다스림[治]임을 밝혀 무위(無爲)로 다스림과 인위(人爲)로 다스림을 견주어보게 하는 장(章)이다.

【원문(原文)】

其政이 悶悶에 其民이 淳淳하고 其政이 察察에 其民이
기정 민민 기민 순순 기정 찰찰 기민

缺缺이니라 禍兮福所倚요 福兮禍所伏이니 孰知其極일
결결 화혜복소의 복혜화소복 숙지기극

까? 其無正이라! 正復爲奇하고 善復爲妖어늘 人之迷가
기무정 정복위기 선복위요 인지미

其日固久로다 是以로 聖人은 方而不割하고 廉而不劌
기일고구 시이 성인 방이불할 염이불귀

하며 直而不肆하고 光而不耀하니라
직이불사 광이불요

그[其] 다스림이[政] 어수룩하면[悶悶] 그[其] 백성은[民] 순박해지고[淳
淳], 그[其] 다스림이[政] 세세하고 깐깐하면[察察] 그[其] 백성은[民] 교활
해진다[缺缺]. 불행이야[禍兮] 행복이[福] 인연된[倚] 것이고[所], 행복이야
[福兮] 불행이[禍] 잠복된[伏] 것이다[所]. 누가[孰] 화복의[其] 끝을[極] 알
겠는가[知]? 그것에는[其] (나누어) 정해짐이[正] 없다[無]. 바름은[正] 다시
[復] 그릇됨이[奇] 되고[爲], 선함은[善] 다시[復] 악함이[妖] 된다[爲]. {화
복(禍福)·정기(正奇)·선요(善妖)를 분별함은} 인간의[人之] 미혹이다[迷].
그런 미혹의[其] 세월이[日] 참으로[固] 오래됐다[久]. 이[是] 때문에[以]
성인은[聖人] 방정하되[方而] (그 무엇도) 해치지 않고[不割], {성인(聖人)은
백성을} 밝게 살피되[廉而] (백성한테) 상처 입히지 않으며[不劌], {성인(聖
人)은 백성한테} 솔직하되[直而] 방자하지 않고[不肆], {성인(聖人)은 백성한
테} 빛나되[光而] 눈부시게 하지 않는다[不耀].

〈기정민민(其政悶悶) 기민순순(其民淳淳) 기정찰찰(其政察察) 기민결결(其民缺缺) 시이성
인방이불할(是以聖人方而不割) 염이불귀(廉而不劌) 직이불사(直而不肆) 광이불요(光而不耀)〉로
첫 단락을 짓고, 〈화혜복지소의(禍兮福之所倚) 복혜화지소복(福兮禍之所伏) 숙지기극(孰知其極)
기무정야(其無正邪) 정복위기(正復爲奇) 선복위요(善復爲妖) 기일고구(其日固久)〉로 둘째 단락
을 지어 본문을 조정해야 원문(原文)의 문의(文義)가 일관된다는 설(說)이 설득력을 얻고 있다.

　　다음 원문(原文)은 왕필본(王弼本)『노자(老子)』58장(章)의 원문(原文)을 조정한 교정본
(校定本)이다.

其政 悶悶에 其民 涽涽하고 其政이 察察에 其民이
기 정 민 민　　기 민 순 순　　　기 정　　찰 찰　　기 민

缺缺이니라 是以로 聖人은 方而不割하고 廉而不劌
결 결　　　시 이　　성 인　　방 이 불 할　　염 이 불 귀

하며 直而不肆하고 光而不耀하니라 禍兮福所倚요
　　직 이 불 사　　광 이 불 요　　　　화 혜 복 소 의

福兮禍所伏이니 孰知其極일까? 其無正이라! 正復爲奇
복 혜 화 소 복　　숙 지 기 극　　　기 무 정　　　정 복 위 기

하고 善復爲妖한다 人之迷가 其日固久이다
　　선 복 위 요　　　인 지 미　　기 일 고 구

그[其] 다스림이[政] 어수룩하면[悶悶] 그[其] 백성은[民] 순박해지고[涽
涽], 그[其] 다스림이[政] 세세하고 깐깐하면[察察] 그[其] 백성은[民] 교활
해진다[缺缺]. 이[是] 때문에[以] 성인은[聖人] 방정하되[方而] (그 무엇도)
해치지 않고[不割], {성인(聖人)은 백성을} 밝게 살피되[廉而] (백성한테) 상
처 입히지 않으며[不劌], {성인(聖人)은 백성한테} 솔직하되[直而] 방자하
지 않고[不肆], {성인(聖人)은 백성한테} 빛나되[光而] 눈부시게 하지 않는다
[不耀]. 불행이야[禍兮] 행복이[福] 인연된[倚] 것이고[所], 행복이야[福兮]
불행이[禍] 잠복된[伏] 것이다[所]. 누가[孰] 화복의[其] 끝을[極] 알겠는가
[知]? 그것에는[其] (나누어) 정해짐이[正] 없다[無]. 바름은[正] 다시[復]
그릇됨이[奇] 되고[爲] 선함은[善] 다시[復] 악함이[妖] 된다[爲]. {화복(禍
福)·정기(正奇)·선요(善妖)를 분별함은 인간의[人之] 미혹이다[迷]. 그런
미혹의[其] 세월이[日] 참으로[固] 오래됐다[久].

58-1 其政悶悶(기정민민) 其民涽涽(기민순순)

▶ 그[其] 다스림이[政] 어수룩하면[悶悶] 그[其] 백성은[民] 순박해진
다[涽涽].

그 기(其), 정령(政令) 정(政), 어수룩할 민(悶), 백성 민(民), 순박할 순(涽)

【지남(指南)】

〈기정민민(其政悶悶) 기민순순(其民淳淳)〉은 무위(無爲)의 다스림이[政] 행해지면 백성은 순박(淳朴)해짐을 밝힌다. 무위(無爲)의 다스림[政]이 민민(悶悶)하다고 함은 백성을 규제하려는 금령(禁令)을 내리지 않기 때문이다. 민민(悶悶)함은 혼매(昏昧) 즉 어수룩함[昏昧]이다. 다스림이 어수룩하다 함은 관후(寬厚) 즉 너그럽고[寬] 도탑다는[厚] 것이다. 무위(無爲)의 다스림은[治] 정령(政令)에 얽매이지 않고 자연을 본받아 관대하다는 것이 여기 〈기정민민(其政悶悶)〉이다. 이는 20장(章) 아독민민(我獨悶悶)을 상기시킨다.

〈민민(悶悶)〉이란 순박(淳樸)함이다. 민민(悶悶)한 정령(政令)이란 강요하지 않고 백성 스스로 부담 없이 지키도록 너그러운 것이다. 순박한 정령이란 안민(安民)하려 하기 때문이다. 민민(悶悶)하면 우인(愚人) 즉 어수룩한[愚] 사람처럼[人] 보이듯, 민민(悶悶)한 법령이 백성을 편안하게 한다. 어수룩하지만 백성으로 하여금 스스로 자정(自正)하게 하는 포용력을 발휘하니 민민(悶悶)한 다스림은 관후(寬厚)하고, 사람의 지교(智巧)나 계교(計巧)나 권모(權謀) 따위가 끼어들지 않아 관대(寬大)하고 간명(簡明)하다. 치자(治者)가 민민(悶悶)하면 치민(治民)도 민민(悶悶) 즉 관후(寬厚)하다. 그러므로 무위(無爲)의 정령(政令)은 민민(悶悶)하여 간명(簡明)하고 관대(寬大)하지만 피해갈 수 없는 정령(政令)이니, 73장(章) 천망회회(天網恢恢)의 천망(天網) 즉 자연의[天] 그물[網] 같다.

아무런 속셈 없어 간단하고[簡] 명백하며[明] 크고[大] 너그러우면[寬] 오히려 약우(若愚) 즉 어수룩해 보이지만[若愚], 저의(底意)도 없고 번잡(煩雜)하지 않은 다스림이 여기 기정민민(其政悶悶)이다. 이러한 무위(無爲)의 치민(治民)은 무위(無爲)를 행하는 민민(悶悶)한 치자(治者)로부터 비롯한다. 민민(悶悶)한 치자(治者)는 지혜나 명리 등을 떠나 존도(尊道)하여 귀덕(貴德)하므로 무위(無爲) 즉 호정(好靜) · 무사(無事) · 무욕(無欲)으로 치민(治民)할 뿐이니, 치자(治者)의 다스림이[治] 민민(悶悶)함은 상도를 받들고[尊] 상덕을 받들어[貴] 백성이 마음 편히 살아가게 자연대로 맡겨두기 때문이다. 따라서 민민(悶悶)은 『장자(莊子)』의 부도불욕잡(夫道不欲雜)이란 말을 상기시킨다.

정치가 민민(悶悶)하다고 함은 치자(治者)가 민민(悶悶)함이고, 치자(治者)가 민민(悶悶)하면 백성도 치자(治者)를 본받아 민민(悶悶)해져 온 세상이 안평태(安平泰)의 삶을 누리게 됨을 살펴 새기고 헤아려 깨우치게 하는 말씀이 〈기정민민(其政悶悶) 기민순순(其民淳淳)〉이다.

註 "속인소소(俗人昭昭) 아독혼혼(我獨昏昏) 속인찰찰(俗人察察) 아독민민(我獨悶悶)." 속인들은[衆人] 약삭빨라 눈치가 훤하지만[昭昭], 나만[我] 오직[獨] 어두워 어수룩하고[昏昏], 속인들은[俗人] 꼬치꼬치 깐깐하지만[察察], 나만[我獨] 어수룩하다[悶悶].　　　『노자(老子)』 20장(章)

註 "천망회회(天網恢恢) 소이불실(疏而不失)." 자연의[天] 그물은[網] 다 갖추고 넓고 넓어[恢恢] 성글게 트였지만[疏而] (무엇 하나도) 잃지 않는다[不失].　　　『노자(老子)』 73장(章)

註 "부도불욕잡(夫道不欲雜) 잡즉다(雜則多) 다즉요(多則擾) 요즉우(擾則憂) 우즉불구(憂則不救) 고지지인(古之至人) 선존저기(先存諸己) 이후존제인(而後存諸人)." 무릇[夫] 도란[道] 번잡함을[雜] 원치 않는다[不欲]. 번잡하면[雜] 곧[則] (일이) 많아지고[多], (일이) 많아지면[多] 곧[則] 소란스럽고[擾], 소란스러우면[擾] 곧[則] 근심이 생긴다[憂]. 근심하면[憂] 곧[則] (그 무엇도) 구제하지 못한다[不救]. 옛적의[古之] 달도(達道)한 분은[至人] 먼저[先] 자기[己]부터 도(道)를[諸] 갖춘[存] 뒤에야[而後] 남[人]한테도 도(道)를[諸] 갖추게 했다[存].

　여기 저(諸)는 〈지어(之於)〉를 줄임이다. 선존저기(先存諸己)는 〈선존도어기(先存道於己)〉의 줄임이다.　　　『장자(莊子)』「인간세(人間世)」

【보주(補註)】

● 〈기정민민(其政悶悶) 기민순순(其民淳淳)〉을 〈약정민민민(若政民悶悶) 기민역순순어기정(其民亦淳淳於其政)〉처럼 옮기면 문의(文意)를 더 쉽게 새길 수 있다. 〈만약[若] 백성을[民] 다스림이[政] 민민하면[悶悶] 그[其] 다스림에[政] 의해서[於] 그[其] 백성[民] 역시[亦] 순순하다[淳淳].〉

● 기정민민(其政悶悶)의 〈민민(悶悶)〉은 사찰(伺察) 즉 엿보거나[伺] 살피지[察] 않는다. 따라서 할절(割截) 즉 빼앗거나[割] 잘라버리는[截] 짓 따위는 있을 수 없다. 오직 너그럽고[寬] 도타울[厚] 뿐 오히려 혼매(昏昧) 즉 어벙한 듯해[昏昧] 보인다. 기민순순(其民淳淳)의 〈순순(淳淳)〉은 20장(章) 돈돈혜(沌沌兮)의 〈돈돈(沌沌)〉을 연상시킨다. 아무런 속셈이 없어 마음가짐이 이슬같이 맑고 깨끗해 본디대로 수더분함[沌沌]이란 순박(淳樸)함이다. 순순(淳淳)·순박(淳樸) 등은 자연(自然)을 풀이한 말이다.

註 "아우인지심야재(我愚人之心也哉) 돈돈혜(沌沌兮) 속인소소(俗人昭昭) 아독혼혼(我獨昏昏) 속인찰찰(俗人察察) 아독민민(我獨悶悶)." 나는[我] 순박한 이의[愚人之] 마음[心]이로다[也哉]! (나는 그 순박한 이와) 하나가 되었도다[沌沌兮]! 속인들은[衆人] 약삭빨라 눈치가 훤하지만[昭昭], 나만[我] 오직[獨] 어두워 어수룩하고[昏昏], 속인들은[俗人] 꼬치꼬치 깐깐하지만[察察], 나만[我獨] 어수룩하다[悶悶].   『노자(老子)』 20장(章)

● 기민순순(其民淳淳)이 〈기민순순(其民淳淳)〉으로 된 본(本)도 있다. 〈순순(淳淳)〉은 〈순순(淳淳)〉과 같은 뜻인지라 문의(文義)가 달라지는 것은 아니다. 순(淳)은 〈순박한 순(淳)〉과 같다.

【해독(解讀)】

● 〈기정민민(其政悶悶) 기민순순(其民淳淳)〉은 조건의 종속절과 주절로 이루어진 구문이다. 〈기정이[其政] 민민하면[悶悶] 기민은[其民] 순순하다[淳淳].〉

● 기정민민(其政悶悶)에서 기정(其政)은 주어 노릇하고, 민민(悶悶)은 술부로서 보어 노릇한다. 정(政)은 〈정령 령(令) · 법(法)〉 등과 같아 정령(政令) · 정법(政法) 등의 줄임이고, 민(悶)은 〈어수룩할 혼(昏) · 매(昧)〉 등과 같아 혼민(昏悶)의 줄임말로 여기면 된다. 〈그[其] 정령이[政] 어수룩하고[悶] 어수룩하면[悶]〉

● 기민순순(其民淳淳)에서 기민(其民)은 주어 노릇하고, 순순(淳淳)은 술부로서 보어 노릇한다. 순(淳)은 〈본디대로 박(朴) · 박(樸)〉 등과 같아 순박(淳朴) · 순박(淳樸) 등의 줄임이다. 〈그[其] 백성은[民] 순박하고[淳] 순박하다[淳].〉

58-2 其政察察(기정찰찰) 其民缺缺(기민결결)

▶그[其] 다스림이[政] 세세하고 깐깐하면[察察] 그[其] 백성은[民] 교활해진다[缺缺].

그 기(其), 다스릴 정(政), 세세할 찰(察), 백성 민(民), 이지러질 결(缺)

【지남(指南)】

〈기정찰찰(其政察察) 기민결결(其民缺缺)〉은 인위(人爲)의 다스림이[政] 행해지면 백성이 교활해짐을 밝힌다. 여기 〈찰찰(察察)〉은 백성을 규제하려는 온갖 금령

(禁令)이 넘치고 형벌이 뒤따름을 말한다. 찰찰(察察)은 백성을 번쇄(煩碎) 즉 귀찮게 해서[煩] 뭉개버려[碎], 엄가(嚴苛) 즉 엄격하고[嚴] 가혹[苛]하다. 인위(人爲)의 다스림이[治] 찰찰(察察)함은 온갖 정령(政令)들로 이루어져 백성을 강요하고, 역민(役民) 즉 백성을 부리는[役] 것이다. 인위(人爲)의 다스림이[治] 가혹한 정령(政令)을 남발하여 백성을 옭아매 가혹함을 암시하고, 20장(章) 속인찰찰(俗人察察)을 상기시킨다.

찰찰(察察) 역시 찰민(察民)하려 함이니, 그럴수록 백성은 갖은 꾀를 부려 결결(缺缺)하게 마련이다. 〈결결(缺缺)〉함이란 교활(狡猾) 즉 간사해지면서 피해갈 꾀만 부림[狡猾]이다. 치자(治者)가 백성을 가혹하게 얽어맬수록[察察] 백성은 그 올가미에서 풀려나고자 피해갈 꾀만 늘어가기[缺缺] 마련이다. 물론 찰찰(察察)한 정령(政令)이 백성을 처음에는 경황(驚惶) 즉 놀라게[驚] 하고 당황하여[惶] 얼빠지게 하겠지만, 가혹한 다스림이 지속될수록 백성은 결결(缺缺)해진다. 다스림이 민민(悶悶)하여 관후(寬厚)하면 백성도 따라서 순순(淳淳)해지고, 다스림이 찰찰(察察)하여 가혹하면 백성도 결결(缺缺) 즉 교활해지고 만다.

백성이 순순(淳淳)하여 정직하냐 결결(缺缺)하여 간사하냐는 다스림에 달렸다. 그래서 『논어(論語)』에도 **민면이무치(民免而無恥)**란 말씀이 나온다. 가혹하게 꼼꼼한[察察] 법망(法網)일수록 피해가면서도 위법이라고 여기지 않아 백성은 법망을 피하면서도 부끄러워함이[恥] 없고, 인위(人爲)의 법망은 더욱더 찰찰(察察)해져 형벌로 백성을 다지고[齊民], 지교(智巧)나 계교(計巧)나 권모(權謀)를 앞세워 망민(罔民)하게 된다.

인위의[人爲之] 다스림이[治] 의존하는 찰찰(察察)한 정령(政令)은 순(舜)임금 치하에서도 백성을 결결(缺缺)하게 했으므로 『장자(莊子)』에 유우씨불급태씨(有虞氏不及泰氏)란 말이 나온다. 인(仁)을 앞세워 정사(政事)를 펼친 순(舜)임금이 백성의 마음을 사기는 했지만, 비인(非人) 즉 남을[人] 헐뜯는[非] 경우를 벗어나게 하지는 못했다는 것이다. 순(舜)임금 역시 쟁경(爭競)의 치세(治世)를 펼쳤다. 순(舜)은 인위지치(人爲之治)의 태상(太上)이고, 태씨(泰氏)는 무위지치(無爲之治)의 태상(太上)이다. 인위지치(人爲之治)로 보민(保民)하고 안민(安民)한다 해도, 인위(人爲)의 다스림은 예악형정(禮樂刑政)의 다스림이기 때문에 백성은 결결(缺缺)해질 수밖에 없다.

　예악형정(禮樂刑政)으로 동민심(同民心)한다 함은 자연의 순리를 따름이 아니라 치자(治者)의 뜻을 따라 행해지므로 백성은 교활해[缺缺]진다. 예악형정(禮樂刑政)은 찰찰(察察)한 정령(政令)으로 치자(治者)에 의해 행해지고 형벌에 따라 하나같이 다져지므로[齊] 백성은 교활하게[缺缺] 됨을 살펴 새기고 헤아려 깨우치게 하는 말씀이 〈기정찰찰(其政察察) 기민결결(其民缺缺)〉이다.

註　"속인소소(俗人昭昭) 아독혼혼(我獨昏昏) 속인찰찰(俗人察察) 아독민민(我獨悶悶)." 속인들은[衆人] 약삭빨라 눈치가 훤하지만[昭昭], 나만[我] 오직[獨] 어두워 어수룩하고[昏昏], 속인들은[俗人] 꼬치꼬치 깐깐하지만[察察], 나만[我獨] 어수룩하다[悶悶].　　『노자(老子)』 20장(章)

註　"도지이정(道之以政) 제지이형(齊之以刑) 민면이무치(民免而無恥) 도지이덕(道之以德) 제지이례(齊之以禮) 유치차격(有恥且格)." 정사로[政] 써[以] 이끌어가고[道之] 형벌로[刑] 써[以] 다지면[齊] 백성은[民] 피하려 들면서[免而] 부끄러워하지 않는다[無恥]. 덕으로[德] 써[以] 이끌어가고[道之] 예로[禮] 써[以] 다지면[齊之] 백성은[民] 부끄러워하면서[有恥] 또한[且] 착하게 된다[格].

　격(格)은 여기선 〈바르게 될 정(正)·선(善), 도달할 지(至)〉 등과 같다.
　　　　　　　　　　　　　　　　　　　　　　『논어(論語)』 「위정(爲政)」 3

註　"유우씨불급태씨(有虞氏不及泰氏) 유우씨기유장인이요인(有虞氏其猶藏仁以要人) 역득인의(亦得人矣) 이미시출어비인(而未始出於非人) 태씨기와서서(泰氏其臥徐徐) 기각우우(其覺于于)…… 기지정신(其知情信) 기덕심진(其德甚眞) 이미시입어비인(而未始入於非人)." 순(舜)임금은[有虞氏] 태씨에게는[泰氏] 미치지 못한다[不及]. 유우씨(有虞氏) 그 사람이[其] 비록[猶] 사람들을[人] 모아서[要] 역시[亦] 사람들의 뜻을[人] 얻었던 것[得]이다[矣]. 그러나[而] (그 유우씨가) 사람을[人] 헐뜯기[非]에서[於] 결코 벗어나지는[出] 못했다[未始]. 태씨(泰氏) 그 사람은[其] 누워 자면[臥] 그지없이 편안하고[徐徐], 그 사람이[其] 깨어 있으면[覺] 어수룩했다[于于]. …… 그 사람의[其] 앎은[知] 진실로[情] 미더웠고[信], 그 사람의[其] 덕은[德] 더없이[甚] 참하였다[眞]. 그래서[而] 남을[人] 헐뜯기[非]에[於] 결코 들어가지[入] 않았다[未始].　　『장자(莊子)』 「응제왕(應帝王)」

【보주(補註)】

● 〈기정찰찰(其政察察) 기민결결(其民缺缺)〉을 〈약정민찰찰(若政民察察) 기민역결결어기정(其民亦缺缺於其政)〉처럼 옮기면 문의(文意)를 더 쉽게 새길 수 있다. 〈만약[若] 백성을[民] 다스림이[政] 찰찰하면[察察] 그[其] 다스림에[政] 의해서[於] 그[其] 백성[民] 역시[亦] 결결하다[缺缺].〉

• 기정찰찰(其政察察)의 〈찰찰(察察)〉은 사찰(伺察) 즉 엿보거나[伺] 살피려고[察] 가혹하게[苛] 세밀함이다[細]. 따라서 할절(割截)을 일삼아 가혹함이다. 기민결결(其民缺缺)의 〈결결(缺缺)〉은 17장(章) 기차외지(其次畏之) 기차모지(其次侮之)를 연상시킨다. 찰찰(察察)한 정령(政令)으로 사민(使民)하고 노민(勞民)하고 착민(搾民)하니, 처음 백성은 두려워 당황하다가 정령(政令)을 피하면서 업신여기게[侮] 된다. 이에 백성의 마음은 더욱 교활해지고 난세(亂世)가 빚어지니, 정령(政令)은 점점 찰찰(察察)해져 학정(虐政)의 수단이 되고 백성은 더욱더 간사해지고[狡] 약게 군다[黠]. 결결(缺缺)은 얼굴 가득히 기사(機詐) 즉 속임수를[機詐] 품고 있는 모습이다.

> 蜡 "태상부지유지(太上不知有之) 기차친지예지(其次親之譽之) 기차외지(其次畏之) 기차모지(其次侮之)." 태고 때에는[太上] (백성은) 다스리는 자가[之] 있는 줄도[有] 몰랐고[不知], 태고의[太古] 다음 시대에는[其次] (백성이 자기들을) 다스리는 자를[之] 가까이면서[親而] 기렸으며[譽], 다음다음 때에는[其次] (백성은) 다스리는 자를[之] 두려워했고[畏], 다음다음 때에는[其次] (백성이) 다스리는 자를[之] 업신여겼다[侮]. 『노자(老子)』17장(章)

【해독(解讀)】

• 〈기정찰찰(其政察察) 기민결결(其民缺缺)〉은 조건의 종속절과 주절로 이루어진 구문이다. 〈기정이[其政] 찰찰하면[察察] 기민은[其民] 결결하다[缺缺].〉

• 기정찰찰(其政察察)에서 기정(其政)은 주어 노릇하고, 찰찰(察察)은 술부로서 보어 노릇한다. 정(政)은 〈정령 령(令) · 법(法)〉 등과 같아 정령(政令) · 정법(政法) 등의 줄임이고, 찰(察)은 〈미세할 세(細) · 엿볼 사(伺)〉 등과 같아 세찰(細察) · 사찰(伺察) 등의 줄임말로 여기면 된다. 〈그[其] 정령이[政] 세세하고[察] 엿본다면[察]〉

• 기민결결(其民缺缺)에서 기민(其民)은 주어 노릇하고, 결결(缺缺)은 술부로서 보어 노릇한다. 〈그[其] 백성은[民] 난처하고[缺] 난처하다[缺].〉

58-3 禍兮福所倚(화혜복소의) 福兮禍所伏(복혜화소복)

▶ 불행이야[禍兮] 행복이 [福] 인연된 [倚] 것이고[所], 행복이야[福兮]

불행이[禍] 잠복된[伏] 것이다[所].

【지남(指南)】

〈화혜복소의(禍兮福所倚) 복혜화소복(福兮禍所伏)〉은 화복(禍福) 즉 불행과[禍] 행복이[福] 동떨어져 나뉜 것이 아니라 동전의 앞뒤처럼 서로 인연(因緣)돼 있음을 밝힌다. 전화위복(轉禍爲福) 즉 불행을[禍] 돌려서[轉] 행복이 된다고[爲] 자주 입에 올리면서도, 화(禍)는 화(禍)이고 복(福)은 복(福)이라 둘을 갈라놓는다. 그리고 사람은 복(福)이면 손뼉치고 화(禍)이면 땅을 친다. 이는 천도(天道)를 외면하고 인욕(人欲)에 치우쳐서 빚어지는 미혹(迷惑)이다. 화(禍)만 당하게 하고 복(福)만 누리게 하면 그것은 천도(天道)가 아니다. 화(禍)를 당함은 복(福)을 누릴 조짐이고 복(福)을 누림은 화(禍)를 마중할 징후로, 화(禍) · 복(福)은 서로 왕래하는 길손 같다. 이런 왕래(往來) 즉 『장자(莊子)』의 양행(兩行)이 천도(天道)이다.

화복(禍福)은 서로 오고가니 복(福)은 화(禍)에 소의(所倚)한다 하고, 화(禍)는 복(福)에 소복(所伏)한다 이른다. 복(福)이 원인이 되어 인연되는[倚] 것이[所] 화(禍)이고, 복(福) 속에 숨어 있는[伏] 것이[所] 화(禍)이다. 이처럼 화복(禍福)이란 길손은 밖에서 오지만 그 기미인 낌새는 마음 속에서 연유하기에, 화(禍)는 복(福)에 기대고 복(福)은 화(禍)에 숨어 있다. 화(禍)를 당해 뉘우치면 그것은 복(福)을 불러오는 낌새가 되고, 복(福)이라고 건방 떨면 화(禍)가 따라붙는 낌새가 된다. 화복(禍福)의 소의(所倚) · 소복(所伏)은 2장(章) 상생(相生) · 상성(相成) · 상형(相形) · 상경(相傾) · 상화(相和) · 상수(相隨)란 자연의 규율을[道] 상기시키고, 28장(章) 지기영(知其榮) 수기욕(守其辱)과 40장(章) 반자(反者) 그리고 『장자(莊子)』의 양행(兩行)을 환기시킨다. 이처럼 화복(禍福) 역시 자연의[天] 규율을[道] 벗어나지 못한다.

행복은[福] 늘 영화만을 누리게 하지 않고, 불행은[禍] 늘 굴욕만 당하게 하지 않는다. 행복은 불행으로 다가올 손님 같고 불행은 행복을 가져올 손님 같음이 〈소의(所倚) · 소복(所伏)〉이란 천도(天道)이다. 그러므로 불행이란 굴욕도 왔다가 갈 손님 같음을 알라 함이 〈수기욕(守其辱)〉이다. 굴욕을[辱] 뿌리치고자 발버둥치지 말라. 이를 뿌리치고자 발버둥칠수록 더욱더 굴욕을 당할 뿐이니, 그대로 받아들여 뉘우치고 선하게 기다리면 굴욕이 떠나가는 것이 천도(天道)이다. 흐린 하늘은 맑은 하늘로 돌아오듯이 영욕(榮辱)도 그러함이 수기욕(守其辱)의 가르침이다. 그러므로 화복(禍福)이 서로 오고가는 길손 같음을 깨닫고, 복(福)이 왔다고 기고만장할수록 돌아올 화(禍)가 빨리 커지고, 화(禍)를 당했다고 통곡할수록 그만큼 복(福)이 멀어져감을 살펴 새기고 헤아려 깨우치게 하는 말씀이 〈화혜복소의(禍兮福所倚) 복혜화소복(福兮禍所伏)〉이다.

㊟ "유무상생(有無相生) 난이상성(難易相成) 장단상형(長短相形) 고하상경(高下相傾) 음성상화(音聲相和) 전후상수(前後相隨)." 있음도[有] 없음도[無] 서로[相] 생기고[生], 어려움도[難] 쉬움도[易] 서로[相] 이루며[成], 긴 것도[長] 짧음도[短] 서로[相] 드러나고[形], 높음도[高] 낮음도[下] 서로[相] 기대며[傾], 홀소리도[音] 닿소리도[聲] 서로[相] 어울리고[和], 앞도[前] 뒤도[後] 서로[相] 따른다[隨]. 『노자(老子)』 2장(章)

㊟ "지기영(知其榮) 수기욕(守其辱) 위천하곡(爲天下谷) 위천하곡(爲天下谷) 상덕내족(常德乃足) 복귀어박(復歸於樸)." 그[其] 영화를[榮] 알고[知] 그[其] 굴욕을[辱] 지키면[守] 세상을[天下] 담는 빈 골짜기가[谷] 된다[爲]. 세상의[天下] 골짜기가[谷] 되니[爲] 상덕은[常德] 내내[乃] 만족돼[足] 나뭇등걸로[於樸] 되[復] 돌아간다[歸]. 『노자(老子)』 28장(章)

㊟ "반자도지동(反者道之動)." 되돌아오는[反] 것은[者] 상도(常道)의[道之] 움직임이다[動]. 『노자(老子)』 40장(章)

㊟ "역인시야(亦因是也) 시이성인화지이시비(是以聖人和之以是非) 이휴호천균(而休乎天均) 시지위양행(是之謂兩行)." 역시[亦] {시비(是非)를 떠난 법자연(法自然)의} 그러함에[是] 맡기는 것[因]이다[也]. 이렇기[是] 때문에[以] 성인은[聖人] 인시(因是)로[之]써[以] 시비를[是非] 화합시켜서[和而] 자연의[天] 균형에서[乎均] 쉰다[休]. 이것을[是之] 양행이라[兩行] 한다[謂].

인시(因是)는 인대시(因大是)의 줄임이다. 인(因)은 여기선 {맡길 임(任)}과 같고, 대시(大是)란 시비를 떠난 크나큰[大] 그러함[是]이고, 이는 도법자연(道法自然)의 법자연(法自然) 즉 자연(自然)을 본받는[法] 그러함[是]이다. 천균(天均)이란 자연[天]의 균등[均]을 뜻함이다. 양행(兩行)이란 물아(物我)가 제 자리를 얻고 그 사이에 아무런 걸림이 없음이다. 『장자(莊子)』 「제물론(齊物論)」

【보주(補註)】

● 〈화혜복소의(禍兮福所倚) 복혜화소복(福兮禍所伏)〉을 〈화야자복지소의자야(禍也者福之所倚者也) 이복야자화지소복자야(而福也者禍之所伏者也)〉처럼 옮기면

문의(文意)를 더 쉽게 새길 수 있다. 〈불행[禍]이란[也] 것은[者] 행복이[福之] 원인된[倚] 바의[所] 것[者]이다[也]. 그리고[而] 행복[福]이란[也] 것은[者] 불행이[禍之] 숨겨진[所伏] 바의[所] 것[者]이다[也].〉

● 화혜복소의(禍兮福所倚)의 소의(所倚) 즉 원인되는 것[所倚]과, 복혜화소복(福兮禍所伏)의 소복(所伏) 즉 숨겨진 것[所伏]은 화여복(禍與福)이 아니라 화역복(禍亦福)임을 말한다. 복과[與福] 화(禍)가 따로 떨어진 상대가 아니라 서로 오고가는 상호(相互)임을 말함이 〈소의(所倚)·소복(所伏)〉이란 자연의 규율이다. 천도(天道)에는 시비가 없고 피차(彼此)도 없다. 그러니 복(福)은 좋은[好] 시(是)이고 화(禍)는 싫은[惡] 비(非)라 함은 자연(自然)이 아니라 인위(人爲)일 뿐임을 일깨워준다. 여기 소의(所倚)·소복(所伏)은 2장(章)의 **개지선지위선(皆知善之爲善) 사불선이(斯不善已)**를 상기시킨다.

註 "천하개지미지위미(天下皆知美之爲美) 사악이(斯惡已) 개지선지위선(皆知善之爲善) 사불선이(斯不善已)." 온 세상이[天下] 미는[美之] 미(美)라고[爲] 모두[皆] 알지만[知] 그 미는[斯] 추한 것일[惡] 뿐이고[已], 선은[善之] 선(善)이라고[爲] 모두[皆] 알지만[知] 그 선은[斯] 불선일[不善] 뿐이다[已].　　　　　　　　『노자(老子)』 2장(章)

【해독(解讀)】

● 〈화혜복소의(禍兮福所倚) 복혜화소복(福兮禍所伏)〉은 두 구문으로 이루어진 중문(重文)이다. 〈화혜라[禍兮] 복이[福] 소의한다[所倚]. 그리고 복혜라[福兮] 화가[禍] 소복한다[所伏].〉

● 화혜복소의(禍兮福所倚)에서 화혜(禍兮)는 주부(主部) 노릇하고, 복소의(福所倚)는 술부(述部)로서 보어구 노릇한다. 혜(兮)는 어조를 더하는 조사 노릇하고, 복소의(福所倚)는 〈복지소의어화(福之所倚於禍)〉에서 조사 지(之)와 어화(於禍)를 생략한 어투이다. 의(倚)는 〈원인될 인(因)〉과 같아 인의(因倚)의 줄임말로 여기면 된다. 〈불행이란[禍兮] 행복이[福之] 불행에[禍] 의해서[於] 인연되는[倚] 것이다[所].〉

● 복혜화소복(福兮禍所伏)에서 복혜(福兮)는 주부(主部) 노릇하고, 화소복(禍所伏)은 술부(述部)로서 보어구 노릇한다. 혜(兮)는 어조를 더하는 조사 노릇하고,

화소복(禍所伏)은 〈화지소복어복(禍之所伏於福)〉에서 조사 지(之)와 어복(於伏)을 생략한 구문이다. 복(伏)은 〈숨을 잠(潛)〉과 같아 잠복(潛伏)의 줄임이다. 〈행복이란[福兮] 불행이[禍之] 행복에[福] 의해서[於] 숨겨진[伏] 것이다[所].〉

● 복소의(福所倚)와 화소복(禍所伏)은 〈A지소위어(之所爲於)B〉의 상용구로서 수동의 구(句)이다. 이 〈A지소위(之所爲)〉에서 지(之)가 생략되는 경우가 많고, 소(所) 뒤에 놓인 동사는 수동으로 새긴다. 〈A가[A之] 행해진[爲] 바[所]〉

475

駐 〈소위(所爲)〉와 〈소이(所以)〉를 아래와 같이 정리해두면 문맥을 잡아 새기는 데 도움이 된다.

① 〈A지소위지(之所爲之)B〉도 상용예문으로서 〈A지소위지(之所爲之)〉가 〈B〉를 수식해 주는 형용사구처럼 구실한다. 〈A지소이위(之所以爲)B자(者)〉도 상용구로서 〈A지소이위(之所以爲)B〉가 〈자(者)〉의 동격 노릇하고, 〈소이(所以)〉 다음에 동사가 오고, 〈소이(所以)〉를 〈~까닭인[以] 바[所]〉로 새긴다. 〈A가[A之] 행해진[爲] 바의[所之] B〉〈A가[A之] B를 행하는[爲] 바의[所之] 것[者]〉

② 〈A지소이위(之所以爲)B자이위(者以爲)C야(也)〉도 상용문으로서 〈A지소이위(之所以爲)B자(者)〉가 주부(主部) 노릇하고, 〈이위(以爲)C야(也)〉가 술부 노릇한다. 〈이위(以爲)C야(也)〉에서 〈~ 때문에 이(以)〉가 생략되는 경우가 많다. 〈A가[A之] B를 하는[爲] 까닭인[以] 바의[所] 것은[者] C를 하기[爲] 때문[以]이다[也].〉

③ 〈무소이위(無所以爲)A〉와 〈유소이위(有所以爲)A〉도 상용문이다. 〈소(所)〉가 생략되는 경우가 많고, 〈이(以)〉 다음에 동사가 온다. 〈무소이위(無所以爲)A〉에서 〈무(無)〉는 〈없을 무(無)〉로서 자동사 노릇하고, 〈소이위(所以爲)A〉는 〈무(無)〉의 주부 노릇한다. 〈소이(所以)〉를 〈까닭 또는 방법〉으로 새기면 된다. 〈A를 할[爲] 까닭이[所以] 없다[無].〉 〈A를 할[爲] 방법이[所以] 없다[無].〉 〈A를 할[爲] 까닭이[所以] 있다[有].〉 〈A를 할[爲] 방법이[所以] 있다[有].〉

58-4 孰知其極(숙지기극) 其無正(기무정)

▶ 누가[孰] 화복의[其] 끝을[極] 알겠는가[知]? 그것에는[其] (나누어) 정해짐이[正] 없다[無].

누구(무엇) 숙(孰), 알 지(知), 그 기(其), 다할(끝) 극(極), 없을 무(無), 정(定)할 정(正)

【지남(指南)】

〈숙지기극(孰知其極) 기무정(其無正)〉은 불행과[禍] 행복은[福] 서로 오고가는 길손 같아 화(禍)·복(福)이 따로 정해져 있는 것이 아님을 밝힌다. 행복을 누린다고 우쭐거리면 우쭐거릴수록 찾아온 행복은 물거품처럼 사라지며, 행복을 두려워하여 삼가 누리면 그만큼 오래 머물러준다. 찾아온 행복을 죽을 때까지 누리겠다고 탐욕을 부리면 부운(浮雲)처럼 행복[福]은 날아가버린다. 왜 벼락부자가 거지 되기 쉽다고 하는가? 불행이 닥쳐왔다고 안절부절 몸부림칠수록 그것은 조여드는 족쇄가 될 뿐이다. 화복(禍福)이 서로 오고가는 길손 같음을 안다 할지라도 누구나 저 하는 일이 잘되기만을 탐함이 인욕(人欲)이다. 왜 〈복귀어영아(復歸於嬰兒)〉라고 하는가? 영아(嬰兒)는 화복을 모르고 길흉을 모르는 삶을 누리는 까닭이다. 어린 아이로 삶을 마주할 수 있다면 그 누구든 성인(聖人)이다. 행(幸)·불행(不幸) 그것이 있는 줄 모르고 제 일에 성실하게 임하면 일희일비(一喜一悲)할 까닭이 없어진다.

〈기무정(其無正)〉은 27장(章) 습명(襲明)과 『장자(莊子)』의 좌망(坐忘)을 떠올리게 한다. 자연이 하는 일을 알고 그것에 순응하는 성인(聖人)은 취하거나 버리는 일이 따로 없이 모든 사람 모든 일을 구제할 뿐이다. 상도(常道)의 짓인 자연의 밝음을[明] 익히는[襲] 삶에는 화복(禍福)이란 길손 자체가 드나들지 않는다. 손발이나 몸을 다 잊어버리고, 눈귀의 밝음도 잊어버리고, 이런저런 앎마저도[知] 다 잊은지라[坐忘] 자연과 하나가 된 성인(聖人)에게 행불행(幸不幸)의 정해진 바란 있을리 없다. 성인(聖人)이 이러하니, 성인(聖人)을 모르고 살아가는 사람들과는 달리 성인(聖人)이 누리는 삶을 알고 본받고자 하는 대장부(大丈夫)는 화복(禍福)을 마주함이 사뭇 다를 수밖에 없다.

그러므로 행불행(幸不幸)은 오고감의 끝이[極] 정해져 있는 것도 아니고, 오히려 행복이 찾아오면 두려워하며 삶을 삼가 조심해야 하고 불행이 닥치면 그것을 뉘우치고 견뎌가야 하는 까닭을 살펴 새기고 헤아려 깨우치게 하는 말씀이 〈숙지기극(孰知其極) 기무정(其無正)〉이다.

註 "성인상선구인고(聖人常善救人故) 무기인(無棄人) 상성구물고(常善救物故) 무기물(無棄

物) 시위습명(是謂襲明).” 성인은[聖人] 늘[常] 선하게[善] 사람들을[人] 구제하기[救] 때문에[故] 사람들을[人] 버림이[棄] 없고[無], 늘[常] 선하게[善] 온갖 것을[物] 구제하기[救] 때문에[故] 온갖 것을[物] 버림이[棄] 없다[無]. 이러함을[是] 밝음을[明] 이어받음이라[襲] 한다[謂].

『노자(老子)』 27장(章)

註　“타지체(墮枝體) 출총명(黜聰明) 이형거지(離形去知) 동어대통(同於大通) 차위좌망(此謂坐忘).” 손발[枝] 몸뚱이를[體] 잊고[墮] 총명함을[聰明] 내치고[黜] 바깥 것을[形] 떠나[離] 앎을[知] 버리고[去] 걸림 없는 자연과[於大通] 하나 되는[同] 이것을[此] 모조리 잊어버림이라[坐忘] 한다[謂].

『장자(莊子)』「대종사(大宗師)」

【보주(補註)】

● 〈숙지기극(孰知其極) 기무정(其無正)〉을 〈숙지화복지극(孰知禍福之極) 화복무기극지정(禍福無其極之正)〉처럼 옮기면 문의(文意)를 더 쉽게 새길 수 있다. 〈누가[孰] 화복의[禍福之] 끝을[極] 알겠는가[知]? 화복에는[禍福] 그[其] 끝의[極之] 정해짐이[正] 없다[無].〉

● 〈숙지기극(孰知其極)〉은 기극(其極)을 아무도 모름을 반문하게 하여 강조함이다. 〈기무정(其無正)〉은 화(禍) 따로 복(福) 따로 정해져 있지 않음을 밝힘이다. 기무정(其無正)의 정(正)은 〈정해놓을 정(定)〉과 같다. 화(禍)는 복(福)에 기대고 복(福)은 화(禍)에 숨겨지기에 화복(禍福)은 둘로 분별해 정해지지 않음을 밝힌다. 그래서 화복(禍福)을 일러 〈새옹지마(塞翁之馬)〉라 한다. 행복한 일이나 불행한 일은 외래(外來) 즉 밖에서 오고 행불행(幸不幸)의 기미는[機] 마음에서 생기는지라 복(福)을 탐하면 탐할수록 화(禍)가 가까이 다가오게 되니, 이를 경계하여 〈진인사대천명(盡人事待天命)〉이라고도 한다. 〈사람의 일을[人事] 정성껏 다하고[盡] 하늘의 명을[天命] 기다린다[待].〉

● 기무정(其無正)이 〈기무정야(其無正耶)〉로 된 본(本)도 있다. 종결어미 노릇하는 〈야(耶)〉가 어조와 어세를 달리하지만, 문의(文義)가 달리지게 하지는 않는다.

【해독(解讀)】

● 〈숙지기극(孰知其極) 기무정(其無正)〉은 의문문과 평서문으로 이루어진 하나의 문단이다. 〈누가[孰] 기극을[其極] 알겠는가[知]? 그것에는[其] 정해진 것이[正] 없다[無].〉

● 숙지기극(孰知其極)에서 숙(孰)은 주어 노릇하고, 지(知)는 동사 노릇하며, 기극

(其極)은 지(知)의 목적어 노릇한다. 숙(孰)은 의문사로서 〈누구 수(誰)〉와 같다. 물론 숙(孰)은 〈무엇·어떤 하(何)〉 같은 노릇도 한다. 숙(孰)을 영어로 말하면 〈who·whom·whose·what·which〉 등 전후 문맥에 따라 의문사 노릇을 다양하게 한다. 그러나 숙(孰)의 본래 뜻은 《(열매가) 익을(음식을 익힐) 숙(熟)·익힐 임(飪)》 등과 같다. 여기 기극(其極)은 〈화복지극(禍福之極)〉이고, 극(極)은 〈끝 단(端)〉과 같아 극단(極端)의 줄임말로 여기면 된다. 〈누가[孰] 그[其] 끝을 [極] 알까[知]?〉

- 기무정(其無正)에서 기(其)는 부사 노릇하고, 무(無)는 동사 노릇하며, 정(正)은 주어 노릇한다. 정(正)은 〈정해질 정(定)〉과 같아 정정(正定)의 줄임말로 여기면 된다. 〈그것에는[其] 정해진 것이[正] 없다[無].〉

58-5 正復爲奇(정복위기) 善復爲妖(선복위요)

▶바름은[正] 다시[復] 그릇됨이[奇] 되고[爲], 선은[善] 다시[復] 악함이[妖] 된다[爲].

> 정해질 정(正), 다시 복(復), 될 위(爲), 그릇될 기(奇), 착할 선(善), 악할 요(妖)

【지남(指南)】

〈정복위기(正復爲奇) 선복위요(善復爲妖)〉는 화복(禍福)이 소의(所倚)·소복(所伏)하듯, 정기(正奇)와 선요(善妖) 역시 소의(所倚)·소복(所伏)함을 밝힌다. 〈정복위기(正復爲奇)〉는 정(正)·기(奇)가 소의(所倚)·소복(所伏)하는 정역기(正亦奇)임을 말하고, 〈선복위요(善復爲妖)〉도 선(善)·요(妖)가 소의(所倚)·소복(所伏)하는 선역요(善亦妖)임을 말한다.

정복위기(正復爲奇) 즉 정(正)이 다시[復] 기(奇)가 된다[爲] 함은, 정(正)은 기(奇)에 기대고[倚] 기(奇)는 정(正)에 기대며, 정(正)에는 기(奇)가 숨겨지고[伏] 기(奇)에도 정(正)이 숨겨져 있음이다. 정복위기(正復爲奇)의 〈기(奇)〉는 〈간사할 사(邪)〉와 같아, 바름은[正] 늘 바름이 아니라 그름이 되기도 하고 그름은[邪] 늘 그름이 아니라 바름이 되기도 함이 정역기(正亦奇), 즉 정복위기(正復爲奇)이다. 그리고 선복위요(善復爲妖) 역시 선(善)이 다시[復] 요(妖)가 된다고[爲] 함은, 선(善)은 요(妖)에 기대고[倚] 요(妖)는 선(善)에 기대며, 선(善)에는 요(妖)가 숨겨지고[伏] 요(妖)에도 선(善)이 숨겨져 있음이다. 선복위요(善復爲妖)의 〈요(妖)〉는 〈악할 악(惡)〉과 같아 선함은[善] 늘 선함이 아니라 악함이 되기도 하고, 악함은[惡] 늘 악함이 아니라 선함이 되기도 함이다. 그러니 정복위기(正復爲奇)의 〈정기(正奇)〉와 선복위요(善復爲妖)의 〈선요(善妖)〉역시『장자(莊子)』의 〈피역시(彼亦是)〉와 양행(兩行)을 상기시킨다. 정(正)과 기(奇)가 따로 일어남이 아니라 서로 따라 생기고, 선(善)과 요(妖) 역시 그러하다.

사람들은 이러한 정(正)·기(奇)나 선(善)·요(妖) 등이 둘로 나누어진 것인 줄 알고 정(正)을 시(是)로서 좋아하고[好], 기(奇)를 비(非)로 싫어한다[惡]. 그러나 자연을 본받는[法] 성인(聖人)을 따르는 대장부(大丈夫)는 정기(正奇)를 호오(好惡)로 마주하지 않고, 어찌하면 정(正)이 기(奇)가 되는지를 살펴 부자홀(不自忽) 즉 자신을[自] 소홀히 하지 않고[不忽], 견소(見小)하여 속을 밝힌다[明]. 기자(箕子)는 주왕(紂王)의 손에 들린 상아 젓가락을[象箸] 보고 세상에 미칠 화를 미리 알아봤다고 한다. 폭군 주(紂)는 상저(象箸)를 정(正)으로 여겼고, 기자(箕子)는 기(奇)로 여겼던 것이다. 상저(象箸)는 주(紂)에겐 선(善)이었지만, 기자(箕子)에게는 요(妖)였다. 선(善)이 불선(不善)이 되고 불선(不善)이 선(善)이 됨은 천도(天道)임을 기자(箕子)는 알았고, 주왕(紂王)은 몰랐던 것이다.

정복위기(正復爲奇)와 선복위요(善復爲妖)는 〈복전위화(福轉爲禍)〉즉 복(福)이 옮겨져[轉] 변하여[變] 화(禍)가 되기도[爲] 하고, 화(禍)가 옮겨져 복(福)이 되기도 한다는 것이다. 행복은[福] 늘 행복이고 불행은[禍] 늘 불행이 아니니, 이것이 천도(天道)이다. 그래서 정복위기(正復爲奇)·선복위요(善復爲妖)는 2장(章) 개지선지위선(皆知善之爲善) 사불선이(斯不善已)를 상기시킨다. 이러한 천도(天道)를 모르는 탓으로 화(禍)는 화(禍)이고 복(福)은 복(福)이라고 나누어 고집하는 것임을 살펴 새기고 헤아려 깨우치게 하는 말씀이 〈정복위기(正復爲奇) 선복위요(善復爲妖)〉이다.

━━━━━━━━
🈐 "역인시야(亦因是也) 시이성인화지이시비(是以聖人和之以是非) 이휴호천균(而休乎天均)

시지위양행(是之謂兩行)." 역시[亦] {시비(是非)를 떠난 법자연(法自然)의} 그러함에[是] 맡기는 것[因]이다[也]. 이렇기[是] 때문에[以] 성인은[聖人] 인시(因是)로[之]써[以] 시비를[是非] 화합시켜서[和而] 자연의[天] 균형에서[乎均] 쉰다[休]. 이것을[是之] 양행이라[兩行] 한다[謂].

『장자(莊子)』「제물론(齊物論)」

註　"천하개지미지위미(天下皆知美之爲美) 사악이(斯惡已) 개지선지위선(皆知善之爲善) 사불선이(斯不善已)." 온 세상이[天下] 미는[美之] 미(美)라고[爲] 모두[皆] 알지만[知] 그 미는[斯] 추한 것일[惡] 뿐이고[已], 선은[善之] 선(善)이라고[爲] 모두[皆] 알지만[知] 그 선은[斯] 불선일[不善] 뿐이다[已].　　　　　　　　　『노자(老子)』2장(章)

【보주(補註)】

● 〈정복위기(正復爲奇) 선복위요(善復爲妖)〉를 〈정야자복위기자야(正也者復爲奇者也) 이선야자복위요자야(而善也者復爲妖者也)〉처럼 옮기면 문의(文意)를 더 쉽게 새길 수 있다. 〈정(正)이란[也] 것은[者] 다시[復] 기로[奇] 되는[爲] 것[者]이다[也]. 그리고[而] 선(善)이란[也] 것은[者] 다시[復] 요로[妖] 되는[爲] 것[者]이다[也].〉

● 정복위기(正復爲奇)의 정(正)은 수일이지(守一以止), 즉 일을[一] 지킴으로[守]써[以] 머묾[止]인지라 5장(章) 수중(守中)을 상기시킨다. 상도를 따라[中] 지킴이[守] 곧 정(正)이고 선(善)이며 무욕(無欲)이다. 정(正)은 선(善)이고 무욕(無欲)이다. 정복위기(正復爲奇)의 〈기(奇)〉는 부정(不正) · 불선(不善) · 유욕(有欲)이다. 이는 천도(天道)를 어김으로, 그 어김이 사(邪)이다. 여기 기(奇)는 사(邪)이다.

註　"다언수궁(多言數窮) 불여수중(不如守中)." {치민(治民)하면서 정령(政令)을 밝히는} 말이[言] 많아질수록[多] {백성을 다스리는} 이치가[數] 궁색해지니[窮], 상도(常道)를 따라[中] {무위(無爲)의 다스림을} 지킴만[守] 못하다[不如].　　　　　　　『노자(老子)』5장(章)

● 선복위요(善復爲妖)의 선(善)은 계천도(繼天道), 즉 자연의[天] 규율을[道] 계승함[繼]이다. 이 역시 5장(章) 〈수중(守中)〉을 상기시킨다. 선(善) 역시 정(正)이고 무욕(無欲)이니, 선복위요(善復爲妖)의 요(妖) 또한 불선(不善) · 부정(不正) · 유욕(有欲)이다. 요(妖)도 사(邪)이다.

● 〈정복위기(正復爲奇) 선복위요(善復爲妖)〉는 2장(章) 〈상생(相生) · 상성(相成) · 상형(相形) · 상경(相傾) · 상화(相和) · 상수(相隨)〉를 상기시킨다. 정기(正

奇)·선요(善妖)는 서로[相] 생기고[生], 서로[相] 이루며[成], 서로[相] 드러나고
[形], 서로[相] 기대며[傾], 서로[相] 어울리고[和], 서로[相] 따르는[隨] 것이 곧
천도(天道)이다.

【해독(解讀)】

● 〈정복위기(正復爲奇) 선복위요(善復爲妖)〉는 두 구문으로 이루어진 중문(重文)
이다. 〈정복위기이고[正復爲奇] 선복위요다[善復爲妖].〉

● 정복위기(正復爲奇)에서 정(正)은 주어 노릇하고, 복(復)은 위(爲)를 꾸며주는
부사 노릇하며, 위(爲)는 동사 노릇하고, 기(奇)는 주격보어 노릇한다. 여기 복
(復)은 〈다시 재(再)〉와 같다. 〈정은[正] 다시[復] 기가[奇] 된다[爲].〉

● 선복위요(善復爲妖)에서 선(善)은 주어 노릇하고, 복(復)은 위(爲)를 꾸며주는
부사 노릇하며, 위(爲)는 동사 노릇하고, 요(妖)는 주격보어 노릇한다. 요(妖)는
〈괴상할 괴(怪)〉와 같아 요괴(妖怪)의 줄임말로 여기면 된다. 〈선은[善] 다시[復]
요가[妖] 된다[爲].〉

58-6 人之迷(인지미) 其日固久(기일고구)

▶ {화복(禍福)·정기(正奇)·선요(善妖)를 분별함은} 인간의[人之] 미
혹이다[迷]. 그런 미혹의[其] 세월이[日] 참으로[固] 오래됐다[久].

> 조사(~의) 지(之), 미혹할 미(迷), 세월 일(日), 진실로 고(固), 오래 구(久)

【지남(指南)】

〈인지미(人之迷) 기일고구(其日固久)〉는 화복(禍福)·정기(正奇)·선요(善妖)가
양행(兩行)함을 외면하여 양분하고 분별하여 시비의 논란으로 미혹(迷惑)한 지 이
미 오래임을[久] 밝힌다. 〈인지미(人之迷)〉 즉 인간의 미혹은[迷] 인위(人爲)의 생
각이 빚어내는 미혹(迷惑)이다. 이러한 미혹은 천도(天道)를 좇아 따르는 도지동
(道之動)의 반자(反者)를 망각하고, 인위(人爲)의 시비·분별로 말미암은 인지미
(人之迷) 즉 인간의[人之] 어리석음[迷]이다. 여기 인지미(人之迷)는 『장자(莊子)』
의 성망(誠忘)을 상기시킨다. 잊어도 되는 것은 잊지 않고, 잊어선 안 되는 것은 잊

어버림을 성망(誠忘)이라 한다. 정기(正奇) · 선요(善妖) · 화복(禍福) 등은 성망(誠忘)으로, 인간의 미혹은 무위(無爲)의 생활을 버리고 인위(人爲)의 삶을 추구하면서부터 시작되었고, 그렇게 미혹한 지[迷惑] 장구한 세월이 흘러갔다고 한탄함이 〈구(久)〉이다. 이 한탄은 이제는 오히려 어처구니없는 넋두리라 여기고 쇠귀에 경(經) 읽어주느니[讀] 만도 못하다.

80장(章) 감기사(甘其食) 미기복(美其服) 안기거(安其居) 낙기속(樂其俗) 같은 무위(無爲)의 생활이란 이제 인간의 삶에서는 흔적마저 찾을 수 없다. 자연이 주는 대로의 먹을거리 즉 천사(天食)를 달게 먹고[甘], 자연이 주는 대로의 옷인 천복(天服)을 아름답게 여기며[美], 자연이 주는 거처인 천거(天居)를 편안해 하고[安], 자연대로의 습속인 천속(天俗)을 즐기며[樂] 살았을 때, 인간은 천성(天性) 즉 목숨을 소중히 하면서 무사(無私)하고 무욕(無欲)해 부쟁(不爭)의 삶인 무위(無爲)의 삶을 누렸지만, 태상(太上) 즉 태고(太古)의 삶은 이제 다 잊고 팽개쳐버렸다.

요순(堯舜)과 삼대(三代)를 거치면서 예악인의(禮樂仁義)가 등장하고 천사(天食)를 떠나 인간의 맛대로 먹을거리를 요리하고, 천복(天服)을 떠나 멋대로 옷을 만들고, 천거(天居)를 떠나 인간의 뜻대로 집을 짓고, 인간의 뜻대로 예절을 따라 풍속을 정해 살기 시작하자, 사람들은 목숨을 해쳐가며 사리(私利)를 추구하고, 명성과 벼슬을 위해 목숨을 걸고, 지혜를 앞세워 시비 · 논란의 분별을 일삼아 상쟁(相爭)의 삶을 마주했다. 이처럼 무위(無爲) 즉 자연의 삶을 떠나 인위(人爲)인 문화의 삶을 택하면서 인간은 56장(章) 현동(玄同)을 외면하고, 선악(善惡) · 미추(美醜) · 귀천(貴賤) · 호오(好惡) 등을 시비 · 논란하는 인지(認知)에서 비롯된 미혹(迷惑)을 떨쳐내지 못하게 되었음을 새삼 살펴 새기고 헤아려 깨우치게 하는 말씀이 〈인지미(人之迷) 기일고구(其日固久)〉이다.

圖 "덕유소장(德有所長) 이형유소망(而形有所忘) 인불망기소망(人不忘其所忘) 이망기소불망(而忘其所不忘) 차위성망(此謂誠忘)." 덕에는[德] 장구한[長] 바가[所] 있지만[有而], 겉모습이란[形] 잊히는[忘] 것[所]이다[有]. 사람들은[人] 자신이[其] 잊어도 되는[忘] 바를[所] 잊지 않으면서[不忘而], 자신이[其] 잊어서는 안 되는[不忘] 바를[所] 잊는다[忘]. 이를[此] 정말로[誠] 잊어버림이라[忘] 한다[謂].　　　　　　　　　　　　『장자(莊子)』「덕충부(德充符)」

圖 "감기사(甘其食) 미기복(美其服) 안기거(安其居) 낙기속(樂其俗)." (천지가 주는) 그[其] 먹

을거리를[食] 달게 먹고[甘], (천지가 주는) 그[其] 입을거리를[服] 좋아하며[美], (천지가 주는) 그[其] 사는 곳을[居] 편안해 하고[安], (천지가 주는) 그[其] 습속을[俗] 즐거워한다[樂].

『노자(老子)』80장(章)

註 "색기태(塞其兌) 폐기문(閉其門) 좌기예(挫其銳) 해기분(解其紛) 화기광(和其光) 동기진(同其塵) 시위현동(是謂玄同)." 그[其] 이목구비를[兌] 막고[塞], 그[其] 들고나는 문을[門] 닫고[閉], {인지(人智)의} 그[其] 날카로움을[銳] 꺾으며[挫], {인지(人智)의} 그[其] 분란을[紛] 없애고[解], {인지(人智)의} 그[其] 빛냄을[光] {밝음[明]과} 아우르며[和], {인지(人智)의} 그[其] 속됨과[塵] 같이한다[同]. 위의 것들을[是] 상도와[玄] 하나라[同] 한다[謂].

『노자(老子)』56장(章)

【보주(補註)】

● 〈인지미(人之迷) 기일고구(其日固久)〉를 〈인지미지일장구의(人之迷之日長久矣)〉처럼 옮기면 문의(文意)를 더 쉽게 새길 수 있다. 〈인간이[人之] 미혹한[迷之] 세월은[日] 참으로[固] 오랜 것[久]이다[也].〉

● 인지미(人之迷)가 〈인지미야(人之迷也)〉로 된 본(本)도 있다. 〈야(也)〉는 종결어미 노릇하므로 어조와 어세의 차이를 낼 뿐이지 문의(文義)를 달리하지 않는다.

● 기일고구(其日固久)의 〈기일(其日)〉은 무위(無爲)를 버리고 인위(人爲)의 시비·논란을 일삼는 인지(人智)에만 인간이 치우쳐버린 시대이다. 요순(堯舜) 때부터 인위의 시대가 시작되었다니 그 세월은 참으로 장구(長久)하다.

● 기일고구(其日固久)가 〈기일고구의(其日固久矣)〉로 된 본(本)도 있다. 〈의(矣)〉는 문미조사(文尾助詞) 노릇하므로 어조와 어세의 차이를 낼 뿐 문의(文義)가 달라지지 않는다.

【해독(解讀)】

● 〈인지미(人之迷) 기일고구(其日固久)〉에서 인지미(人之迷)는 일(日)을 꾸며주는 형용사구 노릇하고, 기(其)는 인지미(人之迷)를 대신하는 관형사 노릇하며, 일(日)은 주어 노릇하고, 고(固)는 구(久)를 꾸며주는 부사 노릇하고, 구(久)는 술부(述部) 노릇하면서 보어 노릇한다. 구(久)는 〈오랜 장(長)〉과 같아 장구(長久)의 줄임이다. 〈인간의[人之] 미혹[迷] 그[其] 세월은[日] 정말로[固] 장구하다[久].〉

58-7 是以(시이) 聖人方而不割(성인방이불할)

▶이[是] 때문에[以] 성인은[聖人] 방정하되[方而] (그 무엇도) 해치지 않는다[不割].

> 이 시(是), 때문에 이(以), 통할 성(聖), 곧고 바를 방(方), 그러나 이(而),
> 않을 불(不), 해칠 할(割)

【지남(指南)】

〈성인방이불할(聖人方而不割)〉은 성인(聖人)의 구민(救民) 즉 백성을[民] 보살핌이[救] 민민(悶悶)함을 거듭 밝힌다. 여기 성인(聖人)은 법자연(法自然)의 성인(聖人)으로, 작예악(作禮樂)의 성인(聖人)은 아니다. 자연을[自然] 본받는[法] 성인이란 17장(章) 〈태상부지유지(太上不知有之)〉의 성인(聖人)이다. 태상(太上)은 요순(堯舜) 이전의 시대를 말하고, 그때 다스림[治]은 민민(悶悶)하였다. 다스림이 너그럽다[悶悶] 하여 백성을 멀리한 것이 아니라 방정하게[方] 너그러운[悶悶] 것이니, 성인(聖人)의 뜻대로 치민(治民)하지 않고 백성의[百姓] 마음을[心] 따라 다스림을 펼쳤음이다. 태상(太上)의 성인(聖人)은 무상심(無常心)이고, 백성의[百姓之] 마음[心]을 당신의 마음으로 삼아 백성이 어린아이의[兒孩] 마음을 간직하게 백성한테[於民] 방정했다[方] 함이다.

5장(章) 천지불인(天地不仁)을 본받는 성인(聖人) 역시 〈불인(不仁)〉이니, 성인에게 친소(親疎)란 없다. 가까운 것도 없고 소홀한 것도 없는 불인(不仁)이 여기 〈방(方)〉이다. 그래서 49장(章)에 **성인개해지(聖人皆孩之)**란 말씀이 나온다. 그것이 방정했으니 백성도 방정하게 따랐고, 백성지심(百姓之心)을 따라 행했으니 백성을 해칠 리 없어[不割] 태상의 다스림은 〈방이불할(方而不割)〉 즉 방정하되[方而] 백성을 해치지 않았다[不割]. 불할(不割)은 22장(章)의 **부자현고명(不自見故明)·부자시고창(不自是故彰)·부자벌고유공(不自伐故有功) 부자긍고장(不自矜故長)**을 상기시킨다.

거듭 밝히지만, 성인(聖人)의 다스림이 민민(悶悶)하되 엄정(嚴正)하고, 엄정하되 불편(不偏) 즉 치우치지 않음이[不偏] 방정(方正)함이다. 그러므로 방이불할(方

而不割)은 27장(章) 요묘(要妙)와 36장(章) 미명(微明)과 『장자(莊子)』의 양행(兩行)과 재유천하(在宥天下)를 환기시킨다. 성인(聖人)이 방정하되[方而] 백성한테 해되지[害] 않게 함은, 장차 원만하기를[圓之] 바라며[欲] 방정하기[方之] 때문에 성인(聖人)의 방치(方治)는 해민(孩民)이다. 성인(聖人)의 다스림이[治] 방정함은[方] 백성을[民] 어린이 같게 하여[孩] 순박(淳朴)한 삶을 누리게 함이니 어찌 백성의 것을 빼앗겠는가[奪民]? 방이불할(方而不割)의 〈불할(不割)〉은 불탈민(不奪民), 즉 백성의 것을[民] 빼앗지 않음을[不奪] 뜻한다.

그러므로 방이불할(方而不割)은 모난 듯해도 둥글고 둥근 듯해도 모가 있어 엄정(嚴正)하되, 불편(不偏)하여 무사(無私)하고 지모(智謀)를 쓰지 않아 시비·분별로 미혹(迷惑)에 빠진 인간을 구제(救濟)함이다. 이러한 구제는 『장자(莊子)』의 고지도술(古之道術)로의 다스림이니 자연대로 행하면서도[善行] 흔적을 남기지 않고, 자연대로 말하면서도[善言] 흠을 남기지 않으며, 자연대로 셈하면서도[善數] 주판을 쓰지 않고, 자연대로 잠가[善閉] 빗장이 없어도 열 수 없으며, 자연대로 맺음에[善結] 줄 매듭이 없어도 풀어지지 않는다.

이렇게 성인(聖人)은 늘 사람을 자연대로 구제하되 누구 하나 버리지 않고 온갖 것을 구제하되 무엇 하나 버리지 않음이니, 미명(微明)과 습명(襲明)으로 양행(兩行)의 다스림을 행함이다. 이처럼 태상(太上)의 성인(聖人)이 행하는 다스림은 불편(不偏)하여 무사(無私)한 방정함이고 지모(智謀)를 쓰지 않는 방정함이어서, 방치(方治)야말로 미명(微明)과 습명(襲明)으로 양행(兩行)의 다스림을 행함이다. 미명(微明)·습명(襲明)으로 행하는 양행(兩行)의 다스림은[治] 방정하되[方而] 백성을 해치지 않음을[不割] 살펴 새기고 헤아려 깨우치게 하는 말씀이 〈성인방이불할(聖人方而不割)〉이다.

註 "천지불인(天地不仁) 이만물위추구(以萬物爲芻狗) 성인불인(聖人不仁) 이백성위추구(以百姓爲芻狗)." 천지에는[天地] 어짊이[仁] 없다[不]. (천지는) 만물로[萬物]써[以] 풀강아지로[芻狗] 삼는다[爲]. 성인께도[聖人] 어짊이[仁] 없다[不]. {성인(聖人)도} 백성으로[百姓]써[以] 풀강아지로[芻狗] 삼는다[爲]. 『노자(老子)』 5장(章)

註 "자현고명(不自見故明) 부자시고창(不自是故彰) 부자벌고유공(不自伐故有功) 부자긍고장(不自矜故長)." 자신을[自] 드러내지 않기[不見] 때문에[故] 밝고[明], 스스로[自] 옳다 하지 않기

[不是] 때문에[故] 드러나며[彰], 자신을[自] 자랑하지 않기[不伐] 때문에[故] 보람을[功] 갖고[有], 스스로[自] 뽐내지 않기[不矜] 때문에[故] 장구하다[長]. 『노자(老子)』22장(章)

▨ "성인재천하(聖人在天下) 흡흡언(歙歙焉) 위천하(爲天下) 혼기심(渾其心) 백성개주기이목(百姓皆注其耳目) 성인개해지(聖人皆孩之)." 성인이[聖人] 세상을[天下] 재위할 때에[在] {자기의 상심(常心) 즉 의욕을} 거두어들일[歙歙] 뿐이다[焉]. {성인(聖人)이} 세상을[天下] 다루실 때[爲] 백성의[其] 마음을[心] 하나이게 한다[渾]. (그러나) 백성은[百姓] 모두[皆] 저마다의[其] 귀와[耳] 눈을[目] 주로 쓴다[注]. (그래서) 성인은[聖人] 백성을[之] 모두[皆] 어린애이게 한다[孩]. 『노자(老子)』49장(章)

▨ "선인자불선인지사(善人者不善人之師) 불선인자선인지자(不善人者善人之資) 불귀기사(不貴其師) 불애기자(不愛其資) 수지대미(雖智大迷) 시위요묘(是謂要妙)." 선한[善] 사람이란[人] 것은[者] 선하지 못한[不善] 사람의[人之] 스승이고[師], 선하지 못한[不善] 사람이란[人] 것은[者] 선한[善] 사람의[人之] 밑천이다[資]. 그[其] 스승을[師] 귀하게 여기지 않고[不貴] 그[其] 밑천을[資] 아끼지 않는다면[不愛], 비록[雖] 많이 안다 한들[智] 크게[大] 미혹하다[迷]. 이를[是] 긴요한[要] 미묘함이라[妙] 한다[謂]. 『노자(老子)』27장(章)

▨ "장욕흡지(將欲歙之) 필고장지(必固張之) 장욕약지(將欲弱之) 필고강지(必固强之) 장욕폐지(將欲廢之) 필고흥지(必固興之) 장욕취지(將欲取之) 필고여지(必固與之) 시위미명(是謂微明)." 장차[將] 그것을[之] 접고[歙] 싶다면[欲] 꼭[固] 그것을[之] 펴주어야 하고[必張], 장차[將] 그것을[之] 약하게 하고[弱] 싶다면[欲] 꼭[固] 그것을[之] 강하게 해주어야 하며[必强], 장차[將] 그것을[之] 그만두게 하고[廢] 싶다면[欲] 꼭[固] 그것을[之] 흥하게 해야 하고[必興], 장차[將] 그것을[之] 갖게 하고[取] 싶다면[欲] 꼭[固] 그것을[之] 주게 해야 한다[必與]. 이를[是] 미묘한[微] 밝음이라[明] 한다[謂]. 『노자(老子)』36장(章)

▨ "선행무철적(善行無轍迹) 선언무하적(善言無瑕謫) 선수불용주책(善數不用籌策) 선폐무관건이불가개(善閉無關楗而不可開) 선결무승약이불가해(善結無繩約而不可解) 시이(是以) 성인상선구인(聖人常善救人) 고(故) 무기인(無棄人) 상선구물(常善救物) 고(故) 무기물(無棄物) 시위습명(是謂襲明)." 선한[善] 행함에는[行] 수레바퀴 자국이나[轍] 발자국이[迹] 없고[無], 선한[善] 말씀에는[言] 흠이나[瑕] 꾸지람이[謫] 없으며[無], 선한[善] 헤아림은[計] 잔머리 굴리는[籌] 꾀를[策] 쓰지 않고[不用], 선한[善] 닫음에는[閉] 가로지른 빗장이나[關] 견고한 문빗장도[楗] 없으나[無而] 열 수도[可開] 없으며[不], 선한[善] 맺음에는[結] 노끈이나[繩] 묶음도[約] 없으나[無而] 풀 수도[可解] 없다[不]. 이것들로[是]써[以] 성인은[聖人] 늘[常] 선하게[善] 사람들을[人] 구제하기[救] 때문에[故] 사람들을[人] 버림이[棄] 없고[無], 늘[常] 선하게[善] 온갖 것을[物] 구제하기[救] 때문에[故] 온갖 것을[物] 버림이[棄] 없다[無]. 이러함을[是] 밝음을[明] 이어받음이라[襲] 한다[謂]. 『노자(老子)』27장(章)

▨ "문재유천하(聞在宥天下) 불문치천하야(不聞治天下也) 재지야자(在之也者) 공천하지음기

성야(恐天下之淫其性也) 유지야자(有之也者) 공천하지천기덕야(恐天下之遷其德也)." 세상을 [天下] 그냥 그대로[宥] 둠을[在] 들었지만[聞], 세상을[天下] 다스림을[治] 듣지 못했다[不聞]. 세상을 그냥 그대로[之] 두는[在也] 것은[者] 세상이[天下之] 그[其] 본성을[性] 어지럽힐까[淫] 걱정하는 것[恐]이고[也], 세상을 그냥 그대로[之] 두는[有也] 것은[者] 세상이[天下] 그[其] 덕을[德] 바꿀까[遷] 걱정하는 것[恐]이다[也]. 『장자(莊子)』「재유(在宥)」

註 "역인시야(亦因是也) 시이성인화지이시비(是以聖人和之以是非) 이휴호천균(而休乎天均) 시지위양행(是之謂兩行)." 역시[亦] {시비(是非)를 떠난 법자연(法自然)의} 그러함에[是] 맡기는 것[因]이다[也]. 이렇기[是] 때문에[以] 성인은[聖人] 인시(因是)로[之]써[以] 시비를[是非] 화합시켜서[和而] 자연의[天] 균형에서[乎均] 쉰다[休]. 이것을[是之] 양행이라[兩行] 한다[謂].

인시(因是)는 인대시(因大是)의 줄임이다. 인(因)은 여기선 〈맡길 임(任)〉과 같고, 대시(大是)란 시비를 떠난 크나큰[大] 그러함[是]으로 도법자연(道法自然)의 법자연(法自然) 즉 자연(自然)을 본받는[法] 그러함[是]이다. 천균(天均)이란 자연[天]의 균등[均]을 뜻함이다. 양행(兩行)이란 물아(物我)가 제 자리를 얻고 그 사이에 아무런 걸림이 없음이다.

『장자(莊子)』「제물론(齊物論)」

註 "공이부당(公而不黨) 이이무사(易而無私) 결연무주(決然無主) 취물이불양(趣物而不兩) 불고어려(不顧於慮) 불모어지(不謀於知) 어물무택(於物無擇) 여지구왕(與之俱往) 고지도술(古之道術) 유재어시자(有在於是者)." 공평해서[公而] 패거리짓지 않고[不黨], 간이하면서도[易而] 사심이 없고[無私], 결연하게[決然] 주장함이[主] 없으며[無], 만물에[物] 순응하면서[趣物而] 피차로 나누지 않고[不兩], 생각에[於慮] 매달리지 않으며[不顧], 지식으로[於知] 꾀하지도 않으며[不謀], 사물을[物] 간택함이[擇] 없어[無] 사물과[與之] 두루[俱] 통한다[往]. 옛날의[古之] 도술은[道術] 이런[是] 것들[者]로[於] 있었다[有在]. 『장자(莊子)』「천하(天下)」

【보주(補註)】

- 〈시이(是以) 성인방이불할(聖人方而不割)〉을 〈시이(是以) 성인방어치민(聖人方於治民) 이성인불할민이기방(而聖人不割民以其方)〉처럼 옮기면 문의(文意)를 더 쉽게 새길 수 있다. 〈이렇기[是] 때문에[以] 성인은[聖人] 백성을[民] 다스림에[於治] 방정하다[方]. 그러나[而] 성인은[聖人] 그[其] 방정함으로[方]써[以] 백성을[民] 해치지 않는다[不割].〉

- 방이불할(方而不割)은 〈방(方)〉에 치우치면 방(方)·불방(不方)의 시비·분별·논란이 일기 마련이다. 그러면 방정한 쪽[隅]과 방정치 않은 쪽[隅]으로 양분되어 인위(人爲)가 끼어든다. 양분(兩分)하면 인위(人爲)이고, 양행(兩行)하면 자연(自然) 즉 무위(無爲)이다. 인위(人爲)의 방(方)에는 방원(方圓)이 양분되어 인

위(人爲)의 짓이 끼어들지만, 무위(無爲)의 방(方)에는 방원(方圓)이 양행하여 미묘(微妙)하다. 방하되[方而] 불할이라[不割] 함은 모나되[方] 또한(亦) 둥금을[圓] 뜻하는 방역원(方亦圓)이라 묘(妙)하다. 자연의 만물은 방원(方圓) · 곡직(曲直) · 장단(長短) · 후박(厚薄) · 전후(前後) · 상하(上下)를 양행하는 것들이다. 인위(人爲)는 방원(方圓) · 곡직(曲直) · 장단(長短) · 후박(厚薄) · 전후(前後) · 상하(上下) 등을 양분하지만, 무위(無爲)는 양행한다. 무위(無爲)의 다스림이란 양행(兩行)의 다스림이니 그 무엇도 해치지 않는다[不割] 〈모남은[方] 또한[亦] 둥금이다[圓].〉〈모남은[方] 둥금과[圓] 같다[同].〉

【해독(解讀)】

- 〈성인방이불할(聖人方而不割)〉은 접속사 〈그러나 이(而)〉로 이어진 중문(重文) 문이다. 〈성인은[聖人] 방정하다[方]. 그러나[而] 불할한다[不割].〉

- 성인방(聖人方)은 〈성인방어민(聖人方於民)〉에서 방(方)을 꾸며주는 부사 노릇하는 어민(於民)이 생략되었고, 성인(聖人)은 주어 노릇하고, 방(方)은 목적어가 생략되었지만 동사 노릇한다. 방(方)은 〈곧고 바르게 할 정(正)〉과 같아 방정(方正)의 줄임말로 여기면 된다. 〈성인은[聖人] 백성한테[於民] 방정하다[方].〉

- 이불할(而不割)은 〈성인불할(聖人不割民)〉에서 주어 노릇할 성인(聖人)과 목적어 노릇할 민(民)을 생략하고 술부(述部)만 남긴 어투이다. 불할(不割)에서 불(不)은 할(割)의 부정사(否定詞)이고, 할(割)은 주어와 목적어가 생략되었지만 동사 노릇한다. 할(割)은 〈해칠 해(害)〉와 같아 할해(割害)의 줄임말로 여기면 된다. 〈(성인은 백성을) 해롭게 하지 않는다(不割].〉

58-8 廉而不劌(염이불귀)

▶ {성인(聖人)은 백성을} 밝게 살피되[廉而] (백성한테) 상처 입히지 않는다[不劌].

맑을 염(廉), 그러나 이(而), 않을 불(不), 상해(傷害)할 귀(劌)

【지남(指南)】

〈염이불귀(廉而不劌)〉역시 성인(聖人)이 백성을[民] 보살핌이[救] 민민(悶悶)함을 거듭 밝힌다. 〈태상부지유지(太上不知有之)〉의 성인(聖人)이 행한 구민(救民)은 예리하지만[廉] 너그러움[悶悶]을 〈염(廉)〉한 자(字)로 밝힌다. 염이불귀(廉而不劌)의 염(廉)은 이렴(利嫌)과 찰렴(察覝)의 뜻을 아울러 갖추고 있다. 따라서 염(廉)은 백성을 밝은 불빛[嫌]같이 보살피는[覝] 성인(聖人)의 모습을 말한다. 성인(聖人)은 상심(常心)으로 백성을 바라보지 않고, 49장(章)에서 살핀 바대로 **백성지심(百姓之心)** 즉 백성의[百姓之] 마음으로[心] 구민(救民)하고자 염민(覝民) 즉 백성을[民] 밝게 살펴본다(察). 이러한 염(廉)은 22장(章) 〈부자현고명(不自見故明)〉을 상기시킨다.

성인(聖人)의 구민(救民)이란 민민(悶悶)하여 무기(無己) 무사(無私)하고 무사(無私)하니 무욕(無欲)한지라, 절로 염리(廉利)하여 백성이 원하는 바대로 보살피는 것이다. 이러한 구민은[救民] 형정(刑政)의 상벌로 백성을 다지지 않으므로, 염이불귀(廉而不劌)는 『장자(莊子)』의 **양행(兩行)**과 **재유천하(在宥天下)**를 환기시킨다. 그래서 성인(聖人)의 염치(廉治)에는 윗물이 맑으면 아랫물도 맑고, 윗물이 흐리면 아랫물도 흐리다는 양분(兩分)은 일어나지 않는다. 성인(聖人)의 구민(救民)이 어찌 백성을[民] 아프게 하겠는가[傷]? 여기 염이불귀(廉而不劌)의 〈불귀(不劌)〉는 백성을 상민(傷民)하지 않음이고, 해민(害民)하지 않음이며, 착민(搾民)하지 않음이고, 역민(役民)하지 않음이다.

『맹자(孟子)』의 **청사탁영(淸斯濯纓) 탁사탁족의(濁斯濯足矣)**는 인위(人爲)의 다스림에서 일어나지, 무위(無爲)의 다스림에서는 일어나지 않는다. 인위(人爲)의 다스림은 다스리는 사람의 뜻에 따라 청정(淸淨)할 수도 있고 혼탁(混濁)할 수도 있기 때문에 청정과 혼탁이 양분되지만, 무위(無爲)의 다스림에는 패자(覇者)도 없고 폭군(暴君)도 없다. 왜 공자(孔子)께서 순(舜)임금을 〈무위이치자(無爲而治者)〉라고 밝혔을까? 순(舜)임금 때만 해도 인(仁)을 앞세웠으되 염치(廉治)를 베풀었기 때문이다. 염이불귀(廉而不劌)는 불빛같이 밝게 밝힘이[廉] 불편(不偏)하여 무사(無私)·무욕(無欲)·무아(無我)하여 지모(智謀)를 쓰지 않는 보살핌이어서, 백성을 구제함이 공명정대했기에 백성을 아프게 하지 않음을[不劌] 살펴 새기고 헤아려 깨우치게 하는 말씀이 〈염이불귀(廉而不劌)〉이다.

註 "성인무상심(聖人無常心) 이백성심위심(以百姓心爲心)." 성인께는[聖人] 고집하는 마음이[常心] 없고[無], {성인(聖人)은} 백성의[百姓] 마음으로[心]써[以] (당신의) 마음을[心] 삼는다[爲].

『노자(老子)』49장(章)

註 "문재유천하(聞在宥天下) 불문치천하야(不聞治天下也)." 세상을[天下] 그냥 그대로[宥] 둠을[在] 들었지만[聞], 세상을[天下] 다스림을[治] 듣지 못했다[不聞]. 『장자(莊子)』「재유(在宥)」

註 "역인시야(亦因是也) 시이성인화지이시비(是以聖人和之以是非) 이휴호천균(而休乎天均) 시지위양행(是之謂兩行)." 역시[亦] {시비(是非)를 떠난 법자연(法自然)의} 그러함에[是] 맡기는 것[因]이다[也]. 이렇기[是] 때문에[以] 성인은[聖人] 인시(因是)로[之]써[以] 시비를[是非] 화합시켜서[和而] 자연의[天] 균형에서[乎均] 쉰다[休]. 이것을[是之] 양행이라[兩行] 한다[謂].

인시(因是)는 인대시(因大是)의 줄임이다. 인(因)은 여기선 〈맡길 임(任)〉과 같고, 대시(大是)란 시비를 떠난 크나큰[大] 그러함[是]이고, 이는 도법자연(道法自然)의 법자연(法自然) 즉 자연(自然)을 본받는[法] 그러함[是]이다. 천균(天均)이란 자연[天]의 균등[均]을 뜻함이다. 양행(兩行)이란 물아(物我)가 제 자리를 얻고 그 사이에 아무런 걸림이 없음이다.

『장자(莊子)』「제물론(齊物論)」

註 "유유자가왈(有孺子歌曰) 창랑지수청혜(滄浪之水淸兮) 가이탁아영(可以濯我纓) 창랑지수탁혜(滄浪之水濁兮) 가이탁아족(可以濯我足) 공자왈(孔子曰) 소자(小子) 청지(聽之) 청사탁영(淸斯濯纓) 탁사탁족의(濁斯濯足矣) 자취지야(自取之也)." 어떤[有] 어린이가[孺子] 노래를[歌] 불렀다[曰] : 창랑의[滄浪之] 물이[水] 맑다네[淸兮]! 그 물로써[以] 내[我] 갓끈을[纓] 씻으리라[可濯]. 창랑의[滄浪之] 물이[水] 탁하다네[濁兮]! 그 물로써[以] 내[我] 발을[足] 씻으리라[可濯]. 공자께서[孔子] 가로되[曰] : 자네들[小子] 저 아이의 노래를[之] 들어라[聽]. 맑은[淸] 물에는[斯] 갓끈을[纓] 씻고[濯], 탁한[濁] 물에는[斯] 발을[足] 씻는 것[濯]이다[矣]. 청탁은[之] 스스로[自] 취하는 것[取]이다[也]. 『맹자(孟子)』「이루장구상(離婁章句上)」

【보주(補註)】

● 〈염이불귀(廉而不劌)〉를 〈시이(是以) 성인염민(聖人廉民) 연이성인불귀민이기(然而聖人不劌民以其廉)〉처럼 옮기면 문의(文意)를 더 쉽게 새길 수 있다. 〈이렇기[是] 때문에[以] 성인은[聖人] 백성을[民] 밝게 살핀다[廉]. 그러나[而] 성인은[聖人] 그[其] 살핌으로[廉]써[以] 백성을[民] 아프게 하지 않는다[不劌].〉

● 염이불귀(廉而不劌)의 〈염(廉)〉을 청렴(淸廉)이라 함은 무엇을 살핌에[廉] 치우침이 없음이다. 치우침이 없으면 시비·분별·논란이 일지 않는다. 무엇이든

양분(兩分)하면 인위(人爲)이고, 양행(兩行)하면 자연(自然) 즉 무위(無爲)이다. 인위(人爲)의 염(廉)은 살핌이[廉] 옳으니 그르니 시비로 양분(兩分)되지만, 무위(無爲)의 염(廉)에는 유렴(有廉) · 무렴(無廉)이 양행(兩行)하여 미묘(微妙)하다. 무위(無爲)의 다스림이란 양행(兩行)의 다스림이니 그 무엇도 상하게 하지 않는다[不劌].

【해독(解讀)】

● 〈염이불귀(廉而不劌)〉는 접속사 〈그러나 이(而)〉로 이어지는 중문(重文)이다. 〈(성인은 다스림을) 염한다[廉]. 그러나[而] 불귀한다[不劌].〉

● 염(廉)은 〈성인염민(聖人廉民)〉에서 염(廉)의 주어 노릇할 성인(聖人)과 목적어 노릇할 민(民)을 생략한 구문으로 여기면 문의(文意)가 분명해진다. 염(廉)은 주어와 목적어가 다 생략되었지만 동사 노릇한다. 염(廉)은 〈예리할 리(利), 불같이 밝을 염(爓), 살필 찰(察), 살펴 볼 염(覝)〉 등과 같아 염리(廉利) · 염찰(廉察) · 염렴(廉覝) 등의 줄임말로 여기면 된다. 〈(성인은 백성을) 밝게 살핀다[廉].〉

● 이불귀(而不劌)는 〈성인지렴불귀민(聖人之廉不劌民)〉에서 주부 노릇할 성인지렴(聖人之廉)과 목적어 노릇할 민(民)을 생략하고, 술부(述部)만 남긴 구문이다. 불귀(不劌)에서 불(不)은 귀(劌)의 부정사(否定詞)이고, 귀(劌)는 주어와 목적어가 생략되었지만 동사 노릇한다. 귀(劌)는 〈상처나게 할 상(傷)〉과 같아 귀상(劌傷)의 줄임말로 여기면 된다. 〈(성인의 밝게 살핌은 백성을) 상처 입게 하지 않는다[不劌].〉

58-9 直而不肆(직이불사)

▶ {성인(聖人)은 백성한테} 솔직하되[直而] 방자하지 않다[不肆].

곧을 직(直), 그러나 이(而), 않을 불(不), 방자(放恣)할 사(肆)

【지남(指南)】

〈직이불사(直而不肆)〉도 성인(聖人)이 백성을[民] 보살핌이[救] 민민(悶悶)함을 거듭 밝힌다. 〈태상부지유지(太上不知有之)〉의 성인(聖人)이 행했던 구민(救民)은 무엇 하나 숨김없이 솔직하지만[直] 너그럽기에[悶悶] 방자하지[肆] 않음을 〈직(直)〉한 자(字)로 밝힌다. 직이불사(直而不肆)의 〈직(直)〉은 솔직(率直)함이다. 용은(容隱)을 결코 꾀하지 않음이 직(直)인 동시에, 성인(聖人)이 백성을 보살핌이 밝은 불빛[嫌] 같아 숨겨둘[隱] 것이 없음이다. 성인(聖人)은 상심(常心) 즉 자기 의욕으로 백성을 마주하지 않고, 49장(章)에서 살핀 바대로 〈백성지심(百姓之心)〉으로 구민(救民)하고자 함이 직(直)이다. 이러한 직(直)은 22장(章) 〈부자벌고유공(不自伐故有功)〉을 상기시킨다. 성인(聖人)의 구민(救民)이란 민민(悶悶)하여 무기(無己) 무사(無私)하고 무사(無私)하니 무욕(無欲)한지라 절로 솔직(率直)하여 백성이 원하는 바대로 백성을 보살피는 것이다. 이는 형정(刑政)의 상벌로 백성을 다지지 않으니, 직이불사(直而不肆) 역시 『장자(莊子)』의 〈양행(兩行)〉과 〈재유천하(在宥天下)〉를 환기시킨다.

여기 직이불사(直而不肆)의 직(直)은 치자(治者)가 솔직(率直)함이지 백성에게 솔직(率直)하라는 것이 아니다. 성인(聖人)의 솔직함은[直] 형정(刑政)으로 백성을 다스림이 아니라 백성이 천도(天道)를 따라 어린아이처럼 천진한 마음으로 삶을 누리게 한다. 성인(聖人)이 구민(救民)함에 솔직(率直)함은 백성으로 하여금 52장(章) 〈복수기모(復守其母)〉의 삶을 누리게 한다. 여기 직(直)은 **복귀어영아(復歸於嬰兒)·복귀어박(復歸於樸)** 등의 말씀을 상기시킨다. 영아(嬰兒)야말로 직(直)의 더없는 본보기인 동시에 그 어머니에게로[其母] 돌아와[復] 지키는[守] 본보기 또한 갓난애[嬰兒]보다 더한 것은 없다. 영아(嬰兒)와 그 어머니야말로 솔직함의 표상이니 자연을 본받으면 누구나 본성으로 돌아오고, 정직한 삶을 누려 절로 탐욕을 멀리하게 된다.

탐욕하지 않으면 솔직한 목숨으로 살아가니 탐욕을 떠난 솔직함은 곧장 무위자연(無爲自然)으로 이어진다. 백성을 보살핌이[救] 솔직하면 백성도 따라 스스로 바르게[自正] 된다. 이처럼 성인(聖人)의 구민(救民)은 백성으로 하여금 순박한 삶을 누리게 할 뿐, 직(直)·부직(不直)을 양분하여 상벌을 가하지 않는다. 그래서 상하(上下)의 양분(兩分) 없이 두루 솔직하니, 성인(聖人)의 솔직함은 〈해민(孩民)〉 즉 백성을[民] 어린애같이 되게[孩] 하는 것이다. 이러한 다스림이 어찌 백성을 학대하겠는가[虐民]? 여기 직이불사(直而不肆)의 〈불사(不肆)〉는 백성한테 방자하지 않음이다. 방자하지 않고[不肆] 솔직한[直] 치자(治者)야말로 백성을[民] 학대하지 않지만[不虐], 인위(人爲)의 다스림은 다스리는 사람 뜻에 따라 직(直)·부직(不直)이 갈려서 정직과 부정직이 양분되고, 부정직한 정사(政事)는 패자(覇者)나 폭군(暴君)이 짓는 학정(虐政)으로 드러나 방자(放恣)하게 백성 위에 군림한다.

지나쳐 가혹한 정직(正直)은 방자(放恣)할 뿐임을 『논어(論語)』에서 공자(孔子)도 지적했으며, 다스림의 부직(不直)은 『맹자(孟子)』의 이력가인자패(以力假仁者覇)를 상기시킨다. 굴복시키고자 힘을[力] 쓰면서[以] 어진[仁] 척하는[假] 것보다 더한 부직(不直)은 없다. 그러므로 직이불사(直而不肆)는 곧음이[直] 불편(不偏)하여 무사(無私)한 솔직함이고, 지모(智謀)를 쓰지 않아 백성을 곧게 구제(救濟)함이 성인(聖人)의 솔직함[直]이다. 성인(聖人)이 솔직하되[直] 백성을 함부로 하지 않음은[不肆] 백성을 자연대로 구제하되 누구 하나 버리지 않으며, 온갖 것을 구제하되 무엇 하나 버리지 않음이다. 성인(聖人)의 이러한 솔직함을[直] 살펴 새기고 헤아려 깨우치게 하는 말씀이 〈직이불사(直而不肆)〉이다.

註 "상덕불리(常德不離) 복귀어영아(復歸於嬰兒) …… 상덕내족(常德乃足) 복귀어박(復歸於樸)." 상덕이[常德] 떠나지 않고[不離] 갓난애로[於嬰兒] 되[復] 돌아온다[歸]. …… 상덕이[常德] 이에[乃] 만족돼[足] 나뭇등걸(자연)로[於樸] 되[復]돌아온다[歸].   『노자(老子)』 28장(章)

註 "섭공어공자왈(葉公語孔子曰) 오당유직궁자(吾黨有直躬者) 기부양양(其父攘羊) 이자증지(而子證之) 공자왈(孔子曰) 오당지직자이어시(吾黨之直者異於是) 부위자은(父爲子隱) 자위부은(子爲父隱) 직재기중의(直在其中矣)." 섭공이[葉公] 공자께[孔子] 밝혀[語] 말했다[曰] : 우리 마을에[吾黨] 궁이란[躬] 정직한[直] 자가[者] 있는데[有], 그[其] 아버지가[父] 양을[羊] 훔치자[攘而] 아들이[子] 제 아버지가 양을[羊] 훔친[攘] 그 일을[之] 고발했다[證]. 공자께서[孔子] 말했다[曰] : 우리 마을의[吾黨之] 정직한[直] 자는[者] 궁(躬)과[於是] 다르다[異]. 아버지는[父] 자식을[子] 위하여[爲] (자식의 짓을) 숨기고[隱], 자식은[子] 아버지를[父] 위하여[爲] (아버지의 일을) 숨긴다[隱]. 정직이란[直] 그런 부자의[其] 가운데[中] 있는 것[在]이다[矣].

『논어(論語)』「자로(子路)」18

註 "이력가인자패(以力假仁者覇) 패필유대국(覇必有大國) 이덕행인자왕(以德行仁者王) 왕부대대(王不待大) …… 이력복인자비심복야(以力服人者非心服也) 역불섬야(力不贍也) 이덕복인자(以德服人者) 중심열이성복자야(中心悅而誠服者也)." 힘으로[力]써[以] 어진[仁] 척하는[假] 것은

[者] 패이고[覇], 패는[覇] 반드시[必] 큰 나라를[大國] 차지한다[有]. 덕으로[德]써[以] 어짊을[仁] 행하는[行] 것은[者] 왕이고[王], 왕은[王] 대국을[大] 바라지 않는다[不待]. …… 힘으로[力]써[以] 사람을[人] 굴복시키는[服] 것은[者] 마음에서 우러난 굴복이[心服] 아닌 것이고[非] 힘이[力] 모자란 것[不贍]이다[也]. 덕으로[德]써[以] 사람을[人] 굴복시키는[服] 것은[者] 속마음이[中心] 기뻐서[悅而] 진실로[誠] 굴복하는[服] 것[者]이다[也].　　　『맹자(孟子)』「공손추장구상(公孫丑章句上)」

【보주(補註)】

● 〈직이불사(直而不肆)〉를 〈시이(是以) 성인직어민(聖人直於民) 이성인불사민이기직(而聖人不肆民以其直)〉처럼 옮기면 문의(文意)를 더 쉽게 새길 수 있다. 〈이렇기[是] 때문에[以] 성인은[聖人] 백성한테[於民] 솔직하다[直]. 그러나[而] 성인은[聖人] 그[其] 솔직함으로[直]써[以] 백성을[民] 함부로 하지 않는다[不肆].〉

● 직이불사(直而不肆)〉의 〈직(直)〉은 직(直)·부직(不直)으로 양분되는 직(直)이 아니라 치우침이 없는 솔직함[直]이다. 직(直)·부직(不直)으로 양분되면 시비·분별·논란이 일기 마련이다. 곧은 쪽[隅] 곧지 않은 쪽[隅]으로 양분되면 인위(人爲)가 끼어든다. 인위(人爲)의 직(直)에는 직(直)의 시비로 양분되지만, 무위(無爲)에는 직(直)·곡(曲)이 양행(兩行)하여 미묘(微妙)하다. 『서경(書經)』에도 목왈곡직(木曰曲直)이란 말이 나온다. 직하되[直而] 불사(不肆)함은 곧되[直] 또한 곧지 않음[不直], 즉 굽음이[曲] 양행(兩行)하는지라 직역곡(直亦曲)이니 묘(妙)한 것이다. 〈곧음은[廉] 또한[亦] 굽음이다[曲].〉〈곧음은[直] 굽음과[曲] 같다[同].〉

鞋　"오행(五行) 일왈수(一曰水) 이왈화(二曰火) 삼왈목(三曰木) 사왈금(四曰金) 오왈토(五曰土) 수왈윤하(水曰潤下) 화왈염상(火曰炎上) 목왈곡직(木曰曲直) 금왈종혁(金曰從革) 토원가색(土爰稼穡)." 오행이란[五行] 하나는[一] 물[水]이고[曰], 둘은[二] 불[火]이고[曰], 셋은[三] 나무[木]이고[曰], 넷은[四] 금[金]이고[曰], 다섯은[五] 흙[土]이다[曰]. 물은[水] 적시고[潤] 내려감[下]이고[曰], 불은[火] 태우고[炎] 올라감[上]이고[曰], 나무는[木] 굽고[曲] 곧음[直]이고[曰], 쇠는[金] 따르고[從] 바뀜[革]이고[曰], 흙은[土] 심고[稼] 거둠[穡]이다[爰].

　　　　　　　　　　　　　　　　　　　　　　　　『서경(書經)』「주서(周書)」

【해독(解讀)】

● 〈직이불사(直而不肆)〉는 접속사 〈그러나 이(而)〉로 이어지는 중문(重文)이다. 〈(성인은) 솔직하다[直]. 그러나[而] 불사한다[不肆].〉

- 직(直)은 〈성인직민(聖人直民)〉에서 직(直)의 주어 노릇할 성인(聖人)과, 목적어
  노릇할 민(民)을 생략한 구문으로 여기면 문의(文意)가 분명해진다. 직(直)은 주
  어와 목적어가 다 생략되었지만 동사 노릇한다. 직(直)은 〈본받을 솔(率)〉과 같
  아 솔직(率直)의 줄임말로 여기면 된다. 《(성인은 백성한테) 솔직하다[直].》
- 이불사(而不肆)는 〈성인지직불사민(聖人之直不肆民)〉에서 주부 노릇할 성인지
  직(聖人之直)과 목적어 노릇할 민(民)을 생략하고, 술부(述部)만 남긴 구문이다.
  불사(不肆)에서 불(不)은 사(肆)의 부정사(否定詞)이고, 사(肆)는 주어와 목적어
  가 생략되었지만 동사 노릇한다. 사(肆)는 〈방자할 방(放)〉과 같아 사방(肆放)의
  줄임말로 여기면 된다. 《(성인은 백성을) 함부로 하지 않는다[不肆].》

58-10 光而不耀(광이불요)

▶ {성인(聖人)은 백성한테} 빛나되[光而] 눈부시게 하지 않는다[不耀].

> 밝힐 광(光), 그러나 이(而), 않을 불(不), 눈부시게 빛날 요(耀)

【지남(指南)】

〈광이불요(光而不耀)〉도 성인(聖人)이 백성을[民] 보살핌이[救] 민민(悶悶)함을
거듭 밝힌다. 〈태상부지유지(太上不知有之)〉의 성인(聖人)이 행했던 구민(救民)
은 무엇 하나 숨김없이 드러나지만[光] 너그럽기에[悶悶] 눈부시지[耀] 않음을 〈광
(光)〉한 자(字)로 밝힌다. 광이불요(光而不耀)의 광(光)은 밝음[明]으로부터 비롯
하는 광량(光亮) 즉 도와주려는[亮] 빛[光]이다. 결코 과시하지 않는 동시에 백성을
보살피려는 성인(聖人)의 모습으로 상심(常心) 즉 자기 의욕으로 백성을 돕지 않
고, 49장(章)에서 살핀 바대로 〈백성지심(百姓之心)〉으로 구민(救民)하고자 할 뿐
이다. 이러한 광(光)은 70장(章) 피갈회옥(被褐懷玉)을 상기시킨다. 성인(聖人)의 구
민(救民)이란 민민(悶悶)하여 무기(無己) 무사(無私)하고 무사(無私)하니 무욕(無
欲)한지라 절로 품은[懷] 옥(玉)처럼 빛날 뿐이며, 이는 형정(刑政)의 상벌로 백성
을 다지지 않는지라 광이불요(光而不耀) 역시 『장자(莊子)』의 〈양행(兩行)〉과 〈재
유천하(在宥天下)〉를 환기시킨다.

여기 광이불요(光而不耀)의 광(光)은 치자(治者)가 온유(溫柔)함을 밝힘이지 백성에게 눈부시게[耀] 과시하려 함이 아니다. 성인(聖人)의 이러한 빛남[光] 역시 백성을 자연으로 돌아가게 하여 어린아이처럼 천진한 삶을 누리게 할 뿐임이 드러남이다. 자연으로 돌아옴은 상덕(常德)으로 돌아옴이고, 이는 곧 〈아자연(我自然)〉 즉 우리는[我] 자연이란[自然] 백성으로 돌아옴이니, 광(光) 역시 상도(常道)를 어머니로[母] 받들어[尊] 지키는[守] 드러냄[光]이다. 이는 동시에 49장(章)에서 살핀 성인개해지(聖人皆孩之)를 위한 드러냄이다. 백성을 향해 분부시게 과시하려는 광요(光耀)가 아니라 해민(孩民), 즉 백성을[民] 어린애답게[孩] 자박(自樸)의 삶을 누리게 하려는 광량(光亮)인 것이다. 이는 자연을 따라 본받아 삶을 누리게 하려는 구민(救民)의 광명(光明)으로, 누구나 본성으로 돌아와 내명(內明) 즉 안으로[內] 밝은[明] 삶을 누리게 하는 빛이다.

내명(內明)의 삶이란 본성을 따라 법자연(法自然)하는 삶이니, 소사(少私)하고 과욕(寡欲)하여 절로 탐욕을 멀리하게 된다. 탐욕하지 않으면 누구나 밖으로 밝고[光] 안으로 밝아[明] 안평태(安平泰)의 삶을 누린다. 백성으로 하여금 안평태(安平泰)를 누리게 하는 구민(救民)이 성인(聖人)의 광(光)이다. 이처럼 성인(聖人)의 광(光)은 백성으로 하여금 숨김없이 순박한 삶을 누리게 할 뿐 광(光)·암(暗)을 양분하여 상벌을 가하려 하지 않으며 상하(上下)의 양분 없이 두루 빛남이니[光], 사심(詐心) 즉 속이려는[詐] 심술 따위가 있을 리 없어 오로지 투명하다. 이는 백성이 성인(聖人)의 이목을 주목하고 따라 본받게 되어 백성의 심성(心性)이 어린애같이 순박(淳朴)해짐이다.

성인(聖人)의 구민(救民)은 해민(孩民)인지라 멸민(蔑民) 즉 백성을 업신여김[蔑]이란 있을 수가 없음을 〈불요(不耀)〉가 뜻한다. 그러므로 성인(聖人)의 광(光) 즉 빛냄은[光] 불편(不偏)하여 무사(無私)한 빛냄이고, 지모(智謀)를 쓰지 않아 백성을 밝게 구제하는 빛남[光]이다. 성인(聖人)이 빛나되[光] 백성은 눈부시지 않고[不耀], 구제하되 누구 하나 버리지 않음이다. 물론 성인(聖人)의 이러한 광(光) 역시 미명(微明)과 습명(襲明)으로, 양행(兩行)의 구민(救民)은 빛나되[光而] 백성을 눈부시지 않게 함을[不耀] 살펴 새기고 헤아려 깨우치게 하는 말씀이 〈광이불요(光而不耀)〉이다.

註 "지아자희(知我者希) 칙아자귀(則我者貴) 시이(是以) 성인피갈회옥(聖人被褐懷玉)." 나를[我] 이해하는[知] 사람이[者] 드물고[希], 나를[我] 본받는[則] 사람도[者] 드물다[貴]. 이렇기[是] 때문에[以] 성인은[聖人] 갈옷을[褐] 입고[被] 옥을[玉] 품는다[懷].　　　　『노자(老子)』70장(章)

註 "성인재천하(聖人在天下) 흡흡언(歙歙焉) 위천하(爲天下) 혼기심(渾其心) 백성개주이목(百姓皆注耳目) 성인개해지(聖人皆孩之)." 성인이[聖人] 세상을[天下] 재위할 때[在] {자기의 상심(常心) 즉 의욕을} 거두어들일[歙歙] 뿐이다[焉]. {성인(聖人)이} 세상을[天下] 다루실 때[爲] 백성의[其] 마음을[心] 하나이게 한다[渾]. (그러나) 백성은[百姓] 모두[皆] 저마다의[其] 귀와[耳] 눈을[目] 주로 쓴다[注]. (그래서) 성인은[聖人] 백성을[之] 모두[皆] 어린애이게 한다[孩].

　　　　　　　　　　　　　　　　　　　　　　　　　　　　『노자(老子)』49장(章)

【보주(補註)】

● 〈광이불요(光而不耀)〉를 〈시이(是以) 성인광어민(聖人光於民) 이성인불요민이기광(而聖人不耀民以其光)〉처럼 옮기면 문의(文意)를 더 쉽게 새길 수 있다. 〈이렇기[是] 때문에[以] 성인은[聖人] 백성한테[於民] 빛난다[光]. 그러나[而] 성인은[聖人] 그[其] 빛남으로[光]써[以] 백성을[民] 눈부시게 하지 않는다[不耀].〉

● 광이불요(光而不耀)가 〈광(光)〉에 치우치면 광명(光明)의 양행(兩行)이 이루어지지 못한다. 광이불요(光而不耀)의 광(光)은 외광(外光) 즉 밖으로[外] 빛남이다[光]. 내명(內明) 즉 안으로[內] 밝음을[明] 떠난 외광(外光)은 군림하려는 과시로 드러나게 된다. 그래서 광이불요(光而不耀)는 33장(章) 〈지인자지(知人者智) 자지자명(自知者明)〉을 상기시킨다. 지인자(知人者)의 광(光)은 자현(自見) 즉 스스로[自] 과시하려[見] 함이지만, 자지자(自知者)의 광(光)은 자명(自明) 즉 스스로를[自] 밝히려[明] 함이다. 성인(聖人)의 광(光)은 자명(自明)으로 말미암는지라 눈부심이란 없다. 밝음으로[明] 비롯하는 빛냄은[光] 22장(章) **부자현고명(不自見故明)**의 밝음과[明] 같은지라 빛나도[光] 눈부시지 않다[不耀]. 소인(小人)의 빛냄은[光] 24장(章) **자현자불명(自見者不明)**의 불명(不明)인지라 겉으로만 번쩍거릴[耀] 뿐이다.

註 "부자현고명(不自見故明) 부자시고창(不自是故彰) 부자벌고유공(不自伐故有功) 부자긍고장(不自矜故長)." 자신을[自] 드러내지 않기[不見] 때문에[故] 밝고[明], 스스로[自] 옳다 하지 않기[不是] 때문에[故] 드러나며[彰], 자신을[自] 자랑하지 않기[不伐] 때문에[故] 보람을[功] 갖고[有], 스스로[自] 뽐내지 않기[不矜] 때문에[故] 장구하다[長].　　　『노자(老子)』22장(章)

"자현자불명(自見者不明) 자시자불창(自是者不彰) 자벌자무공(自伐者無功) 자긍자부장(自矜者不長)." 자기를[自] 드러내는[見] 사람은[者] 밝지 못하고[不明], 스스로[自] 옳다 하는[是] 사람은[者] 뚜렷하지 못하며[不彰], 스스로[自] 제 자랑하는[伐] 사람에게는[者] 공적이[功] 없어지고[無], 스스로[自] 뽐내는[矜] 사람은[者] 오래가지 못한다[不長].

『노자(老子)』 24장(章)

【해독(解讀)】

- 〈광이불요(光而不耀)〉는 접속사 〈그러나 이(而)〉로 이어지는 중문(重文)이다. 〈(성인은 빛난다[光]. 그러나[而] 불요한다[不耀].〉

- 광(光)은 〈성인광민(聖人光民)〉에서 광(光)의 주어 노릇할 성인(聖人)과 목적어 노릇할 민(民)을 생략한 구문으로 여기면 문의(文意)가 분명해진다. 광(光)은 주어와 목적어가 다 생략되었지만 동사 노릇한다. 광(光)은 〈밝을 량(亮)〉과 같아 광량(光亮)의 줄임말로 여기면 된다. 〈(성인은 백성한테) 빛난다[光].〉

- 이불요(而不耀)는 〈성인지광불요민(聖人之光不耀民)〉에서 주부 노릇할 성인지광(聖人之光)과 목적어 노릇할 민(民)을 생략하고 술부(述部)만 남긴 구문이다. 불요(不耀)에서 불(不)은 요(耀)의 부정사(否定詞)이고, 요(耀)는 주어와 목적어가 생략되었지만 동사 노릇한다. 요(耀)는 〈빛날 광(光)〉과 같아 광요(光耀)의 줄임말로 여기면 된다. 〈(성인은 백성을) 눈부시게 않는다[不耀].〉

조복장(早服章)

치인사천(治人事天)의 도리를 〈색(嗇)〉 한 자(字)로 밝히는 장(章)이다. 여기 색(嗇)은 노자(老子)가 밝히는 치민(治民)의 근기(根基)를 암시한다. 색(嗇)은 뿌리를 내리는 바탕을 일구고 내재(內在)하는 생명을 충실히 하는 치민(治民)을 앞세워, 백성을 어여삐 여겨 보양(保養)하는 다스림의 암유(暗喩)이다. 북돋아[培] 쌓아두는[蓄] 색(嗇)을 빌려 중적덕(重積德)의 다스림을[治] 밝히고, 재물로 백성을 북돋우는 다스림이 아니라 본성(本性)을 지키도록 북돋아주는 다스림을 펼쳐야 함을 〈색(嗇)〉으로 밝힌다.

【원문(原文)】

治人事天이 莫若嗇이라 夫唯嗇일새 是謂早服이라 早
치인사천　막약색　부유색　시위조복　조

服을 謂之重積德이고 重積德則無不克이며 無不克莫
복　위지중적덕　중적덕즉무불극　무불극막

知其極이고 莫知其極이면 可以有國이고 有國之母이면
지기극　막지기극　가이유국　유국지모

可以長久니 是謂深根固柢는 長生久視之道니라
가이장구　시위심근고저　장생구시지도

나라와 백성을[人] 다스리고[治] 몸과 마음을[天] 섬김에[事] 사랑하고 가
여워함과[嗇] 같은 것은[若] 없다[莫]. 무릇[夫] 오로지[唯] 애석함[嗇] 이
것을[是] 미리미리[早] 마련해 갖추어둠이라[服] 한다[謂]. 일찍[早] 미리
마련해 갖춤[服] 그것을[之] 거듭해[重] 덕을[德] 마련해둠이라[積] 한다
[謂]. 거듭해[重] 덕을[德] 쌓으면[積] 곧[則] 무릅쓰지 못할 것이[不克] 없
고[無], 무릅쓰지 못함이[不克] 없으니[無] 그[其] 다함을[極] 알 길이[知]
없으며[莫], 그[其] 다함을[極] 앎이[知] 없다면[莫] 그로써[以] (군왕은) 나
라를[國] 취할[有] 수 있고[可], 나라의[國之] 어머니가[母] 있음으로[有]써
[以] (그 나라는) 장구할[長久] 수 있다[可]. 이를[是] 깊이 내린[深] 뿌리이
고[根] 견고한[固] 뿌리이며[柢], 오래[長] 살아[生] 길이[久] 내다보는[視
之] 도리라[道] 한다[謂].

59-1 治人事天莫若嗇(치인사천막약색)

▶나라와 백성을[人] 다스리고[治] 몸과 마음을[天] 섬김에[事] 사랑
하고 가여워함과[嗇] 같은 것은[若] 없다[莫].

다스릴 치(治), 섬길 사(事), 천성(天性)천(天), 없을 막(莫), 같을 약(若),
애석(愛惜)해 할 색(嗇)

【지남(指南)】

〈치인사천막약색(治人事天莫若嗇)〉은 치국(治國)의 근본을 밝힌다. 태상(太上)의 성인(聖人)은 먼저 사천(事天)하고 치인(治人)한다. 『노자(老子)』의 치도(治道)를 〈치인사천(治人事天)〉한 말씀으로 묶어도 될 것이다. 사천(事天)은 51장(章) 만물막부존도이귀덕(萬物莫不尊道而貴德)과 『장자(莊子)』의 능이(能移)를 환기시킨다. 상도(常道)를 받들고[尊] 상덕(常德)을 받들어[貴] 양생(養生) 즉 천성(天性)을 보양(保養)하는 삶을[生] 누리면서 치인(治人)할 뿐, 지식의 힘[力]으로 사람을[人] 다스리지[治] 않음이 〈치인(治人)〉이고 〈사천(事天)〉이다.

여기 치인(治人)은 치민(治民) · 치국(治國) · 치세(治世)를 묶은 말씀이고, 사천(事天)은 천성(天性)을 보수(保守)하는 치신(治身) · 수신(修身)이니 천성(天性)을 받들어 섬김[事]이다. 스스로 사천(事天)함이지 남에게 사천(事天)하라 함이 아니다. 사천(事天)의 〈천(天)〉은 심신(心身)이고 천성(天性)이니, 이는 『장자(莊子)』의 여천위일(與天爲一)과 『맹자(孟子)』의 양기성(養其性)을 상기시킨다. 정성껏 자연(自然)을 본받아[法] 양생(養生)하면 자연과[天] 함께[與] 하나가 되어[爲一] 반이상천(反以相天) 즉 오히려[反] 사천(事天)하여 자연을[天] 도움[相]이다.

누구나 무사(無私) · 무욕(無欲) · 무아(無我)하여 무위(無爲)의 삶을 누린다면 그런 삶이 곧 사천(事天)이다. 따라서 소사과욕(少私寡欲)하고 복수기모(復守其母)하는 삶이 사천(事天)이다. 그러므로 치인(治人)은 여천위일(與天爲一)의 사천(事天)으로 다스림이지, 예악형정(禮樂刑政)으로 사람을 다지는[齊] 노심(勞心)의 다스림이 아니다. 본래 무위(無爲)의 다스림은 자연과[天] 함께[與] 하나가[一] 되게[爲] 자화(自化)하라 하고, 인위(人爲)의 다스림은 예악(禮樂)으로 절제하여 자제하라 한다. 그러므로 치자(治者)로서 법자연(法自然)의 성인(聖人)과 작예악(作禮樂)의 성인(聖人)은 서로 다르다.

『노자(老子)』의 성인(聖人)은 사천(事天)으로 치인(治人)하는 치자(治者)이고, 『논어(論語)』의 성인(聖人)은 예악(禮樂)으로 치인(治人)하는 치자(治者)인 셈이다. 태상(太上)의 성인(聖人)이 곧고 바르게 하되[方而] 해롭지 않게[不割] 백성을 다스리고, 청렴하게 하되[廉而] 상처 입지 않게[不劌] 다스리며, 곧게 하되[直而] 방자하지 않게[不肆] 백성을 다스리고, 밝히되[光而] 빛내지 않게[不耀] 다스림은 치인

(治人)이 사천(事天)으로 이어지기 때문이다. 치인(治人)하면 사천(事天)하고 사천(事天)하면 치인(治人)하는지라, 치인(治人) 사천(事天)은 둘이 아니라 하나로서 양행(兩行)한다.

치인(治人)할 줄 아는 사람은 용신(用神) 즉 정신[神] 쓰기[用]인 사려(思慮)가 고요하고[靜], 사천(事天)할 줄 아는 사람은 자신의 마음[心]을 비운다[虛]. 허심(虛心)의 심(心)이란 감어물(感於物)하여 마음을 동하게 하는 의욕을 말한다. 요샛말로 온갖 의식(意識)을 비움이[虛] 사천(事天)이니, 공규허(孔窺虛) 즉 이목구비가[孔竅] 허(虛)하다 함은 총명해야 얻는 인지(人智)에 매달리지 않음이다. 허심(虛心)하지 않으면 마음이 정(靜)할 수 없으니 치인사천(治人事天)은 57장(章) 〈호정(好靜)〉으로 통한다. 호정(好靜)은 귀근(歸根)이고, 치인사천(治人事天)으로 본성을[性] 닦아 지켜서[修] 상덕(常德)으로 돌아옴[歸]이야말로 더없는 법자연(法自然)이다. 성수(性修)가 곧 치인(治人)인지라 치자(治者)는 양성(養性)을 떠나서는 치인(治人) 즉 치국(治國)할 수 없고, 이것이 도가(道家)의 치인(治人) 즉 치국(治國)이고 치세(治世)이며 치민(治民)이다.

반덕(反德)이 사천(事天)이며, 도가(道家)의 사천(事天)이다. 그러나 유가(儒家)의 치인(治人)은 지혜를 떠나서는 다스릴 수 없으니 『맹자(孟子)』에 **치인불치(治人不治) 반기지(反其智)**란 말이 나온다. 유가(儒家)는 남을[人] 다스려도[治] 다스려지지 않거든[不治] 제[其] 지혜를[智] 반성하라[反] 한다. 예악(禮樂)을 떠나서는 사군(事君)할 수 없음이 유가(儒家)의 사천(事天)이다. 그러나 도가(道家)의 치인사천(治人事天)은 법자연(法自然)으로 자연(自然)을 본받아[法] 천하모(天下母)인 상도(常道)를 받들어[尊] 사천(事天)해야 치인(治人)할 수 있음을 〈색(嗇)〉한 자(字)를 들어 밝힌다.

색(嗇)이란 애석(愛惜) 즉 사랑하며[愛] 가여워함[惜]을 뜻한다. 천성(天性)을 사랑하고[愛] 가여워하라[惜] 함이니, 이는 외물(外物)에 끌려 다니는 인지(人智)의 총명에 매달리지 않음이다. 『맹자(孟子)』에 존기심(存其心) 양기성(養其性)이란 말이 있고, 『한비자(韓非子)』에도 애기정신(愛其精神) 색기지식(嗇其智識)이란 말이 나온다. 여기 정신(精神)은 천성(天性)을 좇아 따르는 마음이지 사물을 좇아 끌린 총명한 지혜를 말함은 아니다. 천성(天性)을 아끼고 간직해 지키는 마음은[心] 지식 따위를 비움[虛]이니 허심(虛心)하여 고요(靜)하다. 따라서 사람의 욕심을 다스려 무욕(無欲)으로 자화(自化)하게 하는 치인사천(治人事天)은 색(嗇)과 같다.

자연을[天] 받드는[事之] 마음으로[心]써[以] 인심(人心)을 천심(天心)으로 옮겨가게 함이 치인사천(治人事天)이다. 치인(治人)은 26장(章) 〈정위조군(靜爲躁君)〉을 상기시키고, 사천(事天)은 52장(章)과 56장(章)의 〈색기태(塞其兌) 폐기문(閉其門)〉을 떠올린다. 여기 〈치인(治人)〉은 동정(動靜)의 절도(節度)를 알맞게 하고 사려(思慮)를 남용하지 않음이고, 인지(人智)의 총명(聰明)을 떨쳐버리고 양성(養性)으로 백성을 다스림이다. 그러므로 치인사천(治人事天)의 〈치인(治人)〉은 『노자(老子)』 3장(章) 〈성인지치(聖人之治)〉를 환기시켜 무위의[無爲] 다스림을[治] 다시금 살펴 헤아리게 한다.

예악형정(禮樂刑政)이란 것이 생기지 않았던 시대[太上]에는 성인(聖人)이 치인(治人)해도 백성은 성인(聖人)이 있는 줄도 몰랐던 까닭을 여기서 깨우칠 수 있다. 사천(事天)으로 치인(治人)함인지라 앞서 살핀 바대로 〈방이불할(方而不割)〉 즉 다스림이 방정함에도[方] 백성을 해침이[割] 없는[無] 것이고, 〈염이불귀(廉而不劌)〉 즉 다스림이 청렴함에도[廉] 백성을 아프게 함이[劌] 없는[無] 것이며, 〈직이불사(直而不肆)〉 즉 다스림이 방정함에도[直] 백성을 함부로 함이[肆] 없는[無] 것이고, 〈광이불요(光而不耀)〉 즉 다스림이 빛남에도[光] 백성한테 눈부심이[耀] 없는[無] 것임을 깨우칠 수 있다. 이처럼 사천(事天)으로 치인(治人) 즉 나라와 백성을 다스리는[治] 마음바탕을 막약색(莫若嗇)의 〈색(嗇)〉으로 압축할 수 있다.

다시 살펴두지만 색(嗇)은 〈내(來)〉와 〈늠(靣)〉을 합해서 회의(會意)한 자(字)로서, 다가올 미래를 위해 남는 것을[來者] 곳간에 간직해둠[靣]이다. 농부가 농사를 짓고 곡식을 거두어 곳간에 저장하듯, 치자(治者)는 사천(事天)하여 자기의 심늠[心靣] 즉 마음의[心] 곳간에[靣] 필요할 때 쓸 수 있게 적덕(積德) 즉 현덕(玄德)을 비축해두고[積] 덕(德)을 아껴 씀이[愛惜] 치자(治者)의 색(嗇)임을 깊이 살펴 새기고 헤아려 깨우치게 하는 말씀이 〈치인사천막약색(治人事天莫若嗇)〉이다.

註 "도생지(道生之) 덕흑지(德畜之) 물형지(物形之) 세성지(勢成之) 시이(是以) 만물막부존도이귀덕(萬物莫不尊道而貴德)." 상도가[道] 낳아주고[生之], 상덕이[德] (만물을) 길러주며[畜之], (덕의 길러줌으로써) 만물이[物] (저마다) 몸을 갖추고[形之], (만물이 저마다 누리는) 환경이[勢] 이

루어진다[成之]. 이렇기[是] 때문에[以] 온갖 것은[萬物] 도를[道] 받들면서[尊而] 덕을[德] 받들지 않을 수[不貴] 없다[莫].　　　　　　　　　　　　　　　　　　『노자(老子)』 51장(章)

註　"부형전정복(夫形全精復) 여천위일(與天爲一) 천지자만물지부모야(天地者萬物之父母也) 합즉성체(合則成體) 산즉성시(散則成始) 형정불휴(形精不虧) 시위능이(是謂能移) 정이우정(精而又精) 반이상천(反以相天)." 무릇[夫] 몸이[形] 온전하고[全] 정신이[精] 돌아오면[復] {만물(萬物)은} 자연과[與天] 하나가[一] 된다[爲]. 하늘땅이란[天地] 것은[者] 만물의[萬物之] 어버이[父母]이다[也]. {음양(陰陽)이} 합해지면[合則] 몸을[體] 이루고[成], 흩어지면[散則] 태시를[始] 이룬다[成]. 몸과[形] 정신은[精] {본래(本來)로 돌아가니} 이지러지지 않는다[不虧]. 이를[是] 자연의 조화를 순응해[順應] 옮겨감이라[能移] 한다[謂]. 정성들이고[精而] 또[又] 정성들이면[精] 그로써[以] 오히려[反] 자연을[天] 돕는다[相].

천지자(天地者)는 여기선 음양자(陰陽者) 즉 음양이란[陰陽] 것[者]을 말한다. 성체(成體)는 생(生)이고, 성시(成始)는 사(死)이다. 사(死)는 태시(太始), 즉 생(生)을 일으킨 것[作者]으로 돌아감[復]을 말한다. 불휴(不虧)는 여기선 받은 것을 그냥 그대로 돌려줌이다. 능이(能移)는 자연의 조화, 즉 변화의 짓을 그냥 그대로 좇아 따라감이다.　　　　　　　『장자(莊子)』「달생(達生)」

註　"진기심자지기성야(盡其心者知其性也) 지기성(知其性) 즉지천의(則知天矣) 존기심(存其心) 양기성(養其性) 소이사천야(所以事天也) 요수불이(殀壽不貳) 수신이사지(修身以俟之) 소이립명야(所以立命也)." 자기의[其] 마음을[心] 다하면[盡者] 자기의[其] 본성을[性] 아는 것[知]이다[也]. 자기의[其] 천성을[性] 알면[知] 곧[則] 심신을 준 하늘을[天] 아는 것[知]이다[矣]. 마음을[心] 살펴서[存] 자기의[其] 본성을[性] 기르는 것이[養] 심신을 준 하늘을[天] 섬기는[俟] 방법[所以]이다[也]. 요절이든[殀] 장수든[壽] 의심치 않고[不貳] 자신을[身] 닦음으로[修]써[以] 천명을[之] 기다림이[俟] 목숨을[命] 지키는[立] 방법[所以]이다[也].　　　『맹자(孟子)』「진심장구상(盡心章句上)」

註　"애인불친(愛人不親) 반기인(反其仁) 치인불치(治人不治) 반기지(反其智) 예인부답(禮人不答) 반기경(反其敬) 행유부득자(行有不得者) 개반구저기(皆反求諸己) 기신정이천하귀지(其身正而天下歸之)." 사람을[人] 아껴주었는데도[愛] 친해오지 않으면[不親] 자신의[其] 어짊을[仁] 반성하고[反], 사람을[人] 다스렸는데도[治] 다스려지지 않으면[不治] 자신의[其] 지혜를[智] 반성하며[反], 사람을[人] 예로써 대했음에도[禮] 응답이 없으면[不答] 자신의[其] 공경을[敬] 반성하며[反], 기대하지 않았던[不得] 것이[者] 생기거든[有] 모두[皆] 자신[其]에게서 그 원인을[諸] 돌이켜[反] 찾아보라[求]. 제[其] 자신이[身] 방정하다면[正而] 세상이[天下] 저한테로[之] 돌아온다[歸].
　　　　　　　　　　　　　　　　　　　　　『맹자(孟子)』「이루장구상(離婁章句上)」

註　"군자거즉귀좌(君子居則貴左) 용병즉귀우(用兵則貴右) 병자불상지기(兵者不祥之器) 비군자지기(非君子之器)." 군자는[君子] 살아가면서[居] 곧[則] 왼쪽을[左] 소중히 한다[貴]. 병장기를[兵] 쓰면[用] 곧[則] 오른쪽을[右] 소중히 한다[貴]. 병장기란[兵] 것은[者] 상서롭지 못한[不祥之] 기물이니[器] 군자의[君子之] 기물이[器] 아닌 것이다[非].　　　　　　『노자(老子)』 31장(章)

註 "부도부재만물자야(夫道覆載萬物者也) 양양호대야(洋洋乎大也) 군자불가이불고심야(君子不可以不劌心也)." 무릇[夫] 상도가[道] 만물을[萬物] 덮어주고[覆] 실어주는[載] 것이란[者也] 넓고 깊어서이고[洋洋乎] 큰 것이[大]이다[也]. 군자는[君子] (그 도로) 써[以] 마음을[心] 파내지[劌] 않으면 안 되는 것[不可不]이다[也]. 『장자(莊子)』「천지(天地)」

註 "색지자(嗇之者) 애기정신(愛其精神) 색기지식야(嗇其智識也)." 아끼는[嗇之] 것은[者] 그[其] 정신을[精神] 소중히 함이고[愛], 그[其] 지식에[智識] 인색함[嗇]이다[也].

여기 지(之)를 허사(虛詞)로 여기고 무시해도 되고, 마음[心]으로 여기고 새겨도 된다. 정신(精神)은 성정(性情)을 말하고, 성(性)이 마음의 근본이고, 정(情)은 마음의 말단임이 정신의 도리(道理)이다. 『한비자(韓非子)』「해로(解老)」

【보주(補註)】

● 〈치인사천막약색(治人事天莫若嗇)〉을 〈치인막약어색(治人莫若於嗇) 이사천막약어색(而事天莫若於嗇)〉처럼 옮기면 문의(文意)를 더 쉽게 새길 수 있다. 〈나라를 다스림에[治人] 남아도 아끼는 것[嗇]보다 더[於] 좋은 것이[若] 없다[莫]. 그리고[而] 천성을 보양함에[事天] 남아도 아끼는 것[嗇]보다 더[於] 좋은 것이[若] 없다[莫].〉

● 치인(治人)은 치국(治國)과 같다. 나라를[國] 다스림은[治] 백성을[民] 다스림과[治] 같기 때문이다.

● 사천(事天)은 〈사봉천성(事奉天性)〉의 줄임이다. 천성(天性)을 받듦이[事奉] 사천(事天)이다. 이는 곧 자연을 섬김이고 존도(尊道)하여 귀덕(貴德)함이다. 이러한 사천(事天)은 인지(人智)의 총명(聰明)에 매달리지 않는다. 나아가 천성을[天] 받듦[事]이란 무위(無爲) 즉 작위(作爲)가 없음을 말한다. 사천(事天)이란 만물지본(萬物之本), 즉 상도(常道)를 받듦이고[尊] 상덕(常德)을 받듦[貴]인지라 『장자(莊子)』의 정즉무위(靜則無爲)와 성수반덕(性修反德)을 환기시킨다. 따라서 사천(事天)은 16장(章) 귀근왈정(歸根曰靜)과 19장(章)의 견소포박(見素抱樸) 소사과욕(少私寡欲)을 상기시킨다. 사천(事天)은 귀근(歸根)으로 이어지니, 무위(無爲)로 다스리는 치인(治人)의 마음은 고요하다[靜]. 고요한[靜] 마음은[心] 제 몫을 줄이고[少私] 욕심을 줄이므로[寡欲] 절로 양생(養生)한다. 『맹자(孟子)』에 존기심(存其心) 양기성(養其性) 소이사천(所以事天也)이란 말이 나오지만, 동시에 노심자치인(勞心者治人) 노력자치어인(勞力者治於人)이라 밝히고 있어 인위(人爲)로

다스리는 치인(治人)의 마음은 수고로워[勞] 고요[靜]로 치인(治人)할 수는 없다. 인위(人爲)의 다스림은[治] 예(禮)로써 백성의 뜻을[志] 이끌고[道], 악(樂)으로 백성의 소리를 화합시키고[和], 정(政)으로 백성의 행동을 통일시키며[一], 형(刑)으로 백성의 못된 짓을 방지하느라[防] 늘 노심(勞心) 즉 마음을[心] 수고롭게 해야[勞] 하기 때문이다. 이처럼 무위지치(無爲之治)의 용심(用心)과 인위지치(人爲之治)의 용심(用心)은 사뭇 다르다.

───────────

🈐 "정즉무위(靜則無爲) 무위야(無爲也) 즉임사자책의(則任事者責矣) 무위즉유유(無爲則兪兪) 유유자우환불능처(兪兪者憂患不能處)." 고요하면[靜] 곧[則] 작위(作爲)함이[爲] 없다[無]. 작위(作爲)함이[爲] 없는 것[無]이면[也] 곧[則] 일을[事] 맡은[任] 사람이[者] 책임지는 것[責]이다[矣]. 작위(作爲)함이[爲] 없으면[無] 곧장[則] {사욕(私欲) 따위에} 걸림 없어 너그러이 즐거워 그냥 그대로이다[兪兪]. 걸림 없어 너그럽고 즐거운[兪兪] 사람에게는[者] 우환이[憂患] 붙을[處] 수 없다[不能].

유유자(兪兪者)는 너그럽고 즐거워 자연 그대로임을 뜻한다. 『장자(莊子)』「천도(天道)」

🈐 "성수반덕(性脩反德) 덕지동어초(德至同於初)." 본성을[性] 닦고 지켜[脩] 상덕으로[德] 돌아간다[反]. 상덕이[德] 지극하여[至] 맨 처음과[於初] 같아진다[同].

『장자(莊子)』「천지(天地)」

🈐 "부물운운(夫物芸芸) 각귀기근(各歸其根) 귀근왈정(歸根曰靜) 시위복명(是謂復命) 복명왈상(復命曰常) 지상왈명(知常曰明)." 무릇[夫] 온갖 것들은[物] 수많은 모습이지만[芸芸] 저마다[各] 제[其] 뿌리로[根] 돌아간다[歸]. 뿌리로[根] 돌아감을[歸] 고요라[靜] 하고[曰], 이것을[是] 본성으로[命] 돌아옴이라[復] 한다[謂]. 천성으로[命] 돌아옴을[復] {만물이 따르는 천도(天道)의} 한결같음이라[常] 하며[曰], {상도(常道)의} 한결같음을[常] 앎을[知] 밝음이라[明] 한다[曰].

『노자(老子)』16장(章)

🈐 "견소포박(見素抱樸) 소사과욕(少私寡欲)." 검소함을[素] 살피고[見] 질박함을[樸] 지키며[抱], 제 몫을[私] 적게 하고[少] 욕망을[欲] 적게 한다[寡].

『노자(老子)』19장(章)

🈐 "존기심(存其心) 양기성(養其性) 소이사천야(所以事天也) 요수불이(夭壽不貳) 수신이사지(修身以俟之) 소이립명야(所以立命也)." 마음을[心] 살펴서[存] 자기의[其] 본성을[性] 기르는 것이[養] 심신을 준 하늘을[天] 섬기는[俟] 방법[所以]이다[也]. 요절이든[夭] 장수든[壽] 의심치 않고[不貳] 자신을[身] 닦음으로[修]써[以] 천명을[之] 기다림이[俟] 목숨을[命] 지키는[立] 방법[所以]이다[也].

『맹자(孟子)』「진심장구상(盡心章句上)」

🈐 "노심자치인(勞心者治人) 노력자치어인(勞力者治於人) 치어인자사인(治於人者食人) 치인자사어인(治人者食於人) 천하지통의야(天下之通義也)." 마음을[心] 수고롭게 하는[勞] 이는

[者] 남들을[人] 다스리고[治], 체력을[力] 수고롭게 하는[勞] 사람들은[人] 남들을[人] 먹여준다[食]. 남에[人] 의해서[於] 다스림을 받는[治] 이는[者] 사람들을[人] 먹여주고[食], 남들을[人] 다스리는[治] 사람은[人] 남들에[人] 의해서[於] 먹여짐이[食] 세상에[天下之] 통하는[通] 원칙[義]이다[也].　　　　　　　　　　　『맹자(孟子)』「등문공장구상(騰文公章句上)」

📖　"예이도기지(禮以道其志) 악이화기성(樂以和其聲) 정이일기행(政以一其行) 형이방기간(刑以防其姦)." 예로[禮]써[以] 백성의[其] 뜻을[志] 인도하고[道], 악으로[樂]써[以] 백성의[其] 소리를[聲] 화합시키며[和], 정으로[政]써[以] 백성의[其] 행동을[行] 통일시키고[一], 형으로[刑]써[以] 백성의[其] 간사함을[姦] 방지한다[防].　　　　　　『예기(禮記)』「악기(樂記)」

- 치인사천막약색(治人事天莫若嗇)의 〈색(嗇)〉은 〈검(儉)〉 즉 애석(愛惜)과 같다. 이러한 색(嗇)을 검소한 〈농부(農夫)〉로 새기기도 한다. 농부는 농사지은 곡식을 한꺼번에 다 소비하지 않는다. 곳간에 저장해두고 필요한 만큼만 내다 먹을 거리로 삼는다. 그래서 색(嗇)을 〈애석(愛惜)〉 즉 사랑하고[愛] 가여워함[惜]이라 한다. 〈내자름(來者亩)〉 즉 앞날을 위해 남는[來] 것을[者] 곳간에 둠이[亩] 색(嗇)의 회의(會意)이다. 〈늠(亩)〉은 〈늠(廩)〉의 고자(古字)이고, 〈내자(來者)〉란 〈유여자(有餘者)〉 즉 남는[裕餘] 것[者]으로, 농부가 먹을 양식을 미리 마련해 곳간에[亩] 비축해둠이 색(嗇)이다. 그래서 농부를 장부(藏夫)라 하고, 색(嗇)이라고도 한다. 이러한 색(嗇)을 빌려 노자(老子)가 치자(治者)의 사천(事天)을 밝히고, 이어 치인(治人)의 바탕으로 삼은 것이다.

【해독(解讀)】

- 〈치인사천막약색(治人事天莫若嗇)〉에서 치인사천(治人事天)은 부사구 노릇하고, 막(莫)은 〈없을 막(莫)〉으로 동사 노릇하며, 약(若)은 영어의 부정사(不定詞)처럼 구실하고, 색(嗇)은 약(若)의 보어 구실하고, 약색(若嗇)은 막(莫)의 주부(主部) 노릇한다. 치(治)는 〈다스릴 리(理)〉와 같아 치리(治理)의 줄임말로 여기면 된다. 치리(治理)란 정도(正道) 즉 바르게[正] 이끌어감[道]이니, 치인(治人)이란 나라를[國] 바르게 다스리고[治] 백성을[民] 바르게 이끌어감이다. 막(莫)은 〈없을 무(無)〉와 같고, 색(嗇)은 〈아낄 검(儉)〉과 같아 검색(儉嗇)과 같다. 〈치인사천에[治人事天] 색과[嗇] 같은 것이[若] 없다[莫].〉
- 치인사천막약색(治人事天莫若嗇)은 〈A막약어(莫若於)B〉의 상용문이다. 〈A막

약어(莫若於)B〉에서 어(於)를 생략하고 〈A막약(莫若)B〉로 한 것이다. 〈막위(莫爲)A〉 역시 상용문이다. 막(莫)은 금지사(禁止詞)로서 〈~하지 말 물(勿)·무(毋)〉 등과 같다. 〈A에는 B보다 더[若] 같은 것은[若] 없다[莫].〉〈A에는 B와 같은 것은[若] 없다[莫].〉〈A를 하지[爲] 말라[莫].〉

59-2 夫唯嗇(부유색) 是謂早服(시위조복)

▶ 무릇[夫] 오로지[唯] 애석함[嗇] 이것을[是] 미리미리[早] 마련해 갖추어둠이라[服] 한다[謂].

> 무릇 부(夫), 오직 유(唯), 검소할 색(嗇), 이 시(是), 일컬을 위(謂),
> 미리 조(早), 마련해 갖출 복(服)

【지남(指南)】

〈부유색(夫唯嗇) 시위조복(是謂早服)〉은 치인사천(治人事天)의 색(嗇)을 이어 풀이한다. 사천(事天)하여 치인(治人)함에 왜 색(嗇)만 한 것이 없는가를 강조하여 거듭 밝힌다. 색(嗇)을 강조하여 〈부유색(夫唯嗇)〉이라 하고, 〈조복(早服)〉이라 풀이한다. 미리 마련해 곳간에 간직해둠이 조복(早服)으로, 상도(常道)에 복종하는 동시에 대도(大道)의 씀[用]을 스스로 빨리[早] 좇아 따름[服]이다. 상도(常道)를 따라 조속히[早] 복종함은[服] 51장(章) 〈만물막부존도이귀덕(萬物莫不尊道而貴德)〉이란 말씀을 상기시킨다. 온갖 것에[萬物] 상도를[道] 받들지 않거나[不尊] 상덕을[德] 받들지 않음이[不貴] 없음[莫]을 깨우치면 서슴없이 조복(早服)할 것이다. 상도(常道)에 조속히 복종함이 조복(早服)인지라 이는 곧 조복(早復)이다.

조복(早服)하면 절로 견소포박(見素抱樸)하게 되고, 그러면 소사과욕(少私寡欲)하게 되니 무사(無私)하고, 무사(無私)하면 무욕(無欲)하여 저절로 법자연(法自然)함이고, 자연을 본받음은[法] 상도(常道)와 상덕(常德)을 곧장 받듦[事]이다. 성인(聖人)은 법자연(法自然)을 본받고 받드니, 무위(無爲)의 다스림이 다름 아닌 색(嗇)으로 치인(治人)하고 사천(事天)하는 것이다. 그래서 조복(早服)을 〈조반어도(早反於道)〉로 새기기도 하고, 〈조위준비(早爲準備)〉라 하여 조속히[早] 상도로[於

道] 돌아옴[反]이라고 풀이하거나 조속히[早] 준비해둠[爲準備]이라고 풀이한다. 치인(治人)의 색(嗇)이든 사천(事天)의 색(嗇)이든, 미리미리 준비하여 상도(常道)를 받들고[尊] 상덕(常德)을 받들어[貴] 무위(無爲)를 행하게 함이 색(嗇)의 조복(早服)임을 살펴 새기고 헤아려 깨우치게 하는 말씀이 〈부유색(夫唯嗇) 시이조복(是以早服)〉이다.

📖 "집대상(執大象) 천하왕(天下往) 왕이불해(往而不害) 안평태(安平泰)." 대도의[大] 짓을[大象] 지키면[執] 세상[天下] 어디든 가고[往], 어디든 가도[往而] 해침이 없으니[不害], 평안하고[安] 화평하며[平] 태평하다[泰].   『노자(老子)』 35장(章)

📖 "도생지(道生之) 덕휵지(德畜之) 물형지(物形之) 세성지(勢成之) 시이(是以) 만물막부존도이귀덕(萬物莫不尊道而貴德)." 상도가[道] 낳아주고[生之], 상덕이[德] (만물을) 길러주며[畜之], (덕의 길러줌으로써) 만물이[物] (저마다) 몸을 갖추고[形之], (만물이 저마다 누리는) 환경이[勢] 이루어진다[成之]. 이렇기[是] 때문에[以] 온갖 것은[萬物] 도를[道] 받들면서[尊而] 덕을[德] 받들지 않을 수[不貴] 없다[莫].   『노자(老子)』 51장(章)

【보주(補註)】

● 〈부유색(夫唯嗇) 시위조복(是謂早服)〉을 〈부유색지위조복(夫唯嗇之謂早服)〉처럼 옮기면 문의(文意)를 더 쉽게 새길 수 있다. 〈무릇[夫] 오로지[唯] 아낌을[嗇] 조속히[早] 복종함이라[服] 한다[謂].〉

● 조복(早服)의 〈조(早)〉는 먼저 행하면서도 멈추지 않음이고, 조복(早服)의 〈복(服)〉은 성복(誠服)이다. 성복(誠服)은 기꺼이 스스로 따름이니 잠시도 떠나지 않음이다. 그러므로 조복(早服)은 법자연(法自然)을 미리미리 먼저 행하면서 자연을 잠시도 잊지 않고 따름이다. 자연을 본받아 따름은 덕(德)을 얻음[得]이니 조복(早服)은 〈조반어도(早返於道)〉로 풀이할 수 있다. 나아가 존도(尊道)하고 귀덕(貴德)하여 자연(自然)을 본받아[法] 무위(無爲)를 행할 수 있게 미리 준비하므로 〈색(嗇)의 조복(早服)〉을 〈조위준비(早爲準備)〉로 풀이하기도 한다. 〈조속히[早] 상도로[於道] 돌아옴[返]〉 〈조속히[早] 준비됨[爲準備]〉

● 시위조복(是謂早服)이 〈시이조복(是以蚤服)〉 또는 〈시이조복(是以早復)〉으로 된 본(本)도 있다. 조복(早復)은 조복어천(早復於天) 즉 조속히[早] 자연으로[於天] 돌아옴[復]인지라 역시 법자연(法自然)을 뜻한다. 자연을 본받기로[法] 돌아

옴 역시 덕(德)을 지음이고, 덕을 지으면 귀덕(貴德)함이고, 귀덕(貴德)하면 존도(尊道)함이다. 〈이로[是]써[以] 조속히[早] 되돌아온다[復].〉

【해독(解讀)】

- 〈부유색(夫唯嗇) 시위조복(是謂早服)〉에서 부유색(夫唯嗇)은 시(是)의 동격 노릇하고, 시(是)는 부유색(夫唯嗇)을 나타내는 지시어로 위(謂)의 목적어 노릇하며, 위(謂)는 동사 노릇하고, 조복(早服)은 목적보어 노릇한다. 색(嗇)은 〈아낄 검(儉)〉과 같아 검색(儉嗇)의 줄임말로 여기면 되고, 조(早)는 〈일찍 조(蚤)·빨리 속(速)〉 등과 같아 조속(早速)의 줄임이고, 복(服)은 〈따를 종(從)〉과 같다고 보아도 되지만 여기선 〈얻을 득(得)〉과 같은 뜻으로 새겨도 된다. 〈부유색(夫唯嗇) 이를[是] 조복이라[早服] 한다[謂].〉

- 〈부유색(夫唯嗇) 시위조복(是謂早服)〉은 〈A지위(之謂)B〉 또는 〈A위지(謂之)B〉의 상용문이다. 〈A를[之] B라 한다[謂].〉〈A 그것을[之] B라 한다[謂].〉

59-3 早服謂之重積德(조복위지중적덕)

▶ 일찍[早] 미리 마련해 갖춤[服] 그것을[之] 거듭해[重] 덕을[德] 마련해둠이라[積] 한다[謂].

이를 조(早), 얻을 복(復), 일컬을 위(謂), 그것 지(之), 거듭 중(重), 마련해둘 적(積), 크나큰 덕(德)

【지남(指南)】

〈조복위지중적덕(早服謂之重積德)〉은 〈색(嗇)〉의 〈조복(早服)〉을 거듭 밝힌다. 〈치인사천(治人事天)의 색(嗇)〉이란 무위지덕(無爲之德)을 언제든 행할 수 있도록 미리 수장(收藏)해둠으로, 조복(早服)은 일찍[早] 준비해두는 것이니 거듭[重] 적덕(積德) 즉 상덕(常德)을 비축해둠과 같다. 적덕(積德)이란 내향행선(來向行善)으로 다가올 제때에[來] 선을[善] 행하려[向] 함이다. 본래 상덕(常德)은 상도(常道)의 행선(行善) 즉 상도(常道)가 법자연(法自然)함이니 상도(常道)의 조화를 일컫는다. 그러므로 〈적덕(積德)〉 즉 덕을[德] 비축(備蓄)함이란 25장(章) 도법자연(道法自然)을 그대로 본받아 행함이다.

　사람의 행선(行善)은 땅을[地] 본받아[法] 제때에 행하는 적덕(積德)이고, 땅의 행선(行善)은 하늘을[天] 법(法)하여 제때에 행하는 적덕(積德)이며, 하늘의 행선(行善)은 상도를[常道] 법(法)하여 제때에 행하는 적덕(積德)이고, 상도(常道)는 자연(自然)을 법(法)하여 늘 제때에 행하는 적덕(積德)이다. 이러한 적덕(積德)을 행하고자 52장(章) 〈복수기모(復守其母)〉하라 한다. 상도(常道)란 천지만물의 시원(始原)으로서 어머니[母]이니, 지체 없이 그 어머니에게로[其母] 돌아와[復] 그 어머니를 지키면[守] 그 지킴이[守] 바로 조복(早服)이며 적덕(積德)이다. 조복(早服)이란 상도(常道)를 본받아[法] 복종(服從)하여 대도(大道)의 씀[用]을 스스로 재빨리[早] 그대로 따름[服]이다.

　상도(常道)의 법자연(法自然)을 좇아 일찍부터[早] 덕을 미리 마련해[服] 때를 놓치지 않고 행선(行善)함이 성인(聖人)의 치인(治人)이며 사천(事天)이다. 성인(聖人)의 치인(治人)이 무위지치(無爲之治)임은 그 다스림이[治] 법자연(法自然)인 까닭이고, 성인(聖人)의 사천(事天)이 처무위지사(處無爲之事)임도 성인(聖人)의 양생(養生) 역시 법자연(法自然)인 까닭이다. 이러한 성인(聖人)의 치인(治人)과 사천(事天)의 적덕(積德)은 57장(章) 성인운(聖人云)에 고스란히 나와 있다. 내가[我] 무위(無爲)하니까 백성[民]이 자화(自化)하고, 내가 호정(好靜)하니 민(民)이 자정(自正)하고, 내가 무사(無事)하니 민[民]이 자부(自富)하며, 내가 무욕(無欲)하니 민(民)이 자박(自樸)한다는 성인(聖人)의 밝힘은[云] 치인(治人)과 사천(事天)을 동시에 밝혀준다.

　이처럼 〈무위(無爲) · 호정(好靜) · 무사(無事) · 무욕(無欲)〉 등은 성인(聖人)이 적덕(積德)으로 행한 사천(事天)이고, 〈자화(自化) · 자정(自正) · 자부(自富) · 자박(自樸)〉 등은 성인(聖人)이 적덕(積德)으로 행한 치인(治人)임을 헤아릴 수 있다. 나아가 성인(聖人)이 적덕(積德)으로 사천(事天)하고 치인(治人)함이 27장(章) 상선구인(常善救人) · 상선구물(常善救物)이며, 인간의 물욕이 빚어내는 감동은 호오(好惡)의 시비로 상쟁(相爭)하게 하는 총명(聰明)의 지식을 극진히 함이니 인간이 상쟁(相爭)을 마다하지 않아 마음의 곳간에[嗇] 적덕(積德)이 미리미리 갖추어질 여지가 없게 됨을 아울러 헤아릴 수 있다. 따라서 〈유위(有爲) · 유사(有事) · 호동(好

動)·유욕(有欲)·유정(有情)·물욕(物欲)〉 등으로 행해지는 인위지치(人爲之治)는 사천(事天)을 저버리고 치인(治人)을 감행하는 것이다.

사천(事天)하여 치인(治人)함이 법자연(法自然)의 덕(德)을 미리미리 비축해야 함을[積德] 거듭 강조하는 것은, 백성으로 하여금 〈안평태(安平泰)〉 즉 더없는[安] 화평과[平] 태안을[泰] 누리게 할 수 있기 때문이다. 그래서 『장자(莊子)』에도 성수반덕(性脩反德)이란 말이 나온다. 본성을[性] 닦아 지켜[修] 덕을[德] 반복하면[反] 순천(順天) 즉 천성을[天] 따라[順] 절로 귀도(歸道)하는 것도 조복(早服)이고 적덕(積德)이다. 따라서 치인(治人)함이란 적덕(積德) 즉 법자연(法自然)의 상덕(常德)을 미리미리 비축하는 사천(事天)이야말로 양생(養生)을 떠나서는 불가능함을 살펴 새기고 헤아려 깨우치게 하는 말씀이 〈조복위지중적덕(早服謂之重積德)〉이다.

註 "인법지(人法地) 지법천(地法天) 천법도(天法道) 도법자연(道法自然)." 사람은[人] 땅을[地] 본받고[法], 땅은[地] 하늘을[天] 본받고[法], 하늘은[天] 상도를[道] 본받고[法], 상도는[道] 그냥 그대로를[自然] 본받는다[法]. 『노자(老子)』25장(章)

註 "성인상선구인(聖人常善救人) 고(故) 무기인(無棄人) 상선구물(常善救物) 고(故) 무기물(無棄物)." 성인은[聖人] 늘[常] 선하게[善] 사람들을[人] 구제하기[救] 때문에[故] 사람들을[人] 버림이[棄] 없고[無], 늘[常] 선하게[善] 온갖 것을[物] 구제하기[救] 때문에[故] 온갖 것을[物] 버림이[棄] 없다[無]. 『노자(老子)』27장(章)

註 "성인운(聖人云) 아무위이민자화(我無爲而民自化) 아호정이민자정(我好靜而民自正) 아무사이민자부(我無事而民自富) 아무욕이민자박(我無欲而民自樸)." 성인은[聖人] 말한다[云] : 나에게[我] 인위가[爲] 없으니까[無而] 백성은[民] 절로[自] 변화하고[化], 내가[我] 고요를[靜] 좋아하니까[好而] 백성은[民] 절로[自] 바르고[正], 나에게[我] {인위(人爲)의} 일이[事] 없으니까[無而] 백성은[民] 절로[自] 부유하며[富], 나에게[我] 욕심이[欲] 없으니까[無而] 백성은[民] 절로[自] 본디대로다[樸]. 『노자(老子)』57장(章)

註 "성수반덕(性脩反德) 덕지동어초(德至同於初)." 본성을[性] 닦고 지켜[脩] 상덕으로[德] 돌아간다[反]. 상덕이[德] 지극하여[至] 맨 처음과[於初] 같아진다[同].
동어초(同於初)의 초(初)는 상도(常道)를 말한다. 『장자(莊子)』「천지(天地)」

【보주(補註)】

● 〈조복위지중적덕(早服謂之重積德)〉을 〈조복지위중적덕(早服之謂重積德)〉처럼 옮기면 문의(文意)를 더 쉽게 새길 수 있다. 〈조복[早服] 그것을[之] 중적덕이라

[重積德] 한다[謂].〉

- 조복(早服)은 두 갈래로 풀이된다. 조복(早服)의 복(服)을 복(復)으로 여기고, 복(服) 뒤에 목적어가 없어 뜻이 완전치 못하니 보충하여 조복(早服)은 〈조반어도(早返於道)〉로 읽자는 고형(高亨)의 설(說)이 있다. 다른 하나는 조복(早服)의 복(服)을 〈복자사야(服者事也)〉라 하여, 일이 일어나기에 앞서 사천(事天)의 덕(德)을 비축(備蓄)하여 일이 닥쳤을 때 극복할 수 있음을 뜻한다고 여기고 〈조위준비(早爲準備)〉로 읽자는 장묵생(張默生)의 설(說)이 있다. 조복(早服)은 양설(兩說) 중에 하나를 간택하기보다 함께 적용하는 편이 헤아림의 폭을 넓힌다. 〈일찍[早] 상도로[於道] 돌아온다[返].〉〈복이란[服] 것은[者] 섬김[事]이다[也].〉〈일찍[早] 마련해 갖춤[準備]이다[爲].〉

【해독(解讀)】

- 〈조복위지중적덕(早服謂之重積德)〉에서 조복(早服)은 위(謂)의 목적어 노릇하고, 위(謂)는 동사 노릇하며, 지(之)는 허사(虛詞)로서 가목적어 노릇하고, 중적덕(重積德)은 목적보어 노릇한다. 조(早)는 〈일찍 조(蚤)·빨리 속(速)〉 등과 같아 조속(早速)의 줄임말로 여기고, 중(重)은 〈거듭 복(複)·누(壘)〉 등과 같아 중복(重複)의 줄임말로 보고, 적(積)은 〈쌓을 누(壘)·취(聚)〉 등과 같아 누적(壘積)의 줄임말로 여기면 되고, 적덕(積德)·적선(積善)은 같은 술어(術語)이다. 〈부유색(夫唯嗇) 이를[是] 조복이라[早服] 한다[謂].〉〈덕을[德] 적함을[積] 거듭함을[重]〉〈덕을[德] 거듭해[重] 적함을[積]〉

- 〈조복위지중적덕(早服謂之重積德)〉은 〈A위지(謂之)B〉의 상용구문이다. 〈A위지(謂之)B〉에서 지(之)는 허사(虛詞)로 보아도 되고, 가목적어로 여기고 〈그것 지(之)〉로 뜻을 주어 새겨도 된다. 〈A 그것을[之] B라 한다[謂].〉〈A를 B라 한다[謂].〉

59-4 重積德(중적덕) 則無不克(즉무불극)

▶거듭해[重] 덕을[德] 쌓으면[積] 곧[則] 무릅쓰지 못할 것이[不克] 없다[無].

거듭 중(重), 쌓을 적(積), 크나큰 덕(德), 없을 무(無), 못할 불(不),
무릅쓸 극(克)

【지남(指南)】

〈중적덕(重積德) 즉무불극(則無不克)〉은 적덕(積德)을 거듭하는 까닭을 밝힌다.
거듭[重] 무위(無爲)의 덕(德)을 비축해두면 불극(不克)함이 없다[無]. 여기 〈무불
극(無不克)〉은 3장(章) 무불치(無不治)를 상기시킨다. 나아가 적덕(積德)의 색(嗇)도
19장(章) 소사과욕(少私寡欲)을 치자(治者)가 본받아 행하므로 적덕(積德)은 치인
(治人)으로 드러난다.

〈유위(有爲) · 유사(有事) · 호동(好動) · 유욕(有欲) · 유정(有情) · 물욕(物欲)〉의
인위(人爲)로는 중적덕(重積德)하기 어렵고 매사에 〈유불극(有不克)〉이 끊임없이
빚어진다. 극복하지 못할 사항이 빈번하게 빚어지는 것은 인지(人智)로 승인(勝
人)하고자 상쟁(相爭)의 삶을 마다 않기 때문이다. 범인은 편히 깃들이지 못할 총
명의 지식에 매달려 머물려 하고 천분(天分)에 머물려 하지 않기 때문에 적덕(積
德)하지 않고 고생한다. 고생(苦生)이란 상쟁(相爭) · 상해(相害)의 삶이니, 서로 겨
루기로 삶을 이어가면 날마다 심투(心鬪)를 겪어야 하므로 힘[力]을 좇게 되고, 승
인(勝人)해야 자기가 살아남는다고 속셈하므로 사는 일마다 고난으로 다가온다.
소사과욕(少私寡欲)하여 중적덕(重積德)의 삶을 누리면 그 순간부터 고통스럽고
[苦] 힘든[難] 삶을 벗어나 안평태(安平泰)한 삶을 누리게 된다. 이를 거듭[重] 덕
(德)을 쌓으면[積] 이기지 못할 것이[不克] 없다[無] 한다.

무불극(無不克)은 22장(章) 부유부쟁(夫唯不爭)을 상기시킨다. 무불극(無不克)은
중적덕(重積德)에 의한 부쟁(不爭)이다. 다투지 않고[不爭] 따라서 다툼이 없으면
[不爭] 그것이 바로 조복(早服)이니 미리 법자연(法自然)의 덕(德)을 실행하기 때문
이다. 거듭[重] 덕(德)을 간직함[積] 그 자체가 천지도(天之道)를 좇아 따름이니 치
인(治人)함에 승패란 없다. 73장(章) 천지도부쟁이선승(天之道不爭而善勝)이란 말씀
이 나온다. 부쟁(不爭)을 버리고 상쟁(相爭)하면 총명의 지식을 과시해야 한다. 따
라서 자신을 드러내고[自見] 주장하며[自是] 자랑하고[自伐], 뽐내는[自矜] 짓을 서
슴지 않는다. 상쟁(相爭)하면 저마다 승인(勝人)하려 하므로 자현(自見) · 자시(自

是)·자벌(自伐)·자긍(自矜)하기를 서슴지 않아 인심(人心)은 조잡해지고, 마음의 고요를[靜] 팽개쳐 사리(私利)의 작란(作亂)이 빚어지니 무적덕(無積德)하여 난세(亂世)가 빚어진다. 사천(事天) 즉 자연이 물려준 천성(天性)을 받들지[事] 않고 치인(治人)하면 세상은 어지러워지고, 극기(克己)를 팽개쳐 승인(勝人)하고자 너도나도 힘을 가지려[有力] 다투게 되는 것이다.

그러나 중적덕(重積德)하면 무불극(無不克) 즉 무릅쓰지 못할 것이[不克] 없음[無]이니, 〈무불극기(無不克己)〉이지 〈무불극인(無不克人)〉이 아니다. 나를 이겨내지 못할 바가 없음이지, 남을[人] 이기지 못할 바가 없음이 아니다. 거듭 적덕(積德)함은 그것이 곧 부쟁(不爭)이기 때문이다. 왜 극기(克己)하는가? 다사(多私)를 소사(少私)로 천이(遷移)하고, 과욕(過欲)을 과욕(寡欲)으로 옮기기 위하여[遷移] 내가[我] 나를[己] 무릅써 이겨내는[克] 것이다. 이렇듯 극기(克己)하면 상쟁(相爭)을 떠나 부쟁(不爭)하게 되고, 부쟁(不爭)하면 극인(克人)할 까닭이 애초부터 없다.

넘치는[多] 제 몫을[私] 줄이고[少], 넘치는[過] 욕심을[欲] 줄이면[寡] 조잡하게 꽉 찼던 마음이 비고[虛], 마음이 비면 고요하여[靜] 절로 자연의[天] 규율을[道] 따라 다투지 않고[不爭而] 선하게[善] 무릅써가는[勝] 삶이 펼쳐진다. 이러한 삶의 다스림이 다름 아닌 중적덕(重積德)의 치인(治人)으로, 이는 8장(章) **상선약수(上善若水)** 같아 만물을 이롭게 하면서도 다투지 않는다[不爭]. 그러므로 거듭[重] 덕(德)을 쌓으면[積] 불해(不害)하고 부쟁(不爭)하므로 무릅쓰지 못할 것이[不克] 없는[無] 사천(事天)으로 치인(治人)함을 더욱더 살펴 새기고 헤아려 깨우치게 하는 말씀이 〈중적덕(重積德) 즉무불극(則無不克)〉이다.

註 "위무위(爲無爲) 즉무불치(則無不治)." {성인(聖人)이} 무위를[無爲] 실행하면[爲] 곧[則] 다스리지 않음이[不治] 없다[無].　　　　　　　　　　　　　『노자(老子)』 3장(章)

註 "영유소속(令有所屬) 견소포박(見素抱樸) 소사과욕(少私寡欲)." 딸린[屬] 바를[所] 간직하기를[有] 가르쳐 훈계하고[令], 그냥 있는 그대로를[素] 살피고[見] 그냥 있는 그대로를[樸] 간직해 지키며[抱], 제 몫을[私] 적게 하고[少] 욕망을[欲] 적게 한다[寡].　　『노자(老子)』 19장(章)

註 "부자현고명(不自見故明) 부자시고창(不自是故彰) 부자벌고유공(不自伐故有功) 부자긍고장(不自矜故長) 부유부쟁(夫唯不爭)." 자신을[自] 드러내지 않기[不見] 때문에[故] 밝고[明], 스스로[自] 옳다 하지 않기[不是] 때문에[故] 드러나며[彰], 자신을[自] 자랑하지 않기[不伐] 때문에[故]

보람을[功] 갖고[有], 스스로[自] 뽐내지 않기[不矜] 때문에[故] 장구하다[長]. 무릇[夫] 오로지[唯] 다투지 않는다[不爭]   『노자(老子)』22장(章)

註 "천지도부쟁이선승(天之道不爭而善勝) 불언이선응(不言而善應) 불소이자래(不召而自來) 천연이선모(繟然而善謀)." 자연의[天之] 규율은[道] 다투지 않는다[不爭]. 그러나[而] {천지도(天之道)는} 무릅쓰기를[勝] 잘한다[善]. {천지도(天之道)는} 말하지 않는다[不言]. 그러나[而] {천지도(天之道)는} 응하기를[應] 잘한다[善]. {천지도(天之道)는 만물을} 불러 모으지 않는다[不召]. 그러나[而] {만물은 천지도(天之道)로} 스스로[自] 돌아온다[來]. {천지도(天之道)는} 더없이 너그럽고 크다[繟然]. 그러나[而] 도모하기를[謀] 잘한다[善].   『노자(老子)』73장(章)

註 "상선약수(上善若水) 수선리만물이부쟁(水善利萬物而不爭)." 지극한[上] 선은[上善] 물과[水] 같다[若]. 물은[水] 온갖 것을[萬物] 그냥 그대로 잘[善] 이롭게 하면서도[利而] (온갖 것과) 다투지 않는다[不爭].   『노자(老子)』8장(章)

【보주(補註)】

● 〈중적덕(重積德) 즉무불극(則無不克)〉을 〈약중적덕(若重積德) 무불극(無不克)〉처럼 옮기면 문의(文意)를 더 쉽게 새길 수 있다. 〈만약[若] 거듭해[重] 덕을[德] 쌓는다면[積] 극복하지 못할 것이[不克] 없다[無].〉

● 무불극(無不克)은 무불극기(無不克己)이지 무불극인(無不克人)은 아니다. 극기(克己)를 『논어(論語)』로 새기면 **복례(復禮)**이고 극사욕(克私欲)일 터이다. 사욕을[私欲] 물리치고[克] 예(禮)로 돌아옴이[復] 『논어(論語)』의 극기(克己)이며, 『노자(老子)』의 극기(克己)는 **복귀어박(復歸於樸)**이다. 『노자(老子)』의 극기(克己)는 **소사과욕(少私寡欲)**하여 자기의[私] 욕심을[欲] 물리치고[克] 자연으로[樸] 되돌아옴[復歸]이다.

註 "안연문인(顏淵問仁) 자왈(子曰) 극기복례위인(克己復禮爲仁)." 안연이[顏淵] 어짊을[仁] 여쭈었다[問]. 공자께서[子] 가로되[曰] : 자기를[己] 눌러[克] 예로[禮] 돌아감이[復] 어짊[仁]이다[爲].   『논어(論語)』「안연(顏淵)」1

註 "위천하곡(爲天下谷) 상덕내족(常德乃足) 복귀어박(復歸於樸)." 세상의[天下] 골짜기가[谷] 되니[爲] 상덕은[常德] 이에[乃] 만족돼[足] 나뭇등걸(자연)로[於樸] 되[復] 돌아간다[歸].   『노자(老子)』28장(章)

註 "견소포박(見素抱樸) 소사과욕(少私寡欲)." 검소함을[素] 살피고[見] 질박함을[樸] 지키며[抱], 제 몫을[私] 적게 하고[少] 욕망을[欲] 적게 한다[寡].   『노자(老子)』19장(章)

【해독(解讀)】

- 〈중적덕(重積德) 즉무불극(則無不克)〉은 조건의 종절과 주절로 이루어진 복문 (複文)이다. 〈중적덕하면[重積德] 곧[則] 불극은[不克] 없다[無].〉

- 중적덕(重積德)에서 중(重)은 적(積)을 꾸며주는 부사 노릇하고, 적(積)은 주어 가 생략되었지만 동사 노릇하며, 덕(德)은 적(積)의 목적어 노릇한다. 물론 중적 덕(重積德)에서 중(重)을 동사로 여기고, 적덕(積德)을 중(重)의 목적구로 새겨 도 문의(文意)가 달라지는 것은 아니다. 중(重)은 〈거듭 복(複)·누(壘)〉 등과 같 아 중복(重複)의 줄임말로 여기면 되고, 적(積)은 〈쌓을 누(壘)·취(聚)〉 등과 같 아 누적(壘積)의 줄임말로 보면 되고, 적덕(積德)·적선(積善)은 같은 술어(術 語)이다. 〈덕을[德] 거듭해[重] 쌓는다면[積]〉〈덕을[德] 쌓기를[積] 거듭한다면 [重]〉

- 즉무불극(則無不克)에서 즉(則)은 어조사 노릇하고, 무(無)는 동사 노릇하며, 불 극(不克)은 무(無)의 주부(主部) 노릇한다. 극(克)은 〈물리칠(이길) 승(勝), 다스 릴 치(治)〉 등과 같아 승극(勝克)의 줄임말로 여기면 된다. 〈곧[則] 불극은[不克] 없다[無].〉

- 무불극(無不克)은 〈A무(無)B〉의 상용문이다. 〈A에는 B가 없다[無].〉

59-5 無不克(무불극) 莫知其極(막지기극)

▶ 무릅쓰지 못함이[不克] 없으니[無] 그[其] 다함을[極] 알 길이[知] 없다[莫].

> 없을 무(無), 못할 불(不), 이길 극(克), 없을 막(莫), 알 지(知), 그 기(其), 다할 극(極)

【지남(指南)】

〈무불극(無不克) 막지기극(莫知其極)〉은 적덕(積德)의 끝남이 없음을 밝힌다. 막지기극(莫知其極)의 〈기극(其極)〉은 중적덕지극(重積德之極)인지라, 거듭[重] 덕 을[德] 쌓는[積之] 끝을[極] 알지 못함이라[莫知] 끊임없이 귀덕(貴德)하여 적덕(積

德)함을 말한다. 상덕(常德)을 받들어 섬김이[貴] 거듭해 덕(德)을 쌓아감[積] 즉 덕 (德)을 지어갈 뿐이지, 멈춤이란 없음이 〈막지기극(莫知其極)〉이다. 끝을[極] 앎이 [知] 없다는[莫] 것은 중적덕(重積德)을 다함이[極] 없음[莫]이다. 덕(德)을 비축하 기를[積] 멈추지 않으니 사천(事天)하여 치인(治人)함을 멈추지 않는 것이고, 그침 없이 극사욕(克私欲) 즉 사욕을[私欲] 물리침[克]이니 허정(虛靜)·염담(恬淡)·적 막(寂漠)의 마음으로 처무위지사(處無爲之事) 즉 무위를[無爲之] 행사하면서[事] 살아감[處]이다. 여기서 다시 한 번 26장(章) 군자종일행(君子終日行) 불리치중(不離 輜重) 연처초연(燕處超然)의 깊은 뜻을 가늠할 수 있게 된다.

성인(聖人)이 허정(虛靜)을 누림은 만물에 마음이 현혹당해 어지럽혀지지 않기 때문이다. 마음이 허정(虛靜)하다고 함은 외물(外物)에 끌리지 않음이다. 외물(外 物)에 끌려 호오(好惡)가 일거나 시비가 일지 않기 때문에 성인(聖人)은 정중(靜重) 을 떠나지 않고, 연처(燕處) 즉 무욕(無欲)의 자리를 떠나지 않는다. 이러한 성인 (聖人)의 삶이란 그 자체가 중적덕(重積德)이니, 중적덕(重積德)의 삶이 끝남이[極] 없음을 거듭해 살펴 새기고 헤아려 깨우치게 하는 말씀이 〈무불극(無不克) 막지기 극(莫知其極)〉이다.

註   "군자종일행(君子終日行) 불리치중(不離輜重) 수유영관(雖有榮觀) 연처초연(燕處超然)." 군자는[君子] 온종일[終日] 행사해도[行] 고요함과[輜] 침착함을[重] 떠나지 않는다[不離]. 비록 [雖] 궁전이[榮觀] 있어도[有] 편안히[燕] 거처하고[處] (부귀영화를) 멀리해[超] 그냥 그러하다[然].
『노자(老子)』 26장(章)

【보주(補註)】

● 〈무불극(無不克) 막지기극(莫知其極)〉을 〈중적덕자무불극고(重積德者無不克故) 막지적덕지극(莫知積德之極)〉처럼 옮기면 문의(文意)를 더 쉽게 새길 수 있다. 〈거듭해[重] 덕을[德] 쌓는다면[積] 이기지 못할 것이[不克] 없기[無] 때문에[故] 적덕의[積德之] 다함을[極] 알 수가[知] 없다[莫].〉

● 무불극(無不克)은 무불극기(無不克己)이다. 거듭 밝히지만 극기(克己)를 『논어 (論語)』로 새기면 복례(復禮)이고, 『노자(老子)』로 보면 복귀어박(復歸於樸)이고 소사과욕(少私寡欲)이다. 자기의[己之] 사욕을[私欲] 물리치고[勝] 자연으로[樸] 되돌아옴[復歸]이 『노자(老子)』의 극기(克己)이다.

註 "안연문인(顏淵問仁) 자왈(子曰) 극기복례위인(克己復禮爲仁)." 안연이[顏淵] 어짊을 [仁] 여쭈었다[問]. 공자께서[子] 가로되[曰] : 자기를[己] 눌러[克] 예로[禮] 돌아감이[復] 어짊 [仁]이다[爲]. 『논어(論語)』「안연(顏淵)」1

註 "위천하곡(爲天下谷) 상덕내족(常德乃足) 복귀어박(復歸於樸)." 세상의[天下] 골짜기가 [谷] 되니[爲] 상덕은[常德] 이에[乃] 만족돼[足] 나뭇등걸(자연)로[於樸] 되[復] 돌아간다[歸]. 『노자(老子)』 28장(章)

註 "견소포박(見素抱樸) 소사과욕(少私寡欲)." 검소함을[素] 살피고[見] 질박함을[樸] 지키 며[抱], 제 몫을[私] 적게 하고[少] 욕망을[欲] 적게 한다[寡].

　　　　이는 곧 복귀어박(復歸於樸) 즉 자연으로[於樸] 돌아가라[復歸] 함이다. 『노자(老子)』 19장(章)

【해독(解讀)】

• 〈무불극(無不克) 막지기극(莫知其極)〉은 원인의 종절과 주절로 이루어진 복문(複文)이다. 〈불극이[不克] 없으니[無] 곧[則] 그[其] 다함을[極] 알 수가[知] 없다[莫].〉

• 무불극(無不克)에서 무(無)는 동사 노릇하고 불극(不克)은 주어 노릇한다. 극(克)은 〈물리칠(이길) 승(勝), 다스릴 치(治)〉 등과 같아 승극(勝克)의 줄임말로 여기면 된다. 〈불극이[不克] 없기 때문에[無]〉

• 막지기극(莫知其極)에서 막(莫)은 동사 노릇하며, 지(知)는 영어의 동명사같이 구실하고, 기극(其極)은 지(知)의 목적어 노릇한다. 막(莫)은 〈없을 무(無)〉와 같고, 극(極)은 〈끝 종(終)〉과 같아 종극(終極)의 줄임말로 여기면 된다. 〈그[其] 끝을[極] 알 수가[知] 없다[莫].〉

• 막지기극(莫知其極)은 〈A막위(莫爲)B〉의 상용문이다. 〈A에는 B를 함이[爲] 없다[莫].〉

59-6 莫知其極(막지기극) 可以有國(가이유국)

▶ 그[其] 다함을[極] 앎이 [知] 없다면[莫] 그로써[以] (군왕은) 나라를[國] 취할[有] 수 있다[可].

> 없을 막(莫), 알 지(知), 그 기(其), 다할 극(極), 좋을 가(可), 써 이(以), 가질 유(有), 나라 국(國)

【지남(指南)】

〈막지기극(莫知其極) 가이유국(可以有國)〉은 끊임없이 중적덕(重積德)하면 치국(治國)할 수 있음을 밝힌다. 〈막지중적덕지극(莫知重積德之極)〉을 거듭 강조하고 있다. 덕(德)을 비축함이[積] 끝이 없음을 아는 것은 14장(章) 도기(道紀)를 잊지 않음이기도 하다. 도기(道紀)의 〈기(紀)〉는 『장자(莊子)』의 고집덕지위기(故執德之謂紀)를 상기하면, 본래부터[故] 상덕(常德)을 간직하여 지킴[執]이다. 금지유(今之有) 즉 눈앞에 있는 천지만물이란 상도(常道)의 벼리[紀]로 엮어진 그물 속에 있는 것이니, 73장(章) 〈천망회회(天網恢恢) 소이불실(疎而不失)〉을 상기시킨다. 이런 상도(常道)의 조화를 능지(能知)한다면 중적덕(重積德)함에 그침이란 없음을 알고, 따라서 상덕(常德) 받듦을[貴德] 멈출 수 없음도 알 수 있다. 이어서 이를 아는 이가 사천(事天)하여 치인(治人)하면 나라를 취하여 다스릴 수 있으니, 위력(威力)으로 백성을 고달프게 하는 치자(治者)는 결코 나라를 다스릴 수 없음을 암시한다.

이처럼 성인(聖人)은 항상 존도(尊道) 귀덕(貴德)하며 중적덕(重積德)하여, 무위(無爲)로 유국(有國) 즉 나라를 간직하면서 백성을 다스릴 수 있고, 무위(無爲)로 치인(治人)하여 백성은 자화(自化)하고, 호정(好靜)으로 치인(治人)하여 백성은 자정(自正)하며, 무사(無事)로 치인(治人)하여 백성은 자부(自富)하고, 무욕(無欲)으로 치인(治人)하여 백성은 자박(自樸)함이 중적덕(重積德)의 무진(無盡) 즉 다함이 없음을[無盡] 살펴 새기고 헤아려 깨우치게 하는 말씀이 〈막지기극(莫知其極) 가이유국(可以有國)〉이다.

註 "집고지도(執古之道) 이어금지유(以御今之有) 능지고시(能知古始) 시위도기(是謂道紀)." 상도를[古之道] 지키고 간직함으로[執]써[以] 지금의[今之] 있는 것들을[有] 다스린다면[御] {혼이 위일(混而爲一)의} 시초를[古始] 알 수 있다[能知]. 이를[是] 상도의[道] 벼리라[紀] 한다[謂].

『노자(老子)』 14장(章)

註 "무위위지지위천(無爲爲之之謂天) 무위언지지위덕(無爲言之之謂德) 애인리물지위인(愛人利物之謂仁) 부동동지지위대(不同同之之謂大) 행불애이지위관(行不崖異之謂寬) 유만부동지위부(有萬不同之謂富) 고집덕지위기(故執德之謂紀) 덕성지위립(德成之謂立) 순어도지위비(循於道之謂備) 불이물좌지지위완(不以物挫志之謂完)." 작위를[爲之] 행함이[爲] 없음[無] 그것을[之]

자연이라[天] 하고[謂], 작위가[爲] 없음[無] 그것을[之] 말함[言] 그것을[之] 덕이라[德] 하며[謂], 사람을[人] 사랑하고[愛] 온갖 것을[物] 이롭게 함[利] 그것을[之] 인이라[仁] 하고[謂], 같지 않은 채로[不同] 그것을[之] 같게 함[同] 그것을[之] 큼이라[大] 하며[謂], 행함에[行] 남다름이[崖異] 없음[無] 그것을[之] 너그러움이라[寬] 하며[謂], 갖가지[萬] 여러 가지를[不同] 간직함[有] 그것을[之] 부라[富] 하고[謂], 덕을[德] 본래부터[故] 지킴[執] 그것을[之] 기라[紀] 하며[謂], 덕이[德] 이루어짐[成] 그것을[之] 입이라[立] 하고[謂], 도에[於道] 따름[循] 그것을[之] 비라[備] 하며[謂], 바깥 것으로[物]써[以] 뜻을[志] 꺾지 않음[不挫] 그것을[之] 완이라[完] 한다[謂].

『장자(莊子)』「천지(天地)」

【보주(補註)】

● 〈막지기극(莫知其極) 가이유국(可以有國)〉을 〈약중적덕자막지적덕지극(若重積德者莫知積德之極) 즉중적덕자가유국이적덕(則重積德者可有國以積德)〉처럼 옮기면 문의(文意)를 더 쉽게 새길 수 있다. 〈만약[若] 거듭해[重] 덕을[德] 쌓는[積] 이한테는[者] 기극을[其極] 앎이[知] 없다면[莫] 곧[則] 중적덕자는[重積德者] 적덕으로[重積德]써[以] 나라를[國] 취할 수 있다[可有].〉

● 가이유국(可以有國)은 〈가치국이중적덕(可治國以重積德)〉과 같다. 이는 무위지치(無爲之治)로 치국(治國)함을 말한다. 무위의[無爲之] 다스림이란[治] 무위(無爲)·호정(好靜)·무사(無事)·무욕(無欲) 등으로 치국(治國)함이니, 예악형정(禮樂刑政)으로 치국(治國)함이 아니라 성인(聖人)을 좇아 백성 스스로 중적덕(重積德)하고 백성이 아자연(我自然)이 되어 복귀어박(復歸於樸)하는 다스림으로 드러남이 〈유국(有國)〉 즉 치국(治國)이다. 이는 성인(聖人)의 무위(無爲)로 백성이 자화(自化)하고, 성인(聖人)의 무사(無事)로 자부(自富)하며, 성인(聖人)의 호정(好靜)으로 자정(自正)하고, 성인(聖人)의 무욕(無欲)으로 백성이 자박(自樸)함이다. 이러한 치국(治國)은 성인(聖人)이 중적덕(重積德)하여 백성을 다스림인지라 성인(聖人)이 나라를 취하려고 하지 않아도 절로 나라를 얻음을[得] 말한다.

【해독(解讀)】

● 〈막지기극(莫知其極) 가이유국(可以有國)〉은 조건의 종절과 주절로 이루어진 복문(複文)이다. 〈그[其] 끝을[極] 앎이[知] 없다면[莫] 가히 써[可以] 나라를[國] 간직한다[有].〉

- 막지기극(莫知其極)에서 막(莫)은 자동사 노릇하며, 지(知)는 영어의 동명사같이 노릇하고, 기극(其極)은 지(知)의 목적어 노릇한다. 막(莫)은 〈없을 무(無)〉와 같고, 극(極)은 〈끝 종(終)〉과 같아 종극(終極)의 줄임말로 여기면 된다. 〈그[其] 끝을[極] 알 수가[知] 없다면[莫]〉

- 가이유국(可以有國)에서 가(可)는 유(有)의 조동사 노릇하고, 이(以)는 유(有)를 꾸며주는 부사 노릇하며, 유(有)는 〈가질 유(有)〉 동사로 문맥을 잡으면 국(國)은 유(有)의 목적어 노릇하고, 〈있을 유(有)〉 동사로 문맥을 잡으면 국(國)은 유(有)의 주어 노릇한다. 〈그로써[以] 나라를[國] 간직할 수 있다[可有].〉〈그로써[以] 나라가[國] 있을 수 있다[可有].〉

59-7 有國之母(유국지모) 可以長久(가이장구)

▶나라의[國之] 어머니가[母] 있음으로[有]써[以] (그 나라는) 장구할[長久] 수 있다[可].

> 어조사 유(有), 나라 국(國), 조사(~의) 지(之), 어미 모(母), 가할 가(可), 써 이(以), 길 장(長), 오래 구(久)

【지남(指南)】

〈유국지모가이장구(有國之母可以長久)〉는 나라가 장구(長久)할 수 있는 도리(道理)를 밝힌다. 여기 〈모(母)〉는 중적덕(重積德)으로 치인(治人) 치국(治國)함을 한 자(字)로 뜻함으로, 앞서 살핀 〈색(嗇)〉를 비유하기도 한다. 치자(治者)는 곡식을 재배하는 농부[嗇] 같아야 하고 자녀를 양육하는 어머니[母] 같아야 하니, 모(母)는 치인사천(治人事天)의 근본인 적덕(積德)이고, 나아가 색(嗇)임을 비유한다. 백성을 애석해 하는 군왕(君王)이야말로 나라의 어머니와[母] 같다. 이미 만물의 근원을 6장(章)에서 현빈(玄牝)으로 밝혔듯, 현묘한[玄] 땅이[牝] 어머니[母]이다. 이는 총명지(聰明智)에 매달려 치인(治人)하지 않고, 중적덕(重積德)으로 사천(事天)하고 치인(治人)하는 근본이기도 하다. 이제 〈치인사천막약색(治人事天莫若嗇)〉이란 말씀을 〈치인사천막약모(治人事天莫若母)〉로 헤아릴 수 있게 되었으니,

중적덕(重積德)의 덕(德)이 51장(章) 현덕(玄德)임을 깨닫는다.

현덕(玄德)이란 상도(常道)의 조화가 드러남이다. 상도가[道] 낳아서[生之] 길러줌이[畜之] 그 드러남이고, 자라게 하고[長之] 감싸줌이[育之] 그 드러남이고, 이뤄주고[成之] 영글게 함이[熟之] 그 드러남이고, 보양해주고[養之] 보호해줌이[覆之] 그 드러남이다. 그러면서도 상도(常道)는 낳아주되[生而] 갖지 않으며[不有], 위해주되[爲而] 바라지 않고[不恃], 키워주되[長而] 이래라저래라 하지 않음이니[不宰], 이것이 곧 현묘한[玄] 덕(德)으로 어머니와[母] 같다. 현덕(玄德)을 본받아 사천(事天)함이 어머니 노릇이고 더 없는 양민(養民)의 치인(治人) 즉 치국(治國)임을 유국지모(有國之母)의 〈모(母)〉로 암유(暗喩)하고 있다.

총명의 지(智)에 휘둘리지 않고 적덕(積德)하여 애석해[嗇] 하는 어머니로 돌아와[復] 그 어머니를 지킴으로써[守] 치인사천(治人事天)이 실행되므로 유국(有國)이 장구(長久)할 수 있다. 따라서 치인(治人)하는 군왕은 무위(無爲)·무사(無事)·호정(好靜)·무욕(無欲)으로 백성을 애석해하는 〈모(母)〉가 되어야 한다. 치국자(治國者) 즉 군왕을 〈국지모(國之母)〉라 함은 유력(有力)으로 치국(治國)함이 아니라 〈자(慈)〉로 치국(治國)함을 말한다. 무위지치(無爲之治)란 모자(母慈)로 다스림과 같아 나라를 다스림[治國]이 어머니가 자식을 낳아 길러냄과 같음이다. 이는 천명(天命)에 근거하여 예악(禮樂) 형정(刑政)을 마련하고, 백성을 도제(道齊) 즉 이끌어[道] 다져서[齊] 치국(治國)함이 아니다. 『논어(論語)』의 치국(治國)은 천명(天命)을 위임받은 왕도(王道)이지만, 『노자(老子)』의 치국(治國)은 복수기모(復守其母)로 존도(尊道)하는 치국(治國)이다.

어머니에게로[其母] 돌아가[復] 지킴[守]이란 17장(章) 백성개위아자연(百姓皆謂我自然)대로 백성이 자연이 되고, 절로 중적덕(重積德)하여 불해(不害)하고 부쟁(不爭)하는 삶을 누리도록 나라를 다스림이다. 치자(治者)가 어머니로서 백성을 다스리는지라 재상(在上)의 성인(聖人)과 재하(在下)의 백성이 모자(母子)로 양행(兩行)하므로, 그 나라는 장구(長久)할 수밖에 없음을 살펴 새기고 헤아려 깨우치게 하는 말씀이 〈유국지모가이장구(有國之母可以長久)〉이다.

註 "도(道) 생지휵지(生之畜之) 장지육지(長之育之) 성지숙지(成之熟之) 양지부지(養之覆之)

생이불유(生而不有) 위이불시(爲而不恃) 장이부재(長而不宰) 시위현덕(是謂玄德)." 상도가[道] 낳아주고[生之] 길러주며[畜之], 자라게 하고[長之] 감싸주며[育之], 이뤄주고[成之] 영글게 하며 [熟之], 보양해주고[養之] 보호해준다[覆之]. 낳아주되[生而] 갖지 않으며[不有], 위해주되[爲而] 바라지 않고[不恃], 키워주되[長而] 이래라저래라 않는다[不宰]. 이를[是] 현묘한[玄] 덕이라[德] 한다[謂]. 『노자(老子)』51장(章)

註   "곡신불사(谷神不死) 시위현빈(是謂玄牝) 현빈지문(玄牝之門) 시위천지근(是謂天地根)." 골짜기의[谷] 변화하게 하는 짓은[神] 죽지 않는다[不死]. 이를[是] 신묘한[玄] 땅이라[牝] 한다 [謂]. 현묘한[玄] 땅의[牝之] 문(門) 이것을[是] 하늘땅의[天地] 뿌리라[根] 한다[謂].

『노자(老子)』6장(章)

註   "천하유시(天下有始) 이위천하모(以爲天下母) 기득기모(旣得其母) 이지기자(以知其子) 복 수기모(復守其母) 몰신불태(歿身不殆)." 세상에[天下] 시조가[始] 있다[有]. 이로써[以] 온 세상의 [天下] 어머니가[母] 되고[爲], 이미[旣] 그[其] 어머니를[母] 깨달았으니[得] 이로써[以] 그[其] 아 들을[子] 안다[知]. 이미[旣] 그[其] 아들임을[子] 알고[知] (어머니한테로) 돌아가[復] 그[其] 어머니 를[母] 지킨다면[守] 평생토록[歿身] 위태롭지 않다[不殆]. 『노자(老子)』52장(章)

註   "공성사수(功成事遂) 백성개위아자연(百姓皆謂我自然)." {태상(太上)의 성인(聖人)이} 보 람을[功] 이루고[成] 일을[事] 완수했어도[遂] 백성은[百姓] 모두[皆] 자기들은[我] 그냥 그대로라 고[自然] 했다[謂]. 『노자(老子)』17장(章)

【보주(補註)】

● 〈유국지모가이장구(有國之母可以長久)〉를 〈국가장구이유국지모(國可長久以有 國之母)〉처럼 옮기면 문의(文意)를 더 쉽게 새길 수 있다. 〈나라는[國] 나라의 [有國之] 어머니가[母] 있음으로[有]써[以] 장구할[長久] 할 수 있다[可].〉

● 유국지모(有國之母)의 〈모(母)〉는 치지본(治之本)을 말한다. 다스림의[治之] 근 본은 색(嗇)만 한 것이 없는지라 모(母)는 곧 〈색(嗇)〉으로 풀이한다. 나라를 간 직하고 다스림이 본어색(本於嗇) 즉 적덕(積德)을 미리 마련함에[於嗇] 근본한 지라[本], 이는 복수기모(復守其母) 즉 상도로[其母] 돌아와[復] 지킴이[守] 치국 (治國)의 근본이다.

【해독(解讀)】

● 〈유국지모가이장구(有國之母可以長久)〉에서 유국지모(有國之母)와 이(以)는 장 구(長久)를 꾸며주는 부사구 노릇하고, 가(可)는 장구(長久)의 조동사 노릇하며, 장구(長久)는 중복동사 노릇한다. 〈어머니가[母] 있음으로[有]써[以] (그 나라는)

장구할[長久] 수 있다[可].〉

- 〈가이장구유국지모(可長久以有國之母)〉에서 유국지모(有國之母)를 강조하고자 전치하고, 남은 이(以)를 가(可)의 뒤에 둔 어투이다. 따라서 이유국지모(以有國之母)는 장구(長久)를 꾸며주는 부사구 노릇한다.

- 유국지모(有國之母)에서 유국(有國)의 유(有)는 영어의 동명사 같은 구실을 하면서 〈있을 유(有)〉나 〈가질 유(有)〉 동명사로 여기고 새길 수 있을 것이다. 〈나라의[國之] 어머니가[母] 있음[有]〉 〈나라의[國之] 어머니를[母] 가짐[有]〉

59-8 是謂深根固柢(시위심근고저) 長生久視之道(장생구시지도)

▶이를[是] 깊이 내린[深] 뿌리이고[根] 견고한[固] 뿌리이며[柢], 오래[長] 살아[生] 길이[久] 내다보는[視之] 도리라[道] 한다[謂].

이 시(是), 일컬을 위(謂), 깊을 심(深), 뿌리 근(根), 단단할 고(固),
뿌리 저(柢), 길 장(長), 살 생(生), 오래 구(久), 볼 시(視),
조사(~의) 지(之), 도리 도(道)

【지남(指南)】

〈시위심근고저(是謂深根固柢) 장생구시지도(長生久視之道)〉는 치국(治國)의 근본을 〈모(母)〉에 비유한 다음, 그 근본을 초목(草木)의 심근(深根)과 고저(固柢)를 들어 밝힌다. 나라를 나무로써 비유한다면 유국(有國)의 모(母)는 나무의 심근(深根)과 고저(固柢)와 같다. 천지만물의 심근고저(深根固柢)가 바로 상도(常道)이니 어찌 나라만이겠는가? 우주삼라만상도 한 그루의 과목(果木)인 셈이다. 과일나무는 뿌리[根]가 깊어야[深] 장생(長生)하고, 심근(深根)은 고저(固柢) 즉 단단한[固] 뿌리여야[柢] 한다. 〈용비어천가(龍飛御天歌)〉 2장(章)에도 〈불휘 기픈 남근 부루매 아니 뮐씨 / 곶 됴코 여름 하느니〉라고 나온다. 뿌리 깊은 나무는 바람이 아무리 강하게 불어도 넘어지지 않아 꽃도 잘 피우고 열매도 많이 맺듯이, 나라도 나라의 어머니가[有國之母] 심근고저(深根固柢)로 있어야 오래오래 살아남아 장구한 앞날을 내다보는 도리가 될 것이다.

유국(有國)의 모(母)로 적덕(積德)하는 색(嗇) 역시 나라의 깊고 단단한 뿌리와 같다. 나아가 나라로 하여금 장생구시(長生久視)의 삶을 누리게 하는 근본 역시 현빈(玄牝)인 천하모(天下母)이다. 깊은 뿌리와[根] 단단한 뿌리가[柢] 장생(長生)하여 구시(久視)할 수 있는 도리[道]이므로 치인(治人)은 적덕(積德)의 색(嗇)을 떠날 수 없고, 적덕(積德)의 색(嗇)을 행하자면 사천(事天)하여 천하모(天下母)로 돌아와 지켜야 한다. 그래서 심근고저(深根固柢)에 비유되는 유국(有國)의 어머니가[母] 사천(事天)·치인(治人)의 도리(道理)가 됨을 총결(總結)하여 거듭 살펴 새기고 헤아려 깨우치게 하려는 말씀이 〈시위심근고저(是謂深根固柢) 장생구시지도(長生久視之道)〉이다.

圖 "기지기자(旣知其子) 복수기모(復守其母) 몰신불태(歿身不殆)." 이미[旣] 그[其] 아들임을 [子] 알고[知] (어머니한테로) 돌아가[復] 그[其] 어머니를[母] 지킨다면[守] 평생토록[歿身] 위태롭지 않다[不殆].　　　　　　　　　　　　　　　　　　　　　『노자(老子)』52장(章)

【보주(補註)】

● 〈시위심근고저(是謂深根固柢) 장생구시지도(長生久視之道)〉를 〈유국지모시위심근고저(有國之母是謂深根固柢) 이심근고저야자장생구시지도야(而深根固柢也者長生久視之道也)〉처럼 옮기면 문의(文意)를 더 쉽게 새길 수 있다. 〈유국지모(有國之母) 이를[是] 심근고저라[深根固柢] 한다[謂]. 그리고[而] 심근고저(深根固柢)란[也] 것은[者] 장생구시의[長生久視之] 도리[道]이다[也].〉

● 시위심근고저(是謂深根固柢)의 시(是)는 〈유국지모(有國之母)〉를 나타내는 지시어이고, 유국지모(有國之母)는 〈치인사천막약색(治人事天莫若嗇)〉의 색(嗇)이다. 그러므로 치인사천막약색(治人事天莫若嗇)의 색(嗇)은 치인사천(治人事天)의 근본인 유국(有國)의 모(母)로 돌아와[復], 그 모(母)를 지키고자[守] 끊임없이 현덕(玄德)을 비축함을[嗇] 〈심근고저(深根固柢)〉로 비유한 것이다.

● 시위심근고저(是謂深根固柢)가 〈시위심근고체(是謂深根固蔕)〉로 된 본(本)도 있다. 고체(固蔕)의 체(蔕)란 열매를 나무에 붙어 있게 해주는 꼭지[蔕]를 말한다. 깊은 뿌리일지라도 단단하지 않으면 부실한 뿌리에 불과하므로 심근고저

(深根固柢)가 심근고체(深根固蔕)보다 원문(原文)의 문의(文義)에 더 걸맞다.

【해독(解讀)】

- 〈시위심근고저(是謂深根固柢) 장생구시지도(長生久視之道)〉는 생략된 접속사 〈그리고 이(而)〉로 두 문장이 이어지는 중문(重文)이다. 〈이를[是] 심근고저라 [深根固柢] 한다[謂]. {그리고 심근고저(深根固柢)는} 장새구시의[長生久視之] 이치이다[道].〉

- 시위심근고저(是謂深根固柢)에서 시(是)는 전치되었지만 위(謂)의 목적어 노릇 하고, 위(謂)는 동사 노릇하며, 심근고저(深根固柢)는 목적보어 노릇한다. 〈이 를[是] 심근고저라[深根固柢] 한다[謂].〉

- 장생구시지도(長生久視之道)에서 주어 노릇할 〈심근고저(深根固柢)〉가 생략됐 지만 장생구시지(長生久視之)는 도(道)를 수식하는 형용사구 노릇하고, 도(道) 는 주격보어 노릇한다. 〈{심근고저(深根固柢)는} 장생구시의[長生久視之] 도이 다[道].〉

- 시위심근고저(是謂深根固柢)는 〈시위(是謂)A〉의 상용구문이다. 〈이를[是] A라 한다[謂].〉

덕귀장(德歸章)

59장(章)에 이어 〈치인사천(治人事天)〉의 뜻을[義] 넓혀가는 장(章)이다. 〈치대국약팽소선(治大國若烹小鮮)〉은 치도(治道)를 넓히는 데 지대한 영향을 미친 경구(警句)이다. 치국(治國)은 안정되고 무요(無擾)한 세상을 백성으로 하여금 누리게 하는 것임을 〈약팽소선(若烹小鮮)〉이 암유(暗喩)하고, 그 팽소선(烹小鮮)은 자연(自然)이 하는 짓이 아니라 오로지 사람이 하는 짓임을 암시하여, 치자(治者)가 청정(清靜)하고 무위(無爲)해야 백성을 해치는 소요(騷擾)도 일어나지 않고 백성을 짓밟는 학정(虐政)도 없음을 밝힌다. 해민(害民)하는 학정이란 인간의 짓이지 결코 자연(自然)의 짓이 아님을 천명하는 장(章)이다.

【원문(原文)】

治大國에 若烹小鮮이니 以道莅天下하면 其鬼不神이라 非
치 대 국   약 팽 소 선   이 도 리 천 하   기 귀 불 신   비

其鬼不神이라 其神이 不傷民하고 非其神不傷人이라 聖人
기 귀 불 신   기 신 불 상 민   비 기 신 불 상 인   성 인

도 亦不傷人이니 夫惟兩不相傷일쌔 故로 德交歸焉이라
역 불 상 인   부 유 양 불 상 상   고   덕 교 귀 언

큰[大] 나라를[國] 다스림은[治] 작은[小] 생선을[鮮] 삶음과[烹] 같다[若].
상도를[道] 본받아[以] 세상을[天下] 마주하면[莅] 그[其] 땅의 신도[鬼] 영
묘하지 않고[不神], 그[其] 땅의 신이[鬼] 영묘하지 않을 뿐만[不神] 아니라
[非] 그[其] 하늘의 신도[神] 백성을[民] 해치지도 않으며[不傷], 그[其] 하
늘의 신이[神] 사람을[人] 해치지 않을 뿐만[不傷] 아니라[非] 성인(聖人) 역
시[亦] 사람을[人] 해치지 않는다[不傷]. 무릇[夫] 오직[惟] 귀신과 성인은
[兩] (백성을) 서로[相] 해치지 않는다[不傷]. 그러므로[故] 상덕이[德] (백성
한테로) 서로[交] 돌아올[歸] 뿐이다[焉].

60-1 治大國若烹小鮮(치대국약팽소선)

▶ 큰[大] 나라를[國] 다스림은[治] 작은[小] 생선을[鮮] 삶음과[烹]
같다[若].

다스릴 치(治), 큰 대(大), 나라 국(國), 같이할 약(若), 삶을 팽(烹),
작을 소(小), 생선 선(鮮)

【지남(指南)】

〈치대국약팽소선(治大國若烹小鮮)〉은 나라를 다스림은 사람이 하는 짓임을 밝
힌다. 이 말씀은 치국사상(治國思想)에 지대한 영향을 미쳐왔다. 나라를 다스리는
근본이 상도(常道)의 짓에 있고, 그 짓을 〈유국지모(有國之母)〉 즉 나라를[國] 두는
[有之] 어머니[母]라고 밝힌 까닭을 여기서 깨우치게 된다. 51장(章) 도생지(道生之)
를 상기하면 〈유국지모(有國之母)의〉 어머니[母]가 상도(常道)를 비유하고 있음을

알 수 있다. 낳아주고 길러주는 상도(常道)의 짓으로 온갖 것이 드러나 저마다 살아가는 것을 살펴보면, 현묘한[玄] 땅인[牝] 어머니의 짓이야말로 상도(常道)의 조화이다. 자식을 함부로 키우는 어머니가 없듯 치국(治國) 역시 불상민(不傷民) 즉 백성을[民] 해치지 않아야[不傷] 한다.

치천하(治天下)는 상도(常道)를 본받아야 함을 현빈(玄牝)의 어머니[母]를 들어 밝힌 〈팽소선(烹小鮮)〉에 잘 드러난다. 소선(小鮮)을 삶을[烹] 때 함부로 휘저으면 작은[小] 생선은[鮮] 산산이 부서지고 만다. 어머니의 손길로 조심조심 소선(小鮮)을 팽(烹)해야 온전하게 삶을 수 있듯, 치민(治民) 역시 어머니의 손길을 타야 한다는 것이다. 작은[小] 생선을[鮮] 삶는[烹] 짓은 천지(天地)가 아니라 오로지 사람이 한다. 이처럼 사람을 다스리는[治] 짓 역시 사람이 행하는 것으로, 천명(天命)을 받아 치세(治世)하는 유가(儒家)의 천자(天子)란 『노자(老子)』에는 없다. 그래서 62장(章)에 **입천자(立天子) 불여좌진차도(不如坐進此道)**란 말씀이 나온다. 천자(天子)를 세우는[立] 것보다 앉아서[坐] 진도(進道) 즉 다스림의 도리를[道] 진흥함만[進] 못하다[不如] 함은, 치인(治人) 치국(治國)은 〈진도(進道)〉에만 있음을 단언하는 것이다.

소선(小鮮)을 삶듯[若烹] 백성을 다스리고 나라를 다스리라 함이니, 작은[小] 생선을[鮮] 삶자면[烹] 마음에 욕망이 앞서서 성급하거나[躁] 혼란해선[擾] 안 된다. 조심조심 정성을 다하지 않으면 소선(小鮮)은 펄펄 끓는 물 속에서 산산이 부서진다. 소선(小鮮)을 온전하게 삶아서 백성이 그냥 그대로 익은 소선(小鮮)을 편안히 먹을 수 있도록 마련하자면, 치자(治者)는 무엇보다 『장자(莊子)』의 〈허정념담적막무위(虛靜恬淡寂漠無爲)〉를 떠날 수 없다. 치자(治者)는 제 마음을 비우고[虛] 고요하며[靜] 맑고[恬] 맑아[淡] 무욕(無欲)하고[寂寞] 욕심내는 짓이[爲] 없어야 팽소선(烹小鮮)하여 백성을 위한 상차림을 할 수 있다. 치자(治者)란 식솔(食率)이 잘 먹게 밥상을 차려주는 어머니[母] 같아야 하는 것이다. 그래서 20장(章)에 **귀사모(貴食母)**란 말씀이 나온다.

여기 팽소선(烹小鮮)으로 치자(治者)가 치인(治人)하자면, 사천(事天)하지 않으면 치도(治道) 즉 다스림의[治] 도리를[道] 다할 수 없음을 깨닫게 된다. 앞 장에서 살핀 〈색(嗇)〉이란 말씀도 〈약팽소선(若烹小鮮)〉으로 이어진다. 치자(治者)라면 52

장(章) 복수기모(復守其母)를 뿌리칠 수 없음도 깨닫게 된다. 총명지(聰明智)에 인색해야 마음이 허정(虛靜)하고 염담(恬淡)하여 사천(事天) 즉 천성(天性)을 받들고[事], 적막(寂漠)하고 무위(無爲)하여 양덕(養德) 즉 상덕(常德)을 길러내[養] 상도(常道)를 본받는[法] 다스림을 치자(治者)로서 온전하게 펼쳐야 백성이 편안히 살 수 있게 됨을 살펴 새기고 헤아려 깨우치게 하는 말씀이 〈치대국약팽소선(治大國若烹小鮮)〉이다.

▨ "도생지(道生之) 덕흑지(德畜之) 물형지(物形之) 세성지(勢成之) 시이(是以) 만물막부존도이귀덕(萬物莫不尊道而貴德)." 상도가[道] 낳아주고[生之], 상덕이[德] (만물을) 길러주며[畜之], (덕의 길러줌으로써) 만물이[物] (저마다) 몸을 갖추고[形之], (만물이 저마다 누리는) 환경이[勢] 이루어진다[成之]. 이렇기[是] 때문에[以] 온갖 것은[萬物] 도를[道] 받들면서[尊而] 덕을[德] 받들지 않을 수[不貴] 없다[莫]. 『노자(老子)』 51장(章)

▨ "입천자(立天子) 치삼공(置三公) 수유공벽이선사마(雖有拱璧以先駟馬) 불여좌진차도(不如坐進此道)." (천하를 다스리려고) 천자를[天子] 세우고[立] 삼공을[三公] 두어[置], 비록[雖] 한 아름[拱] 옥구슬을[璧] 가지고서[有以] 네 필의[駟] 말을[馬] 앞세운다고 해도[先], (천하를 다스리려면) 앉아서[坐] 이[此] 도리를[道] 진흥함만[進] 못하다[不如]. 『노자(老子)』 62장(章)

▨ "아독이어인(我獨異於人) 이귀사모(而貴食母)." 나만[我獨] 뭇사람들[人]과[於] 달라서[異而] 먹여주는[食] 어머니 즉 상도를[母] 받든다[貴]. 『노자(老子)』 20장(章)

▨ "기지기자(旣知其子) 복수기모(復守其母) 몰신불태(歿身不殆)." 이미[旣] 그[其] 아들임을[子] 알고[知] (어머니한테로) 돌아가[復] 그[其] 어머니를[母] 지킨다면[守] 평생토록[歿身] 위태롭지 않다[不殆]. 『노자(老子)』 52장(章)

【보주(補註)】

● 〈치대국약팽소선(治大國若烹小鮮)〉을 〈치대국야자약팽소선자야(治大國也者若烹小鮮者也)〉처럼 옮기면 문의(文意)를 더 쉽게 새길 수 있다. 〈치대국(治大國)이란[也] 것은[者] 팽소선과[烹小鮮] 같은[若] 것[者]이다[也].〉

● 팽소선(烹小鮮)은 치국(治國)의 요체가 물조요(勿躁擾)에 있음이다. 조급하거나[躁] 어지럽게[擾] 다스리지 말라는[勿] 것이 팽소선(烹小鮮)에 담긴 뜻이다. 이는 15장(章) 예혜약동섭천(豫兮若冬涉川) 유혜약외사린(猶兮若畏四隣)을 환기시킨다. 다스림을[治] 조급히 하고[躁] 어지럽히면[擾] 난세가 빚어지고, 난세(亂世)가 빚어지면 백성만 짓밟힘을 환기시키는 말씀이 여기 〈팽소선(烹小鮮)〉이다.

註 "예혜약동섭천(豫兮若冬涉川) 유혜약외사린(猶兮若畏四隣)."{그 선사(善士)의 모습이}
예연하구나[豫兮] 겨울에[冬] 내를[川] 건너는[涉] 듯하고[若], 유연(猶然)하구나[猶兮]! 사방을
[四隣] 두려워하는[畏] 듯하다[若].   『노자(老子)』15장(章)

【해독(解讀)】

- 〈치대국약팽소선(治大國若烹小鮮)〉에서 치대국(治大國)은 주부 노릇하고, 약
(若)은 동사 노릇하며, 팽소선(烹小鮮)은 보어구 노릇한다. 팽(烹)은 〈삶을 자
(煮), 다릴 전(煎)〉 등과 같다. 〈대국을[大國] 다스림은[治] 소선을[小鮮] 삶음과
[烹] 같다[若].〉

- 치대국약팽소선(治大國若烹小鮮)은 〈위(爲)A약위(若爲)B〉의 상용문이다. 〈A를
함은[爲] B를 함과[爲] 같다[若].〉

60-2 以道莅天下(이도리천하) 其鬼不神(기귀불신)

▶ 상도를[道] 본받아[以] 세상을[天下] 마주하면[莅] 그[其] 땅의 신
도[鬼] 영묘하지 않다[不神].

> 본받을 이(以), 상도(常道) 도(道), 임할 리(莅), 하늘 천(天), 아래 하(下),
> 그 기(其), 귀신 귀(鬼), 않을 불(不), 영묘할 신(神)

【지남(指南)】

〈이도리천하(以道莅天下) 기귀불신(其鬼不神)〉은 사천(事天)으로 치대국(治大
國)하면 백성이 안평태(安平泰)의 삶을 누림을 밝힌다. 사천(事天) 즉 무사(無私)하
고 무욕(無欲)하며 무아(無我)한 천성(天性)을 받듦이[事] 곧 〈이도(以道)〉 즉 상도
(常道)를 본받아[以] 세상을 마주함[莅]이다. 여기 〈이천하(莅天下)〉는 〈치천하(治
天下)〉와 같다. 그렇게 세상을 마주하여 다스리면 〈기귀불신(其鬼不神)〉하니, 〈기
귀(其鬼)〉는 천하에 두루 미치는 지기(地祇) 즉 음기(陰氣)를 말한다. 사천(事天)하
면 음기(陰氣)도 불신(不神)한다.

기귀불신(其鬼不神)의 〈불신(不神)〉은 『장자(莊子)』의 무귀책(無鬼責) · 기귀불수
(其鬼不祟)와 『주역(周易)』 「계사전(繫辭傳)」에 나오는 음양불측지위신(陰陽不測之謂

神)을 상기시킨다. 귀신(鬼神)의 책망이[責] 없음은[無] 화(禍)가 일어나지 않음이니, 불신(不神)은 음양(陰陽)의 조화가 탈을 부리지 않고 순조로움이다. 음양의 조화가 헤아려지지 않는[不測] 신(神)이 불신(不神)이라 함은, 음양의 조화를 헤아리지 못하는[不測] 것이 없고 헤아릴 수 있음을 말한다. 음양의 조화 즉 신(神)을 헤아릴 수 있음[測]은 천도(天道)를 어기지 않음이다. 그러므로 기귀불신(其鬼不神)은 귀신(鬼神)도 법천도(法天道) 즉 자연의[天] 규율을[道] 본받음[法]인지라 음양의 불화가 빚어지지 않음이다. 음양화순(陰陽和順) 즉 음양이[陰陽] 어울려[和] (음이 양을, 양이 음을) 따름[順]이란 예부터 국태민안(國泰民安) 즉 나라가[國] 태평하여[泰] 백성이[民] 편안한[安] 세상을 누림을 뜻했다. 따라서 기귀불신(其鬼不神)은 백성이 35장(章) 안평태(安平泰)의 삶을 누림을 뜻하고, 이도리천하(以道莅天下)는 35장(章) 집대상(執大象)을 환기시킨다.

〈이도(以道)〉란 크나큰[大] 짓으로[象]써[以] 세상을 마주하여[莅] 다스림이니, 이는 곧 법무위자연(法無爲自然)의 다스림이고 무위지치(無爲之治)를 행함이다. 그러므로 〈이도리천하(以道莅天下)〉는 25장(章) 도법자연(道法自然)을 그냥 그대로 좇아 본받는 치민(治民)이고 치국(治國)이며 치세(治世)이다. 이도(以道)는 법도(法道) 즉 법자연(法自然)하여 치민(治民)하면 온 세상 백성은 안평태(安平泰)를 누리고, 이런 세상은 마치 물고기가 노닐며 사는 심연(深淵)과 같다. 이도(以道)의 치(治)를 버리고 권력을 써서[以] 치국(治國)하면 깊은 연못의[深淵]의 물을 퍼내는 짓과 같으니, 백성은 안평태(安平泰)를 누릴 수 없게 되므로 36장(章) 어불가탈어연(魚不可脫於淵)의 속뜻을 새삼 음미할 수 있다.

천하 백성이 안평태(安平泰)를 누리는 세상은 재상(在上)이든 재하(在下)든 모두 상도(常道)를 본받고[以道] 상덕(常德)을 본받기[以] 때문에, 절로 기귀불신(其鬼不神) 즉 음양의 조화가 순조로워 재앙이 일어나지 않음이다. 따라서 기귀불신(其鬼不神)이란 성왕(聖王)이 천도(天道)를 본받아[以] 온 세상을[天下] 마주하니[莅] 기귀(其鬼)인 땅의 신(神)도 자연의[天] 규율을[道] 따라 자연스럽게 해코지를 않는 것이다[不祟]. 지기(地祇) 즉 토지신(土地神)인 기귀(其鬼)가 해코지하지 않음이란[不祟] 천신(天神)과 어울려 재앙의 화가 일어나지 않음이다.

그러나 도덕을 본받지 않고[不以道] 이력치국(以力治國) 즉 힘으로[力]써[以] 천하를 마주하면[莅] 음양이 어울리지 못해[不和] 삿됨이[邪]이 바름을[正] 물리치고, 인욕(人欲)의 인위(人爲)가 왕성해 치자(治者)가 탐욕을 부리면 귀기(鬼氣)의 괴장(乖張) 즉 어긋남이[乖] 퍼져나가[張] 토지신의 영묘함이 재앙의 화로 드러난다. 도덕을 따르면 귀신의 기운이 조화하여 변화가 자연스럽지만, 도덕을 저버리면 귀신의 영묘함이 요상(妖祥)하여 요얼(妖孼), 즉 귀신의 재앙이 빚어져 국태민안(國泰民安)이 파괴된다는 것이다. 이는 곧 권력이든 무력이든 힘으로[力]써[以] 치민(治民)ㆍ치국(治國)ㆍ치세(治世)하면 난세(亂世)를 빚어내는 것을 말한다. 난세보다 더한 요얼(妖孼) 즉 사악한 재앙은 없다. 그러므로 기귀불신(其鬼不神)이란 이도(以道)의 세상에서는 귀신도 불신(不神)하여 영묘(靈妙)함을 감추지 않는다[不神].

선정(善政)이 베풀어지지 않고 치자(治者)가 불이도(不以道)하여 백성의 원한이 깊고, 분노가 빚어지면 난세가 오고 만다. 난세란 백성이 당하는 재앙이고, 그 재앙이 귀신이 영묘(靈妙)하여 드러내는 요상(妖祥)의 징조이고, 이는 곧 천도(天道)인 음양화순(陰陽和順)이 이지러짐이다. 그러나 이도(以道)하는 세상에서는 음양 즉 귀신이 서로 어울려 응하고 만물이 짝이 되니 모두가 천락(天樂)을 누리는지라 선악(善惡)의 징조가 없고, 길할 낌새나 흉할 낌새 따위가 드러나지 않아 국태민안(國泰民安)의 세상이 열림을 살펴 새기고 헤아려 깨우치게 하는 말씀이 〈이도리천하(以道莅天下) 기귀불신(其鬼不神)〉이다.

畫 "지천락자(知天樂者) 무천원(無天怨) 무인비(無人非) 무물루(無物累) 무귀책(無鬼責) 고(故) 왈(曰) 기동야천(其動也天) 기정야지(其靜也地) 일심정이왕천하(一心定而王天下) 기귀불수(其鬼不祟) 기혼불피(其魂不疲) 일심정이만물복(一心定而萬物服)." 천악을[天樂] 아는[知] 사람한테는[者] 하늘의[天] 원망이[怨] 없고[無] 사람의[人] 비난이[非] 없으며[無], 사물의[物] 방해가[累] 없고[無] 귀신의[鬼] 책망이[責] 없다[無]. 그래서[故] 그의[其] 거동이란[動也] 하늘이고[天] 그의[其] 고요란[靜也] 땅인지라[地] 한마음[一心] 정해져서[定而] 세상에서[天下] 왕 노릇한다고[王] 말한다[曰]. 그[其] 귀신도[鬼] 빌미를 부리지 않고[不祟], 그[其] 넋도[魂] 피로하지 않으며[不疲], 한마음[一心] 안정돼서[定而] 만물이[萬物] 좇아 따른다[服].　『장자(莊子)』「천도(天道)」

畫 "일신지위성덕(日新之謂盛德) 생생지위역(生生之謂易) 성상지위건(成象之謂乾) 효법지위곤(效法之謂坤) 극수지래지위점(極數知來之謂占) 통변지위사(通變之謂事) 음양불측지위신(陰陽不測之謂神)." 날마다[日] 새로움을[新] 덕을[德] 쌓음이라[盛] 하고[謂], 낳고[生] 낳음을[生] 변화라[易] 하며[謂], 짓을[象] 이룸을[成] 건이라[乾] 하고[謂], 법을[法] 따라 본받음을[效] 곤이라

[坤] 하며[謂], 역(易)의 수를[數] 남김없이 살펴[極] 미래를[來] 알아챔을[知之] 점이라[占] 하고 [謂], 변화를[變] 통하게 함을[通之] 일이라[事] 하며[謂], 음양이[陰陽] 헤아려지지 않음을[不測之] 신이라[神] 한다[謂].

생생(生生)이란 도(道)가 일(一)을 생하고, 일(一)이 이(二) 즉 음양(陰陽)을 생하며, 이(二)가 사(四) 즉 사상(四象)을 생하고, 사(四)가 팔(八) 즉 팔괘(八卦)를 생하며, 팔(八)이 64 즉 64괘를 생함을 말한다.

주역(周易)「계사전(繫辭傳)」

註 "집대상(執大象) 천하왕(天下往) 왕이불해(往而不害) 안평태(安平泰)." 대도의[大] 짓을[大象] 지키면[執] 세상[天下] 어디든 가고[往], 어디든 가도[往而] 해침이 없으니[不害], 평안하고[安] 화평하며[平] 태평하다[泰].

『노자(老子)』35장(章)

註 "인법지(人法地) 지법천(地法天) 천법도(天法道) 도법자연(道法自然)." 사람은[人] 땅을[地] 본받고[法], 땅은[地] 하늘을[天] 본받고[法], 하늘은[天] 상도를[道] 본받고[法], 상도는[道] 그냥 그대로를[自然] 본받는다[法].

『노자(老子)』25장(章)

註 "어불가탈어연(魚不可脫於淵) 국지리기불가이시인(國之利器不可以示人)." 물고기는[魚] 못에서[於淵] 벗어날[脫] 수 없고[不可], (임금은) 나라의[國之] 날카로운[利] 기물로[器] 써[以] 사람들에게[人] 과시할[示] 수 없다[不可].

『노자(老子)』36장(章)

【보주(補註)】

● 〈이도리천하(以道莅天下) 기귀불신(其鬼不神)〉을 〈이도성왕리천하고(以道聖王莅天下故) 기천하지귀불신(其天下之鬼不神)〉처럼 옮기면 문의(文意)를 더 쉽게 새길 수 있다. 〈도덕을[道] 본받아[以] 성왕이[聖王] 온 세상을[天下] 마주하기[莅] 때문에[故] 그[其] 세상의[天下之] 지신(地神)은[鬼] 뻗치지 않는다[不神].〉

● 이도리천하(以道莅天下)에서 이도(以道)는 법도(法道)와 같고, 용도(用道)로 새겨도 된다. 이도(以道)는 물론 이도덕(以道德)인지라 이무위자연(以無爲自然)이다. 〈도덕을[道] 본받아[以]〉〈도덕을[道] 본받다[以].〉〈무위자연을[無爲自然] 본받아[以]〉〈무위자연을[無爲自然] 본받다[以].〉

● 기귀불신(其鬼不神)에서 기귀(其鬼)의 귀(鬼)는 귀신(鬼神)의 줄임이고, 불신(不神)의 신(神)은 〈영묘할 신(神)·신이(神異)할 신(神)〉으로 동사 노릇한다. 귀신(鬼神)의 귀(鬼)는 지기(地祇) 즉 지신(地神)이며, 음기(陰氣)이고 형체의 영(靈)이다. 귀신(鬼神)의 신(神)은 천신(天神)이며 양기(陽氣)이고, 정신의 영(靈)이다. 음양의 기운을 타는 것이[乘] 귀신지소위(鬼神之所爲) 즉 귀신이[鬼神之] 하는[爲] 짓[所]이다. 귀신(鬼神)은 승음양지기(乘陰陽之氣)인 셈이다. 굴신(屈伸)

덕귀장(德歸章)

이 상응하고, 강유(剛柔)가 상추(相推) 즉 서로[相] 옮김이[推] 승(乘)이다. 귀신의 짓을[神] 떠난 만물은 없고, 만물에 음양이 탐[乘]은 들리지 않고 보이지 않으며 만져지지도 않아 영묘(靈妙)한 것인지라 〈불측(不測)〉이라 한다. 따라서 기귀불신(其鬼不神)은 『장자(莊子)』에 나오는 조이응(調而應)·우이응(偶而應)을 상기시킨다.

【해독(解讀)】

● 〈이도리천하(以道莅天下) 기귀불신(其鬼不神)〉은 원인의 종절과 주절로 이루어진 복문(複文)이다. 한문에서는 접속사를 거의 생략하므로 전후 문맥을 살펴 어떤 종속접속사로 문맥이 이어지는지 살펴야 한다. 〈이도로써[以道] 이천하하기 때문에[莅天下] 그[其] 귀도[鬼] 불신한다[不神].〉

● 이도리천하(以道莅天下)에서 이도(以道)는 이(莅)를 꾸며주는 부사구 노릇하고, 이(莅)는 주어가 생략되었지만 동사 노릇하며, 천하(天下)는 이(莅)의 목적구 노릇한다. 이(莅)는 〈마주할 임(臨)〉과 같아 이임(莅臨)의 줄임이고, 이(以)는 〈본받을 법(法)〉과 같이 새겨도 되고 〈써 용(用)〉과 같다 여겨도 된다. 〈천도를[道] 본받아[以] 세상을[天下] 마주한다[莅].〉〈천도로[道]써[以] 세상을[天下] 마주한다[莅].〉

● 기귀불신(其鬼不神)에서 기귀(其鬼)는 주어 노릇하고, 불(不)은 신(神)의 부정사(否定詞) 노릇하며, 신(神)은 동사 노릇한다. 〈그[其] 귀신도[鬼] 영묘하지 않는다[不神].〉

● 이도리천하(以道莅天下)의 이(以)는 전후 문맥에 따라 매우 다양한 뜻을 갖는다. 동사로서 이(以)는 〈위(爲)〉처럼 다른 동사의 뜻을 대신하는 경우가 빈번하

다. 물론 이(以)는 어조사 노릇도 한다.

註 이(以)는 매우 다양한 뜻을 구사하므로 정리해두면 한문의 문맥을 잡는 데 편리하다.

　① 〈이(以)A = 위(爲)A : A를 한다〉

　② 〈이(以)A = 용(用)A : A를 쓴다 / 법(法)A : A를 본받는다〉

　③ 〈이(以)A = 사(思)A : A를 생각한다〉

　④ 〈이(以)A = 솔(率)A : A를 거느린다〉

　⑤ 〈이(以)A = 인(因)A : A 때문에〉

　물론 명사로서 〈까닭 이(以)〉도 되고, 타동사로서 〈비롯할 이(以)〉도 된다.

　〈독서양유이야(讀書良有以也) = 책을[書] 읽는 것은[讀] 참으로[良] 까닭이[以] 있는 것[有]이다[也].〉

　〈기사이기사(其死以其病) = 그[其] 죽음은[死] 그[其] 병환에서[病] 비롯한다[以].〉

　⑥ 〈이(以)A = 여(與)A : A와 더불어〉

　〈주인이빈담소(主人以賓談笑) = 손님[賓]과 함께[以] 정담을 나눈다[談笑].〉

　⑦ 〈이(以)A = 사(使)A : A로 하여금〉

　〈관중이기군패(管仲以其君覇) = 관중은[管仲] 제[其] 임금으로[君] 하여금[以] 패자가 되게 했다[覇].〉

　⑧ 〈이미 이(已)〉와 같은 뜻으로 쓰이는 이(以).

　〈아견토성이파(我見土城以破) = 나는[我] 토성이[土城] 이미[以] 파괴된 것을[破] 보았다[見].〉

　그리고 이(以)는 〈이(以)A〉처럼 전치사로, 또는 〈A이(以)〉처럼 후치사 노릇도 한다. 물론 〈이(以)〉가 위와 같은 뜻만을 낸다는 것은 아니다. 문장의 전후 문맥에 따라 다양한 뜻을 낸다고 여기면 된다.

60-3 非其鬼不神(비기귀불신) 其神不傷民(기신불상민)

▶ 그[其] 땅의 신이[鬼] 영묘하지 않을 뿐만[不神] 아니라[非], 그[其] 하늘의 신도[神] 백성을[民] 해치지 않는다[不傷].

아닐 비(非), 그 기(其), 귀신 귀(鬼), 없을 불(不), 영묘할 신(神),
해칠 상(傷), 백성 민(民)

【지남(指南)】

〈비기귀불신(非其鬼不神) 기신불상민(其神不傷民)〉 역시 사천(事天)으로 치대국(治大國)하면 백성은 안평태(安平泰)의 삶을 누림을 밝힌다. 인지(人智)의 의욕을 앞세우는 예악형정(禮樂刑政)으로 치민(治民)하지 않고 치자(治者)가 사천(事天) 즉 천성을[天] 받들어[事] 백성을 다스리면, 음양(陰陽)의 화순(和順)이 만사에 미쳐 천하가 그에 따라[安] 화평하고[平] 태안하다[泰] 함이다. 그러나 자연의[天] 규율을[道] 어기면 음양(陰陽)의 화순(和順)이 이지러져 귀신(鬼神) 즉 음양(陰陽) 이기(二氣)의 양능(良能)이 어그러진다. 따라서 선(善)·불선(不善)이 상대하고 미(美)·추(醜)가 상대하며 화(禍)·복(福)이 상대하여 상쟁(相爭)하고 상해(相害)하는 난세(亂世)가 빚어지니, 이를 일러 음양의 불화라 일컬으며, 그 불화가 귀신(鬼神)의 수(祟) 즉 재앙이 빚어지는 까닭[祟]이다. 말하자면 음양이 서로[相] 어울려[和] 따름이[順] 깨지는 것은 역천(逆天) 즉 천도(天道)를 어김[逆]이다.

지금 우리는 〈귀신(鬼神)·음양(陰陽)〉을 미신으로 돌려버리고 음전기·양전기를 과학으로 믿는 편이다. 내 몸이 음양의 화순(和順)을 누리면 내 몸이 건강하고, 어울려[和] 따름이[順] 깨지면 몸이 병을 앓는다고 하면 믿지 않는 세상이다. 눈에 보이는 것만 믿고 눈에 보이지 않는 것은 손사래치는 마음으로는 귀신(鬼神)의 수(祟)에 담긴 깊은 이치를 헤아릴 수 없을 것이다. 그러나 음양의 화순(和順)이 깨지면 생(生)은 사(死)가 되고 마는 것이 천도(天道)이니, 이를 믿지 않으려 함은 오로지 인위(人爲)의 인지(人智)로만 사리(事理)를 시비·분별·논란하여 정답을 얻고자 하는 인간의 방자함 때문이다.

인간의 지모(智謀)를 떠나 포박(抱樸) 즉 순박함을[樸] 지켜[抱] 모두가 제 몫을[私] 줄이고[少] 욕심을[欲] 줄임이[寡] 곧 〈이도리천하(以道莅天下)〉이다. 앞서 살핀 〈팽소선(烹小鮮)〉도 이도(以道)하여 세상을[天下] 마주하라[莅] 함이고, 앞 장(章)에서 살핀 〈치인사천(治人事天)〉도 다름 아닌 천도를[道] 본받아[以] 이천하(莅天下)하라 함이다. 여기 천도(天道)를 본받아 세상을 마주함[莅]이란 41장(章) **상사문도(上士聞道) 근이행지(勤而行之)**를 상기시킨다. 이도(以道)하여 천도(天道)를 부지런히 들어서[勤而] 그 들은 바를[之] 행하면[行] 귀신(鬼神)도 영묘(靈妙)함을 부리지 않음이 〈귀(鬼)의 불신(不神)〉이고, 〈신(神)의 불상민(不傷民)〉이다. 나아가 부지런히[勤] 문도(聞道)하여 그 들은 바를 행함이란 곧 28장(章) **복귀어영아(復歸於嬰兒)·복귀어박(復歸於樸)**을 실행하여 치인(治人)하면 귀신(鬼神)도 이천하(莅天

下)를 도와준다는 것이다.

갓난애로[於嬰兒] 돌아오고[復歸] 자연으로[於樸] 복귀함을[復歸] 실행함이란 다름 아닌 19장(章) 소사과욕(少私寡欲)으로 드러난다. 소사(少私)하고 과욕(寡欲)하는 삶을 일러 음양의 화순(和順)이니 법자연(法自然)이니 수중(守中)이니 이른다. 앞서 살핀 〈기귀불신(其鬼不神)〉이나 여기 〈기신불상민(其神不傷民)〉이나 모두 이도(以道) 즉 천도를[道] 본받아[以] 이천하(莅天下) 즉 천하를[天下] 마주함[莅]이니, 치인(治人)하려면 사천(事天)해야 하고 사천(事天)하려면 무엇보다 먼저 제 몫을[私] 줄이고[少] 인욕을[欲] 줄여[寡] 이천하(莅天下) 즉 치인(治人)한다면, 영묘한 귀신도 불신(不神)·불상(不傷)한다는 것이다.

귀신(鬼神)이 영묘(靈妙)하다 함은 길흉의 징조가 드러나기도 하고, 드러나지 않기도 함이다. 인간이 무사(無私)하고 무욕(無欲)하여 무기(無己)하면 만물여아위일(萬物與我爲一) 즉 나와[與我] 만물이[萬物] 하나가[一] 되기에[爲] 귀신이 길흉의 징후를 드러내지 않는다. 그러나 인간이 사욕(私欲)을 내어 위기(爲己) 즉 자기만[己] 위하려[爲] 하면 만물과 내가 하나가 되지 못해 서로 어긋나기 시작하고, 귀신이 길흉의 낌새[徵候]를 드러낸다. 이를 귀신의 영묘(靈妙)함이라 한다.

과학문명을 맹종(盲從)하는 현대인은 귀신을 믿지 않으니 요상(妖祥) 역시 믿지 않으려 하지만, 귀신이란 만물에 두루 미치는 음양의 기운을 말한다. 이를 믿지 않으면서도 사필귀정(事必歸正)이란 말은 쓴다. 일은[事] 반드시[必] 정도로[正] 돌아옴[歸]이란 곧 매사에 요상(妖祥)이 있음이다. 어떤 일에든 무사(無私)하여 무욕(無欲)하면 길한 징후로 드러나고[祥], 사욕(私欲)이 끼어들면 흉한 징후로 드러남이[妖] 귀신의 영묘(靈妙)함이며, 이것이 이른바 사필귀정(事必歸正)이다. 여기 〈비기귀불신(非其鬼不神)〉은 바로 귀(鬼)가 영묘(靈妙)함을 강조하는 말씀으로 사필귀정(事必歸正)을 밝힘이니, 16장(章) 지상왈명(知常曰明)을 환기시킨다.

지상(知常)은 상도(常道)로 돌아올[歸根] 줄 앎이다. 지상(知常)하므로 이도(以道)하여 천하를 마주하는[莅] 치인(治人)에는 영묘(靈妙)한 귀신도 영묘함을 내비치지 않아 그런 치인(治人)은 백성을 해칠[傷] 리 없다. 그러므로 자연의 규율을 본받아[以道] 다스리는 성왕(聖王)의 백성은 아자연(我自然)이라 여기며 살기 때문에 귀신도 해코지하지 않아서[不祟] 재앙이 없는 세상을 살아가는 까닭을 살펴

새기고 헤아려 깨우치게 하는 말씀이 〈비기귀불신(非其鬼不神) 기신불상민(其神
不傷民)〉이다.

📖 "상사문도(上士聞道) 근이행지(勤而行之) 중사문도(中士聞道) 약존약망(若存若亡) 하사문
도(下士聞道) 대소지(大笑之)." 윗길의[上] 선비가[士] 상도(常道)를[道] 들으면[聞] 부지런히 들
어서[勤而] 들은 것을[之] 행하고[行], 중간의[中] 선비가[士] 상도(常道)를[道] 들으면[聞] {도(道)
가} 있는 것[存] 같기도 하고[若] 없는 것[亡] 같기도 하며[若], 아래치의[下] 선비가[士] 상도(常道)
를[道] 들으면[聞] (하사는) 그것을[之] 크게[大] 비웃는다[笑].   『노자(老子)』41장(章)

📖 "위천하계(爲天下谿) 상덕불리(常德不離) 복귀어영아(復歸於嬰兒)…… 위천하곡(爲天下
谷) 상덕내족(常德乃足) 복귀어박(復歸於樸)." 온 세상의[天下] 시내가[谿] 되면[爲] 상덕이[常德]
{그 계(谿)를} 떠나지 않고[不離], 갓난애로[於嬰兒] 되[復] 돌아온다[歸].…… 세상의[天下] 골짜기
가[谷] 되니[爲] 상덕은[常德] 이내[乃] 만족되며[足], 자연으로[於樸] 되[復] 돌아온다[歸].
                                                              『노자(老子)』28장(章)

📖 영유소속(令有所屬) 견소포박(見素抱樸) 소사과욕(少私寡欲)." (백성으로) 하여금[令] 따를
[屬] 바를[所] 취하게 한다[有]. (백성이) 그냥 그대로를[素] 살피고[見] 그냥 그대로[樸] 지킨다면
[抱], (백성은) 제 몫을[私] 적게 하고[少] 욕망을[欲] 적게 한다[寡].   『노자(老子)』19장(章)

📖 "귀근왈정(歸根曰靜) 시위복명(是謂復命) 복명왈상(復命曰常) 지상왈명(知常曰明) 부지상
(不知常) 망작흉(妄作凶)." 뿌리로[根] 돌아감을[歸] 고요라[靜] 하고[曰], 이것을[是] 본성으로[命]
돌아옴이라[復] 한다[謂]. 천성으로[命] 돌아옴을[復] {만물이 따르는 천도(天道)의} 한결같음이라
[常] 하며[曰], {상도(常道)의} 한결같음을[常] 앎을[知] 밝음이라[明] 한다[曰]. {만물이 누리는 상
도(常道)의 조화가} 한결같음을[常] 모르면[不知] 재앙을[凶] 멍청하게[妄] 짓는다[作].
                                                              『노자(老子)』16장(章)

【보주(補註)】

- 〈비기귀불신(非其鬼不神) 기신불상민(其神不傷民)〉을 〈비단지기불신(非但地祇
不神) 천신불상민(天神不傷民)〉처럼 옮기면 문의(文意)를 더 쉽게 새길 수 있다.
〈땅의 신이[地祇] 영묘(靈妙)하지 않을 뿐만[不神] 아니라[非但] 하늘의 신도[天
神] 백성을[民] 해치지 않는다[不傷].〉

- 기신불상민(其神不傷民)에서 기신(其神)은 천지신(天之神) 즉 천신(天神)을 말
한다. 천신(天神)은 양기(陽氣)이고 정신의 영(靈)이며, 지신(地神)은 음기(陰氣)
이고 형체의 영(靈)이다. 그래서 귀신(鬼神)의 화기(和氣)를 생기(生氣)라 한다.
이처럼 귀신(鬼神)은 도생지(道生之)의 것인지라 현묘(玄妙)하다 하고, 현묘(玄

540

老子 ● 제 60 장

妙)란 사람이 헤아릴 수 없음을[不測] 말한다. 귀신(鬼神)은 요상(妖祥) 즉 흉의 낌새나[夭] 길의 낌새를[祥] 드러내지만, 안평태(安平泰)의 세상에서는 그런 낌새들이 드러나지 않으니 상민(傷民)할 까닭이 없으므로, 귀신(鬼神)은 불상민(不傷民) 즉 백성을[民] 해침이[傷] 없다[不].

- 기신불상민(其神不傷民)이 〈기신불상인(其神不傷人)〉으로 된 본(本)도 있다. 불상인(不傷人)의 인(人)은 군왕과 온갖 신하들과 백성을 포함하지만, 민(民)은 백성을 뜻해 〈불상인(不傷人)〉이 〈불상민(不傷民)〉보다 더 포괄적이기는 하다. 그렇다고 원문(原文)의 문의(文義)가 달라지는 것은 아니다.

【해독(解讀)】

- 〈비기귀불신(非其鬼不神) 기신불상민(其神不傷民)〉은 두 문장이 연접(連接)된 중문(重文)이다. 〈기귀가[其鬼] 신묘하지 않음이[不神] 아니라[非] 기신도[其神] 백성을[民] 상해하지 않는다[不傷].〉

- 비기귀불신(非其鬼不神)에서 비(非)는 부정(否定)의 접속사 노릇하고, 기귀(其鬼)는 주어 노릇하며, 불(不)은 신(神)의 부정사(不定詞) 노릇하며, 신(神)은 동사 노릇한다. 〈그[其] 귀신이[鬼] 영묘하지 않음이[不神] 아니면[非]〉

- 기신불상민(其神不傷民)에서 기신(其神)은 주어 노릇하고, 불(不)은 상(傷)의 부정사(否定詞) 노릇하며, 상(傷)은 동사 노릇하고, 민(民)은 상(傷)의 목적어 노릇한다. 상(傷)은 〈해칠 해(害)〉와 같아 상해(傷害)의 줄임말로 여기면 된다. 〈그[其] 천신도[神] 백성을[民] 해치지 않는다[不傷].〉

蛙　비(非)는 구문에 따라 여러 뜻을 낸다. 다음과 같이 정리해두면 문맥을 잡는 데 도움이 된다.
　　① 〈A비(非)B {즉(則)}C = A는 B가 아니면[非] C이다.〉
　　〈자벌비위리욕(自伐非爲利欲) 즉위공명(則爲功名) = 제 자랑이란[自伐] 이욕(利欲) 때문이[爲] 아니라면[非] 곧[則] 공명(功名) 때문이다[爲].〉
　　② 〈자비(自非)A B위(爲)C = 만약[自] A가 아니라면[非] B가 C를 한다[爲].〉
　　자비(自非)의 자(自)는 〈만약 자(自)〉로서 가정을 나타내고, 항상 〈자비(自非)〉로 고정적이고, 자비(自非)와 거비(詎非)는 쓰임이 같다. 〈만약 거(詎)〉
　　〈자비대장부(自非大丈夫) 외화필유내우(外華必有內憂) = 만약[自] 대장부가[大丈夫] 아니라면[非] 겉으로는[外] 화려하지만[華] 안으로는[內] 걱정거리가[憂] 반드시[必] 있을 것이다[有].〉

③ 〈비(非)A 이(而)B = A가 아니면[非] B이다[而].〉

〈비진이하(非眞而何) = 진실이[眞] 아니라면[非] 무엇[何]인가[而]?〉

④ 〈비도위(非徒爲)A 이우위(而又爲)B = 비단 A를 할[爲] 뿐만 아니라[非徒] 또한[而又] B를 한다[爲].〉

〈비도해기사(非徒害其事) 이우실기시(而又失其時) = 그[其] 일을[事] 해칠[害] 뿐만 아니라[非道] 또한[而又] 제[其] 때를[時] 놓친다[失].〉

⑤ 〈A비(非)B 필(必)C = A는 B가 아니면[非] 반드시[必] C이다.〉

〈기라비감(其蓏非甘) 필고(必苦) = 그[其] 열매는[蓏] 달지[甘] 않으면[非] 반드시[必] 쓸 것이다[苦].〉

60-4 非其神不傷人(비기신불상인) 聖人亦不傷人(성인역불상인)

▶ 그[其] 하늘의 신이[神] 사람을[人] 해치지 않을 뿐만[不傷] 아니라[非], 성인(聖人) 역시[亦] 사람을[人] 해치지 않는다[不傷].

> 아닐 비(非), 그 기(其), 영묘할 신(神), 않을 불(不), 해(害)할 상(傷), 통할 성(聖), 역시 역(亦)

【지남(指南)】

〈비기신불상인(非其神不傷人) 성인역불상인(聖人亦不傷人)〉은 땅의 신[鬼]이 영묘함을 부리지 않고[不神] 하늘의 신(神)이 백성을 상해하지 않듯이, 성인(聖人) 역시 불상민(不傷民)함을 밝힌다. 이는 성인(聖人) 역시 이도(以道)로 이천하(莅天下) 즉 세상을[天下] 마주함을[莅] 거듭 밝힘이다. 자연의[天] 규율을[道] 어기면 음양(陰陽)의 화순(和順)이 이지러져 귀신(鬼神)의 수(祟) 즉 빌미가[祟] 빚어지니 인간의 이욕(以欲) 때문이다. 그러나 이욕(以欲)하지 않고 이도(以道)하면 음양(陰陽)이 화순(和順)하고 그 화순(和順)에는 길흉이 빚어지지 않으니 상민(傷民)할 까닭이 없다.

성인(聖人)의 〈이도리천하(以道莅天下)〉는 49장(章) 성인무상심(聖人無常心) 이백성심위심(以百姓心爲心)을 환기시킨다. 성인(聖人)께 상심(常心)이란 없다. 상심(常心)은 요샛말로 하자면 이념이니, 성인(聖人)은 어떤 이념으로 세상을 마주하고[莅] 다스리지 않는다. 백성의[百姓之] 마음인[心] 민심을 당신의 마음으로 삼아 성인(聖人)이 세상을 현덕(玄德)으로 마주함이[莅] 곧 〈불상민(不傷民)〉이다. 현덕(玄德)이란 상도(常道)의 조화인지라 사람의 삶은 귀하고, 새 짐승 나무 풀 등의 삶은 천하다고 분별하지 않는다. 온갖 것에 귀천(貴賤)을 두는 것은 사람의 짓일[人爲] 뿐, 상도(常道)에서 만물은 하나일 뿐이다. 따라서 천지만물이 모두 상도(常道)의 자식이니 상도(常道)를 일러 현묘한 땅이라[玄牝] 하는 것이다.

상도(常道)란 온갖 것을 낳아 그것을 하나로[一] 안아 지키는[抱] 어머니이니[牝] 현묘하다[玄]. 현덕(玄德)은 현빈(玄牝)이 포일(抱一)하는 덕(德)으로, 성인(聖人)은 이를 본받아 세상을[天下] 마주하므로[莅] 22장(章) 성인포일위천하식(聖人抱一爲天下式)이라 한다. 그러므로 현덕(玄德)으로 천하를[天下] 마주하는[莅] 성인(聖人)이 어찌 백성을 해치랴 자문자답하게 하는 말씀이 〈비기신불상인(非其神不傷人) 성인역불상인(聖人亦不傷人)〉이다.

註 "성인무상심(聖人無常心) 이백성심위심(以百姓心爲心)." 성인께는[聖人] 한번 정해져 변하지 않는[常] 마음이[心] 없고[無], 백성의[百姓] 마음으로[心]써[以] 당신의 마음을[心] 삼는다[爲].

『노자(老子)』 49장(章)

註 "곡즉전(曲則全) 왕즉직(枉則直) 와즉영(窪則盈) 폐즉신(敝則新) 소즉득(少則得) 다즉혹(多則惑) 시이성인포일위천하식(是以聖人抱一爲天下式)." 굽으면[曲] 곧[則] 온전해지고[全], 굽으면[枉] 곧[則] 곧아지며[直], 움푹하면[窪] 곧[則] 채워지고[盈], 낡으면[敝] 곧[則] 새로워지며[新], 적으면[少] 곧[則] 얻고[得], 많으면[多] 곧[則] 헷갈린다[惑]. 이렇기[是] 때문에[以] 성인은[聖人] 하나를[一] 지켜서[抱] {그 포일[抱一]을 써} 세상의[天下] 법식으로[式] 삼는다[爲].

『노자(老子)』 22장(章)

【보주(補註)】

- 〈비기신불상인(非其神不傷人) 성인역불상인(聖人亦不傷人)〉을 〈비단천신불상인(非但天神不傷人) 성인역불상인(聖人亦不傷人)〉처럼 옮기면 문의(文意)를 더 쉽게 새길 수 있다. 〈하늘의 신도[天神] 사람을[人] 해치지 않을 뿐만[不傷] 아니라[非但] 성인도[聖人] 역시[亦] 사람을[人] 해치지 않는다[不傷].〉

- 성인역불상인(聖人亦不傷人)의 성인(聖人)은 작례악(作禮樂)한 성인(聖人)이 아니라 법자연(法自然)하는 성인(聖人)이다. 말하자면 유가(儒家)의 성인(聖人)이 아니라, 천지도(天之道)를 그대로 따라 좇는 즉 법자연(法自然)의 성인(聖人)이

다. 법자연(法自然)이란 『장자(莊子)』에 나오는 **지인무기(至人無己) 신인무공(神人無功) 성인무명(聖人無名)**을 상기시킨다. 무기(無己)이니 무사(無私)하고, 무사(無私)하니 무욕(無欲)함이 곧 자연(自然)을 본받아[法] 행함이다. 그러니 이욕(利欲) · 공명(功名)이란 것이 심란(心亂)하게 하지 못하는 성인(聖人)인지라 사천(事天)하여 현덕(玄德)으로 천하를 마주하고[莅] 백성을 하나로 안는다[抱].

註　"지인무기(至人無己) 신인무공(神人無功) 성인무명(聖人無名)." 지인께는[至人] 자기가[己] 없고[無], 신인께는[神人] 공치사가[功] 없으며[無], 성인께는[聖人] 명성이[名] 없다[無].

　　　지인(至人) · 신인(神人)은 모두 성인(聖人)과 같은 말이다.

『장자(莊子)』「소요유(逍遙遊)」

● 성인역불상인(聖人亦不傷人)이 〈성인역불상민(聖人亦不傷民)〉으로 된 본(本)도 있다. 불상인(不傷人)의 인(人)은 군왕과 온갖 신하들과 백성을 포함하지만 민(民)은 백성을 뜻해, 불상인(不傷人)이 불상민(不傷民)보다 더 포괄적이기는 하다. 그렇다고 원문(原文)의 문의(文義)가 달라지는 것은 아니다.

【해독(解讀)】

● 〈비기신불상인(非其神不傷人) 성인역불상인(聖人亦不傷人)〉은 두 문장이 연접(連接)으로 이어진 중문(重文)이다. 〈기귀가[其鬼] 불신함만이[不神] 아니라[非] 성인도[聖人] 불상민한다[不傷民].〉

● 비기신불상인(非其神不傷人)에서 비(非)는 접속사 노릇하고, 기신(其神)은 주어 노릇하며, 불(不)은 상(傷)의 부정사(否定詞) 노릇하며, 상(傷)은 동사 노릇하고, 인(人)은 상(傷)의 목적어 노릇한다. 〈그[其] 천신도[神] 사람을[人] 상해하지 않을 뿐만[不傷] 아니라[非]〉

● 성인역불상인(聖人亦不傷人)에서 성인(聖人)은 주어 노릇하고, 역(亦)은 상(傷)을 꾸며주는 조사 노릇하며, 불(不)은 상(傷)의 부정사(否定詞) 노릇하고, 상(傷)은 동사 노릇하며, 인(人)은 상(傷)의 목적어 노릇한다. 〈성인[聖人] 또한[亦] 사람을[人] 상해하지 않는다[不傷].〉

● 〈비기신불상인(非其神不傷人) 성인역불상인(聖人亦不傷人)〉은 〈비(非)A위(爲)B 단(但)C위(爲)D〉의 상용문에 속한다. 〈단(但)〉은 생략되는 경우가 대부분이

다. 영어의 〈Not only A do B, but C do D.〉의 상용문을 상기하면 된다. 〈비도
(非徒) · 비단(非但) · 비독(非獨) · 비직(非直)〉 등으로 쓰이지만, 그냥 〈비(非)〉
만을 쓸 때가 대부분이다. 〈A가 B를 할 뿐만[爲] 아니라[非] 무릇[但] C도 D를
한다[爲].〉

60-5 夫惟兩不相傷(부유양불상상) 故(고) 德交歸焉(덕교귀언)

▶ 무릇[夫] 오직[惟] 귀신과 성인은[兩] (백성을) 서로[相] 해치지 않
는다[不傷]. 그러므로[故] 상덕이[德] (백성한테로) 서로[交] 돌아올
[歸] 뿐이다[焉].

무릇 부(夫), 오직 유(惟), 두 양(兩), 않을 불(不), 서로 상(相), 해칠 상(傷),
그러므로 고(故), 크나큰 덕(德), 서로 교(交), 돌아갈 귀(歸),
이에(於是) 언(焉)

【지남(指南)】

　〈부유양불상상(夫惟兩不相傷) 고(故) 덕교귀언(德交歸焉)〉은 귀신(鬼神)의 덕
(德)과 성인(聖人)의 덕(德)이 함께 상도(常道)의 짓을 본받기[法] 때문에 상덕(常
德)이 백성에게 돌아옴[歸]을 밝힌다. 물론 귀신이 상도(常道)를 본받음[法道]은 불
측(不測)으로 천지에 응함을 덕(德)으로 삼고, 성인은 이를 무위(無爲) 즉 자의(自
意) 없이 양민(養民)함을 마음으로 삼으니, 귀신의 덕(德)처럼 성인의 덕(德) 역시
백성에게 돌아온다.

　25장(章) 도법자연(道法自然)은 상도(常道)의 조화(造化)에 귀신도 응하고 성인
도 응하므로, 귀신도 현덕(玄德)을 본받아 영묘(靈妙)하고 성인도 현덕(玄德)을 본
받아 양민(養民)하고 구물(救物)함이다. 그러므로 이도리천하(以道莅天下)의 양민
(養民)은 27장(章) 성인상선구인(聖人常善救人) 고(故) 무기인(無棄人)을 환기시킨다.
현덕(玄德)의 선행(善行) · 선언(善言) · 선수(善數) · 선폐(善閉) · 선결(善結) 등을
본받아 상선(常善) 즉 늘[常] 자연대로[善] 사람을[人] 구제하고[救] 만사를[物] 구
제(救濟)함이 도덕을 본받아 백성을[民] 길러냄[養]인지라, 성인도 귀신처럼 백성

을 해치지 않으니 〈불상상(不相傷)〉인 것이다.

　　여기 〈양불상상(兩不相傷)〉의 불상상(不相傷)은 귀신이 성인을 해치지 않고[不傷] 성인도 귀신을 불상(不傷)하는 것이 아니라, 귀신과 성인은 다 같이 백성을[民] 해치지 않음[不傷]이다. 귀신은 음양(陰陽)의 짓이니 상도(常道)를 따르고 성인도 상도(常道)를 본받아 섬기니, 상도(常道)가 만물을 낳고[生之] 상덕(常德)이 길러주듯[畜之] 성인이 백성을 그렇게 하니 해칠 리 없다. 따라서 귀신의 덕(德)과 성인의 덕(德)이 서로[交] 백성한테로 돌아옴이[歸] 이 장(章)의 종지(宗旨)임을 살펴 새기고 헤아려 깨우치게 하는 말씀이 〈부유양불상상(夫惟兩不相傷) 고(故) 덕교귀언(德交歸焉)〉이다.

　▨　"인법지(人法地) 지법천(地法天) 천법도(天法道) 도법자연(道法自然)." 사람은[人] 땅을[地] 본받고[法], 땅은[地] 하늘을[天] 본받고[法], 하늘은[天] 상도를[道] 본받고[法], 상도는[道] 그냥 그대로를[自然] 본받는다[法]. 　　　　　　　　　　　　　『노자(老子)』 25장(章)

　▨　"성인상선구인(聖人常善救人) 고(故) 무기인(無棄人) 상선구물(常善救物) 고(故) 무기물(無棄物)." 성인은[聖人] 늘[常] 선하게[善] 사람들을[人] 구제하기[救] 때문에[故] 사람들을[人] 버림이[棄] 없고[無], 늘[常] 선하게[善] 온갖 것을[物] 구제하기[救] 때문에[故] 온갖 것을[物] 버림이[棄] 없다[無]. 　　　　　　　　　　　　　　　　　　『노자(老子)』 27장(章)

【보주(補註)】

● 〈부유양불상상(夫惟兩不相傷) 고(故) 덕교귀언(德交歸焉)〉을 〈부유성인여귀신불상상민(夫惟聖人與鬼神不相傷民) 고(故) 기양지덕교귀어민(其兩之德交歸於民)〉처럼 옮기면 문의(文意)를 더 쉽게 새길 수 있다. 〈무릇[夫] 오로지[惟] 귀신과[與鬼神] 성인은[聖人] 서로[相] 백성을[民] 해치지 않기[不傷] 때문에[故] 그[其] 둘의[兩之] 덕이[德] 서로[交] 백성한테로[於民] 돌아온다[歸].〉

● 덕교귀언(德交歸焉)은 10장(章)과 65장(章) 현덕(玄德)을 환기시킨다. 생지휵지(生之畜之)야말로 귀신(鬼神)의 덕(德)인 음양지화(陰陽之和)로 드러나고, 불이지치국(不以智治國)이 성덕(聖德)이기 때문이다. 그러므로 덕교귀언(德交歸焉)은 백성한테 현덕(玄德) 즉 상덕(常德)이 베풀어짐이다.

　▨　"생지휵지(生之畜之) 생이불유(生而不有) 위이불시(爲而不恃) 장이부재(長而不宰) 시위현덕(是謂玄德)." 만물(萬物)을[之] 낳아서[生而] 그것을[之] 길러주고[畜], 낳아주되[生而] 두

지 않으며[不有], 위해주되[爲而] 바라지 않고[不恃], 공평무사하게 주재하되[長而] (사사로이) 다스리지 않는다[不宰]. 이를[是] 현묘한[玄] 덕이라[德] 한다[謂].　　　　　　　『노자(老子)』10장(章)

"이지치국(以智治國) 국지적(國之賊) 불이지치국(不以智治國) 국지복(國之福) 지차양자(知此兩者) 역계식(亦稽式) 상지계식(常知稽式) 시위현덕(是謂玄德)." 인간의 지력(知力)으로[智]써[以] 나라를[國] 다스림은[治] 나라의[國之] 도적이고[賊], 인간의 지력(知力)으로[智]써[以] 나라를[國] 다스리지 않음은[不治] 나라의[國之] 행복이다[福]. 이[此] 둘을[兩] 아는[知] 것은[者] 역시[亦] 변함없는[稽] 법식이다[式]. 변함없는[稽] 법식을[式] 능히[能] 아는 것[知] 이를[是] 깊고 멀어 아득한[玄] 덕이라[德] 한다[謂].

계식(稽式)의 계(稽)는 고금지소동(古今之所同) 즉 예와[古] 지금이[今] 같은[同] 것[所]을 뜻하고, 계식(稽式)의 식(式)은 〈본받을 법(法)〉과 같다.　　　　　　　　『노자(老子)』65장(章)

【해독(解讀)】

- 〈부유양불상상(夫惟兩不相傷) 고(故) 덕교귀언(德交歸焉)〉은 원인의 종절과 주절로 이루어진 복문(複文)이다. 〈부유(夫惟) 양이[兩] 불상상하기[不相傷] 때문에[故] 덕은[德] 서로[交] 그것으로 귀할[歸] 뿐이다[焉].〉

- 부유양불상상고(夫惟兩不相傷故)에서 부유(夫惟)는 어조사 노릇하고, 양(兩)은 주어 노릇하며, 불(不)은 상(傷)의 부정사(否定詞) 노릇하고, 상(相)은 상(傷)을 꾸며주는 부사 노릇하며, 상(傷)은 목적어가 생략되었지만 동사 노릇하고, 고(故)는 접속사 노릇한다. 양(兩)은 〈귀신여성인(鬼神與聖人)〉을 나타내고, 상(傷)은 〈해칠 해(害)〉와 같아 상해(傷害)의 줄임말로 여기면 된다. 〈무릇[夫] 오로지[惟] 둘이[兩] 불상상하기[不相傷] 때문에[故]〉 〈성인과[與聖人] 귀신(鬼神)〉

- 덕교귀언(德交歸焉)에서 덕(德)은 주어 노릇하고, 교(交)는 귀(歸)를 꾸며주는 부사 노릇하고, 귀(歸)는 동사 노릇하며, 언(焉)은 〈어시(於是) 언(焉)〉으로 귀(歸)를 꾸미는 부사구 노릇한다. 여기 언(焉)은 〈어민(於民)〉을 대신하면서 종결어미 노릇한다. 〈덕은[德] 서로[交] 그것에로 돌아가는 것[歸] 뿐이다[焉].〉〈덕은[德] 서로[交] 백성한테로[民] 돌아올[歸] 뿐이다[焉].〉

위하장(爲下章)

　대국(大國)의 겸하(謙下)를 밝히는 장(章)이다. 천하(天下)가 안평태(安平泰)를 누리지 못함은 대국(大國)이 힘으로써[以力] 소국(小國)을 침략하기 때문임을 환기시킨다. 대국이 소국을 끌어안아 천하를 간직하려면 대국은 천하지빈(天下之牝) 즉 온 세상의[天下之] 암컷[牝]인 유화(柔和)로서 소국들을 껴안아야 한다. 이는 곧 대국일수록 부드러움으로[柔] 소국을 보살펴야지, 강함으로[强] 소국을 억누르면 대국일지라도 취천하(取天下) 즉 세상을[天下] 얻어[取] 다스릴 수 없음을 일깨우는 장(章)이다.

大國者는 下流라 天下之交요 天下之牝은 牝常以靜勝
대국자　하류　천하지교　천하지빈　빈상이정승

牡하니까 以靜爲下라 故로 大國이 以下小國하면 則取
모　이정위하　고　대국　이하소국　즉취

小國하고 小國이 以下大國하면 則取大國이니라 或下以
소국　소국　이하대국　즉취대국　혹하이

取하고 或下而取하니 大國은 不過欲兼畜人이고 小國
취　혹하이취　대국　불과욕겸혹인　소국

은 不過欲入事人이니라 夫兩者各得其所欲이니 大者가
불과욕입사인　부양자각득기소욕　대자

宜爲下니라
의위하

큰 나라란[大國] 것은[者] (강해가 맞닿는) 하류이고[下流], 온 세상이[天下之] 돌아와 모임이다[交]. {대국(大國)은} 온 세상의[天下之] 암컷이고[牝], 암컷은[牝] 항상[常] 고요로[靜] 써[以] 수컷을[牡] 무릅쓰며[勝], {빈(牝)은} 고요로[靜] 써[以] 낮춤을[下] 삼는다[爲]. 그러므로[故] 큰 나라가[大國] {정(靜)으로} 써[以] 소국에[小國] 낮추면[下] 곧[則] (대국은) 작은 나라를[小國] 모으고[取], 작은 나라가[小國] {고요[靜]로} 써[以] 대국에[大國] 겸손하면[下] 곧[則] (소국은) 큰 나라를[大國] 얻는다[取]. (대국은) 언제나[或] 낮춤으로[下] 써[以] (소국의 신임을) 모으고[取], (소국도) 언제나[或] 낮추어서[下而] (대국의 신임을) 얻는다[取]. 큰[大] 나라는[國] 천하의 백성을[人] 아울러[兼] 양육[畜]하고자 함을[欲] 넘어가지 않고[不過], 작은[小] 나라도[國] {대국(大國)에} 들어가[入] 온 세상 백성을[人] 받들고자 함을[欲事] 넘어가지 않는다[不過]. 무릇[夫] 양자는[兩者] 저마다[各] 그[其] 바라는[欲] 바를[所] 만족한다[得]. 큰[大] 것은[者] 마땅히[宜] 아래가 된다[爲下].

61-1 大國者下流(대국자하류) 天下之交(천하지교)

▶ 큰 나라란[大國] 것은[者] (강해가 맞닿는) 하류이고[下流], 온 세상이[天下之] 돌아와 모임이다[交].

큰 대(大), 나라 국(國), 것 자(者), 아래 하(下), 흐를 류(流), 하늘 천(天), 조사(~의) 지(之), 사귈 교(交)

【지남(指南)】

〈대국자하류(大國者下流) 천하지교(天下之交)〉는 큰 나라[大國]와 작은 나라[小國]의 관계를 밝힌다. 앞 장(章)에 이어 대국(大國)이 온 세상을 다스리는[治天下] 요체는 〈하류(下流)·교(交)〉이다. 세상에 대국이 있는 까닭 역시 51장(章)의 〈현덕(玄德)〉을 베풀고자 함에 있으니, 대국(大國)은 강하(江河)의 하류에 있는 대해(大海)와 같아야 한다. 하류는 온갖 지류(支流)를 다 받아들여 바다로 흘러 대해로 돌아와 바다를 만난다[交]. 대국을 하류라 함은, 소국이 강하(江河)와 같다면 대국은 바다와 같음이다. 그리고 대국을 〈천하지교(天下之交)〉라 함은 소국이 대국으로 귀회(歸會) 즉 돌아와[歸] 만남을[會] 뜻한다. 말하자면 소국은 32장(章) 천곡지어강해(川谷之於江海)처럼 대국으로 들어오는 천곡(川谷)과 같아 대국을 〈하류〉라 비유함이다. 강하의 하류는 온갖 지천(支川)을 하나로 껴안을 뿐 이 천(川) 저 천(川)을 가리지 않으니, 대국을 또한 천하지교(天下之交)라 비유한 것이다.

천강지수(川江之水)와 해수(海水)가 교류하여 혼일(渾一)하듯 대국과 소국들이 대국으로 돌아와 모임[交]이니, 여기 〈교(交)〉는 귀회(歸會) 즉 돌아와[歸] 서로 만남[會]이다. 이러한 교(交)는 35장(章) 천하왕(天下往) 왕이불해(往而不害) 안평태(安平泰)의 교류이다. 대국과 소국의 교류가 이루어져야 안평태(安平泰)의 세상을 천하(天下)가 누릴 수 있음을 살펴 새기고 헤아려 깨우치게 하는 말씀이 〈대국자하류(大國者下流) 천하지교(天下之交)〉이다.

註 "비도지재천하(譬道之在天下) 유천곡지어강해(猶川谷之於江海)." 비유컨대[譬] 도가[道之] 세상에[天下] 있음은[在] 골짜기 냇물들이[川谷之] 강해로[江海] 흘러듦과[於] 같다[猶].　　　　　　　　　　　　　　　　　　　　　　　　　　『노자(老子)』 32장(章)

註 "집대상(執大象) 천하왕(天下往) 왕이불해(往而不害) 안평태(安平泰)." 대도의[大] 짓을[象] 지키면[執] 세상[天下] 어디든 가고[往], 어디든 가도[往而] 해침이 없으니[不害] 평안하고[安] 화평하며[平] 태평하다[泰].　　　　　　　　　　　　　　　　　『노자(老子)』 35장(章)

【보주(補註)】

● 〈대국자하류(大國者下流) 천하지교(天下之交)〉를 〈대국야자위강해지하류(大國也者爲江海之下流) 이대국야자위천하지소교(而大國也者爲天下之所交)〉처럼 옮기면 문맥을 더 쉽게 잡을 수 있다. 〈대국(大國)이란[也] 것은[者] 강과 바다의[江海之] 하류(下流)이다[爲]. 그래서[而] 대국(大國)이란[也] 것은[者] 온 세상이[天下之] 돌아와 모이는[交] 곳[所]이다[爲].〉

● 대국(大國)을 유가(儒家)에서는 만승지국(萬乘之國) 즉 천자(天子)의 나라라 하고, 천자의 나라 밑에 제후국(諸侯國)들이 있다. 『노자(老子)』62장(章)에 천자(天子)와 삼공(三公)이란 말이 나오지만, 도가(道家)에는 천자국(天子國)도 없고 천자(天子)의 신하인 삼공(三公)도 없다. 『노자(老子)』의 대국에는 여러 소국이 안평태(安平泰)를 누리게 하는 현빈(玄牝) 같은 태상(太上)의 성인(聖人)이 있고, 천하(天下)가 그냥 그대로 있을 뿐이다. 소국들은 80장(章)에 나오는 바대로 소국끼리 서로 맞대고 세상을 누리면서 백성들은 죽을 때까지 왕래하지 않고 안평태(安平泰)의 삶을 누림이 17장(章)의 아자연(我自然)이며, 이런 세상이 천하(天下)로서 대국인 셈이다.

註 "입천자(立天子) 치삼공(置三公) 수유공벽이선사마(雖有拱璧以先駟馬) 불여좌진차도(不如坐進此道)." (천하를 다스리려고) 천자를[天子] 세우고[立] 삼공을[三公] 두어[置], 비록[雖] 한 아름의[拱] 옥구슬을[璧] 이용해서[以] 네 필의[駟] 말을[馬] 앞세움이[先] 있다 한들[有], {성인(聖人)이} 앉아서[坐] 이[此] 도리를[道] 펼침만[進] 못하다[不如]. 『노자(老子)』62장(章)

註 "공성사수(功成事遂) 백성개위아자연(百姓皆謂我自然)." {태상(太上)의 성인(聖人)이} 보람을[功] 이루고[成] 일을[事] 완수했어도[遂] 백성은[百姓] 모두[皆] 자기들은[我] 그냥 그대로라고[自然] 했다[謂]. 『노자(老子)』17장(章)

註 "소국과민(小國寡民)······ 사민복결승이용지(使民復結繩而用之) 감기사(甘其食) 미기복(美其服) 안기거(安其居) 낙기속(樂其俗) 인국상망(隣國相望) 계견지음상문(鷄犬之音相聞) 민지로사불상왕래(民至老死不相往來)." 나라는[國] 작고[小] 백성은[民] 적으며[寡], ······ 백성으로[民] 하여금[使] 매듭을[繩] 맺기를[結] 복습해서[復] 그것을[之] 쓰게 하고[用], (천지가 주는) 그[其] 먹을거리를[食] 달게 먹으며[甘], (천지가 주는) 그[其] 입을거리를[服] 즐기고[美], (천지가 주는) 그[其] 사는 곳을[居] 편안해 하며[安], (천지가 주는) 그[其] 습속을[俗] 즐기고[樂], 옆[隣] 나라가[國] 서로[相] 바라보이고[望], 닭과[鷄] 개들이[犬之] 짖는 소리가[音] 서로[相] 들려

도[聞] 백성은[民] 늙어[老] 죽음에[死] 이르러도[至] 서로[相] 가고 오지 않았다[不往來].

『노자(老子)』 80장(章)

● 소국(小國)은 유가(儒家)에서는 천승지국(千乘之國) 즉 제후(諸侯)의 나라이지만, 『노자(老子)』에는 제후란 말이 없고 80장(章)에 〈소국과민(小國寡民)〉이라 하여 〈소국(小國)〉이란 말이 나온다. 『노자(老子)』의 소국이란 하나의 마을을 떠올리게 하고, 80장(章)의 〈인국상망(隣國相望)……불상왕래(不相往來)〉란 구문으로 보아 『장자(莊子)』의 **여미록공처(與 鹿共處) 경이식(耕而食) 직이의(織而衣) 무유상해지심(無有相害之心)**을 상기시킨다.

▨ "여미록공처(與麋鹿共處) 경이식(耕而食) 직이의(織而衣) 무유상해지심(無有相害之心) 차지덕지융야(此至德之隆也)." (백성은) 사슴과[與麋鹿] 다 함께[共] 살았고[處], 밭 갈아 농사지어서[耕而] 먹었고[食], 길쌈해서[織而] 옷을 지어 입었고[衣], 서로[相] 해치려는[害之] 마음이[心] 없었다[無有]. 이 시대는[此] 지극한[至] 덕이[德之] 융성했던 것[隆]이다[也].

『장자(莊子)』 「도척(盜跖)」

【해독(解讀)】

● 〈대국자하류(大國者下流) 천하지교(天下之交)〉는 두 구문이 생략되었지만 연접의 접속사로 이어진 중문(重文)이다. 〈대국자는[大國者] 하류이고[下流], (그리고 대국자(大國者)는) 천하의[天下之] 교이다[交].〉

● 대국자하류(大國者下流)에서 대국자(大國者)는 주부(主部) 노릇하고, 하류(下流)는 주격보어 노릇한다. 〈대국자는[大國者] 하류이다[下流].〉

● 천하지교(天下之交)에서 주어 노릇할 대국자(大國者)는 생략되었지만, 천하지(天下之)는 교(交)를 꾸며주는 형용사구 노릇하고, 교(交)는 주격보어 노릇한다. 교(交)는 〈사귈 접(接)·모일 회(會)〉 등과 같고, 교접(交接)의 줄임말로 여기면 된다. 〈대국자는[大國者] 온 세상의[天下之] 교이다[交].〉

61-2 天下之牝(천하지빈) 牝常以靜勝牡(빈상이정승모) 以靜爲下(이정위하)

▶ {대국(大國)은} 온 세상의[天下之] 암컷이고[牝], 암컷은[牝] 항상

[常] 고요로[靜]써[以] 수컷을[牡] 무릅쓰며[勝], {빈(牝)은} 고요로
[靜]써[以] 낮춤을[下] 삼는다[爲].

【지남(指南)】

〈천하지빈(天下之牝) 빈상이정승모(牝常以靜勝牡) 이정위하(以靜爲下)〉는 큰
나라[大國]가 천하지빈(天下之牝)이 되어야 하는 연유를 밝힌다. 여기 〈천하지빈
(天下之牝)〉 즉 온 세상의[天下之] 암컷[牝]은 6장(章) 곡신불사(谷神不死) 시위현빈
(是謂玄牝)의 현빈(玄牝)을 상기시킨다. 현묘한[玄] 땅[牝]이란 생천지여만물(生天
地與萬物)의 상도(常道)를 비유한 말씀이다. 만물과[與萬物] 천지를[天地] 낳음을
[生] 현빈지문(玄牝之門)이라 하고, 현묘한[玄] 땅의[牝之] 문(門)은 곧 상도(常道)
를 일컫는다. 천하지빈(天下之牝)의 〈빈(牝)〉은 자(雌) 즉 암컷을[雌] 가리키고, 암
컷[雌]은 부드러움과[柔] 고요를[靜] 뜻한다. 상도(常道)란 천지만물을 낳는 어머니
[母]이니 상도(常道)를 일컬어 현묘한 땅[玄牝]이라 부른다. 이는 51장(章)의 〈현덕
(玄德)〉을 그냥 그대로 베푸는 현빈(玄牝)으로 현모(玄母)와 같아서, 천하지빈(天
下之牝)인 대국은 현빈(玄牝) 즉 현모(玄母)인 상도(常道)를 본받아야 함이다.

대국(大國)이 소국(小國)을 거느림은 대국과 소국의 관계가 모자(母子)처럼 되
어야 함이다. 대국은 소국의 어머니가 되고 소국은 대국의 자식이 되면, 큰 나라
작은 나라 모두 안평태(安平泰)의 세상을 누릴 수 있을 것이다. 대국은 부드러운
[柔] 어머니 같아야 하니 무력으로 강한 대국이 천하(天下)를 정복할 수는 있어도
취천하(取天下)하지는 못하고 망하는 것이 천지도(天之道)이다. 대국이 온 세상을
[天下] 얻어[取] 장구(長久)하자면 부드러운[柔] 어머니로서[母] 소국을 끌어안아야
하니 대국은 하류(下流)와 같다.

하류(下流)란 겸하(謙下)의 뜻으로, 대국일수록 스스로를 낮추어[謙下] 하류가
된다. 온갖 세류(細流)들이 하류로 들어오고 대국은 〈이정(以靜)〉 즉 고요로[靜]써
[以] 움직이는 것을[動] 끌어안는다. 이러한 껴안음을 일러 〈빈상이정승모(牝常以

靜勝牡)〉라 한다. 이는 36장(章) 유약승강강(柔弱勝剛强)과 같다. 수컷[牡]은 동(動)하고 암컷[牝]은 정(靜)한다. 상덕(常德)을 떠나지 않는[不離] 고요가[靜] 흘러오는[動] 것을 돌아와 서로 만나게 하니[交], 빈상이정승모(牝常以靜勝牡)의 〈정(靜)〉은 16장(章)에서 살핀 귀근왈정(歸根曰靜)의 바로 그 〈정(靜)〉이다. 고요[靜]란 근원으로[根] 돌아옴[歸]으로, 복귀어도(復歸於道) 즉 상도로[於道] 돌아옴을[復歸] 고요[靜]라 한다. 그리고 고요[靜]는 상도(常道)의 짓인 상덕(常德)을 떠나지 않으니, 천하지빈(天下之牝) 즉 온 세상의 어머니로서[母] 대국 역시 상덕(常德)을 떠나지 않는다.

상도(常道)를 본받는[法] 대국의 품 안으로 천하의 소국들이 돌아와 모여 안김을 일러 〈이정위하(以靜爲下)〉라고 한다. 그러므로 〈이정(以靜)〉 즉 고요로[靜]써[以] 상도(常道)로 돌아옴[歸]이니, 대국과 소국들은 서로 존도(尊道)하고 귀덕(貴德)하여 52장(章)의 〈복수기모(復守其母)〉하는 천하(天下)를 누리게 된다. 따라서 이정(以靜)의 정(靜)은 서로 불해(不害)하고 부쟁(不爭)하며 서로 낮춤으로[下]써 하나가 된다[爲一]. 따라서 이정승모(以靜勝牡)의 〈승(勝)〉은 승패(勝敗)의 승(勝)이 아니라 승극(勝克)의 승(勝), 즉 무릅씀[勝]으로 극복의 승(勝)이다.

어찌 암컷이[牝] 힘으로[力] 수컷[牡]을 이기겠는가[勝]? 암컷은[牝] 생지(生之)하고 휵지(畜之)하여 수컷의 강함을 무릅쓰고, 더욱더 존도(尊道)하고 귀덕(貴德)할 수 있기 때문이다. 그러므로 〈승모(勝牡)〉란 수컷[牡] 즉 강한 것이[强] 암컷[牝] 즉 유약(柔弱) 즉 부드럽고[柔] 연약한[弱] 암컷[牝]에게 돌아와 모이게 하는 〈이정위하(以靜爲下)〉이다. 물론 이정위하(以靜爲下)의 〈하(下)〉는 7장(章) 성인후기신(聖人後其身)·외기신(外其身)을 상기시킨다.

이처럼 대국은 하류이면서 천하지빈(天下之牝)으로 온 세상의 소국들을 끌어안고, 소국이 대국으로 돌아와 모여 안평태(安平泰)의 천하(天下)를 이룰 수 있는 까닭을 살펴 새기고 헤아려 깨우치게 하는 말씀이 〈천하지빈(天下之牝) 빈상이정승모(牝常以靜勝牡) 이정위하(以靜爲下)〉이다.

註 "곡신불사(谷神不死) 시위현빈(是謂玄牝) 현빈지문(玄牝之門) 시위천지근(是謂天地根)." 골짜기를[谷] 변화하게 하는 짓은[神] 죽지 않는다[不死]. 이를[是] 신묘한[玄] 땅이라[牝] 한다

[謂]. 현묘한[玄] 땅의[牝之] 문(門) 이것을[是] 하늘땅의[天地] 뿌리라[根] 한다[謂].

『노자(老子)』 6장(章)

註　"유약승강강(柔弱勝剛强)." 부드럽고[柔] 연약함이[弱] 굳세고[剛] 강함을[强] 무릅쓴다[勝].

『노자(老子)』 36장(章)

註　"각귀기근(各歸其根) 귀근왈정(歸根曰靜) 시위복명(是謂復命) 복명왈상(復命曰常) 지상왈
명(知常曰明)." 저마다[各] 제[其] 뿌리로[根] 돌아간다[歸]. 뿌리로[根] 돌아감을[歸] 고요라[靜]
하고[曰], 이것을[是] 본성으로[命] 돌아옴이라[復] 한다[謂]. 천성으로[命] 돌아옴을[復] {만물이
따르는 천도(天道)의} 한결같음이라[常] 하며[曰], {상도(常道)의} 한결같음을[常] 앎을[知] 밝음이
라[明] 한다[曰].

『노자(老子)』 16장(章)

註　"성인후기신이신선(聖人後其身而身先) 외기신이신존(外其身而身存)." 성인은[聖人] 자신
을[其身] 뒤로 하지만[後而] 자신이[身] 앞서지고[先], 그[其] 자신을[身] 없애니[外而] 자신이[身]
생존한다[存].

『노자(老子)』 7장(章)

【보주(補註)】

● 〈천하지빈(天下之牝) 빈상이정승모(牝常以靜勝牡) 이정위하(以靜爲下)〉를 〈대
국시천하지빈(大國是天下之牝) 이천하지빈상이정승천하지모(而天下之牝常以
靜勝天下之牡) 대국이정위하(大國以靜爲下)〉처럼 옮기면 문맥을 더 쉽게 잡을
수 있다. 〈대국은[大國] 온 세상의[天下之] 암컷[牝]이다[是]. 그리고[而] 온 세상
의[天下之] 암컷은[牝] 항상[常] 고요로[靜]써[以] 온 세상의[天下之] 수컷을[牡]
무릅쓴다[勝]. 그리고[而] 대국은[大國] 고요함으로[靜]써[以] 아래를[下] 삼는다
[爲].〉

● 빈모(牝牡)는 자웅(雌雄) 즉 암수[牝牡 · 雌雄]이고, 정동(靜動) · 강유(剛柔) · 음
양(陰陽) · 상하(上下) 등의 뜻을 환유(換喩)한다.

【해독(解讀)】

● 〈천하지빈(天下之牝) 빈상이정승모(牝常以靜勝牡) 이정위하(以靜爲下)〉는 세
구문으로 이루어진 하나의 문단이다. 〈천하의[天下之] 암컷이다[牝]. 암컷은
[牝] 항상[常] 정(靜)으로써[以] 모를[牡] 승하는 것처럼[勝], 천하의[天下之] 빈은
[牝] 정(靜)으로써[以] 하를[下] 삼는다[爲].〉

● 천하지빈(天下之牝)에서 주어 노릇할 대국(大國)은 생략되었고, 천하지(天下之)
는 빈(牝)을 꾸며주는 형용사구 노릇하며, 빈(牝)은 술부로서 주격보어 노릇한

다. 〈(대국은) 온 세상의[天下之] 암컷이다[牝].〉

- 빈상이정승모(牝常以靜勝牡)에서 빈(牝)은 주어 노릇하고, 상(常)은 승(勝)을 꾸미는 부사 노릇하며, 이정(以靜)은 승(勝)을 꾸미는 부사구 노릇하고, 승(勝)은 동사 노릇하며, 모(牡)는 승(勝)의 목적어 노릇한다. 승(勝)은 〈무릅쓸 극(克)〉과 같아 승극(勝克)의 줄임말로 여기면 된다. 〈암컷은[牝] 늘[常] 고요함으로[靜]써 [以] 수컷을[牡] 무릅쓴다[勝].〉
- 이정위하(以靜爲下)에서 주어 노릇할 천하지빈(天下之牝)은 생략되었고, 이정(以靜)은 위(爲)를 꾸며주는 부사구 노릇하고, 위(爲)는 동사 노릇하며, 하(下)는 위(爲)의 목적어 노릇한다. 〈(온 세상의 암컷은) 고요로[靜]써[以] 아래를[下] 삼는다[爲].〉
- 빈상이정승모(牝常以靜勝牡)는 〈A이(以)B위(爲)C〉의 상용문이다. 〈A는 B로써 [以] C를 삼는다[爲].〉

61-3 故(고) 大國以下小國(대국이하소국) 則取小國(즉취소국)

▶ 그러므로[故] 큰 나라가[大國] {정(靜)으로} 써[以] 소국에[小國] 낮추면[下] 곧[則] (대국은) 작은 나라를[小國] 모은다[取].

> 큰 대(大), 나라 국(國), 써 이(以), 낮출 하(下), 작을 소(小), 곧 즉(則),
> 모을 취(取)

【지남(指南)】

〈대국이하소국(大國以下小國) 즉취소국(則取小國)〉은 큰 나라[大國]가 소국(小國)을 회취(會聚)하는 이치를 밝힌다. 취소국(取小國)의 〈취(取)〉는 〈모을 취(聚)〉와 같다. 대국(大國)이 힘으로써[以力] 소국(小國)을 굴복시키려 하면 소국을 진실로 모여들게 할 수 없다. 이력(以力)의 대국은 하류처럼 될 수 없다. 소국이 대국을 기꺼이 따르고자 해야 진실로 취합(聚合)할 수 있으니, 이는 39장(章)의 〈만물득일이생(萬物得一以生)〉을 따르는 득일(得一)의 취(取)함이다.

대국이 소국을 취함은 득이(得二)로 취함이 아니라 득일(得一)로 취함으로, 〈모을 취(取)〉이다. 대국은 강국(强國)이고 소국은 약국(弱國)이란 구분으로 대국이 소국을 쟁취함이 아님을 나타냄이 대국이하소국(大國以下小國)의 〈하(下)〉이다. 그러므로 여기 〈취(取)〉는 싸워서 모음[爭取]이 아니라 부쟁이취(不爭而取) 즉 다투지 않고서[不爭而] 모음[取]이다. 이는 대국과 소국이 하나의 천하가 되어 천하민(天下民)을 이루어 온 세상이 하나가 되는 취천하(取天下) 즉 온 세상을[天下] 얻음[取]이다.

『주역(周易)』「계사전상(繫辭傳上)」 첫머리에 천존지비(天尊地卑) 건곤정의(乾坤定矣)란 말이 나온다. 천존지비(天尊地卑)란 천고지하(天高地下)란 말과 같다. 유가(儒家)의 예(禮)는 존비(尊卑) 즉 고하(高下)를 별의(別宜)라 하여 높고[尊] 낮음을[卑] 분별함이[別] 마땅하다[宜]고 한다. 그러나 『노자(老子)』는 그러한 예(禮)를 부정(否定)한다. 천지(天地)는 모두 대도(大道)가 낳은 것이니, 천존지비(天尊地卑)란 음양의 이기(二氣)를 일컬음일 뿐 높고[上] 낮음의[下] 서열을 매김이 아니다. 상도(常道)에서 이기(二氣)는 곧 일기(一氣)가 생(生)한 것으로 일음일양(一陰一陽)이듯, 만물은 2장(章)에서 살핀 대로 **상생(相生)·상성(相成)·상형(相形)·상경(相傾)·상화(相和)·상수(相隨)**로 취함이 취소국(取小國)의 〈취(取)〉이다. 힘으로[力]써[以]는 소국을 진정으로 얻을 수 없고 천하를 얻을 수도 없음을 나타냄이 여기 취(取)이다.

그래서 『맹자(孟子)』에도 **이력복인자(以力服人者) 비심복야(非心服也) 역불섬야(力不贍也)**란 말이 나온다. 힘으로 굴복시킴은 앙갚음의 재앙을 심는 것과 같다. 힘이 모자라 우선 복종하지만 언젠가는 앙갚음하려 하니 와신상담(臥薪嘗膽)이라 하는 것이다. 원수를 갚고자 괴롭고 어려움을 참고 견디며 섶에[薪] 누워[臥] 쓸개를[膽] 맛보면서[嘗] 보복을 꿈꾸는 한, 진정한 심복(心服)의 교(交)란 없다. 그러므로 힘으로[力]써[以] 취(取)함은 패자를 승자가 억지로 굴복시킴이다. 이력취(以力取) 즉 힘으로[力]써[以] 모음[取]이란 상쟁(相爭)의 씨인지라, 대국과 소국 사이든 사람과 사람 사이든 결코 화합하지 못하고 분열하고 만다.

이력(以力)의 취(取)함에는 강상약하(强上弱下) 즉 강함이[强] 위가[上] 되어 군림하고, 약함은[弱] 아래가[下] 되어 굴복해야 한다. 하지만 이정(以靜)의 취(取)함에는 강약(强弱)이 하나인지라 상하(上下)로 양분함이 없고, 상하(相下) 즉 서로[相] 낮춤[下]인지라 상쟁(相爭)의 승패(勝敗)로 빚어낸 낮춤[下]이 아니라 이정(以靜)의 낮춤[下]이다. 이는 자연의[天] 규율로[道] 돌아옴[歸]이니, 서로 불해(不害)하고 부쟁(不爭)하는 겸하(謙下)이고 위일(爲一)로 서로 하나가 되는 것이기에 대국이 소국을 진실로 모이게 하는 것[取]과 같다.

대국과 소국은 이정(以靜)으로 모이니[取] 대소(大小)가 서로 받들어[相尊] 모임[取]으로, 어찌 나라와 나라 사이만 그렇겠는가? 사람과 사람의 관계 역시 이정(以靜)으로 낮추면[下] 서로 해치지 않고[不害] 다투지 않아[不爭] 무엇이든 하나가 된다. 그러므로 대국이하소국(大國以下小國)의 하(下)는란 귀근(歸根)하는 정(靜)으로써의 낮춤[下]이다. 대국이 귀근(歸根)의 정(靜)으로써[以] 스스로를 낮추면[下] 소국이 진실로 대국을 높이고 따르는 이치를 살펴 새기고 헤아려 깨우치게 하는 말씀이 〈대국이하소국(大國以下小國) 즉취소국(則取小國)〉이다.

註　"천존지비(天尊地卑) 건곤정의(乾坤定矣) 비고이진(卑高以陳) 귀천위의(貴賤位矣)." 하늘은[天] 높고[尊] 땅은[地] 낮으니[卑] 건괘와[乾] 곤괘가[坤] 정해진 것[定]이다[矣]. 이로써[以] 낮고[卑] 높음이[高] 펼쳐지니[陳] 귀천이[貴賤] 자리를 잡는 것[位]이다[矣].

유가(儒家)는 존비(尊卑) 즉 고하(高下)를 귀천(貴賤)으로 보지만, 도가(道家)는 고하(高下)를 위일(爲一)로 본다.　　　　　　　　　『주역(周易)』「계사전상(繫辭傳上)」

註　"유무상생(有無相生) 난이상성(難易相成) 장단상형(長短相形) 고하상경(高下相傾) 음성상화(音聲相和) 전후상수(前後相隨) 시이(是以) 성인처무위지사(聖人處無爲之事) 행불언지교(行不言之敎)." 있음도[有] 없음도[無] 서로[相] 생기고[生], 어려움도[難] 쉬움도[易] 서로[相] 이루며[成], 긴 것도[長] 짧음도[短] 서로[相] 드러나고[形], 높음도[高] 낮음도[下] 서로[相] 기대며[傾], 홀소리도[音] 닿소리도[聲] 서로[相] 어울리고[和], 앞도[前] 뒤도[後] 서로[相] 따른다[隨]. 이렇기[是] 때문에[以] 성인은[聖人] 무위를[無爲之] 일삼아[事] 거처하고[處], 말이[言] 없는[不之] 가르침을[敎] 행한다[行].　　　　　　　『노자(老子)』 2장(章)

註　"이력복인자(以力服人者) 비심복야(非心服也) 역불섬야(力不贍也) 이덕복인자(以德服人者) 중심열이성복자야(中心悅而誠服者也)." 힘으로[力] 써[以] 사람을[人] 굴복시키는[服] 것은[者] 마음에서 우러난 굴복이[心服] 아닌 것이고[非] 힘이[力] 모자란 것[不贍]이다[也]. 덕으로[德] 써[以] 사람을[人] 굴복시키는[服] 것은[者] 속마음이[中心] 기뻐서[悅而] 진실로[誠] 굴복하는[服] 것[者]이다[也].　　　　　『맹자(孟子)』「공손추장구상(公孫丑章句上)」

【보주(補註)】

● 〈대국이하소국(大國以下小國) 즉취소국(則取小國)〉을 〈약대국이정하소국(若大國以靜下小國) 즉대국취소국(則大國取小國)〉처럼 옮기면 문맥을 더 쉽게 잡을 수 있다. 〈만약[若] 대국이[大國] 고요로[靜] 써[以] 소국에[小國] 낮추면[下] 곧장[則] 대국은[大國] 소국들을[小國] 모은다[取].〉

● 대국이하소국(大國以下小國)에서 하(下)는 상하(上下)의 하(下)가 아니라 〈겸손할 겸(謙)〉과 같아 겸하(謙下)의 줄임말로 여기면 된다. 〈대국이[大國] 고요함으로[靜] 써[以] 소국에[小國] 겸손하면[下]〉

● 대국이하소국(大國以下小國)에서 하(下)는 『서경(書經)』에 나오는 **주약여상하초목조수(疇若予上下草木鳥獸)**의 하(下)를 상기시킨다. 하(下)는 겸손하면서도 베풀어준다는 뜻도 담고 있다.

> 🗊 "제왈(帝曰) 주약여상하초목조수(疇若予上下草木鳥獸)." 임금이[帝] 말했다[曰] : 누가[疇] 나를[予] 따라서[若] 초목과[草木] 조수를[鳥獸] 잘[上] 베풀어주겠는가[下]?
>
> 『서경(書經)』「우서(虞書)」

● 취소국(取小國)에서 〈취(取)〉가 〈취(聚)〉로 된 본(本)들이 많다. 여기 취소국(取小國)은 대국이 소국들이 모여드는 하류가 됨을 뜻한다.

【해독(解讀)】

● 〈대국이하소국(大國以下小國) 즉취소국(則取小國)〉은 조건의 종절(從節)과 주절로 된 구문이다. 〈대국이[大國]써[以] 소국을[小國] 베풀어주면[下] 곧[則] 소국들을[小國] 모은다[取].〉

● 대국이하소국(大國以下小國)에서 대국(大國)은 주어 노릇하고, 이(以)는 〈이정(以靜)〉의 줄임으로 하(下)를 꾸미는 부사 노릇하며, 하(下)는 동사 노릇하고, 소국(小國)은 하(下)의 목적어 노릇해 조건의 종절(從節) 노릇한다. 하(下)은 〈겸손할 겸(謙)〉과 같아 겸하(謙下)의 줄임말로 여기면 된다. 〈대국이[大國]써[以] 소국에[小國] 겸손하면[下]〉

● 즉취소국(則取小國)은 〈즉대국이정취소국(則大國以靜取小國)〉에서 주어 노릇할 대국(大國)과 부사구 노릇할 이정(以靜)을 생략하고 술부만 남겼지만, 주절

노릇한다. 즉취소국(則取小國)에서 즉(則)은 어조사 노릇하고, 취(取)는 동사 노릇하며, 소국(小國)은 취(取)의 목적어 노릇한다. 취(取)는 〈모을(거둘) 취(聚) · 회(會)〉 등과 같아 취취(取聚)의 줄임말로 여기면 된다. 〈곧장[則] 소국들을[小國] 모은다[取].〉

61-4 小國以下大國(소국이하대국) 則取大國(즉취대국)

▶ 작은 나라가[小國] {고요[靜]로} 써[以] 대국에[大國] 겸손하면[下] 곧[則] (소국은) 큰 나라를[大國] 얻는다[取].

작을 소(小), 나라 국(國), 써 이(以), 베풀어줄(낮출) 하(下), 큰 대(大), 곧 즉(則), 얻을 취(取)

【지남(指南)】

〈소국이하대국(小國以下大國) 즉취대국(則取大國)〉은 작은 나라[小國]가 큰 나라[大國]를 얻는[取] 이치를 밝힌다. 소국(小國)이 이력(以力)으로는 대국(大國)을 얻을 수 없으니 이정(以靜)으로 겸하(謙下)해야 할 것이다. 소국이 이정(以靜)으로 대국을 취(取)함이란 소국이 안민(安民)을 이루어 백성의 마음을 얻음[取]이니, 힘이 모자라 대국에 굴복함이 아니다. 대국과 소국이 서로 이정(以靜)으로 취함인지라 고하상경(高下相傾)의 취함이다. 이는 대국과 소국이 고요로[靜]써[以] 대소(大小)가 상존(相尊)하여 서로 불해(不害)하고 부쟁(不爭)하는 위일(爲一)로, 서로를 얻어[取] 누림이다.

이런 누림은 『장자(莊子)』의 여천화자(與天和者)를 상기시킨다. 이는 자연과[與天] 어울리는[和] 것과[者] 다름없다. 본래 자연(自然)을 풀이하여 무위(無爲)라 하고, 그 무위(無爲)를 풀이하여 허정(虛靜) · 염담(恬淡) · 적막(寂漠)이라 한다. 그러므로 소국이하대국(小國以下大國)의 하(下)도 귀근(歸根)하는 정(靜)으로써[以] 겸손함[下]이니, 무위(無爲)로 상교(相交) 즉 서로[相] 사귐[交]이다. 소국이 힘이 모자라 낮춤이[下] 아니라, 귀근(歸根)의 정(靜)으로써[以] 현묘한 어머니인[母] 상도(常道)를 받들 듯[尊] 대국에 스스로를 낮추면[下] 대국은 소국을 높여주고 따라주는 이치를 살펴 새기고 헤아려 깨치게 하는 말씀이 〈소국이하대국(小國以下大國) 즉취대국(則取大國)〉이다.

"부명백어천지지덕자(夫明白於天地之德者) 차지위대본대종(此之謂大本大宗) 여천화자야(與天和者也) 소이균조천하(所以均調天下) 여인화자(與人和者) 위지인락(謂之人樂) 여천화자위지천락(與天和者謂之天樂)……천락자성인지심(天樂者聖人之心) 이휵천하야(以畜天下也)." 무릇[夫] 자연의[天地之] 덕에[於德] 명백하다는[明白] 것[者] 이것을[此之] 만물만사의 근본이라[大本大宗] 한다[謂]. 자연과[與天] 어울리는[和] 것[者]이란[也] 세상을[天下] 고르게 하여[均] 어울리게 하는[調] 원인이다[所以]. 사람의 것과[與人] 어울리는[和] 것[者] 이것을[之] 사람의[人] 즐거움이라[樂] 하고[謂], 자연과[與天] 어울리는[和] 것[者] 이것을[之] 자연의[天] 즐거움이라[樂] 한다[謂]. …… 자연을[天] 즐거워하는[樂] 것[者] 성인의[聖人之] 마음이고[心], 그로써[以] 세상을[天下] 길러내는 것[畜]이다[也]. 『장자(莊子)』「천지(天道)」

【보주(補註)】

● 〈소국이하대국(小國以下大國) 즉취대국(則取大國)〉을 〈약소국이정하대국(若小國以靜下大國) 즉소국취대국(則小國取大國)〉처럼 옮기면 문맥을 더 쉽게 잡을 수 있다. 〈만약[若] 소국이[小國] 고요로[靜]써[以] 대국에[大國] 겸하하면[下] 곧장[則] 소국은[小國] 대국을[大國] 얻는다[取].〉

● 소국이하대국(小國以下大國)에서 하(下) 역시 상하(上下)의 하(下)가 아니라 〈겸손할 겸(謙)〉과 같아 겸하(謙下)의 줄임말로 여기면 된다.

【해독(解讀)】

● 〈소국이하대국(小國以下大國) 즉취대국(則取大國)〉은 조건의 종절(從節)과 주절로 된 복문(複文)이다. 〈소국이[小國]써[以] 대국에[大國] 낮추면[下] 곧[則] 대국을[大國] 취한다[取].〉

● 소국이하대국(小國以下大國)에서 소국(小國)은 주어 노릇하고, 이(以)는 이정(以靜)의 줄임으로 하(下)를 꾸미는 부사 노릇하며, 하(下)는 동사 노릇하고, 대국(大國)은 하(下)의 목적어 노릇해 조건의 종절(從節) 노릇한다. 하(下)는 여기서도 〈겸손할 겸(謙)〉과 같아 겸하(謙下)의 줄임말로 여기면 된다. 〈소국이[小國]써[以] 대국에[大國] 낮추면[下]〉

● 즉취대국(則取大國)은 〈즉소국취대국(則小國取大國)〉에서 주어 노릇할 소국(小

國)을 생략하고 술부(述部)만 남긴 주절이다. 즉취대국(則取大國)에서 즉(則)은 어조사 노릇하고, 취(取)는 동사 노릇하며, 대국(大國)은 취(取)의 목적어 노릇한다. 취(取)는 〈얻을 득(得)〉과 같아 취득(取得)의 줄임말로 여기면 된다. 〈곧장[則] (소국은) 대국을[大國] 얻는다[取].〉

61-5 或下以取(혹하이취) 或下而取(혹하이취)

▶ (대국은) 언제나[或] 낮춤으로[下] 써[以] (소국의 신임을) 모으고[取], (소국도) 언제나[或] 낮추어서[下而] (대국의 신임을) 얻는다[取].

언제나 혹(或), 겸손할 하(下), 써 이(以), 모을 취(取), 그래서 이(而)

【지남(指南)】

〈혹하이취(或下以取) 혹하이취(或下而取)〉 큰 나라[大國]와 작은 나라[小國]가 서로 어울려 함께함을 밝힌다. 대국이 소국에 군림하지 않고 작은 나라가 큰 나라에 굴종함이 없다. 이는 대국과 소국이 35장(章)의 〈안평태(安平泰)〉의 천하를 누리자면 51장(章) 현덕(玄德)을 떠날 수 없음을 일깨워준다. 그리고 현덕(玄德)이 치천하(治天下)의 본보기[楷式]가 된다는 65장(章)의 대순(大順)을 떠올린다. 이정하(以靜下) 즉 고요로[靜]써[以] 낮춤[下]은 바로 대국과 소국이 대순(大順) 즉 상도를[大] 좇아[順] 세상을 다스리는 본보기[楷式]가 되는 것이다. 대국은 대국대로 현덕(玄德)으로 소국의 신임을 모으고[取], 소국은 소국대로 현덕(玄德)으로 대국의 신임을 얻어[取], 그리하여[安] 화평하고[平] 태안한[泰] 세상을 누릴 수 있음이다. 따라서 이정하(以靜下)의 하(下)는 대순(大順)의 낮춤[下]이다.

대국은 소국에 정(靜)으로 겸하고[下] 소국은 대국에 고요로[靜] 겸하니[下] 서로 상도를[大] 따름[順]이다. 『장자(莊子)』의 통어일이만사필(通於一而萬事畢)을 떠올리면 이정하(以靜下)로 대국은 소국의 신임을 모으고[取], 소국은 대국의 신임을 얻을[取] 수 있는 것이다. 『맹자(孟子)』에도 **낙천자보천하(樂天者保天下) 외천자보기국(畏天者保其國)**이란 말이 나온다. 대국은 낙천(樂天) 즉 자연을[天] 즐김[樂]으로써 천하를 보존하고, 소국은 외천(畏天) 즉 자연을[天] 두려워함[畏]으로써 나라를 보존한다. 그러므로 소국은 대국에 거두어져[取] 나라를 보존하고, 대국은 안평태(安平泰)의 세상을 이루고자 소국을 모은다[取]. 이렇듯 부쟁(不爭)으로 서로 취(取)하여 대국의 국사(國事)와 소국의 나랏일[國事]이 상통(相通)하는 치천하(治天下)의 본보기가[楷式] 됨을 거듭해 살펴 새기고 헤아려 깨우치게 하는 말씀이 〈혹하이취(或下以取) 혹하이취(或下而取)〉이다.

註 "생이불유(生而不有) 위이불시(爲而不恃) 장이부재(長而不宰) 시위현덕(是謂玄德)." 낳아주되[生而] 갖지 않으며[不有], 위해주되[爲而] 바라지 않고[不恃], 키워주되[長而] 이래라저래라 않는다[不宰]. 이를[是] 현묘한[玄] 덕이라[德] 한다[謂].　　　　　　　『노자(老子)』 51장(章)

註 "이지치국(以智治國) 국지적(國之賊) 불이지치국(不以智治國) 국지복(國之福) 지차양자(知此兩者) 역계식(亦稽式) 상지계식(常知稽式) 시위현덕(是謂玄德)." 인간의 지력(知力)으로[智]써[以] 나라를[國] 다스림은[治] 나라의[國之] 도적이고[賊], 인간의 지력(知力)으로[智]써[以] 나라를[國] 다스리지 않음은[不治] 나라의[國之] 행복이다[福]. 이[此] 둘을[兩] 아는[知] 것은[者] 역시[亦] 변함없는[稽] 법식이다[式]. 변함없는[稽] 법식을[式] 능히[能] 아는 것[知] 이를[是] 깊고 멀어 아득한[玄] 덕이라[德] 한다[謂].

계식(稽式)의 계(稽)는 고금지소동(古今之所同) 즉 예와[古] 지금[今] 같은[同] 것[所]을 뜻하고, 계식(稽式)의 식(式)은 〈본받을 법(法)〉과 같다.　　　　　　　『노자(老子)』 65장(章)

註 "연정이백성정(淵靜而百姓定) 기왈(記曰) 통어일이만사필(通於一而萬事畢) 무심득이귀신복(無心得而鬼神服)." 고요를[靜] 깊이해서[淵而] 백성이[百姓] 안정됐다[定]. (옛 책의) 기록이[記] 말해준다[曰] : 하나에로[於一] 통한다면[通而] 온갖 일이[萬事] 다 잘되고[畢], 마음이[心] 얻으려 함이[得] 없다면[無而] 귀신도[鬼神] 승복한다[服].　　　　　　　『장자(莊子)』「천지(天地)」

註 "이대사소자락천자야(以大事小者樂天者也) 이소사대자외천자야(以小事大者畏天者也) 낙천자보천하(樂天者保天下) 외천자보기국(畏天者保其國)." 대국으로[大]써[以] 소국을[小] 섬기는[事] 자는[者] 하늘의 뜻을[天] 즐기는[樂] 것[者]이고[也], 소국으로[以小] 대국을[大] 섬기는[事] 것은[者] 하늘의 뜻을[天] 두려워하는[畏] 것[者]이다[也]. 하늘의 뜻을[天] 즐기는[樂] 것은[者] 온 세상을[天下] 보전하고[保], 하늘의 뜻을[天] 두려워하는[畏] 것은[者] 제[其] 나라를[國] 보전한다[保].
　　　　　　　『맹자(孟子)』「양혜왕장구하(梁惠王章句下)」

【보주(補註)】

● 〈혹하이취(或下以取) 혹하이취(或下而取)〉를 〈혹대국하이취소국(或大國下以取小國) 이혹소국하대국이취대국(而或小國下大國而取大國)〉처럼 옮기면 문맥을 더 쉽게 잡을 수 있다. 〈언제나[或] 대국은[大國] 낮춤으로[下]써[以] 소국들을

[小國] 모은다[取]. 그리고[而] 언제나[或] 소국은[小國] 대국에[大國] 낮추어서[下而] 대국을[大國] 얻는다[取].〉

- 〈혹하이취(或下以取) 혹하이취(或下而取)〉에서도 역시 하(下)는 상하(上下)의 하(下)가 아니라 〈겸손할 하(下)〉이다. 여기서도 하(下)는 〈겸손할 겸(兼)〉과 같아 겸하(謙下)의 줄임이다.

【해독(解讀)】

- 〈혹하이취(或下以取) 혹하이취(或下而取)〉는 세 구문으로 이루어진 하나의 문단이다. 〈언제나[或] (대국은) 낮춤으로[下]써[以] (소국들을) 모은다[取]. (그리고) 언제나[或] (소국은 대국에) 낮춘다[下]. 그래서[而] (소국은 대국을) 얻는다[取].〉

- 혹하이취(或下以取)는 〈혹대국하이취소(或大國下以取小國)〉에서 취(取)의 주어 노릇할 대국(大國)과 목적어 노릇할 소국(小國)을 생략한 구문이다. 혹하이취(或下以取)에서 혹(或)은 어조사 노릇하고, 하이(下以)는 취(取)를 꾸며주는 부사구 노릇하며, 취(取)는 목적어가 생략되었지만 동사 노릇한다. 취(取)는 〈모을 취(聚) · 거두어들일 취(聚)〉와 같이 취취(取聚)의 줄임말로 여기면 된다. 〈또한[或] 하로[下]써[以] 모은다[取].〉

- 혹하(或下)는 〈혹소국하대국(或小國下大國)〉에서 하(下)의 주어 노릇할 소국(小國), 그리고 하(下)의 목적어 노릇할 대국(大國)을 생략하고 술부(述部)만 남긴 구문이다. 혹하(或下)에서 혹(或)은 하(下)를 꾸며주는 어조사 노릇하고, 하(下)는 동사 노릇한다. 혹하(或下)의 하(下)는 〈겸손할 겸(謙)〉과 같아 겸하(謙下)의 줄임말로 여기면 된다. 〈(소국은 대국에) 언제나[或] 낮춘다[下].〉

- 이취(而取)는 〈이소국취대국(而小國取大國)〉에서 취(取)의 주어 노릇할 소국(小國), 그리고 취(取)의 목적어 노릇할 대국(大國)을 생략하고 술부(述部)만 남긴 구문이다. 이취(而取)에서 이(而)는 〈그리고 이(而)〉로 접속사 노릇하고, 취(取)는 동사 노릇한다. 취(取)는 〈얻을 득(得)〉과 같아 취득(取得)의 줄임말로 여기면 된다. 〈그리고[而] (소국은 대국을) 얻는다[取].〉

老子 ● 제 61 장

61-6 大國不過欲兼畜人(대국불과욕겸휵인)

▶ 큰[大] 나라는[國] 천하의 백성을[人] 아울러[兼] 양육[畜]하고자
함을[欲] 넘어가지 않는다[不過].

> 큰 대(大), 나라 국(國), 안할 불(不), 과할 과(過), 하고자 할 욕(欲),
> 아울러 겸(兼), 양육할 휵(畜), 백성 인(人)

【지남(指南)】

〈대국불과욕겸휵인(大國不過欲兼畜人)〉은 대국(大國)이 소국(小國)을 모으는
[取] 까닭을 밝힌다. 큰 나라가 작은 나라를 취(取)함도 욕휵인(欲畜人) 때문이고,
작은 나라가 큰 나라를 얻음[取] 역시 백성을[人] 잘 살아가게[畜] 하고자 함[欲]이
다. 80장(章)에 소국과민(小國寡民)이란 말씀이 나오듯 백성의 수가 적은 나라가 소
국이다. 국토가 좁아 소국이 아니라 국토가 넓어도 백성이 적으면[寡民] 소국이
다. 여러 소국이 모여 천하(天下)를 이루고, 소국의 백성들이 천하민(天下民)을 이
룬다. 대국은 이러한 소국들이 서로 불해(不害)하고 부쟁(不爭)하여 천하민(天下
民)이 모두 잘살게 하고자 소국을 취(取)한다. 이것이 대국(大國)이 고요로[靜]써
[以] 소국에 낮추어[下] 모음[取]이다.

천하민(天下民)을 욕휵(欲畜) 즉 잘살아가게[畜] 하고자[欲] 소국을 모음[取]이
지, 대국이 국토를 넓히고자 소국을 끌어 모음이[取] 아니다. 이는 『맹자(孟子)』의
왕부대대(王不待大)와도 통한다. 힘을 앞세우는 패자(霸者)는 국토가 광대한 대국
을 탐하지만, 왕(王)은 그런 대국을[大] 바라지 않는다[不待]. 소국의 백성이 80장
(章) 감기사(甘其食) 미기복(美其服) 안기거(安其居) 낙기속(樂其俗)을 누려서 35장(章)
안평태(安平泰)를 누리고, 17장(章) 아자연(我自然)의 삶을 구가하도록 현덕(玄德)을
본받아 휵인(畜人)하려 함이 대국의 〈취소국(取小國)〉인 동시에 대국의 〈욕휵인
(欲畜人)〉임을 거듭 살펴 새기고 헤아려 깨우치게 하는 말씀이 〈대국불과욕겸휵
인(大國不過欲兼畜人)〉이다.

註 "소국과민(小國寡民)……사민복결승이용지(使民復結繩而用之) 감기사(甘其食) 미기복(美

其服) 안기거(安其居) 낙기속(樂其俗)." 나라는[國] 작고[小] 백성은[民] 적다[寡]. …… 백성으로
[民] 하여금[使] 매듭을[繩] 맺기를[結] 복습해서[復] 그것을[之] 쓰게 하고[用], (천지가 주는) 그[其]
먹을거리를[食] 달게 먹고[甘], (천지가 주는) 그[其] 입을거리를[服] 좋아하며[美], (천지가 주는) 그
[其] 사는 곳을[居] 편안해 하고[安], (천지가 주는) 그[其] 습속을[俗] 즐거워한다[樂].

『노자(老子)』 80장(章)

註 "이력가인자패(以力假仁者覇) 패필유대국(覇必有大國) 이덕행인자왕(以德行仁者王) 왕부
대대(王不待大)." 힘으로[力]써[以] 어진[仁] 척하는[假] 것은[者] (힘을) 으뜸으로 함이고[覇], 그
패는[覇] 반드시[必] 큰 나라를[大國] 차지한다[有]. 『맹자(孟子)』「공손추장구상(公孫丑章句上)」

註 "집대상(執大象) 천하왕(天下往) 왕이불해(往而不害) 안평태(安平泰)." 대도의[大] 짓을[大
象] 지키면[執] 세상[天下] 어디든 가고[往], 어디든 가도[往而] 해침이 없으니[不害] 평안하고[安]
화평하며[平] 태평하다[泰]. 『노자(老子)』 35장(章)

註 "기귀언(其貴言) 공성사수(功成事遂) 백성개위아자연(百姓皆謂我自然)." {태상(太上)의}
황제는[其] 말을[言] 소중히 하고[貴], 보람을[功] 이루고[成] 일을[事] 완수했어도[遂] {성인(聖人)
이 그렇게 한 줄 모르는} 백성은[百姓] 모두[皆] 우리는[我] 본디대로 그냥 그러하다고[自然] 말했
다[謂]. 『노자(老子)』 17장(章)

【보주(補註)】

● 〈대국불과욕겸휵인(大國不過欲兼蓄人)〉을 〈대국불과욕겸축천하지인(大國不過
欲兼畜天下之人)〉처럼 옮기면 문맥을 더 쉽게 잡을 수 있다. 〈휵(畜)〉은 〈길러
줄 양(養)〉과 같아 휵양(畜養)의 줄임말과 같다. 〈대국은[大國] 온 세상의[天下
之] 백성들을[人] 아울러[兼] 양육하고자 함에[欲畜] 불과하다[不過].〉

● 휵인(畜人)은 『노자(老子)』 17장(章)의 **태상부지유지(太上不知有之)**와 『맹자(孟
子)』의 **왕자지민(王者之民)**을 연상시킨다. 태상(太上) 즉 태고(太古)의 황제가 천
하를 다스리지만, 백성은 〈안평태(安平泰)〉의 삶을 누리게 하는 황제가 있는 줄
도 모르고 근심걱정 없이 〈감기사(甘其食) 미기복(美其服) 안기거(安其居) 낙기
속(樂其俗)〉의 삶을 누림이 〈휵인(畜人)〉이다.

註 "태상부지유지(太上不知有之)…… 기귀언(其貴言) 공성사수(功成事遂) 백성개위아자연
(百姓皆謂我自然)." 아주 옛날 {황제(黃帝)의} 세상에는[太上] (백성은) 다스리는 자가[之] 있는
줄도[有] 몰랐다[不知]. …… {태상(太上)의} 황제는[其] 말을[言] 소중히 하고[貴], 보람을[功] 이
루고[成] 일을[事] 완수했어도[遂], {성인(聖人)이 그렇게 한 줄 모르는} 백성은[百姓] 모두[皆]

우리는[我] 본디대로 그냥 그러하다고[自然] 말했다[謂].　　　　　　　　　　『노자(老子)』 17장(章)

567

註　"패자지민(覇者之民) 환우여(驩虞如) 왕자지민(王者之民) 호호여(皞皞如) 살지이불원(殺之而不怨) 이지이불용(利之而不庸) 민호천선이부지위지자(民皞遷善而不知爲之者)." 패자의[覇者之] 백성은[民] 기뻐하다[驩] 걱정하느니[虞如]! 왕자의[王者之] 백성은[民] 마음이 커지고 넓어 스스로 만족하느니[皞皞如]! 자기들을[之] 죽여도[殺而] 원망하지 않고[不怨], 자기들을[之] 이롭게 해주어도[利而] 공로로 여기지 않으며[不庸], 백성은[民] 너그럽고 느긋하게[皞] 선으로[善] 옮겨가면서도[遷而] 그리하는[爲之] 것을[者] 모른다[不知].

환우여(驩虞如)는 기뻐하다[驩] 걱정하게 되는[虞] 모습, 호호여(皞皞如)는 밝고 밝아 느긋한[皞] 모습, 살지이불원(殺之而不怨)은 마땅히 죽여야 할 까닭이 있기에 죽여도 백성은 원망하지 않음을 뜻한다. 불용(不庸)의 용(庸)은 여기선 〈공(功)〉과 같고, 호(皞)는 〈밝을 명(明)〉과 같다.　　　　　　　　『맹자(孟子)』「진심장구상(盡心章句上)」

- 대국불과욕겸휵인(大國不過欲兼蓄人)이 〈대국불과욕겸축인(大國不過欲兼蓄人)〉으로 된 본(本)도 있다. 휵인(畜人)은 〈양인(養人)〉과 같아 사람을[人] 길러냄[養]으로 새기고, 축인(蓄人)은 〈취인(聚人)〉과 같아 사람을[人] 모음[蓄]으로 새기면 원문(原文)의 문의(文義)가 서로 달라지지만, 휵(畜)과 축(蓄)이 다 같이 〈기를 양(養)〉의 뜻을 내므로 휵인(畜人)과 축인(蓄人)을 〈양인(養人)〉으로 새기면 원문(原文)의 문의(文義)가 달라지지 않는다.

【해독(解讀)】

- 〈대국불과욕겸휵인(大國不過欲兼蓄人)〉에서 대국(大國)은 주어 노릇하고, 불(不)은 과(過)의 부정사(否定詞)이고, 과(過)는 동사 노릇하고, 욕겸휵인(欲兼畜人)은 과(過)의 목적구 노릇한다. 휵인(畜人)은 〈양민(養民)〉과 같다. 〈대국은[大國] 온 세상의 백성을[人] 아울러[兼] 양육하고자 함을[欲畜] 넘어서지 않는다[不過].〉〈백성을[民] 길러낸다[養].〉

- 욕겸휵인(欲兼畜人)은 영어의 동명사구 같은 노릇한다. 욕겸휵인(欲兼畜人)에서 욕(欲)은 영어의 동명사처럼 구실하고, 겸(兼)은 휵(畜)을 꾸며주는 부사 노릇하고, 휵(畜)은 영어의 부정사(不定詞)처럼 구실하며 인(人)은 휵(畜)의 목적어 노릇해 욕겸휵인(欲兼畜人)은 하나의 동명사구를 이룬다.

61-7 小國不過欲入事人(소국불과욕입사인)

▶작은[小] 나라도[國] {대국(大國)에} 들어가[入] 온 세상 백성을[人] 받들고자 함을[欲事] 넘어가지 않는다[不過].

작을 소(小), 나라 극(國), 안할 불(不), 과할 과(過), 하고자할 욕(欲), 들 입(入), 섶길 사(事), 사람(백성)인(人)

【지남(指南)】

〈소국불과욕입사인(小國不過欲入事人)〉은 소국이 대국을 취하는[取] 까닭을 밝힌다. 작은 나라가 큰 나라에 들어감은[入] 소국들이 서로 불해(不害)하고 부쟁(不爭)하면서 흑민(畜民)할 수 있도록 대국과 함께 안평태(安平泰)의 세상을 이루고자 함이다. 흑인(畜人) 즉 양민(養民)하고자 함이지 대국에 굴복하려고 입조(入朝)하는 것이 아니다. 소국이 저마다 양민(養民)할 수 있으면 천하의 백성들은 안평태(安平泰)의 세상을 구가할 수 있다. 유가(儒家)는 〈사군(事君)〉이니 〈사천자(事天者)〉라 하지만, 도가(道家)는 〈사인(事人)〉 즉 〈사민(事民)〉이라 한다. 사인(事人)은 이정(以靜)으로 백성을[人] 받듦[事]으로 드러난다. 대국의 성인(聖人)을 받듦은 온 세상의 백성을 받듦과 같다. 이정사민(以靜事民)은 곧 이무위사민(以無爲事民) 즉 무위로[無爲]써[以] 백성을[民] 받듦[事]이니, 이정(以靜)의 정(靜)은 곧 귀근(歸根)이고 무위(無爲)를 행함과 같다. 대국의 치자(治者)든 소국의 치자(治者)든 고요로[靜]써[以] 치민(治民)함이 사인(事人)이다.

이러한 치민(治民)은 치자(治者)든 백성이든 모두 위일(爲一) 즉 서로 하나가[一] 되게[爲] 한다. 물론 17장(章)의 〈태상(太上)〉의 성인(聖人)을 상기한다면, 치자(治者)와 백성은 하나같이 아자연(我自然) 즉 우리는[我] 그냥 그대로의[自然] 삶을 누릴 뿐 〈복귀어박(復歸於樸)〉의 삶과 같다. 『노자(老子)』에는 천자(天子)도 없고 제후(諸侯)도 없다. 다만 치인(治人)하고 사천(事天)하는 성인(聖人)이 진도(進道) 즉 상도를[道] 진흥할[進] 뿐이다. 그래서 62장(章)에 입천자(立天子) 불여좌진차도(不如坐進此道)란 말씀이 나온다.

〈흑인(畜人)〉보다 더한 〈진도(進道)〉는 없다. 양민(養民)으로[畜]써[以] 상도를

(道) 진흥함[進]이란 59장(章)에서 살핀 대로 내가[我] 자기 뜻대로 함이 없으니까[無爲] 백성이 스스로 변화하고[化], 나한테[我] 사사로이 일을 꾀함이 없으니까[無事] 백성이 부유해지고[富], 내가[我] 고요함을[靜] 좋아하니까[好] 백성이 바르게 되고[正], 나한테[我] 사사로운 욕심이 없으니까[無欲] 백성이 스스로 실박해진다고[樸] 성인(聖人)이 밝힌[云] 바로 그대로이다. 17장(章)의 성인(聖人)이어야 온 세상의[天下之] 백성을[人] 하나 되게 휵인(畜人)할 수 있다. 이러한 성인(聖人)의 치천하(治天下)가 59장(章)의 치인사천(治人事天)이니, 사인(事人)은 백성을 다스리고[治人] 자연이 물려준 천성(天性)을 섬기는[事天] 성인(聖人)의 다스림이고 그를 본받는 치자(治者)의 다스림이다.

대국과 소국들이 아울러[兼] 백성들이 안평태(安平泰)의 세상을 누리게 하고자 소국들이 대국으로 모여드는 것임을 거듭해 살펴 새기고 헤아려 깨우치게 하는 말씀이 〈소국불과욕입사인(小國不過欲入事人)〉이다.

註 "입천자(立天子) 치삼공(置三公) 수유공벽이선사마(雖有拱璧以先駟馬) 불여좌진차도(不如坐進此道)." (천하를 다스리려고) 천자를[天子] 세우고[立] 삼공을[三公] 두어[置], 비록[雖] 한 아름의[拱] 옥구슬을[璧] 이용해서[以] 네 필의[駟] 말을[馬] 앞세움이[先] 있다 한들[有], {성인(聖人)이} 앉아서[坐] 이[此] 도리를[道] 펼침만[進] 못하다[不如]. 『노자(老子)』 62장(章)

註 "성인운(聖人云) 아무위이민자화(我無爲而民自化) 아호정이민자정(我好靜而民自正) 아무사이민자부(我無事而民自富) 아무욕이민자박(我無欲而民自樸)." 성인은[聖人] 말한다[云] : 나에게[我] 인위가[爲] 없으니까[無而] 백성은[民] 절로[自] 변화하고[化], 내가[我] 고요를[靜] 좋아하니까[好而] 백성은[民] 절로[自] 바르고[正], 나에게[我] {인위(人爲)의} 일이[事] 없으니까[無而] 백성은[民] 절로[自] 부유하며[富], 나에게[我] 욕심이[欲] 없으니까[無而] 백성은[民] 절로[自] 본디대로로다[樸]. 『노자(老子)』 57장(章)

註 "치인사천(治人事天) 막약색(莫若嗇) 부유색(夫唯嗇) 시위조복(是謂早服) 조복위지중적덕(早服謂之重積德)." 백성을[人] 다스리고[治] 하늘을[天] 섬김에는[事] 아낌[嗇]만 한 것은[若] 없다[莫]. 무릇[夫] 오로지[唯] 아낌[嗇] 이것을[是] 미리[早] 갖춤이라[服] 한다[謂]. 일찍[早] 미리 갖추어둠을[服] 덕[德] 모으기를[積] 거듭함이라[重] 한다[謂]. 『노자(老子)』 59장(章)

【보주(補註)】

● 〈소국불과욕입사인(小國不過欲入事人)〉을 〈소국불과욕입어대국(小國不過欲入

於大國) 이소국불과욕사천하지인(而小國不過欲事天下之人)〉처럼 옮기면 문맥
을 더 쉽게 잡을 수 있다. 〈소국은[小國] 대국의[大國之] 조정에[朝廷] 들고자 함
에[欲入] 불과하다[不過]. 그리고[而] 소국은[小國] 온 세상의[天下之] 백성을[人]
섬기고자 함에[欲事] 불과하다[不過].〉

- 욕입사인(欲入事人)에서 입(入)을 〈입어대국지조정(入於大國之朝廷)〉의 줄임으
  로 여기고, 사인(事人)을 〈사천하지인(事天下之人)〉의 줄임으로 여기면 문의(文
  意)가 잡힌다. 〈온 세상의[天下之] 백성[人]〉

- 욕입(欲入)은 힘에 눌려서 억지로 입조(入朝)함이 아니라 스스로 기꺼이 입조
  (入朝)함을 암시해준다.

【해독(解讀)】

- 〈소국불과욕입사인(小國不過欲入事人)〉은 〈소국불과욕입(小國不過欲入)〉과
  〈소국불과사천하지인(小國不過事天下之人)〉 두 문장을 줄여서 마치 하나처럼
  합해놓은 중문(重文)이다.

- 소국불과욕입(小國不過欲入)은 〈소국불과입어대국(小國不過入於大國)〉에서 앞
  문맥으로 보충될 수 있으므로 입(入)을 꾸며주는 부사구 노릇하는 어대국(於大
  國)을 생략한 구문이다. 소국불과욕입(小國不過欲入)에서 소국(小國)은 주어 노
  릇하고, 불(不)은 과(過)의 부정사(否定詞)이고, 과(過)는 동사 노릇하며, 욕입
  (欲入)은 과(過)의 목적구 노릇한다. 〈소국은[小國] (대국에) 들어가고자 함에[欲
  入] 불과하다[不過].〉

- 사인(事人)은 〈소국불과사천하지인(小國不過事天下之人)〉에서 되풀이되는 내
  용인 소국불과(小國不過)를 생략하고, 천하지인(天下之人)을 인(人)으로 줄여놓
  은 구문이다. 사인(事人)에서 사(事)는 동사 노릇하고, 인(人)은 사(事)의 목적어
  노릇한다. 사(事)는 〈받들 봉(奉)〉과 같아 봉사(奉事)의 줄임말로 여기면 된다.
  〈(소국은 온 세상의) 백성을[人] 섬기고자 함에[欲事] 불과하다[不過].〉

61-8 夫兩者各得其所欲(부양자각득기소욕)

▶ 무릇[夫] 양자는[兩者] 저마다[各] 그[其] 바라는[欲] 바를[所] 만

족한다[得].

【지남(指南)】

〈부양자각득기소욕(夫兩者各得其所欲)〉은 61장(章) 상문(上文)의 내용을 〈기소욕(其所欲)〉으로 정리한다. 대국이 소국을 취(取)함이나 소국이 대국을 취(取)함은 서로 〈휵인(畜人)〉에 있다. 즉 양민(養民)함이 서로 바라는 바[所欲]이다. 대국은 소국을 얻어 35장(章)의 **안평태(安平泰)**의 세상을 천하 백성들이 누리게 휵인(畜人)하고, 소국도 제 백성이 안평태(安平泰)의 세상을 누릴 수 있게 휵인(畜人)함이 양자(兩者)가 바라는 것이다. 그러므로 양자의 〈소욕(所欲)〉이란 바로 『장자(莊子)』의 성치(聖治)를 환기시킨다.

안평태(安平泰)의 세상은 오직 〈성치(聖治)〉로만 이루어지고, 그 세상에서는 33장(章)의 **지인자지(知人者智)**의 지(智)와 **승인자유력(勝人者有力)**의 유력(有力)을 앞세우지 않는다. 성치(聖治)는 33장(章)의 **자지자명(自知者明)**의 명(明)과 **자승자강(自勝者强)**의 강(强)으로 10장(章)의 **애민치국(愛民治國)** 능무위호(能無爲乎)를 행하고자 할 뿐이다. 성인(聖人)의 다스림[聖治]이 이루는 안평태(安平泰)의 세상에는 힘[力]을 앞세우는 패자(覇者)의 군왕(君王)이란 없다. 이렇듯 백성을[民] 아끼고[愛] 무위(無爲)로 나라를 다스림[治]에서 대국과 소국이 함께 바라는[欲] 바[所]란 다름 아닌 〈휵인(畜人)〉임을 살펴 새기고 헤아려 깨우치게 하는 말씀이 〈부양자각득기소욕(夫兩者各得其所欲)〉이다.

註 "집대상(執大象) 천하왕(天下往) 왕이불해(往而不害) 안평태(安平泰)." 대도의[大] 짓을[大象] 지키면[執] 세상[天下] 어디든 가고[往], 어디든 가도[往而] 해침이 없으니[不害] 평안하고[安] 화평하며[平] 태평하다[泰].　　　　　　　　　『노자(老子)』 35장(章)

註 "관시이불실기의(官施而不失其宜) 발거이불실기능(拔擧而不失其能) 필견기정사(畢見其情事) 이행기소위(而行其所謂) 행어자위(行言自爲) 이천하화(而天下化) 수요고지(手撓顧指) 사방지민(四方之民) 막불구지(莫不俱至) 차지위성치(此之謂聖治)." 관직을[官] 맡겨 쓰되[施而] 그[其] 마땅함을[宜] 잃지 않고[不失], 뽑아서[拔] 등용하되[擧而] 그[其] 능력을[能] 잃지 않고[不失],

실정대로[情] 일을[事] 남김없이[畢] 살펴보고[見], 그[其] 할[爲] 바를[所] 이행하되[行而] 행하고[行] 말함이[言] 자연스러워서[自然而] 세상이[天下] 변화하고[化], 손짓만 하고[手撓] 눈짓만 해도[顧指] 온 사방의[四方之] 백성이[民] 모두[俱] 모여들지 않음이[不至] 없다[莫]. 이를[此之] 성인의[聖] 치리(治理)라고[治] 한다[謂].　　　　　　　『장자(莊子)』「천지(天地)」

　　註　　"지인자지(知人者智) 자지자명(自知者明) 승인자유력(勝人者有力) 자승자강(自勝者强)." 남을[人] 아는[知] 것은[者] 슬기이고[智], 자신을[自] 아는[知] 것은[者] 밝음이며[明], 남을[人] 이기는[勝] 것은[者] 힘을[力] 취함이고[有], 자신을[自] 이기려는[勝] 것은[者] 무릅씀이다[强].
　　　　　　　　　　　　　　　　　　　　　　　　　　『노자(老子)』33장(章)

　　註　　"애민치국(愛民治國) 능무위호(能無爲乎)." 백성을[民] 아끼고[愛] 나라를[國] 다스림에[治] 능히[能] 인위가[爲] 없는 것[無]인가[乎]?　　　　　『노자(老子)』10장(章)

【보주(補註)】

● 〈부양자각득기소욕(夫兩者各得其所欲)〉을 〈부대국여소국각득양자소욕축인(夫大國與小國各得兩者所欲畜人)〉처럼 옮기면 문맥을 더 쉽게 잡을 수 있다. 〈무릇[夫] 소국과[與小國] 대국은[大國] 각각[各] 양쪽이[兩者] 흌인하기를[畜人] 바라는[欲] 바를[所] 만족한다[得].〉

● 기소욕(其所欲)에서 소욕(所欲)이란 〈흌인(畜人)〉을 말한다. 대국(大國)은 천하민(天下民)이 안평태(安平泰)의 세상을 누리게 흌인(畜人)하고자 함이고, 소국(小國)은 제 나라 백성이 안평태(安平泰)의 세상을 누리게 흌인(畜人)하고자 함이 여기 〈기소욕(其所欲)〉이다.

【해독(解讀)】

● 〈부양자각득기소욕(夫兩者各得其所欲)〉은 〈부양자각득기소욕흌인(夫兩者各得其所欲畜人)〉에서 보충될 수 있는 내용이므로 욕(欲)의 목적구 노릇할 흌인(畜人)을 생략한 구문이다. 부양자각득기소욕(夫兩者各得其所欲)에서 부(夫)는 어조사 노릇하고, 양자(兩者)는 주어 노릇하며, 각(各)은 득(得)을 꾸며주는 부사 노릇하고, 득(得)은 동사 노릇하며, 기소욕(其所欲)은 득(得)의 목적구 노릇한다. 득(得)은 〈만족할 족(足)〉과 같아 족득(足得)의 줄임말로 여기면 된다. 물론 득(得)을 〈얻을 획(獲)〉과 같아 획득(獲得)의 줄임말로 여겨도 된다. 〈무릇[夫] 양자는[兩者] 각각[各] 기소욕을[其所欲] 만족한다[得].〉 〈무릇[夫] 양자는[兩者] 각각[各] 기소욕을[其所欲] 획득한다[得].〉

● 기소욕(其所欲)은 〈A지소위(之所爲)B〉의 상용구이다. 〈A지소위(之所爲)B〉에서 지(之)가 생략되는 경우가 많다. 〈A가[A之] B를[B] 하는[爲] 바[所]〉

61-9 大者宜爲下(대자의위하)

▶ 큰[大] 것은[者] 마땅히 [宜] 아래가 된다[爲下].

> 큰 대(大), 것 자(者), 마땅히 의(宜), 될 위(爲), 낮출 하(下)

【지남(指南)】

〈대자의위하(大者宜爲下)〉는 61장(章)의 결론으로 대의(大義)를 정리한다. 대국은 소국을 취(取)하고자 하류(下流) 즉 아래쪽이 되고, 소국은 대국을 얻고자[取] 대국에 모여든다[交]. 대국과 소국의 관계를 밝히는 〈하(下)〉란 서로 **천장지구(天長地久)**를 본받기[法] 함이다. 대국은 하늘처럼 장구하기 위해서 소국을 모으고[取], 소국은 땅처럼 장구하기 위하여 대국의 신임을 얻는다[取]. 그러므로 61장(章)의 하(下)는 7장(章)의 **이기부자생(以其不自生)**을 상기시킨다. 부자생(不自生)이란 51장(章)의 〈생이불유(生而不有)〉 즉 낳아주되[生而] 갖지 않음[不有]이다. 이처럼 상도(常道)가 스스로를[自] 낳지 않아서[生] 만물을[萬物] 낳는 것[生]처럼, 대국도 소국을 자기의 것으로 갖지 않고 소국들이 모여드는 하류가 되니 대국의 성인(聖人)은 부자생(不自生)을 본받아 후기신(後其身) 즉 자기를[其身] 뒤로 하고[後], 외기신(外其身) 즉 자기를[其身] 제외하는[外] 것이다.

이쪽이[此] 스스로 뒤로 하면[後] 저쪽이[彼] 이쪽을 앞세워주고[先], 피(彼)가 스스로 후(後)하면 차(此)가 피(彼)를 선(先)하게 해주어 피차(彼此)가 서로 장구함을[長久] 환기시켜줌이 〈위하(爲下)〉이다. 이것이[此] 스스로를 제외하면[外] 저것이[彼] 이것을 존재하게 하고[存], 피(彼)가 스스로 외(外)하면 차(此)가 피(彼)를 존(存)하게 해주어 피차(彼此)가 서로 장구함을[長久] 환기시켜줌이 또한 〈위하(爲下)〉이다. 이것이 대국·소국의 천하가 장구(長久)하는 자연(自然)의 규율이니, 대국이 소국에 낮춤도 천지(天地)가 부자생(不自生)하는 이치를 본받아 장구(長久)하면서 휵인(畜人)하기 위함이고, 소국이 대국에 낮춤[下] 역시 부자생(不自生)의 이치를 본받아 장구(長久)하면서 휵인(畜人)하기 위함이다. 따라서 대국과 소국이 서로 낮추니[下] 안평태(安平泰)의 세상을 열어 애민치국(愛民治國)의 휵인(畜人)을 이루어 장구(長久)하게 됨을 살펴 새기고 헤아려 깨우치게 하는 말씀이 〈대자의위하(大者宜爲下)〉이다.

註 "천장지구(天長地久) 천지소이능장차구자(天地所以能長且久者) 이기부자생(以其不自生)고(故) 능장구(能長久)." 하늘은[天] 오래고[長] 땅도[地] 오래다[久]. 천지가[天地之] 오래고[長] 또[且] 오랜[久] 까닭인[所以] 것은[者] 그것이[其] 스스로를[自] 내지 않기[不生] 때문이다[以]. 그러므로 {천지는} 능히[能] 장구하다[長久].　　　　　　　　　　　　　　『노자(老子)』 7장(章)

【보주(補註)】

- 〈대자의위하(大者宜爲下)〉를 〈대국대소국의위하류(大國對小國宜爲下流)〉처럼 옮기면 문맥을 더 쉽게 잡을 수 있다. 〈대국은[大國] 소국에[小國] 대하여[對] 마땅히[宜] 아래쪽이[下流] 된다[爲].〉

- 대자의위하(大者宜爲下)에서 하(下)는 앞서 살핀 〈대국자하류(大國者下流)〉의 하류(下流)를 뜻한다. 그리고 대국(大國)의 성인(聖人)은 마땅히 소국(小國)에게 〈위하(爲下)〉로 대하므로, 이는 7장(章)의 후기신이신선(後其身而身先) 외기신이신존(外其身而身存)을 상기시킨다. 여기 낮춤[下]이란 자기를 뒤로 물림[後]이고 동시에 자기를 제외함[外]이다. 그래야 남이 자기를 앞세워주고[先] 살아나게[存] 해주는 것이 장구(長久)하는 천도(天道)인 까닭이다.

註 "성인후기신이신선(聖人後其身而身先) 외기신이신존(外其身而身存)." 성인은[聖人] 자신을[其身] 뒤로 물려서[後而] 자신이[身] 앞서지고[先], 그[其] 자신을[身] 없애서[外而] 자신이[身] 살아난다[存].　　　　　　　　　　　　　　　　　『노자(老子)』 7장(章)

- 대자의위하(大者宜爲下)가 〈고(故) 대자의위하(大者宜爲下)〉로 된 본(本)도 있다. 〈고(故)〉가 있고 없음에 따라 어조에서 차이가 날 뿐, 원문(原文)의 문의(文義)가 달라지는 것은 아니다.

【해독(解讀)】

- 〈대자의위하(大者宜爲下)〉에서 대자(大者)는 주부(主部) 노릇하고, 의(宜)는 위

(爲)를 꾸며주는 부사 노릇하며, 위(爲)는 동사 노릇하고, 하(下)는 주격보어 노
릇한다. 의(宜)는 〈마땅할 당(當)〉과 같아 의당(宜當)의 줄임말로 여기면 된다.
〈대자는[大者] 의당[宜] 하가[下] 된다[爲].〉

● 대자(大者)는 〈대국지물(大國之物)〉에서 지물(之物)을 〈것 자(者)〉로 줄인 예문
이다. 물론 자(者)는 때로 〈지인(之人)〉의 줄임이기도 한다. 〈대국이란[大國之]
것[物]〉 〈크나큰[大之] 것[物]〉 〈크나큰[大之] 사람[人]〉

도오장(道奧章)

　천지만물이 상도(常道)를 떠날 수 없음을 밝힌다. 상도(常道)와 만물(萬物)은 분리되지 않으니 차물명도(借物明道), 즉 온갖 것을[萬物] 빌려[借] 상도를(道) 밝힌다[明].

　상도(常道)는 이희미(夷希微)이지만 온갖 것에 간직돼[藏] 있으니 그 무엇이든 청정한 무위(無爲)의 상도(常道)를 벗어날 수 없는 까닭을 밝혀 치민(治民)하는 치자(治者)는 무위의[無爲之] 다스림을[政] 행해야 함을 밝히는 장(章)이다.

【원문(原文)】

道者는 萬物之奧이다 善人之寶이고 不善人之所保니라
도자　만물지오　　선인지보　　　불선인지소보

美言은 可以市尊하고 美行可以加人한다 人之不善을
미언　가이시존　　미행가이가인　　인지불선

何棄之有리오 立天子하고 置三公하여 雖有拱璧以先
하기지유　　입천자　　치삼공　　수유공벽이선

駟馬라도 不如坐進此道니라 古之所以貴此道는 何오
사마　　불여좌진차도　　고지소이귀차도　　하

不曰 求而得하고 有罪以免耶잇까 故로 爲天下貴니라
불왈　구이득　　유죄이면야　　고　위천하귀

상도라는[道] 것은[者] 온갖[萬] 것이[物之] 그윽하게 깊숙이 간직하고 있는 것이다[奧]. {그 오(奧)는} 선한[善] 사람의[人之] 보배이고[寶], {그 오(奧)는} 착하지 않은[不善] 사람도[人之] 지닌[保] 것이다[所]. 선해서 아름다운[美] 말은[言] {사람들로 하여금 만물지오(萬物之奧)를} 받듦을[尊] 취하게 할[市] 수 있고[可以], 선해서 아름다운[美] 행동은[行] 사람들에 의해서[人] 귀중해질[加] 수 있다[可以]. {선인(善人)한테} 사람들의[人之] 불선함[不善] 그것을[之] 어찌[何] 저버림이[棄] 있겠는가[有]? 비록[雖] 한 아름의[拱] 옥구슬을[璧] 이용해서[以] 네 필의[駟] 말을[馬] 앞세움이[先] 있다 한들[有], (천하를 다스리려고) 천자를[天子] 세우고[立] 삼공을[三公] 둠이[置], {성인(聖人)을 본받는 선인(善人)이} 앉아서[坐] 이들[此] 방도를[道] 본받음만[進] 못하다[不如]. 옛날부터[古之] 이[此] 방도를[道] 받든[貴] 까닭은[所以] 무엇인가[何]? {차도(此道)를} 추구함으로[求] 써[以] 획득하여[得] 죄가[罪] 있어도[有] (그 죄를) 면하기[免] 때문임을[以] 말해둔 것이[曰] 아닐 것[不]인가[耶]? 그러므로[故] {차도(此道)는} 온 세상의[天下] 존귀한 것이[貴] 된다[爲].

62-1 道者萬物之奧(도자만물지오)

▶상도라는[道] 것은[者] 온갖[萬] 것이[物之] 그윽하게 깊숙이 간직하고 있는 것이다[奧].

상도 도(道), 것 자(者), 온갖 만(萬), 것 물(物), 조사(~의)지(之),
속(안) 오(奧)

【지남(指南)】

〈도자만물지오(道者萬物之奧)〉는 천지만물이 상도(常道)를 벗어날 수 없음을
밝힌다. 만물(萬物)은 상도(常道)를 간직하고 있다. 『중용(中庸)』에도 도야자(道也
者) 불가수유리야(不可須臾離也)란 말이 나온다. 사람만 상도(常道)를 떠날 수 없음
이 아니라 있는 것이면 그 무엇이든 상도(常道)를 떠날 수 없는 까닭을 〈오(奧)〉라
고 밝힌다. 여기 오(奧)는 상도(常道) 그 자체의 정기(精氣)라 여기면 된다. 정기를
떠난 것이란 천지(天地)에 없다는 것이 21장(章)의 중보(衆甫)이고, 오(奧)는 『장자
(莊子)』 만물일부(萬物—府)의 일부(一府)를 상기시킨다. 한[一] 곳간에[府] 있는 것
이 만물이며, 오(奧)는 그 곳간[一府]을 연상시킨다. 이는 만물이 상도(常道)의 정
기를 하나로[一] 품고[抱] 있음을 밝힘이다.

만물지오(萬物之奧)란 만물치고 상도(常道)를 안고 있지 않는 것이란 없음이니,
오(奧)는 10장(章)의 재영백포일(載營魄抱—)을 상기시킨다. 영백(營魄)을 실어[載]
하나를[一] 안아 지키는[抱] 것이 〈나[吾]〉라는 목숨이다. 영백(營魄)은 혼백(魂魄)
이며 내 정신이 혼(魂)이고 몸이 백(魄)인지라, 나[吾]라는 목숨도 42장(章)의 만물
부음이포양(萬物負陰而抱陽) 즉 음기를[陰] 지고[負] 양기를[陽] 품고[抱] 살아가는
만물 중의 하나이다. 만물이 지고 품고 있는 음양(陰陽)은 도기(道氣)인 생기(生氣)
이니, 만물지오(萬物之奧)의 오(奧)는 음양을 안고 있는 만물에 깃들어 있다. 그러
므로 오(奧)는 52장(章)의 습상(習常)을 상기시킨다.

습상(習常)의 〈습(習)〉은 〈안에 간직한 장(藏)〉과 같고, 습상(習常)의 〈상(常)〉은
10장(章)의 재영백포일(載營魄抱—) 즉 영백을[營魄] 싣고[載] 하나를[一] 품어 지
킴에서[抱] 떠날 수 없는 것이니 상도(常道)이다. 상도(常道)를 안으로 간직함[奧]
이란 곧 습상(習常)으로, 만물은 상도(常道)를 떠날 수 없으며 상도(常道)를 안으
로 간직함[內藏]이 오(奧)이다. 52장(章)의 견소왈명(見小曰明)이 오(奧)를 살필수록
[見] 밝아짐을[明] 뜻함을 깨우칠 수 있고, 수유왈강(守柔曰强) 역시 오(奧)를 지킬
수록[守] 강해짐을[强] 또한 깨우친다. 여기 강(强)이란 부드러움과[柔] 함께하는

천도(天道)가 허락하는 강함[强]이지, 유(柔)를 버린 인위(人爲)의 강(强)은 아니다.

『중용(中庸)』에도 **곡능유성(曲能有誠)** 즉 사소한 것에도[曲] 천도가[誠] 있다는 [有] 말이 나온다. 『중용(中庸)』은 〈성(誠)〉을 천지도(天之道)라고 밝힌다. 모래알 하나에도 천지(天地)의 규율이[道] 있다는 생각도 만물지오(萬物之奧)를 벗어나지 않는다. 오(奧)란 속이니[內] 드러나지 않아, 이를 은처(隱處)라 한다. 은밀한[隱] 곳이니 그윽하고[幽] 깊고[深] 비밀히[祕] 간직되는[藏] 곳으로, 만물은 유심(幽深) 하고 비장(祕藏)한 오(奧)를 간직하고 있는 몸뚱이인[形] 셈이다. 만물지오(萬物之 奧)의 오(奧)는 유심(幽深)한 은처(隱處)이니, 1장(章)의 **관기묘(觀其妙) 관기요(觀其 徼)**의 기묘(其妙) · 기요(其徼)가 곧 오(奧)를 살펴보라는[觀] 뜻임을 또한 깨우치 게 된다.

관기묘(觀其妙)는 관시(觀始) 즉 시원(始原)을 살피라 함이고, 관기요(觀其徼) 는 관종(觀終)이니 종말(終末)을 살피라 함으로, 오(奧)란 만물 저마다의 시종(始 終)인 생사(生死)를 깨우치는 것이다. 그러므로 관시(觀始)는 있음[有]을 낳아주는 [生] 없음[無]을 살피라 함이고, 관종(觀終)은 있음[有]이 없음[無]으로 돌아옴[歸] 을 살피라 함이니, 이는 오(奧)와 함께하는 것이 만물임을 깨닫게 한다. 관기묘(觀 其妙)는 생(生)의 조화(造化)를 살핌이고[觀], 관기요(觀其徼)는 귀종(歸終)이니 사 (死)의 조화(造化)를 관(觀)함이다. 만물은 무엇이든 중묘지문(衆妙之門)을 출입 하는 것[物]임을 헤아리고 1장(章)의 **관기묘(觀其妙) 관기요(觀其徼)**를 환기하면 오 (奧)를 깨우칠 수 있다.

보려고 해도 보이지 않고[希] 들으려고 해도 들리지 않고[夷] 잡아보려고 해도 잡히지 않는[微] 오(奧)는 유심(幽深)하고 은밀(隱密)하여 만물에 비장(祕藏)된 시 원(始原), 즉 상도(常道)의 정기(精氣)임을 살펴 새기고 헤아려 깨우치게 하는 말씀 이 〈도자만물지오(道者萬物之奧)〉이다.

註　"도야자불가수유리야(道也者不可須臾離也) 가리(可離) 비도야(非道也)." 도(道)라는[也] 것은[者] 잠시라도[須臾] 떠날[離] 수 없는 것[不可]이다[也]. 떠날[離] 수 있다면[可] (그것은) 도가 [道] 아닌 것[非]이다[也].　　　　　　　　　　　　　『중용(中庸)』 주자장구(朱子章句) 1장(章)

註　"자고급금(自古及今) 기명불거(其名不去) 이열중보(以閱衆甫)." 예[古]부터[自] 지금[今]까 지[及] 그[其] 이름은[名] 사라지지 않았고[不去] (그 이름으로) 써[以] (사람들은) 만물의[衆] 처음을

[甫] 살핀다[閱].

　　　여기 기명(其名)은 공덕(孔德) 즉 상덕(常德)을 말한다. 　　　　　『노자(老子)』21장(章)

註 "만물일부(萬物一府) 사생동상(死生同狀)." 온갖 것은[萬物] 한 곳간에 있고[一府], 죽음과
[死] 삶이[生] 한 모양이다[同狀]. 　　　　　　　　　　　　　　　　　『장자(莊子)』「천지(天地)」

註 "재영백포일(載營魄抱一) 능무리호(能無離乎)." 넋을[營魄] 싣고서[載] 하나를[一] 지키는
것처럼[抱] 능히[能] 떠남이[離] 없는 것[無]인가[乎]? 　　　　　　　　　　『노자(老子)』10장(章)

註 "도생일(道生一) 일생이(一生二) 이생삼(二生三) 삼생만물(三生萬物) 만물부음이포양(萬
物負陰而抱陽) 충기이위화(冲氣以爲和)." 도가[道] 하나를[一] 낳고[生], 하나가[一] 둘을[二] 낳
고[生], 둘은[二] 셋을[三] 낳고[生], 셋은[三] 온갖 것을[萬物] 낳는다[生]. 온갖[萬] 것은[物] 음기를
[陰] 지고[負] 양기를[陽] 간직하고[抱], {음양(陰陽)은} 충기로[冲氣] 써[以] 화기를[和] 삼는다[爲].
　　　　　　　　　　　　　　　　　　　　　　　　　　　　　　　　　　　　『노자(老子)』42장(章)

註 "견소왈명(見小曰明) 수유왈강(守柔曰强) 용기광(用其光) 복귀기명(復歸其明) 무유신앙(無
遺身殃) 시위습상(是謂習常)." 작은 것을[小] 살펴봄이[見] 밝음[明]이고[曰], 부드러움을[柔] 지킴
이[守] 강함[强]이다[曰]. 그[其] 빛을[光] 썼더라도[用] 다시[復] 그[其] 밝음으로[明] 돌아오면[歸]
자신에게[身] 재앙을[殃] 끼침이[遺] 없어진다[無]. 이를[是] 상도를[常] 이어 간직함이라[習] 한다
[謂]. 　　　　　　　　　　　　　　　　　　　　　　　　　　　　　　　　『노자(老子)』52장(章)

註 "치곡(致曲) 곡능유성(曲能有誠)." 사소한 것까지[曲] 살펴 이르러라[致]. 사소한 것에도[曲]
능히[能] 천도(天道)가[誠] 있다[有]. 　　　　　　　　　『중용(中庸)』주자장구(朱子章句) 23장(章)

註 "성자천지도야(誠者天之道也) 성지자인지도야(誠之者人之道也)." 정성이란[誠] 것은[者]
천지의[天之] 도(道)이고[也], 정성됨이란[誠之] 것은[者] 사람의[人之] 도(道)이다[也].
　　　　　　　　　　　　　　　　　　　　　　　　　　　『중용(中庸)』주자장구(朱子章句) 20장(章)

註 "상무욕이관기묘(常無欲以觀其妙) 상유욕이관기요(常有欲以觀其徼)." 없음으로[無] 써[以]
그[其] 묘를[妙] 늘[常] 살피고자 하고[欲觀], 늘[常] 있음으로[有] 써[以] 그[其] 마침으로 돌아감을
[徼] 살피고자 한다[欲觀]. 　　　　　　　　　　　　　　　　　　　　　　『노자(老子)』1장(章)

【보주(補註)】

● 〈도자만물지오(道者萬物之奧)〉를 〈도야자만물지오자야(道也者萬物之奧者也)〉
처럼 옮기면 문맥을 더 쉽게 잡을 수 있다. 〈상도(道)라는[也] 것은[者] 만물의
[萬物之] 오라는[奧] 것[者]이다[也].〉

● 만물지오(萬物之奧)에서 오(奧)는 〈내(內)〉인 속[內]을 뜻한다. 속[內]이므로 깊
고[深] 그윽하며[幽] 은밀히[祕] 간직됨[藏]이다. 본래 상도(常道)란 오묘(奧妙)

하다. 오묘함이란 인지(人智)로는 알 수 없음을 뜻한다.

【해독(解讀)】

- 〈도자만물지오(道者萬物之奧)〉에서 도자(道者)는 주부(主部) 노릇하고, 만물지(萬物之)는 오(奧)를 꾸며주는 형용구 노릇하고, 오(奧)는 주격보어 노릇한다. 〈도자는[道者] 만물의[萬物之] 오이다[奧].〉

- 도자만물지오(道者萬物之奧)는 〈A자(者)B야(也)〉의 상용문이고, 〈~이다 야(也)〉는 생략되는 경우가 많다. 〈A라는[也] 것은[者] B이다[也].〉

62-2 善人之寶(선인지보)

▶{그 오(奧)는} 선한[善] 사람의[人之] 보배이다[寶].

착할 선(善), 조사(~의) 지(之), 보배 [神] 보(寶)

【지남(指南)】

〈선인지보(善人之寶)〉는 상도(常道)의 오(奧)와 선인(善人)의 관계를 밝힌다. 선인(善人)은 존도(尊道)하고 귀덕(貴德)하며, 복수기모(復守其母) 즉 상도(常道)로[其母] 돌아와[復] 지켜[守] 본성을 섬기며[事天] 사는 사람이다. 이러한 선인(善人)은 33장(章)에서 살핀 대로 자지(自知)하여 밝고[明] 지족(知足)하여 넉넉하고[富] 견소(見小)하여 밝으며[明] 수유(守柔)하여 강(强)하고, 52장(章)의 복수기모(復守其母)하는 사람이다. 여기 어머니[母]란 다름 아닌 상도(常道)로, 상도(常道)가 선인(善人)으로 하여금 스스로를[自] 알게 하여[知] 밝게 하고[明], 스스로를[自] 만족하게 하여[足] 넉넉하게 하고[富], 스스로를[自] 무릅쓰게 하여[勝] 늘 굳세게 해주니까[强] 더없는 보배[寶]이다.

『주역(周易)』으로 말하면 선인(善人)은 일음일양(一陰一陽)의 도(道)를 떠나지 않는 사람이고, 『장자(莊子)』로 말하면 화지이천예(和之以天倪) 인지이만연(因之以曼衍)하여 자연의 변화를[反衍] 따라 살아가므로 선인(善人)에게 상도(常道)의 오(奧)는 보배이다[寶]. 그리하여 선인(善人)은 56장(章)의 〈현동(玄同)〉 즉 상도(常道)로써 세상과 같이하고[同], 상덕(常德)으로 세상 사람과 같이하여[同] 부동(不同)함이 없음[玄同]을 누리니 그 또한 보배[寶]이다.

선인(善人)은 〈위천하귀(爲天下貴)〉 즉 온 세상이[天下] 받드는[貴] 성인(聖人)을 따라 본받는다. 여기서 귀(貴)란 지위가 높거나 명성이 뻗치거나 영화를 누려서 존귀한 것이 아니라, 천하귀(天下貴) 즉 온 세상이[天下] 받들어 모시는[貴] 분이다. 51장(章) 〈도지존(道之尊) 덕지귀(德之貴)로 상자연(常自然)하기〉 때문에 성인(聖人)은 천하에 귀한 분이고, 성인(聖人)을 본받는 선인(善人)은 자신이 만물지오(萬物之奧)의 오(奧)를 간직하고 있음을 안다. 그러므로 선인지보(善人之寶)의 보(寶)는 69장(章)의 〈경적기상오보(輕敵幾喪吾寶)〉의 보(寶)를 상기시킨다.

선인지보(善人之寶)의 보(寶)란 값비싼 보물을 뜻하는 것이 아니라 〈오(奧)〉 즉 상도(常道)를 간직하고 있기에 상도(常道)에 머무르는 자신(自身)을 말한다. 제 몸뚱이[身] 자체를 선인(善人)은 상도(常道)의 오(奧)를 간직하고 있는 실내(室內)로 삼으니, 자연의 길[天倪]을 따라 자연의 변화[曼衍]에 스스로를 맡기고 살아감을 살펴 새기고 헤아려 깨우치게 하는 말씀이 〈선인지보(善人之寶)〉이다.

📖 "지인자지(知人者智) 자지자명(自知者明) 승인자유력(勝人者有力) 자승자강(自勝者强) 지족자부(知足者富) 강행자유지(强行者有志) 불실기소자구(不失其所者久)." 남을[人] 아는[知] 것은[者] 슬기이고[智], 자신을[自] 아는[知] 것은[者] 밝음이며[明], 남을[人] 이기는[勝] 것은[者] 힘을[力] 취함이고[有], 자신을[自] 이기려는[勝] 것은[者] 무릅씀이며[强], 만족함을[足] 아는[知] 것은[者] 넉넉함이고[富], 무릅써[强] 행하는[行] 사람에게는[者] 뜻이[志] 있고[有], (따라서) 제[其] 자리를[所] 잃지 않는[不失] 사람은[者] 오래간다[久].　　　　　『노자(老子)』33장(章)

📖 "기지기자(旣知其子) 복수기모(復守其母) 몰신불태(歿身不殆)……견소왈명(見小曰明) 수유왈강(守柔曰强) 용기광(用其光) 복귀기명(復歸其明) 무유신앙(無遺身殃) 시위습상(是謂習常)." 이미[旣] 그[其] 자손임을[子] 알고[知] 그[其] 어머니께로[母] 돌아와[復] 지킨다면[守] 평생토록[歿身] 위태롭지 않다[不殆]. ……작은 것을[小] 살펴봄이[見] 밝음[明]이고[曰], 부드러움을[柔] 지킴이[守] 강함[强]이다[曰]. 그[其] 빛을[光] 썼더라도[用] 다시[復] 그[其] 밝음으로[明] 돌아오면[歸] 자신에게[身] 재앙을[殃] 끼침이[遺] 없어진다[無]. 이를[是] 상도를[常] 이어 간직함이라[習] 한다[謂].　　　　　『노자(老子)』52장(章)

📖 "일음일양지위도(一陰一陽之謂道) 계지자선야(繼之者善也) 성지자성야(成之者性也)." 한번[一] 음기가 되다[陰] 한번[一] 양기가 됨을[陽之] (만물을 생성하는) 도라[道] 한다[謂]. 그 도를[之] 계승하는[繼] 것이[者] 선(善)이고[也], 그 도를[之] 이루는[成] 것이[者] 성(性)이다[也].

　　　　　『주역(周易)』「계사전상(繫辭傳上)」

老子 ● 제62장

註 "화성지상대(化聲之相待) 약기불상대(若其不相待) 화지이천예(和之以天倪) 인지이만연(因之以曼衍)." 불안정해 변하기 쉬운[化] 소리를[聲] 서로[相] 기대함은[待] 그것을[其] 서로[相] 기대하지 않음과[不待] 같다[若]. 자연의 갈래를[天倪] 따라[以] 온갖 것과[之] 어울리고[和], 상규(常規)를 얽매지 않는 변화를[曼衍] 따라[以] 온갖 것을[之] 맡겨둔다[因].

천예(天倪)는 자연의 분제(分際) 즉 갈래[分際]인 시비를 떠난 자연의 길, 만연(曼衍)은 상규(常規)를 구속하지 않아 유연(流衍) 즉 순행(順行)함이다. 이천예(以天倪)에서 이(以)는 여기선 〈따를 순(順)〉과 같고, 인(因)은 〈맡길 임(任)〉과 같다. 『장자(莊子)』「제물론(齊物論)」

【보주(補註)】

● 〈선인지보(善人之寶)〉를 〈기오선인지보야(其奧善人之寶也)〉처럼 옮기면 문맥을 더 쉽게 잡을 수 있다. 〈그[其] 오는[奧] 선인의[善人之] 보배[寶]이다[也].〉

● 선인지보(善人之寶)에서 보(寶)는 10장(章)의 **재영백포일(載營魄抱一)**을 상기시킨다. 그리고 〈만물지오(萬物之奧)〉의 오(奧)는 〈포일(抱一)〉의 일(一)을 헤아리게 한다.

註 "재영백포일(載營魄抱一) 능무리호(能無離乎)." 무릇[載] 정신과[營] 형체를[魄] 하나를[一] 안고 지키는데[抱] 분리할 수[能離] 없는 것[無]인가[乎]? 『노자(老子)』10장(章)

【해독(解讀)】

● 〈선인지보(善人之寶)〉는 〈오자선인지보야(奧者善人之寶也)〉에서 주부(主部) 노릇할 오자(奧者)가 생략되었다. 선인지(善人之)는 보(寶)를 꾸며주는 형용구 노릇하고, 보(寶)는 주격보어 노릇한다. 〈[오자(奧者)는] 선인의[善人之] 보배이다[寶].〉

62-3 不善人之所保(불선인지소보)

▶ {그 오(奧)는} 착하지 않은[不善] 사람도[人之] 지닌[保] 것이다[所].

> 않을 불(不), 착할 선(善), 조사(~이)지(之), 것(바)소(所), 지닐 보(保)

【지남(指南)】

〈불선인지소보(不善人之所保)〉역시 상도(常道)의 오(奧)와 불선인(不善人)의 관계를 밝힌다. 〈불선인(不善人)〉이란 자지(自知)하지 못해 밝지 못하고[不明], 지족(知足)하지 못해 넉넉지 못하며[不富], 견소(見小)하지 못해 또한 밝지 못하고[不明], 수유(守柔)하지 못해 유력(有力) 즉 남을 이기려는 힘을[力] 간직하면서[有] 〈복수기모(復守其母)〉를 알지 못해서[不知] 인위(人爲)에 매달리는 사람이다. 이는 『장자(莊子)』의 도치지민(倒置之民) 즉 물구나무서서 사는[倒置之] 사람에[人] 속한다. 그러므로 〈선인(善人)〉은 자연을 본받아 불선인(不善人)의 도치(倒置)를 풀어주고자[欲解] 미언(美言)·미행(美行)하며, 이는 『장자(莊子)』의 제지현해(帝之懸解) 즉 자연이[帝之] 거꾸로 매달림을[懸] 풀어줌을[行] 본받는 것과 같다. 이처럼 상도(常道)가 자신에게 간직돼 있음을 모르고 자신이 상도(常道)의 오(奧)를 간직하고 있음을 깨우치지 못해 물구나무선[倒置] 채로 살아가는 사람들은[不善人] 선(善)함을 몰라 선(善)하지 못할 뿐, 오(奧)가 없는 것[無奧]이 아님을 밝힘이 〈불선인지소보(不善人之所保)〉의 보(保)이다.

무오(無奧)의 것이란 천지에는 없다. 천하에 무오지인(無奧之人)도 없다. 옥살이를 하는 살인자도 불선인(不善人)이지 무오지인(無奧之人)은 아니다. 천지만물치고 일음일양(一陰一陽)이란 천도(天道)를 계승하지 않는 것은 없는 까닭이다. 선자(善者)란 다름 아닌 자연의 갈래를[天倪] 따라[以] 온갖 것과[之] 어울리고[和], 인위(人爲)의 상규(常規)에 얽매이지 않고 그냥 그대로의 변화를[曼衍] 따라[以] 온갖 것을[之] 자연에 맡겨둠[因]이니, 불선인(不善人)은 선이란 것[善者]을 모를 뿐이다. 그 무엇인가를 모르면 그것을 두려워할 줄도 모른다. 따라서 불선인(不善人)은 『장자(莊子)』의 〈인시이(因是已)〉라는 것을 몰라 선자(善者)를 외면하고 업신여기는 것이다. 천예(天倪)를 따라 만연(曼衍)함을 모르는 사람이 불선인(不善人)이니, 선(善)함을 깨우치지 못해 시비·분별로 논란을 일삼고 상쟁(相爭)하여 상해(相害)하는 삶을 사는 사람으로 현대인 모두가 불선인(不善人)에 속한다고 보아도 과언이 아니다.

지금 우리는 이도관지(以道觀之) 즉 상도(常道)를[道] 본받아[以] 이것저것을[之] 살펴 생각하기를[觀] 버리고, 〈구지이찰(求之以察) 색지이변(索之以辯)〉 즉 시비논란으로[辯]써[以] 이것저것을[之] 살펴 찾아내기[索]에 골몰하며 살아간다. 그래서 불선인(不善人)은 『장자(莊子)』의 이도관지(以道觀之) 무구이지(無拘而志)와 〈색지이변(索之以辯) 시직용광규천(是直用管窺天)〉이란 말을 상기시킨다. 저마다 제 나름의 대롱을[管] 들고 그것을 통해 세상을 바라보면서 시비・분별로 스스로를 구속하고[拘] 귀천(貴賤)의 차별을 벗어나[反衍] 복수기모(復守其母)할 줄 모르고 인위(人爲)에 매달려[懸] 산다.

그러나 불선인(不善人)이라도 상도(常道)의 오(奧)를 떠날 수 없고 간직하고 있음을[所保] 깨우치지 못할 뿐이다. 불선인(不善人)은 오(奧)를 간직하고 있으면서도 그런 줄 모르고 외면하므로 불선(不善)하다. 상도(常道)에는 선(善)・불선(不善)의 나눔이란 없으니, 선악(善惡)이 없는 선(善)을 상선(上善)이라 한다. 상도(常道)의 조화란 상선(上善)일 뿐이다. 그래서 2장(章)에 개지선지위선(皆知善之爲善) 사불선이(斯不善已)와 27장(章)에 선인자불선인지사(善人者不善人之師) 불선인자선인지자(不善人者善人之資)란 말씀이 나온다. 존도(尊道)하고 귀덕(貴德)하여 자연을 좇아 따르면 그 순간 누구나 선인(善人)이 된다. 그러므로 상도(常道)를 그냥 그대로 본받는[法] 성인(聖人) 외에는 누구든 선인(善人)인 동시에 불선인(不善人)이다.

선(善)이란 것도 불선(不善)이 되고 불선(不善)이란 것도 선(善)이 되는지라 선인(善人)은 불선인(不善人)으로 하여금 선인(善人)이 되도록 깨우쳐주는 스승이[師] 되고, 불선인(不善人)은 선인(善人)으로 하여금 불선(不善)하지 못하게 해주는 밑천[資]이 된다. 자연의[天] 규율을[道] 좇아 자연의 길[天倪]을 따라 자연의 변화[曼衍]에 스스로를 맡기는 선(善)함의 길을 걷지 못하는 불선인(不善人)일지라도 상도(常道)의 오(奧)를 간직하고 있음을 살펴 새기고 헤아려 깨우치게 하는 말씀이 〈불선인지소보(不善人之所保)〉이다.

註 "상기어물(喪己於物) 실성어속자(失性於俗者) 위지도치지민(謂之倒置之民)." 바깥 사물로[於物] 자기를[己] 잃어버리고[喪] 속된 것들로[於俗] 본성을[性] 잃어버린[失] 것[者] 그것을[之] 물구나무선[倒置之] 사람들이라[民] 한다[謂].

어물(於物)의 물(物)은 외물(外物) 즉 명성・이득 따위를 말하고, 어속(於俗)의 속(俗)은 문화・문명의 사회를 말한다. 『장자(莊子)』「선성(繕性)」

註 안시이처순(安時而處順) 애락불능입야(哀樂不能入也) 고자위시제지현해(古者謂是帝之懸

도오장(道奧章)

解)." 편안히[安] 때를 따라서[時而] 자연의 순리에[順] 머물면[處] 슬픔이나[哀] 즐거움은[樂] 끼어들[入] 수 없는 것[不能]이다[也]. 이런 경지를[是] 옛사람들은[古者] 자연이[帝之] 거꾸로 매달림을[懸] 풀어줌이라[解] 했다[謂].

제(帝)는 천(天) 즉 자연을 뜻하고, 현해(懸解)는 현해(縣解)와 같다. 여기 현(懸)은 거꾸로 매달림을 뜻한다. 『장자(莊子)』「양생주(養生主)」

註 "이도관지(以道觀之) 하귀하천(何貴何賤) 시위반연(是謂反衍) 무구이지(無拘而志) 여도대건(與道大蹇)." 상도를[道] 본받아[以] 이것저것을[之] 살펴 생각한다면[觀] 무엇이[何] 귀하고[貴] 무엇이[何] 천하겠는가[賤]? 이를[是] (귀천·상하 등등) 차별함이 없음이라[反衍] 한다[謂]. (차별 따위로) 너의[而] 뜻을[志] 구속하지[拘] 마라[無]. 상도와[與道] 크게[大] 어긋난다[蹇].
『장자(莊子)』「추수(秋水)」

註 "자내규규연이구지이찰(子乃規規然而求之以察) 시직용관규천(是直用管窺天) 용추지지야(用錐指地也)." 자네는[子] 이제[乃] 꼬치꼬치[規規然而] (차별 따위를) 살핌으로[察]써[以] 이것저것을[之] 구하려 하나[求], 그것은[是] 바로[直] 대롱을[管] 이용해서[用] 하늘을[天] 엿봄이고[窺], 송곳을[錐] 이용해서[用] 땅을[地] 찔러봄[指]이다[也]. 『장자(莊子)』「추수(秋水)」

註 "화성지상대(化聲之相待) 약기불상대(若其不相待) 화지이천예(和之以天倪) 인지이만연(因之以曼衍)." 불안정해 변하기 쉬운[化] 소리를[聲] 서로[相] 기대함은[待] 그것을[其] 서로[相] 기대하지 않음과[不待] 같다[若]. 자연의 갈래를[天倪] 따라[以] 온갖 것과[之] 어울리고[和], 상규(常規)를 얽매지 않는 변화를[曼衍] 따라[以] 온갖 것을[之] 맡겨둔다[因].

천예(天倪)는 자연의 분제(分際) 즉 갈래[分際]인 시비를 떠난 자연의 길, 만연(曼衍)은 상규(常規)를 구속하지 않아 유연(流衍) 즉 순행(順行)함이다. 이천예(以天倪)에서 이(以)는 여기선 〈따를 순(順)〉과 같고, 인(因)은 〈맡길 임(任)〉과 같다. 『장자(莊子)』「제물론(齊物論)」

註 "개지선지위선(皆知善之爲善) 사불선이(斯不善已)." 선은[善之] 선(善)이라고[爲] 모두[皆] 알지만[知] 그 선은[斯] 불선일[不善] 뿐이다[已]. 『노자(老子)』2장(章)

註 "선인자불선인지사(善人者不善人之師) 불선인자선인지자(不善人者善人之資)." 선한[善] 사람이란[人] 것은[者] 선하지 못한[不善] 사람의[人之] 스승이고[師], 선하지 못한[不善] 사람이란[人] 것은[者] 선한[善] 사람의[人之] 밑천이다[資]. 『노자(老子)』27장(章)

【보주(補註)】

● 〈불선인지소보(不善人之所保)〉를 〈기오위불선인지소보(其奧爲不善人之所保)〉처럼 옮기면 문맥을 더 쉽게 잡을 수 있다. 〈그[其] 오는[奧] 불선인이[不善人之] 간직한[保] 것[所]이다[爲].〉

● 불선인지소보(不善人之所保)에서 보(保)는 〈간직할 지(持)〉와 같아 지보(持保)

의 줄임말로 여기면 된다.

【해독(解讀)】

● 〈불선인지소보(不善人之所保)〉는 〈불선인위기오소보(其奧不善人之所保)〉에서 주어 노릇할 기오(其奧)를 생략하고, 술부(述部)로서 보어구 노릇하는 불선인지소보(不善人之所保)만 남긴 구문이다. 불선인지소보(不善人之所保)에서 불선인지(不善人之)는 보(保)의 의미상 주어 노릇하고, 소보(所保)는 주격 보어 노릇한다. 〈기오(其奧)는 불선인이[不善人之] 간직하는[保] 것이다[所].〉

● 불선인지소보(不善人之所保)는 〈A지소위(之所爲)B〉의 상용구이다. 〈A가[A之] B를 하는[爲] 것[所]〉

62-4 美言可以市尊(미언가이시존)

▶ 선해서 아름다운[美] 말은[言] {사람들로 하여금 만물지오(萬物之奧)를} 받듦을[尊] 취하게 할[市] 수 있다[可以].

> 아름다울 미(美), 말씀 언(言), 가할 가(可), 써 이(以), 취할 시(市), 받들 존(尊)

【지남(指南)】

〈미언가이시존(美言可以市尊)〉은 미언(美言)이 사람들로 하여금 만물지오(萬物之奧) 즉 상도(常道)의 정기(精氣)를 받들게 할 수 있음을 밝힌다. 미(美)란 선(善)을 크게[大] 함인지라 미(美)는 곧 선(善)이니, 선미지언(善美之言)이 〈미언(美言)〉이다. 선(善)을 밝히는 말씀이[言] 미언(美言)이고, 이는 상도(常道)의 정기(精氣)를 밝히는 만물지오(萬物之奧)의 아름다운 언사(言詞)이다. 물론 미언(美言)은 56장(章)의 〈현동(玄同)〉을 환기시키기도 한다. 현동(玄同) 즉 상도와[玄] 하나가 되게[同] 하는 미언(美言)은 만물지오(萬物之奧)를 사람들로 하여금 취하게 할 수 있음이 〈시존(市尊)〉이다.

시존(市尊)의 〈존(尊)〉은 51장(章)의 도지존(道之尊)을 상기시킨다. 시도지존(市道之尊) 즉 상도를[道之] 받듦을[尊] 취하게[市] 함이 시존(市尊)이니, 미언(美言)은 상도(常道)를 받들게[尊] 하는 언사(言詞)이고, 나아가 천도(天道)를 이어받는[繼]

말씀이다. 이는 52장(章)의 〈습상(習常)〉을 상기시키기도 한다. 따라서 작은 것을 살펴[見小] 스스로 밝은[明] 말이 미언(美言)이고, 부드러움을 지켜[守柔] 스스로 강한[强] 말이 미언(美言)이며, 밖으로 빛남을[光] 안을 밝힘으로[明] 되돌리는[復歸] 말이 미언(美言)이다. 이러한 미언(美言)은 곧 습상(習常)을 밝힘인지라 존도(尊道)하고 귀덕(貴德)하여 천성(天性)으로 복귀하며, 순소(純素)하게 상도(常道)를 그냥 그대로 본받아 만사에 응하도록 사람들을 취하게 할 수 있음이 여기 미언(美言)의 시존(市尊)이다.

시존(市尊)은 인위(人爲)에 매달린 불선인도[不善人] 존도(尊道)하여 귀덕(貴德)하게 함을 밝힌다. 물론 미언(美言)은 선인(善人)의 언사(言詞)이지만, 선인(善人)은 자신만 오(奧)를 간직하여 안거(安居)하지 않고 불선인(不善人)도 천선(遷善)하여 안거(安居)하게 할수록 그만큼 더 존도(尊道)하고 귀덕(貴德)하여 반연(反衍)하게 된다는 것을 알고 있다. 따라서 〈미언가이시존(美言可以市尊)〉은 27장(章) **성인상선구인(聖人常善救人) 고(故) 무기인(無棄人)……선인자불선인지사(善人者不善人之師) 불선인자선인지자(不善人者善人之資)**란 말씀을 다시 살피게 한다. 선행(善行)·선언(善言)·선수(善數)·선폐(善閉)·선결(善結) 등으로 항상[常] 선하게[善] 사람을[人] 구제하는[救] 성인(聖人)의 말씀이야말로 미언(美言)이기 때문이다. 선인(善人)은 성인(聖人)의 미언(美言)을 그대로 본받고, 나아가 불선인(不善人)을 선인(善人)으로 옮아오게 하므로 〈미언가이시존(美言可以市尊)〉이라 하는 것이다.

시존(市尊)의 〈시(市)〉는 〈얻을 취(取)〉의 뜻이다. 본래 시(市)란 사람들이 모여 물건을 팔고[賣] 사는[買] 곳이라 온갖 것을 취할 수 있다. 이처럼 존도(尊道)하고 귀덕(貴德)하는 삶을 사람들로 하여금 취하게 할 수 있음을 시존(市尊)이 나타내니, 미언(美言)이야말로 『장자(莊子)』의 능이(能移)·상천(相天)의 언사(言詞)이다. 능이(能移)란 자연의 변화를 따라 다시 새로워짐[更新]이니, 불선인(不善人)이 허물을[過] 고쳐[改] 선인(善人)으로 옮겨감[遷]이 더할 바 없는 능이(能移)의 미언(美言)이다. 그래서 선인(善人)은 불선인(不善人)의 스승이[師] 되고, 불선인(不善人)은 선인(善人)의 밑천이[資] 된다.

세인(世人)이 모두 상자연(常自然)의 안평태(安平泰)를 누리게 하는 미언(美言)보다 더한 상천(相天), 즉 자연을[天] 돕는[相] 삶을 취하게[市] 하는 언사(言詞)는 없다. 상천(相天)이란 상선구인(常善救人)이고 상선구물(常善救物)이니, 존도(尊道)를 취하게[市] 하는 미언(美言)이야말로 으뜸 가는 상천(相天)의 언사(言詞)임을 살펴 새기고 헤아려 깨우치게 하는 말씀이 〈미언가이시존(美言可以市尊)〉이다.

註 "도지존(道之尊) 덕지귀(德之貴) 부막지명이상자연(夫莫之命而常自然)." 상도의[道之] 받듦과[尊] 덕의[德之] 받듦[貴] 그것을[之] 무릇[夫] 하라 함이[命] 없어도[莫而] (만물은) 늘[常] 절로[自] 그리한다[然].   『노자(老子)』 51장(章)

註 "선행무철적(善行無轍迹) 선언무하적(善言無瑕讁) 선수불용주책(善數不用籌策)…… 시이성인상선구인(是以聖人常善救人) 고(故) 무기인(無棄人)…… 선인자불선인지사(善人者不善人之師) 불선인자선인지자(不善人者善人之資)." 선한[善] 행함에는[行] 수레바퀴 자국이나[轍] 발자국이[迹] 없고[無], 선한[善] 말씀에는[言] 흠이나[瑕] 꾸지람이[讁] 없으며[無], 선한[善] 헤아림은[計] 잔머리 굴리는[籌] 꾀를[策] 쓰지 않고[不用]…… 이들로[是]써[以] 성인은[聖人] 늘[常] 선하게[善] 사람들을[人] 구제하기[救] 때문에[故] 사람들을[人] 버림이[棄] 없다[無].…… 선한[善] 사람이란[人] 것은[者] 선하지 못한[不善] 사람의[人之] 스승이고[師], 선하지 못한[不善] 사람이란[人] 것은[者] 선한[善] 사람의[人之] 밑천이다[資].   『노자(老子)』 27장(章)

註 "형정불휴(形精不虧) 시위능이(是謂能移) 정이우정(精而又精) 반이상천(反以相天)." 몸과[形] 정신은[精] {본래(本來)로 돌아가니} 이지러지지 않는다[不虧]. 이를[是] 자연의 조화를 순응해[順應] 옮겨감이라[能移] 한다[謂]. 정성들이고[精而] 또[又] 정성들이면[精] 그로써[以] 오히려[反] 자연을[天] 돕는다[相].   『장자(莊子)』「달생(達生)」

【보주(補註)】

● 〈미언가이시존(美言可以市尊)〉을 〈미언가이사인시존기오(美言可以使人市尊其奧)〉처럼 옮기면 문맥을 더 쉽게 잡을 수 있다. 〈미언은[美言] 사람들로[人] 하여금[使] 그[其] 오를[奧] 취하게[市] 할 수 있다[可以].〉

● 미언가이시(美言可以市)에서 미언(美言)은 선인지언(善人之言)이다. 선인의[善人之] 말은[言] 존도이귀덕(尊道而貴德), 즉 상도를[道] 받들고[尊而] 상덕을[德] 받들어[貴] 복수기모(復守其母)하는 언사(言詞)이다. 그리고 미언가이시존(美言可以市尊)에서 시존(市尊)의 시(市)는 〈취할 취(取)〉와 같다. 시(市)를 〈팔고[賣] 살[買] 시(市)〉로 새기는 쪽보다 〈취할 시(市)〉로 새기는 편이 전후 문맥과 걸맞는 편이다.

● 미언가이시존(美言可以市尊)이 〈미언가이시(美言可以市)〉로 된 본(本)도 있다.

〈시(市)〉로 끝나는 구문보다 〈시존(市尊)〉으로 끝나는 구문이 원문(原文)의 문의(文義)를 더욱 분명하게 해준다.

【해독(解讀)】

- 〈미언가이시존(美言可以市尊)〉에서 미언(美言)은 주어 노릇하고, 가이(可以)는 시(市)를 꾸며주는 조동사 노릇하며, 시(市)는 동사 노릇하고, 존(尊)은 시(市)의 목적어 노릇한다. 여기 시(市)는 〈취할 취(取)〉와 같다. 존(尊)은 〈받들 경(敬)〉과 같아 존경(尊敬)의 줄임말로 여기면 된다. 〈미언은[美言] {사람들로 하여금 만물지오(萬物之奧)를} 받듦을[尊] 취할[市] 수 있게 한다[可以].〉

- 미언가이시존(美言可以市尊)의 가이(可以)는 〈가득(可得)〉과 같고, 영어의 〈can〉과 같이 구실한다. 따라서 미언가이시존(美言可以市尊)은 〈A가이위(可以爲)B〉의 상용문이다. 〈A는 B를 할[爲] 할 수 있다[可以].〉

62-5 美行可以加人(미행가이가인)

▶ 선해서 아름다운[美] 행동은[行] 사람들에 의해서[人] 귀중해질[加] 수 있다[可以].

> 아름다울 미(美), 행할 행(行), 가할 가(可), 써 이(以), 소중할 가(加),
> 사람들 인(人)

【지남(指南)】

〈미행가이가인(美行可以加人)〉은 미행(美行)이 사람들 하여금 만물지오(萬物之奧)를 더욱더 받들 수 있게 함을 밝힌다. 상도(常道)를 안으로 간직함[內藏]인 〈오(奧)〉를 본받고 따라 행함이 여기 〈미행(美行)〉으로, 이는 56장(章)의 현동(玄同)을 몸소 실행함이다. 미행(美行)은 사람들에게 현동(玄同) 즉 상도와[玄] 하나가 되게[同] 하는 행동이니, 세상 사람들에 의해서 존도(尊道)가 더욱 귀중해지게[見重] 함이 〈가인(加人)〉이다. 물론 미행(美行)은 선행(善行)일 뿐만 아니라 52장(章)의 습상(習常)을 상기시킨다.

미행(美行)이란 작은 것을 살펴[見小] 스스로 밝음을[明] 행함이고, 부드러움을 지켜[守柔] 스스로 강함을[强] 행함이며, 밖으로 빛남을[光] 안의 밝음으로[明] 되돌림을[復歸] 행함으로, 이는 〈습상(習常)〉 그것이다. 습상(習常)은 수모(守母)로써 존도(尊道)하고 귀덕(貴德)하여 천성(天性)으로 복귀하고, 따라서 순소(純素)하게 상도(常道)를 그냥 그대로 본받아 만사에 응함이니, 현동(玄同)을 실행함이 곧 미행(美行)인 것이다. 이처럼 미행(美行)은 선인(善人) 뿐만 아니라 불선인(不善人)에 의해서도 귀중해질 수 있음을 밝힘이 또한 가인(加人)이다. 따라서 미행(美行)은 사람들로 하여금 존도(尊道)를 더해갈 수 있음을 밝힌다. 불선인(不善人)은 악인(惡人)이 아니라 무위(無爲)를 저버린 사람이니, 미행(美行)이란 무위(無爲)를 행함이고, 가인(加人)이란 무위(無爲)를 행하는 사람이 불어남일 수 있음이다.

지금 세상에는 스스로 반연(反衍)하고 능이(能移)하여 상도(常道)를 남김없이 행하는 선인(善人)은 사라진 셈이고, 세인(世人)은 불선인(不善人)인 편이다. 세상 사람들이 존도(尊道)하는 사람인 선인(善人)을 스승으로[師] 삼을 수만 있다면, 그를 본받아 미행(美行)하는 사람이 불어날 수 있을 것이다. 거듭 말하면, 미행(美行)을 실천함이란 존도(尊道)하고 귀덕(貴德)함을 행하고, 상도(常道)를 온 세상의 어머니로[天下母] 삼는 선인(善人)의 삶이다. 따라서 52장(章)의 **습상(習常)** 즉 상도를[常] 남김없이 터득하여[習] 소사과욕(少私寡欲)의 삶을 실행함이 미행(美行)이다. 습상(習常)의 삶을 누리고자 제 몫을[私] 줄여[少] 제 욕심을[欲] 적게[寡] 하는 수중(守中), 즉 상도(常道)를 따라[中] 지킴을[守] 불선인(不善人)에게 몸소 보여줌이 선인(善人)의 미행(美行)이다. 이를 불선인(不善人)으로 살아가는 세상 사람들에게 존도(尊道)의 삶을 더욱더 소중하게[加] 할 수 있도록 깨우치게 하는 말씀이 〈미행가이가인(美行可以加人)〉이다.

註 "색기태(塞其兌) 폐기문(閉其門) 좌기예(挫其銳) 해기분(解其紛) 화기광(和其光) 동기진(同其塵) 시위현동(是謂玄同)." 그[其] 이목구비를[兌] 막고[塞], 그[其] 들고나는 문을[門] 닫고[閉], {인지(人智)의} 그[其] 날카로움을[銳] 꺾으며[挫], {인지(人智)의} 그[其] 분란을[紛] 없애고[解], {인지(人智)의} 그[其] 빛냄을[光] {밝음[明]과} 아우르며[和], {인지(人智)의} 그[其] 속됨과[塵] 같이한다[同]. 위의 것들을[是] 상도와[玄] 하나라[同] 한다[謂].   『노자(老子)』 56장(章)

註 "견소왈명(見小曰明) 수유왈강(守柔曰强) 용기광(用其光) 복귀기명(復歸其明) 무유신앙(無遺身殃) 시위습상(是謂習常)." 작은 것을[小] 살펴봄이[見] 밝음[明]이고[曰], 부드러움을[柔] 지킴

이[守] 강함[强]이다[曰]. 그[其] 빛을[光] 썼더라도[用] 다시[復] 그[其] 밝음으로[明] 돌아오면[歸] 자신에게[身] 재앙을[殃] 끼침이[遺] 없어진다[無]. 이를[是] 상도를[常] 이어 간직함이라[習] 한다[謂].

『노자(老子)』 52장(章)

【보주(補註)】

- 〈미행가이가인(美行可以加人)〉을 〈미행가이견가어인(美行可以見加於人)〉처럼 옮기면 문맥을 더 쉽게 잡을 수 있다. 〈미행은[美行] 사람들에[人] 의해서[於] 소중해질[加] 수 있다[可以].〉

- 미행가이가인(美行可以加人)에서 가(加)는 〈소중할 중(重)〉과 같아 가중(加重)의 줄임말로 여기면 된다.

- 미행가이가인(美行可以加人)이 〈존행가이가인(尊行可以加人)〉으로 된 본(本)도 있다. 미행(美行)이나 존행(尊行)은 선행(善行)이다. 아름다운[美] 행동도[行] 선(善)을 행함이고, 존경하는[尊] 행동[行] 역시 선(善)을 행함이다. 여기서 선(善)이란 계천도(繼天道) 즉 자연의[天] 규율을[道] 계승함[繼]이다. 천도(天道)를 계승함을 선(善)이라 하고 미(美)라 하며 선미(善美)를 받드는 존행(尊行)은 곧 미행(美行)이고 선행(善行)이다.

【해독(解讀)】

- 〈미행가이가인(美行可以加人)〉에서 미행(美行)은 주어 노릇하고, 가이(可以)는 가(加)를 꾸며주는 조동사 노릇하며 가(加)를 꾸며주는 부사구 노릇하고, 가(可)는 동사 노릇하며, 인(人)은 가(加)의 목적어 노릇한다. 〈미행은[美行] 사람들한테[人] 소중해질[加] 수 있다[可以].〉

- 〈미행가이가인(美行可以加人)〉에서 가이가인(可以加人)을 〈가이견가어인(可以見加於人)〉으로 여기고 새겨야 문의(文義)를 건질 수 있다. 한문에서 〈A용(用)B〉의 능동을 수동으로 하려면 〈B견용어(見用於)A・B위용어(爲用於)A・B피용어(被用於)A〉처럼 동사 앞에 〈견(見)・위(爲)・피(被)〉 등을 놓는다. 그러나 〈견(見)・위(爲)・피(被)〉 등을 생략하는 경우가 허다하므로 전후 문맥을 따라 능동・수동을 새겨야 한다. 〈불선한[不善] 사람들에[人] 의해서[於] 소중해질[加] 수 있다[可以].〉〈A가 B를 쓴다[用].〉〈B가 A에 의해서[於] 쓰인다[見用].〉〈B가 A에 의해서[於] 쓰인다[爲用].〉〈B가 A에 의해서[於] 쓰인다[被用].〉

62-6 人之不善(인지불선) 何棄之有(하기지유)

▶{선인(善人)에게} 사람들의[人之] 불선함[不善] 그것을[之] 어찌[何] 저버림이[棄] 있겠는가[有]?

사람들 인(人), 조사(~의) 지(之), 않을 불(不), 착함 선(善), 어찌 하(何),
저버릴 기(棄), 그것 지(之), 있을 유(有)

【지남(指南)】

〈인지불선(人之不善) 하기지유(何棄之有)〉는 선인(善人)이 미언(美言)·미행(美行)해야 함을 거듭 강조한다. 선언(善言)이 불선인(不善人)에게 존도(尊道)를 밝혀 천선(遷善)함이 〈미언(美言)의 시인(市人)〉이고, 존도(尊道)의 삶을 누리게 함이 〈미행(美行)의 가인(加人)〉이다. 존도(尊道)의 삶을 가르친다[教] 하지 않고 왜 취한다고[市] 하는가. 그 무엇을 팔고 사는 데가 〈시(市)〉이고, 가르치고 배우는 데가 〈교(校)〉이다. 교(校)는 선택받은 자만 출입하지만, 시(市)는 그 누구라도 왕래한다. 학교에서는 언지교(言之敎) 즉 말로[言] 가르치지만[敎], 장터에서는 불언지교(不言之敎) 즉 말 없는[不言] 가르침으로[敎] 몸소 행하니 불언지교(不言之敎)는 곧장 미언(美言)·미행(美行)으로 드러난다.

인위(人爲)의 시비를 떠나 몸소 소사과욕(少私寡欲)의 삶을 행함인지라 〈미행가이가인(美行可以加人)〉의 미행(美行)은 불언지교(不言之敎)인 동시에 미언(美言)이다. 존도(尊道)의 삶이란 말로만 가르칠 수 없으니 존도이귀덕(尊道而貴德)하여 상도를[常] 습득하게[習] 하도록 행하는 미행(美行)의 삶은 불언지교(不言之敎)로 이루어진다. 상도(常道)를 받들어 높이고[尊] 상덕(常德)을 받들어 높임을[貴] 실행함이 습상(習常)의 삶이니, 이는 25장(章) 도법자연(道法自然)을 받들어[尊] 행함이고, 그것은 2장(章) 처무위지사(處無爲之事)로 드러난다. 처무위지사(處無爲之事) 즉 무위를[無爲之] 행사함에[事] 머묾[處] 또한 선(善)이요 미(美)이다.

여기 〈인지불선(人之不善)〉 즉 사람한테[人] 선이[善] 없음[不]이란 습상(習常)을 행하지 않는 사람을 말한다. 인지불선(人之不善)을 선인(善人)이 결코 외면하지 않음을 〈하기지유(何棄之有)〉라고 반문하여 강조한다. 하기지유(何棄之有)란

〈결불유기(決不有棄)〉 즉 결코[決] 저버림이[棄] 있지 않음을[不有] 강조하는 말이다. 성인(聖人)을 본받는 선인(善人)은 결코 불선인(不善人)을 저버리지 않는다[不棄]. 선인(善人)은 27장(章)의 **성인상선구기인(聖人常善救人)** 고(故) **무기인(無棄人)**을 그대로 본받아 미행(美行)하기 때문이다. 〈하기지유(何棄之有)〉란 반문은 27장(章)의 구인(救人)을 강조함이고, 이는 〈무기인(無棄人)〉을 반어법으로 밝혀주고 있는 셈이다.

인지불선(人之不善)을 어찌[何] 저버리겠는가[棄] 반문함은 사람이[人之] 선하지 않거나 못함을[不善] 외면하여 방기(放棄)하지 않음이다. 불선(不善) 즉 천도(天道)를 계승하지 않음을[不善]을 저버릴[棄] 수 있다고 생각하면 그것은 존도(尊道)하고 귀덕(貴德)하는 미행(美行)일 수 없다. 자연의[天] 규율은[道] 73장(章)의 **천망회회(天網恢恢) 소이불실(疎而不失)** 하기 때문이다. 선인(善人)이든 불선인(不善人)이든 차별하지 않고 상도(常道)는 포일(抱一) 즉 하나로[一] 껴안아 지켜준다[抱]. 『장자(莊子)』에도 **도즉무유자의(道則無遺者矣)**란 말이 나온다. 상도에서라면[道則] 내버리는[遺] 것이[者] 없다는[無] 것[者]이다. 그러므로 상도(常道)를 본받는[法] 성인(聖人)을 그대로 본받는 선인(善人)은 미언(美言)과 미행(美行)으로써 불선인(不善人)으로 하여금 습상(習常)의 삶을 누리게 하고자 그를 저버림이 없음을[不棄]을 살펴 새기고 헤아려 깨우치게 하는 말씀이 〈인지불선(人之不善) 하기지유(何棄之有)〉이다.

㊉ "인법지(人法地) 지법천(地法天) 천법도(天法道) 도법자연(道法自然)." 사람은[人] 땅을[地] 본받고[法], 땅은[地] 하늘을[天] 본받고[法], 하늘은[天] 상도를[道] 본받고[法], 상도는[道] 그냥 그대로를[自然] 본받는다[法].　　　　　　　『노자(老子)』 25장(章)

㊉ "성인처무위지사(聖人處無爲之事) 행불언지교(行不言之敎)." 성인은[聖人] 무위를[無爲之] 행함에[事] 머물고[處], 말이[言] 없는[不之] 가르침을[敎] 행한다[行].　　『노자(老子)』 2장(章)

㊉ "성인상선구인(聖人常善救人) 고(故) 무기인(無棄人) 상선구물(常善救物) 고(故) 무기물(無棄物) 시위습명(是謂襲明) 고(故) 선인자불선인지사(善人者不善人之師) 불선인자선인지자(不善人者善人之資)." 성인은[聖人] 늘[常] 선하게[善] 사람들을[人] 구제하기[救] 때문에[故] 사람들을[人] 버림이[棄] 없고[無], 늘[常] 선하게[善] 사물을[物] 구제하기[救] 때문에[故] 사물을[物] 버림이[棄] 없다[無]. 선한[善] 사람이란[人] 것은[者] 선하지 못한[不善] 사람의[人之] 스승이고

[師], 선하지 못한[不善] 사람이란[是] 것은[者] 선한[善] 사람의[人之] 밑천이다[資].

『노자(老子)』 27장(章)

註 "천지도부쟁이선승(天之道不爭而善勝) 불언이선응(不言而善應) 불소이자래(不召而自來) 천연이선모(繟然而善謀) 천망회회(天網恢恢) 소이불실(疎而不失)." 자연의[天] 규율은[道] 다 투지 않는다[不爭]. 그러나[而] {천지도(天之道)는} 무릅쓰기를[勝] 잘한다[善]. {천지도(天之道) 는} 말하지 않는다[不言]. 그러나[而] {천지도(天之道)는} 응하기를[應] 잘한다[善]. {천지 道)는 만물을} 불러 모으지 않는다[不召]. 그러나[而] {만물은 천지도(天之道)로} 스스로[自] 돌아 온다[來]. {천지도(天之道)는} 더없이 너그럽고 크다[繟然]. 그러나[而] 도모하기를[謀] 잘한다[善]. 자연의[天] 그물은[網] 다 갖추고 넓고 넓어[恢恢] 성글게 트였지만[疎而] (무엇 하나도) 잃지 않는 다[不失].

『노자(老子)』 73장(章)

註 "선즉불편(選則不徧) 교즉부지(教則不至) 도즉무유자의(道則無遺者矣)." (만물을) 선별하 면[選] 곧장[則] 두루 하지 못하고[不徧], (말로써) 가르친다면[教] 곧장[則] 두루 온전할 수 없음에 이르지 못하지만[不至], 대도를 따라서 그냥 그대로 한다면[道] 곧장[則] 흘려버릴[遺] 바란[所] 없 는 것[無]이다[矣].

도즉무유자(道則無遺者)에서 도(道)는 동사로서 순도(順道)·존도이귀덕(尊道而貴德)·복 수기모(復守其母) 등을 뜻한다.

『장자(莊子)』「천하(天下)」

【보주(補註)】

- 〈인지불선(人之不善) 하기지유(何棄之有)〉를 〈하유선인지기인지불선(何有善人 之棄人之不善)〉처럼 옮기면 문맥을 더 쉽게 잡을 수 있다. 〈어찌[何] 선인이[善 人之] 사람들의[人之] 불선함을[不善] 저버림이[棄] 있을 것인가[有]?〉

- 인지불선(人之不善)은 불선인(不善人)을 강조한다. 불선(不善)이란 『장자(莊子)』 의 무구이지(無拘而志) 여도대건(與道大蹇)을 상기시킨다. 만물을 포일(抱一)하는 상도(常道)와 어긋나면 그런 짓이 곧 불선(不善)이다. 그러므로 사람이 날마다 짓는 인위(人爲)야말로 노자(老子)의 입장에서 보면 불선(不善)이고, 공자(孔子) 의 인의(仁義)도 불선(不善)이 된다. 그래서 『노자(老子)』에 절인기의(絶仁棄義) 란 말씀이 나오는 것이다. 〈선하지 못한[不善] 사람[人]〉〈사람이[人之] 선하지 못함[不善]〉

註 "무구이지(無拘而志) 여도대건(與道大蹇)." (귀천이니 대소니 시비 분별의 논란 따위로) 당 신의[而] 뜻을[志] 구속하지[拘] 마라[無]. 상도와[與道] 크게[大] 어긋난다[蹇].

『장자(莊子)』「추수(秋水)」

㺯 "절인기의(絕仁棄義)." 인을[仁] 끊어버리고[絕], 의를[義] 버린다[棄].

『노자(老子)』19장(章)

【해독(解讀)】

- 〈인지불선(人之不善) 하기지유(何棄之有)〉는 〈하유기인지불선(何有棄人之不善)〉에서 인지불선(人之不善)을 강조하고자 전치하고, 빈 자리에 허사(虛辭)인 지(之)를 두어 기지(棄之)로 하고, 기지(棄之)를 유(有) 앞으로 도치한 구문이다.

- 〈인지불선(人之不善) 하기지유(何棄之有)〉에서 인지불선(人之不善)은 기(棄)의 목적구 노릇하고, 하(何)는 의문부사 노릇하며, 기(棄)는 영어의 동명사 같은 구실하면서 유(有)의 주어 노릇하고, 지(之)는 인지불선(人之不善)을 대신하는 허사(虛辭) 노릇하고, 유(有)는 동사 노릇한다. 기(棄)는 〈저버릴 유(遺)〉와 같아 유기(遺棄)의 줄임말로 여기면 된다. 〈인지불선(人之不善) 그것을[之] 어찌[何] 저버림이[棄] 있겠는가[有]?〉

62-7 立天子(입천자) 置三公(치삼공) 雖有拱璧以先駟馬(수유공벽이선사마) 不如坐進此道(불여좌진차도)

▶비록[雖] 한 아름의[拱] 옥구슬을[璧] 이용해서[以] 네 필의[駟] 말을[馬] 앞세움이[先] 있다 한들[有], (천하를 다스리려고) 천자를[天子] 세우고[立] 삼공을[三公] 둠이[置], {성인(聖人)을 본받는 선인(善人)이} 앉아서[坐] 이들[此] 방도를[道] 본받음만[進] 못하다[不如].

> 세울 립(立), 하늘 천(天), 아들 자(子), 둘 치(置), 다 공(公), 비록 수(雖),
> 가질 유(有), 껴안을 공(拱), 구슬 옥(玉)벽(璧), 앞세울 선(先),
> 네 마리 말 사(駟), 말 마(馬), 못할 불(不), 같을 여(如), 앉을 좌(坐),
> 본받을 진(進), 이 차(此), 도리(道理) 도(道)

【지남(指南)】

〈입천자(立天子) 치삼공(置三公) 수유공벽이선사마(雖有拱璧以先駟馬) 불여좌진차도(不如坐進此道)〉는 미언(美言)과 미행(美行)으로써 불선인(不善人)을 선인

(善人)으로 능이(能移)하게 하는 선인(善人)의 〈시존(市尊)〉과 〈가인(加人)〉을 강조
한다. 자연의 변화에 따라 다시 새로워지게 하는[能移] 선인(善人)의 시존(市尊)·
가인(加人)이, 천자(天子)를 세우고[立] 삼공(三公)을 두고[置] 봉록(俸祿)을 앞세워
현인(賢人)을 불러들이는 일보다 훨씬 더 귀중함을 밝힌다. 천자(天子)와 삼공(三
公)이 높은 자리에서 치세하는 것은 세인(世人) 속에서 미언(美言)으로 시존(市尊)
하고 미행(美行)으로 가인(加人)하는 것만 못하다는[不如] 것이다. 습상(習常)의 아
름다움을[美] 말함으로[言]써[以] 불선인(不善人)으로 하여금 상도(常道)를 받들게
[尊] 함을 취하고[市], 습상(習常)의 아름다움을[美] 행함으로[行]써[以] 불선인(不
善人)에 의한 존도(尊道)함이 소중해지는[重] 것이, 천자(天子)와 삼공(三公)이 펼
치는 인위(人爲)의 치민(治民)보다 낫다는 것이다.

〈입천자(立天子)·치삼공(置三公)〉은 인위지치(人爲之治)를 비유함이다. 그리
고 〈수유공벽이선사마(雖有拱璧以先駟馬)〉는 천자(天子)와 삼공(三公)이 위세(威
勢)의 부귀영화를 앞세워 치세를 하겠다는 현자(賢者)들을 불러다 인위(人爲)의
다스림을 펼치게 함이다. 공벽(拱璧)과 사마(駟馬)는 벼슬자리에 나오면[出仕] 받
게 될 부귀영화의 비유이다. 그러나 〈좌진차도(坐進此道)〉는, 천자(天子)와 삼공
(三公)이 인위(人爲)의 다스림을 펼치고자 천하를 돌아다니는 짓이 가만히 앉아서
[坐] 선인(善人)의 미언(美言)과 미행(美行)의 도리를 진척시킴만[進] 못하다[不如]
는 것이다.

차도(此道)는 선인(善人)이 미언(美言)하고 미행(美行)하는 방도(道)이다. 그러
므로 좌진차도(坐進此道)의 〈차도(此道)〉는 선인(善人)이 펼치는 미언(美言)의 시
존(市尊)과 미행(美行)의 가인(加人)이란 방도로 무위(無爲)의 다스림을[治] 나타낸
다. 물론 좌진차도(坐進此道)라 해서 은거하며 차도(此道)를 진척시키는 것은 아
니다. 세인(世人)과 떨어져 살아서는[隱居] 시존(市尊)이나 가인(加人)할 수 없다.
세상 사람들[世人] 속에서 미언(美言)해야 그것을 취할[市] 수 있고, 선인(善人)이
세상 사람들 속에 살아야 미행(美行)이 불선인(不善人)에 의해서 소중해질[加] 수
있다.

따라서 좌진(坐進)의 〈좌(坐)〉는 가만히 앉아 있음을[坐] 뜻함이 아니라 7장(章)
의 후기신이신선(後其身而身先) 외기신이신존(外其身而身存)을 상기시킨다. 자신을

[其身] 뒤로 해서[後而] 남들이 그를 앞세워주고[先], 자신을[其身] 제쳐서[外而] 남들이 그를[身] 존재하게 하는[存] 무위(無爲) 즉 작위(作爲)가 없음[無]을 뜻하는 〈좌(坐)〉이다. 이는 선인(善人)이 미언(美言)으로 시존(市尊)하고 미행(美行)으로 가인(加人)하는 무위지치(無爲之治), 즉 작위 없는[無爲] 다스림을[治] 말한다. 그러므로 〈진차도(進此道)〉는 선인(善人)이 시존(市尊)하고 가인(加人)함은 무위(無爲)의 다스림을 진척시킴으로[進] 57장(章)의 아무위이민자화(我無爲而民自化)를 상기시킨다.

천자(天子)와 삼공(三公)이 높은 자리에서 인위(人爲)의 다스림을 펼치는 짓보다 선인(善人)이 시존(市尊)하고 가인(加人)하여 불선인(不善人)들이 자화(自化)하게 함이 더 나은 치민(治民)임을 살펴 새기고 헤아려 깨우치게 하는 말씀이 〈입천자(立天子) 치삼공(置三公) 수유공벽이선사마(雖有拱璧以先駟馬) 불여좌진차도(不如坐進此道)〉이다.

註　"성인후기신이신선(聖人後其身而身先) 외기신이신존(外其身而身存) 비이기무사야(非以其無私耶) 고(故) 능성기사(能成其私)." 성인은[聖人] 그[其] 자신을[身] 뒤로 물러서나[後而] 자신이[身] 앞서지고[先], 그[其] 자신을[身] 제쳐서[外而] 자신이[身] 잊히지 않는다[存]. 성인(聖人)께[其] 자기가[私] 없기[無] 때문임은[以] 아닌 것[非]이로다[耶]. 그러므로[故] 그의[其] 자기를[私] 능히[能] 이룬다[成].　　　『노자(老子)』 7장(章)

註　"아무위이민자화(我無爲而民自化) 아호정이민자정(我好靜而民自正) 아무사이민자부(我無事而民自富) 아무욕이민자박(我無欲而民自樸)." 나에게[我] 조작함이[爲] 없으니까[無而] 백성은[民] 절로[自] 변화하고[化], 내가[我] 고요하기를[靜] 좋아하니까[好而] 백성은[民] 절로[自] 바르며[正], 나에게[我] 일함이[事] 없으니까[無而] 백성은[民] 절로[自] 부유하며[富], 나에게[我] 욕심냄이[欲] 없으니까[無而] 백성은[民] 절로[自] 본디대로다[樸].　　　『노자(老子)』 57장(章)

【보주(補註)】

● 〈입천자(立天子) 치삼공(置三公) 수유공벽이선사마(雖有拱璧以先駟馬) 불여좌진차도(不如坐進此道)〉를 〈입천자(立天子) 수유공벽이선사마(雖有拱璧以先駟馬) 불여좌진차도(不如坐進此道) 이치삼공(而置三公) 수유공벽이선사마(雖有拱璧以先駟馬) 불여좌진차도(不如坐進此道)〉처럼 옮기면 문맥을 더 쉽게 잡을 수 있다. 〈입천자하여[立天子] 비록[雖] 공벽을[拱璧] 가짐을[有] 이용하고[以] 사

마를[駟馬] 앞세운다 해도[先] 앉아서[坐] 차도를[此道] 본받음만[進] 못하다[不如]. 그리고[而] 치삼공하여[置三公] 비록[雖] 공벽을[拱璧] 가짐을[有] 이용하고[以] 사마를[駟馬] 앞세운다 해도[先], 앉아서[坐] 차도를[此道] 본받음만[進] 못하다[不如].〉

- 입천자(立天子) 치삼공(置三公)은 인위지치(人爲之治) 즉 인의예악(仁義禮樂)으로 다스림을 비유하고, 수유공벽이선사마(雖有拱璧以先駟馬)는 현인(賢人)들이 출사(出仕)하도록 독려함을 비유한다. 공벽사마(拱璧駟馬)는 부귀영화를 비유한다. 유공벽이선사마(有拱璧以先駟馬)는 과거제도 같은 것을 떠올리면 된다.

【해독(解讀)】

- 〈입천자(立天子) 치삼공(置三公) 수유공벽이선사마(雖有拱璧以先駟馬) 불여좌진차도(不如坐進此道)〉는 양보의 종절과 주절로 이루어진 두 복문(複文)으로 이루어진 하나의 문단이다. 〈비록[雖] 유공벽이선사마(有拱璧以先駟馬)라도 입천자는[立天子] 좌진차도만[坐進此道] 못하다[不如]. (그리고) 비록[雖] 유공벽이선사마(有拱璧以先駟馬)라도 치삼공은[置三公] 좌진차도만[坐進此道] 못하다[不如].〉

- 〈입천자(立天子) 수유공벽이선사마(雖有拱璧以先駟馬) 불여좌진차도(不如坐進此道)〉에서 입천자(立天子)는 불여(不如)의 주부(主部) 노릇하고, 수유공벽이선사마(雖有拱璧以先駟馬)는 양보의 종절(從節) 노릇하며, 불(不)은 여(如)의 부정사(否定詞)이고, 여(如)는 동사 노릇하고, 좌진차도(坐進此道)는 여(如)의 보어구 노릇한다. 입천자(立天子)는 영어의 동명사구 또는 부정사구(不定詞句) 같이 구실하고, 진(進)은 〈본받을 효(效)〉와 같아 진효(進效)의 줄임말로 여기면 되고, 도(道)는 〈방법 방(方)〉과 같아 방도(方道)의 줄임말로 보면 된다. 〈수유공벽이선사마(雖有拱璧以先駟馬)일지라도 천자를[天子] 옹립함은[立] (천자가) 좌하여[坐] 이들[此] 방도를[道] 본받음만[進] 못하다[不如].〉

- 〈치삼공(置三公) 수유공벽이선사마(雖有拱璧以先駟馬) 불여좌진차도(不如坐進此道)〉에서 치삼공(置三公)은 〈불여(不如)〉의 주부(主部) 노릇하고, 수유공벽이선사마(雖有拱璧以先駟馬)는 종절(從節) 노릇하며, 불(不)은 여(如)의 부정사(否定詞)이고, 여(如)는 동사 노릇하고, 좌진차도(坐進此道)는 여(如)의 보어구 노

롯한다. 치삼공(置三公)은 영어의 동명사구 또는 부정사구같이 구실하고, 치(置)는 〈세울 설(設)〉와 같아 설치(設置)의 줄임말로 여기면 되고, 도(道)는 〈방법 방(方)〉과 같아 방도(方道)의 줄임말로 보면 된다. 〈수유공벽이선사마(雖有拱璧以先駟馬)일지라도 삼공을[三公] 설치함은[置] 좌하여[坐] 차도를[此道] 본받음만[進] 못하다[不如].〉〈삼공을[三公] 둠은[置] (삼공이) 앉아서[坐] 이들[此] 방도를[道] 본받음만[進] 못하다[不如].〉

● 수유공벽이선사마(雖有拱璧以先駟馬)에서 수(雖)는 양보를 나타내는 접속사 노릇하고, 유(有)는 동사 노릇하며, 공벽이(拱璧以)는 유(有)를 꾸며주는 부사구 노릇하고, 선사마(先駟馬)는 유(有)의 주부(主部) 노릇한다. 공벽(拱璧)은 한 아름들이 만큼 큰 구슬이다. 〈비록[雖] (천자한테) 아름드리 구슬로[拱璧]써[以] 사마를[駟馬] 앞세움이[先] 있다 한들[有]〉

● 입천자불여좌진차도(立天子不如坐進此道)는 〈위(爲)A여위(如爲)B〉의 상용문이다. 〈A를 함은[爲] B를 함과[爲] 같다[如].〉〈A를 함은[爲] B를 함과[爲] 같지 않다[不如].〉〈A를 함은[爲] B를 하는 것만[爲] 못하다[不如].〉

62-8 古之所以貴此道何(고지소이귀차도하) 不曰求以得(불왈구이득) 有罪以免耶(유죄이면야)

▶ 옛날부터[古之] 이[此] 방도를[道] 받든[貴] 까닭은[所以] 무엇인가[何]? {차도(此道)를} 추구함으로[求]써[以] 획득하여[得] 죄가[罪] 있어도[有] (그 죄를) 면하기[免] 때문임을[以] 말해둔 것이[曰] 아닐 것[不]인가[耶]?

> 옛 고(古), 조사(~의) 지(之), 바 소(所), 할 이(以), 귀히 할 귀(貴),
> 이 차(此), 도리 도(道), 무엇 하(何), 아닐 불(不), 말할 왈(曰), 구할 구(求),
> 얻을 득(得), 있을 유(有), 죄 죄(罪), 면할 면(免), 조사(~가) 야(耶)

【지남(指南)】

〈고지소이귀차도하(古之所以貴此道何) 불왈구이득(不曰求以得) 유죄이면야(有

罪以免耶)〉는 선인(善人)이 미언(美言)으로 시존(市尊)하고 미행(美行)으로 가인(加人)함이 귀중한 까닭을 밝힌다. 미언(美言)·미행(美行)의 방도가[道] 귀중한 까닭이 무엇인지 반문하여, 존도(尊道)하고 귀덕(貴德)하여 복수기모(復守其母)하는 습상(習常)의 삶을 누리는 의의를 강조한다.

거듭 말하지만, 습상(習常)이란 상도(常道)를[常] 이어 간직해 익힘[習]이다. 사람을 제외한 만물은 저마다 상도(常道) 그 자체[奧]를 간직한 그대로 생사(生死)를 누리니 선자(善者) 아닌 것이 없다. 인간만이 불선인(不善人)이 있을 뿐이다. 사람을 제외한 만물은 상도(常道) 자체인 오(奧)를 간직하여 순천(順天)의 생사를 누릴 뿐 무위(無爲)로 산다. 소나무는 소나무대로 향나무는 향나무대로 살고 황새는 황새대로 콩새는 콩새대로 산다. 이런 만물의 순천(順天)을 살피면 무엇이든 이도(離道)할 수 없음을 깨우친다. 선인(善人)은 이러한 오(奧)를 간직하고 살아감을 알고, 미언(美言)하고 미행(美行)하여 선하다. 선(善)이란 천도(天道)를 계승함이니, 선(善)은 법자연(法自然) 그것인지라 선인(善人)은 자연을 본받아[法] 살고, 불선인(不善人)은 법자연(法自然)을 외면한다.

법자연(法自然)이란 19장(章) **견소포박(見素抱樸) 소사과욕(少私寡欲)** 그것으로, 습상(習常)의 삶도 다름 아닌 견소(見素)하고 포박(抱樸)하여 소사(少私)하고 과욕(寡欲)하는 삶이다. 이러한 습상(習常)의 삶은 선인(善人)의 삶이고, 이를 저버린 삶은 불선인(不善人)의 삶이다. 이제 선인(善人)이 왜 미언(美言)으로 시존(市尊)하고 미행(美行)으로 가인(加人)함을 귀하게 여기고 행하는지 그 까닭이[所以] 분명해진다. 따라서 〈구이득(求以得)〉은 불선인(不善人)이 선인(善人)의 미언(美言)과 미행(美行)을 추구함으로[求]써[以] 선(善)함을 깨우치고[得] 선인(善人)으로 자화(自化)함이다. 이는 선인(善人)이 불선인(不善人)으로 하여금 스스로 구선(求善)하여 득선(得善)함이다.

선(善)이란 법자연(法自然)이니 선(善)을 추구하면[求] 곧장 자연(自然)을 본받고[法], 그 본받음이 존도이귀덕(尊道而貴德)하여 현덕(玄德)을 누리는 삶으로 이어져 습상(習常)의 삶을 자득(自得)하는 것이다. 이처럼 자화(自化)하여 자득(自得)함이 불선인(不善人)이 선인(善人)으로 능이(能移)함이니, 유죄(有罪)란 불선인(不善人)이 능이(能移)하지 못해 도자(道者)의 오(奧)인 정기(精氣)를 간직하면서도 오

(奧)가 자화(自化)하는 〈보(寶)〉인 줄 모르고 살아감이다. 불선인(不善人)이 본래 본성 그 자체는 선인(善人)임을 모르고 습상(習常)의 삶을 외면한 것이 유죄(有罪)인 것이다.

그러나 불선인(不善人)이 선인(善人)으로 자화(自化)하면 자연의 변화를 따라 법자연(法自然)하여 갱신해가는[能移] 삶을 누려 선인(善人)으로 자화(自化)함이 〈유죄이면(有罪以免)〉의 면(免)이고, 그 면(免)함이야말로 27장(章)의 **습명(襲明)**과 **요묘(要妙)**를 상기시킨다. 그러므로 불선(不善)한 삶에서 선(善)한 삶으로 옮겨가는 삶보다 더 귀한 면죄(免罪)가 없음을 살펴 새기고 헤아려 깨우치게 하는 말씀이 〈고지소이귀차도하(古之所以貴此道何) 불왈구이득(不曰求以得) 유죄이면야(有罪以免耶)〉의 반문이다.

註 　"견소포박(見素抱樸) 소사과욕(少私寡欲)." (백성으로 하여금) 그냥 그대로를[素] 살피게 하고[見] 그냥 그대로를[樸] 지키게 한다면[抱], (백성은) 제 몫을[私] 적게 하고[少] 욕망을[欲] 적게 한다[寡]. 　　　　　　　　　　　　　　　　　　　　　　　『노자(老子)』19장(章)

註 　"성인상선구인(聖人常善救人) 고(故) 무기인(無棄人) 상선구물(常善救物) 고(故) 무기물(無棄物) 시위습명(是謂襲明) 고(故) 선인자불선인지사(善人者不善人之師) 불선인자선인지자(不善人者善人之資) 불귀기사(不貴其師) 불애기자(不愛其資) 수지대미(雖智大迷) 시위요묘(是謂要妙)." 성인은[聖人] 늘[常] 선하게[善] 사람들을[人] 구제하기[救] 때문에[故] 사람들을[人] 버림이[棄] 없고[無], 늘[常] 선하게[善] 온갖 것을[物] 구제하기[救] 때문에[故] 온갖 것을[物] 버림이[棄] 없다[無]. 이러함을[是] 밝음을[明] 이어받음이라[襲] 한다[謂]. 그러므로[故] 선한[善] 사람이란[人] 것은[者] 선하지 못한[不善] 사람의[人之] 스승이고[師], 선하지 못한[不善] 사람이란[人] 것은[者] 선한[善] 사람의[人之] 밑천이다[資]. {불선인(不善人)은} 제[其] 스승을[師] 귀하게 여기지 않고[不貴], {선인(善人)은} 제[其] 밑천을[資] 편애하지 않는다면[不愛] 비록[雖] 슬기롭다 한들[智] 크게[大] 미혹한다[迷]. 이를[是] 긴요한[要] 미묘라[妙] 한다[謂]. 　　　　　　『노자(老子)』27장(章)

【보주(補註)】

● 〈고지소이귀차도하(古之所以貴此道何) 불왈구이득(不曰求以得) 유죄이면야(有罪以免耶)〉를 〈고지선인소이귀차도자하야(古之善人所以貴此道者何也) 불왈이구차도득차도야(不曰以求此道得此道耶) 이수유불선지죄(而雖有不善之罪) 불왈소이면기죄야(不曰所以免其罪也)〉처럼 옮기면 문맥을 더 쉽게 잡을 수 있다. 〈옛날부터[古之] 이[此] 방도를[道] 받든[貴] 까닭은[所以] 무엇[何]인가[也]? 그

것은[是] 이[此] 방도를[道] 구함으로[求]써[以] 이[此] 방도를[道] 깨우침을[得] 말함이[曰] 아닌 것[不]인가[耶]? 그리고[而] 비록[雖] 불선의[不善之] 죄가[罪] 있어도[有] 그[其] 죄를[罪] 면하는[免] 까닭을[所以] 말함이[曰] 아닌 것[不]인가[耶]?〉

- 고지소이귀차도하(古之所以貴此道何)에서 차도(此道)는 앞서 살핀 〈미언(美言)〉과 〈미행(美行)〉이란 방편을 말하는지라, 이를 〈미언여미행지방도(美言與美行之方道)〉라고 여기면 된다. 〈미행과[與美行] 미언의[美言之] 방도(方道)〉

【해독(解讀)】

- 〈고지소이귀차도하(古之所以貴此道何) 불왈구이득(不曰求以得) 유죄이면야(有罪以免耶)〉는 세 의문문과 양보의 한 종절로 이루어진 하나의 문단이다. 고지소이귀차도하(古之所以貴此道何)와 불왈구이득(不曰求以得) 그리고 이면야(以免耶)는 의문문이고, 유죄(有罪)는 양보의 종절이다. 〈옛날부터[古之] 이[此] 방도를[道] 받든[貴] 까닭은[所以] 무엇인가[何]? [차도(此道)를] 추구함으로[求]써[以] 획득하여[得] 죄가[罪] 있어도[有] (그 죄를) 면하기[免] 때문임을[以] 말해둔 것이[曰] 아닐 것[不]인가[耶]?〉

- 고지소이귀차도하(古之所以貴此道何)에서 고지(古之)는 시간의 부사 노릇하고, 소이귀차도(所以貴此道)는 주부(主部) 노릇하며, 하(何)는 의문사로서 주격보어 노릇한다. 〈옛날부터[古之] 차도를[此道] 귀히 하는[貴] 까닭은[所以] 무엇인가[何]?〉

- 불왈구이득(不曰求以得)은 〈기소이불왈구이득야(其所以不曰求以得耶)〉에서 주부(主部) 노릇할 기소이(其所以)를 앞 문맥으로 보충될 수 있으므로 생략하고, 의문의 조사 노릇하는 야(耶)를 생략한 어투이다. 불왈구이득(不曰求以得)에서 불(不)은 주격보어 노릇하고, 왈구이득(曰求以得)은 불(不)의 동격 노릇한다. 불(不)은 〈아닌 것 비(非)〉와 같다. 〈그[其] 까닭은[所以] 구이득을[求以得] 말함이[曰] 아닌 것[不]인가[耶]?〉 〈구이득을[求以得] 말함이[曰] 아닌 것[不]인가[耶]?〉

- 불왈구이득야(不曰求以得耶)는 〈A불왈위(不曰爲)B야(耶)〉의 상용 의문문이다. 〈A는 B를 함을[爲] 말함이[曰] 아닌 것[不]이겠나?〉

- 유죄(有罪)는 앞뒤의 문맥으로 보아 양보의 종절 노릇한다. 유죄(有罪)에서 유

(有)는 〈있을 유(有)〉로서 동사 노릇하고, 죄(罪)는 유(有)의 주어 노릇한다. 〈죄가[罪] 있어도[有]〉

- 이면야(以免耶)는 〈기소이불왈이면기죄야(其所以不曰以免其罪耶)〉에서 기소이불왈(其所以不曰)을 생략하고, 기죄(其罪)는 앞 문맥으로 보충할 수 있으므로 생략한 어투이다. 이면야(以免耶)에서 이(以)는 〈때문이다 이(以)〉로서 동사 노릇하고, 면(免)은 보어 노릇한다. 〈그[其] 까닭은[所以] 그[其] 죄를[罪] 면하기[免] 때문임을[以] 말함이[曰] 아닌 것[不]인가[耶]?〉

- 이면야(以免耶)는 〈A이위(以爲)B야(耶)〉의 부드럽게 반문하는 상용문이다. 〈A불왈위(不曰爲)B야(耶)〉는 〈A비왈위(非曰爲)B야(耶)〉와 같고, 〈야(耶)〉를 〈야(邪)〉로 하는 경우도 있다. 〈A는 B를 함을[爲] 말함이[曰] 아닌 것[不]이겠나[耶]?〉

註 〈소이(所以)〉의 용법을 다음처럼 3가지로 정리해두면 문맥을 잡는 데 편리하다.

① 소이(所以)＋동사

〈선인지불선인지소이기선(善人知不善人之所以棄善) = 선인은[善人] 불선인이[不善人之] 선을[善] 버리는[棄] 까닭을[所以] 안다[知].〉

선인(善人)은 주어, 지(知)는 타동사, 불선인지소이기선(不善人之所以棄善)은 목적구이다.

② 소이(所以)~자(者), 야(也)·하(何)

〈고지소이귀차도하(古之所以貴此道何) = 옛날에[古之] 차도를[此道] 받드는[貴] 까닭은[所以] 무엇인가[何]?〉

고지소이귀차도(古之所以貴此道)는 주부(主部), 하(何)는 보어이다.

③ 소이(所以)~자(者), 이(以)~야(也)

〈선인소이취미언자이불선인야(善人所以取美言者以不善人也) = 선인이[善人] 미언을[美言] 취하는[取] 까닭이란[所以] 것은[者] 불선인(不善人) 때문[以]이다[也].〉

선인소이취미언자(善人所以取美言者)는 주부(主部), 이불선인(以不善人)은 보어구, 야(也)는 종결어미이다.

〈소이(所以)~자(者), 이(以)~야(也)〉에서 〈때문에 이(以)〉가 생략되는 경우가 많다. 그렇더라도 전후 문맥을 살펴 〈~까닭이란 것은[者] ~ 때문이다[也]〉로 새기는 경우가 많다.

62-9 故(고) 爲天下貴(위천하귀)

▶ 그러므로[故] {차도(此道)는} 온 세상의[天下] 존귀한 것이[貴] 된다
[爲].

그러므로 고(故), 될 위(爲), 하늘 천(天), 아래 하(下), 존귀할 귀(貴)

【지남(指南)】

〈위천하귀(爲天下貴)〉는 선인(善人)의 미언(美言)·미행(美行)을 〈천하귀(天下
貴)〉라고 총결(總結)한다. 천도(天道)를 이어받는 선인(善人)이 미언(美言)하여 시
존(市尊) 즉 불선인이[不善人] 존도(尊道)하게 취하고[市], 나아가 미행(美行)하여
가인(加人) 즉 불선인(不善人)에 의해서 존도(尊道)를 소중히 하게[可] 함이 무엇
보다 천하에서 가장 귀중함을 강조한다. 천도(天道)를 이어받지 못한 사람이[不善
人] 선인(善人)이 되게 하는 것보다 더 존귀한 일은 없기 때문이다.

자기가 상도(常道)의 오(奧)인 정기(精氣)를 간직하고 있으면서도 그것이 제 목
숨의[命] 보배임을[寶] 몰라 불선(不善)을 범한 불선인(不善人)이 존도(尊道)하고
귀덕(貴德)하여 수중(守中)의 삶을 누리게 됨이 〈면죄(免罪)〉이다. 선인(善人)의 미
언(美言)과 미행(美行)으로 자신도 선인(善人)과 마찬가지로 오(奧)를 간직하고 있
음을 깨우치게 된 것 역시 〈면죄(免罪)〉이다. 따라서 불선인(不善人)으로 하여금
선인(善人)으로 능이(能移)하게 하는 선인(善人)의 미언(美言)·미행(美行)이란 방
도보다 더 존귀한 것이 없음을 거듭 살펴 새기고 헤아려 깨우치게 하는 말씀이
〈위천하귀(爲天下貴)〉이다.

【보주(補註)】

● 〈위천하귀(爲天下貴)〉를 〈차도위귀어천하지인(此道爲貴於天下之人)〉처럼 옮기
면 문맥을 더 쉽게 잡을 수 있다. 〈이런[此] 방도가[道] 온 세상의[天下之] 사람
들[人]에게[於] 존귀한 것이[貴] 된다[爲].〉

【해독(解讀)】

● 〈위천하귀(爲天下貴)〉에서 위(爲)는 주어는 생략되었지만 동사 노릇하고, 천하
(天下)는 귀(貴)를 꾸며주는 형용사 노릇하고, 귀(貴)는 위(爲)의 보어 노릇한다.

위(爲)는 〈될 위(爲)〉로 새긴다. 물론 여기 위(爲)를 계사(繫詞)로서 여기고 새길 수도 있지만, 한문에 계사(繫詞)가 등장한 것은 훨씬 후대의 어법인지라 〈될 위 (爲)〉로 새김이 마땅하다. 〈천하의[天下] 귀한 것이[貴] 된다[爲].〉〈천하의[天下] 귀한 것[貴]이다[爲].〉

🇳 위천하귀(爲天下貴)의 위(爲)는 한문에서 문맥에 따라 다양한 뜻을 낸다. 동사로서 위 (爲)를 다음과 같이 정리해두면 문맥을 잡아 문의(文義)를 건져내는 데 도움이 된다.

① 할 위(爲)=조(造), ② 생각할 위(爲)=사(思), ③ 하여금 위(爲)=사(使), ④ 만들 위 (爲)=산(産), ⑤ 이룰 위(爲)=성(成), ⑥ 배울 위(爲)=학(學), ⑦ 다스릴 위(爲)=치(治), ⑧ 도울 위(爲)=조(助), ⑨ 호위할 위(爲)=호(護), ⑩ 칭할 위(爲)=칭(稱).

이 외에도 문맥에 따라 다양하게 뜻을 구사하는 것이 위(爲)인 셈이라 마치 영어의 〈do〉 처럼 대리동사 노릇한다고 여기면 된다. 그리고 계사(繫辭)로서 즉 어조사 노릇도 하고, 〈소이 (所以)〉와 같은 구실을 하여 〈까닭 위(爲)〉 노릇도 한다.

사시장(思始章)

본장(本章)은 두 단락으로 이루어져 있다. 두 단락 사이에 〈대소다소(大小多少) 보원이덕(報怨以德)〉이란 두 구문이 본장에 걸맞지 않게 삽입돼 있고, 본장의 종지(宗旨)와 상관되지 않아 아마도 착입(錯入) 즉 잘못 끼어든 구문으로 여긴다는 설(說)이 설득력을 얻고 있다.

첫째 단락은 처세(處世)의 종지(宗旨)로서 무위(無爲)·무사(無事)·무미(無味)를 밝힌다. 둘째 단락의 난사(難事)는 쉬움에서[於易] 시작되고, 대사(大事)는 세사(細事) 즉 하찮은 일[細事]에서 비롯함을 밝혀, 지나치게 쉽게 보면 매우 어려운 일을 당하므로 쉬운 일도 어려운 일로 마주하기를 일깨운다. 그러므로 본장은 임세(臨世) 즉 세상을[世] 마주하는[臨] 정도(正道)를 밝히는 장(章)이다.

老子 ● 제63장

【원문(原文)】

爲無爲하고 事無事하며 味無味하다 大小多少에 報怨以德
위무위   사무사   미무미   대소다소   보원이덕
한다 圖難於其易하며 爲大於其細한다 天下難事가 必作於
     도난어기이   위대어기세   천하난사   필작어
易하고 天下大事가 必作於細니라 是以로 聖人은 終不爲
이   천하대사   필작어세   시이   성인   종불위
大한다 故로 能成其大니라 夫輕諾은 必寡信이고 多易는 必
대   고   능성기대   부경락   필과신   다이   필
多難이라 是以로 聖人은 猶難之이라 故로 終無難이라
다난   시이   성인   유난지   고   종무난

행함에 [爲] {작위(作爲)를} 행함이[爲] 없고[無], 일함에[事] 작위를 꾀함이
[事] 없으며[無], 맛냄에[味] 조작한 맛이[味] 없다[無]. 크면[大] 작아지고
[小] 많으면[多] 적어진다[少]. 상덕(常德)으로[德] 써[以] 원한을[怨] 갚는
다[報]. 그[其] 쉬움에서[於易] 어려움을[難] 도모하고[圖], 그[其] 작음에
서[於細] 큼을[大] 도모하며[爲], 세상에[天下] 어려운[難] 일은[事] 반드시
[必] 쉬운 일에[易] 의해서[於] 시작되고[作], 세상에[天下] 큰[大] 일은[事]
반드시[必] 작은 일에[細] 의해서[於] 시작된다[作]. 이렇기[是] 때문에[以]
성인은[聖人] 끝내[終] (자기를) 크다고[大] 여기지 않는다[不爲]. 그러므로
[故] {성인(聖人)은} 능히[能] 자기의[其] 큼을[大] 이룬다[成]. 무릇[夫] 가
벼이[輕] 허락하면[諾] 반드시[必] 믿음이[信] 적어지고[寡], 지나치게[多]
쉽게 여기면[易] 반드시[必] 어려움이[難] 많아진다[多]. 이렇기[是] 때문
에[以] 성인은[聖人] 오히려[猶] (쉬운 것도) 어려워한다[難之]. 그래서[故]
{성인(聖人)께는} 끝내[終] 어려움이[難] 없다[無].

闓　〈대소다소(大小多少)〉는 63장(章)에 잘못 들어왔으므로 제외시켜야 한다는 주장이 용인되
고 있다. 아니면 이 〈대소다소(大小多少)〉의 전후에 탈자(脫字)가 있을 터인지라 〈대소다소(大小
多少)〉를 억지로 풀이할 수 없다는 요정(姚鼎)의 주장을 받아들이는 편이다. 그리고 『한비자(韓非
子)』에서 『노자(老子)』 63장(章)을 빌려 밝혀놓은 〈대필기어소(大必起於小) 족필기어소(族必起
於少)〉에 따라 『노자(老子)』 63장(章)의 〈대소다소(大小多少)〉를 〈대생어소(大生於小) 다기어소
(多起於少)〉로 해석하자는 엄령봉(嚴靈峰)의 주장이 설득력을 얻는다. 〈대소다소(大小多少)〉에

서 〈대소(大小)〉를 〈대생어소(大生於小)〉로 고쳐 읽고, 〈다소(多少)〉를 〈다기어소(多起於少)〉로
고쳐 읽으면, 다음에 오는 〈도난어기이(圖難於其易) 위대어기세(爲大於其細)〉 등의 자구(字句)
와 연관되기도 한다. 그러므로 이 〈대소다소(大小多少)〉를 〈대생어소(大生於小) 다기어소(多起
於少)〉로 고쳐서 『한비자(韓非子)』「유로(喻老)」에 나오는 내용을 근거로 삼아 엄령봉(嚴靈峰)의
주장에 따라 지남(指南)할 것이다.

〈보원이덕(報怨以德)〉은 63장(章)의 상하문(上下文)과 상관되지 않는다는 주장이 용인되
고 있다. 마서륜(馬敍倫)은 〈보원이덕(報怨以德)〉이 79장(章)의 〈화대원(和大怨)〉 앞에 있어야
마땅하다고 주장하고, 엄령봉(嚴靈峰)은 79장(章)의 〈필유여원(必有餘怨)〉 뒤에 있어야 한다
고 주장한다. 두 주장을 비교해볼 때 엄령봉(嚴靈峰)의 주장이 더 타당하다는 견해가 우세하므로
〈보원이덕(報怨以德)〉을 79장(章)의 〈필유여원(必有餘怨)〉 뒤로 가져가 지남(指南)할 것이다.

63-1 爲無爲(위무위)

▶ 행함에 [爲] {작위(作爲)를} 행함이 [爲] 없다 [無].

작위 위(爲), 없을 무(無), 행할 위(爲)

【지남(指南)】

〈위무위(爲無爲)〉는 무위(無爲)할 뿐 작위(作爲)가 없음을 밝힌다. 위무위(爲無
爲)의 〈무위(無爲)〉는 무인위(無人爲)로, 인위(人爲)가 없음[無]이다. 인위(人爲)가
없게 [無] 행함 [爲]이란 25장(章)의 **법자연(法自然)** 즉 자연을 [自然] 본받아 [法] 행함
[爲]이다. 사람의 [人] 짓 [爲] 없이 [無] 행함 [爲]으로 자연을 [自然] 본받아 [法] 행함
[爲]이니, 사람이 행하는 무위(無爲)란 19장(章)의 **견소포박(見素抱樸)**을 실행하여
드러난다. 무위(無爲)는 인간으로 하여금 그냥 그대로를 [素] 살펴 [見] 그냥 그대로
를 [樸] 지키는 [抱] 삶을 누리게 하기 때문이다.

견소포박(見素抱樸)의 소(素)와 박(樸)은 자연(自然)으로, 자연을 [素] 살펴 [見]
자연을 [樸] 지키는 [抱] 삶이 곧 법자연(法自然)의 삶이며, 무위(無爲)를 행함이 위
무위(爲無爲)의 앞 〈위(爲)〉이다. 이러한 무위(無爲)는 2장(章)의 **상생(相生)·상성
(相成)·상형(相形)·상경(相傾)·상화(相和)·상수(相隨)**를 그냥 그대로 본받아 행함
이다. 피차(彼此)가 피여차(彼與此)의 둘이 아니라 피역시(彼亦是)의 하나가 되어

서로[相] 겨루지[爭] 않고 해치지[害] 않음이다. 이러한 무위(無爲)의 행(行)이야말로 앞 장(章)에서 살핀 선인(善人)의 〈미언(美言) · 미행(美行)〉이다. 위무위(爲無爲)의 뒤쪽 〈위(爲)〉는 인위(人爲)이다. 그러므로 〈위무위(爲無爲)〉는 〈이무위무인위(以無爲無人爲)〉를 줄인 말씀으로, 무위를[無爲] 행함에[以] 인위가[人爲] 없음[無]이다.

인위(人爲)란 불해불편(不該不徧), 즉 서로 함께하지 못해[不該] 두루 통하지 못하는[不徧] 기지욕(己之欲), 즉 자기의[己之] 욕망[欲]에서 비롯하니 자기의 의욕에 사로잡힘이다. 저마다 자기 의욕을 앞세우다 보면 피차(彼此)가 서로 살려주지 못하고[不相生], 서로 이루지 못하며[不相成], 서로 드러나지 못하고[不相形], 서로 기대지 못하며[不相傾], 서로 어울리지 못하고[不相和], 서로 따르지 못하여[不相隨] 시비분별의 논란을 일삼아 상쟁(相爭)하고 상해(相害)해버린다. 이러한 사람의 짓이란[人爲] 자기를 앞세우고자 56장(章)의 현동(玄同)을 저버림이다.

그러나 인위(人爲)를 벗어나 무위(無爲)를 행함은 온 세상의 〈시(始)〉인 상도(常道)를 어머니[母]로 삼고, 만물은 모두 그 자식임을 깨달음에서 비롯한다. 이로 말미암아 〈복수기모(復守其母)〉하니, 온 세상 만물의 어머니인[天下母] 상도(常道)로 돌아와[復] 지키면서[守] 천하만물을 마주함이 무위(無爲)의 생각이고, 무위(無爲)의 행(行)으로 이어진다. 따라서 무위(無爲)를 행함이[爲] 곧 습상(習常)하는 삶임을 깨우치게 되어 52장(章)의 복수기모(復守其母), 색기태(塞其兌) 폐기문(閉其門) 그리고 견소왈명(見小曰明) 수유왈강(守柔曰强) 용기광(用其光) 복귀기명(復歸其明) 등이 〈위무위(爲無爲)〉를 밝힌 말씀이다.

이어서 27장(章)의 선행(善行) · 선언(善言) · 선계(善計) · 선폐(善閉) · 선결(善結) 등도 무위를[無爲] 행함[爲]으로, 선인(善人)이 누리는 습상(習常)은 현동(玄同)으로 이어지니 위무위(爲無爲)의 〈무위(無爲)〉가 〈무인위(無人爲)〉임을 깨우칠 것이다. 이는 성인(聖人)의 삶에는 인위(人爲)를 행함이 없음을 말하며, 『장자(莊子)』의 기수사어천(旣受食於天) 우오용인(又惡用人)이란 말을 연상시킨다. 법자연(法自然)하는 성인(聖人)의 행함[爲]과 그를 본받는 선인(善人)의 행함에는 자기의 의욕을 앞세우는 인위(人爲)가 없음을[無] 살펴 새기고 헤아려 깨우치게 하는 말씀이 〈위무위(爲無爲)〉이다.

註 "인법지(人法地) 지법천(地法天) 천법도(天法道) 도법자연(道法自然)." 사람은[人] 땅을[地] 본받고[法], 땅은[地] 하늘을[天] 본받고[法], 하늘은[天] 상도를[道] 본받고[法], 상도는[道] 그냥 그대로를[自然] 본받는다[法].　　　　　　　　　　　『노자(老子)』25장(章)

註 "견소포박(見素抱樸) 소사과욕(少私寡欲)."(백성으로 하여금) 그냥 그대로를[素] 살피게 하고[見] 그냥 그대로를[樸] 지키게 한다면[抱], (백성은) 제 몫을[私] 적게 하고[少] 욕망을[欲] 적게 한다[寡].　　　　　　　　　　　『노자(老子)』19장(章)

註 "천하유시(天下有始) 이위천하모(以爲天下母) 기득기모(旣得其母) 이지기자(以知其子) 기지기자(旣知其子) 복수기모(復守其母)…… 색기태(塞其兌) 폐기문(閉其門)…… 견소왈명(見小曰明) 수유왈강(守柔曰强) 용기광(用其光) 복귀기명(復歸其明) 무유신앙(無遺身殃) 시위습상(是謂習常)." 세상에[天下] 시원이[始] 있다[有]. 이로써[以] 온 세상의[天下] 어머니가[母] 되고[爲], 이미[旣] 그[其] 어머니를[母] 깨달았으니[得] 이로써[以] 그[其] 아들을[子] 안다[知]. 이미[旣] 그[其] 아들임을[子] 알고[知] (어머니한테로) 돌아가[復] 그[其] 어머니를[母] 지킨다[守].…… 그[其] 이목구비를[兌] 막고[塞], 그[其] 이목구비를[門] 닫는다[閉].…… 작은 것을[小] 살펴봄이[見] 밝힘[明]이고[曰], 부드러움을[柔] 지킴이[守] 강함[强]이다[曰]. 그[其] 빛을[光] 썼더라도[用] 다시[復] 그[其] 밝음으로[明] 돌아오면[歸] 자신에게[身] 재앙을[殃] 끼침이[遺] 없어진다[無]. 이를[是] 상도를[常] 이어 간직함이라[習] 한다[謂].　　　　　　　　　　　『노자(老子)』52장(章)

註 "유무상생(有無相生) 난이상성(難易相成) 장단상형(長短相形) 고하상경(高下相傾) 음성상화(音聲相和) 전후상수(前後相隨) 시이(是以) 성인처무위지사(聖人處無爲之事) 행불언지교(行不言之教)." 있음도[有] 없음도[無] 서로[相] 생기고[生], 어려움도[難] 쉬움도[易] 서로[相] 이루며[成], 긴 것도[長] 짧음도[短] 서로[相] 드러나고[形], 높음도[高] 낮음도[下] 서로[相] 기대며[傾], 홀소리도[音] 닿소리도[聲] 서로[相] 어울리고[和], 앞도[前] 뒤도[後] 서로[相] 따른다[隨]. 이렇기[是] 때문에[以] 성인은[聖人] 무위를[無爲之] 일삼아[事] 거처하고[處], 말이[言] 없는[不之] 가르침을[教] 행한다[行].　　　　　　　　　　　『노자(老子)』2장(章)

註 "색기태(塞其兌) 폐기문(閉其門) 좌기예(挫其銳) 해기분(解其紛) 화기광(和其光) 동기진(同其塵) 시위현동(是謂玄同)." 그[其] 이목구비를[兌] 막고[塞], 그[其] 들고나는 문을[門] 닫고[閉], {인지(人智)의} 그[其] 날카로움을[銳] 꺾으며[挫], {인지(人智)의} 그[其] 분란을[紛] 없애고[解], {인지(人智)의} 그[其] 빛냄을[光] {밝음[明]과} 아우르며[和], {인지(人智)의} 그[其] 속됨과[塵] 같이한다[同]. 위의 것들을[是] 상도와[玄] 하나라[同] 한다[謂].　　　　　　　　　　　『노자(老子)』56장(章)

註 "선행무철적(善行無轍迹) 선언무하적(善言無瑕讁) 선수불용주책(善數不用籌策) 선폐무관건이불가개(善閉無關楗而不可開) 선결무승약이불가해(善結無繩約而不可解) 시이(是以) 성인상선구인(聖人常善救人) 고(故) 무기인(無棄人) 상선구물(常善救物) 고(故) 무기물(無棄物) 시위습명(是謂襲明)." 선한[善] 행함에는[行] 수레바퀴 자국이나[轍] 발자국이[迹] 없고[無], 선한[善] 말씀에는[言] 흠이나[瑕] 꾸지람이[讁] 없으며[無], 선한[善] 헤아림은[計] 잔머리 굴리는[籌] 꾀를

[策] 쓰지 않고[不用], 선한[善] 닫음에는[閉] 가로지른 빗장이나[關] 견고한 문빗장도[楗] 없으나[無而] 열 수도[可開] 없으며[不], 선한[善] 맺음에는[結] 노끈이나[繩] 묶음도[約] 없으나[無而] 풀 수도[可解] 없다[不]. 이것들로[是]써[以] 성인은[聖人] 늘[常] 선하게[善] 사람들을[人] 구제하기[救] 때문에[故] 사람들을[人] 버림이[棄] 없고[無], 늘[常] 선하게[善] 온갖 것을[物] 구제하기[救] 때문에[故] 온갖 것을[物] 버림이[棄] 없다[無]. 이러함을[是] 밝음을[明] 이어받음이라[襲] 한다[謂].

『노자(老子)』27장(章)

註 "성인유소유(聖人有所遊) 이지위얼(而知爲孽) 약위교(約爲膠) 덕위접(德爲接) 공위상(工爲商) 성인불모(聖人不謀) 오용지(惡用知) 불착(不斲) 오용교(惡用膠) 무상(無喪) 오용덕(惡用德) 불화(不貨) 오용상(惡用商) 사자천국(四者天鬻) 천국야자천사야(天鬻也者天食也) 기수사어천(旣受食於天) 우오용인(又惡用人)." 성인께는[聖人] 걸림 없이 노니는[遊] 바가[所] 있어서[有而] 지식을[知] 화근으로[孽] 여기고[爲], 예의(禮儀)란 규약을[約] 갖풀로[膠] 여기며[爲], 인덕을[德] 사귐의 수단으로[接] 여기고[爲], 기교를[工] 상술로[商] 여긴다[爲]. 성인은[聖人] 꾀하지 않는데[不謀] 어찌[惡] 지식을[知] 쓰겠으며[用], 깎고 다듬지 않는데[不斲] 어찌[惡] 갖풀을[膠] 쓰겠으며[用], 잃을 것이[喪] 없는데[無] 어찌[惡] 인덕(人德)을[德] 쓰겠으며[用], 돈벌이를 않는데[不貨] 어찌[惡] 상술(商術)을[商] 쓰겠는가[用]? {불모(不謀)·불착(不斲)·무상(無喪)·불화(不貨)는} 자연이[天] 길러주는[鬻] 네 가지[四者]이다[也]. 자연이[天] 길러줌[鬻]이란[也] 것은[者] 자연이[天] 먹여줌[食]이다[也]. 이미[旣] 자연으로부터[於天] 먹을거리를[食] 받았는데[受] 또[又] 어찌[惡] 인간의 것을[人] 쓰겠는가[用]?

얼(孽)은 요해(妖害) 즉 요망스런[妖] 방해[害]이고, 덕위접(德爲接)의 덕(德)은 인덕(人德) 즉 비천덕(非天德)이고, 접(接)은 여기선 〈사귈 교(交)〉로 교접(交接)의 줄임말로 여기면 된다. 약위교(約爲膠)의 약(約)은 〈규정 규(規)〉와 같아 규약(規約)의 줄임말로 여기면 된다. 〈기술 공(工)=기공(技工)〉, 〈깎고 다듬을 착(斲)〉, 〈갖풀 교(膠)〉, 〈상(商)=상술(商術)〉, 〈팔고 살 화(貨)〉, 〈길러죽 국(鬻)=먹을거리 사(食)〉이다. 사(食)는 〈먹을 식(食), 먹을거리 사(食)〉의 서로 다른 뜻을 낸다.

『장자(莊子)』「덕충부(德充符)」

【보주(補註)】

● 〈위무위(爲無爲)〉를 〈이무위무인위(以無爲無人爲)〉처럼 옮기면 문맥을 더 쉽게 잡을 수 있다. 〈무위를[無爲] 행함에는[以] 인위가[人爲] 없다[無].〉

● 위무위(爲無爲)의 앞 위(爲)는 48장(章)의 **무불위(無不爲)**이다. 무불위(無不爲)의 위(爲)는 〈법자연지위(法自然之爲)〉의 줄임이다. 〈자연을[自然] 본받는[法之] 짓[爲]〉

註 "무위이무불위의(無爲而無不爲矣)." 작위가[爲] 없으면[無而] 하지 못함이[不爲] 없는 것[無]이다[矣].

『노자(老子)』48장(章)

【해독(解讀)】

- 〈위무위(爲無爲)〉에서 앞의 위(爲)는 무(無)를 꾸며주는 부사 노릇하고, 무(無)는 동사 노릇하며, 뒤의 위(爲)는 무(無)의 주어 노릇한다. 〈행함에[爲] {인위(人爲)를} 행함이[爲] 없다[無].〉
- 위무위(爲無爲)는 〈A무(無)B〉의 상용문이다. 〈A에는 B가 없다[無].〉

63-2 事無事(사무사)

▶일함에 [事] 작위를 꾀함이 [事] 없다[無].

일할 사(事), 없을 무(無), 꾀할 사(事)

【지남(指南)】

〈사무사(事無事)〉는 행사(行事)함에 무위(無爲)할 뿐, 일을 꾀함[作事]이 없음을 밝힌다. 사무사(事無事)의 〈무사(無事)〉는 무작사(無作事) 즉 작사가[作事] 없음[無]이다. 작사(作事)란 모사(謀事) 즉 일을[事] 꾀함[謀]인지라, 작사(作事)는 25장(章)의 〈법자연(法自然)〉을 저버린다. 그러면 19장(章)의 〈견소포박(見素抱樸)〉을 뿌리치고 의욕을 앞세워 매사를 도모하게 되니, 그냥 그대로를[素] 살펴[見] 그냥 그대로를[樸] 지키는[抱] 일을[事] 뿌리쳐버린다. 사람이 행하는 무위(無爲)의 일[事] 역시 견소포박(見素抱樸)을 실행함으로써 드러난다. 꾀함이 없는 일은[事] 인간으로 하여금 무엇보다 먼저 그냥 그대로를[素] 살펴[見] 그냥 그대로를[樸] 지키는[抱] 삶을 누리게 하기 때문이다.

자연을[素] 살펴[見] 자연을[樸] 지키는[抱] 삶을 누리면서 법자연(法自然)의 일을[事] 행함이 여기 사무사(事無事)의 앞 〈사(事)〉이다. 무위(無爲)의 일함[事] 역시 2장(章)의 〈상생(相生)·상성(相成)·상형(相形)·상경(相傾)·상화(相和)·상수(相隨)〉를 그냥 그대로 본받아 일함[事]이다. 꾀함이[事] 없이[無] 일함은[事] 자연을[自然] 본받아[法] 일함[事]이니 이 역시 상생(相生)으로 일함이고, 상성(相成)으로 일함이며, 상형(相形)으로 일함이고, 상경(相傾)으로 일함이며, 상화(相和)로 일함이고, 상수(相隨)로 일함이다. 이런저런 일들이 서로[相] 겨루지[爭] 않고 해치지

[害] 않으면서 물 흘러가듯이 일함이 사무사(事無事)의 앞 〈사(事)〉인 것이다.

저마다 속셈을 갖고 도모함이 없이 일함[事]은 인위(人爲)를 떠나 행사(行事)함으로, 사무사(事無事)의 뒤쪽 〈사(事)〉는 자기 의욕대로 하는 일[事]의 작사(作事)이다. 꾀하는[作] 일[事]이란 사의(私意)가 개입된 행사(行事)이고, 그러한 작사(作事)는 어떠한 경우든 성사될 수 없다. 이는 56장(章)의 〈현동(玄同)〉을 저버리면 성사될 수 없기 때문이다. 그래서 인간사에는 주거니 받거니 흥정하는 일이 벌어진다. 그러나 사무사(事無事)의 앞 〈사(事)〉는 8장(章)의 〈선능(善能)〉의 것이므로, 상선약수(上善若水)의 〈수(水)〉를 본받아 행사할 뿐인지라 인간의 지모(智謀)가 지어내는 흥정은 없다. 이제 선인(善人)이 미언(美言)으로 시존(市尊)하고 미행(美行)으로 가인(加人)함이란 다름 아닌 무사(無事)로 일하는[事] 것이고, 이는 곧 습상(習常)하는 삶임을 깨우치게 된다.

따라서 52장(章)의 〈복수기모(復守其母)〉와 〈색기태(塞其兌) 폐기문(閉其門)〉 그리고 〈견소왈명(見小曰明) 수유왈강(守柔曰强) 용기광(用其光) 복귀기명(復歸其明)〉 등이 모두 사무사(事無事)를 풀이하는 것이다. 이어 27장(章)의 〈선행(善行) · 선언(善言) · 선계(善計) · 선폐(善閉) · 선결(善結)〉 등도 무사(無事)로 일함[事]이며, 선인(善人)이 누리는 습상(習常)의 삶은 습명(襲明)으로 이어지니, 역시 사무사(事無事) 즉 무사(無事)하게 일함[事]이다. 사무사(事無事)는 『장자(莊子)』의 〈성인불모(聖人不謀) 수사어천(旣受食於天) 우오용인(又惡用人)〉이란 말을 상기시킨다. 그러므로 법자연(法自然)하는 성인(聖人)을 본받아 따르는 선인(善人)의 행사(行事)는 시비분별로 상쟁(相爭)과 상해(相害)로 이어지기 쉬운 모사(謀事)를 결코 꾀하지 않음을 살펴 새기고 헤아려 깨우치게 하는 말씀이 〈사무사(事無事)〉이다.

註 "상선약수(上善若水) 수선리만물이부쟁(水善利萬物而不爭) 처중인지소오(處衆人之所惡)고(故) 기어도(幾於道)." 지극한[上] 선은[上善] 물과[水] 같다[若]. 물은[水] 온갖 것을[萬物] 그냥 그대로 잘[善] 이롭게 하면서도[利而] (온갖 것과) 다투지 않고[不爭], 뭇사람이[衆人之] 싫어하는[惡] 곳에[所] 머문다[處]. 그러므로 (물은) 도에[於道] 가깝다[幾]. 『노자(老子)』 8장(章)

註 "성인불모(聖人不謀) 오용지(惡用知) 불착(不斲) 오용교(惡用膠) 무상(無喪) 오용덕(惡用德) 불화(不貨) 오용상(惡用商) 사자천국(四者天鬻) 천국야자천사야(天鬻也者天食也) 기수사어천(旣受食於天) 우오용인(又惡用人)." 성인은[聖人] 꾀하지 않는데[不謀] 어찌[惡] 지식을[知] 쓰

겠으며[用], 깎고 다듬지 않는데[不斲] 어찌[惡] 갖풀을[膠] 쓰겠으며[用], 잃을 것이[喪] 없는데[無] 어찌[惡] 인덕(人德)을[德] 쓰겠으며[用], 돈벌이를 않는데[不貨] 어찌[惡] 상술(商術)을[商] 쓰겠는가[用]? {불모(不謀)·불착(不斲)·무상(無喪)·불화(不貨)는} 자연이[天] 길러주는[鬻] 네 가지[四者]이다[也]. 자연이[天] 길러줌[鬻]이란[也] 것은[者] 자연이[天] 먹여줌[食]이다[也]. 이미[旣] 자연으로부터[於天] 먹을거리를[食] 받았는데[受] 또[又] 어찌[惡] 인간의 것을[人] 쓰겠는가[用]?

〈깎고 다듬을 착(斲)〉, 〈갖풀 교(膠)〉, 〈상(商)=상술(商術)〉, 〈팔고 살 화(貨)〉, 〈길러죽 국(鬻)=먹을거리 사(食)〉이다. 사(食)는 〈먹을 식(食), 먹을거리 사(食)〉의 서로 다른 뜻을 낸다.

『장자(莊子)』「덕충부(德充符)」

【보주(補註)】

● 〈사무사(事無事)〉를 〈이사무작사(以事無作事)〉처럼 옮기면 문맥을 더 쉽게 잡을 수 있다. 〈일을[事] 행함에[以] 꾀하는[作] 일이란[事] 없다[無].〉

● 사무사(事無事)의 앞 사(事)도 48장(章)의 〈무불위(無不爲)〉의 사(事)이고, 뒤쪽 사(事)는 작사(作事) 즉 꾀하려는[作] 일[事]이다. 앞의 사(事)는 무위지사(無爲之事)이고, 뒤의 사(事)는 인위지사(人爲之事)이다.

【해독(解讀)】

● 〈사무사(事無事)〉에서 앞의 사(事)는 무(無)를 꾸며주는 부사 노릇하고, 무(無)는 동사 노릇하며, 사(事)는 무(無)의 주어 노릇한다. 〈일함에[事] {인위(人爲)로} 일함이[事] 없다[無].〉

● 사무사(事無事)는 〈A무(無)B〉의 상용문이다. 〈A에는 B가 없다[無].〉

63-3 味無味(미무미)

▶ 맛냄에 [味] 조작한 맛이 [味] 없다 [無].

맛낼 미(味), 없을 무(無), 맛 미(味)

【지남(指南)】

〈미무미(味無味)〉는 용미(用味)함에 무위(無爲)할 뿐, 작미(作味) 즉 맛을[味] 꾀함이[作] 없음이다. 미무미(味無味)의 〈무미(無味)〉는 무작미(無作味)이니, 작미가[作味] 없음[無]이다. 작미(作味)란 맛을[味] 인간의 뜻대로 조작함인지라 25장(章)

의 법자연(法自然)을 저버리는 것이다. 이는 19장(章)의 〈견소포박(見素抱樸)〉을 뿌리치고, 인간의 탐미(耽味)를 앞세워 자연미(自然味)를 버리고 인공미(人工味)를 앞세우게 된다. 맛을[味] 도모하면 그냥 그대로를[素] 살펴[見] 그냥 그대로를[樸] 지키는[抱] 맛을[味] 뿌리친다.

사람이 누리는 무위(無爲)의 맛[味]도 견소포박(見素抱樸)을 실행함으로써 드러난다. 꾀함이 없는 맛은[味] 인간으로 하여금 무엇보다 먼저 그냥 그대로를[素] 살펴[見] 그냥 그대로를[樸] 지키는[抱] 맛을 누리게 하기 때문이다. 자연을[素] 살펴[見] 자연을[樸] 지키는[抱] 맛을 누리면서 법자연(法自然)의 맛을[事] 누림이 여기 미무미(味無味)의 앞 〈미(味)〉이다. 무위(無爲)의 맛냄[味] 역시 2장(章)의 〈상생(相生) · 상성(相成) · 상형(相形) · 상경(相傾) · 상화(相和) · 상수(相隨)〉를 그냥 그대로 본받아 맛냄[味]이다. 꾀함이[事] 없이[無] 맛냄은[味] 곧 자연을[自然] 본받아[法] 맛냄[味]으로 이 역시 상생(相生)으로 맛냄이고, 상성(相成)으로 맛냄이며, 상형(相形)으로 맛냄이고, 상경(相傾)으로 맛냄이며, 상화(相和)로 맛냄이고, 상수(相隨)로 맛냄이다. 말하자면 사탕수숫대를 그냥 그대로 씹어 단맛을 즐기면 그것은 천사(天食) 즉 자연이 주는[天] 먹거리[食] 자연미(自然味)이고, 사탕수수를 가공하여 만든 설탕이 내는 단맛은 인공미(人工味)이다.

미무미(味無味)의 뒤쪽 〈미(味)〉는 인공미(人工味)이니, 사람이 꾀하여 만들어낸[工] 맛이[味] 없음[無]이란 천미(天味)를 말한다. 미무미(味無味)에서 앞의 〈미(味)〉는 천사(天食)의 미(味)로, 천미(天味) 즉 자연의[天] 맛냄[味]이다. 이런저런 맛들이 서로[相] 겨루지[爭] 않고 해치지[害] 않으면서 물 흘러가듯이 맛냄이 〈무미(無味)〉이다. 제 뜻과 욕심대로 되면 살맛난다 하고, 그렇지 못하면 살맛 없다고 함은 무미(無味)를 저버리고 살맛 타령을 하는 인간의 탐욕일 뿐, 미무미(味無味)는 사람이 이리저리 조작한 맛이[味] 없는[無] 맛[味]이다. 생수(生水)의 맛을 우리는 무맛이라 한다. 맛이 없는 맛이 물맛이니 물은 죽을 때까지 마셔도 물리지 않는다.

여기 미무미(味無味)에서 앞의 〈미(味)〉는 무위(無爲)의 미(味)인 자연미(自然味)를 냄이고, 뒤의 〈미(味)〉는 인위(人爲)의 미(味)인 인공의 맛을 냄[味]이다. 미무미(味無味)의 뒤쪽 〈미(味)〉는 취미(臭味)의 맛[味]만을 말함이 아니라 이른바 인간미

(人間味)도 넣어서 생각할 〈미(味)〉이다. 지금 사람들은 "내 맛대로 산다고" 서슴없이 밝힌다. 그래서 인생은 마치 저마다 맛의 전시장같이 요란하게 된다. 인간은 인위지미(人爲之味) 즉 인공미(人工味)만을 추구하여 무위지미(無爲之味) 즉 자연미(自然味)를 저버리고 사는 편이라 백인백색(百人百色)의 맛을[味] 저마다 경쟁적으로 풍긴다. 이제 선인(善人)의 〈도술(道術)〉은 사라지고, 불선인(不善人)의 〈방술(方術)〉만 창궐해 상쟁(相爭)의 삶이 펼쳐지니, 『장자(莊子)』의 천세지후(千世之後) 기필유인여인상식자(其必有人與人相食者)란 말이 환기된다. 천년이 지나면[天世之後] 그 세상에서는[其] 사람과 사람이[人與人] 서로[相] 잡아먹는[食] 짓들이[者] 반드시 일어날 것이다[必有]. 이 얼마나 무서운 발언인가.

　옛날 식인(食人)은 사람의 몸뚱이를 잡아먹었지만, 지금의 식인(食人)은 마음 잡아먹기를 서슴지 않아 자기만의 인위지미(人爲之味)를 마련하고자 여념이 없다. 저마다 인간미(人間味)를 조미(造味)하다보니 현대인은 51장(章)의 **상자연(常自然)**의 삶을 잊어버리고, 17장(章)의 **아자연(我自然)**을 팽개쳐버렸으며, 49장(章)의 **성인무상심(聖人無常心)**의 깊은 뜻을 업신여기게 된 셈이다. 이제 67장(章)의 **아유삼보(我有三寶)**의 삼보(三寶)를 뿌리치고, 29장(章)의 **성인거심(聖人去甚) 거사(去奢) 거태(去泰)**를 웃음거리로 삼으면서, 24장(章)의 **자현(自見)·자시(自是)·자벌(自伐)·자긍(自矜)**을 일삼아 상쟁(相爭)하고 상해(相害)하려는 쪽으로 치닫는 인간미(人間味)의 공포를 새삼 살펴 새기고 헤아려 깨우치게 하는 말씀이 〈미무미(味無味)〉이다.

註　"견소왈명(見小曰明) 수유왈강(守柔曰强) 용기광(用其光) 복귀기명(復歸其明) 무유신앙(無遺身殃) 시위습상(是謂習常)." 작은 것을[小] 살펴봄이[見] 밝음[明]이고[曰], 부드러움을[柔] 지킴이[守] 강함[强]이다[曰]. 그[其] 빛을[光] 썼더라도[用] 다시[復] 그[其] 밝음으로[明] 돌아오면[歸] 자신에게[身] 재앙을[殃] 끼침이[遺] 없어진다[無]. 이를[是] 상도를[常] 이어 간직함이라[襲] 한다[謂]. 　　　　　　　　　　　　　　　　　　　　　『노자(老子)』 52장(章)

註　"인법지(人法地) 지법천(地法天) 천법도(天法道) 도법자연(道法自然)." 사람은[人] 땅을[地] 본받고[法], 땅은[地] 하늘을[天] 본받고[法], 하늘은[天] 상도를[道] 본받고[法], 상도는[道] 그냥 그대로를[自然] 본받는다[法]. 　　　　　　　　　　　　　　　　『노자(老子)』 25장(章)

註　"도지존(道之尊) 덕지귀(德之貴) 부막지명이상자연(夫莫之命而常自然)." 상도의[道之] 받듦과[尊] 덕의[德之] 받듦[貴] 그것을[之] 무릇[夫] 하라 함이[命] 없어도[莫而] (만물은) 늘[常] 절로[自] 그리한다[然]. 　　　　　　　　　　　　　　　　『노자(老子)』 51장(章)

註 "기귀언(其貴言) 공성사수(功成事遂) 백성개위아자연(百姓皆謂我自然)." 태상(太上)의 황제(黃帝)께서[其] 말을[言] 소중히 하고[貴], 보람을[功] 이루고[成] 일을[事] 완수했어도[遂] 백성은[百姓] 모두[皆] 자기들은[我] 그냥 그대로라고[自然] 했다[謂].　　　　『노자(老子)』17장(章)

註 "성인무상심(聖人無常心) 이백성심위심(以百姓心爲心)." 성인께는[聖人] 고집하는 마음이[常心] 없고[無], {성인(聖人)은} 백성의[百姓] 마음으로[心]써[以] (당신의) 마음을[心] 삼는다[爲].　　　　　　　　　　　　　　　　　　　　　『노자(老子)』49장(章)

註 "대란지본필생어요순지한(大亂之本必生於堯舜之閒) 기말존호천세지후(其末存乎千世之後) 천세지후(千世之後) 기필유인여인상식자야(其必有人與人相食者也)." 대란의[大亂之] 뿌리는[本] 요순의[堯舜之] 시대에[於閒] 분명히[必] 생겼다[生]. 그[其] 끝은[末] 천대의[千世之] 뒤에도[乎後] 미치고[存], (천대의 뒤) 그 때에는[其] 사람과 사람이[人與人] 서로[相] 잡아먹는[食] 짓들이[者] 반드시[必] 있을 것[有]이다[也].

　　경상초(庚桑楚)는 노자(老子)의 제자(弟子)라 한다.　　　　『장자(莊子)』「경상초(庚桑楚)」

註 "아유삼보(我有三寶) 지이보지(持而保之) 일왈자(一曰慈) 이왈검(二曰儉) 삼왈불감위천하선(三曰不敢爲天下先)." 나한테는[我] 세 가지[三] 보배가[寶] 있다[有]. 그것을[之] 간직하면서[持而] 지킨다[保]. 사랑함이[慈] 그 하나이고[一曰], 검소함이[儉] 그 둘이며[二曰], 감히[敢] 세상에[天下] 나서지[先] 않음이[不爲] 그 셋이다[三曰].　　　　　　『노자(老子)』67장(章)

註 "성인거심(聖人去甚) 거사(去奢) 거태(去泰)." 성인은[聖人] 지나침을[甚] 버리고[去], 사치를[奢] 버리고[去], 과도함을[泰] 버린다[去].　　　　　　　　『노자(老子)』29장(章)

註 "색기태(塞其兌) 폐기문(閉其門) 좌기예(挫其銳) 해기분(解其紛) 화기광(和其光) 동기진(同其塵) 시위현동(是謂玄同)." 그[其] 이목구비를[兌] 막고[塞], 그[其] 들고나는 문을[門] 닫고[閉], {인지(人智)의} 그[其] 날카로움을[銳] 꺾으며[挫], {인지(人智)의} 그[其] 분란을[紛] 없애고[解], {인지(人智)의} 그[其] 빛냄을[光] {밝음[明]과} 아우르며[和], {인지(人智)의} 그[其] 속됨과[塵] 같이한다[同]. 위의 것들을[是] 상도와[玄] 하나라[同] 한다[謂].　　　『노자(老子)』56장(章)

註 "자현자불명(自見者不明) 자시자불창(自是者不彰) 자벌자무공(自伐者無功) 자긍자부장(自矜者不長)." 자기를[自] 드러내는[見] 사람은[者] 밝지 못하고[不明], 스스로[自] 옳다 하는[是] 사람은[者] 뚜렷하지 못하며[不彰], 스스로[自] 제 자랑하는[伐] 사람에게는[者] 공적이[功] 없어지고[無], 스스로[自] 뽐내는[矜] 사람은[者] 오래가지 못한다[不長].　　　　『노자(老子)』24장(章)

【보주(補註)】

● 〈미무미(味無味)〉를 〈이미무작미(以味無作味)〉처럼 옮기면 문맥을 더 쉽게 잡을 수 있다. 〈맛을[味] 냄에[以] 꾀하는[作] 맛이란[味] 없다[無].〉

● 미무미(味無味)의 앞 미(味)도 48장(章)의 〈무불위(無不爲)〉의 미(味)이다. 뒤쪽

미(味)는 작미(作味) 즉 꾀하려는[作] 맛[味]이다. 앞의 미(味)가 물맛 같은 염담(恬淡)의 맛[味]이라면, 뒤의 미(味)는 요리사가 조작해내는 인위지미(人爲之味)이다. 그냥 그대로의 맛이 염담(恬淡)의 미(味)이다.

● 인간미(人間味)란 『장자(莊子)』의 발지(勃志) · 유심(謬心) · 누덕(累德) · 색도(塞道)를 상기시킨다. 사람의 뜻을[志] 어지럽히는[勃] 〈부(富) · 귀(貴) · 현(顯) · 엄(嚴) · 이(利)〉, 사람의 마음을[心] 그르치게 하는[謬] 〈용(容) · 동(動) · 색(色) · 이(理) · 기(氣) · 의(意)〉, 덕(德)을 내치게 하는[累] 〈오(惡) · 욕(欲) · 희(喜) · 로(怒) · 애(哀) · 락(樂)〉, 도(道)를 가로막게 하는[塞] 〈거(去) · 취(就) · 취(取) · 여(與) · 지(知) · 능(能)〉 등 24종의 인위(人爲)가 인간미를 조미하게 하는 셈이다. 인간미란 이른바 현대인이 강조하는 개성미(個性味) 같은 것이다. 〈Personality〉를 번역한 조어(造語)인 〈개성(個性)〉은 우리 본래의 생각으로 보면 〈불선(不善)〉이다.

註 "부귀현엄명리(富貴顯嚴名利) 육자발지야(六者勃志也) 용동색리기의(容動色理氣意) 육자류심야(六者謬心也) 오욕희로애락(惡欲喜怒哀樂) 육자루덕야(六者累德也) 거취취여지능(去就取與知能) 육자색도야(六者塞道也) 차사륙자(此四六者) 불탕흉중이정(不盪胸中而正) 정즉정(正則靜) 정즉명(靜則明) 명즉허(明則虛) 허(虛) 즉무위이무불위(則無爲而無不爲)." 부유[富] 고귀[貴] 유명[顯] 존경[嚴] 명예[名] 이득[利] 여섯[六] 가지는[者] 뜻을[志] 어지럽히는 것[勃]이고[也], 용모[容] 거동[動] 안색[色] 정리[理] 말씨[氣] 생각[意] 여섯[六] 가지는[者] 마음을[心] 속이는 것[謬]이며[也], 미움[惡] 욕망[欲] 기쁨[喜] 성냄[怒] 슬픔[哀] 즐거움[樂] 여섯[六] 가지는[者] 덕을[德] 더럽히는 것[累]이고[也], (벼슬자리를) 떠나거나[去] 앉음[就] (무엇을) 주거나[與] 받음[取] (사물을) 알거나[知] (일을) 잘함[能] 여섯[六] 가지는[者] 도를[道] 가로막는 것[塞]이다[也]. 이[此] 스물 네[四六] 가지가[者] 가슴 속에서[胸中] (마음을) 흔들지 않는다면[不盪而] (마음은) 올바르다[正]. (마음이) 올바르면[正] 곧[則] (마음이) 고요하고[靜], 고요하면[靜] 곧[則] 밝고[明], 밝으면[明] 곧[則] 텅 비고[虛], 텅 비면[虛] 곧[則] (마음에) 하고자 하는 짓이[爲] 없어서[無而] 하지 못할 것이[不爲] 없다[無].

발지(勃志)는 쟁지(爭志)와 같고, 유심(謬心)은 오심(誤心)과 같고, 누덕(累德)은 점덕(玷德)과 같다. 점(玷)은 〈더럽힐 점(玷)〉이다. 용동색리기의(容動色理氣意)에서 이(理)는 정리(情理), 기(氣)는 사기(辭氣), 의(意)는 의사(意思)이다. 탕흉중(盪胸中)의 탕(盪)은 〈흔들어댈 동(動)〉과 같고, 무(無)는 무(無)와 같다.　　　　　『장자(莊子)』「경상초(庚桑楚)」

【해독(解讀)】

● 〈미무미(味無味)〉에서 앞의 미(味)는 무(無)를 꾸며주는 부사 노릇하고, 무(無)는 동사 노릇하며, 미(味)는 무(無)의 주어 노릇한다. 〈맛냄에[味] {인위(人爲)로} 맛냄이[味] 없다[無].〉

● 미무미(味無味)는 〈A무(無)B〉의 상용문이다. 〈A에는 B가 없다[無].〉 앞의 미(味)는 성인(聖人) 또는 선인(善人)이란 주어와 어떤 목적어가 생략되었지만 타동사 노릇하고, 무미(無味)는 앞의 미(味)를 꾸며주는 부사구 노릇한다. 앞의 미(味)는 〈냄새날 취(臭)〉와 같아 취미(臭味)의 줄임말로 여기면 되고, 무미(無味)의 미(味)는 인위지미(人爲之味)의 줄임말이다. 〈{선인(善人)은} 인위의[人爲之] 맛이[味] 없게[無] 맛낸다[味].〉

● 미무미(味無味)를 〈선인지미무인위지미(善人之味無人爲之味)〉로 여길 수도 있다. 그러면 미무미(味無味)에서 앞의 미(味)는 무(無)를 꾸며주는 부사 노릇하고, 무(無)는 〈없을 무(無)〉로 자동사 노릇하며, 뒤의 미(味)는 무(無)의 주어 노릇하는 구문으로 문맥을 잡을 수도 있다. 〈선인의[善人之] 맛냄에는[味] 인위의[人爲之] 맛이[味] 없다[無].〉

63-4 大小多少(대소다소)

▶ 크면[大] 작아지고[小] 많으면[多] 적어진다[少].

클 대(大), 작을 소(小), 많을 다(多), 적을 소(少)

🜂 〈대소다소(大小多少)〉는 63장(章)에 잘못 들어왔으므로 제외시켜야 한다는 주장이 용인되고 있다. 아니면 이 〈대소다소(大小多少)〉의 전후에 탈자(脫字)가 있을 터인지라 〈대소다소(大小多少)〉를 억지로 풀이할 수 없다는 요정(姚鼎)의 주장을 받아들이는 편이다.

그리고 『한비자(韓非子)』에서 『노자(老子)』 63장(章)을 빌려 밝혀놓은 〈대필기어소(大必起於小) 족필기어소(族必起於少)〉에 따라 『노자(老子)』 63장(章)의 〈대소다소(大小多少)〉를 〈대생어소(大生於小) 다기어소(多起於少)〉로 해석하자는 엄령봉(嚴靈峰)의 주장이 설득력을 얻는다. 〈대소다소(大小多少)〉에서 〈대소(大小)〉를 〈대생어소(大生於小)〉로 고쳐 읽고, 〈다소(多少)〉를 〈다기어소(多起於少)〉로 고쳐 읽으면 다음에 오는 〈도난어기이(圖難於其易) 위대어기세

(爲大於其細) 등의 자구(字句)와 연관되기도 한다. 그러므로 이 〈대소다소(大小多少)〉를 〈대생어소(大生於小) 다기어소(多起於少)〉로 고쳐서 『한비자(韓非子)』「유로(喩老)」에 나오는 내용을 근거로 삼아 엄령봉(嚴靈峰)의 주장에 따라 지남(指南)한다.

大生於小(대생어소) 多起於少(다기어소)

▶ 큼은[大] 작음에서[於小] 생기고[生], 많음은[多] 적음에서[於少] 일어난다[起].

> 큰 대(大), 생길 생(生), 작을 소(小), 많을 다(多), 일어날 기(起), 적을 소(少)

【지남(指南)】

〈대생어소(大生於小) 다기어소(多起於少)〉는 대소(大小)와 다소(多少)가 위이(爲二)가 아니라 위일(爲一)임을 밝힌다. 천도(天道)에서는 대(大)와 소(小)가 둘로 나누어지지 않는다. 대소(大小)와 다소(多少) 역시 2장(章)의 **상생(相生)·상성(相成)·상형(相形)·상경(相傾)·상화(相和)·상수(相隨)**를 상기시킨다. 대소(大小)가 서로[相] 생김이[生] 천도(天道)이고, 대소(大小)가 서로[相] 이룸이[成] 천도(天道)이며, 대소(大小)가 서로[相] 드러남이[形] 천도(天道)이며, 대소(大小)가 서로[相] 기댐이[傾] 천도(天道)이고, 대소(大小)가 서로[相] 어울림이[和] 천도(天道)이고, 대소(大小)가 서로[相] 따름이[傾] 천도(天道)이다. 다소(多少) 역시 상생(相生)하고 상성(相成)하며 상형(相形)하고 상경(相傾)하며 상화(相和)하고 상수(相隨)함이 천도(天道) 즉 법자연(法自然)이다.

앞 장(章)에서 살핀 선인(善人)은 자연의 규율[天道]이 이러함을 알고, 불선인(不善人)은 알지 못할 뿐이다. 큰 것은[大] 처음부터 대(大)가 아니라 작은 것에[小] 의해서[於] 생기고[生], 많은 것[多] 역시 처음부터 다(多)가 아니라 적은 것에[少] 의해서[於] 생김이[生] 천도(天道)임을 깨우쳐 선인(善人)은 습상(習常)하여 습명(襲明)하고 습명(襲明)하여 현동(玄同)의 삶을 누림을 살펴 새기고 헤아려 깨우치게 하는 말씀이 〈대생어소(大生於小) 다기어소(多起於少)〉이다.

註 "유무상생(有無相生) 난이상성(難易相成) 장단상형(長短相形) 고하상경(高下相傾) 음성상화(音聲相和) 전후상수(前後相隨) 시이(是以) 성인처무위지사(聖人處無爲之事) 행불언지교(行不言之敎)." 있음도[有] 없음도[無] 서로[相] 생기고[生], 어려움도[難] 쉬움도[易] 서로[相] 이루며[成], 긴 것도[長] 짧음도[短] 서로[相] 드러나고[形], 높음도[高] 낮음도[下] 서로[相] 기대며[傾], 홀소리도[音] 닿소리도[聲] 서로[相] 어울리고[和], 앞도[前] 뒤도[後] 서로[相] 따른다[隨]. 이렇기[是] 때문에[以] 성인은[聖人] 무위를[無爲之] 일삼아[事] 거처하고[處], 말이[言] 없는[不之] 가르침을[敎] 행한다[行]. 『노자(老子)』2장(章)

【보주(補註)】

● 〈대생어소(大生於小) 다기어소(多起於少)〉는 거듭 밝히지만 『노자(老子)』의 원문(原文)에는 없다. 엄령봉(嚴靈峰)이 『노자(老子)』의 원문(原文)인 〈대소다소(大小多少)〉를 『한비자(韓非子)』의 「유로(喩老)」에 나오는 〈대필기어소(大必起於小) 족필기어소(族必起於少)〉를 근거로 삼아 〈대소(大小)〉를 〈대생어소(大生於小)〉로 옮기고, 〈다소(多少)〉를 〈다기어소(多起於少)〉로 옮기면 63장(章)의 하문(下文)과 연관될 수 있다고 제시하였다.

註 "유형지류(有形之類) 대필기어소(大必起於小) 행구지물(行久之物) 족필기어소(族必起於少) 고왈(故曰) 천하지난사필작어이(天下之難事必作於易) 천하지대사필작어세(天下之大事必作於細) 시이(是以) 욕제물자어기세야(欲制物者於其細也) 고왈(故曰) 도난어기이야(圖難於其易也) 위대어기세야(爲大於其細也)." 몸뚱이를[形] 가진[有之] 것들로[類] 큰 것들은[大] 반드시[必] 작은 것에서[於小] 생기고[起], 오래 걸리는[行久之] 것들로[物] 많은 것들은[族] 반드시[必] 적은 것에서[於小] 생긴다[起]. 그래서[故] {노자(老子)가 63장(章)에서} 말한다[曰] : 세상의[天下] 어려운[難] 일도[事] 반드시[必] 쉬운 일에서[於易] 시작하고[作], 세상의[天下] 큰[大] 일도[事] 반드시[必] 작은 일에서[於細] 시작한다[作]. 이렇기[是] 때문에[以] 사물을[物] 제어하고[制] 싶은[欲] 사람은[者] 그것이[其] 미세할 때에[於細] (제어한다.) 그래서[故] {노자(老子)가 63장(章)에서} 말한다[曰] : 그[其] 쉬움에서[於易] 어려움을[難] 도모하며[圖], 그[其] 작음에서[於細] 큼을[大] 생각한다[爲]. 『한비자(韓非子)』「유로(喩老)」10단락(段落)

【해독(解讀)】

● 〈대생어소(大生於小) 다기어소(多起於少)〉는 두 구문으로 이루어진 중문(重文)이다. 〈대생어소(大生於小)한다. (그리고) 다기어소(多起於少)한다.〉

● 대생어소(大生於小)에서 대(大)는 주어 노릇하고, 생(生)은 수동의 동사 노릇하

며, 어소(於小)는 생(生)을 꾸며주는 부사구 노릇한다. 〈대는[大] 소에[小] 의해서[於] 생긴다[爲生].〉

- 다기어소(多起於少)에서 다(多)는 주어 노릇하고 기(起)는 수동의 동사 노릇하며 어소(於少)는 기(起)를 꾸며주는 부사구 노릇한다. 〈다는[多] 소에[少] 의해서[於] 일으켜진다[爲起].〉

- 대생어소(大生於小)와 다기어소(多起於少)는 〈A위생어(爲生於)B · A견생어(見生於)B · A피생어(彼生於)B〉 등 수동의 상용문에서 동사를 수동으로 이끄는 〈위(爲) · 견(見) · 피(彼)〉 등이 생략된 경우로 여기면 된다. 물론 모든 동사 앞에 〈위(爲) · 견(見) · 피(彼)〉 등이 놓이고 〈어(於)B · 우(于)B · 호(乎)B〉 등의 부사구가 뒤따라 수동의 술부(述部)를 이루지만, 〈위(爲) · 견(見) · 피(彼)〉 등은 생략되는 경우가 허다하므로 전후 문맥을 따라 새겨야 한다. 〈A는 B에 의해서[於] 생긴다[爲生].〉 〈A는 B에 의해서[於] 생긴다[見生].〉 〈A는 B에 의해서[於] 생긴다[彼生].〉

① 報怨以德(보원이덕)

▶ 상덕(常德)으로[德] 써[以] 원한을[怨] 갚는다[報].

갚을 보(報), 미움 원(怨), 써 이(以), 상덕(常德) 덕(德)

註 〈보원이덕(報怨以德)〉은 63장(章)의 상하문(上下文)과 상관되지 않는다는 주장이 용인되고 있다. 마서륜(馬敍倫)은 〈보원이덕(報怨以德)〉이 79장(章)의 〈화대원(和大怨)〉 앞에 있어야 마땅하다고 주장하고, 엄령봉(嚴靈峰)은 79장(章)의 〈필유여원(必有餘怨)〉 뒤에 있어야 한다고 주장한다. 두 주장을 비교해볼 때 엄령봉(嚴靈峰)의 주장이 더 타당하다는 견해가 우세하므로 〈보원이덕(報怨以德)〉을 79장(章)의 〈필유여원(必有餘怨)〉 뒤로 가져가 지남(指南)할 것이다.

『노자(老子)』는 고본(古本)이 중다(衆多)하다. 『노자(老子)』의 원문(原文)이 여러 고본(古本)에 따라 다른 곳이 나타나는 것은 『노자(老子)』의 원문(原文)이 죽간(竹簡)에 적힌 주문(籀文) 즉 대전(大篆)으로 기록되었기 때문이다. 『노자(老子)』 원본(原本)은 종이와 붓과 먹이 없었던 때 대쪽[竹簡]에 대꼬챙이 같은 것으로 옻칠을 찍어 기록했다. 『노자(老子)』의 출현을 주대(周代) 말(末)로 잡을 수 있으니, 『노자(老子)』의 최초 원문(原文)은 진대(秦代)의 예서(隷書)는커녕 소전(小篆)도 없었던 시대의 것이다. 이러한 『노자(老子)』의 원본(原本)을 종이에 예서(隷書) 등 붓질로 옮기면서 원문(原文)의 글자가 달라질 수도 있고, 죽간(竹簡)을 엮었던 끈이 끊어져 뒤섞인 경우도 있을 터라 『노자(老子)』의 많은 고본(古本)이 여러 가지[衆] 많아진[多] 것으로 생각된다. 당(唐)나라 이전의 모든 서적은 전사(傳寫)된 것이란 말이 있듯, 죽간(竹簡)의 『노자(老子)』를 베끼면서[傳寫] 전사자(傳寫者)가 제 생각을 슬쩍 끼워넣은 경우도 생겼고, 다른 장(章)으로 내용이 잘못 들어가는 경우도 일어난 것이다. 여기 〈보원이덕(報怨以德)〉이 생뚱맞게 63장(章)에 들어가 있는 것도 『노자(老子)』가 전사(傳寫)되는 과정에서 일어난 일이다. 이런 연유들로 『노자(老子)』는 특히 고서(古書)의 자구(字句)에 해석을 붙여주는 여러 교고학자(校詁學者)들의 도움을 받게 된다.

참고로 주문(籒文)은 주(周)나라 선왕(宣王) 때의 태사공(太史公) 주(籒)가 창힐(倉詰)의 고문(古文)을 손질하여 전서(篆書)로 만든 문자이다. 주(籒)의 관명(官名)을 따서 주문(籒文)을 사서(史書)로 불리기도 한다. 주문(籒文)을 대전(大篆)이라 한다.

소전(小篆)은 진(秦)나라 때 이사(李斯)가 창힐(倉詰)의 고문(古文)과 주문(籒文)을 다시 손질하여 만든 전서(篆書)이다. 소전(小篆)은 진대(秦代)에 만들어졌지만, 그 전하는 바는 한대(漢代)의 것에 근본하고 있다. 이사(李斯)의 전서(篆書)를 소전(小篆)이라 하고, 주문(籒文)을 대전(大篆)이라 한다.

예서(隸書)는 진대(秦代)에 옥송(獄訟)이 너무 많아져 그 서류들을 저울로 달거나 자루에 넣을 정도여서 소전(小篆)으로 적기가 너무나 번다해지자 정막(程邈)이 처음으로 전서(篆書)를 변형시켜 글씨를 쓰는 데 편리하게 하였다고 하여 예서(隸書)라고 하였다. 예서(隸書)를 좌서(佐書)라고도 한다. 예서(隸書)는 하급관리였던 예좌(隸佐)들이 글씨를 쓰는 데 편리하게 했다고 하여 붙여진 이름이다. 전서(篆書)가 대꼬챙이로 그렸던 문자였다면, 예서(隸書)는 붓으로[筆] 쓰기 시작한 문자인 셈이다.

63-5 圖難於其易(도난어기이) 爲大於其細(위대어기세)

▶ 그[其] 쉬움에서[於易] 어려움을[難] 도모하고[圖], 그[其] 작음에서[於細] 큼을[大] 도모한다[爲].

> 처리할 도(圖), 어려움 난(難), 조사(~에서) 어(於), 그 기(其), 쉬울 이(易), 생각할 위(爲), 큰 대(大), 작음 세(細)

【지남(指南)】

〈도난어기이(圖難於其易) 위대어기세(爲大於其細)〉는 어려운 것은[難] 쉬운 것에서[於易] 생기고[生] 큰 것은[大] 작은 것에서[於細] 일어나는[起] 자연의 규율

[天道]을 본받아 처음부터 어려운 것을 꾀하지 않고, 처음부터 큰 것을[大] 처리하지 않음을 밝힌다. 어려움은[難] 쉬움[易]에서 생기니 난이(難易)도 상생·상성(相成)·상형(相形)·상경(相傾)·상화(相和)·상수(相隨)의 천도(天道)를 외면하지 않는다. 난생어이(難生於易) 즉 어려움은[難] 쉬움에[易] 의해서[於] 생기니[生], 이는 난이(難易)의 천도(天道)이다.

〈위대어기세(爲大於其細)〉 역시 큰은[大] 작음[細]에서 생기니 대세(大細) 또한 상생(相生)·상성(相成)·상형(相形)·상경(相傾)·상화(相和)·상수(相隨)의 천도(天道)를 벗어나지 않는다. 대생어세(大生於細) 또한 대세(大細)의 천도(天道)이다. 그러므로 어려움일수록[難] 먼저 쉬움에서[易] 어려움을[難] 도모해야[圖] 난사(難事)가 풀리고, 클수록[大] 먼저 작음에서[細] 큼을[大] 처리해야[爲] 대사(大事)가 풀린다.

난관(難關)을 만나면 어렵게 된 단서 즉 꼬투리를 찾아야 하고, 대사(大事)를 만나면 역시 크게 된 꼬투리를 찾아야 한다. 꼬투리란 어렵게[難] 보이지 않고 쉬워[易] 보이며, 크게 보이지 않고 작게 보인다. 이(易)가 난(難)의 처음이고[始] 난(難)은 이(易)의 끝임을[卒] 알고, 세(細)가 대(大)의 시(始)이고 대(大)가 세(細)의 졸(卒)임을 천도(天道)는 깨우치게 한다. 작은 씨앗에서 대목(大木)이 생김이 천도(天道)임을 새삼스럽게 살펴 새기고 헤아려 깨우치게 하는 말씀이 〈도난어기이(圖難於其易) 위대어기세(爲大於其細)〉이다.

【보주(補註)】

- 〈도난어기이(圖難於其易) 위대어기세(爲大於其細)〉를 〈선인도난어기이(善人圖難於其易) 이선인위대어기세(而善人爲大於其細)〉처럼 옮기면 문맥을 더 쉽게 잡을 수 있다. 〈선인은[善人] 그[其] 쉬움에서[於易] 어려움을[難] 도모한다[圖]. 그리고[而] 선인은[善人] 그[其] 작은 것에서[於細] 큰 것을[大] 생각한다[爲].〉

【해독(解讀)】

- 〈도난어기이(圖難於其易) 위대어기세(爲大於其細)〉는 두 구문으로 이루어진 중문(重文)이다. 〈도난어기이(圖難於其易)한다. (그리고) 위대어기세(爲大於其細)한다.〉

- 〈도난어기이(圖難於其易)〉에서 도(圖)는 주어가 생략되었지만 동사 노릇하고,

난(難)은 도(圖)의 목적어 노릇하며, 어기이(於其易)는 도(圖)를 꾸며주는 부사구 노릇한다. 도(圖)는 〈꾀할 모(謀)·없앨 제(除)·다스릴 치(治)〉 등과 같아 제도(除圖)·치도(治圖)·도모(圖謀) 등의 줄임말로 여기면 된다. 〈그[其] 쉬움에서[於易] 난을[難] 없앤다[圖].〉〈그[其] 쉬움에서[於易] 난을[難] 다스린다[圖].〉〈그[其] 쉬움에서[於易] 난을[難] 꾀한다[圖].〉

● 〈위대어기세(爲大於其細)〉에서 위(爲)는 주어가 생략되었지만 동사 노릇하고, 대(大)는 위(爲)의 목적어 노릇하며, 어기세(於其細)는 위(爲)를 꾸며주는 부사구 노릇한다. 위(爲)는 〈생각할 사(思)·꾀할 도(圖)〉 등과 같다. 〈그[其] 작음에서[於細] 큼을[大] 생각한다[爲].〉〈그[其] 작음에서[於細] 큼을[大] 도모한다[爲].〉

63-6 天下難事必作於易(천하난사필작어이) 天下大事必作於細(천하대사필작어세)

▶ 세상에[天下] 어려운[難] 일은[事] 반드시[必] 쉬운 일에[易] 의해서[於] 시작되고[作], 세상에[天下] 큰[大] 일은[事] 반드시[必] 작은 일에[細] 의해서[於] 시작된다[作].

> 하늘 천(天), 아래 하(下), 어려울 난(難), 일 사(事), 반드시 필(必),
> 일어날 작(作), ~에서 어(於), 쉬울 이(易), 클 대(大), 작을 세(細)

【지남(指南)】

〈천하난사필작어이(天下難事必作於易) 천하대사필작어세(天下大事必作於細)〉는 쉬움에서[於易] 어려움을[難] 도모하고[圖], 미세함에서[於細] 큼을[大] 도모하는[爲] 까닭을 밝힌다. 무위(無爲)·무사(無事)·무미(無味)로 살아가는 선인(善人)은 어려운[難] 일이[事] 쉬운 일에서[於易] 시작되고[作], 큰[大] 일이[事] 작은 일에서[於細] 시작되는[作] 천도(天道)를 따라 본받는다. 유위(有爲)·유사(有事)·유미(有味)로 살아가는 불선인(不善人)은 그러한 천도(天道)를 외면한다. 따라서 귀근(歸根)하는 삶을 모압(侮狎)하는 불선인(不善人)은 자신의 의욕을 앞세워 난사(難

事)든 대사(大事)든 겁 없이 시도하고, 선인(善人)은 16장(章)의 **각귀기근(各歸其根)**을 떠나지 않고 항상 매사를 마주함을 잊지 않는다.

어려움의[難] 뿌리가[根] 쉬움[易]임을 알기에 선인(善人)은 어려움을[難] 만나면 근원인 쉬움을[易] 찾아내어 이(易)로 돌아가 난(難)을 초래한 조급함을[操] 다스려서 마음의 고요를[靜] 되찾고 복명(復命)한다. 천도(天道)로 돌아와[歸] 지킴이[抱] 복명(復命)으로, 이는 법자연(法自然)이니 사람을 밝게 한다[明]. 여기서 〈명(明)〉이란 16장(章)의 **지상왈명(知常曰明)**의 〈지상(知常)〉을 말한다. 지상(知常)이란 지상도(知常道)이고 지상덕(知常德)이며, 나아가 지천도(知天道)를 밝음[明]이라고 하고 이를 자지(自知)하게 하며 견소(見小)하게 한다. 그러므로 밝음은[明] 난(難)의 시작인 이(易)를 살피게 하고, 대(大)의 시작인 세(細)를 살피게 한다. 난(難)은 이(易)에서 시작되니 이(易)는 난(難)의 시(始)이다. 그 무엇이든 그 시(始)는 쉽다[易]. 대(大)는 세(細)에서 시작되니 세(細) 역시 작다[小]. 만물의 시(始) 즉 근(根)이란 작은 것이 자연의 이치이고, 작은 것을 살핌은 자연의 이치를 좇아 따름인지라 견소(見小)란 순리를 밝힘[明]이다.

근원이란 본래 그지없이 미세(微細)한 것으로, 모든 씨앗은 눈으로 볼 수 없을 만큼 작고[微] 작다[細]. 대(大)를 찾거나 얻고자 견소(見小)하는 것이 아니다. 근원인 작은 것을 살펴 복명(復命)하고 존도(尊道)하며 귀덕(貴德)하여 복수기모(復守其母)하고자 견소(見小)할 뿐인지라 성인(聖人)은 쉬움에서[於易] 난사(難事)를 살피니[見] 어려운 일에[難事] 부딪칠 리 없고, 작음에서[於細] 대사(大事)를 견(見)하므로 큰일에[大事] 매달리지 않는다. 이처럼 성인(聖人)을 본받는 선인(善人)이 견소(見小)하여 습상(習常)의 삶을 누리고자 매사를 천도(天道)에 맡기는 까닭을 살펴 새기고 헤아려 깨우치게 하는 말씀이 〈천하난사필작어이(天下難事必作於易) 천하대사필작어세(天下大事必作於細)〉이다.

註 "각귀기근(各歸其根) 귀근왈정(歸根曰靜) 시위복명(是謂復命) 복명왈상(復命曰常) 지상왈명(知常曰明)." 저마다[各] 제[其] 뿌리로[根] 돌아간다[歸]. 뿌리로[根] 돌아감을[歸] 고요라[靜] 하고[曰], 이것을[是] 본성으로[命] 돌아옴이라[復] 한다[謂]. 천성으로[命] 돌아옴을[復] {만물이 따르는 천도(天道)의} 한결같음이라[常] 하며[曰], {상도(常道)의} 한결같음을[常] 앎을[知] 밝음이라[明] 한다[曰].

『노자(老子)』 16장(章)

註 "부자현고명(不自見故明) 부자시고창(不自是故彰) 부자벌고유공(不自伐故有功) 부자긍고장(不自矜故長)." 자신을[自] 드러내지 않기[不見] 때문에[故] 밝고[明], 스스로[自] 옳다 하지 않기[不是] 때문에[故] 드러나며[彰], 자신을[自] 자랑하지 않기[不伐] 때문에[故] 보람을[功] 갖고[有], 스스로[自] 뽐내지 않기[不矜] 때문에[故] 장구하다[長].　　　　　『노자(老子)』 22장(章)

註 "지인자지(知人者智) 자지자명(自知者明) 승인자유력(勝人者有力) 자승자강(自勝者強)." 남을[人] 아는[知] 것은[者] 슬기이고[智], 자신을[自] 아는[知] 것은[者] 밝음이며[明], 남을[人] 이기는[勝] 것은[者] 힘을[力] 취함이고[有], 자신을[自] 이기려는[勝] 것은[者] 무릅씀이다[強].

　　　　　『노자(老子)』 33장(章)

註 "견소왈명(見小曰明) 수유왈강(守柔曰強) 용기광(用其光) 복귀기명(復歸其明) 무유신앙(無遺身殃) 시위습상(是謂習常)." 작은 것을[小] 살펴봄이[見] 밝음[明]이고[曰], 부드러움을[柔] 지킴이[守] 강함[強]이다[曰]. 그[其] 빛을[光] 썼더라도[用] 다시[復] 그[其] 밝음으로[明] 돌아오면[歸] 자신에게[身] 재앙을[殃] 끼침이[遺] 없어진다[無]. 이를[是] 상도를[常] 이어 간직함이라[習] 한다[謂].　　　　　『노자(老子)』 52장(章)

【보주(補註)】

● 〈천하난사필작어이(天下難事必作於易) 천하대사필작어세(天下大事必作於細)〉를 〈천하지난사필피작어이사(天下之難事必被作於易事) 이천하지대사필피작어세사(而天下之大事必被作於細事)〉처럼 옮기면 문맥을 더 쉽게 잡을 수 있다. 〈온 세상의[天下之] 난사는[難事] 이사에서[於易事] 반드시[必] 시작된다[被作]. 그리고[而] 온 세상의[天下之] 대사는[大事] 세사에서[於細事] 반드시[必] 시작된다[被作].〉

● 난이(難易)를 둘로 나누지 않음이 천지도(天之道) 즉 천도(天道)이다. 난이(難易)는 서로[相] 떨어진[離] 것이 아니라, 상성(相成) 즉 서로[相] 이루어줌이[成] 자연의[天] 규율[道]이다. 〈대세(大細)〉 즉 〈대소(大小)〉 역시 둘로 나누지 않음이 자연의(天地) 규율(道)이다. 따라서 대소상성(大小相成)함이 천도(天道)이다.

註 "난이상성(難易相成)." 어려움과[難] 쉬움은[易] 서로[相] 이룬다[成]. 『노자(老子)』 2장(章)

【해독(解讀)】

● 〈천하난사필작어이(天下難事必作於易) 천하대사필작어세(天下大事必作於細)〉는 두 구문으로 이루어진 중문(重文)이다. 〈천하난사필작어이한다[天下難事必

作於易]. 그리고[而] 천하대사필작어세한다[天下大事必作於細].〉

- 천하난사필작어이(天下難事必作於易)에서 천하(天下)는 난사(難事)를 꾸며주는 형용사구 노릇하고, 난사(難事)는 주어 노릇하고, 필(必)은 작(作)을 꾸미는 부사 노릇하며, 작(作)은 수동의 동사 노릇하고, 어이(於易)는 작(作)을 꾸며주는 부사구 노릇한다. 작(作)은 〈위작(爲作)〉 또는 〈견작(見作)〉 또는 〈피작(彼作)〉에서 수동을 이끄는 〈위(爲) · 견(見) · 피(彼)〉 등이 생략된 것으로 여기면 된다. 〈온 세상의[天下] 난사는[難事] 이사에[易事] 의해서[於] 반드시[必] 시작된다[爲作].〉

- 천하대사필작어세(天下大事必作於細)에서 천하(天下)는 대사(大事)를 꾸며주는 형용사구 노릇하고, 대사(大事)는 주어 노릇하고, 필(必)은 작(作)을 꾸미는 부사 노릇하며, 작(作)은 수동의 동사 노릇하고, 어세(於細)는 작(作)을 꾸며주는 부사구 노릇한다. 작(作)은 〈위작(爲作)〉 또는 〈견작(見作)〉 또는 〈피작(彼作)〉에서 수동태를 이끄는 〈위(爲) · 견(見) · 피(彼)〉 등이 생략된 것으로 여기면 된다. 〈온 세상의[天下] 대사는[大事] 세사에[細事] 의해서[於] 반드시[必] 시작된다[爲作].〉

63-7 是以(시이) 聖人終不爲大(성인종불위대) 故(고) 能成 其大(능성기대)

▶이렇기[是] 때문에[以] 성인은[聖人] 끝내[終] (자기를) 크다고[大] 여기지 않는다[不爲]. 그러므로[故] {성인(聖人)은} 능히[能] 자기의 [其] 큼을[大] 이룬다[成].

> 이 시(是), 써 이(以), 통할 성(聖), 끝내 종(終), 않을 불(不), 될 위(爲), 클 대(大), 능히 능(能), 이룰 성(成), 그 기(其)

【지남(指南)】

〈성인종불위대(聖人終不爲大) 고(故) 능성기대(能成其大)〉는 무위(無爲) · 무사(無事) · 무미(無味)하는 성인(聖人)은 오로지 천도(天道)를 본받아 따르므로 정중(靜重)함을 벗어나지 않는 까닭을 돌이켜보게 한다. 성인(聖人)은 무위(無爲)하므로 하지 못함이[不爲] 없고[無], 무사(無事)하므로 못할 일이[不事] 없으며[無], 무미(無味)하므로 무불미(無不味) 그냥 그대로의 맛을 내지 못함이[不味] 없다[無]. 성인(聖人)은 37장(章)의 도상무위이무불위(道常無爲而無不爲)를 고스란히 본받기 때문이다. 5장(章)의 천지불인(天地不仁)을 상기하면 도상무위(道常無爲)의 깊은 뜻을 헤아릴 수 있다.

천지(天地)는 사금(砂金)을 하나로 간직하지 모래는[砂] 천하니 버리고, 황금은[金] 귀해서 간직하는 따위로 취사(取捨)하지 않는다. 인간은 귀천(貴賤)·호오(好惡)를 나누어 따져 귀하고 좋은 것을 갖고[取] 천하고 싫은 것을 버리는[捨] 욕심을[欲] 부린다. 귀천으로 따져 분별하여[揀] 고르지[擇] 않으면 욕(欲)은 생기지 않는다. 욕(欲)이 생기면 마음이 동(動)하고, 욕(欲)이 없으면 마음은 정(靜)하다. 그래서 37장(章)에 불욕이정(不欲以靜)이란 말씀이 나온다. 무위(無爲)함이란 곧 무욕(無欲)함이고 무사(無事)함 역시 욕(欲)이 없음이며[無], 무미(無味)함 또한 무욕(無欲)함이다. 무욕(無欲)하면 무기(無己)하고 자기가[己] 없는데[無] 무엇이 귀하고 천하며, 무엇이 높고 낮으며, 무엇이 좋고 싫겠는가.

무위(無爲)란 귀천(貴賤)·호오(好惡) 없이 행함이고, 무사(無事)도 귀천(貴賤)·호오(好惡) 없이 일함이며, 무미(無味) 또한 귀천(貴賤)·호오(好惡) 없이 맛냄이니, 하지 못할 것이 없음이 상도(常道)의 무불위(無不爲)이고 천지(天地)의 무불위(無不爲)이며 성인(聖人)의 무불위(無不爲)이다. 무불위(無不爲)란 무욕(無欲)·무사(無私)로 행함인지라 성인(聖人)의 무불위(無不爲)에는 욕(欲)이 없으니 어찌 스스로 크게 되기 위해서 큰 것을 바라고 꾀하겠는가? 성인(聖人)은 견소(見小)하여 종소(從小) 즉 작은 것을[小] 따라[從] 작은 것을 살펴갈[見] 뿐, 소(小)를 대(大)로 조작하려 하지 않고 작은 것이 자화(自化)하도록 인천(因天) 즉 자연에[天] 맡겨둘[因] 뿐이다.

농부는 제 밭에 거름을 넣어 욕심을 내지만, 산천은 초목에 거름을 주지 않는다. 이런 산천처럼 성인(聖人)은 무위(無爲)·무사(無事)·무미(無味)로 무불위(無不爲)하여 작은 것이[小] 스스로 크게 되는[大] 자화(自化)를 누리게 함을 살펴 새기고 헤아려 깨우치게 하는 말씀이 〈성인종불위대(聖人終不爲大) 고(故) 능성기대(能成其大)〉이다.

註 "도상무위이무불위(道常無爲而無不爲) …… 불욕이정(不欲以靜) 천하장자정(天下將自正)." 상도에는[道] 늘[常] 행함이[爲] 없으나[無而] 행하지 않음도[不爲] 없다[無]. …… 하고자 하지 않음으로[不]써[以] 고요하면[靜] 세상은[天下] 장차[將] 저절로[自] 바르게 될 것이다[正].

『노자(老子)』 37장(章)

註 "천지불인(天地不仁) 이만물위추구(以萬物爲芻狗) 성인불인(聖人不仁) 이백성위추구(以百姓爲芻狗)." 천지에는[天地] 어짊이란[仁] 없어[不], (천지는) 만물로[萬物]써[以] 풀강아지로[芻狗] 삼는다[爲]. 성인께도[聖人] 어짊이란[仁] 없어[不], 백성으로[百姓]써[以] 풀강아지로[芻狗] 삼는다[爲].

『노자(老子)』 5장(章)

【보주(補註)】

● 〈성인종불위대(聖人終不爲大) 고(故) 능성기대(能成其大)〉를 〈성인종부자위대고(聖人終不自爲大故) 성인능자성기대(聖人能自成其大)〉처럼 옮기면 문맥을 더 쉽게 잡을 수 있다. 〈성인은[聖人] 끝내[終] 스스로[自] 큼을[大] 도모하지 않기[不爲] 때문에[故] 성인은[聖人] 스스로[自] 그[其] 큼을[大] 이룰[成] 수 있다[能].〉

● 능성기대(能成其大)의 대(大)는 『장자(莊子)』의 성인무명(聖人無名)을 상기하면 그 뜻을 깨우칠 수 있다. 무명(無名)은 무기(無己)로 말미암아 비롯되고, 자기가[己] 없음은[無] 무공(無功) 즉 공적이[功] 없음으로[無] 드러난다. 성인(聖人)은 결코 공치사하지 않는다. 무기(無己) · 무공(無功) · 무명(無明)보다 더 큰 대아(大我)란 없고, 대아(大我)는 무아(無我) 즉 무소아(無小我)이다. 소아(小我)란 사(私)로 탐욕하는 자기(自己)를 말한다.

註 "지인무기(至人無己) 신인무공(神人無功) 성인무명(聖人無名)." 지인께는[至人] 사심(私心)이[己] 없고[無], 신인께는[神人] 공적(功績)이[功] 없으며[無], 성인께는[聖人] 명예(名譽)가[名] 없다[無].

　지인(至人) · 신인(神人) 등은 성인(聖人)의 별칭(別稱)이다. 『장자(莊子)』 「소요유(逍遙遊)」

【해독(解讀)】

● 〈성인종불위대고(聖人終不爲大故) 능성기대(能成其大)〉는 원인의 종절(從節)과 주절로 된 복문(複文)이다. 〈성인종불위대하기[聖人終不爲大] 때문에[故] 능성기대한다[能成其大].〉

- 성인종불위대고(聖人終不爲大故)에서 성인(聖人)은 주어 노릇하고, 종(終)은 위(爲)를 꾸며주는 부사 노릇하고, 불(不)은 위(爲)의 부정사(否定詞)이고, 위(爲)는 동사 노릇하고, 대(大)는 위(爲)의 목적어 노릇하며, 고(故)는 종절의 접속사 노릇한다. 위(爲)는 〈꾀할 도(圖) · 모(謀)〉 등의 뜻을 낸다. 〈성인은[聖人] 끝내[終] 큼을[大] 꾀하지 않기[不爲] 때문에[故]〉

- 능성기대(能成其大)에서 주어 노릇할 성인(聖人)은 생략되었고, 능(能)은 성(成)의 조동사 노릇하고, 성(成)은 동사 노릇하며, 기대(其大)는 성(成)의 목적어 노릇한다. 물론 능(能)은 성(成)을 꾸며주는 부사 노릇한다고 여겨도 된다. 그리고 기대(其大)를 〈기지대(己之大)〉의 줄임으로 새기면 문의(文意)가 분명해진다. 〈자기의[其] 큼을[大] 이룰[成] 있다[能].〉 〈자기의[己之] 큼[大]〉

63-8 夫輕諾必寡信(부경락필과신) 多易必多難(다이필다난)

▶무릇[夫] 가벼이[輕] 허락하면[諾] 반드시[必] 믿음이[信] 적어지고[寡], 지나치게[多] 쉽게 여기면[易] 반드시[必] 어려움이[難] 많아진다[多].

> 무릇 부(夫), 가벼울 경(輕), 허락할 락(諾), 반드시 필(必), 적을 과(寡),
> 믿음 신(信), 지나칠 다(多), 쉽게 여길 이(易), 많을 다(多), 어려움 난(難)

【지남(指南)】

〈부경락필과신(夫輕諾必寡信) 다이필다난(多易必多難)〉 역시 무위(無爲) · 무사(無事) · 무미(無味)하는 성인(聖人)은 오로지 천도(天道)를 본받아 따르므로 정중(靜重)함을 벗어나지 않는 까닭을 밝힌다. 〈경락(輕諾)〉과 〈다이(多易)〉는 16장(章)의 부지상(不知常) 망작흉(妄作凶)을 상기시킨다. 유위(有爲) · 유사(有事) · 유미(有味)의 유위(有爲)는 상도(常道)의 법자연(法自然)을 알지 못해[不知] 욕이[欲] 넘쳐나[盈] 흉함을[凶] 망령되게[妄] 짓는다[作]. 경락(輕諾) · 다이(多易)는 그 망작(妄作)으로 드러날 뿐이다.

그러나 무위(無爲)의 무불위(無不爲)는 이사(易事)이고 세사(細事)일수록 가볍게[輕] 허락함이[諾] 없고, 지나치게[多] 쉽게 함[易]도 없다. 그래서 무위(無爲)·무사(無事)·무미(無味)로 무불위(無不爲)하는 성인(聖人)께 망작(妄作)이란 없는 것이다. 왜 지상(知常) 즉 상도(常道)를 알면[知] 밝다고[明] 하는가? 지상(知常)하면 망작(妄作)하지 않기 때문이다. 15장(章)의 예혜약동섭천(豫兮若冬涉川) 유혜약외사린(猶兮若畏四隣)처럼 매사를 지상(知常)의 밝음으로[明] 마주하는 고지선위사자(古之善爲士者)를 상기시켜 경락(輕諾)·다이(多易)의 망작(妄作)을 범하지 않아야 하는 까닭을 헤아리게 하는 말씀이 〈부경락필과신(夫輕諾必寡信) 다이필다난(多易必多難)〉이다.

註 "지상왈명(知常曰明) 부지상(不知常) 망작흉(妄作凶)." 한결같음을[常] 앎을[知] 밝음이라[明] 한다[曰]. {상도(常道)의} 한결같음을[常] 모르면[不知] 망령되어[妄] 흉을[凶] 짓는다[作].
『노자(老子)』 16장(章)

註 "고지선위사자(古之善爲士者) 미묘현통(微妙玄通) 심(深) 불가식(不可識) …… 예혜약동섭천(豫兮若冬涉川) 유혜약외사린(猶兮若畏四隣)." 옛날[古之] 선비로[士] 잘[善] 된[爲] 사람은[者] 미묘하고[微妙] 현통하며[玄通] 깊어[深] 알아볼[識] 수 없으니[不可], 결코[夫唯] 알[識] 수 없다[不可]. …… 예연(豫然)하구나[豫兮]! {그 선사(善士)의 모습이} 겨울에[冬] 내를[川] 건너는[涉] 듯하고[若], 유연(猶然)하구나[猶兮]! 사방을[四隣] 두려워하는[畏] 듯하다[若].

예혜(豫兮)는 조심스럽기가 코끼리[豫=象] 같음을 예찬함이고, 유혜(猶兮)는 조심스럽기가 개[猶=犬] 같음을 예찬함이다. 〈코끼리 예(豫)〉, 〈개 유(猶)〉이다. 『노자(老子)』 15장(章)

【보주(補註)】

- 〈부경락필과신(夫輕諾必寡信) 다이필다난(多易必多難)〉을 〈부약인인경락(夫若人人輕諾) 기인필과신(其人必寡信) 이부약인인다이(而夫若人人多易) 기이필다난(其易必多難)〉처럼 옮기면 문맥을 더 쉽게 잡을 수 있다. 〈무릇[夫] 만약[若] 누구든[人人] 가벼이[輕] 허락하면[諾] 그[其] 사람한테[人] 반드시[必] 믿음이[信] 적다[寡]. 그리고[而] 무릇[夫] 만약[若] 누구든[人人] 심하게[多] 쉽게 여기면[易] 그[其] 사람한테[人] 반드시[必] 어려움이[難] 많아진다[多].〉

- 여기 경락(輕諾)과 다이(多易)는 26장(章)의 중위경근(重爲輕根) 정위조군(靜爲躁君)을 상기시킨다. 그 무엇을 가볍게[輕] 여김은 그 무거움을[重] 외면함이고, 쉽사리[易] 여김은 그 어려움을[難] 외면함이다. 이러한 마음가짐은 경솔하고

조급한 성미에서 비롯해 능성(能成)할 수 없다.

圍 "중위경근(重爲輕根) 정위조군(靜爲躁君)." 중후함은[重] 경솔함의[輕] 뿌리[根]이고[爲], 고요함은[靜] 조급함의[躁] 장수가[君] 된다[爲].　　　　　　『노자(老子)』 26장(章)

【해독(解讀)】

- 〈부경락필과신(夫輕諾必寡信) 다이필다난(多易必多難)〉은 두 문장으로 이루어진 중문(重文)이다. 〈무릇[夫] 경락하면[輕諾] 반드시[必] 믿음이[信] 적고[寡], 다이하면[多易] 반드시[必] 어려움이[難] 많다[多].〉

- 부경락필과신(夫輕諾必寡信)에서 부경락(夫輕諾)은 과(寡)를 꾸며주는 부사구 노릇하고, 필(必)은 과(寡)를 꾸미는 부사 노릇하며, 과(寡)는 동사 노릇하고, 신(信)은 과(寡)의 주어 노릇한다. 낙(諾)은 〈허락할 허(許)〉와 같아 허락(許諾)의 줄임말로 여기면 되고, 과(寡)는 〈적을 소(少)〉와 같아 과소(寡少)의 줄임말로 여기면 된다. 〈무릇[夫] 가벼이[輕] 허락하면[諾] 반드시[必] 믿음이[信] 적다[寡].〉

- 다이필다난(多易必多難)에서 다이(多易)는 다(多)를 꾸며주는 부사구 노릇하고, 필(必)은 다(多)를 꾸미는 부사 노릇하며, 다(多)는 동사 노릇하고, 난(難)은 다(多)의 주어 노릇한다. 다이(多異)의 다(多)는 〈심할 심(甚)〉과 같아 다이(多易)는 〈심이(甚易)〉와 같다. 〈심하게[多] 쉽게 여기면[易] 반드시[必] 어려움이[難] 많아진다[多].〉

- 부경락필과신(夫輕諾必寡信)과 다이필다난(多易必多難)은 〈위(爲)A필유(必有)B〉 〈위(爲)A필무(必無)B〉 〈위(爲)A필다(必多)B〉 〈위(爲)A필과(必寡)B〉 등의 상용예문들이다. 〈A를 하면[爲] 반드시[必] B가 있다[有].〉 〈A를 하면[爲] 반드시[必] B가 없다[無].〉 〈A를 하면[爲] 반드시[必] B가 많다[多].〉 〈A를 하면[爲] 반드시[必] B가 적다[寡].〉

63-9 是以(시이) 聖人猶難之(성인유난지) 故(고) 終無難(종무난)

▶이렇기[是] 때문에[以] 성인은[聖人] 오히려[猶] (쉬운 것도) 어려워한

다[難之]. 그래서[故] {성인(聖人)께는} 끝내[終] 어려움이[難] 없다[無].

이 시(是), 써 이(以), 통할 성(聖), 오히려 유(猶), 어렵게 생각할 난(難), 허사(虛辭) 지(之), 때문에 고(故), 끝내 종(終), 없을 무(無), 어려울 난(難)

【지남(指南)】

〈성인유난지(聖人猶難之) 고(故) 종무난(終無難)〉은 성인(聖人)이 어떠한 경우에도 경락(輕諾)하지 않고 다이(多易)하지 않음을 밝힌다. 성인(聖人)은 가벼이 승낙하거나 허락하거나 응낙하지 않는다. 〈성인유난지(聖人猶難之)〉는 22장(章)의 성인포일위천하식(聖人抱一爲天下式)을 상기시킨다. 성인(聖人)의 포일(抱一)은 상도(常道)를 지키는[抱] 법자연(法自然)이니, 난이(難易)를 둘로 여기지 않고 하나로 여긴다. 성인(聖人)께는 난즉이(難則易)이고 이즉난(易則難)으로 어려움[難]이 곧[則] 쉬움이고[易], 쉬움이[易] 곧[則] 어려움이란[難] 천도(天道)이기 때문이다.

일이 쉽다고 그것을 쉽게 여기지 않으니, 성인(聖人)은 쉬울수록 어렵사리 동천(冬川)을 건너듯하여 곡전(曲全)의 순리대로 따른다. 매사를 어려워함은[難之] 매사의 난이(難易)를 포일(抱一)하여 〈성전이귀지(誠全而歸之)〉 즉 진실로[誠] 온전함으로[全而] 돌아오기 때문에 성인(聖人)께는 〈종무난(終無難)〉 즉 끝내[終] 어려움이[難] 없음을[無] 살펴 새기고 헤아려 깨우치게 하는 말씀이 〈성인유난지(聖人猶難之) 고(故) 종무난(終無難)〉이다.

註 "곡즉전(曲則全) 왕즉직(枉則直) 와즉영(窪則盈) 폐즉신(敝則新) 소즉득(少則得) 다즉혹(多則惑) 시이(是以) 성인포일위천하식(聖人抱一爲天下式)……성전이귀지(誠全而歸之)." 굽으면[曲] 곧[則] 온전해지고[全], 굽으면[枉] 곧[則] 곧아지며[直], 움푹하면[窪] 곧[則] 채워지고[盈], 낡으면[敝] 곧[則] 새로워지며[新], 적으면[少] 곧[則] 얻고[得], 많으면[多] 곧[則] 헷갈린다[惑]. 이렇기[是] 때문에[以] 성인은[聖人] 하나를[一] 지켜서[抱] {그 포일(抱一)을 써} 세상의[天下] 법식으로[式] 삼는다[爲].……진실로[誠] 온전함으로[全而] 돌아온다[歸之]. 『노자(老子)』 22장(章)

【보주(補註)】

● 〈성인유난지(聖人猶難之) 고(故) 종무난(終無難)〉을 〈성인유난기이고(聖人猶難其易故) 성인종무난(聖人終無難)〉처럼 옮기면 문맥을 더 쉽게 잡을 수 있다.

〈성인은[聖人] 오히려[猶] 그[其] 쉬움을[易] 어려워하기[難] 때문에[故] 성인께는[聖人] 끝내[終] 어려움이란[難] 없다[無].〉

● 성인무난(聖人無難)은 『장자(莊子)』의 성인유소유(聖人有所遊) 즉 성인(聖人)께는 어떠한 인위(人爲)에도 걸림 없이 노니는[遊] 바가[所] 있음을[有] 상기시킨다. 성인(聖人)은 인지(人知)를 재화(災禍)의 근원으로 여기고, 규범(規範)을 얽매임으로 여기며, 인덕(人德)을 교제의 수단으로 보고, 기교(技巧)를 상술로 여겨 인위(人爲)의 역군(役軍)인 인지·규범·인덕·기교 따위를 부리지 않기 때문에 어떤 어려움[難]도 없다[無].

註 "성인유소유(聖人有所遊) 이지위얼(而知爲蘗) 약위교(約爲膠) 덕위접(德爲接) 공위상(工爲商)." 성인께는[聖人] 걸림 없이 노니는[遊] 바가[所] 있어서[有而] 지식을[知] 화근으로[蘗] 여기고[爲], 예의란 규약을[約] 갖풀로[膠] 여기며[爲], 인덕을[德] 사귐의 수단으로[接] 여기고[爲], 기교를[工] 상술로[商] 여긴다[爲].   『장자(莊子)』「덕충부(德充符)」

【해독(解讀)】

● 〈성인유난지고(聖人猶難之故) 종무난(終無難)〉은 종절(從節)과 주절로 된 복문(複文)이다. 〈성인유난지(聖人猶難之)이기 때문에[故] 종무난(終無難)한다.〉

● 성인유난지고(聖人猶難之故)에서 성인(聖人)은 주어 노릇하고, 유(猶)는 난(難)을 꾸며주는 부사 노릇하며, 난(難)은 동사 노릇하고, 지(之)는 허사(虛辭)로서 가목적어 노릇하며, 고(故)는 접속사 노릇해 원인의 종절(從節)이다. 유(猶)는 〈오히려 상(尙)〉과 같고, 난(難)은 〈어려울 간(艱)〉과 같아 간난(艱難)의 줄임말로 여기면 된다. 〈성인은[聖人] 오히려[猶] 어렵게 여기기[難之] 때문에[故]〉

● 종무난(終無難)에서 종(終)은 무(無)를 꾸며주는 부사 노릇하고, 무(無)는 동사 노릇하며, 난(難)은 무(無)의 주어 노릇한다. 〈끝내[終] 어려움이[難] 없다[無].〉

● 종무난(終無難)은 〈A무(無)B〉의 상용문이다. 〈A에는 B가 없다[無].〉

보물장(輔物章)

64장(章)은 착간(錯簡) 즉 잘못 끼어든 구(句)를 산거(刪去)하고 나면 전문(全文)의 의의(意義)가 온전하게 정리된다.

64장(章)의 대의(大義)는 두 가지이다. 화근(禍根)을 주시하면 불행[禍]이 빚어져 고통[患]을 당하기 전에 예방할 수 있음이 하나의 대의(大義)이다. 모든 일은[凡事] 사소한 것에서 큰일을 이루고, 가까운 데서 시작해 먼 데에 이른다. 바탕을 단단히 해야 함이 매우 중요하다는 것이 또 다른 대의(大義)이다. 그러므로 본장(本章)은 모든 일에서 비롯될 수 있는 화환(禍患)을 미리 막아야 하고, 일은 시작부터 천도(天道)를 벗어나지 않아야 함을 밝힌다.

其安은 易持하고 其未兆는 易謀한다 其脆는 易泮하고 其
기안 이지 기미조 이모 기취 이반 기

微는 易散한다 爲之於未有하고 治之於未亂이라 合抱
미 이산 위지어미유 치지어미란 합포

之木은 生於毫末하고 九層之臺는 起於累土하며 千里
지목 생어호말 구층지대 기어루토 천리

之行은 始於足下한다 爲者敗之하고 執者失之한다 是以
지행 시어족하 위자패지 집자실지 시이

로 聖人無爲해 故로 無敗한다 無執해 故로 無失한다 民之
로 성인무위 고 무패 무집 고 무실 민지

從事는 常於幾成而敗之한다 愼終如始면 則無敗事니라
종사 상어기성이패지 신종여시 즉무패사

是以로 聖人欲不欲하여 不貴難得之貨하고 學不學하여
시이 성인욕불욕 불귀난득지화 학불학

復衆人之所過하고 以輔萬物之自然하여 而不敢爲한다
복중인지소과 이보만물지자연 이불감위

그것이[其] 안정될 때[安] (그것을) 지키기가[持] 쉽고[易], 그것에[其] 낌새
의 드러남이[兆] 아직 없을 때[未] (그것을) 도모하기가[謀] 쉬우며[易], 그
것이[其] 취약할 때는[脆] 해소하기가[泮] 쉽고[易], 그것이[其] 미세할 때
[微] 내치기가[散] 쉽다[易]. (어떤 낌새가) 아직 생기지 않을[未有] 때에[於]
그것을[之] 처리하고[爲], (어떤 낌새가) 아직 어지럽지 않을[未亂] 때[於] 그
것을[之] 다스린다[治]. 한아름의[合抱之] 나무도[木] 털끝만 한 것[毫末]으
로[於] 생기고[生], 구층의[九層之] 토대도[臺] 흙을[土] 쌓아올림[累]해서
[於] 높아지며[起], 천리의[千里之] 길도[行] 한 발짝[足下]으로[於] 시작된
다[始]. (천하를) 다스리려는[爲] 사람은[者] 그 다스림을[之] 실패하고[敗],
(천하를 다스리려고) 고집하는[執] 사람은[者] 그 고집을[之] 실패한다[失].
이로[是]써[以] 성인께는[聖人] 뜻대로 함이[爲] 없기[無] 때문에[故] 실패
함이[敗] 없고[無], 아집이[執] 없기[無] 때문에[故] 잃음이[失] 없다[無].
사람들이[民之] 일을[事] 해감을[從] 늘[常] 거의[幾] 성공할[成] 쯤에서[於
而] 그 일을[之] 망친다[敗]. 삼감이[愼] 끝내[終] 처음과[始] 같다면[如] 곧

[則] 일을[事] 실패함은[敗] 없다[無]. 이렇기[是] 때문에[以] 성인은[聖人] {사람들이} 바라지 않음을[不欲] 바라고[欲], {성인(聖人)은} 얻기가[得] 어려운[難之] 재물을[貨] 소중히 하지 않으며[不貴], {성인(聖人)은 속인(俗人)들이} 깨닫지 못하는 것을[不學] 깨달으며[學], {성인(聖人)은 뭇사람들이[衆人之] 지나쳐 가버린[過] 바로[所] 돌아오고[復], {성인(聖人)은} 그로써[以] 만물의[萬物之] 그냥 그대로를[自然] 돕는다[輔]. 그래서[而] {성인(聖人)은 속인(俗人)의 소과(所過)를} 감히[敢] 범하지 않는다[不爲].

註 〈위자패지(爲者敗之) 집자실지(執者失之) 시이성인무위고(是以聖人無爲故) 무패(無敗) 무집고무실(無執故無失)〉과 〈시이(是以) 성인욕불욕(聖人欲不欲) 불귀난득지화(不貴難得之貨) 학불학(學不學) 복중인지소과(復衆人之所過) 이보만물지자연(以輔萬物而不敢爲) 이불감위(而不敢爲)〉는 64장(章)에 잘못 끼어든 구(句)라는 설(說)이 용인되고 있다.

먼저, 〈위자패지(爲者敗之) 집자실지(執者失之) 시이성인무위고(是以聖人無爲故) 무패(無敗) 무집고무실(無執故無失)〉의 4구(句)는 64장(章)의 상하문(上下文)과 서로 연관되지 않아 다른 장(章)의 것이 오입(誤入)되었다고 보인다는 것이다. 〈위자패지(爲者敗之) 집자실지(執者失之)〉 2구(句)는 이미 29장(章)에 나와 있으므로, 〈시이성인무위고(是以聖人無爲故) 무패(無敗) 무집고무실(無執故無失)〉 2구(句)를 29장(章)의 〈위자패지(爲者敗之) 집자실지(執者失之)〉 바로 뒤로 옮김이 타당하다는 설(說)에 따라 64장(章)의 〈위자패지(爲者敗之) 집자실지(執者失之) 시이성인무위고무패(是以聖人無爲故無敗) 무집고무실(無執故無失)〉을 29장(章)으로 옮겨 지남(指南)했다.

다음은 〈기안이지(其安易持)〉에서부터 〈신종여시(愼終如始) 즉무패사(則無敗事)〉까지로써 64장(章)의 주지(主旨)가 온전하다는 것이다. 그러므로 〈시이성인욕불욕(是以聖人欲不欲) 불귀난득지화(不貴難得之貨) 학불학(學不學) 복중인지소과(復衆人之所過) 이보만물지자연(以輔萬物而不敢爲) 이불감위(而不敢爲)〉의 다섯 구(句)는 타장(他章)의 것이 64장(章)으로 잘못[誤] 들어온[入] 것이 분명하다는 것이다. 그러나 어느 장(章)에서 64장(章)으로 잘못 끼어들었는지 확정지을 수 없어서 64장(章)에 그냥 붙여둔다는 주장이 있는 다섯 구문(句文)이다.

64-1 其安(기안) 易持(이지)

▶ 그것이[其] 안정될 때[安] (그것을) 지키기가[持] 쉽다[易].

그 기(其), 안전 안(安), 쉬울 이(易), 지킬 지(持)

【지남(指南)】

〈기안(其安) 이지(易持)〉는 매사를 경시하지 말고 중시해야 함을 밝힌다. 기안(其安)의 〈기(其)〉를 〈국면지(局面之)〉로 여겨 〈안(安)〉을 헤아리고, 〈이지(易持)〉는 26장(章)의 군자종일행(君子終日行) 불리치중(不離輜重)이란 말씀을 떠올린다. 여기 군자(君子)는 유가(儒家)의 군자(君子)가 아니라 성인(聖人)을 그냥 그대로 본받는 군자(君子)이며, 〈치중(輜重)〉은 〈정중(靜重)〉으로 고쳐 읽어야 한다. 무슨 일이든 그것을 지킴이[持] 쉬워지는[易] 까닭을 일깨우고, 이지(易持)가 5장(章)의 수중(守中)과 다름없음을 깨닫게 한다. 무거움은[重] 가벼움의[輕] 뿌리가[根] 되는지라[爲] 근본을 좇아 말단을 따르게 하고, 고요함은[靜] 조급함을[躁] 다스리는지라[君] 고요를 좇아 조급함을 떨쳐내야 심신이 안정되고 하는 일마다[每事] 안정을 유지할 수 있다.

여기 〈안(安)〉은 심지(心志)가 수중(守中)해서 정중(靜重)하기 때문에 이루는 국면이다. 매사의 국면이 안정을 이룸은 마음이[心] 가는 바가[志] 무위(無爲)하기 때문이다. 무위(無爲)의 심지(心志)란 『장자(莊子)』의 허정념담적막무위자(虛靜恬淡寂漠無爲者) 바로 그것이다. 마음이[心] 허정(虛靜) 즉 욕심을 비워[虛] 고요해야[靜] 안정되고, 그러하면 맑고[恬] 맑아[淡] 움직임이 없어져[寂漠] 밝아진다[明]. 마음의 밝음이 허심(虛心) 즉 온갖 사심을 비운 마음이다. 이런 허심(虛心)으로 임사(臨事) 즉 일을[事] 마주해야[臨] 일마다[每事] 안정될[安] 것이다. 이처럼 성인(聖人)은 항상 허정(虛靜)하므로 언제 어디서 무슨 일을 하든 되어가는 모양이[局面] 안정을 쉽게 유지할 수 있음을 본받아야 함을 깨우치게 하는 말씀이 〈기안(其安) 이지(易持)〉이다.

註 "중위경근(重爲輕根) 정위조군(靜爲躁君) 시이(是以) 군자종일행(君子終日行) 불리치중

(不離輜重)." 무거움은[重] 가벼움의[輕] 뿌리가[根] 되고[爲], 고요함은[靜] 조급함의[躁] 지배자가 된다[爲]. 이렇기[是] 때문에[以] 군자는[君子] 온종일[終日] 행사해도[行] 고요함과[輜] 침착함을[重] 떠나지 않는다[不離].   『노자(老子)』26장(章)

📖 "다언수궁(多言數窮) 불여수중(不如守中)." 말이[言] 많으면[多] 이치가[數] 막히니[窮] {상도(常道)를} 따름을[中] 지킴만[守] 못하다[不如].   『노자(老子)』5장(章)

📖 "부허정념담적막무위자천지지본(夫虛靜恬淡寂漠無爲者天地之本) 이도덕지지(而道德之至) 고제왕성인휴언(故帝王聖人休焉) 휴즉허(休則虛) 허즉실(虛則實) 실자비의(實者備矣) 허즉정(虛則靜) 정즉동(靜則動) 동즉득의(動則得矣) 정즉무위(靜則無爲) 무위야(無爲也) 즉임사자책의(則任事者責矣) 무위즉유유(無爲則兪兪) 유유자(兪兪者) 우환불능처(憂患不能處) 연수장의(年壽長矣) 부허정념담적막무위자(夫虛靜恬淡寂漠無爲者) 만물지본야(萬物之本也)." 대저[夫] 텅 비어[虛] 고요하고[靜] 편안해[恬] 담백하며[淡] 그윽해[寂] 가만하여[漠] 함이[爲] 없는[無] 것은[者] 천지의[天地之] 평안이며[平], 그리고[而] 도덕의[道德之] 본원이다[至]. 그러므로[故] 제왕이나[帝王] 성인은[聖人] 그 극치에[焉] 머문다[休]. (무위에) 머물면[休] 곧[則] 비고[虛], 비면[虛] 곧[則] 충실하며[實], 충실한[實] 것은[者] 다 갖추는 것[備]이다[矣]. (심경이) 비면[虛] 곧[則] 고요하고[靜], 고요하면[靜] 곧[則] 움직이고[動], 움직이면[動] 곧[則] 자득하는 것[得]이다[矣]. 고요하면[靜] 곧[則] (사사로이) 함이[爲] 없다[無]. (사사로이) 함이[爲] 없다[無]면[也] 곧[則] 일을[事] 맡은[任] 자가[者] 책임을 다하는 것[責]이다[矣]. (사사로이) 함이[爲] 없다면[無] 곧[則] 안일하다[兪兪]. 안일한[兪兪] 사람에게는[者] 우환이[憂患] 끼어들[處] 수 없다[不能].(안일하면) 목숨도[年壽] 길어지는 것[長]이다[矣]. 대저[夫] 무심해[虛] 고요하고[靜] 편안해[恬] 담백하며[淡] 그윽하고[寂] 가만하여[漠] 함이[爲] 없는[無] 것이[者] 만물의[萬物之] 본원이다[本].   『장자(莊子)』「천도(天道)」

【보주(補註)】

● 〈기안(其安) 이지(易持)〉를 〈기피안시(其被安時) 이기지(易其持)〉처럼 옮기면 문맥을 더 쉽게 잡을 수 있다. 〈그것이[其] 안정될[被安] 때[時] 그것의[其] 지키기가[持] 쉽다[易].〉

● 기안(其安)의 기(其)를 〈기사(其事)〉로 여겨 문맥을 잡으면 문의(文義)가 잡힌다.

【해독(解讀)】

● 〈기안(其安) 이지(易持)〉는 시간의 종절(從節)과 주절로 된 복문(複文)이다. 〈그것이[其] 안정될 때는[安] 지키기가[持] 쉽다[易].〉

● 기안(其安)에서 기(其)는 〈그것 기(其)〉 지시어로 주어 노릇하고, 안(安)은 수동의 동사 노릇한다. 한문투에서는 접속사가 거의 생략된다. 기안(其安)을 〈기피안시(其被安時)〉로 여기고 문맥을 잡아 새기면 문의(文義)가 분명해진다. 동사

보물장(輔物章)

앞에 〈위(爲)·견(見)·피(被)〉 등이 놓이면 수동이 되지만, 이는 생략되는 경우가 많은지라 전후 문맥을 살펴 능동·수동인지를 살펴야 한다. 〈그것이[其] 안정될 때[爲安]〉 〈그것이[其] 안정될 때[見安]〉 〈그것이[其] 안정될 때[彼安]〉

● 이지(易持)에서 이(易)는 〈쉽다[易]〉는 동사 노릇하고, 지(持)는 이(易)의 주어 노릇한다. 〈지키기가[持] 쉽다[易].〉

● 이지(易持)는 〈이용(易用)A〉 〈난용(難用)A〉 〈과용(寡用)A〉 〈다용(多用)A〉 등의 상용문이다. 〈A를 사용함이[用] 쉽다[易].〉 〈A를 사용함이[用] 어렵다[難].〉 〈A를 사용함이[用] 적다[寡].〉 〈A를 사용함이[用] 많다[多].〉

64-2 其未兆(기미조) 易謀(이모)

▶그것에[其] 낌새의 드러남이[兆] 아직 없을 때[未] (그것을) 도모하기가[謀] 쉽다[易].

> 그 기(其), 아직 않을 미(未), 낌새를 보일 조(兆), 쉬울 이(易), 염려할 모(謀)

【지남(指南)】

〈기미조(其未兆) 이모(易謀)〉 역시 매사를 경시하지 말고 중시해야 함을 밝힌다. 기미조(其未兆)의 〈기(其)〉를 〈기사(其事)〉로 여기고 〈미조(未兆)〉를 헤아리면 되고, 〈이모(易謀)〉 또한 26장(章)의 〈군자종일행(君子終日行) 불리치중(不離輜重)〉이란 말씀을 떠올린다. 여기서도 군자(君子)를 유가(儒家)의 군자(君子)가 아닌 성인(聖人)을 그냥 그대로 본받는 군자(君子)로, 〈치중(輜重)〉을 〈정중(靜重)〉으로 고쳐 읽는다. 무슨 일이든 길흉이 숨어 있게 마련이니 좋은[吉] 낌새든[兆] 나쁜 조[兆]이든 불거지기 전에 살펴 처리하려면, 정중(靜重)하며 5장(章)의 〈수중(守中)〉의 삶을 떠나서는 안 된다.

임사(臨事) 즉 일을[事] 마주함에는[臨] 성인(聖人)의 정중(靜重)과 수중(守中)을 떠올려 불안을 가져올 수 있는 낌새를[兆] 미리 알아채라 함이 여기 〈미조(未兆)〉이다. 기미조(其未兆)의 〈조(兆)〉가 불안(不安)의 흉조가 아니라 안(安)의 길조라면 구태여 도모해야 할 까닭이 없겠지만, 불안의 흉조라면 그 싹부터 없애야 하기 때문이다. 29장(章)의 **거태(去泰)** 즉 태만을[泰] 없앰을[去] 상기하면 매사에 일어날 수 있는 흉조를 가볍게 지나칠 위험을 미리 제거할 수 있다.

쉬운 일도 어렵게 생각해야 어려움이 없어지는 법이다. 안(安)이 불안(不安)으로 변하면 그것이 흉조이니, 환난(患難)의 낌새는 미리미리 살펴 방지해야 한다. 미리 싹을 없애야 환란을 없애기 쉽지 싹이 자라서 틀을 잡으면 없애기가 어렵다[難]. 호미로 막을 것을 가래로도 막지 못하게 되는 꼴보다 더한 환란은 없다. 상도(常道)를 따름을[中] 지키면서[守] 15장(章)의 **약동섭천(若冬涉川) 약외사린(若畏四隣)**을 유념하면 환란의 조짐을 미리 찾아낼[察] 수 있음을 살펴 새기고 헤아려 깨우치게 하는 말씀이 〈기미조(其未兆) 이모(易謀)〉이다.

───────────────

註 "성인거심(聖人去甚) 거사(去奢) 거태(去泰)." 성인은[聖人] 지나침을[甚] 버리고[去], 사치를[奢] 버리고[去], 과도함을[泰] 버린다[去].　　　　　　　　　『노자(老子)』29장(章)

註 "예혜약동섭천(豫兮若冬涉川) 유혜약외사린(猶兮若畏四隣)." 예연(豫然)하구나[豫兮]! {그 선사(善士)의 모습이} 겨울에[冬] 내를[川] 건너는[涉] 듯하고[若], 유연(猶然)하구나[猶兮]! 사방을[四隣] 두려워하는[畏] 듯하다[若].　　　　　　　　　『노자(老子)』15장(章)

【보주(補註)】

● 〈기미조(其未兆) 이모(易謀)〉를 〈기사미조시(其事未兆時) 이모기조(易謀其兆)〉처럼 옮기면 문맥을 더 쉽게 잡을 수 있다. 〈그[其] 일에[事] 징조가[兆] 아직 드러나지 않았을[未] 때에[時] 그[其] 징조를[兆] 도모하기가[謀] 쉽다[易].〉

● 이모(易謀)의 모(謀)는 임사(臨事) 즉 일을[事] 마주할[臨] 때는 미급(未及)함이 있을세라 미리 도모(圖謀)함이다. 꾀함[圖謀]이란 여러 사람에게 묻고[咨] 의견을 들어[議] 미리 방비하고자 살핌[察]이다. 따라서 모(謀)는 여난(慮難) 즉 일의 어렵고 쉬움을 헤아리며[慮], 자사(咨事) 즉 일을[事] 물어[咨] 처리함이다.

【해독(解讀)】

● 〈기미조(其未兆) 이모(易謀)〉는 시간의 종절(從節)과 주절로 된 복문(複文)이다. 〈그것에[其] 징조가[兆] 아직 없을 때[未] 도모하기가[謀] 쉽다[易].〉

● 기미조(其未兆)에서 기(其)는 미(未)를 꾸며주는 부사 노릇하고, 미(未)는 〈아직 없을 미(未)〉로 동사, 조(兆)는 미(未)의 주어 노릇한다. 시간의 접속사 노릇해줄

〈때에 시(時)〉는 거의 생략한다. 〈그것에[其] 낌새가[兆] 아직 없을 때[未]〉

● 이모(易謀)에서 이(易)는 〈쉽다[易]〉는 동사 노릇하고, 모(謀)는 이(易)의 주어 노릇한다. 모(謀)는 〈꾀할 도(圖) · 물을 자(咨) · 상의할 의(議)〉 등과 같아 도모 (圖謀) · 자모(咨謀) · 모의(謀議) 등의 줄임말로 여기면 된다. 〈도모하기가[謀] 쉽다[易].〉

● 이모(易謀) 또한 〈이용(易用)A〉 〈난용(難用)A〉 〈과용(寡用)A〉 〈다용(多用)A〉 등의 상용문이다. 〈꾀하기가[謀] 쉽다[易].〉 〈A를 사용함이[用] 쉽다[易].〉 〈A를 사용함이[用] 어렵다[難].〉 〈A를 사용함이[用] 적다[寡].〉 〈A를 사용함이[用] 많 다[多].〉

64-3 其脆(기취) 易泮(이반)

▶ 그것이[其] 취약할 때는[脆] 해소하기가[泮] 쉽다[易].

그 기(其), 약할 취(脆), 쉬울 이(易), 해소할 반(泮)

【지남(指南)】

〈기취(其脆) 이반(易泮)〉 역시 매사를 경시하지 말고 중시해야 함을 밝힌다. 기 취(其脆)의 〈기(其)〉는 〈기조(其兆)〉의 줄임으로 여기고 〈취(脆)〉를 헤아리면 되 고, 〈이반(易泮)〉 또한 26장(章)의 〈군자종일행(君子終日行) 불리치중(不離輜重)〉 이란 말씀을 떠올린다. 여기서도 군자(君子)를 유가(儒家)의 군자(君子)가 아닌 성 인(聖人)을 그냥 그대로 본받는 군자(君子)로, 〈치중(輜重)〉을 〈정중(靜重)〉으로 고 쳐 읽는다. 어떤 국면에서든 길흉이 숨어 있기 마련이다. 특히 나쁜 낌새의[兆] 경 우 흉조(凶兆)가 취약할 때에 살펴 찾아내자면, 정중(靜重)하면서 5장(章)의 〈수중 (守中)〉을 외면해서는 안 된다. 기취(其脆)의 〈기(其)〉는 앞서 살핀 기미조(其未兆) 의 〈조(兆)〉를 뜻하므로, 기(其)는 그 조짐이 비롯되기 시작할 즈음을 뜻한다. 흉조 의 싹을 알아채자면 무엇보다 마음이 허정(虛靜)해야 한다. 허정(虛靜)하지 못하 면 마음이 밝지 못해 흉조의 싹을 살피지 못한다.

매사의 국면에서 빚어지는 흉조란 유유욕(唯由欲) 즉 오로지[唯] 욕으로[欲] 말미암아[由], 마음이 밝지 못하면 흉조가 취약할 때 그것을 검증하지 못해 그것을 키우고 만다. 어떤 흉조든 애당초 싹을 잘라야지 탐욕으로 강해지면 난반(難泮) 즉 해소하기가[泮] 어렵다[難]. 그래서 온갖 욕망이 빚어내는 심화(心火)란 흉조는 물길로도 잡기 어렵다. 성인(聖人)을 본받는 선인(善人)이 흉조의 불길이 타오르기 전에 잡음은 기미가 취약할 때 찾아내 해소할 수 있는 밝은 마음 때문임을 살펴 새기고 헤아려 깨우치게 하는 말씀이 〈기취(其脆) 이반(易泮)〉이다.

註 "형고가사여고목(形固可使如槁木) 이심고가사여사회호(而心固可使如死灰乎)." 몸은[形] 본래[固] 고목(槁木)같이[如] 될 수 있으면서[可使而] 마음도[心] 본래[固] 다 타버린[死] 재[灰]같이[如] 될 수 있는 것[可使]입니까[乎]?   『장자(莊子)』「제물론(齊物論)」

註 "망호물(忘乎物) 망호천(忘乎天) 기명위망기(其名爲忘己) 망기지인(忘己之人) 시지위입어천(是之謂入於天)." 온갖 것을[乎物] 잊고[忘] 자연마저[乎天] 잊는다[忘]. 그것을[其] 자기를[己] 잊어버림이라[忘] 한다[名爲]. 자기를[己] 잊어버린[忘之] 사람[人] 이를[是之] 자연으로[於天] 들어감이라[入] 한다[謂].   『장자(莊子)』「천지(天地)」

註 "공성사수(功成事遂) 백성개위아자연(百姓皆謂我自然)." {태상(太上)의 황제(黃帝)가} 보람을[功] 이루고[成] 일을[事] 완수했어도[遂] 백성은[姓] 모두[皆] 자기들은[我] 그냥 그대로라고[自然] 했다[謂].   『노자(老子)』17장(章)

【보주(補註)】

● 〈기취(其脆) 이반(易泮)〉을 〈기조취시(其兆脆時) 이반기조(易泮其兆)〉처럼 옮기면 문맥을 더 쉽게 잡을 수 있다. 〈그[其] 낌새가[兆] 취약할[脆] 때에[時] 그[其] 조짐을[兆] 해소하기가[泮] 쉽다[易].〉

● 기취(其脆)의 기(其)는 앞서 살핀 기미조(其未兆)의 〈조(兆)〉를 이어받는 〈기조(其兆)〉를 뜻함이다. 취(脆)는 〈취(脃)〉의 속자(俗字)로 〈소연이단(小耎易斷) 즉 작고[小] 가늘어 약해서[耎] 끊어버리기가[斷] 쉽다[易] 뜻이다. 〈그[其] 낌새가[兆] 작고 가늘어 약하다[脆].〉

【해독(解讀)】

● 〈기취(其脆) 이반(易泮)〉은 시간의 종절(從節)과 주절로 된 복문(複文)이다. 〈그 것이[其] 취약할 때[脆] 해소하기가[泮] 쉽다[易].〉

● 기취(其脆)에서 기(其)는 〈그것 기(其)〉로서 주어 노릇하고, 취(脆)는 동사 노릇

하한다. 〈그것이[其] 작고 가늘어 약할 때[脆]〉

● 이반(易泮)에서 이(易)는 〈쉽다[易]〉는 동사 노릇하고, 반(泮)은 이(易)의 주어 노릇한다. 반(泮)은 〈없앨 소(消)〉와 같아 반소(泮消)의 줄임말로 여기면 된다. 〈없애기가[泮] 쉽다[易].〉

● 이반(易泮)이 〈이판(易判)〉으로 된 본(本)도 있다. 문의(文義)에 약간의 차이가 나지만 완전히 상이해지는 것은 아니다. 〈판단하기가[判] 쉽다[易].〉

● 이반(易泮)은 〈이용(易用)A〉 〈난용(難用)A〉 〈과용(寡用)A〉 〈다용(多用)A〉 등의 상용문이다. 〈A를 사용함이[用] 쉽다[易].〉 〈A를 사용함이[用] 어렵다[難].〉 〈A를 사용함이[用] 적다[寡].〉 〈A를 사용함이[用] 많다[多].〉

64-4 其微(기미) 易散(이산)

▶ 그것이[其] 미세할 때[微] 내치기가[散] 쉽다[易].

그 기(其), 미세할 미(微), 쉬울 이(易), 내칠 산(散)

【지남(指南)】

〈기미(其微) 이산(易散)〉 역시 매사를 경시하지 말고 중시해야 함을 밝힌다. 기미(其微)의 〈기(其)〉 역시 기미조(其未兆)의 〈조(兆)〉를 뜻하므로, 여기 〈미(微)〉는 그 조짐이 비롯되기 시작할 즈음의 미세함을 뜻한다. 특히 흉조의 싹을 미리 알아차리려면 무엇보다 마음이 허정(虛靜)해야 한다. 그렇지 못하면 마음이 밝지 못해 미세하게 시작하는 흉조의 싹을 알아채기 어렵다. 그 낌새가 미약해야 이산(易散) 즉 흩뜨리기[泮] 쉬우니[易], 흉조를 싹트게 하는 욕망은 미미할 때 박살내야 욕망이 심란(心亂)하게 못한다.

욕망으로 빚어지는 심란의 불안은 낌새가 세미(細微)할 때는 흩어버리기[散] 쉽다[易] 함은 여기 〈기미(其微)〉가 앞서의 〈기취(其脆)〉를 거듭 강조함이다. 〈이모(易謀)·이반(易泮)〉보다 강하게 화환(禍患)의 미조(微兆)를 〈이산(易散)〉할 수 있음은 항상 정중(靜重)하고 수중(守中)을 외면하지 않아야 함을 강조한다. 그러므로 이모(易謀)·이반(易泮)과 이산(易散)은 언제나 정중(靜重)하고 수중(守中)하면서 매사의 국면을 무욕(無欲)으로 마주하라 함이다. 기미조(其未兆) 이모(易謀)와 기취(其脆)의 이반(易泮)과 함께 어떠한 화환(禍患)의 씨앗도 놓치지 않고 없애야 51장(章)의 상자연(常自然)의 삶을 누릴 수 있음을 살펴 새기고 헤아려 깨우치게 하는 말씀이 〈기미(其微) 이산(易散)〉이다.

註 "도지존(道之尊) 덕지귀(德之貴) 부막지명이상자연(夫莫之命而常自然)." 상도의[道之] 받 듦과[尊] 덕의[德之] 받듦[貴] 그것을[之] 무릇[夫] 하라 함이[命] 없어도[莫而], (만물은) 늘[常] 절 로[自] 그리한다[然].　　　　　　　　　　　　　　　　　　　　　　『노자(老子)』 51장(章)

【보주(補註)】

● 〈기미(其微) 이산(易散)〉을 〈기조미시(其兆微時) 이산기조(易散其兆)〉처럼 옮기 면 문맥을 더 쉽게 잡을 수 있다. 〈그[其] 낌새가[兆] 세미할[微] 때에[時] 그[其] 조짐을[兆] 내치기가[散] 쉽다[易].〉

● 기미(其微)의 기(其) 역시 앞서 살핀 기미조(其未兆)의 〈조(兆)〉를 이어받는 〈기 조(其兆)〉를 줄인 〈그것 기(其)〉이다. 미(微)는 〈작고 작을 세(細)〉와 같아 미세 (微細)의 줄임말로 여기면 된다. 〈그[其] 낌새가[兆] 세미하다[微].〉

【해독(解讀)】

● 〈기미(其微) 이산(易散)〉은 시간의 종절(從節)과 주절로 된 복문(複文)이다. 〈그 것이[其] 미세할 때[微] 내치기가[散] 쉽다[易].〉

● 기미(其微)에서 기(其)는 〈그것 기(其)〉로서 주어 노릇하고, 미(微)는 동사 노릇 한다. 〈그것이[其] 미세할 때[微]〉

● 기미(其微)에서 이(易)는 〈쉽다[易]〉는 동사 노릇하고, 산(散)은 이(易)의 주어 노릇하는 주절 구문이다. 산(散)은 〈내칠 리(離)〉와 같아 이산(離散)의 줄임말 로 여기면 된다. 〈내치기가[散] 쉽다[易].〉

● 이산(易散)은 〈이용(易用)A〉〈난용(難用)A〉〈과용(寡用)A〉〈다용(多用)A〉 등의 상용구문과 같다. 〈산하기가[散] 쉽다[易].〉〈A를 사용함이[用] 쉽다[易].〉〈A를 사용함이[用] 어렵다[難].〉〈A를 사용함이[用] 적다[寡].〉〈A를 사용함이[用] 많 다[多].〉

64-5 爲之於未有(위지어미유)

▶ (어떤 낌새가) 아직 생기지 않을[未有] 때에[於] 그것을[之] 처리한다[爲].

> 처리할 위(爲), 허사(虛辭) 지(之), 조사(때에) 어(於), 아직 않을 미(未),
> 있을(생길) 유(有)

【지남(指南)】

〈위지어미유(爲之於未有)〉는 앞서 살핀 〈이모(易謀)·이반(易泮)·이산(易散)〉을 묶어 거듭 밝힌다. 매사의 국면이 지안(持安) 즉 안정[安]을 유지하자면[持] 무엇보다 인욕(人欲)을 도모하고[謀] 해소하며[泮] 내쳐야[散] 한다. 인욕(人欲)이 생기지 않아야 정중(靜重)하고 수중(守中)으로 임사(臨事)할 수 있기 때문이다. 그러나 인욕(人欲)으로 말미암아 불안함이 드러나면 16장(章)의 〈망작흉(妄作凶)〉을 범하게 되어 매사에 쉽사리 지안(持安) 즉 안정을[安] 유지할[持] 할 수 없는 흉조가 빚어진다.

사욕(私欲)으로 마음이 흐트러지면[心亂] 흉조의 이모(易謀)·이반(易泮)·이산(易散) 등이 모두 불가능해진다. 그러면 취약하고 미세했던 흉조가 강해져 도모하기[謀] 어렵고[難], 해소하기도[泮] 어렵고, 내치기도[散] 어렵게 된다. 그러므로 사욕(私欲)으로 말미암아 비롯되는 흉조가 미유(未有) 즉 아직 생겨나지[有] 않을[未] 때에 마음가짐을 정중(靜重)히 하고 수중(守中)하여 허심(虛心)의 무위(無爲)를 따라야 매사의 안정을 누릴 수 있음을 살펴 새기고 헤아려 깨우치게 하는 말씀이 〈위지어미유(爲之於未有)〉이다.

【보주(補註)】

- 〈위지어미유(爲之於未有)〉를 〈성인위지어조지미유(聖人爲之於兆之未有)〉처럼 옮기면 문맥을 더 쉽게 잡을 수 있다. 〈성인은[聖人] 징조가[兆之] 일어나지 않았을[未有] 때에[於] 처리한다[爲之].〉
- 〈위지어미유(爲之於未有)〉에서 위지(爲之)의 지(之)가 허사(虛辭) 노릇하지만, 〈흉조(凶兆)〉를 나타내주는 지시어로 여기고 문맥을 잡으면 문의(文義)를 분명

하게 건질 수 있다. 매사에서 흉조(凶兆)란 일을 불안하게 하는 낌새를 말한다. 위지(爲之)의 위(爲)는 앞서 살핀 〈이모(易謀)·이반(易沜)·이산(易散)〉을 묶어 주고 있는 대리동사로 여기고 문맥을 잡으면 문의(文義)를 분명하게 건질 수 있다. 그래서 여기 위(爲)를 〈처리할 위(爲)〉로 새기게 된다. 위(爲)는 전후 문맥에 따라 영어의 〈do〉 동사처럼 대리동사로서 다양한 뜻을 낸다. 〈그것을[之] 처리한다[爲].〉〈매사에서 흉조를[之] 처리한다[爲].〉

【해독(解讀)】

● 〈위지어미유(爲之於未有)〉에서 주어가 생략되었지만 위(爲)는 동사 노릇하고, 지(之)는 허사(虛辭) 노릇하지만 앞 문맥에 따라 〈흉조(凶兆)〉를 나타내주는 가 목적어 노릇한다고 볼 수도 있고, 어미유(於未有)는 위(爲)를 꾸며주는 부사구 노릇한다. 여기 위(爲)는 〈처리할 리(理)〉와 같은 뜻을 낸다. 〈미유일[未有] 때에 [於] 그것을[之] 처리한다[爲].〉

● 어미유(於未有)에서 어(於)는 시간을 나타내는 조사 노릇하지만, 어(於)는 전후 문맥에 따라 조사로 매우 다양한 뜻을 갖는다. 어(於)는 매우 다양하게 조사 노 릇해 온갖 어조사(전치사) 노릇도 하고, 동사로서 여러 뜻을 내기도 한다.

註 어(於)를 다음과 같이 정리해두면 문맥을 잡아 새기는 데 도움이 된다.

① 대상을 나타내주는(간접목적격 조사) 〈어(於)A : A에게[於]〉

② 원인을 나타내는 〈어(於)A : A 때문에〉

③ 장소나 출발점을 나타내는 〈어(於)A : A에서(또는 A부터)〉

④ 수동태에서 〈동사＋어(於)A : A에 의해서[於] 당한다.〉

⑤ 목적격(조사) 노릇하는 〈어(於)A : A를(을)〉

⑥ 비교를 나타내는 〈어(於)A : A보다 더〉

⑦ 어지(於之) 또는 어지시(於之是)이면 언(焉)으로 축약되고, 지어(之於)이면 저(諸)로 축약되기도 한다.

⑧ 탄사(歎辭) 노릇할 때는 〈오(於)〉로 발음한다.

⑨ 어(於)는 〈여기 어(於)＝차(此)〉로 지시어 노릇도 하고, 동사로서 〈머물 어(於)＝거 (居), 의지할 어(於)＝의(依), 할 어(於)＝위(爲), 대신할 어(於)＝대(代), 갈 어(於)＝왕 (往)〉 등등 전후 문맥에 따라 여러 뜻을 낸다.

64-6 治之於未亂(치지어미란)

▶ (어떤 낌새가) 아직 어지럽지 않을[未亂] 때[於] 그것을[之] 다스린다[治].

다스릴 치(治), 허사(虛辭) 지(之), 조사(때) 어(於), 않을 미(未), 어지러울 란(亂)

【지남(指南)】

〈치지어미란(治之於未亂)〉 역시 〈이모(易謀) · 이반(易泮) · 이산(易散)〉을 묶어 거듭 밝힌다. 매사의 국면이 안정[安]을 유지하자면[持] 처음부터 인욕(人欲)을 도모하고[謀] 해소하며[泮] 내쳐야[散] 함을 여기 〈미란(未亂)〉이 일깨운다. 인욕(人欲)이 생기지 않아야 정중(靜重)하고 수중(守中)하면서 임사(臨事)할 수 있는 까닭이다. 사심(私心) 탓으로 빚어질 흉조가 일을 혼란시키지 않게 하려면 미리 그것을 불러올 사심(私心)의 싹을 없애라 함이 치지(治之)의 〈치(治)〉이다. 사심(私心)을 다스림은(治) 3장(章)의 위무위(爲無爲) 즉무불치(則無不治)의 다스림을[治] 상기시킨다. 나아가 치(治)는 56장(章)의 현동(玄同)으로 이어지는 다스림을[治] 떠올리니, 3장(章)의 성인지치(聖人之治)를 그냥 그대로 본받음이다.

『예기(禮記)』「악기(樂記)」에도 지유어외(知誘於外) 불능반궁(不能反躬) 천리멸의(天理滅矣)란 말이 나온다. 앎이[知] 바깥 것에[於外] 끌리면[誘] 자신으로[躬] 돌아올[反] 수 없기[不能] 때문에 천도(天道)를 그대로 따르는 본성이 파멸되고[滅] 인욕(人欲)이 넘쳐난다. 그러므로 색기태(塞其兌) 즉 감각기관들을[兌] 막고[塞] 닫아[閉], 해기분(解其紛) 즉 분란을[紛] 없애고[解], 밖으로 빛냄을[光] 누그리며[和], 천한 것과[塵] 같이하여[同], 현동(玄同) 즉 상도와[玄] 하나가[同] 되게 매사의 국면을 다스림이 치지(治之)의 〈치(治)〉이다. 매사를 불안하게 하는 흉조를 도모(圖謀)하고 해소(解消)하며 이산(離散)함이란 정중(靜重)하고 수중(守中)하여 현동(玄同)해야 함을 살펴 새기고 헤아려 깨우치게 하는 말씀이 〈치지어미란(治之於未亂)〉이다.

註 "성인지치(聖人之治) 허기심(虛其心) 실기복(實其腹) 약기지(弱其志) 강기골(强其骨) 상사민무지무욕(常使民無知無欲) 사부지자불감위야(使夫知者不敢爲也) 위무위(爲無爲) 즉무불치

(則無不治)." 성인의[聖人之] 다스림은[治] 그[其] 마음을[心] 비우게 하고[虛], 그[其] 배를[腹] 충실하게 하며[實], 그[其] 마음 가기를[志] 유약하게 하고[弱], 그[其] 뼈대를[骨] 굳세게 한다[强]. 늘[常] 백성으로[民] 하여금[使] 앎이[知] 없게 하고[無], 하고자 함이[欲] 없게 하고[無], 무릇[夫] {인위(人爲)를} 아는[知] 자로[者] 하여금[使] 과감히[敢] {인위(人爲)를} 행하지 않게 하는 것[不爲]이다[也]. {성인(聖人)이} 무위를[無爲] 실행하면[爲] 곧[則] 다스리지 않음이[不治] 없다[無].

『노자(老子)』 3장(章)

註 "색기태(塞其兌) 폐기문(閉其門) 좌기예(挫其銳) 해기분(解其紛) 화기광(和其光) 동기진(同其塵) 시위현동(是謂玄同)." 그[其] 이목구비(耳目口鼻)를[兌] 막고[塞], 그[其] 들고나는 문을[門] 닫으며[閉], 그[其] 날카로움을[銳] 꺾고[挫], 그[其] 분란을[紛] 없애며[解], 그[其] 빛냄을[光] 어우르고[和], 그[其] 속됨과[塵] 같이한다[同]. 이것들을[是] 상도와[玄] 하나임이라[同] 한다[謂].

『노자(老子)』 56장(章)

註 "물지지지(物至知知) 연후호오형언(然後好惡形焉) 호오무절어내(好惡無節於內) 지유어외(知誘於外) 불능반궁(不能反躬) 천리멸의(天理滅矣)." 사물이[物] (마음에) 이르러[至] 앎을[知] 알게 되고[知] 그런 뒤에[然後] 좋고[好] 싫음이[惡] 드러나는 것[形]이다[焉]. 마음에서[於內] 호오에[好惡] 절제가[節] 없으면[無] 바깥 것에[外] 의해서[於] 앎이[知] 끌려서[誘] 그 자신으로[躬] 돌아올[反] 수 없고[不能] 자연의[天] 이치가[理] 파멸되는 것[滅]이다[矣]. 『예기(禮記)』「악기(樂記)」

【보주(補註)】

● 〈치지어미란(治之於未亂)〉을 〈흉조미란사시(凶兆未亂事時) 요재치기흉조(要在治其凶兆)〉처럼 옮기면 문맥을 더 쉽게 잡을 수 있다. 〈흉조가[凶兆] 아직 일을[事] 어지럽히지[亂] 않을[未] 때[時] 그[其] 흉조를[凶兆] 다스림이[治] 필요하다[要在].〉

● 치지어미란(治之於未亂)의 치(治)는 3장(章)의 위무위(爲無爲) 즉무불치(則無不治)의 다스림(治)인지라 57장(章)의 〈성인운(聖人云)〉 즉 성인(聖人)이 스스로 밝힌[云] 다스림[治]인 무위(無爲)·무사(無事)·호정(好靜)·무욕(無欲)등을 상기시킨다.

註 "사부지자불감위야(使夫知者不敢爲也) 위무위(爲無爲) 즉무불치(則無不治)." 무릇[夫] {인위(人爲)를} 아는[知] 자로[者] 하여금[使] 과감히[敢] {인위(人爲)를} 행하지 않게 하는 것[不爲]이다[也]. {성인(聖人)이} 무위를[無爲] 실행하면[爲] 곧[則] 다스리지 않음이[不治] 없다[無]. 『노자(老子)』 3장(章)

註 "아무위이민자화(我無爲而民自化) 아호정이민자정(我好靜而民自正) 아무사이민자부(我無事而民自富) 아무욕이민자박(我無欲而民自樸)." 나에게[我] 조작함이[爲] 없으니까[無

而] 백성은[民] 절로[自] 변화하고[化], 내가[我] 고요하기를[靜] 좋아하니까[好而] 백성은[民] 절로[自] 바르며[正],나에게[我] 일함이[事] 없으니까[無而] 백성은[民] 절로[自] 부유하며[富], 나에게[我] 욕심냄이[欲] 없으니까[無而] 백성은[民] 절로[自] 본디대로다[樸].

『노자(老子)』 57장(章)

老子 ● 제 64 장

【해독(解讀)】

- 〈치지어미란(治之於未亂)〉에서 주어가 생략되었지만 치(治)는 동사 노릇하고, 지(之)는 허사(虛辭) 노릇하지만 앞 문맥에 따라 〈흉조(凶兆)〉 또는 〈인욕(人欲)〉을 나타내는 가목적어 노릇하는 셈이고, 어미란(於未亂)은 치(治)를 꾸며주는 부사구 노릇한다. 〈미란일[未亂] 때[於] 그것을[之] 다스린다[治].〉

- 어미란(於未亂)에서 어(於)는 시간을 나타내는 조사 노릇한다. 〈~때에 어(於)〉

64-7 合抱之木生於毫末(합포지목생어호말) 九層之臺起於累土(구층지대기어루토) 千里之行始於足下(천리지행시어족하)

▶ 한아름의[合抱之] 나무도[木] 털끝만 한 것[毫末]으로[於] 생기고[生], 구층의[九層之] 토대도[臺] 흙을[土] 쌓아올림[累]해서[於] 높아지며[起], 천리의[千里之] 길도[行] 한 발짝[足下]으로[於] 시작된다[始].

> 합할 합(合), 품을 포(抱), 조사(~의) 지(之), 나무 목(木), 날 생(生),
> ~으로 어(於), 털 호(毫), 끝 말(末), 아홉 구(九), 계단 층(層), 돈대 대(臺),
> 일어설 기(起), 쌓일 루(累), 흙 토(土), 일천 천(千), 거리 리(里),
> 시작할 시(始), 발 족(足), 아래 하(下)

【지남(指南)】

〈합포지목생어호말(合抱之木生於毫末) 구층지대기어루토(九層之臺起於累土) 천리지행시어족하(千里之行始於足下)〉는 기미조(其未兆)의 〈조(兆)〉를 호말(毫末) · 토(累土) · 족하(足下)를 비유로 들어, 길흉을 드러내는 낌새란[兆] 미세하여 보잘 것 없음을 밝혀 앞 장(章)에서 살핀 〈대생어소(大生於小) 다기어소(多起於少)〉를 상기시킨다. 아직 드러나지 않은 낌새[未兆]야말로 작고 작은 꼬투리에 지나지 않는다. 작은 것에서[於小] 큰 것이[大] 생기고[生] 적은 것에서[於少] 많은 것이[多] 일어나니[起], 온갖 환란(患亂)도 세소(細小)하게 시작되지만 싹을 내버려두면 큰 환란(患亂)이 된다는 것이다.

작은 것은 처리하기도[謀] 쉽고[易] 해소하거나[泮] 내치기도[散] 쉽지만, 작은 것이 커지면 도모하기[謀] 어렵고[難] 해소해서 내치기 어렵다. 아름드리 큰 나무도 눈곱만 한 씨앗에서 생기고, 구층 높이의 집터도 한 줌의 흙으로 쌓이며, 천릿길도 한 발짝으로 시작된다. 재앙일수록 작은 실마리에서 돋는 법이니, 52장(章)처럼 작은 것을[小] 살펴[見] 밝아야[明] 습상(習常)의 삶을 누릴 수 있다. 『중용(中庸)』에 나오는 치곡(致曲), 즉 작은 것까지[曲] 남김없이 살핌을 다하라[致] 함 역시 견소왈명(見小曰明)과 다를 바 없다. 작은 것을[小] 살펴야[見] 밝고[明], 밝아야 마음 속이 텅 비어 거울 같아 작디작은 실마리도 그 밝음으로[明] 잡힌다.

그러므로 큰 것은 작은 것에서 생기고 많은 것은 적은 것에서 일어난다는 천도(天道)의 뜻을 살펴 새기고 헤아려 깨우치게 하는 말씀이 〈합포지목생어호말(合抱之木生於毫末) 구층지대기어루토(九層之臺起於累土) 천리지행시어족하(千里之行始於足下)〉이다.

☒ "대생어소(大生於小) 다기어소(多起於少)." 큼은[大] 작음에서[於小] 생기고[生], 많음은[多] 적음에서[於少] 일어난다[起].　　　　　　　　　　　　　　　　『노자(老子)』 63장(章)

☒ "견소왈명(見小曰明) 수유왈강(守柔曰强) 용기광(用其光) 복귀기명(復歸其明) 무유신앙(無遺身殃) 시위습상(是謂習常)." 작은 것을[小] 살펴봄이[見] 밝음[明]이고[曰], 부드러움을[柔] 지킴이[守] 강함[强]이다[曰]. 그[其] 빛을[光] 썼더라도[用] 다시[復] 그[其] 밝음으로[明] 돌아오면[歸] 자신에게[身] 재앙을[殃] 끼침이[遺] 없어진다[無]. 이를[是] 상도를[常] 이어 간직함이라[習] 한다[謂].　　　　　　　　　　　　　　　　　　　　　　　　　　『노자(老子)』 52장(章)

☒ "치곡(致曲) 곡능유성(曲能有誠)……유천하지성(唯天下至誠) 위능화(爲能化)." 사소한 것까지[曲] 살펴 이르러라[致]. 사소한 것에도[曲] 능히[能] 천도(天道)가[誠] 있다[有].…… 오로지[唯] 세상에서[天下] 자연의[天之] 도리를[誠] 지극히 해야[至] (그 누구나 무엇이든) 능히[能] 새로워진다[爲化].　　　　　　　　　　　　『중용(中庸)』 주자장구(朱子章句) 23장(章)

【보주(補註)】

● 〈합포지목생어호말(合抱之木生於毫末) 구층지대기어루토(九層之臺起於累土)

천리지행시어족하(千里之行始於足下)〉를 〈합포지목견생어호말(合抱之木見生於毫末) 구층지대견기어토립지루(九層之臺見起於土粒之累) 천리지행견시어일보지족하(千里之行見始於一步之足下)〉처럼 옮기면 문맥을 더 쉽게 잡을 수 있다. 〈합포지목도[合抱之木] 아주 작은 것에[毫末] 의해서[於] 생기고[見生], 구층지대도[九層之臺] 흙 알갱이의[粒土之] 쌓음에[累] 의해서[於] 일으켜지며[爲起], 천리지행도[千里之行] 한 발자국의[一步之] 발짝에[足下] 의해서[於] 시작된다[爲始].〉

● 합포지목(合抱之木) · 구층지대(九層之臺) · 천리지행(千里之行)은 큰 것을[大] 비유하고, 호말(毫末) · 누토(累土) · 족하(足下)는 작은 것[小]을 비유한다.

【해독(解讀)】

● 〈합포지목생어호말(合抱之木生於毫末) 구층지대기어루토(九層之臺起於累土) 천리지행시어족하(千里之行始於足下)〉는 수동의 구문 셋으로 이루어진 하나의 문단이다. 〈합포지목도[合抱之木] 호말로[於毫末] 생기고[生], 구층지대도[九層之臺] 누토로[於累土] 높여지며[起], 천리지행도[千里之行] 족하로[於足下] 시작된다[始].〉

● 합포지목생어호말(合抱之木生於毫末)에서 합포지목(合抱之木)은 주부 노릇하고, 생(生)은 수동의 동사 노릇하며, 어호말(於毫末)은 생(生)을 꾸며주는 부사구 노릇한다. 합포지목(合抱之木)은 거목을 뜻하고, 생(生)은 〈견생(見生)〉에서 견(見)을 생략해버린 수동태이고, 어(於)는 〈의해서 어(於)〉로 영어의 〈by〉 같다. 〈합포지목도[合抱之木] 호말에[毫末] 이해서[於] 생긴다[見生].〉

● 구층지대기어루토(九層之臺起於累土)에서 구층지대(九層之臺)는 주부 노릇하고, 기(起)는 수동의 동사 노릇하며, 어루토(於累土)는 기(起)를 꾸며주는 부사구 노릇한다. 구층지대(九層之臺)는 높은 집터를 뜻하고, 기(起)는 〈견기(見起)〉에서 견(見)을 생략해버린 수동태이고, 어(於)는 〈의해서 어(於)〉이다. 〈구층지대도[九層之臺] 흙을[土] 쌓음에[累] 의해서[於] 높여진다[見起].〉

● 천리지행시어족하(千里之行始於足下)에서 천리지행(千里之行)은 주부 노릇하고, 시(始)는 수동의 동사 노릇하며, 어족하(於足下)는 시(始)를 꾸며주는 부사구 노릇한다. 천리지행(千里之行)은 먼 거리를 뜻하고, 시(始)는 〈견시(見始)〉에

서 견(見)을 생략해버린 수동태이고, 여기서도 어(於)는 〈의해서 어(於)〉 노릇한다. 〈천리지행도[千里之行] 한 발짝에[足下] 의해서[於] 시작된다[見始].〉

● 한문은 타동사 앞에 〈위(爲)·견(見)·피(彼)〉 등을 놓아 수동태의 뜻을 낸다. 〈A용(用)B〉의 능동태가 〈B위용어(爲用於)A〉의 수동태로 바뀐다는 말이다. 다만 〈위(爲)·견(見)·피(彼)〉 등은 생략되는 경우가 대부분이다. 물론 위(爲)만이 아니라 견(見)·피(彼) 등도 타동사 앞에 놓이고, 어(於)만이 아니라 호(乎)·우(于) 등도 같은 노릇한다. 〈A가 B를 쓴다[用].〉 〈B는 A에 의해서[於] 쓰인다[爲用].〉

① 爲者敗之(위자패지) 執者失之(집자실지)

▶ (천하를) 다스리려는[爲] 사람은[者] 그 다스림을[之] 실패하고[敗], (천하를 다스리려고) 고집하는[執] 사람은[者] 그 고집을[之] 실패한다[失].

> 할 위(爲), 것(사람) 자(者), 실패할 패(敗), 허사(虛辭) 지(之),
> 고집할 집(執), 놓칠 실(失)

註 위의 경문(經文)은 29장(章)에 그대로 나오고, 나아가 64장(章)의 내용과 상응하지 않아 잘못 끼어든 것이란 설(說)을 따라 64장(章)의 원문(原文)에서 산거(刪去)하였다. 〈위자패지(爲者敗之) 집자실지(執者失之)〉의 지남(指南)·보주(補註)·해독(讀解) 등은 29장(章)에 있다.

② 是以聖人無爲故無敗(시이성인무위고무패) 無執故無失(무집고무실)

▶ 이로[是]써[以] 성인께는[聖人] 뜻대로 함이[爲] 없기[無] 때문에[故] 실패함이[敗] 없고[無], 아집이[執] 없기[無] 때문에[故] 잃음이[失] 없다[無].

> 이 시(是), 써 이(以), 통할 성(聖), 없을 무(無), 부릴 위(爲), 때문에 고(故),
> 실패할 패(敗), 고집할 집(執), 실패할 실(失)

註　위의 원문(原文) 두 구(句)는 64장(章)의 내용과는 상응하지 않고, 29장(章)의 〈위자패지(爲者敗之) 집자실지(執者失之)〉의 아래에 있어야 상응하니 29장(章)으로 옮겨야 한다는 설(說)을 따라 64장(章)의 원문(原文)에서 산거(刪去)하였다. 따라서 〈시이성인무위고무패(是以聖人無爲故無敗) 무집고무실(無執故無失)〉의 지남(指南)·보주(補註)·해독(讀解) 등은 29장(章)에 있다.

64-8 民之從事常於幾成而敗之(민지종사상어기성이패지)

▶ 사람들이[民之] 일을[事] 해감을[從] 늘[常] 거의[幾] 성공할[成] 쯤에서[於而] 그 일을[之] 망친다[敗].

> 사람들 민(民), 조사 지(之), 하여갈 종(從), 일 사(事), 늘 상(常), 쯤 어(於), 위태할 기(幾), 이룰 성(成), 그러나 이(而), 실패할 패(敗), 허사(虛辭) 지(之)

【지남(指南)】

〈민지종사상어기성이패지(民之從事常於幾成而敗之)〉는 사람들이 일을 해가면서 무욕(無欲)하여 무집(無執)한 성인(聖人)을 점점 더 업신여기고 사욕(私欲)을 부려 고집하다가 이루어가던[從] 일을 성사하지 못함을 일깨운다. 『논어(論語)』의 모성인지언(侮聖人之言)을 떠올리게도 한다. 사람들은 성인(聖人)이 남긴 말씀을 업신여기는 탓으로 종사(從事)를 시작할 때 지녔던 초심을 잊고 이루어가는[從] 일을[事] 뜻대로 탐하다가 거의 성사될 무렵 실패하는 경우가 허다하다. 인위(人爲) 즉 인욕(人欲)에 끌려 일을 자행(恣行)하기 때문이다. 인욕(人欲)은 소사(少私)를 거부하고 다사(多私)를 일삼고, 과욕(寡欲)을 버리고 과욕(過欲)을 취하기 때문에 상쟁(相爭)을 불러와 패사(敗事)한다. 상쟁(相爭)은 승패(勝敗)를 불러오고 욕심이 지나친[過] 쪽은 적은[寡] 쪽에 패(敗)하니, 이런 연유로 과욕필패(過欲必敗) 즉 욕심이[欲] 지나치면[過] 반드시[必] 실패한다[敗].

사필귀정(事必歸正)이란 자연의 이치를 몰라서 패사(敗事)하는 것이 아니라, 귀정(歸正) 즉 정도로[正] 돌아옴을[歸] 실천하지 못해 그릇된 길로 접어들어 실패함이다. 귀정(歸正)의 정(正) 즉 정도(正道)는 성인의 말씀[聖人之言] 속에 있고, 그것은 다름 아닌 수중(守中)함이고 법자연(法自然)함이다. 사람들이 19장(章) 소사과욕(少私寡欲)과 29장(章) 거심(去甚)을 귀담아두고 정성껏 종사(從事)하면 결코 패사(敗事)할 리 없음을 살펴 새기고 헤아려 깨우치게 하는 말씀이 〈민지종사상어기성이패지(民之從事常於幾成而敗之)〉이다.

圍 "소인부지천명이불외야(小人不知天命而不畏也) 압대인(狎大人) 모성인지언(侮聖人之言)." 소인은[小人] 자연의 시킴을[天命] 몰라서[不知而] 두려워하지 않는 것[不畏]이다[也]. 대인을[大人] 얕보고[狎] 성인의[聖人之] 말씀을[言] 업신여긴다[侮].   『논어(論語)』「계씨(季氏)」8

圍 "견소포박(見素抱樸) 소사과욕(少私寡欲)." 그냥 있는 그대로를[素] 살피고[見] 그냥 있는 그대로를[樸] 간직해 지키며[抱], 제 몫을[私] 적게 하고[少] 욕망을[欲] 적게 한다[寡].
『노자(老子)』19장(章)

圍 "성인거심(聖人去甚) 거사(去奢) 거태(去泰)." 성인은[聖人] 지나침을[甚] 버리고[去], 사치를[奢] 버리고[去], 과도함을[泰] 버린다[去].   『노자(老子)』29장(章)

【보주(補註)】

● 〈민지종사상어기성이패지(民之從事常於幾成而敗之)〉를 〈민패기사상어기성민지종사(民敗其事常於幾成民之從事)〉처럼 옮기면 문맥을 더 쉽게 잡을 수 있다. 〈사람들은[民] 그들의[民之] 종사를[從事] 늘[常] 거의[幾] 성공할[成] 쯤에서[於] 그[其] 일을[事] 망친다[敗].〉

【해독(解讀)】

● 〈민지종사상어기성이패지(民之從事常於幾成而敗之)〉에서 민지종사상어기성(民之從事常於幾成)은 패(敗)를 꾸며주는 부사구로서 강조하고자 전치되었고, 이(而)는 뜻 없는 조사 노릇하고, 패(敗)는 동사 노릇하며, 지(之)는 패(敗)의 민지종사(民之從事)를 나타내는 목적어 노릇한다. 〈민지종사를[民之從事] 거의[幾] 성공할[成] 쯤에서[於而] 그 일을[之] 실패한다[敗].〉

● 민지종사상어기성(民之從事常於幾成)은 패(敗)를 꾸며주는 시간의 부사구 노릇한다. 민지종사상어기성(民之從事常於幾成)은 〈상어기성민지종사(常於幾成民之從事)〉에서 민지종사(民之從事)를 강조하고자 전치한 것이다. 민지종사(民之從事)는 성(成)의 목적구 노릇하고, 상(常)은 어기성(於幾成)을 꾸며주는 어조사 노릇하고, 어(於)는 시간의 조사 노릇하며, 기(幾)는 성(成)을 꾸며주는 부사 노릇하고, 성(成)은 영어의 동명사처럼 구실한다.

보물장(輔物章)

64-9 愼終如始(신종여시) 則無敗事(즉무패사)

▶ 삼감이[愼] 끝내[終] 처음과[始] 같다면[如] 곧[則] 일을[事] 실패함은[敗] 없다[無].

> 삼갈 신(愼), 끝 종(終), 같이 여(如), 처음 시(始), 곧 즉(則), 없을 무(無), 패할 패(敗), 일 사(事)

【지남(指南)】

〈신종여시(愼終如始) 즉무패사(則無敗事)〉는 시종(始終) 〈신(愼)〉으로 종사(從事)함을 밝힌다. 신(愼)은 26장(章)의 **중정(重靜)**과, 5장(章)의 **수중(守中)** 그리고 19장(章)의 **소사과욕(少私寡欲)**을 주로 상기시킨다. 매사를 해가면서[從] 상도(常道)를 따라[中] 지킨다면[守] 바로 그것이 삼감[愼]이고, 용심(用心)이 경솔하지 않아[重] 고요하다면[靜] 그것이 삼감[愼]이며, 사사로움을[私] 줄곧 적게 하여[少] 욕심을[欲] 줄인다면[寡] 그것이 삼감[愼]이다. 종사(從事)하면서 시종(始終) 즉 처음부터[始] 끝까지[終] 신심(愼心)을 간직하면 패사(敗事)하지 않는다. 삼가는[愼] 마음[心]이란 처무위지사(處無爲之事) 즉 무위를[無爲之] 행함을[事] 떠나지 않음[處]이다. 그래서 사람이 신(愼)을 지키기는[守] 어렵다.

사람들은 처무위(處無爲)하지 못하고 16장(章)의 **망작흉(妄作凶)**을 범하고 만다. 일을 시작할 때는 정도(正道)를 밟자고 다짐했다가, 종사(從事)하면서 점점 과욕(過欲)하게 되어 호경(好徑)하고자 수중(守中)하여 소사과욕(少私寡欲)하는 정도(正道)를 저버림을 〈신종여시(愼終如始)〉란 말씀이 암시하고 있다. 삼가는 마음은 절로 중정(重靜)에 머물지만, 삼갈 줄 모르는 마음은 항상 경조(輕躁) 즉 경솔하고[輕] 조급함에[躁] 휘말려 흉함을 저지른다[作]. 흉심(凶心)은 신심(愼心)을 저버린다. 조(躁)란 마음이 욕망을 좇음이니 사람을 경박하게 하고, 정(靜)은 욕망을 저버림이니 사람을 신중하게 한다. 돌다리도 두들겨 걷고 꺼진 불도 다시 보는 신중한 마음은 지나침을[甚] 버리기에[去] 일을[事] 망치는[敗] 경우가 없다.

일마다 성사하려면 무엇보다 먼저 마음이 허정(虛靜) 즉 욕망이 없고[虛] 동요함이 없어야[靜] 한다. 욕망을 두려워함이 곧 〈삼감[愼]〉으로, 절로 자연을[自然]

본받게[法] 한다. 그래서 삼감은[愼] 법자연(法自然)할 줄 아는 마음씨이다. 삼갈 줄 모르면 망령된 짓을 범하는지라 신종여시(愼終如始)는 16장(章)의 **지상왈명(知常曰明) 부지상(不知常) 망작흉(妄作凶)**을 상기시킨다. 시종일관(始終一貫) 법자연(法自然)하여 수중(守中)하고 정중(靜重)함으로 삼가는 마음을 잃지 않는다면 매사에 결코 패사(敗事)할 리 없음을 들어 본장(本章)의 종지(宗旨)를 살펴 새기고 헤아려 깨우치게 하는 말씀이 〈신종여시(愼終如始) 즉무패사(則無敗事)〉이다.

註 "중위경근(重爲輕根) 정위조군(靜爲躁君)." 중후함은[重] 경솔함의[輕] 뿌리[根]이고[爲], 고요함은[靜] 조급함의[躁] 장수가[君] 된다[爲].　　　　　　　　　『노자(老子)』 26장(章)

註 "다언수궁(多言數窮) 불여수중(不如守中)." 말이[言] 많으면[多] 이치가[數] 막히니[窮] {상도(常道)를} 따름을[中] 지킴만[守] 못하다[不如].　　　　　　　　　『노자(老子)』 5장(章)

註 "견소포박(見素抱樸) 소사과욕(少私寡欲)." 그냥 있는 그대로를[素] 살피고[見] 그냥 있는 그대로를[樸] 간직해 지키며[抱], 제몫을[私] 적게 하고[少] 욕망을[欲] 적게 한다[寡].　　　　　　　　　『노자(老子)』 19장(章)

註 "귀근왈정(歸根曰靜) 시위복명(是謂復命) 복명왈상(復命曰常) 지상왈명(知常曰明) 부지상(不知常) 망작흉(妄作凶)." 뿌리로[根] 돌아감을[歸] 고요라[靜] 하고[曰], 이것을[是] 본성으로[命] 돌아옴이라[復] 한다[謂]. 천성으로[命] 돌아옴을[復] {만물이 따르는 천도(天道)의} 한결같음이라[常] 하며[曰], {상도(常道)의} 한결같음을[常] 앎을[知] 밝음이라[明] 한다[曰]. {만물이 누리는 상도(常道)의 조화가} 한결같음을[常] 모르면[不知] 재앙을[凶] 멍청하게[妄] 짓는다[作].　　　　　　　　　『노자(老子)』 16장(章)

【보주(補註)】

● 〈신종여시(愼終如始) 즉무패사(則無敗事)〉를 〈약신종여시지신(若愼終如始之愼) 즉기신무패사(則其愼無敗事)〉처럼 옮기면 문맥을 더 쉽게 잡을 수 있다. 〈만약[若] 삼감이[愼] 끝내[終] 처음의[始之] 삼감과[愼] 같다면[如] 곧장[則] {그[其] 삼감으로[愼]써} 일을[事] 실패함이란[敗] 없다[無].〉

● 신종여시(愼終如始)의 신(愼)은 〈삼갈 근(謹)〉만이 아니라 〈청정할 정(靜), 따를 순(順), 진실로 성(誠)〉 등의 뜻을 아울러 간직하고 있는 자(字)로 새기는 편이 마땅하다.

【해독(解讀)】

● 〈신종여시(愼終如始) 즉무패사(則無敗事)〉는 조건의 종절(從節)과 주절로 이루

어진 복문(複文)이다. 〈신이[慎] 끝내[終] 시와[始] 같다면[如] 곧[則] 패사가[敗事] 없다[無].〉

● 신종여시(慎終如始)에서 신(慎)은 주어 노릇하고, 종(終)은 여(如)를 꾸미는 부사 노릇하며, 여(如)는 동사 노릇하고, 시(始)는 여(如)의 보어 노릇하는 구문이다. 〈삼감이[慎] 끝내[終] 처음과[始] 같다면[如]〉

● 즉무패사(則無敗事)에서 즉(則)은 어조사 노릇하고, 무(無)는 동사 노릇하며, 패사(敗事)는 무(無)의 주부(主部) 노릇한다. 패사(敗事)는 영어의 동명사구처럼 구실하고, 패(敗)는 〈잃을 실(失)〉과 같아 실패(失敗)의 줄임말로 여기면 된다. 〈곧[則] 일을[事] 실패함이[敗] 없다[無].〉

● 무패사(無敗事)는 〈무(無)A〉의 상용문이다. 〈무(無) · 유(有) · 소(少) · 다(多)〉 등은 주어를 뒤에 두는 자동사 노릇하는 경우가 많다. 〈A가 없다[無].〉〈A가 있다[有].〉〈A가 적다[少].〉〈A가 많다[多].〉

아래의 〈시이(是以) 성인욕불욕(聖人欲不欲) 불귀난득지화(不貴難得之貨) 학불학(學不學) 복중인지소과(復衆人之所過) 이보만물지자연(以輔萬物之自然) 이불감위(而不敢爲)〉까지 33개 자(字)는 64장(章)의 내용과 전혀 연관되지 않기 때문에 타장(他章)의 것이 64장(章)에 오입(誤入) 즉 잘못[誤] 끼어든[入] 것이 분명하나, 어느 장으로부터 64장(章)에 잘못 끼어들었는지 확정지을 수 없다. 따라서 64장(章)에서 따로 떼어내 새겨두어야 한다는 주장이 수용되는 추세를 따랐다. 그러므로 64장(章)의 원문(原文)과는 독립적으로 지남(指南) · 보주(補註) · 해독(解讀)해둔다.

① 是以(시이) 聖人欲不欲(성인욕불욕)

▶이렇기[是] 때문에[以] 성인은[聖人] (사람들이) 바라지 않음을[不欲] 바란다[欲].

이 시(是), 때문에 이(以), 통할 성(聖), 바랄 욕(欲), 안할(없을) 불(不)

【지남(指南)】

〈성인욕불욕(聖人欲不欲)〉은 성인(聖人)의 무욕(無欲)을 밝힌다. 성인(聖人)께는 자기(自己)가 없고, 공적을 탐하지 않고, 명성도 구하지 않고 욕심부리지 않는다[不欲]. 여기 〈불욕(不欲)〉은 곧 무욕(無欲)으로, 무인욕(無人欲)을 말한다. 성인(聖人)께 인욕(人欲)이란 없음이[無] 불욕(不欲)이다. 성인(聖人)은 불욕(不欲)을 바랄 뿐이니, 성인(聖人)의 소욕(所欲) 즉 바라는[欲] 바는[所] 무엇인가? 앞 장(章)에서 살핀 무위(無爲)·무사(無事)·무미(無味)와 무집(無執)으로, 『장자(莊子)』의 무기(無己)·무공(無功)·무명(無名) 등이 성인(聖人)의 소욕(所欲)이다. 성인(聖人)은 자기가[己] 없어[無] 고집할 것도 없다. 그래서 성인욕불욕(聖人欲不欲)은 20장(章)의 아독이어인(我獨異於人)과 67장(章)의 불감위천하선(不敢爲天下先)을 상기시킨다.

욕불욕(欲不欲)의 〈욕(欲)〉은 성인(聖人)이 중인지소불욕(衆人之所不欲) 즉 사람들이[衆人之] 바라지 않는[不欲] 바를[所] 바라는[欲] 것이고, 〈불욕(不欲)〉은 성인(聖人)이 중인지소욕(衆人之所欲) 즉 사람들이[衆人之] 바라는[欲] 바를[所] 바라지 않음[不欲]이니, 성인(聖人)은 홀로[獨] 사람들과[於人] 달리[異] 보인다. 7장(章)에서 살핀 바대로 성인(聖人)은 **후기신(後其身)**하고 **외기신(外其身)**하지만, 세상이 성인(聖人)을 앞세우고[先] 드러나게[存] 한다. 태상(太上)의 황제처럼 성인(聖人)은 **무위(無爲)**로 **애민치국(愛民治國)**하니, 백성은 그런 성인(聖人)이 있는 줄도 모르면서 안평태(安平泰)를 누리는 세상이 성인욕불욕(聖人欲不欲)으로 말미암음이다.

그러므로 유위(有爲)와 아집(我執)을 결코 바라지 않고[不欲] 오직 무위(無爲)와 무집(無執)을 바라는[欲] 성인(聖人)을 본받아야[法] 하는 까닭을 살펴 새기고 헤아려 깨우치게 하는 말씀이 〈성인욕불욕(聖人欲不欲)〉이다.

보물장(輔物章)

註 "약부승천지지정(若夫乘天地之正) 이어육기지변(而御六氣之辯) 이유무궁자(以遊無窮者) 피차오호대재(彼此惡乎待哉) 고(故) 왈(曰) 지인무기(至人無己) 신인무공(神人無功) 성인무명(聖人無名)." 만약[若] 무릇[夫] 천지의[天地之] 정도를[正] 순응하면서[乘而] 음양풍우회명의[六氣之] 변화에[辨] 순응함으로[御] 써[以] 막힘[窮] 없이[無] 노니는[遊] 자라면[者], 그가[彼] 또[且] 무엇을[惡乎] 기대할 것[待]인가[哉]? 그러므로[故] 말한다[曰] : 지인께는[至人] 자기가[己] 없고[無], 신인께는[神人] 공적이[功] 없으며[無], 성인께는[聖人] 명성이[名] 없다[無].

『장자(莊子)』「제물론(齊物論)」

🈯 "중인개유이(衆人皆有以) 이아독완차비(而我獨頑且鄙) 아독이어인(我獨異於人) 이귀사모(而貴食母)." 사람들한테는[衆人] 모두[皆] 할 일이[以] 있다지만[有而], 나만[我獨] 고집스럽고[頑] 또[且] 비루하다[鄙]. 나만[我獨] 뭇사람들[人]과[於] 달라서[異而] 먹여주는[食] 어머니를[母] 받든다[貴].　　　　　　　　　　　　　　　　　『노자(老子)』20장(章)

🈯 "아유삼보(我有三寶) 지이보지(持而保之) 일왈자(一曰慈) 이왈검(二曰儉) 삼왈불감위천하선(三曰不敢爲天下先)." 나한테는[我] 세 가지[三] 보배가[寶] 있다[有]. 그것을[之] 간직하면서[持而] 지킨다[保]. 사랑함이[慈] 그 하나이고[一曰], 검소함이[儉] 그 둘이며[二曰], 감히[敢] 세상에[天下] 나서지[先] 않음이[不爲] 그 셋이다[三曰].　　　　　　　『노자(老子)』67장(章)

🈯 "성인후기신이신선(聖人後其身而身先) 외기신이신존(外其身而身存)." 성인은[聖人] 자신을[其身] 뒤로 물려서[後而] 자신이[身] 앞서지고[先], 그[其] 자신을[身] 없애서[外而] 자신이[身] 살아난다[存].　　　　　　　　　　　　　　　　『노자(老子)』7장(章)

🈯 "애민치국(愛民治國) 능무위호(能無爲乎)." 백성을[民] 아끼고[愛] 나라를[國] 다스림에[治] 능히[能] 인위가[爲] 없는 것[無]인가[乎]?　　　　　　　『노자(老子)』10장(章)

【보주(補註)】

● 〈성인욕불욕(聖人欲不欲)〉을 〈성인욕중인지소불욕(聖人欲衆人之所不欲)〉처럼 옮기면 문맥을 더 쉽게 잡을 수 있다. 〈성인은[聖人] 사람들이[衆人之] 바라지 않는[不欲] 바를[所] 바란다[欲].〉

● 성인욕불욕(聖人欲不欲)의 불욕(不欲)은 『장자(莊子)』의 부귀현엄명리(富貴顯嚴名利)를 바라지 않음[不欲]이다. 성인욕불욕(聖人欲不欲)은 〈성인무인욕(聖人無人欲)〉과 같다. 〈성인께는[聖人] 인욕이[人欲] 없다[無].〉

🈯 "부귀현엄명리(富貴顯嚴名利) 육자발지야(六者勃志也)." 고귀[貴] 부유[富] 유명[顯] 존경[嚴] 명성[名] 이득이란[利] 여섯 가지는[六者] 뜻을[志] 어지럽히는 것[勃]이다[也].

　　　　　　　　　　　　　　　　　『장자(莊子)』「경상초(庚桑楚)」

【해독(解讀)】

● 〈성인욕불욕(聖人欲不欲)〉에서 성인(聖人)은 주어 노릇하고, 욕(欲)은 동사 노릇하며, 불욕(不欲)은 욕(欲)의 목적어 노릇하는 구문이다. 〈성인은[聖人] 바라지 않는 것을[不欲] 바란다[欲].〉

● 불욕(不欲)은 〈불욕중인지욕(不欲衆人之欲)〉의 줄임으로 여기면 문의(文義)가 더욱 분명해진다. 불욕(不欲)의 욕(欲)은 영어의 동명사처럼 구실한다. 〈중인들의[衆人之] 바람을[欲] 바라지 않음[不欲]〉

② 不貴難得之貨(불귀난득지화)

▶ {성인(聖人)은} 얻기가[得] 어려운[難之] 재물을[貨] 소중히 하지 않는다[不貴].

안할 불(不), 받들 귀(貴), 어려울 난(難), 얻을 득(得), 조사 지(之), 재물 화(貨)

【지남(指南)】

〈불귀난득지화(不貴難得之貨)〉는 욕불욕(欲不欲)의 〈불욕(不欲)〉을 밝힌다. 성인(聖人)의 욕(欲)을 〈난득지화(難得之貨)〉를 들어 구체적으로 밝힌다. 중인(衆人)의 욕(欲)은 〈귀난득지화(貴難得之貨)〉이고, 성인(聖人)의 욕(欲)은 〈불귀난득지화(不貴難得之貨)〉이다. 세상에서 취하여 갖기 어려운 것이 재화(財貨)이다. 세상 사람들이 저마다 많이 갖겠다고 아우성치며 상쟁(相爭)하는 것이 돈이 되는 것[財貨]이니, 재화야말로 인위(人爲)를 부추기는 탐욕의 근원이다.

나아가 재화가 목숨보다 소중한 듯 착각하면서 흉화(凶禍)를 재촉하는 짓을 마다하지 않으니 『장자(莊子)』의 인여인상식자(人與人相食者)란 말을 떠올린다. 사람들은 재화를 받드는 탓으로 『장자(莊子)』의 도치지민(倒置之民)의 불행을 면치 못하지만, 성인(聖人)은 재화를 받들지 않아 44장(章)의 **지족불욕(知足不辱)** 즉 만족할 줄[足] 알면[知] 욕되지 않는[不辱] 삶을 누림을 살펴 새기고 헤아려 깨우치게 하는 말씀이 〈불귀난득지화(不貴難得之貨)〉이다.

註 "천세지후(千世之後) 기필유인여인상식자야(其必有人與人相食者也)." 그[其] 끝은[末] 천대의[千世之] 뒤에도[乎後] 미치고[存], (천대의 뒤) 그때에는[其] 사람과 사람이[人與人] 서로[相] 잡아먹는[食] 짓들이[者] 반드시[必] 있을 것[有]이다[也]. 『장자(莊子)』「경상초(庚桑楚)」

註 "상기어물(喪己於物) 실성어속자(失性於俗者) 위지도치지민(謂之倒置之民)." 바깥 사물로[於物] 자기를[己] 잃어버리고[喪] 속된 것들로[於俗] 본성을[性] 잃어버린[失] 것[者] 그것을[之] 물구나무선[倒置之] 사람들이라[民] 한다[謂].

어물(於物)의 물(物)은 외물(外物) 즉 명성·이득 따위를 말하고, 어속(於俗)의 속(俗)은 문화·문명의 사회를 말한다. 『장자(莊子)』「선성(繕性)」

註 "지족불욕(知足不辱) 지지불태(知止不殆) 가이장구(可以長久)." 만족할 줄[足] 알면[知] 욕

되지 않고[不辱], 멈출 줄[止] 알면[知] 위태롭지 않다[不殆]. 이로써[以] 오랠[長久] 수 있다[可].

『노자(老子)』 44장(章)

【보주(補註)】

● 〈불귀난득지화(不貴難得之貨)〉를 〈성인불귀난득지화(聖人不貴難得之貨)〉처럼 옮기면 문맥을 더 쉽게 잡을 수 있다. 〈성인은[聖人] 난득의[難得之] 재화를[貨] 불귀한다[不貴].〉

● 난득지화(難得之貨)의 화(貨)는 재화(財貨)뿐만 아니라 『장자(莊子)』의 부귀현엄명리(富貴顯嚴名利)란 여섯 가지를 묶어 비유함이다.

> 註 "부귀현엄명리(富貴顯嚴名利) 육자발지야(六者勃志也)." 부유[富] 고귀[貴] 유명[顯] 존경[嚴] 명성[名] 이득이란[利] 여섯 가지는[六者] 뜻을[志] 어지럽히는 것[勃]이다[也].
>
> 『장자(莊子)』「경상초(庚桑楚)」

【해독(解讀)】

● 〈불귀난득지화(不貴難得之貨)〉에서 불(不)은 귀(貴)의 부정사(否定詞)이고, 귀(貴)는 주어가 생략되었지만 타동사 노릇하고, 난득지(難得之)는 화(貨)를 꾸며주는 형용사구 노릇하며, 화(貨)는 귀(貴)의 목적어 노릇하는 구문이다. 귀(貴)는 〈받들 존(尊)〉과 같아 존귀(尊貴)의 줄임말로 여기면 된다. 〈(성인은) 얻기가[得] 어려운[難之] 재화를[貨] 받들지 않는다[不貴].〉

● 난득지화(難得之貨)는 3장(章)과 12장(章)에도 나온다. 재화(財貨)라는 것은[貨] 사람의 행동을 방해하고, 급기야는 사람으로 하여금 도적이 되게 하기도 한다.

> 註 "불귀난득지화(不貴難得之貨) 사민불위도(使民不爲盜)." 얻어 갖기[得] 힘든[難之] 재물을[貨] 소중히 여기지 않아[不貴], 백성으로[民] 하여금[使] 도둑질을[盜] 하지 않게 한다[不爲].
>
> 『노자(老子)』 3장(章)

> 註 "난득지화(難得之貨) 영인행방(令人行妨)." 얻기[得] 어려운[難之] 재화가[貨] 사람으로[人] 하여금[令] 행동을[行] 방해한다[妨].
>
> 『노자(老子)』 12장(章)

③ 學不學(학불학)

▶{성인(聖人)은 속인(俗人)들이} 깨닫지 못하는 것을[不學] 깨닫는다[學].

깨달을 학(學), 못할 불(不)

【지남(指南)】

〈학불학(學不學)〉은 성인(聖人)이 사람들이 깨닫지 못하는 것을 깨달음을 밝힌다. 학불학(學不學)은 〈중인지소불학(衆人之所不學)〉의 줄임이고, 학불학(學不學)의 〈학(學)〉은 〈깨달을 각(覺)·본받을 효(效)·알 식(識)〉 등을 묶고 있는 자(字)로 여기면 된다. 성인(聖人)의 소학(所學) 즉 깨달음[學] 바란[所] 무엇인가? 무위(無爲)·무사(無事)·무미(無味) 등을 떠올려도 되고, 20장(章)의 귀사모(貴食母)나 51장(章)의 현덕(玄德)과 56장(章)의 현동(玄同)을 상기해도 될 것이다.

현동(玄同)하는 성인(聖人)은 언제 어디서든 〈상자연(常自然)〉으로 머문다. 성인(聖人)의 이러한 머묾을[處] 〈법자연(法自然)〉이라고 하고, 『장자(莊子)』의 무기(無己)·무공(無功)·무명(無名) 등도 성인(聖人)이 깨달은[學] 것[所]이다. 성인께[聖人] 자기가[己] 없고[無] 공적이[功] 없고 명성이[名] 없음은, 중인(衆人)이 깨닫지 못한 천도(天道)를 깨달아 본받고 살아가기 때문이다. 그러므로 학불학(學不學)은 〈학중인지소불학(學衆人之所不學)〉 즉 사람들이[衆人之] 깨닫지 못한[不學] 바를[所] 깨달음[學]이니, 성인(聖人)을 홀로[獨] 사람들과[於人] 달라[異] 보이게 한다. 유위(有爲)와 아집(我執)을 불러오는 인위(人爲)를 본받지도 않고[不學] 알려고도 않으면서[不學] 48장(章)의 위도일손(爲道日損)을 좇아 본받아 깨달은[學] 성인(聖人)의 삶을 살펴 새기고 헤아려 깨우치게 하는 말씀이 〈학불학(學不學)〉이다.

註 "아독이어인(我獨異於人) 이귀사모(而貴食母)." 나만[我獨] 뭇사람들[人]과[於] 달라서[異而] 먹여주는[食] 어머니를[母] 받든다[貴]. 『노자(老子)』20장(章)

註 "도지존(道之尊) 덕지귀(德之貴) 부막지명(夫莫之命) 이상자연(而常自然)······ 생이불유(生而不有) 위이불시(爲而不恃) 장이부재(長而不宰) 시위현덕(是謂玄德)." 상도의[道之] 받듦과[尊] 덕의[德之] 높임[貴] 그것을[之] 무릇[夫] 하라 함이[命] 없어도[莫而] 늘[常] 절로[自] 그리한다[然].······ 낳아주되[生而] 갖지 않으며[不有], 위해주되[爲而] 바라지 않고[不恃], 키워주되[長而] 이래라저래라 않는다[不宰]. 이를[是] 현묘한[玄] 덕이라[德] 한다[謂]. 『노자(老子)』51장(章)

註 "색기태(塞其兌) 폐기문(閉其門) 좌기예(挫其銳) 해기분(解其紛) 화기광(和其光) 동기진(同其塵) 시위현동(是謂玄同)." 그[其] 이목구비를[兌] 막고[塞], 그[其] 들고나는 문을[門] 닫고[閉],

{인지(人智)의} 그[其] 날카로움을[銳] 꺾으며[挫], {인지(人智)의} 그[其] 분란을[紛] 없애고[解], {인지(人智)의} 그[其] 빛냄을[光] {밝음[明]과} 아우르며[和], {인지(人智)의} 그[其] 속됨과[塵] 같이한다[同]. 위의 것들을[是] 상도와[玄] 하나라[同] 한다[謂].　　　　　　　『노자(老子)』56장(章)

註　　"지인무기(至人無己) 신인무공(神人無功) 성인무명(聖人無名)." 지인께는[至人] 사심(私心)이[己] 없고[無], 신인께는[神人] 공적(功績)이[功] 없으며[無], 성인께는[聖人] 명예(名譽)가[名] 없다[無].　　　　　　　　　　　　　　　『장자(莊子)』「소요유(逍遙遊)」

註　　"위학일익(爲學日益) 위도일손(爲道日損) 손지우손(損之又損) 이지어무위(以至於無爲) 무위이무불위의(無爲而無不爲矣)." 배움을[學] 위하면[爲] 날마다[日] 불어나고[益], 도를[道] 위하면[爲] 날마다[日] 줄어든다[損]. 줄이고[損之] 또[又] 줄임으로[損]써[以] {인위(人爲)를} 함이[爲] 없음[無]에[於] 이르고[至], (그러면) 함이[爲] 없어도[無而] 하지 않음이[不爲] 없는 것[無]이다[矣].　　　　　　　　　『노자(老子)』48장(章)

【보주(補註)】

● 〈학불학(學不學)〉을 〈성인학중인지소불학(聖人學眾人之所不學)〉처럼 옮기면 문맥을 더 쉽게 잡을 수 있다. 〈성인은[聖人] 사람들이[眾人之] 깨닫지 못하는[不學] 바를[所] 깨닫는다[學].〉

● 학불학(學不學)은 48장(章)의 위도일손(爲道日損)을 상기시킨다. 성인(聖人)이 배우고 본받아 깨달은[學] 바는 곧 위도(爲道) 즉 상도를[道] 추구하여[爲] 날마다[日] 인지(人智)의 학식(學識)을 덜어내 줄여감으로[損], 학불학(學不學)의 앞쪽 학(學)이 일깨운다. 그리고 다산(茶山)의 『아언각비(雅言覺非)』 「소인(小引)」에 나오는 학야자각야(學也者覺也)를 떠올려도 된다. 학(學)은 〈각(覺)〉으로 터득해 깨우침[覺]이다. 배움[學]이란 〈효(效)〉 즉 본받기를[效] 거쳐서 스스로 치곡(致曲) 즉 세소함마저[曲] 끝까지 살펴[致] 나름대로 터득해서 깨우침[覺]으로, 학불학(學不學)의 앞쪽 학(學)이다. 성인(聖人)은 본받을 것을 명백히 하여 견소(見小)하여 밝고[明] 지상(知常)하여 밝기[明]에 무위지사(無爲之事) 즉 무위를[無爲之] 행함을[事] 깨달은[學] 분이다.

────────────────

註　　"위학일익(爲學日益) 위도일손(爲道日損)." 배움을[學] 위하면[爲] 날마다[日] 불어나고[益], 도를[道] 위하면[爲] 날마다[日] 줄어든다[損].　　　　　『노자(老子)』48장(章)

註　　"학자하(學者何) 학야자각야(學也者覺也) 각자하(覺者何) 각야자각기비야(覺也者覺其非也) 각기비나하(覺其非奈何) 우아언각지이(于雅言覺之爾) …… 기각이괴언회언개언(旣覺

而愧焉悔焉改焉) 사지위학(斯之謂學)." 배움이란[學] 것은[者] 무엇이냐[何]? 배움[學]이란
[也] 것은[者] 깨우침[覺]이다[也]. 깨우침이란[覺] 것은[者] 무엇이냐[何]? 깨우침[覺]이란[也]
것은[者] (옳다고 여겼던) 그것이[其] 그름을[非] 깨우침[覺]이다[也]. 그것이[其] 그름을[非] 깨
우침은[覺] 어떤 것이냐[奈何]? 성인의 말씀에서[于雅言] 그 그름을[之] 깨우침일[覺] 뿐이다
[爾]. …… 이미[旣] 깨우쳤던 것을[覺而] 부끄러워할[愧] 뿐이고[焉] 뉘우칠[悔] 뿐이며[焉] 고쳐
갈[改] 뿐이다[焉]. 이것을[斯之] 배움이라[學] 한다[謂].

정약용(丁若鏞), 『아언각비(雅言覺非)』 「소인(小引)」

【해독(解讀)】

● 〈학불학(學不學)〉에서 주어 노릇할 성인(聖人)은 생략되었고, 앞의 학(學)은 동
사 노릇하며, 불학(不學)은 학(學)의 목적어 노릇한다. 여기 불학(不學)의 학(學)
은 영어의 동명사처럼 노릇한다. 〈(성인은) 깨닫지 못하는 것을[不學] 깨닫는다
[學].〉

④ 復衆人之所過(복중인지소과)

▶ {성인(聖人)은} 뭇사람들이[衆人之] 지나쳐 가버린[過] 바로[所] 돌
아온다[復].

> 돌아올 복(復), 무리 중(衆), 조사 지(之), 바 소(所), 지나갈 과(過)

【지남(指南)】

〈복중인지소과(復衆人之所過)〉는 앞서 살핀 〈학불학(學不學)〉을 거듭 밝힌다.
성인(聖人)은 〈중인지소과(衆人之所過)〉 즉 사람들이[衆人] 넘어 지나간[過] 바로
[所] 돌아옴을[復] 밝힌다. 소과(所過)의 〈과(過)〉는 과유(過蹂) 즉 넘어 지나가버림
[過蹂]이다. 〈소과(所過)〉는 저버림과 같다. 중인(衆人)이 저버린 것을[所過] 성인
(聖人)은 받들어 지킴이 복중인지소과(復衆人之所過)의 〈복(復)〉이다. 20장(章)의
아독이어인(我獨異於人) 이귀사모(而貴食母)를 상기하면 중인(衆人)의 소과(所過)와
성인(聖人)의 복수(復守)를 새길 수 있다.

중인(衆人)이 넘겨 소홀히 하는 것은 귀사모(貴食母)이고, 성인(聖人)은 귀사모
(貴食母) 즉 먹여주는[食] 어머니를[母] 받든다[貴]. 귀사모(貴食母)의 〈사모(食母)〉

란 52장(章)의 **천하유시(天下有始)**의 〈시(始)〉인 상도(常道)를 말한다. 상도(常道)는 천지만물의 어머니[母]이니, 복중인지소과(復衆人之所過)의 소과(所過)란 다름 아닌 상도(常道)라는 천하모(天下母)이다. 그를 지나쳐버림[過]이란 천도(天道)를 무시하고 법자연(法自然)을 팽개치고 **소사과욕(少私寡欲)**을 뿌리쳐 다사과욕(多私過欲), 즉 제 몫을[私] 더 많이[多] 하여 남보다 욕심을[欲] 넘치게[過] 하는 인위(人爲)의 짓들이다. 그러므로 지나쳐버린 것은[所過] 상도(常道)이고 상덕(常德)이며 무위자연(無爲自然)이다.

사람들의[衆人] 소과(所過)와 성인(聖人)의 복(復)은 20장(章)의 **속인소소(俗人昭昭) 아독혼혼(我獨昏昏) 속인찰찰(俗人察察) 아독민민(我獨悶悶)**을 떠올리면 그 뜻을 살펴 새길 수 있다. 속인(俗人)들이 저버리는 것은[所過] 혼혼(昏昏)·민민(悶悶)한 것이고, 소중히 하는 것은[所重] 소소(昭昭)·찰찰(察察)한 것이다. 속인(俗人)들은 공명이나 재화에는 약삭빨라 눈치가 훤하지만[昭昭], 공명이나 재화라면 놓칠세라 꼬치꼬치 깐깐하다[察察]. 상도(常道)니 천도(天道)니 법자연(法自然) 등은 모압(侮狎)하고 지나쳐버리는[過] 것들[所]이다.

성인(聖人)이 속인(俗人)들로 하여금 **영유소속(令有所屬)** 즉 종속돼 있는[屬] 바를[所] 간직하게 함이[有] 여기 복중인지소과(復衆人之所過)의 〈복(復)〉이며, 나아가 복(復)은 『장자(莊子)』의 **제지현해(帝之懸解)**를 환기시켜 무위(無爲)의 삶으로 돌아오게[復歸] 함을 살펴 새기고 헤아려 깨우치게 하는 말씀이 〈복중인지소과(復衆人之所過)〉이다.

註 "속인소소(俗人昭昭) 아독혼혼(我獨昏昏) 속인찰찰(俗人察察) 아독민민(我獨悶悶) 중인개유이(衆人皆有以) 이아독완차비(而我獨頑且鄙) 아독이어인(我獨異於人) 이귀사모(而貴食母)." 속인들은[衆人] 약삭빨라 눈치가 훤하지만[昭昭], 나만[我] 오직[獨] 어두워 어수룩하고[昏昏], 속인들은[俗人] 꼬치꼬치 깐깐하지만[察察], 나만[我獨] 어수룩하며[悶悶], 세상 사람들에게는[衆人] 모두[皆] 쓸모가[以] 있다지만[有而] 나만[我] 오직[獨] 우매하고[頑] 또[且] 추레하며[鄙], 나만[我獨] 뭇사람들[人]과[於] 달라서[異而] 먹여주는[食] 어머니를[母] 받든다[貴].
『노자(老子)』 20장(章)

註 "복수기모(復守其母) 몰신불태(歿身不殆)." 그[其] 어머니께로[母] 돌아와[復] 지킨다면[守] 평생토록[歿身] 위태롭지 않다[不殆].
『노자(老子)』 52장(章)

註 "절성기지(絶聖棄智) 민리백배(民利百倍) 절인기의(絶仁棄義) 민복효자(民復孝慈) 절교기리(絶巧棄利) 도적무유(盜賊無有)…… 영유소속(令有所屬) 견소포박(見素抱樸) 소사과욕(少私寡欲)." 성지를[聖] 끊고[絶] 지혜를[智] 버리면[棄] 백성이[民] 백배로[百倍] 이로워지고[利], 인을[仁] 끊고[絶] 의를[義] 버리면[棄] 백성은[民] 효도와[孝] 자애로[慈] 돌아온다[復]. 재주 부리기를[巧] 끊고[絶] 이득을[利] 버리면[棄] 도둑질과[盜] 해치는 짓이[賊] 있음이[有] 없다[無].…… (백성으로) 하여금[令] 종속돼 있는[屬] 바를[所] 취하게 한다[有]. (백성으로 하여금) 그냥 그대로를[素] 살피게 하고[見] 그냥 그대로를[樸] 지키게 한다면[抱], (백성은) 제 몫을[私] 적게 하고[少] 욕망을[欲] 적게 한다[寡].   『노자(老子)』19장(章)

註 안시이처순(安時而處順) 애락불능입야(哀樂不能入也) 고자위시제지현해(古者謂是帝之懸解)." 편안히[安] 때를 따라서[時而] 자연의 순리에[順] 머물면[處] 슬픔이나[哀] 즐거움은[樂] 끼어들[入] 수 없는 것[不能]이다[也]. 이런 경지를[是] 옛사람들은[古者] 자연이[帝之] 거꾸로 매달림을[懸] 풀어줌이라[解] 했다[謂].

　　제(帝)는 천(天) 즉 자연을 뜻하고, 현해(懸解)는 현해(縣解)와 같다. 여기 현(懸)은 거꾸로 매달림을 뜻한다.   『장자(莊子)』「양생주(養生主)」

【보주(補註)】

● 〈복중인지소과(復衆人之所過)〉를 〈성인령중인복기소과지자연(聖人令衆人復其所過之自然)〉처럼 옮기면 문맥을 더 쉽게 잡을 수 있다. 〈성인은[聖人] 중인으로[衆人] 하여금[令] 그들이[其] 지나친[過] 바[所]의[之] 자연으로[自然] 되돌아오게 한다[復].〉

● 소과(所過)를 〈소유(所踰)·소거(所去)·소홀(所忽)〉 등으로 여기면 문의(文義)가 분명해진다. 넘어서 지나쳐버린[踰] 것[所]·지나가버린[去] 것[所]·소홀히 하는[忽] 것[所] 등은 상도(常道)·상덕(常德)·법자연(法自然)·무위(無爲) 등이다. 따라서 소과(所過)는 수중(守中) 즉 상도(常道)를 따라[中] 지킴을[守] 저버리고, 복수기모(復守其母) 즉 상도(常道)라는[其] 어머니께로[母] 돌아와[復] 지키는[守] 삶을 저버렸음을 밝힌다.

【해독(解讀)】

● 〈복중인지소과(復衆人之所過)〉에서 복(復)은 주어가 생략되었지만 동사 노릇하며, 중인지(衆人之)는 과(過)의 의미상 주어 노릇하고, 소과(所過)는 목적절 노릇한다. 복(復)은 〈구제할 구(救)〉와 같아 구복(救復)의 줄임말로 여기면 된다. 〈온 사람들이[衆人之] 지나쳐버린[過] 바를[所] 구제한다[復].〉

● 중인과(衆人過)의 구문을 〈중인지소과(衆人之所過)〉로 하여 구(句)가 되게 한 어투이다. 따라서 중인지소과(衆人之所過)는 〈A지소위(之所爲)B〉의 상용구이 다. 〈A가 B를 한다[爲].〉〈A가[A之] B를 하는[爲] 바[所]〉

⑤ 以輔萬物之自然(이보만물지자연) 而不敢爲(이불감위)

▶ {성인(聖人)은} 그로써[以] 만물의[萬物之] 그냥 그대로를[自然] 돕 는다[輔]. 그래서[而] {성인(聖人)은 속인(俗人)의 소과(所過)를} 감히 [敢] 범하지 않는다[不爲].

> 써 이(以), 보조할 보(輔), 온갖 만(萬), 것 물(物), 조사(~의) 지(之),
> 스스로 자(自), 그럴 연(然), 어조사 이(而), 않을 불(不), 감히 감(敢), 행할 위(爲)

【지남(指南)】

〈이보만물지자연(以輔萬物之自然) 이불감위(而不敢爲)〉는 중인(衆人)이 지나쳐 버린[過] 자연(自然)으로 복귀하게 함은 성인(聖人)의 상천(相天) 즉 자연을[天] 돕 는[相] 〈무위지사(無爲之事)〉임을 밝힌다. 〈복중인지소과(復衆人之所過)〉란 말씀 이 28장(章)의 복귀어박(復歸於樸)을 환기시킴을 알 수 있다. 물론 복귀어박(復歸 於樸)의 〈박(樸)〉은 천도(天道)의 〈천(天)〉 즉 자연[自然]이다. 나아가 성인(聖人)이 지나쳐버린[過] 것[所] 즉 자연(自然)으로 중인(衆人)이 되돌아오게[復] 함은 27장 (章)의 성인상선구인(聖人常善救人)의 구인(救人)으로 통한다. 따라서 〈복(復)〉을 거 듭 〈보(輔)〉라고 풀이하고 있다.

복(復)과 함께 보(輔)는 그 결과로 속인(俗人)들이 51장(章)의 상자연(常自然)의 삶을 누리게 해줌[救]이다. 물론 성인(聖人)은 중인(衆人)의 소과(所過)를 정령(政 令)으로 다스림이 아니라 〈상선(常善)〉으로 구복(救復)한다. 상선(常善)이란 법자 연(法自然)을 행함으로 자연을 본받게[法] 사람을 구제함은[救], 사람들로 하여금 스스로 존도이귀덕(尊道而貴德)하여 복수기모(復守其母)의 삶을 누리게 함이다. 사람을 늘[常] 천도(天道)를 이어 따르게[善] 함은 결국 보천(輔天) 즉 자연을[天] 돕는[輔] 것이다. 이처럼 성인(聖人)이 자연(自然)을 도움[輔]은 『장자(莊子)』의 능이(能移)와 상천(相天), 나아가 양행(兩行)을 상기시킨다.

자연(自然) 그냥 그대로의 변화를 좇아 새로워지게[能移] 함이 〈보(輔)〉이고, 인간과 만물이 서로 제 자리를 얻어 아무런 걸림 없이 서로 오고가게[兩行] 함이 〈보(輔)〉이다. 이러한 보(輔)로 속인(俗人)들이 수중(守中)하는 삶을 소홀히 하여 외면하는 소과(所過)를 제거하는 성인(聖人)은, 결코 자연을 소홀히 할 리 없음이 여기 〈불감위(不敢爲)〉이다. 그러므로 성인(聖人)이 먼저 법자연(法自然)하여 속인(俗人)들로 하여금 감히[敢] 자연(自然)을 지나쳐버리는[過] 짓을[所] 범하지 않게[不爲] 하고, 속인(俗人)들도 상천(相天) 즉 자연을[天] 돕는[相] 무리가 되게 함을 살펴 새기고 헤아려 깨우치게 하는 말씀이 〈이보만물지자연(以輔萬物之自然) 이불감위(而不敢爲)〉이다.

㊟ "위천하곡(爲天下谷) 상덕내족(常德乃足) 복귀어박(復歸於樸)." {지수(知守)로써} 세상의[天下] 골짜기가[谷] 되니[爲] 상덕은[常德] 내내[乃] 만족돼[足] 나뭇등걸로[於樸] 되[復] 돌아간다[歸]. 『노자(老子)』 28장(章)

㊟ "성인상선구인(聖人常善救人) 고(故) 무기인(無棄人) 상선구물(常善救物) 고(故) 무기물(無棄物) 시위습명(是謂襲明)." 성인은[聖人] 사람들을[人] 구제하기를[救] 늘[常] 선하게 한다[善]. 그러므로[故] (성인께는) 사람들을[人] 저버림이[棄] 없다[無]. (성인은) 늘[常] 착하게[善] 온갖 것을[物] 구원한다[救]. 그러므로[故] 온갖 것을[物] 버림이[棄] 없다[無]. 이러함을[是] 상도의 깨달음을[明] 안으로 간직함이라[襲] 한다[謂]. 『노자(老子)』 27장(章)

㊟ "도지존(道之尊) 덕지귀(德之貴) 부막지명이상자연(夫莫之命而常自然)." 상도의[道之] 받듦과[尊] 덕의[德之] 받듦[貴] 그것을[之] 무릇[夫] 하라 함이[命] 없어도[莫而], (만물은) 늘[常] 절로[自] 그리한다[然]. 『노자(老子)』 51장(章)

㊟ "합즉성체(合則成體) 산즉성시(散則成始) 형정불휴(形精不虧) 시위능이(是謂能移) 정이우정(精而又精) 반이상천(反以相天)." {음양(陰陽)이} 합해지면[合則] 몸을[體] 이루고[成], 흩어지면[散則] 태시를[始] 이룬다[成]. 몸과[形] 정신은[精] {본래(本來)로 돌아가니} 이지러지지 않는다[不虧]. 이를[是] 자연의 조화를 순응해[順應] 옮겨감이라[能移] 한다[謂]. 정성들이고[精而] 또[又] 정성들이면[精] 그로써[以] 오히려[反] 자연을[天] 돕는다[相].

천지자(天地者)는 여기선 음양자(陰陽者) 즉 음양이란[陰陽] 것[者]을 말한다. 성체(成體)는 생(生)이고, 성시(成始)는 사(死)이다. 사(死)는 태시(太始), 즉 생(生)을 일으킨 것[作者]으로 돌아감[復]을 말한다. 불휴(不虧)는 여기선 받은 것을 그냥 그대로 돌려줌이다. 능이(能移)는 자연의 조화(造化) 즉 변화의 짓을 그냥 그대로 좇아 따라감이다. 『장자(莊子)』 「달생(達生)」

註 "명실미휴이희로위용(名實未虧而喜怒爲用) 역인시야(亦因是也) 시이성인화지이시비(是以聖人和之以是非) 이휴호천균(而休乎天均) 시지위양행(是之謂兩行)." 명칭도[名] 내용도[實] 변함이[虧] 없는데[未而] 기쁨과[喜] 노여움이[怒] 생겼다[爲用]. (그러니) 역시[亦] {시비(是非)를 떠난 법자연(法自然)의} 그러함에[是] 맡기는 것[因]이다[也]. 이렇기[是] 때문에[以] 성인은[聖人] 인시[因是]로[之]써[以] 시비를[是非] 화합시켜서[和而] 자연의[天] 균형에서[乎均] 쉰다[休]. 이것을[是之] 양행이라[兩行] 한다[謂].

인시(因是)는 인대시(因大是)의 줄임이다. 인(因)은 여기선 〈맡길 임(任)〉과 같고, 대시(大是)란 시비를 떠난 크나큰[大] 그러함[是]이고, 이는 도법자연(道法自然)의 법자연(法自然) 즉 자연(自然)을 본받는[法] 그러함[是]이다. 천균(天均)이란 자연[天]의 균등[均]을 뜻함이다. 양행(兩行)이란 물아(物我)가 제 자리를 얻고 그 사이에 아무런 걸림이 없음이다.

『장자(莊子)』「제물론(齊物論)」

【보주(補註)】

● 〈이보만물지자연(以輔萬物之自然) 이불감위(而不敢爲)〉를 〈이기복성인보만물지자연(以其復聖人輔萬物之自然) 이중인불감위중인지소과(而眾人不敢爲眾人之所過)〉처럼 옮기면 문맥을 더 쉽게 잡을 수 있다. 〈그[其] 돌아옴으로[復]써[以] 성인은[聖人] 만물의[萬物之] 자연을[自然] 돕는다[輔]. 그래서[而] 성인은[聖人] 중인의[眾人之] 지나쳐버린[過] 바를[所] 감히[敢] 범하지 않는다[不爲].〉

● 보만물지자연(輔萬物之自然)은 줄여서 〈보천(輔天)〉이라 한다. 보천(輔天)은 곧 상천(相天)이다. 성인(聖人)이 상선(常善)으로 모든 사람을 구제함은 보천(輔天)이다. 따라서 자연을 돕는 것은[輔天者] **여천화자(與天和者)**이며, 이는 곧 천락(天樂)의 삶을 누림이다.

註 "여인화자(與人和者) 위지인락(謂之人樂) 여천화자(與天和者) 위지천락(謂之天樂)……허정추어천지(虛靜推於天地) 통어만물(通於萬物) 차지위천락(此之謂天樂) 천락자(天樂者) 성인지심이휵천하야(聖人之心以畜天下也)." 인간과[與人] 어울리는[和] 것[者] 그것을[之] 사람의[人] 즐거움이라[樂] 하고[謂], 자연과[與天] 어울리는[和] 것[者] 그것을[之] 자연의[天] 즐거움이라[樂] 한다[謂]. …… 허심의[虛] 고요함이[靜] 천지로[於天地] 밀고 나가[推] 만물에[於萬物] 통하는 것[通] 이것을[此之] 천락이라[天樂] 한다[謂]. 천락이란[天樂] 것으로[者]써[以] 성인의[聖人之] 마음이[心] 온 세상을[天下] 길러내는 것[畜]이다[也].

『장자(莊子)』「천도(天道)」

【해독(解讀)】

● 〈이보만물지자연(以輔萬物之自然) 이불감위(而不敢爲)〉는 두 구문이 〈그리고

이(而)〉로 이어지는 중문(重文)이다. 〈그로써[以] 만물의[萬物之] 자연을[自然] 돕는다[輔]. 그래서[而] (자연을 지나쳐버림을) 감히[敢] 범하지 않는다[不爲].〉

● 이보만물지자연(以輔萬物之自然)은 〈이기복성인보만물지자연(以其復聖人輔萬物之自然)〉에서 앞 문맥으로 보충할 수 있으므로 이기복(以其復)에서 기복(其復)을 생략하고, 보(輔)의 주어 노릇할 성인(聖人)을 생략하고, 술부(述部)만 남은 구문이다.

　이보만물지자연(以輔萬物之自然)에서 이(以)는 보(輔)를 꾸며주는 부사 노릇하고, 보(輔)는 동사 노릇하며 만물지(萬物之)는 자연(自然)을 꾸며주는 형용사 노릇하고, 자연(自然)은 보(輔)의 목적어 노릇한다. 여기 보(輔)는 〈도울 조(助)〉와 같아 보조(輔助)의 줄임말로 여기면 된다. 〈(그 복귀로) 써[以] 만물의[萬物之] 자연을[自然] 돕는다[輔].〉

● 이불감위(而不敢爲)는 〈이성인불감위중인지소과(而聖人不敢爲衆人之所過)〉에서 주어 노릇할 성인(聖人)과 위(爲)의 목적구 노릇할 중인지소과(衆人之所過)를 생략하고, 술부(述部) 노릇하는 불감위(不敢爲)만 남긴 구문이다.

　이불감위(而不敢爲)에서 이(而)는 〈그래서 이(而)〉로서 접속사 노릇하고, 불(不)은 위(爲)의 부정사(否定詞)이고, 감(敢)은 위(爲)를 꾸며주는 부사 노릇하며, 위(爲)는 주어와 목적어가 생략되었지만 동사 노릇한다. 위(爲)는 여기선 〈범할 범(犯)〉과 같다. 〈(성인(聖人)은 소과[所過]를) 감히[敢] 범하지 않는다[不爲].〉

현덕장(玄德章)

　다스림은[政] 박민(樸民) 즉 백성을 진실로 질박(質樸)하게 함에 있음을 밝히는 장(章)이다. 치자(治者)가 인지(人智)로 치국(治國)하면 백성을[民] 명민하게[明] 하여 치민(治民)이 어렵고, 무위(無爲)로 백성을[民] 다스리면[治] 백성을[民] 순박하게[愚] 하여 나라가 행복함을 일깨운다.

　이지치(以智治) 즉 인지로[智]써[以] 다스림은[治] 치자(治者)가 국지적(國之賊) 즉 나라를[國之] 해침[賊]이고, 불이지치(不以智治) 즉 인지로[智]써[以] 다스리지 않음은[不治] 치자(治者)가 국지복(國之福) 즉 나라를[國之] 복되게 함이다[福]. 치자(治者)가 이를 아는 것이 치국(治國)의 계식(稽式) 즉 예나 지금이나 변함없는 법칙이고[稽式], 나아가 치국(治國)의 현덕(玄德)이다.

古之善爲道者는 非以明民이되 將以愚之라 民之難治
고지선위도자　　　비이명민　　　　장이우지　　　민지난치

는 以其智多이라 故로 以智治國은 國之賊이고 不以智
　이기지다　　　고　　이지치국　　국지적　　　불이지

治國은 國之福이다 知此兩者면 亦稽式이니라 常知稽
치국　　국지복　　지차양자　　역계식　　　　상지계

式을 是謂玄德이니 玄德深矣遠矣라 與物反矣니 然後
식　시위현덕　　　현덕심의원의　　여물반의　　　연후

에 乃至於大順이라
내지어대순

옛적[古之] 도를[道] 잘[善] 본받는[爲] 분은[者] {그 도(道)로}써[以] 백성을[民] 명민하게 함이[明] 아니라[非], 오히려[將] 그들을[之] 어수룩하게 했다[愚]. 백성을[民之] 다스리기[治] 어려움은[難] 그들의[其] 지교가[智] 많기[多] 때문이다[以]. 그러므로[故] 인간의 지교로[智]써[以] 나라를[國] 다스림은[治] 나라의[國之] 해침이고[賊], 인간의 지교로[智]써[以] 나라를[國] 다스리지 않음은[不治] 나라의[國之] 행복이다[福]. 이[此] 두 가지를[兩] 아는[知] 것이[者] 역시[亦] {치국(治國)의} 예나 지금이나 변함없는[稽] 법식이다[式]. 예나 지금이나 변함없는 법식을[稽式] 항상[常] 아는 것[知] 이를[是] 현묘한[玄] 덕이라[德] 한다[謂]. 현덕은[玄德] 깊음[深]이고[矣] 아득함[遠]이다[矣]. {그 현덕(玄德)은} 온갖 것들과[物] 함께[與] {상도(常道)로} 되돌아옴[反]이다[矣]. 그런[然] 뒤에[後] (만물과 현덕은) 곧[乃] 자연을[大] 따름[順]에[於] 지극하다[至].

65-1 古之善爲道者(고지선위도자) 非以明民(비이명민) 將
以愚之(장이우지)

▶옛적[古之] 도를[道] 잘[善] 본받는[爲] 분은[者] {그 도(道)로} 써
[以] 백성을[民] 명민하게 함이[明] 아니라[非], 오히려[將] 그들을
[之] 어수룩하게 했다[愚].

옛 고(古), 조사(~의) 지(之), 잘할 선(善), 실천할 위(爲), 상도(常道) 도(道), 지인(之人) 자(者), 아닐 비(非), 써 이(以), 명민(明敏)할 명(明), 백성 민(民), 오히려 장(將), 어수룩할 우(愚), 그것 지(之)

【지남(指南)】

〈고지선위도자(古之善爲道者) 비이명민(非以明民) 장이우지(將以愚之)〉는 성인(聖人)이 무위(無爲)로 백성을[民] 다스림을[治] 밝힌다. 〈고지선위도자(古之善爲道者)〉에서 고지(古之)는 17장(章)의 태상(太上)을 떠올리고, 위도(爲道)는 48장(章)의 위도(爲道)와 나아가 51장(章)의 〈존도이귀덕(尊道而貴德)〉을 상기하면, 여기 선위도자(善爲道者)는 태고(太古)에 백성을 다스렸다는 황제를 연상시킨다. 태상(太上)의 황제란 오로지 무위(無爲)로 구민(救民)하는 성인(聖人)을 말한다. 이러한 위도(爲道)를 선(善)하게 함이란 천도(天道)를 따라 지킴으로 드러난다. 따라서 위도(爲道)함이란 48장(章)의 위도일손(爲道日損)으로, 도를[道] 위하면[爲] 날마다[日] 줄어든다고[損] 함은 인지(人智)가 줄어듦이다.

인지(人智)를 치자(治者)가 줄이고[損] 줄이면서[損] 구민(救民)함이 여기 〈비명민(非明民) 장우민(將愚民)〉이다. 명민(明民)의 〈명(明)〉은 58장(章)의 기정찰찰(其政察察)을 상기시키고, 우민(愚民)의 〈우(愚)〉는 41장(章)의 명도약매(明道若昧)를 떠올린다. 명민(明民)의 명(明)은 소지(小知)의 밝음이고, 우민(愚民)의 우(愚)는 대지(大智)의 밝음[明]으로 말미암은 순박함이지 우둔함이 아니다. 우민(愚民)의 민(民)은 비(非)를 시(是)라 하고 시(是)를 비(非)라고 하는 둔민(鈍民)이 아니라, 상자연(常自然)의 삶을 누리는 백성을 말한다. 소지(小知)로 대지(大知)를 보면 대지(大知)는 어리석어[愚] 보이고, 대지(大知)로 소지(小知)를 보면 소지(小知)는 위태로울[殆] 뿐이다. 명도(明道) 즉 상도(常道)를 밝힘이[明] 대지(大知)이고, 명리를[名利] 밝힘이[明] 소지(小知)인 인지(人知)이다.

인지(人知)의 밝음[明]이란 20장(章)의 중인희희(衆人熙熙)·속인소소(俗人昭昭)·속인찰찰(俗人察察)을 상기시킨다. 세상 사람들은[衆人] 명리(名利)라면 좋아하고[熙熙], 영악하고[昭昭], 눈치 빨라[察察] 몹시 약삭빠르게 처신함이 명민(明民)의 〈명(明)〉으로 『논어(論語)』의 민면이무치(民免而無恥)도 명민(明民)의 명(明)과 통한다. 명리(名利)를 밝히는[明] 인지(人知)는 사람들로 하여금 상알(相軋)하게 하고 상쟁(相爭)하게 하므로 백성은 영악해진다. 그래서 『장자(莊子)』에 **명야자상알야(名也者相軋也) 지야자쟁지기(知也者爭之器)**란 말이 나온다. 명성 때문에 사람들은 서로[相] 헐뜯기를[軋] 마다 않고 소지(小知)를 서로 다투는[爭] 도구로[器] 삼는다.

　그러나 법자연(法自然)하는 치자(治者)가 무기(無己) · 무사(無私) · 무욕(無欲)으로 치국(治國)하면 백성도 따라서 승승(乘乘) · 순순(純純) · 민민(悶悶)해져 우매(愚昧)해 보인다. 대지(大知)의 밝음은[明] 누추해[乘乘] 보이고 순일하고[純純] 어수룩해[悶悶] 보이지만, 겉보기로 어두워[昧] 어수룩해[愚] 보이는 것이다. 이러한 우민(愚民)의 〈우(愚)〉가 명리(名利)에는 어둡지만[昧], 수중(守中)하여 소사과욕(少私寡欲)의 삶을 누림에는 더없이 밝아[明] 백성이 서로 헐뜯지 않고 다투지 않아 안평태(安平泰)의 삶을 누리게 함을 살펴 새기고 헤아려 깨우치게 하는 말씀이 〈고지선위도자(古之善爲道者) 비이명민(非以明民) 장이우지(將以愚之)〉이다.

註　"태상부지유지(太上不知有之) 기차친지예지(其次親之譽之) 기차외지(其次畏之) 기차모지(其次侮之)." 아주 옛날 {황제(黃帝)의} 세상에는[太上] {백성은} 다스리는 자가[之] 있는 줄도[有] 몰랐고[不知], 그[其] 다음 {오제(五帝)와 삼왕(三王)의} 세상에는[次] 그것을[之] 가까이하고[親] 그것을[之] 기렸으며[譽], 그[其] 다음 {패자(覇者)의} 세상에는[次] 그것을[之] 두려워했고[畏], 그[其] 다음 {폭군(暴君)의} 세상에는[次] 그것을[之] 업신여겼다[侮].　『노자(老子)』 17장(章)

註　"위학일익(爲學日益) 위도일손(爲道日損) 손지우손(損之又損) 이지어무위(以至於無爲)." 배움을[學] 위하면[爲] 날마다[日] 불어나고[益], 도를[道] 위하면[爲] 날마다[日] 줄어든다[損]. 줄이고[損之] 또[又] 줄임으로[損]써[以] {인위(人爲)를} 함이[爲] 없음[無]에[於] 이른다[至].
　　　　　　　　　　　　　　　　　　　　　　　　　『노자(老子)』 48장(章)

註　"도지존(道之尊) 덕지귀(德之貴) 부막지명(夫莫之命) 이상자연(而常自然)." 상도의[道之] 받듦과[尊] 덕의[德之] 높임[貴] 그것을[之] 무릇[夫] 하라 함이[命] 없어도[莫而], 늘[常] 절로[自] 그리한다[然].　　　　　　　　　　　　　　　　　　　『노자(老子)』 51장(章)

註　"명도약매(明道若昧) 진도약퇴(進道若退) 이도약류(夷道若類)." 밝은[明] 도는[道] 어두운[昧] 듯하고[若], 나아가는[進] 도는[道] 물러나는[退] 듯하며[若], 평이한[夷] 도는[道] 끼리인[類] 듯하다[若].　　　　　　　　　　　　　　　　　　　『노자(老子)』 41장(章)

註　"기정민민(其政悶悶) 기민순순(其民淳淳) 기정찰찰(其政察察) 기민결결(其民缺缺)." 그[其] 정령(政令)이[政] 너그러우면[悶悶] 그[其] 백성은[民] 순박해지고[淳淳], 그[其] 정령이[政] 선악(善惡)을 가려냄에 세세하면[察察] 그[其] 백성은[民] 이지러진다[缺缺]. 『노자(老子)』 58장(章)

註 "절학무우(絶學無憂)……중인희희(衆人熙熙)……속인소소(俗人昭昭)……속인찰찰(俗人察察)." 배우기를[學] 끊으면[絶] 걱정이[憂] 없다[無].……세상 사람들은[衆人] 희희낙락하고[熙熙]……사람들은[俗人] 눈치가 밝고 밝지만[昭昭]……사람들은[俗人] 눈치 빨라 재빠르다[察察].

『노자(老子)』 20장(章)

註 "도지이정(道之以政) 제지이형(齊之以刑) 민면이무치(民免而無恥) 도지이덕(道之以德) 제지이례(齊之以禮) 유치차격(有恥且格)." 정사로[政] 써[以] 이끌어가고[道之] 형벌로[刑] 써[以] 다지면[齊之], 백성은[民] 피하려 들면서[免而] 부끄러워하지 않는다[無恥]. 덕으로[德] 써[以] 이끌어가고[道之] 예로[禮] 써[以] 다지면[齊之], 백성한테는[民] 부끄러워함이[恥] 생기고[有] 또[且] 착해진다[格].

여기 도지(道之)의 도(道)는 〈이끌어갈 도(導)〉와 같고, 격(格)은 여기선 〈바르게 될 정(正)·선(善), 도달할 지(至)〉 등과 같다. 『논어(論語)』「위정(爲政)」3

註 "덕탕호명(德蕩乎名) 지출호쟁(知出乎爭) 명야자상알야(名也者相軋也) 지야자쟁지기(知也者爭之器) 이자흉기(二者凶器)." 덕은[德] 명예에서[乎名] 흐려지고[蕩], 지혜는[知] 다툼에서[乎爭] 나온다[出]. 명성이란[名也] 것은[者] 서로[相] 헐뜯는 것[軋]이고[也], 지혜란[知也] 것은[者] 다툼의[爭之] 도구이다[器]. 두[二] 가지는[者] 흉한[凶] 도구이다[器].

『장자(莊子)』「인간세(人間世)」

【보주(補註)】

● 〈고지선위도자(古之善爲道者) 비이명민(非以明民) 장이우지(將以愚之)〉를 〈고지선위도자비명민이위도(古之善爲道者非明民以爲道) 연이고지선위도자장우민이위도(然而古之善爲道者將愚民以爲道)〉처럼 옮기면 문맥을 더 쉽게 잡을 수 있다. 〈옛날에[古之] 도를[道] 잘[善] 위하는[爲] 사람은[者] 도를[道] 위함으로[爲]써[以] 백성을[民] 명민하게 하지 않았다[非明]. 그러나[然而] 옛날에[古之] 도를[道] 잘[善] 위하는[爲] 사람은[者] 오히려[將] 도를[道] 위함으로[爲]써[以] 백성을[民] 어수룩하게 했다[愚].〉

● 비이명민(非以明民)의 명(明)은 다견교사(多見巧詐) 즉 본 것들이[見] 많아서[多] 교묘하게[巧] 속임질함[詐]인지라 영악하고 약삭빠름이다. 명민(明民)의 명(明)은 33장(章)의 **자지자명(自知者明)**의 명(明)이 아니고, 55장(章)의 **지상왈명(知常日明)**의 명(明)도 아니다. 여기 명민(明民)의 명(明)은 오히려 소박(素樸)함을 속여먹는[蔽] 발칙한 영악함으로 통한다.

註 "지인자지(知人者智) 자지자명(自知者明)." 남을[人] 아는[知] 것은[者] 슬기이고[智], 자신을[自] 아는[知] 것이[者] 밝음이다[明]. 『노자(老子)』 33장(章)

註 "지화왈상(知和曰常) 지상왈명(知常曰明)." 어울리는 기운을[和] 앎을[知] 한결같음이라 [常] 이르고[曰], 한결같기를[常] 앎을[知] 밝음이라[明] 이른다[曰]. 『노자(老子)』55장(章)

● 장이우지(將以愚之)의 우(愚)는 27장(章)의 습명(襲明) 즉 밝음을[明] 간직하여 익힘을[習] 상기시켜 성인(聖人)의 구인(救人)을 깨우치게 한다. 성인(聖人)이 늘[常] 자연을 본받아[善] 백성을 구제함은[救] 백성을 질박(質樸)하게 하는 것임을 여기 우(愚)가 일깨운다.

註 "성인상선구인(聖人常善救人) 고(故) 무기인(無棄人) 상선구물(常善救物) 고(故) 무기물(無棄物) 시위습명(是謂襲明)." 성인은[聖人] 늘[常] 선하게[善] 사람들을[人] 구제하기[救] 때문에[故] 사람들을[人] 버림이[棄] 없고[無], 늘[常] 선하게[善] 온갖 것을[物] 구제하기[救] 때문에[故] 온갖 것을[物] 버림이[棄] 없다[無]. 이러함을[是] 밝음을[明] 간직함이라[襲] 한다[謂].
『노자(老子)』27장(章)

【해독(解讀)】

● 〈고지선위도자(古之善爲道者) 비이명민(非以明民) 장이우지(將以愚之)〉는 두 문장으로 이루어진 중문(重文)이다. 〈고지선위도자는[古之善爲道者] 써[以] 민을[民] 약삭빠르게 하는 것이[明] 아니다[非]. [고지선위도자(古之善爲道者)는] 오히려[將] 써[以] 백성을[之] 어수룩하게 했다[愚].〉

● 〈고지선위도자(古之善爲道者) 비이명민(非以明民)〉에서 고지선위도자(古之善爲道者)는 주부(主部) 노릇하고, 비(非)는 보어 노릇하고, 이(以)는 명(明)을 꾸미는 부사 노릇하며, 명민(明民)은 비(非)의 동격 노릇한다. 여기 이(以)는 〈이위도(以爲道)〉의 줄임이고, 〈써 용(用)〉과 같다. 〈고지선위도자는[古之善爲道者] 그로써[以] 백성을[民] 명민하게 함이[明民] 아닌 것이다[非].〉

● 장이우지(將以愚之)는 〈고지선위도자장이우지(古之善爲道者將以愚之)〉에서 고지선위도자(古之善爲道者)는 되풀이되는 내용이므로 생략하고 술부(述部)만 남긴 구문이다. 장이우지(將以愚之)에서 장(將)과 이(以)는 우(愚)를 꾸며주는 부사 노릇하고, 우(愚)는 동사 노릇하며, 지(之)는 우(愚)의 목적어로서 민(民)을 나타내는 지시어 노릇한다. 장(將)은 〈오히려 유(猶)〉와 같고, 이(以)는 〈이위도(以爲道)〉의 줄임이고 〈써 용(用)〉과 같다. 〈오히려[將] 그로써[以] 그것을[之] 어수룩하게 했다[愚].〉

65-2 民之難治以其智多(민지난치이기지다)

▶백성을[民之] 다스리기[治] 어려움은[難] 그들의[其] 지교가[智] 많기[多] 때문이다[以].

> 백성 민(民), 허사(虛辭) 지(之), 어려울 난(難), 다스릴 치(治),
> 때문이(以), 지교(智巧) 지(智), 많을 다(多)

【지남(指南)】

〈민지난치이기지다(民之難治以其智多)〉는 백성을 다스리기 어렵게 만드는 원인을 밝힌다. 〈민지난치(民之難治)〉는 난치민(難治民)이다. 왜 백성을[民] 다스리기가[治] 어려운가[難]? 〈기지다(其智多)〉 때문으로 〈다민지지(多民之智)〉를 말한다. 백성의[民之] 지교(智巧)가 많아지면 위사(僞詐) 즉 속이는 짓과[僞] 거짓말이[詐] 많아지니, 기지다(其智多)는 18장(章)의 지혜출(智慧出) 유대위(有大僞)와 38장(章)의 전식자(前識者)를 상기시킨다.

치자(治者)가 지혜로 온갖 정령(政令)을 만들어 치민(治民)하면, 백성은 정령(政令)을 피하고자 지모(智謀)로 꾀를 부리게[謀] 된다. 지식을[識] 앞세우는[前] 사람은[者] 도지화(道之華), 즉 도를[道] 꾸미기를[華] 일삼는 허물을[累] 짓는다. 그래서 『장자(莊子)』에도 예자란지수(禮者亂之首)란 말이 나온다. 무릇[夫] 예란[禮] 것은[者] 혼란의[亂之] 우두머리[首]로 인위(人爲)의 극치이다. 이처럼 이례치(以禮治), 예(禮)로써[以] 다스리면[治] 그에 따라 백성도 예치(禮治)가 쏟아내는 정령(政令)을 피하고자 지모(智謀)를 부리게 된다. 예치(禮治)는 난세(亂世)가 또 다른 난세(亂世)를 불러오게 해 치민(治民) 치국(治國)이 더욱더 어려워짐을[難] 살펴 새기고 헤아려 깨우치게 하는 말씀이 〈민지난치이기지다(民之難治以其智多)〉이다.

註 "대도폐(大道廢) 유인의(有仁義) 지혜출(智慧出) 유대위(有大僞)." 대도가[大道] 버려져서[廢] 인의가[仁義] 생겼고[有], 지혜가[智慧] 나타나서[出] 크나큰[大] 거짓이[僞] 생겼다[有].

『노자(老子)』 18장(章)

註 "실도이후덕(失道而後德) 실덕이후인(失德而後仁) 실인이후의(失仁而後義) 실의이후례(失義而後禮) 부례자(夫禮者) 충신지박이란지수야(忠信之薄而亂之首也) 전식자(前識者) 도지

화이우지시야(道之華而愚之始也)." 도를[道] 잃은[失] 뒤에[而後] 덕이 나타났고[德], 덕을[德] 잃은[失] 뒤에[而後] 인이 나타났으며[仁], 인을[仁] 잃은[失] 뒤에[而後] 의가 나타났고[義], 의를[義] 잃은[失] 뒤에[而後] 예가 나타났다[禮]. 무릇[夫] 예란[禮] 것은[者] 거짓 없는[忠] 믿음이[信之] 엷어짐이고[薄而], 어지러움의[亂之] 우두머리[首]이다[也]. 지식을[識] 앞세우는[前] 것은[者] 인도의[道之] 꾸밈이고[華而], 어리석음의[愚之] 시작[始]이다[也].   『노자(老子)』38장(章)

註   "예자도지화(禮者道之華) 이란지수야(而亂之首也)." 예란[禮] 것은[者] 도의[道之] 꾸밈이고[華], 나아가[而] 어지러움의[亂之] 우두머리[首]이다[也].   『장자(莊子)』「지북유(知北遊)」

【보주(補註)】

● 〈민지난치이기지다(民之難治以其智多)〉를 〈난치민이다민지지(難治民以多民之智)〉처럼 옮기면 문맥을 더 쉽게 잡을 수 있다. 〈백성을[民] 다스리기[治] 어려움은[難] 백성의[民之] 지혜가[智] 많아지기[多] 때문이다[以].〉

● 민지난치(民之難治)의 난치(難治)는 56장(章)의 현동(玄同)을 상기시킨다. 치자(治者)가 위도(爲道) 즉 상도(常道)를 본받고[法] 받들어[尊] 치세(治世)하면 온 백성이 현동(玄同)을 누릴 테니 〈이치민(易治民)〉 즉 백성을 다스리기가 쉽지만[易], 치자(治者)나 백성이 현동(玄同)을 망각하면 난치(難治)가 빚어진다.

    현동(玄同)이란『장자(莊子)』의 성인고귀일(聖人故貴一)의 일(一)을 말한다. 귀일(貴一)의 일(一)은 무분별지동일(無分別之同一) 즉 분별이 없는[無分別之] 동일(同一)이 현동(玄同)이니, 민지난치(民之難治)는 이를 저버린 인위(人爲)의 다스림 때문이다.

註   "색기태(塞其兌) 폐기문(閉其門) 좌기예(挫其銳) 해기분(解其紛) 화기광(和其光) 동기진(同其塵) 시위현동(是謂玄同)." 그[其] 이목구비(耳目口鼻)를[兌] 막고[塞], 그[其] 들고나는 문을[門] 닫으며[閉], 그[其] 날카로움을[銳] 꺾고[挫], 그[其] 분란을[紛] 없애며[解], 그[其] 빛냄을[光] 어우르고[和], 그[其] 속됨과[塵] 같이한다[同]. 이것들을[是] 상도와[玄] 하나임이라[同] 한다[謂].   『노자(老子)』56장(章)

註   "만물일야(萬物一也) 시기소미자위신기(是其所美者爲神奇) 기소악자위취부(其所惡者爲臭腐) 취부복화위신기(臭腐復化爲神奇) 신기복화위부취(神奇復化爲臭腐) 고왈(故曰) 통천하일기이(通天下一氣耳) 성인고귀일(聖人故貴一)." 만물은[萬物] 아무런 차별이 없는 것[一]이다[也]. 만물은[是] 그것이[其] 아름다운[美] 바의[所] 것은[者] (사람들에게) 신묘하고[神] 기이한 것이[奇] 되고[爲], 그것이[其] 추한[惡] 바의[所] 것은[者] (사람들에게) 냄새나고[臭] 썩은 것

이[腐] 된다[爲]. 냄새나고[臭] 썩은 것은[腐] 다시[復] 변화하여[化] 신기가[神奇] 되고[爲], 신묘하고[神] 기이한 것은[奇] 다시[復] 변화하여[化] 취부가[神奇] 된다[爲]. 그러므로[故] (만물은) 온 세상의[天下] 한 기운으로[一氣] 통할[通] 뿐이라고[耳] 말한다[曰]. 성인도[聖人] 그래서[故] {시비분별의 지(智)가 없는} 하나를[一] 받든다[貴].　　　　　『장자(莊子)』「지북유(知北遊)」

【해독(解讀)】

● 〈민지난치이기지다(民之難治以其智多)〉에서 민지난치(民之難治)는 주부(主部) 노릇하고, 이(以)는 동사 노릇하고, 기지다(其智多)는 보어 노릇한다. 이(以)는 〈~ 때문이다 유어(由於)〉와 같다. 〈민지난치는[民之難治] 기지다(其智多) 때문이다[以].〉

● 민지난치이기지다(民之難治以其智多)는 〈A이(以)B〉〈A유어(由於)B〉〈A기유어(起由於)B〉 등의 상용문이다. 〈A는 B 때문이다[以].〉〈A는 B 때문이다[由於].〉〈A는 B 때문이다[起由於].〉

● 민지난치(民之難治)는 〈난치민(難治民)〉에서 민(民)을 전치시킨 예이다. 난(難) 과 이(易)를 자동사로 새길 때는 주어가 뒤에 있다고 여기면 된다. 〈민을[民] 치하기가[治] 어렵다[難].〉〈민을[民] 치하기가[治] 쉽다[易].〉

● 기지다(其智多)는 〈기지지다(其智之多)〉에서 지(之)를 생략한 예이다. 〈유(有)·무(無)·소(少)·다(多)〉 등은 주어를 뒤에 둔다. 〈다(多)A〉는 구문(句文: sentence)으로 여기면 되고, 〈A지다(之多)〉는 구(句: phrase)라고 본다. 〈A가 있다[有].〉〈A가[A之] 있음[有]〉〈A의[A之] 있음[有]〉/〈A가 없다[無].〉〈A가[A之] 없음[無]〉〈A의[A之] 없음[無]〉/〈A가 적다[少].〉〈A가[A之] 적음[少]〉〈A의[A之] 적음[少]〉/〈A가 많다[多].〉〈A가[A之] 많음[多]〉〈A의[A之] 많음[多]〉

65-3 故(고) 以智治國(이지치국) 國之賊(국지적)

▶ 그러므로[故] 인간의 지교로[智] 써[以] 나라를[國] 다스림은[治] 나라의[國之] 해침이다[賊].

그러므로 고(故), 써 이(以), 지교(智巧) 지(智), 다스릴 치(治), 나라 국(國), 허사(虛辭) 지(之), 해칠 적(賊)

【지남(指南)】

〈이지치국(以智治國) 국지적(國之賊)〉은 백성을 불행하게 하는 다스림을 밝힌다. 〈이지치국(以智治國)〉은 18장(章)의 **지혜출(智慧出)**의 지혜(智慧)로써 치국(治國)함이다. 이지(以智) 즉 인지로[人智]써[以] 치국(治國)함은 백성을 불행하게 하는 남면지술(南面之術) 즉 통치자의 치술(治術)이다. 〈지(智)〉란 사물을 알아보고[識] 분별하는[別] 능력이다. 슬기로운[智] 사람은 사리(事理)에 밝아 일을 해가는 방도에[條理] 밝다. 따라서 지자(智者)는 바깥 것에[外物] 관심을 쏟는 터라 자기 뜻대로 외물(外物)을 도모하며, 자신의 지모(智謀)를 앞세워 모사(謀事)하고 조사하여 자기 쪽에 유리하도록 재주를 부린다. 지(智)라는 식견(識見)은 꾀하려[謀] 하고, 지모(智謀)는 지교(智巧) 즉 꾀부림을[巧] 서슴지 않아 이해·득실을 따져 제 쪽에 유리한 편으로 저울질한다. 그러므로 치자(治者)가 이지치(以智治), 지교로[智]써[以] 다스리면[治] 지교(智巧)의 저울추는 항상 치자(治者) 쪽으로 기울어져 백성은 해를 입는다.

『맹자(孟子)』의 **수유지혜(雖有智慧) 불여승세(不如乘勢)**란 말은 치자(治者)에게 지혜가 도움이 될 수는 있어도 치자(治者)가 세력을 타는[乘] 쪽이 더 유리하다는 뜻으로, 세력으로 역민(役民)의 술수를 감행하기 쉽기 때문이다. 지교(智巧)로 다스림은 결국 치자(治者)의 인욕(人欲)을 불러와 백성에게는 〈적(賊)〉이 된다. 적(賊)이란 〈석교리친(析交離親)〉 즉 남의 사귐을[交] 쪼개거나[析] 친한 사이를[親] 멀게 하는 짓이니[離], 백성끼리도 상쟁(相爭)하게 하고 상알(相軋)하게 한다. 지교로[智巧] 치국(治國)하면 치자(治者)와 백성의 사귐을[交] 쪼개고[析] 친밀함을[親] 멀게 하여[離] 치자(治者)가 백성을 부리는[役] 쪽으로 기울어지니, 백성을 해치는 짓이[賊] 생겨 난세(亂世)가 빚어진다. 서로의 다툼에서[相爭] 승자가 되기 위해 일을 꾀하고[謀事] 꾸며[彫事] 상대방을 불리하게 이끌려 하므로 필유사위(必有詐僞) 즉 말로 속이는 짓과[詐] 행동으로 속이는 짓이[僞] 필연적으로 생긴다[必有]. 치자(治者)가 지혜를 앞세워 치민하면 할수록 다스리는 쪽 뜻대로 제민(齊民)하려 도모하기 때문이다.

인위(人爲)의 지교로[智巧] 치민(治民)함이란 예악형정(禮樂刑政)으로 백성을 다스림이다. 물론 『논어(論語)』에 **도지이정(道之以政) 제지이형(齊之以刑)**을 벗어나도지이덕(道之以德) 제지이례(齊之以禮)하라는 말씀이 나오지만, 여기 이덕(以德)의 덕(德)은 인의(仁義)이며 이를 달리 말하면 예악(禮樂)이니, 무위(無爲)의 현덕(玄德)이 아니라 인위(人爲)의 인덕(人德)이다. 예악형정(禮樂刑政)을 하나로[一] 보고, 심악(審樂) 즉 악(樂)을 깨달아야[審] 가능한 정사(政事)가 인위(人爲)의 다스림이다. 『예기(禮記)』에 〈심악이지정(審樂以知政) 이치도비의(而治道備矣)〉와 예악형정극일야(禮樂刑政極一也)란 말이 나온다. 따라서 이지치국(以智治國)의 〈이지(以智)〉란 곧 이예악형정(以禮樂刑政)이라고 새길 수 있다. 이어서 19장(章)의 절성기지(絶聖棄智)·절인기의(絶仁棄義)·절교기리(絶巧棄利)란 말씀은 인간의 지혜인 예악형정(禮樂刑政)으로 나라를 다스리면[治國] 백성은 치자(治者)를 속이고[僞] 치자(治者)는 백성을 속이는 대위(大僞) 즉 커다란[大] 속임수가[僞] 빚어져 난세(亂世)를 불러온다고 했으니, 이지(以智) 즉 인지로[人智]써 치민(治民)함은 나라를 해치는[賊] 짓임을 살펴 새기고 헤아려 깨우치게 하는 말씀이 〈이지치국(以智治國) 국지적(國之賊)〉이다.

註 "수유지혜(雖有智慧) 불여승세(不如乘勢) 수유자기(雖有鎡基) 불여대시(不如待時)." 비록[雖] 지혜가[智慧] 있다 해도[有] 시세를[勢] 타느니만[乘] 못하고[不如], 비록[雖] 호미가[鎡基] 있다 해도[有] 김맬 때를[時] 기다림만[待] 못하다[不如].

『맹자(孟子)』「공손추장구상(公孫丑章句上)」

註 "대도폐(大道廢) 유인의(有仁義) 지혜출(智慧出) 유대위(有大僞)." 대도가[大道] 버려져서[廢] 인의가[仁義] 생겼고[有], 지혜가[智慧] 나타나서[出] 크나큰[大] 거짓이[僞] 생겼다[有].

『노자(老子)』18장(章)

註 "도지이정(道之以政) 제지이형(齊之以刑) 민면이무치(民免而無恥) 도지이덕(道之以德) 제지이례(齊之以禮) 유치차격(有恥且格)." 정사로[政]써[以] 이끌어가고[道之] 형벌로[刑]써[以] 다지면[齊之], 백성은[民] 피하려 들면서[免而] 부끄러워하지 않는다[無恥]. 덕으로[德]써[以] 이끌어가고[道之] 예로[禮]써[以] 다지면[齊之], 백성한테는[民] 부끄러워함이[恥] 생기고[有] 또[且] 착해진다[格].

여기 도지(道之)의 도(道)는 〈이끌어갈 도(導)〉와 같고, 정(政)은 정령(政令), 제(齊)는 〈같게 할 동(同)〉과 같고 형(刑)은 형벌(刑罰), 덕(德)은 인의(仁義)를 말한다. 격(格)은 여기선 〈바르게 될 정(正)·선(善), 도달할 지(至)〉 등과 같다. 『논어(論語)』「위정(爲政)」3

註 "예이도기지(禮以道其志) 악이화기성(樂以和其聲) 정이일기행(政以一其行) 형이방기간(刑以

以防其姦) 예악형정극일야(禮樂刑政極一也)." 예로[禮] 써[以] 백성의[其] 마음 가는 바를[志] 인도하고[道], 악으로[樂] 써[以] 백성의[其] 소리를[聲] 화합하고[和], 정령으로[政] 써[以] 백성의[其] 행동을[行] 합일하고[一], 형벌로[刑] 써[以] 백성의[其] 간사함을[姦] 방지한다[防]. 예악형정은[禮樂刑政] 끝내[極] 하나[一]이다[也].

『예기(禮記)』「악기(樂記)」

註 "지악(知樂) 즉기어례의(則幾於禮矣) 예악개득위지유덕(禮樂皆得謂之有德)." 악을[樂] 알면[知] 곧[則] 예에[於禮] 가까운 것[幾]이다[矣]. 예악이[禮樂] 모두[皆] 갖추어짐[得] 그것을[之] 덕이[德] 있다고[有] 한다[謂]. 덕이란[德] 것은[者] {예악(禮樂)을} 얻어 깨달음[得]이다[也].

『예기(禮記)』「악기(樂記)」

註 "절성기지(絶聖棄智) 민리백배(民利百倍) 절인기의(絶仁棄義) 민복효자(民復孝慈) 절교기리(絶巧棄利) 도적무유(盜賊無有)." 성지를[聖] 끊고[絶] 지혜를[智] 버리면[棄] 백성이[民] 백배로[百倍] 이로워지고[利], 인을[仁] 끊고[絶] 의를[義] 버리면[棄] 백성은[民] 효도와[孝] 자애로[慈] 돌아오며[復], 재주 부리기를[巧] 끊고[絶] 이득을[利] 버리면[棄] 도둑질과[盜] 해치는 짓이[賊] 있음이[有] 없다[無].

『노자(老子)』19장(章)

【보주(補註)】

● 〈이지치국(以智治國) 국지적(國之賊)〉을 〈치국이인지야자적국자야(治國以人智也者賊國者也)〉처럼 옮기면 문맥을 더 쉽게 잡을 수 있다. 〈인지로[人智] 써[以] 나라를[國] 다스림[治]이란[也] 것은[者] 나라를[國] 해치는[賊] 짓[者]이다[也].〉

● 국지적(國之賊)은 〈민지적(民之賊)〉으로 이어진다. 적민(賊民)은 역민(役民)·탈민(奪民)·착민(搾民) 등으로 드러나는 학정(虐政)이다. 〈백성을[民] 부림[役]·백성의 것을[民] 빼앗음[奪]·백성을[民] 짓누름[搾]〉〈백성을 못살게 하는[虐] 다스림[政]〉

【해독(解讀)】

● 〈이지치국(以智治國) 국지적(國之賊)〉에서 이지치국(以智治國)은 주부 노릇하고, 국지적(國之賊)은 술부(述部)로 주격보어 노릇한다. 적(賊)은 〈해칠 해(害)〉와 같아 적해(賊害)의 줄임이다. 〈이지치국은[以智治國] 국지적이다[國之賊].〉

● 이지치국(以智治國)에서 이지(以智)는 치(治)를 꾸미는 부사구 노릇하고, 치(治)는 영어의 부정사(不定詞) 또는 동명사처럼 구실하며, 국(國)은 치(治)의 목적어 노릇한다. 이(以)는 여기선 〈써 용(用)〉과 같다. 〈지혜로[智] 써[以] 나라를[國] 다스림은[治]〉

● 국지적(國之賊)은 〈적국(賊國)〉에서 국(國)을 도치시켜 구(句)를 만든 어투이다. 국지적(國之賊)에서 지(之)는 경우에 따라 주격·소유격·목적격 노릇하는 조사이다. 적국(賊國)의 적(賊) 역시 영어의 부정사(不定詞)나 동명사처럼 구실한다. 여기 국지적(國之賊)의 지(之)는 소유격 토씨 노릇한다. 〈나라[國]의[之] 해침[賊].〉

65-4 不以智治國(불이지치국) 國之福(국지복)

▶인간의 지교로[智] 써[以] 나라를[國] 다스리지 않음은[不治] 나라의[國之] 행복이다[福].

> 않을 불(不), 써 이(以), 지교(智巧) 지(智), 다스릴 치(治), 나라 국(國), 허사(虛辭) 지(之), 행복할 복(福)

【지남(指南)】

〈불이지치국(不以智治國) 국지복(國之福)〉은 백성을 행복하게 하는 다스림을 밝힌다. 〈불이지치국(不以智治國)〉은 18장(章) 〈지혜출(智慧出)〉의 지혜(智慧)로 치국(治國)하지 않음이다. 이지(以智) 즉 인지로[人智]써[以] 나라를[國] 다스리지 않음은[不治] 백성을 행복하게 하는 남면지술(南面之術), 즉 통치자의 치술(治術)이다. 불이지치국(不以智治國)은 예악형정(禮樂刑政)으로 마련된 인지(人智)로 치국(治國)하지 않음으로, 이는 57장(章)의 무위(無爲)·호정(好靜)·무사(無事)·무욕(無欲) 등을 상기시킨다. 무위(無爲)로 치민(治民)하여 백성이 자화(自化)하고, 호정(好靜)으로 치민(治民)하여 백성이 자정(自正)하며, 무사(無事)로 치민(治民)하여 백성이 자부(自富)하고, 무욕(無欲)으로 치민(治民)하여 백성이 스스로[自] 검소해져[樸] 17장(章)의 아자연(我自然)을 구가하며 산다.

따라서 불이지치국(不以智治國)이란 무위(無爲)·호정(好靜)·무사(無事)·무욕(無欲)으로 치국(治國)함이니, 이는 35장(章)의 집대상(執大象) 즉 상도(常道)의 짓을[大象] 지키는[執] 다스림으로 안평태(安平泰)의 삶을 누리게 한다. 집대상(執大象)이란 상도(常道)의 짓[象]인 조화를 지킴[執]으로 법자연(法自然)을 달리 일컫

음이니, 백성이 안평태(安平泰)의 삶을 누리게 하는 치민(治民)보다 더한 국지복
(國之福)이란 없다. 나라의 행복이 곧 백성의 행복으로 드러나는 치국(治國)이란
집대상(執大象)의 다스림임을 살펴 새기고 헤아려 깨우치게 하는 말씀이 〈불이지
치국(不以智治國) 국지복(國之福)〉이다.

註　"아무위이민자화(我無爲而民自化) 아호정이민자정(我好靜而民自正) 아무사이민자부(我無
事而民自富) 아무욕이민자박(我無欲而民自樸)." 나에게[我] 조작함이[爲] 없으니까[無而] 백성은
[民] 절로[自] 변화하고[化], 내가[我] 고요하기를[靜] 좋아하니까[好而] 백성은[民] 절로[自] 바르
며[正], 나에게[我] 일함이[事] 없으니까[無而] 백성은[民] 절로[自] 부유하며[富], 나에게[我] 욕심
냄이[欲] 없으니까[無而] 백성은[民] 절로[自] 본디대로다[樸].　　　　　　『노자(老子)』57장(章)

註　"백성개위(百姓皆謂) 아자연(我自然)." {성인(聖人)이 그렇게 한 줄 모르는} 백성은[百姓]
모두[皆] 우리는[我] 본디대로 그냥 그러하다고[自然] 말했다[謂].　　　　　『노자(老子)』17장(章)

註　"불상현(不尙賢) 사민부쟁(使民不爭) 불귀난득지화(不貴難得之貨) 사민불위도(使民不爲
盜) 불현가욕(不見可欲) 사심불란(使心不亂)." 현능(賢能)을[賢] 높이지 않아[不尙] 백성으로[民]
하여금[使] 다투지 않게 하고[不爭], 얻어 갖기[得] 힘든[難之] 재물을[貨] 소중히 여기지 않아[不
貴] 백성으로[民] 하여금[使] 도둑질당하지 않게 하며[不爲盜], 가히[可] 하고자 함을[欲] 드러내지
않게 하여[不見] 마음으로[心] 하여금[使] 어지럽히지 않게 한다[不亂].　　　『노자(老子)』3장(章)

註　"집대상(執大象) 천하왕(天下往) 왕이불해(往而不害) 안평태(安平泰)." 대도의[大] 짓을[大
象] 지키면[執] 세상[天下] 어디든 가고[往], 어디든 가도[往而] 해침이 없으니[不害], 평안하고[安]
화평하며[平] 태평하다[泰].　　　　　　　　　　　　　　　　　　　　『노자(老子)』35장(章)

【보주(補註)】

- 〈불이지치국(不以智治國) 국지복(國之福)〉을 〈불치국이지교야자복국자야(不治
  國以智巧也者福國者也)〉처럼 옮기면 문맥을 더 쉽게 잡을 수 있다. 〈지교로[智
  巧] 써[以] 나라를[國] 다스리지 않음[不治]이란[也] 것이[者] 나라를[國] 행복하
  게 하는[福] 짓[者]이다[也].〉

- 국지복(國之福)은 〈민지평태(民之平泰)〉로 이어진다. 백성이[民之] 화평하고
  [平] 태안함[泰]보다 더한 나라의[國之] 행복은[福] 없다.

【해독(解讀)】

- 〈불이지치국(不以智治國) 국지복(國之福)〉에서 불이지치국(不以智治國)은 주부
  노릇하고, 국지복(國之福)은 술부(述部)로서 주격보어 노릇한다. 적(賊)은 〈해

칠 해(害)〉와 같아 적해(賊害)의 줄임이다. 〈인지로[智]써[以] 나라를[國] 다스리지 않음은[不治] 나라의[國之] 행복이다[福].〉

- 불이지치국(不以智治國)에서 불(不)은 치(治)의 부정사(否定詞)이고, 이지(以智)는 치(治)를 꾸미는 부사구 노릇하고, 치(治)는 영어의 부정사(不定詞)나 동명사처럼 구실하며, 국(國)은 치(治)의 목적어 노릇한다. 이(以)는 〈써 용(用)〉과 같다. 〈지혜로[智]써[以] 나라를[國] 다스리지 않음은[不治]〉

- 국지복(國之福)은 〈복국(福國)〉에서 국(國)을 도치시켜 구(句)를 만든 어투이다. 국지복(國之福)에서 지(之)는 경우에 따라 주격 · 소유격 · 목적격 노릇하는 조사이다. 복국(福國)의 복(福) 역시 영어의 부정사(不定詞)나 동명사 구실한다. 국지복(國之福)의 지(之)는 소유격 토씨 노릇한다. 〈나라[國]의[之] 행복[福].〉

65-5 知此兩者亦稽式(지차양자역계식)

▶이[此] 두 가지를[兩] 아는[知] 것이[者] 역시[亦] {치국(治國)의} 예나 지금이나 변함없는[稽] 법식이다[式].

> 알 지(知), 이 차(此), 둘 양(兩), 것 자(者), 또한 역(亦), 같을 계(稽), 본받기 식(式)

【지남(指南)】

〈지차양자역계식(知此兩者亦稽式)〉은 나라를 해치는[賊] 다스림도 있고, 나라를 복되게 하는[福] 다스림도 있음을 아는 것이 치국(治國)의 법식(法式)임을 밝힌다. 나아가 백성을 행복하게 하는 치국(治國)이 있고, 백성을 불행하게 하는 치국(治國)이 있음을 아는 것이 치자(治者)가 갖추어야 할 법식이기도 하다.

걸주(桀紂) 같은 폭군이나 대국을 차지하고자 야욕을 부리는 패자(霸者)가 아니고서야 백성을 불행하게 하려는 치국(治國)은 없다. 이지(以智)의 치국(治國)도 국지복(國之福)의 치민(治民)을 주장하지만, 결과적으로 국지적(國之賊)의 치민(治民)으로 드러나는 것은 지혜가 빚은 지교(智巧)가 쟁지기(爭之器) 즉 다툼의[爭之] 도구가[器] 되어 백성을 불행으로 이끄는 난세(亂世)를 빚어내기 때문이다. 이것이 인간이 범하는 대미(大迷)이다. 외물(外物)을 식별해내는 지혜는 넘쳐나도, 선인(善人)을 받들[貴] 줄 모르고 동시에 불선인(不善人)도 아껴야[愛] 하는 깊은 뜻을 알지 못하는 인간이 범하는 어리석음을 대미(大迷)라 한다. 존도(尊道)하고 귀덕(貴德)하여 자연으로 돌아오면 이러한 대미(大迷)를 벗어날 수 있기 때문에 이를 일러 요묘(要妙)라 한다.

그러나 지혜로[智]만 나라를 다스림은[以智治國] 대미(大迷)를 벗어나지 못해 상쟁(相爭)의 난국(亂國)으로 치달을 뿐, 백성이 하나가 되는 요묘(要妙)의 다스림 즉 집대상(執大象)의 다스림을 외면한다. 그러므로 『장자(莊子)』에 인여인상식(人與人相食)의 시대가 벌어지는 뿌리가 요순(堯舜)에서부터라는 말이 나온다. 치자(治者)가 이지(以智) 즉 자기의 성심(成心)으로 치국(治國)하면 나라를 해치고[賊], 불이지(不以智) 즉 법자연(法自然)하여 치국(治國)하면 나라를 복되게[福] 함을 아는 것이[知] 치자(治者)의 〈계식(稽式)〉 즉 예나 지금이나 다름없이[稽] 본받음[式]임을 살펴 새기고 헤아려 깨우치게 하는 말씀이 〈지차양자역계식(知此兩者亦稽式)〉이다.

㊟ "불귀기사(不貴其師) 불애기자(不愛其資) 수지(雖智) 대미(大迷) 시위요묘(是謂要妙)."〔불선인(不善人)은〕 그[其] 스승을[師] 귀하게 여기지 않고[不貴] 그[其] 밑천을[資] 아끼지 않는다면[不愛], 비록[雖] 많이 안다 한들[智] 크게[大] 미혹하다[迷]. 이를[是] 긴요한[要] 미묘함이라[妙] 한다[謂]. 『노자(老子)』 27장(章)

㊟ "대란지본필생어요순지한(大亂之本必生於堯舜之間) 기말존호천세지후(其末存乎千世之後) 천세지후(千世之後) 기필유인여인상식자야(其必有人與人相食者也)." 대란의[大亂之] 뿌리는[本] 요순의[堯舜之] 시대에[於間] 분명히[必] 생겼다[生]. 그[其] 끝은[末] 천대의[千世之] 뒤에도[乎後] 미치고[存], (천대의 뒤) 그 때에는[其] 사람과 사람이[人與人] 서로[相] 잡아먹는[食] 짓들이[者] 반드시[必] 있을 것[有]이다[也].

경상초(庚桑楚)는 노자(老子)의 제자(弟子)라 한다. 『장자(莊子)』 「경상초(庚桑楚)」

【보주(補註)】

● 〈지차양자역계식(知此兩者亦稽式)〉을 〈지차양자역시치국지계식(知此兩者亦是治國之稽式)〉처럼 옮기면 문맥을 더 쉽게 잡을 수 있다. 〈차양자를[此兩者] 아는[知] 것이[者] 또한[亦] 치국의[治國之] 계식(稽式)이다[是].〉

- 차양자(此兩者)는 〈국지적(國之賊)〉과 〈국지복(國之福)〉을 말하고, 계식(稽式)의 계(稽)는 고금지소동(古今之所同) 즉 예와[古] 지금이[今] 같은[同] 것[所]을 뜻하고, 계식(稽式)의 식(式)은 〈본받을 법(法)〉과 같아 법식(法式)의 줄임이다.

- 지차양자역계식(知此兩者亦稽式)이 〈지차양자역해식(知此兩者亦楷式)〉으로 된 본(本)도 있다. 계식(稽式)과 해식(楷式)은 같다. 예나 지금이나 같이 없앨 수 없는 법식(法式)을 말한다. 계(稽)는 고금(古今) 즉 예나 지금이나[古今] 같고[同] 합하여[合] 마땅함을[當] 말한다.

【해독(解讀)】

- 〈지차양자역계식(知此兩者亦稽式)〉에서 지차양(知此兩)은 자(者)를 꾸며주고, 〈자(者)〉는 주어 노릇하고, 〈역(亦)〉은 어조사 노릇하며, 〈계식(稽式)〉은 주격보어 노릇한다. 〈차양자를[此兩者] 아는[知] 것이[者] 또한[亦] 치국의[治國之] 변함없는 법식이다[稽式].〉

- 지차양자(知此兩者)에서 자(者)는 영어에서 명사절을 이끄는 〈What〉 같이 구실하는 편이다. 〈이[此] 둘을[兩] 아는[知] 것[者]〉

65-6 常知稽式(상지계식) 是謂玄德(시위현덕)

▶예나 지금이나 변함없는 법식을[稽式] 항상[常] 아는 것[知], 이를[是] 현묘한[玄] 덕이라[德] 한다[謂].

> 항상 상(常), 알 지(知), 같을 계(稽), 본받을 식(式), 이 시(是),
> 일컬을 위(謂), 깊고 아득할 현(玄), 크나큰 덕(德)

【지남(指南)】

〈상지계식(常知稽式) 시위현덕(是謂玄德)〉은 국지복(國之福)의 다스림과 국지적(國之賊)의 다스리는 치국(治國)의 두 계식(稽式)을 항상[常] 알아야[知] 함을 밝힌다. 사람이 만든 다스림의 법칙인 국지적(國之賊)의 계식(稽式)을 절기(絶棄)하고, 상도(常道)의 짓을[大象] 지키는[執] 다스림의 법칙인 국지복(國之福)의 계식(稽式)을 상지(常知)함이 현덕(玄德)이니, 현묘한[玄] 덕(德)이란 51장(章)의 **생이불**

유(生而不有) 위이불시(爲而不恃) 장이부재(長而不宰)를 상기해야 한다. 현덕(玄德)의 〈현(玄)〉은 상도(常道)를 밝힘이고, 현덕(玄德)의 〈덕(德)〉은 상도(常道)의 용(用)인 상덕(常德)이다. 따라서 〈상지계식(常知稽式)〉이 현덕(玄德)을 상지(常知)함이라면, 〈상지(常知)〉는 상도(常道)의 씀[用]인 상덕(常德)을 항상 잊지 않고 백성을 다스릴 줄 앎이다.

상도(常道)가 만물을 낳고[生之] 상덕(常德)이 만물을 길러주되[畜之] 갖지 않음을[不有] 치자(治者)가 알아서 본받아[法] 치민(治民)함이 현덕(玄德)으로 백성을[民] 다스릴 줄[治] 앎이고, 상도(常道)가 만물을 위해주되[爲] 그 무엇도 바라지 않음을[不恃] 치자(治者)가 알아 본받아[法] 치민(治民)함이 현덕(玄德)으로 백성을 다스릴 줄[治] 앎이며, 상도(常道)가 만물을 양육하되[長] 이래라저래라 하지 않음을[不宰] 치자(治者)가 알아 본받아[法] 치민(治民)함이 현덕(玄德)으로 백성을 다스릴 줄[治] 앎이다. 이는 치자(治者)라면 천하모(天下母)인 상도(常道)를 본받아 백성의 어머니로서 치민(治民)함이다.

거듭 밝히지만, 현덕(玄德)의 〈현(玄)〉이 1장(章)의 **천지지시(天地之始)**·만물지모(萬物之母)를 상기시키는지라 현덕(玄德)은 천지(天地)의 시원이고[始] 어머니인[母] 상도(常道)를 일컬음이니, 상덕(常德)을 말한다. 이는 『장자(莊子)』 **동호대순(同乎大順)**의 〈덕(德)〉이다. 대순(大順)이란 법자연(法自然)과 같다. 이러한 현덕(玄德)을 상지(常知)함이란 법자연(法自然)을 항상 잊지 않고 치민(治民)하는 것임을 살펴 새기고 헤아려 깨우치게 하는 말씀이 〈상지계식(常知稽式) 시위현덕(是謂玄德)〉이다.

註 "생이불유(生而不有) 위이불시(爲而不恃) 장이부재(長而不宰) 시위현덕(是謂玄德)." 낳아주되[生而] 갖지 않으며[不有], 위해주되[爲而] 바라지 않고[不恃], 키워주되[長而] 이래라저래라 않는다[不宰]. 이를[是] 현묘한[玄] 덕이라[德] 한다[謂]. 『노자(老子)』 51장(章)

註 "무명(無名) 천지지시(天地之始) 유명(有名) 만물지모(萬物之母)." 이름이[名] 없음은[無] 천지의[天地之] 낳음이고[始], 이름이[名] 있음은[有] 온갖 것의[萬物之] 어머니이다[母].
『노자(老子)』 1장(章)

註 "성수반덕(性脩反德) 덕지동어초(德至同於初) 동내허(同乃虛) 허내대(虛乃大) 합탁명(合喙鳴) 탁명합(喙鳴合) 여천지위합(與天地爲合) 기합민민(其合緡緡) 약우약혼(若愚若昏) 시위현덕(是謂玄德) 동호대순(同乎大順)." 본성을[性] 닦고 지켜[脩] 상덕으로[德] 돌아간다[反]. 상덕이

[德] 지극하여[至] 맨 처음과[於初] 같아진다[同]. 그 같음은[同] 텅 빔[虛]이고[乃], 텅 빔은[虛] 큼
[大]이다[乃]. 무심한 말을[啄鳴] 합일하고[合] 무심한 말로[啄鳴] 합일하여[合] (그 무심한 말은) 천
지와[與天地] 합일된다[爲合]. 그 합일은[其合] 흔적 없이 섞여[緡緡] 질박한[愚] 듯하고[如] 혼미
한[昏] 듯해[若], 이를[是] 현덕이라[玄德] 한다[謂]. (현덕이란) 자연과[乎大順] 하나이다[同].

  허내대(虛乃大)의 허(虛)는 허활(虛豁) 즉 텅 빔이고, 대(大)는 포용광대(包容廣大)로서 무
엇이라도 다 담을 수 있게[包容] 넓고[廣] 큼[大]이다. 탁명(啄鳴)의 탁(啄)은 불언(不言)을, 명
(鳴)은 언(言)을 비유해, 불언(不言)과 언(言)을 합일(合一)하여 무심지언(無心之言)이 됨을 말한
다. 민민(緡緡)은 흔적 없이 섞임, 즉 혼합된 모습이고, 대순(大順)은 자연(自然)을 말한다.

                                                          『장자(莊子)』「천지(天地)」

註 "망호물(忘乎物) 망호천(忘乎天) 기명위망기(其名爲忘己) 망기지인(忘己之人) 시지위입어
천(是之謂入於天)." 온갖 것을[乎物] 잊고[忘] 자연마저[乎天] 잊는다[忘]. 그것을[其] 자기를[己]
잊어버림이라[忘] 한다[名爲]. 자기를[己] 잊어버린[忘之] 사람[人], 이를[是之] 자연으로[於天] 들
어감이라[入] 한다[謂].
                                                          『장자(莊子)』「천지(天地)」

【보주(補註)】

● 〈상지계식(常知稽式) 시위현덕(是謂玄德)〉을 〈상지양계식(常知兩稽式) 시위현
  덕(是謂玄德)〉처럼 옮기면 문맥을 더 쉽게 잡을 수 있다. 〈두[兩] 계식을[稽式]
  항상[常] 앎[知] 이것을[是] 현덕이라[玄德] 한다[謂].〉

● 〈상지계식(常知稽式)〉이 〈능지해식(能知楷式)〉으로 된 본(本)도 있다. 상지(常
  知)는 잠시라도 잊지 않음이고 능지(能知)는 능히 앎이니, 문의(文義)를 강조하
  는 어조에 차이가 날 뿐 문의(文義)가 상이한 것은 아니다.

【해독(解讀)】

● 〈상지계식(常知稽式) 시위현덕(是謂玄德)〉에서 상지계식(常知稽式)은 강조하기
  위하여 전치되었지만 위(謂)의 목적구 노릇하고, 시(是)는 능지계식(能知稽式)
  을 나타내는 지시어 노릇하며, 위(謂)는 타동사 노릇하고, 현덕(玄德)은 목적보
  어 노릇하는 구문이다. 〈능지계식(能知稽式) 이것을[是] 현덕이라[玄德] 말한다
  [謂].〉

● 상지계식(常知稽式)에서 능(能)은 지(知)를 꾸며주는 부사 노릇하고, 지(知)는
  영어의 부정사(不定詞)나 동명사처럼 구실하며, 계식(稽式)은 지(知)의 목적어
  노릇하는 구(句)이다. 〈항상[常] 계식을[稽式] 앎[知]〉

65-7 玄德深矣遠矣(현덕심의원의)

▶ 현덕은[玄德] 깊음[深]이고[矣] 아득함[遠]이다[矣].

깊고 아득할 현(玄), 크나큰 덕(德), 깊을 심(深), 조사(~이다) 의(矣),
아득할 원(遠)

【지남(指南)】

〈현덕심의원의(玄德深矣遠矣)〉는 〈현덕(玄德)〉을 풀이한다. 현덕(玄德)이 깊고
[深] 멀다[遠] 함은 사람이 헤아려 알 수 없음이다. 〈심(深)·원(遠)〉 즉 깊고[深] 멀
다고[遠] 함은 『장자(莊子)』의 〈성수반덕(性修反德) 덕지동어초(德至同於初)〉를 상
기시킨다. 시초에[於初] 이르러[至] 같아지는[同] 덕(德)이란 상도(常道)의 용(用)인
상덕(常德)을 일컫는다. 상덕(常德)은 〈여천지위합(與天地爲合)〉 즉 자연과[與天
地] 합해지므로[爲合] 인지(人知)로 식별(識別)할 수 없는 덕(德)인 현덕(玄德)이다.
사람이 알아서[識] 분별할[別] 수 없는 이러한 현덕(玄德)의 현(玄)을 풀이하여 〈심
의원의(深矣遠矣)〉라 한 것이고, 『장자(莊子)』에 나오는 〈약우약혼(若愚若昏)〉 역
시 현덕(玄德)의 현(玄)을 풀이함이다.

현덕(玄德)이 어리석은[愚] 듯하고[若] 헷갈리는[昏] 듯하다[若] 함은 상덕(常德)
이란 만물과 함께 상도(常道)로 돌아오는[復歸] 까닭이다. 그러므로 현덕(玄德)으
로 백성을 다스림이란 이지치(以智治) 즉 지교로[智]써[以] 백성을 다스림이 아니
라, 백성 스스로 51장(章)의 **상자연(常自然)** 항상[常] 자연(自然)을 본받는 삶을 누
리게 하는 다스림인지라 깊고[深] 아득해[遠] 보임을 살펴 새기고 헤아려 깨우치
게 하는 말씀이 〈현덕심의원의(玄德深矣遠矣)〉이다.

註 "도지존(道之尊) 덕지귀(德之貴) 부막지명이상자연(夫莫之命而常自然)." 상도의[道之] 받
듦과[尊] 덕의[德之] 받듦[貴] 그것을[之] 무릇[夫] 하라 함이[命] 없어도[莫而], (만물은) 늘[常] 절
로[自] 그리한다[然]. 『노자(老子)』 51장(章)

【보주(補註)】

● 〈현덕심의원의(玄德深矣遠矣)〉를 〈현덕심의(玄德深矣) 이현덕원의(而玄德遠

矣)〉처럼 옮기면 문맥을 더 쉽게 잡을 수 있다. 〈현덕은[玄德] 깊은 것[深]이다 [矣]. 그리고[而] 현덕은[玄德] 먼 것[遠]이다[矣].〉

- 현덕(玄德)의 현(玄)이 1장(章)의 현지우현(玄之又玄) 중묘지문(衆妙之門)을 상기 시키므로 현덕(玄德)은 〈중묘지덕(衆妙之德)〉으로 여기면 되고, 15장(章)의 미묘현통(微妙玄通)의 줄임으로 여겨 현덕(玄德)을 〈미묘현통지덕(微妙玄通之德)〉으로 새겨도 된다. 미묘현통(微妙玄通)이란 상도(常道)의 조화를 일컬음이다. 상도(常道)의 조화란 51장(章) 도생지휵지(道生之畜之) 장지육지(長之育之) 성지숙지(成之熟之) 양지부지(養之覆之)와 생지휵지(生之畜之) 생이불유(生而不有) 위이불시(爲而不恃) 장이부재(長而不宰)이다. 그러니 현덕(玄德)의 현(玄)이란 상도(常道)의 용(用) 즉 조화를 한 자(字)로 묶은 말씀이다.

  註 "차양자(此兩者) 동출이이명(同出而異名) 동위지현(同謂之玄) 현지우현(玄之又玄) 중묘지문(衆妙之門)." 이[此] 두 가지는[兩者] 같은 하나에서[同] 나왔으나[出而] 이름을[名] 달리한 것이다[異]. (그 둘을) 모두[同] 그것을[之] 도(道)라[玄] 하고[謂], (이 두 가지는) 현묘하고[玄之] 또[又] 현묘하여[玄] 온갖[衆] 묘리가[妙之] 들고 나는 문이다[門].　　　　　『노자(老子)』 1장(章)

  註 "미묘현통(微妙玄通) 심불가식(深不可識)." 미묘하고[微妙] 현통하며[玄通] 깊어[深] 알아볼[識] 수 없다[不可].　　　　　『노자(老子)』 15장(章)

  註 "도(道) 생지휵지(生之畜之) 장지육지(長之育之) 성지숙지(成之熟之) 양지부지(養之覆之) 생이불유(生而不有) 위이불시(爲而不恃) 장이부재(長而不宰) 시위현덕(是謂玄德)." 상도가[道] 낳아주고[生之] 길러주며[畜之], 자라게 하고[長之] 감싸주며[育之], 이뤄주고[成之] 영글게 하며[熟之], 보양해주고[養之] 보호해준다[覆之]. 낳아주되[生而] 갖지 않으며[不有], 위해주되[爲而] 바라지 않고[不恃], 키워주되[長而] 이래라저래라 않는다[不宰]. 이를[是] 현묘한[玄] 덕이라[德] 한다[謂].　　　　　『노자(老子)』 51장(章)

- 원의(遠矣)의 원(遠)은 25장(章)의 원왈반(遠曰返)을 상기하면 〈장무쇠(長無衰)〉 즉 장구하되[長] 쇠퇴함이[衰] 없음을[無] 뜻한다.

  註 "대왈서(大曰逝) 서왈원(逝曰遠) 원왈반(遠曰返)." (상도의) 큼은[大] 유행(流行)이라[逝] 하고[曰], 유행은[逝] (상도에서) 멀어감이라[遠] 하며[曰], 멀어감은[遠] (상도로) 돌아옴이라[反] 한다[曰].　　　　　『노자(老子)』 25장(章)

【해독(解讀)】

- 〈현덕심의원의(玄德深矣遠矣)〉는 접속사 〈그리고 이(而)〉가 생략되었지만 두 구문으로 이루어진 중문(重文)이다. 〈현덕은[玄德] 심(深)이고[矣] 원(遠)이다 [矣].〉

- 현덕심의(玄德深矣)에서 현덕(玄德)은 주어 노릇하고, 심(深)은 보어 노릇하며, 의(矣)는 문미조사 노릇한다. 현(玄)은 〈미묘현통(微妙玄通)〉의 줄임으로 여기면 된다. 〈현묘한[玄] 덕은[德] 깊은 것[深]이다[矣].〉

- 원의(遠矣)에서 주어 노릇할 〈현덕(玄德)〉이 생략되었지만, 원(遠)은 보어 노릇하며, 의(矣)는 문미조사 노릇한다. 〈(현묘한 덕은) 머나먼 것[遠]이다[矣].〉

65-8 與物反矣(여물반의)

▶ {그 현덕(玄德)은} 온갖 것들과[物] 함께[與] {상도(常道)로} 되돌아옴[反]이다[矣].

> 함께(더불어) 여(與), 온갖 것 물(物), 되돌아올 반(反), 조사(~이다) 의(矣)

【지남(指南)】

〈여물반의(與物反矣)〉는 현덕(玄德)이 심원(深遠)한 까닭을 거듭 밝힌다. 현덕(玄德)이 깊고[深] 먼 것이라[遠] 함은 헤아릴 수 없는 것일 뿐만 아니라 만물이 상도(常道)로 되돌아옴을 밝힘이다. 현덕(玄德)이란 『논어(論語)』의 위정이덕(爲政以德)의 덕(德)이 아니며, 인의예악(仁義禮樂)으로는 밝힐 수 없는 덕(德)이다. 이는 만물이 귀근(歸根)함을 밝히는 덕(德)이니, 법자연(法自然)하여 만물이 자연(自然)과 하나가 되는[合] 것이다. 『장자(莊子)』에도 여천지위합(與天地爲合) 시위현덕(是謂玄德)이란 말이 나온다. 만물이 천지와[與天地] 합해짐[爲合]이 현덕(玄德)인지라, 이는 합탁명(合啄鳴) 즉 세상의 온갖 시비의 논란 따위를[啄鳴] 해소하는[合] 덕(德)이다. 이를 일러 〈반어도(返於道)〉라 한다.

반어도(返於道)의 〈반(返)〉은 40장(章)의 반자도지동(反者道之動)의 반(反)이다. 반(反)은 상도(常道)의 쓰임인[用] 약자(弱者) 즉 만물이 상도(常道)로 돌아옴[反]이다. 만물이란 중보(衆甫) 즉 만물의[衆] 시초인[甫] 상도(常道)에서 나왔다가 되돌아 들어가는 출생입사(出生入死)의 약자(弱者)로, 유약(柔弱)한 것이다. 현덕(玄德)은 유약한 것과 함께 상도(常道)로 되돌아온다[反]. 이렇게 반자(反者) 즉 상도(常道)의 움직임을[動] 그냥 그대로 따르는 덕(德)인지라 현덕(玄德)이라 하고, 이는 25장(章)의 천하모(天下母)인 상도(常道)로 되돌아오는[反] 것임을 거듭 살펴 새기고 헤아려 깨우치게 하는 말씀이 〈여물반의(與物反矣)〉이다.

註　"합탁명(合啄鳴) 탁명합(啄鳴合) 여천지위합(與天地爲合) 기합민민(其合緡緡) 약우약혼(若愚若昏) 시위현덕(是謂玄德) 동호대순(同乎大順)." 세상의 온갖 논란들을[啄鳴] 화합하고[合], 세상의 온갖 논란들이[啄鳴] 화합하게 된다[合]. (그 화합은) 자연과[與天地] 합일된다[爲合]. 그[其] 합해짐[合]은 무지한 모습이라[緡緡] 어리석은[愚] 듯하고[如] 어리병병한[昏] 듯하다[若]. (만물이 자연과 합해짐) 이를[是] 현묘한[玄] 덕이라[德] 하고[謂], 크나큼을[大] 따름과[乎順] 같다[同].

탁명(啄鳴)은 중구(衆衆) 즉 세상의 온갖[衆] 입들을[衆]로서, 세상의 시비·논란을 뜻한다. 민민(緡緡)은 무지모(無知貌) 즉 지식이[知] 없는[無] 모습이고[貌], 대순(大順)의 대(大)는 상도(常道)를 뜻한다.　　　　　『장자(莊子)』「천지(天地)」

註　"자왈(子曰) 위정이덕(爲政以德) 비여북신(譬如北辰) 거기소(居其所) 이중성공지(而衆星共之)." 공자께서[子] 말했다[曰] : 덕으로[德] 써[以] 다스림을[爲政] 비유한다면[譬] 북극성과[北辰] 같다[如]. (북극성이) 제[其] 자리에[所] 머물러 있으면[居而] 온 별들이[衆星] 북극성에[之] 조아림과 같다[共].

여기 덕(德)은 인의예악(仁義禮樂)을 지행(知行)하는 덕(德)이다.

『논어(論語)』「위정(爲政)」 1

註　"반자도지동(反者道之動) 약자도지용(弱者道之用)." 되돌아오는[反] 것은[者] 상도(常道)의[道之] 움직임이고[動], 약한[弱] 것은[者] 상도(常道)의[道之] 씀이다[用].　『노자(老子)』40장(章)

註　"독립불개(獨立不改) 주행이불태(周行而不殆) 가이위천하모(可以爲天下母) …… 대왈서(大曰逝) 서왈원(逝曰遠) 원왈반(遠曰返)." 홀로[獨] 있고[立] 바뀌지 않으며[不改], 두루[周] 미치지만[行而] 위태롭지 않다[不殆]. 능히[可] 그로써[以] 온 세상의[天下] 어머니가[母] 된다[爲]. …… 큰은[大] 떠남이라[逝] 하고[曰], 떠남은[逝] 멂이라[遠] 하며[曰], 멂은[遠] 돌아옴이라[返] 한다[曰].　　　　　　『노자(老子)』25장(章)

【보주(補註)】

● 〈여물반의(與物反矣)〉를 〈현덕여물반어상도의(玄德與物反於常道矣)〉처럼 옮기면 문맥을 더 쉽게 잡을 수 있다. 〈현덕은[玄德] 만물과[物] 함께[與] 상도로[於

常道] 돌아오는 것[反]이다[矣].〉

● 여물반의(與物反矣)에서 반(反)은 50장(章)의 **출생입사(出生入死)**의 입사(入死)를 상기시킨다. 만물이 태어나[生] 상도(常道)에서 나옴도[出] 현덕(玄德)이고, 만물이 죽어[死] 상도(常道)로 들어옴도[入] 현덕(玄德)이라 〈여물(與物)〉이라 한다.

註 "출생입사(出生入死)." (상도에서) 나옴은[出] 태어남이고[生], (상도로) 들어옴은[入] 죽음이다[死]. 『노자(老子)』 50장(章)

【해독(解讀)】

● 〈여물반의(與物反矣)〉에서 여물(與物)은 반(反)을 꾸며주는 부사구 노릇하고, 반(反)은 주어가 생략되었지만 보어 노릇하며, 의(矣)는 문미조사 노릇한다. 〈{현덕(玄德)은} 만물과[物] 함께[與] {상도(常道)로} 돌아오는 것[反]이다[矣].〉

● 여물반의(與物反矣)에서 반(反)은 〈되돌아올 반(返)·환(還)〉 등과 같지만 〈보답할 보(報), 응할 응(應)〉과도 같은 것으로 새겨도 된다. 〈만물과[物] 함께[與] (상도에) 보답하는 것[反]이다[矣].〉〈만물과[物] 함께[與] (상도에) 순응하는 것[反]이다[矣].〉

65-9 然後(연후) 乃至於大順(내지어대순)

▶그런[然] 뒤에[後] (만물과 현덕은) 곧[乃] 자연을[大] 따름[順]에 [於] 지극하다[至].

> 그럴 연(然), 뒤 후(後), 곧 내(乃), 지극할 지(至), 조사(~에) 어(於), 큰 대(大), 따를 순(順)

【지남(指南)】

〈연후(然後) 내지어대순(乃至於大順)〉은 〈여물반(與物反)〉을 거듭 밝힌다. 52장(章)의 천하유시(天下有始)의 〈시(始)〉는 상도(常道)이다. 그 상도(常道)가 쓰는 현덕(玄德)은 『장자(莊子)』에 나오는 **물득이생위지덕(物得以生謂之德)**을 상기하면 만물이 누리는 삶[生] 그 자체임을 깨우치게 된다. 만물이[物] 하나[一] 즉 상도(常道)

의 조화(造化)를 얻음으로[得]써[以] 태어남[生], 그것이[之] 곧 현덕(玄德)임을 깨닫게 된다. 이제 50장(章)의 출생입사(出生入死)는 앞서 살핀 여물반(與物反)의 〈반(反)〉으로, 만물이 떠날 수 없는[不離] 출생(出生)·입사(入死)의 왕래이고 오고감이[往來] 곧 현덕(玄德)이다. 그러므로 여물반(與物反)의 〈반(反)〉이『장자(莊子)』시졸약환(始卒若環)의 〈환(環)〉을 떠올리고, 시작[始]과 마침의[卒] 원둘레[環] 역시 현덕(玄德)의 비유임을 깨닫는다. 따라서 현덕(玄德)은『장자(莊子)』의 생야사지도(生也死之徒) 사야생지시(死也生之始)의 기(紀) 즉 생사(生死)의 벼리[紀]임을 깨닫고, 지어대순(至於大順)의 지(至)임을 헤아리게 된다.

지어대순(至於大順)은『장자(莊子)』의 〈동호대순(同乎大順)〉과 같으니, 현덕(玄德)은 대순(大順) 즉 자연을[大] 따름에[於順] 지극함[至]이다. 따라서 지어대순(至於大順)의 지(至)란, 만물이 〈여천지위합(與天地爲合)〉 즉 하늘땅과[與天地] 합해져[爲合] 상도로[根] 돌아옴이[歸] 지극함이다. 천지만물이 상도(常道)에서 나왔다가[出] 상도(常道)로 들어옴이[入] 곧 현덕(玄德)임을 이 장(章)의 총결(總結)로서 살펴 새기고 헤아려 깨우치게 하는 말씀이 〈내지어대순(乃至於大順)〉이다.

🔲 "천하유시(天下有始) 이위천하모(以爲天下母)." 온 세상 온갖 것에[天下] 시원이[始] 있다[有]. {천지만물은 그 시(始)로} 써[以] 온 세상 만물의[天下] 어머니로[母] 삼는다[爲].
『노자(老子)』52장(章)

🔲 "태초유무(泰初有無) 무유무명(無有無名) 일지소기(一之所起) 유일이미형(有一而未形) 물득이생(物得以生) 위지덕(謂之德)." 태초에[泰初] 없음이[無] 있었다[有]. 있음은[有] 없었고[無] 이름도[名] 없었다[無]. (없음에서) 하나가[一之] 생겼는데[所起], 하나가[一] 있어도[有而] 몸은[形] 없었다[未]. 만물이[物] (그 하나를) 얻음으로[得]써[以] 태어나고[生], 이것을[之] 덕이라[德] 한다[謂].
『장자(莊子)』「천지(天地)」

🔲 "출생입사(出生入死)." 나옴이[出] 삶이고[生], 듦이[入] 죽음이다[死].
『노자(老子)』50장(章)

🔲 "시졸약환(始卒若環) 막득기륜(莫得其倫)." 처음과[始] 끝이[卒] 고리[環] 같아[若] 그[其] 순서를[倫] 알 수가[得] 없다[莫].
『장자(莊子)』「우언(寓言)」

🔲 "생야사지도(生也死之徒) 사야생지시(死也生之始) 숙지기기(孰知其紀)." 삶이란[生也] 죽음을[死之] 뒤쫓는 무리고[徒], 죽음이란[死也] 삶의[生之] 시작이다[始]. 누가[孰] 그 생사의[其] 벼리를[紀] 알겠는가[知]?
『장자(莊子)』「지북유(知北遊)」

【보주(補註)】

- 〈내지어대순(乃至於大順)〉을 〈현덕여물내지어대순(玄德與物乃至於大順)〉처럼 옮기면 문맥을 더 쉽게 잡을 수 있다. 〈만물과[與物] 현덕은[玄德] 이에[乃] 자연을[大] 순응함[順]에[於] 지극하다[至].〉

- 대순(大順)은 도가(道家)와 유가(儒家)가 쓰는 술어(術語)이지만, 뜻은 서로 다르다. 유가(儒家)의 대순(大順)은 성지치지도(成至治之道) 즉 지극한[至] 다스림의[治之] 이치를[道] 이룸[成]을 뜻하고, 도가(道家)의 대순(大順)은 〈대(大)〉 즉 자연을[大] 따름[順]을 뜻한다. 여기 대순(大順)은 순천(順天)이다. 물론 대순(大順)의 대(大)를 상도(常道)로 여겨도 된다. 대순(大順)은 순응어자연(順應於自然)과 같다. 〈자연(自然)에[於] 따름[順應]〉

【해독(解讀)】

- 〈내지어대순(乃至於大順)〉에서 내(乃)는 어조사 노릇하고, 주어가 생략되었지만 지(至)는 동사 노릇하며, 어대순(於大順)은 지(至)를 꾸며주는 부사구 노릇한다. 지(至)는 〈더없는 극(極)〉과 같아 지극(至極)의 줄임말로 여기면 되고, 순(順)은 〈따를 응(應)〉과 같아 순응(順應)의 줄임으로 보면 된다. 〈이에[乃] 자연을[大] 순응함[順]에[於] 지극하다[至].〉

후기장(後己章)

　강해(江海)에 비유하여 치자(治者)의 〈하지(下之)〉와 〈후지(後之)〉가 백성을 포용하는 대도(大度), 즉 크나큰[大] 도량임을[度] 밝히는 장(章)이다. 이 장(章)의 하지(下之)와 후지(後之)는 7장(章)의 〈후기신이신선(後其身而身先) 외기신이신존(外其身而身存)〉과 나아가 22장(章)의 〈성인포일(聖人抱一)〉을 환기시키고, 32장(章)의 〈비도지재천하(譬道之在天下) 유천곡지어강해(猶川谷之於江海)〉를 되돌아보게 한다. 따라서 자하(自下)하고 자후(自後)하는 치자(治者)는 백성을[民] 얻고[得], 자상(自上)하고 자선(自先)하는 치자(治者)는 실민(失民)함을 일깨워 깨닫게 하는 장(章)이다.

【원문(原文)】

江海所以能爲百谷王者는 以其善下之라 故로 能爲百
강해소이능위백곡왕자 이기선하지 고 능위백

谷王이니라 是以로 聖人은 欲上民일땐 必以言下之하
곡왕 시이 성인 욕상민 필이언하지

고 欲先民일땐 必以身後之하니라 是以로 聖人이 處上而
욕선민 필이신후지 시이 성인 처상이

民不重하고 處前而民不害니라 是以로 天下가 樂推而
민부중 처전이민불해 시이 천하 낙추이

不厭하나니 以其不爭이라 故로 天下莫能與之爭이니라
불염 이기부쟁 고 천하막능여지쟁

가람과[江] 바다가[海] 수많은[百] 골짝물이[谷] 흘러드는 곳이[王] 될 수
있는[能爲] 까닭인[所以] 것은[者] 그 강해가[其] 아랫자리에 있기를[下之]
좋아하기[善] 때문이다[以]. 그러므로[故] (강해는) 수많은[百] 골짝물이
[谷] 흘러드는 임금이[王] 될 수 있다[能爲]. 강해(江海)를[是] 본받아[以] 성
인은[聖人] 백성을[民] 위하고자 할 때[欲上] 반드시[必] 말로[言]써[以] 자
신을[之] 낮추고[下], 백성을[民] 앞서게 하고자 할 때는[欲先] {성인(聖人)
은} 반드시[必] 자신으로[身]써[以] 뒤로 물린다[後之]. 이렇기[是] 때문에
[以] 성인이[聖人] 위에[上] 있어도[處而] 백성은[民] {성인(聖人)을} 무거
워하지 않고[不重], {성인(聖人)이 백성} 앞에[前] 있어도[處而] 백성은[民]
상해입지 않는다[不害]. 이렇기[是] 때문에[以] 온 세상은[天下] {성인(聖人)
을} 즐거이[樂] 받들면서[推而] 싫어하지 않는다[不厭]. 이로 말미암아[以]
백성은[其] (어느 누구와도) 다투지 않는다[不爭]. 그러므로[故] 온 세상[天
下] (어느 누구도) 그 성인과[與之] 능히[能] 다툴 일이[爭] 없다[莫].

66-1 江海所以能爲百谷王者(강해소이능위백곡왕자) 以其
善下之(이기선하지)

▶가람과[江] 바다가[海] 수많은[百] 골짝물이[谷] 흘러드는 곳이
[王] 될 수 있는[能爲] 까닭인[所以] 것은[者] 그 강해가[其] 아랫자리

에 있기를[下之] 좋아하기[善] 때문이다[以].

【지남(指南)】

〈강해소이능위백곡왕자(江海所以能爲百谷王者) 이기선하지(以其善下之)〉는 고산에서 흘러내리는 냇물이 모두 강으로 흘러들고, 강물은 바다로 흘러드는 까닭을 들어 치민(治民)하는 성인(聖人)의 모습을 밝힌다. 산골짝 개울은 윗자리에 있고 내는 아랫자리에 있어 개울물을 받아들이니, 내는 개울보다 크다[大]. 내는 윗자리에 있고 강은 아랫자리에 있어 냇물을 모두 받아들이니, 강은 내보다 크다. 강은 윗자리에 있고 바다는 아랫자리에 있어 모든 강물을 받아들이니, 바다는 강보다 크다[大].

『맹자(孟子)』에도 수지취하(水之就下)란 말이 나온다. 개울물이 냇물이 되고 냇물이 강물이 되고 강물이 바닷물이 될 수 있는 것은 취하(就下) 즉 아래를[下] 좇는[就] 물길을 아랫자리에서 그대로 받아주기 때문이다. 개울물을 받아들일 만큼 내는 크되 개울 아래에 있고, 냇물을 받아들일 만큼 강은 크되 내 아래에 있으며, 강물을 받아들일 만큼 바다는 크되 강 아래에 있다. 물은 동서남북 가리지 않고 아래로만 흐르되, 윗자리에서 흐르는 물길은 작고[小] 아랫자리에서 흐르는 물길은 크다[大]. 모든 천강(川江)의 물이 흘러드는 바다가 물길의 왕(王) 즉 수령(首領)이 되는 까닭[所以]이니, 이는 바다가 언제나 가장 낮은 자리를 차지하는 까닭이다.

백곡왕(百谷王)의 〈곡(谷)〉은 『설문(說文)』에 나오는 천출통천위곡(泉出通川爲谷)의 곡(谷)처럼 곡수(谷水) 즉 골짜기의[谷] 물[水]인지라, 여기 〈백곡(百谷)〉은 백천(百川)과 같다. 그리고 백곡왕(百谷王)의 〈왕(王)〉은 『설문(說文)』에 나오는 천하소귀왕야(天下所歸往也)의 〈왕(往)〉과 같고, 『서경(書經)』의 무편무당(無偏無黨) 왕도탕탕(王道蕩蕩)의 왕도(王道)와 같다. 천하가[天下] 돌아와[歸] 가는[往] 곳이[所] 백곡왕(百谷王)의 왕(王)이다. 치우침이[偏] 없고[無] 패거리지음이[黨] 없어[無] 공평(公平)하여 무사(無私)함이 여기 백곡왕(百谷王)이다. 백곡왕(百谷王)의 왕(王)은 선하지(善下之) 즉 아래에 있기를[下之] 좋아하기[善] 때문이다. 그러므로 선하지(善下之)는 7장(章)의 **후기신(後其身)·외기신(外其身)**을 상기시키면서, 치자(治者)가 반드시 자하(自下)해야 하는 까닭을 살펴 새기고 헤아려 깨우치게 하는 말씀이 〈강해소이능위백곡왕자(江海所以能爲百谷王者) 이기선하지(以其善下之)〉이다.

註 "인성지선야(人性之善也) 유수지취하야(猶水之就下也) 인무유불선(人無有不善) 수무유불하(水無有不下)." 인성이[人性之] 선함[善]이란[也] 물이[水之] 아래를[下] 좇음과[就] 같은 것[猶]이다[也]. 인성에는[人性] 불선함이[不善] 있음이란[有] 없고[無], 물에도[水] 아래를 좇지 않음이[不下] 있음이란[有] 없다[無]. 『맹자(孟子)』「고자장구상(告子章句上)」

註 "천하소귀왕야(天下所歸往也)." {왕(王)은} 천하가[天下] 돌아와[歸] 가는[往] 곳[所]이다[也]. 『설문해자(說文解字)』 왕자(王字)

註 "무편무당(無偏無黨) 왕도탕탕(王道蕩蕩)." 치우침이[偏] 없고[無] 패거리 짓기도[黨] 없어[無] 왕의[王] 길은[道] 넓고[蕩] 넓다[蕩]. 『서경(書經)』「주서(周書)」6단락(段落)

註 "성인후기신이신선(聖人後其身而身先) 외기신이신존(外其身而身存)." 성인은[聖人] 자신을[其身] 뒤로 물려서[後而] 자신이[身] 앞서지고[先], 그[其] 자신을[身] 제쳐서[外而] 자신이[身] 살아난다[存]. 『노자(老子)』 7장(章)

【보주(補註)】

● 〈강해소이능위백곡왕자(江海所以能爲百谷王者) 이기선하지(以其善下之)〉를 〈강해지소이능위백곡지왕자이강해지선하지(江海之所以能爲百谷之王者以江海之善下之)〉처럼 옮기면 문맥을 더 쉽게 잡을 수 있다. 〈강해가[江海之] 모든 냇물이[百谷之] 돌아올 곳이[王] 될 수 있는[能爲] 까닭이란[所以] 것은[者] 강해가[江海之] 아래에 있기를[下之] 좋아하기[善] 때문이다[以].〉

● 백곡왕(百谷王)의 왕(王)은 여기선 〈임금 왕(王)〉으로 새겨도 되고, 귀왕(歸往)의 왕(往) 즉 〈돌아갈 왕(往)〉으로 여겨도 된다. 〈백곡의[百谷] 왕[王]〉〈백곡이[百谷] 흘러들어감[王]〉

【해독(解讀)】

● 〈강해소이능위백곡왕자(江海所以能爲百谷王者) 이기선하지(以其善下之)〉에서 강해소이능위백곡왕자(江海所以能爲百谷王者)는 이(以)의 주부(主部) 노릇하고, 이(以)는 동사 노릇하고, 기선하지(其善下之)는 이(以)의 목적구 노릇한

다. 여기 이(以)는 영어의 〈be due to A〉처럼 구실하고, 여기 선(善)은 〈좋아할 호(好)〉와 같아 선호(善好)의 줄임말로 여기면 된다. 〈강해가[江海] 백곡왕의[百谷王] 곳으로[者] 될 수 있는[能爲] 까닭은[所以] 기선하지[其善下之] 때문이다[以].〉〈A 때문이다(be due to).〉

- 강해소이능위백곡왕자(江海所以能爲百谷王者)는 〈소이강해지능위백곡왕자(所以江海之能爲百谷王者)〉에서 강해(江海)가 소이(所以) 앞으로 전치된 어투이다. 따라서 강해(江海)는 전치되었지만 위(爲)의 주어 노릇하고, 능(能)은 위(爲)를 꾸며주는 부사 노릇하며, 위(爲)는 동명사 노릇하고, 백곡(百谷)은 왕(王)을 꾸며주는 형용사 노릇하며, 왕(王)은 위(爲)의 보어 노릇하며, 자(者)는 소이(所以)의 동격 노릇한다. 〈강해가[江海之] 백곡이[百谷] 흘러드는 곳으로[王] 될 수 있는[能爲] 까닭인[所以] 것은[者]〉

- 기선하지(其善下之)는 〈강해지선하지(江海之善下之)〉에서 강해지(江海之)를 기(其)로 줄인 예이고, 선(善)은 동명사 노릇하고, 하지(下之)는 목적구 노릇해 영어의 구처럼 이(以)의 보어구 노릇한다. 〈그것이[其] 아래에 있기를[下之] 잘하기[善]〉〈강해가[江海之] 아래에 있기를[下之] 잘하기[善]〉

- 〈강해소이능위백곡왕자(江海所以能爲百谷王者) 이기선하지(以其善下之)〉는 〈A이(以)B〉의 상용문이다. 영어의 〈A be due to B〉를 연상하면 된다. 이(以)는 인(因)과 같다. 〈A는 B 때문이다[以].〉〈A는 B에서[於] 원인을[因] 일으킨다[起].〉〈A는 B 때문(due to)이다(be).〉

註 한문에서 〈이(以)〉는 전후 문맥에 따라 매우 다양한 뜻을 낸다. 이(以)를 다음과 같이 정리하면 문의(文意)를 잡는데 도움이 된다.

① 〈이(以)A = 위(爲)A : A를 한다〉

② 〈이(以)A = 용(用)A : A를 쓴다 / 법(法)A : A를 본받는다〉

③ 〈이(以)A = 사(思)A : A를 생각한다〉

④ 〈이(以)A = 솔(率)A : A를 거느린다〉

⑤ 〈이(以)A = 인(因)A : A 때문에〉

물론 명사로서 〈까닭 이(以)〉도 되고, 타동사로서 〈비롯할 이(以)〉도 된다.

〈독서양유이야(讀書良有以也) = 책을[書] 읽는 것은[讀] 참으로[良] 까닭이[以] 있는 것[有]이다[也].〉

〈기사이기사(其死以其病) = 그[其] 죽음은[死] 그[其] 병환에서[病] 비롯한다[以].〉

⑥〈이(以)A = 여(與)A : A와 더불어〉

〈주인이빈담소(主人以賓談笑) = 손님[賓]과 함께[以] 정담을 나눈다[談笑].〉

⑦〈이(以)A = 사(使)A : A로 하여금〉

〈관중이기군패(管仲以其君覇) = 관중은[管仲] 제[其] 임금으로[君] 하여금[以] 패자가 되게 했다[覇].〉

⑧〈이미 이(已)〉와 같은 뜻으로 쓰이는 이(以).

〈아견토성이파(我見土城以破) = 나는[我] 토성이[土城] 이미[以] 파괴된 것을[破] 보았다[見].〉

그리고 이(以)는 〈이(以)A〉처럼 전치사로, 또는 〈A이(以)〉처럼 후치사 노릇도 한다. 물론 〈이(以)〉가 위와 같은 뜻만을 낸다는 것은 아니다. 문장의 전후 문맥에 따라 다양한 뜻을 낸다고 여기면 된다.

66-2 故(고) 能爲百谷王(능위백곡왕)

▶ 그러므로[故] (강해는) 수많은[百] 골짝물이[谷] 흘러드는 임금이 [王] 될 수 있다[能爲].

> 그러므로 고(故), 능히 능(能), 온갖 백(百), 골짜기 곡(谷), 임금 왕(王)

【지남(指南)】

〈고(故) 능위백곡왕(能爲百谷王)〉은 앞서 말씀에서 〈선하지(善下之)〉를 거듭 강조하는 까닭을 밝힌다. 강해(江海)가 백곡왕(百谷王)이 될 수 있음은 강해가 아랫자리에 머물기를[下之] 잘하기[善] 때문임을 다시 강조한다. 치자(治者)로서 성인(聖人)은 67장(章)의 **불감위천하선(不敢爲天下先)**으로 백성을 다스려 백곡의[百谷] 왕(王)처럼 된다. 나아가 다스리는 성인(聖人)께 백성은 73장(章)에 나오듯 **선응(善應)·자래(自來)**로 백곡(百谷)의 왕(王)으로 받든다.

강해를 본받아 성인(聖人)은 선하지(善下之) 즉 아래에 머물기를[下之] 잘하여 [善] 치민(治民)하고, 백성은 성인(聖人)께 선응(善應)·자래(自來) 즉 잘[善] 순응하고[應] 스스로[自] 따라옴을[來] 일깨워 살펴 새기고 헤아려 깨우치게 하는 말씀이 〈능위백곡왕(能爲百谷王)〉이다.

　　註　　"불감위천하선(不敢爲天下先)." 감히[敢] 세상에서[天下] 나서지 않는다[不爲先].

『노자(老子)』 67장(章)

　　註　　"불언이선응(不言而善應) 불소이자래(不召而自來)." {천지도(天之道)는} 말하지 않지만[不言而] {천지도(天之道)는} 만물(萬物)에) 잘[善] 응해주고[應], {천지도(天之道)가} 불러 모으지 않아도[不召而] (만물은 천지도로) 스스로[自] 찾아온다[來].　　『노자(老子)』 73장(章)

【보주(補註)】

● 〈고(故) 능위백곡왕(能爲百谷王)〉을 〈강해선하지고(江海善下之故) 강해능위백곡천지왕(江海能爲百谷川之王)〉처럼 옮기면 문맥을 더 쉽게 잡을 수 있다. 〈강해는[江海] 아래를[下] 좋아하기[善] 때문에[故] 강해는[江海] 능히[能] 온갖[百] 냇물이[谷川] 흘러드는 곳이[王] 된다[爲].〉

● 능위백곡왕(能爲百谷王)의 백곡(百谷)은 백성을 비유하고, 왕(王)은 성인(聖人)의 치민(治民) 치국(治國)을 비유한다.

【해독(解讀)】

● 〈고(故) 능위백곡왕(能爲百谷王)〉에서 고(故)는 원인의 부사 노릇하고, 능(能)은 위(爲)를 꾸며주는 부사 노릇하며, 위(爲)는 주어가 생략되었지만 동사 노릇하고, 백곡(百谷)은 왕(王)을 꾸며주는 형용사 노릇하며, 왕(王)은 주격보어 노릇한다. 고(故)는 〈시고(是故)〉의 줄임이고, 능(能)은 부사로 여겨도 되고 조동사로 새겨도 되며, 왕(王)은 〈갈 왕(往)〉과 같다. 〈이[是] 때문에[故] 〈수많은[百] 냇물이[谷] 가는 곳이[王] 될 수 있다[能爲].〉

66-3 是以(시이) 聖人欲上民(성인욕상민) 必以言下之(필이언하지)

▶강해(江海)를[是] 본받아[以] 성인은[聖人] 백성을[民] 위하고자 할 때[欲上] 반드시[必] 말로[言] 써[以] 자신을[之] 낮춘다[下].

> 이 시(是), 본받을 이(以), 통할 성(聖), 하고자 할 욕(欲), 위할 상(上), 백성 민(民), 반드시 필(必), 써 이(以), 말할 언(言), 낮출 하(下), 그것 지(之)

【지남(指南)】

〈성인욕상민(聖人欲上民) 필이언하지(必以言下之)〉는 성인(聖人)이 강해(江海)의 〈선하지(善下之)〉를 그냥 그대로 본받아[法] 치민(治民)함을 밝힌다. 〈욕상민(欲上民)〉은 욕치민(欲治民)으로, 19장(章)의 **영유소속(令有所屬)**을 상기시킨다. 천지만물은 자연(自然)에 딸린 것[所屬]으로, 16장(章)의 **각귀기근(各歸其根)**이 곧 만물의 소속을 가리킨다. 그러므로 욕상민(欲上民) 역시 백성이 뿌리[根]인 상도(常道)로 돌아오게[歸] 하려 함이니, 귀근(歸根)하면 백성도 성인(聖人)을 본받아[法] 청정(清靜)한 삶을 누린다. 자연(自然)으로[根] 돌아오면[歸] 무위(無爲)하고 호정(好靜)하며 무사(無事)하고 무욕(無欲)하여 무기(無己)하기 때문이다.

조작함이[爲] 없으면[無] 사람의 마음은 절로 맑고[清] 고요하고[靜] 일을 꾀함이[事] 없거나[無], 욕심냄이[欲] 없어진다[無]. 그러면 자기가[己] 없어진다[無]. 백성이 성인(聖人)은 본받는다[法] 함은 백성한테도[民] 자기가[己] 없음[無]이다. 무기(無己)란 소사(少私)하여 과욕(寡欲)을 지극하게 함이니, 마음은 절로 16장(章)의 〈청정(清靜)〉을 누린다. 청정(清靜)한 마음은 수중(守中) 즉 상도(常道)를 따름을[中] 지키는지라[守] 불해(不害)하고 부쟁(不爭)하여 안평태(安平泰)의 삶을 누릴 수 있으니, 청정(清靜)하여 수중(守中)하고 수중(守中)하여 복수기모(復守其母)로 평태(平泰)의 삶을 백성이 스스로 누리게 함이 성인(聖人)의 〈욕상민(欲上民)〉인 것이다.

강해(江海)의 하지(下之)를 본받는 성인(聖人)은 형정(刑政)으로 치민(治民)하려 백성[民] 위에 있고자[欲上] 하지 않는다. 성인(聖人)은 그 무엇에도 군림하지 않으니, 〈상민(上民)〉은 백성을[民] 위함[爲]일 뿐 그것이 백성의 안평태(安平泰)이다. 성인(聖人)의 이러한 상민(上民)은 57장(章) **무위(無爲)·호정(好靜)·무사(無事)·무욕(無欲)**으로 백성을[民] 구제함[上]이다. 그리고 이는 정령(政令)이나 교계(教戒) 등을 가리키지 않음이 〈필이언하지(必以言下之)〉이며, 2장(章)의 〈불언지교(不言之教)〉로 드러난다. 그러므로 성인(聖人)의 불언지교(不言之教)라 함은 말을 하지 않음이 아니라, 3장(章)에서 살핀 바대로 백성으로 하여금 그[其] 마음을[心] 비우게[虛] 하고자 말하고, 그[其] 배를[腹] 충실히[實] 하게 말하며, 그[其] 마음 가기를[志] 약하게[弱] 말하고, 그[其] 뼈대를[骨] 군세게[强] 하고자 말할 뿐, 인의예악(仁

義禮樂)의 정령(政令) 따위를 말하지 않음[不言]이다.

그래서 19장(章)에 **절성기지(絕聖棄智)** 즉 성지를[聖] 끊고[絕] 지혜를[智] 버리란[棄] 말씀이 나오고, 절인기의(絕仁棄義) 즉 인을[仁] 끊고[絕] 의를[義] 버리라는[棄] 말씀이 나오며, 절교기리(絕巧棄利) 즉 재주 부리기를[巧] 끊고[絕] 이득을[利] 버리라는[棄] 말씀이 나온다. 인위(人爲)는 성지(聖智)와 인의(仁義) 그리고 예악(禮樂)의 지교(智巧)에서 비롯된다. 이것들을 끊고[絕] 팽개쳐[棄] 백성이 절로 자연으로 돌아와 저마다 제 몫을 줄이고[少私] 욕심을 줄이는[寡欲] 삶을 누리게 하고자 함이 성인(聖人)의 치민(治民)임을 살펴 새기고 헤아려 깨우치게 하는 말씀이 〈성인욕상민(聖人欲上民) 필이언하지(必以言下之)〉이다.

註　"부물운운(夫物芸芸) 각귀기근(各歸其根) 귀근왈정(歸根曰靜)." 무릇[夫] 온갖 것들은[物] 저마다 다른 모습들이지만[芸芸], 저마다[各] 제[其] 뿌리로[根] 돌아간다[歸]. 뿌리로[根] 돌아감을[歸] 고요라[靜] 한다[曰].　　　　　　　　　　　　　　　　　『노자(老子)』16장(章)

註　"아무위이민자화(我無爲而民自化) 아호정이민자정(我好靜而民自正) 아무사이민자부(我無事而民自富) 아무욕이민자박(我無欲而民自樸)." 나한테[我] (내 뜻대로) 행함이[爲] 없으니까[無而] 백성은[民] 절로[自] 변화했고[化], 내가[我] (무위하여) 고요함을[靜] 좋아하니까[好而] 백성은[民] 절로[自] 바르게 되었고[正], 나한테[我] (내 뜻대로) 다스리는 일이[事] 없으니까[無而] 백성이[民] 절로[自] 부유해졌으며[富], 나한테[我] (내 뜻대로) 욕심냄이[欲] 없으니까[無而] 백성은[民] 절로[自] 그냥 그대로 되었다[樸].　　　　　　　　　　　　　『노자(老子)』57장(章)

註　"성인지치(聖人之治) 허기심(虛其心) 실기복(實其腹) 약기지(弱其志) 강기골(强其骨)." 성인의[聖人之] 다스림은[治] 그[其] 마음을[心] 비우게 하고[虛], 그[其] 배를[腹] 충실하게 하며[實], 그[其] 마음 가기를[志] 유약하게 하고[弱], 그[其] 뼈대를[骨] 굳세게 한다[强].

『노자(老子)』3장(章)

註　"절성기지(絕聖棄智) 민리백배(民利百倍) 절인기의(絕仁棄義) 민복효자(民復孝慈) 절교기리(絕巧棄利) 도적무유(盜賊無有)…… 영유소속(令有所屬) 견소포박(見素抱樸) 소사과욕(少私寡欲)." 성지를[聖] 끊고[絕] 지혜를[智] 버리면[棄] 백성이[民] 백배로[百倍] 이로워지고[利], 인을[仁] 끊고[絕] 의를[義] 버리면[棄] 백성은[民] 효도와[孝] 자애로[慈] 돌아온다[復]. 재주 부리기를[巧] 끊고[絕] 이득을[利] 버리면[棄] 도둑질과[盜] 해치는 짓이[賊] 있음이[有] 없다[無].…… 딸린[屬] 바를[所] 간직하기를[有] 가르쳐 훈계하고[令], (백성으로 하여금) 그냥 그대로를[素] 살피게 하고[見] 그냥 그대로를[樸] 지키게 한다면[抱], (백성은) 제 몫을[私] 적게 하고[少] 욕망을[欲] 적게 한다[寡].　　　　　　　　　　　　　『노자(老子)』19장(章)

【보주(補註)】

- 〈성인욕상민(聖人欲上民) 필이언하지(必以言下之)〉를 〈성인장욕상민시(聖人將欲上民時) 성인이언필고자하(聖人以言必固自下)〉처럼 옮기면 문맥을 더 쉽게 잡을 수 있다. 〈성인이[聖人] 장차[將] 백성을[民] 받들고자 할[欲上] 때면[時] 성인은[聖人] 말로[言]써[以] 반드시[必] 꼭[固] 자기를[自] 낮춘다[下].〉

- 하지(下之)는 〈처하(處下) · 거하(居下) · 위하(爲下) · 하심(下心)〉 등과 같다. 이 모두는 자비(自卑)를 뜻한다. 〈아래에[下] 머문다[處] · 아래에[下] 머문다[居] · 아래를[下] 취한다[爲] · 마음을[心] 낮춘다[下].〉 〈자신을[自] 낮춘다[卑].〉

- 성인욕상민(聖人欲上民)에서 성인(聖人)이 없는 본(本)이 있지만, 성인(聖人)이 있는 본(本)이 더 많다. 뿐만 아니라 성인(聖人)이 있으면 문의(文義)가 더욱 분명해진다.

【해독(解讀)】

- 〈성인욕상민(聖人欲上民) 필이언하지(必以言下之)〉는 시간의 종절(從節)과 주절로 이루어진 복문이다. 〈성인이[聖人] 백성을[民] 위하고 할 때[欲上] 반드시[必] 말로[言]써[以] 낮춘다[下之].〉

- 성인욕상민(聖人欲上民)에서 성인(聖人)은 주어 노릇하고, 욕(欲)은 동사 노릇하며, 상(上)은 영어의 부정사(不定詞)처럼 구실하면서 욕(欲)의 목적어 노릇하고, 민(民)은 상(上)의 목적어 노릇해 상민(上民)은 부정사구(不定詞句) 노릇한다. 한문에서는 종절(從節)을 이끄는 연사(連詞)를 생략하는 경우가 대부분이므로 전후 문맥을 살펴야 한다. 성인욕상민(聖人欲上民)을 〈성인욕상민시(聖人欲上民時)〉로 여기면 필이언하지(必以言下之)와 문맥이 잡힌다. 〈성인이[聖人] 상민하고자 할[欲上民] 때[時]〉

- 필이언하지(必以言下之)에서 필(必)은 어조사로 부사 노릇하고, 이언(以言)은 하(下)를 꾸며주는 부사구 노릇하며, 하(下)는 동사 노릇한다. 지(之)는 허사(虛辭)로 보아도 되고, 기신(其身)을 나타내는 지시어로서 하(下)의 목적어로 새겨도 된다. 하(下)는 〈겸손할 겸(謙)〉과 같아 겸하(謙下)의 줄임말로 여기면 된다. 〈반드시[必] 말로[言]써[以] 그[其] 자신을[身] 낮춘다[下].〉

66-4 欲先民(욕선민) 必以身後之(필이신후지)

▶ 백성을[民] 앞서게 하고자 할 때는[欲先] {성인(聖人)은} 반드시[必] 자신으로[身] 써[以] 뒤로 물린다[後之].

> 하고자 할 욕(欲), 앞서게 할 선(先), 백성 민(民), 반드시 필(必), 써 이(以), 몸 신(身), 뒤로 물러설 후(後), 허사(虛辭) 지(之)

【지남(指南)】

〈욕선민(欲先民) 필이신후지(必以身後之)〉 역시 성인(聖人)이 강해(江海)의 〈선하지(善下之)〉를 그냥 그대로 본받음을[法] 밝힌다. 〈욕선민(欲先民)〉 또한 19장(章)의 〈영유소속(令有所屬)〉과 49장(章)의 성인개해지(聖人皆孩之)를 상기시킨다. 성인(聖人)이 무위지치(無爲之治)를 폄은 백성이 어린애[孩]같이 순박하게 하고자 함이다. 성인(聖人)의 〈욕상민(欲上民)〉과 더불어 〈욕선민(欲先民)〉이 명민(明民)하게 하지 않고 우민(愚民)하게 함은 28장(章)의 〈복귀어박(復歸於樸)〉 즉 자연으로[於樸] 돌아오게[復歸] 함이다.

백성의 마음이 갓난애와 같아 허정(虛靜)하여 염담(恬淡)해야 상도(常道)를 따름을[中] 지켜[守] 부쟁(不爭)하고 불해(不害)하여 안평태(安平泰)의 삶을 누릴 수 있음이 〈욕선민(欲先民)〉이다. 선민(先民)이 명민(明民)이 아니라 우민(愚民)으로 드러남은, 인지(人智)로 선민(先民)함이 아니라 자연(自然)에 딸린[屬] 인간으로 백성을[民] 이끎[先]인지라 오히려 어수룩해지는[愚] 것이다. 그러므로 욕선민(欲先民) 역시 욕상민(欲上民)과 다를 바 없는 성인(聖人)의 무위지치(無爲之治)이다.

백성이 서로 해치지 않고[不害] 다투지 않는[不爭] 안평태(安平泰)의 삶을 누리게 하고자 성인(聖人)이 욕선민(欲先民)할 때는 〈이신후지(以身後之)〉 즉 몸소[以身] 자신을 뒤로 물린다[後之]. 후지(後之)도 하지(下之)처럼 7장(章)의 후기신(後其身) 외기신(外其身)을 환기시킨다. 나아가 『장자(莊子)』의 인개취선(人皆取先) 기독취후(己獨取後)를 떠올린다. 후지(後之)란 취후(取後) 즉 앞자리를 남에게 주고 뒷자리를[後] 취함[取]이고, 다음 장(章)에 나오는 〈불감위천하선(不敢爲天下先)〉 즉 감히[敢] 세상에[天下] 나서지[先] 않음[不爲]이다.

성인(聖人)이 스스로 자신을[身] 뒤로 물러나니까[後] 백성이 절로 성인(聖人)을 앞서[先] 모시고, 성인(聖人)을 본받아 앞서[先] 상덕(常德)을 떠나지 않아[不離] 스스로 안평태(安平泰)의 삶을 누리게 됨을 살펴 새기고 헤아려 깨우치게 하는 말씀이 〈욕선민(欲先民) 필이신후지(必以身後之)〉이다.

註 "성인무상심(聖人無常心) 이백성심위심(以百姓心爲心) 선자오선지(善者吾善之) 불선자오역선지(不善者吾亦善之) 덕선(德善) …… 백성개주기이목(百姓皆注其耳目) 성인개해지(聖人皆孩之)." 성인께는[聖人] 고집하는 마음이[常心] 없고[無], {성인(聖人)은} 백성의[百姓] 마음으로[心]써[以] (당신의) 마음을[心] 삼는다[爲]. 선한[善] 자[者] 그도[之] 나는[吾] 선하게 하고[善], 나는[吾] 또한[亦] 불선한[不善] 자[者] 그도[之] 선하게 하니까[善] 상덕은[德] 선한 것이다[善]. …… 백성은[百姓] 모두[皆] 그[其] 귀와[耳] 눈을[目] (따라) 쓰고[注], 성인은[聖人] 백성을[之] 모두[皆] 어린애답게 한다[孩]. 『노자(老子)』 49장(章)

註 "위천하계(爲天下谿) 상덕불리(常德不離) 복귀어영아(復歸於嬰兒)." 세상의[天下] 내[川]가[谿] 되면[爲] 상덕이[常德] 떠나지 않아[不離] 갓난애로[於嬰兒] 되[復] 돌아간다[歸]. 『노자(老子)』 28장(章)

註 "아무위(我無爲) 이민자화(而民自化) 아호정(我好靜) 이민자정(而民自正) 아무사(我無事) 이민자부(而民自富) 아무욕(我無欲) 이민자박(而民自樸)." 나한테[我] (내 뜻대로) 행함이[爲] 없으니까[無而] 백성은[民] 절로[自] 변화했고[化], 내가[我] (무위하여) 고요함을[靜] 좋아하니까[好而] 백성은[民] 절로[自] 바르게 되었고[正], 나한테[我] (내 뜻대로) 다스리는 일이[事] 없으니까[無而] 백성이[民] 절로[自] 부유해졌으며[富], 나한테[我] (내 뜻대로) 욕심냄이[欲] 없으니까[無而] 백성은[民] 절로[自] 그냥 그대로 되었다[樸]. 『노자(老子)』 57장(章)

註 "성인후기신이신선(聖人後其身而身先) 외기신이신존(外其身而身存)." 성인은[聖人] 자신을[其身] 뒤로 물려서[後而] 자신이[身] 앞서지고[先], 그[其] 자신을[身] 없애서[外而] 자신이[身] 살아난다[存]. 『노자(老子)』 7장(章)

註 "노담왈(老聃曰) 인개취선(人皆取先) 기독취후(己獨取後) 왈(曰)수천하지구(受天下之垢) 인개취실(人皆取實) 기독취허(己獨取虛) 무장야(無藏也) 고(故) 유여(有餘)." 노자가[老聃] 말한다[曰] : 사람들[人] 모두[皆] 앞을[先] 취하지만[取], 그분은[己] 홀로[獨] 뒤를[後] 취한다[取]. {또 노담(老聃)이} 말한다[曰] : 온 세상의[天下之] 부끄러움을[垢] 받아들이면서[受] 사람들은[人] 모두[皆] 실속을[實] 취하지만[取], 그분은[己] 홀로[獨] 비움을[虛] 취해[取] (그분께는) 간직함이[藏] 없는 것[無]이다[也]. 그래서[故] (그분께는) 여유가[餘] 있다[有]. 『장자(莊子)』 「천하(天下)」

註 "불감위천하선(不敢爲天下先)." 감히[敢] 세상에[天下] 나서지[先] 않는다[不爲]. 『노자(老子)』 67장(章)

【보주(補註)】

● 〈욕선민(欲先民) 필이신후지(必以身後之)〉를 〈성인장욕선민시(聖人將欲先民時) 성인이신필고자후(聖人以身必固自後)〉처럼 옮기면 문맥을 더 쉽게 잡을 수 있다. 〈성인이[聖人] 장차[將] 백성을[民] 앞서게 하고자 할[欲先] 때[時] 성인은[聖人] 자신으로[身]써[以] 반드시[必] 꼭[固] 자기를[自] 뒤로 물린다[後].〉

● 후지(後之)는 〈선인후기(先人後己)〉의 후기(後己)와 같다. 후지(後之)의 후(後)는 〈겸허할 겸(謙)〉과 같아 후겸(後謙)의 줄임말로 여기면 된다. 〈남을[人] 앞서게 하고[先] 자기를[己] 뒤로 한다[後].〉

● 후지(後之)와 앞서 살핀 하지(下之)는 『맹자(孟子)』의 **사기종인(舍己從人)**을 연상시킨다. 후지[後之]는 자기를[己] 버리고[舍] 남을[人] 따름을[從] 뜻하지만, 여기 후지(後之)의 사기종인(舍己從人)은 자연(自然)을 본받는[法] 무위(無爲)의 것이고, 『맹자(孟子)』의 사기종인(舍己從人)은 인의예악(仁義禮樂)을 본받는 인위(人爲)의 것인지라 서로 뜻하는 바가 다르다.

註   "맹자왈(孟子曰) 선여인동(善與人同) 사기종인(舍己從人) 낙취어인(樂取於人) 이위선(以爲善)." 맹자가[孟子] 말했다[曰] : (순임금은) 남들과[與人] 함께하기를[同] 좋아했고[善], 자기를[己] 버리고[舍] 남을[人] 따라서[從] 남한테서[於人] 취함으로[取]써[以] 선을[善] 행하기를[爲] 좋아했다[樂].   『맹자(孟子)』「공손추장구상(公孫丑章句上)」

【해독(解讀)】

● 〈욕선민(欲先民) 필이신후지(必以身後之)〉는 시간의 종절과 주절로 이루어진 복문(複文)이다. 〈백성을[民] 앞서게 하고자 할 때[欲先] {성인(聖人)은} 반드시[必] 자신으로[身]써[以] 뒤로 한다[後之].〉

● 욕선민(欲先民)에서 주어 노릇할 〈성인(聖人)〉은 생략되었지만 욕(欲)은 동사 노릇하고, 선(先)은 영어의 부정사(不定詞)같이 구실하고, 민(民)은 선(先)의 목적어 노릇해 선민(先民)은 영어의 부정사구(不定詞句)처럼 욕(欲)의 목적구 노릇한다. 〈성인이[聖人] 선민하고자 할 때[欲先民]〉 필이신후지(必以身後之)에서 필(必)은 어조사로 부사 노릇하고, 이신(以身)은 후(後)를 꾸며주는 부사구 노릇하며, 후(後)는 동사 노릇하고, 지(之)는 기신(其身)을 나타내는 지시어로서 선

(先)의 목적어 노릇한다. 여기 후(後)는 〈뒤로 물릴 후(後)〉이다. 〈빈드시[必] 자신으로[身]써[以] 그[其] 몸을[身] 뒤로 물린다[後].〉

66-5 是以(시이) 聖人處上而民不重(성인처상이민부중)

▶이렇기[是] 때문에[以] 성인이[聖人] 위에[上] 있어도[處而] 백성은[民] {성인(聖人)을} 무거워하지 않는다[不重].

이 시(是), 때문에 이(以), 통할 성(聖), 있을 처(處), 위에 상(上),
그러나 이(而), 백성 민(民), 안할 부(不), 무거워할 중(重)

【지남(指南)】

〈성인처상이민부중(聖人處上而民不重)〉은 성인(聖人)이 펼치는 〈욕상민(欲上民) · 욕선민(欲先民)〉은 백성이 몰라보게 펼쳐짐을 밝힌다. 〈성인처상(聖人處上)〉과 〈민부중(民不重)〉은 17장(章)의 태상(太上) 부지유지(不知有之)를 상기시킨다. 태상(太上) 즉 태고(太古) 때의 황제는 성인(聖人)으로 백성을 다스렸지만, 백성은 그런 황제가 있는 줄도 몰랐다는[不知] 것이다.

태상(太上)의 황제로서 성인(聖人)은 『장자(莊子)』의 도무자(覩無者)로 천지지우(天地之友)인지라, 도유자(覩有者)인 〈고지군자(古之君子)〉가 아니었다. 없음을[無] 보는[覩] 것은[者] 자연(自然)을 본받는[法] 것이고, 있음을[有] 보는[覩] 것은[者] 인위(人爲)를 좇는 것이다. 자연무기(自然無己) 즉 자연에는[自然] 자기가[己] 없어 만물일야(萬物一也)이지만, 인간유기(人間有己) 즉 인간에게는[人間] 자기가[己] 있어[有] 자기란[己] 것이 저마다의 욕망을 부추기는 인위(人爲)를 좇는다. 그래서 19장(章)의 〈절성기지(絶聖棄智) 절인기의(絶仁棄義) 절교기리(絶巧棄利)〉란 말씀이 나온다. 성지(聖智)를 끊어[絶] 버리고[棄], 인의(仁義)를 끊고 교리(巧利)를 끊어버리라고 함은 인위(人爲)를 끊고 복귀어박(復歸於樸)하라 함이다.

성인처상(聖人處上)은 성인(聖人)이 도무자(覩無者)의 천지지우(天地之友)로 백성 위에[上] 있음이지[處], 도유자(覩有者)의 석지군자(昔之君子)로 백성 위에 군림하는 것이 아니다. 도무자(覩無者)로서 성인(聖人)의 처상(處上)은 백성으로 하여금 수중(守中)의 삶을 누리게 하고자 함이지, 예악형정(禮樂刑政)으로 백성을 이끌기 위해서가 아니다. 백성이 안평태(安平泰)의 삶을 누리게 하도록 성인(聖人)은 〈처상(處上)〉할 뿐, 성인(聖人)이 백성을 제지(齊之) 즉 다지지[齊之] 않아도 백성 스스로 성인(聖人)을 본받아 아자연(我自然)을 구가(謳歌)하는 삶을 누리게 하는 다스림이 처상(處上)이다. 성인(聖人)이 군림하지 않으므로 자기들 위에서[處上] 다스려도 무거움을 느끼지 않음을 살펴 새기고 헤아려 깨우치게 하는 말씀이 〈성인처상이민부중(聖人處上而民不重)〉이다.

註　"태상부지유지(太上不知有之) 기차친지예지(其次親之譽之) 기차외지(其次畏之) 기차모지(其次侮之)." 아주 옛날 {황제(黃帝)의} 세상에는[太上] (백성은) 다스리는 자가[之] 있는 줄도[有] 몰랐고[不知], 그[其] 다음 {오제(五帝)와 삼왕(三王)의} 세상에는[次] 그것을[之] 가까이하고[親] 그것을[之] 기렸으며[譽], 그[其] 다음 {패자(霸者)의} 세상에는[次] 그것을[之] 두려워했고[畏], 그[其] 다음 {폭군(暴君)의} 세상에는[次] 그것을[之] 업신여겼다[侮].　　『노자(老子)』 17장(章)

註　"대동이무기(大同而無己) 무기(無己) 오호유유(惡乎有有) 도유자석지군자(覩有者昔之君子) 도무자천지지우(覩無者天地之友)." 큰 것과[大] 하나이니[同而] 내 것이[己] 없다[無]. 내 것이[己] 없는데[無] 어찌[惡乎] 무엇을 가짐이[有] 있겠는가[有]? 가짐을[有] 보는[覩] 자는[者] 옛날의[昔之] 군자이고[君子], 갖지 않아 없음을[無] 보는[覩] 이는[者] 하늘땅의[天地之] 벗이다[友].

　　대동(大同)은 여자연동(與自然同) 즉 자연과[與自然] 하나됨[同]이고, 무기(無己)는 무사(無私) · 무욕(無欲) · 무아(無我)를 묶어 말함이다. 석지군자(昔之君子)는 인의예지(仁義禮智)를 앞세우는 유가(儒家)의 군자(君子)를 말함이다. 도무자(覩無者) · 천지지우(天地之友) · 무기자(無己者) 등은 성인(聖人)을 달리 말함이다.　　『장자(莊子)』 「재유(在宥)」

【보주(補註)】

- 〈성인처상이민부중(聖人處上而民不重)〉을 〈성인처어민지상(聖人處於民之上)이민부중성인(而民不重聖人)〉처럼 옮기면 문맥을 더 쉽게 잡을 수 있다. 〈성인이[聖人] 백성의[民之] 위에[於上] 있다[處]. 그러나[而] 백성은[民] 성인을[聖人] 무거워하지 않는다[不重].〉

- 민부중(民不重)에서 중(重)을 〈답답해할 압(壓)〉과 같이 새겨도 된다. 〈백성은[民] {성인(聖人)을} 답답해하지 않는다[不重].〉

【해독(解讀)】

- 〈성인처상이민부중(聖人處上而民不重)〉은 두 구문이 〈그러나 이(而)〉로 연결된

중문(重文)이다. 〈성인이[聖人] 위에[上] 있다[處]. 그러나[而] 백성은[民] 무거워
하지 않는다[不重].〉

● 성인처상(聖人處上)에서 성인(聖人)은 주어 노릇하고, 처(處)는 동사 노릇하며,
상(上)은 처(處)를 꾸며주는 부사 노릇한다. 〈성인이[聖人] (백성의) 위에[上] 있
다[處].〉

● 이민부중(而民不重)에서 이(而)는 〈그러나 이(而)〉로 접속사 노릇하고, 민(民)은
주어 노릇하며, 부(不)는 중(重)의 부정사(否定詞)이고, 중(重)은 목적어가 생략
되었지만 동사 노릇한다. 중(重)은 〈답답할 압(壓)〉과 같다. 〈그러나[而] 백성은
[民] {성인(聖人)을} 무거워하지 않는다[不重].〉

66-6 處前而民不害(처전이민불해)

▶ {성인(聖人)이 백성} 앞에[前] 있어도[處而] 백성은[民] 상해입지 않
는다[不害].

있을 처(處), 앞에 전(前), 그러나 이(而), 백성 민(民), 안할 불(不), 해칠 해(害)

【지남(指南)】

〈처전이민불해(處前而民不害)〉도 백곡(百谷)의 왕(王)처럼 남면(南面)하는 성인
(聖人)과 백성의 관계를 거듭 밝힌다. 성인(聖人)이 처상(處上)하여 치민(治民)하고
있어도 백성은 그런 줄 모르고 삶을 누리니, 성인(聖人)이 나타난들 백성은 해를
입을 리가 없음을 〈민불해(民不害)〉라고 밝힌다.

백성이 상자연(常自然)으로 안평태(安平泰)의 삶을 누리게 하는 왕(王)이라면,
경호원 없이도 백성 속에 어울릴 수 있을 것이다. 여기 〈처전(處前)〉과 〈불해(不
害)〉역시 17장(章)의 **태상(太上) 부지유지(不知有之)**와 55장(章)의 **함덕지후(含德之
厚)**를 상기시킨다. 태상(太上) 즉 태고(太古)의 황제는 성인(聖人)으로서 함덕(含
德)이 돈후(敦厚)했으니, 백성이 그런 치자(治者)에 의해서 피해를 당할 리 없다.
갓 태어난 핏덩이는[赤子] 낳아준 어머니에게서 잠시도 떨어지지 않고 산모도 핏
덩이를 떼어 놓지 않듯, 성인(聖人)은 복수기모(復守其母)하면서 치민(治民)하므로

백성도 성인(聖人)께 안길 뿐임을 〈민불해(民不害)〉가 암시한다.

　성인(聖人)이 49장(章)의 **무상심(無常心) 이백성심(以百姓心)** 즉 고집하는 마음이[常心] 없이[無] 백성의[百姓] 마음으로[心]써[以] 상민(上民)하고 선민(先民)하며 처상(處上)하여 처전(處前) 즉 백성 앞에[前] 나타나도[處], 백성은 성인(聖人)에게 피해를 입을 리 없다. 상심(常心)이란 성심(成心)이고 성견(成見)이며 요샛말로 이념에 해당한다. 성인(聖人)께는 그런 상심(常心)이 없기 때문에 성인(聖人)과 백성이 현덕(玄德)으로 위일(爲一)할 뿐임을 민불해(民不害)가 일깨워준다. 위일(爲一)이란 상도(常道)와 만물이 모자(母子)의 관계이듯이, 성인(聖人)과 백성의 관계도 모자(母子)와 같음이다. 나아가 성인(聖人)은 상도(常道)를 받들어 법자연(法自然)하는 천하모(天下母)로서 백성의 어머니가 되고, 백성은 성인(聖人)을 천하모(天下母)로 받듦이다.

　불해(不害)의 〈해(害)〉는 정령(政令)이 민생(民生)을 방해하고 이롭지 않게 하여 빚어지는 국지적(國之賊) 즉 나라의[國之] 해침[賊]으로 빚어진다. 그러므로 법자연(法自然)하는 성인(聖人)이 상민(上民)하고 선민(先民)하며 처상(處上)하고 처전(處前)해도 민지소해(民之所害), 즉 백성이[民之] 해를 입는[害] 바란[所] 없음을 밝힘이 여기 〈민불해(民不害)〉이다. 성인(聖人)이 처상(處上)해도 백성이 짓눌린다고[重] 여기지 않음을 〈부중(不重)〉이 뜻해주고, 성인(聖人)이 처전(處前)해도 백성한테 해로울 것이 없음을 〈불해(不害)〉가 뜻하니, 처상(處上) · 처전(處前)은『장자(莊子)』의 **대동이무기(大同而無己)**를 연상시킨다. 무위(無爲)의 다스림을[治] 펼치는 성인(聖人)은 자연과[大] 하나가 되어[同而] 자기가[己] 없으므로[無] 백성에게 온 세상의[天下] 어머니로[母] 치민(治民)함을 거듭해 살펴 새기고 헤아려 깨우치게 하는 말씀이 〈처전이민불해(處前而民不害)〉이다.

註　"태상(太上) 부지유지(不知有之)." 아주 옛날 {황제(黃帝)의} 세상에는[太上] (백성은) 다스리는 자기[之] 있는 줄도[有] 몰랐다[不知].　　　　　　　『노자(老子)』17장(章)

註　"성인무상심(聖人無常心) 이백성심위심(以百姓心爲心)." 성인께는[聖人] 고집하는 마음이[常心] 없고[無], {성인(聖人)은} 백성의[百姓] 마음으로[心]써[以] (당신의) 마음을[心] 삼는다[爲].　　　　　　　　　　　　　　　　　　　　　　　　『노자(老子)』49장(章)

註　"함덕지후(含德之厚) 비어적자(比於赤子) 독충불석(毒蟲不螫) 맹수불거(猛獸不據) 확조불

박(攫鳥不搏)." 상덕을[德] 품음이[含之] 두터움은[厚] 핏덩이[赤子]에[於] 견줘진다[比]. 독 있는[毒] 벌레도[蟲] (핏덩이를) 쏘지 않고[不螫], 사나운[猛] 짐승도[獸] 잡아채지 않으며[不據], 낚아채는[攫] 새도[鳥] 움켜잡지 않는다[不搏].

『노자(老子)』 55장(章)

註 "유약승강강(柔弱勝剛强)." 부드럽고[柔] 연약함이[弱] 굳세고[剛] 강함을[强] 무릅쓴다[勝].

『노자(老子)』 36장(章)

註 "천하유시(天下有始) 이위천하모(以爲天下母) 기득기모(旣得其母) 이지기자(以知其子) 기지기자(旣知其子) 복수기모(復守其母) 몰신불태(歿身不殆)." 세상에[天下] 시원이[始] 있다[有]. 이로써[以] 온 세상의[天下] 어머니로[母] 삼고[爲], 이미[旣] 그[其] 어머니를[母] 깨달았으니[得] 이로써[以] 그[其] 아들을[子] 안다[知]. 이미[旣] 그[其] 아들임을[子] 알고[知] (어머니한테로) 돌아가[復] 그[其] 어머니를[母] 지킨다면[守] 평생토록[歿身] 위태롭지 않다[不殆].

『노자(老子)』 52장(章)

註 "대동이무기(大同而無己) 무기(無己) 오호유유(惡乎有有)." 큰 것과[大] 하나이니[同而] 내 것이[己] 없다[無]. 내 것이[己] 없는데[無] 어찌[惡乎] 무엇을 가짐이[有] 있겠는가[有]?

『장자(莊子)』「재유(在宥)」

【보주(補註)】

● 〈처전이민불해(處前而民不害)〉를 〈성인처어민지전(聖人處於民之前) 이민불피해어성인(而民不被害於聖人)〉처럼 옮기면 문맥을 더 쉽게 잡을 수 있다. 〈성인이[聖人] 백성의[民之] 앞에[於前] 있다[處]. 그러나[而] 백성은[民] 성인에[聖人] 의해서[於] 상해입지 않는다[不被害].〉

● 민불해(民不害)에서 해(害)를 〈해로울 상(傷)〉으로 여기지 않고 〈겨룰 비(比)·승(勝)〉 등과 같이 보아도 문의(文意)에 어긋나지 않는다. 〈백성은[民] (성인과) 겨루지 않는다[不害].〉

【해독(解讀)】

● 〈처전이민불해(處前而民不害)〉는 두 구문이 〈그러나 이(而)〉로 연결된 중문(重文)이다. 〈(성인이) 앞에[前] 머문다[處]. 그러나[而] 백성은[民] 해롭지 않다[不害].〉

● 처전(處前)에서 주어 노릇할 〈성인(聖人)〉은 생략되었지만, 처(處)는 동사 노릇하며, 전(前)은 처(處)를 꾸며주는 부사 노릇한다. 〈(성인이) 앞에[前] 처한다[處].〉

● 이민불해(而民不害)에서 이(而)는 〈그러나 이(而)〉로 접속사 노릇하고, 민(民)은

주어 노릇하며, 불(不)은 해(害)의 부정사(否定詞)이고, 해(害)는 수동의 동사 노릇한다. 해(害)는 〈해칠 상(傷)〉과 같아 상해(傷害)의 줄임말로 여기면 된다. 〈그러나[而] 백성은[民] 상해입지 않는다[不害].〉

66-7 是以(시이) 天下樂推而不厭(천하락추이불염)

▶이렇기[是] 때문에[以] 온 세상은[天下] {성인(聖人)을} 즐거이[樂] 받들면서[推而] 싫어하지 않는다[不厭].

이 시(是), 때문에 이(以), 하늘 천(天), 아래 하(下), 즐거울 락(樂), 받들 추(推), 그리고 이(而), 없을(안할) 불(不), 싫어할 염(厭)

【지남(指南)】

〈천하락추이불염(天下樂推而不厭)〉은 성인(聖人)이 처상(處上)해도 백성이 부중(不重)하고, 성인(聖人)이 처전(處前)해도 백성이 불해(不害)함을 〈낙추이불염(樂推而不厭)〉으로 거듭 밝힌다. 천하민(天下民)이 성인(聖人)을 싫어하지 않고[不厭] 즐거이[樂] 받들어 모심은[推] 그로 말미암아 서로 다툴 까닭이 없어지기 때문이다. 57장(章)에서 성인(聖人)이 무위(無爲)하여 백성이 스스로 자화되니[自化] 천하민(天下民)이 성인(聖人)을 즐거이 받들어 모셔도 싫지 않아 서로 다툴 리 없고, 성인(聖人)이 무사(無事)하여 백성이 스스로 부유해지니[自富] 천하민(天下民)이 성인(聖人)을 즐거이 받들어 서로 다툴 리 없으며, 성인(聖人)이 호정(好靜)하여 백성이 스스로 올바르니[自正] 천하민(天下民)이 성인(聖人)을 즐거이 받들어 서로 다툴 리 없고, 성인(聖人)이 무욕(無欲)하여 백성이 스스로 수수하니[自樸] 천하민(天下民)이 성인(聖人)을 즐거이 받들어 서로 다툴 리 없다.

인위(人爲)의 정령(政令)으로 치민(治民)하는 군왕을 백성이 낙추(樂推)할 리 없으니, 강추(强推) 즉 억지로[强] 받들면서[推] 두려워하다[畏] 끝내 업신여기고[侮] 싫어하게[厭] 되면, 난세(亂世)에 백성이 간난(艱難)을 면하지 못하게 되는 까닭도 낙추(樂推)에 있을 것이다. 인위(人爲)의 정령(政令)은 『맹자(孟子)』의 말대로 망민(罔民)하기 때문이다. 인위(人爲)의 정령(政令)으로 군왕이 처상(處上)하면 백성을 무겁게 하고[重民], 처전(處前)하면 백성을 해하여[害民] 그물질하게 된다. 그러나 법자연(法自然)의 함덕(含德)으로 성인(聖人)이 처상(處上)하면 백성은 두려워 않고[不重], 처전(處前)해도 해롭지 않아[不害] 천하 백성이 서로 다투지 않고[不爭] 성인(聖人)을 즐거이 모시면서 싫어하지 않음을 살펴 새기고 헤아려 깨우치게 하는 말씀이 〈천하락추이불염(天下樂推而不厭)〉이다.

註 "아무위(我無爲) 이민자화(而民自化) 아호정(我好靜) 이민자정(而民自正) 아무사(我無事) 이민자부(而民自富) 아무욕(我無欲) 이민자박(而民自樸)." 나한테[我] (내 뜻대로) 행함이[爲] 없으니까[無而] 백성은[民] 절로[自] 변화했고[化], 내가[我] (무위하여) 고요함을[靜] 좋아하니까[好而] 백성은[民] 절로[自] 바르게 되었고[正], 나한테[我] (내 뜻대로) 다스리는 일이[事] 없으니까[無而] 백성이[民] 절로[自] 부유해졌으며[富], 나한테[我] (내 뜻대로) 욕심냄이[欲] 없으니까[無而] 백성은[民] 절로[自] 그냥 그대로 되었다[樸].　　　　　　　　　　　『노자(老子)』57장(章)

註 "급함어죄연후(及陷於罪然後) 종이형지(從而刑之) 시망민야(是罔民也)." 죄에[於罪] 빠지게[及] 함정을 파둔[陷] 뒤에[然後] 그에 따라서[從而] 죄를[之] 벌한다면[刑], 그런 짓은[是] 백성을[民] 그물로 잡는 것[罔]이다[也].　　　　　　『맹자(孟子)』「양혜왕장구상(梁惠王章句上)」

【보주(補註)】

- 〈천하락추이불염(天下樂推而不厭)〉을 〈천하민락추성인(天下民樂推聖人) 이천하민불염성인(而天下民不厭聖人)〉처럼 옮기면 문맥을 더 쉽게 잡을 수 있다. 〈온 세상[天下] 백성이[民] 성인을[聖人] 즐거이[樂] 모신다[推]. 그리고[而] 온 세상[天下] 백성이[民] 성인을[聖人] 싫어하지 않는다[不厭].〉

- 낙추(樂推)의 추(推)는 〈추존성인(推尊聖人)〉의 줄임으로 여기고 문맥을 잡아가면 문의(文義)가 분명해진다. 〈성인을[聖人] 받들어 모신다[推尊].〉

【해독(解讀)】

- 〈천하락추이불염(天下樂推而不厭)〉은 두 구문이 〈그리고 이(而)〉로 연결된 중문(重文)이다. 〈천하가[天下] 낙추한다[樂推]. 그리고[而] 싫어하지 않는다[不厭].〉

- 천하락추(天下樂推)에서 천하(天下)는 주어 노릇하고, 낙(樂)은 추(推)를 꾸며주는 부사 노릇하며, 추(推)는 목적어가 생략되었지만 동사 노릇한다. 여기 추(推)는 〈받들 존(尊) · 봉(奉)〉 등과 같아 추존(推尊)의 줄임말로 여기면 된다. 〈온 세

상이[天下] (성인을) 즐거이[樂] 받든다[推].〉

● 이불염(而不厭)에서 이(而)는 〈그리고 이(而)〉 접속사 노릇하고, 불(不)은 염(厭)의 부정사(否定詞)이고, 염(厭)은 목적어가 생략되었지만 동사 노릇한다. 〈그리고[而] (천하는 성인을) 싫어하지 않는다[不厭].〉

66-8 以其不爭(이기부쟁)

▶이로 말미암아[以] 백성은[其] (어느 누구와도) 다투지 않는다[不爭].

말미암을 이(以), 그 기(其), 않을 부(不), 다툴 쟁(爭)

【지남(指南)】

〈이기부쟁(以其不爭)〉은 백성이 성인(聖人)을 즐거이[樂] 받들고[推] 싫어하지 않음으로써[不厭] 온 세상에 다툼이[爭] 없어짐을 밝힌다. 〈부쟁(不爭)〉은 법자연(法自然)의 다스림으로 말미암아 누리는 나라의 행복[福]이다. 왜 백성이 서로 다투지 않는가? 무위(無爲)·호정(好靜)·무사(無事)·무욕(無欲)의 다스림으로 19장(章)의 영유소속(令有所屬)을 스스로 누리고, 〈지어대순(至於大順)〉하기 때문이다. 대순(大順)이란 자연을[大] 따름[順]이라 백성은 소박(素樸)함을 살피고[見] 지키면서[抱] 사사로움을[私] 적게[少] 하고, 사욕(私欲)을 줄여서[寡] 항상[常] 소박하기[自然] 때문이다.

백성이 저마다 소사(少私)하고 과욕(寡欲)하게 하는 법자연(法自然)의 다스림은 세상을 지극히 공평하게 한다. 백성이 서로[相] 다투지 않고[不爭] 서로[相] 어긋나지 않는[不軋] 삶을 누리게 됨은 성인(聖人)을 즐거이[樂] 받들어 모시기[推] 때문임을 살펴 새기고 헤아려 깨우치게 하는 말씀이 〈이기부쟁(以其不爭)〉이다.

─────────

註 "영유소속(令有所屬) 견소포박(見素抱樸) 소사과욕(少私寡欲)." (백성으로) 하여금[令] 맡긴[屬] 바를[所] 간직하게 하라[有]. 그냥 그대로를[素] 살피게 하고[見] 그냥 그대로를[樸] 지키게 한다면[抱], (백성은) 제 몫을[私] 적게 하고[少] 욕망을[欲] 적게 한다[寡].   『노자(老子)』19장(章)

【보주(補註)】

- 〈이기부쟁(以其不爭)〉을 〈시이(是以) 천하민불상쟁(天下民不相爭)〉처럼 옮기면 문맥을 더 쉽게 잡을 수 있다. 〈이로[是] 말미암아[以] 온 세상[天下] 백성은[民] 서로[相] 다투지 않는다[不爭].〉

- 기부쟁(其不爭)에서 기(其)는 〈천하지민(天下之民)〉을 줄인 지시어 노릇한다. 〈그것은[其] 다투지 않는다[不爭].〉〈온 세상의[天下之] 백성은[民] 다투지 않는다[不爭].〉

【해독(解讀)】

- 〈이기부쟁(以其不爭)〉에서 이(以)는 〈시이(是以)〉의 줄임으로 부사 노릇하고, 기(其)는 주어 노릇하며, 부(不)는 쟁(爭)의 부정사(否定詞)이고, 쟁(爭)은 자동사 노릇한다. 이(以)는 〈때문에 인(因)〉과 같고, 기(其)는 민(民)을 나타내는 대명사 노릇하며, 쟁(爭)은 〈다툴 투(鬪)〉와 같아 쟁투(爭鬪)의 줄임말로 여기면 된다. 〈그 때문에[以] 그것은[其] 다투지 않는다[不爭].〉

- 기부쟁(其不爭)에서 부(不)를 쟁(爭)의 부정사(否定詞)로서 문맥을 잡지 않고 〈없을 부(不)〉 동사로 문맥을 잡을 수도 있다. 그러면 기(其)는 부(不)를 꾸며주는 부사 노릇하고, 쟁(爭)은 부(不)의 주어 노릇한다. 부(不)를 어느 쪽으로 여기든 문의(文義)는 달라지지 않는다. 〈그것은[其] 다투지 않는다[不爭].〉〈그것에는[其] 다툼이[爭] 없다[不].〉

66-9 故天下莫能與之爭(고천하막능여지쟁)

▶그러므로[故] 온 세상[天下] (어느 누구도) 그 성인과[與之] 능히[能] 다툴 일이[爭] 없다[莫].

그러므로 고(故), 없을 막(莫), 능히 능(能), ~함께 여(與), 그 지(之), 다툴 쟁(爭)

【지남(指南)】

〈천하막능여지쟁(天下莫能與之爭)〉은 시비분별의 논란으로 상쟁(相爭)하려는 사람일지라도 〈백곡왕(百谷王)〉의 천도(天道)를 본받아 부쟁(不爭)하는 성인(聖人)과는 다툴 수 없음을 밝힌다. 수많은[百] 골짝물이[谷] 돌아가는 자리[王]처럼 자연의[天] 규율을[道] 그대로 본받는 성인(聖人)은 소사과욕(少私寡欲)의 삶을 누리기 때문에, 다사과욕(多私過欲) 즉 사사로움이[私] 많고[多] 욕망이[欲] 지나쳐[過] 상쟁(相爭)을 일삼는 그 누구일지라도 성인(聖人)과는 상쟁(相爭)할 수 없다. 온갖 것들을 하나로[一] 안아 지키는[抱] 성인(聖人)은 시비를 가려 논란하지 않는다.

〈여지쟁(與之爭)〉의 지(之)는 『장자(莊子)』의 인시이(因是已) 즉 자연에[是] 맡길[因] 뿐인[已] 성인(聖人)이라 여기면 된다. 백곡(百谷)이 모여드는[王] 강해(江海)처럼, 만물을 피대시(彼對是)로 대응하지 않고 피역시(彼亦是)로 호응하여 피시(彼是)가 서로 어울리게 법자연(法自然)하는 성인(聖人)과는 그 누구도 다툴 수 없음이 〈막능여지쟁(莫能與之爭)〉이다. 따라서 백성은 무욕(無欲)한 성인(聖人)을 본받아 여천화자(與天和者) 즉 자연과[與天] 어울리는[和] 사람들로[者], 자화(自化)하고 자정(自正)하며 자부(自富)하고 자박(自樸)하게 된다.

지금 세상은 『장자(莊子)』에 나오는 **인여인상식(人與人相食)**이란 무서운 말을 되새겨보게 한다. 지금 우리는 자외(自外) 즉 바깥[外]에서부터[自] 얻어지는 〈부(富) · 귀(貴) · 현(顯) · 엄(嚴) · 명(名) · 이(利)〉란 것들에 매달려 상기[喪己] 즉 자기를[己] 잃고[喪], 부유[富] · 고귀[貴] · 유명[顯] · 존경[嚴] · 명예[名] · 이득[利] 등의 외물(外物)을 남보다 더 많이 쟁취하고자 날마다 상쟁(相爭)의 삶을 서슴지 않는 세상을 만들고 있다. 지금이 바로 『장자(莊子)』에 나오는 **도치지민(倒置之民)** 즉 물구나무서서 살아가는[倒置之] 사람들[民]임을 일깨워주는 말씀이 〈막능여지쟁(莫能與之爭)〉이다.

지금은 거의 순천(順天) 즉 저마다의 천성(天性)을 따라[順] 산다는 말을 귀담아 듣지 않는 편이다. 이 순천(順天)이란 성수(性修) 즉 천성을[天性] 닦음[修]으로, 실성(失性)하지 않아 정치지민(正置之民) 즉 바로서서 살아가는[正置之] 삶을 일깨워주는 말씀이다. 천성(天性)을 잃지 않음을 일러 순박(淳樸)하다 한다. 순박한 사람은 부쟁(不爭)하니 성인(聖人)은 백성을 순박하게 한다. 그러므로 강해같이 치민(治民)하는 성인(聖人)을 즐거이 추대하여[樂推] 싫어하지 않는[不厭] 백성이 소사(少私)하고 과욕(寡欲)하여 상쟁(相爭)하지 않는 삶을 누림을 살펴 새기고 헤아려 깨우치게 하는 말씀이 〈천하막능여지쟁(天下莫能與之爭)〉이다.

註 "자무적유(自無適有) 이지어삼(以至於三) 이황자유적유호(而況自有適有乎) 무적언(無適焉) 인시이(因是己)." 없음[無]에서[自] 있음으로[有] 나아감으로[適]써[以] {유무(有無)에 시비가 끼어들어} 셋에[於三] 이르는데[至], 하물며[而況] 있음[有]에서[自] 있음으로[有] 나아감이랴 어쩌겠나[適乎]? 있음으로[焉] 나아감이[適] 없을[無] 뿐이고[焉], 자연에[是] 맡길[因] 뿐이다[己].

지어삼(至於三)의 삼(三)은 유(有)·무(無)에 시비 따위가 개입돼 셋이[三] 됨이니, 시비가 무수해짐을 뜻한다. 무적언(無適焉)의 언(焉)은 〈어유(於有)〉를 줄인 것이고, 인시이(因是己)의 시(是)는 대시(大是) 즉 자연(自然)을 말한다. 『장자(莊子)』「경상초(齊物論)」

註 "대란지본필생어요순지한(大亂之本必生於堯舜之閒) 기말존호천세지후(其末存乎千世之後) 천세지후(千世之後) 기필유인여인상식자야(其必有人與人相食者也)." 대란의[大亂之] 뿌리는[本] 요순의[堯舜之] 시대에[閒] 분명히[必] 생겼다[生]. 그[其] 끝은[末] 천대의[千世之] 뒤에도[乎後] 미치고[存], (천대의 뒤) 그때에는[其] 사람과 사람이[人與人] 서로[相] 잡아먹는[食] 짓들이[者] 반드시[必] 있을 것[有]이다[也].

경상초(庚桑楚)는 노자(老子)의 제자(弟子)라 한다. 『장자(莊子)』「경상초(庚桑楚)」

註 "상기어물(喪己於物) 실성어속자(失性於俗者) 위지도치지민(謂之倒置之民)." 바깥 사물로[於物] 자기를[己] 잃어버리고[喪] 속된 것들로[於俗] 본성[性] 잃어버린[失] 것[者], 그것을[之] 물구나무선[倒置之] 사람들이[民] 한다[謂].

어물(於物)의 물(物)은 외물(外物) 즉 명성·이득 따위를 말하고, 어속(於俗)의 속(俗)은 문화·문명의 사회를 말한다. 『장자(莊子)』「선성(繕性)」

【보주(補註)】

- 〈고천하막능여지쟁(故天下莫能與之爭)〉을 〈시고(是故) 천하막능쟁여성인(天下莫能爭與聖人)〉처럼 옮기면 문의(文意)를 좀 더 쉽게 새길 수 있다. 〈이렇기[是] 때문에[故] 온 세상에[天下] 성인(聖人)과[與] 능히[能] 다툴 것이[爭] 없다[莫].〉

- 고천하막능여지쟁(故天下莫能與之爭)은 22장(章)에도 그대로 나온다. 22장(章)의 여지(與之)의 지(之)는 성인포일(聖人抱一)의 포일(抱一)을 본받아 만물일야(萬物一也) 즉 온갖 것들은[萬物] 하나임을[一] 깨달아 시비의 논란을 벗어난 성인(聖人)을 이른다.

註 "성인포일위천하식(聖人抱一爲天下式) 부자현고명(不自見故明) 부자시고창(不自是故彰) 부자벌고유공(不自伐故有功) 부자긍고장(不自矜故長) 부유부쟁(夫唯不爭) 고(故) 천하막

능여지쟁(天下莫能與之爭)." 성인은[聖人] 하나를[一] 지킴으로써[抱] 세상의[天下] 법식으로[式] 삼는다[爲]. 자신을[自] 드러내지 않기[不見] 때문에[故] 밝고[明], 스스로[自] 옳다 하지 않기[不是] 때문에[故] 드러나며[彰], 자신을[自] 자랑하지 않기[不伐] 때문에[故] 보람을[功] 갖고[有], 스스로[自] 뽐내지 않기[不矜] 때문에[故] 장구하다[長]. 무릇[夫] 오로지[唯] 다투지 않는다[不爭]. 그러므로[故] 세상에는[天下] 성인과[與之] 능히[能] 다툴 것이[爭] 없다[莫].

『노자(老子)』22장(章)

【해독(解讀)】

- 〈고천하막능여지쟁(故天下莫能與之爭)〉에서 고(故)는 〈시고(是故)〉의 줄임으로 구문 전체를 꾸며주는 부사 노릇하고, 천하(天下)는 막(莫)을 꾸며주는 부사 노릇하며, 막(莫)은 〈없을 막(莫)〉으로 동사 노릇하고, 능(能)과 여지(與之)는 쟁(爭)을 꾸며주는 부사 노릇하고, 쟁(爭)은 명사로서 막(莫)의 주어 노릇한다. 막(莫) 자(字)는 〈저물 모(莫), 없을 막(莫=無)·말 막(莫=勿), 고요할 맥(莫=靜)〉 등 세 가지로 발음된다. 〈천하에[天下] 그와[與之] 능히[能] 다툼이란[爭] 없다[莫].〉

- 천하막능여지쟁(天下莫能與之爭)은 〈A막능위(莫能爲)B〉의 상용문이다. 〈A에 B를 능히[能] 함이[爲] 없다[莫].〉

67

老子
之言

삼보장(三寶章)

　삼보(三寶)를 밝히는 장(章)이다. 첫째가 〈자(慈)〉이다. 사랑하는 마음[慈]은 인간이 서로 우호(友好)의 뜻을 나눌 수 있는 바탕이다. 둘째는 〈검(儉)〉이다. 아껴서 길러주는 뜻이 간직돼야 방자하지 않고 낭비하지 않는다. 셋째는 〈불감위천하선(不敢爲天下先)〉이다. 겸양(謙讓)의 뜻이 앞서야 부쟁(不爭)의 참뜻을 헤아릴 수 있다.

　이러한 삼보(三寶) 중에서 〈자(慈)〉를 앞세워 강조하는 것은 노자(老子)가 전란(戰亂)으로 폭력이 빚어내는 잔혹함을 목격했던 까닭임을 새삼 되새기게 한다.

老子 ◉ 제 67 장

天下가 皆謂我道大하야 似不肖라 한다 夫唯大라 故로 似
천하 개위아도대 사불초 부유대 고 사

不肖니 若肖 久矣라 其細也夫이라 我有三寶하여 持而
불초 약초 구의 기세야부 아유삼보 지이

保之하노라 一曰慈이고 二曰儉이며 三曰不敢爲天下先
보지 일왈자 이왈검 삼왈불감위천하선

이니라 夫慈故로 能勇하고 儉故로 能廣하며 不敢爲天下
부자고 능용 검고 능광 불감위천하

先故로 能成器長이어늘 今捨慈且勇하고 捨儉且廣하며
선고 능성기장 금사자차용 사검차광

捨後且先하나니 死로다 夫慈以戰則勝하고 以守則固이
사후차선 사 부자이전즉승 이수즉고

니 天將救之하여 以慈衛之하나니라
천장구지 이자위지

세상이[天下] 모두[皆] 나를[我] 일컫는다[謂] : 도가[道] 크나커서[大] (내
가) 본받지 못할 것[不肖] 같다[似]. 무릇[夫] 오로지[唯] 크기[大] 때문에
[故] 본받지 못할 것[不肖] 같다 한다[似]. 만약[若] 본받는다면[肖] 장구할
것[久]이다[矣]. 그것은[其] 세미한 것[細]이로다[也夫]. 나한테[我] 세 가
지[三] 보배가[寶] 있어[有], 그것을[之] 간직하고서[持而] 지킨다[保]. 첫
째를[一] 자애라[慈] 하고[曰], 둘째를[二] 검소라[儉] 하며[曰], 셋째를[三]
감히[敢] 세상에서[天下] 나서지 않음이라[不爲先] 한다[曰]. 무릇[夫] {성
인(聖人)은} 자애롭다[慈]. 그러므로[故] {성인(聖人)은} 능히[能] 용감하다
[勇]. {무릇 성인(聖人)은} 검박하다[儉]. 그러므로[故] {성인(聖人)은} 능히
[能] 넉넉하다[廣]. {무릇 성인(聖人)은} 감히[敢] 세상 사람들의[天下] 앞에
[先] 나서지 않는다[不爲]. 그러므로[故] {성인(聖人)은} 능히[能] 온갖 것의
[器] 어른이[長] 된다[成]. 지금은[今] 자애를[慈] 버리고[捨] 용맹을[勇] 취
하고[且], 검박함을[儉] 버리고[捨] 넉넉하기를[廣] 취하며[且], 뒤를[後]
버리고[捨] 앞을[先] 취한다[且]. {사자(捨慈) · 사검(捨儉) · 사후(捨後) 이것
들은} 죽음으로 내달림이다[死]. 무릇[夫] (나라가) 자애로[慈] 써[以] 싸운
다면[戰] 곧[則] 승리하고[勝], 그로써[以] (나라를) 지킨다면[守] 곧[則] (그

나라는) 공고해진다[固]. 자애로[慈]써[以] (싸우고 지킨다면) 자연이[天] 곧 [將] 그 자애를[之] 구제하고[救], (자연이) 그 자애를[之] 보위해준다[衛].

註 〈천하개위아도대(天下皆謂我道大) 사불초(似不肖) 부유대(夫唯大) 고사불초(故似不肖) 약초(若肖) 구의(久矣) 기세야부(其細也夫)〉는 67장(章) 첫머리에 있는 원문(原文)이지만, 67장(章)의 주지(主旨)와는 상응하지 않고, 34장(章)의 〈고(故) 능성기대(能成其大)〉의 구(句) 아래로 옮겨야 한다는 엄령봉(嚴靈峰)의 설(說)에 따라 67장(章)에서 34장(章) 끝으로 옮겨서 지남(指南)·보주(補註)·해독(解讀)을 붙였다.

① 天下皆謂我(천하개위아) 道大(도대) 似不肖(사불초) 夫唯大(부유대) 故似不肖(고사불초) 若肖(약초) 久矣(구의) 其細也夫(기세야부)

▶ 세상이[天下] 모두[皆] 나를[我] 일컫는다[謂] : 도가[道] 크나커서[大] (내가) 본받지 못할 것[不肖] 같다[似]. 무릇[夫] 오로지[唯] 크기[大] 때문에[故] 본받지 못할 것[不肖] 같다 한다[似]. 만약[若] 본받는다면[肖] 장구할 것[久]이다[矣]. 그것은[其] 세미한 것[細]이로다[也夫].

하늘 천(天), 아래 하(下), 모두 개(皆), 일컬을 위(謂), 나의 아(我), 상도 도(道), 큰 대(大), 같을 사(似), 못할 불(不), 본받을(잘할) 초(肖), 무릇 부(夫), 오로지 유(唯), 때문에 고(故), 만약 약(若), 장구할 구(久), 조사(~이다) 의(矣), 그 기(其), 작을 세(細), 조사 야(也), 조사 부(夫)

註 원문(原文)의 주(註)를 참고한다.

67-1 我有三寶(아유삼보) 持而保之(지이보지)

▶ 나한테[我] 세 가지[三] 보배가[寶] 있어[有], 그것을[之] 간직하고서[持而] 지킨다[保].

> 나 아(我), 있을(간직할) 유(有), 셋 삼(三), 보배 보(寶), 간직할 지(持), 그리고 이(而), 지킬 보(保), 그것 지(之)

【지남(指南)】

〈아유삼보(我有三寶) 지이보지(持而保之)〉는 성인(聖人)의 성전(誠全)을 일깨운다. 22장(章)의 성전(誠全)을 환기시키기 때문이다. 성전(誠全)이란 천도(天道)를 수종(隨從)하여 스스로 보전함이니, 〈곡즉전(曲則全)〉 즉 천도(天道)를 따르면[曲] 곧[則] 자기를 보전함을[全] 말한다. 사람의 인지(人智)는 천도(天道)를 따르기[曲] 싫어하면서도 자기의 보전함만[全] 탐하느라 곡즉전(曲則全)이 자연의[天] 규율[道]임을 모른다. 그러나 성인(聖人)은 따름과[曲] 보전함을[全] 둘로 보지 않고 하나로 보기 때문에 귀천(歸天)하는 전인(全人)이 된다.

〈아유삼보(我有三寶)〉는 성인(聖人)이 성전(誠全)하여 귀천(歸天)하는 방편을 밝힌다. 항상 하지(下之) 즉 자신을[之] 낮추는[下] 성인(聖人)이 여기선 아유삼보(我有三寶)라 나한테[我] 세 가지 보물이[三寶] 있노라[有] 서슴없이 밝힌다. 아유삼보(我有三寶)의 〈아(我)〉는 57장(章)의 그 아(我)로 성인(聖人)이다. 그러므로 이는 〈성인유삼보(聖人有三寶)〉이다. 즉, 성인에게는[聖人] 삼보(三寶) 즉 세 가지[三] 보배가[寶] 있다[有]. 성인(聖人)이 간직한 삼보(三寶)는 상선구인(常善救人)하고 상선구물(常善救物)하는 보배로서 천도(天道)를 따름이다. 성인(聖人)이 모든 사람을[人] 항상[常] 선하게[善] 구제하고[救], 온갖 사물을[物] 항상[常] 선하게[善] 구하는[救] 것은 성인(聖人)께 삼보(三寶)가 갖추어져 있기 때문이다.

세 가지 보배를 간직하여(持) 지킨다고(保) 선언함으로 보아 여기 아(我)는 25장(章)의 법자연(法自然)으로 성전(誠全)하고, 51장(章)의 존도이귀덕(尊道而貴德) 즉 상도를[道] 받들고[尊] 상덕을[德] 받들어[貴] 성전(誠全)하며, 나아가 52장(章)의 복수기모(復守其母) 즉 그 어머니께로[其母] 돌아와[復] 지킴[守]으로써 성전(誠全)

하는 삼보(三寶)를 지녔음을 살펴 새기고 헤아려 깨우치게 하는 말씀이 〈아유삼보
(我有三寶) 지이보지(持而保之)〉이다.

註 　 "고지소위곡즉전자(古之所謂曲則全者) 개허언재(豈虛言哉) 성전이귀지(誠全而歸之)." 옛
날의[古之] 이른바[所謂] 순종하면[曲] 곧[則] 온전하다는[全] 말씀이[者] 어찌[豈] 빈[虛] 말[言]이
겠는가[哉]? 진실로[誠] 보전(保全)하면[全而] 자연으로[之] 돌아온다[歸].
『노자(老子)』22장(章)

註 　 "성인운(聖人云) 아무위(我無爲) 이민자화(而民自化)." 성인이[聖人] 말했다[云] : 나한테
[我] {내 상심(常心)으로} 행함이[爲] 없다[無]. 그래서[而] 백성은[民] 절로[自] {무위(無爲)를} 본
받아 새롭다[化].
『노자(老子)』57장(章)

註 　 "지족불욕(知足不辱) 지지불태(知止不殆) 가이장구(可以長久)." 만족할 줄[足] 알면[知] 욕
되지 않고[不辱], 멈출 줄[止] 알면[知] 위태롭지 않다[不殆]. 이로써[以] 오랠[長久] 수 있다[可].
『노자(老子)』44장(章)

註 　 "인법지(人法地) 지법천(地法天) 천법도(天法道) 도법자연(道法自然)." 사람은[人] 땅을
[地] 본받고[法], 땅은[地] 하늘을[天] 본받고[法], 하늘은[天] 상도를[道] 본받고[法], 상도는[道] 그
냥 그대로를[自然] 본받는다[法].
『노자(老子)』25장(章)

註 　 "만물막부존도이귀덕(萬物莫不尊道而貴德) 도지존(道之尊) 덕지귀(德之貴) 부막지명이상
자연(夫莫之命而常自然)." 온갖 것은[萬物] 도를[道] 받들면서[尊而] 덕을[德] 받들지 않을 수[不
貴] 없으니[莫], 상도의[道之] 받듦과[尊] 덕의[德之] 높임[貴] 그것을[之] 무릇[夫] 하라 함이[命]
없어도[莫而] 늘[常] 절로[自] 그리한다[然].
『노자(老子)』51장(章)

註 　 "기득기모(旣得其母) 이지기자(以知其子) 기지기자(旣知其子) 복수기모(復守其母) 몰신불
태(歿身不殆)." 이미[旣] 그[其] 어머니를[母] 깨달았으니[得] 이로써[以] 그[其] 아들을[子] 안다
[知]. 이미[旣] 그[其] 아들임을[子] 알고[知] (어머니에게) 돌아가[復] 그[其] 어머니를[母] 지킨다면
[守] 평생토록[歿身] 위태롭지 않다[不殆].
『노자(老子)』52장(章)

【보주(補註)】

- 〈아유삼보(我有三寶) 지이보지(持而保之)〉를 〈아유삼보(我有三寶) 이아지삼보
(而我持三寶) 이아보삼보(而我保三寶)〉처럼 옮기면 문맥을 더 쉽게 잡을 수 있
다. 〈나에게는[我] 세 가지[三] 보배가[寶] 있다[有]. 그리고[而] 나는[我] 세 가지
[三] 보배를[寶] 간직한다[持]. 그리고[而] 나는[我] 세 가지[三] 보배를[寶] 지킨
다[保].〉

【해독(解讀)】

- 〈아유삼보(我有三寶) 지이보지(持而保之)〉는 세 구문으로 이루어진 하나의 문 단(文段)이다. 〈나에게는[我] 세 가지[三] 보배가[寶] 있다[有]. (그리고 그 삼보 를) 간직한다[持]. 그리고[而] (나는) 그것을[之] 지킨다[保].〉

- 아유삼보(我有三寶)에서 아(我)는 유(有)를 꾸며주는 부사 노릇하고, 유(有)는 동사 노릇하고, 삼보(三寶)는 유(有)의 주어 노릇한다. 물론 아유삼보(我有三寶) 에서 유(有)를 〈가질 유(有)〉로 문맥을 잡을 수도 있다. 그러면 아(我)는 유(有) 의 주어 노릇하고, 유(有)는 동사 노릇하며, 삼보(三寶)는 유(有)의 목적어 노릇 한다. 〈나한테[我] 삼보가[三寶] 있다[有].〉〈나는[我] 삼보를[三寶] 지니고 있다 [有].〉

- 지(持)는 〈아지삼보(我持三寶)〉에서 주어 노릇할 아(我)와 목적어 노릇할 삼보 (三寶)를 생략하고, 술부(述部)로서 지(持)만 남겼다. 여기서 지(持)는 동사 노릇 한다. 지(持)는 〈간직할 집(執), 지킬 수(守)〉 등과 같아 집지(執持)의 줄임말로 여기면 된다. 〈나는 삼보(三寶)를 간직한다[持].〉

- 이보지(而保之)는 〈이아보삼보(而我保三寶)〉에서 주어 노릇할 아(我)를 생략하 고, 목적어 노릇할 삼보(三寶)를 지시어 노릇하는 지(之)로 대신했다. 이보지(而 保之)에서 이(而)는 〈그리고 이(而)〉로 접속사 노릇하고, 보(保)는 주어가 생략 되었지만 동사 노릇하며, 지(之)는 〈그것 지(之)〉로서 목적어 노릇한다. 보(保) 는 〈지킬 수(守)〉와 같아 보수(保守)의 줄임으로 여기면 된다. 〈그리고[而] (나 는) 그것을[之] 지킨다[保].〉

67-2 一曰慈(일왈자) 二曰儉(이왈검) 三曰不敢爲天下先(삼 왈불감위천하선)

▶ 첫째를[一] 자애라[慈] 하고[曰], 둘째를[二] 검소라[儉] 하며[曰], 셋 째를[三] 감히[敢] 세상에서[天下] 나서지 않음이라[不爲先] 한다[曰].

> 이를 왈(曰), 사랑할 자(慈), 검소할 검(儉), 안할 불(不), 감히 감(敢),
> 할 위(爲), 하늘 천(天), 아래 하(下), 앞설 선(先)

【지남(指南)】

〈일왈자(一曰慈) 이왈검(二曰儉) 삼왈불감위천하선(三曰不敢爲天下先)〉은 삼보(三寶)를 구체적으로 열거한다. 〈일왈자(一曰慈)〉의 자(慈)는 1장(章)에서 살핀 〈유(有) 명만물지모(名萬物之母)〉의 만물지모(萬物之母)인 상도(常道)를 따라 본받는 사랑함[慈]이다. 상도(常道)의 자연(自然)에는 자(慈)가 있을 뿐, 사랑을[慈] 팽개치고 인간이 범하는 폭력의 잔혹함이란 없다. 자(慈)는 52장(章)의 **기득기모(既得其母) 이지기자(以知其子)**와 57장(章)의 〈천하모(天下母)〉를 상기시킨다.

물론 자(慈)는 어미가 새끼를 낳고 먹여 길러내는 사랑으로 법자연(法自然)의 행(行)이니, 자(慈)란 보배는 만물의 시원(始原)으로서 상도(常道)의 법자연(法自然)을 상기시킨다. 이는 5장(章)의 **천지불인(天地不仁)**의 사랑[慈]이며, 79장(章)의 **천도무친(天道無親)**을 본받아 간직하고[持] 지키는[保] 천지 온갖 목숨의 어미들의 사랑[慈]인지라 흔히 말하는 애인(愛人)의 인(仁)은 아니다. 자연의[天] 규율에는[道] 사친(私親)이란 없으니, 지인자(至仁者) 즉 지극히[至] 어진[仁] 사람한테는[者] 모두 고르게 같이[同] 어질지[仁] 친소(親疎)를 따지지 않는다. 천도(天道)로 마주하면 사람한테만 어짊이[仁] 있는 것이 아니라 목숨에는 저마다의 어짊이 있다. 이는 도대(道大)의 자(慈)로서 현덕(玄德)을 행하는 대자(大慈)이다.

현덕(玄德)의 자(慈)는 사람만 지행(知行)하는 자(慈)가 아니니 2장(章)과 10장(章), 그리고 51장(章)에서 공통으로 살펴볼 수 있다. 상도가[道] 만물을 낳아주고[生], 길러주며[畜之], 자라게 하고[長之], 키워주며[育之], 이뤄주고[成之], 영글게 하며[熟之], 보양해주고[養之], 보호해줌이[覆之] 상도(常道)의 대자(大慈)이다. 그리고 낳아주되[生而] 갖지 않고[不有], 위해주되[爲而] 바라지 않으며[不恃], 키워주되[長而] 이래라저래라 않음[不宰] 역시 상도(常道)의 대자(大慈)이니 현묘한 덕[玄德]을 무위(無爲)로 행함으로, 이는 사람만의 것도 아니다. 그래서 『장자(莊子)』에 **호랑인야(虎狼仁也)**란 말이 나온다. 호랑이나[虎] 이리도[狼] 어질어[仁] 어미는 제 새끼를 사랑한다. 〈일왈자(一曰慈)〉의 자(慈)는 도대(道大)의 자(慈)로서 대자(大慈), 즉 크나큰 사랑이다. 성인(聖人)은 이런 자(慈)를 으뜸가는 보배로 간직하고[持] 지킨다[保].

〈이왈검(二曰儉)〉의 검(儉)은 59장(章)의 **치인사천(治人事天) 막약색(莫若嗇)**의

〈색(嗇)〉을 상기시킨다. 여기 검(儉) 역시 법자연(法自然)하는 검박(儉樸)함이다. 사람을 제외한 모든 목숨은 자연대로 살아가므로 검박(儉朴)하다. 사람만 탐욕스럽고 사치할 뿐이니, 사람에게 소유욕이 없어 자연이 허락하는 삶에 자족하면 검(儉)이 새삼스럽게 보배가 될 리 없다. 부귀영화의 탐욕 탓으로 인간은 쉼 없이 상쟁(相爭)하고 상해(相害)하며 사치하고자 검(儉)을 팽개친다.

자연에는 인간이 부리는 사치의 남용이란 없다. 사람을 제외한 모든 목숨은 수중(守中), 즉 천도(天道)를 따라[中] 지켜[守] 검박(儉樸)하다. 뱁새는 꾀꼬리의 황금빛 깃털을 샘하지 않는다. 따라서 검(儉)은 19장(章)의 **소사과욕(少私寡欲)**과 44장(章)의 **지족불욕(知足不辱)**을 상기시킨다. 제 몫을[私] 적게 하고[少] 욕망을[欲] 적게 하면[寡] 절로 검(儉)을 누린다. 무위(無爲) · 무사(無事) · 무욕(無欲)은 소사(少私)하여 과욕(寡欲)함에서 시작되고, 이는 검(儉)으로 행해진다. 이러한 검(儉)은 59장(章)의 **치인사천막약색(治人事天莫若嗇)**의 〈색(嗇)〉과 같으니 아낌[儉嗇]이란 적덕(積德)함이다.

아낌[儉]에 쓰레기란 없이 어느 것 하나 소중하지 않음이 없는 것이 검약(儉約)이다. 천하에 쓰레기를 버리는 동물은 사람밖에 없다. 사람 이외 모든 목숨은 〈검(儉)〉으로 살아 쓰레기도 없고 배부르면 먹이를 탐하지 않으니, 인간이 범하는 상쟁(相爭) · 상해(相害) 따위가 없는 까닭은 모두 검박(儉樸)하기 때문이다. 검(儉)하면 부족함이 없고 절로 만족하므로[知足] 스스로 검박(自儉)하여 29장(章)의 **거사(去奢)** 즉 사치를[奢] 버린다[去]. 치(侈)란 저한테만 넉넉하고 남에게는 인색함이고, 검(儉)이란 자기한테는 인색하지만 남한테 넉넉함이다. 아끼지 않고서는 베풀 수 없음을 아는 것이 검(儉)이므로, 검(儉)이란 보배는 대자(大慈) 없이는 누릴 수 없다. 성인(聖人)은 이런 검(儉)을 보배로 간직하고[持] 지킨다[保].

〈삼왈불감위천하선(三曰不敢爲天下先)〉은 8장(章)의 **부유부쟁(夫唯不爭)**을 상기시킨다. 그리고 68장(章)에 나오는 〈부쟁지덕(不爭之德)〉과 73장(章)의 **천지도부쟁이선승(天之道不爭而善勝)**을 상기시킨다. 〈불감위천하선(不敢爲天下先)〉이란 겸양(謙讓)으로 부쟁(不爭)이다. 감히[敢] 앞서지 않음은[不先] 자후(自後)함이다. 뒤지면 진다고 바동대는 사람은 상쟁(相爭)을 일삼다 필패(必敗)한다. 앞서려고 하면 끌어내지만, 뒤지려고 하면 앞세워주는 것이 세상의 이치[天下式]이다. 그래서 24

장(章)에 **기자불립(跂者不立)**이란 말씀이 나온다. 남보다 먼저 보겠다고 곧추선 사람은[跂者] 오래 설 수 없어서 보지도 못하고 주저앉는 법이다.

　7장(章)의 **성인후기신이신선(聖人後其身而身先)** 역시 〈불감위선(不敢爲先)〉이 천하의 보배임을 깨닫게 해준다. 자신을[其身] 뒤로 물러서게 하면[後而] 세상이 자신을[身] 앞서게[先] 함을 선자(善者)는 믿고 따르지만, 중인(衆人)은 믿지 못해 감위선(敢爲先)하려다 몰태(沒殆) 즉 위험에[殆] 빠져버린다[沒]. 감위선(敢爲先) 즉 남을 제치고 제가 앞서려고 하면[敢爲先] 스스로 위험에[殆] 빠져버리는[沒] 것이 천도(天道)이니, 불감위선(不敢爲先)이란 보배도 대자(大慈) · 대검(大儉)이 없이는 행할 수 없다. 『노자(老子)』 끝장(章)인 81장(章)의 마지막 말씀이 〈성인위이부쟁(聖人爲而不爭)〉이다. 성인(聖人)은 위해주되[爲而] 그 무엇과도 다투지 않는다[不爭]. 성인(聖人)은 이런 〈불감위선(不敢爲先)〉을 보배로 지보(持保)한다.

　그러므로 〈자(慈) · 검(儉) · 불감위천하선(不敢爲天下先)〉의 삼보(三寶)란 법자연(法自然)함으로써 누릴 수 있고, 29장(章)의 거심(去甚) · 거사(去奢) · 거태(去泰) 또한 삼보(三寶)를 행하는 삶임을 살펴 새기고 헤아려 깨우치게 하는 말씀이 〈일왈자(一曰慈) 이왈검(二曰儉) 三曰不敢爲天下先(三曰不敢爲天下先)〉이다.

囲　"무(無) 명천지지시(名天地之始) 유(有) 명만물지모(名萬物之母)." 없음은[無] 하늘땅의[天地之] 본시라[始] 하고[名], 있음은[有] 온갖 것의[萬物之] 어머니라[母] 한다[名].

『노자(老子)』 1장(章)

囲　"기득기모(旣得其母) 이지기자(以知其子)." 이미[旣] 그[其] 어머니를[母] 깨달았으니[得] 이로써[以] 그[其] 아들을[子] 안다[知].　　『노자(老子)』 52장(章)

囲　"천하유시(天下有始) 이위천하모(以爲天下母)." 온 세상 온갖 것에[天下] 시원이[始] 있다[有]. 〈천지만물은 그 시[始]로써[以] 온 세상 만물의[天下] 어머니로[母] 삼는다[爲].

『노자(老子)』 52장(章)

囲　"천지불인(天地不仁) 이만물위추구(以萬物爲芻狗)." 천지에는[天地] 어짊이[仁] 없다[不]. (천지는) 만물로[萬物] 써[以] 풀강아지로[芻狗] 삼는다[爲].　　『노자(老子)』 5장(章)

囲　"천도무친(天道無親) 상여선인(常與善人)." 자연의[天] 이치에는[道] (따로) 친애함이[親] 없고[無] 늘[常] 선한[善] 사람과[人] 함께한다[與].　　『노자(老子)』 79장(章)

囲　"부대도불칭(夫大道不稱) 대변불언(大辯不言) 대인불인(大仁不仁) 대렴불겸(大廉不嗛) 대용불기(大勇不忮)." 무릇[夫] 상도에는[大道] 불러볼 말이[稱] 없고[不], 크나큰[大] 밝힘에는[辯]

말함이[言] 없으며[不], 크나큰[大] 어짊에는[仁] 사사로운 어짊이[仁] 없고[不], 크나큰[大] 청렴 (淸廉)에는[兼] 겸양(謙讓)함이[嗛] 없으며[不], 크나큰[大] 용기에는[勇] 해침이[忮] 없다[不].

여기서 대(大)는 도대(道大)의 대(大)로서 법자연(法自然)을 뜻한다.

『장자(莊子)』「제물론(齊物論)」

(註) "생이불유(生而不有) 위이불시(爲而不恃) 공성이불거(功成而弗居)." 낳아주되[生而] 갖지 않으며[不有], 위해주되[爲而] 바라지 않고[不恃], 공적이[功] 이루어져도[成而] 머물지(연연치) 않는다[弗居].

『노자(老子)』2장(章)

(註) "생지휵지(生之畜之) 생이불유(生而不有) 위이불시(爲而不恃) 장이부재(長而不宰) 시위현 덕(是謂玄德)." 만물(萬物)을[之] 낳아서[生而] 그것을[之] 길러주고[畜], 낳아주되[生而] 갖지 않으며[不有], 위해주되[爲而] 바라지 않고[不恃], 공평무사하게 주재하되[長而] (사사로이) 다스리지 않는다[不宰]. 이를[是] 현묘한[玄] 덕이라[德] 한다[謂].

『노자(老子)』10장(章)

(註) "도생지휵지(道生之畜之) 장지육지(長之育之) 성지숙지(成之熟之) 양지부지(養之覆之) 생 이불유(生而不有) 위이불시(爲而不恃) 장이부재(長而不宰) 시위현덕(是謂玄德)." 상도가[道] 낳 아주고[生之] 길러주며[畜之], 자라게 하고[長之] 키워주며[育之], 이뤄주고[成之] 영글게 하며[熟 之], 보양해주고[養之] 보호해준다[覆之]. 낳아주되[生而] 갖지 않으며[不有], 위해주되[爲而] 바라 지 않고[不恃], 키워주되[長而] 이래라저래라 않는다[不宰]. 이를[是] 현묘한[玄] 덕이라[德] 한다 [謂].

『노자(老子)』51장(章)

(註) "치인사천(治人事天) 막약색(莫若嗇)." 나라와 백성을[人] 다스리고[治] 몸과 마음을[天] 섬 김에[事] 사랑하고 가여워함과[嗇] 같은 것은[若] 없다[莫].

『노자(老子)』59장(章)

(註) "상대재탕문인어장자(商大宰蕩問仁於莊子) 장자왈(莊子曰) 호랑인야(虎狼仁也) 왈(曰) 하 위야(何謂也) 장자왈(莊子曰) 부자상친(父子相親) 하위불인(何爲不仁)." 송나라[商] 태재[大宰] 탕이[蕩] 장자에게[於莊子] 인을[仁] 물었다[問]. 장자가[莊子] 말했다[曰]：호랑이와[虎] 이리가 [狼] 인자한 것[仁]입니다[也]. (탕이) 말했다[曰]：왜인가요[何謂也]? 장자가[莊子] 말했다[曰]：아 비와 새끼가[父子] 서로[相] 친합니다[親]. 왜[何] 인자함이 아닌 것[不仁]이겠습니까[爲]?

장자(莊子) 때에 상(商)나라는 상(商)의 후예인 송(宋)나라를 말한다.

『장자(莊子)』「천운(天運)」

(註) "견소포박(見素抱樸) 소사과욕(少私寡欲)." 그냥 있는 그대로를[素] 살피고[見] 그냥 있는 그대로를[樸] 간직해 지키며[抱], 제 몫을[私] 적게 하고[少] 욕망을[欲] 적게 한다[寡].

『노자(老子)』19장(章)

(註) "지족불욕(知足不辱) 지지불태(知止不殆) 가이장구(可以長久)." 만족할 줄[足] 알면[知] 욕 되지 않고[不辱], 멈출 줄[止] 알면[知] 위태롭지 않다[不殆]. 이로써[以] 오랠[長久] 수 있다[可].

『노자(老子)』44장(章)

(註) "기자불립(跂者不立) 과자불행(跨者不行)." 뒤꿈치를 세운[跂] 사람은[者] (오래) 서 있지 못

734

老子◉제67장

하고[不立], 성큼성큼 크게 걷는[誇] 사람은[者] (멀리) 가지 못한다[不行].　　『노자(老子)』24장(章)

註 "성인후기신이신선(聖人後其身而身先) 외기신이신존(外其身而身存)." 성인은[聖人] 자신을[其身] 뒤로 물려서[後而] 자신이[身] 앞서지고[先], 그[其] 자신을[身] 제쳐서[外而] 자신이[身] 살아난다[存].　　『노자(老子)』7장(章)

註 "불상현(不尙賢) 사민부쟁(使民不爭)." 현능(賢能)을[賢] 높이지 않고[不尙], 백성으로[民] 하여금[使] 다투지 않게 한다[不爭].　　『노자(老子)』3장(章)

註 "부유부쟁(夫唯不爭) 고(故) 무우(無尤)." 무릇[夫] 오로지[唯] {성인(聖人)은} 다투지 않는다[不爭]. 그러므로[故] {성인(聖人)께는} 허물이[尤] 없다[無].　　『노자(老子)』8장(章)

註 "천지도(天之道) 부쟁이선승(不爭而善勝)." 자연의[天之] 규율은[道] 다투지 않고서도[不爭而] 극복하기를[勝] 잘한다[善].　　『노자(老子)』73장(章)

註 "성인거심(聖人去甚) 거사(去奢) 거태(去泰)." 성인은[聖人] 지나침을[甚] 버리고[去], 사치를[奢] 버리고[去], 과도함을[泰] 버린다[去].　　『노자(老子)』29장(章)

【보주(補註)】

- 〈일왈자(一曰慈) 이왈검(二曰儉) 삼왈불감위천하선(三曰不敢爲天下先)〉을 〈제일보위지자(第一寶謂之慈) 이제이보위지검(而第二寶謂之儉) 이제삼보위지불감위천하선아도대세의(而第三寶謂之不敢爲天下先我道大細矣)〉처럼 옮기면 문맥을 더 쉽게 잡을 수 있다. 〈첫 번째[第一] 보배[寶] 그것을[之] 자라[慈] 한다[謂]. 그리고[而] 두 번째[第二] 보배[寶] 그것을[之] 검이라[儉] 한다[謂]. 그리고[而] 세 번째[第三] 보배[寶] 그것을[之] 불감위천하선이라[不敢爲天下先] 한다[謂].〉

- 일왈자(一曰慈)의 자(慈)는 천지자(天之慈) 즉 자연의[天之] 자애(慈愛)이지만, 『대학(大學)』의 위인부지어자(爲人父止於慈)와 **자자소이사중야(慈者所以使衆也)**란 말을 상기하면, 유가(儒家)의 자(慈)는 인지자(人之慈) 즉 사람의[人之] 자애(慈愛)이다.

註 "위인군(爲人君) 지어인(止於仁) 위인신(爲人臣) 지어경(止於敬) 위인자(爲人子) 지어효(止於孝) 위인부(爲人父) 지어자(止於慈) 여국인교(與國人交) 지어신(止於信)." 인군이[人君] 되어서는[爲] 인에[於仁] 머물고[止], 인신이[人臣] 되어서는[爲] 공경에[於敬] 머물며[止], 자식이[人子] 되어서는[爲] 효에[於孝] 머물고[止], 아버지가[人父] 되어서는[爲] 자애에[於慈] 머물며[止], 나라 사람과[與國人] 사귈 때에는[交] 믿음에[於信] 머문다[止].

　　제(弟)는 여기서 〈제(悌)〉와 같다.　　　『대학(大學)』「각론(各論)」3

註 "효자소이사군야(孝者所以事君也) 제자소이사장야(弟者所以事長也) 자자소이사중야(慈者所以使衆也)." 효라는[孝] 것은[者] 임금을[君] 섬기는[事] 방법[所以]이고[也], 제라는[弟] 것은[者] 어른을[長] 방법[所以]이며[也], 자라는[慈] 것은[者] 백성을[衆] 부리는[使] 방법[所以]이다[也].
『대학(大學)』「각론(各論)」7

【해독(解讀)】

● 〈일왈자(一曰慈) 이왈검(二曰儉) 삼왈불감위천하선(三曰不敢爲天下先)〉는 세 구문으로 이루어진 하나의 문단이다. 〈첫째를[一] 자애라[慈] 이른다[曰]. (그리고) 둘째를[二] 검소라[儉] 이른다[曰]. (그리고) 셋째를[三] 감히[敢] 세상에[天下] 나서지[先] 않음이라[不爲] 이른다[曰].〉

● 일왈자(一曰慈)에서 일(一)은 도치되었지만 왈(曰)의 목적어 노릇하고, 왈(曰)은 동사 노릇하며, 자(慈)는 목적보어 노릇한다. 왈(曰)은 〈이를 위(謂)〉와 같다. 〈첫째를[一] 자라[慈] 이른다[曰].〉

● 이왈검(二曰儉)에서 이(二)는 도치되었지만 왈(曰)의 목적어 노릇하고, 왈(曰)은 동사 노릇하며, 검(儉)은 목적보어 노릇한다. 〈둘째를[二] 검이라[儉] 이른다[曰].〉

● 삼왈불감위천하선(三曰不敢爲天下先)에서 삼(三)은 도치되었지만 왈(曰)의 목적어 노릇하고, 왈(曰)은 동사 노릇하며, 불감위천하선(不敢爲天下先)은 목적보어구 노릇한다. 〈셋째를[三] 불감위천하선이라[不敢爲天下先] 이른다[曰].〉

● 삼왈불감위천하선(三曰不敢爲天下先)에서 위천하선(爲天下先)의 위(爲)는 영어의 동명사처럼 구실한다. 불감위천하선(不敢爲天下先)에서 불(不)은 위(爲)의 부정사(否定詞)이고, 감(敢)은 위(爲)를 꾸며주는 부사 노릇하며, 위(爲)는 〈될 위(爲)〉로 영어의 동명사 같고, 천하(天下)는 선(先)을 꾸며주는 형용사 노릇하며, 선(先)은 위(爲)의 보어 노릇한다. 〈세상의[天下] 앞이[先] 감히[敢] 되지 않음이라[不爲]〉

67-3 夫慈(부자) 故(고) 能勇(능용)

▶ 무릇[夫] {성인(聖人)은} 자애롭다[慈]. 그러므로[故] {성인(聖人)

은 능히[能] 용감하다[勇].

【지남(指南)】

〈부자고(夫慈故) 능용(能勇)〉은 성인(聖人)이 〈자(慈)〉를 행함을 밝힌다. 자(慈)를 아는 것만으로는 보(寶)가 될 수 없다. 자애로움이[慈] 보배가 되려면 그것을 실행해야 한다. 〈능용(能勇)〉의 용(勇)은 보배로 삼은 자(慈)를 실행함으로, 5장(章)의 **성인불인(聖人不仁)**을 상기시킨다. 또한 성인(聖人)이 자애(慈愛)를 실행하는 용(勇)은 27장(章)의 습명(襲明)을 환기시킨다. 습명(襲明)의 명(明)은 52장(章) 〈습상(習常)〉의 〈상(常)〉을 알기[知] 때문에, 성인(聖人)의 자애(慈)는 사사로운 인정(仁情)이 없는 무사(無私)한 밝음[明]으로써 행해진다. 명(明)은 지상(知常) 즉 상도(常道)와 상덕(常德)을 앎[知]이니, 여기 습명(襲明)은 습상(習常)과 같이 25장(章)의 **도법자연(道法自然)**을 떠나지 않는다.

존도(尊道)하고 귀덕(貴德)하여 수중(守中)하는 자(慈)에는 사친(私親)의 자애(慈愛)란 없다. 상도(常道)를 따름을[中] 지키는[守] 자애(慈愛)란 곧 79장(章)의 **천도무친(天道無親)**을 그대로 본받는 대자(大慈)이고, 〈천하모(天下母)〉의 자(慈)이다. 만물을 낳아주고[生之] 길러주는[畜之] 어머니의[母] 자애를[慈] 성인(聖人)이 그대로 본받아 실행함이 27장(章)의 **상선구인(常善救人)·상선구물(常善救物)**이다. 항상[常] 선하게[善] 사람을[人] 구제하고[救] 만물을[物] 구제해서[救] 무기인(無棄人)하고 무기물(無棄物)함이 바로 법자연(法自然)의 자(慈)이고, 〈천도무친(天道無親)〉의 자(慈)이다. 그래서 도대(道大) 즉 상도(常道)의 조화를 본받는[法] 성인(聖人)의 자애(慈愛)에는 언제나 습명(襲明)의 뜻이[志] 있다. 이를 아는 것으로 멈추지 않기 때문에 33장(章)의 **강행자유지(强行者有志)**가 환기된다.

자(慈)를 강행함이 〈능용(能勇)〉의 용(勇)으로, 상선구인(常善救人)하고 상선구물(常善救物)하는 자애(慈愛)를 강행하는 용기이다. 상선(常善)이란 언제나 자연(自然)을 본받아[法] 따라 함이다. 〈선구인(善救人)〉의 선(善)이란 계천(繼天) 즉 자연을[天] 계승함[繼]이기 때문이다. 그러므로 상선(常善)의 자애로움을[慈] 강행함이 무위(無爲)·호정(好靜)·무사(無事)·무욕(無欲)의 용기임을 살펴 새기고 헤아려 깨우치게 하는 말씀이 〈부자고(夫慈故) 능용(能勇)〉이다.

註 "성인불인(聖人不仁) 이백성위추구(以百姓爲芻狗)……불여수중(不如守中)." 성인께도[聖人] 어짊이란[仁] 없어[不], 백성을[百姓]써[以] 풀강아지로[芻狗] 삼는다[爲].……{상도(常道)를} 따름을[中] 지킴만[守] 못하다[不如].　　　　　　　　　　　　　『노자(老子)』5장(章)

註 "성인상선구인(聖人常善救人) 고(故) 무기인(無棄人) 상선구물(常善救物) 고(故) 무기물(無棄物) 시위습명(是謂襲明)." 성인은[聖人] 늘[常] 선하게[善] 사람들을[人] 구제하기[救] 때문에[故] 사람들을[人] 버림이[棄] 없고[無], 늘[常] 선하게[善] 온갖 것을[物] 구제하기[救] 때문에[故] 온갖 것을[物] 버림이[棄] 없다[無]. 이러함을[是] 밝음을[明] 간직함이라[襲] 한다[謂].
　　　　　　　　　　　　　　　　　　　　　　　　　　　　『노자(老子)』27장(章)

註 "인법지(人法地) 지법천(地法天) 천법도(天法道) 도법자연(道法自然)." 사람은[人] 땅을[地] 본받고[法], 땅은[地] 하늘을[天] 본받고[法], 하늘은[天] 상도를[道] 본받고[法], 상도는[道] 그냥 그대로를[自然] 본받는다[法].　　　　　　　　　　　　『노자(老子)』25장(章)

註 "천도무친(天道無親) 상여선인(常與善人)." 자연의[天] 이치에는[天道] (따로) 친애함이[親] 없고[無], 늘[常] 선한[善] 사람과[人] 함께한다[與].　　　『노자(老子)』79장(章)

註 "지족자부(知足者富) 강행자유지(强行者有志)." 만족함을[足] 아는[知] 사람은[者] 부유하고[富], 무릅써[强] 행하는[行] 사람에게는[者] 뜻이[志] 있다[有].　　　『노자(老子)』33장(章)

【보주(補註)】

● 〈부자고(夫慈故) 능용(能勇)〉을 〈부성인유자(夫聖人有慈) 고(故) 성인능용(聖人能勇)〉처럼 옮기면 문맥을 더 쉽게 잡을 수 있다. 〈무릇[夫] 성인께는[聖人] 자애가[慈] 있다[有]. 그러므로[故] 성인은[聖人] 능히[能] 용감하다[勇].〉

● 자(慈)를 행하는 용(勇)에는 〈오(惡)〉 즉 미워함[惡]이란 없다. 그러나 유가(儒家)가 주장하는 의(義)를 행하는 용(勇)에는 오(惡)가 있다. 의(義)를 행하는 용(勇)은 〈불손(不遜)〉을 용(勇)으로 삼음을 미워한다[惡]. 의(義)를 행함이 곧 예(禮)이니 불손(不遜)은 비례(非禮)이고, 의(義)를 행하는 용(勇)은 불손(不遜)을 미워하고 배척한다.

註 "자왈(子曰) 견의불위(見義不爲) 무용야(無勇也)." 공자가[子] 말했다[曰] : 의를[義] 보고서도[見] 실행하지 않으면[不爲] 용기가[勇] 없는 것[無]이다[也].
　　　　　　　　　　　　　　　　　　　　　『논어(論語)』「위정(爲政)」24

■ "자공왈(子貢曰) 군자역유오호(君子亦有惡乎) 자왈(子曰) 유오(有惡) 오칭인지악자(惡稱人之惡者) 오거하류이산상자(惡居下流而山上者) 오용이무례자(惡勇而無禮者) 오과감이질자(惡果敢而窒者)." 자공이[子貢] 여쭈었다[曰] : 군자한테도[君子] 역시[亦] 미워함이[惡] 있는 것[有]입니까[乎]? 공자가[子] 말했다[曰] : 미워함이[惡] 있다[有]. 남의[人之] 잘못을[惡] 떠벌이는[稱] 짓을[者] 미워하고[惡], 아랫사람이면서[居下流而] 윗사람을[上] 훼방하는[訕] 짓을[者] 미워하며[惡], 용감하면서[勇而] 예가[禮] 없는[無] 것을[者] 미워하고[惡], 과감하면서[果敢而] 꽉 막힌[窒] 것을[者] 미워한다[惡]. 『논어(論語)』「양화(陽貨)」24

【해독(解讀)】

● 〈부자고(夫慈故) 능용(能勇)〉은 두 구문이 〈그러므로 고(故)〉 접속사로 이어진 중문(重文)이다. 〈무릇[夫] 자애롭다[慈]. 그러므로[故] 능히[能] 용감하다[勇].〉

● 부자(夫慈)에서 부(夫)는 어조사 노릇하고, 자(慈)는 주어가 생략되었지만 동사 노릇한다. 〈무릇[夫] 자애롭다[慈].〉

● 능용(能勇)에서 능(能)은 용(勇)을 꾸미는 부사 노릇하고, 용(勇)은 주어가 생략되었지만 동사 노릇한다. 물론 능(能)을 용(勇)의 조동사로 여기고 문맥을 잡을 수도 있다. 〈능히[能] 용감하다[勇].〉〈용감할 수 있다[能勇].〉

67-4 儉(검) 故(고) 能廣(능광)

▶ {무릇 성인(聖人)은} 검박하다[儉]. 그러므로[故] {성인(聖人)은} 능히[能] 넉넉하다[廣].

검박할 검(儉), 때문에 고(故), 능히 능(能), 넉넉할 광(廣)

【지남(指南)】

〈검고(儉故) 능광(能廣)〉은 성인(聖人)이 〈검(儉)〉을 행함을 밝힌다. 검(儉)을 아는 것만으로는 검(儉)이 보배가 될 수 없고, 그것이 보배가 되려면 실행해야 한다. 〈능광(能廣)〉의 광(廣)은 보배로 삼은 검(儉)을 무위(無爲)·호정(好靜)·무사(無事)·무욕(無欲)으로 실행함이다. 검(儉) 역시 27장(章)의 **습명(襲明)**과 52장(章)의 **습상(襲常)**을 알기[知] 때문에 행하는 검박(儉樸)함이다. 물론 검(儉)도 법자연(法自然)의 것이다. 습명(襲明) 즉 상도(常道)를 깨달아 밝음을[明] 드러나지 않게 속으로 간직함[襲]도 법자연(法自然)으로 말미암고, 습상(習常) 즉 상도를[常] 이어 간직함[習]도 법자연(法自然)으로 말미암으니, 검(儉) 역시 천도(天道)를 벗어나지 않는다.

검박(儉樸)하지 않고 사치함은 만물의 소속인 자연(自然)을 벗어난 인위(人爲)의 짓일 뿐, 19장(章)의 영유소속(令有所屬) 즉 백성으로 하여금[令] 귀속돼 있는[屬] 바를[所] 취하게 하고[有], 28장(章)의 복귀어박(復歸於樸) 즉 자연으로[於樸] 돌아오게 함이[復歸] 검(儉)이다. 자연으로 돌아오면 곧장 자연을[素] 살펴[見] 자연을[樸] 간직하고 지킨다[抱]. 그래서 검(儉)이란 〈소박(素樸)〉 그것이다. 소박(素樸) 즉 자연 그대로에는[素樸] 사치란 없다. 사치함은 무엇이든 낭비하고, 검박함은 무엇이든 소중히 아낀다. 그러므로 검(儉)하면 절로 소사과욕(少私寡欲)의 삶을 누린다. 제 몫을[私] 적게[少] 함으로 말미암아 검박하고[儉], 욕심을[欲] 줄여[寡] 검박하여 검(儉)에는 궁핍(窮乏)이란 없으니, 지족(知足) 즉 만족할 줄[足] 안다[知]. 사치하면 부족함을 면치 못하니 늘 빈자(貧者)일 뿐이지만, 검박(儉樸)하면 자족(自足)하여 자부(自富) 즉 스스로[自] 부유하다[富]. 검소하여 스스로 만족하는 사람은 지족(知足)하는 사람이니, 검(儉)은 33장(章)의 지족자부(知足者富)란 말씀이 〈지검자부(知儉者富)〉와 같은 뜻임을 깨닫게 한다.

〈능광(能廣)〉의 광(廣)은 지족자(知足者)의 여유이고 부유이다. 자연을 본받는[法] 자애로움이 대자(大慈)이듯, 여기 검(儉) 역시 법자연(法自然)의 대검(大儉)이다. 이러한 대검(大儉) 또한 33장(章)의 강행자유지(强行者有志)를 환기시킨다. 검소를 강행함이야말로 능광(能廣)의 광(廣)으로, 상선구인(常善救人)하고 상선구물(常善救物)함을 스스로 강행한다. 검박(儉樸)하여 구인(救人)·구물(救物)을 서슴없이[强] 행함이 검(儉)의 광(廣)이니, 능광(能廣)의 광(廣)은 너그러움[寬]이다. 그러므로 상선(常善)의 검박함을[儉] 강행함도 무위(無爲)·호정(好靜)·무사(無事)·무욕(無欲)의 광대(廣大)임을 살펴 새기고 헤아려 깨우치게 하는 말씀이 〈검고(儉故) 능광(能廣)〉이다.

─────────────

註 "성인상선구인(聖人常善救人) 고(故) 무기인(無棄人) 상선구물(常善救物) 고(故) 무기물(無棄物) 시위습명(是謂襲明)." 성인은[聖人] 사람들을[人] 구제하기를[救] 늘[常] 선하게 한다[善]. 그러므로[故] (성인께는) 사람들을[人] 저버림이[棄] 없다[無]. (성인은) 늘[常] 착하게[善] 온갖 것을[物] 구원한다[救]. 그러므로[故] 온갖 것을[物] 버림이[棄] 없다[無]. 이러함을[是] 상도를 깨달

아 밝음을[明] 안으로 간직함이라[襲] 한다[謂].　　　　　　『노자(老子)』27장(章)

　註　"견소왈명(見小曰明) 수유왈강(守柔曰强) 용기광(用其光) 복기명(復其明) 무유신앙(無遺身殃) 시위습상(是謂習常)." 작은 것을[小] 살펴봄을[見] 밝음이라[明] 하고[曰], 부드러움을[柔] 지킴을[守] 강함이라[强] 한다[曰]. 그[其] 빛냄을[光] 쓰더라도[用] 다시[復] 그[其] 밝음으로[明] 돌아오면[歸] 자신에게[身] 재앙을[殃] 남기지[遺] 않는다[無]. 이를[是] 상도를[常] 이어 간직함이라[習] 한다[謂].　　　　　　『노자(老子)』52장(章)

　註　"영유소속(令有所屬) 견소포박(見素抱樸) 소사과욕(少私寡欲)." (백성으로) 하여금[令] 귀속돼 있는[屬] 바를[所] 취하게 하여[有], (백성이) 그냥 그대로를[素] 살피고[見] 그냥 그대로를[樸] 지킨다면[抱], (백성은) 제 몫을[私] 적게 하고[少] 욕망을[欲] 적게 한다[寡].　　『노자(老子)』19장(章)

　註　"상덕내족(常德乃足) 복귀어박(復歸於樸)." 상덕은[常德] 이내[乃] 만족돼[足] 나뭇등걸(자연)로[於樸] 되[復] 돌아온다[歸].　　　　　　『노자(老子)』28장(章)

　註　"지족자부(知足者富) 강행자유지(强行者有志)." 만족함을[足] 아는[知] 사람은[者] 부유하고[富], 무릅써[强] 행하는[行] 사람에게는[者] 뜻이[志] 있다[有].　　『노자(老子)』33장(章)

【보주(補註)】

● 〈검고(儉故) 능광(能廣)〉을 〈부성인유검(夫聖人有儉) 고(故) 성인능광(聖人能廣)〉처럼 옮기면 문맥을 더 쉽게 잡을 수 있다. 〈무릇[夫] 성인께는[聖人] 검박함이[儉] 있다[有]. 그러므로[故] 성인은[聖人] 능히[能] 크고 넉넉하여 너그럽다[廣].〉

● 검(儉)은 19장(章)의 〈소사과욕(少私寡欲)〉, 즉 제 몫을[私] 적게 하고[少] 욕망을[欲] 적게 하여[寡] 누리는 부유(富裕)이다. 검(儉)은 검박(儉樸)함이니 방자하거나 사치하지 않음이다.

● 성인(聖人)이 검(儉)으로 행하는 광(廣)에는 부족함이 없다. 성인(聖人)은 자기를 위해서 쌓아두지 않기[不積] 때문이다. 검(儉)하여 광(廣)할수록, 성인(聖人)의 성덕(盛德)은 쓸수록, 81장(章) 기유유(己愈有) 즉 자기한테[己] 그만큼 더[愈] 많아지고[有], 기유다(己愈多) 즉 자기한테[己] 그만큼 더[愈] 많아진다[多]. 이렇기 때문에 대검(大儉)의 광(廣)은 크고[大] 넉넉하여 많고[多] 너그럽다[寬].

──────────

　註　"성인부자(聖人不積) 기이위인(旣以爲人) 기유유(己愈有) 기이여인(旣以與人) 기유다(己愈多)." 성인은[聖人] 쌓아두지 않는다[不積]. 이미[旣] 사람들을[人] 위하여[爲] 써도[以] 그만큼 더[愈] 자기한테[己] 많아지고[有], 이미[旣] 남들에게[人] 주려고[與] 써도[以] 그만큼 더[愈] 자기한테[己] 많아진다[多].　　　　　　『노자(老子)』81장(章)

【해독(解讀)】

● 〈검고(儉故) 능광(能廣)〉은 두 구문이 〈그러므로 고(故)〉 접속사로 이어진 중문 (重文)이다. 〈검박하다[儉]. 그러므로[故] 능히[能] 광대하다[廣].〉

● 검(儉)에서 주어가 생략되었지만 검(儉)은 동사 노릇한다. 한문은 한 자(字)로도 구문이 된다. 〈검박하다[儉].〉

● 능광(能廣)에서 능(能)은 광(廣)을 꾸미는 부사 노릇하고, 광(廣)은 주어가 생략 되었지만 동사 노릇한다. 물론 능(能)을 광(廣)의 조동사로 여기고 문맥을 잡아 도 된다. 광(廣)은 〈클 대(大), 많을 다(多), 너그러울 관(寬)〉 등의 뜻을 묶고 있 다. 〈능히[能] 관유하다[廣].〉〈관유할 수 있다[能廣].〉

67-5 **不敢爲天下先故**(불감위천하선고) **能成器長**(능성기장)

▶ {무릇 성인(聖人)은} 감히[敢] 세상 사람들의[天下] 앞에[先] 나서지 않는다[不爲]. 그러므로[故] {성인(聖人)은} 능히[能] 온갖 것의[器] 어른이[長] 된다[成].

> 안할 불(不), 감히 감(敢), 탐할 위(爲), 앞설 선(先), 때문에 고(故),
> 능히 능(能), 이룰(될) 성(成), 만물 기(器), 어른 장(長)

【지남(指南)】

〈불감위천하선(不敢爲天下先) 고(故) 능성기장(能成器長)〉은 성인(聖人)이 〈불 감위천하선(不敢爲天下先)〉을 행함을 밝힌다. 불감위천하선(不敢爲天下先)을 아 는 것만으로는 그것이 보배가 될 수 없다. 앞에 나서지 않음이[不敢爲先] 보배가 되려면 실행해야 한다. 〈기장(器長)〉의 장(長)은 보배로 삼은 불감위천하선(不敢爲 天下先)을 무위(無爲) · 호정(好靜) · 무사(無事) · 무욕(無欲)으로 실행함이다. 따라 서 불감위천하선(不敢爲天下先) 역시 27장(章)의 〈습명(襲明)〉과 52장(章)의 〈습상 (習常)〉을 알기[知] 때문에 행하는 겸양(謙讓)함이고, 나아가 부쟁(不爭)함이다.

물론 이 역시 법자연(法自然)의 것으로, 성인(聖人)은 사람들 앞에 나서서[先] 자(慈) · 검(儉)을 실행하라고 외치지 않는다. 성인(聖人)은 스스로 자(慈) · 검(儉)

을 실행하면서 선(善)으로 온갖 사람을 구제하고, 사물을 구제할 뿐이다. 19장(章)의 **견소포박(見素抱樸)** 소사과욕(少私寡欲)의 삶을 그냥 그대로 행하니, 성인(聖人)의 삶 자체가 곧 〈자(慈)·검(儉)·불감위천하선(不敢爲天下先)〉의 삼보(三寶)를 무르녹게 할 뿐이다. 법자연(法自然)하여 그냥 그대로를[素] 스스로 살피고[見] 그냥 그대로를[樸] 스스로 지켜서[抱], 절로 소사(少私)하고 과욕(寡欲)하여 자애롭고[慈愛] 검박(儉樸)하면서 불감위선(不敢爲先)의 삶을 누릴 뿐이다.

백성 앞에 나서서[先] 선무(宣撫)하지 않음이 불감위선(不敢爲先)의 깊은 뜻인지라, 2장(章)의 〈행불언지교(行不言之教)〉를 환기시키는 동시에 8장(章) **상선약수(上善若水)**를 떠올린다. 아래로만 흐르되 앞서기를[先] 다투지[爭] 않는 물처럼, 성인(聖人)은 그 무엇과도 부쟁(不爭)하므로 천하선(天下先) 즉 사람들 앞에서 나서서[先] 그 무엇도 꾀하지 않는다. 물이 흐르는 곳이면 어디든 목숨이 살 수 있는 선지(善地)가 되듯 성인(聖人)이 있는[居] 곳은 살기 좋은[善] 자리가 된다. 그리고 성인(聖人)의 마음은 물고기가 살기 좋은 연못[淵] 같아 백성이 성인(聖人)을 본받아 자화(自化)하기 때문에 이래라저래라 하지 않아도 소사(少私)하고 과욕(寡欲)하는 삶을 살아 아자연(我自然)의 안평태(安平泰)를 누리게 된다. 이러하므로 성인(聖人)은 저절로 〈능성기장(能成器長)〉 즉 능히[能] 기장(器長)을 이룩한다[成].

기장(器長)의 〈기(器)〉는 만물(萬物)이고, 기장(器長)의 〈장(長)〉은 수장(首長)이다. 〈자(慈)·검(儉)〉을 실행하면서 〈불감위천하선(不敢爲天下先)〉으로 겸양(謙讓)하고 부쟁(不爭)하므로 성인(聖人)은 절로 천하만물의 수장(首長)이 된다. 능성기장(能成器長)의 장(長)은 28장(章)의 **성인용지(聖人用之)** 즉위관장(則爲官長)을 떠올린다. 뿐만 아니라 성인(聖人)이 자연의 것을[樸] 이용해서[散] 무위(無爲)로 만들어내는 〈기(器)〉는 46장(章)의 **천하유도(天下有道)**의 이기(利器) 즉 이로운[利] 사물일[器] 뿐이다. 능성기장(能成器長)의 기(器)는 46장(章)의 **천하무도(天下無道)**로 빚어지는 인위(人爲)의 기(器)가 아니라, 백성이 스스로 자검(慈儉)을 본받고 경선(競先)하지 않아 부쟁(不爭)의 삶을 누리게 되는 이물(利物)이다.

성인(聖人)은 백성으로 하여금 스스로 이물(利物)을 이루게 하는 맨 웃어른[長]이면서도, 사람들 앞에 나서 과시하지 않고 겸양(謙讓)하여 부쟁(不爭)함을 살펴 새기고 헤아려 깨우치게 하는 말씀이 〈불감위천하선고(不敢爲天下先故) 능성기장(能成器長)〉이다.

註 "영유소속(令有所屬) 견소포박(見素抱樸) 소사과욕(少私寡欲)." 딸린[屬] 바를[所] 간직하기를[有] 가르쳐 훈계하고[令], 그냥 있는 그대로를[素] 살피고[見] 그냥 있는 그대로를[樸] 간직해 지키며[抱], 제 몫을[私] 적게 하고[少] 욕망을[欲] 적게 한다[寡].　　　　　　　　　『노자(老子)』19장(章)

註 "성인처무위지사(聖人處無爲之事) 행불언지교(行不言之敎)." 성인은[聖人] 무위를[無爲之] 행함에[事] 머물고[處], {성인(聖人)은 정령(政令) 따위의} 말이[言] 없는[不之] 가르침을[敎] 행한다[行].　　　　　　　　　　　　　　　　　　　　　『노자(老子)』2장(章)

註 "상선약수(上善若水) 수선리만물이부쟁(水善利萬物而不爭) 처중인지소오(處衆人之所惡) 고(故) 기어도(幾於道) 거선지(居善地) 심선연(心善淵) …… 정선치(政善治)." 지극한[上] 선은[善] 물과[水] 같다[若]. 물은[水] 온갖 것을[萬物] 그냥 그대로 잘[善] 이롭게 하면서도[利而] (온갖 것과) 다투지 않고[不爭], 뭇사람이[衆人之] 싫어하는[惡] 곳에[所] 머문다[處]. 그러므로[故] (물은) 도에[於道] 가깝다[幾]. {상선(上善)을 본받는 성인(聖人)의} 거처는[居] 선한[善] 땅이 되고[地], {상선(上善)을 본받는 성인(聖人)의} 마음은[心] 선한[善] 못이 되며[淵], …… {상선(上善)을 본받는 성인(聖人)의} 정사는[政] 선한[善] 다스림이 된다[治].　　『노자(老子)』8장(章)

註 "박산즉위기(樸散則爲器) 성인용지(聖人用之) 즉위관장(則爲官長)." 나뭇등걸이[樸] 쪼개지면[散] 곧[則] 기물이[器] 된다[爲]. 성인이[聖人] 그것을[之] 이용하면[用] 곧[則] 관장이[官長] 된다[爲].　　　　　　　　　　　　　　　　　　　　　　　　　　　『노자(老子)』28장(章)

註 "감기사(甘其食) 미기복(美其服) 안기거(安其居) 낙기속(樂其俗)." (자연이 주는) 그[其] 먹을거리를[食] 달게 먹고[甘], (자연이 주는) 그[其] 입을거리를[服] 좋아하며[美], (자연이 주는) 그[其] 사는 곳을[居] 편안해 하고[安], (자연이 주는) 그[其] 습속을[俗] 즐겨워한다[樂].
　　　　　　　　　　　　　　　　　　　　　　　　　　　　　　『노자(老子)』80장(章)

註 "천하유도(天下有道) 각주마이분(却走馬以糞) 천하무도(天下無道) 융마생어교(戎馬生於郊)." 세상에[天下] 상도가[道] 있으면[有] 말[馬] 달리기를[走] 그침으로[却]써[以] {농마(農馬)로 바꾸어} 거름을 주고[糞], 세상에[天下] 상도가[道] 없으면[有] 성문 밖에서[於郊] 병거(兵車)를 끌[戎] 말이[馬] 산다[生].　　　　　　　　　　　『노자(老子)』46장(章)

【보주(補註)】

● 〈불감위천하선(不敢爲天下先) 고(故) 능성기장(能成器長)〉을 〈성인불감위천하선(聖人不敢爲天下先) 고(故) 성인능성기지장(聖人能成器之長)〉처럼 옮기면 문맥을 더 쉽게 잡을 수 있다. 〈성인은[聖人] 감히[敢] 세상 사람들[天下] 앞에[先]

나서지 않는다[不爲]. 그러므로[故] 성인은[聖人] 능히[能] 만물의[器之] 웃어른이[長] 된다[成].〉

- 불감위천하선(不敢爲天下先)의 선(先)은 7장(章)의 **후기신(後其身)**과 **외기신(外其身)**을 상기시킨다. 그[其] 자신을[身] 뒤로 하고[後] 그[其] 자신을[身] 제침이[外] 곧 불감위선(不敢爲先)을 실행함이다.

> 註 "후기신이신선(後其身而身先) 외기신이신존(外其身而身存) ······ 고(故) 능성기사(能成其私)." 자신을[其身] 뒤로 물려서[後而] 자신이[身] 앞서지고[先], 그[其] 자신을[身] 제쳐서[外而] 자신이[身] 살아난다[存]. ······ 그러므로[故] 그[其] 자기를[私] 능히[能] 이룬다[成].
> 『노자(老子)』 7장(章)

- 〈능성기장(能成器長)의 기(器)는 36장(章)의 **국지리기(國之利器)**와 57장(章)의 **조다리기(朝多利器)**를 함께 상기시키지만, 기(器)는 그냥 만물(萬物)을 지칭하는 것으로 여기면 된다. 『노자(老子)』의 〈기(器)〉는 물고기와 연못[淵]의 관계와 같아 백성을 이롭게 하는 이기(利器)도 있고, 나라를 더욱더[滋] 혼미하게[昏] 하면서 백성을 괴롭히고 치자(治者)를 이롭게 하는 이기(利器)도 있음을 생각하게 한다.

> 註 "어불가탈어연(魚不可脫於淵) 국지리기불가이시인(國之利器不可以示人)." 물고기는[魚] 못에서[於淵] 벗어날[脫] 수 없고[不可], (임금은) 나라의[國之] 유익한[利] 기물로[器]써[以] 사람들에게[人] 과시할[示] 수 없다[不可]. 『노자(老子)』 36장(章)

> 註 "조다리기(朝多利器) 국가자혼(國家滋昏)." 조정에[朝] (권력의) 이기가[利器] 많아지면[多], 나라는[國家] 더욱더[滋] 혼미해진다[昏]. 『노자(老子)』 57장(章)

【해독(解讀)】

- 〈불감위천하선(不敢爲天下先) 고(故) 능성기장(能成器長)〉은 두 구문이 〈그러므로 고(故)〉 접속사로 이어진 중문(重文)이다. 〈불감위천하선한다[不敢爲天下先]. 그러므로[故] 능히[能] 기장이[器長] 된다[成].〉

- 불감위천하선(不敢爲天下先)에서 불(不)은 위(爲)의 부정사(否定詞)이고, 감(敢)은 위(爲)를 꾸며주는 부사 노릇하며, 위(爲)는 동사 노릇하고, 천하(天下)는 선(先)을 꾸며주는 형용사 노릇하고, 선(先)은 위(爲)의 목적어 노릇한다. 〈세상에서[天下] 앞서기를[先] 감히[敢] 하지 않는다[不爲].〉

- 능성기장(能成器長)에서 능(能)은 성(成)을 꾸미는 부사 노릇하고, 성(成)은 주어가 생략되었지만 동사 노릇하고, 기장(器長)은 성(成)의 목적구 노릇한다. 성(成)은 〈이룰 취(就)·입(立)〉 등과 같아 성취(成就)·성립(成立) 등의 줄임말로 여기면 되고, 기장(器長)은 〈기지장(器之長)〉의 줄임으로 보면 된다. 기(器)는 만물을 나타내고, 장(長)은 〈우두머리 수(首)〉와 같아 수장(首長)의 줄임이다. 〈능히[能] 만물의[器] 수장이[長] 된다[成].〉

67-6 今捨慈(금사자) 且勇(차용)

▶지금은[今] 자애를[慈] 버리고[捨] 용맹을[勇] 취한다[且].

지금 금(今), 버릴 사(捨), 사랑할 자(慈), 취할 차(且), 용맹할 용(勇)

【지남(指南)】

〈금사자(今捨慈) 차용(且勇)〉은 지금 사람들이 복수기모(復守其母)의 자애(慈愛)를 버리고 승인(勝人)하고자 함을 밝힌다. 자자필유용(慈者必有勇), 즉 자애로운[慈] 사람한테는[者] 반드시[必] 용기가[勇] 있다[有]. 지금 사람들은 이를 믿지 않고 삼보(三寶)의 자(慈)를 서슴없이 버린다. 『논어(論語)』에도 인자필유용(仁者必有勇) 용자불필유인(勇者不必有仁)이란 말씀이 나온다. 인자(仁者)에게는 용기가[勇] 있지만, 용자(勇者)에게 반드시 어짊이[仁] 있는 것은 아니다. 이처럼 인(仁)의 용(勇)과 불인(不仁)의 용(勇)을 밝힌다.

인(仁)도 자(慈)로 통해 인자(仁慈)라 하지만, 인의예악(仁義禮樂)으로 말미암은 인위(人爲)의 자(慈)이므로 삼보(三寶)의 자(慈)와는 다르다. 삼보(三寶)의 자(慈)는 무위(無爲)의 자(慈)로서 복수기모(復守其母)하는 법자연(法自然)의 자(慈)이다. 자연의 자애(慈愛)로 인한 용(勇)이야말로 천하모(天下母)를 본받는[法] 용기이다. 어머니의[母] 용기에는 27장(章)의 습명(襲明)과 52장(章)의 습상(習常)으로 말미암은 자애(慈愛)를 감행하는 용(勇)이고, 나아가 49장(章)의 덕선(德善)과 덕신(德信)으로 우러나는 자애로움을[慈] 행하는 용기[勇]이다.

어미가 어떠한 난관에도 새끼를 보호하는 용기는 자애(慈愛)이지 힘이[力] 있어서가[有] 아니다. 이러한 자애(慈愛)의 용기[勇]야말로 36장(章)의 유약승강강(柔弱勝剛强)과 52장(章)의 수유왈강(守柔曰强)이 일깨워주는 자(慈)의 용(勇)이다. 부드러움이[柔] 군셈을[剛] 무릅쓰고[勝] 약함이[弱] 강함을[强] 무릅써[勝] 부드러움을[柔] 지키고[守] 진실로 강함을[强] 실행하는 용기가[勇] 어머니[母]의 용기로 자(慈)의 용(勇)이다.

그러나 사기자(捨其慈)의 용(勇) 즉 자애(慈愛)를 버린[捨] 용(勇)은 유력(有力)으로 빚어내는 용(勇)인지라, 군셈이 부드러움을 물리치고 강함이 약함을 물리치는 위력(威力)의 용맹일 뿐이다. 위력의 용맹은 폭력과 횡포를 일삼는 전란(戰亂)의 앞잡이에 불과하다. 이처럼 삼보(三寶)의 자를[慈] 버린[捨] 용(勇)은 33장(章)의 승인자유력(勝人者有力)의 용(勇)으로, 자애(慈愛)를 떠나서 힘을 갖고[有力] 자행하는 용(勇)인지라 상쟁(相爭)하고 쟁선(爭先)하며 상해(相害)하기를 일삼아 난세(亂世)를 빚는 만용(蠻勇)임을 살펴 새기고 헤아려 깨우치게 하는 말씀이 〈금사자(今捨慈) 차용(且勇)〉이다.

註 "인자필유용(仁者必有勇) 용자불필유인(勇者不必有仁)." 인자한테는[仁者] 용기가[勇] 반드시[必] 있지만[有], 용자한테는[勇者] 반드시[必] 인이[仁] 있는 것은[有] 아니다[不].

『논어(論語)』「헌문(憲問)」5

註 "호인불호학(好仁不好學) 기폐야우(其蔽也愚) …… 호용불호학(好勇不好學) 기폐야란(其蔽也亂)." 인을[仁] 좋아하되[好] {사서삼경(四書三經) 등을} 배우기를[學] 좋아하지 않는다면[不好] 그[其] 폐단이란[蔽也] 우둔이다[愚] …… 용기를[勇] 좋아하되[好] (사서삼경 등을) 배우기를[學] 좋아하지 않는다면[不好] 그[其] 폐단이란[蔽也] 난동이다[亂]. 『논어(論語)』「양화(陽貨)」8

註 "선자오선지(善者吾善之) 불선자오역선지(不善者吾亦善之) 덕선(德善) 신자오신지(信者吾信之) 불신자오역신지(不信者吾亦信之) 덕신(德信)." 선한[善] 자[者] 그도[之] 나는[吾] 선하게 하고[善] 나는[吾] 또한[亦] 불선한[不善] 자[者] 그도[之] 선하게 하니까[善] 상덕은[德] 선이고[善], 믿는[信] 자[者] 그도[之] 내가[吾] 믿게 하고[信] 믿지 않는[不信] 자[者] 그도[之] 내가[吾] 또한[亦] 믿게 하니까[信] 상덕은[德] 믿음이다[信]. 『노자(老子)』49장(章)

註 "성인상선구인(聖人常善救人) 고(故) 무기인(無棄人) 상선구물(常善救物) 고(故) 무기물(無棄物) 시위습명(是謂襲明)." 성인은[聖人] 늘[常] 선하게[善] 사람들을[人] 구제하기[救] 때문에[故] 사람들을[人] 버림이[棄] 없고[無], 늘[常] 선하게[善] 온갖 것을[物] 구제하기[救] 때문에[故] 온갖 것을[物] 버림이[棄] 없다[無]. 이러함을[是] 밝음을[明] 간직함이라[襲] 한다[謂]. 『노자(老子)』27장(章)

註 "유약승강강(柔弱勝剛强)." 부드럽고[柔] 연약함이[弱] 굳세고[剛] 강함을[强] 무릅쓴다[勝].

『노자(老子)』 36장(章)

註 "견소왈명(見小曰明) 수유왈강(守柔曰强) 용기광(用其光) 복귀기명(復歸其明) 무유신앙(無遺身殃) 시위습상(是謂習常)." 작은 것을[小] 살펴봄이[見] 밝음이라[明] 하고[曰], 부드러움을[柔] 지킴을[守] 강함이라[强] 한다[曰]. 그[其] 빛냄을[光] 쓰더라도[用] 다시[復] 그[其] 밝음으로[明] 돌아오면[歸] 자신에게[身] 재앙을[殃] 남기지[遺] 않는다[無]. 이를[是] 상도를[常] 이어 간직함이라[習] 한다[謂].

『노자(老子)』 52장(章)

註 "승인자유력(勝人者有力) 자승자강(自勝者强)." 남을[人] 이기는[勝] 사람은[者] 힘이[力] 있고[有], 자신을[自] 이기는[勝] 사람은[者] 강하다[强].

『노자(老子)』 33장(章)

【보주(補註)】

● 〈금사자(今捨慈) 차용(且勇)〉을 〈금지인사기자(今之人捨其慈) 이금지인차용(而今之人且勇)〉처럼 옮기면 문맥을 더 쉽게 잡을 수 있다. 〈지금의[今之] 사람들은[人] 그[其] 자애를[慈] 버린다[捨]. 그러면서[而] 지금의[今之] 사람들은[人] 용맹을[勇] 취한다[且].〉

● 사자(捨慈)의 용(勇)은 다음 68장(章)의 **부쟁지덕(不爭之德)**을 업신여기는 용맹인지라 상민(傷民)하고 해민(害民)하며 탈민(奪民)하는 만용으로 이어진다.

註 "부쟁지덕(不爭之德)." 다투지 않는[不爭之] 덕이다[德].

『노자(老子)』 68장(章)

● 금사자(今捨慈)가 〈금사기자(今捨其慈)〉로 된 본(本)도 있다. 〈기(其)〉의 유무(有無)에 따라 문의(文義)가 달라지는 것은 아니다.

【해독(解讀)】

● 〈금사자(今捨慈) 차용(且勇)〉은 두 구문으로 이루어진 중문(重文)이다. 〈지금은[今] 자를[其慈] 버린다[捨]. (그러면서) 용맹을[勇] 취한다[且].〉

● 금사자(今捨慈)에서 금(今)은 부사 노릇하고, 사(捨)는 주어가 생략되었지만 동사 노릇하며, 자(慈)는 사(捨)의 목적어 노릇한다. 사(捨)는 〈버릴 기(棄)〉와 같아 사기(捨棄)의 줄임말로 여기면 되고, 자(慈)는 〈사랑할 애(愛), 불쌍히 여길 민(愍)〉 등과 같아 자애(慈愛), 자민(慈愍) 등의 줄임말로 여기면 된다. 〈지금은

[今] 자애를[慈] 버린다[捨].〉

● 차용(且勇)에서 차(且)는 동사 노릇하고, 용(勇)은 목적어 노릇한다. 차(且)는 〈취할 취(取)〉와 같다. 〈용맹을[勇] 취한다[且].〉

● 차용(且勇)에서 차(且)를 용(勇)을 꾸며주는 부사로, 용(勇)을 자동사로 여기고 문맥을 잡아도 무방하다. 그러면 차(且)는 〈오히려 상(尙)〉과 같다. 〈오히려[且] 만용을 부린다[勇].〉

67-7 捨儉(사검) 且廣(차광)

▶ 검박함을[儉] 버리고[捨] 넉넉하기를[廣] 취한다[且].

버릴 사(捨), 검박할 검(儉), 취할 차(且), 넉넉할 광(廣)

【지남(指南)】

〈사검(捨儉) 차광(且廣)〉은 지금 사람들이 소사과욕(少私寡欲)의 검박(儉樸)을 버리고 사치하고자 함을 밝힌다. 검자필유광(儉者必有廣) 즉 검박한[慈] 사람한 테는[者] 반드시[必] 넉넉함이[廣] 있다[有] 함은 잊혀진 말씀이다. 지금 사람들은 이를 믿지 않고 삼보(三寶)의 검(儉)을 버린 까닭이다. 거듭 말하지만, 삼보(三寶) 의 검(儉)은 무위(無爲)의 검(儉)으로, 제 몫을[私] 적게 하고[少] 욕심을[欲] 줄여서 [寡] 누리는 검박(儉樸)함이다. 인간만 이러한 자연의 검박함을 저버리지 다른 목 숨들은 그것을 결코 버리지 않는다. 사람을 제외한 목숨은 절로 검박(儉樸)하다. 자연(自然)의 검박(儉樸)으로 말미암은 광(廣)이야말로 천하모(天下母)를 본받는 [法] 다대(多大)함이고 관대(寬大)함이다. 27장(章)의 〈습명(襲明)〉도 검(儉)을 행하 는 광(廣)이 되고, 49장(章)의 〈덕선(德善)〉과 〈덕신(德信)〉 또한 검박함을[儉] 행하 는 광대(廣大)이다.

검박한 사람에게는 모자람이 없고, 따라서 자족(自足)한 삶을 누린다. 검자지족 (儉者知足) 즉 검박한[儉] 사람은[者] 만족할 줄[足] 알기[知] 때문에 넉넉하되[廣], 무엇 하나 낭비하지 않는다. 검(儉)의 광(廣)은 낭비하지 않아 넉넉하므로 부쟁(不 爭)하고 불해(不害)하게 하는 큼[大]이고 너그러움[寬]이며 많음[多]이다. 그러나 사검(捨儉)의 광(廣), 즉 삼보(三寶)의 검(儉)을 버린[捨] 광(廣)은 과시하려는 위세이고 허세이다. 검박(儉樸)함을 버린[捨] 광(廣)은 방탕·편벽·사악·사치 등 못할 짓이 없어 결국 급함어죄(及陷於罪) 즉 죄를 짓고[及] 구렁텅이에 빠져버리는[陷] 화(禍)를 스스로 불러올 수 있음을 살펴 새기고 헤아려 깨치게 하는 말씀이 〈사검(捨儉) 차광(且廣)〉이다.

📖 "자승자강(自勝者强) 지족자부(知足者富)." 자신을[自] 무릅쓰는[勝] 사람은[者] 강하며[强], 만족함을[足] 아는[知] 사람은[者] 부유하다[富].　　　　　　　　　　　　『노자(老子)』33장(章)

【보주(補註)】

● 〈사검(捨儉) 차광(且廣)〉을 〈금지인사기검(今之人捨其儉) 이금지인차광(而今之人且廣)〉처럼 옮기면 문맥을 더 쉽게 잡을 수 있다. 〈지금의[今之] 사람들은[人] 그[其] 검박을[儉] 버린다[捨]. 그러면서[而] 지금의[今之] 사람들은[人] 넉넉하기를[勇] 취한다[且].〉

● 사검(捨儉)의 광(廣) 역시 68장(章)의 〈부쟁지덕(不爭之德)〉을 업신여기는 자만(自慢)인지라 상민(傷民)하고 해민(害民)하는 경우로 드러난다.

● 사검(捨儉)이 〈사기검(捨其儉)〉으로 된 본(本)도 있다. 〈기(其)〉의 유무에 따라 문의(文義)가 달라지는 것은 아니다.

【해독(解讀)】

● 〈사검(捨儉) 차광(且廣)〉은 두 구문으로 이루어진 중문(重文)이다. 〈검을[儉] 버린다[捨]. (그러면서) 넉넉하기를[廣] 취한다[且].〉

● 사검(捨儉)에서 사(捨)는 주어가 생략되었지만 동사 노릇하며, 검(儉)은 사(捨)의 목적어 노릇한다. 사(捨)는 〈버릴 기(棄)〉와 같아 사기(捨棄)의 줄임말로 여기면 되고, 검(儉)은 〈검소할 소(素)·박(樸)〉 등과 같아 검소(儉素)·검박(儉樸)의 줄임말로 여기면 된다. 〈검박함을[儉] 버린다[捨].〉

● 차광(且廣)에서 차(且)는 동사 노릇하고, 광(廣)은 목적어 노릇한다. 차(且)는 〈취할 취(取)〉와 같다. 〈넉넉하기를[廣] 취한다[且].〉

67-8 捨後(사후) 且先(차선)

▶ 뒤를[後] 버리고[捨] 앞을[先] 취한다[且].

버릴 사(捨), 뒤 후(後), 취할 차(且), 앞 선(先)

【지남(指南)】

〈사후차선(捨後且先)〉의 〈사(捨)〉는 지금 사람들이 **후기신(後其身)**을 버리고 쟁선(爭先)함을 밝힌다. 욕선자필유패(欲先者必有敗) 즉 앞서고자 하는[欲先] 사람에게는[者] 반드시[必] 패망이[敗] 있다[有]. 지금 사람들은 이를 믿지 않고 삼보(三寶)의 불감위선(不敢爲先)을 버린다. 삼보(三寶)의 불감위선(不敢爲先)은 무위(無爲)의 불선(不先)으로 복수기모(復守其母)에서 비롯하니, 잘난 척 앞서지 않음[不先]이다. 여기 삼보(三寶)의 불선(不先)은 22장(章)의 **부자현(不自見)·부자시(不自是)·부자벌(不自伐)·부자긍(不自矜)**을 환기시킨다.

이처럼 삼보(三寶)의 불선(不先)은 자후(自後) 즉 스스로[自] 물러남으로[後] 세상이 신선(身先) 즉 자신을[身] 앞세워주고[先], 자외(自外) 즉 자신을[身] 제침으로[外] 세상이 신존(身存) 즉 자신을 살아남게[存] 한다. 그러나 사기후(捨其後)의 선(先), 즉 삼보(三寶)의 불선(不先)을 버린[捨] 선(先)은 24장(章)에서 살핀 **자현(自見)·자시(自是)·자벌(自伐)·자긍(自矜)**을 떠올리게 한다. 이처럼 삼보(三寶)의 불선(不先)을 버린[捨] 자선(自先), 즉 스스로를[自] 앞세우려는 무모함을 살펴 새기고 헤아려 깨치게 하는 말씀이 〈사기후(捨其後) 차선(且先)〉이다.

註 "부자현고명(不自見故明) 부자시고창(不自是故彰) 부자벌고유공(不自伐故有功) 부자긍고장(不自矜故長)." 자신을[自] 드러내지 않기[不見] 때문에[故] 밝고[明], 스스로[自] 옳다 하지 않기[不是] 때문에[故] 뚜렷하며[彰], 자신을[自] 공치사하지 않기[不伐] 때문에[故] 보람이[功] 있고[有], 스스로[自] 뽐내지 않기[不矜] 때문에[故] 장구하다[長]. 『노자(老子)』 22장(章)

註 "자현자불명(自見者不明) 자시자불창(自是者不彰) 자벌자무공(自伐者無功) 자긍자부장(自矜者不長)." 자기를[自] 드러내는[見] 사람은[者] 밝지 못하고[不明], 스스로[自] 옳다 하는[是] 사람은[者] 뚜렷하지 못하며[不彰], 스스로[自] 제 자랑하는[伐] 사람한테는[者] 공적이[功] 없어지고[無], 스스로[自] 뻐기는[矜] 사람은[者] 오래가지 못한다[不長]. 『노자(老子)』 24장(章)

註 "후기신이신선(後其身而身先) 외기신이신존(外其身而身存)." 자신을[其身] 뒤로 물려서[後而] 자신이[身] 앞서지고[先], 그[其] 자신을[身] 제쳐서[外而] 자신이[身] 살아난다[存].

『노자(老子)』7장(章)

【보주(補註)】

● 〈사후차선(捨後且先)〉을 〈금지인사후(今之人捨後) 이금지인차선(而今之人且先)〉처럼 옮기면 문맥을 더 쉽게 잡을 수 있다. 〈지금의[今之] 사람들은[人] 뒤를[後] 버린다[捨]. 그리고[而] 앞을[先] 취한다[且].〉

● 사후차선(捨後且先)의 선(先) 역시 68장(章)의 〈부쟁지덕(不爭之德)〉을 업신여기는 자만인지라 상민(傷民)하고 해민(害民)하며 탈민(奪民)하려는 선(先)이다.

● 사후(捨後)가 〈사기후(捨其後)〉로 된 본(本)도 있다. 〈기(其)〉의 유무에 따라 문의(文義)가 달라지는 것은 아니다.

【해독(解讀)】

● 〈사후차선(捨後且先)〉은 두 구문으로 이루어진 중문(重文)이다. 〈후를[後] 버린다[捨]. (그러면서) 앞을[先] 취한다[且].〉

● 사후(捨後)에서 사(捨)는 주어가 생략되었지만 동사 노릇하고, 후(後)는 사(捨)의 목적어 노릇한다. 사(捨)는 〈버릴 기(棄)〉와 같아 사기(捨棄)의 줄임말로 여기면 되고, 후(後)는 선(先)의 반대말이다. 〈뒤를[後] 버린다[捨].〉

● 차선(且先)에서 차(且)는 동사 노릇하고, 선(先)은 목적어 노릇한다. 차(且)는 〈취할 취(取)〉와 같다. 〈앞을[先] 취한다[且].〉

67-9 死(사)

▶{사자(舍慈)・사검(舍儉)・사후(舍後) 이것들은} 죽음으로 내달림이다[死].

죽을 사(死)

【지남(指南)】

〈사(死)〉는 주향사로(走向死路) 즉 죽음의[死] 길을[路] 향해[向] 내달림을[走] 한 자(字)로 단언한다. 〈자(慈)〉를 버리면서[舍] 〈용(勇)〉을 취함은[且] 죽음의 길로 내달림[死]이다. 사자(舍慈)는 강포(强暴)로 이어지니, 강함을[强] 앞세워 횡포를[暴] 부리면 잔혹하게 마련이다. 사자차용(舍慈且勇)의 용(勇)이란 곧 잔혹함[殘酷]이고 잔인한 만용(蠻勇)이다. 이러한 만용은 죽음의 길로 내달리는 짓임을 〈사(死)〉로 단언한다.

〈검(儉)〉을 버리면서[舍] 〈광(廣)〉을 취함도[且] 죽음의 길로 내달림[死]이다. 사검(舍儉)은 탕진(蕩盡)으로 이어지고, 탕진(蕩盡)은 걷잡을 수 없는 낭비의 결말로 탐욕의 수렁에 빠져든다. 사검차광(舍儉且廣)의 광(廣)이란 곧 탐욕의 수렁이고, 탕진(蕩盡)의 미혹(迷惑)이다. 이러한 탕진(蕩盡)이란 죽음의 길로 내달리는 짓임을 〈사(死)〉로 잘라 말한다.

〈후(後)〉를 버리면서[舍] 〈선(先)〉을 취함도[且] 죽음의 길로 내달림[死]이다. 사후(舍後)는 오만으로 이어진다. 오만은 자현(自見)하고 자시(自是)하며 자벌(自伐)하고 자긍(自矜)으로 말미암아 방자하게 마련이다. 오만하고 방자하면 자기를 드러내고[自見] 자기를 주장하며[自是] 자기를 자랑하고[自伐] 자기를 아끼기를[自矜] 부끄럽게 여기지 않아 〈차선(且先)〉 즉 남을 제치고 자기가 앞서기를[先] 취하려고[且] 쟁선(爭先)을 서슴지 않는다. 사후차선(舍後且先)의 선(先)이란 쟁선(爭先)을 빚어내 서로 다투고, 상알(相軋) 즉 서로[相] 헐뜯고[軋], 상해(相害) 즉 서로[相] 해치기를[害] 마다하지 않는다. 이러한 쟁선(爭先)이란 죽음의 길로 내달리는 짓임을 〈사(死)〉한 자로 단언한다.

그러므로 인간이 짓는 사로(死路)를 벗어나 자연이 베풀어주는 생로(生路)를 따라 천명(天命)을 누리자면 사자(舍慈)하지 말아야 하고, 사검(舍儉)하지 말아야 하며, 사후(舍後)하지 말아야 함을 살펴 새기고 헤아려 깨치게 하는 말씀이 〈사(死)〉한 자(字)이다.

【보주(補註)】

● 〈사(死)〉를 〈사자차용야자사자야(舍慈且勇也者死者也) 이사검차광야자사자야(而舍儉且廣也者死者也) 이사후차선야자사자야(而舍後且先也者死者也)〉처럼 옮기면 문맥을 더 쉽게 잡을 수 있다. 〈자애를[慈] 버리고[舍] 용감을[勇] 취함[且]이란[也] 것은[者] 죽음의 길로 달리는[死] 것[者]이다[也]. 그리고[而] 검박을[儉] 버리고[舍] 넉넉하기를[廣] 취함[且]이란[也] 것은[者] 죽음의 길로 달리는

[死] 것[者]이다[也]. 그리고[而] 뒤를[後] 버리고[舍] 앞서기를[先] 취함[且]이란 [也] 것은[者] 죽음의 길로 달리는[死] 것[者]이다[也].〉

● 사(死)는 〈주향사로(走向死路)〉의 뜻이다. 〈죽음의[死] 길을[路] 향해[向] 질주한 다[走].〉

【해독(解讀)】

● 〈사(死)〉는 〈차삼자사(此三者死)〉에서 주어 노릇할 차삼자(此三者)를 생략하고, 술부(述部)로서 주격보어 노릇하는 사(死)만 남긴 구문이다. 한문에서는 한 자 (字)로도 구문 노릇을 할 수 있다. 〈죽음의 길로 내달림이다[死].〉〈이[此] 세 가 지는[三者] 죽음의 길로 내달림이다[死].〉

67-10 夫慈以戰則勝(부자이전즉승) 以守則固(이수즉고)

▶무릇[夫] (나라가) 자애로[慈] 써[以] 싸운다면[戰] 곧[則] 승리하고[勝], 그로써[以] (나라를) 지킨다면[守] 곧[則] (그 나라는) 공고해진다[固].

무릇 부(夫), 사랑할 자(慈), 써 이(以), 싸울 전(戰), 곧 즉(則), 이길 승(勝), 지킬 수(守), 튼튼할 고(固)

【지남(指南)】

〈부자이전즉승(夫慈以戰則勝) 이수즉고(以守則固)〉는 삼보(三寶) 중에서 〈자 (慈)〉가 으뜸가는 보배임을 밝힌다. 삼보(三寶)의 으뜸인 자(慈)는 1장(章)의 무명 천지지시(無名天地之始) 유명만물지모(有名萬物之母)를 상기시킨다. 〈무(無)〉는 상도 (常道)이고, 〈유(有)〉는 상도(常道)의 씀[用]이다. 상도(常道)의 용(用)을 상덕(常德) 또는 현덕(玄德)이라 하고, 현덕(玄德)이야말로 상도(常道)의 자(慈)라고 헤아려도 된다.

만물은 모두 도생지(道生之)의 것[物]이니 상도(常道)는 만물의 어머니[母]이고, 만물은 상도(常道)의 자손이다. 그래서 상도(常道)의 용(用)인 덕(德)을 〈시생(始 生)〉이라 한다. 낳아줌[始生]보다 더한 자(慈)는 없으니, 자(慈)야말로 으뜸의 보배 이다. 성인(聖人)의 자(慈) 역시 상도(常道)의 자(慈)를 그대로 본받는 자애(慈愛)이다. 생(生)보다 더한 자(慈)란 없으니 52장(章)의 **복수기모(復守其母)**도 상도(常道)의 자(慈)를 그대로 본받아 실행한다는 말씀이다.

『장자(莊子)』에 나오는 **천지자만물지부모야(天地者萬物之父母)**와 **도자위지공(道者爲之公)**이란 말 역시 상도(常道)의 자(慈)를 밝힘이다. 천지(天地)는 만물의 부모이고 만물은 천지의 자식이니, 복수기모(復守其母)하면 대효(大孝)와 대자(大慈)가 되살아난다. 그래서 19장(章)에 〈절인기의(絶仁棄義) 민복효자(民復孝慈)〉란 말씀이 나온다. 인의(仁義)을 끊고[絶] 버림이란[棄] 복수기모(復守其母) 함이니, 인의(仁義)라는 인위(人爲)의 자(慈)를 절기(絶棄)하고 자연의 자(慈)로 복귀하면 백성은 대효(大孝) 대자(大慈)를 회복하여 부쟁(不爭) 불해(不害)의 삶을 누린다. 그러므로 〈자이전(慈以戰)〉은 상도(常道)의 자(慈)를 이용하여[以] 상도(常道)의 자(慈)를 버린 쪽을 정벌한다면[戰] 상도(常道)의 자(慈)를 본받는 쪽이 백전백승(百戰百勝)한다는 말이다. 여기 승(勝)이란 득민(得民) 즉 백성을[民] 얻음을[得] 뜻함인지라, 〈이수즉고(以守則固)〉 역시 득민(得民)을 뜻하는 말씀이다.

자(慈)로써[以] 백성을[民] 지킨다면[守] 나라가 확고함을[固] 살펴 새기고 헤아려 깨치게 하는 말씀이 〈부자이전즉승(夫慈以戰則勝) 이수즉고(以守則固)〉이다.

註 "무명천지지시(無名天地之始) 유명만물지모(有名萬物之母)." 이름이[名] 없음은[無] 천지의[天地之] 시초이고[始], 이름이[名] 있음은[有] 온갖 것의[萬物之] 어머니이다[母].

　　　　　　　　　　　　　　　　　　　　　　　　　　　　　　『노자(老子)』1장(章)

註 "복수기모(復守其母) 몰신불태(歿身不殆)." (어머니한테로) 돌아와[復] 그[其] 어머니를[母] 지킨다면[守] 평생토록[歿身] 위태롭지 않다[不殆].　　　　　　『노자(老子)』52장(章)

註 "천지자만물지부모야(天地者萬物之父母也) 합즉성체(合則成體) 산즉성시(散則成始)." 하늘땅이란[天地] 것은[者] 만물의[萬物之] 어버이[父母]이다[也]. {음양(陰陽)이} 합해지면[合則] 몸을[體] 이루고[成], 흩어지면[散則] 처음을[始] 이룬다[成].　　　　　『장자(莊子)』「달생(達生)」

註 "천지자형지대자야(天地者形之大者也) 음양자기지대자야(陰陽者氣之大者也) 도자위지공(道者爲之公)." 천지란[天地] 것은[者] 형체의[形之] 큰[大] 것[者]이고[也], 음양이란[陰陽] 것은[者] 기운의[氣之] 큰[大] 것[者]이며[也], 상도라는[道] 것[者] 그것을[之] (천지와 음양 일체를) 총괄함이라[公] 한다[爲].

　　도자위지공(道者爲之公)에서 공(公)은 공평하게 일체를 총괄함이다.

　　　　　　　　　　　　　　　　　　　　　　　　　　　　　　『장자(莊子)』「칙양(則陽)」

【보주(補註)】

● 〈부자이전즉승(夫慈以戰則勝) 이수즉고(以守則固)〉를 〈부임하국전이자(夫任何國戰以慈) 즉기국승전(則其國勝戰) 이임하국이자수기민(而任何國以慈守其民) 즉기국상고(則其國常固)〉처럼 옮기면 문맥을 더 쉽게 잡을 수 있다. 〈무릇[夫] 어느[任何] 나라든[國] 자애로[慈]써[以] 싸우면[戰] 곧장[則] 싸움을[戰] 이긴다[勝]. 그리고[而] 어느[任何] 나라든[國] 자애로[慈]써[以] 제[其] 백성을[民] 지킨다면[守] 곧장[則] 그[其] 나라는[國] 늘[常] 확고하다[固].〉

● 자이전즉승(慈以戰則勝)은 〈역이전즉혹승혹패(力以戰則或勝或敗)〉를 환기시킨다. 힘으로[力]써[以] 싸우면[戰] 곧[則] 이기기도 하고[或勝] 지기도 한다[或敗]. 그러나 이자(以慈) 즉 자애로[慈]써[以] 치국(治國)하면 실민(失民) 즉 백성을[民] 잃을[失] 일이 없으니 망국(亡國)할 리 없다.

【해독(解讀)】

● 〈부자이전즉승(夫慈以戰則勝) 이수즉고(以守則固)〉는 두 복문(複文)으로 이루어진 하나의 문단이다. 〈부자이전하면[夫慈以戰] 즉승한다[則勝]. (그리고) 이수하면[以守] 즉고한다[則固].〉

● 부자이전즉승(夫慈以戰則勝)에서 부자이전(夫慈以戰)은 조건의 종절(從節) 노릇하고, 즉승(則勝)은 주절 노릇한다. 부자이전(夫慈以戰)에서 부(夫)는 어조사 노릇하고, 자이(慈以)는 전(戰)을 꾸며주는 부사구 노릇하며, 전(戰)은 주어와 목적어가 생략되었지만 동사 노릇한다. 즉승(則勝)에서 즉(則)은 어조사 노릇하고, 승(勝)은 주어와 목적어가 생략되었지만 동사 노릇한다. 〈무릇[夫] 자애로[慈]써[以] 싸운다면[戰], 곧장[則] 이긴다[勝].〉

● 이수즉고(以守則固)에서 이수(以守)는 조건의 종절 노릇하고, 즉고(則固)는 주절 노릇한다. 이수(以守)에서 이(以)는 〈자이(慈以)〉의 줄임으로 수(守)를 꾸며주는 부사 노릇하며, 수(守)는 주어와 목적어가 생략되었지만 동사 노릇한다. 즉고(則固)에서 즉(則)은 어조사 노릇하고, 고(固)는 주어와 목적어가 생략되었지만 동사 노릇한다. 〈(자애로) 써[以] 지킨다면[守], 곧장[則] 확고히 한다[固].〉

67-11 天將救之(천장구지) 以慈衛之(이자위지)

▶ 자애로[慈]써[以] (싸우고 지킨다면) 자연이[天] 곧[將] 그 자애를 [之] 구제하고[救], (자연이) 그 자애를[之] 보위해준다[衛].

> 자연 천(天), 바야흐로 장(將), 구제할 구(救), 그 지(之), 발휘할 이(以), 사랑 자(慈), 보호해줄 위(衛)

【지남(指南)】

〈천장구지(天將救之) 이자위지(以慈衛之)〉는 앞서 살핀 〈자이전즉승(慈以戰則勝)〉의 까닭을 밝혀 이 장(章)을 총결(總結)한다. 엄령봉(嚴靈峯)의 주장을 따라 여기 〈천장구지(天將救之) 이자위지(以慈衛之)〉를 〈이기자(以其慈) 고(故) 천장구지(天將救之) 위지(衛之)〉로 고쳐 문맥을 잡았다. 자애를[慈] 발휘하여[以] 자애를 저버린 쪽을 정벌하면[戰] 항상 승전하는[勝] 까닭을 밝힘이 〈천장구지(天將救之) 위지(衛之)〉이다. 이는 자연은[天] 항상 자애를[慈] 구제하고[救] 보위함을[衛] 말한다. 자이전즉승(慈以戰則勝)의 승(勝)이 〈구지(救之)〉의 구(救)를 뜻하고, 이수즉고(以守則固)의 고(固)가 〈위지(衛之)〉의 위(衛)를 뜻함을 알 수 있다. 따라서 무위(無爲)의 자애(慈愛)를 행하는 쪽을 하늘[天]이 구제하고[救] 보위한다[衛]. 자연의 구제(救濟)와 보위(保衛)란 곧 자연의[天] 자애(慈愛)이다.

천자(天慈)는 『장자(莊子)』의 만물일야(萬物−也)의 자(慈)로, 무친(無親)의 자(慈)이다. 그러나 인자(人慈) 즉 인위(人爲)의 자애(慈愛)는 인의예악(仁義禮樂)의 자(慈)로서 유친(有親)의 자(慈)이다. 무친(無親)에는 친소(親疏)가 없지만, 유친(有親)에는 친소(親疏)가 있다. 팔이 안으로 굽는다는 속담은 인간의 것이지 자연(自然)의 것은 아니다. 그리고 무위(無爲)의 자애로[慈]써[以] 지키면[守] 인위(人爲)의 자애로[慈]써[以] 공략(攻掠) 즉 공격하여[攻] 노략질할[掠] 수 없다. 왜냐하면 무위(無爲)의 자애(慈愛)를 행하는 쪽을 자연(自然)이 보위하기[衛] 때문이다. 물론 위지(衛之) 역시 무위(無爲)의 자애(慈愛)를 발휘하여 만물을[萬物] 하나[−]로 보위함이다.

무위(無爲)의 자(慈)는 공공의 자애(慈愛)이므로 천하에 불편부당(不偏不黨)하니, 절로 자애(慈愛)를 발휘하는 쪽을 자연이[天] 구제해주고[救] 보위해주어[衛] 삼보(三寶)를 간직하고 지키는 모든 사람을 몰신불태(歿身不殆) 즉 평생토록[歿身] 위태롭지 않은[不殆] 삶을 누리게 함을 살펴 새기고 헤아려 깨치게 하는 말씀이 〈천장구지(天將救之) 이자위지(以慈衛之)〉이다.

圍 "만물일야(萬物一也)…… 고왈(故曰) 통천하일기이(通天下一氣耳) 성인고귀일(聖人故貴一)." 온갖 것들은[萬物] 하나[一]이다[也]. …… 그러므로[故] 말한다[曰] : 세상을[天下] (두루 걸림 없이) 통함은[通] {상도(常道)의} 한 기운[一氣]뿐이다[耳]. 성인은[聖人] 그러므로[故] 하나를[一] 받든다[貴].   『장자(莊子)』「지북유(知北遊)」

【보주(補註)】

● 〈이자(以慈) 천장구지(天將救之) 위지(衛之)〉를 〈이자전(以慈戰) 즉천장구지(則天將救之) 이이자전(而以慈戰) 즉천위지(則天衛之)〉처럼 옮기면 문맥을 더 쉽게 잡을 수 있다. 〈자애로[慈]써[以] 정벌한다면[戰] 곧장[則] 자연은[天] 마땅히[將] 그 쪽을[他] 구제해준다[救]. 그리고[而] 자애로[慈]써[以] 정벌한다면[戰] 곧장[則] 자연은[天] 자애로[慈]써[以] 그를[他] 보위해준다[衛].〉

● 〈천장구지(天將救之) 이자위지(以慈衛之)〉가 원문(原文)이다. 이 원문(原文)을 〈이자(以慈) 천장구지(天將救之) 위지(衛之)〉로 읽어야 한다는 엄령봉(嚴靈峯)의 설(說)을 수용하였다. 이자(以慈)는 〈천장구지(天將救之) 위지(衛之)〉를 함께 꾸며주는 조건의 종절로 여기고 문맥을 잡는 쪽이 마땅하기 때문이다. 〈자애를[慈] 이용하면[以] 자연이[天] 마땅히[將] 그 자애을[之] 구제하고[救] 그 자애를[之] 보위한다[衛].〉

【해독(解讀)】

● 〈이자(以慈) 천장구지(天將救之) 위지(衛之)〉는 두 복문(複文)으로 이루어진 하나의 문단이다. 〈이자하면[以慈] 천장구지하고[天將救之] 위지한다[衛之].〉

● 이자(以慈)는 바로 앞의 〈부자(夫慈) 이전즉승(以戰則勝) 이수즉고(以守則固)〉에서 〈전즉승(戰則勝) 수즉고(守則固)〉를 생략하고 전(戰)·수(守)를 꾸며주는 부사구만 남긴 어투이다. 이(以)는 여기서 〈써 용(用)〉과 같다. 〈자애로[慈]써[以] 정벌하고[戰] 지킨다면[守]〉〈자애를[慈] 쓴다면[以]〉

- 천장구지(天將救之)에서 천(天)은 주어 노릇하고, 장(將)은 구(救)를 꾸며주는 부사 노릇하며, 구(救)는 동사 노릇하고, 지(之)는 구(救)의 목적어로 지시어 노릇한다. 구(救)는 〈구제할 제(濟)〉와 같아 구제(救濟)의 줄임말로 여기면 되고, 장(將)은 〈마땅 당(當)〉과 같고, 지(之)는 자(慈)를 나타내는 지시어 노릇한다. 〈자연이[天] 곧[將] 그 자애를[之] 구해준다[救].〉

- 위지(衛之)에서 위(衛)는 주어 노릇할 〈천(天)〉을 생략했지만 동사 노릇하고, 지(之)는 위(衛)의 목적어로 지시어 노릇한다. 〈자애로[慈]써[以] 그 자애를[之] 보위한다[衛].〉

부쟁장(不爭章)

〈불무(不武)·불로(不怒)·불여(不與)·위지하(爲之下)〉 즉 무용(武勇)을 함부로 부리지 않음과[不武], 분노를 부리지 않음과[不怒], 함께 다투지 않음과[不與], 그리고 스스로를 낮춤[爲之下] 등을 들어 〈부쟁지덕(不爭之德)〉 즉 다투지 않는[不爭之] 덕(德)을 밝히고, 〈용인지력(用人之力)〉 즉 사람을[人] 쓰는[用之] 힘을[力] 밝히며, 〈배천지극(配天之極)〉 즉 자연과[天] 짝하는[配之] 지극함을[極] 밝혀 부쟁(不爭)·불해(不害)의 천하(天下)가 이루어지는 도리를 깨닫게 하는 장(章)이다.

【원문(原文)】

善爲士者는 不武하고 善戰者는 不怒하며 善勝敵者는
선 위 사 자   불 무   선 전 자   불 로   선 승 적 자

不與하고 善用人者는 爲之下하니 是謂不爭之德이고
불 여   선 용 인 자   위 지 하   시 위 부 쟁 지 덕

是謂用人之力이며 是謂配天之極이다
시 위 용 인 지 력   시 위 배 천 지 극

장수[士] 됨을[爲] 잘하는[善] 자는[者] 무용(武勇)을 부리지 않고[不武], 작전을[戰] 잘하는[善] 장수는[者] 격노하지 않으며[不怒], 적을[敵] 이기기를[勝] 잘하는[善] 장수는[者] (부하들과) 다투지 않고[不與], 사람을[人] 쓰기를[用] 잘하는[善] 장수는[者] (부하들한테) 자기를[之] 낮춤을[下] 취한다[爲]. 이것들을[是] 다투지 않는[不爭之] 덕이라[德] 일컫고[謂], 이것들을[是] 사람을[人] 쓰는[用之] 힘이라[力] 일컬으며[謂], 이것들을[是] 하늘과[天] 합하는[配之] 지극함이라[極] 일컫는다[謂].

68-1 善爲士者不武(선위사자불무)

▶장수[士] 됨을[爲] 잘하는[善] 자는[者] 무용(武勇)을 부리지 않는다[不武].

훌륭한(잘) 선(善), 될 위(爲), 장수 사(士), 사람 자(者), 않을 불(不),
무용(武勇)을 부릴 무(武)

【지남(指南)】

〈선위사자불무(善爲士者不武)〉는 선한[善] 장수의 〈불무(不武)〉를 밝힌다. 〈선위사자(善爲士者)〉는 선장(善將) 즉 덕장(德將)을 말한다. 선장(善將)이란 천도(天道)를 벗어나지 않는 장수(將帥)로, 선(善)은 계천도(繼天道) 즉 천도를[天道] 계승함[繼]이다. 선장(善將)은 맹장(猛將)이 아니다. 맹장(猛將)은 무용(武勇)을 숭상하여[尙] 31장(章)의 요살인(樂殺人)을 서슴지 않고, 72장(章)의 불외위(不畏威)를 알지 못한다. 상무(尙武)는 결국 전쟁터에서 살인을 좋아하는[樂] 참상으로 이어지니, 이는 천도(天道)의 위엄을[威] 두려워하지 않아[不畏] 무도(無道)를 업신여긴다. 기살(嗜殺) 즉 살생(殺生)을 좋아하는[嗜] 짓보다 더한 무도(無道)는 없다. 그러나 선장(善將)은 〈대위(大威)〉 즉 자연의[大] 위력을[威] 두려워하기[畏] 때문에 요살인(樂殺人)으로 이어지는 무용(武勇)을 결코 용납하지 않음이 〈불무(不武)〉이다.

대위(大威)를 두려워함은[畏] 다름 아닌 36장(章)의 유약승강강(柔弱勝剛强)을 깨닫고 있기 때문이다. 선장(善將)은 부드럽고 연약함이[柔弱] 굳세고 강함을[剛强] 무릅씀을[勝] 안다. 그래서 자애(慈愛)로 병졸의 심복(心服)을 얻고 적침(敵侵)을 막아낸다. 이렇듯 선장(善將)은 자연의[大] 위력을[威] 본받아[法] 불무(不武)를 감행한다. 『맹자(孟子)』에도 **이력복인자(以力服人者) 비심복야(非心服也)**란 말이 나온다. 힘으로[力]써[以] 사람을[人] 굴복시킨다면[服] 힘이 모자라 굴복할 뿐, 앙갚음하려는 마음을 버리지 않아 결국 또 다른 상쟁(相爭)을 불러온다.

그러나 선장(善將)의 불무(不武) 즉 무용(武勇)을 부리지 않음은[不武] 자애(慈愛)로 병졸을 이끌어 항상 선전(善戰)함을 살펴 새기고 헤아려 깨치게 하는 말씀이 〈선위사자불무(善爲士者不武)〉이다.

匪 "미지자(美之者) 시요살인(是樂殺人) 부요살인자(夫樂殺人者) 즉불가이득지어천하의(則不可以得志於天下矣)." 승전을[之] 찬미하는[美] 짓은[者] 사람을[人] 죽이기를[殺] 좋아하는 짓[樂]이다[是]. 무릇[夫] 사람을[人] 죽이기를[殺] 좋아하는[樂] 짓이라면[者] 곧[則] 그 때문에[以] 세상에서[於天下] 뜻을[志] 얻을[得] 수 없는 것[不可]이다[矣]. 『노자(老子)』31장(章)

匪 "유약승강강(柔弱勝剛强) 어불가탈어연(魚不可脫於淵) 국지리기불가이시인(國之利器不可以示人)." 부드럽고[柔] 연약함이[弱] 굳세고[剛] 강함을[强] 무릅써낸다[勝]. 물고기는[魚] 못에서[於淵] 벗어날[脫] 수 없고[不可], (임금은) 나라의[國之] 이롭다는[利] 기물을[器] 가지고[以] 사람들에게[人] 과시할[示] 수 없다[不可]. 『노자(老子)』36장(章)

匪 "민불외위(民不畏威) 즉대위지(則大威至)······성인자지(聖人自知) 부자현(不自見) 자애(自愛) 부자귀(不自貴)." 사람이[民] {천지(天地)를 얕보고} (천지의) 위력을[威] 두려워하지 않으면[不畏] 곧[則] 크나큰[大] 위력이[威] 닥친다[至].······성인은[聖] 늘[時] 자신을[自] 알되[知] 스스로[自] 드러내지 않고[不見], 자신을[自] 아끼되[愛] 스스로[自] 귀하다 않는다[不貴]. 『노자(老子)』72장(章)

匪 "이력복인자(以力服人者) 비심복야(非心服也) 역불섬야(力不贍也) 이덕복인자(以德服人者) 중심열이성복자야(中心悅而誠服者也)." 힘으로[力]써[以] 사람을[人] 복종시키는[服] 것은[者] 마음으로[心] 복종함이[服] 아닌 것[非]이고[也], 힘이[力] 넉넉지 못한 것[不贍]이다[也]. 덕으로[德]써[以] 사람을[人] 복종시키는[服] 것은[者] 마음 속으로[中心] 기뻐서[悅而] 진실로[誠] 복종하는 것[服]이다[也]. 『맹자(孟子)』「공손추장구상(公孫丑章句上)」

【보주(補註)】

● 〈선위사자불무(善爲士者不武)〉를 〈선위사지인불무(善爲士之人不武)〉처럼 옮기

면 문의(文意)를 더 쉽게 잡을 수 있다. 〈선위사인(善爲士之) 사람은[人] 불무한
다[不武].〉

● 선위사(善爲士)의 사(士)는 불무(不武)의 무(武)로 미루어 장수(將帥) 즉 선장(善
將)을 뜻한다. 왕필(王弼)은 선위사자(善爲士者)의 사(士)를 졸지수(卒之帥) 즉
병졸의[卒之] 장수[帥]라고 주(註)했다.

● 불무(不武)의 무(武)는 용맹스럽게 무력을[武] 씀[用]이다. 그런지라 불무(不武)
는 〈자이전(慈以戰)〉 즉 자애로[慈] 써[以] 정벌함[戰]을 환기시킨다.

【해독(解讀)】

● 〈선위사자불무(善爲士者不武)〉에서 선위사자(善爲士者)는 주부(主部) 노릇하
고, 불(不)은 무(武)의 부정사(否定詞)이고, 무(武)는 동사 노릇한다. 〈위사를[爲
士] 잘하는[善] 사람은[者] 무용을 부리지 않는다[不武].〉

● 선위사자(善爲士者)에서 선(善)은 동사 노릇하고, 위사(爲士)는 선(善)의 목적구
노릇하며, 자(者)는 〈지인(之人)〉으로 선위사(善爲士)가 자(者)를 꾸며준다. 〈장
수[士] 됨을[爲] 잘하는[善] 사람[者]〉

● 선위사자(善爲士者)의 자(者)는 〈지인(之人)〉의 줄임이다. 〈지인(之人)〉 또는
〈지물(之物)〉을 자(者) 한 자(字)로 줄인 경우로, 이를 앞의 내용을 묶어준다는
뜻으로 한문법(漢文法)에선 제돈(提頓)이라 칭하기도 한다. 〈놈 자(者), 것 자
(者)〉

68-2 善戰者不怒(선전자불로)

▶작전을[戰] 잘하는[善] 장수는[者] 격노하지 않는다[不怒].

잘 선(善), 싸울 전(戰), 놈(之人) 자(者), 않을 불(不), 성낼 로(怒)

【지남(指南)】

〈선전자불로(善戰者不怒)〉도 선장(善將)의 깊은 뜻을 〈불로(不怒)〉를 빌려 밝힌
다. 작전을 잘하는[善] 장수는 대위(大威)를 두려워하므로[畏] 경적(輕敵)하거나 멸
적(蔑敵)하지 않고, 중적(重敵)하므로 격노하여 대적하지 않는다. 작전을[戰] 잘하

는[善] 선장(善將)은 성내거나[怒] 조급해[躁] 하지 않는다. 적침(敵侵)을 잘[善] 방어하되 적을 증오하지 않고 순복(順服)시키려 할 뿐이다. 이런 연유로 선전자(善戰者)는 덕장(德將)으로서 31장(章)의 **염담위상(恬淡爲上)**을 저버리지 않는다. 선장(善將)은 임전(臨戰)에서 평정한 마음을 잃지 않고 선공(先攻)하지 않는다. 적의 침공에 응전하되 적의에 사로잡혀 분기(憤氣)하지 않고 적을 패퇴(敗退)시키는 병법(兵法)을 찾아 살상을 피하고자 진력함을 살펴 새기고 헤아려 깨우치게 하는 말씀이 〈선전자불로(善戰者不怒)〉이다.

註 "병자불상지기기(兵者不祥之器) 비군자지기기(非君子之器) 부득이이용지(不得已而用之) 염담위상(恬淡爲上) 승이불미(勝而不美) 이미지자시요살인(而美之者是樂殺人)." 병장기란[兵] 것은[者] 상서롭지 못한[不祥之] 기물이니[器] 군자의[君子之] 기물이[器] 아닌 것이다[非]. 피치 못해서[不得已而] 그것을[之] 쓰게 되어도[用], 고요해 움직이지 않음을[恬澹] 상선으로[上] 삼으니[爲], 승전해도[勝而] 찬미하지 않는다[不美]. 그러나[而] 승전을[之] 찬미하는[美] 것은[者] 사람을[人] 죽이기를[殺] 좋아하는 것[樂]이다[是].　　　　　　　　　　『노자(老子)』 31장(章)

【보주(補註)】

● 〈선전자불로(善戰者不怒)〉를 〈선전지장불로(善戰之將不怒)〉처럼 옮기면 문맥을 더 쉽게 잡을 수 있다. 〈작전을[戰] 잘하는[善之] 장수는[將] 격노하지 않는다[不怒].〉

● 선전자(善戰者)는 〈선전지장수(善戰之將帥)〉로 여기고 새기면 된다. 〈전투를[戰] 잘하는[善之] 장수[將帥]〉

【해독(解讀)】

● 〈선전자불로(善戰者不怒)〉에서 선전자(善戰者)는 주부(主部) 노릇하고, 불(不)은 노(怒)의 부정사(否定詞)이고, 노(怒)는 동사 노릇한다. 노(怒)는 〈성낼 분(憤)·분(忿)·에(恚)〉 등과 같다. 〈전을[戰] 잘하는[善] 자는[者] 불노한다[不怒].〉

● 선전자(善戰者)에서 선(善)은 동사 노릇하고, 전(戰)은 선(善)의 목적어 노릇하며, 선전(善戰)은 자(者)를 꾸며준다. 자(者)는 〈지인(之人)〉을 대신한다. 〈작전을[戰] 잘 하는[善] 자[者]〉

68-3 善勝敵者不與(선승적자불여)

▶ 적을[敵] 이기기를[勝] 잘하는[善] 장수는[者] (부하들과) 다투지 않는다[不與].

> 잘 선(善), 이길 승(勝), 상대방 적(敵), 놈(之人) 자(者), 않을 불(不), 다툴 여(與)

【지남(指南)】

〈선승적자불여(善勝敵者不與)〉 역시 〈선한[善] 장수(將帥)〉의 깊은 뜻을 〈불여(不與)〉로 밝힌다. 승적(勝敵) 역시 장수의 임무로, 적을 잘[善] 이기는[勝] 장수는 불여(不與) 즉 적들과[與] 다투지 않아[不爭] 마음의 평정을 잃지 않고 적에게 결점이나 약점을 보이지 않는다. 여기 불여(不與)를 왕필(王弼)은 〈부여쟁(不與爭)〉이라고 주(註)했는데, 이는 〈부쟁여적(不爭與敵)〉 즉 적들[敵]과[與] 다투지 않음[不爭]이다. 천도(天道)는 부쟁(不爭)하나 인간이 상쟁(相爭)할 뿐, 천도(天道)를 이길[勝] 순 없다. 선장(善將)은 천도(天道)를 따를 줄 알고, 맹장(猛將)은 인간의 상쟁(相爭)을 고집하다 결국 패망한다.

뿐만 아니라 선승적자(善勝敵者)의 불여(不與)란 선승적자(善勝敵者)는 정중(靜重)함을 상실하지 않음이기도 하다. 적을[敵] 가벼이 여기는[輕] 선장(善將)은 없다. 선장(善將)은 중적(重敵)하면서 싸우지 않고[不戰] 이기는[勝] 것보다 더 나은 승전이 없음을 잊지 않는 것이 불여(不與)이다.

적이 전투를 감행하지 못하도록 선방(善防)함 또한 불여(不與)이다. 상전(相戰)하여 피아(彼我)에 수많은 사상자를 낸 다음 승전함은 선승(善勝)이 아니며, 승적(勝敵)을 잘함도[善] 아니다. 적(敵)이 상전(相戰)할 뜻을 감히 내지 못하게 선방하여 부전(不戰)으로 승적(勝敵)함보다 더한 선승(善勝)은 없으니, 불여(不與) 즉 적과 부쟁(不爭)하는 선장(善將)은 승적(勝敵)함을 살펴 새겨서 일깨워주는 말씀이 〈선승적자불여(善勝敵者不與)〉이다.

【보주(補註)】

● 〈선승적자불여(善勝敵者不與)〉를 〈선전적지장불쟁여적(善戰敵之將不爭與敵)〉

처럼 옮기면 문맥을 더 쉽게 잡을 수 있다. 〈적을[敵] 이겨내기를[勝] 잘하는[善之] 장수는[將] 적과[與敵] 다투지 않는다[不爭].〉

● 선승적자(善勝敵者)는 〈선승적지장수(善勝敵之將帥)로 여기고 새기면 된다. 〈적을[敵] 이기기를[勝] 잘하는[善之] 장수[將帥]〉

【해독(解讀)】

● 〈선승적자불여(善勝敵者不與)〉에서 선승적자(善勝敵者)는 주부(主部) 노릇하고, 불(不)은 여(與)의 부정사(否定詞)이고, 여(與)는 목적어가 생략되었지만 동사 노릇한다. 여(與)는 여기선 〈다툴 쟁(爭)〉과 같다. 〈적을[敵] 이기기를[勝] 잘하는[善] 장수는[者] [적과] 겨루지 않는다[不與].〉

● 선승적자(善勝敵者)에서 선(善)은 동사 노릇하고, 승(勝)은 영어의 동명사처럼 노릇해 선(善)의 목적어 노릇하고, 적(敵)은 승(勝)의 목적어 노릇한다. 여기 자(者)는 〈지인(之人)〉을 대신한다. 〈적을[敵] 이기기를[勝] 잘 하는[善] 자[者]〉

68-4 善用人者爲之下(선용인자위지하)

▶ 사람을[人] 쓰기를[用] 잘하는[善] 장수는[者] (부하들한테) 자기를 [之] 낮춤을[下] 취한다[爲].

> 잘 선(善), 쓸 용(用), 사람(남)인(人), 놈 자(者), 행할 위(爲), 조사 지(之),
> 아래 하(下)

【지남(指南)】

〈선용인자위지하(善用人者爲之下)〉 역시 용인(用人)을 잘하는[善] 장수(將帥)는 병졸들에게 겸하(謙下)함을 밝힌다. 〈선용인(善用人)〉은 이력용인(以力用人) 즉 힘으로[力]써[以] 사람을 부리는 것이 아니라, 이덕용인(以德用人) 즉 상덕으로[德]써[以] 사람을[人] 씀[用]이다. 선장(善將)은 덕장(德將)으로, 이지(以智) 즉 인지(人智)로써[以] 용병하는 장수가 아니다. 현덕(玄德)을 본받아 지키는 덕장은 사람을 차별하지 않음이 법자연(法自然)임을 깨우치고 있다.

현덕(玄德)이란 65장(章)의 지어대순(至於大順) 즉 자연에[於大順] 다다르는[至]

덕(德)인지라 상도(常道)의 씀[用]이다. 현덕(玄德)은 공평하고, 천도(天道)에 귀천(貴賤)은 없다. 그래서 덕장으로서 장수는 병사들한테 군림하지 않고 〈위지하(爲之下)〉 즉 자신을[之] 낮추기를[爲下] 저어하지 않는다. 진실로 현덕(玄德)을 본받아 용인(用人)하는 덕장은 복수기모(復守其母)하는 성인(聖人)을 본받아 자하(自下)하여 자애롭다[慈愛].

선장(善將)의 〈불무(不武) · 불로(不怒) · 불여(不與)〉 등도 모두 현덕(玄德)으로 말미암듯, 〈용인(用人)〉 또한 그와 같다. 그러므로 〈선용인(善用人)〉 역시 덕장으로서 선위사자(善爲士者)가 용인(用人)함은 늘[常] 선하게[善] 병졸을 구제하고[救] 사물을 구하고자 병졸을 씀이다[用]. 선장(善將)의 용인(用人)은 이력(以力) 또는 이지(以智)의 역인(役人)이 아님을 〈위지하(爲之下)〉가 드러낸다. 물론 이는 7장(章)의 외기신(外其身) · 후기신(後其身)을 상기시킨다.

선위사자(善爲士者) 즉 선장(善將)은 자신을[其身] 뒤로 하는[後] 성인(聖人)을 본받아 용인(用人)하고, 자신을[身] 제치는[外] 성인(聖人)을 본받아 용인(用人)하기 때문에 자신을 낮추어 겸허하다[爲下]. 선장(善將)의 이러한 〈위지하(爲之下)〉 때문에 선장(善將) 주변의 사람들이 심복(心服)하여 선장(善將)을 진실로 위하게 됨을 살펴 새기고 헤아려 깨치게 하는 말씀이 〈선용인자위지하(善用人者爲之下)〉이다.

註 "현덕심의(玄德深矣) 원의(遠矣) 여물반의(與物反矣) 연후내지어대순(然後乃至於大順)." 현덕은[玄德] 깊음[深]이고[矣] 아득함[遠]이다[矣]. {그 현덕(玄德)은} 온갖 것들과[物] 함께[與] {상도(常道)로} 되돌아오는 것[反]이다[矣]. 그런[然] 뒤에[後] (만물과 현덕은) 곧[乃] 자연에[於大順] 다다른다[至].
『노자(老子)』 65장(章)

註 "성인상선구인(聖人常善救人) 고(故) 무기인(無棄人) 상선구물(常善救物) 고(故) 무기물(無棄物) 시위습명(是謂襲明)." 성인은[聖人] 늘[常] 선하게[善] 사람들을[人] 구제하기[救] 때문에[故] 사람들을[人] 버림이[棄] 없고[無], 늘[常] 선하게[善] 온갖 것을[物] 구제하기[救] 때문에[故] 온갖 것을[物] 버림이[棄] 없다[無]. 이러함을[是] 밝음을[明] 간직함이라[襲] 한다[謂].
『노자(老子)』 27장(章)

註 "성인후기신이신선(聖人後其身而身先) 외기신이신존(外其身而身存) 비이기무사야(非以其無私耶) 능성기사(能成其私)." 성인은[聖人] 자신을[其身] 뒤로 물려서[後而] 자신이[身] 앞서지고[先], 그[其] 자신을[身] 제쳐서[外而] 자신이[身] 살아난다[存]. 이로써[以] 성인께[聖人] 자기

가[私] 없음은[無] 아닌 것[非]이로다[耶]. 그러므로[故] 그[其] 자기를[私] 능히[能] 이룬다[成].

『노자(老子)』 7장(章)

【보주(補註)】

● 〈선용인자위지하(善用人者爲之下)〉를 〈선용인지장수위자하(善用人之將帥爲自下)〉처럼 옮기면 문맥을 더 쉽게 잡을 수 있다. 〈사람[人] 쓰기를[用] 잘하는[善之] 장수는[將帥] 자신을[自] 낮춤을[下] 취한다[爲].〉

● 위지하(爲之下)는 〈자하(自下) · 자후(自後) · 자비(自卑)〉 등과 같다. 위지하(爲之下)의 지(之)를 〈자신(自身)〉을 나타내는 지시어로 여기는 쪽이 문의(文義)가 더욱 분명해진다.

【해독(解讀)】

● 〈선용인자위지하(善用人者爲之下)〉에서 선용인자(善用人者)는 주부(主部) 노릇하고, 위(爲)는 동사 노릇하고, 지(之)는 하(下)의 목적어 노릇하며, 하(下)는 영어의 동명사처럼 노릇한다. 용(用)은 〈쓸 용(庸)〉과 같지만 〈불릴 사(使) · 역(役)〉 등과 같다고 보아도 되며, 위(爲)는 〈취할 취(取)〉의 뜻을 낸다. 〈선용인자는[善用人者] 자신을[之] 낮춤을[下] 취한다[爲].〉

● 선용인자(善用人者)에서 선(善)은 동사 노릇하고, 용(用)은 영어의 동명사처럼 노릇해 선(善)의 목적어 노릇하고, 인(人)은 용(用)의 목적어 노릇한다. 여기 자(者)는 〈지인(之人)〉을 대신한다. 〈사람을[人] 쓰기를[用] 잘하는[善] 사람[者]〉

68-5 是謂不爭之德(시위부쟁지덕)

▶이것들을[是] 다투지 않는[不爭之] 덕이라[德] 일컫는다[謂].

이 시(是), 일컬을 위(謂), 않을(없을) 부(不), 다툴 쟁(爭), 조사 지(之), 큰 덕(德)

【지남(指南)】

〈시위부쟁지덕(是謂不爭之德)〉은 〈불무(不武) · 불로(不怒) · 불여(不與) · 위지하(爲之下)〉 등을 묶어 〈부쟁지덕(不爭之德)〉이라 밝힌다. 선위사자(善爲士者) 즉 선장(善將)이 무용(武勇)을 부리지 않음[不武]은 다투지 않기[不爭] 위해서이고, 격노하지 않음도[不怒] 다투지 않기[不爭] 위해서이며, 대적하여 겨루지 않음도[不與] 다투지 않기[不爭] 위해서이고, 자기를 낮춤도[爲之下] 다투지 않기[不爭] 위해서이다. 이러한 부쟁지덕(不爭之德)은 22장(章)의 부자현(不自見)·부자시(不自是)·부자벌(不自伐)·부자긍(不自矜)으로 갖추어진 덕(德)이지, 예(禮)로 갖춘 인덕(人德)이 아니다. 선장(善將)이 이러한 덕목을 행할 수 있음은 성인(聖人)을 본받아 따르기 때문이다.

부쟁지덕(不爭之德)의 부쟁(不爭)이란 말씀은 8장(章)의 수선리만물이부쟁(水善利萬物而不爭)을 필두로 22장(章)의 부유부쟁(夫唯不爭), 66장(章)의 이기부쟁(以其不爭) 그리고 73장(章)의 천지도부쟁이선승(天之道不爭而善勝)을 거쳐 마지막 81장(章) 맨 끝 말씀인 성인지도위이부쟁(聖人之道爲而不爭)에 이른다. 『노자(老子)』의 상덕(常德)·상덕(上德)·현덕(玄德) 그리고 상선(上善) 등을 묶어 풀이하면 〈부쟁지덕(不爭之德)〉이고 〈불해지덕(不害之德)〉이다. 나아가 부쟁지덕(不爭之德)은 복수기모(復守其母) 즉 우주삼라만상의 어머니인[母] 상도(常道)로 돌아와[復歸] 아자연(我自然)의 삶을 행하라는 말씀이다. 이처럼 『노자(老子)』서(書)의 부쟁지덕(不爭之德)을 선장(善將)이 본받아 몸소 실행함이 〈불무(不武)·불로(不怒)·불여(不與)·위지하(爲之下)〉 등이다.

선위사자(善爲士者)·선전자(善戰者)·선승자(善勝者)·선용인자(善用人者)로서 선장(善將)이 됨은[爲] 부쟁지덕(不爭之德)을 행하기 때문임을 여기서 깨우친다. 거듭 밝히지만, 선장(善將)의 〈불무(不武)〉는 무용(武勇)을 쓰지 않음이니 사람들과 부쟁(不爭)함이고, 〈불로(不怒)〉는 격노하지 않음이니 부쟁(不爭)함이며, 〈불여(不與)〉는 언제 어디서나 누구와도 겨루지 않음이니 온 사람들과 부쟁(不爭)함이고, 〈위지하(爲之下)〉는 위에 있는 사람이로되 자기를 낮추어[自下] 사람들과 부쟁(不爭)함이다.

따라서 부쟁지덕(不爭之德)으로 선장(善將)이 모든 병졸의 어머니[母]이기를 마다하지 않음을 일깨워 35장(章)의 안평태(安平泰)의 천하(天下)를 이루어주는 천지도(天之道)를 살펴 새기고 헤아려 깨우치게 하는 말씀이 〈시위부쟁지덕(是謂不爭之德)〉이다.

🈷 "상선약수(上善若水) 수선리만물이부쟁(水善利萬物而不爭) 처중인지소오(處衆人之所惡)……부유부쟁(夫唯不爭) 고(故) 무우(無尤)." 지극한[上] 선은[善] 물과[水] 같다[若]. 물은[水] 온갖 것을[萬物] 그냥 그대로 잘[善] 이롭게 하면서도[利而] (온갖 것과) 다투지 않고[不爭], 뭇사람이[衆人之] 싫어하는[惡] 곳에[所] 머문다[處].……무릇[夫] {성인(聖人)은} 오로지[唯] 다투지 않는다[不爭]. 그러므로 {성인(聖人)께는} 허물이란[尤] 없다[無]. 『노자(老子)』8장(章)

🈷 "부자현고명(不自見故明) 부자시고창(不自是故彰) 부자벌고유공(不自伐故有功) 부자긍고장(不自矜故長) 부유부쟁(夫唯不爭) 고(故) 천하막능여지쟁(天下莫能與之爭)." 자신을[自] 드러내지 않기[不見] 때문에[故] 밝고[明], 스스로[自] 옳다 하지 않기[不是] 때문에[故] 뚜렷하며[彰], 자신을[自] 공치사하지 않기[不伐] 때문에[故] 보람이[功] 있고[有], 스스로[自] 뽐내지 않기[不矜] 때문에[故] 장구하다[長]. 무릇[夫] 오로지[唯] 다투지 않는다[不爭]. 그러므로[故] 세상에는[天下] 성인과[與之] 능히[能] 다툴 것이[爭] 없다[莫]. 『노자(老子)』22장(章)

🈷 "천하락추이불염(天下樂推而不厭) 이기부쟁(以其不爭) 고(故) 천하막능여지쟁(天下莫能與之爭)." 온 세상은[天下] 즐거이[樂] 모시면서[推而] 싫어하지 않고[不厭], 그로써[以] 성인과 백성 한테는[其] 다툼이란[爭] 없다[不]. 그러므로[故] 온 세상에는[天下] 그분과[與之] 능히[能] 다툴 것이[爭] 없다[莫]. 『노자(老子)』66장(章)

🈷 "천지도부쟁이선승(天之道不爭而善勝) 불언이선응(不言而善應) 불소이자래(不召而自來) 천연이선모(繟然而善謀)." 자연의[天之] 도는[道] 다투지 않고서도[不爭而] 그냥 그대로 잘[善] 이기고[勝], 말하지 않아도[不言而] (만물이) 잘[善] 따르고[應], 불러 모으지 않아도[不召而] 스스로[自] 찾아오고[來], 넉넉히 너그러워서[繟然而] 그냥 그대로 잘[善] 꾀한다[謀].

『노자(老子)』73장(章)

🈷 "천지도리이불해(天之道利而不害) 성인지도위이부쟁(聖人之道爲而不爭)." 자연의[天之] 도는[道] 이롭게 하되[利而] 해치지 않고[不害], 성인의[聖人之] 도는[道] 위하되[爲而] 다투지 않는다[不爭]. 『노자(老子)』81장(章)

🈷 "집대상(執大象) 천하왕(天下往) 왕이불해(往而不害) 안평태(安平泰)." 대도를[大象] 지키니[執] 세상 사람들이[天下] 찾아온다[往]. (세상 사람들이) 찾아오면[往而] 해로움이 없고[不害], 이에[安] (찾아온 백성은) 화평하고[平] 태안하다[泰]. 『노자(老子)』35장(章)

【보주(補註)】

● 〈시위부쟁지덕(是謂不爭之德)〉을 〈상사구시위부쟁지덕(上四句是謂不爭之德)〉처럼 옮기면 문맥을 더 쉽게 잡을 수 있다. 〈위의[上] 네[四] 구(句) 이것을[是] 부쟁의[不爭之] 덕이라[德] 한다[謂].〉

● 부쟁지덕(不爭之德)은 『장자(莊子)』의 충간불청(忠諫不聽) 준순물쟁(蹲循勿爭)이

란 말을 상기시킨다. 부쟁지덕(不爭之德)은 무위지덕(無爲之德)을 말함이지 인위지덕(人爲之德)이 아니다. 무위(無爲)의 덕(德)은 상선(常善) 즉 오로지 선(善)으로 드러나므로 물쟁(勿爭) 즉 다투지[爭] 말라[勿] 할 것이 없다. 그러나 인의(仁義)로 이루어지는 인위(人爲)의 덕(德)은 선악(善惡)으로 드러나기 때문에 다툴[爭] 때와 다투지 말아야 할[勿爭] 때가 빚어짐을 잊어서는 안 된다. 무위(無爲)에는 충간(忠諫) 즉 거짓 없이[忠] 윗사람에게 잘못을 고치도록 말하는[諫] 짓도 없다. 무위(無爲)에는 잘잘못이[善惡] 애당초 없기 때문이다. 무위(無爲)란 곧 무사욕(無私欲)인 까닭이다. 인위(人爲)에만 선악(善惡)이 빚어지니 인위(人爲)에 머물러[處] 충간(忠諫)을 해서 들어주지 않으면[不聽] 물러나[蹲] 다투지 말기를[勿爭] 따르라고[循] 한다. 그러나 무위(無爲)에 머문다면[處] 다툴 것도[爭] 없고[無] 벼슬자리에 오르고 내릴 일도 없다.

[註] "오미지선지성선야(吾未知善之誠善邪) 성불선야(誠不善邪) 약이위선의(若以爲善矣) 부족활신(不足活身) 이위불선의(以爲不善矣) 족이활인(足以活人) 고왈(故曰) 충간불청(忠諫不聽) 준순물쟁(蹲循勿爭)." 잘함이[善之] 정말[誠] 잘함[善]인지[邪] 정말[誠] 잘못함[不善]인지[邪] 나는[吾] 아직 모른다[未知]. 만약[若] {선(善)으로} 써[以] 잘한 것으로[善] 여긴다면[爲矣] 몸을[身] 살릴[活] 수 없고[不足], {선(善)으로} 써[以] 잘못한 것으로[不善] 여긴다면[爲矣] (그 생각으로) 써[以] 사람을[人] 살릴[活] 수 있다[足]. 그래서[故] 웃전에 거짓 없이[忠] 잘못을 고치라고 말해서[諫] 들어주지 않으면[不聽], 물러나[蹲] 다투지 말기를[勿爭] 따르라고[循] 말한다[曰].　　　　　　　　　　　　　　　　　　　　　　　　『장자(莊子)』「지락(至樂)」

- 시위부쟁지덕(是謂不爭之德)에서 시(是)는 앞서 살핀 〈불무(不武)·불로(不怒)·불여(不與)·위지하(爲之下)〉 등을 나타내는 지시어 노릇한다.

【해독(解讀)】

- 〈시위부쟁지덕(是謂不爭之德)〉에서 시(是)는 위(謂) 앞에 놓였지만 위(謂)의 목적어 노릇하고, 위(謂)는 타동사 노릇하며, 부쟁지덕(不爭之德)은 목적보어 노릇한다. 〈이것들을[是] 부쟁의[不爭之] 덕이라[德] 한다[謂].〉
- 시위부쟁지덕(是謂不爭之德)은 〈A위지(謂之)B〉의 상용문이다. 〈A 그것을[之] B라 한다[謂].〉

68-6 是謂用人之力(시위용인지력)

▶이것들을[是] 사람을[人] 쓰는[用之] 힘이라[力] 일컫는다[謂].

이 시(是), 일컬을 위(謂), 부릴 용(用), 사람 인(人), 조사(~는) 지(之), 힘 력(力)

【지남(指南)】

〈시위용인지력(是謂用人之力)〉도 〈불무(不武) · 불로(不怒) · 불여(不與) · 위지하(爲之下)〉 등을 묶어 〈용인지력(用人之力)〉이라고 밝힌다. 선위사자(善爲士者)가 무용(武勇)을 부리지 않음도[不武] 병졸을 활용하기[用] 위해서이고, 격노하지 않음도[不怒] 병졸을 활용하기[用] 위해서이며, 대적하여 겨루지 않음도[不與] 병졸을 활용하기[用] 위해서이고, 자기를 낮춤도[爲之下] 병졸을 활용하기[用] 위해서이다. 이러한 용인지력(用人之力) 역시 22장(章)의 **부자현(不自見)·부자시(不自是)·부자벌(不自伐)·부자긍(不自矜)**으로 갖춘 용인(用人)의 덕(德)이지, 군령(軍令)의 용인(用人)은 아니다.

병졸을 쓰는[用之] 힘은[力] 임능(任能) 즉 능력껏[能] 맡겨서[任] 발휘됨을 선장(善將)은 잘 안다. 물론 용인지력(用人之力)은 거현(擧賢)하자는 것은 아니다. 자연을 본받아 무위(無爲)로 행사할 뿐, 자기도[己] 없고[無] 명성도[名] 없으며 공적도[功] 없는 성인(聖人)을 본받는[法] 선장(善將)은 병졸의 어머니 노릇을 마다하지 않는 힘을[力] 발휘한다. 따라서 용인지력(用人之力)으로 선장(善將)이 모든 병졸의 어머니[母]이기를 마다하지 않음을 일깨워 35장(章)의 **안평태(安平泰)**의 천하(天下)를 이루어주는 천지도(天之道)를 살펴 새기고 헤아려 깨우치게 하는 말씀이 〈시위용인지력(是謂用人之力)〉이다.

註 "부자현고명(不自見故明) 부자시고창(不自是故彰) 부자벌고유공(不自伐故有功) 부자긍고장(不自矜故長)." 자신을[自] 드러내지 않기[不見] 때문에[故] 밝고[明], 스스로[自] 옳다 하지 않기[不是] 때문에[故] 뚜렷하며[彰], 자신을[自] 공치사하지 않기[不伐] 때문에[故] 보람이[功] 있고[有], 스스로[自] 뽐내지 않기[不矜] 때문에[故] 장구하다[長].   『노자(老子)』 22장(章)

註 "집대상(執大象) 천하왕(天下往) 왕이불해(往而不害) 안평태(安平泰)." 대도를[大象] 지키니[執] 세상 사람들이[天下] 찾아온다[往]. (세상 사람들이) 찾아오면[往而] 해로움이 없고[不害],

이에[安] (찾아온 백성은) 화평하고[平] 태안하다[泰].　　　　　　　『노자(老子)』35장(章)

【보주(補註)】

- 〈시위용인지력(是謂用人之力)〉을 〈상사구시위용인지력(上四句是謂用人之力)〉처럼 옮기면 문맥을 더 쉽게 잡을 수 있다. 〈위의[上] 네[四] 구(句) 이것을[是] 용인의[用人之] 힘이라[力] 한다[謂].〉

- 용인지력(用人之力)은 33장(章)의 승인자유력(勝人者有力)을 상기시킨다. 사람을[人] 쓰는[用之] 힘은[力] 심복(心服)하게 하는 힘일 수도 있고, 굴복하게 하는 힘일 수도 있다. 심복(心服)시키는 힘은 현덕(玄德)이고, 굴복시키는 힘은 위력(威力)이다. 자지(自知)하여 자승(自勝)하는 자(者)가 용인(用人)하는 힘은 자신을[自] 낮추어[下] 용인(用人)하므로 심복(心服), 즉 기꺼운 마음으로 따르게 한다. 자기를[自] 알고[知] 자기를[自] 이겨낸[勝] 사람이라야 남을 진심으로 쓸[用] 수 있는 힘을 갖는다[有力].

註　"지인자지(知人者智) 자지자명(自知者明) 승인자유력(勝人者有力) 자승자강(自勝者強)." 남을[人] 아는[知] 것은[者] 슬기이고[智], 자신을[自] 아는[知] 것은[者] 밝음이며[明], 남을[人] 이기는[勝] 것은[者] 힘을[力] 취함이고[有], 자신을[自] 이기는[勝] 사람은[者] 강하다[強].

『노자(老子)』33장(章)

- 시위용인지력(是謂用人之力)에서 시(是)는 앞서 살핀 〈불무(不武)·불로(不怒)·불여(不與)·위지하(爲之下)〉 등을 묶어 나타낸다.

【해독(解讀)】

- 〈시위용인지력(是謂用人之力)〉에서 시(是)는 위(謂) 앞에 놓였지만 위(謂)의 목적어 노릇하고, 위(謂)는 동사 노릇하며, 용인지력(用人之力)은 목적보어 노릇한다. 〈이것들을[是] 용인의[用人之] 힘이라[力] 한다[謂].〉

- 시위용인지력(是謂用人之力)은 〈A위지(謂之)B〉의 상용문이다. 〈A 그것을[之] B라 한다[謂].〉

68-7 是謂配天之極(시위배천지극)

▶이것들을[是] 하늘과[天] 합하는[配之] 지극함이라[極] 일컫는다
[謂].

> 이 시(是), 일컬을 위(謂), 합할 배(配), 하늘(자연)천(天),
> 조사(~부터)지(之), 지극할 극(極)

【지남(指南)】

〈시위배천지극(是謂配天之極)〉도 〈불무(不武)·불로(不怒)·불여(不與)·위지하(爲之下)〉 등을 묶어 〈배천지극(配天之極)〉이라고 밝힌다. 선위사자(善爲士者)가 무용(武勇)을 부리지 않음도[不武] 자연과[天] 합하기[配] 위해서이고, 격노하지 않음도[不怒] 자연과[天] 합하기[配] 위해서이며, 대적하여 겨루지 않음도[不與] 자연과[天] 합하기[配] 위해서이고, 자기를 낮춤도[爲之下] 자연과[天] 합하기[配] 위해서이다.

이러한 배천지극(配天之極)은 5장(章)의 **수중(守中)**과 51장(章)의 **존도이귀덕(尊道而貴德)**과 52장(章)의 **복수기모(復守其母)**를 상기시킨다. 선장(善將)이 배천(配天)함에 지극함은[極] 상도(常道)를 따라[中] 지킴을[守] 진실로 실행함이고, 도를[道] 받들고[尊而] 상덕을[德] 받들지 않을 수[不貴] 없음을[莫] 깨달음이며, 그[其] 어머니께로[母] 돌아와[復] 지키면[守] 평생토록[歿身] 위태롭지 않음을[不殆] 깨달음이다. 따라서 배천지극(配天之極)으로 선장(善將)이 모든 병졸의 어머니[母]이기를 마다하지 않음을 일깨워 35장(章)의 안평태(安平泰)의 천하(天下)를 이루어주는 천지도(天之道)를 살펴 새기고 헤아려 깨우치게 하는 말씀이 〈시위배천고지극(是謂配天古之極)〉이다.

註 "다언수궁(多言數窮) 불여수중(不如守中)." {치민(治民)하면서 정령(政令)을 밝히는} 말이[言] 많아질수록[多] (백성을 다스리는) 이치가[數] 궁색해지니[窮], 상도(常道)를 따라[中] {무위(無爲)의 다스림을} 지킴만[守] 못하다[不如].　　　　　　　『노자(老子)』 5장(章)

註 "만물막부존도이귀덕(萬物莫不尊道而貴德)." 온갖 것은[萬物] 상도를[道] 받들면서[尊而] 상덕을[德] 받들지 않을 수[不貴] 없다[莫].　　　　　　　『노자(老子)』 51장(章)

註 "복수기모(復守其母) 몰신불태(歿身不殆)." 그[其] 어머니께로[母] 돌아와[復] 지킨다면[守] 평생토록[歿身] 위태롭지 않다[不殆]. 『노자(老子)』 52장(章)

註 "천지도부쟁이선승(天之道不爭而善勝) 불언이선응(不言而善應) 불소이자래(不召而自 來)." 자연의[天之] 규율은[道] 다투지 않고서도[不爭而] 그냥 그대로 잘[善] 이기고[勝], 말하지 않 아도[不言而] (만물이) 잘[善] 따르고[應], 불러 모으지 않아도[不召而] 스스로[自] 찾아온다[來]. 『노자(老子)』 73장(章)

註 "기귀언(其貴言) 공성사수(功成事遂) 백성개위아자연(百姓皆謂我自然)." 태상(太上)의 황 제(黃帝)께서는[其] 말을[言] 소중히 하고[貴], 보람을[功] 이루고[成] 일을[事] 완수했어도[遂] 백 성은[百姓] 모두[皆] 자기들은[我] 그냥 그대로라고[自然] 했다[謂]. 『노자(老子)』 17장(章)

註 "집대상(執大象) 천하왕(天下往) 왕이불해(往而不害) 안평태(安平泰)." 대도를[大象] 지키 니[執] 세상 사람들이[天下] 찾아온다[往]. (세상 사람들이) 찾아오면[往而] 해로움이 없고[不害], 이에[安] (찾아온 백성은) 화평하고[平] 태안하다[泰]. 『노자(老子)』 35장(章)

【보주(補註)】

- 〈시위배천지극(是謂配天之極)〉을 〈부쟁지덕위지배천지극(不爭之德謂之配天之 極)〉처럼 옮기면 문맥을 더 쉽게 잡을 수 있다. 〈부쟁지덕[不爭之德] 그것을[之] 배천의[配天之] 극이라[極] 한다[謂].〉

- 시위배천지극(是謂配天之極)의 원문(原文)이 많은 고본(古本)에서 〈시위배천고 지극(是謂配天古之極)〉으로 되어 있다. 〈시위배천고지극(是謂配天古之極)〉에 서 고(古) 자(字)를 산제(刪除) 즉 깎아내[刪] 지우고[除] 배천지극(配天之極)으 로 고쳐야 앞의 〈부쟁지덕(不爭之德)·용인지력(用人之力)〉과 어법이 통일된다 는 견해가 용인되고 있으므로 따랐다. 배천고지극(配天古之極)의 고(古)는 연 문(衍文) 즉 쓸데없이 끼어든[衍] 글자[文]인 것이다. 그리고 고(古)는 본래 〈천 (天)〉을 나타내는 자(字)라서 같은 뜻이 중복된 셈인지라 산제(刪除)해야 앞 육 자구(六字句)와 어법이 맞게 된다는 것이다. 고(古) 자(字)가 천(天) 자(字)와 같 음은『서경(書經)』「요전(堯典)」 첫 머리글 왈약계고제요(曰若稽古帝堯)에서 볼 수 있다. 고제(古帝)란 천제(天帝)를 말한다. 따라서 시위배천고지극(是謂配天古之 極)에서 고(古)를 산제(刪除)하고 시위배천지극(是謂配天之極)으로 문맥을 잡아 새기는 편이 타당하다는 설(說)을 따랐다.

註 "왈약계고제요(日若稽古帝堯) 왈방훈(日放勳) 흠명문사(欽明文思) 안안(安安)." 만약[若] 천제인[古帝] 요를[堯] 상고해보면[稽] 크나큰 공훈을 세웠으되[放勳] 공손하고[欽], 총명하며[明] 외모가 우아하고[文], 속이 깊고[思] 온유하시다[安安].   『서경(書經)』「요전(堯典)」

【해독(解讀)】

● 〈시위배천지극(是謂配天之極)〉에서 시(是)는 위(謂) 앞에 놓였지만 위(謂)의 목적어 노릇하고, 위(謂)는 동사 노릇하며, 배천지극(配天之極)은 목적보어 노릇한다. 〈이것들을[是] 배천의[配天之] 지극함이라[極] 한다[謂].〉

● 시위배천지극(是謂配天之極)에서 시(是)는 앞서 살핀 〈불무(不武)·불로(不怒)·불여(不與)·위지하(爲之下)〉를 나타내는 지시어 노릇한다.

● 시위배천지극(是謂配天之極)은 〈A지위(之謂)B〉 또는 〈A위지(謂之)B〉의 상용문이다. 〈A를[A之] B라 한다[謂].〉〈A(A) 그것을[之] B라 한다[謂].〉

용병장(用兵章)

    노자(老子)의 반전관(反戰觀)이 드러나는 장(章)이다. 당시 빈번했던 전란(戰亂)의 참상을 노자(老子)가 단호하게 배척하고 있음을 뜻한다. 전란을 당하여 침략해 오는 적을 수세(守勢)로 방어하되 선공(先攻)하여 살상을 감행하지 않고, 응전(應戰)함에 경적(輕敵)하지 않으면서 피아(彼我) 살상을 애달파하고 자애(慈愛)로 전쟁을 마주해야 함을 밝혀 거듭 〈부쟁지덕(不爭之德)〉을 일깨운다.

【원문(原文)】

用兵에 有言인데 吾不敢爲主而爲客하고 不敢進寸而
용 병　유 언　　　오 불 감 위 주 이 위 객　　불 감 진 촌 이

退尺하니 是謂行無行이고 攘無臂이며 仍無敵이고 執無
퇴 척　　　시 위 행 무 행　　　양 무 비　　　잉 무 적　　　집 무

兵이니라 禍莫大於輕敵이니 輕敵幾喪吾寶라 故로 抗
병　　　화 막 대 어 경 적　　　경 적 기 상 오 보　　고　　항

兵相加를 哀者가 勝矣니라
병 상 가　애 자　승 의

병력을[兵] 씀에[用] 말씀이[言] 있다[有] : 나는[吾] 감히[敢] 공세를[主]
취하지 않고서[不爲而] 수세를[客] 취하고[爲], 감히[敢] 한 치도[寸] 진격
하지 않으면서[不進而] 한 자를[尺] 후퇴한다[退]. 이를[是] 진세(陣勢)를 취
하되[行] 선공(先攻)하려는 행군이[行] 없고[無], 적을 물리쳐도[攘] 증오하
여 휘둘러댐이[臂] 없으며[無], 적을 마주해도[仍] 적개심이[敵] 없고[無],
무기가 있어도[執] 무기의 사용이[兵] 없음이라[無] 한다[謂]. 전쟁의 흉화
에서[禍] 적을[敵] 가볍게 여김[輕]보다 더[於] 큰 것은[大] 없고[莫], 적을
[敵] 가볍게 여김은[輕] 나의[吾] 보배를[寶] 잃어버림에[喪] 가깝다[幾].
그러므로[故], 양쪽 군사가[抗兵] 서로[相] 당면할 때[加] (격전을) 애달파하
는[哀] 쪽이[者] 승리하는 것[勝]이다[矣].

69-1 用兵有言(용병유언) 吾不敢爲主而爲客(오불감위주이
위객) 不敢進寸而退尺(불감진촌이퇴척)

▶병력을[兵] 씀에[用] 말씀이[言] 있다[有] : 나는[吾] 감히[敢] 공세
를[主] 취하지 않고서[不爲而] 수세를[客] 취하고[爲], 감히[敢] 한 치
도[寸] 진격하지 않으면서[不進而] 한 자를[尺] 후퇴한다[退].

쓸 용(用), 병력 병(兵), 있을 유(有), 말씀 언(言), 나 오(吾), 않을 불(不),
감히 감(敢), 취할 위(爲), 공세 주(主), 그리고 이(而), 수세 객(客),
나아갈 진(進), 한 치 촌(寸), 물러날 퇴(退), 한 자 척(尺)

【지남(指南)】

〈오불감위주이위객(吾不敢爲主而爲客) 불감진촌이퇴척(不敢進寸而退尺)〉은 병가(兵家)의 말을 빌어 노자(老子)의 반전사상을 말하는 동시에, 앞 장(章)의 〈선위사자(善爲士者)〉의 임전태세(臨戰態勢)를 밝힌다. 선장(善將) 즉 천도(天道)를 따르는[善] 장수(將帥)는 피치 못할 때만 응전(應戰)하되, 선공(先攻)을 취하지 않고 수세(守勢)를 취하여 전투에 권입(捲入) 즉 온 힘을 다해[捲] 돌입[入]한다.

〈불감위주(不敢爲主)〉는 공세(攻勢)를 취하지 않음이고, 〈위객(爲客)〉은 수세(守勢)를 취함이다. 이는 선장(善將)이 선공(先攻)하지[主] 않고 수세를 취하여[客] 선전(善戰)함을 말한다. 부쟁(不爭)의 덕(德)으로 병졸을 감싸고 수세(守勢)를 공고히 하면서 응전함보다 더한 선전(善戰)은 없으니, 선(善)한 장수일수록 선공으로[主] 임전함이 아니라 수세로[客] 임전함을 병법(兵法)의 본(本)으로 삼는다.

그러므로 선(善)한 장수의 응전은 진촌(進寸)하면 퇴척(退尺)해 패퇴(敗退)하는 모습으로 보이지만, 실은 선승(善勝)하려는 수세(守勢)의 응전을 뜻한다. 나아가 선공(先攻)하지 않고 수세(守勢)로 임전하여 선승(善勝)을 거둘지라도 전승을 찬미하지 않고 31장(章)의 **요살인(樂殺人)**을 결코 범하지 않음을 살펴 새기고 헤아려 깨우치게 하는 말씀이 〈오불감위주이위객(吾不敢爲主而爲客) 불감진촌이퇴척(不敢進寸而退尺)〉이다.

註　"병자불상지기(兵者不祥之器) 비군자지기(非君子之器) 부득이이용지(不得已而用之) 염담위상(恬淡爲上) 승이불미(勝而不美) 이미지자시요살인(而美之者是樂殺人)." 병장기란[兵] 것은[者] 상서롭지 못한[不祥之] 기물이니[器] 군자의[君子之] 기물이[器] 아닌 것이다[非]. 피치 못해서[不得已而] 그것을[之] 쓰게 되어도[用], 평안을[恬澹] 상선으로[上] 삼으니[爲], 승전해도[勝而] 찬미하지 않는다[不美]. 그러나[而] 승전을[之] 찬미하는[美] 것은[者] 사람을[人] 죽이기를[殺] 좋아하는 것[樂]이다[是]. 　　　　　　　　　『노자(老子)』 31장(章)

【보주(補註)】

● 〈오불감위주이위객(吾不敢爲主而爲客) 불감진촌이퇴척(不敢進寸而退尺)〉을 〈오불감위주어전(吾不敢爲主於戰) 이오위객어전(而吾爲客於戰) 오불감진촌어전(吾不敢進寸於戰) 이오퇴척어전(而吾退尺於戰)〉처럼 옮기면 문맥을 더 쉽게 잡을 수 있다. 〈나는[吾] 전투에서[於戰] 감히[敢] 선공을[主] 취하지 않으면서

[不爲而] 전쟁에서[於戰] 수세를[客] 취한다[爲]. 그리고[而] 나는[吾] 전투에서
[於戰] 감히[敢] 촌보도[寸] 나아가지 않으면서[不進而] 나는[吾] 전투에서[於戰]
멀리[尺] 물러난다[退].〉

- 불감위주이위객(不敢爲主而爲客)에서 위주(爲主)는 〈취선공(取先攻)〉을 뜻하
고, 위객(爲客)은 〈취수세(取守勢)〉를 뜻한다. 〈불감진촌이퇴척(不敢進寸而退
尺)〉에서 진촌이퇴척(進寸而退尺)은 15장(章)의 예혜(豫兮)·유혜(猶兮)를 상기시
키며, 필승의 응전(應戰)을 암시한다. 불감위주이위객(不敢爲主而爲客)은 살상
을 피하며 선승(善勝)하려는 선장(善將)의 임전(臨戰)을 말한다.

老
子
◉
제
69
장

註 "예혜(豫兮) 약동섭천(若冬涉川) 유혜(猶兮) 약외사린(若畏四隣)." 예연(豫然)하구나[豫
兮]! {그 선사(善士)의 모습이} 겨울에[冬] 내를[川] 건너는[涉] 듯하고[若], 유연(猶然)하구나
[猶兮]! 사방을[四隣] 두려워하는[畏] 듯하다[若].

예혜(豫兮)는 조심스럽기가 코끼리[豫=象] 같음을 예찬함이고, 유혜(猶兮)는 조심스럽
기가 개[猶=犬] 같음을 예찬함이다. 〈코끼리 예(豫)〉, 〈개 유(猶)〉.   『노자(老子)』15장(章)

- 용병(用兵)의 병(兵)은 병사를 뜻하는 동시에, 병장기(兵仗器) 즉 무기를 뜻하기
도 한다.

【해독(解讀)】

- 〈오불감위주이위객(吾不敢爲主而爲客) 불감진촌이퇴척(不敢進寸而退尺)〉은 두
중문(重文)으로 이루어진 하나의 문단이다. 〈오는[吾] 감히[敢] 주를[主] 취하
지 않는다[不爲]. 그리고[而] 객을[客] 취한다[爲]. (그리고 나는) 감히[敢] 조금도
[寸] 전진하지 않는다[不進]. 그리고[而] 멀리[尺] 물러난다[退].〉

- 오불감위주이위객(吾不敢爲主而爲客)에서 오(吾)는 주어 노릇하고, 불(不)은 위
(爲)의 부정사(否定詞)이고, 감(敢)은 위(爲)를 꾸며주는 부사 노릇하고, 위(爲)
는 동사 노릇하고, 주(主)는 위(爲)의 목적어 노릇하고, 이(而)는 접속사 노릇하
고, 위(爲)는 주어가 생략되었지만 동사 노릇하고, 객(客)은 위(爲)의 목적어 노
릇한다. 임전(臨戰)에서 선공(先攻)이 주(主)이고, 후퇴(後退)가 객(客)이다. 위
(爲)는 〈취할 취(取)〉와 같다. 〈나는[吾] 감히[敢] 공격을[主] 취하지 않는다[不
爲]. 그러나[而] (나는) 후퇴를[客] 취한다[爲].〉

- 불감진촌이퇴척(不敢進寸而退尺)에서 불(不)은 위(爲)의 부정사(否定詞)이고, 감(敢)은 진(進)을 꾸며주는 부사 노릇하고, 진(進)은 주어가 생략되었지만 동사 노릇하고, 촌(寸)은 진(進)의 부사 노릇하고, 이(而)는 접속사 노릇하며, 진(進) 은 주어가 생략되었지만 동사 노릇하고, 척(尺)은 진(進)을 꾸며주는 부사 노릇 한다. 〈(나는) 감히[敢] 조금도[寸] 진격하지 않는다[不進]. 그러나[而] (나는) 멀 리[尺] 물러난다[退].〉

69-2 是謂行無行(시위항무항) 攘無臂(양무비) 扔無敵(잉무적) 執無兵(집무병)

▶이를[是] 진세(陣勢)를 취하되[行] 선공(先攻)하려는 행군이[行] 없 고[無], 적을 물리쳐도[攘] 증오하여 휘둘러댐이[臂] 없으며[無], 적 을 마주해도[扔] 적개심이[敵] 없고[無], 무기가 있어도[執] 무기의 사용이[兵] 없음이라[無] 일컫는다[謂].

이 시(是), 일컬을 위(謂), 항오 항(行), 없을 무(無), 진세(陣勢) 항(行), 물리칠 양(攘), 없을 무(無), 팔 비(臂), 인할 잉(扔), 적수 적(敵), 잡을 집(執), 병장기 병(兵)

【지남(指南)】

〈시위항무항(是謂行無行) 양무비(攘無臂) 잉무적(扔無敵) 집무병(執無兵)〉은 앞 서 살핀 〈불위주이위객(不爲主而爲客)〉과 〈불진촌이퇴척(不進寸而退尺)〉의 뜻을 밝힌다. 〈항무항(行無行)·양무비(攘無臂)·잉무적(扔無敵)·집무병(執無兵)〉 등 은 선장(善將)이 취하는 병법(兵法)과 용병(用兵)이 어떻게 실행되는지를 구체적 으로 밝힘이다. 성인(聖人)을 본받는 선장(善將)은 공격해오는 적을 맞아 수세(守 勢)로 응전(應戰)하되, 선공(先攻)하여 공세(攻勢)를 취하지 않는다. 따라서 〈불무 (不武)·불로(不怒)·불여(不與)·위지하(爲之下)〉 등으로 임전하여 응전하는 병 법과 용병을 구체적으로 들어 밝히는 것이다.

여기 〈항무항(行無行)〉은 부쟁지덕(不爭之德)으로 응전함이다. 항무항(行無行)

에서 무(無) 앞의 항(行)은 수세를 취하는 선(善)한 진세(陣勢)이고, 무(無) 뒤의 항(行)은 공세를 취하는 불선(不善)한 진세(陣勢)이다. 선(善)한 진세(陣勢)란 살상을 막고자 선공을 감행하지 않고 수세로 전열(戰列)을 펼침이다. 천도(天道)를 따름[善]에 살상해야 할 적이란 없으므로, 항무항(行無行)은 살상하려고 선공을 취하는 무력의 행위가 아니라 공격을 막고자 수세를 취하는 〈불무(不武)〉를 실행함이다.

〈양무비(攘無臂)〉역시 부쟁지덕(不爭之德)으로 응전함이다. 양무비(攘無臂)에서 양(攘)은 힘으로[力]써[以] 완력을 부림이다. 적을[敵] 물리치되[攘] 무비(無臂)함이 선장(善將)의 양적(攘敵)이다. 비(臂)란 팔뚝이지만, 양비(攘臂)라 하면 분노가 치밀거나 적의가 용솟음쳐 팔뚝을 휘둘러댐이다. 무비(無臂)란 그런 분노가 빚는 휘둘러댐이[臂] 없으니 양무비(攘無臂)의 비(臂)는 38장(章)의 양비이잉지(攘臂而仍之)를 상기시킨다. 적을[敵] 물리치되[攘] 병장기를 잡을 팔을[臂] 휘둘러대지 않음이 양무비(攘無臂)이다. 적을 물리치되[攘] 격노해서 팔을 휘둘러대지[臂] 않음은[無] 선장(善將)이 격노하지 않아[不怒] 병사를 보호하면서 응전함이다.

〈잉무적(扔無敵)〉역시 부쟁지덕(不爭之德)으로 응전이다. 잉무적(扔無敵)에서 잉(扔)은 나아감이니 임적(臨敵) 즉 적과[敵] 마주함[臨]이고, 무적(無敵)은 〈무잉적(無扔敵)〉의 줄임이니 적을 뒤좇아 추격함이[扔] 없음이다. 임전에서 적을 마주해 수세(守勢)를 취하여 응전하되 적을 살상하려는 적개심이 없으니 선장(善將)은 살적(殺敵)하고자 응전하지 않는다. 적을 성복(誠服)시키려 진촌(進寸)하되, 퇴척(退尺)하면서 상쟁을 피하려는 선장(善將)이 〈불여(不與)〉즉 적과 맞닥쳐 다투지 않음을[不與] 실행함이 〈잉무적(扔無敵)〉이다.

〈집무병(執無兵)〉역시 부쟁지덕(不爭之德)으로 응전함을 말한다. 집무병(執無兵)에서 집(執)은 잡고 지킴이니, 선장(善將)은 수세를 강화하려고 병장기(兵仗器)를 잡게[執] 하되 선공(先攻)을 취하여 적을 살상하려 함이 없으니, 무병(無兵)은 〈무선공지병법(無先攻之兵法)〉의 줄임으로 먼저[先] 공격하는[攻之] 병법이 없음이다. 임전에서 병기(兵器)를 잡되[執] 그것은 적을 선공하여 섬멸(殲滅)하려는 무기가 아니라 적을 마주해 성복(誠服)시키고자 집병(執兵)함이다. 적을 성복(誠服)시키려고 불위주(不爲主) 즉 선공을 취하지 않으면서[不爲] 진촌(進寸)하되 퇴척

(退尺)해 상쟁을 피하려는 선장(善將)이 부쟁지덕(不爭之德)을 응전에서 실행함이 〈집무병(執無兵)〉이다.

언제나 인여물(人與物), 사물과[與物] 사람을[人] 선하게[善] 구제하는[救] 성인(聖人)을 본받는 선장(善將)의 병법에는 살생하려는 선공(先攻)이란 없으니 병장기를 살상용으로 쓰지 않고, 선공(先攻)으로 적을 물리치지도[攘] 않으며, 끝끝내 수세(守勢)로 방어하여 적이 감히 공략하지 못하도록 응전하고 피아(彼我)의 살상을 피하는 부쟁지덕(不爭之德)을 감행함을 살펴 새기고 헤아려 깨우치게 하는 말씀이 〈시위항무항(是謂行無行) 양무비(攘無臂) 잉무적(仍無敵) 집무병(執無兵)〉이다.

🔖 "상례위지(上禮爲之) 이막지응(而莫之應) 즉양비이잉지(則攘臂而仍之)." 상례가[上禮] 베풀어지되[爲之而] 그것을[之] 응함이[應] 없으면[莫] 곧장[則] 팔을[臂] 제치면서[攘而] 응하기를[之] 거듭한다[仍].   『노자(老子)』38장(章)

【보주(補註)】

● 〈시위항무항(是謂行無行) 양무비(攘無臂) 잉무적(仍無敵) 집무병(執無兵)〉을 〈시위지항무항(是謂之行無行) 이시위지양무비(而是謂之攘無臂) 이시위지잉무적(而是謂之扔無敵) 이시위지집무병(而是謂之執無兵)〉처럼 옮기면 문맥을 더 쉽게 잡을 수 있다. 〈이것들을[是] 그것을[之] 항해도[行] 항이[行] 없음이라[無] 한다[謂]. 그리고[而] 이것들[是] 그것을[之] 양해도[攘] 비가[臂] 없음이라[無] 한다[謂]. 그리고[而] 이것들[是] 그것을[之] 잉해도[扔] 적개심이[敵] 없음이라[無] 한다[謂]. 그리고[而] 이것들[是] 그것을[之] 집해도[執] 병이[兵] 없음이라[無] 한다[謂].〉

● 시위항무항(是謂行無行)에서 항(行)은 고군제(古軍制)를 뜻한다. 병졸 25명이 한 항렬(行列)이었다. 일항(一行)은 한 소대였던 셈이다.

● 양무비(攘無臂)에서 양(攘)은 양적(攘敵) 즉 적을[敵] 물리침이고[攘], 비(臂)는 휘둘러대는 팔이니, 무비(無臂)는 병졸들로 하여금 적개심을 발휘하여 적을 물리치도록 강요함이 없음이다.

● 잉무적(仍無敵)에서 잉(扔)은 잉적(扔敵) 즉 선공(先攻)해오는 적을 물리침이니[扔], 적개심을[敵] 품지 않음이 무적(無敵)이다. 이는 돌진이나 돌격하여 적을

살상하려는 선공(先攻)이 없다.

● 집무병(執無兵)에서 집(執)은 집병(執兵) 즉 병기를[兵] 잡되[執] 살상이 아니라 공격해오는 적을 방어하기 위하여서다. 수세(守勢)의 병기를 잡음이되[執] 선공 (先攻)하여 적을 섬멸(殲滅)하려는 집병(執兵)이란 없음이 무병(無兵)이다.

【해독(解讀)】

● 〈시위항무항(是謂行無行) 양무비(攘無臂) 잉무적(仍無敵) 집무병(執無兵)〉은 네 구문들로 이루어진 하나의 문단이다. 〈이를[是] 항해도[行] 무항이라[無行] 하 고[謂], 양해도[攘] 무비라[無臂] 하며, 잉해도[扔] 무적이라[無敵] 하고, 집해도 [執] 무병이라[無兵] 한다.〉

● 시위항무항(是謂行無行)에서 시(是)는 도치되었지만 위(謂)의 목적어 노릇하고, 위(謂)는 동사 노릇하며, 항무항(行無行)은 목적보어 노릇한다. 항(行)은 〈진열 할 열(列)〉과 같아 항렬(行列)의 줄임말로 여기면 된다. 그리고 항무항(行無行) 에서 무(無)를 〈없을 무(無)〉로 새길 수도 있고 〈않을 무(無)〉로 새길 수도 있다. 어느 경우든 문의(文義)가 달라지는 것은 아니다. 〈이를[是] 항렬해도[行] {선공 (先攻)하려는} 항렬은[行] 없음이라[無] 한다[謂].〉〈이를[是] 항렬해도[行] {선공 (先攻)하려고} 항렬하지[行] 않음이라[無] 한다[謂].〉

● 양무비(攘無臂)는 〈시위(是謂)〉가 생략되었지만 목적보어 노릇한다. 여기 양 (攘)은 〈물리칠 척(斥)·각(卻)〉 등과 같아 양척(攘斥)의 줄임말로 여기면 된다. 목적보어로서 양무비(攘無臂)에서 양(攘)은 무(無)를 꾸며주는 부사 노릇하고, 무(無)는 영어의 동명사같이 노릇하고, 비(臂)는 무(無)의 주어 노릇한다. 〈물리 침에[攘] 분노하여 팔을 휘두름이[臂] 없음이라고[無]〉

● 잉무적(仍無敵) 역시 〈시위(是謂)〉는 생략되었지만 목적보어 노릇한다. 잉(扔) 은 〈나아갈 취(就)〉와 같아 잉취(扔就)의 줄임말로 여기면 된다. 목적보어로서 잉무적(扔無敵)에서 잉(扔)은 무(無)를 꾸며주는 부사 노릇하고, 무(無)는 영어 의 동명사같이 노릇하고, 적(敵)은 무(無)의 주어 노릇한다. 〈물리쳐도[扔] 적개 심이[敵] 없음이라고[無]〉

● 집무병(執無兵) 역시 〈시위(是謂)〉는 생략되었지만 목적보어 노릇한다. 집(執) 은 〈잡을 지(持), 지킬 수(守)〉 등과 같아 집지(執持)·집수(執守) 등의 줄임말로

여기면 된다. 목적보어로서 집무병(執無兵)에서 집(執)은 무(無)를 꾸며주는 부사 노릇하고, 무(無)는 영어의 동명사같이 노릇하고, 병(兵)은 무(無)의 주어 노릇한다. 〈잡음에[執] 병장기를 씀이[兵] 없음이라고[無]〉

69-3 禍莫大於輕敵(화막대어경적)

▶ 전쟁의 흉화에서[禍] 적을[敵] 가볍게 여김[輕]보다 더[於] 큰 것은[大] 없다[莫].

불행할 화(禍), 없을 막(莫), 큰 대(大), 조사(~보다 더) 어(於),
가볍게 볼 경(輕), 적수 적(敵)

【지남(指南)】

〈화막대어경적(禍莫大於輕敵)〉은 무엇보다 먼저 중적(重敵)해야 함을 밝힌다. 〈항무항(行無行)·양무비(攘無臂)·잉무적(仍無敵)·집무병(執無兵)〉 등 선(善)한 병법은 적을 신중하게 다루려 함이지 경적(輕敵)함이 아니다. 경적(輕敵)의 경(輕)은 적과[敵] 맞닥쳐[當] 정중(靜重)함을 버리고 망동(妄動)함이니, 적을 가볍게 보고 선공(先攻)을 취하기를 서슴지 않는다. 장수가 경솔하고[輕] 조급해[躁] 정중함을 잃으면 천시(天時)와 지리(地利)를 알지 못하고, 강약(强弱)과 경중(輕重)을 헤아리지 못하고 전승만을 탐해 성급히 용병하는 것이 〈경적(輕敵)〉이다.

진퇴의 적기를 알아차리지 못함이 임전(臨戰)의 천시(天時)를 놓침이고, 진세(陣勢)의 적소(適所)를 알아차리지 못함이 임전의 지리(地理)를 빼앗김이다. 임전의 적시를 놓치고 적소를 빼앗기면 장수는 패망을 면치 못한다. 당적(當敵) 즉 적을[敵] 마주하여[當] 경솔하게 거병(擧兵)하는 쪽이 필패(必敗)함이 경적(輕敵)이다. 전승과 전패의 갈림은 장수의 마음가짐에 달려 있음을 경고하는 것이다.

성인(聖人)을 본받는 선장(善將)은 26장(章)의 **중위경근(重爲輕根) 정위조군(靜爲躁君)**을 본받아 용병하지만, 불선(不善)한 장수는 무거움이[重] 가벼움의[輕] 뿌리임을[根] 무시하고, 고요함이[靜] 조급함을[躁] 제압하는[君] 천도(天道)를 모른다. 군사를 통솔하는 장수가 정중하지 못하고 경조(輕躁)하게 임전하면 필패함을 살펴 새기고 헤아려 깨우치게 하는 말씀이 〈화막대어경적(禍莫大於輕敵)〉이다.

註 "중위경근(重爲輕根) 정위조군(靜爲躁君)." 무거움은[重] 가벼움의[輕] 뿌리가[根] 되고[爲], 고요함은[靜] 조급함의[躁] 지배자가[君] 된다[爲]. 『노자(老子)』 26장(章)

【보주(補註)】

● 〈화막대어경적(禍莫大於輕敵)〉을 〈용병지화막대화호경적(用兵之禍莫大禍乎輕敵)〉처럼 옮기면 문맥을 더 쉽게 잡을 수 있다. 〈용병의[用兵之] 화근 중에[禍] 적을[敵] 가볍게 여김[輕]보다 더[於] 큰[大] 화근은[禍] 없다[莫].〉

● 화막대어경적(禍莫大於輕敵)에서 경적(輕敵)은 선공(先攻)을 좋아하다 필패(必敗)함을 뜻한다. 임전에서 반드시[必] 패망하는 것[敗]보다 더 큰 화근은 없다.

【해독(解讀)】

● 〈화막대어경적(禍莫大於輕敵)〉에서 화(禍)는 막(莫)을 꾸며주는 부사 노릇하고, 막(莫)은 동사 노릇하며, 대(大)는 막(莫)의 주어 노릇하고, 어경적(於輕敵)은 대(大)를 꾸며준다. 막(莫)은 〈없을 무(無)〉와 같다. 〈화에[禍] 경적(輕敵)보다 더[於] 큰은[大] 없다[莫].〉

● 화막대어경적(禍莫大於輕敵)은 〈A막(莫)B어(於)C〉의 상용문이다. 〈A에 C보다 더한[於] B는 없다[莫].〉

69-4 輕敵幾喪吾寶(경적기상오보)

▶ 적을[敵] 가볍게 여김은[輕] 나의[吾] 보배를[寶] 잃어버림에[喪] 가깝다[幾].

> 가볍게 볼 경(輕), 적수 적(敵), 거의 기(幾), 잃을 상(喪), 나의 오(吾),
> 보배 보(寶)

【지남(指南)】

〈경적기상오보(輕敵幾喪吾寶)〉는 경적(輕敵)의 화(禍)가 가져오는 불행을[禍] 밝힌다. 경적(輕敵)하면 〈위객(爲客)〉의 객(客)을 버리고, 〈위주(爲主)〉의 주(主)를 택하여 퇴척(退尺)을 버리고 진척(進尺)을 택한다. 용병(用兵)에서 객(客)을 버림이란 수세(守勢)를 버림이고, 주(主)를 택함이란 선공(先攻)을 취함이며, 퇴척(退尺)을 버리고 진척(進尺)함이란 적진으로 진격함이다. 이는 천시(天時)와 지리(地理)를 빈틈없이 살피지 않고 성급히 선공하여 진격하거나 돌진함이니, 바로 적을 가볍게 보는[輕敵] 짓이다. 이러한 용병의 경거망동이야말로 살상을 불러온다.

병졸의 살상보다 더한 불선(不善)은 없다. 불선(不善)이란 천도(天道)를 어김인지라 5장(章)의 **천하모(天下母)**를 저버림이다. 온 세상 만물의[天下] 어머니인[母] 상도(常道)가 펼치는 천도(天道)를 외면하면 누구든 화를 당함을 〈상오보(喪吾寶)〉가 말한다. 〈복수기모(復守其母)〉는 곧 〈자(慈)·검(儉)·불감위천하선(不敢爲天下先)〉의 삼보(三寶)를 지이보(持而保) 즉 간직해서[持而] 지킴이고[保], 이는 만인의 복이다. 장수가 삼보(三寶)를 외면하고 임전하면 전화(戰禍)를 자초하는 불선(不善)임을 〈기상오보(幾喪吾寶)〉라 한 것이다. 그러므로 경적(輕敵)하면 기상오보(幾喪吾寶) 즉 내가 밝힌[吾]) 삼보를[三寶] 잃기[喪] 쉽다[幾] 함은 67장(章)의 **사자차용(舍慈且勇)**을 가까이함[幾]이고, 〈사검차광(舍儉且廣)〉을 가까이 함[幾]이며, 〈사후차선(舍後且先)〉을 가까이함이다.

이제 〈경적(輕敵)〉의 경(輕)이 품은 뜻은, 천시(天時)와 지리(地理)를 소홀히 한 경거망동만이 아니라 자애를[慈] 버리면서[舍] 용맹을[勇] 취하는[且] 가벼움[輕]이고, 검소를[儉] 버리면서[舍] 흥청거림을[廣] 취하는[且] 가벼움[輕]이고, 그리고 물러서기를[後] 버리면서[舍] 앞서기만을[先] 취하는[且] 가벼움으로[輕] 전화(戰禍)를 일깨운다. 이러한 경적(輕敵)의 기상오보(幾喪吾寶)야말로 67장(章)의 **부자(夫慈) 이전즉승(以戰則勝) 이수즉고(以守則固)**를 팽개쳐버린 탓으로 장수가 전화(戰禍)를 불러오는 경거망동임을 살펴 새기고 헤아려 깨우치게 하는 말씀이 〈경적기상오보(輕敵幾喪吾寶)〉이다.

🗐　"천하유시(天下有始) 이위천하모(以爲天下母) …… 복수기모(復守其母) 몰신불태(歿身不殆)." 온 세상 온갖 것에[天下] 시원이[始] 있다[有]. {천지만물은 그 시(始)로} 써[以] 온 세상 만물의[天下] 어머니로[母] 삼는다[爲]. …… 그[其] 어머니께로[母] 돌아와[復] 지킨다면[守] 평생토록[歿身] 위태롭지 않다[不殆].　　　　　　　　　　　『노자(老子)』 52장(章)

🗐　"금사자차용(今捨慈且勇) 사검차광(捨儉且廣) 사후차선(捨後且先) 사(死) 부자이전즉승

(夫慈以戰則勝) 이수즉고(以守則固)." 지금은[今] 자애를[慈] 버리고[捨] 용맹을[勇] 취하고[且], 검박함을[儉] 버리고[捨] 넉넉하기를[廣] 취하며[且], 뒤를[後] 버리고[捨] 앞을[先] 취한다[且]. {사자(捨慈) · 사검(捨儉) · 사후(捨後) 이것들은} 죽음으로 내달림이다[死]. 무릇[夫] (나라가) 자애로[慈] 써[以] 싸운다면[戰] 곧[則] 승리하고[勝], 그로써[以] (나라를) 지킨다면[守] 곧[則] (그 나라는) 공고해진다[固].   『노자(老子)』 67장(章)

【보주(補註)】

● 〈경적기상오보(輕敵幾喪吾寶)〉를 〈경적자기어상아지삼보(輕敵者幾於喪我之三寶)〉처럼 옮기면 문맥을 더 쉽게 잡을 수 있다. 〈적을[敵] 가볍게 여기는[輕] 자는[者] 나의[我之] 삼보를[三寶] 상실함[喪]에[於] 가깝다[幾].〉

● 상오보(喪吾寶)에서 오보(吾寶)는 67장(章)의 **아유삼보(我有三寶)**를 줄임으로 여기면 문의(文義)가 분명해진다.

註 "아유삼보(我有三寶)." 나에게는[我] 세 가지[三] 보배가[寶] 있다[有].

『노자(老子)』 67장(章)

【해독(解讀)】

● 〈경적기상오보(輕敵幾喪吾寶)〉에서 경적(輕敵)은 주부(主部) 노릇하고, 기(幾)는 동사 노릇하며, 상오보(喪吾寶)는 기(幾)를 꾸며주는 부사구 노릇한다. 기(幾)는 〈가까울 근(近)〉과 같다. 〈경적은[輕敵] 오보를[吾寶] 상함에[喪] 가깝다[幾].〉

● 경적기상오보(輕敵幾喪吾寶)에서 기(幾)를 동사로 여기고 문맥을 잡지 않고 상(喪)을 꾸며주는 〈거의 기(幾)〉 부사로 보아도 된다. 기(幾)를 부사로 여겨도 문의(文義)가 달라지지 않는다. 〈경적은[輕敵] 오보를[吾寶] 거의[幾] 잃게 한다[喪].〉

● 경적기상오보(輕敵幾喪吾寶)는 〈A기어위(幾於爲)B〉의 상용문으로 〈A근어위(近於爲)B〉와 같다. 〈A는 B를 함에[於爲] 가깝다[幾].〉〈A는 B를 함에[於爲] 가깝다[近].〉

69-5 故(고) 抗兵相加(항병상가) 哀者勝矣(애자승의)

▶ 그러므로[故], 양쪽 군사가[抗兵] 서로[相] 당면할 때[加] (격전을)

애달파하는[哀] 쪽이[者] 승리하는 것[勝]이다[矣].

용
병
장
(
用
兵
章
)

【지남(指南)】

〈항병상가(抗兵相加) 애자승의(哀者勝矣)〉는 본장(本章)의 내용을 총결(總結)한다. 항병(抗兵)은 거병(擧兵)과 같아 병사를 동원하여 진열(陳列)함도 항병(抗兵)이고, 병장기(兵仗器)를 진열함이나 임전하여 응전하려고 벼름도 항병(抗兵)이다. 이런 항병(抗兵)은 상가(相加)로 이어진다. 여기서 상가(相加)란 상당(相當)과 같으니, 전선(戰線)에서 피아(彼我)의 병력이 서로[相] 맞닥침[當]이다. 〈항병상가(抗兵相加)〉란 양군(兩軍)이 서로 적으로 대치한 응전태세로, 양군이 응전하면 결국 승자와 패자로 나누어져 살상을 부른다. 전쟁을 좋아하는[美] 쪽이 전승(戰勝)을 얻지 못하고 오히려 전쟁을 슬퍼하는[哀] 쪽이 전승을 얻는 것이 천도(天道)라 함이 노자(老子)의 전쟁관이고 반전관이며 병법이다.

여기 〈애(哀)〉란 민(閔) 즉 살상을 가엽게 여김[閔]이니 67장(章)의 자(慈)와 같다. 그러므로 애(哀)는 52장(章)의 복수기모(復守其母)로 천도(天道)를 따름이다. 천도(天道)를 따라 지킴이란 이롭게 하되 불해(不害)함이고 위해주되 부쟁(不爭)함인지라 부쟁(不爭)하는, 쪽이 승(勝)하고, 호쟁(好爭)하는 쪽이 패(敗)한다. 이를 〈애자승(哀者勝)〉이라 하니 〈애자(哀者)〉는 67장(章)의 부자이전즉승(夫慈以戰則勝)을 상기시킨다. 무릇 자애로[慈]써[以] 전쟁하면[戰] 곧[則] 승리함을[勝] 병법으로 좇는 선장(善將)이 필승한다는 뜻을 품고 있다.

또한 〈불감위주이위객(不敢爲主而爲客)〉도 애자(哀者)의 병법이고 용병이며, 〈불감진촌이퇴척(不敢進寸而退尺)〉 역시 애자(哀者)의 용병이다. 그러므로 〈항무항(行無行)〉도 필승하는 애자의 병법이고 용병이며, 〈양무비(攘無臂)·잉무적(扔無敵)·집무병(執無兵)〉 등도 역시 필승하는 애자(哀者)의 병법이고 용병이며, 나아가 68장(章)의 〈불무(不武)·불노(不怒)·불여(不與)·위지하(爲之下)〉 등의 부쟁지덕(不爭之德) 역시 애자(哀者)의 병법이고 용병임을 살펴 새기고 헤아려 깨우치게 하는 말씀이 〈항병상가(抗兵相加) 애자승의(哀者勝矣)〉이다.

註 "복수기모(復守其母) 몰신불태(歿身不殆)." 그[其] 어머니께로[母] 돌아와[復] 지킨다면[守] 평생토록[歿身] 위태롭지 않다[不殆]. 『노자(老子)』 52장(章)

註 "승이불미(勝而不美) 이미지자(而美之者) 시요살인(是樂殺人) 부요살인자(夫樂殺人者) 즉 불가득지어천하(則不可得志於天下)." 승전을[之] 찬미하는[美] 짓은[者] 사람을[人] 죽이기를[殺] 좋아하는 짓[樂]이다[是]. 무릇[夫] 백성을[人] 죽이기를[殺] 좋아하는[樂] 짓은[者] 곧[則] 그 때문에[以] 세상에서[於天下] 뜻을[志] 얻을[得] 없는 것[不可]이다[矣]. 『노자(老子)』 31장(章)

註 "부자(夫慈) 이전즉승(以戰則勝) 이수즉고(以守則固)." 무릇[夫] 자애로[慈] 써[以] 싸운다면 [戰] 곧[則] 승리하고[勝], 그로써[以] 지킨다면[守] 곧[則] 공고해진다[固]. 『노자(老子)』 67장(章)

【보주(補註)】

● 〈항병상가(抗兵相加) 애자승의(哀者勝矣)〉를 〈양군항병이상가시(兩軍抗兵而相 加時) 애지측승전의(哀之側勝戰矣)〉처럼 옮기면 문맥을 더 쉽게 잡을 수 있다. 〈양쪽의[兩] 군대가[軍] 병사를[兵] 동원해서[抗而] 양쪽의[兩] 군대가[軍] 서로 [相] 부닥칠[加] 때[時] 애달파하는[哀之] 측이[側] 전쟁을[戰] 승리하는 것[勝]이 다[矣].〉

● 애자(哀者)는 비애자(悲哀者)가 아니라 연민자(憐閔者) 또는 자애자(慈愛者)이 다. 따라서 애자(哀者)는 살상을 범하지 않음을 말한다. 물론 애자(哀者)를 〈애 지인(哀之人)〉으로 여겨도 될 것이고, 〈애지심(哀之心)〉으로 새겨도 될 것이다. 〈살상을 슬퍼하는[悲之] 사람[人]〉〈살상을 슬퍼하는[悲之] 마음[心]〉

【해독(解讀)】

● 〈항병상가(抗兵相加) 애자승의(哀者勝矣)〉는 시간의 종절과 주절로 이루어진 복문(複文)이다. 〈항병하여[抗兵] 상가할 때[相加] 애자가[哀者] 승하는 것[勝]이 다[矣].〉

● 항병상가(抗兵相加)는 주어가 생략되었지만 시간의 종절(從節) 노릇한다. 항병 (抗兵)에서 주어가 생략되었지만 항(抗)은 동사 노릇하고, 병(兵)은 목적어 노릇하며, 상가(相加) 역시 주어가 생략되었지만 상(相)은 가(加)를 꾸며주는 부 사 노릇하며, 가(加)는 동사 노릇한다. 항(抗)은 〈움직일 거(擧)〉와 같고, 가(加) 는 〈맞닥칠 당(當)〉과 같다. 항병상가(抗兵相加)는 항병상가시(抗兵相加時)〉에

서 접속사 역할하는 〈때 시(時)〉가 생략된 셈이다. 〈병사를[兵] 동원해서[抗] 서로[相] 부닥칠 때[加]〉

- 애자승의(哀者勝矣)에서 애자(哀者)는 주부(主部) 노릇하고, 승(勝)은 영어의 동명사 같은 구실로 보어 노릇하며, 의(矣)는 문미조사 노릇한다. 애자(哀者)는 〈애지인(哀之人)〉의 줄임으로 여기면 된다. 〈애달파하는[哀] 자가[者] (전쟁을) 승리하는 것[勝]이다[矣].〉 〈슬퍼하는[哀之] 사람[人]〉

회옥장(懷玉章)

노자사상(老子思想)을 세간(世間)이 외면함을 밝힌다. 노자(老子)의 말씀[言]에는 〈종(宗)〉 즉 주지(主旨)가 있고, 〈군(君)〉 즉 근본 되는[君] 바가 있지만, 세인(世人)이 이를 외면함을 〈지아자희(知我者希)〉 즉 나를[我] 알아보는[知] 이가[者] 드물다고[希] 에둘러 실토한다. 그렇다고 노자(老子)는 세인(世人)의 외면을 한탄하거나 원망하지 않으며, 다만 노자(老子)의 〈언(言)·사(事)〉는 귀중하여 성인(聖人)의 〈피갈회옥(被褐懷玉)〉 같음을 밝혀둔 장(章)이다.

【원문(原文)】

吾言이 甚易知고 甚易行이어늘 天下莫能知하고 莫能
오언　　심이지　　심이행　　　　천하막능지　　　막능

行이로다 言有宗하고 事有君이어늘 夫唯無知라 是以로
행　　　언유종　　사유군　　　　부유무지　　시이

不我知니 知我者希면 則我者貴라 是以로 聖人은 被褐
불아지　　지아자희　　칙아자귀　　시이　　성인　　피갈

懷玉하니라
회옥

나의[吾] 말을[言] 알기가[知] 매우[甚] 쉽고[易], (나의 말을) 행하기도[行] 매우[甚] 쉽다[易]. 세상에는[天下] (내 말을) 능히[能] 알려 함도[知] 없고[莫], 능히[能] 실행함도[行] 없다[莫]. (내) 말에는[言] 근본의 뜻이[宗] 있고[有], (내 말을) 이행함에는[事] 근본 되는 바가[君] 있다[有]. 무릇[夫] 오직[唯] {세인(世人)한테 오언(吾言)의 종(宗)과 사(事)를} 앎이[知] 없다[無]. 이[是] 때문에[以] 나를[我] 알지 못한다[不知]. 나를[我] 이해하는[知] 사람이[者] 드무니[希] 나를[我] 본받는[則] 사람도[者] 드물다[貴]. 이렇기[是] 때문에[以] 성인은[聖人] 갈옷을[褐] 입고[被] (속에다) 옥을[玉] 품는다[懷].

70-1 吾言甚易知(오언심이지) 甚易行(심이행)

▶ 나의[吾] 말을[言] 알기가[知] 매우[甚] 쉽고[易], (나의 말을) 행하기도[行] 매우[甚] 쉽다[易].

나의 오(吾), 말 언(言), 매우 심(甚), 쉬울 이(易), 알아볼 지(知), 행할 행(行)

【지남(指南)】

〈오언심이지(吾言甚易知) 심이행(甚易行)〉은 노자(老子) 자신이 한 말을 세상 사람들이 외면함을 에둘러 밝힌다. 〈오언(吾言)〉은 2장(章)의 **처무위지사(處無爲之事) 행불언지교(行不言之敎)**를 상기시킨다. 이는 노자(老子)가 자연을[自然] 본받아[法] 말함[言]이지 인지(人智)로 사물을 식별하고자 함이 아니다. 따라서 오언(吾言)은 무위지사(無爲之事) 즉 무위를[無爲之] 행하면서[事] 살아감을[處] 말함[言]이고, 시비분별하고 논란하는 인지(人智)의 말 없는[不言之] 가르침을[敎] 실행하라[行] 말함이다.

시비를 들어 논란을 일삼는 말이[語] 알기[知] 어렵지[難], 무위(無爲) 즉 의욕함이[爲] 없이[無] 그냥 그대로[自然] 하는 말[言]에는 어려울[難] 것이 없다. 만물은 그 어느 것도 상도(常道)의 조화 아닌 것이 없는데, 그것을 두고 경중(輕重)이니 대소(大小)니 장단(長短)이니 고하(高下)니 곡직(曲直) 등 둘로 나누어 분별해 따지고 알기[知] 어렵게[難] 논란하기 때문에 말이[語] 어렵게 된다. 세상 사람들이 쉽게 알[知] 수 있는 것을 어렵게 하여 알지 못하고, 쉽게 실행할 수 있는 것을 어렵게 하여 실행하지 못함은 성인(聖人)의 〈처무위지사(處無爲之事)〉를 외면하고 〈불언지교(行不言之敎)〉를 외면하기 때문이다.

알기 쉬움을[易知] 어렵게 하니[難知] 부지(不知)하고, 실행하기 쉬움을[易行] 실행하기 어렵게 하니[難行] 불행(不行)하게 된다. 여기 이지(易知) · 이행(易行)은 처무위지사(處無爲之事)로 지행(知行) 즉 앎과[知] 행함은[行] 쉽다고[易] 밝힌다. 난지(難知) · 난행(難行)은 처인위지사(處人爲之事)로 지행(知行)하기 때문이다. 시비 분별하여 논란하면 어렵지 않은 것이란 없고, 실행하기 어렵지 않은 것도 없다. 성인이[聖人] 무위를[無爲之] 행함에[事] 머물고[處], 시비 · 논란의 말이[言] 없는[不之] 가르침을[敎] 행함은[行]『장자(莊子)』가 **오용인(惡用人)** 즉 인위를[人] 어찌[惡] 쓰겠느냐고[用] 반문하는 깊은 뜻을 헤아려보게 한다. 왜냐하면 〈오언(吾言)〉의 언(言)은 인위(人爲)의 말이 아니라 무위자연(無爲自然)의 말하기[言]이고 행하기[行]이기 때문이다.

성인(聖人)을 본받아 꾀하지 않으면[不謀] 그 말은 알기도[知] 쉽고[易] 행하기도[行] 쉽지만[易], 이리저리 인위(人爲)로써 도모하면 알기[知] 어렵고[難] 행하기도[行] 어렵다[難]. 그냥 그대로 두고 다듬어 꾸미지 않으면[不斲] 이지(易知)하고 이행(易行)하지만, 다듬어 꾸미면[斲] 난지(難知)하고 난행(難行)하다. 이런저런 이해득실을 따져 만나고 헤어지고 하지 않으면[無喪] 이지(易知)하고 이행(易行)하지만, 이해득실을 따져 만나기도 하고 헤어지기도 하면 난지(難知)하다. 이것저것 흥정하지 않으면[不貨] 이지(易知)하지만, 이리저리 흥정하면[貨] 난지(難知)하고 난행(難行)하다. 그러므로 〈오언(吾言)〉은 무위지언(無爲之言)으로 알기 쉽고[易] 행하기도 쉬움을[易] 살펴 새기고 헤아려 깨우치게 하는 말씀이〈오언심이지(吾言甚易知) 심이행(甚易行)〉이다.

国 "성인처무위지사(聖人處無爲之事) 행불언지교(行不言之敎)." 성인은[聖人] 무위를[無爲之] 행함에[事] 머물고[處], 말이[言] 없는[不之] 가르침을[敎] 행한다[行]. 『노자(老子)』2장(章)

国 "성인불모(聖人不謀) 오용지(惡用知) 불착(不斲) 오용교(惡用膠) 무상(無喪) 오용덕(惡用德) 불화(不貨) 오용상(惡用商) 사자천국(四者天鬻) 천국야자천사야(天鬻也者天食也) 기수사어

천(旣受食於天) 우오용인(又惡用人)." 성인은[聖人] 꾀하지 않는데[不謀] 어찌[惡] 지식을[知] 쓰겠으며[用], 깎고 다듬지 않는데[不斲] 어찌[惡] 갖풀을[膠] 쓰겠으며[用], 잃을 것이[喪] 없는데[無] 어찌[惡] 인덕(人德)을[德] 쓰겠으며[用], 돈벌이를 않는데[不貨] 어찌[惡] 상술(商術)을[商] 쓰겠는가[用]? {불모(不謀)·불착(不斲)·무상(無喪)·불화(不貨)는} 자연이[天] 길러주는[鬻] 네 가지[四者]이다[也]. 자연이[天] 길러줌[鬻]이란[也] 것은[者] 자연이[天] 먹여줌[食]이다[也]. 이미[旣] 자연으로부터[於天] 먹을거리를[食] 받았는데[受] 또[又] 어찌[惡] 인간의 것을[人] 쓰겠는가[用]?

『장자(莊子)』「덕충부(德充符)」

【보주(補註)】

● 〈오언심이지(吾言甚易知) 심이행(甚易行)〉을 〈심이지오언(甚易知吾言) 이심이행오언(而甚易行吾言)〉처럼 옮기면 문맥을 더 쉽게 잡을 수 있다. 〈내[吾] 말을[言] 알기가[知] 매우[甚] 쉽다[易]. 그리고[而] 내[吾] 말을[言] 행하기가[行] 매우[甚] 쉽다[易].〉

● 이지(易知)와 이행(易行)은 10장(章)의 **명백사달(明白四達)**을 떠올리고, 『주역(周易)』의 **이즉이지(易則易知)와 간즉이종(簡則易從)**을 상기시킨다.

🔳 "명백사달(明白四達) 능무지호(能無知乎)." 명백함이[明白] 사방에[四] 통달한다[達]. 능히[能] 알기가[知] 없는 것[無]인가[乎]?
『노자(老子)』 10장(章)

🔳 "건이이지(乾以易知) 곤이간능(坤以簡能) 이즉이지(易則易知) 간즉이종(簡則易從)." 건도(乾道)는[乾] 간이로[易]써[以] 알리고[知], 곤도(坤道)는[坤] 간명함으로[簡]써[以] 해준다[能]. 간이하면[易] 곧[則] 알기[知] 쉽고[易], 간명하면[簡] 곧[則] 따르기[從] 쉽다[易].
『주역(周易)』「계사전상(繫辭傳上)」

【해독(解讀)】

● 〈오언심이지(吾言甚易知) 심이행(甚易行)〉은 중문(重文)이다. 〈오언을[吾言] 지하기가[知] 매우[甚] 쉽다[易]. {그리고 오언(吾言)을} 행하기가[行] 매우[甚] 쉽다[易].〉

● 오언심이지(吾言甚易知)에서 오언(吾言)은 전치됐지만 지(知)의 목적어 노릇하고, 심(甚)은 이(易)를 꾸며주는 부사 노릇하며, 이(易)는 자동사 노릇하고, 지(知)는 이(易)의 주어 노릇한다. 심(甚)은 〈매우 흔(很)〉과 같다. 〈내 말을[吾言] 알기가[知] 매우[甚] 쉽다[易].〉

- 심이행(甚易行)에서 심(甚)은 이(易)를 꾸며주는 부사 노릇하고, 주어 노릇할 오언(吾言)은 생략되었지만 이(易)는 동사 노릇하며, 행(行)은 이(易)의 주어 노릇한다. 〈행하기가[行] 매우[甚] 쉽다[易].〉

- 심이행(甚易行)은 〈A이위(易爲)B〉의 상용문이다. 〈A에는 B를 하기가[爲] 쉽다[易].〉

70-2 天下莫能知(천하막능지) 莫能行(막능행)

▶ 세상에는[天下] (내 말을) 능히[能] 알려 함도[知] 없고[莫], 능히[能] 실행함도[行] 없다[莫].

> 하늘 천(天), 아래 하(下), 없을 막(莫), 능히 능(能), 알아볼 지(知), 행할 행(行)

【지남(指南)】

〈천하막능지(天下莫能知) 막능행(莫能行)〉은 앞서 살핀 〈오언(吾言)〉을 세상 사람들이 알려 하지 않고, 따라서 행하려 함도 없음을 밝힌다. 세상 사람들은 51장(章)의 〈존도이귀덕(尊道而貴德)〉의 까닭을 모르기 때문에 노자(老子)의 말을 알려 하거나 행하려 함이 없다. 알려 함이 없으니 행하려 함도 없다.

왜 세상 사람들은 오언(吾言)을 알려 하지 않는가? 오언(吾言)은 법천(法天) 즉 자연을[天] 본받기를[法] 말하기 때문이다. 물론 『노자(老子)』 81장(章)의 모든 원문(原文)이 〈오언(吾言)〉이다. 이를 세인(世人)이 왜 〈막능지(莫能知)〉 즉 능히[能] 알려 함이[知] 없고[莫], 〈막능행(莫能行)〉 즉 능히[能] 실행하려[行] 함도 없는가[莫]? 자연(自然)을 본받는[法] 지행(知行)은 63장(章)의 **위무위(爲無爲) 사무사(事無事) 미무미(味無味)**로 이루어지기 때문이다. 세인(世人)은 자기 의욕에 따라 인지(人智)를 앞세우기 때문에 행함에[爲] 작위가[作爲] 없기가[無] 불가능하고, 일함에[事] 작위를 꾀함이[事] 없기가[無] 불가능하며, 맛냄에[味] 조작한 맛이[味] 없기가[無] 불가능하다. 이처럼 세인(世人)은 매사를 도모하면서 사욕(私欲)을 버리지 못한다.

이런 세인(世人)에게 오언(吾言)은 19장(章)의 **소사과욕(少私寡欲)**하라고 하니 오언(吾言)을 알아듣고[知] 행하기가[行] 불가능하며, 날마다 상쟁(相爭)하여 제 몫을[私] 키우려는 세상 사람들에게 8장(章)의 **부유부쟁(夫唯不爭)** 즉 무릇[夫] 오로지[唯] 다투지 않는다고[不爭] 하니 오언(吾言)을 알아듣고[知] 행하기가[行] 불가능하며, 날마다 상경(相競)하여 제 자리를 유리하게 잡으려는 사람들에게 29장(章)의 **거심(去甚) 거사(去奢) 거태(去泰)**하라 하니 오언(吾言)을 알아듣고[知] 행하기가[行] 불가능하며, 날마다 승인(勝人)하여 우위를 확보하려는 사람들에게 36장(章)의 **유약승강강(柔弱勝剛強)** 즉 부드럽고[柔] 연약함이[弱] 굳세고[剛] 강함을[強] 부려 쓴다고[勝] 하니 오언(吾言)을 알아듣고[知] 행하기가[行] 불가능하며, 날마다 찰찰(察察)하여 밀리거나 손해보지 않는다고 확신하는 사람들에게 28장(章)의 **복귀어영아(復歸於嬰兒)**하라 하니 오언(吾言)을 알아듣고[知] 행하기가[行] 불가능하다.

물론 세상 사람들이 지행(知行)하기가 불가능한 오언(吾言)은 이뿐만이 아니다. 매장(每章)마다 세상 사람들이 알아듣고[知] 행하기[行] 불가능한 오언(吾言)들로 이루어진 것이 『노자(老子)』라고 할 수 있다. 『노자(老子)』81장(章)을 채우고 있는 오언(五言)마다 허정(虛靜)하라 하고, 유화(柔和)하라 하며, 자검(慈儉)하라 하고, 처하(處下)하라 하며, 소사(少私)하라 하고, 과욕(寡欲)하여 거심(去甚)·거사(去奢)·거태(去泰)하여 부쟁(不爭)하고 불해(不害)하라 한다. 오언(吾言)은 오로지 법자연(法自然)하여 무위(無爲)·호정(好靜)·무사(無事)·무욕(無欲)하라 하니, 탐욕을 버리지 못하는 세상 사람들에게 그 지행(知行)이 어려울 뿐임을 살펴 새기고 헤아려 깨우치게 하는 말씀이 〈하막능지(天下莫能知) 막능행(莫能行)〉이다.

註 "위무위(爲無爲) 사무사(事無事) 미무미(味無味)." 행함에[爲] {작위(作爲)를} 행함이[爲] 없고[無], 일함에[事] 작위를 꾀함이[事] 없으며[無], 맛냄에[味] 조작한 맛이[味] 없다[無].
『노자(老子)』63장(章)

註 "견소포박(見素抱樸) 소사과욕(少私寡欲)." (백성이) 그냥 그대로를[素] 살피고[見] 그냥 그대로를[樸] 지킨다면[抱], (백성은) 제 몫을[私] 적게 하고[少] 욕망을[欲] 적게 한다[寡].
『노자(老子)』19장(章)

註 "부유부쟁(夫唯不爭) 고(故) 무우(無尤)." 무릇[夫] 오로지[唯] {성인(聖人)은} 다투지 않는다[不爭]. 그러므로[故] {성인(聖人)께는} 허물이[尤] 없다[無]. 『노자(老子)』8장(章)

註 "성인거심(聖人去甚) 거사(去奢) 거태(去泰)." 성인은[聖人] 지나침을[甚] 버리고[去], 사치를[奢] 버리고[去], 과도함을[泰] 버린다[去].　　　　　　　　　　『노자(老子)』 29장(章)

註 "유약승강강(柔弱勝剛强) 어불가탈어연(魚不可脫於淵)." 부드럽고[柔] 연약함이[弱] 굳세고[剛] 강함을[强] 부려 쓴다[勝]. 물고기는[魚] 못에서[於淵] 벗어날[脫] 수 없다[不可].
　　　　　　　　　　『노자(老子)』 36장(章)

註 "위천하계(爲天下谿) 상덕불리(常德不離) 복귀어영아(復歸於嬰兒)." 온 세상의[天下] 내[川]가[谿] 되면[爲] 상덕이[常德] 떠나지 않고[不離], 갓난애로[於嬰兒] 되[復] 돌아온다[歸].
　　　　　　　　　　『노자(老子)』 28장(章)

【보주(補註)】

● 〈천하막능지(天下莫能知) 막능행(莫能行)〉을 〈천하인막능지오언(天下人莫能知吾言) 소이천하인막능행오언(所以天下人莫能行吾言)〉처럼 옮기면 문맥을 더 쉽게 잡을 수 있다. 〈세상[天下] 사람들한테는[人] 나의[我之] 말을[言] 능히[能] 알아봄이[知] 없다[莫]. 그래서[所以] 세상[天下] 사람들한테는[人] 나의[我之] 말을[言] 능히[能] 실행함이[行] 없다[無].〉

● 천하막능지(天下莫能知)의 지(知)를 〈지법천(知法天)〉으로 여기고, 막능행(莫能行)의 행(行)을 〈행법천(行法天)〉으로 여겨도 된다. 왜냐하면 〈오언(吾言)의 언(言)〉은 〈언법천(言法天)〉의 줄임으로 보아도 되기 때문이다. 〈자연을[天] 본받기를[法] 안다[知].〉 〈자연을[天] 본받기를[法] 행한다[行].〉 〈자연을[天] 본받기를[法] 말함[言]〉

【해독(解讀)】

● 〈천하막능지(天下莫能知) 막능행(莫能行)〉은 두 구문으로 이루어진 중문(重文)이다. 〈천하에[天下] {오언(吾言)을} 능지함이[能知] 없다[莫]. {그래서[而] 오언(吾言)을} 능행함이[能行] 없다[莫].〉

● 천하막능지(天下莫能知)에서 천하(天下)는 막(莫)을 꾸며주는 부사 노릇하고, 막(莫)은 동사 노릇하며, 능(能)은 지(知)를 꾸며주는 부사 노릇하며, 지(知)는 영어의 동명사 같은 구실로 막(莫)의 주어 노릇한다. 막(莫)은 〈없을 무(無)〉와 같다. 〈천하에[天下] {오언(吾言)을} 능히[能] 앎이[知] 없다[莫].〉

● 막능행(莫能行)에서 막(莫)은 동사 노릇하고, 능(能)은 행(行)을 꾸며주는 부사 노릇하며, 행(行)은 영어의 동명사 같은 구실로 막(莫)의 주어 노릇한다. 〈능히

[能] {오언(吾言)을} 행함이[行] 없다[莫].〉

● 천하막능지(天下莫能知)와 막능행(莫能行)은 〈A막위(莫爲)B〉와 같은 상용문이다. 〈A에는 B를 함이[爲] 없다[莫].〉

70-3 言有宗(언유종) 事有君(사유군)

▶ (내) 말에는[言] 근본의 뜻이[宗] 있고[有], (내 말을) 이행함에는[事] 근본 되는 바가[君] 있다[有].

말씀 언(言), 있을 유(有), 주지(主旨) 종(宗), 행사할 사(事), 근본 군(君)

【지남(指南)】

〈언유종(言有宗) 사유군(事有君)〉은 노자(老子)의 말에는 주지(主旨)가 있고, 그 말을[言] 행함에는 소본(所本) 즉 근본되는[本] 바가[所] 있음을 밝힌다. 〈어유종(語有宗)〉이 아니라 〈언유종(言有宗)〉에 주목하게 된다. 〈언(言)〉이란 직언(直言) 즉 분별을 떠나 말함이고, 〈어(語)〉는 논란 즉 시비를 가리려 말함이다. 어(語)는 시비·논란을 가리려 하지만, 언(言)은 이를 떠나 식별에 얽매이지 않고 말하고자 함이다. 그렇다고 언(言)은 이리저리 마구 말함이 아니라 뜻하는 바의 근거를 따라 말함이다.

유가(儒家)의 성인(聖人)은 시비 논란을 버리지 않지만, 도가(道家)의 성인(聖人)은 이를 떠난다. 『논어(論語)』에는 자왈(子曰) 어지이불타자(語之而不惰者)처럼 〈어(語)〉가 빈번히 나오지만, 『노자(老子)』에는 〈어(語)〉는 한 자(字)도 없고 〈언(言)〉만 21회나 나온다. 성인(聖人)의 말씀은 성언(聖言)이라 하지 성어(聖語)라 하지 않는다. 성인(聖人)은 시비·논란하려 하지 않고 〈종(宗)〉인 주지(主旨)를 따라 말하고, 그 종(宗)을 행함에 소본(所本) 즉 근본이 되는[本] 바를[所] 따를 뿐이다.

공자(孔子)의 말씀도 술이부작(述而不作)의 언(言)이고, 노자(老子)의 말씀 역시 술이부작(述而不作)의 언(言)이다. 노공(老孔)이 전술하는[述] 주지(主旨)와 그 소본(所本)이 서로 다를 뿐이다. 공자(孔子)는 선왕(先王)의 인의예악(仁義禮樂)을 주지(主旨)와 소본(所本)으로 삼아 말하고[言之], 노자(老子)는 도덕(道德)의 무위자연

(無爲自然)을 주지(主旨)와 소본(所本)으로 삼아 언지(言之)함이 다를 뿐, 자의(自意)로 지어내[作] 말하지 않음은 서로 다를 것이 없다.

성인(聖人)의 말씀이[言] 시대변동에 아랑곳없이 뜻하는 바가 살아 있음은 부작지언(不作之言) 즉 자신이 뜻하는 바대로 지어내지 않은[不作之] 말이기[言] 때문이다. 술지언(述之言) 즉 전술하는[述之] 언(言)에는 주장하는 뜻[主旨]의 근거하는 바가 언자(言者)를 떠나 있지만, 작지언(作之言) 즉 지어낸[作之] 말[言]에는 주지(主旨)의 근거가 언자(言者)를 떠나지 못한다. 성인지언(聖人之言)에는 주장하는 뜻의 주지(主旨)와 소본(所本)이 당신을 떠나 있다. 그래서 무기지언(無己之言) 즉 자기가[己] 없는[無之] 말씀[言]으로, 49장(章)의 **성인무상심(聖人無常心)** 즉 성인께는[聖人] 고집하는 마음이[常心] 없다고[無] 한다. 여기 상심(常心)은 성심(成心)으로 요샛말로는 이념이다. 성인(聖人)께 자기 주장이[常心] 없다고 함은 성인(聖人)의 말씀에는 무사(無私)한 주지(主旨)와 소본(所本)이 반드시[必] 있음을[有] 말한다. 사사로움이[私] 없어[無] 자기가[己] 없는[無] 말하기를 〈언유종(言有宗) 사유군(事有君)〉이라 한다.

〈언유종(言有宗)〉은 오언유주지(吾言有主旨)인 셈이고, 〈사유군(事有君)〉은 오언지사유소본(吾言之事有所本)이다. 그러므로 노자의 말에는[吾言] 〈종(宗)〉 즉 근본의[主] 뜻[旨]이 있고[有], 이를[吾言之] 행사함에는[事] 〈군(君)〉 즉 근본이 되는[根] 바[所]가 있다. 따라서 여기 〈언유종(言有宗) 사유군(事有君)〉은 오로지 25장(章)의 **도법자연(道法自然)**을 따르는 무위자연(無爲自然)이 오언(吾言)의 종(宗)인 주지(主旨)가 되고, 군(君) 즉 소본(所本)이 됨을 살펴 새기고 헤아려 깨우치게 하는 말씀이 〈언유종(言有宗) 사유군(事有君)〉이다.

─────────────

註 "자왈(子曰) 술이부작(述而不作) 신이호고(信而好古) 절비어노팽(竊比於老彭)." 공자가[子] 말했다[曰] : 전술하되[述而] 짓지 않았고[不作], 옛것을[古] 믿고[信而] 좋아한다[好]. 그런 나는[竊] 노팽에[於老彭] 견줘진다[比].　　　　　『논어(論語)』「술이(述而)」 1

註 "자왈(子曰) 어지이불타자(語之而不惰者) 기회야여(其回也與)." 공자께서[子] 말했다[曰] : 말해주어서[語之而] 게을리하지 않는[不惰] 사람은[者] 아마도[其] 안연[回]이리라[也與].

　　　　　『논어(論語)』「자한(子罕)」 19

註 "성인무상심(聖人無常心) 이백성심위심(以百姓心爲心)." 성인께는[聖人] 고집하는 마음이

[常心] 없고[無], {성인(聖人)은} 백성의[百姓] 마음으로[心]써[以] (당신의) 마음을[心] 삼는다[爲].
『노자(老子)』 49장(章)

801

註　"인법지(人法地) 지법천(地法天) 천법도(天法道) 도법자연(道法自然)." 사람은[人] 땅을
[地] 본받고[法], 땅은[地] 하늘을[天] 본받고[法], 하늘은[天] 상도를[道] 본받고[法], 상도는[道] 자
연을[自然] 본받는다[法].　　　　　　　　　　　　　　　　　　　　『노자(老子)』 25장(章)

【보주(補註)】

● 〈언유종(言有宗) 사유군(事有君)〉을 〈오언유종지(吾言有宗旨) 오언지사유군주
(吾言之事有君主)〉처럼 옮기면 문맥을 더 쉽게 잡을 수 있다. 〈내[吾] 말에는
[言] 종지가[宗旨] 있고[有], 내[吾] 말을[言之] 행사함에는[事] 군주가[君主] 있다
[有].〉

● 언유종(言有宗)의 종(宗)은 종지(宗旨) 즉 주지(主旨)이다. 법자연(法自然)으로
수중(守中)·허정(虛靜)·소박(素樸)·유화(柔和)·자검(慈儉)·부쟁(不爭)·불
해(不害) 등이 〈오언(吾言)〉의 종(宗)이 된다.

● 사유군(事有君)의 군(君)은 군주(君主) 즉 소본(所本)이다. 법자연(法自然)의 자
연(自然)이 바로 오언(吾言)을 행사하는 근본이 되는[本] 것[所]이다. 그러므로
오언(吾言)의 군(君)은 상도(常道)와 상덕(常德)이다.

【해독(解讀)】

● 〈언유종(言有宗) 사유군(事有君)〉은 두 구문으로 이루어진 중문(重文)이다. 〈언
에는[言] 종이[宗] 있다[有]. (그리고) 사에는[事] 군이[君] 있다[有].〉

● 언유종(言有宗)에서 언(言)은 유(有)를 꾸며주는 부사 노릇하고, 유(有)는 동사
노릇하며, 종(宗)은 유(有)의 주어 노릇한다. 〈말함에[言] 근본의 뜻이[宗] 있다
[有].〉

● 사유군(事有君)에서 사(事)는 유(有)를 꾸며주는 부사 노릇하고, 유(有)는 자동
사 노릇하며, 군(君)은 유(有)의 주어 노릇한다. 〈행함에[事] 근본 되는 바가[君]
있다[有].〉

● 언유종(言有宗) 사유군(事有君)은 〈A유(有)B〉와 같은 상용문이다. 〈A에는 B가
있다[有].〉

회옥장(懷玉章)

70-4 夫唯無知(부유무지) 是以(시이) 不我知(불아지)

▶무릇[夫] 오직[唯] {세인(世人)한테 오언(吾言)의 종(宗)과 사(事)를} 앎이[知] 없다[無]. 이[是] 때문에[以] 나를[我] 알지 못한다[不知].

> 무릇 부(夫), 오직 유(唯), 없을 무(無), 알 지(知), 이 시(是), 때문에 이(以), 못할 불(不), 나 아(我)

【지남(指南)】

〈부유무지(夫唯無知) 시이(是以) 불아지(不我知)〉는 세상 사람들이 〈언유종(言有宗)〉의 종(宗)과 〈사유군(事有君)〉의 군(君)을 알지 못함을 거듭 밝힌다. 노자(老子)가 말하는[言] 근본의 뜻[宗]은 법자연(法自然)에 있고[有], 노자(老子)의 말을[吾言] 행함에[事] 근본되는 바도[君] 역시 법자연(法自然)임을 알려 하지 않음이 〈무지(無知)〉이다. 내가[吾] 무위자연(無爲自然)을 본받아[法] 말해도[言] 세상 사람들은 그 본받기를[法] 알지 못하여 내 말을[吾言] 알아듣지 못함이 〈부유무지(夫唯無知)〉이다. 그리고 자연을[自然] 본받음이[法] 근본되는 바[所本]임을 알아채지 못함 역시 〈부유무지(夫唯無知)〉이다.

자연(自然)을 본받아[法] 근본의 뜻을 간직한 오언(吾言)과 그 말을[吾言] 행사함은[事] 『노자(老子)』 전장(全章)에 걸쳐 나오는 셈이다. 그중에서 〈오언(吾言)〉의 종(宗) 즉 주지(主旨)와, 〈오사(五事)〉의 군(君) 즉 소본(所本)을 아울러 살펴보게 하는 말씀은 28장(章)에 고스란히 나온다. 28장(章)의 상덕불리(常德不離)가 오언(吾言)의 종(宗)이라면, **복귀어영아(復歸於嬰兒)**는 오언(吾言)을 따라 행함[事]이고, **상덕불특(常德不忒)**이 오언(吾言)의 뜻[宗]이라면 복귀어무극(復歸於無極)은 오언(吾言)을 따라 행사함[事]이며, **상덕내족(常德乃足)**이 오언(吾言)의 뜻[宗]이라면 **복귀어박(復歸於樸)**은 오언(吾言)을 따라 행사함[事]이다.

상덕이(常德) 떠나지 않음을[不離] 말하고[言], 그 말대로 갓난애로[於嬰兒] 되돌아옴을[復歸] 행사하여[事] 처무위(處無爲) 즉 무위(無爲)의 삶을 누리라고 하지만, 세상 사람들이 알아듣지를 못한다. 따라서 세상 사람들은 그것을 누릴 줄 모르니 〈불아지(不我知)〉 나를[我] 이해하지 못하는[不知] 것이다. 상덕이(常德) 어

굿나지 않음을[不忒] 말하고[言], 그 말대로 무극으로[於無極] 되돌아와[復歸] 무
위(無爲)의 삶을 누린다고 오언(吾言)하지만, 세상 사람들은 그런 삶을 누릴 줄 모
르니 나를[我] 이해하지 못한다[不知]. 상덕이[常德] 이내[乃] 만족됨을[足] 말하고
[言], 그 말대로 자연으로[於樸] 되돌아와[復歸] 무위(無爲)의 삶을 누리라는 내 말
을[吾言] 이해하지 못해 나를[我] 알지 못한다[不知].

　이처럼 세상 사람들이 오언(吾言)의 주지(主旨)를 앎이[知] 없고[無], 오언(吾言)
을 행사하는[事] 소본(所本)을 알지 못하는지라 노자(老子) 당신을[我] 알지 못함을
[不知] 살펴 새기고 헤아려 일깨워주는 말씀이 〈부유무지(夫唯無知) 시이(是以) 불
아지(不我知)〉이다.

註　"상덕불리(常德不離) 복귀어영아(復歸於嬰兒)……상덕불특(常德不忒) 복귀어무극(復歸於
無極)……상덕내족(常德乃足) 복귀어박(復歸於樸)." 상덕이[常德] 떠나지 않아[不離] 갓난애로
[於嬰兒] 되[復]돌아온다[歸].……상덕이[常德] 어긋나지 않아[不忒] 무극으로[於無極] 되[復]돌아
온다[歸].……상덕이[常德] 이내[乃] 만족돼[足] 나뭇등걸(자연)로[於樸] 되[復]돌아온다[歸].

『노자(老子)』 28장(章)

【보주(補註)】

- 〈부유무지(夫唯無知) 시이(是以) 불아지(不我知)〉를 〈부유천하인무지오언지종
여군(夫唯天下人無知吾言之宗與君) 시이(是以) 천하인부지아(天下人不知我)〉처
럼 옮기면 문맥을 더 쉽게 잡을 수 있다. 〈무릇[夫] 오직[唯] 세상 사람들한테[天
下人] 내[吾] 말의[言之] 근본 뜻과[宗與] 근본 되는 바를[君] 앎이[知] 없다[無].
이[是] 때문에[以] 세상 사람들이[天下人] 나를[我] 알지 못한다[不知].〉

- 무지(無知)란 〈무지오언지종(無知吾言之宗)〉에서 오언지종(吾言之宗)과, 〈무지
오언지군(無知吾言之君)〉에서 오언지군(吾言之君)을 줄임이다.

- 부유무지(夫唯無知)가 〈부유무지(夫惟無知)〉로 된 본(本)도 있다. 〈유(唯)〉와
〈유(惟)〉는 같은지라 문의(文義)가 달라지는 것은 아니다.

【해독(解讀)】

- 〈부유무지(夫唯無知) 시이불아지(是以不我知)〉는 두 구문으로 이루어진 중문
(重文)이다. 〈무릇[夫] 오로지[唯] 앎이[知] 없다[無]. 이[是] 때문에[以] 나를[我]
알지 못한다[不知].〉

- 부유무지(夫唯無知)에서 부(夫)와 유(唯)는 어조사 노릇하고, 무(無)는 동사 노릇하며, 지(知)는 무(無)의 주어 노릇한다. 물론 무(無)를 지(知)의 부정사(否定詞)로 새겨도 된다. 〈무릇[夫] 오직[唯] {오언(吾言)을} 앎이[知] 없다[無].〉〈무릇[夫] 오직[唯] {오언(吾言)을} 알지 못한다[無知].〉
- 시이불아지(是以不我知)에서 시이(是以)는 부사구 노릇하고, 불(不)은 지(知)의 부정사(否定詞)이고, 아(我)는 전치되었지만 지(知)의 목적어 노릇하며, 지(知)는 동사 노릇한다. 〈이[是] 때문에[以] 나를[我] 알지 못한다[不知].〉

70-5 知我者希(지아자희) 則我者貴(칙아자귀)

▶ 나를[我] 이해하는[知] 사람이[者] 드무니[希] 나를[我] 본받는[則] 사람도[者] 드물다[貴].

알지(知), 나아(我), 놈자(者), 드물희(希), 본받을칙(則), 귀할귀(貴)

【지남(指南)】

〈지아자희(知我者希) 칙아자귀(則我者貴)〉는 〈불아지(不我知)〉를 거듭 밝힌다. 무위(無爲)의 삶을 떠나[離] 멀리하므로[疏] 무위(無爲)를 알지 못해[不知] 행하지 못하는 까닭에 세상에는 나를[我] 아는[知] 사람도 드물고[希], 따라서 나를 본받는[則] 자들도[者] 귀하다[貴]. 희(希)·귀(貴)란 거의 없어서 찾아보기 어려움이니, 무위(無爲)의 삶을 누리는 사람이 거의 없다는 것은 법자연(法自然)하는 성인(聖人)을 본받아 사는 사람이 거의 없음이다.

〈칙아자귀(則我者貴)〉는 20장(章)의 아독이어인(我獨異於人) 이귀사모(而貴食母)를 환기시킨다. 나는[我] 먹여주는[食] 어머니[母]인 자연을 받들기[貴] 때문에 세상 사람들에게[於人] 달라 보인다는[異] 것과, 나를[我] 본받는[則] 사람이[者] 희귀하다[貴]는 것은 서로 같은 말이다. 사모(食母)는 현덕(玄德)으로 드러나는 상도(常道)인 천하모(天下母)이고, 무위(無爲)를 행하는 삶은 〈복수기모(復守其母)〉의 삶을 따라 누림이다. 왜 세상 사람들이 상도(常道)라는[其] 어머니에게[母] 돌아와[復] 그 어머니를 지키는[守] 무위(無爲)의 삶을 누리지 못하는가? 이 질문에 대한 해답은 37장(章)의 무명지박(無名之樸)과『장자(莊子)』의 지인무기(至人無己)를 상기하면 깨달을 수 있다. 무위(無爲)의 삶으로 이어주는 무기(無己) 즉 자기가[己] 없음[無]을 용납할 수 없기 때문에 세인(世人)은 무위(無爲)의 삶을 누리지 못한다.

여기〈지아(知我)〉와〈칙아(則我)〉의 아(我)는 2장(章)의〈처무위지사(處無爲之事) 행불언지교(行不言之敎)〉의 성인(聖人)을 그대로 본받는[法] 노자(老子)를 뜻하는〈아(我)〉로 여겨도 되고,〈오언(吾言)〉으로 보아도 될 것이다. 앞서 살핀〈오언(吾言)의 종여사(宗與事)〉는 무위를[無爲之] 행하며[事] 사는[處] 주지(主旨)이고, 소본(所本)이며, 시비·논란을 말하지 않는[不言之] 가르침을[敎] 행하는[行] 주지(主旨)이고 소본(所本)이다.〈오언(吾言)의 종여사(宗與事)〉를 살펴 헤아리면『장자(莊子)』의 무위명시(無爲名尸) 무위모부(無爲謀府)란 말을 귀담아야 한다.

그러나 세인(世人)은 명예의 표적이[名尸] 되고자 하고, 온갖 꾀의 창고가[謀府] 되고자 하며, 일의 책임자가[事任] 되고자 하고, 아견(我見) 즉 제 주장을[我見] 앞세워 지식의 주인이[知主] 되고자 하므로 오로지[夫唯] 법자연(法自然)하여 무위(無爲)의 삶을 누리라고 하는〈오언(吾言)의 종여사(宗與事)〉를 알고 본받는 사람이 거의 없음을 노자(老子) 당신이 잘 알면서도 오언(吾言)할 수밖에 없는 안타까움을 살펴 새기고 헤아려 깨우치게 하는 말씀이〈지아자희(知我者希) 칙아자귀(則我者貴)〉이다.

註 "무명지박(無名之樸) 부역장무욕(夫亦將無欲)." 이름이[名] 없는[無之] 본디 그대로에는[樸] 무릇[夫] 또한[亦] 곧[將] 욕심 부림이[欲] 없다[無].　　　　　　　　『노자(老子)』 37장(章)

註 "지인무기(至人無己) 신인무공(神人無功) 성인무명(聖人無名)." 지인께는[至人] 자기가[己] 없고[無], 신인께는[神人] 공적이 없으며[無], 성인께는[聖人] 명성이[名] 없다[無].

지인(至人), 신인(神人) 등은 모두 성인(聖人)의 별칭(別稱)이다.

『장자(莊子)』「소요유(逍遙遊)」

註 "중인개유이(衆人皆有以) 이아독완차비(而我獨頑且鄙) 아독이어인(我獨異於人) 이귀사모[而貴食母]." 세상 사람들한테는[衆人] 모두[皆] 쓸모가[以] 있다지만[有而], 나만[我獨] 고집스럽고[頑] 또[且] 비루하다[鄙]. 나만[我獨] 사람들[人]과[於] 달라서[異而] 먹여주는[食] 어머니를[母] 받든다[貴].　　　　　　　　『노자(老子)』 20장(章)

註 "무위명시(無爲名尸) 무위모부(無爲謀府) 무위사임(無爲事任) 무위지주(無爲知主)." 명성의 사냥꾼이[名尸] 되지[爲] 말라[無]. 꾀보가[謀府] 되지[爲] 말라[無]. 일의 책임자가[事任] 되지

[爲] 말라[無]. 지식의 주인이[知主] 되지[爲] 말라[無].　　　　『장자(莊子)』「응제왕(應帝王)」

【보주(補註)】

- 〈지아자희(知我者希) 칙아자귀(則我者貴)〉를 〈지아지인기연희(知我之人旣然希) 칙아지인귀야(則我之人貴也)〉처럼 옮기면 문맥을 더 쉽게 잡을 수 있다. 〈나를[我] 아는[知之] 사람이[人] 드물기[希] 때문에[旣然] 나를[我] 본받는[則之] 사람도[人] 희귀한 것[貴]이다[也].〉

- 희(希)와 귀(貴)는 같다. 희귀(希貴)하다 함은 〈기호무(幾乎無)〉이다. 〈없음에[乎無] 가깝다[幾].〉〈거의[幾乎] 없다[無].〉

【해독(解讀)】

- 〈지아자희(知我者希) 칙아자귀(則我者貴)〉는 원인의 종절과 주절로 이루어진 복문(複文)이다. 〈지아자가[知我者] 희하기 때문에[希] 칙아자가[則我者] 귀하다[貴].〉

- 지아자희(知我者希)에서 지아자(知我者)는 주부(主部) 노릇하고, 희(希)는 술부(述部)로서 보어 노릇한다. 지아자(知我者)에서 지(知)는 동사 노릇하고, 아(我)는 지(知)의 목적어 노릇한다. 〈나를[我] 아는[知] 사람이[者] 드물기 때문에[希]〉

- 칙아자귀(則我者貴)에서 〈칙아자(則我者)〉는 주부(主部) 노릇하고, 귀(貴)는 술부(述部)로 보어 노릇한다. 칙아자(則我者)에서 칙(則)은 동사 노릇하고, 아(我)는 칙(則)의 목적어 노릇한다. 여기 칙(則)은 〈본받을 법(法)〉과 같아 법칙(法則)의 줄임말로 여기면 된다. 〈나를[我] 본받는[則] 사람이[者] 희귀하다[貴].〉

- 지아자(知我者)와 칙아자(則我者)는 〈위(爲)A자(者)〉의 상용구이고, 자(者)는 문맥에 따라 〈지인(之人)〉 또는 〈지물(之物)〉 등으로 새긴다. 〈A를 하는[爲] 사람[者]〉〈A를 하는[爲] 것[者]〉〈~는[之] 사람[人]〉〈~는[之] 것[物]〉

70-6 是以(시이) 聖人被褐懷玉(성인피갈회옥)

▶이렇기[是] 때문에[以] 성인은[聖人] 갈옷을[褐] 입고[被] (속에다)

옥을[玉] 품는다[懷].

이 시(是), 때문에 이(以), 통할 성(聖), 입을 피(被), 베옷 갈(褐),
품을 회(懷), 구슬 옥(玉)

【지남(指南)】

〈성인피갈회옥(聖人被褐懷玉)〉은 앞서 살핀 〈아지자(我知者)〉 즉 나를[我] 아는
[知] 사람이[者] 드물고[希], 〈칙아자(則我者)〉 즉 나를[我] 본받는[則] 사람이[者]
드물지라도[貴] 지아(知我) · 칙아(則我)하라고 주장하지 않고 무위(無爲)의 삶을
묵묵히 누림을 밝혀 본장(本章)의 주지(主旨)를 총결(總結)한다.

〈피갈회옥(被褐懷玉)〉은 7장(章)의 **후기신(後其身)** 외기신(外其身)과 72장(章)의
성인자지(聖人自知) 부자현(不自見) 부자시(不自是) 부자벌(不自伐) 부자긍(不自矜)을
상기시킨다. 성인(聖人)은 법자연(法自然)으로 견소포박(見素抱樸)하여 소사과욕
(少私寡欲)의 삶을 누리는 자신을[自] 알기[知] 때문에 결코 자신을[其神] 물리고
[後] 제쳐서[外] 드러내지 않는다[不見]. 이처럼 피갈회옥(被褐懷玉)은 무위(無爲)
의 삶을 누리되, 그 삶을 세인(世人)을 향해 전시하거나 과시하지 않음을 비유한
말씀이다. 따라서 〈피갈(被褐)〉은 19장(章)의 **견소포박(見素抱樸)**과 28장(章)의 **복
귀어박(復歸於樸)**, 51장(章)의 **상자연(常自然)**, 17장(章)의 **아자연(我自然)**, 52장(章)
의 **복수기모(復守其母)**, 5장(章)의 **수중(守中)** 등을 생각하게 한다. 뿐만 아니라 피
갈(被褐)은 41장(章)의 **명도약매(明道若昧)**의 약매(若昧)를 일깨워주기도 한다.

성인(聖人)은 〈나[我]〉를 앞세우거나 드러내지 않으니, 〈나한테 옥(玉)이 있노
라〉 과시하지 않는다. 밝은[明] 도는[道] 어두운[昧] 듯하고[若] 빛나지[光] 않으니,
〈광도(光道)〉 즉 도를[道] 겉으로 빛낸다는[光] 말은 『노자(老子)』에는 없다. 본래
상도(常道)란 실은 밝으나 어두운 듯하고, 나아가면서도 물러선 듯하며, 평평한데
도 울퉁불퉁한 듯하다. 상도(常道)를 본받는 성인(聖人)도 어두운 듯해도 속은 밝
고, 물러가는 듯해도 나아가고, 울퉁불퉁한 듯해도 평평하다. 그런 성인(聖人)의
〈피갈회옥(被褐懷玉)〉은 22장(章)의 **부자현고명(不自見故明)** 부자시고창(不自是故彰)
의 삶을 깨우치게 한다.

이처럼 〈피갈(被褐)〉은 스스로를[自] 드러내지 않고[不見] 스스로를[自] 주장하

지 않음을[不是] 일깨우고, 〈회옥(懷玉)〉은 성인(聖人)의 밝음[明]과 뚜렷함을[彰] 생각하게 한다. 속인(俗人)들은 자현(自見)하여 자광(自光)하고 자시(自是)하여 자과(自誇)해야 남을[人] 이긴다고[勝] 확신하여 상쟁(相爭)하기를 서슴지 않는다. 이러한 세인(世人)을 향해 무위(無爲)하라고 외치지 않고 스스로 자연을 본받는 삶을 누리는 성인(聖人)의 모습을 살펴 새기고 헤아려 깨우치게 하는 말씀이 〈성인피갈회옥(聖人被褐懷玉)〉이다.

▨ "성인후기신이신선(聖人後其身而身先) 외기신이신존(外其身而身存)." 성인은[聖人] 그[其] 자신을[身] 뒤로 물러서나[後而] 자신이[身] 앞서지고[先], 그[其] 자신을[身] 제쳐서[外而] 자신이[身] 잊히지 않는다[存].　　　　　　　　　　　　　　『노자(老子)』7장(章)

▨ "성인자지(聖人自知) 부자현(不自見) 자애(自愛) 부자귀(不自貴)." 성인은[聖人] 자기를[自] 알아서[知] 자기를[自] 드러내지 않고[不見], 자기를[自] 아끼면서도[愛] 자기를[自] 높이지 않는다[不貴].　　　　　　　　　　　　　　　『노자(老子)』72장(章)

▨ "견소포박(見素抱樸) 소사과욕(少私寡欲)." 그냥 그대로를[素] 살피고[見] 그냥 그대로를[樸] 간직해 지키며[抱], 제 몫을[私] 적게 하고[少] 욕망을[欲] 적게 한다[寡].　　　　『노자(老子)』19장(章)

▨ "위천하곡(爲天下谷) 상덕내족(常德乃足) 복귀어박(復歸於樸)." 세상의[天下] 골짜기가[谷] 되니[爲] 상덕이[常德] 이에[乃] 만족돼[足], 나뭇등걸(자연)로[於樸] 되[復]돌아온다[歸].　　　　　　　　　　　　　　　　　　　　　　　　　　『노자(老子)』28장(章)

▨ "도지존(道之尊) 덕지귀(德之貴) 부막지명(夫莫之命) 이상자연(而常自然)." 상도의[道之] 받듦과[尊] 덕의[德之] 높임[貴] 그것을[之] 무릇[夫] 하라 함이[命] 없어도[莫而] 늘[常] 절로[自] 그리한다[然].　　　　　　　　　　　　　　　　　　　　『노자(老子)』51장(章)

▨ "기지기자(旣知其子) 복수기모(復守其母) 몰신불태(歿身不殆)." 이미[旣] 그[其] 아들임을[子] 알고[知] 그[其] 어머니께로[母] 돌아와[復] 지킨다면[守] 평생토록[歿身] 위태롭지 않다[不殆].　　　　　　　　　　　　　　　　　　　　　　　　『노자(老子)』52장(章)

▨ "공성사수(功成事遂) 백성개위(百姓皆謂) 아자연(我自然)." {백성이 모르는 치자(治者)가} 공적을[功] 이루고[成] 일을[事] 완수했어도[遂], 백성은[百姓] 모두[皆] 일컫는다[謂] : 우리[我] 스스로[自] 그냥 그대로노라[然].　　　　　　　　　　　　　　『노자(老子)』17장(章)

▨ "다언수궁(多言數窮) 불여수중(不如守中)." (시비와 논란을 일삼는) 말이[言] 많으면[多] 이치가[數] 궁색해지니[窮] 상도를 따라[中] 지키는 것만[守] 못하다[不如].　　　『노자(老子)』5장(章)

▨ "명도약매(明道若昧) 진도약퇴(進道若退) 이도약류(夷道若類)." 밝은[明] 도는[道] 어두운[昧] 듯하고[若], 나아가는[進] 도는[道] 물러나는[退] 듯하며[若], 평이한[夷] 도는[道] 끼리인[類]

듯하다[若].   『노자(老子)』41장(章)

註 "부자현고명(不自見故明) 부자시고창(不自是故彰) 부자벌고유공(不自伐故有功) 부자긍고장(不自矜故長) 부유부쟁(夫唯不爭)." 자신을[自] 드러내지 않기[不見] 때문에[故] 밝고[明], 스스로[自] 옳다 하지 않기[不是] 때문에[故] 뚜렷하며[彰], 자신을[自] 공치사하지 않기[不伐] 때문에[故] 보람이[功] 있고[有], 스스로[自] 뽐내지 않기[不矜] 때문에[故] 장구하다[長]. 무릇[夫] 오로지[唯] 다투지 않는다[不爭].   『노자(老子)』22장(章)

註 "자현자불명(自見者不明) 자시자불창(自是者不彰) 자벌자무공(自伐者無功) 자긍자부장(自矜者不長)." 자기를[自] 드러내는[見] 사람은[者] 밝지 못하고[不明], 스스로[自] 옳다 하는[是] 사람은[者] 뚜렷하지 못하며[不彰], 스스로[自] 제 자랑하는[伐] 사람한테는[者] 공적이[功] 없어지고[無], 스스로[自] 뻐기는[矜] 사람은[者] 오래가지 못한다[不長].   『노자(老子)』24장(章)

【보주(補註)】

● 〈성인피갈회옥(聖人被褐懷玉)〉을 〈성인피갈(聖人被褐) 이성인회옥(而聖人懷玉)〉처럼 옮기면 문맥을 더 쉽게 잡을 수 있다. 〈성인은[聖人] 갈을[褐] 피하고[被] 옥을[玉] 회한다[懷].〉

● 피갈회옥(被褐懷玉)은 『시경(詩經)』의 의금경의(衣錦褧衣)와 『중용(中庸)』의 의금상경(衣錦尙絅)과 『주역(周易)』의 회기명(晦其明)을 상기시킨다. 그리고 의금야행(衣錦夜行) 즉 비단옷[錦] 입고[衣] 밤길 걷기[夜行]란 속담을 떠올려준다.

註 "석인기기(碩人其頎) 의금경의(衣錦褧衣)." 높으신 님[碩人] 그분은[其] 헌칠하시다[頎]. 비단옷[錦] 입으시고[衣] 홑옷을[衣] 걸치셨네[褧].

『시경(詩經)』「위풍(衛風) 3」〈석인(碩人)〉1~2행(行)

註 "시왈(詩曰) 의금상경(衣錦尙絅) 오기문지저야(惡其文之著也)." 시경에[詩] 말이 있다[曰] : 비단옷을[錦] 입고[衣] 홑겉옷을[絅] 걸쳤다[尙]. 비단옷의[其] 무늬가[紋之] 드러남을[著] 꺼렸던 것[惡]이다[也].   『중용(中庸)』주자장구(朱子章句) 33장(章)

註 "이간정회기명야(利艱貞晦其明也) 내난이능정기지(內難而能正其志)." 어려워도[艱] 마음이 곧아야[貞] 이롭다는 것은[利] 그[其] 밝음을[明] 어둡게 하는 것[晦]이다[也]. (그래야) 안으로[內] 어렵더라도[難而] 그[其] 뜻을[志] 바르게 할 수 있다[能正].

『주역(周易)』「십익(十翼)」

【해독(解讀)】

- 〈시이(是以) 성인피갈회옥(聖人被褐懷玉)〉은 두 구문으로 이루어진 중문(重文) 이다. 〈이[是] 때문에[以] 성인은[聖人] 갈옷을[褐] 입는다[被] 그리고[而] 이[是] 때문에[以] 성인은[聖人] 옥을[玉] 품는다[懷].〉

- 〈시이(是以) 성인피갈회옥(聖人被褐懷玉)〉에서 시이(是以)는 부사구 노릇하고, 성인(聖人)은 피(被)와 회(懷)의 주어 노릇하며, 피(被)와 회(懷)는 타동사 노릇 하고, 갈(褐)은 피(被)의 목적어 노릇하며, 옥(玉)은 회(懷)의 목적어 노릇해 두 문장이 하나로 이어진 중문(重文)이다. 피(被)는 〈옷을 입을 의(衣)〉와 같고, 회(懷)는 〈품을 포(抱)〉와 같아 회포(懷抱)의 줄임말로 여기면 된다. 〈이[是] 때문에[以] 성인은[聖人] 갈옷을[褐] 입고[被] 옥을[玉] 품는다[懷].〉

- 회옥(懷玉)은 〈시이(是以) 성인회옥(聖人懷玉)〉에서 시이(是以)와 성인(聖人)은 되풀이되는 내용이므로 생략한 구문이다. 회옥(懷玉)에서 회(懷)는 동사 노릇하 고, 옥(玉)은 목적어 노릇한다. 회(懷)는 〈품을 포(抱)〉와 같아 회포(懷抱)의 줄 임말로 여기면 된다. 〈옥을[玉] 품는다[懷].〉

불병장(不病章)

　상도(常道)를 아는[知] 태도를 밝히는 장(章)이다. 상도(常道)의 조화를 알면서도 그것을 알지 못하는[不知] 바가 있음을 앎이[知] 최상이고, 상도(常道)의 조화에는 부지(不知)의 것이 있음을 모르면서 그 조화를 안다고[知] 함은 병(病) 즉 결점임을 깨닫게 한다.

　알면서 그 결함을 자성(自省)하지 못하는 세인(世人)들과는 달리 성인(聖人)께서는 끊임없이 자성(自省)하고 자각(自覺)함을 멈추지 않는다. 성인(聖人)께는 무류망(無謬妄) 즉 그릇되거나 어긋남이나[謬] 망령됨이[妄] 없음은[無], 사물에는 알지 못하는[不知] 바가 있음을 알기 때문에 함부로 단언하지 않음을 밝히는 장(章)이다.

【원문(原文)】

知不知는 上이고 不知知는 病이다 聖人不病으로 以其
　지부지　　상　　　　부지지　　병　　　　성인불병　　　이기
病病이라 夫唯病病은 是以不病이니라
　병병　　　부유병병　　　시이불병

알지 못함을[不知] 앎은[知] 최상이고[上], (알지 못하는 것이 있음을) 앎을
[知] 알지 못함은[不知] 결함이다[病]. 성인께[聖人] {부지지(不知知)의} 병
통이[病] 없음은[不] {성인(聖人)은} 부지지(不知知)의[其] 결함을[病] 병통
으로 여기기[病] 때문이다[以]. 무릇[夫] 오직[唯] (앎의) 결함을[病] 병통으
로 여기는 것[病] 이로[是]써[以] (앎의) 병통이[病] 아닌 것이다[不].

71-1 知不知上(지부지상)

▶ 알지 못함을[不知] 앎은[知] 최상이다[上].

알 지(知), 못할 부(不), 가장 좋을 상(上)

【지남(指南)】

〈지부지상(知不知上)〉은 부지(不知)를 아는 것을 밝힌다. 무엇을 안다고 단정
함은 일종의 착각으로, 그 무엇에든 알지 못하는 것이 있음을 앎이 무류(無謬), 즉
그릇되어 어긋남이[謬] 없는[無] 앎이다. 따라서 〈지부지(知不知)〉는 56장(章) 지자
불언(知者不言)을 상기시킨다.

지부지(知不知)는 부지(不知)함을 알아서 함부로 안다고[知] 말하지 않음[不言]
이다. 지도자(知道者) 즉 상도를[道] 아는[知] 사람은[者] 불언도자(不言道者)로, 상
도를[道] 말하지 않는[不言] 사람[者]이다. 상도(常道)가 25장(章) 유물혼성(有物混
成)의 것임을 알고[知], 〈선천지생(先天地生)〉의 것임을 알고, 〈독립불개(獨立不
改)〉의 것임을 알고, 〈가이위천하모(可以爲天下母)〉의 것임을 알지만[知], 그것의
이름을[名] 모르니[不知] 글자로 쓴다면 〈도(道)〉이고, 억지로 이름짓는다면 〈크다
[大]〉고 할 수밖에 없다고 한 것도 여기 지부지(知不知)를 밝힌 것이다. 이러한 상

도(常道)를 두고 사람이 이렇다저렇다 시비를 가려 논란할 수 없음을 아는[知] 것이 곧 〈부지(不知)〉의 지(知)이다.

상도(常道)에는 사람이 알 수 없는 바가 있으니 상도(常道)를 이리저리 논설(論說)할 방편을 알지 못함이 〈지부지(知不知)〉의 부지(不知)이다. 지도(知道) 즉 상도(常道)를 알되[道], 상도(常道)란 것은 〈부지소이언도(不知所以言道)〉 즉 상도를[道] 말할[言] 방편을[所以] 알지 못함을[不知] 앎이[知] 상도(常道)에 관한 최상지(最上知)이다. 〈존도(尊道)〉 즉 상도(常道)를 받들면서[尊] 상도(常道)를 천하모(天下母)로 삼아 지키고, 〈수중(守中)〉 즉 상도(常道)를 따라[中] 지킴이[守] 지도(知道)의 최상(最上)이듯, 세상만사에는 부지(不知)의 것이 있음을 앎이[知] 지(知)의 최상임을 살펴 새기고 헤아려 깨우치게 하는 말씀이 〈지부지상(知不知上)〉이다.

註 "지자불언(知者不言) 언자부지(言者不知)." 아는[知] 사람은[者] 말하지 않고[不言], 말하는[言] 사람은[者] 알지 못한다[不知].　　　　　　　　　　　　　『노자(老子)』56장(章)

註 "유물혼성(有物混成) 선천지생(先天地生) 적혜료혜(寂兮寥兮) 독립불개(獨立不改) 주행이불태(周行而不殆) 가이위천하모(可以爲天下母) 오부지기명(吾不知其名) 강자지왈도(强字之曰道) 강위지명왈대(强爲之名曰大)." 혼일함이[混] 이루어지는[成] 것이[物] 있고[有], (그것은) 천지가[天地] 생기기[生] 앞이다[先]. 소리 없어 고요하구나[寂兮]! 휑하니 모습이 없구나[寥兮]! 홀로[獨] 있고[立] 바뀌지 않고[不改], 두루[周] 미치면서도[行而] 쉬지(쇠퇴하지) 않아[不殆], (그것으로) 써[以] 온 세상의[天下] 어머니로[母] 능히[可] 삼는다[爲]. 나는[吾] 그[其] 이름을[名] 알지 못해[不知], 억지로[强] 글로 하여[字之] 도라[道] 이르고[曰], 억지로[强] 그것을[之] 이름으로[名] 일컬어[爲] 큼이라[大] 한다[曰].　　　　　　　　　　　　　『노자(老子)』25장(章)

【보주(補註)】

● 〈지부지상(知不知上)〉을 〈지부지자상(知不知者上)〉처럼 옮기면 문맥을 더 쉽게 잡을 수 있다. 〈알지 못하는[不知] 것을[者] 앎이[知] 최상이다[最上].〉

● 지부지(知不知)는 5장(章)의 **불여수중(不如守中)**을 상기시킨다. 말로 상도(常道)를 밝히려 하면 궁해지므로 수중(守中)할 뿐, 불언(不言)함을 앎이 지도(知道)의 최상지(最上知)이다.

註 "다언수궁(多言數窮) 불여수중(不如守中)." 말이[言] 많으면[多] 이치가[數] 막히니[窮] {상도(常道)를} 따름을[中] 지킴만[守] 못하다[不如].　　　　　　　　　『노자(老子)』5장(章)

【해독(解讀)】

● 〈지부지상(知不知上)〉에서 지부지(知不知)는 주부(主部) 노릇하고, 상(上)은 보어 노릇한다. 〈부지함을[不知] 지함이[知] 상이다[上].〉

● 지부지(知不知)는 영어의 부정사구(不定詞句) 또는 동명사구처럼 구실한다. 지부지(知不知)에서 앞쪽 지(知)는 부정사(不定詞) 또는 동명사 노릇하고, 부(不)는 뒤쪽 지(知)의 부정사(否定詞)이고, 뒤쪽 지(知)는 명사로서 앞쪽 지(知)의 목적어 노릇한다. 〈알지 못함을[不知] 앎[知]〉

71-2 不知知病(부지지병)

▶ (알지 못하는 것이 있음을) 앎을[知] 알지 못함은[不知] 결함이다[病].

않을 부(不), 알 지(知), 병통 병(病)

【지남(指南)】

〈부지지병(不知知病)〉은 앞의 〈지부지(知不知)〉를 모르는 것은 앎의 결함임을 밝힌다. 알지 못하는 것이 있음을 아는 것이 부지지(不知知)의 뒤쪽 지(知)이고, 알지 못하는 것이 있음을 모름이 부지지(不知知)의 부지(不知)이다. 부지(不知)는 56장(章) 언자부지(言者不知)를 상기시킨다. 말하자면 여기 〈부지지(不知知)〉는 부지도(不知道) 즉 상도란[道] 것을 모르면서[不知] 상도를[道] 안다고[知] 착각하고 과시하며 언도(言道)하는 짓으로, 41장(章) 도은무명(道隱無名)을 깨닫지 못해 빚어지는 미혹(迷惑)이다.

부지지(不知知)는 〈지를[知] 부지함[不知]〉 즉 앎을[知] 알지 못함[不知]이다. 상도(常道)는 이름이[名] 없어[無] 4장(章) 〈연혜(淵兮) · 담혜(湛兮)〉하여 깊고[淵] 맑을[湛] 뿐 드러나지 않아[未形], 도체(道體) 즉 상도(常道) 그 자체를[體] 말로써 이러구러 시비를 따져 밝힐 수 없음을 앎이 부지지(不知知)의 뒤쪽 지(知)이다. 말하자면 뒤의 지(知)는 도체(道體)란 알지 못하는지라 말로 밝힐 수 없음을 앎[知]이다. 따라서 부지(不知)는 알 수 없는 상도(常道)를 안다고 착각하여 과시함이다.

이런 그릇된 앎은 41장(章)의 하사문도(下士聞道)를 생각나게 한다. 하사(下士)

는 총명예지(聰明叡智)를 앞세우며 법자연(法自然)을 얕보고 업신여기므로 『논어(論語)』의 모성인지언(侮聖人之言)의 소인(小人)과 같고, 『장자(莊子)』의 내이인수천(乃以人受天) 즉 인위로[人]써[以] 자연을[天] 대응할[受] 수 있다는[乃] 방자한 무리에 속한다. 이러한 〈부지지(不知知)〉의 부지(不知)는 귀가 밝고[聰] 눈이 밝고[明] 지혜가 많아 남보다 뛰어나다며 인지(人智)로 자연을[天] 수용하면서[受] 시비·논란을 서슴지 않는 지(知)의 결함이다.

이런 부지지(不知知)의 부지(不知)는 〈하사(下士)〉의 지(知) 즉 하지(下知)인 인지(人知)이다. 하지(下知)란 시비분별을 일삼는 지식으로 흑백을 둘로 나누어 시비의 논란을 일삼는다. 〈대백약욕(大白若辱)〉 즉 대백이[大白] 검은 듯해[若辱] 보임을 모르고[不知], 방원(方圓)을 둘로 나누니 〈대방무우(大方無隅)〉 즉 대방에는[大方] 모서리가[隅] 없음을[無] 모르며[不知], 음성을 들리는 소리만 알기 때문에 〈대음무성(大音無聲)〉 즉 대음에는[大音] 들리는 소리가[聲] 없음을[無] 모르고[不知], 드러나는 짓만 알기 때문에 〈대상무형(大象無形)〉 즉 상도(常道)의[大] 짓에는[象] 드러남이[形] 없음을[無] 모른다[不知]. 그러므로 인지(人智)로 논란하여 시비 가림을 못할 것이 없다고 과시하는 앎의 결함을[病] 살펴 새기고 헤아려 깨우치게 하는 말씀이 〈부지지병(不知知病)〉이다.

註 "지자불언(知者不言) 언자부지(言者不知)." 아는[知] 사람은[者] 말하지 않고[不言], 말하는[言] 사람은[者] 알지 못한다[不知].　　　　　　　　　　　　『노자(老子)』 56장(章)

註 "하사문도(下士聞道) 대소지(大笑之) 불소부족이위도(不笑不足以爲道) …… 대백약욕(大白若辱) …… 대방무우(大方無隅) 대기만성(大器晩成) …… 대음희성(大音希聲) 대상무형(大象無形) 도은무명(道隱無名) 부유도선대차성(夫唯道善貸且成)." 아래치의[下] 선비가[士] 상도(常道)를[道] 들으면[聞], 크게[大] 비웃음거리가 된다[笑之]. {하사(下士)에게} 비웃음거리가 되지 않는다면[不笑]써[以] 상도(常道)로[道] 삼을[爲] 수 없다[不足]. …… 크나큰[大] 힘은[白] 검은[辱] 듯하고[若], …… 큰[大] 방형에는[方] 모서리가[隅] 없고[無], 크나큰[大] 재주는[器] 늦게[晩] 이루어지고[成], …… 큰[大] 소리는[音] 들리지 않는[希] 소리이고[聲], 큰[大] 모습은[象] 모양이[形] 없다[無]. 도는[道] 숨어서[隱] 이름이[名] 없다[無]. 무릇[夫] 오로지[唯] 상도만이[道] 잘[善] 베풀고[貸], 또[且] 이룬다[成].　　　　　　　　　　　　『노자(老子)』 41장(章)

註 "소인부지천명이불외야(小人不知天命而不畏也) 압대인(狎大人) 모성인지언(侮聖人之言)." 소인은[小人] 하늘의 시킴을[天命] 몰라서[不知] (그 천명을) 두려워하지 않는 것[不畏]이고[也], 대

인을[大] 얕보며[狎] 성인의[聖人之] 말씀을[言] 업신여긴다[侮].   『논어(論語)』「계씨(季氏)」8

▦ "기성과인(其性過人) 이우내이인수천(而又乃以人受天) …… 피차승인이무천(彼且乘人
而無天) 방차본신이이형(方且本身而異形) 방차존지이화치(方且尊知而火馳)." 그[其] 소질이
[性] 남을[人] 뛰어넘고[過], 그리고[而] 또[又] 인위로[人] 써[以] 자연을[天] 대응할[受] 수 있으며
[乃], …… 그는[彼] 또[且] 인위를[人] 빙자해서[乘而] 자연을[天] 뭉갤 것이고[無], 또[且] 자신을
[身] 근본으로 삼아[本] 나와 너를 구분하려[異形] 할 것이고[方], 또[且] 인지를[知] 받들면서[尊
而] (지모를) 서슴없이 부림을[火馳] 할 것이다[方].

내(乃)는 여기선 능(能)과 같고, 여기 피(彼)는 설결(齧缺)이란 인물을 나타내고, 무천(無天)
은 기천(棄天) 즉 자연을 버림이고, 방(方)은 여기선 장차 할 것이란 영어의 〈will do〉와 같고, 본
신(本身)은 이자신위본(以自身爲本) 즉 자신으로[自身] 써[以] 근본을[本] 삼음[爲]이고, 이형(異
形)은 인간관계에서 변덕스러움을 나타냄이고, 화치(火馳)는 서슴없이 자연을 버리고 지모(智謀)
로써 질주해버림이다.   『장자(莊子)』「천지(天地)」

【보주(補註)】

- 〈부지지병(不知知病)〉을 〈부지소유부지자병야(不知所有不知者病也)〉처럼 옮기
  면 문맥을 더 쉽게 잡을 수 있다. 〈알지 못함이[不知] 있는[有] 바의[所] 것을[者]
  알지 못함은[不知] 병(病)이다[也].〉

- 부지지(不知知)에서 뒤쪽의 지(知)는 지부지(知不知)의 앞쪽 지(知)이다. 〈(알지
  못함을) 앎을[知] 알지 못함[不知]〉

【해독(解讀)】

- 〈부지지병(不知知病)〉에서 부지지(不知知)는 주부(主部) 노릇하고, 병(病)은 보
  어 노릇한다. 〈(지함을[知] 부지함은[不知] 병이다[病].〉

- 부지지(不知知) 역시 영어의 부정사구(不定詞句) 또는 동명사구처럼 구실하는
  문예(文例)이다. 부지지(不知知)에서 부(不)는 앞쪽 지(知)의 부정사(否定詞)이
  고, 앞쪽 지(知)는 부정사(不定詞) 또는 동명사 노릇하고, 뒤쪽 지(知)는 명사로
  서 앞쪽 지(知)의 목적어 노릇한다. 〈앎을[知] 알지 못함[不知]〉

71-3 聖人不病(성인불병) 以其病病(이기병병)

▶ 성인께[聖人] {부지지(不知知)의} 병통이[病] 없음은[不] {성인(聖

시)은 부지지(不知知)의[其] 결함을[病] 병통으로 여기기[病] 때문이다[以].

통할 성(聖), 없을 불(不), 결점 병(病), 때문일 이(以), 그 기(其),
병으로 여길 병(病)

【지남(指南)】

〈성인불병(聖人不病) 이기병병(以其病病)〉은 사물의 겉에 현혹되지 않고 진상(眞象) 즉 사물이 안으로 간직한[眞] 짓을[象] 좇아 끊임없이 자성(自省)하고 자각(自覺)하는 성인(聖人)께는 〈부지지(不知知)〉의 결함[病]이란 없음을 밝힌다.

〈성인불병(聖人不病)〉은 성인무결점(聖人無缺點)으로, 성인께는[聖人] 결점이[缺點] 없다[無] 함이다. 법자연(法自然)하는 성인(聖人)은 57장(章) 무위(無爲)·호정(好靜)·무사(無事)·무욕(無欲)으로 사물을 마주하기 때문에 지식의 결함[缺陷]이 없다[無]. 안다는 것의 결점은 성견(成見) 즉 제 나름의 견해를[見] 갖추고[成], 위시(爲是) 즉 자기 주장이[是] 옳다고 생각하는[爲] 자기편집(自己偏執)으로 말미암는다. 자기 생각에 치우쳐[偏] 고집하는[執] 성견(成見)과 위시(爲是)는 시비의 논란을 불러오기 마련이다. 그러나 자기중심을 제거하고 공명(功名)에 사로잡힌 소아(小我)를 팽개쳐 자기를[己] 없애버린[去] 성인(聖人)께는 지식의 결함이 끼어들 수 없다. 그래서 『장자(莊子)』에 신전자성인지도야(神全者聖人之道也)와 성인무명(聖人無名)이란 말이 나온다.

성인(聖人)은 입신출세의 명성이나 명예 따위가 없으니 지적상쟁(知的相爭)은 빚어질 수 없다. 성인(聖人)은 존도(尊道)하고 귀덕(貴德)하여 상덕(常德)을 그대로 따르기 때문에 형전(形全)하고 신전(神全)하다. 몸이[形] 온전하고[全] 정신이[神] 온전함을[全] 묶어 덕전(德全)이라 한다. 성인(聖人)은 상덕(常德)을 본받아 온전히 갖추었기에[全] 2장(章) 처무위지사(處無爲之事) 행불언지교(行不言之敎)로 삶을 누리는지라 〈부지지(不知知)〉의 부지(不知)가 없다.

성인불병(聖人不病)에서 불병(不病)이란, 성인(聖人)의 덕전(德全)으로 말미암아 형전(形全)과 신전(神全)을 누리는 성인(聖人)께 인지(人智)로 심란(心亂)을 겪는 결함이란 없음이다. 성인(聖人)이 이러한 병통을 겪지 않음은[不病] 52장(章) 색기태(塞其兌) 폐기문(閉其門)하고 복수기모(復守其母)하면서 〈수중(守中)〉의 삶을 누리기 때문이다.

　그리고 〈기병병(其病病)〉에서 기병(其病)은 52장(章) 개기태(開其兌) 제기사(濟其事)를 상기시킨다. 이목구비(耳目口鼻)를[其兌] 개방하여[開] 온갖 인지(人智)를 얻어내고, 그 짓이[事] 다져져[齊] 편집(偏執)에 사로잡혀 얽매임이 〈기병병(其病病)〉의 기병(其病)이다. 따라서 성인(聖人)은 기병(其病)이 치우쳐[偏] 고집하는[執] 지식의 결함[病]을 알기 때문에 부지지(不知知)의 부지(不知)가 없음을 살펴 새기고 헤아려 깨우치게 하는 말씀이 〈성인불병(聖人不病) 이기병병(以其病病)〉이다.

　　"아무위이민자화(我無爲而民自化) 아호정이민자정(我好靜而民自正) 아무사이민자부(我無事而民自富) 아무욕이민자박(我無欲而民自樸)." 나에게[我] 인위가[爲] 없으니까[無而] 백성은[民] 절로[自] 변화하고[化], 내가[我] 고요를[靜] 좋아하니까[好而] 백성은[民] 절로[自] 바르고[正], 나에게[我] {인위(人爲)의} 일이[事] 없으니까[無而] 백성은[民] 절로[自] 부유하며[富], 나에게[我] 욕심이[欲] 없으니까[無而] 백성은[民] 절로[自] 본디대로로다[樸]. 　『노자(老子)』57장(章)

　　"집도자전덕(執道者德全) 덕전자형전(德全者形全) 형전자신전(形全者神全) 신전자성인지도야(神全者聖人之道也) 탁생여민병행(託生與民並行) 이부지기소지(而不知其所之) 망호순비재(沄乎淳備哉)." 도를[道] 지키는[執] 것은[者] 덕을[德] 온전히 하고[全], 덕을[德] 온전히 하는[全] 것은[者] 몸을[形] 온전히 하고[全], 몸을[形] 온전히 하는[全] 것은[者] 정신을[神] 온전히 하고[全], 정신을[神] 온전히 하는[全] 것이[者] 성인의[聖人之] 도(道)이다[也]. 삶을[生] (세상에) 맡긴 채로[託] 백성과[與民] 함께[並] 살아가면서[行而] 자신이[其] 살아가는[之] 바를[所] 몰라[不知] (자기를 잊어) 아무런 걸림도 없다네[沄乎]! 순박함을[淳] 온전히 갖춤일세[備哉]!

　　　　　　　　　　　　　　　　　　　　　　　　『장자(莊子)』「천지(天地)」

　　"지인무기(至人無己) 신인무공(神人無功) 성인무명(聖人無名)." 지인께는[至人] 사심(私心)이[己] 없고[無], 신인께는[神人] 공적(功績)이[功] 없으며[無], 성인께는[聖人] 명예(名譽)가[名] 없다[無].

　지인(至人)·신인(神人) 등은 성인(聖人)의 별칭(別稱)이다. 　『장자(莊子)』「소요유(逍遙遊)」

　　"성인처무위지사(聖人處無爲之事) 행불언지교(行不言之敎)." 성인은[聖人] 무위를[無爲之] 행함에[事] 머물고[處], 말이[言] 없는[不之] 가르침을[敎] 행한다[行]. 　『노자(老子)』2장(章)

　　"복수기모(復守其母) 몰신불태(歿身不殆) 색기태(塞其兌) 폐기문(閉其門) 종신불근(終身不勤) 개기태(開其兌) 제기사(濟其事) 종신불구(終身不救)." 그[其] 어머니께로[母] 돌아와[復] 지킨다면[守] 평생토록[歿身] 위태롭지 않다[不殆]. 그[其] 이목구비를[兌] 막고[塞] 그[其] 이목구비를

[門] 닫으면[閉], 평생토록[終身] 수고롭지 않다[不勤]. 그[其] 이목구비를[兌] 열고[開] 그[其] 이목구비의 짓을[事] 다진다면[濟], 평생토록[終身] (위태함과 수고로움은) 구제받지 못한다[不救].

『노자(老子)』 52장(章)

【보주(補註)】

● 〈성인불병(聖人不病) 이기병병(以其病病)〉을 〈성인지불병자이병인지지병(聖人之不病者以病人智之病)〉처럼 옮기면 문맥을 더 쉽게 잡을 수 있다. 〈성인께는[聖人] 결함이[病] 없는[不] 것은[者] 인지의[人智之] 결함을[病] 병통으로 여기기[病] 때문이다[以].〉

● 성인불병(聖人不病)이 〈성인지불병야(聖人之不病也)〉로 된 본(本)도 있다. 물론 문의(文意)가 달라지는 것은 아니고 어조와 어세가 차이날 뿐이다. 성인불병(聖人不病)은 이기병병(以其病病)에서 이(以)의 주절(主節) 노릇하는 셈이고, 성인지불병야(聖人之不病也)는 이(以)의 주부(主部) 노릇한다. 〈성인이[聖人] 불병함은[不病]〉 〈성인의[聖人之] 불병함[不病]이란[也]〉

【해독(解讀)】

● 〈성인불병(聖人不病) 이기병병(以其病病)〉에서 성인불병(聖人不病)은 주절 노릇하고, 이(以)는 동사 노릇하며, 기병병(其病病)은 이(以)의 목적구 노릇한다. 〈성인께[聖人] 병이[病] 없음은[不] 그[其] 결함을[病] 병통으로 여기기[病] 때문이다[以].〉

● 성인불병(聖人不病)에서 성인(聖人)은 불(不)을 꾸며주는 부사 노릇하고, 불(不)은 〈없을 무(無)〉와 같아 동사 노릇하고, 병(病)은 불(不)의 주어 노릇한다. 물론 불(不)을 병(病)의 부정사(否定詞)로 보고 병(病)을 동명사로 여겨도 된다. 〈성인께[聖人] (앞의) 결함이[病] 없음은[不]〉 〈성인께[聖人] (앞의) 결함이 없음은[不病]〉

● 〈성인불병(聖人不病) 이기병병(以其病病)〉은 〈A이(以)B〉의 상용문이다. 〈A는 B 때문이다[以].〉

● 이기병병(以其病病)에서 기병병(其病病)은 〈병기병(病其病)〉에서 기병(其病)을 도치시킨 문예(文例)인지라 기병(其病)은 앞쪽 병(病)의 목적어, 뒤쪽 병(病)은 동명사로서 이(以)의 목적어 노릇한다. 〈기병을[其病] 병하기[病] 때문이다[以].〉

71-4 夫唯病病(부유병병) 是以不病(시이불병)

▶ 무릇[夫] 오직[唯] (앎의) 결함을[病] 병통으로 여기는 것[病] 이로
[是]써[以] (앎의) 병통은[病] 아니다[不].

무릇 부(夫), 오직 유(唯), 아닐 불(不), 병통 병(病), 이 시(是), 써(때문에)이(以)

【지남(指南)】

〈부유병병(夫唯病病) 시이불병(是以不病)〉은 앞서 살핀 〈성인불병(聖人不病)〉
을 이어받아 〈불병(不病)〉을 거듭 강조한다. 결함을[病] 결함[病]인 줄 알아서 병폐
(病弊) 즉 그릇된 짓을[病弊] 되풀이하지 않으면 이미 결함이[病] 아닌 것이 불병
(不病), 즉 결함이[病] 없음[不]이다. 아견(我見)에 따른 편집(偏執)의 폐단이 없다
면 정신은 무병(無病)하다.

앞서 살핀 〈부지지(不知知)〉 즉 알지 못할 것이 있음을 앎을[知] 알지 못함은[不
知] 알지 못하면서[不知] 안다고[知] 착각함인지라 알아서 탈[病]이고, 〈지부지(知
不知)〉 즉 알지 못함을[不知] 앎은[知] 불병(不病), 즉 앎의 결함이[病] 아니다. 성
인(聖人)은 허심(虛心)하니까 성견(成見)이 없고 아집(我執)도 없다. 자기의 견해가
[成見] 없으니 자기 주장을[我] 고집함이[執] 없는지라 49장(章) 성인무상심(聖人無
常心)이란 말씀이 나온다. 성인(聖人)께는 상심(常心)이 없으니, 이는 성견(成見)이
없어 무기(無己) 즉 자기가[己] 없음[無]이다.

상심(常心)을 떠나 성인(聖人)은 백성의 마음을[百姓之心] 자기의 마음으로 삼
아 27장(章) 선행(善行)・선언(善言)・선계(善計)・선폐(善閉)・선결(善結)의 습명(襲
明)으로 변함없이[常] 자연스럽게[善] 사람을 구제하고[救], 나아가 사물을[物] 구
제하니[救] 지(知)의 결함[病]이란 없다. 성인(聖人)은 선인(善人)만 구제하는 것이
아니라 불선인(不善人)도 구제하므로 사람을 저버림이[棄] 없다. 분별하고 차별하
는 앎의 결함을[病] 아는 성인(聖人)께 지(知)라는 것은 『장자(莊子)』의 〈쟁지기(爭
之器)〉 즉 다툼의[爭] 도구가[器] 아니다. 그러므로 부유병병(夫唯病病)에서 뒤쪽
의 병(病)은 다툼의[爭] 도구[器]로서 앎을[知] 휘둘러대는 인지(人知)의 병폐로서
결함[病]이다.

그리고 시이불병(是以不病)에서 불병(不病)은 불병지지(不病之知)와 같다. 시비·분별의 논란으로써 비롯되는 인지(人知)의 병통이 없는[不病之] 앎을[知] 뜻함이 여기 시이불병(是以不病)의 불병(不病)이다. 이러한 불병(不病)의 지(知)는 62장(章) 만물지오(萬物之奧) 즉 온갖[萬] 것이[物之] 그윽하게 깊숙이 간직하고 있는 것인[奧] 도자(道者)를 본받아 따르는 앎[知]이라야 불병(不病) 즉 결함이[病] 없는[不] 지(知)임을 거듭 살펴 새기고 헤아려 깨우치게 하는 말씀이 〈부유병병(夫唯病病) 시이불병(是以不病)〉이다.

註　"성인무상심(聖人無常心) 이백성심위심(以百姓心爲心)." 성인께는[聖人] 정해서 고집하는[常] 마음이[心] 없고[無], 백성의[百姓] 마음으로[心]써[以] 당신의 마음을[心] 삼는다[爲].

『노자(老子)』 49장(章)

註　"선행무철적(善行無轍迹) 선언무하적(善言無瑕讁) 선수불용주책(善數不用籌策) 선폐무관건이불가개(善閉無關楗而不可開) 선결무승약이불가해(善結無繩約而不可解) 시이(是以) 성인상선구인(聖人常善救人) 고(故) 무기인(無棄人) 상선구물(常善救物) 고(故) 무기물(無棄物) 시위습명(是謂襲明)." 행함을[行] 선하게 함에는[善] 흔적이[轍迹] 없고[無], 말함을[言] 선하게 함에는[善] 흠이[瑕讁] 없으며[無], 헤아림을[計] 선하게 함은[善] 주판이나[籌] 꾀를[策] 부리지 않고[不用], 닫음을[閉] 선하게 함에는[善] 문빗장이[關楗] 없으며[無], 맺음을[結] 선하게 함에는[善] 노끈으로 묶음이[繩約] 없다[無]. 그러나[而] 풀[解] 수 없다[不可]. 이렇기[是] 때문에[以] 성인은[聖人] 사람들을[人] 구제하기를[救] 늘[常] 선하게 한다[善]. 그러므로[故] (성인께는) 사람들을[人] 저버림이[棄] 없다[無]. (성인은) 늘[常] 착하게[善] 온갖 것을[物] 구원한다[救]. 그러므로[故] 온갖 것을[物] 버림이[棄] 없다[無]. 이러함을[是] 상도를 깨달아 밝음을[明] 안으로 간직함이라[襲] 한다[謂].

『노자(老子)』 27장(章)

註　"도자만물지오(道者萬物之奧) …… 위천하귀(爲天下貴)." 상도라는[道] 것은[者] 온갖[萬] 것이[物之] 그윽하게 깊숙이 간직하고 있는 것이다[奧]. ……{차도(此道)는} 온 세상의[天下] 존귀한 것이[貴] 된다[爲].

『노자(老子)』 62장(章)

【보주(補註)】

● 〈부유병병(夫唯病病) 시이불병(是以不病)〉을 〈부유병병자(夫唯病病者) 시이불병야(是以不病也)〉처럼 옮기면 문맥을 더 쉽게 잡을 수 있다. 〈무릇[夫] 오로지[唯] 병을[病] 병으로 여기는[病] 것[者] 이로[是]써[以] 병이[病] 아닌 것[不]이다[也].〉

- 〈부유병병(夫唯病病) 시이불병(是以不病)〉이 〈성인불병(聖人不病) 이기병병(以
其病病)〉 앞에 있는 본(本)도 있다. 그러나 『노자(老子)』에 자주 등장하는 〈부유
(夫唯)〉의 문예(文例)로 보아 〈부유병병(夫唯病病) 시이불병(是以不病)〉은 〈성
인불병(聖人不病) 이기병병(以其病病)〉의 뒤에 올 것이 오도(誤倒)되었다는 것
이 장석창(蔣錫昌)의 설(說)이다. 『노자(老子)』에서 〈부유(夫唯)〉란 구(句)는 상
구(上句)의 뜻을 이어받아 거듭 밝혀주는 노자(老子) 특유의 문예(文例)란 것이
다. 그런 실례들을 아래와 같이 들 수 있다는 장석창(蔣錫昌)의 설(說)을 타당하
게 받아들임이 용인되고 있다.

  2장(章)의 〈공성이불거(功成而弗居) 부유불거(夫唯弗居) 시이불거(是以不去)〉
에서 부유불거(夫唯弗居)는 상구(上句)의 불거(弗居)를 승계하여 그 뜻을 거듭
밝힘이다.

  8장(章)의 〈수선리만물이부쟁(水善利萬物而不爭)……부유부쟁(夫唯不爭) 고
(故) 무우(無尤)〉에서 부유부쟁(夫唯不爭)은 상구(上句)의 부쟁(不爭)을 승계하
여 그 뜻을 거듭 밝힘이다.

  15장(章)의 〈보차도자불욕영(保此道者不欲盈) 부유불영(夫唯不盈) 고(故) 능
폐불신성(能蔽不新成)〉에서 부유불영(夫唯不盈)은 상구(上句)의 불영(不盈)을
승계하여 그 뜻을 거듭 밝힘이다.

  72장(章)의 〈무염기소생(無厭其所生) 부유불염(夫唯不厭) 시이불염(是以不
厭)〉에서 부유불염(夫唯不厭)은 상구(上句)의 불염(不厭)을 승계하여 그 뜻을 거
듭 밝힘이다.

【해독(解讀)】

- 〈부유병병(夫唯病病) 시이불병(是以不病)〉에서 부유(夫唯)는 어조와 어세를 더
하는 조사 노릇하고, 병병(病病)은 시(是)의 동격(同格) 노릇하고, 시(是)는 앞의
병병(病病)을 나타내는 지시어 노릇하며, 이(以)는 개사(介詞) 즉 전치사 노릇
하며, 불(不)은 〈아닐 비(非)〉와 같아 동사 노릇하고, 병(病)은 불(不)의 보어 노
릇한다. 물론 불병(不病)의 불(不)을 〈없을 불(不)〉처럼 여기고 불병(不病)을 무
병(無病)으로 문맥을 잡으면, 불병(不病)의 병(病)은 불(不)의 주어 노릇한다. 어
느 경우든 문의(文義)가 달라지는 것은 아니다. 〈무릇 오직[夫唯] 병을[病] 병폐

로 여김[病] 이[是] 때문에[以] 병이[病] 아닌 것이다[不].〉〈무릇 오직[夫唯] 병을
[病] 병폐로 여김[病] 이[是] 때문에[以] 병통이[病] 없다[不].〉

- 부유병병(夫唯病病)에서 병병(病病)은 영어의 부정사구(不定詞句) 같은 구(句)
  이다. 병병(病病)에서 앞의 병(病)은 영어의 부정사(不定詞)같이 노릇하고, 뒤의
  병(病)은 앞의 병(病)의 목적어 노릇한다. 〈병을[病] 병으로 여김[病]〉〈A를 함
  (to do A)〉

老子 ◉ 제 72 장

72
老子
之言

자애장(自愛章)

　　폭정(暴政)이 백성을 핍박(逼迫)하면 화란(禍亂)이 반드시 일어남을 밝히는 장(章)이다. 폭정(暴政)의 위압(威壓)을 두려워하지 않으면[不畏] 학정(虐政)에 빠진 백성이 견디다 못해 목숨을 가벼이 여기고 민란(民亂)을 빚게 된다. 그러므로 백성을 핍박하여 궁색하게 하면[迫] 백성은 학정(虐政)을 염오(厭惡)하고 삶의 의욕을 잃어버림을 밝혀 치자(治者)의 각성을 일깨우는 장(章)이다.

【원문(原文)】

民不畏威면 則大威至라 無狎其所居하고 無厭其所生
민 불 외 위　　즉 대 위 지　　무 압 기 소 거　　　무 염 기 소 생

이니 夫唯不厭이라 是以不厭이니라 是以로 聖人은 自知
부 유 불 염　　시 이 불 염　　　시 이　　성 인　　자 지

不自見하고 自愛不自貴하나니 故로 去彼取此니라
부 자 현　　자 애 부 자 귀　　　　고　　거 피 취 차

백성이[民] {치자(治者)의} 위압을[威] 두려워하지 않으면[不畏] 곧[則] 크나큰[大] 화란이[威] 닥친다[至]. 백성의[其] 거처를[所居] 핍박하지[狎] 말고[無], 백성의[其] 생활을[所生] 짓누르지[厭] 말라[無]. 무릇[夫] 오로지[唯] {치자(治者)가 백성의 삶을} 쥐어짜지 않으면[不厭], 이로[是]써[以] {백성도 치자(治者)를} 미워하지 않는다[不厭]. 이렇기[是] 때문에[以] 성인은[聖人] 스스로[自] 알아채되[知] (안다고) 자신을[自] 드러내지 않는다[不見]. 자기를[自] 아끼면서도[愛] 자기를[自] 높이지 않는다[不貴]. 그러므로[故] (성인은) 저것을[彼] 버리고[去] 이것을[此] 취한다[取].

72-1 民不畏威(민불외위) 則大威至(즉대위지)

▶백성이[民] {치자(治者)의} 위압을[威] 두려워하지 않으면[不畏] 곧[則] 크나큰[大] 화란이[威] 닥친다[至].

백성 민(民), 않을 불(不), 두려워할 외(畏), 짓누를 위(威), 곧 즉(則), 큰 대(大), 이를 지(至)

【지남(指南)】

〈민불외위(民不畏威) 즉대위지(則大威至)〉는 치도(治道)의 근본을 저버린 탓에 백성이 화(禍)를 겪고 치자(治者)가 궤멸(潰滅)하는 까닭을 밝힌다. 다스리는[治] 도리의[道] 근본은 59장(章)에서 살핀 **중적덕(重積德)**이다. 현덕(玄德)을 미리미리 비축하는[積] 양생(養生)으로 치민(治民)하지 않으면 난세를 면치 못한다.

〈불외위(不畏威)〉와 〈대위지(大威至)〉는 난세(亂世)를 불러옴이 마치 막다름에 선 쥐는 고양이한테 덤빈다는 속담을 연상시킨다. 치자(治者)는 백성이 35장(章) **안평태(安平泰)**를 누리도록 무위지치(無爲之治)를 펴야 한다. 무위(無爲)의 다스림[治]으로 치국(治國)하면 백성이 더없이[安] 화평하고[平] 태안한[泰] 삶을 누리지만, 그 치도(治道)를 저버리고 치자(治者)의 위압(威壓)으로 치민(治民)하면 백성은 그런 치자(治者)를 두려워하다가[畏] 끝내 염오(厭惡)한다.

백성을 위압(威壓)하는 치자(治者)는 『맹자(孟子)』의 패자(覇者) 같아서 학민(虐

民)하고 전쟁을 일삼는다. 백성이 진실로 두려워하는 것은 패자(覇者)가 감행하는 전쟁이고, 폭군이 저지르는 학정(虐政)이다. 그러나 전쟁을 일삼는 패자(覇者)나 학정(虐政)을 일삼는 폭군을 마냥 두려워만 하지 않는다. 참다못하면 죽임마저 두려워하지 않음이 여기 〈불외(不畏)〉이다. 치자(治者)의 위압(威壓)이나 위세(威勢)로는 백성을 복제(複制) 즉 옷을 깁듯이[複] 마름할[制] 수 없는 것이 민심(民心)이니, 백성은 삶을[生] 누리지[樂] 못하면 죽음을[死] 두려워하지 않는다[不畏].

백성의 이러한 불외(不畏)는 어느 폭군도 당해낼 수 없는 위력을 발휘한다. 치압(治壓) 즉 다스림의[治] 압제(壓制)가 심해질수록 백성의 염오(厭惡)도 그만큼 끓어올라 결국 죽음마저 마다하지 않음이 불외(不畏)이다. 백성의 불외(不畏)는 급기야 폭정(暴政)을 일삼는 치자(治者)의 치세를 외면하고 등져버림이 〈대위(大威)〉란 대란(大亂)이고, 망국(亡國)의 화란(禍亂)이다. 그러므로 백성을 불외(不畏)로 몰아넣는 폭정(暴政)은 결국 궤멸(潰滅)하고 마는 것을 살펴 새기고 헤아려 깨우치게 하는 말씀이 〈민불외위(民不畏威) 즉대위지(則大威至)〉이다.

📖 "치인사천(治人事天) 막약색(莫若嗇) 부유색(夫唯嗇) 시위조복(是謂早服) 조복위지중적덕(早服謂之重積德)." 백성을[人] 다스리고[治] 천성을[天] 섬김에는[事] 아낌[嗇]만 한 것은[若] 없다[莫]. 무릇[夫] 오로지[唯] 아낌[嗇], 이것을[是] 미리[早] 마련해 갖추어둠이라[服] 한다[謂]. 미리[早] 마련해 갖추어둠[服], 그것을[之] 덕[德] 쌓기를[積] 거듭함이라[重] 한다[謂].

『노자(老子)』59장(章)

📖 "집대상(執大象) 천하왕(天下往) 왕이불해(往而不害) 안평태(安平泰)." 상도의[大] 짓을[象] 지키면[執] 세상[天下] 어디든 가고[往], 어디든 가도[往而] 해침이 없으니[不害], 이에[安] 평화롭고[平] 근심걱정이 없다[泰].

『노자(老子)』35장(章)

📖 "이력가인자패(以力假仁者覇) 패필유대국(覇必有大國)……이력복인자비심복야(以力服人者非心服也) 역불섬야(力不贍也)." 힘으로[力]써[以] 어짊을[仁] 가장하는[假] 것은[者] 패이고[覇], 패는[覇] 반드시[必] 큰 나라를[大國] 차지한다[有]. …… 힘으로[力]써[以] 사람을[人] 굴복시키는[服] 것은[者] 마음에서 우러난 굴복이[心服] 아닌 것이고[非] 힘이[力] 모자란 것[不贍]이다[也].

『맹자(孟子)』「공손추장구상(公孫丑章句上)」

【보주(補註)】

● 〈민불외위(民不畏威) 즉대위지(則大威至)〉를 〈약민불외치자지위압(若民不畏治者之威壓) 즉대위지어치자(則大威至於治者)〉처럼 옮기면 문맥을 더 쉽게 잡을

수 있다. 〈만약[若] 백성이[民] 다스림의[治之] 위압을[威壓] 불외한다면[不畏] 곧장[則] 치자에게[於治者] 커다란[大] 대란이[威] 닥친다[至].〉

- 민불외위(民不畏威)의 위(威)는 치자(治者)가 백성에게 가하는 위압(威壓)으로 폭정(暴政)이나 학정(虐政)을 뜻하고, 대위지(大威至)의 대위(大威)는 백성이 견디다 못해 치자(治者)를 염오(厭惡)하여 빚어지는 대란(大亂)을 뜻한다.

【해독(解讀)】

- 〈민불외위(民不畏威) 즉대위지(則大威至)〉는 조건의 종절과 주절로 이루어진 복문(複文)이다. 〈민이[民] 위를[威] 두려워하지 않으면[不畏] 곧[則] 대란이[大威] 생긴다[至].〉

- 민불외위(民不畏威)에서 민(民)은 주어 노릇하고, 불(不)은 외(畏)의 부정사(否定詞)이고, 외(畏)는 동사 노릇하며, 위(威)는 외(畏)의 목적어 노릇한다. 외(畏)는 〈두려워할 구(懼)〉와 같아 외구(畏懼)의 줄임말로 여기면 되고, 위(威)는 〈짓누를 압(壓)〉과 같아 위압(威壓)의 줄임이다. 〈만약 백성이[民] {치자(治者)의} 위압을[威] 두려워하지 않는다면[不畏]〉

- 즉대위지(則大威至)에서 즉(則)은 어조사 노릇하고, 대위(大威)는 주부 노릇하며, 지(至)는 동사 노릇한다. 위(威)는 〈어지러울 란(亂)〉과 같아 위란(威亂)의 줄임말로 여기면 된다. 〈곧장[則] 커다란[大] 위란이[威] 닥친다[至].〉

72-2 無狎其所居(무압기소거) 無厭其所生(무염기소생)

▶백성의[其] 거처를[所居] 핍박하지[狎] 말고[無], 백성의[其] 생활을[所生] 짓누르지[厭] 말라[無].

~하지 말라 무(無), 핍박할 압(狎), 그 기(其), 바(곳) 소(所), 살 거(居), 짓누를 염(厭), 살 생(生)

【지남(指南)】

〈무압기소거(無狎其所居) 무염기소생(無厭其所生)〉은 백성이 다스림을 싫어하게 되는 까닭을 밝힌다. 〈무압(無狎)〉의 압(狎)과 〈무염(無厭)〉의 염(厭)은 37장(章)

화이욕작(化而欲作)을 상기시킨다. 치자(治者)가 제 욕심대로 세상을 바꾸고자[化] 도모하려[欲作] 하면 상도의[無名之] 본디대로[樸] 써[以] 치자(治者)의 〈욕작(欲作)〉을 진압시킨다고[鎭] 37장(章)에서 서슴없이 밝혔다.

치자(治者)가 자신의 뜻대로 치민(治民)하여 백성이 원하는 거처를 불허하고, 치자(治者)의 욕작(欲作)에 따라 백성의 소거(所居)를 업신여기는[狎] 짓 따위가 〈압기소거(狎其所居)〉이다. 압기소거(狎其所居)의 압(狎)은 협애(狹隘) 즉 옹색하고[陝] 험하게[隘] 함이다. 백성의 거처를 치자(治者)가 협애(狹隘)하지 말라 함이 〈무압기소거(無狎其所居)〉이다. 그리고 치자(治者)가 자신의 뜻대로 치민(治民)하여 백성이 원하는 소생(所生) 즉 생활을 불허하고, 치자(治者)의 욕작(欲作)에 따라 백성의 생활을 짓누르는[厭] 짓이 〈염기소생(厭其所生)〉으로, 염(厭)은 압자(壓榨) 즉 짓누르고[壓] 쥐어짬[榨]이다. 백성의 소생(所生)인 생활을 치자(治者)가 압자(壓榨)하지 말라 함이니, 백성의 터전을[所居] 업신여기고[狎] 백성의 생활을[所生] 짓누름은[厭] 치자(治者)의 욕작(欲作)에서 빚어지는 화(禍)이다.

치자(治者)의 뜻대로 꾀함[欲作]이란 65장(章) **이지치국(以智治國)**으로 말미암아 빚어진다. 이지(以智) 즉 인지(人智)로써 치국(治國)하면, 백성이 원하는 바가 아니라 치자(治者)가 원하는 대로 백성을 이끌어[導] 다지려는[齊] 꾀함이[欲作] 뒤따른다. 그러므로 치자(治者)가 백성의 거처를 옹색하게[狎] 하고, 백성의 생활을 각박하게[壓] 하는 정령(政令)을 빚어 끝내는 학정(虐政)으로 이어지고 마는 것을 살펴 새기고 헤아려 깨우치게 하는 말씀이 〈무압기소거(無狎其所居) 무염기소생(無厭其所生)〉이다.

訌 "도상무위(道常無爲) 이무불위(而無不爲) 후왕약능수지(候王若能守之) 만물장자화(萬物將自化) 화이욕작(化而欲作) 오장진지이무명지박(吾將鎭之以無名之樸)." 상도에는[道] 늘[常] 행함이[爲] 없으나[無而] 행하지 않음도[不爲] 없다[無]. 후왕이[候王] 만약[若] 그것을[之] 잘[能] 지킨다면[守] 온갖 것은[萬物] 마땅히[將] 스스로[自] 새로워진다[化]. {그렇지 않고 치자(治者)의 뜻대로} 변화를[化而] 꾀하고자 하면[欲作] 내가[吾] 곧장[將] 무명이란[無名之] 본디대로[樸]써[以] 그 짓을[之] 진정시키리라[鎭].　　　　　　　　　　『노자(老子)』 37장(章)

訌 "이지치국(以智治國) 국지적(國之賊) 불이지치국(不以智治國) 국지복(國之福) 지차양자역계식(知此兩者亦稽式)." 인간의 지혜로[智]써[以] 나라를[國] 다스림은[治] 나라의[國之] 해침이

고[賊], 인간의 지혜로[智]써[以] 나라를[國] 다스리지 않음은[不治] 나라의[國之] 행복이다[福]. 이[此] 두[兩] 가지를[者] 아는[知] 것이[者] 역시[亦] (치국의) 예나 지금이나 변함없는[稽] 법식이다[式].

『노자(老子)』65장(章)

【보주(補註)】

- 〈무압기소거(無狎其所居) 무염기소생(無厭其所生)〉를 〈무압민지소거(無狎民之所居) 무염민지소생(無厭民之所生)〉처럼 옮기면 문맥을 더 쉽게 잡을 수 있다. 〈백성의[民之] 소거를[所居] 압하지[狎] 말고[無] 백성의[民之] 소생을[所生] 염하지[厭] 말라[無].〉

- 무압기소거(無狎其所居)의 압(狎)은 설문(說文)에 의하면 〈좁을 협(狹)〉 자(字)와 같다. 협(狹)은 〈좁을 협(陜)·애(隘)〉인지라 〈옹색하게 할 박(迫)〉의 뜻으로 통해, 치천하자(治天下者) 즉 세상을[天下] 다스리는[治] 자가[者] 백성의 거처를 궁색하게 하지[陜迫] 말라[無] 함이 〈무압기소거(無狎其所居)〉라고 주장한 해동(奚侗)의 설(說)을 따랐다.

- 무염기소생(無厭其所生)의 염(厭)은 설문(說文)에 의하면 〈좁을 착(窄)〉 자(字)와 같다. 이 역시 치천하자(治天下者)가 백성의 생활을 염착(厭窄) 즉 각박하게 하지[厭窄] 말라[無] 함이 〈무염기소생(無厭其所生)〉이라는 해동(奚侗)의 설(說)을 따랐다.

【해독(解讀)】

- 〈무압기소거(無狎其所居) 무염기소생(無厭其所生)〉은 명령문 둘로 이루어진 중문(重文)이다. 〈그[其] 소거를[所居] 압하지[狎] 마라[無]. (그리고) 그[其] 소생을[所生] 염하지[厭] 마라[無].〉

- 무압기소거(無狎其所居)에서 무(無)는 압(狎)의 부정사(否定詞)로서 금지사(禁止詞) 노릇하고, 압(狎)은 동사 노릇하며, 기소거(其所居)는 목적구 노릇한다. 무(無)는 〈~하지 말 물(勿)〉과 같고, 압(狎)은 〈좁을(궁색할) 협(狹)〉과 같아 협압(狹狎)의 줄임말로 여기면 되고, 기소거(其所居)는 〈민지소거(民之所居)〉의 줄임이다. 〈백성이[民之] 사는[居] 곳을[所] 궁색하게 하지[狎] 마라[無].〉

- 무염기소생(無厭其所生)에서 무(無)는 압(狎)의 부정사(否定詞)로서 금지사(禁止詞) 노릇하고, 염(厭)은 동사 노릇하며, 기소생(其所生)은 목적구 노릇한다.

무(無)는 〈~하지 말 물(勿)〉과 같고, 염(厭)은 〈쥐어짤 자(榨)〉와 같아 〈염자(厭榨)〉의 줄임이고, 기소생(其所生)은 〈민지소생(民之所生)〉의 줄임이다. 〈백성이[民之] 생활하는[生] 바를[所] 쥐어짜지[厭] 마라[無].〉

72-3 夫唯不厭(부유불염) 是以不厭(시이불염)

▶무릇[夫] 오로지[唯] {치자(治者)가 백성의 삶을} 쥐어짜지 않으면[不厭], 이로[是]써[以] {백성도 치자(治者)를} 미워하지 않는다[不厭].

> 무릇 부(夫), 오로지 유(唯), 않을 불(不), 쥐어짤 염(厭), 이 시(是),
> 써 이(以), 않을 불(不), 싫어할 염(厭)

【지남(指南)】

〈부유불염(夫唯不厭) 시이불염(是以不厭)〉은 백성과 치자(治者)와의 관계를 밝힌다. 치자(治者)가 백성의 삶을 불염(不厭)하면 백성도 치자(治者)를 불염(不厭)한다. 치자(治者)가 염민(厭民) 즉 백성을 쥐어짬은[厭] 착민(搾民) 즉 백성을 짓누르는[搾] 짓이다. 다스림이[治] 마치 기름 짜는 틀[榨]처럼 백성을 착[搾]하면 백성은 다스림을 펼치는 치자(治者)를 염오(厭惡)할 수밖에 없다.

치자(治者)가 아이를 사랑하는[慈] 어머니처럼 백성을 다스리면[民] 백성이 어찌 그를 미워하겠는가? 여기 〈부유불염(夫唯不厭)〉은 〈치자불염민(治者不厭民)〉 즉 치자(治者)가 백성을 쥐어짜지 않음이다[不厭]. 그리고 〈시이불염(是以不厭)〉은 〈시이민불염치자(是以民不厭治者)〉 즉 이것으로[是]써[以] 백성이 치자(治者)를 미워하지 않음이다[不厭]. 백성이 치자(治者)를 좋아하느냐 싫어하느냐는 치자(治者)의 몫이다. 치자(治者)가 백성을 해치지 않고[不害民] 이롭게[利民] 하면 백성이 치자(治者)를 염오(厭惡)할 까닭이 없다. 치자(治者)가 무위(無爲)로 다스리면 백성은 〈천하정(天下貞)〉 즉 세상이 공평무사함을[貞] 누려 절로 치자(治者)를 따라 성복(誠服) 즉 마음으로[誠] 따르게[服] 된다.

이런 연유로 39장(章) 후왕득일이위천하정(侯王得一以爲天下貞)과 32장(章) 만물장자빈(萬物將自賓)이란 말씀이 나온다. 임금이[侯王] 득일(得一)로 치민(治民)하면 백성은 임금을 좋아할 수밖에 없다. 득일(得一)로 다스림이란 상도(常道)를 본받아[法] 다스림이니, 천하모(天下母)로 치민(治民)함이다. 그러면 백성은 임금을 온 세상[天下] 어머니로[母] 여기고 받든다. 치자(治者)가 온갖 정령(政令)을 앞세워 인위(人爲)로 치민(治民)하면 압민(狎民)으로 이어져 백성은 치자(治者)를 염오(厭惡)하게 됨을 살펴 새기고 헤아려 깨우치게 하는 말씀이 〈부유불염(夫唯不厭) 시이불염(是以不厭)〉이다.

雎　"만물득일이생(萬物得一以生) 후왕득일이위천하정(侯王得一以爲天下貞) 기치지일야(其致之)." 온갖 것은[萬物] 하나를[一] 얻음으로[得]써[以] 생기고[生], 후왕은[侯王] 하나를[一] 얻음으로[得]써[以] 세상의[天下] 바름을[貞] 삼는다[爲]. 그것들은[其] 그것에[之] 이른다[致之].

『노자(老子)』 39장(章)

雎　"도상무명(道常無名) 박수소(樸雖小) 천하막능신(天下莫能臣) 후왕약능수지(侯王若能守之) 만물장자빈(萬物將自賓)." 상도에는[道] 늘[常] 이름이[名] 없으니[無], 본디대로[樸] 비록[雖] 작지만[小], 천하에[天下] {상도(常道)를} 지배할 수 있음이란[能臣] 없다[莫]. 임금이[侯王] 만약[若] 그것을[之] 잘[能] 지킨다면[守] 만물은[萬物] 곧장[將] 스스로[自] 돌아와 따른다[賓].

『노자(老子)』 32장(章)

【보주(補註)】

● 〈부유불염(夫唯不厭) 시이불염(是以不厭)〉을 〈약부유치자불염기민(若夫唯治者不厭其民) 시이기민불염치자(是以其民不厭治者)〉처럼 옮기면 문맥을 더 쉽게 잡을 수 있다. 〈만약[若] 무릇[夫] 오직[唯] 치자가[治者] 기민을[其民] 불염한다면[不厭] 이러함으로[是]써[以] 기민은[其民] 치자를[治者] 불염한다[不厭].〉

● 부유불염(夫唯不厭)의 염(厭)은 문맥으로 보아 〈약치자불염기민(若治者不厭其民)〉의 줄임으로 여기면 된다. 염(厭)은 〈쥐어짤 착(窄)〉과 같다. 부유(夫唯)는 앞에 나온 내용을 거듭 강조해 『노자(老子)』에 자주 등장하는 문예(文例)이다. 〈만약[若] 치자가[治者] 그[其] 백성을[民] 쥐어짜지 않는다면[不厭]〉

● 시이불염(是以不厭)은 문맥으로 보아 〈기민불염치자(其民不厭治者)〉의 줄임인지라 염(厭)은 〈싫어할 오(惡)〉와 같다. 〈그[其] 백성이[民] 치자를[治者] 싫어하지 않는다[不厭].〉

● 부유불염(夫唯不厭)이 〈부유무염(夫唯無厭)〉으로 된 본(本)도 있으나 문의(文

意)는 다 같다. 〈없을 불(不)·없을 무(無)〉로 불(不)과 무(無)가 같이 부정(否定)의 뜻을 낸다.

【해독(解讀)】

● 〈부유불염(夫唯不厭) 시이불염(是以不厭)〉은 조건의 종절과 주절로 된 복문(複文)이다. 〈무릇[夫] 오직[唯] 불염한다면[不厭] 이로[是]써[以] 불염한다[不厭].〉

● 부유불염(夫唯不厭)에서 부유(夫唯)는 어조사 노릇하고, 불(不)은 염(厭)의 부정사(否定詞) 노릇하며, 염(厭)은 주어와 목적어가 생략되었지만 동사 노릇한다. 염(厭)은 〈쥐어짤 착(窄)·자(榨)〉의 뜻이다. 〈무릇[夫] 오직[唯] (치자가 백성을) 쥐어짜지 않는다면[不厭]〉

● 시이불염(是以不厭)에서 시이(是以)는 부사구 노릇하고, 불(不)은 염(厭)의 부정사(否定詞) 노릇하며, 염(厭)은 주어와 목적어가 생략되었지만 동사 노릇한다. 염(厭)은 〈싫어할 오(惡)〉의 뜻이고, 시(是)는 부유불염(夫唯不厭)의 불염(不厭)을 나타내는 지시어 노릇한다. 〈이로[是]써[以] (백성은 치자를) 싫어하지 않는다[不厭].〉

72-4 是以(시이) 聖人自知(성인자지) 不自見(부자현)

▶이렇기[是] 때문에[以] 성인은[聖人] 스스로[自] 알아채되[知] (안다고) 자신을[自] 드러내지 않는다[不見].

이 시(是), 써 이(以), 통할 성(聖), 자기 자(自), 알 지(知), 않을 부(不), 드러낼 현(見)

【지남(指南)】

〈성인자지(聖人自知) 부자현(不自見)〉은 성인(聖人)의 밝음[明]을 밝힌다. 〈자지(自知)〉를 좁혀 새기면, 치자(治者)가 백성을 억누르면[厭] 백성은 그런 치자(治者)를 미워하고 싫어하며[厭], 나아가 백성 앞에 자기를[自] 드러내 과시하면[見] 백성이 그 치자(治者)를 싫어함을[厭] 성인(聖人)이 스스로[自] 알고[知] 있음이다. 따라서 치자(治者)는 〈부자현(不自見)〉 즉 백성 앞에 과시하지 않아야[不自見] 함을 아는 것이 여기 〈자지(自知)〉이다.

　그러나 〈자지(自知)하여 부자현(不自見)함〉이란 『노자(老子)』에서 천도(天道)를 따라 본받아서[法] 밝음을[明] 나타내는 깊은 뜻을 품고 있으니, 성인자지(聖人自知)의 자지(自知)는 33장(章) **자지자명(自知者明)**을 상기시킨다. 자지(自知)의 밝음[明]은 59장(章) **사천(事天)**으로써 비롯된다. 자연[天] 즉 저마다의 본성을 받들어 섬겨[事] 28장(章) **복귀어박(復歸於樸)**하고, 5장(章) **수중(守中)** 즉 상도(常道)를 따라[中] 지키면서[守] 상도(常道)를 천하모(天下母)로 섬기며 살아가야 함을 앎이 〈자지(自知)〉이다. 상도(常道)의 자식임을 스스로[自] 터득한[知] 사람은 절로 상도(常道)를 따라[中] 지킨다[守]. 이러한 수중(守中)을 앎을[知] 밝다[明] 한다. 그래서 성인자지(聖人自知)의 자지(自知)는 곧 16장(章) **지상왈명(知常曰明)**을 상기시킨다.

　자지(自知)도 밝음[明]이고 지상(知常)도 밝음[明]이니, 자지(自知)는 〈자지복명(自知復命)〉이다. 복명(復命)을 스스로[自] 앎을[知] 밝다고[明] 한다. 지상(知常)의 상(常)이란 귀근(歸根)을 뜻하고, 귀근(歸根)은 복명(復命)을 뜻하며, 복명(復命)은 저마다의 본성으로[命] 돌아옴을[復] 일러 한 자(字)로 〈상(常)〉이라 한다. 이 상(常)은 상도(常道)를 따라 본받음이니 복명(復命)이니 귀근(歸根)이니 정(靜)이니 하는 말씀을 묶은 것이고, 이를 스스로[自] 앎을[知] 밝다고[明]] 한다. 성인(聖人)은 항상 수중(守中)하는지라 지상(知常)하고 자지(自知)하여 언제 어디서나 밝은[明] 분이다. 따라서 〈성인자지(聖人自知)〉는 〈성인지상(聖人知常)〉과 같다.

　자지(自知)하면 밝고[明] 지상(知常)하면 밝다고[明] 함은 한순간도 〈복명(復命)〉을 잊지 않음이니 항상 유념해야 한다. 거듭 밝히지만, 28장(章) **상덕불리(常德不離)** 즉 상덕이[常德] 떠나지 않는[不離] 삶이 복명(復命)인지라, 16장(章) **복명왈상(復命日常) 지상왈명(知常日明)**이란 말씀이 나온다. 그러므로 성인자지(聖人自知)는 성인(聖人)이 겉으로 드러내지 않고 본성을[天] 받듦[事]이고, 이는 곧 자연의 규율을 받들어 진실로 따름이다. 이러한 성인(聖人)인지라 41장(章)의 **명도약매(明道若昧)**를 본받아[法] 자지(自知)·지상(知常)하여 자명(自明)하되 부자현(不自見) 즉 자신을[自] 백성 앞에 드러내지 않아[不見] 오히려 어두운 듯해[若昧] 보임을 살펴 새기고 헤아려 깨우치게 하는 말씀이 〈성인자지(聖人自知) 부자현(不自見)〉이다.

▦ "지인자지(知人者智) 자지자명(自知者明) 승인자유력(勝人者有力) 자승자강(自勝者强)." 남을[人] 아는[知] 것은[者] 슬기이고[智], 자신을[自] 아는[知] 것은[者] 밝음이며[明], 남을[人] 이기는[勝] 것은[者] 힘을[力] 취함이고[有], 자신을[自] 이기는[勝] 사람은[者] 강하다[强].

『노자(老子)』33장(章)

▦ "치인사천(治人事天) 막약색(莫若嗇) 부유색(夫唯嗇) 시위조복(是謂早服) 조복위지중적덕(早服謂之重積德) 중적덕(重積德) 즉무불극(則無不克)." 백성을[人] 다스리고[治] 천성을[天] 섬김에는[事] 아낌[嗇]만 한 것은[若] 없다[莫]. 무릇[夫] 오로지[唯] 아낌[嗇], 이것을[是] 미리[早] 마련해 갖추어둠이라[服] 한다[謂]. 미리[早] 마련해 갖추어둠[服], 그것을[之] 덕을[德] 미리 마련하기를[積] 거듭함이라[重] 한다[謂]. 덕을[德] 미리 마련하기를[積] 거듭한다면[重] 곧[則] 극복하지 못할 것이[不克] 없다[無].

『노자(老子)』59장(章)

▦ "위천하계(爲天下谿) 상덕불리(常德不離) 복귀어영아(復歸於嬰兒)……위천하곡(爲天下谷) 상덕내족(常德乃足) 복귀어박(復歸於樸)." 온 세상의[天下] 시내가[谿] 되면[爲] 상덕이[常德]{그 계(谿)를} 떠나지 않고[不離], 갓난애로[於嬰兒] 되[復]돌아온다[歸]. …… 세상의[天下] 골짜기가[谷] 되니[爲] 상덕은[常德] 이내[乃] 만족되며[足], 자연으로[於樸] 되[復]돌아온다[歸].

『노자(老子)』28장(章)

▦ "다언수궁(多言數窮) 불여수중(不如守中)." {치민(治民)하면서 정령(政令)을 밝히는} 말이[言] 많아질수록[多] (백성을 다스리는) 이치가[數] 궁색해지니[窮], 상도(常道)를 따라[中] {무위(無爲)의 다스림을} 지킴만[守] 못하다[不如]. 『노자(老子)』5장(章)

▦ "귀근왈정(歸根曰靜) 시위복명(是謂復命) 복명왈상(復命曰常) 지상왈명(知常曰明) 부지상(不知常) 망작흉(妄作凶)." 뿌리로[根] 돌아감을[歸] 고요라[靜] 하고[曰], 이것을[是] 본성으로[命] 돌아옴이라[復] 한다[謂]. 천성으로[命] 돌아옴을[復] {만물이 따르는 천도(天道)의} 한결같음이라[常] 하며[曰], {상도(常道)의} 한결같음을[常] 앎을[知] 밝음이라[明] 한다[曰]. {상도(常道)의} 한결같음을[常] 모르면[不知] 재앙을[凶] 멍청하게[妄] 짓는다[作]. 『노자(老子)』16장(章)

▦ "명도약매(明道若昧) 진도약퇴(進道若退) 이도약류(夷道若纇)." 밝은[明] 도는[道] 어두운[昧] 듯하고[若], 나아가는[進] 도는[道] 물러나는[退] 듯하며[若], 평이한[夷] 도는[道] 끼리인[纇] 듯하다[若]. 『노자(老子)』41장(章)

【보주(補註)】

● 〈성인자지(聖人自知) 부자현(不自見)〉을 〈시이성인자지(是以聖人自知) 연이성인부자현(然而聖人不自見)〉처럼 옮기면 문맥을 더 쉽게 잡을 수 있다. 〈이렇기[是] 때문에[以] 성인은[聖人] 자지한다[自知]. 그러나[然而] 성인은[聖人] 부자현한다[不自見].〉

- 〈성인자지(聖人自知) 부자현(不自見)〉은 성인지명(聖人之明)을 상기시킨다. 밝음[明]이란 복명(復命) 즉 본성으로 돌아와[復] 명어천도(明於天道) 즉 자연의[天] 규율에[於道] 밝음이다[明]. 성인(聖人)은 소성(小成) 즉 시비분별의 논란을 일삼는 잔재주에는[於小成] 어두워 보인다[若昧]. 복명(復命)의 밝음[明]은 『장자(莊子)』에서 **지인지용시약경(至人之用心若鏡)**의 경(鏡)으로 비유되기도 한다.

註 "지인지용심약경(至人之用心若鏡) 부장불영(不將不迎) 응이부장(應而不藏) 고(故) 능승물이불상(能勝物而不傷)." 지인이[至人之] 마음을[心] 씀은[用] 거울과[鏡] 같다[若]. (무엇을) 맞이하지도 않고[不將] 보내지도 않는다[不迎]. (온갖 것에) 응해주되[應而] 간직하지는 않는다[不藏]. 그래서[故] 온갖 것을[物] 남김없이 해주되[勝而] 해치지 않는다[不傷].

　　지인(至人)은 신인(神人), 성인(聖人)과 같다.　　　　　　『장자(莊子)』 「응제왕(應帝王)」

【해독(解讀)】

- 〈성인자지(聖人自知) 부자현(不自見)〉은 한쪽 주어가 생략됐지만 두 구문이 〈그러나 연이(然而)〉로 이어지는 중문(重文)이다. 〈이[是] 때문에[以] 성인은[聖人] 자지한다[自知]. 그러나[然而] 부자현한다[不自見].〉

- 시이성인자지(是以聖人自知)에서 시이(是以)는 부사구 노릇하고, 성인(聖人)은 주어 노릇하며, 자(自)는 지(知)의 목적어 노릇하고, 지(知)는 동사 노릇한다. 〈이렇기[是] 때문에[以] 성인은[聖人] 자신을[自] 안다[知].〉

- 부자현(不自見)에서 부(不)는 현(見)의 부정사(否定詞) 노릇하며, 자(自)는 현(見)의 목적어 노릇하고, 현(見)은 주어가 생략되었지만 동사 노릇한다. 현(見)은 〈드러낼 현(現)·현(顯)〉 등과 같다. 〈(그래서 성인은) 자신을[自] 드러내지 않는다[不見].〉

72-5 自愛(자애) 不自貴(부자귀)

▶자기를[自] 아끼면서도[愛] 자기를[自] 높이지 않는다[不貴].

자기 자(自), 아낄 애(愛), 않을 부(不), 높일 귀(貴)

【지남(指南)】

〈자애(自愛) 부자귀(不自貴)〉는 성인(聖人)이 지상(知常)의 밝음[明]을 몸소 실행하여 결코 자현(自見)하지 않음을 구체적으로 밝힌다. 성인(聖人)이 자신을[自] 아끼되[愛] 자신을[自] 높이지 않음이[不貴] 〈부자현(不自見)〉이다. 그러나 자애(自愛)하여 부자귀(不自貴)함 역시 『노자(老子)』에서 천도(天道)를 따라 본받아서[法] 밝음을[明] 나타내는 깊은 뜻을 품고 있다. 따라서 성인(聖人)의 자애(自愛)란 다름 아닌 16장(章) 〈귀근왈정(歸根曰靜) 시위복명(是謂復命)〉을 먼저 상기하게 한다.

성인(聖人)은 복명(復命)의 자애(自愛)를 저버리지 않고 자귀(自貴)를 버리지만, 세인(世人)은 복명(復命)의 자애(自愛)를 외면하면서 자귀(自貴)를 항상 앞세우려 한다. 복명(復命)은 복귀본성(復歸本性) 즉 본성으로[性] 돌아옴[復歸]이다. 복명(復命)의 명(命)이란 만물 저마다의 자성(自性)이고, 자애(自愛)란 바로 스스로[自] 본성 즉 명(命)을 아낌[愛]이다. 자애(自愛)는 19장(章) 소사과욕(少私寡欲)으로 이루어지며, 20장(章) 귀사모(貴食母)로 이루어지고, 29장(章) 거심(去甚)·거사(去奢)·거태(去泰)로 이루어지며, 52장(章) 복수기모(復守其母)로 이루어지고, 67장(章) 자(慈)·검(儉)·불감위천하선(不敢爲天下先)으로 이루어진다. 성인(聖人)의 이러한 자애(自愛)는 온갖 인욕(人欲)에 휘말리지 않고 바로 본성으로[命] 돌아와[復] 삶을 누림이니, 절로 〈부자귀(不自貴)〉로 이어진다.

부자귀(不自貴)의 자귀(自貴)는 제 본성을 저버리고 부귀영화로 자기를[自] 고귀하게[貴] 하려는 인욕(人欲)으로, 성인(聖人)께는 인욕(人欲)이 없음이다. 성인(聖人)은 본성으로 자애(自愛)하지만, 세인(世人)은 외물(外物) 즉 명리(名利)로 자기를[自] 아끼고[愛], 나아가 외물(外物)로 자기를[自] 고귀하게[貴] 한다. 그래서 세인(世人)의 자애(自愛)는 남과 경쟁하고 남을[人] 이기려는[勝] 다사과욕(多私過欲)의 자애(自愛)인지라 자귀(自貴)와 다를 바 없다. 남보다 내 몫이[私] 많아야 하니까[多] 욕심[欲] 사납게[過] 자기를[自] 아낀다[愛]. 그러나 성인(聖人)의 자애(自愛)는 앞서 밝혔듯 수모(守母)하여 존도(尊道)하고 귀덕(貴德)함인지라 『장자(莊子)』의 무기(無己)·무공(無功)·무명(無名)의 자애(自愛)이다.

성인(聖人)은 자기를 위해 자애(自愛)하지 않고 자귀(自貴)하지도 않으니, 성인(聖人)의 부자귀(不自貴)는 7장(章) 후기신이신선(後其身而身先) 외기신이신존(外其身

而身存)을 떠올린다. 성인(聖人)은 자신을[其身] 뒤로 물리므로[後] 세상 사람들이 성인(聖人)을 앞으로 모시고[先], 자신을 제치므로[外] 세상 사람들이 성인(聖人)을 잊지 않고 모신다[存]. 이처럼 성인(聖人)은 스스로를 낮추기[下] 때문에 세상이 높여주고, 스스로를 제외시키기[外] 때문에 세상이 성인(聖人)을 잊지 않음도 부자귀(不自貴)이다. 그렇다고 세상 사람들이 자기를 높여주기를 바라고 후기신(後其身) 외기신(外其身)하는 것은 결코 아님을 『장자(莊子)』의 **사자천국(四者天鬻)**을 상기하면 알 수 있다.

성인(聖人)은 자기를 위해 꾀하거나[謀] 다듬거나[斷] 교제하거나[交] 흥정하지[貨] 않는다. 성인(聖人)은 존도(尊道)하고 귀덕(貴德)하여 22장(章) 포일(抱一)로 세상의[天下] 모범이[式] 될 뿐이다. 이런 까닭에 성인(聖人)은 7장(章) 능성기사(能成其私) 즉 자기의 몫을[其私] 성취하면서도[成], 친소(親疏)니 이해(利害)니 귀천(貴賤)이랄 것 없이 법자연(法自然)의 상도(常道)만을 받들어[尊] 섬김을 살펴 새기고 헤아려 깨우치게 하는 말씀이 〈자애(自愛) 부자귀(不自貴)〉이다.

註 "견소포박(見素抱樸) 소사과욕(少私寡欲)." 그냥 있는 그대로를[素] 살피고[見] 그냥 있는 그대로를[樸] 간직해 지키며[抱], 제 몫을[私] 적게 하고[少] 욕망을[欲] 적게 한다[寡]. 『노자(老子)』 19장(章)

註 "아독이어인(我獨異於人) 이귀사모(而貴食母)." 나만[我獨] 사람들[人]과[於] 달라서[異而] 먹여주는[食] 어머니를[母] 받든다[貴]. 『노자(老子)』 20장(章)

註 "성인거심(聖人去甚) 거사(去奢) 거태(去泰)." 성인은[聖人] 지나침을[甚] 버리고[去], 사치를[奢] 버리고[去], 과도함을[泰] 버린다[去]. 『노자(老子)』 29장(章)

註 "기지기자(旣知其子) 복수기모(復守其母) 몰신불태(歿身不殆)." 이미[旣] 그[其] 자손임을[子] 알고[知] 그[其] 어머니께로[母] 돌아와[復] 지킨다면[守] 평생토록[歿身] 위태롭지 않다[不殆]. 『노자(老子)』 52장(章)

註 "아유삼보(我有三寶) 지이보지(持而保之) 일왈자(一曰慈) 이왈검(二曰儉) 삼왈불감위천하선(三曰不敢爲天下先)." 나한테[我] 세 가지[三] 보배들이[寶] 있고[有] 그것을[之] 간직하고서[持而] 지킨다[保]. 첫째를[一] 자애라[慈] 이르고[曰], 둘째를[二] 검소라[儉] 이르며[曰], 셋째를[三] 세상의[天下] 앞이[先] 감히[敢] 되지 않음이라[不爲] 이른다[曰]. 『노자(老子)』 67장(章)

註 "성인후기신이신선(聖人後其身而身先) 외기신이신존(外其身而身存) 비이기무사야(非以其無私耶) 고(故) 능성기사(能成其私)." 성인은[聖人] 자신을[其身] 뒤로 물려서[後而] 자신이[身] 앞서지고[先], 그[其] 자신을[身] 제쳐서[外而] 자신이[身] 살아난다[存]. 이로써[以] 성인께[聖人] 자

기가[私] 없음은[無] 아닌 것[非]이로다[耶]. 그러므로[故] 그[其] 자기를[私] 능히[能] 이룬다[成].

『노자(老子)』 7장(章)

註 "불가득이친(不可得而親) 불가득이소(不可得而疏) 불가득이리(不可得而利) 불가득이해(不可得而害) 불가득이귀(不可得而貴) 불가득이천(不可得而賤) 고(故) 위천하귀(爲天下貴)." {현동(玄同)은} 가히[可] 얻어도[得而] 가까이하는 것도[親] 아니고[不], 가히[可] 얻어도[得而] 멀리하는 것도[疏] 아니며[不], 가히[可] 얻어도[得而] 이롭게 하는 것도[利] 아니고[不], 가히[可] 얻어도[得而] 해롭게 하는 것도[疏] 아니며[不], 가히[可] 얻어도[得而] 귀하게 하는 것도[貴] 아니고[不], 가히[可] 얻어도[得而] 천하게 하는 것도[賤] 아니다[不]. 그러므로[故] {현동(玄同)은} 온 세상의[天下] 존귀한 것[貴]이다[爲].

『노자(老子)』 56장(章)

註 "성인불모(聖人不謀) 오용지(惡用知) 불착(不斲) 오용교(惡用膠) 무상(無喪) 오용덕(惡用德) 불화(不貨) 오용상(惡用商) 사자천국(四者天鬻) 천국야자천사야(天鬻也者天食也) 기수사어천(旣受食於天) 우오용인(又惡用人)." 성인은[聖人] 꾀하지 않는데[不謀] 어찌[惡] 지식을[知] 쓰겠으며[用], 깎고 다듬지 않는데[不斲] 어찌[惡] 갖풀을[膠] 쓰겠으며[用], 잃을 것이[喪] 없는데[無] 어찌[惡] 인덕(人德)을[德] 쓰겠으며[用], 돈벌이를 않는데[不貨] 어찌[惡] 상술(商術)을[商] 쓰겠는가[用]? {불모(不謀)·불착(不斲)·무상(無喪)·불화(不貨)는} 자연이[天] 길러주는[鬻] 네 가지[四者]이다[也]. 자연이[天] 길러줌[鬻]이란[也] 것은[者] 자연이[天] 먹여줌[食]이다[也]. 이미[旣] 자연으로부터[於天] 먹을거리를[食] 받았는데[受] 또[又] 어찌[惡] 인간의 것을[人] 쓰겠는가[用]?

『장자(莊子)』「덕충부(德充符)」

註 "성인포일위천하식(聖人抱一爲天下式)." 성인은[聖人] 하나를[一] 지켜[抱] 세상의[天下] 모범이[式] 된다[爲].

『노자(老子)』 22장(章)

【보주(補註)】

- 〈자애(自愛) 부자귀(不自貴)〉를 〈시이성인자애(是以聖人自愛) 연이성인부자귀(然而聖人不自貴)〉처럼 옮기면 문맥을 더 쉽게 잡을 수 있다. 〈이렇기[是] 때문에[以] 성인은[聖人] 자애한다[自愛]. 그러나[然而] 성인은[聖人] 부자귀한다[不自貴].〉

- 부자귀(不自貴)의 귀(貴)는 〈높일 고(高)〉와 같고, 70장(章) 〈칙아자귀(則我者貴)〉의 귀(貴)는 〈드물 희(希)〉와 같으며, 51장(章) 〈존도이귀덕(尊道而貴德)〉의 귀(貴)는 〈받들 존(尊)〉과 같아 『노자(老子)』에서 〈귀(貴)〉 자(字)는 세 가지 뜻, 즉 존귀(尊貴)·고귀(高貴)·귀희(貴希) 등의 뜻을 갖는다.

- 성인(聖人)의 〈자애(自愛) 부자귀(不自貴)〉는 『장자(莊子)』에 나오는 천하지덕시현동의(天下之德始玄同矣)를 상기시킨다. 『장자(莊子)』의 현동(玄同)은 『노자(老

子)』56장(章)의 그 현동(玄同)이다.

註 "삭증사지행(削曾史之行) 겸양묵지구(鉗楊墨之口) 양기인의(攘棄仁義) 이천하지덕시현동의(而天下之德始玄同矣)." 증삼과[曾] 사광의[史之] 행동을[行] 깎아내고[削], 양주와[楊] 묵적의[墨之] 입을[口] 막아버리고[鉗], 인의를[仁義] 팽개쳐[攘] 버려라[棄]. 그러면[而] 온 세상의[天下之] 덕이[德] 비로소[始] 현묘하게[玄] 하나가 될 것[同]이다[矣].

　　증사(曾史)는 공자(孔子)의 제자로 인(仁)을 강조한 증삼(曾參), 그리고 위(衛)나라 영공(靈公)의 가신(家臣)으로 의(義)를 강조한 사추(史鰌)이다. 양묵(楊墨)은 송인(宋人)으로 개인주의를 주장한 양주(楊朱)와, 역시 송인(宋人)으로 박애주의를 강조한 묵적(墨翟)이다. 사광(師曠)은 춘추(春秋) 진(晉)나라 대부(大夫)로 음악의 명인(名人)이고, 이주(離朱)는 황제(黃帝) 때 천리안(千里眼)을 가진 명궁이었다는 전설적인 인물이며, 공수(工倕)는 요(堯) 때 명공(名工)의 목수이다.　　　　　　　　　　　　　　　　　『장자(莊子)』「거협(胠篋)」

註 "색기태(塞其兌) 폐기문(閉其門) 좌기예(挫其銳) 해기분(解其紛) 화기광(和其光) 동기진(同其塵) 시위현동(是謂玄同)." 그[其] 이목구비를[兌] 막고[塞], 그[其] 들고나는 문을[門] 닫고[閉], {인지(人智)의} 그[其] 날카로움을[銳] 꺾으며[挫], {인지(人智)의} 그[其] 분란을[紛] 없애고[解], {인지(人智)의} 그[其] 빛냄을[光] {밝음[明]과} 아우르며[和], {인지(人智)의} 그[其] 속됨과[塵] 같이한다[同]. 위의 것들을[是] 상도와[玄] 하나라[同] 한다[謂].　　　『노자(老子)』56장(章)

【해독(解讀)】

- 〈자애(自愛) 부자귀(不自貴)〉는 두 구문이 〈그러나(然而)〉로 이어지는 중문(重文)이다. 〈{성인(聖人)은} 자애한다[自愛]. (그러나) 부자귀한다[不自貴].〉

- 자애(自愛)에서 자(自)는 애(愛)의 목적어 노릇하고, 주어가 생략되었지만 애(愛)는 동사 노릇한다. 〈자신을[自] 아낀다[愛].〉

- 부자귀(不自貴)에서 부(不)는 귀(貴)의 부정사(否定詞) 노릇하며, 자(自)는 귀(貴)의 목적어 노릇하고, 귀(貴)는 주어가 생략되었지만 동사 노릇한다. 귀(貴)는 〈높일 고(高)〉와 같아 고귀(高貴)의 줄임말과 같다. 〈자신을[自] 높이지 않는다[不貴].〉

72-6 故(고) 去彼取此(거피취차)

▶ 그러므로[故] (성인은) 저것을[彼] 버리고[去] 이것을[此] 취한다[取].

> 그러므로 고(故), 버릴 거(去), 저것 피(彼), 취할 취(取), 이것 차(此)

【지남(指南)】

〈거피취차(去彼取此)〉는 성인(聖人)이 자지(自知)하면서도 부자현(不自見)하고, 자애(自愛)하면서도 부자귀(不自貴)함을 거듭 밝힌다. 특히 부자현(不自見)과 부자귀(不自貴)는 24장(章)의 **자현자불명(自見者不明) 자시자불창(自是者不彰) 자벌자무공(自伐者無功) 자긍자부장(自矜者不長)**을 상기시킨다. 불명(不明)을 제거하자면 자현(自見)을 말아야 하고, 불창(不彰)을 막자면 자시(自是)를 말아야 하며, 무공(無功) 즉 일할 보람이 없어짐을 막자면 자벌(自伐)을 말아야 하고, 부장(不長)을 막자면 자긍(自矜)을 말아야 함이 〈거피(去皮)〉이다. 특히 〈자귀(自貴)〉는 자기를 옳다고 주장하며[自是] 자기를 자랑하고[自伐] 자기를 뽐내서[自矜] 스스로 고귀하다고 과시함이다. 이런 속셈은 속인(俗人)이 숨기고 있는 사욕(私欲)인지라 사욕(私欲)으로 이어진다.

성인(聖人)은 자기 견해의 이룸을[成見] 버려서[去] 성심(成心) 즉 자기 주장의 이룸을[成心] 제거하고, 2장(章) **처무위지사(處無爲之事) 행불언지교(行不言之敎)**하므로 자현(自見) · 자귀(自貴)를 버리고[去] 자지(自知) · 자애(自愛)를 취한다[取]. 스스로를 앎은[自知] 법자연(法自然)하여 항상 자명(自明)하고, 스스로를 아낌은[自愛] 59장(章) **중적덕(重積德)**의 삶을 떠나지 않고자 함이다. 현덕(玄德)을 쌓기를[積] 거듭하여[重] 무위(無爲)를 행하면서[事], 시비 · 분별의 논란을 말하지 않는[不言之] 가르침을[敎] 행하는[行] 삶[處]이란 곧 복수기모(復守其母)하여 수중(守中)하는 성인(聖人)의 삶이다.

이처럼 성인(聖人)은 자지(自知)하고 자애(自愛)하여 『장자(莊子)』의 **천지지우(天地之友)**가 되어 유도자(有道者) 즉 상도(常道)를 따라 좇아 깨우친 분[有道者]임을 총결(總結) 삼아 살펴 새기고 헤아려 깨우치게 하는 말씀이 〈거피취차(去彼取此)〉이다.

🗐 "자현자불명(自見者不明) 자시자불창(自是者不彰) 자벌자무공(自伐者無功) 자긍자부장(自矜者不長)." 자기를[自] 드러내는[見] 사람은[者] 밝지 못하고[不明], 스스로[自] 옳다 하는[是] 사

람은[者] 뚜렷하지 못하며[不彰], 스스로[自] 제 자랑하는[伐] 사람에게는[者] 공적이[功] 없어지고[無], 스스로[自] 뽐내는[矜] 사람은[者] 오래가지 못한다[不長].　　　　『노자(老子)』24장(章)

註　"성인처무위지사(聖人處無爲之事) 행불언지교(行不言之敎)." 성인은[聖人] 무위를[無爲之] 행함에[事] 머물고[處], 말이[言] 없는[不之] 가르침을[敎] 행한다[行].　　　『노자(老子)』2장(章)

註　"치인사천(治人事天) 막약색(莫若嗇) 부유색(夫唯嗇) 시위조복(是謂早服) 조복위지중적덕(早服謂之重積德)." 백성을[人] 다스리고[治] 천성을[天] 섬김에[事] 아낌[嗇]만 한 것은[若] 없다[莫]. 무릇[夫] 오로지[唯] 아낌[嗇], 이것을[是] 미리[早] 마련해 갖추어둠이라[服] 한다[謂]. 미리[早] 마련해 갖추어둠[服], 그것을[之] 덕[德] 쌓기를[積] 거듭함이라[重] 한다[謂].
　　　　『노자(老子)』59장(章)

註　"대동이무기(大同而無己) 무기(無己) 오호유유(惡乎有有) 도유자석지군자(覩有者昔之君子) 도무자천지지우(覩無者天地之友)." 크나큰[大] 하나와[同乎] 합한다[合]. 크나큰 하나이니[大同而] 자기가[己] 없다[無]. 내 것이[己] 없는데[無] 어찌[惡乎] 무엇을 가짐이[有] 있겠는가[有]? 가짐을[有] 보는[覩] 자는[者] 옛날의[昔之] 군자이고[君子], 갖지 않아 없음을[無] 보는[覩] 이는[者] 하늘땅의[天地之] 벗이다[友].

　　대동(大同)은 여자연동(與自然同) 즉 자연과[與自然] 하나됨[同]이고, 무기(無己)는 무사(無私)·무욕(無欲)·무아(無我)를 묶어 말함이다. 석지군자(昔之君子)는 인의예지(仁義禮智)를 앞세우는 유가(儒家)의 군자(君子)를 말함이다. 도무자(覩無者)·천지지우(天地之友)·무기자(無己者) 등은 성인(聖人)을 달리 말함이다.　　　　『장자(莊子)』「재유(在宥)」

【보주(補註)】

● 〈거피취차(去彼取此)〉를 〈성인거자현여자귀(聖人去自見與自貴) 이성인취자지여자애(而聖人取自知與自愛)〉처럼 옮기면 문맥을 더 쉽게 잡을 수 있다. 〈성인은[聖人] 자현과[自見與] 자귀를[自貴] 거한다[去]. 그러나[而] 성인은[聖人] 자지와[自知與] 자애를[自愛] 취한다[取].〉

● 거피취차(去彼取此)에서 거피(去彼)의 피(彼)는 앞서 나온 〈자현(自見)〉과 〈자귀(自貴)〉를 나타내고, 취차(取此)의 차(此)는 〈자지(自知)〉와 자애(自愛)〉를 나타낸다.

【해독(解讀)】

● 〈거피취차(去彼取此)〉는 주어가 생략됐지만 두 구문이 〈그러나 이(而)〉로 이어진 중문(重文)이다. 〈[성인(聖人)은] 피를[彼] 거한다[去]. (그러나) 차를[此] 취한다[取].〉

- 거피(去彼)에서 거(去)는 주어는 생략되었지만 동사 노릇하고, 피(彼)는 거(去)의 목적어 노릇한다. 거(去)는 〈버릴 제(除)〉와 같아 제거(除去)의 줄임말로 여기면 된다. 〈저것을[彼] 제거한다[去].〉

- 취차(取此)에서 취(取)는 주어는 생략되었지만 동사 노릇하고, 차(此)는 취(取)의 목적어 노릇한다. 취(取)는 〈얻을 득(得)〉과 같아 취득(取得)의 줄임말로 여기면 된다. 〈이것을[此] 취득한다[取].〉

천망장(天網章)

   천도(天道)가 유약(柔弱)하고 부쟁(不爭)함을 밝히는 장(章)이다. 〈용어감(勇於敢)〉 즉 강강(剛强)하여 호쟁(好爭)함을 절기(絶棄)하라 한다. 천도(天道)를 따라 유약하고 연민하며 자애로워 부쟁(不爭)하는 〈용어불감(勇於不敢)〉을 실행하라고 한다.

   그리고 천도(天道)를 〈천망(天網)〉에 비유하여 그 무엇 하나 흘려버리지 않음을 밝혀 법자연(法自然)은 피해갈 수 없음을 깨우치게 하는 장(章)이다.

勇於敢則殺하고 勇於不敢則活해 此兩者는 或利或害
용어감즉살   용어불감즉활   차양자   혹리혹해

라 天之所惡하거늘 孰知其故리오 是以 聖人猶難之 天
천지소오   숙지기고   시이 성인유난지 천

之道는 不爭而善勝하고 不言而善應하며 不召而自來
지도   부쟁이선승   불언이선응   불소이자래

하고 繟然而善謀하니 天網이 恢恢해도 疎而不失이니라
천연이선모   천망   회회   소이불실

과감함에[於敢] 용감하면[勇] 곧[則] 죽이고[殺] 과감하지 않음에[於不敢]
용감하면[勇] 곧[則] 살린다[活]. 이[此] 두[兩] 가지는[者] 혹[或] 이롭기도
하고[利] 혹[或] 해롭기도 하다[害]. 천하가[天之] 싫어하는[惡] 바[所] 그
[其] 까닭을[故] 누가[孰] 알 것인가[知]? 이로[是]써[以] 성인은[聖人] 오
히려[猶] 그것을[之] 어려워한다[難]. 자연의[天之] 규율은[道] 다투지 않는
다[不爭]. 그러나[而] {천지도(天之道)는} 무릅쓰기를[勝] 잘한다[善]. {천지
도(天之道)는} 말하지 않는다[不言]. 그러나[而] {천지도(天之道)는} 응하기
를[應] 잘한다[善]. {천지도(天之道)는 만물을} 불러 모으지 않는다[不召]. 그
러나[而] {만물은 천지도(天之道)로} 스스로[自] 돌아온다[來]. {천지도(天之
道)는} 더없이 너그럽고 크다[繟然]. 그러나[而] 도모하기를[謀] 잘한다[善].
자연의[天] 그물은[網] 너그럽고 넓고 커서[恢恢] 성글다[疎]. 그러나[而]
{천망(天網)은 무엇 하나} 잃지 않는다[不失].

駐 〈숙지기고(孰知其故)〉 뒤에 〈시이(是以) 성인유난지(聖人猶難之)〉가 있는 본(本)들도 있지
만, 73장(章)에는 〈시이(是以) 성인유난지(聖人猶難之)〉가 없는 본(本)들이 많다. 이것으로 보아
73장(章)에 중출(重出)되었으므로 산거(刪去)함이 가(可)하다는 설(說)을 따라 73장(章)에서 산
거(刪去) 즉 깎아[刪] 지웠다[去].

73-1 勇於敢則殺(용어감즉살) 勇於不敢則活(용어불감즉활)
此兩者或利或害(차양자혹리혹해)

▶과감함에 [於敢] 용감하면 [勇] 곧 [則] 죽이고[殺], 과감하지 않음에

[於不敢] 용감하면[勇] 곧[則] 살린다[活]. 이[此] 두[兩] 가지는[者] 혹[或] 이롭기도 하고[利] 혹[或] 해롭기도 하다[害].

【지남(指南)】

〈용어감즉살(勇於敢則殺) 용어불감즉활(勇於不敢則活) 차양자혹리혹해(此兩者或利或害)〉는 감(敢)의 용기와 불감(不敢)의 용기는 이롭기도[或利] 하고 해롭기도[或害] 함을 밝힌다. 〈용어감(勇於敢)〉의 감(敢)은 견강(堅强)이니 굳고[堅] 감함을[强] 뜻하고, 〈용어불감(勇於不敢)〉의 불감(不敢)은 유약(柔弱) 즉 부드럽고[柔] 연약함[弱]이다. 용감하지 않음[勇於不敢]이란 유약하고 정중하여 함부로 앞서지 않음[勇於不敢]이다. 〈혹리혹해(或利或害)〉는 2장(章) 전후상수(前後相隨)를 상기시킨다. 혹리혹해(或利或害)는 이(利)·해(害)가 둘로 나눠져 따로따로가 아니라 전후로 서로[相] 따름을[隨] 말한다. 이(利)·해(害)가 상수(相隨)하여 오고감이[往來] 천도(天道)인 자연의[天] 규율[道]이다.

용어감(勇於敢) 즉 굳고 강한[敢] 용기가[勇], 용어불감(勇於不敢) 즉 부드럽고 연약한[不敢] 용기를[勇] 뿌리치면 용어감(勇於敢)의 용(勇)은 해로운[害] 용(勇)이며, 견강(堅强)의 용기가 유약의 용기를 따르면[隨] 이로운[利] 용(勇)이라 한다. 그리고 용어불감(勇於不敢) 즉 부드럽고 연약한[不敢] 용기가[勇], 용어감(勇於敢) 즉 굳고 강한[敢] 용기를[勇] 뿌리치면 용어불감(勇於不敢)의 용(勇)은 해로운[害] 용(勇)이며, 유약의 용기가 견강(堅强)의 용기를 따르면[隨] 이로운[利] 용(勇)이라는 것이 혹리혹해(或利或害)이다.

천도(天道)의 용(勇)이란 편리편해(偏利偏害) 즉 두루[偏] 이롭고[利], 두루[偏] 해롭다[害]. 산천에 가랑비가 내리면 모든 초목이 두루[偏] 이롭지만[偏利] 폭우가 쏟아지면 푸나무가 두루[偏] 해롭듯이[害], 천도(天道)는 이처럼 혹리혹해(或利或害)하다. 따라서 천도(天道)의 혹리혹해(或利或害)란 공평무사한 이(利)·해(害)는다. 치우치는[偏] 이(利)·해(害)란 인간사에서나 빚어지지 천도(天道)에는 없다.

　　용어감(勇於敢)의 용(勇)이든 용어불감(勇於不敢)의 용(勇)이든 천도(天道)를 따르는 대용(大勇)이 될 수도 있고, 천도(天道)를 따르지 않는 소용(小勇)이 될 수도 있다. 어머니가 제 자식을 아끼듯 남의 자식도 아껴주면 대용(大勇)의 자(慈)이지만, 제 자식만 아낀다면 그런 자(慈)는 소용(小勇)일 뿐이다. 이처럼 대용(大勇)은 무위(無爲)의 용(勇)으로서 천도(天道)를 따르고, 소용(小勇)은 인위(人爲)의 용(勇)으로서 천도(天道)에 어긋난다. 따라서 용어감(勇於敢)의 용(勇)은 소용(小勇)으로 이어지기 쉬워 55장(章) 심사기왈강(心使氣日强)을 상기시키고, 무쇠는 부러진다는 속담을 떠올린다.

　　마음이[心] 힘[氣] 즉 기력을 강강(剛强)하게만 부리면[使] 무쇠처럼 부러지는 화(禍)를 자초한다. 그 무엇이든 굳세고 감함에만[剛强] 치우치면 천도(天道)에 어긋나 반드시 조이(早已) 즉 죽음을[已] 앞당긴다[早]. 55장(章) 부도(不道) 조이(早已)가 바로 〈용어감즉살(勇於敢則殺)〉의 살(殺)이다. 목숨의 끝남을[已] 앞당기는 용감(勇敢)이란 천도(天道)가 아니므로[不道] 살기(殺氣)의 만용일 뿐이다. 견강(堅强)만을 좇는 용어감(勇於敢)이란 생죽음을 불러오는 부도(不道)이다. 용어감(勇於敢) 즉 강강(剛强)만을 좇는 용감(勇敢)을 〈살(殺)〉이라 하니, 이는 피아(彼我)로 나누어 내 쪽은 살려[活] 이롭게 하고, 다른 쪽을 죽여[殺] 해치는 짓이다.

　　그러나 용어불감(勇於不敢)은 55장(章)의 함덕지후(含德之厚) 비어적자(比於赤子)를 상기시키고, 8장(章)의 상선약수(上善若水)를 떠올린다. 용어불감(勇於不敢)은 물처럼 기어도(幾於道) 즉 천도(天道)에[於道] 가깝다[幾]. 물은 더없이 유약하므로 끊어지지 않고[不絶] 부러지지 않는다[不折]. 물은 현덕(玄德)을 머금어[含] 유약하지만, 물방울이 바위에 구멍을 내듯 78장(章) 유약승강강(柔弱勝剛强)의 용감함이 용어불감(勇於不敢)의 용(勇)이다. 상도(常道)가 천하 만물에 베푸는 현덕(玄德)의 용감이 바로 그것이다.

　　현덕(玄德)의 용(勇)을 자모(慈母)의 용(勇)이라 불러도 된다. 용어감(勇於敢)의 용(勇)이 자애가[慈] 없는[無] 용감이라면, 용어불감(勇於不敢)의 용(勇)은 자애를 품은[含] 용감이다. 어머니의 자애보다 더한 함덕(含德)이란 없으니, 모자(母子) 사이에는 심사기(心使氣) 즉 힘을[氣] 부리는[使] 마음이란[心] 없다. 적자(赤子)를 품은 어미의 마음은 생지휵지(生之畜之)의 용감이다. 목숨을 낳아[生之] 길러내는[畜

之] 용감이란 자연의[天] 규율[道]을 그대로 본받음[法]이다. 유약을 좇는 용어불감(勇於不敢)이란 생명을 살리는 존도(尊道)이다. 용어불감(勇於不敢) 즉 유약한 용감을 〈활(活)〉이라 하니, 이는 피아(彼我)에서 나만[我] 살아남이[活] 아니라 너와 나[彼我] 모두 살아남[活]이다.

그러므로 용어감(勇於敢)의 용감(勇敢)은 치우치는 이해로 이어지고, 용어불감(勇於不敢)의 용감(勇敢)은 두루 통하는 이해로 이어진다. 이처럼 천도(天道)를 본받는[法] 용어불감(勇於不敢)은 견강(堅强)을 무릅쓰면서[勝] 유약을 좇아 살려내는[活] 것이고, 견강(堅强)에만 치우쳐 천도(天道)를 저버린 용어감(勇於敢)이면 죽이는[殺] 만용임을 살펴 새기고 헤아려 깨우치게 하는 말씀이 〈용어감즉살(勇於敢則殺) 용어불감즉활(勇於不敢則活) 차양자혹리혹해(此兩者或利或害)〉이다.

註 "유무상생(有無相生) 난이상성(難易相成) 장단상형(長短相形) 고하상경(高下相傾) 음성상화(音聲相和) 전후상수(前後相隨)." 있음도[有] 없음도[無] 서로[相] 생기고[生], 어려움도[難] 쉬움도[易] 서로[相] 이루어지며[成], 긺도[長] 짧음도[短] 서로[相] 드러내지고[形], 높음도[高] 낮음도[下] 서로[相] 기대지며[傾], 홀소리도[音] 닿소리도[聲] 서로[相] 어우러지고[和], 앞도[前] 뒤도[後] 서로[相] 따른다[隨].　　　　　　　『노자(老子)』 2장(章)

註 "물혹손지이익(物或損之而益) 혹익지이손(或益之而損)." 무엇이든[物] 늘[或] 덜어지면[損之] 곧[而] 더해지고[益] 늘[或] 더해지면[益之] 곧[而] 덜어진다[損].　　　　　　　『노자(老子)』 39장(章)

註 "부자고(夫慈故) 능용(能勇)." 무릇[夫] 자애롭기[慈] 때문에[故] 능히[能] 용감하다[勇].
　　　　　　　『노자(老子)』 67장(章)

註 "함덕지후(含德之厚) 비어적자(比於赤子) 독충불석(毒蟲不螫) 맹수불거(猛獸不據) 확조불박(攫鳥不搏) 골약근유이악고(骨弱筋柔而握固)…… 익생왈상(益生曰祥) 심사기왈강(心使氣曰强) 물장즉로(物壯則老) 위지부도(謂之不道) 부도조이(不道早已)." 상덕을[德] 품음이[含之] 두터움은[厚] 핏덩이[赤子]에[於] 견줘진다[比]. 독 있는[毒] 벌레도[蟲] (핏덩이를) 쏘지 않고[不螫], 사나운[猛] 짐승도[獸] 잡아채지 않으며[不據], 낚아채는[攫] 새도[鳥] 움켜잡지 않는다[不搏]. 뼈는[骨] 약하고[弱] 근육은[筋] 부드럽지만[柔而] 단단한 것을[固] 움켜잡는다[握].…… 삶을[生] 더함을[益] 흉이라[祥] 이르고[曰], 마음이[心] 사기(肆氣)를[氣] 부림은[使] 강기라[强] 이른다[曰]. 사물이[物] 굳세기만 하면[壯] 곧[則] 쇠한다[老]. 이를[之] 상도(常道)를 따르지[道] 않음이라[不] 한다[謂]. 상도(常道)를 따르지[道] 않으면[不] 빨리[早] 끝난다[已].　　　　　　　『노자(老子)』 55장(章)

註 "상선약수(上善若水) 수선리만물이부쟁(水善利萬物而不爭) 처중인지소오(處衆人之所惡) 고(故) 기어도(幾於道)." 지극한[上] 선은[善] 물과[水] 같다[若]. 물은[水] 온갖 것을[萬物] 그냥 그

대로 잘[善] 이롭게 하면서도[利而] (온갖 것과) 다투지 않고[不爭], 뭇사람이[衆人之] 싫어하는[惡] 곳에[所] 머문다[處]. 그러므로 (물은) 도에[於道] 가깝다[幾].　　　　　　　『노자(老子)』8장(章)

置　"천하막유약어수(天下莫柔弱於水) 이공견강자막지능승(而攻堅强者莫之能勝) 이기무이역지(以其無以易之) 유지승강(柔之勝强) 약지승강(弱之勝强) 천하막부지(天下莫不知) 막능행(莫能行)." 온 세상에서[天下] 물[水]보다 더[於] 부드럽고[柔] 연약한 것은[弱] 없고[莫], 그리고[而] 굳고[堅] 강함을[强] 치는[攻] 것에[者] 그것보다[之] 능히[能] 나을 것이[勝] 없고[莫], 그것을[其] 공격함에[以] (다른 것으로) 써[以] 물을[之] 바꿀 것이[易] 없다[無]. 부드러움이[柔之] 굳셈을[剛] 무릅쓰고[勝] 약함이[弱之] 강함을[强] 무릅씀을[勝] 알지 못함이란[不知] 세상에[天下] 없지만[莫], (세상에서 그 앎을) 능히[能] 실행함은[行] 없다[莫].　　　　　　『노자(老子)』78장(章)

【보주(補註)】

- 〈용어감즉살(勇於敢則殺) 용어불감즉활(勇於不敢則活) 차양자혹리혹해(此兩者或利或害)〉를 〈약임하인용어감(若任何人勇於敢) 즉피살기명(則彼殺其命) 연이약임하인용어불감(然而若任何人勇於不敢) 피활기명(彼活其命) 차양자혹리혹해(此兩者或利或害)〉처럼 옮기면 문맥을 더 쉽게 잡을 수 있다. 〈만약[若] 누구나[任何人] 용어감하면[勇於敢] 즉[則] 그는[彼] 제[其] 목숨을[命] 죽인다[殺]. 그러나[然而] 만약[若] 누구나[任何人] 용어불감하면[勇於不敢] 즉[則] 그는[彼] 제[其] 목숨을[命] 살린다[活]. 차양자는[此兩者] 혹은[或] 이하고[利], 혹은[或] 해하다[害].〉

- 용어감즉살(勇於敢則殺)에서 용어감(勇於敢)은 불려불구(不慮不懼)의 용기이다. 깊이 생각함이 없어[不慮] 두려움이 없는[不懼] 용감(勇敢)이란 굳세고[剛] 강하기만[强] 하려는 용맹(勇猛)으로 드러난다. 용어감(勇於敢)은 42장(章)의 강량자(强梁者)를 상기시킨다. 물불 가리지 않고 힘만 쓰려는[强梁] 사람의[者] 용감함이다. 그래서 용어감(勇於敢)을 강강지용(剛强之勇)이라 한다. 〈굳세고[剛] 강한[强之] 용기[勇]〉

置　"강량자부득기사(强梁者不得其死)." 힘만을 쓰려는[强梁] 자는[者] 제 명대로 살다가는[其] 죽음을[死] 얻지 못한다[不得].　　　　　　『노자(老子)』42장(章)

- 용어불감즉활(勇於不敢則活)에서 용어불감(勇於不敢)은 여구(慮懼)의 용기이다. 깊이 생각하고[慮] 두려워하는[懼] 용감이란 부드럽고[柔] 연약한[弱] 용기

로 드러난다. 그래서 용어불감(勇於不敢)을 유약지용(柔弱之勇)이라 한다. 〈부드럽고[柔] 연약한[弱之] 용기[勇]〉

- 혹리혹해(或利或害)는 『노자(老子)』에 자주 등장하는 문예(文例)이다. 29장(章) 〈물혹행혹수(物或行或隨) 혹허혹취(或歔或吹) 혹강혹리(或强或羸) 혹재혹휴(或載或隳)〉와 42장(章) 물혹손지이익(物或損之而益) 혹익지이손(或益之而損)〉과 여기 73장(章)의 〈혹리혹해(或利或害)〉 등, 〈혹(或)~이혹(而或)~〉의 문예는 『장자(莊子)』의 **피역시(彼亦是) 시역피(是亦彼)**를 상기시킨다. 저것[彼] 역시[亦] 이것[是]이고 이것[是] 역시[亦] 저것[彼]인지라 이것저것이[是彼] 제 쪽을[其偶] 취함이[取] 없으니 피시(彼是)가 일음일양(一陰一陽)하듯, 이것은[是] 저것[彼]이고 피는[彼] 시(是)가 되는 양행(兩行)의 왕래가 천도(天道)이다. 『장자(莊子)』의 **피역시(彼亦是)**를 『노자(老子)』의 문예로 하면 〈혹피혹시(或彼或是)〉가 될 터이다.

📖 "성인불유이조지어천(聖人不由而照之於天) 역인시야(亦因是也) 시역피야(是亦彼也) 피역시야(彼亦是也)." 성인은[聖人] (이것이냐 저것이냐의 시비를) 거치지 않고서[不由而] 자연에[於天] 이것저것을[之] 비추어본다[照]. (성인은) 역시[亦] 자연에[是] 맡기는 것[因]이다[也]. 이것[是] 역시[亦] 저것[彼]이고[也], 저것[彼] 역시[亦] 이것[是]이다[也].

『장자(莊子)』「제물론(齊物論)」

【해독(解讀)】

- 〈용어감즉살(勇於敢則殺) 용어불감즉활(勇於不敢則活) 차양자혹리혹해(此兩者或利或害)〉는 세 구문으로 이루어진 하나의 문단이다. 〈감에[於敢] 용하면[勇] 즉[則] 살이다[殺]. (그러나) 불감에[於不敢] 용하면[勇] 즉(則) 활이다[活]. (그래서) 차양자는[此兩者] 혹은[或] 이롭고[利] 혹은[或] 해롭다[害].〉

- 용어감즉살(勇於敢則殺)은 조건의 종절과 주절로 이루어진 복문(複文)이다. 용어감즉살(勇於敢則殺)에서 용(勇)은 주어가 생략되었지만 동사 노릇하고, 어감(於敢)은 용(勇)을 꾸며주는 부사구 노릇한다. 즉(則)은 어조사 노릇하고, 살(殺)은 주어와 목적어가 모두 생략된 타동사 노릇한다. 〈(누구나 사려가 깊지 못해) 과감히[於敢] 용감하면[勇], (누구나 제 자신을) 죽인다[殺].〉

- 용어불감즉활(勇於不敢則活)은 조건의 종절과 주절로 이루어진 복문(複文)이

다. 용어불감즉활(勇於不敢則活)에서 용(勇)은 주어가 생략되었지만 동사 노릇하고, 어불감(於不敢)은 용(勇)을 꾸며주는 부사구 노릇하고, 즉(則)은 어조사 노릇하고, 활(活)은 주어와 목적어가 모두 생략된 동사 노릇한다. 〈(누구나 사려가 깊어) 과감하지 않게[於不敢] 용감하면[勇], (누구나 제 자신을) 살린다[活].〉

● 차양자혹리혹해(此兩者或利或害)는 〈용어감자혹리혹해(勇於敢者或利或害) 이용어불감자혹리혹해(而勇於不敢者或利或害)〉에서 용어감자(勇於敢者)와 용어불감자(勇於不敢者)를 차양자(此兩者)로 묶어놓은 구문이다. 차양자혹리혹해(此兩者或利或害)에서 차양자(此兩者)는 주부(主部) 노릇하고, 혹(或)은 이(利)와 해(害)를 꾸며주는 부사 노릇하며, 이(利)와 해(害)는 목적어가 생략되었지만 동사 노릇한다. 〈용어감한[勇於敢] 것은[者] 혹(或) 이롭기도 하고[利] 혹(或) 해롭기도 하다[害]. 그리고[而] 용어불감한[勇於不敢] 것도[者] 혹(或) 이롭기도 하고[利] 혹(或) 해롭기도 하다[害].〉

73-2 天之所惡(천지소오) 孰知其故(숙지기고)

▶천하가[天之] 싫어하는[惡] 바[所] 그[其] 까닭을[故] 누가[孰] 알 것인가[知]?

> 천하 천(天), 조사 지(之), 바 소(所), 싫어할 오(惡), 누구 숙(孰), 알 지(知), 그 기(其), 까닭 고(故)

【지남(指南)】

〈천지소오(天之所惡) 숙지기고(孰知其故)〉는 앞서 살핀 〈용어감(勇於敢)〉의 살(殺)은 세상이[天] 싫어하는[惡] 것[所]임을 반문하여 강조한다. 용어감(勇於敢)을 세상 사람들이 싫어함은, 용기(勇忮) 즉 용맹스러워[勇] 남을 해치는[忮] 만용으로 치달을 수 있기 때문이다. 『노자(老子)』 81장(章) 끝에 나오는 말씀이 **천지도리이불해(天之道利而不害)**이다. 이롭게 하되[利而] 해치지 않음이[不害] 자연의[天之] 규율[道]이다.

천도(天道)에 용기(勇忮)란 없다. 용어감(勇於敢)의 용기(勇氣)는 상쟁(相爭)을 불러와 상해(相害)를 이끄는 용기(勇忮)인 용맹하여[勇] 해치는[忮] 짓으로 드러난다. 그래서 유약(柔弱)의 심기(心氣)를 뿌리치고 강강(剛强)의 심기(心氣)만 좇으려는 용어감(勇於敢)은 76장(章) **견강자사지도(堅强者死之徒)**를 상기시킨다. 굳고[堅] 강함만을[强] 좇다가 결국 사지도(死之徒)가 됨을 헤아린다면, 이 세상 어느 누가 용어감(勇於敢)을 좋아하겠는가? 용어감(勇於敢) 즉 강강(剛强)을 좇는 용감(勇敢)이란 죽음의 무리로 이어짐을 살펴 새기고 헤아려 깨우치게 하는 말씀이 〈천하소오(天下所惡) 숙지기고(孰知其故)〉이다.

註 "천지도리이불해(天之道利而不害) 성인지도위이부쟁(聖人之道爲而不爭)." 자연의[天之] 도는[道] 이롭게 하되[利而] 해치지 않고[不害], 성인의[聖人之] 도는[道] 위하되[爲而] 다투지 않는다[不爭]. 　　　　　　　　　　　　　　　　　　　　　　　　　『노자(老子)』81장(章)

註 "견강자사지도(堅强者死之徒) 유약자생지도(柔弱者生之徒)." 딱딱하고[堅] 굳은[强] 것은[者] 죽음의[死之] 무리이고[徒], 부드럽고[柔] 연약한[弱] 것은[者] 태어남의[生之] 무리이다[徒]. 　　　　　　　　　　　　　　　　　　　　　　　　　『노자(老子)』76장(章)

【보주(補註)】

● 〈천지소오(天之所惡) 숙지기고(孰知其故)〉를 〈숙지천지소오용어감지고(孰知天之所惡勇於敢之故)〉처럼 옮기면 문맥을 더 쉽게 잡을 수 있다. 〈천하가[天之] 용어감을[勇於敢] 싫어하는[惡] 바의[所之] 까닭을[故] 누가[孰] 알 것인가[知]?〉

● 천지소오(天之所惡)가 〈천하소오(天下所惡)〉로 된 본도 있다. 이로 미루어 천지소오(天之所惡)의 천(天)은 자연(自然)을 뜻하는 천(天)보다 천하(天下)의 줄임으로 새기는 편이 마땅하다. 천도(天道)에는 호오(好惡)가 없기 때문이다. 〈온 세상이[天下] 싫어하는[惡] 바[所]〉

【해독(解讀)】

● 〈천지소오(天之所惡) 숙지기고(孰知其故)〉는 〈숙지천지소오지고(孰知天之所惡之故)〉에서 천지소오(天之所惡)를 강조하고자 전치하고, 그 자리에 관형사 노릇하는 기(其)를 더한 구문이다. 〈천지소오(天之所惡) 숙지기고(孰知其故)〉에서 천지소오(天之所惡)는 고(故)를 꾸며주는 형용사구 노릇하고, 숙(孰)은 의문사로 주어 노릇하며, 지(知)는 동사 노릇하고, 기고(其故)는 지(知)의 목적어 노릇한다. 오(惡)는 〈싫어할 염(厭)〉과 같아 염오(厭惡)의 줄임말로 여기면 되고,

숙(孰)은 의문사로 〈누구 수(誰)〉와 같다. 〈천하가[天之] 싫어하는[惡] 바[所] 그 [其] 까닭을[故] 누가[孰] 알까[知]?〉

① 是以(시이) 聖人猶難之(성인유난지)

▶이로[是]써[以] 성인은[聖人] 오히려[猶] 그것을[之] 어려워한다[難].

> 이 시(是), 써 이(以), 통할 성(聖), 오히려 유(猶), 우려할(피할) 난(難), 그것 지(之)

註　위의 구문(句文)은 63장(章)에 그대로 나온다. 거듭되는 구문인지라 73장(章)에서는 산거 (刪去)함이 가하다는 설이 설득력을 얻고 있다. 전혁본(傳奕本)과는 달리 여러 다른 본(本)에는 이 구문이 없다. 〈시이(是以) 성인유난지(聖人猶難之)〉는 후인(後人)이 63장(章)에서 끌어와 주(註) 로 삼은 것 같으니 산거(刪去)함이 마땅하다는 고형(高亨)의 설(說)을 따라 63장(章)에서 지남(指 南), 보주(補註) 해독(解讀) 등을 했다.

73-3 天之道不爭而善勝(천지도부쟁이선승)

▶자연의[天之] 규율은[道] 다투지 않는다[不爭]. 그러나[而] {천지도 (天之道)는} 무릅쓰기를[勝] 잘한다[善].

> 자연 천(天), 조사(~의) 지(之), 규율 도(道), 않을 부(不), 다툴 쟁(爭), 그러나 이(而), 잘할 선(善), 무릅쓸 승(勝)

【지남(指南)】

〈천지도부쟁이선승(天之道不爭而善勝)〉은 〈혹리혹해(或利或害)〉가 자연의[天 之] 규율[道]이므로 이해(利害)가 부쟁(不爭)하여 선승(善勝)함을 밝힌다. 혹리혹해 (或利或害)란 이역해(利亦害) 해역리(害亦利)이니, 이해가 상수(相隨)하여 서로 다 투지 않아도[不爭] 선승(善勝)함이 천도(天道)이다. 이처럼 천지도(天之道)를 본받 아 행하면 이(利)·해(害)가 서로[相] 부쟁(不爭)하는지라 이(利)는 해(害)를 극복함 을[勝] 잘하고[善], 해(害)는 이(利)를 극복함을[勝] 잘함[善]이 〈부쟁이선승(不爭而 善勝)〉의 선승(善勝)이다.

부쟁이선승(不爭而善勝)의 승(勝)은 45장(章) 한승열(寒勝熱)의 승(勝)과, 61장
(章) 빈상이정승모(牝常以靜勝牡)의 승(勝)과, 68장(章) 선승적자(善勝敵者)의 승(勝)
을 상기시킨다. 선승(善勝)이란 피아(彼我)로 나누어져 싸워 승패를 가름이 아니
라, 상쟁(相爭)을 극복하여 부쟁(不爭)으로 이끌어냄이다. 이처럼 이해가 상충하
지 않아 부쟁(不爭)함은 천도(天道)를 그대로 본받는 〈소사과욕(少私寡欲)〉의 용기
라 일컬어도 될 것이다. 피시(彼是) 중에서 피(彼)만 이롭고[利] 시(是)가 해롭다면
[害] 이익 쪽과 손해 쪽이 대립하여 이여해(利與害) 즉 이로운[利] 쪽과[與] 해로운
[害] 쪽이 상쟁하게 되고, 소사과욕(少私寡欲)의 부쟁(不爭)은 이지러진다. 그러나
이(利)·해(害)가 천균(天均)하여 혹리혹해(或利或害)라면 자연의 규율을 따라 이
(利)·해(害)마저도 부쟁(不爭)하여 상승(相勝)한다.

부쟁(不爭)이 서로[相] 극복함이[勝] 선승(善勝)이니, 이는 『장자(莊子)』의 공리
(共利)의 열(悅)과 공급(共給)의 안(安)을 상기시킨다. 공리(共利) 즉 다같이[共] 이로
움이니[利] 다함께 누리는 희열(喜悅)이고, 다같이[共] 만족하니[給] 다함께 누리는
안락(安樂)으로 이어지는 것이 부쟁(不爭)의 선승(善勝)이다. 그러므로 부쟁(不爭)
하여 선승(善勝)함이란 이(利)·해(害)의 다툼[爭] 없이 서로[相] 극복함으로서[勝]
천지도(天之道)이며 변화의 질서임을 살펴 새기고 헤아려 깨우치게 하는 말씀이
〈천지도부쟁이선승(天之道不爭而善勝)〉이다.

註 "정승조(靜勝躁) 한승열(寒勝熱)." 고요함이[靜] 조급함을[躁] 이겨내고[勝], 차가움이[寒]
뜨거움을[熱] 이겨낸다[勝].   『노자(老子)』 45장(章)

註 "빈상이정승모(牝常以靜勝牡)." 암컷은[牝] 항상[常] 고요함으로[靜]써[以] 수컷을[牡] 이겨
낸다[勝].   『노자(老子)』 61장(章)

註 "선승적자(善勝敵者) 불여(不與)." 적을[敵] 이기기를[勝] 잘하는[善] 장수는[者] (부하들과)
다투지 않는다[不與].   『노자(老子)』 68장(章)

註 "덕인자(德人者) 거무사(居無思) 행무려(行無慮) 부장시비미오(不藏是非美惡) 사해지내(四
海之內) 공리지지위열(共利之之謂悅) 공급지지위안(共給之之爲安)." 덕인은[德人者] 머물러도
[居] 생각이[思] 없고[無] 움직여도[行] 생각이[慮] 없으며[無], 시비나[是非] 미오를[美惡] 품지 않
고[不藏] 온 세상이[四海之內] 다 같이 함께[共] 온 세상을[之] 통하고 어울려 이롭게 함[利] 이것을
[之] 즐거움이라[悅] 하고[謂], 다 같이 함께[共] 온 세상을[之] 만족하게 함[給] 이것을[之] 편안함
이라[安] 한다[謂].   『장자(莊子)』 「천지(天地)」

【보주(補註)】

- 〈천지도부쟁이선승(天之道不爭而善勝)〉을 〈천지도부쟁(天之道不爭) 연이천지
도선승(然而天之道善勝)〉처럼 옮기면 문맥을 더 쉽게 잡을 수 있다. 〈자연의[天
之] 도는[道] 다투지 않는다[不爭]. 그러나[然而] 자연의[天之] 도는[道] 극복함
을[勝] 좋아한다[善].〉

- 천지도(天之道)는 천도(天道)라 줄여 쓰고, 자연의[天] 규율을[道] 말한다. 천도
(天道)는 조화의 이치인지라 변화지도(變化之道)이고, 변화의 규율을 살핌을 한
자(字)로 〈색(賾)〉이라 한다. 〈자연의[天之] 규율[道]〉

【해독(解讀)】

- 〈천지도부쟁이선승(天之道不爭而善勝)〉은 〈그래서 이(而)〉로 이어진 중문(重
文)이다. 〈천지도는[之道] 부쟁한다[不爭]. 그리고[而] 선승한다[善勝].〉

- 천지도부쟁(天之道不爭)에서 천지도(天之道)는 주부(主部) 노릇하고, 부(不)는
쟁(爭)의 부정사(否定詞)이고, 쟁(爭)은 목적어가 생략돼 있지만 동사 노릇한다.
〈자연의[天之] 규율은[道] (그 무엇과도) 다투지 않는다[不爭].〉

- 이선승(而善勝)에서 이(而)는 〈그러나 이(而)〉로 접속사 노릇하고, 선(善)은 동
사 노릇하며, 승(勝)은 선(善)의 목적어 노릇한다. 이(而)는 〈그러나 연이(然而)〉
와 같고, 선(善)은 〈좋아할 호(好)〉와 같아 호선(好善)의 줄임말로 여기면 되고,
승(勝)은 〈무릅쓸 극(克)〉과 같아 승극(勝克)의 줄임말로 여기면 된다. 물론 선
승(善勝)을 〈선어승(善於勝)〉의 줄임으로 보고, 목적격 토씨 노릇하는 조사 〈~
을 어(於)〉가 생략된 것으로 문맥을 잡아도 된다. 한문에서 목적격 노릇하는 어
(於) 같은 조사는 생략되는 경우가 대부분이다. 〈그러나[而] {천지도(天之道)는}
극복하기를[勝] 좋아한다[善].〉

73-4 不言而善應(불언이선응)

▶{천지도(天之道)는} 말하지 않는다[不言]. 그러나[而] {천지도(天之
道)는} 응하기를[應] 잘한다[善].

않을 불(不), 말할 언(言), 그러나 이(而), 잘할 선(善), 따를 응(應)

【지남(指南)】

〈불언이선응(不言而善應)〉은 앞서 살핀 〈천지도(天之道)〉를 거듭 밝힌다. 천도(天道)는 이것은 이롭고[利] 저것은 해롭다고[害] 따져 말하지 않아[不言] 자연에는[天] 시비를 가리는 말[言]이 없다. 그래서 천도무언(天道無言)이라 한다. 천도(天道)는 이로우면 이로운 대로 맞이하고 보내며, 해로우면 해로운 대로 맞이하고 보낼 뿐 이해(利害)를 두고 따지지 않으니[不言], 천도(天道)는 부재(不宰) 즉 이래라저래라 간섭하지[宰] 않는다. 그러니 천도(天道)가 만물한테 인위(人爲)를 부리지 말고 천도(天道)에 순응하라고 말할 리 없다.

이런 연유로 37장(章)에 오장진지이무명지박(吾將鎭之以無名之樸)이란 말씀이 나온다. 천도(天道)는 이래라저래라 않기[不宰] 때문에 노자(老子) 자신이[吾] 무명지박(無名之樸) 즉 자연(自然)으로 인위(人爲)의 짓을 진압하겠다[將鎭]고 밝힌 것이다. 이처럼 자연(自然)은 부쟁(不爭)의 선승(善勝)을 불언(不言)해도, 천도(天道)는 항상 응하기를[順應] 잘함을[善] 불언이선응(不言而善應)이라 한다. 성인(聖人)은 천도(天道)의 이러한 부쟁(不爭)·불언(不言)을 그냥 그대로 본받아[法] 만사에 선응(善應)하므로 성인(聖人)의 마음을 『장자(莊子)』는 약경(若鏡) 즉 거울[鏡] 같다고[若] 한다.

그리고 선응(善應)은 앞서 살핀 〈선승(善勝)〉을 밝히고, 나아가 16장(章)의 **복명왈상(復命曰常)**을 상기시킨다. 선응(善應)은 복명(復命) 즉 본성으로[命] 돌아옴[復]으로 드러난다. 천도(天道)는 만물을 굴복시키지 않으며 만물이 순복(順服)하여 스스로 복명(復命)할 뿐이니, 그야말로 천도(天道)의 선응(善應)이다. 만물은 자연(自然)의 절주(節奏) 즉 멈춤과[節] 나아감을[奏] 따라 선응(善應)하며 복명(復命)하여, 절기(節氣)를 따라 출생(出生)을 누리다 입사(入死)한다. 인간을 제외한 모든 목숨은 절기를 어기지 않는다. 인간만 여름이면 에어컨을 켜고 겨울이면 보일러를 틀고 생(生)을 늘리고 사(死)를 막고자 보약을 먹는다. 이처럼 인간은 절기와 상쟁(相爭)하듯 생사를 두고서도 상쟁(相爭)한다.

춘하추동의 절기는 무위(無爲)인 천도(天道)이고 에어컨·보일러·보약 따위는 인위(人爲)의 조작이니, 불언이선응(不言而善應)의 불언(不言)은 인위(人爲)를 말하지 않지만 무위자연(無爲自然)을 말함이[言] 여기 선응(善應)인 셈이다. 불언이선응(不言而善應)의 선응(善應)이란 천도(天道)가 만물에 어김없이 응대해줌을[應] 살펴 새기고 헤아려 깨우치게 하는 말씀이 〈불언이자응(不言而自應)〉이다.

註 "화이욕작(化而欲作) 오장진지이무명지박(吾將鎭之以無名之樸)." 새로워지기를[化而] 수작하고자 하면[欲作] 내가[吾] 곧장[將] 무명의[無名之] 본디대로[樸]써[以] 그 짓을[之] 진압하리라[鎭].　　　　　　　　　　　　　　　　　　　　　　『노자(老子)』37장(章)

註 "지인지용심약경(至人之用心若鏡) 부장불영(不將不迎) 응이부장(應而不藏) 고능승물이불상(故能勝物而不傷)." 지인이[至人之] 마음을[心] 씀은[用] 거울[鏡] 같다[若]. 보내지도 않고[不將] 맞이하지도 않으며[不迎], 응해주되[應而] 간직해두지 않는다[不藏]. 그래서[故] (지인은) 온갖 것을[物] 능히[能] 남김없이 쓰면서도[勝而] (만물을) 상처내지 않는다[不傷].　　　　　　　　　　　　　　　　　　　　『장자(莊子)』「응제왕(應帝王)」

註 "부물운운(夫物芸芸) 각귀기근(各歸其根) 귀근왈정(歸根曰靜) 시위복명(是謂復命) 복명왈상(復命曰常) 지상왈명(知常曰明) 부지상(不知常) 망작흉(妄作凶)." 무릇[夫] 온갖 것들은[物] 수많은 모습이지만[芸芸] 저마다[各] 제[其] 뿌리로[根] 돌아간다[歸]. 뿌리로[根] 돌아감을[歸] 고요라[靜] 하고[曰], 이것을[是] 본성으로[命] 돌아옴이라[復] 한다[謂]. 천성으로[命] 돌아옴을[復] {만물이 따르는 천도(天道)의} 한결같음이라[常] 하며[曰], {상도(常道)의} 한결같음을[常] 앎을[知] 밝음이라[明] 한다[曰]. {상도(常道)의} 한결같음을[常] 모르면[不知] 재앙을[凶] 멍청하게[妄] 짓는다[作].　　　　　　　　　　　　　　　　　　　　　　『노자(老子)』16장(章)

【보주(補註)】

- 〈불언이선응(不言而善應)〉을 〈천지도불언(天之道不言) 연이천지도선어응어만물(然而天之道善於應於萬物)〉처럼 옮기면 문맥을 더 쉽게 잡을 수 있다. 〈천지도는[天之道] 말하지[言] 않는다[不]. 그러나[然而] 천지도는[天之道] 만물한테[於萬物] 응해주기를[於應] 잘한다[善].〉

- 불언이선응(不言而善應)에서 불언(不言)은 부재(不宰)함이고, 선응(善應)은 〈선승(善勝)〉과 통한다. 이래라저래라 하지 않으니[不宰] 말할 것이 없고[不言] 자연의[天] 규율이[道] 만물에[於萬物] 응함을[應] 잘함이[善] 선응(善應)이다. 선응(善應)은 앞서 살핀 선승(善勝)을 거듭 밝힘이다.

- 불언이선응(不言而善應)이 〈불언이자응(不言而自應)〉으로 된 본(本)도 있다. 그러나 문의(文義)가 달라지는 것은 아니다.

【해독(解讀)】

- 〈불언이선응(不言而善應)〉은 주어가 생략됐지만 두 구문이 〈그러나 이(而)〉로 이어진 중문(重文)이다. 〈불언한다[不言]. 그러나[而] 선응한다[善應].〉

- 불언(不言)에서 불(不)은 언(言)의 부정사(否定詞)이고, 언(言)은 주어와 목적어가 생략되었지만 동사 노릇한다. 물론 불언(不言)의 불(不)을 〈없을 무(無)〉와 같이 여기고, 언(言)을 불(不)의 주어 노릇하는 문맥으로 잡아도 된다. 어떤 경우든 문의(文義)는 다름 없다. 〈(천도는) 말하지 않는다[不言].〉〈(천도에는) 말함이[言] 없다[不].〉

- 이선응(而善應)에서 이(而)는 〈그러나 이(而)〉로 접속사 노릇하고, 선(善)은 동사 노릇하며, 응(應)은 선(善)의 목적어 노릇한다. 물론 선응(善應)에서 선(善)을 응(應)을 꾸며주는 부사로 여겨도 된다. 〈그러나[而] (자연의 규율은) 선하게[善] 응한다[應].〉

73-5 不召而自來(불소이자래)

▶{천지도(天之道)는 만물을} 불러 모으지 않는다[不召]. 그러나[而] {만물은 천지도(天之道)로} 스스로[自] 돌아온다[來].

> 않을(없을) 불(不), 불러 모을 소(召), 그러나 이(而), 스스로 자(自),
> 돌아올 래(來)

【지남(指南)】

〈불소이자래(不召而自來)〉는 〈불언이선응(不言而善應)〉을 거듭 밝힌다. 천도(天道)는 불언(不言)하므로 이것저것을 따져서 불러 모으지 않는다[不召]. 천도(天道)는 만물을 보내지도 않고 맞이하지도 않는다. 오면 오는 대로 맞이하고 가면 가는 대로 보내주니, 이는 천도(天道)의 〈불소(不召)〉이다. 만물 스스로 자연(自然)이란 거울에 비추기도 하고 사라지기도 하여 천도(天道)에 선응(善應)할 뿐, 자연은 만물로 하여금 오라 가라 말하지 않음이 불소(不召)이다.

천도(天道)는 상도(常道)인 대도(大道)가 짓는 조화로 그것을 현덕(玄德)이라 하니, 51장(章) 도생지휵지(道生之畜之) 장지육지(長之育之) 성지숙지(成之熟之) 양지부지(養之覆之) 생이불유(生而不有) 위이불시(爲而不恃) 장이부재(長而不宰)를 상기시킨다. 불소이자래(不召而自來)의 불소(不召)는 상도(常道)가 만물을 낳아주되[生] 갖지 않으니[不有] 불소(不召)이고, 위해주되[爲] 바라지 않으니[不恃] 불소(不召)이며, 시원(始原)이되[長] 주재하지 않으니[不宰] 불소(不召)이다. 그러나 만물은 상도(常道)를 떠나지 않고, 34장(章) 만물귀지(萬物歸之) 즉 만물이[萬物] 상도(常道)로 돌아오고[歸] 상도(常道)는 돌아온 만물을 불유(不有)·불시(不恃)·부재(不宰)함이 〈불소이자래(不召而自來)〉이다.

　불소이자래(不召而自來)의 불소(不召)는 인위(人爲)를 행하지 않고 무위(無爲)를 행하는 부쟁(不爭)·불언(不言)을 달리 칭함이다. 만물이 스스로 천지도(天之道)를 떠나지 않고, 천도(天道)가 만물에 선응(善應)하고, 이에 따라 만물은 51장(章) 상자연(常自然)함을 살펴 새기고 헤아려 깨우치게 하는 말씀이 〈불소이자래(不召而自來)〉이다.

註　"도(道) 생지휵지(生之畜之) 장지육지(長之育之) 성지숙지(成之熟之) 양지부지(養之覆之) 생이불유(生而不有) 위이불시(爲而不恃) 장이부재(長而不宰) 시위현덕(是謂玄德)."상도가[道] 낳아주고[生之] 길러주며[畜之], 자라게 하고[長之] 감싸주며[育之], 이뤄주되[成之] 영글게 하며[熟之], 보양해주고[養之] 보호해준다[覆之]. 낳아주되[生而] 갖지 않으며[不有], 위해주되[爲而] 바라지 않고[不恃], 키워주되[長而] 이래라저래라 않는다[不宰]. 이를[是] 현묘한[玄] 덕이라[德] 한다[謂].　　　　　　　　　　　　　　　　　　　　『노자(老子)』51장(章)

註　"의양만물이불위주(衣養萬物而不爲主) 가명어소(可名於小) 만물귀지이불위주(萬物歸之而不爲主) 가명어대(可名於大)."{대도(大道)는} 온갖 것을[萬物] 입히고 덮어주면서도[衣養而] 주재자가[主] 되지 않아[不爲] {그 대도(大道)가} 작은 것이라고[於小] 칭할 수 있다[可名]. 만물은[萬物] 대도로[之] 돌아가지만[歸而] 주재되지 않으니[不爲主] (그 대도를) 크다고[於大] 말할 수 있다[可名].　　　　　　　　　　　　　　　　　　　　『노자(老子)』34장(章)

註　"도지존(道之尊) 덕지귀(德之貴) 부막지명(夫莫之命) 이상자연(而常自然)."상도의[道之] 받듦과[尊] 덕의[德之] 받듦[貴] 그것을[之] 무릇[夫] 하라 함이[命] 없어도[莫而], 늘[常] 절로[自] 그리한다[然].　　　　　　　　　　　　　　　　　　　　『노자(老子)』51장(章)

【보주(補註)】

● 〈불소이자래(不召而自來)〉를 〈천지도불소만물(天之道不召萬物) 연이만물자래

어천지도(然而萬物自來於天之道)〉처럼 옮기면 문맥을 더 쉽게 잡을 수 있다. 〈천지도는[天之道] 만물을[萬物之] 부르지 않는다[不召]. 그러나[然而] 만물은 [萬物] 스스로[自] 천지도에로[於天之道] 돌아온다[來].〉

● 불소이자래(不召而自來)에서 불소(不召)는 〈불언(不言)〉을 환기시키고, 자래(自來)는 〈선응(善應)〉을 만물 쪽에서 밝힘이다. 천도(天道)가 만물한테 선응(善應)하니까 만물이 천도(天道)로 자래(自來) 즉 절로[自] 귀래(歸來)함이다.

【해독(解讀)】

● 〈불소이자래(不召而自來)〉는 주어가 생략됐지만 두 구문이 〈그러나 이(而)〉로 이뤄진 중문(重文)이다. 〈불소한다[不召]. 그러나[而] 자래한다[自來].〉

● 불소(不召)에서 주부(主部) 노릇할 〈천지도(天之道)〉가 생략되었고, 불(不)은 소(召)의 부정사(否定詞)이고, 소(召)는 목적어가 생략돼 있지만 동사 노릇한다. 〈(천도는 만물을) 부르지 않는다[不召].〉

● 이자래(而自來)에서 이(而)는 〈그러나 이(而)〉로 접속사 노릇하고, 자(自)는 내(來)를 꾸며주는 부사 노릇하고, 주어는 생략됐지만 내(來)는 동사 노릇한다. 자래(自來)는 〈만물자래어천지도(萬物自來於天之道)〉에서 주어 노릇할 만물(萬物)과, 부사구 노릇할 어천지도(於天之道)를 생략한 구문으로 보면 문의(文意)가 분명해진다. 〈그러나[而] 만물이[萬物] 자연의 규율로[於天之道] 스스로[自] 돌아온다[來].〉

73-6 繟然而善謀(천연이선모)

▶ {천지도(天之道)는} 더없이 너그럽고 크다[繟然]. 그러나[而] 도모하기를[謀] 잘한다[善].

> 넉넉하고 너그러울 천(繟), 그럴 연(然), 그래서 이(而), 잘할 선(善), 꾀할 모(謀)

【지남(指南)】

〈천연이선모(繟然而善謀)〉는 〈부쟁이선승(不爭而善勝) 불언이선응(不言而善應) 불소이자래(不召而自來)〉 등 세 구(句)를 묶어 〈선모(善謀)〉라고 밝힌다. 천도

(天道)는 부쟁(不爭)하므로 천연(繟然)하다. 천연(繟然)함은 관유(寬宥) 즉 너그러이[寬] 도와줌[宥]이다. 자연의 규율[天道]은 〈부쟁(不爭)〉하므로 천연(繟然)하고, 〈불언(不言)〉하므로 천연(繟然)하며, 〈불소(不召)〉하므로 천연(繟然)하다. 천연(繟然)하면서도 〈선승(善勝)〉하니 선모(善謀) 즉 꾀하기를[謀] 잘함[善]이고, 천연(繟然)하면서도 〈선응(善應)〉하니 꾀하기를[謀] 잘함[善]이며, 천연(繟然)하면서도 〈자래(自來)〉하니 꾀하기를[謀] 잘함[善]이다.

선모(善謀)는 25장(章) 도법자연(道法自然)을 상기시킨다. 여기 선모(善謀)는 법자연(法自然)을 따라 본받아[法] 무욕(無欲)의 꾀함[謀]이지, 인욕(人欲)에 따른 꾀함이[謀] 아니다. 그러므로 선모(善謀)의 선(善)은 법자연(法自然)을 말하고, 선모(善謀)는 무욕지모(無欲之謀) 즉 인욕이[欲] 없는[無之] 도모[謀]이다. 자연을[自然] 본받아[法] 꾀함을[謀] 잘함은[善] 앞서 살핀 〈부쟁(不爭)〉의 도모이고, 〈불언(不言)〉의 도모이며, 〈불소(不召)〉의 도모이다. 삼라만상(森羅萬象) 어느 것 하나 상도(常道)의 선모(善謀)가 아닌 것이란 없다.

『중용(中庸)』에도 곡능유성(曲能有誠)이란 말이 나온다. 사소한 것에도[曲] 능히[能] 천지도(天之道)가[誠] 있다[有] 함은 모래알 하나에도 상도(常道)의 선모(善謀)가 간직되어 있다는 것이다. 천도(天道)의 선모(善謀)에는 피차(彼此)가 왕래하고 상통하니, 성인(聖人)도 그 선모(善謀)를 본받기[法] 때문에 22장(章) 성인포일(聖人抱一) 위천하식(爲天下式)이란 말씀이 나온다. 피차(彼此)를 포일(抱一)하고 안아 지킴이[抱] 만물에 두루 미치는 선모(善謀)이다. 피차(彼此)가 하나가 되니 다투지 않고[不爭], 부쟁(不爭)하니 시비 가림의 말을 하지 않으며[不言], 나아가 이래라저래라 하지 않으니[不宰] 천도(天道)가 만물을 부르지 않아도[不召] 만물이 천도(天道)에게로 자래(自來)함이야말로 더없는 선모(善謀)임을 다시 살펴 새기고 헤아려 깨우치게 하는 말씀이 〈천연이선모(繟然而善謀)〉이다.

註 "인법지(人法地) 지법천(地法天) 천법도(天法道) 도법자연(道法自然)." 사람은[人] 땅을[地] 본받고[法], 땅은[地] 하늘을[天] 본받고[法], 하늘은[天] 상도를[道] 본받고[法], 상도는[道] 자연을[自然] 본받는다[法].　　　　　　　　　　　　　　　　　　　『노자(老子)』 25장(章)

註 "치곡(致曲) 곡능유성(曲能有誠)" {온갖 것의 본성(本性)을 살핌에} 작은 것까지[曲] 이르게 하는 것이다[致]. 작은 것에도[曲] 능히[能] 정성이[誠] 있다[有].

성자(誠者) 즉 정성이란[誠] 것은[者] 천지도(天之道)이다.

『중용(中庸)』 주자장구(朱子章句) 23장(章)

註　"곡즉전(曲則全) 왕즉직(枉則直) 와즉영(窪則盈) 폐즉신(敝則新) 소즉득(少則得) 다즉혹
(多則惑) 시이(是以) 성인포일(聖人抱一) 위천하식(爲天下式)." 이지러지면[曲] 곧[則] 온전해지
고[全], 굽으면[枉] 곧[則] 곧아지며[直], 움푹하면[窪] 곧[則] 채워지고[盈], 낡으면[敝] 곧[則] 새로
워지며[新], 적으면[少] 곧[則] 얻고[得], 많으면[多] 곧[則] 헷갈린다[惑]. 이렇기[是] 때문에[以] 성
인은[聖人] 하나를[一] 지킴으로써[抱] 세상의[天下] 법식으로[式] 삼는다[爲].

【보주(補註)】

● 〈천연이선모(繟然而善謀)〉를 〈천지도천연(天之道繟然) 연이천지도선모(然而天
之道善謀)〉처럼 옮기면 문맥을 더 쉽게 잡을 수 있다. 〈천지도는[天之道] 천연
하다[繟然]. 그러나[然而] 천지도는[天之道] 도모하기를[謀] 잘한다[善].〉

● 천연이선모(繟然而善謀)에서 천연(繟然)은 〈부쟁(不爭) · 불언(不言) · 불소(不
召)〉를 묶어 밝힘이고, 선모(善謀)는 〈선승(善勝) · 선응(善應) · 자래(自來)〉를
묶은 것이다.

【해독(解讀)】

● 〈천연이선모(繟然而善謀)〉는 주어가 생략됐지만 〈그러나 이(而)〉로 이어지는
중문(重文)이다. 〈천연하다[繟然]. 그러나[而] 선모한다[善謀].〉

● 천연(繟然)에서 주부(主部) 노릇할 〈천지도(天之道)〉가 생략되었지만 천연(繟
然)은 술부(述部)로 보어 노릇한다. 천(繟)은 〈너그러울 관(寬) · 탄(坦) · 완(緩)〉
등과 같아 천연(繟然)은 탄연(坦然) · 관완(寬緩) 등과 같다. 〈|천도(天道)는| 너
그럽다[繟然].〉

● 이선모(而善謀)에서 이(而)는 〈그러나 이(而)〉로 접속사 노릇하고, 주어 노릇할
〈천지도(天之道)〉가 생략됐지만 선(善)은 동사 노릇하고, 모(謀)는 목적어 노릇
한다. 〈그러나[而] 꾀하기를[謀] 잘한다[善].〉

73-7 天網恢恢(천망회회) 疏而不失(소이불실)

▶ 자연의 [天] 그물은[網] 너그럽고 넓고 커서[恢恢] 성글다[疏]. 그러

나[而] {천망(天網)은 무엇 하나} 잃지 않는다[不失].

【지남(指南)】

〈천망회회(天網恢恢) 소이불실(疏而不失)〉은 천도(天道)를 〈천망(天網)〉으로 비유하여 총결(總結)한다. 천망(天網)은 천도지망(天道之網)으로, 천도(天道)를 그물[網]에 비유해 규율의 범위를 〈회회(恢恢)〉라고 밝힌다. 회회(恢恢)란 관대하면서 광대함이다. 무변광대(無邊廣大)가 바로 회회(恢恢)이니, 천망(天網)은 『장자(莊子)』의 만물일부(萬物一府)의 곳간[一府]을 연상시킨다.

삼라만상(森羅萬象)이 자연이란[天] 그물[網] 안에서 생사를 누리는지라, 그 무엇도 자연의[天] 규율을[道] 짓는 상도를[道] 벗어나지 못한다[不離]. 어쩌면 시성(詩聖)이란 두보(杜甫)도 여기 천망(天網)에서 시상(詩想)을 얻어 **일월롱중조(日月籠中鳥)**라 읊었는지 모른다. 천도(天道)를 천망(天網)으로 비유함은 빼어난 표현이다. 우주는 상도(常道)가 쳐놓은 크나큰 그물[網] 같고 창고[一府] 같기도 하고 광대무변(廣大無邊)한 가두리 양어장 같기도 하니, 상도(常道)를 어부 같다고 한들 안 될 것은 없겠다. 그 천망(天網)의 회회(恢恢)를 〈소(疏)〉 한 자(字)로 다시 밝히니, 이 또한 천망(天網)의 절묘한 풀이다.

소(疏)는 천망(天網)이 무위(無爲)의 그물임을 직시하게 한다. 인망(人網)은 촘촘하다 못해 가두어 숨막히게 하니 『맹자(孟子)』에 망민(罔民)이란 말이 나오지만, 천도(天道)의 그물은[網] 한없이 관대하고 넓음을[恢恢] 소(疏)로써 밝힘은 절묘하다. 소(疏) 한 자(字)로 천도(天道)의 부쟁(不爭)·불언(不言)·불소(不召) 등을 묶음하고 있다. 이처럼 천망(天網)은 크고 커서 성글어도[疏而] 무엇 하나 잃지 않는다[不失]. 불실(不失)은 불루(不漏), 즉 무엇 하나 새어나가지 않음[不失]이다. 천도(天道)란 그물이[網] 성글되[疏而] 만물을 잃지 않음[不失]이란 곧 천도(天道)를 밝혀주고 있음을 거듭 살펴 새기고 헤아려 깨우치게 하는 말씀이 〈천망회회(天網恢恢) 소이불실(疏而不失)〉이다.

註 "만물일부(萬物一府)." 만물은[萬物] 한 곳간에 있다[一府].　『장자(莊子)』「천지(天地)」

註 "일월롱중조(日月籠中鳥) 건곤수상평(乾坤水上萍)." 해달도[日月] 조롱이[籠] 속의[中] 새요[鳥] 하늘땅도[乾坤] 물에 뜬[水上] 부평초라[萍].

　　　　　두보(杜甫)의 시(詩) 〈형주송리장부면부광주(衡州送李丈夫勉赴廣州)〉 5~6행(行)

註 "급함어죄연후(及陷於罪然後) 종이형지(從而刑之) 시망민야(是罔民也)." 죄에[於罪] 빠지게[及] 함정을 파둔[陷] 뒤에[然後] 그에 따라서[從而] 죄를[之] 벌한다면[刑], 그런 짓은[是] 백성을[民] 그물로 잡는 것[罔]이다[也].　『맹자(孟子)』「양혜왕장구상(梁惠王章句上)」

【보주(補註)】

- 〈천망회회(天網恢恢) 소이불실(疏而不失)〉을 〈천망회회(天網恢恢) 이천망소(而天網疏) 이천망불실임하물(而天網不失任何物)〉처럼 옮기면 문맥을 더 쉽게 잡을 수 있다. 〈천망은[天網] 회회하다[恢恢]. 그래서[而] 천망은[天網] 성글다[疏]. 그러나[而] 천망은[天網] 그 무엇 하나도[任何物] 잃지 않는다[不失].〉

- 천망회회(天網恢恢)에서 천망(天網)은 천도(天道)를 비유하고, 회회(恢恢)나 소(疏) 또한 천도(天道)를 밝혀주며, 불실(不失) 역시 천도(天道)를 풀이한다.

【해독(解讀)】

- 〈천망회회(天網恢恢) 소이불실(疏而不失)〉은 세 문장이 합해진 하나의 문단 같다. 〈천망은[天網] 회회하다[恢恢]. 그래서[而] 소하다[疏]. 그러나[而] 불실한다[不失].〉

- 천망회회(天網恢恢)에서 천망(天網)은 주어 노릇하고, 회회(恢恢)는 술부(述部)로 보어 노릇한다. 〈자연의[天] 그물은[網] 관대하고 광대하다[恢恢].〉

- 소(疏)는 주어 노릇할 〈천망(天網)〉을 생략하고 술부(述部)만 남아 소(疏)는 동사 노릇한다. 〈{천망(天網)은} 성글다[疏].〉

- 이불실(而不失)에서 이(而)는 〈그러나 이(而)〉 접속사 노릇하고, 불(不)은 실(失)의 부정사(否定詞)이고, 실(失)은 목적어가 생략되었지만 동사 노릇한다. 실(失)은 〈잃을 상(喪)〉과 같아 상실(喪失)의 줄임말로 여기면 된다. 〈성글지만[疏而] 상실하지 않는다[不失].〉

사살장(司殺章)

　무위(無爲)의 다스림과 인위(人爲)의 다스림을 〈살(殺)〉로 대비하여 인위(人爲)의 다스림을 극렬하게 뿌리치는 장(章)이다. 살(殺) 즉 죽임[殺]은 천도(天道)만이 부여했던 수명을 거두어감이다. 그런 죽임을 대행할 수 있는 것은 자연의[天] 규율[道]밖에 없다. 인위(人爲)로 다스리면서 살(殺)을 앞세워 백성을[民] 두렵게 하는[懼] 짓은 용납할 수 없음이다.

　〈사살자(司殺者)〉인 천도(天道)와 천도(天道)를 맡았다고[託] 살인을 서슴지 않는 거짓 치자(治者)를 대비한 다음, 사악한 짓을 범하는 자(者)를 〈오득집이살지(吾得執而殺之)〉 내가[吾] 잡아다가[執] 죽일 수 있다고[得殺]까지 단언하는 장(章)이다.

【원문(原文)】

民不畏死어늘 奈何以死懼之리오 若使人常畏死而爲
민불외사   나하이사구지   약사인상외사이위

奇者를 吾得執而殺之인들 孰敢이리오 常有司殺者殺어
기자   오득집이살지   숙감   상유사살자살

늘 夫代司殺者殺한다 是謂代大匠斲이라 夫代大匠斲
부대사살자살   시위대대장착   부대대장착

者는 希有不傷其手矣니라
자   희유불상기수의

백성이[民] 죽음을[死] 두려워하지 않는다면[不畏] 어떻게[奈何] 죽음을
[死] 이용해[以] 백성을[之] 두렵게 하겠는가[懼]? 만약[若] 백성으로[人]
하여금[使] 늘[常] 죽음을[死] 두렵게 한다면[畏] 곧장[而] 사악한 짓을[奇]
범하는[爲] 자[者] 그놈을[之] 나라도[吾] 붙잡아서[執而] 죽였으면[殺] 좋
겠다[得]. (그러나) 누가[孰] {살인(殺人)을} 감히 하겠는가[敢]? 죽임을[殺]
맡은[司] 자가[者] 항상[常] 있다[有]. {그 사살자(司殺者)가 모든 것을} 죽인
다[殺]. 무릇[夫] 죽임을[殺] 맡은 자연을[司] 대행한다는[代] 자가[者] (백
성을) 죽인다면[殺], 그런 짓을[是] 도목수를[大匠] 대행한[代] 나무 자르기
라[斲] 한다[謂]. 무릇[夫] 도목수를[大匠] 대행하여[代] 나무를 베는[斲] 자
한테[者] 제[其] 손을[手] 다치지 않기란[不傷] 거의 없는 것[希有]이다[矣].

74-1 民不畏死(민불외사) 奈何以死懼之(나하이사구지)

▶백성이[民] 죽음을[死] 두려워하지 않는다면[不畏] 어떻게[奈何]
죽음을[死] 이용해[以] 백성을[之] 두렵게 하겠는가[懼]?

백성 민(民), 않을 불(不), 두려워할 외(畏), 죽음 사(死), 어찌 나(奈),
무엇 하(何), 써 이(以), 두려워할 구(懼), 그것 지(之)

【지남(指南)】

〈민불외사(民不畏死) 나하이사구지(奈何以死懼之)〉는 백성의 삶을 빼앗는 인

위(人爲)의 폭정(暴政)이나 학정(虐政)을 밝힌다. 〈민불외사(民不畏死)〉는 인위(人爲)의 다스림이[治] 범하는 해민(害民)을 말함이고, 못 죽어 산다는 속담처럼 19장(章) 절성기지(絶聖棄智) 절인기의(絶仁棄義) 절교기리(絶巧棄利)를 상기시킨다. 백성을[民] 해치는[害] 대란(大亂)의 뿌리가[本] 요순(堯舜)부터 시작되었다고 설파한 노자(老子)의 제자 경상초(庚桑楚)까지 떠올리게 한다.

요순(堯舜)이 최초로 현자(賢者)와 식자(識者)를 등용해 인의(仁義)로 치세(治世)하기 시작한 것을 경상초(庚桑楚)가 비판한 근거는 노자(老子) 19장(章)의 단언으로 충분하다. 요순(堯舜)의 성지(聖智)를 끊어[絶]버리고[棄], 인의(仁義)를 끊어버리고, 교리(巧利)를 끊어버리면, 절로 인위(人爲)의 다스림이[治] 절기(絶棄)되며 무위(無爲)의 다스림이[治] 일어나게 된다. 그러면 백성의 이로움은[民利] 백배로 불어나고, 백성이 효성과 자애로 돌아오고[復], 세상에 도적이 없어진다는 노자(老子)의 단언은 인위(人爲)의 다스림을 결연히 부정(否定)함이다.

인의예악(仁義禮樂)이란 인위(人爲)로 다스리는[治] 쪽은, 요순(堯舜)이 시작한 〈존현수능(尊賢授能) 선선여리(先善與利)〉를 치세(治世)의 최선이라고 주장한다. 현자를[賢] 받들고[尊] 유능한 자에게[能] 벼슬자리를 주고[授] 착한 일과[善與] 이익을[利] 앞세워[先] 치자(治者)가 치민(治民)하는 짓은 안민(安民)이 아니라 착민(搾民)하고 탈민(奪民) 학민(虐民)하는 쪽으로 기울어지고, 결국 폭정(暴政)을 일삼아 난세(亂世)를 몰아오며, 백성은 차라리 죽음이 낫다는 절망을 뿌릴 칠 수 없게 됨을 〈민불외사(民不畏死)〉라고 밝힌다. 이는 72장(章) 〈민불외위(民不畏威)〉를 거듭 환기시켜주기도 하다.

현자(賢者)를 가려내 벼슬자리를 주면 너도나도 현자(賢者)가 되려고 상쟁(相爭)하고, 벼슬자리를 차지하면 남들보다 더 많은 명리(名利)를 차지하고자 쟁탈(爭奪)을 일삼게 된다. 이에 백성은 폭정(暴政)의 학민(虐民)을 면할 수 없게 되고, 학정(虐政)을 견딜 수 없어 죽기를 무서워하지 않게 됨을 살펴 새기고 헤아려 깨우치게 하는 말씀이 〈민불외사(民不畏死) 나하이사구지(奈何以死懼之)〉이다.

註 "절성기지(絶聖棄智) 민리백배(民利百倍) 절인기의(絶仁棄義) 민복효자(民復孝慈) 절교기리(絶巧棄利) 도적무유(盜賊無有)." 성지를[聖] 끊고[絶] 지혜를[智] 버리면[棄] 백성이[民] 백배로[百倍] 이로워지고[利], 인을[仁] 끊고[絶] 의를[義] 버리면[棄] 백성은[民] 효도와[孝] 자애로[慈]

돌아온다[復]. 재주 부리기를[巧] 끊고[絶] 이득을[利] 버리면[棄] 도둑질과[盜] 해치는 짓이[賊] 있음이[有] 없다[無].　　　　　　　　　　　　　　　　　　　『노자(老子)』19장(章)

🈳　"거현즉민상알(擧賢則民相軋) 임지즉민상도(任知則民相盜) 오어여대란지본(吾語汝大亂之本) 대란지본필생어요순지한(大亂之本必生於堯舜之閒) 기미존호천세지후(其末存乎千歲之後) 천세지후(千歲之後) 기필유인여인상식자야(其必有人與人相食者也)." 현자를[賢] 들어 쓰면[擧] 곧장[則] 백성은[民] 서로[相] 삐걱거리고[軋], 식자를[知] 들어 맡기면[任] 곧장[則] 백성은[民] 서로[相] 훔친다[盜]. 내[吾] 너희에게[汝] 대란의[大亂之] 근본을[本] 말해주겠다[語]. 대란의[大亂之] 뿌리는[本] 요순의[堯舜之] 때에[於閒] 필연으로[必] 생겼고[生], 그 일은[其] 천년의[千歲之] 뒤까지도[乎後] 이윽고[末] 계속될 것이며[存], 먼먼 후세[千歲之後] 그때는[其] 사람과[人與] 사람이[人] 서로[相] 잡아먹는[食] 일이[者] 반드시[必] 생길 것[有]이다[也].
　　　　　　　　　　　　　　　　　　　『장자(莊子)』「경상초(庚桑楚)」

【보주(補註)】

● 〈민불외사(民不畏死) 나하이사구지(奈何以死懼之)〉를 〈약민불외사(若民不畏死) 나하이사민구사(奈何以使民懼死)〉처럼 옮기면 문맥을 더 쉽게 잡을 수 있다. 〈만약[若] 백성이[民] 죽음을[死] 두려워하지 않는다면[不畏] 무엇으로[奈何]써[以] 백성으로[民] 하여금[使] 죽음을[死] 두려워하게 할 것인가[懼?]

● 민불외사(民不畏死)가 〈민상불외사(民常不畏死)〉로 된 본(本)도 있다. 상(常)이 있고 없음에 따라 어세가 차이날 뿐 문의(文意)가 달라지지는 않는다. 〈백성이[民] 죽음을[死] 두려워하지 않는다면[不畏]〉〈백성이[民] 항상[常] 죽음을[死] 두려워하지 않는다면[不畏]〉

【해독(解讀)】

● 〈민불외사(民不畏死) 나하이사구지(奈何以死懼之)〉는 조건의 종절과 주절로 이루어진 복문(複文)이다. 〈백성이[民] 죽음을[死] 두려워하지 않는다면[不畏] 어떻게[奈何] 죽음을[死] 이용하여[以] 백성을[之] 두렵게 할 것인가[懼?]

● 민불외사(民不畏死)에서 민(民)은 주어 노릇하고, 불(不)은 외(畏)의 부정사(否定詞)이고, 외(畏)는 동사 노릇하고, 사(死)는 목적어 노릇한다. 〈백성이[民] 죽음을[死] 두려워 않는다면[不畏]〉

● 〈나하이사구지(奈何以死懼之)〉에서 나하(奈何)는 의문부사구 노릇하고, 이사(以死)는 구(懼)를 꾸며주는 부사구 노릇하고, 구(懼)는 동사 노릇하며, 지(之)는 민(民)을 나타내는 지시어로서 구(懼)의 목적어 노릇한다. 나(奈)는 〈어떻게

하(何)〉와 같아 〈어떻게〉를 강조함이고, 이(以)는 〈써 용(用)〉과 같고, 구(懼)는 〈두려워할 외(畏)〉와 같아 외구(畏懼)의 줄임말로 여기면 된다. 〈어떻게[奈何] 죽음을[死] 이용해[以] 백성을[之] 두려워하게 할 것인가[懼]?〉

74-2 若使人常畏死(약사인상외사) 而爲奇者(이위기자) 吾得執而殺之(오득집이살지) 孰敢(숙감)

▶ 만약[若] 백성으로[人] 하여금[使] 늘[常] 죽음을[死] 두렵게 한다면[畏] 곧장[而] 사악한 짓을[奇] 범하는[爲] 자[者] 그 놈을[之] 나라도[吾] 붙잡아서[執而] 죽였으면[殺] 좋겠다[得]. (그러나) 누가[孰] {살인(殺人)을} 감히 하겠는가[敢]?

> 만약 약(若), 하여금 사(使), 늘 상(常), 두려워할 외(畏), 죽음 사(死),
> 그래서 이(而), 범할 위(爲), 간사할 기(奇), 놈 자(者), 나 오(吾), 가할 득(得),
> 잡을 집(執), 죽일 살(殺), 그것 지(之), 누구 숙(孰), 감히 감(敢)

【지남(指南)】

〈약사인상외사이위기자(若使人常畏死而爲奇者) 오득집이살지(吾得執而殺之) 숙감(孰敢)〉은 죽음을 앞세워 백성을 겁박하면서[畏] 사악한 짓을 범하는 자를 죽이고 싶지만, 사람이 사람을 죽인 수는 없음을 밝힌다. 〈오득집이살지(吾得執而殺之)〉는 어디까지나 가정이지 실행할 수 있음은 아니다. 그래서 〈약사인상외사이위기자(若使人常畏死而爲奇者)〉란 조건을 앞세운 것이다.

〈사인상외사(使人常畏死)〉 즉 사람들로[人] 하여금[使] 늘[常] 죽임을[死] 두렵게 함은[畏] 폭정(暴政)을 일삼는 무리들이다. 그들을 〈위기자(爲奇者)〉라 밝힌다. 위기자(爲奇者)의 위기(爲奇)는 사악한 짓을 범함으로, 〈외사(畏死)〉 즉 죽음을[死] 두렵게 하는[畏] 것보다 더 사악한 짓은 없다. 폭정(暴政)이나 학정(虐政)이란 죽임을 앞세워 궤민(詭民) 즉 백성을[民] 속여서[詭] 해민(害民)하고 착민(搾民)하는 무리들이다. 이러한 정치꾼들[政輩]은 17장(章) 기차(其次) 외지(畏之) 기차(其次) 모지(侮之)의 폭군이 거느리는 무리들로, 백성은 위력(威力)을 앞세우는 패자(覇者)를 두려워하고[畏], 학정(虐政)을 일삼는 폭군(暴君)을 업신여긴다[侮].

패자(覇者)는 전쟁을 일삼아 백성으로 하여금 죽음을 두렵게 하고, 폭군(暴君)은 곧잘 살인을 저질러 백성을 겁박한다. 백성은 힘없어 감행하지 못할지라도 심중(心中)에 패자(覇者)와 폭군(暴君)에 대한 증오의 살기를 품고 죽지 못해 살아간다. 이러한 회한(悔恨)의 민심을 읽어내게 하는 말씀이 〈오득집이살지(吾得執而殺之)〉란 가정이다. 백성을 전쟁터로 몰아가는 패자(覇者)와 백성을 살상하고 살육을 서슴지 않는 폭군(暴君)을 나라도[吾] 잡아[執] 죽였으면[殺] 좋겠다는 것이 〈오득집이살지(吾得執而殺之)〉이다.

그러나 학정(虐政)을 일삼는 폭군(暴君)을 죽이고 싶어도 사람이 사람을 죽일 수 없음이 곧 천도(天道)임을 밝힌 말씀이 〈숙감(孰敢)〉이다. 어떠한 경우라도 사람이 사람을 죽일 수 없음을 살펴 새기고 헤아려 깨우치게 하는 말씀이 〈약사인상외사이위기자(若使人常畏死而爲奇者) 오득집이살지(吾得執而殺之) 숙감(孰敢)〉이다.

註　"기차(其次) 외지(畏之) 기차(其次) 모지(侮之)." 그[其] {패자(覇者)의} 세상에는[次] 그것을[之] 두려워했고[畏], 그[其] {폭군(暴君)의} 세상에는[次] 그것을[之] 업신여겼다[侮].

『노자(老子)』 17장(章)

【보주(補註)】

● 〈약사인상외사(若使人常畏死) 이위기자(而爲奇者) 오득집이살지(吾得執而殺之) 숙감(孰敢)〉을 〈약사인상외사(若使人常畏死) 이오득집이살위기자(而吾得執而殺爲奇者) 연이숙감살인(然而孰敢殺人)〉처럼 옮기면 문맥을 더 쉽게 잡을 수 있다. 〈만약[若] 백성들로[人] 하여금[使] 죽음을[死] 두렵게 한다면[畏] 곧장[而] 사악한 짓을[奇] 범하는[爲] 자를[者] 내가[吾] 붙잡아서[執而] 죽였으면[殺] 좋겠다[得]. 그러나[然而] 누가[孰] 감히[敢] 사람을[人] 죽이겠는가[殺]?〉

● 위기자(爲奇者)는 〈위궤자(爲詭者)〉와 같다. 백성을 속여[詭] 사악한 짓을 범함이 위기(爲奇)이다. 기(奇)는 〈속일 궤(詭)〉와 같다. 〈사악한 짓을[奇] 범하는[爲] 사람[者].〉

● 숙감(孰敢)은 천자(天子)라 할지라도 살인하는 짓을 천도(天道)는 결코 용서하지 않음을 밝힌 반문이다.

【해독(解讀)】

- 〈약사인상외사(若使人常畏死) 이위기자(而爲奇者) 오득집이살지(吾得執而殺之) 숙감(孰敢)〉은 두 복문(複文)과 하나의 의문문으로 이루어진 한 문단이다. 〈만약[若] 백성으로[人] 하여금[使] 항상[常] 죽음을[死] 두렵게 한다면[畏] 곧장[而] 사악한 짓을[奇] 범하는[爲] 자[者] 그자를[之] 내가[吾] 붙잡아다가[執而] 죽였으면[殺] 좋겠다[得]. 누가[孰] (살인을) 감행한다는 것인가[敢]?〉

- 약사인상외사(若使人常畏死)에서 약(若)은 조건의 조사 노릇하고, 사인상외사이위기(使人常畏死而爲奇)는 자(者)를 꾸며주는 형용사절 노릇하며, 자(者)는 뒤에 나오는 집(執)과 살(殺)의 목적어 노릇한다. 〈만약[若] 사람으로[人] 하여금[使] 항상[常] 죽음을[死] 두렵게 해서[畏而] 속임수를[奇] 짓는[爲] 놈[者] 그자를[之] 내가[吾] 붙잡아서[執而] 죽인다 한들[殺]〉

- 〈이위기자(而爲奇者) 오득집이살지(吾得執而殺之)〉는 〈오득집위기자(吾得執爲奇者) 이오득살위기자(而吾得殺爲奇者)〉에서 위기자(爲奇者)를 전치하고, 되풀이되는 오득(吾得)을 생략한 구문이다. 〈이위기자(而爲奇者) 오득집(吾得執)〉에서 이(而)는 〈곧장 이(而)〉로 조사 노릇하고, 위기자(爲奇者)는 집(執)의 목적구 노릇하며, 오(吾)는 집(執)의 주어 노릇하고, 득(得)은 집(執)의 조동사로 영어의 〈may〉처럼 구실하며, 집(執)은 동사 노릇한다. 〈곧장[而] 위기자를[爲奇者] 나라도[吾] 체포한다면[執] 좋겠다[得].〉

- 이살지(而殺之)는 〈이오득살위기자(而吾得殺爲奇者)〉에서 오(吾)와 득(得)은 되풀이되는 내용이므로 생략하고, 위기자(爲奇者)를 전치한 구문이다. 이살지(而殺之)에서 이(而)는 〈그래서 이(而)〉 노릇하고, 살(殺)은 동사 노릇하며, 지(之)는 전치된 위기자(爲奇者)를 지시하면서 살(殺)의 목적어 노릇한다. 〈그래서[而] (내가) 그자를[之] 죽였으면 좋겠다[殺].〉

- 숙감(孰敢)은 〈숙감살인(孰敢殺人)〉에서 살인(殺人)을 생략하고, 의문사로서 주어 노릇할 숙(孰)과 부사 노릇하는 감(敢)만 남긴 의문문이다. 숙감(孰敢)에서 숙(孰)은 의문사로서 주어 노릇하고, 감(敢)은 생략된 살(殺)을 꾸며주는 부사 노릇한다. 〈누가[孰] 감히[敢] 사람을[人] 죽일 것인가[殺]?〉

74-3 常有司殺者(상유사살자) 殺(살)

▶ 죽임을[殺] 맡은[司] 자가[者] 항상[常] 있다[有]. {그 사살자(司殺者)가 모든 것을} 죽인다[殺].

> 늘 상(常), 있을 유(有), 맡을 사(司), 죽임 살(殺), 놈 자(者), 죽일 살(殺)

【지남(指南)】

〈상유사살자살(常有司殺者殺)〉은 죽이기를[殺] 맡아 행하는[司] 것이[者] 있음을 밝힌다. 출생도 상도(常道)의 조화이고, 입사(入死)도 상도(常道)의 조화이다. 조화가 걸림 없이 펼쳐짐이 천도(天道)이니, 〈살(殺)〉조차도 천도(天道)의 살(殺)로서 80장(章) 민지로사(民至老死)의 지로사(至老死) 바로 그것이다.

늙음에[老] 이르러[至] 맞이하는 죽음이[死] 살(殺)이다. 지로사(至老死)의 살(殺)은 『장자(莊子)』의 제지현해(帝之懸解)를 환기시킨다. 제(帝) 즉 천제(天帝)가 매달림을[懸] 풀어줌이[解] 여기 살(殺)이다. 천제(天帝)란 천도(天道)를 말하니, 살(殺)은 살육의 살(殺)이 아니라 천수(天壽)를 다하고 죽음을[死] 맞게 함이다. 이처럼 지로사(至老死)의 살(殺)을 맡아하는[司] 사살자(司殺者)는 〈사천수자(司天壽者)〉인 천도(天道)밖에 없다.

상유사살자(常有司殺者)의 사살자(司殺者)는 천도(天道)로, 상도(常道)의 조화인 출생입사(出生入死)를 그대로 펼쳐주는 천도(天道)만이 만물로 하여금 지로사(至老死) 즉 천수를 다 누리고 죽게 하지만[至老死], 때로는 천재지변에 따라 수명을 미리 앗아가게 내버려두기도 한다. 사슴은 호랑이 밥이 되게도 하는 것이 천도(天道)의 살(殺)임을 살펴 새기고 헤아려 깨우치게 하는 말씀이 〈상유사살자살(常有司殺者殺)〉이다.

國 "민지로사(民至老死)." 백성은[民] 늙음에[老] 이르러[至] 죽는다[死].

『노자(老子)』 80장(章)

國 안시이처순(安時而處順) 애락불능입야(哀樂不能入也) 고자위시제지현해(古者謂是帝之懸解)." 편안히[安] 때를 따라서[時而] 자연의 순리에[順] 머물면[處] 슬픔이나[哀] 즐거움은[樂] 끼어들[入] 수 없는 것[不能]이다[也]. 이런 경지를[是] 옛사람들은[古者] 자연이[帝之] 거꾸로 매달림

을[懸] 풀어줌이라[解] 했다[謂].

　　안시이처순(安時而處順)은 지로사(至老死), 즉 때를 따라서[安時而] 순리에 머물은[處順] 늙어서[老] 죽음에[死] 이름을[至] 말한다. 제(帝)는 천(天) 즉 자연을 뜻하고, 현해(懸解)는 현해(縣解)와 같다. 여기 현(懸)은 거꾸로 매달림을 뜻한다.　　　『장자(莊子)』「양생주(養生主)」

【보주(補註)】

● 〈상유사살자(常有司殺者) 살(殺)〉을 〈상유사살자(常有司殺者) 소이사살자살만물(所以司殺者殺萬物)〉처럼 옮기면 문맥을 더 쉽게 잡을 수 있다. 〈사살자는[司殺者] 항상[常] 있다[有]. 그래서[所以] 사살자가[司殺者] 사람을[人] (살리기도 하고) 죽이기도 한다[殺].〉

● 사살자(司殺者)는 수명(授命) 즉 목숨을[命] 주었다가[授], 수명(收命) 즉 목숨을[命] 거두어가는[收] 천도(天道)의 비유이다. 인명재천(人命在天)의 천(天)이 사살자(司殺者)이다.

【해독(解讀)】

● 〈상유사살자(常有司殺者) 살(殺)〉은 두 문장으로 이어진 중문(重文)이다. 〈사살자가[司殺者] 항상[常] 있다[有]. (그리고 사살자가) 죽인다[殺].〉

● 상유사살자(常有司殺者)에서 상(常)은 유(有)를 꾸며주는 부사 노릇하고, 유(有)는 〈있을 유(有)〉로 동사 노릇하며, 사살자(司殺者)는 유(有)의 주부(主部) 노릇한다. 〈사살자가[司殺者] 항상[常] 있다[有].〉

● 사살자(司殺者)는 영어의 형용사절을 떠올리면 문맥을 잡기가 쉽다. 자(者)는 〈지인(之人)〉 또는 〈지물(之物)〉을 줄인 것이다. 〈놈 자(者)〉〈것 자(者)〉

● 살(殺)은 〈사살자살인(司殺者殺人)〉에서 주어 노릇할 사살자(司殺者)와 목적어 노릇할 인(人)을 생략하고, 동사 노릇하는 살(殺)만 남긴 구문이다. 〈사살자가[司殺者] 사람을[人] 죽인다[殺].〉〈죽인다[殺].〉

74-4 夫代司殺者殺(부대사살자살) 是謂代大匠斲(시위대대장착)

▶무릇[夫] 죽임을[殺] 맡은 자연을[司] 대행한다는[代] 자가[者] (백

성을) 죽인다면[殺], 그런 짓을[是] 도목수를[大匠] 대행한[代] 나무
자르기라[斲] 한다[謂].

873

【지남(指南)】

〈부대사살자살(夫代司殺者殺) 시위대대장착(是謂代大匠斲)〉은 사살자(司殺者)
인 천도(天道)를 빙자하여 살인을 자행하는 강량자(强梁者)의 무리, 즉 폭정(暴政)
과 학정(虐政)을 서슴지 않는 치자(治者)를 밝힌다. 여기 〈살(殺)〉은 80장(章) 〈민
지로사(民至老死)〉의 지로사(至老死)를 뭉개는 살육의 죽임[殺]이니, 76장(章) **강량
자(强梁者)**를 상기시킨다.

폭력을 강행하는 폭군이 범하는 살육은 인위(人爲)로 빚어지는 재앙이고, 이러
한 살육은 『장자(莊子)』에 나오는 걸주(桀紂)의 포악이 빚어내는 악행이며, 『맹자
(孟子)』에 나오는 패자(覇者)가 백성을 전쟁으로 내몰아 살상을 범하는 악행이다.
천명(天命)을 받은 왕(王)이라던 하(夏)나라 말왕(末王) 걸(桀)이 충신 관용봉(關龍
逄)을 참수한 짓이나, 은(殷)나라 말왕(末王) 주(紂)가 제 숙부인 비간(比干)의 심장
을[心] 도려내[割] 죽인 짓 따위가 살(殺)이다. 걸주(桀紂)는 천명(天命)을 대신하는
왕을 배반했다고 살육을 자행하고, 신하는 명리(名利)라는 것 때문에 생죽음을 당
했다[被殺]. 조선조에 빈번했던 이른바 사약을 내렸던 짓도 인위(人爲)의 살육이
다. 이러한 피살이 대사살자(代司殺者)가 감행하는 살(殺)이니, 이러한 살(殺)은 인
위(人爲)의 다스림으로 말미암아 빚어지는 인욕(人欲)의 살육이다.

천도(天道)에는 명리(名利)나 권력의 상쟁(相爭)이 없으므로 걸주(桀紂)의 살육
이나, 패자(覇者)가 일삼는 전쟁의 살육이나 사약이란 없다. 천도(天道)에는 지로
사(至老死)의 살(殺)이 있을 뿐, 강량자(强梁者)로서 학민(虐民)하는 패자(覇者)나
폭군이 살육을 자행하는 짓은 마치 대장(大匠) 즉 도목수의[大匠] 손에 들린 연장
을 빼앗아 나무를 마구잡이로 잘라버리는[斲] 짓과 다를 바가 없음을 살펴 새기고
헤아려 깨우치게 하는 말씀이 〈부대사살자살(夫代司殺者殺) 시위대대장착(是謂代

大匠斲)〉이다.

註　"강량자(强梁者) 부득기사(不得其死)." 힘쓰기만을[梁] 강행하는[强] 자는[者] 제[其] 천수를
[死] 누리지 못한다[不得].　　　　　　　　　　　　　　　　『노자(老子)』76장(章)

註　"차석자걸살관룡봉(且昔者桀殺關龍逢) 주살왕자비간(紂殺王子比干)." 또[且] 옛적[昔者]
걸왕은[桀] 관룡봉을[關龍逢] 죽였고[殺], 주왕은[紂] 부왕(父王)의 동생인[王子] 비간을[比干] 죽
였다[殺].　　　　　　　　　　　　　　　　　　　　　『장자(莊子)』「인간세(人間世)」

註　"이력가인자패(以力假仁者霸) 패필유대국(霸必有大國) 이덕행인자왕(以德行仁者王) 왕부
대대(王不待大)." 힘으로[力] 써[以] 어짊을[仁] 가장하는[假] 것은[者] 패이고[霸], 패는[霸] 반드시
[必] 큰 나라를[大國] 차지한다[有]. 덕으로[德] 써[以] 어짊을[仁] 베푸는[行] 것은[者] 왕이고[王],
왕은[王] 대국을[大] 바라지 않는다[不待].　　　　『맹자(孟子)』「공손추장구상(公孫丑章句上)」

【보주(補註)】

● 〈부대사살자살(夫代司殺者殺) 시위대대장착(是謂代大匠斲)〉을 〈약부대사살자
살인(若夫代司殺者殺人) 시지위대대장지착(是之謂代大匠之斲)〉처럼 옮기면 문
맥을 더 쉽게 잡을 수 있다. 〈만약[若] 무릇[夫] 죽임을[殺] 맡음을[司] 대행한다
는[代] 자가[者] 사람을[人] 죽인다면[殺], 이것을[是之] 도목수를[大匠之] 대행
하는[代之] 나무 베기라[斲] 한다[謂].〉

● 부대사살자살(夫代司殺者殺)이 〈이대사살자살(而代司殺者殺)〉로 된 본(本)도
있다. 어조사 노릇하는 부(夫)가 역시 어조사 노릇하는 이(而)로 바뀌어도 문의
(文意)가 달라지지는 않는다.

● 대사살자(代司殺者)는 〈대사살지천자(代司殺之天者)〉로 여기고 문맥을 잡으면
문의(文義)가 잡힌다. 대사살자(代司殺者)는 궤민(詭民) 즉 백성을[民] 속이는
[詭] 패자(霸者)나 폭군(暴君)을 말한다. 〈죽임을[殺] 맡은[司之] 자연을[天] 대행
한다는[代] 자[者]〉

● 대대장착(代大匠斲)의 대장(大匠)은 천도(天道)를 비유한다.

【해독(解讀)】

● 〈부대사살자살(夫代司殺者殺) 시위대대장착(是謂代大匠斲)〉은 조건의 종절과
주절로 이루어진 복문(複文)이다. 〈무릇[夫] 죽임을[殺] 맡음을[司] 대행한다는
[代] 자가[者] (사람을) 죽인다면[殺] 이것을[是] 도목수를[大匠] 대행한[代] 나무

베기라[斲] 한다[謂].〉

- 부대사살자살(夫代司殺者殺)에서 부대사살자(夫代司殺者)는 주부(主部) 노릇하고, 살(殺)은 동사 노릇한다. 〈무릇[夫] 죽임을[殺] 맡음을[司] 대행한다는[代] 자가[者] (사람을) 죽인다면[殺]〉

- 부대사살자(夫代司殺者)에서 부(夫)는 어조사 노릇하고, 대(代)는 동사 노릇하며, 사살(司殺)은 대(代)의 목적구 노릇하고, 자(者)는 〈지인(之人)〉이다. 〈죽임을[殺] 맡음을[司] 대행한다는[代] 자[者]〉

- 시위대대장착(是謂代大匠斲)에서 시(是)는 전치됐지만 위(謂)의 목적어 노릇하고, 위(謂)는 동사 노릇하며, 대대장착(代大匠斲)은 목적보어 노릇한다. 대대장착(代大匠斲)은 〈대대장지착(代大匠之斲)〉에서 지(之)를 생략한 문예(文例)이고, 착(斲)은 〈(나무를) 벨 감(砍)·깎아낼 삭(削)〉 등과 같아 감착(砍斲)의 줄임말로 여기면 된다. 대장(大匠)은 도목수(都木手)와 같다. 〈이것을[是] 도목수를[大匠] 대행한다는[代之] 나무 자르기라[斲] 한다[謂].〉

74-5 夫代大匠斲者(부대대장착자) 希有不傷其手矣(희유불상기수의)

▶무릇[夫] 도목수를[大匠] 대행하여[代] 나무를 베는[斲] 자한테[者] 제[其] 손을[手] 다치지 않기란[不傷] 거의 없는 것[希有]이다[矣].

무릇 부(夫), 대행할 대(代), 큰 대(大), 장인 장(匠), 벨 착(斲), 놈 자(者), 드물 희(希), 상할 상(傷), 손 수(手), 조사(~이다) 의(矣)

【지남(指南)】

〈부대대장착자(夫代大匠斲者) 희유불상기수의(希有不傷其手矣)〉는 사살자(司殺者) 즉 천도(天道)를 빙자해서 위력(威力)으로 힘없는 백성을 죽이고[殺] 빼앗고[奪] 짓눌러[搾] 다그치는[迫] 강량자(强梁者)의 무리들이 온전할 리 없음을 밝힌다. 힘쓰기만을[梁] 강행하는[强] 자는[者] 반드시 적을 만나 패망한다. 뛰는 놈 위에 나는 놈 있다.

강량자(强梁者)의 치자(治者)는 기민(欺民)하고 기민(饑民)한다. 백성을[民] 속이고[欺] 백성을[民] 굶기면서[饑] 천명(天命)을 파는 사위(詐僞)의 무리를 비유한 말씀이 〈대대장착자(代大匠斲者)〉이다. 대대장(代大匠)의 대장(大匠)은 상도(常道)의 조화가 드러나는 천도(天道)를 비유한 것이고, 대대장(代大匠)의 대(代)는 천도(天道)를 팔아 궤민(詭民) 즉 백성을[民] 속임[詭]이다. 천도(天道)를 팔아 백성을[民] 속이는[詭] 짓보다 더한 역천(逆天)은 없다.

물론 역천(逆天)이란 『맹자(孟子)』에 나오는 역천자망(逆天者亡)으로, 『노자(老子)』에는 호경(好徑) 또는 비도(非道)라는 말씀이 『맹자(孟子)』의 역천(逆天)을 뜻한다. 무위(無爲)의 다스림은 오직 존도(尊道)하고 귀덕(貴德)하지만, 인위(人爲)의 다스림은 말로는 순천(順天)하면서 역천(逆天)을 일삼는 속임수 짓이 자행된다는 뜻이 〈대대장착(代大匠斲)〉에 간직되어 있다.

『장자(莊子)』에는 요(堯)임금마저 살자(殺者)로 나온다. 따라서 대대장착자(代大匠斲者)의 착(斲)은 천명(天命)을 팔아 살육을 앞세우고 백성을 짓누르는 짓을 밝힌다. 이처럼 살육을 자행하는 무리는 결국 제 몸이 살육당하고 마는 것이 〈희유불상기수(希有不傷其手)〉이다. 제[其] 손을[手] 다치지 않음이[不傷] 없다[希有] 함은 살육을 저지른 손은 결국 다른 손에 의해 살육당한다는 것이다. 힘은 힘을 부르고 피는 피를 부른다는 속담을 강량자(强梁者)는 결코 피해갈 수 없음을 살펴 새기고 헤아려 깨우치게 하는 말씀이 〈부대대장착자(夫代大匠斲者) 희유불상기수의(希有不傷其手矣)〉이다.

註 "인호경(人好徑) 조심제(朝甚除) 전심무(田甚蕪) 창심허(倉甚虛) 복문채(服文綵) 대리검(帶利劍) 염음식(厭飮食) 화재유여(貨財有餘) 시위도과(是謂盜夸) 비도야재(非道也哉)." 사람들은[人] 삿된 샛길을[徑] 좋아한다[好]. 조정은[朝] 매우[甚] 더럽고[除], 밭은[田] 극심하게[甚] 잡초가 무성하며[蕪], 나라의 곳집은[倉] 심하게[甚] 텅 비고[虛], (문신들은) 수놓은[文] 비단옷을[綵] 입으며[服], (무신들은) 예리한[利] 칼을[劍] 허리에 차고[帶], (신하들은) 마시고[飮] 먹기를[食] 싫증낸다[厭]. 이것들을[是] {조정(朝廷)에 숨은} 큰 도둑이라[盜夸] 한다[謂]. (이는) 다스리는 도리가[道] 아닌 것[非]이로다[也哉]. 『노자(老子)』 53장(章)

註 "천하유도(天下有道) 소덕역대덕(小德役大德) 소현역대현(小賢役大賢) 소역대(小役大) 약역강(弱役强) 사이자천야(斯二者天也) 순천자존(順天者存) 역천자망(逆天者亡)." 천하에[天下] 정도가[道] (행해짐이) 있으면[有] 덕이 작은 사람이[小德] 덕이 큰 사람한테[大德] 부려지고[役],

현량함이 작은 사람이[小賢] 현량함이 큰 사람한테[大賢] 부려진다[役]. 천하에[天下] 정도가[道] (행해짐이) 없으면[無] 작은 나라가[小] 큰 나라한테[大] 부려지고[役], 약한 나라가[弱] 강한 나라한테[强] 부려진다[役]. 이[斯] 두 가지가[二者] 하늘이[天]이다[也]. 하늘을[天] 따르는[順] 쪽은[者] 살아남고[存], 하늘을[天] 거스르는[逆] 쪽은[者] 죽는다[亡].

여기 천(天)이란 무위자연(無爲自然)의 천(天)이 아니고 인의예악(仁義禮樂)의 천(天)이다.

『맹자(孟子)』「이루장구상(離婁章句上)」

註 "요살장자(堯殺長子) 순류모제(舜流母弟) 소척유륜호(疏戚有倫乎) 탕방걸(湯放桀) 무왕살주(武王殺紂) 귀천유의호(貴賤有義乎) 왕계위적(王季爲適) 주공살형(周公殺兄) 유자위사(儒者偏辭)." 요는[堯] 맏아들을[長子] 죽였고[殺] 순은[舜] 어머니와[母] 동생을[弟] 유배 보냈으니[流], 멀고[疏] 가까움에[戚] 질서가[倫] 있는 것[有]인가[乎]? 탕은[湯] 걸을[桀] 내쫓고[放] 무왕은[武王] 주를[紂] 죽였으니[殺], 귀천에[貴賤] 정의가[義] 있는 것[有]인가[乎]? 왕계는[王季] 적통이[適] 되었고[爲] 주공은[周公] 형을[兄] 죽였으니[殺], 장유에[長幼] 서열이[序] 있는 것[有]인가[乎]? 유자들은[儒者] 말을[辭] 거짓부렁한다[偏].

왕계위적(王季爲適)의 왕계(王季)는 주(周)나라 대왕(大王)의 서자(庶子)인 계력(季歷)인데도 왕이 됐고, 문왕(文王)의 부(父)이다. 적(適)은 적(嫡) 즉 맏아들로 통한다.

『장자(莊子)』「도척(盜跖)」

【보주(補註)】

● 〈부대대장착자(夫代大匠斲者) 희유불상기수의(希有不傷其手矣)〉를 〈부대대장지착자(夫代大匠之斲者) 희유불상대대장지수의(希有不傷代大匠之手矣)〉처럼 옮기면 문맥을 더 쉽게 잡을 수 있다. 〈무릇[夫] 도목수를[大匠] 대행해[代] 벤다는[斲] 자한테[者] 대장을[大匠] 대신한다는[代之] 손을[手] 다치지 않음은[不傷] 거의 없는 것[希有]이다[矣].〉

● 희유불상기수의(希有不傷其手矣)는 〈필유상기수(必有傷其手)〉를 강하게 밝힌 말씀이다. 희유불상기수의(希有不傷其手矣)는 〈부득천수(不得天壽)〉와 같다. 〈제[其] 손을[手] 상함이[傷] 반드시[必] 있다[有].〉 〈하늘이 준[天] 목숨을[壽] 누릴 수 없다[不得].〉

【해독(解讀)】

● 〈부대대장착자(夫代大匠斲者) 희유불상기수의(希有不傷其手矣)〉에서 부대대장착자(夫代大匠斲者)는 희(希)를 꾸며주는 부사구 노릇하고, 희(希)는 동사 노릇하고, 유(有)는 뜻 없는 어조사 노릇하며, 유불상기수(有不傷其手)는 희(希)의 주부 노릇하며, 의(矣)는 문미조사 노릇한다. 희유(希有)는 〈기무(幾無)〉와 같아

〈없을 무(無)〉에 가깝다. 〈부대대장착자한테는[夫代大匠斲者] 불상기수가[不傷其手] 있음은[有] 거의 없는 것[希]이다[矣].〉

● 유불상기수(有不傷其手)에서 유(有)는 영어의 동명사같이 노릇하고, 불상기수(不傷其手)는 유(有)의 주부(主部) 노릇한다. 불상기수(不傷其手)에서 불(不)은 상(傷)의 부정사(否定詞)이고, 상(傷)은 영어의 동명사처럼 구실하고, 기수(其手)는 상(傷)의 목적어 노릇한다. 〈기수를[其手] 불상함이[不傷] 있음[有]〉〈그[其] 손을[手] 상하지 않음[不傷]]

● 희유불상기수의(希有不傷其手矣)는 〈A희(希)B〉의 상용문이다. 희(希)는 〈없을 무(無)〉를 에둘러 밝힘이다. 희(希)는 〈드물 희(稀)·적을 소(少)〉 등과 같아 없음을 뜻한다. 〈A에는 B가 거의 없다[希].〉

귀생장(貴生章)

위세(威勢)의 위력(威力)으로 착민(搾民)하는 다스림이[治] 백성을 아사(餓死)로 몰아가는 원인임을 밝히는 장(章)이다. 상민(上民) 즉 백성[民] 위에 군림하여[上] 폭력을 휘둘러대고 백성의 생업을 짓눌러가며 온갖 정령(政令)으로 혹민(酷民)하는 재상자(在上者)는 백성을 사지로 몰아가는 호랑이보다 무서운 원수이다. 백성을 굶주리다가 죽어가게 하는 재상자(在上者)는 견강(堅强)만을 좇다가 필망(必亡)함을 단언하는 장(章)이다.

【원문(原文)】

民之饑는 以其上食稅之多라 是以饑이다 民之難治는 以
민 지 기   이 기 상 식 세 지 다   시 이 기   민 지 난 치   이

其上之有爲라 是以難治이다 民之輕死는 以其上求生之
기 상 지 유 위   시 이 난 치   민 지 경 사   이 기 상 구 생 지

厚라 是以輕死이다 夫唯無以生爲者는 是賢於貴生이니라
후   시 이 경 사   부 유 무 이 생 위 자   시 현 어 귀 생

백성의[民之] 굶주림은[饑] 그[其] 위가[上] 조세를[稅] 먹어치움이[食之]
많기[多] 때문이다[以]. 이렇기[是] 때문에[以] (백성이) 굶주린다[饑]. 백성
을[民之] 다스리기가[治] 어려움은[難] 백성의[其] 위가[上之] 인위를[爲]
취하기[有] 때문이다[以]. 이렇기[是] 때문에[以] {기상(其上)이 백성을} 다
스리기가[治] 어렵다[難]. 백성이[民之] 죽음을[死] 가벼이 함은[輕] 백성의
[其] 위가[上] 삶의[生之] 부귀영화를[厚] 구하기[求] 때문이다[以]. 이렇기
[是] 때문에[以] (백성은) 죽음을[死] 가벼이 한다[輕]. 무릇[夫] 오직[唯] 생
활을[生] 해가면서[以] 꾀함이[爲] 없는[無] 사람이[者] 삶을[生] (백성의 것
을 빼앗아) 호사스럽게 살려는 사람[貴]보다 더[於] 낫다[賢].

75-1 民之饑以其上食稅之多(민지기이기상식세지다) 是以
饑(시이기)

▶백성의[民之] 굶주림은[饑] 그[其] 위가[上] 조세를[稅] 먹어치움이
[食之] 많기[多] 때문이다[以]. 이렇기[是] 때문에[以] (백성이) 굶주
린다[饑].

백성 민(民), 조사(~의) 지(之), 굶주릴 기(饑), 때문이다 이(以), 그 기(其),
위 상(上), 먹을 식(食), 조세(租稅) 세(稅), 많을 다(多), 이 시(是),
때문에 이(以), 많을 다(多), 굶주릴 기(饑)

【지남(指南)】

〈민지기이기상식세지다(民之饑以其上食稅之多) 시이기(是以饑)〉는 폭치(暴治)

로 학민(虐民)하는 인위(人爲)의 치세(治世)로 말미암아 백성이 굶주림을[饑] 피하지 못하는 소이(所以)를 밝힌다. 기상(其上)의 식세(食稅)가 바로 백성을 기아로 몰아가는 까닭[所以]이다. 여기 〈기상(其上)〉은 백성[民] 위에 군림하는[上] 군왕(君王)과 삼공(三公)과 그 수하(手下) 등 착민(搾民)하는 무리를 말하고, 〈식세지다(食稅之多)〉는 상민(上民)의 무리들이 백성의 것을 착탈(搾奪)함이 가혹함이다. 〈식세(食稅)〉는 세금이란 명목으로 백성을 착취해서 사사로이 착복하는 상민층의 부패를 말한다. 이러한 식세(食稅)는 『맹자(孟子)』의 〈솔수식인(率獸食人)〉이다. 백성의 것을 짓눌러[搾] 빼앗아가는[奪] 식세(食稅)야말로 65장(章) **이지치국(以智治國) 국지적(國之賊)** 바로 그것이다.

인지(人智)로 치국(治國)하면 치자(治者)와 백성의 사귐을[交] 잘라버리고[折], 군왕과 백성의 친밀함을[親] 멀게 하여 백성을 해치는[賊] 짓이 빚어진다. 군왕과 백성 사이에 신하라는 지자(智者)의 무리가 끼어들어 그들이 부귀영화를 누리고자 착민(搾民)하여 세금을 가로채는 것이 〈식세지다(食稅之多)〉이다. 그래서 19장(章)에 〈절성기지(絕聖棄智) 절인기의(絕仁棄義)〉란 말씀이 나온다. 무위자연(無爲自然)의 현덕(玄德)은 인지(人智)를 끊어[絕]버린다[棄]. 그러나 인의예악(仁義禮樂)의 성지(聖智)는 현자(賢者)의 인지(人智)를 앞세워 치국(治國)하므로 현자(賢者)를 등용한다. 그런데 인지(人智)는 인욕(人欲)을 벗어나지 못해 〈총(摠)·영(佞)·첨(諂)·유(諛)·참(讒)·적(賊)·특(慝)·험(險)〉 등의 술수(術數)를 부리고, 〈도(叨)·탐(貪)·흔(很)·긍(矜)〉 등으로 사욕(私欲)을 채워 부귀영화를 누리게 치자(治者)의 무리를 유인한다. 이처럼 인지(人智)의 치국(治國)은 상민층에게 식세(食稅)의 부패를 자행하게 하므로 이지치국(以智治國)의 적(賊)인 식세(食稅)를 유가(儒家) 쪽도 묵과하지는 않는다.

인의(仁義)로 치국(治國)하면 식세(食稅)의 적(賊)을 막을[塞] 수 있다는 주장이 『맹자(孟子)』의 **공자지도(孔子之道)**이다. 그러나 이는 인욕(人欲)을 뿌리치지 못하는 인지(人智)로써 공자(孔子)의 치도(治道)가 시행되는 점을 묵과한 주장이다. 물론 양묵(楊墨)의 사설(邪說)들이 충색인의(充塞仁義), 즉 인의(仁義)를 틀어막아[充塞] 솔수식인(率獸食人), 즉 짐승을[獸] 몰아다[率] 백성을[人] 잡아먹는[食] 난세(亂世)가 빚어진다는 주장도 『맹자(孟子)』에 나온다. 인의(仁義)로 다스리는 길을

[道] 인지(人智)를 쓰는 신하에게 맡기면 식세(食稅)의 화(禍)가 고스란히 백성에게 미쳐[及] 백성은 굶주림을[饑] 면하지 못함은 53장(章) 도과(盜夸) 바로 그것이다.

백성의 굶주림[饑]이란 상민층 즉 백성[民] 위에서 군림하는[上] 무리가[層] 식세(食稅)의 대도(大盜)가 되어버림에 있음을 살펴 새기고 헤아려 깨우치게 하는 말씀이 〈민지기이기상식세지다(民之饑以其上食稅之多) 시이기(是以饑)〉이다.

▨ "양묵지도불식(楊墨之道不息) 공자지도부저(孔子之道不著) 시사설무민(是邪說誣民) 충색인의야(充塞仁義也) 인의충색(仁義充塞) 즉솔수식인(則率獸食人) 인장상식(人將相食) 오위차구(吾爲此懼) 한선성지도(閑先聖之道)." 양주와[楊] 묵적의[墨之] 도가[道] 그치지 않는다면[不息] 공자의[孔子之] 도가[道] 드러나지 못한다[不著]. 양묵의[是] 삿된[邪] 주장은[說] 백성을[民] 얕보고 업신여겨 속여서[誣] (백성한테) 인의를[仁義] 완전히[充] 막아버릴 것[塞]이다[也]. 인의가[仁義] 완전히[充] 막힌다면[塞] 곧장[則] 짐승을[獸] 몰아다가[率] 사람을[人] 잡아먹게 하고[食], 급기야[將] 사람들이[人] 서로[相] 잡아먹게 될지라[食], 나는[吾] 이[此] 때문에[爲] 두려워해[懼] 돌아가신[先] 성인의[聖之] 도를[道] 지킨다[閑].

양묵(楊墨)은 겸애(兼愛)를 주장한 양주(楊朱)와 자애(自愛)를 주장한 묵적(墨翟)이고, 한(閑)은 여기선 〈지킬 수(守)〉와 같다.   『맹자(孟子)』「등문공장구하(騰文公章句下)」

▨ "이지치국(以智治國) 국지적(國之賊) 불이지치국(不以智治國) 국지복(國之福) 지차양자(知此兩者) 역계식(亦稽式)." 인간의 지혜로[智] 써[以] 나라를[國] 다스림은[治] 나라의[國之] 해침이고[賊], 인간의 지혜로[智] 써[以] 나라를[國] 다스리지 않음은[不治] 나라의[國之] 행복이다[福]. 이[此] 두[兩] 가지를[者] 아는[知] 것이[者] 역시[亦] (치국의) 예나 지금이나 변함없는[稽] 법식이다[式].   『노자(老子)』 65장(章)

▨ "비기사이사지(非其事而事之) 위지총(謂之摠) 막지고이진지(莫之顧而進之) 위지영(謂之佞) 희의도언(希意道言) 위지첨(謂之諂) 불택시비이언(不擇是非而言) 위지유(謂之諛) 호언인지악(好言人之惡) 위지참(謂之讒) 석교리친(析交離親) 위지적(謂之賊) 칭예사위이패악인(稱譽詐僞以敗惡人) 위지특(謂之慝) 불택선부(不擇善否) 양용협적(兩容頰適) 투발기소욕(偸拔其所欲) 위지험(謂之險) 차팔자자(此八疵者) 외이란인(外以亂人) 내이상신(內以傷身) 군자불우(君子不友) 명군불신(明君不臣) 소위사환자(所謂四患者) 호경대사(好經大事) 변경역상(變更易常) 이계공명(以挂功名) 위지도(謂之叨) 전지천사(專知擅事) 침인자용(侵人自用) 위지탐(謂之貪) 견과불경(見過不更) 문간투심(聞諫愈甚) 위지흔(謂之很) 인동어기이가(人同於己而可) 부동어기(不同於己) 수선불선(雖善不善) 위지긍(謂之矜) 차사환야(此四患也)." 제 일도[其事] 아닌데[非而] 그 일을[之] 하는 짓[事] 그것을[之] 총이라[摠] 하고[謂], (임금이) 자기를[之] 돌아보지도 않는데[不顧而] 임금에게[之] 진언하는 짓[進] 그것을[之] 영이라[佞] 하며[謂], 마음에[意] 없이[希] 말을[言] 발설하는 짓[道] 그것을[之] 첨이라[諂] 하고[謂], 옳고[是] 그름을[非] 가리지 않고서[不擇而] 말하는

짓[言] 그것을[之] 유라[諛] 하며[謂], 남의[人之] 결함을[惡] 말하기를[言] 좋아하는 짓[好] 그것을[之] 참이라[讒] 하고[謂], 남의 사귐을[交] 쪼개거나[析] 친한 사이를[親] 멀어지게 하는 짓[離] 그것을[之] 적이라[賊] 하며[謂], 찬사를[譽] 올리며[稱] 거짓말[詐] 거짓부령으로[僞]써[以] 남을[人] 못되게 하는 짓[敗惡] 그것을[之] 특이라[慝] 하고[謂], 선인지[善] 아닌지[否] 가리지 않고[不擇] 양쪽을[兩] 다 받아들여[容] 함께[頰] 맞추어주면서[適] 상대가[其] 바라는[欲] 바를[所] 훔쳐[偸] 빼내는 짓[拔] 그것을[之] 험이라[險] 한다[謂]. 이[此] 여덟 가지[八] 허물이란[疵] 것은[者] 밖으로[外]써는[以] 남을[人] 어지럽히고[亂], 안으로[內]써는[以] 자신을[身] 해친다[傷]. {이 팔자(八疵)를} 군자는[君子] 벗삼지 않고[不友], 명군은[名君] 신하로 삼지 않는다[不臣]. 네 가지[四] 걱정거리라[患] 일컫는[謂] 바의[所] 것이란[者], 큰일을[大事] 치르기를[經] 좋아하고[好] 변함없는 것을[常] 변경하고[變更] 바꿈으로[易]써[以] 공명을[功名] 내거는 짓[挂] 그것을[之] 도라[叨] 하고[謂], 지식을[知] 휘둘러[專] 일을[事] 멋대로 하고[擅] 남의 것을[人] 빼앗아[侵] 제 것으로[自]써버리는 짓[用] 그것을[之] 탐이라[貪] 하며[謂], 잘못을[過] 보고서도[見] 고치지 않고[不更] 바른 말을[諫] 듣고서도[聞] 더욱 더[愈] 심해지는 짓[甚] 그것을[之] 흔이라[很] 하고[謂], 남이 자기와[於己] 의견을 같이하면[同而] 좋다 하고[可] 자기와[於己] 같지 않으면[不同] 좋을지라도[雖善] 좋지 않다고 하는 짓[不善] 그것을[之] 긍이라[矜] 한다[謂]. 이것들이[此] 네 가지[四] 걱정거리[患]이다[也].

　　총(摠)은 〈넘칠 남(濫)〉과 같고, 협(頰)은 〈함께 겸(兼)〉과 같고, 투(偸)는 〈훔칠 도(盜)·몰래 암(暗)〉 등과 같고, 발(拔)은 〈취할 취(取)〉와 같고, 괘(挂)는 〈걸 괘(卦)〉와 같고, 도(叨)는 〈욕심이 넘칠 도(饕)〉와 같다. 　　　　　　　　　　　『장자(莊子)』 「어부(漁父)」

註　 "복문채(服文綵) 대리검(帶利劍) 염음식(厭飮食) 화재유여(貨財有餘) 시위도과(是謂盜夸)." {문신(文臣)들은} 수놓아 화려한 옷을[文綵] 입으며[服], {무신(武臣)들은} 예리한[利] 칼을[劍] 허리에 차고[帶], (신하들은) 마시고[飮] 먹기를[食] 싫증내고[厭], 재화라면[貨財] 넘쳐 남음이[餘] 있다[有]. 이것들을[是] {조정(朝廷)에 있는} 큰 도둑들이라[盜夸] 한다[謂].

『노자(老子)』 53장(章)

【보주(補註)】

● 〈민지기이기상식세지다(民之饑以其上食稅之多) 시이기(是以饑)〉를 〈민지기이민지상지식세지다(民之饑以民之上之食稅之多) 시이(是以) 기민위기어민지상(其民爲饑於民之上)〉처럼 옮기면 문맥을 더 쉽게 잡을 수 있다. 〈백성의[民] 굶주림은[饑] 백성의[民之] 위에 것들이[上之] 조세를[稅] 착복함이[食] 많기[多] 때문이다[以]. 이렇기[是] 때문에[以] 그[其] 백성은[民] 백성의[民之] 위에 것들에[上之] 의해서[於] 굶주림을 당한다[爲饑].〉

● 기상식세지다(其上食稅之多)의 기상(其上)은 인위(人爲)로 치민(治民)하는 군후(君侯)와 삼공(三公) 등 상민층을 일컫고, 식세(食稅)는 상민(上民)의 무리가

가혹하게[苛] 세(稅)를 거두어[斂] 탄흘(呑吃) 즉 먹어치우고도[呑] 께름칙해 하지 않는[吃] 상민(上民)의 도과(盜夸) 즉 백성[民] 위에 군림하면서[上] 도둑질을 [盜] 과시함[夸]이다.

- 민지기(民之饑)의 기(饑)가 〈기(飢)〉로 된 본(本)도 있다. 〈굶주릴 기(饑)·기(飢)〉인지라 문의(文意)가 달라지는 것은 아니다.

【해독(解讀)】

- 〈민지기이기상식세지다(民之饑以其上食稅之多) 시이기(是以饑)〉는 두 문장이 이어진 중문(重文)이다. 〈백성의[民] 기아는[饑] 백성의[其] 위에 것들이[上] 세금을[稅] 먹어치움이[食之] 많기[多] 때문이다[以]. 이렇기[是] 때문에[以] (백성이) 굶주린다[饑].〉

- 민지기이기상식세지다(民之饑以其上食稅之多)에서 민지기(民之饑)는 주부(主部) 노릇하고, 이(以)는 동사 노릇하며, 기상식세지(其上食稅之)는 다(多)를 꾸며주는 형용사구 노릇하고, 다(多)는 이(以)의 목적어 노릇한다. 기(饑)는 〈굶주릴 기(飢)·아(餓)〉 등과 같고 기아(饑餓)의 줄임말로 여기면 되고, 이(以)는 〈때문이다 인(因)〉과 같다. 〈백성의[民] 굶주림은[饑] 그[其] 위가[上] 세를[稅] 먹음이[食之] 많기[多] 때문이다[以].〉

- 민지기이기상식세지다(民之饑以其上食稅之多)는 〈A이(以)B〉의 상용문이다. 〈A는 B 때문이다[以].〉

- 기상식세지다(其上食稅之多)는 〈다(多)A지위(之爲)B〉의 구문을 〈A지위(之爲)B지다(之多)〉의 구로 바꾸는 상용 예이다. 〈A가[A之] B를 함이[爲] 많다[多].〉 〈A가[A之] B를 함이[爲之] 많음[多]〉

- 시이기(是以饑)는 〈시이(是以) 민기(民饑)〉에서 주어 노릇할 민(民)을 생략한 구문이다. 시이기(是以饑)에서 시이(是以)는 기(饑)를 꾸며주는 부사구 노릇하고, 기(饑)는 주어가 생략됐지만 동사 노릇한다. 시이(是以)는 〈시고(是故)·인시(因是)〉 등과 같다. 〈이렇기[是] 때문에[以] (백성이) 굶주린다[饑].〉

75-2 民之難治以其上之有爲(민지난치이기상지유위) 是以難治(시이난치)

▶백성을[民之] 다스리기가[治] 어려움은[難] 백성의[其] 위가[上之] 인위를[爲] 취하기[有] 때문이다[以]. 이렇기[是] 때문에[以] {기상(其上)이 백성을} 다스리기가[治] 어렵다[難].

백성 민(民), 조사(~의) 지(之), 어렵게 할 난(難), 다스릴 치(治), 때문이다 이(以), 그 기(其), 위 상(上), 취할 유(有), 하고자 할 위(爲), 이 시(是), 때문에 이(以)

【지남(指南)】

〈민지난치이기상지유위(民之難治以其上之有爲) 시이난치(是以難治)〉는 인위(人爲)의 치세(治世)로는 백성을[民] 다스리기가[治] 어려움을[難] 밝힌다. 〈기상지유위(其上之有爲)〉의 유위(有爲)가 바로 백성[民] 다스리기를[治] 어렵게 하는 까닭이다. 유위(有爲)는 인위(人爲)를 말한다. 인지(人智)·인욕(人欲)으로 꾀함이[爲] 있음[有]이 유위(有爲)·인위(人爲)이고, 그러한 꾀함[爲] 즉 작위(作爲)가 없음[無]이 무위(無爲)이다. 기상지유위(其上之有爲)는 상민층이 유위(有爲)로 치민(治民)함이니, 65장(章) 〈이지치국(以智治國)〉 즉 사람의 지혜로[智] 나라를[國] 다스림[治]이다. 인지(人智)로써[以] 나라를[國] 다스림은[治] 온갖 정령(政令)을 남발하여 백성을[民] 다지려고[齊] 한다. 사람의 지혜로[智] 다스림[治]은 군후(君侯)가 거현임지(擧賢任知) 즉 현인을[賢] 등용해서[擧] 식자에게[知] 정사를 맡기면서[任] 군후가 지술(智術) 즉 지혜라는 이름으로 술수을 과용하고 유위(有爲)로 치민(治民)하는 것이다. 이런 유위(有爲)는 16장(章) **부지상(不知常) 망작흉(妄作凶)**으로 이어진다.

유위(有爲)는 부지상(不知常) 즉 상도(常道)의 조화가 한결같음을[常] 알지 못함에서[不知] 빚어지는 사람의 짓이다. 부지상(不知常)하면 인욕(人欲)에 사로잡혀 재앙을[凶] 망령되게[妄] 짓는다[作]. 인지(人智)의 과용이 불러오는 유위(有爲)의 인재(人災)를 막기 위해서는 19장(章) 〈절성기지(絶聖棄智) 절인기의(絶仁棄義) 절교기리(絶巧棄利)〉 하라고 단언한다. 설령 명군(明君)이라 할지라도 유위(有爲)를 끊어[絶]버리지[棄] 못할수록 거현임지(擧賢任知)에 더욱 매달리게 되고, 그럴수록 식세(食稅)의 도과(盜夸)가 빚어지기 쉬운지라, 군후(君侯)가 백성을 아끼는

[愛] 쪽보다 상현(尙賢) 즉 지혜를 많이 갖춘 현인을[賢] 아끼고 받들려[尙] 한다. 그러면 세상은 너도나도 현자(賢者)로 등용되고자 상쟁(相爭)한다. 그래서 3장(章) **불상현(不尙賢) 사민부쟁(使民不爭)**이란 말씀이 나온다.

　백성으로 하여금 서로 다투지 않게 하려면 현인을[賢] 높이지 않아야[不尙] 하고, 그러자면 유위(有爲)의 치국(治國)부터 끊어야 한다. 군후(君侯)가 거현(擧賢)할수록 백성은 서로 어긋나기를[軋] 일삼고, 군후(君侯)가 임지(任知)할수록 사람들은 서로 남의 지식을 훔치기를[盜] 마다하지 않아 백성 돌보기는 뒤로 밀린다. 그럴수록 백성은 더욱 굶주림에 시달리는 쪽으로 몰려 백성을[民] 다스리기가[治] 어려워진다[難]. 그러므로 난치민(難治民)은 치자(治者)의 무리가 범하는 유위(有爲)의 다스림[治] 때문임을 살펴 새기고 헤아려 깨우치게 하려는 말씀이 〈민지난치이기상지유위(民之難治以其上之有爲) 시이난치(是以難治)〉이다.

註　"부지상(不知常) 망작흉(妄作凶)." {상도(常道)의} 한결같음을[常] 모르면[不知] 망령되어[妄] 재앙을[凶] 짓는다[作].　　　　　　　　　　　　　　　　　『노자(老子)』16장(章)

註　"불상현(不尙賢) 사민부쟁(使民不爭) 불귀난득지화(不貴難得之貨) 사민불위도(使民不爲盜) 불현가욕(不見可欲) 사심불란(使心不亂)." 현능(賢能)을[賢] 높이지 않아[不尙] 백성으로[民] 하여금[使] 다투지 않게 하고[不爭], 얻어갖기[得] 힘든[難之] 재물을[貨] 소중히 여기지 않아[不貴] 백성으로[民] 하여금[使] 도둑질당하지 않게 하며[不爲盜], 가히[可] 하고자 함을[欲] 드러내지 않게 하여[不見] 마음으로[心] 하여금[使] 어지럽히지 않게 한다[不亂].　　　『노자(老子)』3장(章)

【보주(補註)】

● 〈민지난치이기상지유위(民之難治以其上之有爲) 시이난치(是以難治)〉를 〈민지상지난치민이민지상지유위(民之上之難治民以民之上之有爲) 시이민지상난치민(是以民之上難治民)〉처럼 옮기면 문맥을 더 쉽게 잡을 수 있다. 〈백성의[民之] 위가[上之] 백성을[民] 다스리기[治] 어려움은[難] 백성의[民之] 위가[上之] 유위하기[有爲] 때문이다[以]. 이렇기[是] 때문에[以] 백성의[民之] 위가[上之] 백성을[民] 다스리기[治] 어렵다[難].〉

● 민지난치이기상지유위(民之難治以其上之有爲)의 유위(有爲)는 〈유인위(有人爲)〉 또는 〈유작위(有作爲)〉의 줄임이다. 유위(有爲)의 유(有)는 〈취할 취(取)〉와 같다. 〈인위를[人爲] 취하다[有].〉〈인위를[人爲] 취함[有]〉

【해독(解讀)】

- 〈민지난치이기상지유위(民之難治以其上之有爲) 시이난치(是以難治)〉는 두 구 문으로 이루어진 중문(重文)이다. 〈민지난치는[民之難治] 기상이[其上之] 유위 하기[有爲] 때문이다[以]. 시이에[是以] 치가[治] 어렵다[難].〉

- 민지난치이기상지유위(民之難治以其上之有爲)에서 민지난치(民之難治)는 주부 (主部) 노릇하고, 이(以)는 동사 노릇하며, 기상지(其上之)는 유위(有爲)를 꾸며 주는 형용사구 노릇하고, 유위(有爲)는 이(以)의 목적구 노릇한다. 이(以)는 〈때 문일 인(因)〉과 같다. 〈백성을[民之] 다스리기[治] 어려움은[難] 그[其] 위가[上] 유위하기[有爲] 때문이다[以].〉

- 민지난치이기상지유위(民之難治以其上之有爲)는 〈A이(以)B〉의 상용문이다. 〈A는 B 때문이다[以].〉

- 기상지유위(其上之有爲)는 〈A유(有)B〉의 구문을 〈A지유(之有)B〉의 구로 바꾸 는 상용의 예이다. 〈A유(有)B〉에서 유(有)를 문맥에 따라 〈있을 유(有)〉 동사로 새겨도 되고, 〈가질 유(有)〉 동사로 여겨도 된다. 〈A에 B가 있다[有].〉〈A가 B 를 갖는다[有].〉〈A가[A之] B를 가짐[有]〉〈A에[於] B가 있음[有]〉

- 시이난치(是以難治)는 〈시이(是以) 기상난치민(其上難治民)〉에서 주어 노릇할 기상(其上)과, 치(治)의 목적어 노릇할 민(民)을 생략한 구문이다. 시이난치(是 以難治)에서 시이(是以)는 난(難)을 꾸며주는 원인의 부사구 노릇하고, 난(難)은 주어와 목적어가 생략됐지만 동사 노릇하고, 치(治)는 목적어 노릇한다. 시이 (是以)는 〈시고(是故)·인시(因是)〉 등과 같다. 물론 난치(難治)에서 치(治)를 난 (難)의 주어로 새겨도 된다. 〈이렇기[是] 때문에[以] {기상(其上)이 백성을} 다스 리기를[治] 어렵게 한다[難].〉〈이렇기[是] 때문에[以] {기상(其上)한테 백성을} 다스리기가[治] 어렵다[難].〉

75-3 民之輕死以其上求生之厚(민지경사이기상구생지후) 是以輕死(시이경사)

▶백성이[民之] 죽음을[死] 가벼이 함은[輕] 백성의[其] 위가[上] 삶

의[生之] 부귀영화를[厚] 구하기[求] 때문이다[以]. 이렇기[是] 때문에[以] (백성은) 죽음을[死] 가벼이 한다[輕].

【지남(指南)】

〈민지경사이기상구생지후(民之輕死以其上求生之厚) 시이경사(是以輕死)〉는 치자(治者)의 무리가 자행하는 학정(虐政)을 견디지 못해 백성이[民] 삶을 저버림을 밝힌다. 군후(君侯)가 59장(章) 국지모(國之母)가 되지 않고 식세(食稅)를 일삼는 도둑의 우두머리가[盜夸] 되면, 군후와 신하의 무리는 〈구생지후(求生之厚)〉를 위해 나라의 모든 것을 훔치는 도둑떼[群盜]이고, 백성은 굶주림에서 헤어나지 못한다.

군후와 신하의 무리가 추구하는[求] 〈생지후(生之厚)〉는 74장(章) 〈식세지다(食稅之多)〉와 53장(章) 염음식(厭飮食) 화재유여(貨財有餘)를 상기시킨다. 백성은 굶주리는데 상민층은 먹고 마실 거리가 넘쳐나 염증을 내고[厭飮食], 돈과 재물이 넘쳐나[財貨有餘] 군림하는 군왕과 신하의 무리들은 부귀영화를 누림이 생지후(生之厚)의 후(厚)이다. 〈구생지후(求生之厚)〉를 일삼는 군왕은 백성의 것을 훔치는 도둑떼의 우두머리일 뿐, 그가 설령 인의(仁義)로 치국(治國)하려 해도 신하들은 인의(仁義)마저도 훔친다. 그래서 『장자(莊子)』에 위지인의이교지(爲之仁義以矯之) 병여인의이절지(竝與仁義而竊之)란 말이 나온다. 군왕이 인의를[仁義] 펼쳐[爲] 그것으로[之]써[以] 백성을[之] 바로잡으려 하면[矯] 부귀영화를 탐하는 신하의 무리가 곧장[則] 그 인의(仁義)마저 통째로[竝與而] 훔치고[竊] 명군(明君)을 암군(暗君)으로 둔갑시켜버린다.

식세(食稅)하여 부귀영화를 추구하는 구생지후(求生之厚)의 무리가 활개치는 천하에서 백성은 굶주림에 시달리고 견디지 못해 차라리 죽기를[死] 가벼이 하는[輕] 난세(亂世)가 빚어짐을 살펴 새기고 헤아려 깨우치게 하는 말씀이 〈민지경사이기상구생지후(民之輕死以其上求生之厚) 시이경사(是以輕死)〉이다.

註 "유국지모가이장구(有國之母可以長久)." 나라의[國之] 어머니가[母] 있음으로[有]써[以] (그 나라는) 장구할[長久] 수 있다[可]. 『노자(老子)』59장(章)

註 "복문채(服文綵) 대리검(帶利劍) 염음식(厭飮食) 화재유여(貨財有餘) 시위도과(是謂盜夸)." {문신(文臣)들은} 수놓아 화려한 옷을[文綵] 입으며[服], {무신(武臣)들은} 예리한[利] 칼을[劍] 허리에 차고[帶], (신하들은) 마시고[飮] 먹기를[食] 싫증내고[厭], 재화라면[貨財] 넘쳐 남음이[餘] 있다[有]. 이것들을[是] {조정(朝廷)에 있는} 큰 도둑들이라[盜夸] 한다[謂]. 『노자(老子)』53장(章)

註 "위지두곡이량지(爲之斗斛以量之) 즉병여두곡이절지(則竝與斗斛而竊之) 위지권형이칭지(爲之權衡以稱之) 즉병여권형이절지(則幷與權衡而竊之) 위지부새이신지(爲之符璽以信之) 즉병여부새이절지(則幷與符璽而竊之) 위지인의이교지(爲之仁義以矯之) 즉병여인의이절지(則幷與仁義而竊之)." 되를[斗斛] 만들어[爲] 그것으로[之]써[以] 용량을 재려고 하면[量之] 곧장[則] 그 되를[斗斛] 통째로[竝與而] 훔쳐버리고[竊之], 저울을[權衡] 만들어[爲] 그것으로[之]써[以] 무게를 달려고 하면[稱之] 곧장[則] 그 저울을[權衡] 통째로[幷與而] 훔쳐버리며[竊之], 어음이나[符] 증서를[璽] 만들어[爲] 그것으로[之]써[以] 믿음을 갖게 하면[信之] 곧장[則] 그 어음과 증서를[符璽] 통째로[幷與而] 훔쳐버리고[竊之], 인의를[仁義] 펼쳐[爲] 그것으로[之]써[以] 바로잡으려 하면[矯之] 곧장[則] 그 인의를[仁義] 통째로[幷與而] 훔쳐버린다[竊之]. 『장자(莊子)』「거협(胠篋)」

【보주(補註)】

● 〈민지경사이기상구생지후(民之輕死以其上求生之厚) 시이경사(是以輕死)〉를 〈민지경사이민지상지구기생지후(民之輕死以民之上之求己生之厚) 시이(是以) 민경사(民輕死)〉처럼 옮기면 문맥을 더 쉽게 잡을 수 있다. 〈백성이[民之] 죽기를[死] 가벼이 함은[輕] 백성의[民之] 위가[上之] 자기들[己] 삶의[生之] 부귀영화를[厚] 구하기[求] 때문이다[以]. 이렇기[是] 때문에[以] 백성은[民] 죽기를[死] 가벼이 한다[輕].〉

● 기구생지후(其求生之厚)를 〈군후지구생지후(君侯之求生之厚)〉로 여기면 문의(文意)가 더 분명해지고, 생지후(生之厚)의 후(厚)는 〈사치할 사(奢)〉와 같아 후사(厚奢)의 줄임말로 여기면 된다. 후(厚)는 부귀영화를 말한다. 〈임금이[君侯之] 삶의[生之] 부위영화를[厚] 구하기[求]〉

【해독(解讀)】

● 〈민지경사이기상구생지후(民之輕死以其上求生之厚) 시이경사(是以輕死)〉는 두 문장으로 이루어진 중문(重文)이다. 〈민지경사는[民之輕死] 그것이[其] 생지후를

[生之厚] 구하기[求] 때문이다[以]. 이[是] 때문에[以] 죽기를[死] 가벼이 한다[輕].〉

- 민지경사이기상구생지후(民之輕死以其上求生之厚)에서 민지경사(民之輕死)는 주부(主部) 노릇하고, 이(以)는 동사 노릇하며, 기구생지(其求生之)는 후(厚)를 꾸며주는 형용사구 노릇하고, 후(厚)는 이(以)의 목적어 노릇한다. 이(以)는 〈때문일 인(因)〉과 같다. 〈백성이[民之] 죽기를[死] 가벼이 함은[輕] 그[其] 위가[上] 삶의[生之] 부귀영화를[厚] 구하기[求] 때문이다[以].〉

- 민지경사이기상구생지후(民之輕死以其上求生之厚)는 〈A이(以)B〉의 상용문이다. 〈A는 B 때문이다[以].〉

- 시이경사(是以輕死)는 〈시이(是以) 민경사(民輕死)〉에서 주어 노릇할 민(民)을 생략한 구문이다. 시이경사(是以輕死)에서 시이(是以)는 경(輕)을 꾸미는 부사구 노릇하고, 경(輕)은 주어가 생략됐지만 동사 노릇하고, 사(死)는 경(輕)의 목적어 노릇한다. 시이(是以)는 〈시고(是故)・인시(因是)〉 등과 같다. 〈이렇기[是] 때문에[以] (백성은) 죽기를[死] 가벼이 한다[輕].〉

75-4 夫唯無以生爲者(부유무이생위자) 是賢於貴生(시현어귀생)

▶무릇[夫] 오직 [唯] 생활을[生] 해가면서[以] 꾀함이[爲] 없는[無] 사람이[者] 삶을[生] (백성의 것을 빼앗아) 호사스럽게 살려는 사람 [貴]보다 더[於] 낫다[賢].

> 무릇 부(夫), 오직 유(唯), 없을(않을) 무(無), 할 이(以), 삶 생(生),
> 꾀할 위(爲), 사람 자(者), 이 시(是), 나을 현(賢), 조사(~보다 더) 어(於),
> 귀히 할 귀(貴)

【지남(指南)】

〈부유무이생위자(夫唯無以生爲者) 시현어귀생(是賢於貴生)〉은 이 장(章)을 총결(總結)한다. 무위(無爲)의 삶은 심신을 편안하게 하지만, 인위(人爲)의 삶은 몸을[身] 편하게는 할지언정 마음[心]은 불편하게 한다. 명성과 부귀영화는 상쟁(相爭)

하여 얻으므로 승인(勝人)하려는 속셈을 버릴 수 없는 것이 〈귀생(貴生)〉이다. 귀생(貴生)의 귀(貴)는 〈구생지후(求生之厚)〉의 후(厚)와 같다. 따라서 귀생(貴生) 역시 부귀영화의 삶을 누림을 뜻한다. 귀생(貴生)하자면 군후(君侯)와 신하들은 〈식세지다(食稅之多)〉를 서슴지 않는다. 군후와 그 무리인 상민층이 백성을 짓눌러 거둔 세금을[稅] 가로채[食] 부귀영화를 누리고자 할수록 백성은 그들의 가렴(苛斂)을 피할 수 없으니, 귀생(貴生)은 상민층이 저지르는 가렴(苛斂) 즉 가혹하게[苛] 거두어들이는[斂] 짓을 뜻한다.

조정(朝廷)이 도과(盜夸)가 되지 않으려면 귀생(貴生)을 절기(絶棄)하고 무위지생(無爲之生)으로 돌아와야 함을 에둘러 밝힌 말씀이 〈부유무이생위자(夫唯無以生爲者) 시현어귀생(是賢於貴生)〉이다. 무이생위(無以生爲) 즉 생활을[生] 함에[以] 꾀함이[爲] 없음[無]은 19장(章) 소사과욕(少私寡欲)을 말한다. 그러므로 무이생위(無以生爲)의 위(爲)는 소사(少私)하지 않고 다사(多私)하고, 과욕(寡欲)하지 않고 과욕(過欲)하고자 꾀함[爲]이다. 다사(多私)함이[爲] 없고[無] 과욕(過欲)함이[爲] 없는[無] 삶이 곧 무위(無爲)의 삶이니, 이를 실행하려면 무엇보다 먼저 사사로움을[私] 줄이고[少] 사욕(私欲)을 줄여야[寡] 한다. 이러한 무위(無爲)의 생활을 행하자면 견소(見素) 즉 자연을[素] 살펴[見] 그냥 있는 그대로를[樸] 지켜가는[抱] 삶을 택하고, 귀생(貴生)을 절기(絶棄)해야 한다. 그래서 28장(章)에 복귀어박(復歸於樸)이란 말씀이 나온다.

자연으로[於樸] 돌아와[復歸] 자연(自然)을 본받고[法] 살아감이 무이생위자(無以生爲者)이다. 군후와 신하의 무리가 귀생(貴生)인 부귀영화의 삶[貴生]을 버리는 순간 식세(食稅)의 착민(搾民)을 범하지 않게 됨을 살펴 새기고 헤아려 깨우치게 하는 말씀이 〈부유무이생위자(夫唯無以生爲者) 시현어귀생(是賢於貴生)〉이다.

註 "견소포박(見素抱樸) 소사과욕(少私寡欲)." 그냥 있는 그대로를[素] 살피고[見] 그냥 있는 그대로를[樸] 간직해 지키며[抱], 제 몫을[私] 적게 하고[少] 욕망을[欲] 적게 한다[寡].

『노자(老子)』 19장(章)

註 "위천하곡(爲天下谷) 상덕내족(常德乃足) 복귀어박(復歸於樸)." 세상의[天下] 골짜기가[谷] 되니[爲] 상덕이[常德] 이내[乃] 만족돼[足] 나뭇등걸(자연)로[於樸] 되[復]돌아온다[歸].

『노자(老子)』 28장(章)

【보주(補註)】

● 〈부유무이생위자(夫唯無以生爲者) 시현어귀생(是賢於貴生)〉을 〈부유이생무위
지인현어귀생지인(夫唯以生無爲之人賢於貴生之人)〉처럼 옮기면 문맥을 더 쉽
게 잡을 수 있다. 〈무릇[夫] 오직[唯] 삶으로[生]써[以] 작위가[爲] 없는[無之] 사
람이[人] 삶을[生] 부귀영화로 누리려는[貴之] 사람[人]보다 더[於] 낫다[賢].〉

● 부유무이생위자(夫唯無以生爲者)에서 이생(以生)은 〈경영생활(經營生活)〉과 같
다. 〈생활을[生活] 경영해가면서[經營]〉

【해독(解讀)】

● 〈부유무이생위자(夫唯無以生爲者) 시현어귀생(是賢於貴生)〉에서 부유무이생위
자(夫唯無以生爲者)는 주절(主節) 노릇하고, 시(是)는 부유무이생위자(夫唯無以
生爲者)를 묶어 나타내는 지시어 노릇하며, 현(賢)은 동사 노릇하고, 어귀생(於
貴生)은 부사구 노릇한다. 부유무이생위자(夫唯無以生爲者)의 이(以)는 〈기를 양
(養) · 지켜갈 위(衛)〉 등과 같고, 시현어귀생(是賢於貴生)의 현(賢)은 〈나을 승
(勝) · 우(優)〉 등과 같고, 어귀생(於貴生)의 어(於)는 비교급으로 〈보다 더 어(於)〉
노릇하고, 여기 귀생(貴生)은 〈귀생자(貴生者)〉에서 되풀이되는 자(者)는 생략되
었으므로 귀생(貴生)을 귀생자(貴生者)로 새기면 문의(文義)가 분명해진다. 〈무
릇 오로지[夫唯] 생활을[生] 영위해가면서[以] 꾀함이[爲] 없는[無] 사람[者], 이
사람이[是] 삶을[生] 부귀영화로 누리려고 하는 사람[貴]보다 더[於] 낫다[賢].〉

● 부유무이생위자(夫唯無以生爲者)는 〈위(爲)A자(者)〉의 상용구이다. 〈위(爲)A자
(者)〉의 자(者)를 〈지인(之人)〉을 줄인 자(字)로 여기고 〈위(爲)A지인(之人)〉으로
새겨도 되고, 〈위(爲)A자(者)〉의 자(者)를 〈지물(之物)〉을 줄인 자(字)로 여기고
〈위(爲)A지물(之物)〉로 새겨도 된다. 여기선 지인(之人)을 줄인 〈사람 자(者)〉로
새겼다. 〈A를 하는[爲] 사람[者] · A를 하는[爲] 것[者]〉 〈A를 하는[爲之] 사람
[人] · A를 하는[爲之] 것[物]〉

892

老子◉제75장

76

老子
之言

유약장(柔弱章)

　살아 있는 온갖 것들을 통하여 유약(柔弱)은 삶[生]이고, 견강(堅强)은 죽음[死]임을 밝히는 장(章)이다. 굳고[堅] 강함[强]은 목숨을 가진 것들로 하여금 생기(生機) 즉 살게[生] 하는 조화를[機] 잃게[失] 하고, 부드럽고[柔] 연약함[弱]은 생기(生機)를 충만하게 함을 인간과 초목을 통하여 밝힌다.

　태풍이 불면 거목(巨木)은 부러져 죽고 청초(靑草)는 살아남는 까닭을 밝혀 유약(柔弱)은 생지도(生之徒) 즉 사는[生之] 무리[徒]이고, 견강(堅强)은 사지도(死之徒) 즉 죽는[死之] 무리[徒]임을 밝힌다. 이로써 인간은 살아가면서 유약(柔弱)을 받들고 견강(堅强)을 멀리해야 하니, 〈유약승강강(柔弱勝剛强)〉의 설(說)을 다시금 36장(章), 43장(章) 그리고 78장(章)을 아울러 환기시키면서, 유약(柔弱)과 견강(堅强)을 통하여 생사(生死)를 깨닫게 하는 장(章)이다.

【원문(原文)】

人之生也에 柔弱하고 其死也에 堅强하며 萬物草木之生
인지생야   유약   기사야   견강   만물초목지생
也에 柔脆하고 其死也에 枯槁라 故로 堅强者는 死之徒요
야   유취   기사야   고고   고   견강자   사지도
柔弱者는 生之徒니라 是以로 兵强則滅하고 木强則折하며
유약자   생지도   시이   병강즉멸   목강즉절
强梁者不得其死하고 强大는 處下하고 柔弱은 處上하니라
강량자부득기사   강대   처하   유약   처상

사람의 몸이[人之] 태어남[生]이란[也] 부드럽고[柔] 연약하다[弱]. (그러나)
그 몸의[其] 죽음[死]이란[也] 굳고[堅] 강하다[强]. 모든[萬物] 푸나무의[草
木之] 태어남[生]이란[也] 부드럽고[柔] 연약하나[脆], 그[其] 죽음[死]이란
[也] 메말라 딱딱하다[枯槁]. 그러므로[故] 딱딱하고[堅] 굳은[强] 것들은[者]
죽음의[死之] 무리에 들고[徒], 부드럽고[柔] 연약한[弱] 것들은[者] 삶의[生
之] 무리에 든다[徒]. 이렇기[是] 때문에[以] 병력이[兵] 강하면[强] 곧[則] 멸
망하고[滅], 나무가[木] 강하면[强] 곧[則] 꺾인다[折]. 강포한[强梁] 자는[者]
제[其] {천수(天壽)의} 죽음을[死] 누릴 수 없다[不得]. 강하여[强] 지나침은
[大] 아래에[下] 있고[處], 부드럽고[柔] 연약함은[弱] 위에[上] 있다[處].

註   먼저, 원문(原文)의 〈만물초목지생야(萬物草木之生也)〉에서 〈만물(萬物)〉은 연문(衍文) 즉
쓸데없이 끼어든 글[衍文]이란 설(說)을 따라 원문(原文)에서 산거(刪去) 즉 깎아냈다[刪去].

다음, 원문(原文)의 〈강량자부득기사(强梁者不得其死)〉는 42장(章)에서 76장(章)으로 옮
겨온 것이다. 42장(章)의 주지(主旨)와는 상응되지 않고, 76장(章)의 〈목강즉절(木强則折)〉 아
래에 와야 내용이 상응된다는 엄령봉(嚴靈峯)의 설(說)을 따라 76장(章)으로 옮겨왔다.

76-1 人之生也柔弱(인지생야유약) 其死也堅强(기사야견강)

▶ 사람의 몸이[人之] 태어남[生]이란[也] 부드럽고[柔] 연약하다[弱].
(그러나) 그 몸의[其] 죽음[死]이란[也] 굳고[堅] 강하다[强].

사람 인(人), 조사(~의) 지(之), 날 생(生), 조사 야(也), 부드러울 유(柔),
연약할 약(弱), 그 기(其), 죽음 사(死), 굳을 견(堅), 강할 강(强)

【지남(指南)】

〈인지생야유약(人之生也柔弱) 기사야견강(其死也堅强)〉은 인체가 겪는 생사(生
死)를 밝힌다. 물론 사람의[人] 몸이[體] 겪는 생사뿐 아니라 산 것들의 몸이 겪는
생사는 같다. 〈인지생(人之生)〉은 인체지생(人體之生)이니 사람의 몸이[人體之] 태
어남[生]이다. 무엇이든 태어나면[生] 죽음으로[死] 돌아온다[復歸]. 그래서 50장
(章) 출생입사(出生入死)란 말씀이 나온다. 모든 생물 즉 산[生] 것들은[物] 출생입
사(出生入死)의 것이다. 나옴은[出] 태어남이고[生], 들어옴은[入] 죽음[死]이란 원
둘레를 벗어나는 생물은 없다. 나아가 생(生)을 함덕(含德)이라 하고 사(死)를 실
덕(失德)이라 하니, 삶은 덕(德)을 품음[含]이고, 죽음은 덕을 잃음[失]이다. 그래서
덕(德)을 일러 시생(始生)이라 한다.

시생(始生)의 덕(德)이 영아(嬰兒)요 새싹[芽]이다. 갓난애의[嬰兒] 몸뚱이는 유
약(柔弱)하기 짝이 없으니 무럭무럭 자라 유년, 청년, 장년, 노년을 거쳐 죽음에
이르면 시신에서 유약(柔弱)은 간데없고, 견강(堅强) 즉 굳어 딱딱해져[堅强] 버린
다. 봄에 싹이 나서 여름에 무성한 잎사귀는 부드럽고[柔] 연약하지만[弱], 가을이
되면 유약(柔弱)함을 잃고 견강(堅强)해진 가랑잎들은 땅으로 돌아온다. 이처럼
땅에서 나왔다가[出] 땅으로 들어옴이[入] 생사(生死)라는 상도(常道)의 조화이다.
그래서 『장자(莊子)』에 시졸약환(始卒若環)이란 말이 나온다.

사람도 유약(柔弱)한 몸으로 삶을 누리다가 점점 견강(堅强)해져 죽음으로 돌
아오니, 나뭇가지에 달린 잎사귀와 다를 바 없다. 태어나기로 약속된 것도 아니고
죽기로 정해진 것도 아니고 어쩌다 와서 어쩌다 가는 것이 생사(生死)의 명(命)이
니, 어느 것도 제 출생(出生)과 입사(入死)를 뜻대로 할 수는 없다. 이런 연유로 『장
자(莊子)』에 적래(適來) 적거(適去)라는 말이 나온다. 유약(柔弱)한 몸이 견강(堅强)
한 몸으로 옮겨가니, 그것이 생사(生死)임을 새삼 살펴 새기고 헤아려 깨우치게
하는 말씀이 〈인지생야유약(人之生也柔弱) 기사야견강(其死也堅强)〉이다.

註　"출생입사(出生入死)." 나옴은[出] 태어남이고[生], 들어옴은[入] 죽음이다[死].

『노자(老子)』 50장(章)

註　"만물개종야(萬物皆種也) 이부동형상선(以不同形相禪) 시졸약환(始卒若環) 막득기륜(莫得其倫) 시위천균(是謂天均) 천균자천예야(天均者天倪也)." 온갖 것은[萬物] 모두[皆] 씨앗이 낸 것[種]이다[也]. {다른 종(種)과} 같지 않은[不同] 체형으로[形][以] {저마다의 체형(體形)을} 서로[相] 물려주고[禪] 처음과[始] 끝이[卒] 고리[環] 같아[若] 그[其] 순서를[倫] 알 수가[得] 없다[莫]. 이를[是] 자연의[天] 평균이라[均] 한다[謂]. 자연의[天] 평균이란[均] 것은[者] 자연의[天] 처음과 끝[倪]이다[也].

천균(天均)은 상도(常道)의 차별 없는 조화를 말하고, 천예(天倪)는 천지단예(天之端倪) 즉 자연의[天之] 처음과[端] 끝[倪]을 줄인 술어(術語)이다. 그래서 천예(天倪)를 자연(自然)의 분제(分際) 즉 나누어진 사이[分際]라 하고, 이 천예(天倪)를 천도(天道) 즉 자연의[天] 규율[道]이라 하고 그 규율에서는 만물일야(萬物一也) 모든 것이[萬物] 하나이다[一也].

『장자(莊子)』 「우언(寓言)」

註　"적래(適來) 부자시야(夫子時也) 적거(適去) 부자순야(夫子順也)." 어쩌다[適] 태어난 것은[來] 그분이[夫子] (태어날) 때를 얻은 것[時]이고[也], 어쩌다[適] 가는 것은[去] 그분이[夫子] (자연을) 따르는 것[順]이다[也].

여기 부자(夫子)는 노자(老子)이다.　　　　　　　『장자(莊子)』 「양생주(養生主)」

【보주(補註)】

● 〈인지생야유약(人之生也柔弱) 기사야견강(其死也堅强)〉을 〈인지생야자유약자야(人之生也者柔弱者也) 연이인지사야자견강자야(然而人之死也者堅强者也)〉처럼 옮기면 문맥을 더 쉽게 잡을 수 있다. 〈인지생(人之生)이란[也] 것은[者] 유약한[柔弱] 것[者]이다[也]. 그러나[然而] 인지사(人之死)란[也] 것은[者] 견강한[堅强] 것[者]이다[也].〉

● 유약(柔弱)과 견강(堅强)은 36장(章)과 43장(章) 그리고 78장(章)에 두루 나오는 노자(老子)의 생사관(生死觀)이다. 생사(生死)란 변화의 조화이니 역(易) 바로 그것이다. 음양(陰陽)·정동(靜動)·유강(柔强) 등이 모두 생사를 밝힌 술어(術語)이다. 도가(道家)와 유가(儒家)가 음양(陰陽)·정동(靜動)·유강(柔强) 등을 변화, 즉 역(易)으로 밝힘은 같다. 다만 유가(儒家)는 음여양(陰與陽)·유여강(柔與强) 등 둘로 나누어 밝히고, 도가(道家)는 음역양(陰亦陽)·유역강(柔亦强) 등 하나로 본다. 음양(陰陽)·정동(靜動)·유강(柔强) 등이 함께하면 생(生)

이요, 서로 떨어져 따로 있으면 사(死)이다. 말하자면 유약(柔弱)이 강강(剛强)을 수용하여 하나가 되면 삶[生]이고, 유약(柔弱)이 강강(剛强)에서 떠나면 죽음[死]이다. 음양(陰陽)·정동(靜動)·유강(柔强) 등은 변화지도(變化之道) 즉 변화하는[變化之] 규율[道]로서 자연의[天] 조화[造]이다. 생사(生死) 역시 자연의 규율[天道]일 뿐이다.

─────────────────

註 "유약승강강(柔弱勝剛强)." 부드럽고[柔] 연약함이[弱] 굳세고[剛] 강함을[强] 무릅쓴다[勝]. 『노자(老子)』36장(章)

註 "천하지지유(天下之至柔) 치빙천하지지견(馳騁天下之至堅)." 온 세상의[天下之] 더없는[至] 부드러움이[柔] 온 세상의[天下之] 더없는[至] 견고함을[堅] 부린다[馳騁]. 『노자(老子)』43장(章)

註 "약지승강(弱之勝强) 유지승강(柔之勝剛) 천하막부지(天下莫不知) 막능행(莫能行)." 약함이[弱之] 강함을[强] 무릅쓰고[勝] 부드러움이[柔之] 굳음을[剛] 무릅씀을[勝] 알지 못함이란[不知] 세상에[天下] 없지만[莫], 능히[能] 실행함은[行] 없다[莫]. 『노자(老子)』78장(章)

註 "석자성인지작역야(昔者聖人之作易也) 장이순성명지리(將以順性命之理) 시이천지도(是以天之道) 왈음여양(曰陰與陽) 입천지도(立天之道) 왈유여강(曰柔與强) 입인지도(立人之道) 왈인여의(曰仁與義)." 옛날[昔者] 성인이[聖人之] 역을[易] 만든 것으로[作也]써[以] 장차[將] 성명의[性命之] 이치를[理] 따랐다[順]. 그 이치로[是]써[以] 하늘의[天之] 규율을[道] 세워서[立] 양과[與陽] 음이라[陰] 하고[曰], 땅의[地之] 규율을[道] 세워서[立] 강함과[與强] 부드러움이라[柔] 하고[曰], 사람의[人之] 규율을[道] 세워서[立] 의와[與義] 인이라[仁] 했다[曰]. 『주역(周易)』「십익(十翼) 설괘전(說卦傳)」

【해독(解讀)】

● 〈인지생야유약(人之生也柔弱) 기사야견강(其死也堅强)〉은 두 구문으로 이루어진 중문(重文)이다. 〈인지생(人之生)이란[也] 유약하다[柔弱]. (그러나) 기사(其死)란[也] 견강하다[堅强].〉

● 인지생야유약(人之生也柔弱)에서 인지생야(人之生也)는 주부(主部) 노릇하고, 유약(柔弱)은 보어 노릇한다. 〈인간의[人之] 태어남[生]이란[也] 부드럽고[柔] 연약하다[弱].〉

● 기사야견강(其死也堅强)에서 기사야(其死也)는 주부(主部) 노릇하고, 견강(堅强)은 보어 노릇한다. 〈그[其] 죽음[死]이란[也] 굳고[堅] 강하다[强].〉

76-2 草木之生也柔脆(초목지생야유취) 其死也枯槁(기사야고고)

▶ 푸나무의[草木之] 태어남[生]이란[也] 부드럽고[柔] 연약하나[脆], 그[其] 죽음[死]이란[也] 메말라 딱딱하다[枯槁].

> 풀 초(草), 나무 목(木), 조사(~의) 지(之), 태어날 생(生),
> 조사(~이란) 야(也), 부드러울 유(柔), 연약할 취(脆), 그 기(其),
> 메마를 고(枯), 메마를 고(槁)

【지남(指南)】

〈초목지생야유취(草木之生也柔脆) 기사야고고(其死也枯槁)〉는 사람의 생사(生死)만 유약(柔弱)·견강(堅强)한 것이 아니라, 온갖 생(生)은 모두 유약(柔弱)하고 사(死)는 견강(堅强)함을 초목(草木)을 들어 밝힌다. 모든 목숨의 삶은[生] 기지취(氣之聚) 즉 음양의[氣之] 모임[聚]이고, 죽음은[死] 기지산(氣之散) 즉 음양의[氣] 흩어짐[散]이다. 그래서 『장자(莊子)』에 취즉위생(聚則爲生) 산즉위사(散則爲死)란 말이 나온다. 취(聚)는 음양지취(陰陽之聚) 즉 음양이[陰陽] 모이는[聚] 것이고, 산(散)은 음양지산(陰陽之散) 즉 음양이[陰陽] 흩어지는[散] 것이다. 그 모임이[聚] 생(生)이고[爲], 흩어짐이[散] 죽음이[死] 된다. 그러니 무엇이든 살아 있음은 음양의 모임[聚]의 드러남이 유약(柔弱)이고 유취(柔脆)이며, 죽음은 음양의 흩어짐[散]의 드러남이 견강(堅强)이고 고고(枯槁)임을 살펴 새기고 헤아려 깨우치게 하는 말씀이 〈초목지생야유취(草木之生也柔脆) 기사야고고(其死也枯槁)〉이다.

註 "출생입사(出生入死)." 나옴은[出] 태어남이고[生], 들어옴은[入] 죽음이다[死].

『노자(老子)』 50장(章)

註 "인지생기지취야(人之生氣之聚也) 취즉위생(聚則爲生) 산즉위사(散則爲死)." 사람의[人之] 태어남은[生] 기운의[氣之] 모임[聚]이다[也]. (그 기운이) 모이면[聚] 곧[則] 태어남[生]이고[爲], (그 기운이) 흩어지면[散] 곧[則] 죽음[死]이다[爲]. 『장자(莊子)』「지북유(知北遊)」

【보주(補註)】

● 〈초목지생야유취(草木之生也柔脆) 기사야고고(其死也枯槁)〉를 〈인지생야자유

약자야(人之生也者柔弱者也) 이인지사야자견강자야(而人之死也者堅强者也)〉처럼 옮기면 문맥을 더 쉽게 잡을 수 있다. 〈초목지생(草木之生)이란[也] 것은[者] 유취한[柔脆] 것[者]이다[也]. 그러나[然而] 기사(其死)란[也] 것은[者] 고고한[枯槁] 것[者]이다[也].〉

- 앞서의 유약(柔弱)을 유취(柔脆)로, 견강(堅强)을 고고(枯槁)로 바꾸었을 뿐, 뜻하는 바가 다른 것은 없다.

- 원문(原文)은 〈만물초목지생야유취(萬物草木之生也柔脆)〉로 돼 있지만, 여기 만물(萬物)은 전사(傳寫) 과정에서 쓸데없이 끼어든[衍] 글자[文]이므로 깎아내[刪] 지움이[去] 옳다는 설(說)을 따라 만물(萬物)을 지웠다.

【해독(解讀)】

- 〈초목지생야유취(草木之生也柔脆) 기사야고고(其死也枯槁)〉는 두 구문으로 이루어진 중문(重文)이다. 〈초목지생(草木之生)이란[也] 유취하다[柔脆]. (그러나) 기사(其死)란[也] 고고하다[枯槁].〉

- 초목지생야유취(草木之生也柔脆)에서 초목지생야(草木之生也)는 주부(主部) 노릇하고, 유취(柔脆)는 보어 노릇한다. 취(脆)는 〈연약할 약(弱)〉과 같다. 〈초목의[草木之] 태어남[生]이란[也] 부드럽고[柔] 취약하다[脆].〉

- 기사야고고(其死也枯槁)에서 기사야(其死也)는 주부(主部) 노릇하고, 고고(枯槁)는 보어 노릇한다. 고(枯)와 고(槁)는 같은 뜻이다. 〈그[其] 죽음[死]이란[也] 메마르고[枯] 메마르다[槁].〉

76-3 故(고) 堅强者死之徒(견강자사지도) 柔弱者生之徒(유약자생지도)

▶ 그러므로[故] 딱딱하고[堅] 굳은[强] 것들은[者] 죽음의[死之] 무리에 들고[徒], 부드럽고[柔] 연약한[弱] 것들은[者] 삶의[生之] 무리에 든다[徒].

그러므로 고(故), 딱딱할 견(堅), 굳을 강(强), 것 자(者), 죽음 사(死),
조사(~의) 지(之), 무리 도(徒), 부드러울 유(柔), 연약할 약(弱),
살아갈 생(生), 무리 도(徒)

【지남(指南)】

〈견강자사지도(堅强者死之徒) 유약자생지도(柔弱者生之徒)〉는 앞서 살핀 〈견강
(堅强)〉과 〈유취(柔脆)〉를 거듭 밝힌다. 사람은 견강(堅强)해야 살아남지 유약(柔
弱)하면 살아남지 못한다고 여긴다. 그러나 유약(柔弱)이 살게 하고, 견강(堅强)은
죽게 하는 것이 천도(天道)임을 깨달아야 함을 강조한다. 천도(天道)는 유약(柔弱)
과 견강(堅强)이 양행(兩行)하게 한다. 22장(章) 곡즉전(曲則全)은 천도(天道)이고,
〈곡여전(曲與全)〉은 비천도(非天道)이다. 이지러지면[曲] 곧[則] 온전해지고[全],
온전해지면[全] 곧 이지러지는[曲] 양행(兩行)이 자연의[天] 규율[道]이고 상도(常
道)의 조화이다.

곡전(曲全)이 양행(兩行)하는 것처럼, 강유(剛柔) 역시 생사약환(生死若環) 즉 삶
과 죽음이[生死] 원둘레[環] 같음이다. 오직 사람만 유약하기를[柔弱] 싫어하고 견
강하기를[堅强] 좋아해 상쟁(相爭)을 마다하지 않는다. 이는 견강(堅强)하면 이기
고[勝] 유약(柔弱)하면 진다고[敗] 믿기 때문이다. 저마다의 지혜를 날카롭게[銳利]
하려고 지혜를 다툼의[爭之] 도구로[器] 삼는다. 이런 까닭에 19장(章) 절성기지(絶
聖棄智) 민리백배(民利百倍)와 56장(章) 색기태(塞其兌) 좌기예(挫其銳)란 말씀이 나
온다.

인간이 추구하는 지교(智巧)는 인간을 견강(堅强)의 무리로 이끌어 날카롭게
[銳] 연마시킨다. 인의예악(仁義禮樂)을 앞세우는 성지(聖智)를 끊고[絶], 외물(外
物)로 끌어가는 인지(人智)를 버리고[棄], 바깥 것에 끌리게 하는 감각기관을[兌]
닫고[塞], 인지(人智)의 날카로움을[銳] 무디게 하고[挫] 상쟁(相爭)하지 말아야 비
로소 부쟁(不爭)의 삶을 누릴 수 있으니, 무엇이 사지도(死之徒)이고 무엇이 생지
도(生之徒)인지 헤아려 깨우치게 한다. 그러므로 견강(堅强)은 죽음의 무리에 속
하고[死之徒] 유약(柔弱)은 삶의 무리에 속함을[生之徒] 거듭 밝혀, 36장(章) 유약
승강강(柔弱勝剛强) 즉 부드럽고[柔之] 연약함이[弱] 굳세고[剛] 강함을[强] 무릅쓰

는[勝] 미묘한 밝음을[微明] 살펴 새기고 헤아려 깨우치게 하는 말씀이 〈견강자사
지도(堅强者死之徒) 유약자생지도(柔弱者生之徒)〉이다.

註 "곡즉전(曲則全) 왕즉직(枉則直) 와즉영(窪則盈) 폐즉신(敝則新) 소즉득(少則得) 다즉혹
(多則惑)." 이지러지면[曲] 곧[則] 온전해지고[全], 굽으면[枉] 곧[則] 곧아지며[直], 움푹하면[窪]
곧[則] 채워지고[盈], 낡으면[敝] 곧[則] 새로워지며[新], 적으면[少] 곧[則] 얻고[得], 많으면[多] 곧
[則] 헷갈린다[惑].　　　　　　　　　　　　　　　　　　　　『노자(老子)』 22장(章)

註 "절성기지(絶聖棄智) 민리백배(民利百倍)." 성지를[聖] 끊고[絶] 지혜를[智] 버리면[棄] 백성
이[民] 백배로[百倍] 이로워진다[利].　　　　　　　　　　　　　　　『노자(老子)』 19장(章)

註 "색기태(塞其兌) 폐기문(閉其門) 좌기예(挫其銳) 해기분(解其紛) 화기광(和其光) 동기진(同
其塵) 시위현동(是謂玄同)." 그[其] 이목구비(耳目口鼻)를[兌] 막고[塞], 그[其] 들고나는 문을[門]
닫으며[閉], 그[其] 날카로움을[銳] 꺾고[挫], 그[其] 분란을[紛] 없애며[解], 그[其] 빛냄을[光] 어우
르고[和], 그[其] 속됨과[塵] 같이한다[同]. 이것들을[是] 상도와[玄] 하나임이라[同] 한다[謂].
　　　　　　　　　　　　　　　　　　　　　　　　　　　　『노자(老子)』 56장(章)

註 "유약승강강(柔弱勝剛强)." 부드럽고[柔之] 연약함이[弱] 굳세고[剛] 강함을[强] 무릅쓴다
[勝].　　　　　　　　　　　　　　　　　　　　　　　　　　『노자(老子)』 36장(章)

【보주(補註)】

● 〈견강자사지도(堅强者死之徒) 유약자생지도(柔弱者生之徒)〉를 〈견강자속어사
지도(堅强者屬於死之徒) 이유약자속어생지도(而柔弱者屬於生之徒)〉처럼 옮기
면 문맥을 더 쉽게 잡을 수 있다. 〈견강한[堅强] 것은[者] 사지도(死之徒)에[於]
속한다[屬]. 그러나[然而] 유약한[柔弱] 것은[者] 생지도(生之徒)에[於] 속한다
[屬].〉

【해독(解讀)】

● 〈견강자사지도(堅强者死之徒) 유약자생지도(柔弱者生之徒)〉는 두 구문으로 이
루어진 중문(重文)이다. 〈견강이란[堅强] 것은[者] 사지도이다[死之徒]. (그러나)
유약이란[柔弱] 것은[者] 생지도이다[生之徒].〉

● 견강자사지도(堅强者死之徒)에서 견강자(堅强者)는 주부(主部) 노릇하고, 생지
도(生之徒)는 보어 노릇한다. 견강자(堅强者)는 〈견강지물(堅强之物)〉의 줄임이
고, 견(堅)은 〈단단할 고(固)〉와 같아 견고(堅固)의 줄임이며, 도(徒)는 〈무리 류

(類)〉와 같아 도류(徒類)의 줄임말이다. 〈군고[堅] 강한[强] 것은[者] 죽음의[死之] 무리이다[徒].〉〈견강한[堅强之] 것[物]〉

- 유약자생지도(柔弱者生之徒)에서 유약자(柔弱者)는 주부(主部) 노릇하고, 생지도(生之徒)는 보어 노릇한다. 유약자(柔弱者)는 유약지물〈柔弱之物〉의 줄임이고, 유(柔)는 〈부드러울 연(軟)〉과 같아 유연(柔軟)의 줄임이며, 약(弱)은 〈약할 취(脆)〉와 같아 취약(脆弱)의 줄임말로 여기면 된다. 〈부드럽고[柔] 연약한[弱] 것은[者] 삶의[生之] 무리이다[徒].〉〈유약한[柔弱之] 것[物]〉

76-4 是以(시이) 兵强則滅(병강즉멸) 木强則折(목강즉절)

▶이렇기[是] 때문에[以] 병력이[兵] 강하면[强] 곧[則] 멸망하고[滅], 나무가[木] 강하면[强] 곧[則] 꺾인다[折].

> 이 시(是), 때문에 이(以), 병력 병(兵), 강할 강(强), 곧 즉(則),
> 멸망할 멸(滅), 나무 목(木), 굳을 강(强), 곧 즉(則), 꺾일 절(折)

【지남(指南)】

〈병강즉멸(兵强則滅) 목강즉절(木强則折)〉은 견강(堅强)의 끝을 밝힌다. 〈병강(兵强)〉은 견강(堅强)에 치우쳐 사지도(死之徒)에 빠져든 병력 즉 무력을 말한다. 죽음의[死之] 무리란[徒] 땅 위에 있지 못하고 땅 속에 묻힌 무리[徒]이다. 살아 있는 것은 땅 위나 바다 속에 있고, 죽은 것은 땅 속으로 들어가거나 바다 밖으로 나온다. 초목(草木)이 땅 속으로 들어가는 것은 멸(滅)이며, 바닷고기가 바다 밖으로 나옴 또한 멸(滅)이다. 그래서 생사(生死)를 생멸(生滅)이라고도 한다. 사(死)란 곧 멸(滅)이니 없어지는 것이다.

병강(兵强)은 죽음으로 치닫는 무리이니 끝은 〈멸(滅)〉밖에 없는 것이 천도(天道)이다. 자연의[天] 규율에는[道] 강유(强柔) 사이에 승패(勝敗) 즉 이기고 지는[勝敗] 겨루기란 없다. 견강함이[强] 유약함을[柔] 패배시킨다고 고집함은 인지(人智)의 미혹(迷惑)일 뿐, 천도(天道)에는 유승강(柔勝剛) 즉 부드러움이[柔] 굳셈을[剛] 무릅쓰는[勝] 규율이 있을 뿐이다. 따라서 승패를 따져 견강(堅强)만이 이긴다고[勝] 고집하면 멸하는[滅] 것이 자연이 규율이다. 이를 〈목강(木强)〉의 실례를 들어 밝힌다.

목강(木强)의 강(强)은 앞서 살핀 〈고고(枯槁)〉이다. 고고(枯槁)란 초목에 생기가 끊어졌음[絶]으로, 수진(水盡) 즉 물기가[水] 없어진 것[盡]이다. 수진(水盡)하면 무엇이든 생기를 잃고 죽으니 물[水]보다 더 유연함은 없다. 유연한 수기(水氣)를 잃음이 〈고(枯)〉이고 〈강(强)〉이며, 고목(枯木)은 강강(剛强)이어서 꺾인다[折].

〈절(折)〉이란 사(死)이고 멸(滅)이다. 초목이 땅 속으로 들면 사멸(死滅)이다. 땅 위의 목숨이 수진(水盡)하여 메말라 굳어지면[枯槁] 죽음이다. 이처럼 병강(兵强)의 멸(滅)과 목강(木强)의 절(折)은 모두 견강(堅强)만을 좇다가 죽음의 무리가 되는 천도(天道)를 살펴 새기고 헤아려 깨우치게 하는 말씀이 〈병강즉멸(兵强則滅) 목강즉절(木强則折)〉이다.

【보주(補註)】

● 〈병강즉멸(兵强則滅) 목강즉절(木强則折)〉을 〈약병위강(若兵爲强) 즉기병피멸어기강(則其兵彼滅於其强) 이약목위강(而若木爲强) 즉기목피절어기강(則其木彼折於其强)〉처럼 옮기면 문맥을 더 쉽게 잡을 수 있다. 〈만약[若] 병력이[兵] 강해지면[爲强] 곧장[則] 그[其] 병력은[兵] 그[其] 강해짐에[强] 의해서[於] 파멸된다[彼滅]. 그리고[而] 만약[若] 목이[木] 강해지면[爲强] 곧장[則] 그[其] 나무는[木] 그[其] 강해짐에[强] 의해서[於] 꺾인다[彼折].〉

● 〈병강즉멸(兵强則滅) 목강즉절(木强則折)〉은, 『왕필본(王弼本)』의 원문(原文) 〈병강즉불승(兵强則不勝) 목강즉병(木强則兵)〉과 『하상공본(河上公本)』의 원문(原文) 〈병강즉불승(兵强則不勝) 목강즉공(木强則共)〉을 『열자(列子)』「황제(黃帝)」편(篇)에 나오는 〈병강즉멸(兵强則滅) 목강즉절(木强則折)〉을 근거로 삼아 〈병강즉멸(兵强則滅) 목강즉절(木强則折)〉로 고쳐야 한다는 유월(兪樾)의 주장을 따라 정정(訂正)한 것이다.

註 "노담왈(老聃曰) 병강즉멸(兵疆則滅) 목강즉절(木疆則折) 유약자생지도(柔弱者生之徒) 견강자사지도(堅疆者死之徒)." 노자가[老聃] 말했다[曰] : 병대가[兵] 강하면[疆] 곧[則] 멸망하고[滅], 나무가[木] 강하면[疆] 곧[則] 꺾인다[折]. 유약한[柔弱] 것은[者] 삶의[生之] 무리이고[徒], 견강한[堅疆] 것은[者] 죽음의[死之] 무리이다[徒].

강(疆)은 강(强)과 같다.   『열자(列子)』「황제(黃帝)」

【해독(解讀)】

● 〈병강즉멸(兵强則滅) 목강즉절(木强則折)〉은 두 복문(複文)으로 이루어진 하나의 문단이다. 〈견강이란[堅强] 것은[者] 사지도이다[死之徒]. (그러나) 유약이란[柔弱] 것은[者] 생지도이다[生之徒].〉

● 병강즉멸(兵强則滅)은 조건의 종절과 주절로 이루어진 복문(複文)이다. 종절 노릇하는 병강(兵强)에서 병(兵)은 주어 노릇하고, 강(强)은 동사 노릇한다. 주절 노릇하는 즉멸(則滅)에서 즉(則)은 조사 노릇하고, 멸(滅)은 주어가 생략됐지만 동사 노릇한다. 〈병력이[兵] 견강하기만 하면[强] 곧[則] 멸망한다[滅].〉

● 목강즉절(木强則折)은 조건의 종절과 주절로 이루어진 복문(複文)이다. 종절 노릇하는 목강(木强)에서 목(木)은 주어 노릇하고, 강(强)은 동사 노릇한다. 주절 노릇하는 즉절(則折)에서 즉(則)은 조사 노릇하고, 절(折)은 주어가 생략됐지만 동사 노릇한다. 절(折)은 〈꺾일 요(拗), 부러질 단(斷)〉 등과 같다. 〈나무가[木] 견강하기만 하면[强] 곧[則] 꺾인다[折].〉

76-5 强梁者不得其死(강량자부득기사)

▶강포한[强梁] 자는[者] 제[其] {천수(天壽)의} 죽음을[死] 누릴 수 없다[不得].

> 쓸 강(强), 제 힘 쓸 량(梁), 놈 자(者), 못할 부(不), 얻을 득(得), 그 기(其), 죽음 사(死)

【지남(指南)】

　〈강량자부득기사(强梁者不得其死)〉는 강량자(强梁者)라면 누구든 제 명대로 살 수 없음을 밝힌다. 강량자(强梁者)란 강포(强暴)한 사람이나 강포(强暴)한 짓을 일삼는 무리이다. 이를 일컬어 상세자(尙勢者) 또는 임력자(任力者)라고도 한다. 힘을[勢] 숭상하고[尙] 그 힘에[力] 맡기려는[任] 무리가 강량자(强梁者)이다. 힘만 믿는 강량자(强梁者)란 패자(覇者)가 되기를 바라는 무리들이다. 이러한 강량자(强梁者)는 〈부득기사(不得其死)〉의 재앙을 면치 못한다.

부득기사(不得其死)의 기사(其死)는 『장자(莊子)』의 종신불령(終身不靈)을 상기시
킨다. 〈기사(其死)〉는 하늘이 준 명(命)대로 살다가 천도(天道)에 따라 맞이하는 죽
음이고, 〈부득기사(不得其死)〉는 생죽음 당함을 뜻한다. 임력(任力) 즉 힘에만[力]
맡긴[任] 미욱함을 깨닫지 못해[不靈] 자연의 규율이[天道] 허락해준 제[其] 죽음을
[死] 누리지 못하고[不得] 생죽음을 당하는 것이 강량자(强梁者)의 끝이다.

이처럼 견강(堅强)만을 추구해 사지도(死之徒)로 빠지는 것은 상도(常道)와 상
덕(常德)을 배반하는 짓일 뿐 유약(柔弱)함을 저버리고 강강(剛强)하기만 취함이
니, 삶[生]을 버리고 죽음[死]을 재촉하는지라 부득기사(不得其死)라 한다. 그러므
로 견강(堅强)만을 추구하는 자는 강량자(强梁者)가 되어 생죽음을 당할 수밖에
없음을 살펴 새기고 헤아려 깨우치게 하는 말씀이 〈강량자부득기사(强梁者不得其
死)〉이다.

註 "지기우자(知其愚者) 비대우야(非大愚也) 지기혹자(知其惑者) 비대혹야(非大惑也) 대혹
자종신불해(大惑者終身不解) 대우자종신불령(大愚者終身不靈)." 제가[其] 어리석을 줄[愚] 아는
[知] 사람은[者] 지나친[大] 어리석음이[愚] 아닌 것[非]이고[也], 제가[其] 미혹한 줄[惑] 아는[知]
사람은[者] 지나친[大] 미혹이[惑] 아닌 것[非]이다[也]. 지나치게[大] 미혹한[惑] 자는[者] (제가 미
혹한 줄을) 평생토록[終身] 터득하지 못하고[不解], 지나치게[大] 어리석은[愚] 자는[者] (제가 어리
석을 줄을) 평생토록[終身] 깨닫지 못한다[不靈].   『장자(莊子)』「천지(天地)」

【보주(補註)】
● 〈강량자부득기사(强梁者不得其死)〉를 〈강량지인부득기천수(强梁之人不得其天
壽)〉처럼 옮기면 문의(文意)를 좀 더 쉽게 새길 수 있다. 〈우악스럽고 사나운[强
梁之] 사람은[人] 제[其] 천수를[死] 누릴 수 없다[不得].〉

● 강량자(强梁者)의 양(梁)은 목절수(木絶水)와 목부동(木負棟)을 뜻한다. 물기가
없는 나무에 마룻대를 얹어둔 것을 기둥[梁]이라 한다. 나무가 견강(堅强)해서
제 목숨대로 살지 못하고 벌목꾼의 손에 꺾여 죽임을 당한 것처럼 제 명대로
못살고 생죽음을 자초하는 우악스럽고 사나운 짓을 〈강량(强梁)〉이라 한다.

【해독(解讀)】
● 〈강량자부득기사(强梁者不得其死)〉에서 강량자(强梁者)는 주부(主部) 노릇하
고, 부(不)는 득(得)의 부정사(否定詞) 노릇하며, 득(得)은 동사 노릇하고, 기사

(其死)는 득(得)의 목적어 노릇한다.

주부 노릇하는 강량자(强梁者)에서 강(强)은 동사 노릇하고, 양(梁)은 강(强)의 목적어 노릇하며, 자(者)는 〈지인(之人)〉의 줄임이다. 물론 강량자(强梁者)의 자(者)를 〈지물(之物)〉의 줄임으로 여기고 〈것 자(者)〉로 새겨도 된다. 〈강하기만 하려는[强梁] 사람은[者] 제[其] 죽음을[死] 얻지 못한다[不得].〉 〈강량한[强梁] 사람[者].〉 〈강량한[强梁] 것[者].〉

76-6 强大處下(강대처하) 柔弱處上(유약처상)

▶ 강하여[强] 지나침은[大] 아래에[下] 있고[處], 부드럽고[柔] 연약함은[弱] 위에[上] 있다[處].

강할 강(强), 지나칠 대(大), 있을 처(處), 아래 하(下), 부드러울 유(柔), 연약할 약(弱), 위 상(上)

【지남(指南)】

〈강대처하(强大處下) 유약처상(柔弱處上)〉은 앞의 내용을 총결(總結)한다. 견강사지도(堅强死之徒)가 천도(天道)임을 〈강대처하(强大處下)〉로 가다듬고, 유약생지도(柔弱生之徒)가 자연의[天] 규율[道]임을 〈유약처상(柔弱處上)〉으로 밝힌다.

강대처하(强大處下)는 『주역(周易)』 「대과괘상사(大過卦象辭)」에 나오는 택멸목(澤滅木) 대과(大過)를 상기시킨다. 못가에 있는 나무가 지나치게 강하면 강풍에 부러져 매몰되고 물 밑으로 빠져 죽는 모습이 대과(大過)이다. 강대(强大)하여 아래에[下] 처함[處]이란 멸목(滅木)된 나무의 처함과 같다. 강대(强大)는 과강(過强) 즉 지나치게[過] 견강함[强]이다. 강대처하(强大處下)는 견강(堅强)이 지나치면[大] 처하(處下)한다는 것이다. 〈처하(處下)〉는 아랫자리에[下] 머묾[處]이고 땅 아래에 있음이니 죽음을[死] 뜻한다. 유약(柔弱)하기를 저버린 견강(堅强)은 죽음의 무리에 불과함을 일러 처하(處下)라 한 것이다.

그러나 유약처상(柔弱處上)은 유약(柔弱)하면 처상(處上)한다 한다. 여기 〈처상(處上)〉은 윗자리에[上] 머묾[處] 즉 땅 위에 있음이니, 윗자리에 머묾[處上]이란 삶을[生] 뜻한다. 유약(柔弱)은 삶의 무리[生之徒]임을 처상(處上)이라고 밝힌 것이다. 새싹이 단단한 흙을 무릅쓰고[勝] 돋아나는 모습이 처상(處上)이다. 유약(柔弱)은 생지도(生之徒)이니, 솟아나 무럭무럭 자라며 삶을 누림이란 윗자리에[上] 머묾[處]인 것이다.

견강(堅强)할수록 사지(死地)에 떨어지고 마는 것을 처하(處下)라 하고, 유약(柔弱)할수록 삶을 누림을 처상(處上)이라 한다. 그러나 인간은 견강(堅强)할수록 살아남고, 유약(柔弱)할수록 죽는다고 여김이 인간의 대혹(大惑)임을 살펴 새기고 헤아려 깨우치게 하는 말씀이 〈강대처하(强大處下) 유약처상(柔弱處上)〉이다.

▦ "택멸목(澤滅木) 대과(大過)." 못에[澤] 나무가[木] 매몰됨이[滅] 지나치고[大] 지나침이다[過].　　　　　　　　　　　　　　　　　『주역(周易)』「십익단사(十翼彖辭)」

【보주(補註)】

● 〈강대처하(强大處下) 유약처상(柔弱處上)〉을 〈강대자처어지하(强大者處於地下) 연이유약자처어지상(然而柔弱者處於地上)〉처럼 옮기면 문의(文意)를 좀 더 쉽게 새길 수 있다. 〈강대란[强大] 것은[者] 땅 아래[地下]에[於] 있다[處]. 그러나[然而] 유약이란[柔弱] 것은[者] 땅 위에[地上]에[於位] 있다[處].〉

● 강대처하(强大處下)가 〈견강거하(堅强居下)〉로 된 본(本)도 있다. 강대(强大)도 지나치게 강함이고, 견강(堅强)도 지나치게 강함이니 같은 말이고, 처하(處下)와 거하(居下) 역시 같은 뜻인지라 원문(原文)의 문의(文義)가 달라지는 것은 아니다. 강대(强大)의 대(大)는 『주역(周易)』「십익단사(十翼彖辭)」에 나오는 대자과야(大者過也)를 상기시킨다. 여기 강대(强大)의 대(大)는 〈지나칠 과(過)〉와 같아 강대(强大)를 〈강이과(强而過)〉로 새기면 문의(文意)가 분명해진다. 〈강해서[强而] 지나침[過]〉

▦ "대과(大過) 대자과야(大者過也)." 대과괘에서[大過] 대라는[大] 것은[者] 지나침[過]이다[也].　　　　　　　　　　　　　　　　　　『주역(周易)』「십익단사(十翼彖辭)」

● 유약처상(柔弱處上)이 〈유약거상(柔弱居上)〉으로 된 본(本)도 있다. 처상(處上)과 거상(居上)은 다 같이 〈귀유약(貴柔弱)〉의 뜻이므로 원문(原文)의 문의(文義)

가 달라지는 것은 아니다. 〈유약은[柔弱] 위에[上] 있다[處].〉〈유약은[柔弱] 위에[上] 있다[居].〉〈유약을[柔弱] 높이 받든다[貴].〉

【해독(解讀)】

● 〈강대처하(强大處下) 유약처상(柔弱處上)〉은 두 구문으로 이루어진 중문(重文)이다. 〈강대는[强大] 하에[下] 처한다[處]. (그러나) 유약은[柔弱] 상에[上] 처한다[處].〉

● 강대처하(强大處下)에서 강대(强大)는 주어 노릇하고, 처(處)는 동사 노릇하며, 하(下)는 처(處)를 꾸며주는 부사 노릇한다. 대(大)는 〈지나칠 과(過)〉와 같아 과대(過大)의 줄임말로 여기면 된다. 〈감함이[强] 지나침은[大] 아랫자리에[下] 머문다[處].〉

● 유약처상(柔弱處上)에서 유약(柔弱)은 주어 노릇하고, 처(處)는 동사 노릇하고, 상(上)은 처(處)를 꾸며주는 부사 노릇한다. 〈부드럽고[柔] 약함은[弱] 윗자리에[上] 머문다[處].〉

장궁장(張弓章)

    천지도(天之道)와 인지도(人之道)를 견주어 밝힌다. 자연의[天] 규율은[道] 극히 평준을 이루지만, 인간사의[人之] 법칙은[道] 불평하다. 인간사회의 법칙에서는 부족한 쪽을 덜어내어 남아도는 쪽에 보태주는 약육강식(弱肉强食)의 참상(慘狀)이 빚어지지만, 자연의 규율에 그런 불균형은 결코 없다. 그러므로 강자가 약자를 힘으로 착탈(搾奪)하는 법칙을 만들어내는 인지(人智)를 끊어[絶]버리고[棄], 자연의 규율로 돌아와 남는 쪽이[有餘者] 모자라는 쪽을[不足者] 봉양하는 세상을 일구어야 함을 밝히는 장(章)이다.

老子◉제77장

【원문(原文)】

天之道는 其猶張弓與인저 高者를 抑之하고 下者를 舉
천 지 도　　기 유 장 궁 여　　고 자　억 지　　하 자　거

之하며 有餘者를 損之하고 不足者를 補之한다 天之道
지　　유 여 자　손 지　　부 족 자　보 지　　천 지 도

는 損有餘而補不足이나 人之道則不然하여 損不足而
　 손 유 여 이 보 부 족　　인 지 도 즉 불 연　　손 부 족 이

奉有餘하니 孰能以有餘로 奉天下하는가 唯有道者니라
봉 유 여　　숙 능 이 유 여　봉 천 하　　유 유 도 자

是以聖人爲而不恃하고 功成而不處하며 不欲見賢한다
시 이 성 인 위 이 불 시　　공 성 이 불 처　　불 욕 현 현

자연의[天之] 규율[道] 그것은[其] 활[弓] 메우기와[張] 같구나[猶與]. {궁
장(弓匠)은} 높은[高] 것[者] 그것을[之] 눌러 내리고[抑], 낮은[下] 것[者]
그것을[之] 끌어올린다[舉]. {궁장(弓匠)은} 남아도는[有餘] 것[者] 그것을
[之] 덜어내고[損], 모자라는[不足] 것[者] 그것을[之] 보태준다[補]. 자연
의[天之] 규율은[道] 넉넉한 데서[有餘] 덜어내서[損而] 모자란 데를[不
足] 보탠다[補]. (그러나) 인간세상의[人之] 법칙[道]이란[則] 그렇지 않다
[不然]. (오히려 인위의 규율은) 모자란 데서[不足] 덜어내서[損而] 남는 데
를[有餘] 봉양한다[奉]. 누가[孰] 남음이[餘] 있는 것으로[有]써[以] 온 세
상을[天下] 봉양할[奉] 수 있을까[能]? 오로지[唯] (그럴 수 있는 분은) 천도
를[道] 갖춘[有] 분이다[者]. 이렇기[是] 때문에[以] 성인은[聖人] 위해주되
[爲而] 바라지 않고[不恃], 공적이[功] 이루어져도[成而] 머물지 (연연치) 않
으며[不處], 성인은[其] 현명함을[賢] 드러내기를[見] 바라지 않는다[不欲].

註 〈시이성인위이불시(是以聖人爲而不恃) 공성이불처(功成而不處) 불욕현현(不欲見賢)〉이
세 구문은 77장(章)의 끝에 있는 원문(原文)이지만 77장(章)의 내용과 상응하지 않는다. 〈위이불
시(爲而不恃) 공성이불처(功成而不處)〉 양구(兩句)는 2장(章)에 그대로 나오므로 77장(章)에서
산거(刪去)하고, 〈불욕현현(不欲見賢)〉은 바로 앞의 양구(兩句)의 주문(註文)으로 슬쩍 끼워넣은
연문(衍文)으로 의심된다는 설(說)을 따라 77장(章)의 원문(原文)에서 제외시켰다.

77-1 天之道其猶張弓與(천지도기유장궁여)

▶ 자연의[天之] 규율[道] 그것은[其] 활[弓] 메우기와[張] 같구나[猶與].

> 자연 천(天), 조사(~의) 지(之), 규율 도(道), 그 기(其), 같을 유(猶),
> 활을 메울 장(張), 활 궁(弓), 조사(~이구나) 여(與)

【지남(指南)】

〈천지도기유장궁여(天之道其猶張弓與)〉는 자연의[天] 규율을[道] 〈장궁(張弓)〉
을 예로 들어 밝힌다. 장궁(張弓)이란 작궁(作弓)이 완료되었음이다. 장궁(張弓)은
『한비자(韓非子)』의 부공인장궁야(夫工人張弓也)를 상기하면 작궁(作弓)의 완성을
말하는 것임을 알 수 있다.

활[弓]은 일반적으로 간(幹), 미(弭), 현(弦) 세 부분으로 구성된다. 활대를[幹]
마련하여 궁형(弓形)의 고하(高下)를 잡고, 활의 고미[弭]를 정해 활시위[弦]를 걸
기까지가 장궁(張弓)의 장(張)이다. 작궁(作弓) 즉 활을[弓] 만들면[作] 곧장 활의
고미에 시위를 매어 화살을 날리는 것이 아니다. 삼순(三旬) 즉 30일 동안 활대[弓
幹]를 바로잡아주는 틀인 경(檠) 즉 도지개[檠]에 활대를 매어두어 굽음이 잡히게
한 다음 시위[弓弦]를 매고, 그런 다음 궁미(弓弭) 즉 활고미[弓弭]에 활시위[弓弦]
를 매어 화살[弓矢]을 활시위에 얹고 화살을 시사(試射)하여 활[弓]의 완제(完製)를
확인하게 된다. 그러므로 장궁(張弓)의 장(張)은 활대를 만들어서 경(檠)에 매어두
었다가, 고미에 활시위를 걸고 시위에 화살을 얹기까지를 말한다.

〈장궁(張弓)〉이란 하나의 활이[弓] 완성되었음이다. 그러나 활시위에 얹힌 화살
이 날아가 적중하자면 궁간(弓幹)의 굴신(屈伸)이 균형을 잡아야 한다. 활대[弓幹]
가 펴지는 것만[伸] 고집하거나 굽힘만[屈] 고집해서는 화살을 날릴 수 없다. 굽힌
만큼 다시 펴져야 화살이 과녁까지 날아가 적중할 수 있다. 그러자면 장궁(張弓)
역시 22장(章)의 왕즉직(枉則直)이란 천도(天道)를 벗어날 수 없다.

굽음이[枉] 곧 곧음이고[直] 직(直)이 곧 왕(枉)이어야 장궁(張弓)이 온전하게 굴
신(屈伸)을 얻어 이루어진다. 장궁(張弓)도 왕직(枉直)을 포일(抱一)하는 법자연(法
自然)의 천도(天道)를 떠나선 이루어질 수 없음을 예로 들어, 사람이 하는 일이란

그 무엇이든 자연의[天] 규율을[道] 떠나서는 이루어질 수 없음을 살펴 새기고 헤아려 깨우치게 하는 말씀이 〈천지도기유장궁여(天之道其猶張弓與)〉이다.

註　"왕즉직(枉則直)." 굽으면[枉] 곧[則] 곧아진다[直].　　　　　　　『노자(老子)』22장(章)

註　"부공인장궁야(夫工人張弓也) 복경삼순이도현(伏檠三旬而蹈弦) 일일범기(一日犯機) 시절지기시이폭지기진야(是節之其始而暴之其盡也)." 무릇[夫] 활 만드는[工] 사람이[人] (완성된) 활에[弓] 활시위를 매자면[張] 삼십일 동안[三旬] 도지개에다[檠] (활을) 매어두었다가[伏] 활시위를[弦] 발로 밟아보고[蹈] 하루 내내[一日] 활 쏘는 틀로[機] 활쏘기를 해본다[犯].

　　　경(檠)은 도지개 즉 활의 형태를 바로잡는 틀이고, 범기(犯機)는 새로 만든 활로 시험삼아 쏴보는 것이다. 기(機)는 활이란 기구(機具)를 말한다.

　　　　　　　　　　　　　　　　　　　『한비자(韓非子)』「외저설좌상(外儲說左上)」23단락(段落)

【보주(補註)】

● 〈천지도기유장궁여(天之道其猶張弓與)〉를 〈천지도야자유장궁자야(天之道也者猶張弓者也)〉처럼 옮기면 문의(文意)를 좀 더 쉽게 새길 수 있다. 〈천지도(天之道)란[也] 것은[者] 장궁함과[張弓] 같은[猶] 것[者]이다[也].〉

● 천지도기유장궁여(天之道其猶張弓與)가 〈천지도기유장궁호(天之道其猶張弓乎)〉로 된 본(本)도 있다. 여(與)도 부드러운 감탄사 노릇하고, 호(乎) 역시 감탄사 노릇하므로 문의(文意)에 차이가 나는 것은 아니다.

【해독(解讀)】

● 〈천지도기유장궁여(天之道其猶張弓與)〉에서 천지도(天之道)는 진주어 노릇하고, 기(其)는 천지도(天之道)를 강조해주는 지시어로 가주어 노릇하며, 유(猶)는 동사 노릇하고, 장궁(張弓)은 보어 노릇하고, 여(與)는 감탄 어조사 노릇한다. 유(猶)는 〈같을 여(如) · 약(若)〉 등과 같고, 장(張)은 활대에 활시위를 얹기까지 활 메우기를 뜻한다. 〈자연의[天之] 규율은[道] 활[弓] 메우기와[張] 같구나[猶與]!〉

● 천지도기유장궁여(天之道其猶張弓與)는 〈A유위(猶爲)B〉의 상용문이다. 〈A는 B를 함과[爲] 같다[猶].〉

77-2 高者抑之(고자억지) 下者擧之(하자거지)

▶ {궁장(弓匠)은} 높은[高] 것[者] 그것을[之] 눌러 내리고[抑], 낮은
[下] 것[者] 그것을[之] 끌어올린다[擧].

높을 고(高), 것 자(者), 내릴 억(抑), 그것 지(之), 낮을 하(下), 올릴 거(擧)

【지남(指南)】

〈고자억지(高者抑之) 하자거지(下者擧之)〉는 〈장궁(張弓)〉을 예로 들어서 고하
(高下)를 포일(抱一)하는 자연의[天] 규율을[道] 밝힌다. 고하(高下)의 억(抑)·거
(擧)는 2장(章) **고하상경(高下相傾)**과 39장(章) **고이하위기(高以下爲基)**를 상기시킨
다. 높음만[高] 고집하거나 지나쳐도 안 되고, 낮음만[下] 고집하거나 지나쳐도 안
된다. 고하(高下)가 상경(相傾)하여 서로[相] 따르고[隨], 서로[相] 어울려[和] 높음
이[高] 낮음으로[下] 바탕을[基] 삼아야[爲] 고하(高下)가 천균(天均)을 이룬다.

활[弓]의 시위가[弦] 제 구실을 하자면 활대의 고하(高下)가 천도(天道)인 천균
(天均)을 얻어야 궁현(弓弦)을 매고 화살을 얹어 쏠 수 있다. 궁장(弓匠)이 명궁(名
弓)을 만들자면 자연의[天] 규율인[道] 고하(高下)의 천균(天均)을 따라야지, 멋대
로 작궁(作弓)해서는 장궁(張弓) 즉 활을 메울 수 없는 것이다. 활대가 고하(高下)
를 하나로 포일(抱一)해야 활이 제 구실을 할 수 있음을 터득한 궁장(弓匠)이 법자
연(法自然)하여 작궁(作弓)할 수 있듯, 인간이 하는 모든 일이 이와 다를 바 없음을
살펴 새기고 헤아려 깨우치게 하는 말씀이 〈고자억지(高者抑之) 하자거지(下者擧
之)〉이다.

註 "장단상형(長短相形) 고하상경(高下相傾) 음성상화(音聲相和) 전후상수(前後相隨)." 긺도
[長] 짧음도[短] 서로[相] 드러나고[形], 높음도[高] 낮음도[下] 서로[相] 기대며[傾], 홀소리도[音] 닿
소리도[聲] 서로[相] 어울리고[和], 앞도[前] 뒤도[後] 서로[相] 따른다[隨]. 『노자(老子)』 2장(章)

註 "귀이천위본(貴以賤爲本) 고이하위기(高以下爲基)." 고귀함은[貴] 비천함으로[賤]써[以] 근
본을[本] 삼고[爲], 높음은[高] 낮음으로[下]써[以] 바탕을[基] 삼는다[爲]. 『노자(老子)』 39장(章)

【보주(補註)】

● 〈고자억지(高者抑之) 하자거지(下者擧之)〉를 〈궁장억고자(弓匠抑高者) 이궁장 거하자(而弓匠擧下者)〉처럼 옮기면 문의(文意)를 좀 더 쉽게 새길 수 있다. 〈궁 장은[弓匠] 높은[高] 것을[者] 눌러 내린다[抑]. 그리고[而] 궁장은[弓匠] 낮은[下] 것을[者] 올려 높인다[擧].〉

● 자연의 규율은(天道) 고하(高下)를 둘로 나누지 않고 하나로[一] 안아 지킨다 [抱]. 고하(高下)의 포일(抱一)이란 고하(高下)가 상생(相生)하고 상성(相成)하며 상형(相形)하고 상경(相傾)하며 상화(相和)하고 상수(相隨)함이다.

【해독(解讀)】

● 〈고자억지(高者抑之) 하자거지(下者擧之)〉는 두 구문으로 이루어진 중문(重文) 으로 문맥을 잡아도 되고, 두 복문(複文)으로 이루어진 한 문단으로 문맥을 잡 아도 된다. 〈고자라면[高者] 그것을[之] 억한다[抑]. (그러나) 하자라면[下者] 그 것을[之] 거한다[擧].〉〈고자[高者] 그것을[之] 억한다[抑]. (그러나) 하자[下者] 그것을[之] 거한다[擧].〉

● 고자억지(高者抑之)에서 고자(高者)의 자(者)를 어조사 노릇하는 〈~면 자(者)〉 로 여기면 고자(高者)는 조건의 종절로 문맥을 잡게 되어 고자억지(高者抑之) 는 복문이 된다. 고자(高者)를 억(抑)의 진목적어로, 억지(抑之)의 지(之)를 가목 적어로 여기고 문맥을 잡으면 고자억지(高者抑之)는 하나의 구문이다. 여기서 억(抑)은 〈누를 압(壓)〉과 같아 억압(抑壓)의 줄임말로 여기면 된다. 〈높다[高] 면[者] 그것을[之] 눌러 내린다[抑].〉〈높은[高] 것[者] 그것을[之] 눌러 내린다 [抑].〉

● 하자거지(下者擧之)에서 하자(下者)의 자(者)를 어조사 노릇하는 〈~면 자(者)〉 로 여기면 하자(下者)는 조건의 종절로 문맥을 잡게 되어 하자거지(下者擧之) 는 복문이 된다. 하자(下者)를 거(擧)의 진목적어로, 거지(擧之)의 지(之)를 가목 적어로 여기고 문맥을 잡으면 하자거지(下者擧之)는 하나의 구문이다. 거(擧)는 〈들어올릴 양(揚)〉과 같아 거양(擧揚)의 줄임말로 여기면 된다. 〈낮다[下]면[者] 그것을[之] 끌어올린다[擧].〉〈낮은[下] 것[者] 그것을[之] 끌어올린다[擧].〉

77-3 有餘者損之(유여자손지) 不足者補之(부족자보지)

▶ {궁장(弓匠)은} 남아도는[有餘] 것[者] 그것을[之] 덜어내고[損], 모자라는[不足] 것[者] 그것을[之] 보태준다[補].

> 있을 유(有), 남을 여(餘), 것 자(者), 덜 손(損), 그것 지(之), 더할 족(足), 보태줄 보(補)

【지남(指南)】

〈유여자손지(有餘者損之) 부족자보지(不足者補之)〉역시 〈장궁(張弓)〉을 예로 들어서 유여(有餘)와 부족(不足)을 포일(抱一)하는 천도(天道)를 밝힌다. 39장(章) 혹익지이손(或益之而損)을 상기시킨다.

늘[或] 더해지면[益之] 곧[而] 덜어지는[損] 것이 천도(天道)이니 부익부(富益富) 빈익빈(貧益貧)은 없다. 부유함이[富] 부유함을[富] 더하고[益], 가난함이[貧] 가난함을[貧] 더하는[益] 치우침이란 인위(人爲)의 짓에만 생긴다. 이런 연유로 인간사에 상선(上善)은 없다고 단언하는 경우도 있다. 8장(章) 수선리만물이부쟁(水善利萬物而不爭) 즉 물은[水] 온갖 것을[萬物] 그냥 그대로 잘[善] 이롭게 하면서도[利而] (온갖 것과) 다투지 않음은[不爭], 남음과[有餘] 모자람이[不足] 천균(天均)을 이루기 때문이다. 호수의 수면은 어느 한편으로 기우는 법 없이 수평할 뿐이니, 수평이야말로 더할 바 없는 5장(章) 수중(守中) 바로 그것이다.

장궁(張弓)도 수평을 이루어 천도(天道)를 따름을[中] 지켜야[守] 궁현(弓弦)이 수평을 이루어 화살을 제대로 날릴 수 있다. 궁현(弓弦)이 유여(有餘)하면 덜어내고[損], 활시위가[弓弦] 부족(不足)하면 더해주어[補] 수평을 이루어야 활[弓]의 시위도[弦] 제 구실을 할 수 있다. 유여(有餘)와 부족(不足)을 둘로 나누어 어느 한편에 치우친다면, 궁현(弓弦)은 천도(天道)인 천균(天均)을 얻지 못한다.

궁장(弓匠)이 명궁(名弓)을 만들자면 자연의[天] 규율인[道] 손익(損益)의 천균(天均)을 따라야지, 궁현(弓弦)을 멋대로 늘리거나 줄이거나 해서는 화살을 얹어 날릴 수 없다. 활[弓] 시위의[弦] 유여(有餘)와 부족(不足)을 하나로 포일(抱一)해야 활이 제 구실을 할 수 있음을 터득한 궁장(弓匠)이라야 법자연(法自然)하여 작궁

(作弓)할 수 있듯, 인간의 모든 일이 이와 다를 바 없음을 살펴 새기고 헤아려 깨우치게 하는 말씀이 〈유여자손지(有餘者損之) 부족자보지(不足者補之)〉이다.

📖 "다언수궁(多言數窮) 불여수중(不如守中)." (시비를 가리려는) 말이[言] 많아질수록[多] 이치가[數] 궁색해진다[窮]. (시비 가림의 말하기는) 상도를 따라[中] 지킴만[守] 못하다[不如].
『노자(老子)』 5장(章)

📖 "물혹손지이익(物或損之而益) 혹익지이손(或益之而損)." 무엇이든[物] 늘[或] 덜어지면[損之] 곧[而] 더해지고[益], 늘[或] 더해지면[益之] 곧[而] 덜어진다[損]. 『노자(老子)』 39장(章)

📖 "상선약수(上善若水) 수선리만물이부쟁(水善利萬物而不爭) 처중인지소오(處衆人之所惡)." 지극한[上] 선은[善] 물과[水] 같다[若]. 물은[水] 온갖 것을[萬物] 그냥 그대로 잘[善] 이롭게 하면서도[利而] (온갖 것과) 다투지 않고[不爭], 뭇사람이[衆人之] 싫어하는[惡] 곳에[所] 머문다[處]. 『노자(老子)』 8장(章)

【보주(補註)】

● 〈유여자손지(有餘者損之) 부족자보지(不足者補之)〉를 〈궁장손유여자(弓匠損有餘者) 이궁장보부족자(而弓匠補不足者)〉처럼 옮기면 문의(文意)를 좀 더 쉽게 새길 수 있다. 〈궁장은[弓匠] 남는[有餘] 쪽을[者] 덜어낸다[損]. 그리고[而] 궁장은[弓匠] 모자란[不足] 쪽을[者] 보태준다[補].〉

● 자연의 규율은[天道] 유여(有餘)와 부족(不足)을 둘로 나누지 않고 하나로[一] 안아 지킨다[抱]. 유여(有餘)와 부족(不足)의 포일(抱一)이란, 남음과[有餘] 모자람[不足] 역시 서로[相] 생기고[生] 서로[相] 이루며[成] 서로[相] 드러나고[形] 서로[相] 기대며[傾] 서로[相] 어울리면서[和] 서로[相] 따름[隨]이다.

● 부족자보지(不足者補之)의 보(補)가 〈여(與)〉로 된 본(本)도 있다. 〈보탤 보(補)〉와 〈줄 여(與)〉인지라 문의(文意)가 달라지는 것은 아니다.

【해독(解讀)】

● 〈유여자손지(有餘者損之) 부족자보지(不足者補之)〉는 두 문장으로 이루어진 중문(重文)으로 문맥을 새길 수도 있고, 두 복문(複文)으로 이루어진 문단으로 문맥을 잡을 수도 있다. 〈남음이[餘] 있는[有] 쪽[者] 그쪽을[之] 덜어낸다[損]. (그리고) 부족한[不足] 쪽[者] 그쪽을[之] 보태준다[補].〉〈남음이[餘] 있다[有]면[者] 그쪽을[之] 던다[損]. (그리고) 부족하다[不足]면[者] 그쪽을[之] 보탠다[補].〉

- 유여자손지(有餘者損之)에서 유여자(有餘者)의 자(者)를 어조사 노릇하는 〈~면 자(者)〉로 여기면 유여자(有餘者)는 조건의 종절로 문맥을 잡게 되어 유여자손지(有餘者損之)는 복문이 된다. 유여자(有餘者)를 손(損)의 진목적어로, 손지(損之)의 지(之)를 가목적어로 여기고 문맥을 잡으면 유여자손지(有餘者損之)는 하나의 구문이다. 손(損)은 〈덜 감(減)〉과 같아 손감(損減)의 줄임말로 여기면 된다. 〈남음이[餘] 있는[有] 쪽[者] 그쪽을[之] 던다[損].〉〈남음이[餘] 있다[有]면[者] 그쪽을[之] 던다[損].〉

- 부족자보지(不足者補之)에서 부족자(不足者)의 자(者)를 어조사 노릇하는 〈~면 자(者)〉로 여기면 부족자(不足者)는 조건의 종절로 문맥을 잡게 되어 부족자보지(不足者補之)는 복문이 된다. 부족자(不足者)를 보(補)의 진목적어로, 보지(補之)의 지(之)를 가목적어로 여기고 문맥을 잡으면 부족자보지(不足者補之)는 하나의 구문이다. 보(補)는 〈보탤 충(充)〉과 같아 보충(補充)의 줄임말로 여기면 된다. 〈모자란[不足] 쪽[者] 그쪽을[之] 보탠다[補].〉〈모자란다[不足]면[者] 그쪽을[之] 보탠다[補].〉

77-4 천지도손유여이보부족(天之道損有餘而補不足) 인지도즉불연(人之道則不然) 손부족이봉유여(損不足而奉有餘)

▶자연의[天之] 규율은[道] 넉넉한 데서[有餘] 덜어내서[損而] 모자란 데를[不足] 보탠다[補]. (그러나) 인간세상의[人之] 법칙[道]이란[則] 그렇지 않다[不然]. (오히려 인위의 규율은) 모자란 데서[不足] 덜어내서[損而] 남는 데를[有餘] 봉양한다[奉].

> 하늘 천(天), 조사 지(之), 규율 도(道), 덜어낼 손(損), 있을 유(有),
> 남음 여(餘), 그래서 이(而), 보탤 보(補), 없을 부(不), 더할 족(足),
> 그럴 연(然), 받들 봉(奉)

【지남(指南)】

〈천지도손유여이보부족(天之道損有餘而補不足) 인지도즉불연(人之道則不然)

손부족이봉유여(損不足而奉有餘))는 천도(天道)는 〈유여(有餘)〉와 〈부족(不足)〉을 포일(抱一)하여 상화(相和)하게 하지만, 인도(人道)는 부족(不足)에서 덜어내[損] 유여(有餘)를 봉양해[奉] 천도(天道)를 어김을 밝힌다.

여기 〈손부족이봉유여(損不足而奉有餘)〉가 다름 아닌 75장(章) 기상식세다(其上食稅之多)로, 기상(其上) 즉 백성[其] 위에 있는 치자(治者)들이[上] 범하는 도둑질을 말한다. 백성이 낸 세금을[稅] 먹어치움이[食之] 많다는[多] 직언을 살펴 헤아리면, 〈손유여이보부족(損有餘而補不足)〉이 뜻하는 바를 간파할 수 있다. 이어서 민지기(民之饑) 즉 백성의[民之] 굶주림을[饑] 빚어내는 치자(治者)의 착민(搾民) 역시 손부족이봉유여(損不足而奉有餘)임을 알 수 있다.

넉넉함에서[有餘] 덜어내[損] 모자람에[不足] 보태주면[補] 유여(有餘)의 쪽과 부족(不足)의 쪽이 천도(天道)의 평균을 이룬다. 이러한 천균(天均)이야말로 무위(無爲)로, 35장(章) 안평태(安平泰) 즉 이에[安] 화평하고[平] 태안한[泰] 삶을 일국(一國)의 상하(上下)가 누리게 한다. 그러나 사람 사는 세상의 법칙은 유여(有餘)해도 부족한 쪽에 보태주지 않고, 오히려 남아도는[有餘] 쪽이 부족한[不足] 쪽의 것을 빼앗기를 마다하지 않으니 강자와 약자가 생긴다. 양쪽이 양행(兩行)할 수 없어 세상은 자연의 규율인 천균(天均)을 누리지 못하고 소유욕의 경쟁이 그치지 않는다. 소유의 경쟁은 유력(有力)의 다소(多少)로 삶의 길흉이 정해진다고 속셈하기 때문에 『주역(周易)』에 나오는 길흉자정승자야(吉凶者貞勝者也)의 정승자(貞勝者), 즉 바르게[貞] 무릅쓰는[勝] 것이[者] 없어진다.

36장(章) 유약승강강(柔弱勝剛强)의 승(勝)은 『주역(周易)』「계사전하(繫辭傳下)」 정승자(貞勝者)의 바르게[貞] 무릅씀[勝]이다. 그러나 인지도(人之道)에는 정승(貞勝)이 없다. 여기 정(貞)은 무사(無私)하여 무욕(無欲)한 마음가짐[心志]이다. 사사로움이[私] 없어[無] 바람이[欲] 없는[無] 마음이[心] 가는 바[志]라야 바르게[貞] 무릅쓰는[勝] 것이다. 정승(貞勝)이란 현덕지승(玄德之勝) 즉 상도(常道)의 조화인 현덕의[玄德之] 이김[勝]이니, 이는 무소유로 거두는 이김[勝]이다. 이러한 이김은[勝] 〈손유여이보부족(損有餘而補不足)〉으로 드러난다.

갑을(甲乙)이 똑같이 갖거나[所有] 다 같이 갖지 않으면[無所有] 갑(甲)·을(乙)은 서로 다툴[相爭] 것이 없다. 그러나 갑(甲)이 유여(有餘)하고 을(乙)이 부족하면

갑을(甲乙) 사이의 천균(天均)은 없어지고, 다소유(多所有) 쪽과 소소유(少所有)로 양분되어 부쟁(不爭)을 누리지 못한다. 가진[有] 것이[所] 많은[多] 쪽과 가진[有] 것이[所] 적은[少] 쪽이 대치할 뿐 아니라, 적은[少] 쪽의 것을 빼앗아 많은[多] 쪽에 보태주는[補] 어처구니없는 처사가 벌어짐이 〈손부족이봉유여(損不足而奉有餘)〉이니, 이는 인위(人爲)의 잔혹함이다.

가진[有] 것이[所] 많은[多] 쪽과 가진[有] 것이[所] 적은[少] 쪽으로 양분되면 무위지사(無爲之事)는 허무맹랑한 말이 되고, 2장(章) **상생(相生)·상형(相形)·상경(相傾)·상화(相和)·상수(相隨)** 등의 자연의 규율은 인간사회에서 폐기되어버린다. 그러면 서로[相] 살리지[生] 못하고, 서로[相] 드러나지[形] 못하며, 서로[相] 기대지[傾] 못하고, 서로[相] 어울리지[和] 못하며, 서로[相] 따르지[隨] 못하고, 상알(相軋)하고 상쟁(相爭)하며 상해(傷害)하는 세상과 마주하고 만다. 이런 연유로 인간사회는 『장자(莊子)』의 **천균자천예(天均者天倪)**를 누리지 못한다.

따라서 남음[有餘]과 모자람[不足]의 사례를 들어 무위(無爲)로 부쟁(不爭)·불해(不害)하는 자연(自然)과 인위(人爲)로 상쟁(相爭)·상해(相害)하는 인간세(人間世)를 견주어 살펴 새기고 헤아려 깨우치게 하는 말씀이 〈천지도손유여이보부족(天之道損有餘而補不足) 인지도즉불연(人之道則不然) 손부족이봉유여(損不足而奉有餘)〉이다.

註 "길흉회린자생호동자(吉凶悔吝者生乎動者也) 강유자립본자야(剛柔者立本者也) 변통자취시자야(變通者趣時者也) 길흉자정승자야(吉凶者貞勝者也)." 좋고[吉] 나쁘고[凶] 뉘우치고[悔] 부끄러움이란[吝] 것은[者] 움직임에서[乎動] 생기는[生] 것[者]이고[也], 굳셈과[剛] 부드러움이란[柔] 것은[者] 근본을[本] 세우는 것[立]이며[也], 변하여[變] 통함이란[通] 것은[者] 때에[時] 좇는[趣] 것[者]이고[也], 좋고[吉] 나쁨이란[凶] 것은[者] 바르게[貞] 무릅쓰는[勝] 것[者]이다[也].

생호동(生乎動)은 생호심지동(生乎心之動)으로 새기면 된다. 〈마음의[心之] 움직임에서[乎動] 생긴다[生].〉　　　　　　　　　　　　　　　　　『주역(周易)』 「계사전하(繫辭傳下)」

註 "민지기이기상식세지다(民之饑以其上食稅之多)." 백성의[民之] 굶주림은[饑] 그[其] 위가[上] 조세를[稅] 먹어치움이[食之] 많기[多] 때문이다[以].　　　　　　　　　『노자(老子)』 75장(章)

註 "유약승강강(柔弱勝剛强) 어불가탈어연(魚不可脫於淵) 국지리기불가이시인(國之利器不可以示人)." 부드럽고[柔] 연약함이[弱] 굳세고[剛] 강함을[强] 부려 쓴다[勝]. 물고기는[魚] 못에서[於淵] 벗어날[脫] 수 없다[不可]. {치자(治者)는} 나라의[國之] 이로운[利] 기물을[器] 가지고[以]

백성에게[人] 과시할[示] 수 없다[不可]. 　　　　　　　　　　　『노자(老子)』36장(章)

　劻　"집대상(執大象) 천하왕(天下往) 왕이불해(往而不害) 안평태(安平泰)." 상도의[大] 짓을[象] 지키니[執] 세상 사람들이[天下] 와서 승복하고 간다[往]. 왔다 가면[往而] 해로움이 없고[不害], 이에[安] 화평하고[平] 태안하다[泰]. 　　　　　　　　　『노자(老子)』35장(章)

　劻　"선용인자(善用人者) 위지하(爲之下) 시위부쟁지덕(是謂不爭之德) 시위용인지력(是謂用人之力) 시위배천지극(是謂配天之極)." 사람[人] 쓰기를[用] 잘하는[善] 사람은[者] 쓸 사람에게[之] 아래가[下] 된다[爲]. 이것을[是] 다투지 않는[不爭之] 덕이라[德] 하고[謂], 이것을[是] 사람을[人] 부리는[用之] 힘이라[力] 일컫고[謂], 이것을[是] 자연과[天] 합하는[配之] 지극함이라[極] 한다[謂]. 　　　　　　　　　　　　　　　　　『노자(老子)』68장(章)

　劻　"성인처무위지사(聖人處無爲之事) 행불언지교(行不言之敎)……생이불유(生而不有) 위이불시(爲而不恃) 공성이불거(功成而弗居)." 성인은[聖人] 무위를[無爲之] 행함에[事] 머물고[處], 말이[言] 없는[不之] 가르침을[敎] 행한다[行].……낳아주되[生而] 가져지지 않으며[不有], 위해지되[爲而] 의지되지 않는다[不恃]. 공적이[功] 이루어져도[成而] 머물지(연연치) 않는다[弗居].

　　　　　　　　　　　　　　　　　　　　　　　　　　　　　『노자(老子)』2장(章)

　劻　"시졸약환(始卒若環) 막득기륜(莫得其倫) 시위천균(是謂天均) 천균자천예야(天均者天倪也)." 처음과[始] 끝이[卒] 고리[環] 같아[若] 그[其] 순서를[倫] 알 수가[得] 없다[莫]. 이를[是] 자연의[天] 평균이라[均] 한다[謂]. 자연의[天] 평균이란[均] 것은[者] 자연의[天] 처음과 끝[倪]이다[也].

　　　천도(天道)에서 생사만 천균(天均)이 아니라 만물이 천균(天均)을 누린다. 천예(天倪)는 천지단예(天之端倪) 즉 자연의[天之] 처음과[端] 끝[倪]을 줄인 술어(術語)이다. 그래서 천예(天倪)를 자연(自然)의 분제(分際) 즉 나누기[分際]라 한다. 　　　　　　『장자(莊子)』「우언(寓言)」

【보주(補註)】

● 〈천지도손유여이보부족(天之道損有餘而補不足) 인지도즉불연(人之道則不然) 손부족이봉유여(損不足而奉有餘)〉를 〈천지도손유여(天之道損有餘) 이천지도보부족(而天之道補不足) 연이인지도불손유여(然而人之道不損有餘) 이인지도손부족(而人之道損不足) 이인지도봉유여이기손(而人之道奉有餘以其損)〉처럼 옮기면 문의(文意)를 좀 더 쉽게 새길 수 있다. 〈천지도는[天之道] 남음이[餘] 있는 것을[有] 덜어내서[損而] 부족한 것을[不足] 보충한다[補]. 그러나[然而] 인지도는[人之道] 남음이[餘] 있는 것을[有] 덜어내지도 않으면서[不損而] 인지도는[人之道] 부족한 것을[不足] 보충하지도 않는다[不補]. 그리고[而] 인지도는[人之

道] 부족한 것을[不足] 덜어낸다[損]. 그리고[而] 인지도는[人之道] 그[其] 덜어
낸 것으로[損] 써[以] 남음이[餘] 있는 것을[有] 봉양한다[奉].〉

● 천지도(天之道) 즉 자연의[天之] 규율은[道] 무위(無爲)를 말하고, 인지도(人之
道) 즉 인세의[人世之] 규율은[道] 인위(人爲)를 말한다.

● 손부족이봉유여(損不足而奉有餘)는 52장(章) **화재유여(貨財有餘)**와 74장(章) 민
지기이기상식세지다(民之饑以其上食稅之多)를 상기시킨다. 이는 인세(人世) 즉
인간지세(人間之世)가 약육강식의 세상이 되는 까닭을[所以] 밝힘이다. 인간의
[人間之] 세상[世]을 요즘은 〈인간사회(人間社會 : human society)〉라 한다.

▧ "복문채(服文綵) 대리검(帶利劍) 염음식(厭飮食) 화재유여(貨財有餘)." {문신(文臣)들
은} 수놓아 화려한 옷을[文綵] 입으며[服], {무신(武臣)들은} 예리한[利] 칼을[劍] 허리에 차고
[帶], (신하들은) 마시고[飮] 먹기를[食] 싫증내고[厭], 재화라면[貨財] 넘쳐 남음이[餘] 있다[有].
『노자(老子)』 53장(章)

▧ "민지기이기상식세지다(民之饑以其上食稅之多)." 백성의[民之] 굶주림은[饑] 그[其] 위
가[上] 조세를[稅] 먹어치움이[食之] 많기[多] 때문이다[以].   『노자(老子)』 75장(章)

【해독(解讀)】

● 〈천지도손유여이보부족(天之道損有餘而補不足) 인지도즉불연(人之道則不然)
손부족이봉유여(損不足而奉有餘)〉는 세 문장으로 이루어진 한 문단이다. 〈천지
도가[天之道] 유여에서[有餘] 손해서[損而] 부족에[不足] 보한다[補]. (그러나) 인
지도는[人之道] 곧[則] 불연하다[不然]. (오히려) 부족을[不足] 손해서[損而] 유여
를[有餘] 봉한다[奉].〉

● 천지도손유여이보부족(天之道損有餘而補不足)은 〈천지도손유여(天之道損有
餘)〉한 문장과 〈이보부족(而補不足)〉으로 이루어진 중문(重文)이다.

천지도손유여(天之道損有餘)에서 천지도(天之道)는 주어 노릇하고, 손(損)은
동사 노릇하며, 유여(有餘)는 손(損)의 목적어 노릇한다. 〈자연의[天之] 규율은
[道] 유여를[有餘] 덜어낸다[損].〉

이보부족(而補不足)에서 이(而)는 접속사로 〈그래서 이(而)〉이고, 보(補)는 동
사 노릇하고, 부족(不足)은 보(補)의 목적어 노릇한다. 손(損)은 〈덜 감(減)〉과 같
아 손감(損減)의 줄임말로 여기면 되고, 여(餘)는 〈넉넉할 유(裕)〉와 같아 여유

(餘裕)의 줄임이고, 보(補)는 〈보탤 충(充)〉과 같아 보충(補充)의 줄임말로 여기면 된다. 〈그래서[而] 부족을[不足] 보한다[補].〉

- 인지도즉불연(人之道則不然)에서 인지도(人之道)는 주어 노릇하고, 즉(則)은 어조사 노릇하며, 불(不)은 연(然)의 부정사(否定詞)이고, 연(然)은 형용사로 보아 노릇한다. 〈인지도(人之道)라면[則] 그렇지[然] 않다[不].〉

- 손부족이봉유여(損不足而奉有餘)는 〈손부족(損不足)〉 한 문장과 〈이봉유여(而奉有餘)〉 한 문장으로 이루어진 중문(重文)이다.

  손부족(損不足)에서 주어 노릇할 〈인지도(人之道)〉는 생략되었지만 손(損)은 동사 노릇하고, 부족(不足)은 손(損)의 목적어 노릇한다. 〈모자란 데서[不足] 덜어낸다[損].〉

  이봉유여(而奉有餘)에서 이(而)는 접속사 노릇하고, 봉(奉)은 타동사 노릇하며, 유여(有餘)는 봉(奉)의 목적어 노릇한다. 봉(奉)은 〈봉양할 양(養)〉과 같아 봉양(奉養)의 줄임말로 여기면 된다. 〈그래서[而] 넉넉한 데를[有餘] 봉양한다[奉].〉

77-5 孰能以有餘奉天下(숙능이유여봉천하) 唯有道者(유유도자)

▶누가[孰] 남음이[餘] 있는 것으로[有]써[以] 온 세상을[天下] 봉양할[奉] 수 있을까[能]? 오로지[唯] (그럴 수 있는 분은) 천도를[道] 갖춘[有] 분이다[者].

> 누구 숙(孰), 가할 능(能), 써 이(以), 있을 유(有), 넉넉할 여(餘),
> 봉양할 봉(奉), 하늘 천(天), 아래 하(下), 오직 유(唯), 상도(常道)도(道),
> 사람 자(者)

【지남(指南)】

〈숙능이유여봉천하(孰能以有餘奉天下) 유유도자(唯有道者)〉는 앞서 살핀 〈손부족이봉유여(損不足而奉有餘)〉를 끊어버리라고[絶棄] 에둘러 밝힌다. 남는 것을[有餘] 이용하여[以] 봉천하(奉天下)함이란 해민지기(解民之饑) 즉 백성의[民之] 굶주림을[饑] 없앰[解]이다. 상민층은 세금을[稅] 먹어치우지[食] 말라[勿] 함이 〈이유여봉천하(以有餘奉天下)〉이다. 이는 19장(章) 절교기리(絶巧棄利)를 환기시킨다. 인간이 재주와[巧] 탐하기를[利] 끊어[絶]버리면[棄] 세상에 도적이 없어진다[無有].

거듭 밝히지만, 모자람에서[不足] 덜어내[損] 넉넉한[有餘] 쪽을 봉양함[奉]이란 착민(搾民)하고 탈민(奪民)함이다. 백성 위에서 백성을 짓눌러[搾] 빼앗는[奪] 무리가 바로 53장(章) 〈도과(盜夸)〉인 국적(國賊)이다. 누가 나라를 도둑질해[盜夸] 나라를 해치는[國賊] 무리를 없앨 수 있느냐는 물음이 〈숙능이유여봉천하(孰能以有餘奉天下)〉이다. 상민층이 노략질하여[盜夸] 남아도는 것을[有餘] 군후(君侯)가 환수해서 백성한테 돌려주라. 그리하여 군후가 식세(食稅)의 무리를 없애고 국지모(國之母)가 되라고 반문함이 〈숙능이유여봉천하(孰能以有餘奉天下)〉이다.

이러한 반문은 48장(章) 〈취천하자상이무사(取天下者常以無事)〉를 상기시킨다. 나라를[天下] 다스리는[取] 것은[者] 늘[常] 무사함을[無事] 이룸이고[以], 무사(無事)란 무인위지사(無人爲之事)이다. 인위의[人爲之] 일[事]이란 인욕(人欲)이 개입하므로 요사(擾事)로 이어지기 쉽다. 어지러운[擾] 일이[事] 일어나지 않는 세상을 이루려면 무엇보다 먼저 남아도는 것을[有餘] 이용하여[以] 굶주리는[饑] 백성을 봉양해야 하고[奉], 이렇게 구민(救民)할 수 있는 분은 오직 유도자(有道者) 즉 무위(無爲)를 행하는 성인(聖人)뿐임을 밝힌 말씀이 〈유유도자(唯有道者)〉이다.

유도자(有道者)는 유천도지인(有天道之人)으로, 자연의[天] 규율을[道] 갖춘[有] 사람[者] 즉 법자연(法自然)하는 성인(聖人)이다. 이는 52장(章) 복수기모(復守其母)를 실행하는 성인(聖人)이기도 하고, 나아가 『장자(莊子)』의 무기(無己)·무공(無功)·무명(無名)의 성인(聖人)이다. 천지만물을 낳아주는 상도(常道)를 어머니께로[其母] 돌아와[復] 지키는[守] 군후 밑에는 착민(搾民)하고 탈민(奪民)하는 식세(食稅)의 도적들이 있을 수 없음을 살펴 새기고 헤아려 깨우치게 하는 말씀이 〈숙능이유여봉천하(孰能以有餘奉天下) 유유도자(唯有道者)〉이다.

"절교기리(絶巧棄利) 도적무유(盜賊無有)······ 영유소속(令有所屬) 견소포박(見素抱樸) 소사과욕(少私寡欲)." 재주 부리기를[巧] 끊고[絶] 이득을[利] 버리면[棄] 도둑질과[盜] 해치는 짓이[賊] 있음이[有] 없다[無].······ 딸린[屬] 바를[所] 간직하기를[有] 가르쳐 훈계하고[令], 그냥 있는 그대로를[素] 살피고[見] 그냥 있는 그대로를[樸] 간직해 지키며[抱], 제 몫을[私] 적게 하고[少] 욕

망을[欲] 적게 한다[寡]. 『노자(老子)』19장(章)

註　"천하유시(天下有始) 이위천하모(以爲天下母) 기득기모(旣得其母) 이지기자(以知其子) 복수기모(復守其母)." 세상에[天下] 시원이[始] 있다[有]. 이로써[以] 온 세상의[天下] 어머니로[母] 삼고[爲], 이미[旣] 그[其] 어머니를[母] 깨달았으니[得] 이로써[以] 그[其] 아들임을[子] 안다[知]. 이미[旣] 그[其] 아들임을[子] 알고[知] 그[其] 어머니께로[母] 돌아와[復] 지킨다[守].

『노자(老子)』52장(章)

註　"지인무기(至人無己) 신인무공(神人無功) 성인무명(聖人無名)." 지인께는[至人] 사심(私心)이[己] 없고[無], 신인께는[神人] 공적이[功] 없으며[無], 성인께는[聖人] 명예가[名] 없다[無].
　　지인(至人)·신인(神人) 등은 성인(聖人)의 별칭(別稱)이다. 『장자(莊子)』「소요유(逍遙遊)」

【보주(補註)】

● 〈숙능이유여봉천하(孰能以有餘奉天下) 유유도자(唯有道者)〉를 〈숙능봉천하지민이유여(孰能奉天下之民以有餘) 유유천지도지인능봉천하지민이유여(唯有天之道之人能奉天下之民以有餘)〉처럼 옮기면 문의(文意)를 좀 더 쉽게 새길 수 있다. 〈누가[孰] 유여를[有餘] 이용해[以] 온 세상의[天下之] 사람들을[民] 봉양할[奉] 수 있을까[能]? 오로지[唯] 자연의[天之] 규율을[道] 갖춘[有之] 사람만이[人] 유여를[有餘] 이용해[以] 온 세상의[天下之] 사람들을[民] 봉양할[奉] 수 있다[能].〉

● 유도자(有道者) 즉 유천도지인(有天道之人)은 존도(尊道)하고 귀덕(貴德)하여 복수기모(復守其母)하는 무위지인(無爲之人)인 성인(聖人)을 말한다. 자연의[天] 규율을[道] 갖춘[有之] 사람은[人] 상도(常道)를 만물의 어머니로 삼아 상도를[道] 받들고[尊], 상덕(常德)을 어머니의 자애(慈愛)로 삼아 받드는[貴] 사람이다. 이런 유도자(有道者)는 성인(聖人)이고, 『장자(莊子)』의 집도자(執道者)와 같다. 상도를[道] 지키는[執] 자가[者] 유도자(有道者)이고 성인(聖人)이니, 유도자(有道者)·집도자(執道者)·순비자(淳備者) 등은 모두 법자연(法自然)을 그대로 행하는 성인(聖人)을 말한다.

─────────────

註　"집도자전덕(執道者德全) 덕전자형전(德全者形全) 형전자신전(形全者神全) 신전자성인지도야(神全者聖人之道也) 탁생여민병행(託生與民竝行) 이부지기소지(而不知其所之) 망호순비재(汒乎淳備哉)." 도를[道] 지키는[執] 것은[者] 덕을[德] 온전히 하고[全], 덕을[德] 온전히 하는[全] 것은[者] 몸을[形] 온전히 하고[全], 몸을[形] 온전히 하는[全] 것은[者] 정신을[神] 온전

히 하고[全], 정신을[神] 온전히 하는[全] 것이[者] 성인의[聖人之] 도(道)이다[也]. 삶을[生] (세상에) 맡긴 채로[託] 백성과[與民] 함께[竝] 살아가면서[行而] 자신이[其] 살아가는[之] 바를[所] 몰라[不知] (자기를 잊어) 아무런 걸림도 없다네[汒乎]! 순박함을[淳] 온전히 갖춤일세[備哉]!

『장자(莊子)』「천지(天地)」

【해독(解讀)】

● 〈숙능이유여봉천하(孰能以有餘奉天下) 유유도자(唯有道者)〉는 의문문과 한 구문으로 이루어진 문단이다. 〈누가[孰] 유여로[有餘] 써[以] 능히[能] 천하를[天下] 봉하는가[奉]? 오로지[唯] 도를[道] 갖춘[有] 분이다[者].〉

● 숙능이유여봉천하(孰能以有餘奉天下)에서 숙(孰)은 의문사로서 주어 노릇하고, 능(能)은 봉(奉)의 조동사 또는 꾸며주는 부사 노릇하며, 이유여(以有餘)는 봉(奉)를 꾸며주는 부사구 노릇하며, 봉(奉)은 동사 노릇하고, 천하(天下)는 목적어 노릇한다. 숙(孰)은 〈누구 수(誰)〉와 같고, 이(以)는 〈써 용(用)〉과 같다. 〈누가[孰] 남음이[餘] 있음을[有] 덜어내서[損而] 모자람을[不足] 능히[能] 보태줄까[補]?〉

● 유유도자(唯有道者)는 〈유유도자능이유여봉천하(唯有道者能以有餘奉天下)〉에서 능이유여봉천하(能以有餘奉天下)는 되풀이되는 내용이므로 생략하고, 주부(主部)만 남은 구문이다. 유유도자(唯有道者)에서 유(唯)는 어조사 노릇하고, 유(有)는 동사 노릇하며, 도(道)는 유(有)의 목적어 노릇하고, 자(者)는 〈지인(之人)〉의 줄임이다. 유도자(有道者)의 유(有)를 〈있을 유(有)〉 자동사로 여기고 문맥을 잡을 수도 있고, 〈갖출 유(有)〉 타동사로 여기고 문맥을 잡을 수도 있다. 유도자(有道者)는 〈유도지인(有道之人)〉과 같다. 〈오직[唯] 자연의 규율이[道] 있는[有之] 사람이다[者].〉 〈오직[唯] 자연의 규율을[道] 갖춘[有之] 사람이다[人].〉

아래의 〈시이성인위이불시(是以聖人爲而不恃) 공성이불처(功成而不處) 불욕현현(不欲見賢)〉 이 세 구문(句文)은 77장(章)의 내용과 상응하지 않기 때문에 산거(刪去)해야 한다는 설(說)을 따라 77장(章) 원문(原文)에서 깎아내[刪] 지웠다[去]. 전사자(傳寫者)가 베끼면서[傳寫] 〈시이성인위이불시(是以聖人爲而不恃) 공성이불처(功成而不處)〉를 은입(隱入)한 것으로 의심되고, 나아가 〈위이불시(爲而不恃)

공성이불처(功成而不處)〉 두 구(句)는 이미 2장(章)에 나와 있어서 겹치기로[重] 나타난[出] 구(句)이므로 산거(刪去)해야 한다는 설(說)들을 따랐다.

물론 77장(章)의 〈공성이불처(功成而不處)〉가 2장(章)에서는 〈공성이불거(功成而弗居)〉로 되어 있지만, 〈불처(不處)〉와 〈불거(弗居)〉 즉 〈불거(不居)〉는 같은 뜻이다. 그리고 〈불욕현현(不欲見賢)〉은 전사자(傳寫者)가 앞의 두 구(句)를 주문(註文)한 글로 여겨진다.

〈시이성인위이불시(是以聖人爲而不恃) 공성이불처(功成而不處) 불욕현현(不欲見賢)〉을 원문(原文)에서 산거(刪去)하지만, 세 구문의 지남(指南) · 보주(補註) · 해독(讀解)을 참고삼아 아래에 둔다.

① 是以聖人爲而不恃(시이성인위이불시)

▶이렇기[是] 때문에[以] 성인은[聖人] 위해주되[爲而] 바라지 않는다[不恃].

위할 위(爲), 그러나 이(而), 않을 불(不), 바랄 시(恃)

【지남(指南)】

〈성인위이불시(聖人爲而不恃)〉는 성인(聖人)은 상도(常道)를 따라 본받음을 밝힌다. 왜냐하면 〈위이불시(爲而不恃)〉란 상도(常道)가 짓는 조화이기 때문이다. 따라서 성인(聖人)의 위이불시(爲而不恃)는 2장(章)에서 살핀 성인(聖人)의 **처무위지사(處無爲之事)**와 **행불언지교(行不言之敎)**를 뜻한다. 물론 위이불시(爲而不恃)의 위(爲)는 상도(常道)의 **생지(生之)**와 상덕(常德)의 **휵지(畜之)**를 실행함이다. 상도(常道)가 만물을 위해주되[爲] 만물한테 그 무엇도 바라지 않음을[不恃] 성인(聖人)도 그대로 따르고 본받아서 아무런 바람 없이[不恃] 27장(章) **상선구인(常善救人)**·**상선구물(常善救物)**로 습명(襲明)을 행한다.

습명(襲明)은 밝음을[明] 밖으로 드러내지 않고 안으로 간직함[襲]이다. 습명(襲明)의 명(明)은 항상 법자연(法自然)하여 수중(守中) 즉 상도(常道)를 따라[中] 지키므로[守] 미혹(迷惑)이 없다. 도와주면서[爲] 불시(不恃) 즉 바라지 않는다[不恃].

이는 5장(章)의 **천지불인(天地不仁)**을 상기시키고, 79장(章) **천도무친(天道無親)**을 떠올린다. 편애함이란 상도(常道)에는 없으니, 상도(常道)와 상덕(常德)은 그 무엇을 특별히 기대하고자[欲恃] 생지(生之)·휵지(畜之)하지 않는다. 상도(常道)의 위만물(爲萬物)은 곧 생만물(生萬物)이고, 나아가 만물작(萬物作)이다.

어떻게 만물(萬物)을 위해줌[爲]인가? 상생(相生)으로써 위해줌[爲]이고, 상성(相成)으로써 위해줌[爲]이며, 상형(相形)으로써 위해줌[爲]이고, 상경(相傾)으로써 위해줌[爲]이며, 상화(相和)로써 위해줌[爲]이고, 상수(相隨)로써 위해줌이[爲] 상도(常道)의 조화인 〈위만물(爲萬物)〉의 위(爲)이다. 상생(相生)·상성(相成)·상형(相形)·상경(相傾)·상화(相和)·상수(相隨)는 바로 상도(常道)가 짓는 조화이고, 만물은 이 조화로 위해져[爲] 태어나[生] 그 생(生)을 누리는 것들이다. 이처럼 상도(常道)가 만물을 위해주되 불시(不恃)하기 때문에 상도(常道)의 위함[爲]이란 오로지 자연(自然)의 일[事]이고, 무위(無爲)의 일[事]일 뿐이다. 그러므로 위이불시(爲而不恃)의 불시(不恃)는 그 무엇도 특별히 대우해주는 일이란 없다는 말이고, 이 역시 5장(章) 천지불인(天地不仁) 이만물위추구(以萬物爲芻狗)란 말씀과 『장자』의 〈천방(天放)〉을 떠올린다.

만물은 천지(天地)로부터 저마다의 본성(本性)을 받아 생사(生死)를 누린다. 사람이라고 대접하고 지렁이라 대접하지 않는 짓을 하지 않으니 만물은 모두 상도(常道)의 자연(自然)이고 무위(無爲)일 뿐, 제물(齊物) 즉 만물을 하나로 한다[齊]. 그래서 천지(天地)는 만물을 불시(不恃)하지 편애하여 대우하는 것이 따로 있지 않다. 성인(聖人)도 상도(常道)의 이러한 불시(不恃)를 본받아 백성을 위하되[爲] 백성을 대접하지 않는다[不恃]. 성인(聖人)께도 사(私)라는 것이 없어 언제나 무욕(無欲)하고 무욕(無欲)하니 바라는 바가 없다[不恃].

상도(常道)가 위만물(爲萬物)하듯이 성인(聖人)도 정성껏 위만물(爲萬物)하니 언제나 자연을[天] 돕는다[助]. 그러므로 성인(聖人)의 **위이불시(爲而不恃)**란 다름 아닌 조천(助天)함이고, 이는 지극히 공평하고 정대(正大)하여 치우치지 않게[不偏] 백성을 구제하기 때문이다. 이를 일러 **무위지사(無爲之事)·불언지교(不言之敎)**라 한다. 성인(聖人) 역시 상도(常道)처럼 법자연(法自然)하여 백성을 도와주니[爲] 상도(常道)의 위만물(爲萬物)과 다를 바가 없음을 살펴 새기고 헤아려 깨우치게 하는 말씀이 〈위이불시(爲而不恃)〉이다.

註 "성인처무위지사(聖人處無爲之事) 행불언지교(行不言之敎)." 성인은[聖人] 무위를[無爲
之] 행함에[事] 머물고[處], {성인(聖人)은 정령(政令) 따위의} 말이[言] 없는[不之] 가르침을[敎]
행한다[行].　　　　　　　　　　　　　　　　　　　　　　　　　　　『노자(老子)』 2장(章)

註 "성인상선구인(聖人常善救人) 고(故) 무기인(無棄人) 상선구물(常善救物) 고(故) 무기물
(無棄物) 시위습명(是謂襲明)." 성인은[聖人] 사람들을[人] 구제하기를[救] 늘[常] 선하게 한다
[善]. 그러므로[故] (성인께는) 사람들을[人] 저버림이[棄] 없다[無]. (성인은) 늘[常] 착하게[善] 온갖
것을[物] 구원한다[救]. 그러므로[故] 온갖 것을[物] 버림이[棄] 없다[無]. 이러함을[是] 상도를 깨달
아 밝음을[明] 안으로 간직함이라[襲] 한다[謂].　　　　　　　　　　　　　『노자(老子)』 27장(章)

註 "천지불인(天地不仁) 이만물위추구(以萬物爲芻狗)." 천지에는[天地] 어짊이란[仁] 없어
[不], (천지는) 만물로[萬物]써[以] 풀강아지로[芻狗] 삼는다[爲].　　　　　『노자(老子)』 5장(章)

註 "천도무친(天道無親) 상여선인(常與善人)." 자연의 도에는[天道] (따로) 친애함이[親] 없고
[無], 늘[常] 선한[善] 사람과[人] 함께한다[與].
　　　상도(常道)·천도(天道)·대도(大道)는 같은 말씀이다.　　　　　　　　『노자(老子)』 79장(章)

註 "생지휵지(生之畜之) 생이불유(生而不有) 위이불시(爲而不恃) 장이부재(長而不宰) 시위현
덕(是謂玄德)." 만물을[之] 낳아서[生] 그것을[之] 길러주고[畜], 낳아주되[生而] 갖지 않으며[不
有], 위해주되[爲而] 바라지 않고[不恃], 공평무사하게 주재하되[長而] (사사로이) 다스리지 않는다
[不宰]. 이를[是] 현묘한[玄] 덕이라[德] 한다[謂].　　　　　　　　　　　　『노자(老子)』 10장(章)

註 "도생지(道生之) 덕휵지(德畜之)…… 생지휵지(生之畜之) 장지육지(長之育之) 성지숙지(成
之熟之) 양지부지(養之覆之) 생이불유(生而不有) 위이불시(爲而不恃) 장이부재(長而不宰) 시위
현덕(是謂玄德)." 상도가[道] 낳아주고[生之], 상덕이[德] 길러주며[畜之]…… 밤낮으로 키워주고
[長之] 오기(五氣)로 키워주며[育之], 본성(本性)을 이뤄주고[成之] 본성을 영글게 하며[熟之], 본
성을 길러주고[養之] 본성을 보호해준다[覆之]. 만물을[之] 낳아서[生而] 그것을[之] 길러주고[畜],
낳아주되[生而] 두지 않으며[不有], 위해주되[爲而] 대우하지 않고[不恃], 공평무사하게 주재하되
[長而] (사사로이) 다스리지 않는다[不宰]. 이를[是] 현묘한[玄] 덕이라[德] 한다[謂].
　　　　　　　　　　　　　　　　　　　　　　　　　　　　　　　　　『노자(老子)』 51장(章)

註 "피민유상성(彼民有常性) 직이의(織而衣) 경이식(耕而食) 시위동덕(是謂同德) 일이부당
(一而不黨) 명왈천방(命曰天放) 고(故) 지덕지세(至德之世)." 저[彼] 백성한테는[民] 한결같은[常]
천성이[性] 있다[有]. 길쌈해서[織而] 옷을 지어 입고[衣] 농사지어서[耕而] 밥해 먹는다[食]. 이를
[是] 다 같이 누리는[同] 덕이라[德] 한다[謂]. {늘[常] 천성(天性)이} 하나이니[一而] 패거리 짓지
않는다[不黨]. 일러[命] 자연이[天] 걸림없이 풀어준 것이라[放] 한다[曰]. 그래서[故] (백성은) 동덕
의[德之] 세상을[世] 누린다[至].　　　　　　　　　　　　　『장자(莊子)』 「마제(馬蹄)」

【보주(補註)】

● 〈시이성인위이불시(是以聖人爲而不恃)〉를 〈시이성인위만물(是以聖人爲萬物)이성인불시만물(而聖人不恃萬物)〉처럼 옮기면 문의(文意)를 더 쉽게 새길 수 있다. 〈이렇기[是] 때문에[以] 성인은[聖人] 만물을[萬物] 위해준다[爲]. 그러나[而] 성인은[聖人] 만물한테[萬物] 바라지 않는다[不恃].〉

● 성인위이불시(聖人爲而不恃)에서 위(爲)는 〈생만물(生萬物)의 생(生)·작만물(作萬物)의 작(作)·조만물(造萬物)의 조(造)〉 등 여러 뜻을 갖는다.

● 위이불시(爲而不恃)에서 불시(不恃) 역시 〈불사(不辭)〉를 상기시킨다. 사양하지 않고 말하지 않음[不辭]이란 상도(常道)가 만물에 의지하지 않음이다. 그러므로 위이불시(爲而不恃)는 만물을 낳아주되[生] 만물을 방목(放牧) 스스로 살아가게[放牧] 자연에 맡김으로, 이를 천방(天放)이라 한다.

● 위이불시(爲而不恃)는 2장(章)과 51장(章)에서도 거듭된다. 위이불시(爲而不恃) 또한 1장(章)에 나오는 천지지시(天地之始)의 무명(無名)과 만물지모(萬物之母)의 유명(有名)이 중묘지문(衆妙之門)으로 만물이 출입하는 묘요(妙徼)의 조화를 묶어 깨우치게 한다. 위이불시(爲而不恃)도 무위지사(無爲之事), 즉 25장(章) 도법자연(道法自然)의 법자연(法自然)을 환기시킨다.

> 註 "도법자연(道法自然)." 상도는[道] 그냥 그대로를[自然] 본받는다[法].
>
> 『노자(老子)』 25장(章)

【해독(解讀)】

● 〈시이성인위이불시(是以聖人爲而不恃)〉는 두 문장이 〈그러나 이(而)〉로 이어진 중문(重文)이다. 〈성인은[聖人] 위해주되[爲而] 의지하지 않는다[不恃].〉

● 시이성인위(是以聖人爲)에서 시이(是以)는 원인의 부사구 노릇하고, 성인(聖人)은 주어 노릇하며, 위(爲)는 목적어가 생략되었지만 타동사 노릇한다. 위(爲)는 전후 문맥에 따라 다른 동사를 대신하는 대동사(代動詞) 노릇하니, 여기 위(爲)는 〈낳아줄 생(生), 떨쳐낼 작(作)〉 등의 뜻을 지닌다. 〈이렇기[是] 때문에[以] 성인은[聖人] (만물을) 위해준다[爲].〉

● 이불시(而不恃)에서 이(而)는 〈그러나 이(而)〉로 접속사 노릇하고, 불(不)은 시(恃)의 부정사(否定詞)이고, 시(恃)는 주어와 목적어가 생략되었지만 타동사 노

릇한다. 불시(不恃)의 시(恃)는 〈바랄 망(望), 기댈 대(待), 의지할 뇌(賴) · 의(依)〉 등의 여러 뜻이 있지만 여기선 〈의지할 의(依)〉와 같다. 〈천지는[天地] 만물을[萬物] 불시한다[不恃].〉

② 功成而不處(공성이불처)

▶ 공적이[功] 이루어져도[成而] 머물지(연연치) 않는다[不處].

보람 공(功), 이룰 성(成), 그러나 이(而), 않을 불(不), 머물 처(處)

【지남(指南)】

〈공성이불처(功成而不處)〉 또한 상도(常道)가 짓는 조화, 즉 무위(無爲)를 밝힌다. 상도(常道)가 짓는 조화를 그대로 본받는[法] 무위지사(無爲之事)와 불언지교(不言之敎)를 거듭 밝힌다. 나아가 공성이불처(功成而不處)는 성인(聖人)이 상도(常道)의 〈생지(生之)〉와 상덕(常德)의 〈휵지(畜之)〉를 그대로 본받아[法] 무위(無爲)를 행함이다. 무위(無爲) 즉 함이[爲] 없음이란[無] 5장(章) 천지불인(天地不仁)을 상기하고, 79장(章) 천도무친(天道無親)을 떠올리면 깨달을 수 있다.

공성이불처(功成而不處)는 2장(章) 〈만물작언이불사(萬物作焉而不辭)〉를 상기시킨다. 공성이불처(功成而不處)의 공성(功成)은 만물작(萬物作)의 작(作)이고, 불사(不辭)는 불처(不處)로 볼 수 있기 때문이다. 만물(萬物)이 떨쳐 일어남[作]은 상도(常道)가 만물을 조화하는 공(功)을 이룸[成]이다. 그러니 만물작(萬物作)은 상도(常道)의 〈공성(功成)〉이다. 어떻게 만물을 조화하는 공(功)을 이룸[成]인가? 2장(章) 〈유무상생(有無相生)〉으로 그 공(功)을 이룸[成]이고, 〈난이상성(難易相成)〉으로 그 공(功)을 이룸[成]이며, 〈장단상형(長短相形)〉으로 그 공(功)을 이룸[成]이고, 〈고하상경(高下相傾)〉으로 그 공(功)을 이룸[成]이며, 〈음성상화(音聲相和)〉로 그 공(功)을 이룸[成]이고, 〈전후상수(前後相隨)〉로 그 공(功)을 이룬[成] 것이 모든 목숨이다. 그 상생(相生) · 상성(相成) · 상형(相形) · 상경(相傾) · 상화(相和) · 상수(相隨)는 바로 상도(常道)가 짓는 조화이고, 만물은 이 조화로 성공(成功)한 것들이다. 이처럼 천지가 만물을 조화한 공(功)을 이루되[成] 만물에 불처(不

處)하기 때문에 상도(常道)의 공성(功成)은 오로지 무위(無爲)의 일[事]일 뿐이다.

　공성이불처(功成而不處)의 불처(不處)는 〈부자처(不自處)〉이다. 스스로[自] 머물러 연연하지 않음으로, 역시 5장(章) 천지불인(天地不仁) 이만물위추구(以萬物爲芻狗)란 말씀과 나아가 22장(章) 부자벌고유공(不自伐故有功)을 떠올리며, 따라서 『장자(莊子)』의 공성자타(功成者墮)를 상기시킨다. 이룬[成] 공(功)을 잃지 않으려면 공명(功名)에 마음을 두지 말아야 한다. 만물이 저마다의 본성을 받아 생사를 누리게 천방(天放)할 뿐, 천지(天地)는 생만물(生萬物)의 공(功)을 스스로[自] 자랑하거나[伐] 공명(功名)을 앞세우지 않아 삭적(削迹), 즉 흔적을[迹] 지워버림[削]이 〈불처(不處)〉이다. 상도(常道)는 제물(齊物) 즉 만물을 하나로 볼[齊] 뿐, 그 어떤 것에도 연연하지 하지 않는다. 이렇게 상도(常道)는 만물에 불처(不處)하고, 성인(聖人)도 이를 본받아 공성(功成)하고도 불문(不聞) 즉 개의치 않는다.

　그렇다고 상도(常道)가 조화의 공(功)을 이루고서 만물을 저버리는 것은 아니다. 62장(章)에 도자만물지오(道者萬物之奧)란 말씀이 있다. 성인(聖人)도 상도(常道)의 이러한 불처(不處)를 본받아 백성을 위하는[爲] 일을 이루고서도 그 공(功)에 연연하지 않는다[不處]. 이처럼 성인(聖人)에게는 천지(天地)처럼 사(私)가 없으니 무욕(無欲)하고, 무욕(無欲)이니 바라는 바가 없다. 그러므로 공성이불처(功成而不處)의 공성(功成)은 만물작(萬物作)의 성공(成功)이다.

　상도(常道)가 만물을 떨쳐낸 공을 이루고서도 연연하지 않음[不處]은 오로지 상도(常道)가 무사(無私)·무욕(無欲)·무피아(無彼我)하여 귀천도 없고 차별도 없으며 상하도 없고 호오(好惡)도 없는 까닭이다. 상도(常道)의 이러한 공성이불처(功成而不處)를 성인(聖人)은 그대로 본받아 무위지사(無爲之事)에 머물고[處] 불언지교(不言之敎)를 행한다[行]. 인위지사(人爲之事)에는 귀천·차별·상하·호오 따위가 끼어들어 사(私)가 생기고[有] 욕(欲)이 생기고 너[彼]와 나[我]가 생겨 논공행상(論功行賞)을 일삼아 상쟁(相爭)을 마다않는다. 하지만 상도(常道)는 오직 부쟁(不爭)하므로 공성이불거(功成而不居)의 공성(功成)은 자연(自然)의 것이다. 상도(常道)를 그냥 그대로 본받는 성인(聖人)도 공성(功成)하고서도 결코 연연하지 않음을 살펴 새기고 헤아려 깨우치게 하는 말씀이 〈공성이불거(功成而不居)〉이다.

註 "천지불인(天地不仁) 이만물위추구(以萬物爲芻狗)." 천지에는[天地] 어짊이란[仁] 없어[不], (천지는) 만물로[萬物] 써[以] 풀강아지로[芻狗] 삼는다[爲].　　　　　　　『노자(老子)』 5장(章)

註 "천도무친(天道無親) 상여선인(常與善人)." 자연의 도에는[天道] (따로) 친애함이[親] 없고[無], 늘[常] 선한[善] 사람과[人] 함께한다[與].

상도(常道)·천도(天道)·대도(大道)는 같은 말씀이다.　　　　　　　『노자(老子)』 79장(章)

註 "도자만물지오(道者萬物之奧) 선인지보(善人之寶) 불선인지소보(不善人之所保)." 상도라는[道] 것은[者] 온갖[萬] 것의[物之] 속에 있는 것이다[奧]. (상도라는 것은) 착한[善] 사람의[人之] 보배이고[寶], (상도라는 것은) 착하지 않은[不善] 사람도[人之] 간직한[保] 것이다[所].

　　　　　　　『노자(老子)』 62장(章)

註 "부자현고명(不自見故明) 부자시고창(不自是故彰) 부자벌고유공(不自伐故有功) 부자긍고장(不自矜故長)." 자신을[自] 드러내지 않기[不見] 때문에[故] 밝고[明], 스스로[自] 옳다 하지 않기[不是] 때문에[故] 드러나며[彰], 자신을[自] 자랑하지 않기[不伐] 때문에[故] 보람을[功] 갖고[有], 스스로[自] 뽐내지 않기[不矜] 때문에[故] 장구하다[長].　　　　　　　『노자(老子)』 22장(章)

註 "자벌자무공(自伐者無功) 공성자타(功成者墮) 명성자휴(名成者虧) 숙능거공여명(孰能去功與名) 이환여중인(而還與衆人)." 스스로[自] 자랑하는[伐] 자는[者] 공적을[功] 잃고[無], 공적을[功] 이룬[成] 자가[者] (공적에 연연하다) 자신을 망치고[墮], 명성을[名] 이룬[成] 자가[者] (명성에 연연하다) 욕을 보게 된다[虧]. 누가[孰] 공적과[功與] 명성을[名] 버리고[去] 뭇사람에게[衆人] 되돌려[還] 줄 수 있을까[能與]?

자벌자(自伐者)의 벌(伐)은 〈자랑할 긍(矜)〉과 같다.　　　　　　　『장자(莊子)』 「산목(山木)」

【보주(補註)】

● 〈공성이불처(功成而不處)〉를 〈성인성위만물지공(聖人成爲萬物之功) 이성인불처어기공(而聖人不處於其功)〉처럼 옮기면 문의(文意)를 더 쉽게 새길 수 있다. 〈성인은[聖人] 온갖 것을[萬物] 위하는[爲之] 공을[功] 이룬다[成]. 그러나[而] 성인은[聖人] 그[其] 공에[於功] 머물지 않는다[不處].〉

● 공성이불처(功成而不處)에서 공성(功成)은 〈생만물(生萬物)·작만물(作萬物)〉의 공(功)이 이루어졌음을 묶은 말이다.

● 공성이불처(功成而不處)에서 불처(不處) 역시 〈불사(不辭)〉를 상기시킨다. 사양하지 않고 말하지 않음[不辭]이란 머물러 연연하지 않음[不處]이다. 그러므로 공성이불처(功成而不處)는 성인(聖人)이 온갖 것을 구제하되, 상도(常道)가 만물을 천방(天放)하듯 구제한 보람을[功] 연연하지 않음을[不處] 뜻한다. 불처(不

處)의 처(處)는 〈머물 거(居)〉와 같아 거처(居處)의 줄임말로 여기면 된다.

- 2장(章)의 원문(原文)은 〈공성이불거(功成而弗居)〉 또는 〈공성이불거(功成而不居)〉로 돼 있다. 77장(章)의 원문(原文)은 〈공성이불처(功成而不處)〉이다. 〈불거(不居)ㆍ불거(不居)ㆍ불처(不處)〉는 모두 다 같이 〈머물지 않음〉을 의미해 뜻이 같다.

【해독(解讀)】

- 〈공성이불처(功成而不處)〉도 두 문장이 〈그러나 이(而)〉로 이어진 중문(重文)이다. 〈공이[功] 이루어진다[成]. 그러나[而] 불처한다[不處].〉

- 공성(功成)은 〈공위성어성인(功爲成於聖人)〉에서 수동태인 위성(爲成)의 위(爲)를 생략하고, 성(成)을 꾸며주는 부사구 노릇하는 어성인(於聖人)을 생략한 것으로 새기면 공(功)은 주어 노릇하고, 성(成)은 수동의 동사 노릇한다. 물론 공성(功成)을 〈성인성공(聖人成功)〉으로 여기고 문맥을 잡으면 공(功)은 성(成)의 목적어 노릇하고, 성(成)은 주어가 생략되었지만 동사 노릇한다. 한문은 격(格)의 자리가 정해지는 어법에 구속받지 않고 어순을 자유롭게 한다. 〈공이[功] 성인에[聖人] 의해서[於] 이루어진다[爲成].〉 〈성인은[聖人] 공을[功] 이룬다[成].〉

- 이불처(而不處)는 〈이성인불처어기공(而聖人不處於其功)〉에서 주어 노릇할 성인(聖人)과, 처(處)를 꾸며주는 부사구 어기공(於其功)을 생략하고 이불처(而不處)만 남긴 구문이다. 이불처(而不處)에서 이(而)는 〈그러나 이(而)〉로서 접속사 노릇하고, 불(不)은 〈처(處)〉의 부정사(否定詞) 노릇하고, 처(處)는 주어와 목적어가 생략되었지만 동사 노릇한다. 처(處)는 〈머물 거(居)〉와 같아 거처(居處)의 줄임으로 여기면 된다. 불처(不處)는 〈머물지 않음(不處)〉인지라 〈연연치 않음(不處)〉이다. 〈그러나[而] 성인은[聖人] 그[其] 보람에[功] 머물지 않는다[不處].〉 〈연연하지 않는다[不處].〉

③ 不欲見賢(불욕현현)

▶ {성인은[其]} 현명함을[賢] 드러내기를[見] 바라지 않는다[不欲].

> 앓을 불(不), 하고자 할 욕(欲), 드러낼 현(見), 현명함 현(賢)

註 여기 〈불욕현현(不欲見賢)〉은 아마도 전사자(傳寫者)가 앞에 은입(隱入)한 〈시이성인위이불시(是以聖人爲而不恃) 공성이불처(功成而不處)〉를 풀이해주는[註] 글을[文] 삽입한 것으로 보인다는 설(說)이 용인되고 있다.

【지남(指南)】

〈불욕현현(不欲見賢)〉은 22장(章) 부자현고명(不自見故明)을 상기시킨다. 〈불현현(不見賢)〉은 2장(章) 부자현(不自見)·부자시(不自是)·부자벌(不自伐)·부자긍(不自矜)〉을 묶은 말로 볼 수 있다. 스스로[自] 드러내지 않아[不見] 밝고[明], 스스로[自] 옳다고 주장하지 않아[不是] 뚜렷하며[彰], 자기를[自] 자랑하지 않아[不伐] 보람이[功] 있고[有], 자기를[自] 높이지 않아[不矜] 장구함을[長] 누리게 해주는 삶이 불욕현현(不欲見賢)이다.

성인(聖人)의 불현현(不見賢)은 41장(章) 명도약매(明道若昧)와 같다. 밝은[明] 상도가[道] 어두워[昧] 보이듯[若], 성인(聖人)도 매사에 어두운 듯하다[若昧]. 성인(聖人)이 현현(見賢)하지 않음은 자지자(自知者)로서 살아갈 뿐, 지인자(知人者)로서 앞서기를 바라지 않는 까닭이다. 33장(章) 지인자지(知人者智) 자지자명(自知者明)이 말해주듯, 남을[人] 아는[知] 사람은[者] 지혜롭지만[智] 자신을[自] 아는[知] 사람은[者] 마음 속이 밝다[明]. 지인자(知人者)는 다언(多言)을 일삼다 궁하지만, 무위(無爲)의 삶을 누림을 터득한 사람은[自知者] 말로 형언할 수 없는 경지가 있음을 깊이 깨달아 현명함을[賢] 드러내지[見] 않음을[明] 살펴 새기고 헤아려 깨우치게 하는 말씀이 〈불욕현현(不欲見賢)〉이다.

註 "부자현고명(不自見故明) 부자시고창(不自是故彰) 부자벌고유공(不自伐故有功) 부자긍고장(不自矜故長)." {성인(聖人)은} 자기를[自] 드러내지 않는다[不見]. 그러므로[故] {성인(聖人)은} 밝다[明]. {성인(聖人)은} 자기를[自] 옳다 하지 않는다[不是]. 그러므로[故] {성인(聖人)은} 뚜렷하다[彰]. {성인(聖人)은} 자기를[自] 자랑하지 않는다[不伐]. 그러므로[故] {성인(聖人)께는} 보람이[功] 있다[有]. {성인(聖人)은} 자기를[自] 높이지 않는다[不矜]. 그러므로[故] {성인(聖人)은} 장구하다[長].　　　　　　　　　　　　　　　　　　　　『노자(老子)』 22장(章)

註 "명도약매(明道若昧)." 밝은[明] 상도는[道] 어두운[昧] 듯하다[若].　　『노자(老子)』 41장(章)

註 "다언수궁(多言數窮) 불여수중(不如守中)." 말이[言] 많으면[多] 이치가[數] 막히니[窮] {상도(常道)를} 따름을[中] 지킴만[守] 못하다[不如].

    중(中)은 여기선 〈따를 순(順)〉과 같다.   『노자(老子)』 5장(章)

註 "지인자지(知人者智) 자지자명(自知者明)." 남을[人] 아는[知] 사람은[者] 지혜롭고[智], 자기를[自] 아는[知] 사람은[者] 밝다[明].   『노자(老子)』 33장(章)

【보주(補註)】

● 〈불욕현현(不欲見賢)〉을 〈성인불욕현기지현(聖人不欲見己之賢)〉처럼 옮기면 문의(文意)를 좀 더 쉽게 새길 수 있다. 〈성인은[聖人] 자기의[己之] 현명함을 [賢] 드러내기를[見] 원치 않는다[不欲].〉

● 현현(見賢)은 24장(章)의 **자현(自見)·자시(自是)·자벌(自伐)·자긍(自矜)** 등등을 상기시킨다. 자기를[自] 드러내고[見], 자기를 옳다 하고[是], 자기를 자랑하며 [伐], 자기를 뽐내는[矜] 짓은 과시욕일 뿐이다.

註 "자현자불명(自見者不明) 자시자불창(自是者不彰) 자벌자무공(自伐者無功) 자긍자부장 (自矜者不長)." 자기를[自] 드러내는[見] 사람은[者] 밝지 못하고[不明], 스스로[自] 옳다 하는 [是] 사람은[者] 뚜렷하지 못하며[不彰], 스스로[自] 제 자랑하는[伐] 사람에게는[者] 공적이[功] 없어지고[無], 스스로[自] 뻐기는[矜] 사람은[者] 오래가지 못한다[不長]. 『노자(老子)』 24장(章)

【해독(解讀)】

● 〈불욕현현(不欲見賢)〉에서 불(不)은 욕(欲)의 부정사(否定詞)이고, 욕(欲)은 동사 노릇하며, 현(見)은 영어의 부정사(不定詞)같이 구실해 욕(欲)의 목적어 노릇하고, 현(賢)은 현(見)의 목적어 노릇한다. 물론 현현(見賢)을 묶어 욕(欲)의 목적구로 여겨도 된다. 현(見)은 〈드러낼 현(顯)·현(現)〉 등과 같다. 〈그는[其] 현명함을[賢] 드러내기를[見] 바라지 않는다[不欲].〉

● 불욕현현(不欲見賢)은 〈A불욕위(不欲爲)B〉의 상용문이다. 〈A는 B를 하기를 [爲] 바라지 않는다[不欲].〉

78

老子
之言

정언장(正言章)

　　물을[水] 예로 들어 부드러움이[柔] 굳건함을[剛] 무릅쓰고[勝], 약함이[弱] 강
함을[强] 무릅씀을[勝] 밝히는 장(章)이다. 인간은 강강(剛强)해야 승(勝)하고 유약
(柔弱)하면 패(敗)한다고 확신하며, 굳고[剛] 강하기를[强] 좋아한다. 이 때문에 인
간은 물방울이 바위를 뚫는 천지도(天之道)를 외면하고, 물이 부드럽고 연약하기
때문에 그 무엇보다 강력함을 깨우치지 못한다. 정언(正言) 즉 자연의[天] 규율에
[道] 맞는[正] 말씀은[言] 맞지 않는 듯함을[若反] 일깨워 천도(天道)를 깨우치게 하
는 장(章)이다.

【원문(原文)】

天下莫柔弱於水이고 而攻堅强者莫之能勝이라 以其無
천 하 막 유 약 어 수　　이 공 견 강 자 막 지 능 승　　이 기 무

以易之라 柔之勝剛하고 弱之勝强을 天下莫不知로데 莫
이 역 지　　유 지 승 강　　약 지 승 강　　천 하 막 부 지　　막

能行이라 是以로 聖人이 云하되 受國之垢를 是謂社稷主
능 행　　시 이　　성 인　　운　　수 국 지 구　　시 위 사 직 주

요 受國不祥을 是謂天下王이라 하니 正言은 若反이니라
　수 국 불 상　　시 위 천 하 왕　　　　　정 언　　약 반

온 세상에서[天下] 물[水]보다 더[於] 부드럽고[柔] 연약한 것은[弱] 없고
[莫], 그리고[而] 굳고[堅] 강함을[强] 치는[攻] 것에[者] 그것보다[之] 능히
[能] 나을 것이[勝] 없고[莫], 그것을[其] 공격함에[以] (다른 것으로) 써[以]
물을[之] 바꿀 것이[易] 없으며[無], 부드러움이[柔之] 굳셈을[剛] 무릅쓰
고[勝] 약함이[弱之] 강함을[强] 무릅씀을[勝] 알지 못함이란[不知] 세상에
[天下] 없지만[莫], (세상에서 그 앎을) 능히[能] 실행함은[行] 없다[莫]. 이렇
기[是] 때문에[以] 성인이[聖人] 말한다[云] : 나라의[國之] 굴욕을[垢] 떠
맡음[受] 이것을[是] 나라의[社稷] 군주라[主] 일컫고[謂], 나라의[國] 화난
을[不祥] 떠맡음[受] 이것을[是] 나라의[天下] 군왕이라[王] 일컫는다[謂].
천도(天道)에 맞는[正] 말씀은[言] (그 말씀과) 어기는[反] 듯하다[若].

78-1 天下莫柔弱於水(천하막유약어수)

▶온 세상에서[天下] 물[水]보다 더[於] 부드럽고[柔] 연약한 것은
[弱] 없다[莫].

> 하늘 천(天), 아래 하(下), 없을 막(莫), 부드러울 유(柔), 연약할 약(弱),
> 조사(~보다) 어(於), 물 수(水)

【지남(指南)】

〈천하막유약어수(天下莫柔弱於水)〉는 물을[水] 예로 들어 〈유약(柔弱)〉을 밝힌
다. 8장(章) 상선약수(上善若水)를 상기하면 유약(柔弱)이 상선(上善)이 되는 까닭임

을 알 수 있다. 물보다 더 유약한[柔弱] 것은[者] 없으니 〈상선약수(上善若水)〉라고 한다. 선(善)은 계천도(繼天道)로, 자연의[天] 규율을[道] 계승하는[繼] 것이 상선(上善)이다. 물이[水] 천도(天道) 그대로 상선(上善)이다.

물 없이 살아가는 것은[生者] 없고, 생자(生者)라면 무엇이든 먼저 물이 있어야 한다. 살아가게 하는 것보다 더한 선(善)은 없으니 상선(上善)인 물보다 더 유약(柔弱)한 것은 없고, 모든 산 것들은 따라서 〈유약(柔弱)〉하다. 산 것은 반드시 물기가 있고 죽은 것에는 있던 물기가 없어지니, 물은(水) 생자(生者)이고 돌은 사자(死者)이다. 생자(生者)는 유약(柔弱)으로 물이 곧 유약자(柔弱者)의 표상이다. 수유유약(水有柔弱)이고, 견강무수(堅强無水)이다. 유약(柔弱)한 물이 있으면 살아남고, 물이 없어 견강(堅强)하면 죽는다.

그런데 사람은 생(生)을 좋아하고 사(死)를 싫어하면서도, 유약(柔弱)하기보다 견강(堅强)하기를 좋아해 천도를[天] 어긴다[逆]. 내가 이기고[勝] 지지[敗] 않고자 내가[我] 상대보다 더 견강(堅强)하기를 고집해 상쟁(相爭)을 서슴지 않는다. 그러나 이력승(以力勝), 즉 힘으로[力] 써[以] 이김[勝]에는 기는 놈 위에 뛰는 놈 있고 뛰는 놈 위에 나는 놈이 있다. 이 점을 잊고 사람들은 이력(以力)의 승리를 쟁취하려고 하니, 견강(堅强)을 좇다보면 강하기만 해서 부러지는 무쇠 꼴을 면하지 못한다.

이처럼 삶을 부러져 죽게 하는 것이 견강(堅强)만을 추구하는 미혹(迷惑)으로, 여기서 벗어나려면 유약(柔弱)이 살게 하고, 견강(堅强)이 죽어야 함을 깨달아야 한다. 유약(柔弱)이 삶을 이루어냄을 깨닫자면 온갖 것들을 이롭게 하면서도 아래[下] 자리를 취하여 다투지 않고[不爭] 법자연(法自然)하는 것이 유약(柔弱)한 물임을 깨달아야 한다. 이처럼 유약(柔弱)의 상선(上善)을 깨닫게 하는 물을 살펴 새기고 헤아려 깨우치게 하는 말씀이 〈천하막유약어수(天下莫柔弱於水)〉이다.

註 "상선약수(上善若水) 수선리만물이부쟁(水善利萬物而不爭) 처중인지소오(處衆人之所惡)." 지극한[上] 선은[善] 물과[水] 같다[若]. 물은[水] 온갖 것을[萬物] 그냥 그대로 잘[善] 이롭게 하면서도[利而] (온갖 것과) 다투지 않고[不爭], 뭇사람이[衆人之] 싫어하는[惡] 곳에[所] 머문다[處].   『노자(老子)』 8장(章)

註 "인지생야유약(人之生也柔弱) 기사야견강(其死也堅强)." 사람의[人之] 태어남[生]이란[也]

부드럽고[柔] 연약하나[弱], 그[其] 죽음[死]이란[也] 딱딱하고[堅] 굳다[强].

『노자(老子)』76장(章)

【보주(補註)】

● 〈천하막유약어수(天下莫柔弱於水)〉를 〈어천하막유약호수(於天下莫柔弱乎水)〉처럼 옮기면 문의(文意)를 좀 더 쉽게 새길 수 있다. 〈세상에서[於天下] 물[水]보다 더[於] 유약한 것은[柔弱] 없다[莫].〉

● 천하막유약어수(天下莫柔弱於水)가 〈천하유약막과어수(天下柔弱莫過於水)〉로 된 본(本)도 있다. 두 경문(經文)이 서로 어순이 달라져 어세와 어조를 달리할 뿐, 원문(原文)의 문의(文義)가 서로 다른 것은 아니다. 〈세상의[天下] 유약한 것에[柔弱] 물[水]을[於] 능가하는 것은[過] 없다[莫].〉

【해독(解讀)】

● 〈천하막유약어수(天下莫柔弱於水)〉에서 천하(天下)는 막(莫)을 꾸며주는 부사 노릇하고, 막(莫)은 없을 막(莫)으로 동사 노릇하며, 유약(柔弱)은 막(莫)의 주어 노릇하고, 어수(於水)는 유약(柔弱)을 꾸며주는 비교의 부사구 노릇한다. 막(莫)은 〈없을 무(無)〉와 같고, 어(於)는 조사로서 〈~보다 더 호(乎)〉와 같다. 〈세상에[天下] 물[水]보다 더[於] 유약한 것은[柔弱] 없다[莫].〉

● 천하막유약어수(天下莫柔弱於水)는 〈A막(莫)B어(於)C〉〈A막(莫)B호(乎)C〉〈A막(莫)B우(于)C〉 등 비교의 상용문이다. 비교를 나타내는 조사는 〈어(於)·호(乎)·우(于)〉 등이 있다. 〈A에는 C보다 더한[於] B가 없다[莫].〉〈A에는 C보다 더한[乎] B가 없다[莫].〉〈A에는 C보다 더한[于] B가 없다[莫].〉

78-2 而攻堅强者莫之能勝(이공견강자막지능승) 以其無以易之(이기무이역지)

▶ 그리고[而] 굳고[堅] 강함을[强] 치는[攻] 것에[者] 그것보다[之] 능히[能] 나을 것이[勝] 없고[莫], 그것을[其] 공격함에[以] (다른 것으로) 써[以] 물을[之] 바꿀 것이[易] 없다[無].

그리고 이(而), 칠 공(功), 굳을 견(堅), 강할 강(强), 것 자(者), 없을 막(莫), 그것 지(之), 가할 능(能), 나을 승(勝), 할 이(以), 그 기(其), 없을 무(無), 써 이(以), 바꿀(대신할) 역(易), 그것 지(之)

【지남(指南)】

〈공견강자막지능승(攻堅强者莫之能勝) 이기무이역지(以其無以易之)〉는 견강(堅强)한 것을 물리침에[功] 유약(柔弱)한 물을[水] 대신할 것이 없음을 밝힌다. 물길을 가로막을 수 있는 것은 없다. 물길을 둑으로 막으면 물은 둑을 채우고 넘어 흘러간다. 댐도 물길을 막지는 못한다. 물의 흐름을 잠시 멈추게 할 뿐, 견강한 댐일지라도 물을 막아낼 수는 없다. 만약 댐에 물이 흘러갈 수문(水門)이 없으면 댐을 채워 흐르고, 급기야 댐을 무너뜨린다. 넘쳐가는 물길을 막을 수 있는 것은 아무 것도 없다.

아랫자리를 택해 흘러내려가 가장 낮은 바다에 이르기에, 물은 거침없이 승천해 높은 곳을 떠돌다가 다시 빗물이 되어 내린다. 물은 내려가면[下降] 올라가고[上昇] 상승하면 하강하며, 뜨거우면 끓고 추우면 얼어 제 모양을 고집하지 않는다. 모난 그릇이면 모난 대로 둥근 그릇이면 둥근 대로 물은 자리를 잡을 뿐, 제 모양을 고집하지 않고 부쟁(不爭)하므로 아무리 견강(堅强)한 것일지라도 무릅써낸다[勝]. 물은 유약(柔弱)하면서 그 무엇과도 부쟁(不爭)하기 때문에 견강(堅强)한 모든 것들을 물리칠[勝] 수 있음을 살펴 새기고 헤아려 깨우치게 하는 말씀이 〈공견강자막지능승(攻堅强者莫之能勝) 이기무이역지(以其無以易之)〉이다.

【보주(補註)】

● 〈공견강자막지능승(攻堅强者莫之能勝) 이기무이역지(以其無以易之)〉를 〈이공견강지물막능승어수(而攻堅强之物莫能勝於水) 이공견강지물무역수이타물(以攻堅强之物無易水以它物)〉처럼 옮기면 문의(文意)를 좀 더 쉽게 새길 수 있다. 〈그래서[而] 견강한[堅强之] 것을[物] 물리침에는[攻] 물[水]보다 더[於] 나을 수 있는 것은[能勝] 없다[莫]. 이러니까[因此] 견강한[堅强之] 것을[物] 물리침을[攻] 행함에[以] 다른[它] 것으로[物]써[以] 물을[水] 대체할 것이[易] 없다[無].〉

● 견강(堅强)은 〈강강(剛强)〉과 같다. 〈굳고[堅] 강함[强]〉〈굳고[剛] 강함[强]〉

【해독(解讀)】

- 〈공견강자막지능승(攻堅强者莫之能勝) 이기무이역지(以其無以易之)〉는 두 구문으로 이루어진 중문(重文)이다. 〈그래서[而] 견강을[堅强] 공략하는[攻] 것에[者] 그것을[之] 능히[能] 능가할 것은[勝] 없고[莫], 그것을[其] 함에[以] {타물(他物)로} 써[以] 그것을[之] 역할 것이[易] 없다[無].〉

- 이공견강자막지능승(而攻堅强者莫之能勝)에서 이(而)는 접속사 노릇하고, 공견강자(攻堅强者)는 막(莫)을 꾸며주는 부사구 노릇하고, 막(莫)은 〈없을 막(莫)〉으로 동사 노릇하며, 지(之)은 전치됐지만 승(勝)의 목적어 노릇하고, 능(能)은 승(勝)을 꾸며주는 부사 노릇하며, 승(勝)은 영어의 동명사같이 구실하면서 막(莫)의 주어 노릇한다. 막(莫)은 〈없을 무(無)〉와 같고, 승(勝)은 〈나을 우(優), 빼어날 수(秀)〉 등과 같아 수승(秀勝)의 줄임말로 여기면 된다. 〈그래서[而] 견강을[堅强] 물리치는[攻] 것에는[者] 그것보다[之] 능히[能] 나을 것이[勝] 없다[莫].〉

- 이기무이역지(以其無以易之)에서 이기(以其)는 무(無)를 꾸며주는 부사구 노릇하고, 무(無)는 〈없을 무(無)〉로 동사 노릇하며, 이(以)는 역(易)을 꾸며주는 부사 노릇하고, 역지(易之)는 무(無)의 주부(主部) 노릇한다. 이기(以其)에서 이(以)는 〈할 위(爲)〉와 같고, 이기(以其)의 기(其)는 앞에 나온 〈공견강자(攻堅强者)〉를 나타내는 〈그것 기(其)〉이며, 이역지(以易之)에서 이(以)는 〈써 용(用)〉과 같고, 이역지(以易之)를 〈역수이타물(易水以它物)〉로 여기면 문의(文義)가 쉽게 잡힌다. 물론 무이(無以)를 〈부득(不得)〉과 같이 새겨도 된다. 〈그것을[其] 함에[以]써[以] 그것을[之] 바꿀 것이[易] 없다[無].〉〈다른[它] 것으로[物]써[以] 물을[水] 바꿈은[易]〉〈그것을[其] 함에[以] 물을[之] 바꿀[易] 수 없다[無以].〉

- 공견강자(攻堅强者)는 〈공견강지물(攻堅强之物)〉에서 지물(之物)을 자(者)로 줄인 것인지라 공견강(攻堅强)은 자(者)를 꾸며주는 형용사구 노릇한다. 자(者)는 전후 문맥에 따라 〈것 자(者)〉 또는 〈놈 자(者)〉로 새기고, 여기선 〈것 자(者)〉로 옮김이 걸맞다. 〈견강을[堅强] 공격하는[攻] 것[者]〉〈견강을[堅强] 공격하는[攻] 사람[者]〉

- 공견강자(攻堅强者)는 〈위(爲)A자(者)〉의 상용구이다. 〈A를 하는[爲] 것[者]〉〈A를 하는[爲] 사람[者]〉

- 공견강자막지능승(攻堅强者莫之能勝)은 〈A막승어(莫勝於)B〉의 상용문이다. 비교를 나타내는 조사는 〈어(於)·호(乎)·우(于)〉 등이 있다. 〈A에는 B보다 더[於] 나을 것이[勝] 없다[莫].〉

- 이기무이역지(以其無以易之)의 이(以)는 전후 문맥에 따라 매우 다양한 뜻을 갖는다. 동사로서 이(以)는 위(爲)처럼 다른 여러 동사들의 뜻을 대신하는 경우가 빈번하다. 앞쪽의 이(以)는 〈행할 행(行)〉과 같은 뜻을 내고, 뒤쪽의 이(以)는 〈써 용(用)〉의 뜻을 낸다. 이렇게 이(以)의 뜻 잡기는 전후 문맥을 살펴 알맞은 뜻을 찾아내야 한다. 물론 이(以)는 어조사 노릇도 한다.

註 이(以)는 매우 다양한 뜻을 구사하므로 정리해두면 한문의 문맥을 잡는 데 편리하다.

① 〈이(以)A = 위(爲)A : A를 한다〉

② 〈이(以)A = 용(用)A : A를 쓴다 / 법(法)A : A를 본받는다〉

③ 〈이(以)A = 사(思)A : A를 생각한다〉

④ 〈이(以)A = 솔(率)A : A를 거느린다〉

⑤ 〈이(以)A = 인(因)A : A 때문에〉

물론 명사로서 〈까닭 이(以)〉도 되고, 타동사로서 〈비롯할 이(以)〉도 된다.

〈독서양유이야(讀書良有以也) = 책을[書] 읽는 것은[讀] 참으로[良] 까닭이[以] 있는 것[有]이다[也].〉

〈기사이기사(其死以其病) = 그[其] 죽음은[死] 그[其] 병환에서[病] 비롯한다[以].〉

⑥ 〈이(以)A = 여(與)A : A와 더불어〉

〈주인이빈담소(主人以賓談笑) = 손님[賓]과 함께[以] 정담을 나눈다[談笑].〉

⑦ 〈이(以)A = 사(使)A : A로 하여금〉

〈관중이기군패(管仲以其君覇) = 관중은[管仲] 제[其] 임금으로[君] 하여금[以] 패자가 되게 했다[覇].〉

⑧ 〈이미 이(已)〉와 같은 뜻으로 쓰이는 이(以).

〈아견토성이파(我見土城以破) = 나는[我] 토성이[土城] 이미[以] 파괴된 것을[破] 보았다[見].〉

그리고 이(以)는 〈이(以)A〉처럼 전치사로, 또는 〈A이(以)〉처럼 후치사 노릇도 한다. 물론 〈이(以)〉가 위와 같은 뜻만을 낸다는 것은 아니다. 문장의 전후 문맥에 따라 다양한 뜻을 낸다고 여기면 된다.

78-3 柔之勝剛(유지승강) 弱之勝强(약지승강) 天下莫不知
(천하막부지) 莫能行(막능행)

▶부드러움이[柔之] 굳셈을[剛] 무릅쓰고[勝] 약함이[弱之] 강함을
[强] 무릅씀을[勝] 알지 못함이란[不知] 세상에[天下] 없지만[莫],
(세상에서 그 앎을) 능히[能] 실행함은[行] 없다[莫].

부드러움 유(柔), 이길 승(勝), 굳음 강(剛), 약함 약(若), 강함 강(强),
하늘 천(天), 아래 하(下), 없을 막(莫), 못할 부(不), 알 지(之), 능히 능(能),
행할 행(行)

【지남(指南)】

〈유지승강(柔之勝剛) 약지승강(弱之勝强) 천하막부지(天下莫不知) 막능
행(莫能行)〉은 유약(柔弱)이 강강(剛强)을 무릅씀을[勝] 알기는[知] 하면서도, 그것을[知]
실행으로 옮기지 않음을 밝힌다. 물이 유약(柔弱)하여 상선(上善)이고 처하(處下)
하며 부쟁(不爭)함을 알고[知], 처하(處下)와 부쟁(不爭)을 실행해야 비로소 〈처무
위지사(處無爲之事)〉 즉 무위(無爲)를 행하면서[事] 살아가는[處] 것이다. 물이 낮
은 자리에[下] 머물러[處] 상선(上善)임을 잘 알고 있는 사람도 자신을[自] 낮추기
를[下] 싫어하고, 물이 다투지 않아[不爭] 상선(上善)임을 잘 알면서도 상쟁(相爭)
을 서슴지 않는다. 그리고 자지(自知)하여 자승(自勝)하기보다 지인(知人)하여 승
인(勝人)하기를 노리기 때문에 처하(處下)하여 자하(自下)하면 자패(自敗)한다고
생각함을 밝힌 말씀이 〈막부지(莫不知) 막능행(莫能行)〉이다.

상선(上善)으로서 물을 본받고[法] 실행함이 33장(章) **자승자강(自勝者强)**이다.
자승자(自勝者)란 강강(剛强) 즉 위력(威力)을 앞세우려는 자신을 내가 물리치고
[勝], 유약(柔弱) 즉 자겸(慈謙)하는 자신을 닦아감이다. 스스로 유약(柔弱)하므로
그 무엇도 공격하지 못하고 절로 강자가 되는 것이 물[水]임을 알면서도 물같이
유약(柔弱)하고 자하(自下)하기를 실행하려 하지 않음이 〈막능행(莫能行)〉이다. 물
의 힘은[力] 유약(柔弱)하기 때문에 견강(堅强)한 모든 것을 물리쳐[勝] 강함도[强]
알면서 그것을 실행으로 옮기지 않음 역시 〈막능행(莫能行)〉이다.

　　진실로 유약(柔弱)함을 실행하면 밝은[明] 사람이 되어 오히려 강자가 되는 것이 천도(天道)이다. 자승(自勝)의 강자는 유력(有力) 즉 힘이 있어서 강한 것이[强] 아니라, 52장(章) 수유왈강(守柔曰强) 즉 유약(柔弱)을 지켜서[守] 누리는 강함[强]이다. 유약을[柔] 지킴이[守] 자연의[天] 규율을[道] 그대로 본받음이다. 수유(守柔)하여 자명(自明)한 사람은 67장(章) 삼보(三寶)를 잃지 않으며, 19장(章) 소사과욕(少私寡欲)으로 삶을 누린다.

　　그러나 세상 사람들이 삼보(三寶)와 소사과욕(少私寡欲)을 저버리고 승인(勝人)의 강자가 되려고 상쟁(相爭)의 삶을 좇다가 패자가 되는 것 또한 천도(天道)이다. 이러한 자연의[天] 규율을[道] 사람들은 알고는 있으면서도 실행으로 옮기지 않음을 살펴 새기고 헤아려 깨우치게 하는 말씀이 〈유지승강(柔之勝剛) 약지승강(弱之勝强) 천하막부지(天下莫不知) 막능행(莫能行)〉이다.

註　　"지인자지(知人者智) 자지자명(自知者明) 승인자유력(勝人者有力) 자승자강(自勝者强)." 남을[人] 아는[知] 것은[者] 슬기이고[智], 자신을[自] 아는[知] 것은[者] 밝음이며[明], 남을[人] 이기는[勝] 것은[者] 힘을[力] 취함이고[有], 자신을[自] 이기는[勝] 사람은[者] 강하다[强].
『노자(老子)』 33장(章)

註　　"견소왈명(見小曰明) 수유왈강(守柔曰强) 용기광(用其光) 복귀기명(復歸其明) 무유신앙(無遺身殃) 시위습상(是謂習常)." 작은 것을[小] 살펴봄이[見] 밝음이라[明] 하고[曰], 부드러움을[柔] 지킴을[守] 강함이라[强] 한다[曰]. 그[其] 빛냄을[光] 쓰더라도[用] 다시[復] 그[其] 밝음으로[明] 돌아오면[歸] 자신에게[身] 재앙을[殃] 남기지[遺] 않는다[無]. 이를[是] 상도를[常] 이어 간직함이라[習] 한다[謂].
『노자(老子)』 52장(章)

註　　"아유삼보(我有三寶) 지이보지(持而保之) 일왈자(一曰慈) 이왈검(二曰儉) 삼왈불감위천하선(三曰不敢爲天下先) 부자고(夫慈故) 능용(能勇) 검고(儉故) 능광(能廣) 불감위천하선고(不敢爲天下先故) 능성기장(能成器長)." 나한테[我] 세 가지[三] 보배들이[寶] 있고[有], 그것을[之] 간직하고서[持而] 지킨다[保]. 첫째를[一] 자애라[慈] 이르고[曰], 둘째를[二] 검소라[儉] 이르며[曰], 셋째를[三] 세상의[天下] 앞에[先] 감히[敢] 되지 않음이라[不爲] 이른다[曰]. 무릇[夫] 자애롭기[慈] 때문에[故] 능히[能] 용감하고[勇], 검박하기[儉] 때문에[故] 능히[能] 관대하며[廣], 감히[敢] 세상의[天下] 선두가[先] 되지 않기[不爲] 때문에[故] 능히[能] {삼보(三寶)의} 일을[器] 이루고[成] (삼보의) 관장이 된다[長].
『노자(老子)』 67장(章)

註　　"견소포박(見素抱樸) 소사과욕(少私寡欲)." 그냥 그대로를[素] 살피고[見] 그냥 그대로를[樸] 간직해 지키며[抱], 제 몫을[私] 적게 하고[少] 욕망을[欲] 적게 한다[寡]. 『노자(老子)』 19장(章)

【보주(補註)】

- 〈유지승강(柔之勝剛) 약지승강(弱之勝强) 천하막부지(天下莫不知) 막능행(莫能行)〉을 〈천하막부지유지승강(天下莫不知柔之勝剛) 이천하막부지약지승강(而天下莫不知弱之勝强) 연이천하막능행기지(然而天下莫能行其知)〉처럼 옮기면 문의(文意)를 좀 더 쉽게 새길 수 있다. 〈세상에는[天下] 유가[柔之] 강을[剛] 승함을[勝] 알지 못함이[不知] 없다[莫]. 그리고[而] 세상에는[天下] 약이[弱之] 강을[强] 승함을[勝] 알지 못함이[不知] 없다[莫]. 그러나[然而] 그[其] 앎을[知] 능히[能] 실행함은[行] 없다[莫].〉

- 〈유지승강(柔之勝剛) 약지승강(弱之勝强)〉은 〈천하막유약어수(天下莫柔弱於水) 이공견강자막지능승(而攻堅强者莫之能勝) 이기무이역지(以其無以易之)〉를 묶어서 환기시키며, 이와 같은 물을[水] 모르는 사람이 세상에 없음을 〈천하막부지(天下莫不知)〉라고 한 것이다.

- 〈유지승강(柔之勝剛) 약지승강(弱之勝强)〉이 〈유승강(柔勝剛) 약승강(弱勝强)〉으로 된 본(本)도 있다. 〈유지승강(柔之勝剛) 약지승강(弱之勝强)〉에서 지(之)는 주격 토씨 노릇하며, 어조와 어세를 더해주는 조사인지라 문의(文義)가 달라지는 것은 아니다. 〈유(柔)가[之] 강을[剛] 승하고[勝], 약(弱)이[之] 강을[强] 승함[勝]〉〈유가[柔] 강을[剛] 승한다[勝]. 약이[弱] 강을[强] 승한다[勝].〉

- 막능행(莫能行)이 〈천하막능행(天下莫能行)〉으로 된 본(本)도 있다. 막능행(莫能行)은 되풀이되는 천하(天下)를 생략한 것뿐이니 원문(原文)의 문의(文義)가 달라지지는 않는다. 〈능행이[能行] 없다[莫].〉〈세상에[天下] 능행이[能行] 없다[莫].〉

【해독(解讀)】

- 〈유지승강(柔之勝剛) 약지승강(弱之勝强) 천하막부지(天下莫不知) 막능행(莫能行)〉은 두 문장으로 이루어진 중문(重文)이다. 〈천하에[天下] 유지승강과[柔之勝剛] 약지승강을[弱之勝强] 부지함은[不知] 없다[莫]. (그러나 그 앎을) 능히[能] 행함은[行] 없다[莫].〉

- 〈유지승강(柔之勝剛) 약지승강(弱之勝强) 천하막부지(天下莫不知)〉에서 유지승강(柔之勝剛)과 약지승강(弱之勝强)은 전치됐지만 지(知)의 목적구 노릇하고,

천하(天下)는 막(莫)을 꾸며주는 부사 노릇하며, 막(莫)은 〈없을 막(莫)〉으로 동사 노릇하고, 부(不)는 지(知)의 부정사(否定詞)이고, 지(知)는 영어의 동명사처럼 구실하면서 막(莫)의 주어 노릇한다. 막(莫)은 〈없을 무(無)〉와 같다. 〈유지승강과[柔之勝剛] 약지승강을[弱之勝强] 알지 못함은[不知] 세상에는[天下] 없다[莫].〉

- 막능행(莫能行)은 〈막능행유지승강여약지승강(莫能行柔之勝剛與弱之勝强)〉에서 행(行)의 목적구 노릇할 유지승강(柔之勝剛)과 약지승강(弱之勝强)을 생략한 구문이다. 막능행(莫能行)에서 막(莫)은 〈없을 막(莫)〉으로 동사 노릇하고, 능행(能行)은 막(莫)의 주부(主部) 노릇한다. 막(莫)은 〈없을 무(無)〉와 같다. 〈능히[能] 행함이[行] 없다[莫].〉 〈유지승강과[柔之勝剛與] 약지승강을[弱之勝强] 능히[能] 행함이[行] 없다[莫].〉

- 막부지(莫不知)와 막능행(莫能行) 등은 〈A막위(莫爲)B〉의 상용문이다. 막(莫)도 〈유(有), 무(無)〉 등처럼 주어를 뒤에 둔다고 여기면 문맥이 잡힌다. 〈A에는 B가 없다[莫].〉

78-4 是以(시이) 聖人云(성인운) 受國之垢(수국지구) 是謂社稷主(시위사직주) 受國不祥(수국불상) 是謂天下王(시위천하왕)

▶이렇기[是] 때문에[以] 성인이[聖人] 말한다[云] : 나라의[國之] 굴욕을[垢] 떠맡음[受] 이것을[是] 나라의[社稷] 군주라[主] 일컫고[謂], 나라의[國] 화난을[不祥] 떠맡음[受] 이것을[是] 나라의[天下] 군왕이라[王] 일컫는다[謂].

> 이 시(是), 때문에 이(以), 통할 성(聖), 말할 운(云), 떠맡을 수(受),
> 나라 국(國), 조사 지(之), 치욕 구(垢), 일컬을 위(謂), 토지 신(神) 사(社),
> 오곡 신(神) 직(稷), 임금 주(主), 못할 불(不), 길할 상(祥), 임금 왕(王)

【지남(指南)】

〈수국지구(受國之垢) 시위사직주(是謂社稷主) 수국불상(受國不祥) 시위천하왕

〈是謂天下王〉〉은 군왕(君王)이 백성을 위해 온갖 〈구(垢)〉 즉 치욕과, 〈불상(不祥)〉 즉 화난(禍難)들을 떠맡아 짊어져야 함을 밝힌다. 영광은 백성에게 돌리고 온갖 치욕을 자기가 감수하여 화난(禍難)은 달게 받고[甘受], 태안(泰安)은 백성에게 돌리는 후왕(侯王)이 백성의 천하모(天下母)가 된다. 그래서 39장(章) **후왕자칭고과불곡(侯王自稱孤寡不穀)**이란 말씀이 나온다. 자신은 고루하다고[孤] 낮추고[下], 덕이 모자란다고[寡] 낮추며, 선하지 못하다고[不穀] 자신을 낮추는 사람은 자지(自知)하고 밝아 상선(上善)의 물을 본받고 행하는 사람이다.

군주는 자기를 가벼이[輕] 하고, 백성을 귀히[貴] 해야 한다. 『맹자(孟子)』에도 **민위귀(民爲貴) 군위경(君爲輕)**이란 말이 나온다. 유약(柔弱)하므로 상선(上善)인 물은 아래로만 흘러내려 28장(章) **위천하계(爲天下谿)** 즉 세상을[天下] 담는 산골짜기 맨 밑 내[谿]가 되어[爲] 양양한 바다에 이른다. 사람들이 영광으로 여기는 윗자리에서 치욕으로 여기는 아랫자리로[下] 흐르는 물이야말로 〈지기웅(知其雄) 수기자(守其雌)〉를 깨우치고, 〈지기영(知其榮) 수기욕(守其辱)〉을 깨닫게 해준다.

수컷의[雄] 강강(剛强)함을 알고[知] 암컷의[雌] 유약(柔弱)함을 지키면[守] 천하계(天下谿) 즉 세상을 끌어안는 냇물이[谿] 되니, 윗자리를 물리고 아랫자리를 택하는 물의 상선(上善)이야말로 39장(章) **귀이천위본(貴以賤爲本)** 즉 귀함은[貴] 천함으로[賤]써[以] 뿌리를[本] 삼는[爲] 천도(天道)를 본받아 따름을 살펴 새기고 헤아려 깨우치게 하는 말씀이 〈수국지구(受國之垢) 시위사직주(是謂社稷主) 수국불상(受國不祥) 시위천하왕(是謂天下王)〉이다.

註 "귀이천위본(貴以賤爲本) 고이하위기(高以下爲基) 시이(是以) 후왕자칭고과불곡(侯王自稱孤寡不穀)." 귀함은[貴] 천함으로[賤]써[以] 뿌리를[本] 삼고[爲], 높음은[高] 낮음으로[下]써[以] 바탕을[基] 삼는다[爲]. 이렇기[是] 때문에[以] 후왕은[侯王] 스스로를[自] 고루하고[孤] 과덕하며[寡] 불선하다고[不穀] 칭한다[稱]. 『노자(老子)』 39장(章)

註 "지기웅(知其雄) 수기자(守其雌) 위천하계(爲天下谿)……지기영(知其榮) 수기욕(守其辱) 위천하곡(爲天下谷)." 그[其] 수컷을[雄] 알고[知] 그[其] 암컷을[雌] 지키므로[守] 세상을[天下] 담는 산골짜기 맨 밑 내[谿]가 된다[爲].……그[其] 영화를[榮] 알고[知] 그[其] 굴욕을[辱] 지키면[守] 세상을[天下] 담는 빈 골짜기가[谷] 된다[爲]. 『노자(老子)』 28장(章)

註 "민위귀(民爲貴) 사직차지(社稷次之) 군위경(君爲輕) 시고(是故) 득호구민(得乎丘民) 이위

천자(而爲天子) 득호천자위제후(得乎天子爲諸侯) 득호제후위대부(得乎諸侯爲大夫) 제후위사직(諸侯危社稷) 즉변치(則變置)." 백성이[民] 귀중하고[爲貴], 나라가[社稷] 그 다음이며[次之], 국군은[君] 대단치 않다[爲輕]. 이러하므로[是故] 밭에서 일하는[丘] 백성의 마음을[乎民] 얻어야[得] 천자가[天子] 되고[爲], 천자의 마음에 들어야[得乎天子] 제후가[諸侯] 되며[爲], 제후의 마음에 들어야[得乎諸侯] 대부가[大夫] 된다[爲]. 제후가[諸侯] 나라를[社稷] 위태롭게 하면[危] 곧장[則] 갈아치운다[變置].　　　　　　　　　　　『맹자(孟子)』「진심장구하(盡心章句下)」

【보주(補註)】

- 〈수국지구(受國之垢) 시위사직주(是謂社稷主) 수국불상(受國不祥) 시위천하왕(是謂天下王)〉을 〈성인운(聖人云) 수국지구지위사직지주(受國之垢之謂社稷之主) 이성인운(而聖人云) 수국지불상지위천하지왕(受國之不祥之謂天下之王)〉처럼 옮기면 문의(文意)를 좀 더 쉽게 새길 수 있다. 〈성인이[聖人] 말했다[云] : 나라의[國之] 굴욕을[垢] 감수함을[受之] 사회의[社稷之] 군주라[主] 한다[謂]. 그리고[而] 성인이[聖人] 말했다[云] : 나라의[國之] 화난을[不祥] 감수함을[受] 나라의[天下之] 군왕이라[王] 한다[謂].〉

- 수국지구(受國之垢)의 구(垢)는 사람들이 치욕으로 여겨 염오(厭惡)하는 것이고, 국지불상(國之不祥)의 불상(不祥)은 〈불길(不吉)〉로 사람들이 싫어하는 화난(禍難) 같은 것이다. 『노자(老子)』는 사람들이 싫어하는 것이 좋아하는 것의 바탕이고 근본이 됨을 깨닫게 한다. 『노자(老子)』에 나오는 〈곡(曲)·왕(枉)·와(窪)·폐(蔽)·소(少)·자(雌)·유(柔)·약(弱)·천(賤)·손(損)·색(嗇)·자(慈)·검(儉)·후(後)·하(下)·고(孤)·과(寡)·불곡(不穀)〉등이 구(垢)와 불상(不祥)에 속한다는 장석창(蔣錫昌)의 지적은 탁견(卓見)이다. 말하자면 곡(曲) 즉 이지러짐은[曲] 전(全) 즉 온전함의[全] 바탕이 되고, 왕(枉) 즉 굽음은[枉] 직(直) 즉 곧음의[直] 바탕이 되며, 천(賤) 즉 비천함은[賤] 귀(貴) 즉 귀함의[貴] 바탕이 된다. 따라서 치욕은 영광의 바탕이 된다.

- 사직주(社稷主)의 사직(社稷)에서 토신(土神)을 뜻하는 사(社)와, 곡신(穀神)을 뜻하는 직(稷)을 묶은 사직(社稷)은 한 나라를[國] 뜻하기도 하고 사회를 뜻하기도 한다. 그러므로 사직주(社稷主)는 국지주(國之主)인 나라의[國之] 주군(主君)이다. 국군(國君)·주군(主君)·군왕(君王)·후왕(侯王) 등은 다 같은 술어(術

語)이다.

● 수국불상(受國不祥)이 〈수국지불상(受國之不祥)〉으로 된 본(本)도 있다. 수국불
상(受國不祥)은 수국지불상(受國之不祥)에서 조사 노릇하는 지(之)를 생략한 것
일 뿐 문의(文義)가 다른 것은 아니다.

【해독(解讀)】

● 〈성인운(聖人云) 수국지구(受國之垢) 시위사직주(是謂社稷主) 수국불상(受國不
祥) 시위천하왕(是謂天下王)〉에서 〈수국지구(受國之垢) 시위사직주(是謂社稷
主)〉와 〈수국불상(受國不祥) 시위천하왕(是謂天下王)〉은 운(云)의 목적절이다.
그래서 〈성인운(聖人云) 수국지구(受國之垢) 시위사직주(是謂社稷主) 수국불상
(受國不祥) 시위천하왕(是謂天下王)〉은 목적의 종절을 가진 두 복문(複文)으로
이루어진 하나의 문단이다.

　　성인운(聖人云)의 운(云)은 〈이를 왈(曰), 움직일 운(運), 돌아올 귀(歸)〉 등의
뜻을 내고, 〈이러구러 할[衆語]〉의 뜻도 내고, 조사 즉 뜻 없는 토씨 노릇도 한
다. 성인운(聖人云)은 〈성인왈(聖人曰)〉과 같다.

　　〈성인운(聖人云) 수국지구(受國之垢) 시위사직주(是謂社稷主) 수국불상(受國
不祥) 시위천하왕(是謂天下王)〉에서 성인(聖人)은 주어 노릇하고, 운(云)은 타동
사 노릇하며, 〈수국지구(受國之垢) 시위사직주(是謂社稷主)〉와 〈수국불상(受國
不祥) 시위천하왕(是謂天下王)〉은 운(云)의 목적절 노릇한다. 〈성인이[聖人] 수
국지구시위사직주와[受國之垢是謂社稷主] 수국불상시위천하왕을[受國不祥是
謂天下王] 말했다[云].〉

● 〈수국지구(受國之垢) 시위사직주(是謂社稷主)〉에서 수국지구(受國之垢)는 전치
됐지만 위(謂)의 목적구 노릇하고, 시(是)는 수국지구(受國之垢)를 나타내는 지
시어로 가목적어 노릇하며, 위(謂)는 동사 노릇하고, 천하왕(天下王)은 목적보
어구 노릇한다. 수(受)는 〈떠맡아 책임질 담(擔)〉과 같고, 구(垢)는 〈부끄러울 욕
(辱)〉과 같다. 〈나라의[社稷之] 치욕을[垢] 맡음[受] 이것을[是] 나라의[社稷之]
군주라[主] 한다[謂].〉

● 〈수국불상(受國不祥) 시위천하왕(是謂天下王)〉에서 수국불상(受國不祥)은 전치
됐지만 위(謂)의 목적구 노릇하고, 시(是)는 수국불상(受國不祥)을 나타내는 지

시어로 가목적어 노릇하며, 위(謂)는 동사 노릇하고, 천하왕(天下王)은 목적보어구 노릇한다. 불상(不祥)은 불길(不吉)과 같고, 화난(禍難) 즉 불행을 뜻한다. 〈나라의[國之] 화난을[不祥] 맡음[受] 이것을[是] 나라의[天下] 군왕이라[王] 한다[謂].〉

● 시위사직주(是謂社稷主)와 시위천하왕(是謂天下王) 등은 〈A지위(之謂)B〉 또는 〈A위지(謂之)B〉 등의 상용문이다. 〈A를[A之] B라 일컫는다[謂].〉〈A(A) 그것을[之] B라 일컫는다[謂].〉

78-5 正言若反(정언약반)

▶천도(天道)에 맞는[正] 말씀은[言] (그 말씀과) 어기는[反] 듯하다[若].

맞을 정(正), 말씀 언(言), 같을 약(若), 되돌릴 반(反)

【지남(指南)】

〈정언약반(正言若反)〉은 앞서 살핀 〈수국지구(受國之垢)〉와 〈수국불상(受國不祥)〉에 숨은 뜻을 일깨운다. 군왕(君王)이 고루하다고[孤] 자신을 낮춤은[下] 자신을 고루하지 않게 함을 밝힘이고, 자신은 덕이 모자란다고[寡] 낮춤은 자신을 부덕(不德)하지 않게 하겠다고 밝힘이며, 자신은 선하지 못하다고[不穀] 낮춤은 늘 선(善)하게 하겠음을 밝힘이듯, 정언(正言)은 그 반대로 들리기도 한다. 여기 〈정언(正言)〉이란 〈법자연지언(法自然之言)〉 즉 자연을[自然] 본받는[法之] 말씀[言]이니, 천도(天道)를 본받아 따르는 말씀이다. 그러므로 군왕이 자신을[自] 낮춤을[下] 알고 그것을 실행하면, 그 자하(自下)를 백성은 존왕(尊王)으로 갚는다.

명군(明君)일수록 밝다고[明] 말하지 않는다. 명군(明君)은 자신을 우매(愚昧)하다고 낮추어 말한다. 정언(正言) 즉 천도(天道)에 맞고[正] 천도(天道)를 따르는[正] 말은[言] 36장(章) 미명(微明)과 같다. 흡지(翕之) 즉 그 무엇을 접으려면[翕] 미리 장지(張之) 즉 그것을 펴주고[張], 약지(弱之) 즉 그 무엇을 약하게[弱] 하려면 미리 강지(强之) 즉 그것을 강하게[强] 하고, 폐지(廢之) 즉 그 무엇을 없애고자[廢] 하면 미리 흥지(興之) 즉 그것을 흥하게[興] 함을 일러 미명(微明) 즉 미묘함을[微] 밝힘

[明]이라 한다. 천도(天道)란 이처럼 미묘하다.

　흡장(翕張) · 약강(弱强) · 흥폐(興廢) · 여취(與取) 등이 둘로 나뉘어 상쟁(相爭)함이 아니라 양행(兩行)하여 부쟁(不爭)함이 천도(天道)이니, 접히면[翕] 펴지고[張] 펴지면 접히며, 약하면[弱] 강해지고[强] 강하면 약해지며, 흥하면[興] 폐해지고[廢] 폐하면 흥해지며, 주면[與] 갖고[取] 가지면 준다. 이렇듯 천도(天道)는 귀함이 천하게 울림하고 높음이 낮게 울림하기 때문에, 중인(衆人)은 정언(正言)이 반면(反面)으로 들리는 깊은 이치를 알지 못한다.

　천도(天道)에는 선악(善惡) · 귀천(貴賤) · 미추(美醜) · 고하(高下) · 영욕(榮辱) 등이 서로 양행(兩行)하여 왕래할 뿐이니, 2장(章)에 천하개지미지위미(天下皆知美之爲美) 사악이(斯惡已)란 말씀이 나온다. 세상 사람들은 모두 아름다움은[美之] 아름다움이[美] 된다고[爲] 안다[知]. 그러나 아름다움도[美] 추함일[惡] 뿐인 것이 자연의[天] 규율[道]임을 안다면 수구(受垢)함이 곧 백성의 신임(信任)으로 돌아오고, 수불상(受不祥)함이 또한 백성의 신임(信任)으로 돌아옴을 깨우칠 수 있을 것이다. 그래서 41장(章) 명도약매(明道若昧) 즉 밝은[明] 상도는[道] 어두운[昧] 듯하다고[若] 한다.

　밝음이[明] 어둠이고[昧] 매(昧)가 명(明)인지라 매(昧)를 말하면 명(明)으로 들리고, 명(明)을 말하면 매(昧)로 들리는 듯함이[若] 천도(天道)의 미명(微明)이니, 〈수구(受垢) · 수불상(受不祥)〉이 오히려 세상이 받들어주게 됨을 살펴 새기고 헤아려 깨우치게 하는 말씀이 〈정언약반(正言若反)〉이다.

註　"장욕흡지(將欲翕之) 필고장지(必固張之) 장욕약지(將欲弱之) 필고강지(必固强之) 장욕폐지(將欲廢之) 필고흥지(必固興之) 장욕취지(將欲取之) 필고여지(必固與之) 시위미명(是謂微明)." 장차[將] 접고[翕之] 싶다면[欲] 반드시[必] 미리[固] 펴주고[張之], 장차[將] 그것을[之] 약하게 하고[弱] 싶다면[欲] 반드시[必] 미리[固] 그것을[之] 강하게 해주며[强], 장차[將] 그것을[之] 그만두게 하고[廢] 싶다면[欲] 반드시[必] 미리[固] 그것을[之] 흥하게 해주고[興], 장차[將] 그것을[之] 갖게 하고[取] 싶다면[欲] 반드시[必] 미리[固] 그것을[之] 준다[與]. 이를[是] 숨은[微] 밝음이라[明] 한다[謂].　　　　　　　　　　　　　　　　『노자(老子)』 36장(章)

註　"천하개지미지위미(天下皆知美之爲美) 사악이(斯惡已) 개지선지위선(皆知善之爲善) 사불선이(斯不善已)." 온 세상이[天下] 미는[美之] 미(美)라고[爲] 모두[皆] 알지만[知] 그 미는[斯] 추

한 것일[惡] 뿐이고[已], 선은[善之] 선(善)이라고[爲] 모두[皆] 알지만[知] 그 선은[斯] 불선일[不善] 뿐이다[已]. 『노자(老子)』2장(章)

註 　 "명도약매(明道若昧) 진도약퇴(進道若退) 이도약류(夷道若類)." 밝은[明] 도는[道] 어두운[昧] 듯하고[若], 나아가는[進] 도는[道] 물러나는[退] 듯하며[若], 평이한[夷] 도는[道] 고르지 않은[類] 듯하다[若]. 『노자(老子)』41장(章)

【보주(補註)】

- 〈정언약반(正言若反)〉을 〈법자연지정언약반기정(法自然之正言若反其正)〉처럼 옮기면 문의(文意)를 좀 더 쉽게 새길 수 있다. 〈자연을[自然] 본받는[法之] 올바른[正] 말씀은[言] 그[其] 올바름을[正] 어기는[反] 듯하다[若].〉

- 정언(正言)은 『장자(莊子)』에 나오는 **정즉정(正則靜)**을 상기시킨다.

註 　 "정즉정(正則靜) 정즉명(靜則明) 명즉허(明則虛) 허즉무위이무불위야(虛則無爲而無不爲也)." 올발라지면[正] 곧[則] 고요하고[靜], 고요하면[靜] 곧[則] 밝고[明], 밝으면[明] 곧[則] 비고[虛], 비면[虛] 곧[則] (사람의) 짓들이[爲] 없어서[無而] 하지 못함이[不爲] 없는 것[無]이다[也]. 『장자(莊子)』「경상초(庚桑楚)」

【해독(解讀)】

- 〈정언약반(正言若反)〉에서 정언(正言)은 주어 노릇하고, 약(若)은 동사 노릇하고, 반(反)은 보어 노릇한다. 〈정언은[正言] 어긋나는 것[反] 같다[若].〉

- 〈정언약반(正言若反)〉은 〈A약(若)B〉 또는 〈A약위(若爲)B〉 등의 상용문이다. 〈약(若) · 사(似) · 여(如) · 유(猶)〉 등이 이러한 상용문을 이룬다. 〈A는(A) B와 같다[若].〉〈A는(A) B를 함과[爲] 같다[若].〉

79

老子
之言

사계장(司契章)

　치자(治者)는 백성에게 원한을 사서는 안 된다. 세금을 매김이 백성을 착취하게
되고, 형정(刑政)을 발하여 백성을 틀어잡는 정사(政事)가 백성에게 원망을 쌓는
짓이다. 가장 바람직한 치자(治者)는 이덕(以德) 즉 상덕(常德)으로써[以] 화민(化
民) 즉 백성을 변화시키는[化] 치자(治者)이다. 이를 〈집좌권(執左卷)〉 즉 권리를
행사할 수 있는 위치에 있으면서도[執左契] 백성에게 독촉하지 않는[不責於民] 치
민(治民)임을 역설한 다음, 천도무친(天道無親)을 들어 항상 자연의[天] 규율은[道]
선인(善人)과 함께함을 일깨워 깨우치게 하는 장(章)이다.

【원문(原文)】

和大怨이라도 必有餘怨이니 報怨以德한다 安可以爲善이리
화 대 원　　　　필 유 여 원　　　보 원 이 덕　　　　안 가 이 위 선
오 是以로 聖人은 執左契하여 而不責於人이니라 有德은 司
시 이　　성 인　　집 좌 계　　　이 불 책 어 인　　　　유 덕　　사
契하고 無德은 司徹하나니 天道는 無親이라 常與善人이니라
계　　　무 덕　　사 철　　　　천 도　　무 친　　　상 여 선 인

큰[大] 원한을[怨] 푼다고 해도[和] 반드시[必] 남아 있는[餘] 원한이[怨]
있다[有]. 상덕(常德)으로[德] 써[以] 원한을[怨] 갚는다[報]. 어찌[安] {화대
원(和大怨) 그것으로} 써[以] {해원(解怨)의} 선책으로[善] 삼을 수 있겠는가
[可爲]? 이[是] 때문에[以] 성인은[聖人] {채권(債權)의} 신표를[左契] 가지
고서도[執而] 백성한테[於人] (갚으라고) 재촉하지 않는다[不責]. 덕이[德]
있는 사람은[有] (채권의) 쪽을[契] 맡고[司], 덕이[德] 없는 사람은[無] (세
금의) 징수를[徹] 맡는다[司]. 자연의[天] 규율에는[道] (따로) 친애함이[親]
없고[無], 늘[常] 선한[善] 사람과[人] 함께한다[與].

　註　위의 〈보원이덕(報怨以德)〉은 엄령봉(嚴靈峯)의 설(說)에 따라 63장(章)에서 79장(章)으로
옮겨온 것이다.

79-1 和大怨(화대원) 必有餘怨(필유여원)

▶큰[大] 원한을[怨] 푼다고 해도[和] 반드시[必] 남아 있는[餘] 원한
이[怨] 있다[有].

없앨 화(和), 큰 대(大), 원한 원(怨), 반드시 필(必), 있을 유(有), 남을 여(餘)

【지남(指南)】

　〈화대원(和大怨) 필유여원(必有餘怨)〉은 인위(人爲)로 상쟁(相爭)을 서슴지 않
는 인간은 원한을 피할 수 없음을 밝힌다. 화대원(和大怨)은 큰[大] 원(怨)을 풀어
없앰[和]이다. 〈원(怨)〉이란 자기가 원하는[願] 대로 되지 않아 성나고[恚] 분해[恨]
자신이 부끄럽고[垢] 슬프고[悲] 비참해진[慘] 나머지 남을 헐뜯고[刺] 미워함[憎]

이다. 이러한 원에(怨恚)·원한(怨恨)·원구(怨垢)·원비(怨悲)·원자(怨刺)·원증(怨憎) 등은 자기를 상해(傷害)하다가 남도 해치니[傷害]『장자(莊子)』의 비덕(非德)에 속한다.

덕(德)을 생지광(生之光) 즉 삶의[生之] 빛남이라[光] 하는 것은 생(生)을 편안하고[恬] 즐겁게 하기[愉] 때문인데, 원(怨)이 덕(德)을 빼앗아 삶을 암흑으로 몰아간다. 원(怨)을 풀어 없애려면 무엇보다 먼저 인지(人智)의 권모(權謀)를 버려야 한다. 그러나 인간은 지혜를 앞세워 세상사를 제 뜻대로 하려 하여 서로가 짓는 원(怨)을 벗어날 수 없다. 본래 원(怨)이란 상쟁(相爭)의 삶에서 비롯한다.『장자(莊子)』의 **지야자쟁지기(知也者爭之器)**란 말대로 지식이란 상쟁(相爭)의 도구를[器] 휘둘러대어 빚어지는 마음의 상처가 곧 인간이 저마다 앓는 원(怨)이란 병이다. 상쟁(相爭)하다 패하면 통탄하면서 스스로 원한을 앓으니, 그 앓음은[怨] 인지(人智)의 탐욕이 짓는 비덕(非德)의 불행이다. 이러한 원한을 설령 없앤다 해도 인지(人智)의 삶은 또 다른[餘] 원한을 빚어낸다.

지모(智謀)의 삶을 이끌어가느라 지혜[智]로 꾀함을[謀] 버리지 않는 한, 하나의 원(怨)을 풀었다 한들 또 다른[餘] 원(怨)이 꼬리를 물고 일어날 수밖에 없음을 살펴 새기고 헤아려 깨우치게 하는 말씀이 〈화대원(和大怨) 필유여원(必有餘怨)〉이다.

註　"부불념불유비덕야(夫不恬不愉非德也) 비덕야이가장구자(非德也而可長久者) 천하무지(天下無之)." 무릇[夫] 편안치 못하고[不恬] 즐겁지 못함은[不愉] 덕이[德] 아닌 것[非]이다[也]. 덕이[德] 아닌 것[非]인데도[也而] 장구할[長久] 수 있는[可] 것[者] 그런 것은[之] 세상에[天下] 없다[無].　　　　　　　　　　　　　　　　　　　　　　　『장자(莊子)』「재유(在宥)」

註　"덕탕호명(德蕩乎名) 지출호쟁(知出乎爭) 명야자상알야(名也者相軋也) 지야자쟁지기(知也者爭之器) 이자흉기(二者凶器)." 덕은[德] 명예에서[乎名] 녹아버리고[蕩], 지혜는[知] 다툼에서[乎爭] 나온다[出]. 명성이란[名也] 것은[者] 서로[相] 헐뜯는 것[軋]이고[也], 지혜란[知也] 것은[者] 다툼의[爭之] 도구이다[器]. 두[二] 가지는[者] 흉한[凶] 도구이다[器].　　　　　　　　　　　　　　　　　　　　　　　『장자(莊子)』「인간세(人間世)」

【보주(補註)】

● 〈화대원(和大怨) 필유여원(必有餘怨)〉을 〈수인화대원(雖人和大怨) 필유여원어기화(必有餘怨於其和)〉처럼 옮기면 문의(文意)를 좀 더 쉽게 새길 수 있다. 〈비

록[雖] 사람이[人] 대원을[大怨] 없앤대도[和] 그런[其] 없앰에는[於和] 반드시 [必] 남은[餘] 원한이[怨] 있다[有].〉

- 화대원(和大怨)의 화(和)는 화해(和解)이다. 인간사에서 대원(大怨)을 풀었다[和解] 해도 원한의 흉터는 남고, 인위(人爲)의 인간사에 또 다른 원한이 뒤따라오는 것이 여원(餘怨)이다.

【해독(解讀)】

- 〈화대원(和大怨) 필유여원(必有餘怨)〉은 양보의 종절과 주절로 된 복문이다. 〈대원을[大怨] 화한다 해도[和] 또 다른[餘] 원한이[怨] 필히[必] 유한다[有].〉

- 화대원(和大怨)에서 화(和)는 동사 노릇하고, 대원(大怨)은 화(和)의 목적어 노릇한다. 화(和)는 〈풀 해(解)〉와 같아 화해(和解)의 줄임말로 여기면 된다. 〈크나큰[大] 원한을[怨] 화해한다 해도[和]〉

- 필유여원(必有餘怨)에서 필(必)은 유(有)를 꾸며주는 부사 노릇하고, 유(有)는 〈있을 유(有)〉로 동사 노릇하며, 여원(餘怨)은 주어 노릇한다. 여(餘)는 〈다른 타(他)〉와 같아 여타(餘他)의 줄임말로 여기면 된다. 〈반드시[必] 여원이[餘怨] 있다[有].〉

79-2 報怨以德(보원이덕)

▶ 상덕(常德)으로[德]써[以] 원한을[怨] 갚는다[報].

갚을 보(報), 미움 원(怨), 써 이(以), 상덕(常德)덕(德)

☷ 〈보원이덕(報怨以德)〉은 『노자(老子)』 63장(章)의 원문(原文)에 들어 있는 구문이지만, 엄령봉(嚴靈峰)의 주장대로 여기로 옮겨와 지남(指南)한다. 이미 63장(章)에서 그 이유를 밝혔다.

【지남(指南)】

〈보원이덕(報怨以德)〉은 원(怨)을 없애는 방도를 밝힌다. 이지(以智) 즉 인지로[人智]써[以] 화원(和怨)할 수 없지만, 이덕(以德) 즉 상덕으로[德]써[以] 여원(餘怨) 없이 원한을[怨] 갚을[報] 수 있다. 본래 〈보원(報怨)〉이란 보복구원(報復仇怨)이다. 원수진[仇] 원한을[怨] 되갚기[報]는 남이 나에게 해를 입힐 때 나도 해를 입혀

갚겠다는 것이다. 그러나 보원이원(報怨以怨)의 보원(報怨)은 덕(德)을 이용하여 [以] 보원(報怨)함인지라 구원(仇怨)의 갚음이[報] 아니라 구원(仇怨)을 풀어버리고 덕(德)을 베풀어 갚음[報]이다. 그러므로 보원(報怨)이란 원한을 원한으로 되갚는 짓을 버리고 덕(德)으로써 갚아줌인지라 여원(餘怨)이 없다.

보복하고 복수하고 보구(報仇)하는 보원(報怨)은 인위(人爲)의 응대일 뿐, 이러한 응수(應酬)는 원수가 한 배에 탄 꼴이다. 보원(報怨) 즉 원망이나 원한의 보복을 끊자면 원(怨)을 상덕(常德)으로써[以] 갚아줌[報]이다. 원(怨)은 처음부터 사(私)로 맺힌다. 상덕(常德)에는 사(私)란 것이 없고 천균(天均)뿐이니, 자연의[天] 균일함은[均] 더없이[至] 공평[公]하다. 이처럼 상덕(常德)은 무사(無私)하고 무욕(無欲)하여 무사(無事)하므로 상덕(常德)으로 원(怨)을 갚는다면[報] 여원(餘怨)이 빚어질리 없어 진실로 해원(解怨)할 수 있다.

거듭 밝히지만, 원(怨)이란 자기만을 앞세우고 고집하는 사(私)에서 비롯하지 공평하면 생기지 않는다. 이런 연유로 유가(儒家)에서도 무사(無私)를 강조해『예기(禮記)』에 **삼무사(三無私)**가 나온다. 천도(天道)에서는 그 무엇이든 양행(兩行)하고 균등하기 때문에 원한이[怨] 없다[無]. 이러한 천균(天均)의 무사(無私)는 무위(無爲)이고, 이덕(以德) 즉 용덕(用德)이다. 이덕(以德)의 덕(德)이란 상덕(常德)을 베풂[行]이고 법자연(法自然)이고 상선(上善)이지, 인덕(人德)을 말하는 것은 아니다. 상선(上善)을 본받아 따라 함이 곧 무위(無爲)·무사(無事)·무미(無味)이니, 무위(無爲)·무사(無事)·무미(無味)로 원한을 풀어버릴 수 있다.

인위(人爲)는 상덕(常德)으로 해원(解怨)하지 못하니『논어(論語)』에 **이직보원(以直報怨)**이란 말씀이 나온다. 강직(剛直)으로 원증(怨憎)이나 원분(怨憤)을 갚음이란[報], 애증을 취사하여 아낄[愛] 것은 사사로움 없이 아끼고 미워할[憎] 것은 미워하라 함이다. 이직보원(以直報怨)의 보원(報怨)은 애증을 둘로 나누어 원(怨)을 갚아가라 함이니, 선(善)은 선(善)이고 악(惡)은 악(惡)으로 분별되는지라 시비·분별을 떠날 수 없는 보원(報怨)이다. 원(怨)의 시비를 가려 지혜로 풀라는 것이 이직보원(以直報怨)이다.

그러나 보원이덕(報怨以德)의 이덕(以德)은 애증을 둘로 나누어 상쟁(相爭)하지 말라 함이니, 5장(章) **천지불인(天地不仁)**으로 보원(報怨)한다. 천지(天地)가 만물을

추구(芻狗)로 삼음은 만물을 귀천(貴賤) · 선악(善惡) · 호오(好惡)로 분별하지 않음
이듯, 상덕(常德)으로써 해원(解怨)함이 보원이덕(報怨以德)의 보원(報怨)이다. 5
장(章) 추구(芻狗) 즉 풀강아지[芻狗]란 귀하면서도 천한 것으로 귀천을 하나로 함
이니, 상덕(常德)은 인간이 겪는 원(怨) 따위를 추구(芻狗)로 삼는다. 그래서 보원
이덕(報怨以德)은 『장자(莊子)』의 역인시야(亦因是也)와 휴호천균(休乎天鈞)을 상기
시키며, 원한을 결코 짓지 않는 습상(習常) · 습명(襲明)의 삶을 누리게 함을 살펴 새
기고 헤아려 깨우치게 하는 말씀이 〈보원이덕(報怨以德)〉이다.

註 "성인후기신이신선(聖人後其身而身先) 외기신이신존(外其身而身存) 비이기무사야(非以
其無私耶) 고(故) 능성기사(能成其私)." 성인은[聖人] 자신을[其身] 뒤로 물려서[後而] 자신이[身]
앞서지고[先], 그[其] 자신을[身] 제쳐서[外而] 자신이[身] 살아난다[存]. 그[其] 때문에[以] {성인
(聖人)께} 자기가[私] 없음은[無] 아닌 것[非]이로다[耶]. 그러므로[故] 그[其] 자기를[私] 능히[能]
이룬다[成].   『노자(老子)』 7장(章)

註 "천하개지미지위미(天下皆知美之爲美) 사악이(斯惡已) 개지선지위선(皆知善之爲善) 사불
선이(斯不善已)." 온 세상이[天下] 미는[美之] 미(美)이라고[爲] 모두[皆] 알지만[知] 그 미는[斯]
추한 것일[惡] 뿐이고[已], 선은[善之] 선(善)이라고[爲] 모두[皆] 알지만[知] 그 선은[斯] 불선일[不
善] 뿐이다[已].   『노자(老子)』 2장(章)

註 "천지불인(天地不仁) 이만물위추구(以萬物爲芻狗) 성인불인(聖人不仁) 이백성위추구(以
百姓爲芻狗)." 천지에는[天地] 어짊이란[仁] 없어[不], (천지는) 만물로[萬物]써[以] 풀강아지로[芻
狗] 삼는다[爲]. 성인께도[聖人] 어짊이란[仁] 없어[不], 백성을[百姓]써[以] 풀강아지로[芻狗] 삼는
다[爲].   『노자(老子)』 5장(章)

註 "천무사부(天無私覆) 지무사재(地無私載) 일월무사조(日月無私照) 봉사삼자이로천하(奉斯
三者以勞天下) 차지위삼무사(此之謂三無私)." 하늘에는[天] 사사로이[私] 덮어줌이[覆] 없고[無],
땅에는[地] 사사로이[私] 실어줌이[載] 없으며[無], 일월은[日月] 사사로이[私] 비춰줌이[照] 없다
[無]. 이[斯] 세 가지를[三者] 받듦으로[奉]써[以] 세상을[天下] 어루만진다[勞]. 이를[此之] 세 가지
[三] 무사함이라[無私] 한다[謂].   『예기(禮記)』 「공자한거(孔子閒居)」

註 "혹왈(或曰) 이덕보원(以德報怨) 여하(如何) 자왈(子曰) 하이보덕(何以報德) 이직보원(以
直報怨) 이덕보덕(以德報德)." 어떤 사람이[或] 덕으로[德]써[以] 원한을[怨] 갚으면[報] 어떻겠느
냐고[如何] 물었다[曰]. 공자께서[子] (그렇다면) 무엇으로[何]써[以] 덕을[德] 갚겠는가[報]? 강직
으로[直]써[以] 원한을[怨] 갚고[報], 덕으로[德]써[以] 덕을[德] 갚는다고[報] 말해주었다[曰].
                                                                            『논어(論語)』 「헌문(憲問)」 36

註 "인시인비(因是因非) 인비인시(因非因是) 시이성인불유이조지어천(是以聖人不由而照之

於天) 역인시야(亦因是也)." 옳음을[是] 말미암으면[因] 옳지 않음을[非] 말미암고[因], 옳지 않음을[非] 말미암으면[因] 옳음을[是] 말미암는다[因]. 이렇기[是] 때문에[以] 성인은[聖人] (시비에) 말미암지 않고서[不由而] (상대적인 시비를 떠난) 자연에다[於天] 시비를[之] 비추어보고[照] 역시[亦] 자연의 이치에[是] 맡기는 것[因]이다[也].　　　　　　　　『장자(莊子)』「제물론(齊物論)」

　[註]　"명실미휴이희로위용(名實未虧而喜怒爲用) 역인시야(亦因是也) 시이성인화지이시비(是以聖人和之以是非) 이휴호천균(而休乎天均) 시지위양행(是之謂兩行)." 명칭도[名] 내용도[實] 변함이[虧] 없는데[未而] 기쁨과[喜] 노여움이[怒] 생겼다[爲用]. (그러니) 역시[亦] {시비(是非)를 떠난 법자연(法自然)의} 그러함에[是] 맡기는 것[因]이다[也]. 이렇기[是] 때문에[以] 성인은[聖人] 인시(因是)로[之]써[以] 시비를[是非] 화합시켜서[和而] 자연의[天] 균형에서[乎均] 쉰다[休]. 이것을[是之] 양행이라[兩行] 한다[謂].

　　　천균(天均)은 만물이 위일(爲一) 즉 하나로 됨[爲一]이고, 양행(兩行)은 피차(彼此)가 화통(和通)하면서도 각각 제 자리를 가짐을 말한다.　　　　　　『장자(莊子)』「제물론(齊物論)」

　[註]　"견소왈명(見小曰明) 수유왈강(守柔曰强) 용기광(用其光) 복귀기명(復歸其明) 무유신앙(無遺身殃) 시위습상(是謂習常)." 작은 것을[小] 살펴봄을[見] 밝음이라[明] 하고[曰], 부드러움을[柔] 지킴을[守] 강함이라[强] 한다[曰]. 그[其] 빛냄을[光] 쓰더라도[用] 다시[復] 그[其] 밝음으로[明] 돌아오면[歸] 자신에게[身] 재앙을[殃] 남기지[遺] 않는다[無]. 이를[是] 상도를[常] 이어 간직함이라[習] 한다[謂].　　　　　　　　　『노자(老子)』 52장(章)

　[註]　"성인상선구인(聖人常善救人) 고무기인(故無棄人) 상선구물(常善救物) 고무기물(故無棄物) 시위습명(是謂襲明)." 성인은[聖人] 늘[常] 선하게[善] 사람들을[人] 구제하기[救] 때문에[故] 사람들을[人] 버림이[棄] 없고[無], 늘[常] 선하게[善] 온갖 것을[物] 구제하기[救] 때문에[故] 온갖 것을[物] 버림이[棄] 없다[無]. 이러함을[是] 밝음을[明] 안으로 간직함이라[襲] 한다[謂].

　　　　　　　　　　　　　　　　　　　　　　　　　『노자(老子)』 27장(章)

【보주(補註)】

- 〈보원이덕(報怨以德)〉을 〈성인보원이상덕(聖人報怨以常德)〉처럼 옮기면 문맥을 더 쉽게 잡을 수 있다. 〈성인은[聖人] 상덕으로[常德]써[以] 원한을[怨] 갚는다[報].〉

- 보원(報怨)의 원(怨)은 〈성낼 에(恚)·분(憤), 미워할 증(憎)〉 등과 같아 원증(怨憎)·원분(怨憤) 등의 줄임말로 여기면 되고, 보원이덕(報怨以德)의 보원(報怨)은 원한을[怨] 앙갚음하여[報] 또 다른 원한을 삼이 아니라 상덕(常德)으로써 해원(解怨) 즉 원한을[怨]을 없애버림[解]이다.

【해독(解讀)】

- 〈보원이덕(報怨以德)〉에서 보(報)의 주어가 생략됐지만 보(報)는 동사 노릇하

고, 원(怨)은 보(報)의 목적어 노릇하며, 이덕(以德)은 보(報)를 꾸며주는 부사구 노릇한다. 보(報)는 〈갚을 답(答)〉과 같아 보답(報答)의 줄임말로 여기면 되고, 원(怨)은 〈원망할 한(恨), 미워할 증(憎), 분할 에(恚)〉 등과 같아 원한(怨恨) · 원증(怨憎) · 원에(怨恚) 등의 줄임말로 여기면 된다. 〈덕으로[德]써[以] 원을[怨] 갚는다[報].〉

● 보원이덕(報怨以德)을 영어의 명령문 같은 구문으로 여겨도 된다. 〈덕으로[德]써[以] 원을[怨] 갚아라[報].〉

79-3 安可以爲善(안가이위선)

▶어찌 [安] {화대원(和大怨) 그것으로} 써[以] {해원(解怨)의} 선책으로[善] 삼을 수 있겠는가[可爲]?

어찌 안(安), 가할 가(可), 써 이(以), 될 위(爲), 좋을 선(善)

【지남(指南)】

〈안가이위선(安可以爲善)〉은 화원(和怨)으로써[以] 원(怨)을 갚을[報] 수 없음을 밝힌다. 여원(餘怨)으로 이어지는 화원(和怨)은 원한의[怨] 앙금이 남아서 상흔이 없어지지 않고, 원한을 되갚음하겠다는 응어리가 남아 원한을[怨] 풀어버린[解] 것이 아니다. 억울하다고 여기는 한 원(怨)은 마음에서 없어지지 않으니, 마음의 상처는 결국 서로 겨루고 다투는 일로 이어진다. 상쟁(相爭)의 승자는 상처를 주고 패자는 상처를 입는 꼴이 세상이 빚어내는 상심(傷心)이며, 원(怨)은 상쟁(相爭)이 안겨주는 심고(心苦) 즉 마음의[心] 아픔[苦]이다. 이러한 마음을 버리지 않는 한 아무리 화원(和怨)해도 또 다른[餘] 원한이[怨] 생기니, 이러한 화원(和怨)은 선(善)일 수 없다. 선(善)이란 현덕(玄德)을 본받아 계승함이기 때문이다.

현덕(玄德)은 곧 상덕(常德)이니, 51장(章) 생이불유(生而不有) 위이불시(爲而不恃) 장이부재(長而不宰)를 상기하면 선(善)을 터득할 수 있다. 낳아주되[生而] 갖지 않음이[不有] 상선(常善)이고, 위해주되[爲而] 바라지 않음이[不恃] 상선(上善)이며, 키워주되[長而] 이래라저래라 않음이[不宰] 상선(上善)인데 어찌 상선(上善)을 본받아 좇는 마음에 원한이 생겨 마음을[心] 괴롭게[苦] 하겠는가? 상선(上善)을 본받는 마음은 부쟁(不爭)하고 불해(不害)하므로 어떤 경우에도 상심(傷心)할 리 없으며, 아픔을 겪게 하는 원(怨)을 짓지 않는다. 선책(善策)에는 어떠한 원(怨)도 깃들지 않으니, 여원(餘怨)으로 이어지는 화원(和怨)은 결코 상선(上善)이 될 수 없음을 살펴 새기고 헤아려 깨우치게 하는 말씀이 〈안가이위선(安可以爲善)〉이다.

"생지휵지(生之畜之) 장지육지(長之育之) 성지숙지(成之熟之) 양지부지(養之覆之) 생이불유(生而不有) 위이불시(爲而不恃) 장이부재(長而不宰) 시위현덕(是謂玄德)." 상도가[道] 낳아주고[生之] 길러주며[畜之], 자라게 하고[長之] 감싸주며[育之], 이뤄주고[成之] 영글게 하며[熟之], 보양해주고[養之] 보호해준다[覆之]. 낳아주되[生而] 갖지 않으며[不有], 위해주되[爲而] 바라지 않고[不恃], 키워주되[長而] 이래라저래라 않는다[不宰]. 이를[是] 현묘한[玄] 덕이라[德] 한다[謂].

『노자(老子)』51장(章)

【보주(補註)】

● 〈안가이위선(安可以爲善)〉을 〈안가위상선이화원(安可爲上善以和怨)〉처럼 옮기면 문맥을 더 쉽게 잡을 수 있다. 〈어찌[安] 화원으로[和怨]써[以] 상선을[上善] 삼을 수 있겠는가[可爲]?〉

● 안가이위선(安可以爲善)의 선(善)은 법자연(法自然)을 말한다. 『주역(周易)』은 법자연(法自然)을 일음일양(一陰一陽)이라 하고, 한번 음이면[一陰] 한번 양이 되는[一陽] 변화의 도리를[道] 잇는[繼] 것이[者] 선(善)이라 하였다. 계도(繼道)함이란 법자연(法自然)함이다.

"일음일양지위도(一陰一陽之謂道) 계지자선야(繼之者善也) 성지자성야(成之者性也)." 한번[一] 음기가 되다[陰] 한번[一] 양기가 됨을[陽之] (만물을 생성하는) 도라[道] 한다[謂]. 그 도를[之] 계승하는[繼] 것이[者] 선(善)이고[也], 그 도를[之] 이루는[成] 것이[者] 성(性)이다[也].

여기서 일음일양(一陰一陽)의 도(道)란 역지도(易之道)인 변화지도(變化之道), 즉 변화의[變化之] 이치[道]를 뜻한다. 『주역(周易)』「계사전상(繫辭傳上)」

【해독(解讀)】

● 〈안가이위선(安可以爲善)〉에서 안(安)은 〈어찌 안(安)〉으로 의문부사 노릇하고, 가(可)는 위(爲)의 조동사 노릇하며, 위(爲)는 동사 노릇하고, 선(善)은 위(爲)의 목적어 노릇한다. 〈어찌[安]써[以] 선을[善] 삼을 수 있겠는가[可爲].〉

● 안가이위선(安可以爲善)은 〈안이(安以)A가위(可爲)B〉의 상용반어문이다. 〈어

961

사계장(司契章)

찌[安] A로[A]써[以] B를 삼을[爲] 수 있겠는가[可]?〉

79-4 是以(시이) 聖人執左契而不責於人(성인집좌계이불책어인)

▶이[是] 때문에 [以] 성인은[聖人] {채권(債權)의} 신표를[左契] 가지고서도[執而] 백성한테[於人] (갚으라고) 재촉하지 않는다[不責].

이 시(是), 때문에 이(以), 통할 성(聖), 가질 집(執), 왼쪽 좌(左), 약속 계(契), 그러나 이(而), 요구할 책(責), 조사 어(於)

【지남(指南)】

〈성인집좌계이불책어인(聖人執左契而不責於人)〉은 채무와 채권을 예로 들어 성인(聖人)은 원(怨)을 짓는 꼬투리를 만들지 않음을 밝힌다. 〈계(契)〉로 인간사에서 원(怨)이 빚어지는 사례를 들고 있다. 계(契)는 빚을 놓는 자와 빚을 내는 자 사이의 신표(信標)인 권(券) 즉 문서로[券], 어음을 말한다. 좌계(左契)는 채권자가 갖고, 우계(右契)는 채무자가 갖는다.

〈성인집좌계(聖人執左契)〉는 27장(章) 성인상선구인(聖人常善救人)을 상기시킨다. 성인(聖人)의 상선구인(常善救人)은 57장(章) 아무사이민자부(我無事而民自富)를 상기하면 된다. 성인(聖人)이 변함없이[常] 사람들을[人] 선하게[善] 구제함은[救] 무사(無事)로 백성이 스스로 부유해지게 함이다. 민자부(民自富)란 백성이 부귀영화를 누림이 아니라 백성 스스로 소사과욕(少私寡欲)하여 자족(自足)의 삶을 누림으로, 백성은 성인(聖人)께 빚을 진 셈이다. 자족(自足)의 삶이야말로 원한이 빚어질 리 없는 보원이덕(報怨以德)의 구인(救人)이다. 이처럼 백성을 구제하고서도 백성한테 보답하라고 채근하지 않으니 성인(聖人)은 어떠한 책무도 요구하지 않는 셈이고, 이것이 〈불책어인(不責於人)〉이다.

온갖 원(怨)이 〈책채어채무인(責債於債務人)〉 즉 빚진 사람에게[於債務人] 빚을 [債] 갚으라고 요구하는[責] 데서 생겨난다. 빚을 요구하는[責] 쪽이 채무(債務) 즉 빚 갚기를[債務] 요구받는[彼責] 쪽에 입히는 아픔이 곧 원(怨)으로 이어지기 마련이다. 75장(章) 민지기(民之饑)는 더없이 가혹한 〈책세어민(責稅於民)〉 즉 백성에

老子 ● 제 79 장

게[於民] 세금을[稅] 책임 지우기[責] 때문이다. 백성한테 턱없는 세금을 요구하기[責] 때문에 백성은 굶주림을 면치 못하니, 굶주림이 빚어내는 원한보다 더한 원(怨)은 없다. 무사(無事)로 백성을 스스로[自] 부유하게 해주는[富] 성인(聖人)은 백성에게서 무엇 하나 빼앗지 않음이 집좌계(執左契)이며, 백성의 원(怨)을 상덕(常德)으로 없애줌 또한 집좌계(執左契)이다.

〈위이불시(爲而不恃)〉 즉 위해주되[爲而] 무엇 하나 바라지 않는[不恃] 현덕(玄德)을 그냥 그대로 본받는 성인(聖人)인지라, 채권자이면서 채무자한테 빚 독촉을 하지 않는 경우를 예로 들어서 성인(聖人)이 보원이덕(報怨以德) 즉 상덕으로[德] 써[以] 원한을 갚아서 여원(餘怨)이 결코 빚어지지 않음을 살펴 새기고 헤아려 깨우치게 하는 말씀이 〈성인집좌계이불책어인(聖人執左契而不責於人)〉이다.

───────────────

▦ "성인상선구인(聖人常善救人) 고(故) 무기인(無棄人) 상선구물(常善救物) 고(故) 무기물(無棄物) 시위습명(是謂襲明)." 성인은[聖人] 늘[常] 선하게[善] 사람들을[人] 구제하기[救] 때문에[故] 사람들을[人] 버림이[棄] 없고[無], 늘[常] 선하게[善] 온갖 것을[物] 구제하기[救] 때문에[故] 온갖 것을[物] 버림이[棄] 없다[無]. 이러함을[是] 밝음을[明] 안으로 간직함이라[襲] 한다[謂].
『노자(老子)』 27장(章)

▦ "아무위이민자화(我無爲而民自化) 아호정이민자정(我好靜而民自正) 아무사이민자부(我無事而民自富) 아무욕이민자박(我無欲而民自樸)." 나에게[我] 인위가[爲] 없으니까[無而] 백성은[民] 절로[自] 변화하고[化], 내가[我] 고요를[靜] 좋아하니까[好而] 백성은[民] 절로[自] 바르고[正], 나에게[我] {인위(人爲)의} 일이[事] 없으니까[無而] 백성은[民] 절로[自] 부유하며[富], 나에게[我] 욕심이[欲] 없으니까[無而] 백성은[民] 절로[自] 본디대로다[樸].   『노자(老子)』 57장(章)

▦ "민지기이기상식세지다(民之饑以其上食稅之多)." 백성의[民之] 굶주림은[饑] 그[其] 위가[上] 조세를[稅] 먹어치움이[食之] 많기[多] 때문이다[以].   『노자(老子)』 75장(章)

【보주(補註)】

● 〈시이(是以) 성인집좌계이불책어인(聖人執左契而不責於人)〉을 〈성인보원이덕고(聖人報怨以德故) 성인집좌계(聖人執左契) 이성인불책채어채무지인(而聖人不責債於債務之人)〉처럼 옮기면 문맥을 더 쉽게 잡을 수 있다. 〈성인은[聖人] 상덕으로[德] 써[以] 원한을[怨] 갚기[報] 때문에[故] 성인은[聖人] 좌계를[左契] 갖는다[執]. 그리고[而] 성인은[聖人] 빚진[債務之] 사람[人]에게[於] 빚을[債] 요

구하지 않는다[不責].〉

- 집좌계(執左契)의 계(契)는 권(券) 즉 쪼갠 어음[券]이다. 종이가 없었던 때 독(牘) 즉 나무쪽[牘]에다 어음의 내용을 쓴 다음 그 중간을 잘라 좌계(左契) 즉 왼쪽[左] 절반 쪽을[契] 채권자가 갖고, 우계(右契) 즉 오른쪽[右] 절반 쪽을[契] 채무자가 신표(信標)로서 가졌다가, 빚 갚을 때 좌우의 쪽을[契] 맞추어 서로 확인하는 어음을 계(契)라 한다.

【해독(解讀)】

- 〈시이(是以) 성인집좌계이불책어인(聖人執左契而不責於人)〉은 두 구문이 접속사로 이어진 중문(重文)이다. 〈이렇기[是] 때문에[以] 성인은[聖人] 좌계를[左契] 집한다[執]. 그러나[而] (성인은) 인(人)에게[於] 책하지 않는다[不責].〉

- 〈시이(是以) 성인집좌계(聖人執左契)〉에서 〈시이(是以)〉는 집(執)을 꾸며주는 부사구 노릇하고, 성인(聖人)은 집(執)의 주어 노릇하며, 집(執)은 동사 노릇하고, 좌계(左契)는 집(執)의 목적어 노릇한다. 집(執)은 〈지킬 수(守)〉와 같아 집수(執守)의 줄임말로 여기면 된다. 〈이렇기[是] 때문에[以] 성인은[聖人] 좌계를[左契] 지킨다[執].〉

- 이불책어인(而不責於人)에서 이(而)는 〈그러나 이(而)〉로 접속사 노릇하고, 불(不)은 책(責)의 부정사(否定詞)이며, 책(責)은 주어와 목적어가 생략됐지만 동사 노릇하고, 어인(於人)은 책(責)의 간접목적어 노릇한다. 책(責)은 〈재촉할 구(求)〉와 같다. 〈그러나[而] 사람들에게[於人] (갚기를) 재촉하지 않는다[不責].〉

79-5 有德司契(유덕사계) 無德司徹(무덕사철)

▶덕이[德] 있는 사람은[有] (채권의) 쪽을[契] 맡고[司], 덕이[德] 없는 사람은[無] (세금의) 징수를[徹] 맡는다[司].

있을 유(有), 크나큰 덕(德), 맡을 사(司), 어음 계(契), 없을 무(無), 징수 철(徹)

【지남(指南)】

〈유덕사계(有德司契) 무덕사철(無德司徹)〉은 여원(餘怨)을 없애는 일과 여원(餘

怨)을 더하는 짓을 가려 간명하게 밝힌다. 유덕(有德)은 여원(餘怨)을 없앰을 〈사계(司契)〉의 비유를 들어 밝히고, 무덕(無德)은 여원(餘怨)을 더해갈 뿐임을 〈사철(司徹)〉의 비유로 밝힌다.

사계(司契)는 〈집좌계(執左契)〉를 말함이고, 사철(司徹)은 〈불책어인(不責於人)〉을 버리고 〈책어인(責於人)〉을 감행함이다. 유덕자(有德者)가 사계(司契) 즉 어음을[契] 맡음이[司] 무엇을 뜻하는지는 57장(章) 〈무위(無爲)·무사(無事)·호정(好靜)·무욕(無欲)·무정(無情)〉 등을 상기하면 된다. 덕(德) 있는[有] 분이[者] 무위(無爲)로 좌계(左契)를 맡으니까[司] 백성이 자화(自化)하고, 무사(無事)로 사계(司契)하니까 백성이 자부(自富)하고, 호정(好靜)으로 사계(司契)하니까 백성이 자정(自正)하고, 무욕(無欲)으로 사계(司契)하니까 백성이 자박(自樸) 즉 스스로[自] 본 대대로 됨[樸]이라고 헤아리면, 유덕자(有德者)의 사계(司契)가 뜻하는 바를 깨달을 수 있다.

나아가 35장(章) 안평태(安平泰)의 삶을 누리고, 17장(章) 아자연(我自然)을 백성이 구가하게 되는 바를 깨달을 수 있다. 유덕자(有德者)가 무위자연(無爲自然)으로 사좌계(司左契)하니, 백성도 무위자연(無爲自然)으로 사우계(司右契)하여 요구할 것이[責] 없음이 불책어인(不責於人)이고 유덕사계(有德司契)이다. 그러므로 상선(常善)으로 사람을 구제하고자 유덕자(有德者)는 사계(司契)한다고 할 수 있다. 이러한 유덕자(有德者)는 59장(章) 유국지모(有國之母)를 상기시킨다. 나라의[國之] 어머니[母]로서 유덕자(有德者)가 사계(司契)하므로 이는 관유(寬裕)하며, 『장자(莊子)』에 나오는 재유(在宥)를 떠올려주기도 한다. 너그럽고[寬] 넉넉한[裕] 세상은 부쟁(不爭)하고 불해(不害)하므로 원(怨)이 생기지 않으니, 그냥 그대로 내버려두어도[宥] 된다.

그러나 무덕사철(無德司徹)은 53장(章) 인호경(人好徑)·도과(盜夸)의 무리를 상기시킨다. 무덕(無德)은 덕이[德] 없는[無] 인군(人君)이니, 상덕(常德)을 떠난 인군(人君)은 온갖 정령(政令)으로 역민(役民)하여 욕심을[欲] 채우려[得] 하는지라 정도(正道)를 버리고 삿된 길을[徑] 좋아하기[好] 마련이다. 결국 그는 도과(盜夸)가 되고, 밑에는 작은 도둑들이 득실거려 착민(搾民)하여 식세(食稅)한다. 백성의 것을 착취하여[搾] 세금을[稅] 착복하고자[食] 사철(司徹)하는 것이다. 철(徹)이란 세금을 거두어들이는 고지서 따위로, 그것을 맡는 사철(司徹)은 가혹한 책민(責民)을 뜻한다.

세금을 상환하라고 백성에게 책임을 묻고[責] 뒤져서 가혹하게 찾아내[索] 털어가는[奪] 짓을 감행함이 사철(司徹)이다. 따라서 민지기(民之饑) 즉 백성의[民之] 굶주림은[饑] 극심해지고, 대도(大盜)의 수하들은 염음식(厭飮食)하니 백성한테 호경(好徑)의 인군(人君)이란 대도(大盜)이고, 신하의 무리는 군도(群盜)에 불과할 뿐이다. 백성은 굶주리는데 인군(人君)과 신하의 무리는 마시고[飮] 먹고도[食] 남아나 염증이[厭] 날 지경에 이르니, 이는 치민(治民)이 아니라 도민(盜民)함이다.

그러므로 유덕(有德)의 군왕(君王)은 무위(無爲)하여 백성에게 안평태(安平泰)의 삶을 누리게 하고, 무덕(無德)의 인군(人君)은 욕득(欲得)하여 호경(好徑)하므로 백성들로 하여금 굶주림에 허덕이게 함을 살펴 새기고 헤아려 깨우치게 하는 말씀이 〈유덕사계(有德司契) 무덕사철(無德司徹)〉이다.

註 "집대상(執大象) 천하왕(天下往) 왕이불해(往而不害) 안평태(安平泰)." 상도의[大] 짓을[象] 지키면[執] 세상[天下] 어디든 가고[往], 어디든 가도[往而] 해침이 없으니[不害], 이에[安] 평화롭고[平] 근심걱정 없다[泰].　　　　　『노자(老子)』35장(章)

註 "기귀언(其貴言) 공성사수(功成事遂) 백성개위아자연(百姓皆謂我自然)." 태상(太上)의 황제(黃帝)께서는[其] 말을[言] 소중히 하고[貴], 보람을[功] 이루고[成] 일을[事] 완수했어도[遂] 백성은[百姓] 모두[皆] 자기들은[我] 그냥 그대로라고[自然] 했다[謂].　　　　　『노자(老子)』17장(章)

註 "유국지모가이장구(有國之母可以長久)." 나라의[國之] 어머니가[母] 있음으로[有] 써[以] (그 나라는) 장구할[長久] 수 있다[可].　　　　　『노자(老子)』59장(章)

註 "문재유천하(聞在宥天下) 불문치천하야(不聞治天下也)." 천하를[天下] 있는 대로[在] 그냥 둔다는[宥] 말을 들었어도[聞] 천하를[天下] 다스린다는[治] 말을 듣지 못한 것[聞]이다也].　　　　　『장자(莊子)』「재유(在宥)」

註 "인호경(人好徑) 조심제(朝甚除) 전심무(田甚蕪) 창심허(倉甚虛) 복문채(服文綵) 대리검(帶利劍) 염음식(厭飮食) 화재유여(貨財有餘) 시위도과(是謂盜夸) 비도야재(非道也哉)." 사람들은[人] 삿된 샛길을[徑] 좋아한다[好]. 조정은[朝] 매우[甚] 더럽고[除], 밭은[田] 극심하게[甚] 잡초가 무성하며[蕪], 나라의 곳집은[倉] 심하게[甚] 텅 비고[虛], (문신들은) 수놓은[文] 비단옷을[綵] 입으며[服], (무신들은) 예리한[利] 칼을[劍] 허리에 차고[帶], (신하들은) 마시고[飮] 먹기를[食] 싫증낸다[厭]. 이것들을[是] {조정(朝廷)에 숨은} 큰 도둑이라[盜夸] 한다[謂]. (이는) 다스리는 도리가[道] 아닌 것[非]이로다[也哉].　　　　　『노자(老子)』53장(章)

【보주(補註)】

• 〈유덕사계(有德司契) 무덕사철(無德司徹)〉을 〈유덕자사계(有德者司契) 연이무
덕자사철(然而無德者司徹)〉처럼 옮기면 문맥을 더 쉽게 잡을 수 있다. 〈유덕한
[有德] 사람은[者] 어음 쪽을[契] 맡는다[司]. 그러나[然而] 무덕한[無德] 사람은
[者] 세금고지서를[徹] 맡는다[司].〉

• 유덕사계(有德司契)의 사계(司契)는 〈불책어인(不責於人)〉을 되살펴 너그럽고
[寬] 용서함을[裕] 암시하고, 무덕사철(無德司徹)의 사철(司徹)은 〈책어인(責於
人)〉을 환기시켜 가취(苛取) 즉 가혹하게[苛] 거둬들임을[取] 암시한다.

• 유덕(有德)의 사계(司契)는 무위지치(無爲之治)를 암시하고, 무덕(無德)의 사철
(司徹)은 유위지치(有爲之治)를 비유한다. 그러므로 유덕(有德)이란 법자연(法
自然)하여 현덕(玄德)을 펼침이다.

• 유덕사계(有德司契) 앞에 고(故)가 있는 본(本)도 있다. 어조사 노릇하는 고(故)
로, 원문(原文)의 문의(文義)가 달라지는 것은 아니다.

【해독(解讀)】

• 〈유덕사계(有德司契) 무덕사철(無德司徹)〉은 두 구문이 접속사로 이어진 중문
(重文)이다. 〈유덕은[有德] 계를[契] 사한다[司]. (그러나) 무덕은[無德] 철을[徹]
사한다[司].〉

• 유덕사계(有德司契)에서 유덕(有德)은 주부(主部) 노릇하고, 사(司)는 동사 노릇
하며, 계(契)는 사(司)의 목적어 노릇한다. 유덕(有德)은 〈유덕지인(有德之人)〉
또는 〈유덕자(有德者)〉의 줄임으로 여기면 문의(文意)가 분명해진다. 〈지인(之
人)〉을 〈자(者)〉로 대신한다. 계(契)는 채무·채권을 밝히는 신표(信標)인 어음
이고, 사(司)는 〈맡을 주(主)〉와 같다. 〈덕이[德] 있음은[有] 어음 쪽을[徹] 맡는
다[司].〉 〈덕이[德] 있는[有之] 사람은[人] 어음 쪽을[徹] 맡는다[司].〉 〈덕이[德]
있는[有] 사람은[者] 어음 쪽을[徹] 맡는다[司].〉

• 무덕사철(無德司徹)에서 무덕(無德)은 주부(主部) 노릇하고, 사(司)는 동사 노릇
하며, 철(徹)은 사(司)의 목적어 노릇한다. 무덕(無德)은 〈무덕지인(無德之人)〉
또는 〈무덕자(無德者)〉의 줄임으로 여기면 된다. 철(徹)은 주(周)나라 때 세법
(稅法)을 뜻해 세금고지서로 여기면 된다. 사(司)는 〈맡을 주(主)〉와 같다. 〈덕이

[德] 없음은[無] 세금고지서를[徹] 맡는다[司].〉〈덕이[德] 없는[無之] 사람은[人] 세금고지서를[徹] 맡는다[司].〉〈덕이[德] 없는[無] 사람은[者] 세금고지서를[徹] 맡는다[司].〉

79-6 天道無親(천도무친) 常與善人(상여선인)

▶ 자연의[天] 규율에는[道] (따로) 친애함이[親] 없고[無], 늘[常] 선한[善] 사람과[人] 함께한다[與].

자연 천(天), 규율 도(道), 없을 무(無), 친애함 친(親), 늘 상(常),
함께할 여(與), 선할 선(善)

【지남(指南)】

〈천도무친(天道無親) 상여선인(常與善人)〉은 자연의 규율에는[天道] 원한도 없고 원통함도 없는 까닭을 밝힌다. 〈천도무친(天道無親)〉은 5장(章) 천지불인(天地不仁)과 『장자(莊子)』의 도불사(道不私)를 상기시킨다. 무친(無親)이니 무소(無疎)하다. 친근함이[親] 없으니[無] 소원함도[疎] 없고[無], 가까운 것이[近] 없으니 먼 것도[遠] 없다. 사랑할 것도 없고 미워할 것도 없으며, 귀할 것도 없고 천할 것도 없다. 그래서 천지(天地)는 천도(天道)를 따라 만물을 추구(芻狗)로 삼을 뿐이니 귀천을 가림이 없다.

사람만 귀한 것을 가까이[親] 하고자 하고 갖고자 하며, 천한 것이면 멀리하고[疎] 버리려 한다. 이처럼 무엇이나 분별하고 시비를 마다하지 않기에 인간은 〈사(私)〉를 버리지 못하고, 이편 저편 나누어 친소(親疎)를 따진다. 천도(天道)에는 어떤 편 가르기도 없고, 사(私)가 없어 지공(至公)할 뿐이다. 본래 〈공(公)〉이란 사사로움을[厶] 배척함[八]이니, 무사(無私)하다면 누구든 〈선인(善人)〉이 된다. 선한[善] 사람[人]이란 이편 저편이 없어 천도(天道)를 따라[中] 지키는[守] 사람, 즉 무위지인(無爲之人)을 선인(善人)이라 한다.

천도무친(天道無親)의 무친(無親)을 본받아 자연(自然)에 맡긴 채로 지행(知行)함이 선(善)이고 상선(上善)이다. 자연의[天] 규율은[道] 무사(無私)하여 겨루고 다툼이란[爭] 없다[不]. 편이 나뉘니 상쟁(相爭)하지 모두가 하나라면 서로[相] 겨루고 다툴[爭] 까닭이 없음을 천도무친(天道無親)으로 밝히고, 천도(天道)가 항상 선인(善人)과 함께함이란 선인(善人)은 항상 무사(無私)하여 무사(無事)하고 무욕(無欲)하며 무아(無我)하기 때문임을 살펴 새기고 헤아려 깨우치게 하는 말씀이 〈천도무친(天道無親) 상여선인(常與善人)〉이다.

註 "천지불인(天地不仁) 이만물위추구(以萬物爲芻狗) 성인불인(聖人不仁) 이백성위추구(以百姓爲芻狗)." 천지에는[天地] 어짊이란[仁] 없어[不], (천지는) 만물로[萬物]써[以] 풀강아지로[芻狗] 삼는다[爲]. 성인께도[聖人] 어짊이란[仁] 없어[不], 백성으로[百姓]써[以] 풀강아지로[芻狗] 삼는다[爲].   『노자(老子)』 5장(章)

註 "만물수리(萬物殊理) 도불사(道不私) 고(故) 무명(無名) 무명고무위(無名故無爲) 무위이무불위(無爲而無不爲)." 만물이[萬物] (저마다 있는) 이치를[理] 달리하지만[殊], 도는[道] 사사롭지 않다[不私]. 그러므로[故] (도에는) 이름도[名] 없다[無]. 이름이[名] 없으니까[無故] 작위가[爲] 없다[無]. 작위가[爲] 없어서[無而] 하지 못함이[不爲] 없다[無].   『장자(莊子)』「칙양(則陽)」

註 "지족불욕(知足不辱) 지지불태(知止不殆) 가이장구(可以長久)." 만족할 줄[足] 알면[知] 욕되지 않고[不辱], 그칠 줄[止] 알면[知] 위태롭지 않다[不殆]. 그로써[以] 오래갈 수 있다[可長久].   『노자(老子)』 44장(章)

【보주(補註)】

● 〈천도무친(天道無親) 상여선인(常與善人)〉을 〈천도무친(天道無親) 이천도상여선인(而天道常與善人)〉처럼 옮기면 문맥을 더 쉽게 잡을 수 있다. 〈천도에는[天道] 친이[親] 없다[無]. 그래서[而] 천도는[天道] 항상[常] 선인과[善人] 여한다[與].〉

● 천도무친(天道無親)의 무친(無親)은 5장(章) 〈천지불인(天地不仁)〉의 불인(不仁)을 상기시키고, 『장자(莊子)』의 만물일부(萬物一府)와 만물일야(萬物一也)를 상기시킨다.

註 "만물일부(萬物一府)." 만물은[萬物] 한 곳간에 있다[一府].   『장자(莊子)』「천지(天地)」

註 "만물일야(萬物一也)." 만물은[萬物] 하나[一]이다[也].   『장자(莊子)』「지북유(知北遊)」

● 상여선인(常與善人)의 선인(善人)은 27장(章) 습명(襲明)을 본받아 행하는 사람이다. 선인(善人)은 습명지인(襲明之人) 즉 밝음을[明] 품어[含] 간직한[藏之] 사

람[人]이다. 습명(襲明)의 습(襲)은 내장(內藏) 즉 안으로 간직함이고, 습명(襲明)의 명(明)은 상도(常道)의 조화를 깨달음이다. 밝음을[明] 깨달아 행하는 사람이 선인(善人)이며, 밝음의 깨달음은 수중(守中) 즉 상도(常道)를 따라[中] 지켜서[守] 복수기모(復守其母)하여 지화(知和) 즉 천도(天道)와 어울리고[和] 그 어울림을[常] 아는[知] 것이다.

註　"성인상선구인(聖人常善救人) 고(故) 무기인(無棄人) 상선구물(常善救物) 고(故) 무기물(無棄物) 시위습명(是謂襲明)." 성인은[聖人] 늘[常] 선하게[善] 사람들을[人] 구제하기[救] 때문에[故] 사람들을[人] 버림이[棄] 없고[無], 늘[常] 선하게[善] 온갖 것을[物] 구제하기[救] 때문에[故] 온갖 것을[物] 버림이[棄] 없다[無]. 이러함을[是] 밝음을[明] 안으로 간직함이라[襲] 한다[謂].　　　　『노자(老子)』27장(章)

註　"다언수궁(多言數窮) 불여수중(不如守中)." (시비를 가리려는) 말이[言] 많아질수록[多] 이치가[數] 궁색해진다[窮]. (시비 가림의 말하기는) 상도를 따라[中] 지킴만[守] 못하다[不如].　　　　『노자(老子)』5장(章)

註　"천하유시(天下有始) 이위천하모(以爲天下母) …… 기지기자(旣知其子) 복수기모(復守其母) 몰신불태(歿身不殆)." 온 세상에[天下] 시원이[始] 있고[有], (그 시원으로) 써[以] 온 세상의[天下] 어머니로[母] 삼는다[爲]. …… 이미[旣] 그[其] 아들임을[子] 알고[知] 그[其] 어머니께로[母] 돌아와[復] 지킨다면[守] 평생토록[歿身] 위태롭지 않다[不殆].　　『노자(老子)』52장(章)

註　"지화왈상(知和曰常) 지상왈명(知常曰明)." 어울림[和] 앎을[知] 한결같음이라[常] 이르고[曰], 한결같음을[常] 앎을[知] 밝음이라[明] 이른다[曰].　　　　『노자(老子)』55장(章)

【해독(解讀)】

● 〈천도무친(天道無親) 상여선인(常與善人)〉은 두 구문이 이어진 중문(重文)이다. 〈천도에는[天道] 친이[親] 없다[無]. (그래서 천도는) 항상[常] 선인과[善人] 여한다[與].〉

● 천도무친(天道無親)에서 천도(天道)는 무(無)를 꾸며주는 부사 노릇하고, 무(無)는 〈없을 무(無)〉로 동사 노릇하며, 친(親)은 무(無)의 주어 노릇한다. 〈천도에는[天道] 편애함이[親] 없다[無].〉

● 상여선인(常與善人)에서 상(常)은 여(與)를 꾸며주는 부사 노릇하고, 여(與)는 주어가 생략됐지만 동사 노릇하며, 선인(善人)은 여(與)의 목적어 노릇한다. 여(與)는 〈어울릴 화(和)〉와 같다. 《(천도는) 늘[常] 선인과[善人] 어울린다[與].〉

註 여(與)는 다양한 뜻을 내는 자(字)이다.

① 더불어 여=이(以), ② 좋아할 여(與)=호(好), ③ 허락할 여(與)=허(許), ④ 미칠 여(與)=급(及), ⑤ 같을 여(與)=여(如), ⑥ 기다릴 여(與)=대(待), ⑦ 어울릴 여(與)=화(和), ⑧ 셈할 여(與)=수(數), ⑨ 무리 여(與)=중(衆), ⑩ 줄 여(與)=시(施), ⑪ 참여할 여(與)=참(參) 등등 여러 뜻을 낸다.

⑫ 여(與)는 감탄문의 문미조사 노릇한다.

⑬ 여(與)는 〈숙약(孰若), ~영(寧)〉 등과 합쳐 선택의 문장을 이루기도 한다.

〈여기(與其)A 숙약(孰若)·기약(豈若) B : A하느니 B하는 것이 낫지 않겠는가?〉

〈여(與)A·기(其)A 영(寧)B = 여(與)A 불여(不如)B = 여(與)A 무영(無寧)B = 여(與)A 약(若)B : A하느니 B하는 것이 낫다.〉

● 천도무친(天道無親)은 〈A무(無)B〉의 상용문이다. A는 부사 노릇하고, 무(無)는 〈없을 무(無)〉로 동사 노릇하며, B는 무(無)의 주어 노릇한다. 〈A에는 B가 없다[無].〉

소국장(小國章)

　『노자(老子)』에 설(設)해진 치국관(治國觀)과 치민관(治民觀)을 묶어 살피는 장(章)이다. 나아가 『장자(莊子)』에 나오는 〈건덕(建德)〉이란 나라와, 『열자(列子)』의 〈종북(終北)〉이란 나라의 모태(母胎)가 『노자(老子)』 80장(章)의 〈소국(小國)·과민(寡民)〉과 연관될 수 있다는 생각이 들게 한다.

　높고 깊은 산중 어디쯤에 숨어 있다는 청학동(靑鶴洞)도 『노자(老子)』 80장(章)의 〈소국(小國)〉이 그리워 만들어진 전설일 수 있을 것이다. 인간은 누구나 행복만 있다는 무릉도원(武陵桃源)을 그리워한다. 『노자(老子)』의 〈소국(小國)〉으로 돌아가 마냥 편안한 마음으로 한평생 살아가는 것이야말로 어느 때 어느 곳의 백성이든 모두 다 원하는 것임을 사무치게 하는 장(章)이다.

小國寡民에 使有什伯之器而不用하고 使民重死而不
소국 과.민   사유습백지기이불용   사민중사이불

遠徙하여 雖有舟輿나 無所乘之하고 雖有甲兵이나 無
원사   수유주여   무소승지   수유갑병   무

所陳之하며 使民復結繩而用之하고 甘其食하며 美其
소진지   사민복결승이용지   감기사   미기

服하고 安其居하며 樂其俗한다 隣國이 相望하여 雞犬之
복   안기거   낙기속   인국   상망   계견지

音이 相聞해도 民至老死히 不相往來니라
음   상문   민지로사   불상왕래

{옛날 성인(聖人)의} 나라는[國] 작았고[小] 백성은[民] 적었고[寡], {옛날
성인(聖人)의 나라는 병사들로} 하여금[使] 여러 병사가 함께 쓰는[什伯之]
병기를[器] 갖추게 해도[有而] (병사들로) 하여금[使] 사용하게 하지는 않
았으며[不用], {옛날 성인(聖人)의 나라는} 백성으로[民] 하여금[使] 죽음을
[死] 중시하게 해서[重而] 멀리[遠] 옮겨 다니지 않게 했고[不徙], {옛날 성
인(聖人)의 나라에서는} 비록[雖] 배와[舟] 수레가[輿] 있어도[有] 그것들을
[之] (백성이) 타는[乘] 바가[所] 없었으며[無], 비록[雖] 갑옷과[甲] 병장기
가[兵] 있어도[有] 그것들을[之] 펼친[陳] 바가[所] 없었고[無], 백성으로
[民] 하여금[使] 두루[復] 매듭을[繩] 맺게 해서[結而] 그것을[之] 쓰게 했
다[用]. {옛날 성인(聖人) 나라의 백성은} 그[其] 먹을거리를[食] 달게 먹었
고[甘], 그[其] 옷가지를[服] 좋아했으며[美], 그[其] 거처를[居] 즐거워했
고[安], 그[其] 습속을[俗] 즐겼다[樂]. {옛날 성인(聖人) 나라의 백성은} 이
웃[隣] 나라가[國] 서로[相] 바라보이고[望], 닭과[雞] 개들이[犬之] 짖는
소리가[音] 서로[相] 들려도[聞] 백성은[民] 늙어[老] 죽음에[死]까지[至]
서로[相] 가고오지 않았다[不往來].

80-1 小國寡民(소국과민)

▶{옛날 성인(聖人)의} 나라는[國] 작았고[小], 백성은[民] 적었다[寡].

작을 소(小), 나라 국(國), 적을 과(寡), 백성 민(民)

【지남(指南)】

〈소국과민(小國寡民)〉은 3장(章)에서 살핀 〈성인지치(聖人之治)〉, 성인(聖人)이 다스리는[治] 나라와[國] 백성을[民] 돌이켜보게 하는 장(章)이다. 물론 치자(治者)로서 성인(聖人)은 17장(章) 태상부지유지(太上不知有之)의 성인(聖人)이다.

『노자(老子)』의 성인(聖人)은 『논어(論語)』의 군자지도(君子之道)를 가르치는[教] 성인(聖人)도 아니고, 『맹자(孟子)』의 인륜지지(人倫之至) 즉 인륜(人倫)의 예(禮)를 지극히 하는[至] 성인(聖人)도 아니다. 『노자(老子)』에 나오는 성인(聖人)은 인의예악(仁義禮樂)이 없고, 태상(太上) 즉 태고(太古) 때 구민(救民)·구물(救物)했던 진인(眞人)이다. 이러한 성인(聖人)은 『장자(莊子)』의 지인(至人)이며 신인(神人)이니, 유가(儒家)가 말하는 인의(仁義)로 치민(治民)한 요순(堯舜) 같은 성왕(聖王)도 아니다. 법자연(法自然)하는 상도(常道)의 짓인 조화(造化)를 그냥 그대로 본받아[法] 살아감을 몸소 행하여 17장(章) 아자연(我自然)의 삶을 백성으로 하여금 누리게 해주는 분이다.

왜 『장자(莊子)』에 지인지용심약경(至人之用心若鏡)이란 말이 나오겠는가? 태상(太上) 때 성인(聖人)의 마음[心] 쓰기는[用] 무사(無事)하고 무욕(無欲)하여 무아(無我)함을 밝혀 거울[鏡] 같다[若]고 한 것이다. 마음이 거울 같은 황제인 성인(聖人)이 다스리는 나라가 여기 〈소국(小國)〉이다. 자연을 본받는[法] 황제는 결코 대국(大國)을 바라지 않으니, 다른 소국(小國)을 침범하지 않는다.

요(堯) 같은 성왕(聖王)도 작은 나라를 침공하고자 기용병부지(其用兵不止)했다는 말이 『장자(莊子)』에 나온다. 요(堯) 임금이나 우왕(禹王)도 처음 소국으로 시작했지만 용병(用兵)을 그치지 않고[不止] 명성과[名] 재물을[實] 추구하고자[欲求] 다른 소국을 침공하여 대국을 이루었으니, 후세의 패자(覇者)들은 더 말할 것도 없다. 『맹자(孟子)』에 왕부대대(王不待大)란 말이 나오지만, 사방 백리의 소국으로 시작한 주(周)나라는 결국 대국이 되어 수많은 제후국(諸侯國)을 만들고, 선양제(禪讓制)를 버려 세습제를 최초로 만들고 인간세(人間世)에 신분제를 생기게 했으니, 주(周)나라 문왕(文王)도 『노자(老子)』에서는 성왕(聖王)이 될 수 없다.

　　여기 소국의 성인(聖人)은 진실로 큰 나라를 바라지 않고[不待], 적은[寡] 백성이[民] 모두 17장(章) 아자연(我自然)의 삶을 누려서 35장(章) 안평태(安平泰)의 삶을 누리도록 치민(治民)·치국(治國)함을 살펴 새기고 헤아려 깨우치게 하는 말씀이 〈소국과민(小國寡民)〉이다.

註　"태상부지유지(太上不知有之) 기차친지예지(其次親之譽之) 기차외지(其次畏之) 기차모지(其次侮之)……기귀언(其貴言) 공성사수(功成事遂) 백성개위아자연(百姓皆謂我自然)." 태고 때에는[太上] (백성은) 다스리는 자가[之] 있는 줄도[有] 몰랐고[不知], 태고의 다음 시대에는[其次] (백성이 자기들을) 다스리는 자를[之] 가까이하고[親] 그것을[之] 기렸으며[譽], 다음다음 때에는[其次] (백성은) 다스리는 자를[之] 두려워했고[畏], 다음다음 때에는[其次] (백성이) 다스리는 자를[之] 업신여겼다[侮].……백성이 몰랐던 치자(治者)는[其] 정사(政事)의 발령(發令)을[言] 함부로 내지 않았다[貴]. {무위(無爲)를 행하는 성인(聖人)이} 공적을[功] 이루고[成] 사업을[事] 완수했어도[遂], {성인(聖人)이 그렇게 한 줄 모르는} 백성은[百姓] 모두[皆] 우리는[我] 본디대로 그냥 그러하다고[自然] 말했다[謂]. 　　　　　　『노자(老子)』 17장(章)

註　"군자지도(君子之道) 언가무야(焉可誣也) 유시유졸자(有始有卒者) 기유성인호(其惟聖人乎)." 군자의[君子之] 도리를[道] 어찌[焉] 속일 수 있겠는가[可誣]? 처음부터 다하여[有始] 끝까지 다하는[有卒] 사람[者] 그 분은[其] 오로지[惟] 성인뿐이다[聖人乎]. 『논어(論語)』「자장(子張)」 12

註　"규구방원지지야(規矩方圓之至也) 성인인륜지지야(聖人人倫之至也) 욕위군(欲爲君) 진군도(盡君道) 욕위신(欲爲臣) 진신도(盡臣道) 이자개법요순이이의(二者皆法堯舜而已矣)." 곱자와[矩] 그림쇠는[規] 네모와[方] 동그라미의[圓之] 더없는 표준[至]이고[也], 성인은[聖] 인륜의[人倫之] 더없는 표준[至]이다[也]. (성인은) 임금 노릇[君] 하고자 하면[欲爲] 임금의[君] 도리를[道] 남김없이 다하고[盡], 신하 노릇[臣] 하고자 하면[欲爲] 신하의[臣] 도리를[道] 남김없이 다한다[盡]. 이 두 도리는[二者] 모두[皆] 요순을[堯舜] 본받는 것[法]뿐이다[而已矣].

　　　　　　　　　　　　　　　　　　　『맹자(孟子)』「이루장구상(離婁章句上)」

註　"무위명시(無爲名尸) 무위모부(無爲謀府) 무위사임(無爲事任) 무위지주(無爲知主)……지인지용심약경(至人之用心若鏡) 부장불열(不將不迎) 응이부장(應而不藏) 고(故) 능승물이불상(能勝物而不傷)." 명성의 사냥꾼이[名尸] 되지[爲] 말라[無]. 꾀보가[謀府] 되지[爲] 말라[無]. 일의 책임자가[事任] 되지[爲] 말라[無]. 지식의 주인이[知主] 되지[爲] 말라[無].……지인이[至人之] 마음을[心] 씀은[用] 거울과[鏡] 같아[若], (무엇을) 맞이하지도 않고[不將] 보내지도 않는다[不迎]. (온갖 것에) 응해주되[應而] 간직하지는 않는다[不藏]. 그래서[故] 온갖 것을[物] 써도[勝而] 해치지 않는다[不傷].

　　지인(至人)=신인(神人)=성인(聖人)이다. 　　　　『장자(莊子)』「응제왕(應帝王)」

註 "석자요공총지서오(昔者堯攻叢枝胥敖) 우공유호(禹攻有扈) 국위허려(國爲虛厲) 신위형륙(身爲刑戮) 기용병부지(其用兵不止) 기구실무이(其求實無已) 시개구명실자야(是皆求名實者也) 이독불문지호(而獨不聞之乎) 명실자성인지소불능승야(名實者聖人之所不能勝也)." 옛날[昔者] 요임금은[堯] (소국인) 총지와[叢枝] 서오를[胥敖] 침공하고[攻], 우왕은[禹] (소국인) 유호를[有扈] 침공하여[攻] (침공당한) 나라의 조정이[國] 폐허로[虛厲] 되게 하였고[爲], (침공당한) 나라의 임금과 신하들은[身] 형을 받고[刑] 살육되었으며[爲戮], 요와 우가[其] 병사를[兵] 동원함은[用] 멈추지[止] 않았고[無], 요와 우가[其] 재물을[實] 추구함은[求] 그치지[已] 않았다[無]. 이것은[是] 모두[皆] 명성과[名] 재물을[實] 추구한[求] 것[者]이다[也]. 자네만[而] 홀로[獨] 아래와 같은 말을[之] 듣지 못한 것[不聞]인가[乎]? 명성과[名] 재물이란[實] 것은[者] 성인도[聖人之] 이겨낼[勝] 수 없는[不能] 것[所]이다[也]. 『장자(莊子)』「인간세(人間世)」

註 "이력가인자패(以力假仁者覇) 패필유대국(覇必有大國) 이덕행인자왕(以德行仁者王) 왕부대대(王不待大) 탕이칠십리(湯以七十里) 문왕이백리(文王以百里)." 힘으로[力]써[以] 어진[仁] 척하는[假] 것은[者] 패이고[覇], 패는[覇] 반드시[必] 큰 나라를[大國] 차지한다[有]. 덕으로[德]써[以] 어짊을[仁] 행하는[行] 것은[者] 왕이고[王], 왕은[王] 대국을[大] 바라지 않는다[不待]. 탕왕은[湯] 사방 칠십리로[七十里] 나라를 삼았고[以], 문왕은[文王] 사방 백리로[百里] 나라를 삼았다[以]. 『맹자(孟子)』「공손추장구상(公孫丑章句上)」

註 "집대상(執大象) 천하왕(天下往) 왕이불해(往而不害) 안평태(安平泰)." 대도를[大象] 지키니[執] 세상 사람들이[天下] 찾아온다[往]. (세상 사람들이) 찾아오면[往而] 해로움이 없고[不害], 이에[安] (찾아온 백성은) 화평하고[平] 태안하다[泰]. 『노자(老子)』 35장(章)

【보주(補註)】

● 〈소국과민(小國寡民)〉을 〈성인지국소(聖人之國小) 이성인지민과(而聖人之民寡)〉처럼 옮기면 문맥을 더 쉽게 잡을 수 있다. 〈성인의[聖人之] 나라는[國] 작았었다[小]. 그리고[而] 성인의[聖人之] 백성은[民] 적었었다[寡].〉

● 소국과민(小國寡民)은 『장자(莊子)』의 건덕(健德)과 『열자(列子)』의 종북(終北)이란 소국(小國)을 상기하면 무위(無爲)로 살아가는 나라를 선연하게 그려볼 수 있다. 종북(終北)은 제반(際畔) 즉 국경을 알 수 없고, 기민자부망수(其民孳阜亡數) 그[其] 백성이[民] 낳아 기름[孳]이 성대하여[阜] 셀 수[數] 없다는[亡] 것으로 미루어 소국(小國)이라 할 수는 없다. 그러나 종북(終北)의 백성은 의(義)와 예(禮)를 모르고 유심이약골(柔心而弱骨)하고 불경부쟁(不競不爭)하는 나라인지라, 여기 〈소국과민(小國寡民)〉의 백성과 같은 유(類)인 셈이다.

註 "남월유읍언(南越有邑焉) 명위건덕지국(名爲建德之國) 기민우이박(其民愚而朴) 소사이과욕(少私而寡欲) 지작이부지장(知作而不知藏) 여이불구기보(與而不求其報) 부지의지소적(不知義之所適) 부지예지소장(不知禮之所將) 창광망행(猖狂妄行) 내도호대방(乃蹈乎大方) 기생가락(其生可樂) 기사가장(其死可葬)." 남월에[南越] 한 고을이[邑] 있는데[有焉] 이름이[名] 건덕의[建德之] 나라[國]이다[爲]. 그 나라[其] 백성은[民] 어수룩하고[愚而] 소박하며[朴] 사심이[私] 적어서[少而] 욕심이[欲] 적고[寡], 농사짓기를[作] 알아도[知而] 저장할 줄을[藏] 모르고[不知], 베풀어주되[與而] 그[其] 보답을[報] 구하지 않고[不求] 의로움이[義之] 알맞다는[適] 바를[所] 모르고[不知], 예가[禮之] 행해지는[將] 바도[所] 모르며[不知], 무심하여[猖狂] 흔적을 남기지 않고[妄行], 이에[乃] 대도를[大方] 따르면서[蹈乎] 저마다의[其] 삶은[生] 즐거워서[樂] 좋고[可] 저마다[其] 죽음은[死] 묻혀서[葬] 좋다[可].

남월(南越)은 전국시대까지만 해도 중국과 내통이 없었던 머나먼 남쪽 나라를 일컬음이고, 지작(知作)의 작(作)은 〈농사지을 경(耕)〉과 같고, 기민우이박(其民愚而朴)은 57장(章)에 나오는 〈아무욕이민자박(我無欲而民自樸)〉과 같고, 소사이과욕(少私而寡欲)은 19장(章)에서 살핀 〈소사과욕(少私寡欲)〉이며, 예지소장(禮之所將)의 장(將)은 〈행할 행(行)〉과 같다. 창광망행(猖狂妄行)의 창광(猖狂)은 무심함이고, 망행(妄行)은 흔적을 남기지 않음이다. 여기 망행(妄行)의 망(妄)은 〈잊을 망(忘)〉과 같다. 대방(大方)은 대도(大道)와 같다.

『장자(莊子)』「산목(山木)」

註 "빈북해지북(濱北海之北) 부지거제주기천만리(不知距齊州幾千萬里) 기국명왈종북(其國名曰終北) 부지제반소제한(不知際畔所齊限) 무풍우상로(無風雨霜露) 불생조수충어초목지류(不生鳥獸蟲魚草木之類) 사방실평(四方悉平) 주이교척(周以喬陟) 당국지중유산(當國之中有山) 산명호령(山名壺領) 상약담추(狀若甔甀) 정유구(頂有口) 상약원환(狀若員環) 명왈자혈(名曰滋穴) 유수용출(有水湧出) 명왈신분(名曰神瀵) 취과난초(臭過蘭椒) 미과참례(味過醴醴) 일원분위사날(一源分爲四埒) 주어산하(注於山下) 경영일국(經營一國) 망불실편(亡不悉徧) 토기화(土氣和) 망찰려(亡札厲) 인성완이종물(人性婉而從物) 불경부쟁(不競不爭) 유심이약골(柔心而弱骨) 불교불기(不驕不忌) 장유제거(長幼儕居) 불군불신(不君不臣) 남녀잡유(男女雜游) 불매불빙(不媒不聘) 연수이거(緣水而居) 불경불가(不耕不稼) 토기온적(土氣溫適) 부직불의(不織不衣) 백년이사(百年而死) 불요불병(不夭不病) 기민자부망수(其民孳阜亡數) 유희락(有喜樂) 망쇠로애애(亡衰老哀苦) 기속호성(其俗好聲) 상휴이질요(相攜而迭謠) 종일불철음(終日不輟音) 기권즉음신분(饑捲則飮神瀵) 역지화평(力志和平) 과즉취(過則醉) 경순내성(經旬乃醒) 목욕신분(沐浴神瀵) 부색지택(膚色脂澤) 향기경순내갈(香氣經旬乃竭)." 북해의[北海之] 북쪽에[北] 임해서[濱] 제주에서[齊州] 거리가[距] 몇천만 리인지[幾千萬里] 알지 못한다[不知]. 그[其] 나라 이름은[國名] 종북이라[終北] 한다[曰]. 경계가[際畔] 그치는[齊限] 곳을[所] 모른다[不知]. 바람도[風] 비도[雨] 서리도[霜] 이슬도[露] 없다[無]. 새나[鳥] 짐승[獸] 벌레

나[蟲] 물고기[魚] 풀이나[草] 나무란[木之] 것들도[類] 살지 않는다[不生]. 사방이[四方] 고루고루[悉] 평평하고[平], 언덕으로[喬陟] 써[以] 둘러싸였다[周]. 나라 한가운데[國之中] 이르러[當] 산이[山] 있는데[有], 산 이름은[山名] 호령이고[壺領] 그 모양은[狀] 시루[甀甄] 같고[若], 정상에[頂] 입구멍이[口] 있는데[有] 모양은[狀] 원둘레[員環] 같고[若] 그 이름은[名] 자혈이라[滋穴] 하고[曰], 물이[水] 있어[有] 용솟음치고[湧出] 그 이름을[名] 신분이라[神瀵] 한다[曰]. 냄새는[臭] 난초나[蘭] 산초보다[椒] 낫고[過], 맛은[味] 식초나[醨] 단술보다[醴] 낫다[過]. 한 수원이[一源] 네 갈래가[四埒] 되어[爲] 산[山] 아래로[於下] 흘러내리고[注], 나라를[國] 경영하는데[營] 실로[悉] 두루 하지 않음이[不徧] 없고[亡], 땅 기운이[土氣] 화평하고[和] 나쁜 병도[札厲] 없으며[亡], 인성은[人性] 온순해서[婉而] 사물에[物] 좇아[從] 앞다투지도 않고[不競] 겨루지도 않으며[不爭], 마음은[心] 부드러우면서[柔而] 뼛대는[骨] 가냘프고[弱], 교만하지 않고[不驕] 미워하지도 않으며[不忌], 어른과[長] 어린이가[幼] 함께[儕] 살고[居], 임금도[君] 없고[不] 신하도[臣] 없으며[不], 남녀가[男女] 뒤섞여[雜] 놀고[游], 중매 노릇도 않고[不媒] 초빙하지도 않는다[不聘]. 물을[水] 따라서[緣而] 살아가며[居] 밭갈이도 않고[不耕] 거두어들이지도 않으며[不稼], 땅 기운이[土氣] 따뜻하고[溫] 알맞아[適] 길쌈도 않고[不織] 옷도 입지 않으며[不衣], 백년을[百年] 살다가[生而] 죽어가지만[死], 요절도 없고[不夭] 앓지도 않는다[不病]. 그[其] 백성은[民] 낳아 기름이[孶] 성대하여[阜] 셀 수[數] 없고[亡], 기쁨과[喜] 즐거움은[樂] 있지만[有] 쇠하여[衰] 늙거나[老] 슬픔이나[哀] 괴로움은[苦] 없으며[亡], 그[其] 풍속은[俗] 성음을[聲] 좋아하여[好] 서로[相] 끌어서[攜而] 노래를[謠] 주고받고[迭], 하루 내내[終日] 음악을[音] 멈추지 않고[不輟], 배고프거나[饑] 싫증나면[惓而] 신분을[神瀵] 마시면[飮] 기력과[力] 마음이[志] 화평해지고[和平] 많이 마시면[過] 곧장[則] 취해서[醉], 열흘을[旬] 지나서야[經] 이에[乃] 깨어나[醒] 신분으로[神瀵] 목욕하면[沐浴] 살갗은[膚色] 기름기로[脂] 윤택하고[澤] 향기가[香氣] 십일을[旬] 지나서야[經] 겨우[乃] 없어진다[竭].

　　부지제반소제한(不知際畔所齊限)에서 제반(際畔)은 변두리를 뜻하고, 제한(齊限)은 한계(限界)를 뜻한다. 주이교척(周以喬陟)에서 교척(喬陟)은 높은 언덕, 상약담추(狀若甀甄)에서 담추(甀甄)는 큰 시루, 상약원환(狀若員環)에서 원환(員環)은 원환(圓環)과 같고 둥근 모양을 뜻한다. 경영일국(經營一國)에서 경영(經營)은 나누어줌, 망찰려(亡札厲)에서 찰려(札厲)는 나쁜 병, 장유제거(長幼儕居)에서 제거(儕居)는 함께 사는 것, 기민자부망수(其民孶阜亡數)에서 자부(孶阜)는 식성(息盛)과 같고 낳아 기름[息]이 무성함[盛]을 뜻한다.

『열자(列子)』「탕문(湯問)」

【해독(解讀)】

● 〈소국과민(小國寡民)〉은 두 구문이 생략된 접속사 〈그리고 이(而)〉로 이어진 중문(重文)이다. 〈나라가[國] 작았었다[小]. (그리고) 백성이[民] 적었다[寡].〉

● 소국(小國)에서 소(小)는 주격보어 노릇하고, 국(國)은 주어 노릇하는 구문으로

새길 수도 있고, 주어는 생략되었지만 주격보어 노릇하는 소국(小國)으로 문맥을 잡을 수도 있다. 이처럼 한문은 품사(品詞)나 격(格)이 결정돼 있지 않아 구문 구성이 자유롭다. 〈(성인의 나라는) 작은[小] 나라였다[國].〉〈(성인의) 나라는[國] 작았다[小].〉

● 〈과민(寡民)〉에서 과(寡)는 주격보어 노릇하고, 민(民)은 주어 노릇하는 것으로 보거나 주어는 생략되었지만 주격보어 노릇하는 과민(寡民)으로 문맥을 잡을 수 있다. 과(寡)는 〈적을 소(少)〉와 같아 과소(寡少)의 줄임이다. 〈(성인의 나라는) 적은[寡] 백성이었다[民].〉〈(성인의 나라에는) 백성이[民] 적었었다[寡].〉

80-2 使有什伯之器而不用(사유습백지기이불용)

▶ {옛날 성인(聖人)의 나라는 병사들로} 하여금[使] 여러 병사가 함께 쓰는[什伯之] 병기를[器] 갖추게 해도[有而] (병사들로) 하여금[使] 사용하게 하지는 않았다[不用].

> 하여금 사(使), 가질(있을) 유(有), 열 습(什), 백(百) 백(伯),
> 조사(~의) 지(之), 기물 기(器), 그러나 이(而), 않을 불(不), 쓸 용(用)

【지남(指南)】

〈사유습백지기이불용(使有什伯之器而不用)〉은 태상(太上)의 황제(黃帝)가 다스리는 소국(小國)에도 백성을 지켜줄 병사가 있고 각종 병기(兵器)를 갖추었지만[有], 그것을 쓰지는[用] 않음을 밝힌다. 여기 〈불용습백지기(不用什伯之器)〉는 31장(章) 비군자지기(非君子之器)를 상기시킨다.

『논어(論語)』의 군자(君子)는 인의예악(仁義禮樂)을 따르는 선인(善人)이고, 『노자(老子)』의 군자(君子)는 무위자연(無爲自然)을 따르는 선인(善人)으로, 서로 다르다. 어느 선인(善人)이든 살생을 불미(不美) 즉 좋아하지 않는다. 그러나 어느 쪽이든 힘으로 살생을 서슴지 않는 패자(覇者)를 물리치려면 병장기(兵仗器)를 든다. 『맹자(孟子)』의 패자(覇者)는 〈요살인(樂殺人)〉을 힘[力]으로 서슴지 않는 불선인(不善人)이다. 살생을 좋아하는[樂] 패자(覇者)가 아니라, 살생을 싫어하는[惡] 군자(君子)의 불용병(不用兵)이 〈불용습백지기(不用什百之器)〉이다.

병장기를[兵] 쓰지 않는다[不用] 하여 병장기를 팽개침이 아니라, 31장(章) 부득이이용지(不得已而用之) 염담위상(恬淡爲上)을 상기시킨다. 군자의 용병(用兵)은 오직 선용병(善用兵) 즉 자연의 규율을 따라[善] 병장기를[兵] 쓸[用] 뿐이다. 피치 못해서[不得已而] 병기를[之] 쓰게 되어도[用], 증오의 살기(殺氣)로 씀이 아니라 69장(章) 애자승의(哀者勝矣)의 애자(哀者)로서 용병(用兵)함이다. 이는 천도(天道)에 어긋남 없는[善] 용병(用兵)으로, 68장(章) 불무(不武)·불로(不怒)·불여(不與)·위지하(爲之下)를 떠올리는 동시에, 69장(章) 집무병(執無兵)의 깊은 뜻을 헤아리게 하는 부쟁지덕(不爭之德)의 용병(用兵)이다.

이는 군자의 부득이한 용병(用兵)으로, 병장기를 잡되[執] 살생하려는 병장기가[兵] 없음[無]이다. 이는 선용병(善用兵)이며 부전(不戰)의 용병(用兵)이다. 그러므로 선용병(善用兵)은 불용병(不用兵)으로 통하며, 부쟁(不爭)의 선용병(善用兵)은 무력을 쓰지 않고[不武] 분노하지 않는[不怒] 용병이며 겨루지 않는[不與] 용병이고, 장수가 자신을[之] 낮추는[爲下] 용병(用兵)이다. 병장기(兵仗器)를 갖추되[有] 병장기를[兵] 쓰지 않는[不用] 깊은 뜻을 살펴 새기고 헤아려 깨우치게 하는 말씀이 〈사유습백지기이불용(使有什伯之器而不用)〉이다.

註　"병자불상지기(兵者不祥之器) 비군자지기(非君子之器) 부득이이용지(不得已而用之) 염담위상(恬淡爲上) 승이불미(勝而不美) 이미지자시요살인(而美之者是樂殺人)." 병장기란[兵] 것은[者] 상서롭지 못한[不祥之] 기물이니[器] 군자의[君子之] 기물이[器] 아닌 것이다[非]. 피치 못해서[不得已而] 그것을[之] 쓰게 되어도[用], 평안을[恬澹] 상선으로[上] 삼으니[爲], 승전해도[勝而] 찬미하지 않는다[不美]. 그러나[而] 승전을[之] 찬미하는[美] 짓은[者] 사람을[人] 죽이기를[殺] 좋아하는 짓[樂]이다[是].　　　　『노자(老子)』31장(章)

註　"선위사자불무(善爲士者不武) 선전자불로(善戰者不怒) 선승적자불여(善勝敵者不與) 선용인자위지하(善用人者爲之下) 시위부쟁지덕(是謂不爭之德)." 선하게[善] 장수가[士] 된[爲] 사람은[者] 무력을 쓰지 않고[不武], 잘[善] 싸우는[戰] 무사는[者] 분노하지 않으며[不怒], 적을[敵] 이기기를[戰] 잘하는[善] 사람은[者] (적과) 다투지 않고[不與], 사람[人] 쓰기를[用] 잘하는[善] 사람은[者] 부릴 사람에게[之] 아래가[下] 된다[爲]. 이것을[是] 다투지 않는[不爭之] 덕이라[德] 한다[謂].　　　　『노자(老子)』68장(章)

註　"용병유언(用兵有言) 오불감위주이위객(吾不敢爲主而爲客) 불감진촌이퇴척(不敢進寸而

退尺) 시위항무항(是謂行無行) 양무비(攘無臂) 잉무적(仍無敵) 집무병(執無兵)…… 고항병상가(故抗兵相加) 애자승의(哀者勝矣)." 병력을[兵] 씀에[用] 말씀이[言] 있다[有] : 나는[吾] 감히[敢] 공세를[主] 취하지 않고서[不爲而] 수세를[客] 취하고[爲], 감히[敢] 한 치도[寸] 진격하지 않으면서[不進而] 한 자를[尺] 후퇴한다[退]. 이를[是] 진세(陣勢)함에[行] {선공(先攻)하고자 병사를} 항오함이[行] 없음이고[無], (적을) 물리침에[攘] (병졸을) 휘둘러댐이[臂] 없음이며[無], (적에) 나아가되[仍] 적개심이[敵] 없음이고[無], (병기를) 잡되[執] (살상하려는) 병기가[兵] 없음이라[無] 한다[謂].…… 그러므로[故], 양쪽 군사가[抗兵] 서로[相] 당면할 때[加] (격전을) 애달파하는[哀] 쪽이[者] 승리하는 것[勝]이다[矣]. 『노자(老子)』 69장(章)

【보주(補註)】

● 〈사유습백지기이불용(使有什伯之器而不用)〉을 〈소국사병사유습백지기(小國使兵士有什伯之器) 이소국사병사불용기기(而小國使兵士不用其器)〉처럼 옮기면 문맥을 더 쉽게 잡을 수 있다. 〈소국은[小國] 병사로[兵士] 하여금[使] 습백의[什伯之] 기를[器] 갖추게 했다[有]. 그러나[而] 소국은[小國] 병사로[兵士] 하여금[使] 그[其] 병기를[器] (살상을 위해) 쓰지는 않게 했다[不用].〉

● 습백지기(什伯之器)는 각종 병기를 말하지만, 뒤에 나오는 내용을 보면 기(器)가 병기만을 지칭하는 것이 아니라, 무겁고[重] 큰[大] 기기(器機)도 포함되어 있다. 여기서 습백(什伯)은 여러 가지를 나타낸다. 〈수많은[什伯之] 병기[器]〉

【해독(解讀)】

● 〈사유습백지기이불용(使有什伯之器而不用)〉은 두 사역문(使役文)이 〈그러나 이(而)〉 접속사로 이어진 중문(重文)이다. 〈(병사로) 하여금[使] 습백의[什伯之] 기를[器] 갖게 한다[有]. 그러나[而] (병사로 하여금) 사용하지 않게 한다[不用].〉

● 사유습백지기〈使有什伯之器〉는 〈소국사병사유습백지기(小國使兵士有什伯之器)〉에서 주어 노릇할 소국(小國)과 사(使)의 목적어 노릇할 병사(兵士)를 생략했지만, 하나의 사역문이다. 사유습백지기(使有什伯之器)에서 사(使)는 사역조술사(使役助述詞) 노릇하고, 유(有)는 〈가질 유(有)〉로 동사 노릇하며, 습백지(什伯之)는 기(器)를 꾸며주는 형용사구 노릇하고, 기(器)는 유(有)의 목적어 노릇해 사역문이다. 〈(옛날의 소국은 병사로) 하여금[使] 여러 가지의[什伯之] 병기를[器] 갖게 했다[有].〉

● 불용(不用)은 〈고지소국사병사불용기기(古之小國使兵士不用其器)〉에서 주어

노릇할 소국(小國), 사역조술사 노릇할 사(使), 사(使)의 목적어 노릇할 병사(兵士), 용(用)의 목적어 노릇할 기기(其器)를 생략하고, 목적보어 노릇하는 불용(不用)만 남긴 사역문이다. 불용(不用)에서 불(不)은 용(用)의 부정사(否定詞)이고, 용(用)은 동사 노릇한다. 〈옛날의[古之] 소국은[小國] 병사들로[兵士] 하여금[使] 그[其] 병기[器]를 쓰지 않게 했다[不用].〉 〈쓰지 않게 했다[不用].〉

- 사유습백지기(使有什伯之器)는 〈사(使)A위(爲)B〉의 상용의 사역문이다. 〈A로 하여금[使] B를 하게 한다[爲].〉

80-3 使民重死而不遠徙(사민중사이불원사)

▶ {옛날 성인(聖人)의 나라는} 백성으로[民] 하여금[使] 죽음을[死] 중시하게 해서[重而] 멀리[遠] 옮겨 다니지 않게 했다[不徙].

하여금 사(使), 백성 민(民), 두려워할 중(重), 죽음 사(死), 그래서 이(而), 않을 불(不), 멀리 원(遠), 옮겨갈 사(徙)

【지남(指南)】

〈사민중사이불원사(使民重死而不遠徙)〉는 소국(小國)은 적은[寡] 백성이[民] 안평태(安平太)의 삶을 누렸음을 밝힌다. 소국이 병장기(兵仗器)를 갖추고 있음은 대국이 되고자 〈습백지기(什百之器)〉를 갖춤이[有] 아니라, 과민(寡民)을 보호하기 위함이다. 여기 〈민중사(民重死)〉는 75장(章) 민지경사이기상구생지후(民之輕死以其上求生之厚)를 상기시킨다. 백성이[民之] 죽음을[死] 가벼이 하고[輕] 죽음을[死] 두려워하지 않음은[不畏] 백성의[其] 위[上] 즉 위정자(爲政者)가 제 삶의[生之] 부귀영화를[厚] 구하기[求] 때문이다[以]. 53장(章) 인호경(人好徑) 즉 인군(人君)이 정도(正道)를 버리고 사도(邪道)인 샛길을[徑] 좋아하면[好], 그 밑의 신하들은 부패하여 조심제(朝甚除) 즉 조정이[朝] 몹시[甚] 더럽고[除] 백성은 굶주리게 된다. 그러면 백성은 죽기를[死] 두려워하지 않고[不畏] 죽음을 가벼이[輕] 여긴다.

그러나 백성이 죽음을[死] 중시함은[重], 천수(天壽) 즉 자연이 준 목숨을 생죽음이 되게 해서는 안 된다는 생각을 갖게 함이다. 〈중사(重死)〉는 59장(章) 유국지모(有國之母)를 상기시킨다. 나라의[國之] 어머니가[母] 있기[有] 때문에 백성은 화평하고[平] 태안한[太] 삶을 누리고자 중사(重死)하니, 외사(畏死) 즉 생죽음을[死] 두려워함과[畏] 같다. 죽음을[死] 두려워함이란[畏] 목숨을 위태롭게 하는 경거망동을 범하지 않음이니, 백성이 중사(重死)하는 소국에는 호경(好徑)의 인군(人君)은 없고 백성이 화평하고 태안한 삶을 누리게 하는 나라의[國之] 어머니[母]로서 치자(治者)는 치민(治民)한다.

국지모(國之母)로 군후(君侯)가 백성을 다스리면 백성은 나라를 떠날 리 없다. 소국일지라도 장구(長久)할 수 있고 백성이 〈원사(遠徙)〉 즉 멀리[遠] 옮겨가버릴[徙] 리가 없으니, 53장(章) **전심무(田甚蕪)** 즉 농경지가[田] 심하게[甚] 잡초로 무성한[蕪] 지경이 발생하지 않음을 살펴 새기고 헤아려 깨우치게 하는 말씀이 〈사민중사이불원사(使民重死而不遠徙)〉이다.

註 "집대상(執大象) 천하왕(天下往) 왕이불해(往而不害) 안평태(安平泰)." 상도의[大] 짓을[象] 지키면[執] 세상[天下] 어디든 가고[往], 어디든 가도[往而] 해침이 없으니[不害], 이에[安] 화평하고[平] 편안하고 자유롭다[太].　　　　　　　　　『노자(老子)』35장(章)

註 "민지기이기상식세지다(民之饑以其上食稅之多) 시이기(是以饑) 민지난치이기상지유위(民之難治以其上之有爲) 시이난치(是以難治) 민지경사이기상구생지후(民之輕死以其上求生之厚) 시이경사(是以輕死)." 백성의[民之] 굶주림은[饑] 그[其] 위가[上] 조세를[稅] 먹어치움이[食之] 많기[多] 때문이다[以]. 이렇기[是] 때문에[以] (백성이) 굶주린다[饑]. 백성을[民之] 다스리기가[治] 어려움은[難] 그[其] 위의[上之] 유위(有爲) 때문이다[以]. 이렇기[是] 때문에[以] (백성을) 다스리기가[治] 어렵다[難]. 백성이[民之] 죽음을[死] 가벼이 함은[輕] 백성의[其] 위가[上] 삶의[生之] 후함을[厚] 구하기[求] 때문이다[以]. 이렇기[是] 때문에[以] (백성은) 죽음을[死] 가벼이 한다[輕].　　　　　　　　　『노자(老子)』75장(章)

註 "인호경(人好徑) 조심제(朝甚除) 전심무(田甚蕪) 창심허(倉甚虛) 복문채(服文綵) 대리검(帶利劍) 염음식(厭飮食) 화재유여(貨財有餘) 시위도과(是謂盜夸)." 사람들은[人] 삿되고 꼬불꼬불한 샛길을[徑] 좋아한다[好]. 조정은[朝] 매우[甚] 더럽고[除], 밭은[田] 극심하게[甚] 잡초가 무성하며[蕪], 나라의 곳집은[倉] 심하게[甚] 텅 비었는데[虛], (문신들은) 수놓은[文] 비단옷을[綵] 입으며[服], (무신들은) 예리한[利] 칼을[劍] 허리에 차고[帶], (신하들은) 마시고[飮] 먹기를[食] 싫증낸다[厭]. 이것들을[是] {조정(朝廷)에 숨은} 큰 도둑이라[盜夸] 한다[謂].　　　　　　　　　『노자(老子)』53장(章)

註 "유국지모가이장구(有國之母可以長久)." 나라의[國之] 어머니가[母] 있음으로[有]써[以] (그 나라는) 장구할[長久] 수 있다[可].　　　　　　　　　『노자(老子)』59장(章)

【보주(補註)】

● 〈사민중사이불원사(使民重死而不遠徙)〉를 〈소국사민중사(小國使民重死) 이소국사민불원사(而小國使民不遠徙)〉처럼 옮기면 문맥을 더 쉽게 잡을 수 있다. 〈소국은[小國] 백성으로[民] 하여금[使] 죽음을[死] 중시하게 했다[重]. 그리고[而] 소국은[小國] 백성으로[民] 하여금[使] 멀리[遠] 옮겨가게 하지 않았다[不徙].〉

● 중사(重死)는 〈외사(畏死)〉와 같다. 목숨을 위태롭게 하는 경솔한 짓을 범하지 않음을 일러 〈중사(重死)·외사(畏死)〉라 한다.

【해독(解讀)】

● 〈사민중사이불원사(使民重死而不遠徙)〉는 두 사역문이 〈그리고 이(而)〉 접속사로 이어진 중문(重文)이다. 〈(옛날 작은 나라는) 백성으로[民] 하여금[使] 죽음을[死] 중시하게 하면서[重而] (백성으로 하여금) 멀리[遠] 옮겨가지 않게 했다[不徙].〉

● 사민중사(使民重死)는 〈소국사민중사(小國使民重死)〉에서 주부 노릇할 소국(小國)을 생략했고, 사(使)는 사역조술사 노릇하고, 민(民)은 사(使)의 목적어 노릇하며, 중(重)은 동사 노릇하고, 사(死)는 중(重)의 목적어 노릇한다. 중(重)은 〈두려워할 외(畏)〉와 같아 외중(畏重)의 줄임말로 여기면 된다. 〈(옛날의 소국은) 백성으로[民] 하여금[使] 죽음을[死] 중시하게 했다[重].〉

● 이불원사(而不遠徙)는 〈소국사민불원사(小國使民不遠徙)〉에서 주어 노릇할 소국(小國), 사역조술사 노릇할 사(使), 사(使)의 목적어 노릇할 민(民)을 생략하고, 술부(述部) 노릇하는 불원사(不遠徙)만 남긴 구문이다.

　　불원사(不遠徙)에서 불(不)은 사(徙)의 부정사(否定詞)이고, 원(遠)은 사(徙)를 꾸며주는 부사 노릇하고, 사(徙)는 동사 노릇한다. 사(徙)는 〈옮겨갈 이(移)〉와 같아 이사(移徙)의 줄임말로 여기면 된다. 〈(옛날의 소국은 백성으로 하여금) 멀리[遠] 옮겨가지 않게 했다[不徙].〉

● 사민중사〈使民重死〉 역시 〈사(使)A위(爲)B〉의 상용사역문이다. 〈A로 하여금[使] B를 하게 한다[爲].〉

80-4 雖有舟輿(수유주여) 無所乘之(무소승지)

▶ {옛날 성인(聖人)의 나라에서는} 비록[雖] 배와[舟] 수레가[輿] 있어도[有] 그것들을[之] (백성이) 타는[乘] 바가[所] 없었다[無].

> 비록 수(雖), 있을(가질) 유(有), 배 주(舟), 수레 여(輿), 없을 무(無), 바 소(所), 탈 승(乘), 그것 지(之)

【지남(指南)】

〈수유주여(雖有舟輿) 무소승지(無所乘之)〉는 전사자(傳寫者) 즉 『노자(老子)』의 원문(原文)을 옮겨[傳] 베낀[寫] 사람이[者], 〈사민중사(使民重死) 이불원사(而不遠徙)〉에 관해 주문(註文)을 원문(原文)에 잘못[誤] 끼워둔[入] 것이란 설(說)이 설득력을 얻고 있다. 〈수유주여(雖有舟輿) 무소승지(無所乘之)〉는 본래의 경문(經文)이 아니란 것이다. 백성들이 중사(重死)하여 불원사(不遠徙)하거늘, 〈주여(舟輿)〉 즉 배와[舟] 수레를[輿] 말할 필요가 없을 것이다. 여하튼 소국(小國)의 백성이 배와 수레 같은 기구를 불용(不用)함을 말한다.

소국의 백성이 여러 편리한 기구를 쓰지 않음은[不用] 28장(章) 〈상덕불리(常德不離)〉를 상기시킨다. 상덕(常德)을 떠나지 않으면 **견소포박(見素抱樸)** 즉 자연 그대로 삶을 누릴 수 있음을 살펴 새기고 헤아려 깨우치게 하는 것이 〈수유주여(雖有舟輿) 무소승지(無所乘之)〉이다.

註 "견소포박(見素抱樸) 소사과욕(少私寡欲)." 그냥 그대로를[素] 살피고[見] 그냥 그대로를[樸] 간직해 지키며[抱], 제 몫을[私] 적게 하고[少] 욕망을[欲] 적게 한다[寡].

『노자(老子)』19장(章)

【보주(補註)】

● 〈수유주여(雖有舟輿) 무소승지(無所乘之)〉를 〈수소국유주여여(雖小國有舟與輿) 소국무민지소승주여여(小國無民之所乘舟與輿)〉처럼 옮기면 문맥을 더 쉽게 잡을 수 있다. 〈비록[雖] 소국에[小國] 수레와[與輿] 배가[舟] 있었지만[有], 소국에서[小國] 백성이[民之] 수레와[與輿] 배를[舟] 타는[乘] 바가[所] 없었다[無].〉

● 〈유주여(有舟輿)〉는 앞서의 〈습백지기(什百之器)〉가 한 사람이 쓰는 여러 기구

를 일컬음이 아니라, 여러 사람이 공용하는 크고 무거운 도구와 병기(兵器)를 나타냄을 여기서 알 수 있다.

- 수유주여(雖有舟輿)가 〈수유주거(雖有舟車)〉로 된 본(本)도 있다. 〈수레 여(輿)〉 와 〈수레 거(車)〉는 같은 뜻이므로 문의(文義)가 달라지는 것은 아니다.

【해독(解讀)】

- 〈수유주여(雖有舟輿) 무소승지(無所乘之)〉는 양보의 종절과 주절로 이루어진 복문(複文)이다. 〈비록[雖] 주여가[舟輿] 있을지라도[有] 그것을[之] 타는[乘] 바 가[所] 없었다[無].〉

- 수유주여(雖有舟輿)에서 수(雖)는 양보를 나타내는 접속사 노릇하고, 유(有)는 동사 노릇하며, 주여(舟輿)는 〈주여여(舟與輿)〉의 줄임으로 유(有)의 주어 노릇 한다. 〈비록[雖] 배와[舟] 수레가[輿] 있었지만[有]〉 〈수레와[與輿] 배[舟]〉

- 무소승지(無所乘之)에서 무(無)는 동사 노릇하고, 소승지(所乘之)는 무(無)의 주 부 노릇한다. 소승지(所乘之)는 〈민지소승주여(民之所乘舟輿)〉에서 승(乘)의 주 어 노릇할 민지(民之)를 생략하고, 되풀이되는 주여(舟輿)를 지시어 지(之)로 대 신한 구문이다. 〈소승지가[所乘之] 없다[無].〉 〈그것을[之] 탈[乘] 바가[所] 없다 [無].〉 〈백성이[民之] 배와[舟] 수레를[車] 타는[乘] 바[所]〉

- 유주여(有舟輿)는 〈A유(有)B〉의 상용문이다. 〈A에는 B가 있다[有].〉

- 무소승지(無所乘之)는 〈A무(無)B〉의 상용문이다. 〈A에는 B가 없다[無].〉

- 소승지(所乘之)는 〈A지소위(之所爲)B〉의 상용구이다. 〈소(所)A위(爲)B〉라 않 고, 주어 노릇하는 A를 늘 〈A之〉로 하여 소(所) 앞으로 전치하는 편이다. 〈A가 [A之] B를 하는[爲] 바[所]〉

80-5 雖有甲兵(수유갑병) 無所陳之(무소진지)

▶비록[雖] 갑옷과[甲] 병장기가[兵] 있어도[有] 그것들을[之] 펼친 [陳] 바가[所] 없었다[無].

비록 수(雖), 있을(가질) 유(有), 갑옷 갑(甲), 병장기 병(兵), 없을 무(無), 바 소(所), 펼 진(陳), 그것 지(之)

【지남(指南)】

〈수유갑병(雖有甲兵) 무소진지(無所陳之)〉역시 『노자(老子)』의 원문(原文)을 옮겨[傳] 베낀[寫] 사람이[者] 〈사민중사(使民重死) 이불원사(而不遠徙)〉에 관해 주문(註文)을 원문(原文)에 오입(誤入)했다는 설(說)이 설득력을 얻고 있다. 백성들이 중사(重死)하여 불원사(不遠徙)하거늘, 〈갑병(甲兵)〉즉 군복을 입거나 병기를 잡을 필요가 없을 것이다. 소국(小國)의 백성이 병장기(兵仗器)를 불용(不用)함이니, 소국의 백성이 무기를 사용하지 않음[不用] 역시 28장(章) 〈상덕불리(常德不離)〉를 상기시킨다.

상덕(常德)을 떠나지 않으면 견소포박(見素抱樸)의 삶을 누릴 수 있고, 그런 백성한테 갑병(甲兵)의 진설(陳設)은 필요가 없음을 살펴 새기고 헤아려 깨우치게 하는 말씀이 〈수유갑병(雖有甲兵) 무소진지(無所陳之)〉이다.

【보주(補註)】

● 〈수유갑병(雖有甲兵) 무소진지(無所陳之)〉를 〈수소국유갑여병(雖小國有甲與兵) 소국무민지소진갑여병(小國無民之所陣甲與兵)〉처럼 옮기면 문맥을 더 쉽게 잡을 수 있다. 〈비록[雖] 소국에[小國] 병기와[與兵] 갑옷이[甲] 있었지만[有], 소국에[小國] 백성이[民之] 병기와[與兵] 갑옷을[甲] 진열하는[陣] 바가[所] 없었다[無].〉

● 유갑병(有甲兵)은 앞서 살핀 〈습백지기(什百之器)〉가 병기(兵器)도 나타내고 있음을 주(註)해두고 있음이 분명하다.

【해독(解讀)】

● 〈수유갑병(雖有甲兵) 무소진지(無所陳之)〉는 양보의 종절과 주절로 이루어진 복문(複文)이다. 〈비록[雖] 갑병이[甲兵] 있을지라도[有] 그것을[之] 펼치는[陳] 바가[所] 없었다[無].〉

● 수유갑병(雖有甲兵)에서 수(雖)는 양보를 나타내는 접속사 노릇하고, 유(有)는 동사 노릇하며, 갑병(甲兵)은 〈갑여병(甲與兵)〉의 줄임으로 유(有)의 주어 노릇한다. 〈비록[雖] 갑옷과[甲] 병기가[兵] 있었지만[有] 〈갑옷[甲]과[與] 병기[兵]〉

● 무소진지(無所陳之)에서 무(無)는 동사 노릇하고, 소진지(所陳之)는 무(無)의 주부(主部) 노릇한다. 소진지(所陳之)는 〈백성지소진갑병(百姓之所陳甲兵)〉에서

진(陳)의 주어 노릇할 백성지(百姓之)를 생략하고, 되풀이되는 갑병(甲兵)을 지시어 지(之)로 대신한 구문이다. 〈소진지가[所陳之] 없었다[無].〉〈그것을[之] 펼칠[陳] 바가[所] 없었다[無].〉〈백성이[百姓之] 갑옷과[甲] 병기를[兵] 펼치는[陳] 바[所]〉

● 유갑병(有甲兵)은 〈A유(有)B〉의 상용문이다. 〈A에는 B가 있다[有].〉

● 무소진지(無所陳之)는 〈A무(無)B〉의 상용문이다. 〈A에는 B가 없다[無].〉

● 소진지(所陳之)는 〈A지소위(之所爲)B〉의 상용구이다. 위(爲)의 주어 노릇하는 A를 〈A之〉로 하여 소(所) 앞으로 전치한다. 〈A가[A之] B를 하는[爲] 바[所]〉

80-6 使民復結繩而用之(사민복결승이용지)

▶백성으로[民] 하여금[使] 두루[復] 매듭을[繩] 맺게 해서[結而] 그것을[之] 쓰게 했다[用].

> 하여금 사(使), 백성 민(民), 두루 복(復), 맺을 결(結), 새끼 꼴 승(繩), 그리고 이(而), 쓸 용(用), 그것 지(之)

【지남(指南)】

〈사민복결승이용지(使民復結繩而用之)〉는 〈습백지기(什百之器)〉를 사용하지 않고 19장(章) 견소포박(見素抱樸)의 삶을 누리게 하는 소국(小國)의 민생(民生)을 밝힌다. 태상(太上) 때 성인(聖人)의 치자(治者)를 본받아[法] 백성을 다스리는 소국은 백성으로 하여금 인위(人爲)인 습백지기(什伯之器)의 삶을 버리고, 그냥 그대로를[素] 살피고[見] 그냥 그대로를[樸] 지켜[抱] 51장(章) 상자연(常自然)의 삶으로 돌아오게 함을 밝힌 말씀이 〈복결승(復結繩)〉이다. 매듭을 맺어 기록했던 시절로[結繩] 돌아와[復] 용지(用之) 즉 결승(結繩)을[之] 사용함[用]이란, 고지인(古之人)으로 돌아와 19장(章) 소사과욕(少私寡欲)의 삶을 누림으로써 소국의 과민(寡民)이 28장(章) 복귀어박(復歸於樸) 즉 자연으로[於樸] 돌아와[復歸] 아자연(我自然) 즉 우리들은[我] 그냥 그대로[自然] 삶을 누렸음을 밝힌다.

나아가 〈복결승이용지(復結繩而用之)〉는 『장자(莊子)』의 지덕지세(至德之世)를 상기시킨다. 복결승(復結繩)은 복귀어박(復歸於樸)과 같음이니, 곧 복귀어자연(復歸於自然) 자연으로[於自然] 돌아옴[復歸]이다. 따라서 복결승(復結繩)은 인지(人智)를 떠나 살았으니 모든 것이 51장(章) 상자연(常自然) 즉 항상[常] 그냥 그대로[自然] 따라 살았다는 것이다. 결승(結繩)으로 돌아와[復] 그것을 사용한다[用] 함은 황제의 사관(史官)이었던 창힐(倉頡)이 만들었다는 고문(古文)이든, 주(周) 선왕(宣王) 때 태사공(太史公) 주(籒)가 만든 주문(籒文) 즉 고전(古篆) 등의 문자 같은 것 없이 상자연(常自然)의 삶을 누렸음이다.

문자마저도 사용하지 않았는데 인위(人爲)의 기기인 습백지기(什百之器)를 불용(不用)함은 당연하다. 문자와 기기는 인위(人爲)의 표상이고, 특히 인위(人爲)의 기기가 빚어내는 기심(機心) 즉 꾀부리는 마음[機心]이야말로 무위(無爲)를 버리고 인위(人爲)로 치닫게 하는 탐욕을 부추긴다. 이런 연유로 『장자(莊子)』에 기심존어흉중(機心存於胸中) 즉순백불비(則純白不備)란 말이 나온다. 순백(純白)이란 『노자(老子)』 19장(章) 견소포박(見素抱樸) 소사과욕(少私寡欲)을 본받음이고, 복결승(復結繩)과 같은 말씀이다.

그러므로 사민복결승이용지(使民復結繩而用之) 즉 백성으로 하여금[使] 결승으로(結繩) 돌아와[復] 그것을[之] 쓰게[用] 함이란, 그대로 자연을[素] 살피고[見] 그대로 자연을[樸] 간직해 지키며[抱], 제 몫을[私] 적게 하고[少] 욕망을[欲] 적게 하는[寡] 삶을 누림이니, 태상(太上) 때 성인(聖人)이 다스렸던 소국의 백성처럼 28장(章) 복귀어영아(復歸於嬰兒) 즉 갓난애로[於嬰兒] 돌아옴[復歸]으로써 51장(章) 상자연(常自然)의 삶을 여기 소국의 과민(寡民)도 누림을 살펴 새기고 헤아려 깨우치게 하는 말씀이 〈사민복결승이용지(使民復結繩而用之)〉이다.

註 "영유소속(令有所屬) 견소포박(見素抱樸) 소사과욕(少私寡欲)." (백성으로) 하여금[令] 귀속돼 있는[屬] 바를[所] 취하게 하여[有], (백성이) 그냥 그대로를[素] 살피고[見] 그냥 그대로를[樸] 지킨다면[抱], (백성은) 제 몫을[私] 적게 하고[少] 욕망을[欲] 적게 한다[寡].

『노자(老子)』 19장(章)

註 "상덕불리(常德不離) 복귀어영아(復歸於嬰兒)……상덕불특(常德不忒) 복귀어무극(復歸於無極)……상덕내족(常德乃足) 복귀어박(復歸於樸)." 상덕이[常德] 떠나지 않아[不離] 갓난애로[於嬰兒] 되[復]돌아온다[歸].……상덕이[常德] 어긋나지 않아[不忒] 무극으로[於無極] 되[復]

소국장(小國章)

돌아온다[歸]. …… 세상의[天下] 골짜기가[谷] 되니[爲] 상덕이[常德] 이내[乃] 만족돼[足] 나뭇등걸(자연)로[於樸] 되[復]돌아온다[歸].　　　　　　　　　　　　　　『노자(老子)』 28장(章)

註　"백성개위아자연(百姓皆謂我自然)." 백성은[百姓] 모두[皆] 자신들을[我] 그냥 그대로라고[自然] 했다[謂].　　　　　　　　　　　　　　　　　　『노자(老子)』 17장(章)

註　"자독부지지덕지세호(子獨不知至德之世乎) 석자용성씨(昔者容成氏) 대정씨(大庭氏) 백황씨(伯皇氏) 율목씨(栗睦氏) 여축씨(驪畜氏) 헌원씨(軒轅氏) 혁서씨(赫胥氏) 축융씨(祝融氏) 복희씨(伏戱氏) 신농씨(神農氏) 당시시야(當是時也) 민결승이용지(民結繩而用之) 감기사(甘其食) 미기복(美其服) 낙기속(樂其俗) 안기거(安其居) 인국상망(隣國相望) 계구지음상문(鷄狗之音相聞) 민지로사이불상왕래(民至老死而不相往來) 약차지시(若此之時) 즉지치이(則至治已)." 그대만[子] 홀로[獨] 지극하게[至] 덕이 베풀어졌던[德之] 세상을[世] 모른다는 것[不知]인가[乎]? 옛날[昔者] 용성씨(容成氏) 대정씨(大庭氏) 백황씨(伯皇氏) 율목씨(栗睦氏) 여축씨(驪畜氏) 헌원씨(軒轅氏) 혁서씨(赫胥氏) 축융씨(祝融氏) 복희씨(伏戱氏) 신농씨의[神農氏] 그 시대에는[當是時也] 백성은[民] 매듭을[繩] 맺어서[結而] 그 매듭을[之] (의사소통으로) 사용하였고[用], 그[其] 먹을거리를[食] 달게 먹었고[甘], 그[其] 옷가지를[服] 좋아했으며[美], 그[其] 거처를[居] 즐거워했고[安], 그[其] 습속을[俗] 즐거워했으며[樂], 제[其] 삶을[居] 편안해했고[安], 이웃나라가[隣國] 서로[相] 마주하여[望] 닭이나[鷄] 개들이[狗之] 짖는 소리가[音] 서로[相] 들렸지만[聞] 백성은[民] 늙어서 죽기[老死]까지도[至而] 서로[相] 오고 가지 않았다[不往來]. 이와[此] 같은[若之] 시대야말로[是也] 지극하게[至] 다스렸던[治之] 세상이었을[世] 뿐이다[已].　　　『장자(莊子)』「거협(胠篋)」

註　"도지존(道之尊) 덕지귀(德之貴) 부막지명(夫莫之命) 이상자연(而常自然)." 상도의[道之] 받듦과[尊] 덕의[德之] 받듦[貴] 그것을[之] 무릇[夫] 하라 함이[命] 없어도[莫而], 늘[常] 절로[自] 그리한다[然].　　　　　　　　　　　　　　　　　　『노자(老子)』 51장(章)

註　"유기계자(有機械者) 필유기사(必有機事) 유기사자(有機事者) 필유기심(必有機心) 기심존어흉중(機心存於胸中) 즉순백불비(則純白不備) 순백불비(純白不備) 즉신생부정(則神生不定) 신생부정자(神生不定者) 도지소부재야(道之所不載也)." 기계를[機械] 가진다[有]면[者] 반드시[必] 기계를 쓸[機] 일이[事] 생기고[有], 기계를 쓸[機] 일이[事] 생긴다[有]면[者] 반드시[必] 기계를 쓸[機] 마음이[心] 생긴다[有]. 기계를 쓸[機] 마음이[心] 가슴 속에[於胸中] 있으면[存] 곧장[則] 순진하고[純] 결백함이[白] 없어지고[不備], 순백이[純白] 없어지면[不備], 곧장[則] 본성이[神生] 안정되지 못하고[不定], 본성이[神生] 안정되지 못한[不定] 것은[者] 상도가[道之] 실리지 못한[不載] 것[所]이다[也].

기심(機心)은 사심(詐心) 즉 속이려는[詐] 마음으로[心] 드러난다. 신생부정(神生不定)의 신생(神生)은 신성(神性) 즉 본성(本性)이다.　　　『장자(莊子)』「천지(天地)」

註　"고지인재혼망지중(古之人在混茫之中) 여일세이득담막언(與一世而得澹漠焉) 당시시야(當是時也) 음양화정(陰陽和靜) 귀신불요(鬼神不擾) 사시득절(四時得節) 만물불상(萬物不傷) 군

생불요(群生不夭) 인수유지(人雖有知) 당시시야(當是時也) 막지위이상자연(莫之爲而常自然)." 옛사람은[古之시] 혼망의[混茫之] 속에서[中] 살면서[在], 혼망의 속에서[焉] 온 세상과[一世] 더불어서[與而] 마음의 고요를[澹漠] 누렸다[得]. 이때에는[當是時也] 음양은[陰陽] 더없이 어울려[和靜] 귀신도[鬼神] 조용했고[不擾], 사철도[四時] 절기를[節] 얻었고[得], 만물이[萬物] 상하지 않게 되었고[不傷], 온갖 목숨은[群生] 요절하지 않았으며[不夭], 인간에게[人] 비록[雖] 지혜가[知] 생겨났지만[有], 그것을[之] 쓸[用] 데가[所] 없었다[無]. 이 시절을[此] 상도에[一] 다다름이라[至] 한다[謂]. 이 시절이야말로[當是時也] 그 무엇을[之] 하려고 함이[爲] 없어서[莫而] 늘[常] 그냥 그대로였다[自然].   『장자(莊子)』「선성(繕性)」

【보주(補註)】

● 〈사민복결승이용지(使民復結繩而用之)〉를 〈소국사민복결승(小國使民復結繩)이소국사민용기승(而小國使民用其繩)〉처럼 옮기면 문맥을 더 쉽게 잡을 수 있다. 〈소국은[小國] 백성으로[民] 하여금[使] 두루[復] 매듭을[繩] 맺게 했다[結]. 그리고[而] 소국은[小國] 백성으로[民] 하여금[使] 그[其] 매듭을[之] 쓰게 했다[用].〉

● 결승(結繩)은 글자가 아직 만들어지지 않았던 때 매듭을[繩] 지어[結] 문자를 대신했던 승문(繩文)을 말한다.

【해독(解讀)】

● 〈사민복결승이용지(使民復結繩而用之)〉는 두 사역문(使役文)이 〈그리고 이(而)〉 접속사로 이어진 중문(重文)이다. 《(작은 나라는) 백성으로[民] 하여금[使] 매듭을 맺어 사물을 기록했던 것으로[結繩] 돌아오게 하고[復] 그리고[而] 그 매듭을[之] 쓰게 했다[用].〉

● 사민복결승(使民復結繩)은 〈소국사민복결승(小國使民復結繩)〉에서 주어 노릇할 소국(小國)을 생략했지만, 사(使)는 사역조술사 노릇하고, 민(民)은 사(使)의 목적어 노릇하며, 복(復)은 결(結)을 꾸며주는 부사 노릇하며, 결(結)은 동사 노릇하고, 승(繩)은 결(結)의 목적어 노릇한다. 복(復)은 〈두루 주(周)〉와 같아 주복(周復)의 줄임말로 여기면 된다. 《(소국은) 백성으로[民] 하여금[使] 두루[復] 매듭을[繩] 맺게 했다[結].〉

● 이용지(而用之)는 〈소국사민용지(小國使民用之)〉에서 주어 노릇할 소국(小國), 사역조술사 노릇할 사(使), 사(使)의 목적어 노릇할 민(民)을 생략하고, 술부(述

部)로서 용지(用之)만 남긴 사역문이다. 사(使)는 〈하여금 령(令)〉과 같아 사령(使令)의 줄임말로 여기면 된다. 〈(소국은 백성으로 하여금) 그것을[之] 쓰게 했다[用].〉

● 사민복결승(使民復結繩) 역시 〈사(使)A위(爲)B〉의 상용사역문이다. 〈A로 하여금[使] B를 하게 한다[爲].〉

80-7 甘其食(감기사) 美其服(미기복) 安其居(안기거) 樂其俗(낙기속)

▶{옛날 성인(聖人) 나라의 백성은} 그[其] 먹을거리를[食] 달게 먹었고[甘], 그[其] 옷가지를[服] 좋아했으며[美], 그[其] 거처를[居] 즐거워했고[安], 그[其] 습속을[俗] 즐겼다[樂].

> 달게 먹을 감(甘), 그 기(其), 먹을거리 사(食), 좋아할 미(美), 옷 복(服), 즐거워할 안(安), 사는 곳 거(居), 즐길 락(樂), 습속 속(俗)

【지남(指南)】

〈감기사(甘其食) 미기복(美其服) 안기거(安其居) 낙기속(樂其俗)〉은 태상(太上) 때 성인(聖人)이 다스렸던 소국(小國)의 백성이 19장(章) 견소포박(見素抱樸) 소사과욕(少私寡欲)의 삶을 누렸음을 밝힌다. 소국의 백성이 누린 자연을[素] 살피고[見] 자연을[樸] 지키며[抱], 제 몫을[私] 적게 하고[少] 욕망을[欲] 적게 하여[寡] 51장(章) 존도이귀덕(尊道而貴德)의 삶과, 33장(章) 지족자(知足者)의 삶이 〈감기사(甘其食)의 감(甘)·미기복(美其服)의 미(美)·안기거(安其居)의 안(安)·낙기속(樂其俗)의 낙(樂)〉 등으로 드러난다. 그리고 〈감기사(甘其食)의 사(食)·미기복(美其服)의 복(服)·안기거(安其居)의 거(居)·낙기속(樂其俗)의 속(俗)〉 등은 51장(章) 덕휵지(德畜之)를 소국의 백성이 만족하여 57장(章) 자부(自富)를 누림이다. 그러므로 〈감기사(甘其食) 미기복(美其服) 안기거(安其居) 낙기속(樂其俗)〉 등은 소국의 백성이 52장(章) 시이위천하모(始以爲天下母)·복수기모(復守其母)의 삶을 누렸음이다.

그들은 상도로[始]써[以] 온 세상의[天下] 어머니로[母] 삼았고[爲], 상도(常道)의 자식으로 그[其] 어머니에게[母] 돌아와[復] 지켜[守] 현덕(玄德) 즉 천하의 어머니가 베풀어줌에[玄德] 만족한 삶을 누렸다. 소국의 백성이 만족하여 즐겁게 누리는 먹을거리[食]·옷가지[服]·사는 곳[居]·습속[俗] 등은 모두 자연이[天] 마련해준 것이다. 그래서 『장자(莊子)』에도 **여미록공처(與麋鹿共處) 경이식(耕而食) 직이의(織而衣)**란 말이 나온다.

소국의 백성은 자연이 베풀어주는 것에 만족하기 때문에 기심(機心)을 내어 온갖 기구를[什百之器] 쓸 필요가 없음이 〈불용(不用)〉이고, 멀리 이리저리 옮겨가며 별난 것을 구할 필요가 없음이 〈불원사(不遠徙)〉이다. 따라서 〈불용(不用)·불원사(不遠徙)·복결승(復結繩)〉 등은 소국의 백성이 **복귀어박(復歸於樸)**하고 **소사과욕(少私寡欲)**으로 현덕(玄德)의 삶을 즐기며 누렸음이다. 이렇게 〈복결승이용지(復結繩而用之)〉 즉 상자연(常自然)으로 안평태(安平泰)의 삶을 누렸음을 살펴 새기고 헤아려 깨우치게 하는 말씀이 〈감기사(甘其食) 미기복(美其服) 안기거(安其居) 낙기속(樂其俗)〉이다.

註 "견소포박(見素抱樸) 소사과욕(少私寡欲)." 그냥 있는 그대로를[素] 살피고[見] 그냥 있는 그대로를[樸] 간직해 지키며[抱], 제 몫을[私] 적게 하고[少] 욕망을[欲] 적게 한다[寡].

『노자(老子)』19장(章)

註 "도생지(道生之) 덕휵지(德畜之) 물형지(物形之) 세성지(勢成之) 시이(是以) 만물막부존도이귀덕(萬物莫不尊道而貴德) …… 시위현덕(是謂玄德)." 상도가[道] 낳아주고[生之], 상덕이[德] 길러주며[畜之], 온갖 것이[物] 드러나고[形之], 이세(理勢)가[勢] 이루어진다[成之]. 이렇기[是] 때문에[以] 온갖 것은[萬物] 도를[道] 받들면서[尊而] 덕을[德] 받들지 않을 수[不貴] 없다[莫]. …… 이를[是] 현묘한[玄] 덕이라[德] 한다[謂].

『노자(老子)』51장(章)

註 "지족자부(知足者富)." 만족함을[足] 아는[知] 사람은[者] 부유하다[富].

『노자(老子)』33장(章)

註 "성인운(聖人云) 아무위이민자화(我無爲而民自化) 아호정이민자정(我好靜而民自正) 아무사이민자부(我無事而民自富) 아무욕이민자박(我無欲而民自樸)." 성인은[聖人] 말한다[云] : 나에게[我] 인위가[爲] 없으니까[無而] 백성은[民] 절로[自] 변화하고[化], 내가[我] 고요를[靜] 좋아하니까[好而] 백성은[民] 절로[自] 바르고[正], 나에게[我] {인위(人爲)의} 일이[事] 없으니까[無而] 백성은[民] 절로[自] 부유하며[富], 나에게[我] 욕심이[欲] 없으니까[無而] 백성은[民] 절로[自] 본디대로다[樸].

『노자(老子)』57장(章)

소국장(小國章)

註　"천하유시(天下有始) 이위천하모(以爲天下母) 기득기모(旣得其母) 이지기자(以知其子) 기지기자(旣知其子) 복수기모(復守其母) 몰신불태(歿身不殆)." 세상에[天下] 시원이[始] 있다[有]. 이로써[以] 온 세상의[天下] 어머니로[母] 삼고[爲], 이미[旣] 그[其] 어머니를[母] 깨달았으니[得] 이로써[以] 그[其] 아들임을[子] 안다[知]. 이미[旣] 그[其] 아들임을[子] 알고[知] 그[其] 어머니께로[母] 돌아와[復] 지킨다면[守] 평생토록[歿身] 위태롭지 않다[不殆].　　　　『노자(老子)』 52장(章)

註　"여미록공처(與麋鹿共處) 경이식(耕而食) 직이의(織而衣) 무유상해지심(無有相害之心) 차지덕지융야(此至德之隆也)." (백성은) 사슴과[與麋鹿] 다 함께[共] 살았고[處], 밭 갈아 농사지어서[耕而] 먹었고[食], 길쌈해서[織而] 옷을 지어 입었고[衣], 서로[相] 해치려는[害之] 마음이[心] 없었다[無有]. 이 시대는[此] 지극한[至] 덕이[德之] 융성했던 것[隆]이다[也].

『장자(莊子)』「도척(盜跖)」

【보주(補註)】

● 〈감기사(甘其食) 미기복(美其服) 안기거(安其居) 낙기속(樂其俗)〉을 〈소국지민 감천지식(小國之民甘天之食) 이소국지민미천지복(而小國之民美天之服) 이소국지민안천지거(而小國之民安天之居) 이소국지민락천지속(而小國之民樂天之俗)〉처럼 옮기면 문맥을 더 쉽게 잡을 수 있다. 〈소국의[小國之] 백성은[民] 자연의[天之] 먹을거리를[食] 달게 먹었고[甘], 그리고[而] 소국의[小國之] 백성은[民] 자연의[天之] 입을거리를[服] 좋아했으며[美], 그리고[而] 소국의[小國之] 백성은[民] 자연의[天之] 거처를[居] 즐겼고[安], 그리고[而] 소국의[小國之] 백성은[民] 자연의[天之] 습속을[俗] 즐겼다[樂].〉

● 〈감기사(甘其食) 미기복(美其服) 안기거(安其居) 낙기속(樂其俗)〉 등은 『장자(莊子)』에 나오는 **사자천국(四者天鬻)**을 상기시킨다. 천국(天鬻)은 자연이[天] 길러줌[鬻]으로 천사(天食) 즉 자연이 주는 먹을거리[食]를 말하지만, 목숨이 살 수 있게 하는 것은 모두 천국(天鬻) · 천사(天食)이다. 그러므로 〈감기사(甘其食) 미기복(美其服) 안기거(安其居) 낙기속(樂其俗)〉 등은 〈복결승이용지(復結繩而用之)〉의 삶을 밝힘과 동시에, 소국(小國)의 백성은 항상 천국(天鬻)으로 삶을 누렸음을 나타낸다.

註　"천국야자천사야(天鬻也者天食也) 기수사어천(旣受食於天) 우오용인(又惡用人)." 자연의[天] 길러줌[鬻]이란[也] 것은[者] 자연이[天] 먹여 살림[食]이다[也]. 이미[旣] 자연으로부터[於天] 먹을거리를[食] 받았는데[受] 또[又] 어찌[惡] 인위를[人] 쓰겠는가[用]?

『장자(莊子)』「덕충부(德充符)」

- 감기사(甘其食)는 소국의 백성이 검박(儉樸)하고 순질하여[淳質] 마음이 영아지심(嬰兒之心)임을 〈먹을거리[食]〉를 통하여 밝히고, 이른바 먹을거리로 교위(巧僞) 즉 재주를 부려[巧] 속임수를 부리지[僞] 않음을 말한다. 지금 우리는 요리 솜씨를 부려 자연이 주는 순질미(淳質味)를 잊어버리고 인공미(人工味)에 매몰돼 있다. 순질미(淳質味)는 부쟁(不爭)하게 하지만, 인공미(人工味)는 끊임없이 상쟁(相爭)하게 한다.

- 미기복(美其服) 역시 소국의 백성이 검소하고[儉] 자연 그대로라[樸] 마음이 갓난애[嬰兒之] 같음을 〈입을거리[服]〉를 통하여 밝히고, 이른바 의복으로 재주를 부려[巧] 속임수를 부리지[僞] 않음을 말한다. 지금은 온갖 제복(制服) 솜씨를 부려 자연이 주는 순질미(淳質美)를 잊어버리고 인공미(人工美)에 매몰돼 이른바 〈패션(Fashion)〉의 꼭두각시 노릇을 마다 않는 셈이다. 순질미(淳質美)는 청정(淸淨)하여 자연 그대로일 뿐이고, 인공미(人工美)가 없는 아름다움[美] 즉 선(善)을 말한다. 본래 우리한테는 선미(善美)란 둘이 아니라 하나이다.

- 안기거(安其居) 역시 소국의 백성이 검소하고[儉] 자연 그대로라[樸] 맑고 깨끗해[淳] 바탕 그대로[質] 마음이 갓난애 같음을 〈집[居]〉을 통하여 밝히고, 이른바 주택을 가지고 재주를 부려[巧] 속임수를 부리지[僞] 않음을 말한다. 지금은 온갖 건축 솜씨를 부려 자연의 안식처를 잊어버리고 인공환경에 매몰돼 있는 형편이다. 자연의 안식처 그대로가 삶을 건강하게 하지만, 인공환경은 몸을 편하게는 하지만 해치기도 한다.

- 낙기속(樂其俗) 역시 소국의 백성이 검소하고[儉] 자연 그대로라[樸] 마음이 갓난애의 같음을 〈습속[俗]〉을 통하여 밝히고, 이른바 습속(習俗)으로 재주를 부려[巧] 속임수를 부리지[僞] 않음을 말한다. 지금 우리는 온갖 유행의 재주를 부려 자연의 습속을 저버리고 인공풍속에 매몰돼 있다. 자연의 습속은 부쟁(不爭)하게 하지만, 인공의 풍속은 끊임없이 상쟁(相爭)·상경(相競)하게 한다. 이른바 〈일상(日常)을 디자인(디자인)하면서〉 날마다 서로 겨루고[爭] 남보다 앞서야 해[競] 하루도 마음 편한 삶을 누릴 수가 없는 세상이다.

【해독(解讀)】

- 〈감기사(甘其食) 미기복(美其服) 안기거(安其居) 낙기속(樂其俗)〉은 네 구문이

접속사는 생략되었지만 이어진 하나의 문단이다. 〈기사를[其食] 감했다[甘]. 그리고 기복을[其服] 미했다[美]. 그리고 기거를[其居] 안했다[安]. 그리고 기속을[其俗] 즐겼다[樂].〉

- 감기사(甘其食)에서 주어 노릇할 〈소국지민(小國之民)〉은 생략됐지만 감(甘)은 동사 노릇하고, 기사(其食)는 감(甘)의 목적어 노릇한다. 기(其)는 〈자연지(自然之)〉 즉 천지(天之)를 대신하는 관형사로 여기면 되고, 사(食) 자(字)의 독음은 여기선 〈먹을 식(食)〉이 아니라 〈먹을거리 사(食)〉이다. 《(소국의 백성은) 자연의[其] 먹을거리를[食] 달게 먹었다[甘].》

- 미기복(美其服)에서 주어 노릇할 〈소국지민(小國之民)〉은 생략됐지만, 미(美)는 동사 노릇하고, 기복(其服)은 미(美)의 목적어 노릇한다. 미(美)는 〈좋아할 호(好)〉와 같아 미호(美好)의 줄임말로 여기면 된다. 《(소국의 백성은) 자연의[其] 옷을[服] 좋아했다[美].》

- 안기거(安其居)에서 주어 노릇할 〈소국지민(小國之民)〉은 생략됐지만, 안(安)은 동사 노릇하고, 기거(其居)는 안(安)의 목적어 노릇한다. 안(安)은 〈즐길 락(樂)〉과 같아 안락(安樂)의 줄임말로 여기면 된다. 《(소국의 백성은) 자연의[其] 거처를[居] 즐겼다[安].》

- 낙기속(樂其俗)에서 주어 노릇할 〈소국지민(小國之民)〉은 생략됐지만, 낙(樂)은 동사 노릇하고, 기속(其俗)은 낙(樂)의 목적어 노릇한다. 물론 낙기속(樂其俗)을 〈요기속(樂其俗)〉이라고 여겨도 된다. 요(樂)는 〈좋아할 호(好)〉와 같아 요호(樂好)의 줄임말로 여기면 된다. 《(소국의 백성은) 자연의[其] 습속을[俗] 즐긴다[樂].》〈 [소국의 백성은] 자연의[其] 습속을[俗] 좋아했다[樂].〉

80-8 隣國相望(인국상망) 雞犬之音相聞(계견지음상문) 民至老死(민지로사) 不相往來(불상왕래)

▶{옛날 성인(聖人) 나라의 백성은} 이웃[隣] 나라가[國] 서로[相] 바라보이고[望], 닭과[雞] 개들이[犬之] 짖는 소리가[音] 서로[相] 들려도[聞] 백성은[民] 늙어[老] 죽음에[死]까지[至] 서로[相] 가고 오지

않았다[不往來].

【지남(指南)】

〈인국상망(隣國相望) 계견지음상문(雞犬之音相聞) 민지로사(民至老死) 불상왕
래(不相往來)〉 역시 태상(太上) 때 성인(聖人)이 다스렸던 소국(小國)의 백성이 19
장(章) 〈견소포박(見素抱樸) 소사과욕(少私寡欲)〉의 삶을 누렸음을 밝힌다. 따라
서 51장(章) 〈존도이귀덕(尊道而貴德)〉의 삶과, 33장(章) 〈지족자(知足者)〉의 삶이
〈민지로사(民至老死) 불상왕래(不相往來)〉로 드러난다.

살고 있는 제 자리에 자족(自足)함은 51장(章) 〈덕흑지(德畜之)〉를 소국의 백성
이 만족하여 57장(章) 〈자부(自富)〉를 누림이다. 그러므로 〈민지로사(民至老死)
불상왕래(不相往來)〉도 소국의 과민(寡民)이 52장(章) 〈시이위천하모(始以爲天下
母) · 복수기모(復守其母)〉의 삶을 누렸음을 밝힌다. 이렇듯 자족(自足)의 삶은 57
장(章) 〈자화(自化) · 자부(自富) · 자정(自正) · 자박(自樸)〉을 소국의 과민(寡民)이
스스로 누리면서, 지덕지세(至德之世) 즉 현덕(玄德)이 지극하게 베풀어져 대동(大
同)의 세상을 누렸음이다.

여기 소국의 과민(寡民)은 성인(聖人)의 무위(無爲)를 본받아[法] 스스로[自] 변
화하고[化], 성인의 무사(無事)를 본받아 스스로[自] 부유하며[富], 성인의 호정(好
靜)을 본받아 스스로[自] 바르고[正], 성인의 무욕(無欲)을 본받아 스스로[自] 자연
그대로[樸] 살아갈 뿐, 온갖 인지(人智)를 구하고자 원사(遠徙)하지 않았다. 따라서
소국의 과민(寡民)은 『논어(論語)』의 문질빈빈(文質彬彬) 문화를 몰랐다.

소국의 과민(寡民)이 누리는 삶은 **상자연(常自然)**과 『장자(莊子)』의 **천락(天樂)**
이었다. 상자연(常自然)의 삶이란 인락(人樂)을 누림이 아니라 천락(天樂)을 누리
는 삶으로, 〈불상왕래(不相往來) · 불원사(不遠徙)〉로 삶을 자족(自足)할 수 있음
이다. 동시에 47장(章) **불출호(不出戶) 지천하(知天下)** 즉 문을[戶] 나서지 않아도[不
出] 온 세상을[天下] 아는[知] 성인(聖人)을 본받아 제 고장 붙박이로 살아가도 천

하물정(天下物情)이 서로 다를 바 없음을 깨닫고 안거(安居)했음이다. 상자연(常自然) 즉 항상[常] 자연 따라[自然] 삶을 누리게 하는 〈기사(其食)·기복(其服)·기거(其居)·기속(其俗)〉 등의 천국(天鬻)에 소국의 과민(寡民)이 만족했기 때문에 멀리[遠] 옮겨가[徙] 살아야 할 필요가 없었다.

『장자(莊子)』의 〈천국(天鬻)·천사(天食)〉는 현덕(玄德)의 베풂이니, 성인(聖人)을 본받아 천국(天鬻)을 만끽하는데 어찌 『장자(莊子)』의 요순산박(澆淳散朴) 즉 순박함을[淳] 사그라지게 하고[澆] 그냥 그대로를[朴] 흩뜨리는[散] 인위(人爲)의 짓을 범하여 이도(離道)하고 험덕(險德)하겠는가? 소국의 과민(寡民)한테 포박(抱樸) 즉 자연을[樸] 따라 지키는[抱] 삶을 떠나[離] 인지(人智)의 기교를 부리는 삶을 추구할 까닭이[所以] 없었다.

그러므로 〈이도험덕(離道險德)〉 즉 상도를[道] 떠나[離] 현덕(玄德)을 위태롭게[險] 하지 않고 상자연(常自然)의 삶을 누리는 소이(所以)를 이 장(章)의 총결(總結)로서 살펴 새기고 헤아려 깨우치게 하는 말씀이 〈인국상망(隣國相望) 계견지음상문(雞犬之音相聞) 민지로사(民至老死) 불상왕래(不相往來)〉이다.

㊟ "부명백어천지지덕자(夫明白於天地之德者) 차지위대본대종(此之謂大本大宗) 여천화자야(與天和者也) 소이균조천하(所以均調天下) 여인화자(與人和者) 위지인락(謂之人樂) 여천화자위지천락(與天和者謂之天樂)…… 천락자성인지심(天樂者聖人之心) 이휵천하야(以畜天下也)." 무릇[夫] 자연의[天地之] 덕에[於德] 명백하다는[明白] 것[者] 이것을[此之] 만물만사의 근본이라[大本大宗] 한다[謂]. 자연과[與天] 어울리는[和] 것[者]이란[也] 세상을[天下] 고르게 하여[均] 어울리게 하는[調] 원인이다[所以]. 사람의 것과[與人] 어울리는[和] 것[者] 이것을[之] 사람의[人] 즐거움이라[樂] 하고[謂], 자연과[與天] 어울리는[和] 것[者] 이것을[之] 자연의[天] 즐거움이라[樂] 한다[謂].…… 자연을[天] 즐거워하는[樂] 것이[者] 성인의[聖人之] 마음이고[心], 그로써[以] 세상을[天下] 길러내는 것[畜]이다[也].　　　　　『장자(莊子)』「천도(天道)」

㊟ "도지존(道之尊) 덕지귀(德之貴) 부막지명이상자연(夫莫之命而常自然)." 상도의[道之] 받듦과[尊] 상덕의[德之] 받듦[貴] 그것을[之] 무릇[夫] 하라 함이[命] 없어도[莫而], (만물은) 늘[常] 절로[自] 그리한다[然].　　　　　『노자(老子)』51장(章)

㊟ "복수기모(復守其母) 몰신불태(歿身不殆)." 그[其] 어머니께로[母] 돌아와[復] 지킨다면[守] 평생토록[歿身] 위태롭지 않다[不殆].　　　　　『노자(老子)』52장(章)

㊟ "질승문즉야(質勝文則野) 문승질즉사(文勝質則史) 문질빈빈연후(文質彬彬然後)." 바탕이

[質] 꾸밈을[文] 눌러버리면[勝] 곧[則] 야하고[野], 꾸밈이[文] 바탕을[質] 눌러버리면[勝] 말끔하다[史]. (그러나) 꾸밈과[文] 바탕이[質] 서로 어울린[彬彬] 뒤라야[然後] 군자이다[君子].

『논어(論語)』「옹야(雍也)」16

註 "불출호(不出戶) 지천하(知天下) 불규유(不窺牖) 견천도(見天道) 기출미원(其出彌遠) 기지미소(其知彌少)." 방문을[戶] 나서지 않아도[不出] 온 세상을[天下] 알고[知], 바라지로[牖] 엿보지 않고서도[不窺] 자연의[天] 이치를[道] 살핀다[見].   『노자(老子)』47장(章)

註 "요순산박(澆淳散朴) 이도이선(離道以善) 험덕이행(險德以行) 연후거성이종어심(然後去性而從於心) 심여심식지(心與心識知) 이부족이정천하(而不足以定天下) 연후부지이문(然後附之以文) 익지이박(益之以博) 문멸질(文滅質) 박익심(博溺心) 연후민시혹란(然後民始惑亂) 무이반기성정이복기초(無以反其性情而復其初)." 순박함을[淳] 사그라지게 하고[澆] 그냥 그대로를[朴] 흩뜨려서[散而] 상도를[道] 떠나버림을[離] 좋아하고[善], 이도(離道)로써[以] 상덕을[德] 위태롭게 함을[險] 행한다[行]. 그런 뒤에[然後] 천성을[性] 버리고서[去而] {외물(外物)과 만나는} 마음을[於心] 좇아[從] 마음과[與心] 마음이[心] 서로의 분별지를[知] 엿봐 알아내려 한다[識]. 그리고[而] 그렇기 때문에[以] 세상을[天下] 안정할[定] 수 없고[不足], 그런 뒤로[然後] 문화로[文]써[以] 꼬리를 달고[附之] 박식함으로[博]써[以] 쌓아가면서[益之] 문화가[文] 질박함을[質] 파멸시키고[滅], 박식함이[博] 마음을[心] 익사시킨다[溺]. 그런 연후에[然後] 백성은[民] 비로소[始] 현혹돼[惑] 혼란스러웠다[亂].   『장자(莊子)』「선성(繕性)」

【보주(補註)】

● 〈인국상망(隣國相望) 계견지음상문(雞犬之音相聞) 민지로사(民至老死) 불상왕래(不相往來)〉를 〈수린국상위망(雖隣國相爲望) 이수계견지음상위문(而雖雞犬之音相爲聞) 직도소국지민지로사시(直到小國之民至老死時) 소국지민불상왕래(小國之民不相往來)〉처럼 옮기면 문맥을 더 쉽게 잡을 수 있다. 〈비록[雖] 인국이[隣國] 서로[相] 바라보이지만[爲望], 그리고[而] 비록[雖] 계견의[雞犬之] 소리가[音] 서로[相] 들리지만[爲聞], 소국의[小國之] 백성은[民] 노사에[老死] 다 다를[至] 때[時]까지[直到] 소국의[小國之] 백성은[民] 서로[相] 왕래하지 않는다[不往來].〉

● 불상왕래(不相往來)는 앞서 살핀 〈불원사(不遠徙)〉를 거듭 밝힌다.

【해독(解讀)】

● 〈인국상망(隣國相望) 계견지음상문(雞犬之音相聞) 민지로사(民至老死) 불상왕래(不相往來)〉는 두 양보의 종절과 주절로 이루어진 복문(複文)이다. 〈〈비록〉 인

국이[隣國] 상망하고[相望] 계견의[雞犬之] 음이[音] 상문할지라도[相聞] 민은[民] 늙어서[老] 죽음에[死] 다다를 때까지[至] 서로[相] 왕래하지 않았다[不往來].〉

- 인국상망(隣國相望)은 〈수린국상망(雖隣國相望)〉에서 양보를 나타내는 접속사 수(雖)를 생략했지만, 양보의 종절이다. 인국상망(隣國相望)에서 인국(隣國)은 주어 노릇하고, 상(相)은 망(望)을 꾸며주는 부사 노릇하며, 망(望)은 동사 노릇한다. 〈이웃한[隣] 나라가[國] 서로[相] 바라보이지만[望]〉

- 계견지음상문(雞犬之音相聞)은 〈수계견지음상문(雖雞犬之音相聞)〉에서 양보의 접속사 수(雖)를 생략한 양보의 종절이다. 계견지음상문(雞犬之音相聞)에서 계견지(雞犬之)는 음(音)을 꾸며주는 형용사구 노릇하고, 음(音)은 주어 노릇하며, 상(相)은 문(聞)을 꾸며주는 부사 노릇하며, 문(聞)은 수동의 동사 노릇한다. 〈닭과[雞] 개들의[犬之] 짓는 소리가[音] 서로[相] 들리지만[聞]〉

- 민지로사불상왕래(民至老死不相往來)에서 민(民)은 주어 노릇하고, 지로사(至老死)는 왕래(往來)를 꾸며주는 시간의 부사구 노릇하며, 불(不)은 왕래(往來)의 부정사(否定詞) 노릇하고, 상(相)은 왕래(往來)를 꾸며주는 부사 노릇하며, 왕(往)과 내(來)는 동사 노릇한다. 〈서로[相] 가고 오지 않았다[不往來].〉

불해장(不害章)

인간행위의 더없는 준칙(準則)을 세 단락으로 밝힌다. 〈신언불미(信言不美)〉부터 〈박자부지(博者不知)〉까지가 첫 단락이고, 〈성인부적(聖人不積)〉부터 〈기유다(己愈多)〉까지가 둘째 단락이며, 〈천지도(天之道)〉부터 〈위이부쟁(爲而不爭)〉까지가 셋째 단락이다.

첫 단락은 신언(信言)과 미언(美言)으로써 존도(尊道)와 비도(非道)를 밝히고, 선자(善者)와 불선(不善)으로 질박(質樸)과 교변(巧辯)을 밝히며, 그리고 지자(知者)와 박자(博者)로 깨우침과[悟] 박식(博識)의 결함을 밝힌다. 둘째 단락은 성인(聖人)의 위인(爲人)과 여인(與人)을 들어 더없는 자애와 구제를 밝힌다. 셋째 단락은 천도(天道)의 불해(不害)와 성인지도(聖人之道)의 부쟁(不爭)을 들어 쟁명(爭名)ㆍ쟁리(爭利)ㆍ쟁공(爭功) 등의 인간상쟁(人間相爭)의 해소를 밝힌다.

그러므로 81종장(終章)은 인간에게 존도이귀덕(尊道而貴德)하여 〈이이불해(利而不害)〉 즉 이롭게 하되[利而] 해치지 않고[不害], 〈위이부쟁(爲而不爭)〉 즉 위해 주되[爲而] 다투지 않게[不爭] 함이 안평태(安平泰) 즉 그리하여[安] 화평하고[平] 태안한[泰] 천하를 천하민(天下民)이 누릴 수 있음을 밝히는 장(章)이다.

【원문(原文)】

信言은 不美이고 美言은 不信이며 善者는 不辯이고 辯
신언 불미 미언 불신 선 자 불변 변

者는 不善이며 知者는 不博이고 博者는 不知니라 聖人
자 불선 지자 불박 박자 부 지 성인

은 不積하여 旣以爲人己愈有하고 旣以與人己愈多니라
부적 기 이 위 인 기 유 유 기 이 여 인 기 유 다

天之道는 利而不害하고 聖人之道는 爲而不爭이니라
천 지 도 이 이 불해 성 인 지 도 위 이 부쟁

미더운[信] 말은[言] 꾸미지 않고[不美], 꾸미는[美] 말은[言] 미덥지 않다
[不信]. 선한[善] 사람은[者] 분별하여 따져 말하지 않고[不辯], 분별하여 따
져 말하는[辯] 말하는[辯] 사람은[者] 선하지 않다[不善]. {상도(常道)를 알
수 없음을} 아는[知] 사람은[者] 박식하지 않고[不博], 박식한[博] 사람은
[者] {상도(常道)를 알 수 없음을} 알지 못한다[不知]. 성인은[聖人] (사사로
이 그 무엇도) 쌓아두지 않는다[不積]. {성인(聖人)은} 이미[旣] (덕으로) 써
[以] 사람들을[人] 위해도[爲] 자기한테[己] 더욱더[愈] {덕(德)이} 생겨나
고[有], {성인(聖人)은} 이미[旣] (덕으로) 써[以] 사람들에게[人] 베풀어도
[與] 자기한테[己] 더욱더[愈] 많아진다[多]. 자연의[天之] 규율은[道] (온
갖 것을) 이롭게 하되[利而] 해치지 않고[不害], 성인의[聖人之] 도리는[道]
베풀되[爲而] (그 무엇과도) 다투지 않는다[不爭].

81-1 信言不美(신언불미) 美言不信(미언불신)

▶미더운[信] 말은[言] 꾸미지 않고[不美], 꾸미는[美] 말은[言] 미덥
지 않다[不信].

믿을 신(信), 말씀 언(言), 없을 불(不), 다듬어 꾸밀 미(美)

【지남(指南)】

〈신언불미(信言不美) 미언불신(美言不信)〉은 진실이 화미(華美)하지 않음을 밝
힌다. 41장(章) 도은무명(道隱無名)을 상기하면 〈신언(信言)〉은 〈도음지언(道隱之

言》임을 알 수 있다. 미더운[信] 말[言]이란 도는[道] 그윽이 숨고[隱] 이름이[名] 없음을[無] 믿고[信], 49장(章) 무상심(無常心)으로 말함[言]이다. 따라서 신언(信言) 의 신(信)은 1장(章) 도가도(道可道) 비상도(非常道)를 믿음[信]이고, 명가명(名可名) 비상명(非常名)을 믿음[信]이다.

상도(常道)를 말하지 못하고 상명(常名)을 말하지는 못할지언정, 천도(天道)를 따라 우러나오는 유충지언(由衷之言) 즉 충심으로[衷] 말미암은[由之] 말씀이 신 언(信言)으로, 이는 진언(眞言)이다. 신언(信言)은 56장(章) 지자불언(知者不言)의 말씀이고, 2장(章) 행불언지교(行不言之敎)의 말씀이며, 43장(章) 불언지교(不言之敎) 의 말씀이고, 5장(章) 수중(守中)의 말씀이며, 51장(章) 존도이귀덕(尊道而貴德)으로 말미암은 말씀이다. 상도(常道)를 받들고[尊] 상덕을 받듦에서[貴] 우러나오는 실 박(實樸)한 말씀이야말로 진언(眞言)으로서 신언(信言)이다.

이러한 신언(信言)은 성인지언(聖人之言) 바로 그것이다. 성인의[聖人之] 말씀 은[言] 불미(不美) 즉 아름답게 꾸미려 함이[美] 없기 때문에, 『장자(莊子)』에 성인 불모(聖人不謀) 불착(不斲)이란 말이 나온다. 꾀함이 없는[不謀] 말은 미덥고[信], 깎고 다듬지 않은[不斲] 말 역시 미덥다[信]. 이처럼 신언(信言)은 아름답게 들리 도록 꾸밀 까닭이 없는 부쟁(不爭)·불해(不害)의 진언(眞言)이다.

〈미언(美言)〉은 상대를 제 편으로 만들려는 속셈을[謀] 숨기고, 시비 논란을 일 삼아 말을 깎고 다듬어[斲] 꾸미기에 5장(章) 다언수궁(多言數窮)을 연상시킨다. 다 언(多言) 즉 이러구러 말이[言] 많음은[多] 꾸며낼[美] 것이 많기 때문이다. 따라 서 미언(美言)은 듣기 좋은 교언(巧言)을 서슴지 않는다. 『논어(論語)』에도 교언란 덕(巧言亂德)이란 말씀이 나온다. 꾸며내는[巧] 말은[言] 인덕을[德] 흐트러뜨리니 [亂] 상덕(常德)은 말할 것도 없다. 교언(巧言)이란 불신(不信)의 말이듯, 미언(美 言) 역시 난덕(亂德)한다.

상덕(常德)을 꾸며서[巧] 어지럽힘[亂]이란 38장(章) 충신지박(忠信之薄)과 도지 화(道之華)를 환기시키니, 미언(美言)이란 상도(常道)를 꾸며내는[美] 말[言]인지라 거짓 없는[忠] 믿음이[信之] 박약하다[薄]. 믿음이 박약하면 어지러움의[亂之] 실마 리가[首] 되고, 급기야 도를[道之] 꾸미는[華] 어리석음이[愚之] 시작되는[始] 것을 〈미언불신(美言不信)〉의 불신(不信)이 밝혀준다. 그러나 〈신언불미(信言不美)〉의 불미(不美)는 상도(常道)를 따라[中] 지키는[守] 말씀이니, 무위(無爲)를 행하여 말 없는[不言之] 가르침[敎]으로 법자연(法自然)의 삶을 누리게 한다.

그러므로 신언(信言)은 존도이귀덕(尊道而貴德) 즉 상도(常道)를 받들고[尊] 상 덕을[德] 받듦을[貴] 실행하지만, 미언(美言)은 상도(常道)와 상덕(常德)을 말로 꾸 미되[美] 실행함이 없음을 살펴 새기고 헤아려 깨우치게 하는 말씀이 〈신언불미 (信言不美) 미언불신(美言不信)〉이다.

註 "명도약매(明道若昧) 진도약퇴(進道若退) 이도약류(夷道若類) 상덕약곡(上德若谷) 대백약 욕(大白若辱) 광덕약부족(廣德若不足) 건덕약투(建德若偸) 질덕약투(質德若渝) 대방무우(大方 無隅) 대기만성(大器晩成) 대음희성(大音希聲) 대상무형(大象無形) 도은무명(道隱無名)." 밝은 [明] 도는[道] 어두운[昧] 듯하고[若], 나아가는[進] 도는[道] 물러가는[退] 듯하며[若], 평이한[夷] 도는[道] 고르지 않은[類] 듯하고[若], 윗[上] 덕은[德] 고을인[谷] 듯하며[若], 크나큰[大] 흼은[白] 검은[辱] 듯하고[若], 넓은[廣] 덕은[德] 모자란[不足] 듯하며[若], 굳건한[建] 덕행은[德] 박정한 [偸] 듯하고[若], 실박한[質] 상덕은[德] 텅 빈[渝] 듯하고[若], 크나큰[大] 정방(正方)에는[方] 모서 리가[隅] 없으며[無], 중대한[大] 기물은[器] 최후에[晩] 이루어지고[成], 최대의[大] 소리는[音] 들 리지 않게[希] 소리내지며[聲], 가장 큰[大] 짓은[象] 형적이[形] 없고[無], 도는[道] 그윽이 숨고[隱] 이름도[名] 없다[無]. 『노자(老子)』41장(章)

註 "성인무상심(聖人無常心) 이백성심위심(以百姓心爲心)……신자(信者) 오신지(吾信之) 불 신자(不信者) 오역신지(吾亦信之) 덕신(德信)." 성인께는[聖人] 정해서 고집하는[常] 마음이[心] 없고[無], 백성의[百姓] 마음으로[心]써[以] 당신의 마음을[心] 삼는다[爲].……믿는[信] 자[者] 그 도[之] 내가[吾] 믿게 하고[信] 믿지 않는[不信] 자[者] 그도[之] 내가[吾] 또한[亦] 믿게 하니까[信] 상덕은[德] 믿음이다[信]. 『노자(老子)』49장(章)

註 "도가도(道可道) 비상도(非常道) 명가명(名可名) 비상명(非常名)." 도(道)라고[道] 말할[道] 수 있다면[可] 한결같은[常] 도가[道] 아니고[非], 이름을[名] 부를[名] 수 있다면[可] 변함없는[常] 이름이[名] 아니다[非]. 『노자(老子)』1장(章)

註 "자왈(子曰) 교언란덕(巧言亂德) 소불인(小不忍) 즉란대모(則亂大謀)." 공자께서[子] 말했 다[曰] : 꾸며내는[巧] 말은[言] 덕을[德] 어지럽힌다[亂]. 하찮은 것을[小] 참지 못하면[不忍] 곧 [則] 큰일을[大謀] 흐트러뜨린다[亂]. 『논어(論語)』「위령공(衛靈公)」26

註 "부례자(夫禮者) 충신지박(忠信之薄) 이란지수야(而亂之首也) 전식자(前識者) 도지화(道 之華) 이우지시야(而愚之始也)." 무릇[夫] 예란[禮] 것은[者] 거짓 없는[忠] 믿음이[信之] 박약해짐 이고[薄而], 어지러움의[亂之] 실마리[首]이다[也]. 지식을[識] 앞세우는[前] 것은[者] 인도의[道之] 꾸밈이고[華而], 어리석음의[愚之] 시작[始]이다[也]. 『노자(老子)』38장(章)

註 "지자불언(知者不言) 언자부지(言者不知)." 아는[知] 사람은[者] 말하지 않고[不言], 말하는[言] 사람은[者] 알지 못한다[不知]. 『노자(老子)』56장(章)

註 "성인처무위지사(聖人處無爲之事) 행불언지교(行不言之敎)." 성인은[聖人] 무위를[無爲之] 행함에[事] 머물고[處], 말이[言] 없는[不之] 가르침을[敎] 행한다[行]. 『노자(老子)』2장(章)

註 "불언지교(不言之敎) 무위지익(無爲之益) 천하희급지(天下希及之)." 세상에는[天下] 말이 없는[不言之] 가르침과[敎] 무위의[無爲之] 이로움[益] 그것에[之] 다다름이[及] 드물다[希]. 『노자(老子)』43장(章)

註 "다언수궁(多言數窮) 불여수중(不如守中)." 말이[言] 많으면[多] 이치가[數] 막히니[窮], {상도(常道)를} 따름을[中] 지킴만[守] 못하다[不如]. 『노자(老子)』5장(章)

註 "만물막부존도이귀덕(萬物莫不尊道而貴德)." 온갖 것은[萬物] 도를[道] 받들면서[尊而] 덕을[德] 받들지 않을 수[不貴] 없다[莫]. 『노자(老子)』51장(章)

註 "성인불모(聖人不謀) 오용지(惡用知) 불착(不斲) 오용교(惡用膠)." 성인은[聖人] 꾀하지 않으니[不謀] 어찌[惡] 지식을[知] 쓰겠는가[用]? 깎고 다듬지 않으니[不斲] 어찌[惡] 갖풀을[膠] 쓰겠는가[用]? 『장자(莊子)』「덕충부(德充符)」

【보주(補註)】

● 〈신언불미(信言不美) 미언불신(美言不信)〉을 〈신언불미도(信言不美道) 이미언불신도(而美言不信道)〉처럼 옮기면 문맥을 더 쉽게 잡을 수 있다. 〈신언은[信言] 상도를[道] 꾸미지 않는다[不美]. 그리고[而] 미언은[美言] 상도를[道] 믿지 않는다[不信].〉

● 신언(信言)은 성인지언(聖人之言)으로 여기면 되고, 미언(美言)은 변자지언(辯者之言)으로 여기면 된다. 신언(信言)은 진언(眞言)이고, 미언(美言)은 교언(巧言)이다. 『논어(論語)』의 군자(君子)도 **눌어언(訥於言)**인지라 미언(美言)을 마다한다.

註 "자왈(子曰) 군자욕눌어언(君子欲訥於言) 이민어행(而敏於行)." 공자께서[子] 말했다[曰]: 군자는[君子] 말에는[於言] 어눌하고자 한다[欲訥]. 그러나[而] 실행에는[於行] 재빠르다[敏]. 『논어(論語)』「이인(里仁)」24

【해독(解讀)】

● 〈신언불미(信言不美) 미언불신(美言不信)〉은 두 구문이 생략되었지만 〈그러나 이(而)〉 접속사로 이어진 중문(重文)이다. 〈신언은[信言] 불미한다[不美]. (그러

불해장(不害章)

나) 미언은[美言] 불신한다[不信].〉

- 신언불미(信言不美)에서 불(不)을 〈않을 불(不)〉로 여기느냐 〈없을 불(不)〉로 여기느냐에 따라 문맥을 달리 잡게 되지만, 문의(文意)가 달라지는 것은 아니다.

　신언불미(信言不美)에서 불(不)을 〈않을 불(不)〉로 여기면 신언(信言)은 주부(主部)가 되고, 불(不)은 미(美)의 부정사(否定詞)가 되며, 미(美)는 술부로 동사 노릇한다. 〈미더운[信] 말은[言] 꾸미지 않는다[不美].〉

　신언불미(信言不美)에서 불(不)을 〈없을 불(不)〉로 여기면 신언(信言)은 불(不)을 꾸며주는 부사구 노릇하고, 불(不)은 동사 노릇하고, 미(美)는 불(不)의 주어 노릇한다. 〈미더운[信] 말에는[言] 꾸밈이[美] 없다[不].〉

- 미언불신(美言不信)도 불(不)을 〈않을 불(不)〉로 여기느냐 〈없을 불(不)〉로 여기느냐에 따라 문맥을 달리 잡게 되지만, 문의(文意)가 달라지는 것은 아니다.

　미언불신(美言不信)에서 불(不)을 〈않을 불(不)〉로 보면 미언(美言)은 주부(主部)가 되고, 불(不)은 신(信)의 부정사(否定詞)가 되며, 신(信)은 술부로 동사 노릇한다. 〈꾸민[美] 말은[言] 미덥지 않다[不信].〉

　미언불신(美言不信)〉에서 불(不)을 〈없을 불(不)〉로 보면 미언(美言)은 불(不)을 꾸며주는 부사구 노릇하고, 불(不)은 동사 노릇하고, 신(信)은 불(不)의 주어 노릇한다. 〈꾸민[美] 말에는[言] 미더움이[信] 없다[不].〉

- 신언불미(信言不美)와 미언불신(美言不信)은 〈A불위(不爲)B〉와 〈A불(不)B〉의 상용예문이다. 불(不)을 〈않을 불(弗) · 아닐 비(非)〉 등과 같게 새길지, 〈없을 무(無)〉와 같게 새길지 전후 문맥을 살펴보면 된다. 〈A에는 B를 함이[爲] 없다[不].〉 〈A는 B가 없다[不B].〉 〈A는 B가 아니다[不B].〉

81-2 善者不辯(선자불변) 辯者不善(변자불선)

▶ 선한[善] 사람은[者] 분별하여 따져 말하지 않고[不辯], 분별하여 따져 말하는[辯] 말하는[辯] 사람은[者] 선하지 않다[不善].

착할 선(善), 놈 자(者), 않을 불(不), 변명할 변(辯)

【지남(指南)】

〈선자불변(善者不辯) 변자불선(辯者不善)〉은 신언(信言)을 몸소 행하는 사람과 미언(美言)을 행하는 사람을 밝힌다. 49장(章) 덕선(德善)을 상기하면 〈선자(善者)〉는 〈유덕지인(有德之人)〉임을 알 수 있다. 선한[善] 사람[人]이란 덕이[德] 있는[有之] 사람[人], 즉 현덕(玄德)을 본받아 행하는 사람[人]이다. 선자(善者)는 51장(章) 〈현덕(玄德)〉을 행할 뿐, 고집하는[常] 마음[心] 없이[無] 백성의[百姓] 마음으로[心]써[以] 당신의 마음을[心] 삼는[爲] 성인을[聖人] 본받는 사람이다. 〈변자(辯者)〉는 자기 생각으로[恣心] 시비·분별하여 논란을 일삼으면서 자기가 옳다고 주장하고자 인지(人智)를 앞세우는 사람이다.

선인(善人)은 시비를 분별하는 논란을 하지 않으니 선자(善者)의 말은 27장(章) **선언무하적(善言無瑕讁)**이다. 선하게[善] 말하면[言] 티가 없어[瑕] 내몰림이[讁] 없음은[無] 상선(上善)에는 시(是)도 없고 비(非)도 없기 때문이다. 그러므로 선자(善者)는 8장(章) 〈상선약수(上善若水)〉의 물[水] 같은 사람으로, 만물을 이롭게 하면서도[利] 그 어느 것과도 다투지 않고[不爭] 신언(信言)을 몸소 행하는 습명지인(襲明之人)이다. 사람들이 싫어하는[惡] 자리에[所] 머무는[處] 물이 기어도(幾於道)듯, 선자(善者) 역시 27장(章) 〈습명(襲明)〉으로써 삶을 누리기 때문에 상도(常道)에[於道] 가깝다[幾]. 안으로 간직한[襲] 밝음[明]이란 상도(常道)를 따르기[順] 때문에 간직하게 되는[襲] 밝음[明]이다. 선인(善人)은 그 밝음으로[明] 시비를 자연에 맡겨 어울리게 하면서 상선구인(常善救人)하고 상선구물(常善救物)한다. 따라서 선자(善者)는 『장자(莊子)』의 휴어천균(休於天均) 즉 천균(天均)에 머물러[休] 양행(兩行)하는지라, 선인(善人)에게 〈변(辯)〉이란 없고 인시(因是) 즉 자연에[是] 맡길[因] 뿐이다.

변자(辯者)는 자기가 시(是)로 옳고 상대가 비(非)인 그르고 틀림을[非] 따져[辯] 비(非)를 내치고 시(是)를 쟁취하고자 언쟁하고 쟁론(爭論)한다. 이처럼 피차(彼此)가 시(是) 하나[一]를 두고 쟁론한다. 선자(善者)는 쟁론을 하나의 건(辛) 즉 허물로[辛] 여기지만, 변자(辯者)는 쟁론을 힘[力]으로 여긴다. 변자(辯者)는 시비 중에서 시(是)를 자기의 것으로 도모하고자 인지(人智)를 쟁지기(爭之器) 즉 다툼의[爭之] 도구로[器] 삼는다. 변자(辯者)한테는 56장(章) **현동(玄同)**이란 없고, 『장자(莊

子)』의 **여기동(與己同)** 즉 자기와[與己] 같음을[同] 구하고자 주기(主己)의 쟁론을 일삼는다. 선자(善者)는 여기동(與己同)을 구하지 않기 때문에 자기를[己] 주장함이[主] 없고, 49장(章) **무상심(無常心)**을 본받아 신언(信言)을 몸소 행사한다.

자기를[己] 주장하지[主] 않으니 고집하는 마음이[常心] 없이[無] 만물과 하나가 됨으로 시비(是非)·선악(善惡)·귀천(貴賤)·영욕(榮辱) 등을 분별하지 않기에 〈불변(不辯)〉 즉 논란의 허물을 짓지 않아 선자(善者)는 부쟁(不爭)하지만, 변자(辯者)는 시비·선악·귀천·영욕 등을 분별하여 논란을 일삼고 끊임없이 상쟁(相爭)하여 불선(不善) 즉 천도(天道)를 어김을[不善] 살펴 새기고 헤아려 깨우치게 하는 말씀이 〈선자불변(善者不辯) 변자불선(辯者不善)〉이다.

1008

老子 ● 제 81 장

註 "성인무상심(聖人無常心) 이백성심위심(以百姓心爲心) 선자(善者) 오선지(吾善之) 불선자(不善者) 오역선지(吾亦善之) 덕선(德善)." 성인께는[聖人] 정해서 고집하는[常] 마음이[心] 없고[無], 백성의[百姓] 마음으로[心]써[以] 당신의 마음을[心] 삼는다[爲]. 선한[善] 자[者] 그도[之] 나는[吾] 선하게 하고[善], 나는[吾] 또한[亦] 불선한[不善] 자[者] 그도[之] 선하게 하니까[善] 상덕은[德] 선이다[善].   『노자(老子)』 49장(章)

註 "선행무철적(善行無轍迹) 선언무하적(善言無瑕謫) …… 성인상선구인(聖人常善救人) 고(故) 무기인(無棄人) 상선구물(常善救物) 고(故) 무기물(無棄物) 시위습명(是謂襲明)." 선한[善] 행함에는[行] 수레바퀴 자국이나[轍] 발자국이[迹] 없고[無], 선한[善] 말씀에는[言] 흠이나[瑕] 내몰림이[謫] 없으며[無], …… 성인은[聖人] 늘[常] 선하게[善] 사람들을[人] 구제하기[救] 때문에[故] 사람들을[人] 버림이[棄] 없고[無], 늘[常] 선하게[善] 온갖 것을[物] 구제하기[救] 때문에[故] 온갖 것을[物] 버림이[棄] 없다[無]. 이러함을[是] 밝음을[明] 안으로 간직함이라[襲] 한다[謂].
                        『노자(老子)』 27장(章)

註 "역인시야(亦因是也) 시이성인화지이시비(是以聖人和之以是非) 이휴호천균(而休乎天均) 시지위양행(是之謂兩行)." 역시[亦] {시비(是非)를 떠난 법자연(法自然)의} 그러함에[是] 맡기는 것[因]이다[也]. 이렇기[是] 때문에[以] 성인은[聖人] 인시(因是)로[之]써[以] 시비를[是非] 화합시켜서[和而] 자연의[天] 균형에서[乎均] 쉰다[休]. 이것을[是之] 양행이라[兩行] 한다[謂].

인시(因是)는 인대시(因大是)의 줄임이다. 인(因)은 여기선 〈맡길 임(任)〉과 같고, 대시(大是)란 시비를 떠난 크나큰[大] 그러함[是]이고, 이는 도법자연(道法自然)의 법자연(法自然) 즉 자연(自然)을 본받는[法] 그러함[是]이다. 천균(天均)이란 자연[天]의 균등[均]을 뜻함이다. 양행(兩行)이란 피차(彼此)가 제 자리를 얻고 그 사이에 아무런 걸림이 없음이다.
                        『장자(莊子)』「제물론(齊物論)」

註 "덕탕호명(德蕩乎名) 지출호쟁(知出乎爭) 명야자상알야(名也者相軋也) 지야자쟁지기(知也者爭之器) 이자흉기(二者凶器)." 덕은[德] 명예에서[乎名] 흐려지고[蕩], 지혜는[知] 다툼에서[乎爭] 나온다[出]. 명성이란[名也] 것은[者] 서로[相] 헐뜯는 것[軋]이고[也], 지혜란[知也] 것은[者] 다툼의[爭之] 도구이다[器]. 두[二] 가지는[者] 흉한[凶] 도구이다[器]. 『장자(莊子)』「인간세(人間世)」

註 "지자불언(知者不言) 언자부지(言者不知) 색기태(塞其兌) 폐기문(閉其門) 좌기예(挫其銳)……시위현동(是謂玄同)." 아는[知] 사람은[者] 말하지 않고[不言], 말하는[言] 사람은[者] 알지 못한다[不知]. 그[其] 이목구비(耳目口鼻)를[兌] 막고[塞], 그[其] 들고나는 문을[門] 닫으며[閉], 그[其] 날카로움을[銳] 꺾고[挫], …… 이것들을[是] 상도와[玄] 하나임이라[同] 한다[謂].
『노자(老子)』56장(章)

註 "여기동즉응(與己同則應) 불여기동즉반(不與己同則反) 동어기위시지(同於己爲是之) 이어기위비지(異於己爲非之)." 자기와[與己] 같으면[同] 곧[則] 응 하고[應], 자기와[與己] 같지 않으면[不同] 곧[則] 반대한다[反]. 자기에게[於己] 같으면[同] 옳다[是之] 하고[爲], 자기에게[於己] 다르면[異] 글렀다[非] 한다[爲].
『장자(莊子)』「우언(寓言)」

【보주(補註)】

● 〈선자불변(善者不辯) 변자불선(辯者不善)〉을 〈선지인불변(善之人不辯) 변지인불선(辯之人不善)〉처럼 옮기면 문맥을 더 쉽게 잡을 수 있다. 〈선한[善之] 사람은[人] 따지지 않는다[不辯]. 그리고[而] 따지는[辯之] 사람은[人] 선하지 않다[不善].〉

● 선자(善者)는 48장(章) 위도일손(爲道日損)으로 무위(無爲)에 머물고, 날마다[日] 인위(人爲)의 것들을 줄여간다[損]. 여기 줄여감[損]이란 사사로움을 줄임이요 욕심을 줄임이요 나아가 인지(人智)를 줄임이다. 그리하여 지어무위(至於無爲) 즉 무위에[於無爲] 머물러서[至] 선인(善人)은 선구인(善救人) 즉 선(善)하게 사람을 구제하고[救], 선구물(善救物) 즉 선(善)하게 사물을[物] 구제한다.

註 "위학일익(爲學日益) 위도일손(爲道日損) 손지우손(損之又損) 이지어무위(以至於無爲) 무위이무불위의(無爲而無不爲矣)." 배움을[學] 좇아 하면[爲] 날마다[日] 불어나고[益], 도를[道] 좇아 하면[爲] 날마다[日] 줄어든다[損]. 『노자(老子)』48장(章)

● 변자(辯者)는 48장(章) 〈위학일익(爲學日益)〉으로 인위(人爲)에 머물고, 날마다[日] 인지(人智)를 더해간다[益]. 더해감[益]이란 명성을 얻고자 끊임없이 인지(人智)를 더해감이다. 그리하여 논변(論辯)으로 상쟁(相爭)하면서 주기(主己) 즉

자기를[己] 주장하여[主] 명성을 좇는다. 변자(辯者)는 명성을 취하고자 상대를 헐뜯고 인지(人智)를 더하고자 다툼을 서슴지 않아 『장자(莊子)』의 **이자흉기(二者凶器)**를 거침없이 휘둘러댄다.

【해독(解讀)】

● 〈선자불변(善者不辯) 변자불선(辯者不善)〉은 두 구문이 생략된 접속사 〈그리고 이(而)〉로 이어진 중문(重文)이다. 〈선자는[善者] 변론하지 않는다[不辯]. (그리고) 변자는[辯者] 선하지 않다[不善].〉

● 선자불변(善者不辯)〉에서 불(不)을 〈않을 불(不)〉로 여기느냐 〈없을 불(不)〉로 여기느냐에 따라 문맥을 달리 잡게 되지만, 문의(文意)가 달라지지는 않는다.

　선자불변(善者不辯)에서 불(不)을 〈않을 불(不)〉로 여기면 선자(善者)는 주부(主部)가 되고, 불(不)은 변(辯)의 부정사(否定詞)가 되며, 변(辯)은 자동사 노릇한다. 〈선한[善] 사람은[者] 변론하지 않는다[不辯].〉

　선자불변(善者不辯)에서 불(不)을 〈없을 불(不)〉로 여기면 선자(善者)는 불(不)을 꾸며주는 부사구 노릇하고, 불(不)은 자동사 노릇하고, 변(辯)은 불(不)의 주어 노릇한다. 〈선한[善] 사람한테는[者] 변론함이[辯] 없다[不].〉

● 변자불선(辯者不善)에서 불(不)을 〈않을 불(不)〉로 보느냐 〈없을 불(不)〉로 보느냐에 따라 문맥을 달리 잡게 되지만, 문의(文意)가 달라지지는 않는다.

　변자불선(辯者不善)에서 불(不)을 〈않을 불(不)〉로 여기면 변자(辯者)는 주부(主部)가 되고, 불(不)은 선(善)의 부정사(否定詞)가 되며, 선(善)은 자동사 노릇한다. 〈변론하는[辯] 사람은[者] 선하지 않다[不善].〉

　변자불선(辯者不善)에서 불(不)을 〈없을 불(不)〉로 여기면 변자(辯者)는 불(不)을 꾸며주는 부사구 노릇하고, 불(不)은 자동사 노릇하고, 선(善)은 불(不)의 주어 노릇한다. 〈변론하는[辯] 사람한테는[者] 선함이[善] 없다[不].〉

● 선자(善者)와 변자(辯者)는 전후 문맥에 따라 〈위(爲)A지인(之人)〉 또는 〈위(爲)

A지물(之物)〉에서 〈지인(之人)·지물(之物)〉을 〈자(者)〉한 자(字)로 한 상용예
문이다. 〈A를 하는[爲之] 사람[人]〉〈A를 하는[爲之] 것[物]〉

81-3 知者不博(지자불박) 博者不知(박자부지)

▶{상도(常道)를 알 수 없음을} 아는[知] 사람은[者] 박식하지 않고[不
博], 박식한[博] 사람은[者] {상도(常道)를 알 수 없음을} 알지 못한다
[不知].

알 지(知), 놈 자(者), 않을(못할) 불(不), 넓을 박(博)

【지남(指南)】

〈지자불박(知者不博) 박자부지(博者不知)〉는 상도(常道)를 인지(人智)로 알 수
없음을 아는 자(者)와 모르는 자(者)를 밝힌다. 〈지자(知者)〉는 신(信)을 알고 선(善)
을 알기 때문에 앎을[知] 안으로 품고도[含] 드러내 과시하지 않으니, 여기 지자(知
者)는 약우(若愚) 즉 어리석은[愚] 듯하다[若]. 그리고 52장(章) **습상(習常)**을 알고
[知], 56장(章) **현동(玄同)**을 알지만[知], 그것을 드러내지 않고 안으로 품는다[含].
작은 것을[小] 살펴[見] 안으로 밝고[明] 부드러움을[柔] 지켜[守] 안으로 강하며
[强], 밖으로 빛남을[光] 쓰되[用] 드러내지 않고 안의 밝음으로[明] 돌아와[復歸] 습
상(習常) 즉 상도를[常] 깨닫고자[習] 하므로 어리석은 듯 보임이 〈불박(不博)〉이다.

지자(知者)는 앞서의 〈선자(善者)〉를 달리 부른 것이다. 22장(章) 성인포일(聖人
抱一)의 포일(抱一)로 보면 선자(善者)는 곧 지자(知者)이다. 포일(抱一)은 상도를
[道] 지킴[守]이며, 선자(善者)도 포일(抱一)하고 지자(知者)도 포일(抱一)한다. 지
자(知者)란 포일(抱一)을 아는[知] 자(者)이니, 포일(抱一) 즉 상도(常道)를 지키는
사람은 현동(玄同) 즉 만물은 상도가 낳으므로 상도와[玄] 같음을[同] 안다. 그래서
지자(知者)는 27장(章) 〈습명(襲明)〉 즉 상선구인(常善救人)의 밝음을[明]을 안으로
간직하고[襲], 함기덕(含其德) 즉 현덕(玄德)을 안으로 품기 때문에 52장(章) 습상
(習常) 즉 상도(常道)를 깨우쳐[習] 법자연(法自然)을 따름을 알고 그 무엇과도 다
투지 않는다[不爭].

　　지자(知者)는 앎을[知] 앞세워 결코 상쟁(相爭)하지 않기에 불박(不搏)하면서도 포일(抱一)하여 세상을 안평태(安平太), 이에[安] 화평하고[平] 편안하고 자유롭게[太] 할 뿐이다. 따라서 지자(知者)는 22장(章) 자신을[自] 드러내지 않기[不見] 때문에[故] 밝고[明], 스스로[自] 옳다 하지 않기[不是] 때문에[故] 뚜렷하며[彰], 자신을[自] 공치사하지 않기[不伐] 때문에[故] 보람이[功] 있고[有], 스스로[自] 뽐내지 않기[不矜] 때문에[故] 장구하다[長].

　　반면 박자(博者)는 눈 밝음을[明] 안으로 간직할 줄 모르고 스스로 그 명(明)을 과시하고, 귀 밝음을[聰] 안으로 간직할 줄 모르고 스스로 그 총(聰)을 과시하며, 앎을[知] 안으로 간직할 줄 모르고 스스로 자신의 지(知)를 과시하고, 상덕(常德)을 안으로 간직할 줄 모르고 스스로 인덕(人德)을 과시하여 24장(章)에서 살핀 바대로 자현(自見)·자시(自是)·자벌(自伐)·자긍(自矜)을 서슴지 않는다. 그래서 스스로[自] 드러내면[見] 밝지 못함을[不明] 모르고[不知], 스스로[自] 옳다고 하면[是] 뚜렷하지 못함을[不彰] 모르며, 스스로[自] 자랑하면[伐] 보람이 없어짐을[無功] 모르고, 스스로[自] 뽐내면[矜] 오래가지 못함을[不長] 모른다. 이런 부지(不知) 때문에 박자(博者)는 박식(博識)을 과시하여 세상을[天下] 달구고[鑠], 세상을[天下] 걱정스럽게 하며[累], 세상을[天下] 미혹하고[惑], 세상을[天下] 치우치게 하여[偏] 난세(亂世)를 불러온다.

　　그러므로 여기 지자(知者)는 법자연(法自然)을 알아 안평태(安平太)의 삶을 누리게 하고, 박자(博者)는 법자연(法自然)을 몰라 난세(亂世)의 삶을 겪게 함을 살펴 새기고 헤아려 깨우치게 하는 말씀이 〈지자불박(知者不博) 박자부지(博者不知)〉이다.

註　　"견소왈명(見小曰明) 수유왈강(守柔曰强) 용기광(用其光) 복귀기명(復歸其明) 무유신앙(無遺身殃) 시위습상(是謂習常)." 작은 것을[小] 살펴봄이[見] 밝음[明]이고[曰], 부드러움을[柔] 지킴이[守] 강함[强]이다[曰]. 그[其] 빛을[光] 썼더라도[用] 다시[復] 그[其] 밝음으로[明] 돌아오면[歸] 자신에게[身] 재앙을[殃] 남기지[遺] 않는다[無]. 이를[是] 상도를[常] 이어 간직함이라[習] 한다[謂].　　　　　『노자(老子)』52장(章)

註　　"지자불언(知者不言) 언자부지(言者不知) …… 시위현동(是謂玄同)." 아는[知] 사람은[者] 말하지 않고[不言], 말하는[言] 사람은[者] 알지 못한다[不知]. …… 이것들을[是] 상도와[玄] 하나

임이라[同] 한다[謂].

『노자(老子)』56장(章)

囲 "성인포일(聖人抱一) 위천하식(爲天下式) 부자현고명(不自見故明) 부자시고창(不自是故
彰) 부자벌고유공(不自伐故有功) 부자긍고장(不自矜故長) 부유부쟁(夫唯不爭) 고(故) 천하막능
여지쟁(天下莫能與之爭)." 성인은[聖人] 하나를[一] 지킴으로써[抱] 세상의[天下] 법식으로[式]
삼는다[爲]. 자신을[自] 드러내지 않기[不見] 때문에[故] 밝고[明], 스스로[自] 옳다 하지 않기[不
是] 때문에[故] 뚜렷하며[彰], 자신을[自] 공치사하지 않기[不伐] 때문에[故] 보람이[功] 있고[有],
스스로[自] 뽐내지 않기[不矜] 때문에[故] 장구하다[長]. 무릇[夫] 오로지[唯] 다투지 않는다[不爭].
그러므로[故] 세상에는[天下] 성인과[與之] 능히[能] 다툴 것이[爭] 없다[莫].

『노자(老子)』22장(章)

囲 "자현자불명(自見者不明) 자시자불창(自是者不彰) 자벌자무공(自伐者無功) 자긍자부장
(自矜者不長)······ 유도자불처(有道者不處)." 자기를[自] 드러내는[見] 사람은[者] 밝지 못하고
[不明], 스스로[自] 옳다 하는[是] 사람은[者] 뚜렷하지 못하며[不彰], 스스로[自] 제 자랑하는[伐]
사람에게는[者] 공적이[功] 없어지고[無], 스스로[自] 뻐기는[矜] 사람은[者] 오래가지 못한다[不
長].······ 도를[道] 행하는[有] 사람은[者] (그런 짓들에) 머물지[處] 않는다[不].

『노자(老子)』24장(章)

囲 "삭증사지행(削曾史之行) 겸양묵지구(鉗楊墨之口) 양기인의(攘棄仁義) 이천하지덕시현동
의(而天下之德始玄同矣) 피인함기명(彼人含其明) 즉천하불삭의(則天下不鑠矣) 인함기총(人含
其聰) 즉천하불루의(則天下不累矣) 인함기지(人含其知) 즉천하불혹의(則天下不惑矣) 인함기덕
(人含其德) 즉천하불벽의(則天下不僻矣) 피증사양묵사광공수이주자(彼曾史楊墨師曠工倕離朱
者) 개외립기덕(皆外立其德) 이약란천하자야(而爚亂天下者也) 법지소무용야(法之所無用也)."
증삼(曾參)이나[曾] 사추(史鰌)의[史之] 행동을[行] 삭제하고[削], 양주(楊朱)나 묵적(墨翟)의[楊
墨之] 입을[口] 막으며[鉗], 인의를[仁義] 물리쳐[攘] 버린다면[棄而], 세상의[天下之] 덕은[德] 비
로소[始] 현묘한 도와[玄] 하나가 되는 것[同]이다[矣]. 저[彼] 사람들이[人] 제[其] 눈 밝음을[明]
(드러내지 않고) 품는다면[含] 곧[則] 세상은[天下] 꾸며지지 않을 것[不鑠]이고[矣], 사람이[人] 제
[其] 귀 밝음을[聰] (드러내지 않고) 품는다면[含] 곧[則] 세상은[天下] 허물 짓지 않을 것[不累]이고
[矣], 사람이[人] 제[其] 지식을[知] (드러내지 않고) 품는다면[含] 곧[則] 세상은[天下] 헷갈리지 않
을 것[不惑]이고[矣], 사람이[人] 제[其] 덕성을[德] (드러내지 않고) 품는다면[含] 곧[則] 세상은[天
下] 치우치지 않을 것[不僻]이다[矣]. 저[彼] 증삼[曾] 사추[師] 양주[楊] 묵적[墨] 사광(師曠) 공수
(工倕) 이주(離朱)란 자들[者] 모두[皆] 저들의[其] 덕성을[德] 밖으로[外] 내세워서[立而] 세상을
[天下] 사르고[爚] 어지럽힌[亂] 자들[者]이고[也], (그들은 천지를) 본받기를[法] 쓸데[用] 없게 한
[無] 것[所]이다[也].

　　이주(離朱)는 눈 밝은 사람으로, 황제(黃帝) 때 천리안(千里眼)으로 명궁이었다는 전설
적인 인물이다. 사광(師曠)은 귀 밝은 사람으로, 춘추(春秋) 진(晉)나라 대부(大夫)로 음악의

명인이다. 증삼(曾參)은 공자(孔子)의 제자로 인도(仁道)를 주장했고, 사추(史鰌)는 위(衛)나라 영공(靈公)의 가신(家臣)으로 의도(義道)를 주장했다. 공수(工倕)는 요(堯)나라 때의 명공(名工)이고, 양주(楊朱)는 송인(宋人)으로 위아(爲我)를 주장했으며, 묵적(墨翟)은 송인(宋人)으로 겸애(兼愛)를 주장했다. 이들 모두는 인위(人爲)를 나타내는 인물이다. 현동(玄同)은 상도(常道)와 동일함[同]을 말한다. 『장자(莊子)』「거협(胠篋)」

【보주(補註)】

- 〈지자불박(知者不博) 박자부지(博者不知)〉를 〈지천도지인불박(知天道之人不博) 이박식지인부지천도(而博識之人不知天道)〉처럼 옮기면 문맥을 더 쉽게 잡을 수 있다. 〈천도를[天道] 아는[知之] 사람은[人] 박식하지 않다[不博]. 그리고[而] 지식을[識] 넓히는[博之] 사람은[人] 천도를[天道] 알지 못한다[不知].〉

- 지자(知者)는 포일자(抱一者)이고, 수중자(守中者)이며, 처무위자(處無爲者)이다. 〈상도를[一] 지키는[抱] 사람[者]〉〈상도를 따름을[中] 지키는[守] 사람[者]〉〈무위에[無爲] 머물러 사는[處] 사람[者]

- 박자(博者)는 『장자(莊子)』의 **증사양묵(曾史楊墨)** 등을 연상하면 된다. 공자(孔子)의 제자로 인(仁)을 강조한 증삼(曾參), 위(衛)나라 영공(靈公)의 가신으로 의(義)를 강조한 사추(史鰌), 송인(宋人)으로 개인주의를 주장한 양주(楊朱), 역시 송인(宋人)으로 박애주의를 강조한 묵적(墨翟) 등은 인지(人智)로 확고한 자기주장을 갖추고 박식(博識)을 과시했던 자들이다.

墨 "삭증사지행(削曾史之行) 겸양묵지구(鉗楊墨之口) 양기인의(攘棄仁義) 이천하지덕시현동의(而天下之德始玄同矣)." 증삼과[曾] 사광의[史之] 행동을[行] 깎아내고[削], 양주와[楊] 묵적의[墨之] 입을[口] 막아버리고[鉗], 인의를[仁義] 팽개쳐[攘]버려라[棄]. 그러면[而] 온 세상의[天下之] 덕이[德] 비로소[始] 현묘하게[玄] 하나가 될 것[同]이다[矣].

증사(曾史)는 공자(孔子)의 제자로 인(仁)을 강조한 증삼(曾參)과, 위(衛)나라 영공(靈公)의 가신(家臣)으로 의(義)를 강조한 사추(史鰌)이다. 양묵(楊墨)은 송인(宋人)으로 개인주의를 주장한 양주(楊朱)와, 역시 송인(宋人)으로 박애주의를 강조한 묵적(墨翟)이다.

『장자(莊子)』「거협(胠篋)」

【해독(解讀)】

- 〈지자불박(知者不博) 박자부지(博者不知)〉는 두 구문이 생략된 〈그리고 이(而)〉 접속사로 이어진 중문(重文)이다. 〈지자는[知者] 박식하지 않다[不博]. (그리고)

박자는[博者] 알지 못한다[不知].〉

● 지자불박(知者不博)에서 불(不)을 〈않을 불(不)〉로 보느냐 〈없을 불(不)〉로 보느냐에 따라 문맥을 달리 잡지만, 문의(文意)가 달라지는 것은 아니다.

　　지자불박(知者不博)에서 불(不)을 〈않을 불(不)〉로 여기면 지자(知者)는 주부(主部)가 되고, 불(不)은 박(博)의 부정사(否定詞)가 되며, 박(博)은 자동사 노릇한다. 〈아는[知] 사람은[者] 박식하지 않다[不博].〉

　　지자불박(知者不博)에서 불(不)을 〈없을 불(不)〉로 여기면 지자(知者)는 불(不)을 꾸며주는 부사구 노릇하고, 불(不)은 자동사 노릇하고, 박(博)은 불(不)의 주어 노릇한다. 〈아는[知] 사람한테는[者] 박식이[博] 없다[不].〉

● 박자부지(博者不知)도 불(不)을 〈않을 불(不)〉로 보느냐 〈없을 불(不)〉로 보느냐에 따라 문맥을 달리 잡지만, 문의(文意)가 달라지는 것은 아니다.

　　박자부지(博者不知)도 불(不)을 〈않을 불(不)〉로 여기면 박자(博者)는 주부(主部)가 되고, 불(不)은 지(知)의 부정사(否定詞)가 되며, 지(知)는 목적어가 생략됐지만 타동사 노릇한다. 〈박식한[博] 사람은[者] 알지 못한다[不知].〉

　　박자부지(博者不知)에서 불(不)을 〈없을 불(不)〉로 여기면 박자(博者)는 불(不)을 꾸며주는 부사구 노릇하고, 불(不)은 자동사 노릇하고, 지(知)는 불(不)의 주어 노릇한다. 〈박식한[博] 사람한테는[者] 앎이[知] 없다[不].〉

● 지자(知者)와 박자(博者)는 전후 문맥에 따라 〈위(爲)A지인(之人)〉 또는 〈위(爲)A지물(之物)〉에서 〈지인(之人)·지물(之物)〉을 〈자(者)〉 한 자(字)로 한 상용구이다. 〈A를 하는[爲之] 사람[人]〉 〈A를 하는[爲之] 것[物]〉

81-4 聖人不積(성인부자) 旣以爲人(기이위인) 己愈有(기유유) 旣以與人(기이여인) 己愈多(기유다)

▶성인은[聖人] (사사로이 그 무엇도) 쌓아두지 않는다[不積]. {성인(聖人)은 이미[旣] (덕으로) 써[以] 사람들을[人] 위해도[爲] 자기한테[己] 더욱더[愈] {덕(德)이} 생겨나고[有], {성인(聖人)은 이미[旣] (덕으로) 써[以] 사람들에게[人] 베풀어도[與] 자기한테[己] 더욱더[愈] 많아진다[多].

통할 성(聖), 않을 부(不), 쌓을 자(積), 다할 기(旣), 써 이(以), 위할 위(爲),
남들 인(人), 자기 기(己), 더욱 유(愈), 많을 유(有), 줄 여(與), 많을 다(多)

【지남(指南)】

〈성인부자(聖人不積) 기이위인(旣以爲人) 기유유(己愈有) 기이여인(旣以與人)
기유다(己愈多)〉는 『노자(老子)』의 성인(聖人)이 행하는 남면지술(南面之術)을 밝
힌다. 여기 성인(聖人)은 상도(常道)의 현덕(玄德)을 그냥 그대로 본받아[法] 선(善)
하게 구인(救人)하고 구물(救物)하고자 적덕(積德)할 뿐, 사사로이 그 무엇도 쌓아
두지 않는 유도자(有道者)이고 유덕자(有德者)이다. 이러한 성인(聖人)을 본받으면
누구나 〈신언(信言)〉을 몸소 행하여 〈선자(善者)〉가 되고 〈지자(知者)〉가 된다. 그
러니 성인(聖人)은 천도(天道)를 어김없이 이어[承] 본받아[法] 위인(爲人) 즉 백성
을[人] 위하고[爲], 여인(與人) 즉 백성한테[人] 베푼다[與].

위인(爲人) · 여인(與人)은 27장(章) 상선구인(常善救人) · 상선구물(常善救物)의 습
명(襲明) 즉 상도(常道)를 깨달아 밝음을[明] 안으로 간직해서[襲] 백성을 위하고
백성한테 베풂을 상기시킨다. 상선구인(常善救人)의 선(善)은 천도(天道)를 그대
로 본받는 선(善)인지라 인의예악(仁義禮樂)과 상관없지만, 『주역(周易)』이 밝히는
선(善)을 돌이켜 보게 한다. 『주역(周易)』은 일음일양(一陰一陽)의 변화지도(變化之
道)를 계승함이 선(善)이라 한다. 변화지도(變化之道)야말로 자연(自然)의 규율이
고, 그것을 본받음이 선(善)이기 때문이다.

그리고 성인(聖人)을 지자(知者)라고 함은 천도(天道)를 본받음을[法] 깨달아 행
할 줄 앎[知] 때문이다. 이 또한 인의예악(仁義禮樂)과 상관없으니 도법자연(道法
自然)을 그대로 따름이 선자(善者)로서 성인(聖人)의 선(善)이고, 지자(知者)로서
성인(聖人)의 지(知)이다. 유가(儒家)는 성인(聖人)을 인륜지지(人倫之至) 즉 인간
사의[人倫之] 궁극적인 표준[至]이라 하지만, 『노자(老子)』의 성인(聖人)은 인륜(人
倫)을 끊어버리고[絶] 자연(自然)으로[於樸] 돌아오게[復歸] 하여 구민(救民)하고
구물(救物)하는 〈현덕(玄德)〉을 베푸는 남면자(南面者), 즉 통치자이다.

현덕(玄德)은 『노자(老子)』가 밝히는 남면지술(南面之術)의 계식(稽式) 즉 법식
(法式)을 말한다. 성인(聖人)이 세상 사람들에게 49장(章) 덕선(德善)과 덕신(德信)

을 남김없이 쓰고[用] 베풀어[與] 백성으로 하여금 17장(章) 아자연(我自然) 즉 우리

는[我] 자연임을[自然] 누리도록 함이 여기 〈성인부자(聖人不積)〉의 부자(不積)이
다. 부자(不積)는 51장(章) 현덕(玄德)을 그대로 본받아 불유(不有)함이고 불시(不
恃)함이며 부재(不宰)함이다. 갖지 않으니[不有] 무사(無私)한 부자(不積)의 현덕
(玄德)이고, 바라지 않으니[不恃] 무사(無私)한 부자(不積)의 현덕(玄德)이며, 주재
하지 않으니[不宰] 무사(無私)한 부자(不積)의 현덕(玄德)이다. 이처럼 성인(聖人)
은 현덕(玄德)을 본받아 행할 뿐, 자기를 위하여 쌓아두지 않으므로[不積] 『장자(莊
子)』에서 성인(聖人)은 무기(無己)·무공(無功)·무명(無名)이라고 밝힌다.

성인(聖人)께는 자기가[己] 없고[無] 공명(功名)이 없는데[無] 무엇을 위해 쌓아
두겠는가[積]? 불유(不有)·불시(不恃)·부재(不宰)하는 현덕(玄德)은 쌓아두는
[積] 덕(德)이 아니다. 덕[玄德]을 베풀면 베풀수록 그만큼 더 많아지는 덕(德)이 현
덕(玄德)이니, 성인(聖人)께서 백성을 위해[爲] 덕(德)을 쓰면 쓸수록 덕(德)이 더욱
더[愈] 생기고[有], 백성한테 덕(德)을 베풀면[與] 베풀수록 더욱더 많아진다[多].
그 현덕(玄德)으로 성인(聖人)은 남면지술(南面之術)을 발휘함이 여기 〈위인(爲
人)〉이고 〈여인(與人)〉이다.

그리고 〈유유(愈有)〉와 〈유다(愈多)〉는 5장(章) 허이불굴(虛而不屈) 동이유출(動
而愈出)을 상기시킨다. 성인(聖人)의 마음에는 편애하는 인(仁)이 없으니 텅 빈[虛]
하늘땅의 사이[間]같이 비고[虛而] 굴하지 않아[不屈], 움직일수록[動而] 더욱더
[愈] 나온다[出]. 성인(聖人)이 사람들을 위하고[爲] 위할수록, 백성한테 베풀면[與]
베풀수록 현덕(玄德)이 더욱더[愈] 나옴이[出] 〈기유유(己愈有)〉이고 〈기유다(己愈
多)〉이다. 그러므로 성인(聖人)이 현덕(玄德)으로 27장(章) 상선구인(常善救人)·상
선구물(常善救物) 함이 〈기이위인(既以爲人)〉이고, 〈기이여인(既以與人)〉이다. 이
는 57장(章)에서 살핀 바대로 성인(聖人)이 무위(無爲)하여 무불위(無不爲) 즉 못함
도 없고 하지 않음도 없기 때문이다.

성인(聖人)의 위인(爲人)·여인(與人)의 다스림이 무위(無爲)하기 때문에 백성
이[民] 절로[自] 변화하고[化], 그 치민(治民)이 무사(無事)하기 때문에 백성이[民]
절로[自] 부유해지며[富], 그 치민(治民)이 호정(好靜)하기 때문에 백성이[民] 절로
[自] 바르게 되고[正], 그 치민(治民)이 무욕(無欲)하기 때문에 백성이[民] 절로[自]

본디대로 된다[樸]. 이처럼 성인(聖人)께 더욱더 남면지술(南面之術)의 현덕(玄德)이 쌓임[積]이다.

성인(聖人)의 위인(爲人)과 여인(與人)으로 말미암아 백성이 19장(章) **견소포박(見素抱樸)** 소사과욕(少私寡欲)의 삶을 누리고 〈안평태(安平泰)〉의 세상을 누릴 수 있게 됨을 살펴 새기고 헤아려 깨우치게 하는 말씀이 〈성인부자(聖人不積) 기이위인(旣以爲人) 기유유(己愈有) 기이여인(旣以與人) 기유다(己愈多)〉이다.

註 "성인상선구인(聖人常善救人) 고(故) 무기인(無棄人) 상선구물(常善救物) 고(故) 무기물(無棄物) 시위습명(是謂襲明)." 성인은[聖人] 사람들을[人] 구제하기를[救] 늘[常] 선하게 한다[善]. 그러므로[故] (성인께는) 사람들을[人] 저버림이[棄] 없다[無]. (성인은) 늘[常] 착하게[善] 온갖 것을[物] 구원한다[救]. 그러므로[故] 온갖 것을[物] 버림이[棄] 없다[無]. 이러함을[是] 상도를 깨달아 밝음을[明] 안으로 간직함이라[襲] 한다[謂].　　　『노자(老子)』 27장(章)

註 "공성사수(功成事遂) 백성개위(百姓皆謂) 아자연(我自然)." {백성이 모르는 무위(無爲)의 성인(聖人)이} 공적을[功] 이루고[成] 사업을[事] 완수했어도[遂], 백성은[百姓] 모두[皆] 우리는[我] 본디대로 그냥 그러하다고[自然] 말했다[謂].　　　『노자(老子)』 17장(章)

註 "일음일양지위도(一陰一陽之謂道) 계지자선야(繼之者善也)." 한번[一] 음기가 되다[陰] 한번[一] 양기가 됨을[陽之] (만물을 생성하는) 도라[道] 한다[謂]. 그 도를[之] 계승하는[繼] 것이[者] 선(善)이다[也].

여기서 일음일양(一陰一陽)의 도(道)란 역지도(易之道)인 변화지도(變化之道), 즉 변화의[變化之] 이치[道]를 뜻한다.　　　『주역(周易)』「계사전상(繫辭傳上)」

註 "성인무상심(聖人無常心) 이백성심위심(以百姓心爲心) 선자(善者) 오선지(吾善之) 불선자(不善者) 오역선지(吾亦善之) 덕선(德善) 신자(信者) 오신지(吾信之) 불신자(不信者) 오역신지(吾亦信之) 덕신(德信)." 성인께는[聖人] 정해서 고집하는[常] 마음이[心] 없고[無], 백성의[百姓] 마음으로[心]써[以] 당신의 마음을[心] 삼는다[爲]. 선한[善] 자[者] 그도[之] 나는[吾] 선하게 하고[善] 나는[吾] 또한[亦] 불선한[不善] 자[者] 그도[之] 선하게 하니까[善] 상덕은[德] 선이고[善], 믿는[信] 자[者] 그도[之] 내가[吾] 믿게 하고[信] 믿지 않는[不信] 자[者] 그도[之] 내가[吾] 또한[亦] 믿게 하니까[信] 상덕은[德] 믿음이다[信].　　　『노자(老子)』 49장(章)

註 "규구방원지지야(規矩方員之至也) 성인인륜지지야(聖人人倫之至也)." 곱자와[矩] 그림쇠는[規] 네모와[方] 동그라미의[圓之] 더없는 표준[至]이고[也], 성인은[聖人] 인륜의[人倫之] 더없는 표준[至]이다[也].

인륜(人倫)은 인간사(人間事)이고, 방원지지(方員之至)에서 원(員)은 〈둥근 원(圓)〉이고, 지(至)는 최상의 표준되는 지극함이다.　　　『맹자(孟子)』「이루장구상(離婁章句上)」

註 "도생지휵지(道生之畜之) 장지육지(長之育之) 성지숙지(成之熟之) 양지부지(養之覆之) 생이불유(生而不有) 위이불시(爲而不恃) 장이부재(長而不宰) 시위현덕(是謂玄德)." 상도가[道] 낳아주고[生之] 길러주며[畜之], 자라게 하고[長之] 감싸주며[育之], 이뤄주고[成之] 영글게 하며[熟之], 보양해주고[養之] 보호해준다[覆之]. 낳아주되[生而] 갖지 않으며[不有], 위해주되[爲而] 바라지 않고[不恃], 키워주되[長而] 이래라저래라 않는다[不宰]. 이를[是] 현묘한[玄] 덕이라[德] 한다[謂].　　　『노자(老子)』 51장(章)

註 "지인무기(至人無己) 신인무공(神人無功) 성인무명(聖人無名)." 지인께는[至人] 사심(私心)이[己] 없고[無], 신인께는[神人] 공적(功績)이[功] 없으며[無], 성인께는[聖人] 명예(名譽)가[名] 없다[無].

　　지인(至人)·신인(神人) 등은 성인(聖人)의 별칭(別稱)이다. 『장자(莊子)』「소요유(逍遙遊)」

註 "이지치국(以智治國) 국지적(國之賊) 불이지치국(不以智治國) 국지복(國之福) 지차양자역계식(知此兩者亦稽式) 상지계식(常知稽式) 시위현덕(是謂玄德)." 인간의 지교로[智] 써[以] 나라를[國] 다스림은[治] 나라의[國之] 해침이고[賊], 인간의 지교로[智] 써[以] 나라를[國] 다스리지 않음은[不治] 나라의[國之] 행복이다[福]. 이[此] 두[兩] 가지를[者] 아는[知] 것이[者] 역시[亦] {치국(治國)의} 예나 지금이나 변함없는[稽] 법식이다[式]. 예나 지금이나 변함없는 법식을[稽式] 항상[常] 아는 것[知] 이를[是] 현묘한[玄] 덕이라[德] 한다[謂].　　　『노자(老子)』 65장(章)

註 "성인불인(聖人不仁) 이백성위추구(以百姓爲芻狗) 천지지간기유탁약호(天地之間其猶橐籥乎) 허이불굴(虛而不屈) 동이유출(動而愈出)." 성인께도[聖人] 어짊이란[仁] 없어[不], 백성으로[百姓] 써[以] 풀강아지로[芻狗] 삼는다[爲]. 하늘땅의[天地之] 사이[間] 그것은[其] 풀무통과[橐] 그 구멍[籥] 같구나[猶乎]! (풀무통은) 비어서[虛而] 굴하지 않고[不屈], 움직이면[動而] 더욱더[愈] 나온다[出].　　　『노자(老子)』 5장(章)

註 "성인운(聖人云) 아무위이민자화(我無爲而民自化) 아호정이민자정(我好靜而民自正) 아무사이민자부(我無事而民自富) 아무욕이민자박(我無欲而民自樸)." 성인은[聖人] 말한다[云] : 나에게[我] 인위가[爲] 없으니까[無而] 백성은[民] 절로[自] 변화하고[化], 내가[我] 고요를[靜] 좋아하니까[好而] 백성은[民] 절로[自] 바르고[正], 나에게[我] {인위(人爲)의} 일이[事] 없으니까[無而] 백성은[民] 절로[自] 부유하며[富], 나에게[我] 욕심이[欲] 없으니까[無而] 백성은[民] 절로[自] 본디대로다[樸].　　　『노자(老子)』 57장(章)

註 "견소포박(見素抱樸) 소사과욕(少私寡欲)." 그냥 있는 그대로를[素] 살피고[見] 그냥 있는 그대로를[樸] 간직해 지키며[抱], 제 몫을[私] 적게 하고[少] 욕망을[欲] 적게 한다[寡].　　　『노자(老子)』 19장(章)

【보주(補註)】

● 〈성인부자(聖人不積) 기이위인(旣以爲人) 기유유(己愈有) 기이여인(旣以與人) 기유다(己愈多)〉를 〈성인불사적덕(聖人不私積德) 수성인기이덕위인(雖聖人旣以德爲人

以德爲人) 어성인유유덕(於聖人愈有德) 이수성인기이덕여인(而雖聖人旣以德 與人) 어성인유다덕(於聖人愈多德)〉처럼 옮기면 문맥을 더 쉽게 잡을 수 있다. 〈성인은[聖人] 사사로이[私] 덕을[德] 쌓지 않는다[不積]. 비록[雖] 성인이[聖人] 이미[旣] 덕으로[德]써[以] 남들을[人] 위해도[爲] 성인께[於聖人] 덕이[德] 더욱 더[愈] 있다[有]. 그리고[而] 비록[雖] 성인이[聖人] 이미[旣] 덕으로[德]써[以] 백 성한테[人] 베풀어도[與] 성인께[於聖人] 더욱더[愈] 덕이[德] 많아진다[多].〉

- 성인(聖人)은 신언(信言)을 행하는 선자(善者)와 지자(知者)로서 천도무친(天道無親)을 본받아 구인(救人)하고 구물(救物)하는 법자연(法自然)의 성인(聖人)이지, 유가(儒家)에서 받드는 예악(禮樂)을 작(作)한 성인(聖人)은 아니다. 유가(儒家)의 성인(聖人)은 인륜(人倫) 즉 인간사의 표준이지만, 『노자(老子)』의 성인(聖人)은 자연(法自)을 본받아[法] 무위지치(無爲之治) 즉 무위의[無爲之] 다스림을[治] 펼친다. 이러한 성인(聖人)을 설(說)하기 위하여 『노자(老子)』에는 아래와 같이 통치자로서 성인(聖人)이 남면지술(南面之術) 즉 통치하는[南面之] 법식을[術] 밝혀주는 말씀들이 나와 있다.

　"성인처무위지사(聖人處無爲之事) 행불언지교(行不言之敎)." 성인은[聖人] 무위를[無爲之] 행함에[事] 머물고[處], 말이[言] 없는[不之] 가르침을[敎] 행한다[行]. 『노자(老子)』 2장(章)

　"성인지치(聖人之治) 허기심(虛其心) 실기복(實其腹) 약기지(弱其志) 강기골(强其骨) 상사민무지무욕(常使民無知無欲) 사부지자불감위야(使不知者不敢爲也) 위무위즉무불치(爲無爲則無不治)." 다스림은[治] 그[其] 마음을[心] 비우게 하고[虛], 그[其] 배를[腹] 충실하게 하며[實], 그[其] 마음 가기를[志] 유약하게 하고[弱], 그[其] 뼈대를[骨] 굳세게 한다[强]. 늘[常] 백성으로[民] 하여금[使] 앎이[知] 없게 하고[無] 하고자 함이[欲] 없게 하고[無], 무릇[夫] {인위(人爲)를} 아는[知] 자로[者] 하여금[使] 과감히[敢] {인위(人爲)를} 행하지 않게 하는 것[不爲]이다[也]. {성인(聖人)이} 무위를[無爲] 실행하면[爲] 곧[則] 다스리지 않음이[不治] 없다[無].

『노자(老子)』 3장(章)

　"천지불인(天地不仁) 이만물위추구(以萬物爲芻狗) 성인불인(聖人不仁) 이백성위추구(以百姓爲芻狗)." 천지에는[天地] 어짊이란[仁] 없어[不], (천지는) 만물로[萬物]써[以] 풀강아지로[芻狗] 삼는다[爲]. 성인께도[聖人] 어짊이란[仁] 없어[不], 백성으로[百姓]써[以] 풀강아지로[芻狗] 삼는다[爲].

『노자(老子)』 5장(章)

　"성인후기신이신선(聖人後其身而身先) 외기신이신존(外其身而身存) 비이기무사야(非以其無私耶) 고(故) 능성기사(能成其私)." 성인은[聖人] 자신을[其身] 뒤로 물려서[後而] 자신

이[身] 앞서지고[先], 그[其] 자신을[身] 제쳐서[外而] 자신이[身] 살아난다[存]. 그[其] 때문에
[以] {성인(聖人)께} 자기가[私] 없음은[無] 아닌 것[非]이로다[耶]. 그러므로[故] 그[其] 자기를
[私] 능히[能] 이룬다[成].

『노자(老子)』 7장(章)

註 "성인위복(聖人爲腹) 불위목(不爲目)." 성인은[聖人] 배(속)를[腹] 위하지[爲], 눈(겉)을
[目] 위하지 않는다[不爲].

『노자(老子)』 12장(章)

註 "성인포일(聖人抱一) 위천하식(爲天下式)." 성인은[聖人] 하나를[一] 지킴으로써[抱] 세
상의[天下] 법식으로[式] 삼는다[爲].

『노자(老子)』 22장(章)

註 "박산즉위기(樸散則爲器) 성인용지(聖人用之) 즉위관장(則爲官長)." 나뭇등걸이[樸] 쪼
개지면[散] 곧[則] 기물이[器] 된다[爲]. 성인이[聖人] 그것을[之] 이용하면[用] 곧[則] 관장이[官
長] 된다[爲].

『노자(老子)』 28장(章)

註 "성인무위고(聖人無爲故) 무패(無敗) 성인무집고(聖人無執故) 무실(無失)…… 성인거심
(聖人去甚) 거사(去奢) 거태(去泰)." 성인께는[聖人] 뜻대로 함이[爲] 없기[無] 때문에[故] 실패
함이[敗] 없고[無], (욕심을) 고집함이[執] 없기[無] 때문에[故] 잃을 것이[失] 없다[無]. …… 성인
은[聖人] 지나침을[甚] 버리고[去] 사치를[奢] 버리고[去] 과도함을[泰] 버린다[去].

『노자(老子)』 29장(章)

註 "성인불행이지(聖人不行而知) 불견이명(不見而名) 불위이성(不爲而成)." 성인은[聖人]
나가지 않고서도[不行而] 알고[知], 보지 않아도[不見而] 지명하며[名], 하지 않아도[不爲而] 이
룬다[成].

『노자(老子)』 47장(章)

註 "성인방이불할(聖人方而不割) 염이불귀(廉而不劌) 직이불사(直而不肆) 광이불요(光而
不耀)." 성인은[聖人] 곧고 바르게 하되[方而] 해롭게 하지 않고[不割], 청렴하게 하되[廉而] 상
처 입히지 않으며[不劌], 곧게 하되[直而] 방자하지 않고[不肆], 밝히되[光而] 빛내지 않는다[不
耀].

『노자(老子)』 58장(章)

註 "성인역불상민(聖人亦不傷民) 부유양불상상(夫惟兩不相傷) 고(故) 덕교귀언(德交歸
焉)." 성인(聖人) 역시[亦] 백성을[民] 해치지 않는다[不傷]. 무릇[夫] 오직[惟] 둘이[兩] 서로
[相] 해치지 않는다[不傷]. 그러므로[故] 크나큰 덕이[德] 서로[交] {상도(常道)로} 돌아가는 것
[歸]이다[焉].

『노자(老子)』 60장(章)

註 "고(故) 능성기대(能成其大)…… 성인유난지(聖人猶難之) 고(故) 종무난(終無難)." 그러
므로[故] {성인(聖人)은} 능히[能] 그[其] 큼을[大] 이룬다[成]. …… 성인은[聖人] 오히려[猶] (쉬
운 것도) 어려워한다[難之]. 그래서[故] {성인(聖人)께는} 끝내[終] 어려움이[難] 없다[無].

『노자(老子)』 63장(章)

註 "성인욕불욕(聖人欲不欲) 불귀난득지화(不貴難得之貨)) 학불학(學不學) 복중인지소과
(復衆人之所過)." 성인은[聖人] 바라되[欲] 바라지 않고[不欲], 얻기가[得] 어려운[難之] 재물

을[貨] 받들지 않으며[不貴], 학문을[學] 본받지 않으면서[不學], 뭇사람들이[衆人之] 지나치는 [過] 바를[所] 제거한다[復].　　　　　　　　　　　　　　　　　　『노자(老子)』64장(章)

　註　"처전이민불해(處前而民不害)." 성인이[聖人] 위에[上] 있어도[處而] 백성은[民] 위중하다 여기지 않고[不重], 앞에[前] 있어도[處而] 백성은[民] 해롭지 않다[不害].
　　　　　　　　　　　　　　　　　　　　　　　　　　　『노자(老子)』66장(章)

　註　"성인불병(聖人不病) 이기병병(以其病病) 부유병병(夫唯病病) 시이(是以) 불병(不病)." 성인께[聖人] {부지지(不知知)의} 병통이[病] 없음은[不] {성인(聖人)은} 부지지(不知知)의[其] 결함을[病] 병통으로 여기기[病] 때문이다[以]. 무릇[夫] 오직[唯] (앎의) 결함을[病] 병통으로 여기는 것[病] 이로[是]써[以] (앎의) 병통이[病] 없는 것이다[不].　　　『노자(老子)』71장(章)

　註　"부자현(不自見) 자애(自愛) 부자귀(不自貴)." 성인은[聖人] 스스로[自] 알아서[知] 스스로를[自] 드러내지 않고[不見], 스스로를[自] 아끼면서도[愛] 스스로를[自] 높이지 않는다[不貴].
　　　　　　　　　　　　　　　　　　　　　　　　　　　『노자(老子)』72장(章)

　註　"성인운(聖人云) 수국지구(受國之垢) 시위사직주(是謂社稷主) 수국불상(受國不祥) 시위천하왕(是謂天下王) 정언약반(正言若反)." 성인이[聖人] 말한다[云] : 나라의[國之] 굴욕을[垢] 감수함[受] 이것을[是] 사회의[社稷] 주군이라[主] 일컫고[謂], 나라의[國] 화난을[不祥] 감수함[受] 이것을[是] 나라의[天下] 군왕이라[王] 일컫는다[謂]. (자연의 규율에) 맞는[正] 말씀은[言] (그 말씀의) 반대인 것[反] 같다[若].　　　　　　　　　　『노자(老子)』78장(章)

　註　"성인집좌계(聖人執左契) 이불책어인(而不責於人)." 성인은[聖人] 채권(債權)의 신표를 [左契] 가지고서도[執而] 사람들에게[於人] (빚 갚기를) 재촉하지 않는다[不責].
　　　　　　　　　　　　　　　　　　　　　　　　　　　『노자(老子)』79장(章)

【해독(解讀)】

● 〈성인부자(聖人不積) 기이위인(旣以爲人) 기유유(己愈有) 기이여인(旣以與人) 기유다(己愈多)〉는 세 문장으로 이루어진 하나의 문단이다. 〈성인은[聖人] 이미 [旣] 인을[人] 위하여[爲]써도[以] 자기에게[己] 더욱더[愈] 유하고[有], 이미[旣] 인에게[人] 주어[與]써도[以] 자기에게[己] 더욱더[愈] 다한다[多].〉

● 성인부자(聖人不積)에서 성인(聖人)은 주어 노릇하고, 부(不)는 자(積)의 부정사(否定詞) 노릇하며, 자(積)는 목적어가 생략됐지만 동사 노릇한다. 자(積)는 〈쌓아둘 취(聚) · 저(儲)〉 등과 같아 자취(積聚)의 줄임이다. 자(積)의 발음은 〈쌓아둘 자(積)〉, 〈모을 적(積)〉 두 가지이다. 여기선 〈자(積)〉로 발음함이 마땅하다. 물론 〈모을 적(積)〉으로 새겨도 된다. 〈성인은[聖人] (사사로이 덕을) 쌓아두지 않는다[不積].〉 〈성인은[聖人] (사사로이 덕을) 모으지 않는다[不積].〉

● 〈기이위인(既以爲人) 기유유(己愈有)〉는 양보의 종절과 주절로 된 복문이다.

　　기이위인(既以爲人)에서 〈수(雖)〉 같은 양보의 접속사는 생략되었고, 기(既)는 이(以)를 꾸며주는 부사 노릇하고, 이(以)는 위(爲)를 꾸며주는 부사 노릇하고, 위(爲)는 동사 노릇하며, 인(人)은 위(爲)의 목적어 노릇한다. 기(既)는 〈이미 이(已)〉와 같고, 이(以)는 〈쓸 용(用)〉과 같다. 〈{비록[雖] 성인(聖人)이} (덕으로)써[以] 사람들을[人] 위해도[爲]〉

　　〈기유유(己愈有)〉에서 기(己)와 유(愈)는 유(有)를 꾸며주는 부사 노릇하고, 유(有)는 주어가 생략되었지만 〈있을 유(有)〉로 동사 노릇한다. 유(愈)는 〈더욱 익(益)〉과 같다. 〈자기한테[己] 더욱더[愈] (덕이) 있다[有].〉

● 〈기이여인(既以與人) 기유다(己愈多)〉도 양보의 종절과 주절로 된 복문이다.

　　기이여인(既以與人)에서 〈수(雖)〉 같은 양보의 접속사는 생략되었고, 기(既)는 이(以)를 꾸며주는 부사 노릇하고, 이(以)는 여(與)를 꾸며주는 부사 노릇하고, 여(與)는 직접목적어가 생략되었지만 동사 노릇하며, 인(人)은 여(與)의 간접목적어 노릇한다. 기(既)는 〈이미 이(已)〉와 같고, 이(以)는 〈쓸 용(用)〉과 같다. 〈{비록[雖] 성인(聖人)이} (덕으로) 써[以] 사람들에게[人] 주어도[與]〉

　　기유다(己愈多)에서 기(己)와 유(愈)는 다(多)를 꾸며주는 부사 노릇하며, 다(多)는 주어가 생략되었지만 〈많을 다(多)〉로 동사 노릇한다. 유(愈)는 〈더욱 익(益)〉과 같고, 다(多)는 〈많을 중(衆)〉과 같다. 〈자기한테[己] 더욱더[愈] (덕이) 많다[多].〉

81-5 天之道(천지도) 利而不害(이이불해)

▶ 자연의[天之] 규율은[道] (온갖 것을) 이롭게 하되[利而] 해치지 않는다[不害].

> 자연 천(天), 조사(~의) 지(之), 규율 도(道), 이롭게 할 리(利),
> 그러나 이(而), 않을 불(不), 해칠 해(害)

【지남(指南)】

　〈천지도리이불해(天之道利而不害)〉는 『노자(老子)』의 전장(全章)을 관류(貫流)하는 천도(天道)를 밝힌다. 〈천지도(天之道)〉는 73장(章)에서 **천망(天網)**에 비유한 자연지도(自然之道)로, 자연의[自然之] 규율[道]이다. 자연이 행하는 본보기[規律]가 천지도(天之道)로, 자연의 규율에 상쟁(相爭)으로 비롯되는 상해는 없다. 그래서 천지도부쟁(天之道不爭) 즉 자연의 규율은[天之道] 다투지 않는다[不爭]. 다투지 않으니 패할 리가 없어 언제 어디서나 선승(善勝)한다. 자연의 규율은 주장하지 않아도[不言] 만물이 잘[善] 응해주고[應], 부르지 않아도[不召] 스스로[自] 따라온다[來]. 자연의 규율은 항상 통하고 어울려 이롭기[利] 때문에 온갖 것들이 상응(相應)한다. 서로[相] 응하니[應] 상쟁(相爭)할 것 없다.

　이러한 천지도(天之道)는 5장(章) **천지불인(天地不仁)**과 79장(章) **천도무친(天道無親)**을 상기시키고, 나아가 『장자(莊子)』의 **천균(天均)·천예(天倪)**를 떠올리게 한다. 천지도(天之道)에 〈인인(仁人)〉의 인(仁)이란 없다[不]. 물론 천도(天道)에 없다는 인(仁)은 『논어(論語)』의 〈극기복례(克己復禮)〉의 인(仁)이 아니고, 『맹자(孟子)』의 〈인인심야(仁人心也)〉의 인(仁)도 아니다. 자연의 규율은 사람이라 하여 편애하지 않으니, 사람이나 하루살이나 다 같은 천균(天均)이다. 따라서 천지도(天之道)에는 어느 한쪽에 치우는 친애(親愛)란 없고, 공평(公平)해 무사(無私)하며 귀천·선후·선악 등을 나누지 않아 약환(若環) 마치 원둘레와[環] 같다[若]. 천지도(天之道)에는 이롭게 함도 따로 없고 해롭게 함도 따로 없으니 법칙은 만물을 이롭게 할 뿐이다.

　〈이이불해(利而不害)〉의 이(利)와 불해(不害)는 곧 자연의[天] 규율[道]을 밝힘이고, 그것은 51장(章) **현덕(玄德)**으로 풀이된다. 현덕(玄德)으로 비롯하는 이(利)와 불해(不害)는 성인(聖人)이 본받아[法] 백성을 위하고[爲] 백성한테 베풂[與]이다. 이이불해(利而不害)의 위인(爲人)·여인(與人)은 왕으로서 성인(聖人)이 행하는 남면지기(南面之紀) 즉 왕 노릇하는[南面之] 벼리[紀]가 되는 것이다. 35장(章) **집대상(執大象)**이 바로 이이불해(利而不害)이다. 만물을 생(生)하여 덕(德)으로 휵(畜)하므로 이이불해(利而不害)하고, 덕(德)으로 장(長)하여 육(育)하므로 이이불해(利而不害)하며, 덕(德)으로 양(養)하여 부(覆)하므로 이이불해(利而不害)하다. 그리고 상도(常道)인 대도(大道)는 만물을 낳되[生而] 갖지 않기[不有] 때문에 이로울[利] 뿐 해치지 않고[不害], 만물을 위해주되[爲而] 바라지 않기[不恃] 때문에 이로울[利] 뿐 해치지 않으며[不害], 만물을 길러주되[長而] 주재하지 않기[不宰] 때문에 이로울[利] 뿐 해치지 않음[不害]이다. 이러한 이이불해(利而不害)는 바로 상도(常道)가 만물을 위하고[爲] 베푸는[興] 현덕(玄德)의 천도(天道)이고, 56장(章) 현동(玄同)의 천도(天道)이다.

〈천지도리(天之道利)〉의 이(利)는 〈통(通)·화(和)·의(宜)·길(吉)〉을 한 자(字)로 묶은 이로움[利]이다. 길(吉) 즉 행복의 이(利)가 천지도(天之道)이니 만물을 불해(不害)함이다. 이러한 천도(天道)는 35장(章) **집대상(執大象)**을 상기시킨다. 그러므로 앞서 살핀 신언(信言)은, 대상(大象)이란 상도(常道)의 짓[大象]인 조화(造化)가 천지도(天之道)로서 이이불해(利而不害)임을 믿는[信] 말씀[言]으로, 선자(善者)는 이를 믿고 따라 행해는 남면(南面)하는 성인(聖人)임을 깨닫게 된다. 지자(知者) 역시 이를 믿고 행해야 함을 아는[知] 성인(聖人)임을 또한 깨닫는다.

그러므로 자연의[天] 규율은[道] 만물을 이롭게[利] 할 뿐 해치지 않는지라[不害] 천도(天道)를 조화하는 대도(大道)를 52장(章) **천하모(天下母)**로 삼게 함을 살펴 새기고 헤아려 깨우치게 하는 말씀이 〈천지도리이불해(天之道利而不害)〉이다.

註 "천지도부쟁이선승(天之道不爭而善勝) 불언이선응(不言而善應) 불소이자래(不召而自來) 천연이선모(繟然而善謀) 천망회회(天網恢恢) 소이불실(疎而不失)." 자연의[天之] 규율은[道] 다투지 않는다[不爭]. 그러나[而] {천지도(天之道)는} 무릅쓰기를[勝] 잘한다[善]. {천지도(天之道)는} 말하지 않는다[不言]. 그러나[而] {천지도(天之道)는} 응하기를[應] 잘한다[善]. {천지도(天之道)는 만물을} 불러 모으지 않는다[不召]. 그러나[而] {만물은 천지도(天之道)로} 스스로[自] 돌아온다[來]. {천지도(天之道)는} 더없이 너그럽고 크다[繟然]. 그러나[而] 도모하기를[謀] 잘한다[善]. 자연의[天] 그물은[網] 다 갖추고 넓고 넓어[恢恢] 성글게 트였지만[疎而] (무엇 하나도) 흘리지 않는다[不失].　　　　　　　　　　　　　　　　　　　『노자(老子)』 73장(章)

註 "천지불인(天地不仁) 이만물위추구(以萬物爲芻狗)." 천지에는[天地] 어짊이란[仁] 없어[不], (천지는) 만물로[萬物]써[以] 풀강아지로[芻狗] 삼는다[爲].　　　　　『노자(老子)』 5장(章)

註 "맹자왈(孟子曰) 인인심야(仁人心也) 의인로야(義人路也) 사기로이불유(舍其路而不由) 방기심이부지구(放其心而不知求) 애재(哀哉)." 맹자가[孟子] 말했다[曰] : 인은[仁] 사람의[人] 마음[心]이고[也] 의는[義] 사람의[人] 길[路]이다[也]. 그[其] 길을[路] 버리고서[舍而] 따라가지 않고

[弗由] 그[其] 마음을[心] 버리고서[放而] 구할 줄[求] 모르니[不知] 슬프도다[哀哉].

『맹자(孟子)』「고자장구상(告子章句上)」

註 "천도무친(天道無親) 상여선인(常與善人)." 자연의[天] 규율에는[天道] (따로) 친애함이[親] 없고[無], 늘[常] 선한[善] 사람과[人] 함께한다[與].   『노자(老子)』79장(章)

註 "만물개종야(萬物皆種也) 이부동형상선(以不同形相禪) 시졸약환(始卒若環) 막득기륜(莫得其倫) 시위천균(是謂天均) 천균자천예야(天均者天倪也)." 온갖 것은[萬物] 모두[皆] 씨앗이 낸 것[種]이다[也]. {다른 종(種)과} 같지 않은[不同] 체형으로[形]써[以] {저마다의 체형(體形)을} 서로[相] 물려주고[禪] 처음과[始] 끝이[卒] 고리[環] 같아[若] 그[其] 순서를[倫] 알 수가[得] 없다[莫]. 이를[是] 자연의[天] 평균이라[均] 한다[謂]. 자연의[天] 평균이란[均] 것은[者] 자연의[天] 처음과 끝[倪]이다[也].

천예(天倪)는 천지단예(天之)를 자연(自然)의 분제(分際) 즉 나누기[分際]라 한다.

『장자(莊子)』「우언(寓言)」

註 "도생지휵지(道生之畜之) 장지육지(長之育之) 성지숙지(成之熟之) 양지부지(養之覆之) 생이불유(生而不有) 위이불시(爲而不恃) 장이부재(長而不宰) 시위현덕(是謂玄德)." 상도가[道] 낳고[生之] 기르고[畜之], 기르고[長之] 키우며[育之], 이뤄주고[成之] 여물게 해주고[熟之], 자라게 지켜주고[養之] 덮어 보호해 준다[覆之]. (상도는) 낳아주되[生而] 갖지 않고[不有], 위해주되[爲而] 기대하지 않으며[不恃], 길러주되[長而] 맡아 다스리지 않는다[不宰]. 이를[是] 현묘한[玄] 덕이라[德] 한다[謂].   『노자(老子)』51장(章)

註 "집대상(執大象) 천하왕(天下往) 왕이불해(往而不害) 안평태(安平泰)." 대도를[大象] 지키니[執] 세상 사람들이[天下] 찾아온다[往]. (세상 사람들이) 찾아오면[往而] 해로움이 없고[不害], 이에[安] (찾아온 백성은) 화평하고[平] 태안하다[泰].   『노자(老子)』35장(章)

註 "불가득이친(不可得而親) 불가득이소(不可得而疏) 불가득이리(不可得而利) 불가득이해(不可得而害) 불가득이귀(不可得而貴) 불가득이천(不可得而賤) 고(故) 위천하귀(爲天下貴)." {현동(玄同)에는} 친할[親] 수 있는 것도[可得而] 없고[不], 소홀히 할[疏] 수 있는 것도[可得而] 없으며[不], {상도(常道)에는} 이롭게 할[利] 수 있는 것도[可得而] 없고[不], 해롭게 할[害] 수 있는 것도[不可得] 없으며[而], {상도(常道)에는} 귀하게 할[貴] 수 있는 것도[可得而] 없고[不], 천하게 할[賤] 수 있는 것도[可得而] 없다[不]. 그러므로[故] {현동(玄同)은} 온 세상 사람들한테[天下] 존귀한 것이[貴] 된다[爲].   『노자(老子)』56장(章)

註 "색기태(塞其兌) 폐기문(閉其門) 좌기예(挫其銳) 해기분(解其紛) 화기광(和其光) 동기진(同其塵) 시위현동(是謂玄同)." 그[其] 이목구비를[兌] 막고[塞], 그[其] 들고나는 문을[門] 닫고[閉], 그[其] 날카로움을[銳] 꺾으며[挫], 그[其] 분란을[紛] 없애고[解], 그[其] 빛냄을[光] 아우르며[和], 그[其] 속됨과[塵] 같이한다[同]. 이것들을[是] 상도와[玄] 하나라[同] 한다[謂].

『노자(老子)』56장(章)

註 "천하유시(天下有始) 이위천하모(以爲天下母)." 온 세상에[天下] 시원이[始] 있고[有], (그 시원으로) 써[以] 온 세상의[天下] 어머니로[母] 삼는다[爲].　　　　『노자(老子)』52장(章)

【보주(補註)】

● 〈천지도리이불해(天之道利而不害)〉를 〈천지도리만물(天之道利萬物) 이천지도불해만물(而天之道不害萬物)〉처럼 옮기면 문맥을 더 쉽게 잡을 수 있다. 〈천지도는[天之道] 만물을[萬物] 이롭게 한다[利]. 그리고[而] 천지도는[天之道] 만물을[萬物] 해치지 않는다[不害].〉

● 천지도(天之道)에서 천(天)은 자연(自然)이고, 도(道)는 규율·법칙·운행 등을 뜻한다. 천지도(天之道)를 천리(天理)·천통(天統)·천형(天衡) 등으로 말하기도 한다. 물론 『주역(周易)』과 『중용(中庸)』에도 천지도(天之道)란 말이 나온다. 『주역(周易)』은 〈일음일양(一陰一陽)〉을 천지도(天之道)라 하고, 『중용(中庸)』은 〈성(誠)〉을 천지도(天之道)라 하지만, 유가(儒家)의 〈천(天)〉은 『노자(老子)』가 밝히는 현덕(玄德)·현동(玄同)의 〈자연(自然)〉은 아니다. 『노자(老子)』의 천지도(天之道)의 천(天)은 자연(自然)을 밝힘이고, 도(道)는 규율 또는 법칙이다.

註 "석자성인지작역야(昔者聖人之作易也) 장이순성명지리(將以順性命之理) 시시입천지도왈음양(是以立天之道曰陰陽) 입지지도왈유여강(入地之道曰柔與剛) 입인지도왈인여의(立人之道曰仁與義) 겸삼재이양지(兼三才而兩之) 고(故) 역육획이성괘(易六畫而成卦) 분음분양(分陰分陽) 질용유강(迭用柔剛) 육위이성장(六位而成章)." 옛날에[昔者] 성인이[聖人之] 역을[易] 만들었던 것[作]이다[也]. 장차[將] (그 역으로) 써[以] 성명의[性命之] 이치를[理] 따르려 했다[順]. 이[是] 때문에[以] 하늘의[天之] 이치를[道] 세워[立] 음양이라[陰陽] 하였고[曰], 땅의[地之] 이치를[道] 세워[立] 강과[與剛] 유라[柔] 하였고[曰], 사람의[人之] 이치를[道] 세워[立] 의와[與義] 인이라[仁] 하였다[曰]. {천지인(天地人)} 삼재를[三才] 겸해서[兼而] 이것을[之] 곱하였다[兩]. 그러므로[故] 역이[易] 육획이 되어서[六畫而] 괘를[卦] 이루고[成], 음효로[陰] 나뉘고[分] 양효로[陽] 나뉘어[分] 유와[柔] 강을[剛] 서로[迭] 쓴다[用]. 그래서[故] 역이[易] 여섯[六] 위가 되어서[位而] 멈추고 나아감을[章] 이룬다[成].

　　성장(成章)의 장(章)은 문(文) 즉 빛남[文]과 같아 문장(文章)이고, 나아가 절주(節奏) 즉 멈추고[節] 나아감을[奏] 한 자(字)로 밝힘이다.　　　　『주역(周易)』「설괘전(說卦傳)」

註 "성자천지도야(誠者天之道也) 성지자인지도야(誠之者人之道也)." 정성이란[誠] 것은[者] 하늘의[天之] 도(道)이고[也], 정성됨이란[誠之] 것은[者] 사람의[人之] 도(道)이다[也].
　　　　『중용(中庸)』 주자장구(朱子章句) 20장(章)

● 천지도리(天之道利)에서 이(利)는 〈통할 통(通)·어울릴 화(和)〉 등과 같아 〈화통(和通)하여 이로움[利]〉이다. 건괘(乾卦)의 괘사(卦辭)인 〈원형리정(元亨利貞)〉의 이(利)를 환기시켜주고, 19장(章) 〈절교기리(絶巧棄利)〉의 이(利)와는 다르다. 절교기리(絶巧棄利)의 이(利)는 인욕(人欲)으로 꾀하려는 〈교(巧)〉 같다. 인욕(人欲)의 이로움[利]이란 만물을 두루두루 이롭게 함이 아니라 어느 쪽으로든 치우친 이로움인지라 이롭지 못한 쪽이 생긴다. 이러한 치우친 이(利)는 천도(天道)의 이(利)가 아니다. 천도(天道)의 이(利)란 현동(玄同)의 이로움[利]으로 공평무사(公平無私)하다. 따라서 현동(玄同)의 이(利)는 『장자(莊子)』에 나오는 **대동이무기(大同而無己)**를 상기시킨다.

📖 "합호대동(合乎大同) 대동이무기(大同而無己) 무기(無己) 오호유유(惡乎有有)." 크나큰[大] 하나와[同乎] 합한다[合]. 크나큰[大] 하나이니[同而] 자기가[己] 없다[無]. 자기가[己] 없는데[無] 어찌[惡乎] 가짐이[有] 있겠는가[有]?

대동(大同)은 여자연동(與自然同) 즉 자연과[與自然] 하나됨[同]이고, 무기(無己)는 무사(無私)·무욕(無欲)·무아(無我)를 묶어 말함인지라 바깥 것[有] 즉 부귀영화를 가져다주는 명리(名利)를 추구하는 자기[己]가 없음이다.   『장자(莊子)』「재유(在宥)」

【해독(解讀)】

● 〈천지도리이불해(天之道利而不害)〉는 두 구문으로 이루어진 중문(重文)이다. 〈천지도는[天之道] 이한다[利]. 그리고[而] (천지도는) 불해한다[不害].〉

● 천지도리(天之道利)에서 천지도(天之道)는 주부(主部) 노릇하고, 이(利)는 목적어가 생략됐지만 동사 노릇한다. 〈자연의[天之] 규율은[道] 이롭다[利].〉

● 이불해(而不害)는 〈이천지도불해(而天之道不害)〉에서 주어 노릇할 천지도(天之道)가 생략됐고, 불(不)은 해(害)의 부정사(否定詞)이고, 해(害)는 목적어가 생략됐지만 동사 노릇한다. 해(害)는 〈해칠 상(傷)〉과 같아 상해(傷害)의 줄임이다. 〈그리고[而] {천지도(天之道)는 만물을} 해치지 않는다[不害].〉

81-6 聖人之道爲而不爭(성인지도위이부쟁)

▶ 성인의[聖人之] 도리는[道] 베풀되[爲而] (그 무엇과도) 다투지 않

는다[不爭].

【지남(指南)】

〈성인지도위이부쟁(聖人之道爲而不爭)〉은 『노자(老子)』의 전장(全章)을 관류(貫流)하는 성인의[聖人之] 도리를[道] 밝힌다. 〈성인지도(聖人之道)〉의 도(道)는 남면(南面) 즉 왕 노릇하는[南面] 성인(聖人)이 천도(天道)의 〈이이불해(利而不害)〉를 그대로 본받아 따라야 하는 도리(道理)로, 〈위이부쟁(爲而不爭)〉이라고 밝힌다. 물론 남면(南面)하는 성인의[聖人之] 도리는[道] 25장(章) 인법지(人法地) 지법천(地法天) 천법도(天法道) 도법자연(道法自然)에서 발원(發源)한다. 그러므로 성인(聖人)의 도리는[道] 천지도(天之道)를 그대로 따라 본받음[法]이다.

상도(常道)의 법자연(法自然)을 본받아 남면(南面)하는 성인(聖人)의 도(道)는 천하민(天下民)과 함께 모든 사물을 위하려고[爲] 48장(章) 위도일손(爲道日損)한다. 위도(爲道)란 법도(法道)이고 순도(順道)이며 수도(守道)이고 존도(尊道) 등을 묶은 말씀이다. 성인(聖人)은 자기를 위해서는 위도(爲道)를 지행(知行)하지 않음이 앞서 살핀 〈부자(不積)〉이니, 상도(常道)의 현덕(玄德)과 현동(玄同)을 본받아 쌓아두지 않음은[不積] 백성의 마음을 당신의 마음으로 삼되, 49장(章) 성인개해지(聖人皆孩之) 성인은[聖人] 백성을[之] 모두[皆] 어린애가 되게 하여[孩], 51장(章) 상자연(常自然)의 삶을 누리도록 왕(王) 노릇한다.

이처럼 성인(聖人)의 남면(南面)은 28장(章) 복귀어박(復歸於樸)하게 하고, 19장(章) 소사과욕(少私寡欲)하게 하여, 3장(章) 상사민무지무욕(常使民無知無欲) 즉 늘[常] 백성으로[民] 하여금[使] 시비·논란의 앎이[知] 없게 하고[無], 하고자 함이[欲] 없는[無] 상자연(常自然)의 삶을 누리게 한다. 이러한 삶을 누리게 함이 〈성인지도(聖人之道)〉의 위(爲)이다. 그러므로 성인지도(聖人之道)의 위(爲)란 〈천지도리이불해(天之道利而不害)〉의 이이불해(利而不害)를 그대로 본받아 현덕(玄德)으로 백성을 위하고[爲] 백성한테 베풂을 행함이다.

성인(聖人)의 〈위인(爲人)·여인(與人)〉은 해민(孩民) 즉 백성을[民] 어린애가 되게[孩] 함이며, 35장(章) 안평태(安平泰)의 삶을 누리게 함이다. 그래서 성인(聖人)이 남면(南面)하는 도리 역시 천지도(天之道)와 같아 주장하지 않아도[不言] 백성이 선응(善應)하고, 부르지 않아도[不召] 자래(自來)한다. 성인(聖人)의 도리가[道] 자연의[天] 규율의[道] 이로움과[利] 항상 통하고 어울려 백성을 위해주기[爲] 때문이다.

성인의[聖人之] 도리[道] 역시 천지도(天之道)처럼 5장(章) 〈천지불인(天地不仁)〉과 79장(章) 〈천도무친(天道無親)〉을 상기시키고, 나아가 『장자(莊子)』의 〈천균(天均)·천예(天倪)〉를 떠올린다. 성인지도(聖人之道)는 불인(不仁)하니 인심(人心)의 인(仁)이란 없고[不], 사람을 편애하지 않으며, 공평(公平)해 무사(無私)하며, 귀천·선후·선악 등을 나누지 않아 치우쳐 이롭게 함도 없고 해롭게 함도 없다. 백성과 만물을 위할 뿐 해롭게 함이란 없으니, 성인(聖人)의 도리[道] 역시 이로울[利] 뿐 해치지 않는[不害] 자연의[天] 규율과[道] 같이 그 무엇과도 부쟁(不爭)한다.

천지도(天之道)의 〈이(利)〉처럼 성인지도(聖人之道)의 〈위(爲)〉 역시 〈통(通)·화(和)·의(宜)·길(吉)〉을 한 자(字)로 묶은 〈위함[爲]〉인지라 길(吉) 즉 행복의 〈위인(爲人)·여인(與人)〉이다. 남면(南面)하는 성인(聖人)은 35장(章) **집대상(執大象)**을 받들어 상도(常道)를 천하모(天下母)로 삼아 〈복수기모(復守其母)〉의 삶을 백성으로 하여금 누리게 한다.

따라서 거듭 밝히지만, 〈신언(信言)〉의 신(信)은 천지도(天之道)의 이이불해(利而不害)를 믿고[信] 성인(聖人)이 〈위이부쟁(爲而不爭)〉을 행함이고, 선자(善者)·지자(知者)가 곧 〈위이부쟁(爲而不爭)〉을 실행하는 성인(聖人)임이 여기서 밝혀진다. 그러므로 남면(南面)하는 성인(聖人)의 도리[道] 역시 천도(天道)를 본받고 따라 백성과 만물을 위해주되[爲], 그 무엇과도 다투지 않는[不爭] 안평태(安平泰)의 세상을 백성으로 하여금 누리게 함을 살펴 새기고 헤아려 깨우치게 하는 말씀이 〈성인지도위이부쟁(聖人之道爲而不爭)〉이다.

圉　"인법지(人法地) 지법천(地法天) 천법도(天法道) 도법자연(道法自然)." 사람은[人] 땅을[地] 본받고[法], 땅은[地] 하늘을[天] 본받고[法], 하늘은[天] 상도를[道] 본받고[法], 상도는[道] 그냥 그대로[自然] 오로지 맡긴다[法].　　　　　　　　　　　　　『노자(老子)』 25장(章)

茸 "위학일익(爲學日益) 위도일손(爲道日損) 손지우손(損之又損) 이지어무위(以至於無爲) 무위이무불위의(無爲而無不爲矣)." 배움을[學] 좇아 하면[爲] 날마다[日] 불어나고[益], 도를[道] 좇아 하면[爲] 날마다[日] 줄어든다[損]. 줄이고[損之] 또[又] 줄임으로[損]써[以] {인위(人爲)를} 함이[爲] 없음[無]에[於] 이르고[至], 함이[爲] 없어도[無而] 하지 않음이[不爲] 없는 것[無]이다[矣].

『노자(老子)』48장(章)

茸 "성인무상심(聖人無常心) 이백성심위심(以百姓心爲心) …… 위천하(爲天下) 혼기심(渾其心) 백성개주기이목(百姓皆注其耳目) 성인개해지(聖人皆孩之)." 성인께는[聖人] 정해서 고집하는[常] 마음이[心] 없고[無], 백성의[百姓] 마음으로[心]써[以] 당신의 마음을[心] 삼는다[爲]. …… 세상을[天下] 위해서[爲] 백성의 마음을[其心] 소박한 것으로 돌아오게 한다[渾]. 백성은[百姓] 모두[皆] 그[其] 귀와[耳] 눈을[目] (따라) 쓰려고 하지만[注], 성인은[聖人] 백성을[之] 모두[皆] 어린애가 되게 한다[孩].

『노자(老子)』49장(章)

茸 "도지존(道之尊) 덕지귀(德之貴) 부막지명이상자연(夫莫之命而常自然)." 상도의[道之] 받듦과[尊] 상덕의[德之] 받듦[貴] 그것을[之] 무릇[夫] 하라 함이[命] 없어도[莫而], (만물은) 늘[常] 절로[自] 그리한다[然].

『노자(老子)』51장(章)

茸 "위천하곡(爲天下谷) 상덕내족(常德乃足) 복귀어박(復歸於樸)." 세상의[天下] 골짜기가[谷] 되니[爲] 상덕은[常德] 이내[乃] 만족되며[足], 자연으로[於樸] 되[復] 돌아온다[歸].

『노자(老子)』28장(章)

茸 "영유소속(令有所屬) 견소포박(見素抱樸) 소사과욕(少私寡欲)." (백성으로) 하여금[令] 귀속돼 있는[屬] 바를[所] 취하게 하여[有], (백성이) 그냥 그대로를[素] 살피고[見] 그냥 그대로를[樸] 지킨다면[抱], (백성은) 제 몫을[私] 적게 하고[少] 욕망을[欲] 적게 한다[寡].

『노자(老子)』19장(章)

茸 "성인지치(聖人之治) 허기심(虛其心) 실기복(實其腹) 약기지(弱其志) 강기골(强其骨) 상사민무지무욕(常使民無知無欲) 사부지자불감위야(使不知者不敢爲也) 위무위즉무불치(爲無爲則無不治)." 성인의[聖人之] 다스림은[治] 그[其] 마음을[心] 비우게 하고[虛], 그[其] 배를[腹] 충실하게 하며[實], 그[其] 마음 가기를[志] 유약하게 하고[弱], 그[其] 뼈대를[骨] 군세게 한다[强]. 늘[常] 백성으로[民] 하여금[使] 앎이[知] 없게 하고[無] 하고자 함이[欲] 없게 하고[無], 무릇[夫] {인위(人爲)를} 아는[知] 자로[者] 하여금[使] 과감히[敢] {인위(人爲)를} 행하지 않게 하는 것[不爲]이다[也]. {성인(聖人)이} 무위를[無爲] 실행하면[爲] 곧[則] 다스리지 않음이[不治] 없다[無].

『노자(老子)』3장(章)

茸 "집대상(執大象) 천하왕(天下往) 왕이불해(往而不害) 안평태(安平泰)." 상도의[大] 짓을[象] 지키면[執] 세상[天下] 어디든 가고[往], 어디를 가든[往而] 해침이 없으니[不害], 이에[安] 화평하고[平] 편안하고 자유롭다[泰].

『노자(老子)』35장(章)

【보주(補註)】

● 〈성인지도위이부쟁(聖人之道爲而不爭)〉을 〈성인지도위인여물(聖人之道爲人與物) 이성인지도부쟁여일체(而聖人之道不爭與一切)〉처럼 옮기면 문맥을 더 쉽게 잡을 수 있다. 〈성인지도는[聖人之道] 만물과[與物] 백성을[人] 위한다[爲]. 그리고[而] 성인지도는[聖人之道] 그 무엇과도[與一切] 다투지 않는다[不爭].〉

● 성인지도(聖人之道)가 도가(道家)의 것과 유가(儒家)의 것이 서로 다름을 터득하려면, 『장자(莊子)』의 아래와 같은 우화(寓話)가 도움이 된다. 공자(孔子)의 제자 자공(子貢)이 자기가 알고 있는 성인지도(聖人之道)와 다른 성인지도(聖人之道)를 알게 되었음을 자술(自述)하는 우화이다.

> 📖 "오문지부자(吾聞之夫子) 사구가(事求可) 공구성(功求成) 용력소(用力少) 현공다자(見功多者) 성인지도(聖人之道) 금도불연(今徒不然) 집도자덕전(執道者德全) 덕전자형전(德全者形全) 형전자신전(形全者神全) 신전자성인지도야(神全者聖人之道也) 탁생(託生) 여민병행(與民竝行) 이부지기소지(而不知其所之) 망호순비재(汒乎淳備哉)." 나는[吾] 선생님에게서터[夫子] 아래 말씀을[之] 들었다[聞] : 일은[事] 옳은 것을[可] 찾고[求], 보람이[功] 이뤄지기를[成] 찾고[求], 힘을[力] 적게[少] 쓰고서도[用] 보람은[功] 많이[多] 드러나는[見] 것이[者] 성인의[聖人之] 도(道)이다[也]. 그런데[今] {노자(老子)의 제자인} 저 사람은[徒] 전혀 달라[不然]. 도를[道] 지키는[執] 것은[者] 덕이[德] 온전하고[全], 덕이[德] 온전한[全] 것은[者] 몸이[形] 온전하고[全], 몸이[形] 온전한[全] 것은[者] 정신이[神] 온전하고[全], 정신이[神] 온전한[全] 것이[者] 성인의[聖人之] 도(道)이다[也]. 삶을[生] (자연에) 맡기고[託] 백성과[與民] 함께[竝] 가면서도[行而] 자신이[其] 가는[之] 바를[所] 모르고[不知] 걸림 없이[汒然] 순박하게[淳] (덕을 온전하게) 갖춤[備]일세[哉].
>
> 오문지부자(吾聞之夫子)의 오(吾)는 자공(子貢)이고, 부자(夫子)는 공자(孔子)이다. 금도불연(今徒不然)의 도(徒)는 위포자(爲圃者) 즉 밭[圃] 일하는[爲] 농부로서, 노자(老子)의 문인(門人)이다.   『장자(莊子)』「천지(天地)」

● 위이부쟁(爲而不爭)에서 부쟁(不爭)은 3장(章) **불상현(不尙賢)**을 상기시킨다. 나아가 『노자(老子)』의 끝 〈부쟁(不爭)〉이란 말씀은 『장자(莊子)』의 **천세지후(千歲之後)** 기필유인여인상식자야(其必有人與人相食者也)와 **덕탕호명(德蕩乎名)**이란 무서운 경고를 경청(傾聽)하게 하여 두려운 세상을 헤아리게 한다.

> 📖 "불상현(不尙賢) 사민부쟁(使民不爭)." 현능(賢能)을[賢] 높이지 않아[不尙], 백성으로[民] 하여금[使] 다투지 않게 한다[不爭].   『노자(老子)』3장(章)

註 "거현(擧賢) 즉민상알(則民相軋) 임지(任知) 즉민상도(則民相盜) 지수물자(之數物者) 부족이후민(不足以厚民) 민지어리심근(民之於利甚勤) 자유살부(子有殺父) 신유살군(臣有殺君) 정주위도(正晝爲盜) 일중혈배(日中穴坏) …… 대란지본필생어요순지한(大亂之本必生於堯舜之間) 기말존호천세지후(其末存乎千世之後) 천세지후(千世之後) 기필유인여인상식자야(其必有人與人相食者也)." 현자를[賢] 등용하면[擧] 곧[則] 백성은[民] 서로[相] 헐뜯고[軋], 식자에게[知] 맡기면[任] 곧[則] 백성은[民] 서로[相] 훔친다[盜]. 이런[之] 것들이란[數物] 것들로[者]써는[以] 백성을[民] 행복하게[厚] 할 수 없다[不足]. 백성이[民之] 이익을[利] 좇음이[於] 심하게[甚] 몸부림쳐[勤] 자식한테[子] 아비를[父] 죽이는 짓이[殺] 생기고[有], 신하한테[臣] 임금을[君] 죽이는 짓이[殺] 생기며[有], 한낮에[正晝] 도둑질을[盜] 하고[爲], 한낮에[日中] 남의 집 담장에[牆] 구멍을 낸다[穴]. …… 대란의[大亂之] 뿌리는[本] 요순의[堯舜之] 시대에[於間] 분명히[必] 생겼다[生]. 그[其] 끝은[末] 천대의[千世之] 뒤에도[乎後] 미치고[存], (천대의 뒤) 그때에는[其] 사람과 사람이[人與人] 서로[相] 잡아먹는[食] 짓들이[者] 반드시[必] 있을 것[有]이다[也].

경상초(庚桑楚)는 노자(老子)의 제자(弟子)라 한다. 『장자(莊子)』 「경상초(庚桑楚)」

註 "덕탕호명(德蕩乎名) 지출호쟁(知出乎爭) 명야자상알야(名也者相軋也) 지야자쟁지기(知也者爭之器) 이자흉기(二者凶器)." 덕은[德] 명예에서[乎名] 흐려지고[蕩], 지식은[知] 다툼에서[乎爭] 나온다[出]. 명성이란[名也] 것은[者] 서로[相] 헐뜯는 것[軋]이고[也], 지식이란[知也] 것은[者] 다툼의[爭之] 도구이다[器]. 두[二] 가지는[者] 흉한[凶] 도구이다[器].

『장자(莊子)』 「인간세(人間世)」

【해독(解讀)】

- 〈성인지도위이부쟁(聖人之道爲而不爭)〉은 두 구문으로 이루어진 중문(重文)이다. 〈성인지도는[聖人之道] 위한다[爲]. 그리고[而] (성인지도는) 부쟁한다[不爭].〉

- 성인지도위(聖人之道爲)에서 성인지도(聖人之道)는 주부(主部) 노릇하고, 위(爲)는 목적어가 생략됐지만 동사 노릇한다. 위(爲)는 〈베풀 시(施)〉와 같아 시위(施爲)의 줄임으로 새기는 편이 마땅하다. 〈성인의[聖人之] 도리는[道] 베푼다[爲].〉

- 이부쟁(而不爭)은 〈이성인지도부쟁(而聖人之道不爭)〉에서 주어 노릇할 성인지도(聖人之道)가 생략되었고, 불(不)은 쟁(爭)의 부정사(否定詞)이고, 쟁(爭)은 자동사 노릇한다. 쟁(爭)은 〈겨룰 비(比), 싸울 투(鬪)〉 등과 같아 쟁비(爭比), 쟁투(爭鬪)의 줄임말로 여기면 된다. 〈그리고[而] {성인의[聖人之] 도리는[道] 그 무엇과도} 다투지 않는다[不爭].〉

후 기

왜 노자(老子)인가

『노자(老子)』 81장(章)을 꿰뚫는 말씀은 〈법자연(法自然)〉이라 할 수 있다. 〈자연(自然)을 본받는다[法]〉는 것이 『노자(老子)』의 본지(本旨) 즉 근본이 되는[本] 종요로운 뜻[旨]이다. 이는 인간의 뜻대로 살지 말고, 천도(天道) 즉 자연의[天] 규율[道]대로 살라 함이다. 그래서 『노자(老子)』는 〈복귀어영아(復歸於嬰兒)〉 즉 갓난애로[於嬰兒] 되돌아와[復歸] 살라 한다. 갓난애로 돌아온 삶을 〈소사과욕(少私寡欲)〉 즉 내 몫을[私] 적게[少] 하여 내 욕심을[欲] 적게[寡] 하는 삶이라고 『노자(老子)』는 밝힌다. 소사과욕(少私寡欲)의 삶이 다름 아닌 법자연(法自然)의 삶이다. 지금 우리는 이러한 삶을 받아들일 수 없는 욕망으로 행복을 누리고자 한다. 이 때문에 무위(無爲)하라는 『노자(老子)』의 말씀이 엉뚱하게 들린다.

무위(無爲)와 자연(自然)은 같다. 다 같이 무욕(無欲) 즉 욕심이[欲] 없다는[無] 말이라 욕망을 없애라는 것이다. 욕망을 없애버리면 그 순간 곧 행복하다. 지금 우리는 이런 말씀을 곧장 받아들이기 힘들다. 욕망의 성취가 행복이라고 믿기 때문이다. 그러나 한강물을 다 마셔도 목마름이 풀리지 않는 것이 인간의 욕망이다. 욕망의 성취는 끝도 한도 없다. 따라서 인간의 욕망은 인간을 괴롭히고 상처낼 뿐 편안한 삶을 허락하지 않음을 살펴 새기고 헤아려보라 한다. 욕망이 한사코 매달리는 명성과 재물은 나한테 있는 것들이 아니라 밖에 있는 것들인지라, 남보다 더 많이 차지하려면 남들과 다투어 얻어야 한다. 피아(彼我)가 욕망을 놓고 서로[相] 다투어서는[爭] 결코 행복할 수 없다. 그래서 『노자(老子)』는 불해(不害)하고 부쟁(不爭)하라는 말씀으로 81장(章)에 걸친 모든 말씀을 마무리하고 있다.

해치지 말고[不害] 다투지 말라[不爭] 함은 지족(知足)하라 함이다. 만족할 줄[足] 알자면[知] 〈아자연(我自然)〉 즉 내가[我] 자연이 돼야[自然] 한다. 이는 곧 온갖 욕망을 내려놓고 한순간만이라도 내가 나를 마주해보라는 말씀이다. 진실로 그렇게 마주해보는 순간을 자주 누리면 누릴수록 바깥 것에 끌려다니다 상처투성이가 된 자기를 마주하게 되고, 〈자귀(自貴)〉 즉 내가 나를 귀하게 하는[貴] 삶이 곧 〈법자연(法自然)〉의 삶임을 깨우치게 된다. 이처럼 『노자(老子)』는 내가 나를 만나보게 하여 성취욕(成就欲) 탓으로 내가 나를 못살게 하고 있음을 일깨워주고, 삶이 행복하자면 내 몫을[私] 작게[少] 함에 있음을 깨우치게 한다. 그러므로 『노자(老子)』의 말씀은 나를 마주보게 하여 진실로 나를 행복하게 하는 길로 이끌어간다.

『노자(老子)』는 나로 하여금 법자연(法自然)의 삶을 누리게 하는 경전(經典)만으로 그치지 않는다. 『노자(老子)』에는 우리의 생각하기를 일구어준 뿌리의 술어(術語)가 가득하다. 『노자(老子)』는 우리 인문의 정맥(正脈)을 잇게 하는 본래의 사유명사(思惟名詞)가 가득한 보고(寶庫)이다. 그러므로 『노자(老子)』는 우리에게 인문(人文)의 정맥을 잇는 『주역(周易)』과 함께 가장 중요한 원전(原典)이다. 그러나 지금 우리는 인문(人文)의 정맥(正脈)을 면면히 잇는 술어(術語)를 외면하고 서양(西洋)의 술어를 번역한 역어(譯語)들로 설왕설래(說往說來)하는 중이다. 인문(人文)은 면면히 물려주고 물려받는 술어(術語)로 바탕을 이루므로 한국의 인문은 조선(朝鮮)의 인문술어(人文述語)를 떠나서는 이루어질 수 없다. 인문의 정도(正道)는 연암(燕巖)의 〈법고창신(法故創新)〉으로써 다져지는 까닭이다. 옛일을[故] 본받아[法] 새것을[新] 일구어냄이[創] 인문의 올바른 길[正道]이니, 인문의 정도(正道)는 물려주고 물려받는 사유명사(思惟名詞)를 떠나서는 마련될 수 없다.

2010년 전후로 이른바 〈문사철(文社哲)〉이란 약어(略語)를 앞세워 한국인문(韓

國人文)에 관한 논변(論辯)이 자자했었지만, 인문술어(人文述語)에 관한 것은 거의 찾아볼 수 없었다. 한국인문의 온갖 결함(缺陷)은 물려주는 사유명사(思惟名詞)를 저버리고, 서양 것들을 옮긴 역어(譯語)에 매달림에서 깊어진 것이다. 이제 〈자연(自然)〉이란 사유명사는 〈nature〉를 떠올리고, 〈변화(變化)〉란 것은 〈change〉를 떠올리며, 〈소식(消息)〉이란 것은 〈news〉를 떠올리며 생각하기를 펼치기 시작해, 우리가 면면히 이어온 생각하기의 맥(脈)이 끊어져버렸다.

20세기 전까지 〈자연(自然)〉이란 명사(名詞)는 〈천도(天道)·무위(無爲)·무사(無事)·무욕(無欲)〉 등을 떠올려서 〈불유(不有)·불시(不恃)·부장(不長)〉 등으로 이어지는 사지(思之) 즉 생각하기를 이끌었다. 〈변화(變化)〉란 이 명사는 〈소식(消息)〉과 같이 〈왕래(往來)·성쇠(盛衰)·영허(盈虛)·길흉(吉凶)·신(神)〉 등을 떠올려서, 〈상생(相生)·상성(相成)·상형(相形)·상경(相傾)·상화(相和)·상수(相隨)〉 등으로 이어지는 생각하기[思之]를 이끌었다. 그러나 지금 본래 전해져온 사유명사(思惟名詞)를 저버리고 서양사유(西洋思惟)를 담고 있는 역어(譯語)로만 20세기를 거의 보내버린 탓으로 우리의 생각하기는 뿌리 없는 절화(折花) 꼴을 면하기 어렵게 되었다.

잘린[折] 꽃은[花] 씨앗을 맺지 못한다. 인문(人文)이란 뿌리 깊은 나무가 피어내는 생화(生花) 같아야 자문화(自文化)의 씨앗을 맺는다. 우리의 20세기 인문(人文)처럼 본래 사유명사(思惟名詞)를 외면하고 일제조어(日製造語)의 명사(名詞)로 이러구러 해서는 인문사유(人文思惟)가 앵무새의 꼴을 면하기 어렵다. 그러면 우리의 생각하기도 덩달아 정맥을 따라 깊은 생천(生泉)처럼 샘솟지 못하고, 걸핏하면 갈천(渴泉)으로 급급하게 될 것이다. 인문(人文)이 전래되는 사유명사(思惟名詞)를 떠나서는 안 된다는 문화정신(文化精神)의 결핍 탓으로 우리는 지금 국한문(國漢文) 병용(竝用)마저 주저주저하고 있는 지경이다.

한문(漢文)을 외래문자라 생각해서는 안 된다. 한글과 더불어 한문은 우리글이 된 지 천년이 넘었다. 우리는 〈道〉를 〈도〉라 소리내고, 중국인은 〈타오(tao)〉라고 소리낸다. 〈도〉라고 소리되면 〈道〉는 우리글이고, 〈타오〉라고 읽으면 〈道〉는 중국 글이 되는 것이다. 뜻을 전할 수 있는 문자를 간직한다는 것은 소리글만 간직하는 경우보다 하나가 되어버린 지구에서 유리할 수 있다. 세계에서 뜻글로는 한

문자(漢文字)만 한 것이 없다. 이런 한문(漢文)을 버리고 순한글만을 주장하는 것은 애국(愛國)이 아니다.

선대(先代)로부터 내려오는 사유명사(思惟名詞)가 풍부할수록 문화정신(文化精神)도 따라서 튼튼해지는 법이다. 우리가 지금 쓰는 생각하게 하는[思之] 낱말[名詞] 즉 술어(術語)들은 거의 서양사유(西洋思惟)를 뒷받침하는 역어(譯語)이고, 거의가 일본이 조어(造語)한 것들이다. 이러한 조어(造語)로 만족한다면 우리의 사지(思之)는 바탕부터 아류(亞流)를 면하기 어렵다. 이들 조어(造語)가 우리의 생각하기를 아류(亞流)의 함정으로 끌어들이는 개미귀신 같음을 깨우쳐야 한다.

호랑이한테 물려가도 정신만 차리면 산다는 속담은 거짓말이 아니다. 제 정신만 차리면 아류의 함정에 빠질 리 없다. 정신을 차리고 역수(逆數) 즉 미래를 거슬러[逆] 헤아리려면[數], 선대(先代)로부터 물려받은 사유명사(思惟名詞)를 저버리고는 불가능하고 당당한 문화정신을 이루어내기 어렵다. 이런 연유로 지금 우리에게 『노자(老子)』는 참으로 종요롭다. 『노자(老子)』는 선대로부터 내려오는 생각하기를 가다듬고 서양사유(西洋思惟)와 견주어 본래의 사유명사(思惟名詞)를 넓혀갈 수 있는 길을 우리로 하여금 살펴 새기고 헤아려 깨우치게 하는 으뜸가는 경전(經典)이기 때문이다.

노자 81장

펴낸곳 l 동학사
펴낸이 l 유재영
글쓴이 l 윤재근

기획 l 이화진
편집 l 나진이
디자인 l 임수미

1판 1쇄 l 2020년 1월 10일

출판등록 l 1987년 11월 27일 제10-149

주소 l 04083 서울 마포구 토정로 53 (합정동)
전화 l 324-6130, 324-6131 · 팩스 l 324-6135
E-메일 l dhsbook@hanmail.net
홈페이지 l www.donghaksa.co.kr
　　　　　www.green-home.co.kr

ISBN 978-89-7190-695-8 04140
ISBN 978-89-7190-693-4 04140 (전2권)